KB183783

현대 철학 강의

MODERN PHILOSOPHY

현대 철학 강의

MODERN PHILOSOPHY

31가지 테마로 본 현대 영미철학의 흐름과 쟁점

로저 스크루턴 주대중 옮김

바다출판사

머리말

이 책은 런던대학교 버크벡 칼리지에서 처음 시작하여 미국 매사추세츠의 보스턴대학교로 이어진 일련의 강의들에서 비롯했다. 필요한 경우에 원래의 내용을 좀 더 확장했고, 본문에서 생략한 참고문헌과 주를 보충하기 위해 뒤에 학습안내를 덧붙였다. 그 목적은 철학을 전혀 모르는 독자들을 세세한 학술 논쟁에 빠뜨리지 않으면서, 이 학문의 영역이 다다른 가능한 한 먼 곳까지 안내하려는 데 있다.

나는 철학에 '핵심' 물음들이 있다는 생각을 거부한다. 따라서 이 책의 논제들은 일반 입문서들보다 훨씬 더 폭넓게 선정되었다. 또한 나는 현대철학에서 '학술연구'로 통하는 많은 것의 유용성에 관해서 상당한 의구심을 갖고 있다. 그럼에도 그 주제가 프레게와 비트겐슈타인의 연구 결과로 돌이킬 수 없이 변화하였으며, 그 주제를 어떤 식으로든 이해해야 한다면 이러한 가장 현대적인 관점에서 이해해야 함을 알고 있다. 이러한 현대적 관점을 일반 독자들에게 이해하기 쉬운 언어로 전달하기란 결코 쉽지 않다. 하지만 나는 그 시도가 가치가 있는 것이며, 문외한에게만 필요한 것은 아니라고 믿는다. 현대철학의—특히 영미권 대학들에서 출현한—테크노크라시적 방식은 그 주제에 대한 모든 흥미를 죽이고, 그것과 인문학적 교육과의 연관을 단절시킬 위험이 있다. 철학자는 프레게, 러셀, 비트겐슈타인의 간결함과 단순명쾌함을 재발견하여 머리의 문제를 가슴의 언어로 표현할 수 있을 때에만, 자신이 추상적 관념들의 영역에서 무엇을 하고 있는지를 정말로 알게 될 것이다. 따라서 이 강의들의 출판을 준비하면서 내가 품은 동기 중 일부는, 내게 가장 분명하고 자연스러워 보이는 언어로 그 주제를 제시함으로써, 그것을 재발견하려는 것이었다.

이 책은 특정 물음들에서 서서히 출발하여, 잘 알려진 텍스트들을 언급한다. 하지만 논변을 전개하면서 나는 사유의 원래의 방향을 탐색해 나갈 것인데 이는 그 주제를 있는 그대로 보여주기 위해서뿐 아니라 내가 생각하기에 그러해야 하는 바를 보여주기 위해서다. 따라서 때때로 그 내용은 논쟁의 여지가 있을 것이다. 나는 어느 부분이 그러한지를 명시적으로 혹은 적절한 문체의 변화로 보여주려 했다. 독자는 나의 더 논쟁의 여지 있는 주장에 동의하도록 요구되는 것이 아니라 다만 그것에 대한 반론을 찾도록 요구될 뿐이다.

아리스토텔레스는 연구에서 문제가 허용하는 것보다 더 많은 정밀성을 부과해서는 안 된다고 말했다. 마찬가지로, 본래 어려운 관념을 너무 쉽게만 해석하려 해서도 안 된다. 독자가 바랄 수 있는 최선의 상황은 그 어려움이 주제에 본질적인 것이지, 저자의 표현방식 때문에 발생하는 것이 아닌 경우다. 하지만 주제가 정말 전문적일 때, 나는 그 어려움을 우회하고자 노력하는 한편, 그 본질을 충분히 이해시키고자 했다. 관심 있는 독자는 이 책의 끝에 정리된 대부분의 최신 문헌들과 모든 철학 고전들을 통해서 자신의 길을 찾을 수 있기를 바란다.

이 책의 여러 초고를 놓고 몇몇 친구 및 동료와 토론했다. 특히 로버트 코언, 앤드리어 크리스토피두, 도로시 에징턴, 피오나 엘리스, 세바스천 가드너, 앤서니 오히어에게 감사드린다. 그들의 조언과 비판은 내가 사유와 그 제시 방법에서 많은 오류를 피할 수 있도록 도왔다.

차례

머리말 5

1. 철학의 본질   13
1. 철학이란 무엇인가? | 2. 철학의 주제는 무엇인가? | 3. 철학에는 독특한 방법이 있는가?
4. 선천적인 것과 경험적인 것 | 5. 철학의 분과 | 6. 철학의 역사와 사상의 역사

2. 회의주의   34
1. 문장, 명제, 진술, 사유, 믿음 | 2. 회의적 문제의 구조 | 3. 데카르트의 논변
4. 일반적 회의주의 | 5. 현상과 실재

3. 몇 가지 다른 이론   45
1. 관념론 | 2. 검증주의 | 3. 환원주의 | 4. 경험론 | 5. 합리론 | 6. 실재론 | 7. 상대주의

4. 자아, 마음 그리고 육체   61
1. 마음에 대한 데카르트적 접근 | 2. 의식과 자기의식 | 3. 무의식 | 4. 오류의 면제

5. 사적 언어 논변   79
1. 배경 | 2. 인식론 대 인간학 | 3. 비트겐슈타인의 논변 | 4. 칸트와 본체 | 5. 스트로슨과 현대적 접근

6. 뜻과 지시   97
1. 문장의 구조 | 2. 단칭어와 동일성 | 3. 뜻과 지시 | 4. 술어와 문장
5. 공관상 | 6. 논리학에서의 혁명 | 7. 형식언어

7. 기술구와 논리형식   **115**

1. 러셀의 문제 | 2. 러셀의 이론 | 3. 논리형식 | 4. 수학적 함언 | 5. 마이농의 정글
6. 스트로슨의 비판 | 7. 주제 옮기기

8. 사물과 속성   **133**

1. 특수자 | 2. 보편자 | 3. 보편자의 문제 | 4. 실재론과 유명론 | 5. 실체 | 6. 개별자

9. 진리   **155**

1. 실재 | 2. 대응설 | 3. 정합설 | 4. 실용주의 | 5. 잉여론 | 6. 최소주의 이론

10. 현상과 실재   **177**

1. 급진적 공격 | 2. 상식의 답변 | 3. 합리론자의 기획

11. 신   **189**

1. 유일신과 다신 | 2. 신의 특성 | 3. 철학자의 신 | 4. 신의 존재를 위한 논변
5. 데카르트의 사다리 | 6. 악의 문제

12. 존재   **217**

1. 아리스토텔레스 | 2. 분석철학: 빈약한 존재의 이론 | 3. 동일성 없이 존재자는 없다
4. 필연적 존재 | 5. 헤겔: 걸리적거린 존재의 이론 | 6. 하이데거와 불안한 존재의 이론

13. 필연성과 선천성   **244**

1. 경험론자의 견해 | 2. 칸트 | 3. 크립키 | 4. 콰인 | 5. 필연성과 가능세계들

14. 원인 266

1. 흄의 문제 │ 2. 인과와 법칙 │ 3. 법칙과 반사실적 조건문 │ 4. 인과성과 결정
5. 인과와 확률 │ 6. 인과성과 시간

15. 과학 281

1. 몇몇 '해결책들' │ 2. 헴펠의 역설 │ 3. 과학적 방법 │ 4. 이론과 이론적 용어
5. 실질적 본질과 자연종 │ 6. 귀추법 │ 7. 확률과 증거 │ 8. 확률과 과학적 실재론
9. 다시 흄의 법칙 │ 10. 과학적 세계관

16. 영혼 320

1. 데카르트 재검토 │ 2. 1인칭과 3인칭 관점 │ 3. 지향성 │ 4. 무의식에 대한 주석
5. 물리주의의 변형들 │ 6. 창발 속성과 수반 │ 7. 자아 │ 8. 영혼의 통일성

17. 자유 348

1. 인과성과 결정 │ 2. 신의 예지 │ 3. 나는 달리 할 수 있었는가? │ 4. 자유와 성격
5. 양립가능론 │ 6. 책임 │ 7. 인격과 동물 │ 8. 칸트의 견해

18. 인간의 세계 364

1. 지향적 상태의 변형들 │ 2. 과학의 세계 │ 3. 비자연종 │ 4. 지향적 이해
5. 마법과 오류 │ 6. 의도 │ 7. 의지

19. 의미 385

1. 의미와 단언 │ 2. 그라이스의 이론 │ 3. 언어행위
4. 의미의 이론이란 무엇인가? │ 5. 진리와 단언가능성 │ 6. 외재적 관점
7. 실재론과 규칙 준수하기 │ 8. 다른 종류의 의미

20. 도덕   **415**

1. 도덕적 담론의 논리 │ 2. 실천이성 │ 3. 공리주의 │ 4. 결과주의 │ 5. 칸트의 접근법
6. 주인, 노예 그리고 측면제약 │ 7. 흄의 공감 │ 8. 아리스토텔레스 윤리학 │ 9. 도덕적 세계

21. 생명, 죽음 그리고 동일성   **455**

1. 생명 │ 2. 인격 동일성 │ 3. 실존과 본질 │ 4. 죽음 │ 5. 죽음의 두려움
6. 적당한 때의 죽음 │ 7. 죽음의 신비

22. 지식   **482**

1. 지식이란 무엇인가? │ 2. 조건들은 필요한가? │ 3. 조건들은 충분한가?
4. 신뢰성 이론들 │ 5. 외재주의와 회의주의 │ 6. 지식의 가치와 변형

23. 지각   **499**

1. 인식론적 물음 │ 2. 소박실재론과 표상이론 │ 3. 정신적 표상 │ 4. 지각의 분석 │ 5. 현상론

24. 상상   **518**

1. 상상과 정신적 이미지 │ 2. 창조적 상상 │ 3. 상상의 세계 │ 4. 환상과 상상
5. 상상의 지각 │ 6. 표상 │ 7. 상상과 규범성

25. 공간과 시간   **539**

1. 유클리드와 시각적 기하학 │ 2. 힐베르트와 공리체계 │ 3. 비유클리드적 공간
4. 상대적이고 절대적인 공간 │ 5. 얼마나 많은 공간들이 있는가?
6. 시간의 신비 │ 7. 시간의 비실재성 │ 8. 그 논변에 대한 응답들 │ 9. 시간과 1인칭
10. 과정과 생성 │ 11. 영원 │ 12. 천구의 음악

26. 수학 **579**

1. 수학의 본성 │ 2. 논리주의 │ 3. 러셀의 역설 │ 4. 수학의 우선성 │ 5. 집합론
6. 수란 무엇인가? │ 7. 이론과 메타이론

27. 역설 **601**

1. 함언의 역설 │ 2. 실질적 역설 │ 3. 거짓말쟁이 역설 │ 4. 더미의 역설
5. 아킬레우스 Ⅰ │ 6. 아킬레우스 Ⅱ │ 7. 무한의 역설 │ 8. 역설의 역할

28. 객관정신 **626**

1. 사회계약 │ 2. 전통적 반론들 │ 3. 집단선택과 보이지 않는 손 │ 4. 사회적 선택의 역설
5. 일반의지, 헌법, 국가 │ 6. 정의 │ 7. 법 │ 8. 자유 │ 9. 소유 │ 10. 제도

29. 주관정신 **662**

1. 이성의 관심 │ 2. 미학적 태도 │ 3. 취미의 이율배반 │ 4. 목적과 가치
5. 종교적 경험 │ 6. 상상과 설계 │ 7. 자연화된 인식론

30. 악마 **691**

1. 부정과 도덕법칙 │ 2. 도덕의 계보학 │ 3. 소외 │ 4. 그들 │ 5. 악의 평범함
6. 제도의 인격성 │ 7. 삼위일체 │ 8. 해체 │ 9. 다시 집으로

31. 자아와 타자 **725**

1. 역사의 단편 │ 2. 자기지시의 문법 │ 3. 제2성질 │ 4. 의식의 문법 │ 5. 자아의 사회적 구성

학습안내 747   역자 후기 888   찾아보기 892

저자 일러두기

- 이 책의 본문에는 각주나 다른 학술적 장치가 전혀 없다. 따라서 나는 책 끝에 각 장의 자료를 그 주제에 따라 때로는 상세히, 때로는 간단히 다룬 학습안내를 마련했다. 학습안내에서 독자는 다음과 같은 것들을 찾아볼 수 있다.
  - (a) 본문에서 논의되었거나 언급된 저서들에 대한 정확한 서지정보
  - (b) 예비 읽을거리의 제안
  - (c) 특정 난점에 대한 설명
  - (d) 필요한 경우, 현재의 논의과정을 보여주기 위한 주제의 확장
  - (e) 참고문헌
  - (f) 부차적 주제의 논의
- 이 학습안내가 포괄적이지는 않지만, 이를 통해 독자가 학생이든 초심자든 본문을 최대한 활용할 수 있기를 바란다.

옮긴이 일러두기

- 이 책의 원제이자 주제인 'Mordern Philosophy'를 우리나라에서는 으레 데카르트에서 헤겔(혹은 니체)까지는 '근대철학', 그 이후는 '현대철학'으로 세분한다. 이 책이 20세기 영미철학을 주로 다루는 만큼 대부분 '현대철학'으로 옮겼으나, 데카르트부터의 철학사적 맥락을 가리킬 때는 '근대철학'으로 옮겼다. 하지만 두 용어 모두 원래는 한 가지, 'Mordern Philosophy'의 번역어임을 밝혀둔다.
- 본문 중 *표시 아래의 작은 글자는 옮긴이의 주다.

1 철학의 본질

이 책의 목적은 독자에게 현대철학의 주요 논의, 개념, 문제를 영어권 대학에서 가르치듯이 이해시키는 데 있다. 종종 '분석적'analytic과 같은 단어들이 이런 종류의 철학을 기술하는 데 쓰이지만, 그것은 실제보다 더 커다란 통합적 방법을 암시하는 말이다. 일단 현시대의 영어권 철학을 진정한 의미에서 현대적 혹은 근대적modern이라고 해보자. 과학, 수학, 보통법을 근대적이라고 하듯이 말이다. 그것은 과거의 성과 위에 수립되며, 과거의 성과가 부적합한 경우에는 대체하려고 한다. 영어권 철학은 논변을 꼼꼼히 살피고 타당성을 끊임없이 평가한다. 그것은 마치 과학처럼 해당 분야의 여러 다른 연구자들의 기여를 인정하고 흡수하는 집단작업이다. 그 문제와 해결책 역시 집단적이어서, 논쟁과 학술연구 과정을 통해 종종 '보이지 않는 손'에 의해 나타나곤 한다.

'근대'라는 용어는 여러 다른 방식으로 쓰이는데, 그중 두 가지가 중요하다.

(1) 근대는 고대 또는 중세와 대비되는 것으로서 우리 문명의 시기를 지칭한다. 근대라는 시기는 자연과학이 융성하고 기독교세계의 중앙집권적 경향이 쇠락하던 시점과 일치한다. 그래서 데카르트는 근대철학자로 불리는 반면 아퀴나스는 그렇지 못한 것이다. 근대에서 몇몇 문화적이고 지적인 사건들은 특별히 중요하다. 특히 계몽주의가 그러한데, 이것은 17세기(아마도 데카르트의 시대)에 시작된 세속화와 회의주의, 정치적 열망의 저항할 수 없는 물결을 의미했다. 그리고 그것은 프랑스혁명이라는 완전히 반계몽적인 우행으로 절정에 이르렀다.

(2) 근대는 '모던 아트'라고 할 때처럼 '모더니스트'를 의미한다. 모더니스트는 근대의 열렬한 신봉자로서, 전통이란 폐기되든지 새로운 형태의 경험을 만끽하기 위해서 재정립되어야 한다고 믿는다. 모더니스트에게 자신의 근대성을 천명하고, 이에 저항하는 것들에 '도전하고', 이미 대체된 시대의 가치와 관습으로 도피하려는 이들을 경멸하는 일은 지적으로나 도덕적으로 혹은 문화적으로 필수적이다. (이러한 사람들은 공급량이 부족하기 때문에, 거대한 모더니스트 산업은 이들을 양산하는 데 몰두한다. 이들이 바로 사르트르, 푸코, 하버마스, 아도르노의 저작에서 표적이 된 '부르주아'다.)

영어권 철학은 근대적이지만 모더니스트는 아니며, 우리 시대의 프랑스 철학(특히 푸코와 데리다의 저작)은 모더니스트지만 특별히 근대적이지는 않다. 즉 스스로를 논변의 평가나 이미 확립된 진리 위에 수립하려는 욕망에 기초하지 않는다. 모더니스트의 주요한 두려움은 자신이 부지불식간에 시대에 뒤처지지 않을까 하는 것이기 때문에, 자신을 시대를 선도하는 자로 단호히 규정하려고 한다. 그리하여 모더니스트는 자신을 최신의 지위로 규정하고자 '포스트모던'이라는 명칭을 발명했다. 이 명칭은 몇몇 프랑스 철학자들, 특히 사회학자 장 보드리야르와 철학자 J. F. 리오타르에 의해 채택되었는데, 영어권 독자에게는 건축비평가 찰스 젠크스의 저작으로 더 친숙할 것이다. '포스트모던'과 '포스트모더니즘'이 정확히 의미하는 바가 무엇인지는 내가 학습안내에서 제기한 질문이기도 하다. 모더니즘은 종종 설득력 있는 견해다. 비록 그 설득력이 얼마나 유지될 수 있는가는 논란의 여지가 있지만 말이다. (모더니스트는 어떤 것에 반하여 스스로를 규정할 필요가 있으며, 따라서 자신의 기획의 성공은 그 어떤 것을 훼손할 위험이 따른다.) 모더니즘이 우리 시대의 음악과 시에 기여한 바는 의심의 여지가 없다. 그러나 건축, 정치, 철학에서 그러한 기여가 언제나 환영받았던 것은 아니다. 내가 적어도 장담할 수 있는 사실은 모더니스트는 이 책을 탐탁지 않아 하겠지만, 포스트모더니스트는 증오하게 되리라는 점이다.

역사상 많은 철학자가 자신의 사변체계로 유명하며, 이를 통해 실재에 대한 완벽한 설명을 약속하거나 시도하였다. 헤겔은 가장 완성된 형태의 체계 수립자 중 한 사람이었으며, 그의 라이벌 쇼펜하우어도 마찬가지로 그러한 야망이 있었지만 오히려 읽기에 더 즐겁다. 현대철학자는 일반적으로 체계 수립자가 아니다. 혹은 적어도 그의 체계는 특히나 적나라해서 위안이 되지 않는다. 이것은 영향력 있는 논리실증주의자 루돌프 카르납의 저서 《세계의 논리적 구조》라는 제목에서 예견된 방식이다. 20세기에 들어, 철학의 문제와 논변은 대개 소논문을 통해 소개되었고 종종 논리적 분석이라는 미세한 작업으로 수행되어, 문외한에게는 인간 영혼의 고통스런 문제에 비해 지극히 무미건조하고 더러는 무의미해 보이는 논쟁만을 촉발했다. 이 논쟁 내부자들의 견해를 배워 그것이 무미건조하기는커녕 오히려 가장 중요한 인간 문제를 다루고 있음을 발견하는 일은 흥미로운 지적 모험이다. 하지만 그것은 매우 어려운 일이며, 난해한 텍스트에 대한 참을성 있는 탐구 없이는 아무것도 배울 수 없다. 한 가지 다행스런 점은—몇몇 예외가 있긴 하지만—현대철학의 위대한 저작들은 대체로 분량이 짧다는 점이다.

맥락을 어떻게 설정하느냐에 따라 많은 철학적 주제들이 논의될 수 있다. 이제 첫 번째 주제, 철학이란 무엇인가로 넘어가보자.

1. 철학이란 무엇인가?

이 질문에 대한 간단한 답은 없다. 사실 어떤 면에서 보면 이것이 철학의 주요 문제로서, 철학의 역사란 자신의 정의에 대한 오랜 탐구였다. 그럼에도 다음에서 설명하는 용어들을 통해 일종의 해답을 줄 수 있다. 철학은 어떤 물음을 정식화하고 또한 대답하려는 시도다. 그 물음은 성격상 추상적이고 궁극적이라는 점에서 다른 것과 구별된다.

(a) 추상화: 우리에게는 구체적 사물에 관한 많은 물음이 있다. 저 소음은 무엇인가? 그녀는 왜 넘어졌는가? 이 문장은 무엇을 의미하는가? 그리고 우리에게는 이러한 물음에 대답하는 방법들이 있다. 실험, 이론수립, 분석 등등. 하지만 삼척동자도 알듯이, 대답의 근거를 찾기 위해 물음을 반복할 수 있다. 물음이 반복될수록 그것은 처음 제기되었던 상황에서 벗어나 추상적 형태를 띠게 된다. 이 말로 내가 의미하려는 바는, 물음이 구체적인 상황과의 모든 관련을 잃고 일반적으로, 세계 그 자체에 적용된다는 점이다. 무엇이 소음인가? 왜 사물은 떨어지는가? 의미

란 무엇인가? 추상이란 정도의 문제며, 완전히 추상적인 질문은 더 넓은 범주의 특수한 사례가 아니라 우리가 아는 가장 넓은 범주 자체인 듯한 개념을 통해 진술된다. 낙하라는 개념은 사건이라는 개념의 특수한 사례다. 하지만 사건들이 사건들의 범주가 아닌, 어떤 일반적 범주에 속하는지를 알기란 어렵다. (여기서 나는 개념의 가장 추상적 형태를 가리키기 위해 '범주'라는 용어를 사용했다. 왜냐하면 그 용어가 아리스토텔레스에 의해 철학에 도입되고 칸트에 의해 채택된 것은 정확히 이러한 목적에서였기 때문이다.) 만일 당신이 왜 사물은 낙하하는가라고 묻는다면, 당신은 여전히 과학적 질문을 하고 있을 뿐이다. 하지만 당신이 왜 사건이 존재하는가라고 묻는다면, 당신은 이미 철학의 문턱에 서 있는 셈이다.

(b) 궁극성: 우리는 합리적 동물로서 설명, 이유, 원인을 추구한다. 우리의 모든 지식 탐구는 세계란 합리적으로 설명될 수 있다는 암묵적 가정에 기초한다. 그리고 우리는 즉각 어렵지 않게 설명을 찾을 수 있다. '그녀가 넘어진 것은 취했기 때문이다.' 두 번째 설명 역시 아무런 고민을 불러일으키지 않는다. '그녀가 취한 것은 와인을 세 병 마셨기 때문이다.' 그리고 세 번째 설명: '그녀가 와인을 마신 것은 기분이 언짢았기 때문이다.' 등등. 하지만 이 연쇄에서 각 단계는 다른 설명을 요구하며, 다음의 설명으로 나아가지 않는다면 그 단계에 얽힌 모든 것은 '근거 없는' 것이 된다. 그렇다면 이 원인의 연쇄에서 어떤 궁극적 지점, 마지막 안식처, 말하자면 모든 것의 원인이 발견되는 곳이 있는가? 있다면, 그것에 대한 설명은 무엇인가? 그리하여 우리는 궁극적 물음에 도달한다. 제1원인은 있는가? 이 물음은 형식상 과학 너머에, 즉 우리가 대개 원인에 관한 물음에 답할 때 사용하는 방법 너머에 자리 잡는다. 이것은 실질적 물음일까? 아니라고 말하는 철학자도 있다. 하지만 그것 또한 하나의

철학적 견해며, 이 궁극적 물음에 대한 응답이다.

일례로, 근대철학의 가장 위대한 저작이라 할 수 있는 《순수이성비판》에 나오는 칸트의 우주론에 관한 논변들 중 하나를 살펴보자. 시간상의 각 사건에는 다른 사건이 선행한다. 일련의 사건들은 현재라는 시점 꼭대기에 우리가 떠 있는 상태로, 과거로 뻗어 가고 또한 미래로도 뻗어 있다. 하지만 전체로서의 연속은 어떠한가? 그것에는 시간상의 출발점이 있었는가? 달리 말해보자. 세계는 시간상의 출발점을 갖고 있는가? 이것은 철학적 물음이다. ('세계' '시간'이라는 범주만을 사용하여) 완전히 추상적이다. 또한 궁극적이기도 하다. 즉 실제 사건들에 관한 모든 물음이 대답되거나 폐기될 때에만 제기된다. 그리하여 칸트는 이에 대해 과학적 방법으로는 대답할 수 없다고 주장했다. 세계에 시작이 있다고 가정해보자. 가령 t라는 시점을 말이다. 그렇다면 이보다 선행하는 순간인 t-δ에서는 무슨 일이 일어나는가? 만일 그 자체에 전 세계를 낳을 힘을 갖고 있었다면, 그것은 매우 특별한 순간이었음에 틀림없다. 하지만 그것이 그러한 힘을 갖고 있었다면, 그 순간 무언가는 진짜였다. 즉 어떤 것이 이미 존재했다. 다시 말해, 자신을 계승하는 놀라운 것을 낳을 힘 말이다. 이럴 경우, 세계는 t라는 시점에 시작된 것이 아니라 t-δ라는 시점에 이미 존재했다. 따라서 세계가 t 시점에 시작되었다는 관념에는 모순이 내포되어 있다(여기서 t는 어떤 시점이다). 그러면 이제 세계에는 어떠한 시간상의 시작도 없다는 다른 견해를 살펴보자. 이 경우에 시간의 무한 연속은 현재까지 이르러야 한다. 즉 무한 연속은 종착점에 이르러야 한다. 칸트가 주장했듯이, 이것 역시 모순이다. 어떤 견해를 취하든—세계에는 시간상의 시작이 있다 혹은 없다—우리는 모순에 이르게 된다. 따라서 그 물음에는 무언가 잘못된 점이 있음에 틀림없다. 아마도 궁극적 물음이란 물음이 전혀 아닐 것이다.

나는 칸트의 논변이 타당하다고 말하는 것이 아니다. 하지만 이 예는 철학이 자신의 문제에 대해 보이는 한 가지 특징적 반응을 드러내주기에 흥미롭다. 즉 문제를 초래한 바로 그 과정이 그 문제가 실제적이지 않음을 또한 보여준다. 철학의 과제는 무엇이 잘못되었는가를 진단하는 일이다.

　(c) 진리에 대한 관심: 철학을 특징짓고 인접한 다른 사유방식과 구별해주는 또 다른 특징이 있다. 모든 인간의 사유가 진리를 향하는 것은 아니다. 예술과 신화에서 우리는 허구를 자유롭게 쓰도록 허용한다. 진실은 그러한 허구 속에 숨어 있으며, 신화의 경우에는 일종의 계시가 거짓의 베일을 뚫고 우리에게 다가온다. 그래서 예술과 신화는 그 문자적 진리를 근거로 평가되지 않으며, 타당한 논거를 제시하지 못한다는 이유만으로 폐기되지 않는다. 그러나 철학에서는 진리가 무엇보다도 중요한 것이며, 이 학문의 구조를 결정한다. 실제로, 타당성이란 대개 진리에 의해 규정되며, 결론이 거짓일 때 전제가 참일 수 없다는 것은 타당한 논변이다. 철학적 물음에 해답이 없다고 믿는 사람조차 이것은 참이라고 주장한다. 그리고 해답은 없다고 하는 그들의 '발견'도 참된 답을 찾으려는 시도에 의해서만 이루어질 수 있다.

　우리는 우리의 경험을 해석할 필요가 있으며, 그 과정에서 허구를 빈번하게 활용한다. 때때로 이러한 허구는 종교의 신비들처럼 진리와 모호하게 뒤얽힌다. 세계를 해석할 때 우리의 목적은 단지 세계를 알 뿐 아니라―아마 전혀 알지 못하더라도―그 경계 안에 우리의 자리를 마련하고 정당화하는 일이기도 하다. 종교 외에도 많은 것들이 이 과제에서 우리를 돕는다. 예술, 스토리텔링, 상징, 의례 그리고 공공 도덕과 행동 규칙 등등. 탈무드의 철학 혹은 존 키츠의 철학을 말할 때, 우리가 염두에 두는 것은 이런 종류의 것이다. 이 '철학'의 단편들은 추상적 진리를 목표로 하며, 따라서 진정한 의미에서 철학적이다. 하지만 대부분은 종교적이고 미학적이고 도덕적인 해석의 문제이며, 그 주요 목적은 진리가 아니라 위안이다.

진리라는 목적을 부인하는 철학자도 있다. 예를 들어, 니체는 진리란 없으며 해석만이 있을 뿐이라고 주장했다. 그러나 그것이 얼마나 역설적인지 깨닫는 데에는 니체가 말한 바가 진리인지 자문해보는 것으로 충분하다. (그것이 참이라면, 그것은 거짓이다!—소위 '거짓말쟁이' 역설의 사례다.) 마찬가지로 프랑스 철학자 미셸 푸코는 한 시대의 '진리'란 그것을 뒷받침한 권력구조 밖에서는 아무런 권위를 지니지 않는 것인 양 반복해서 주장한다. 인간조건에 관한 보편적 진리란 없다는 것이다. 그렇지만 우리는 다시 이 마지막 진술이 참인지 자문해봐야 한다. 그것이 참이라면, 그것은 거짓이기 때문이다. 우리 시대의 모더니스트 철학자들에게는 근대적인 동시대인들과 소통하지 못하게 하는 어떤 역설이 벌어지고 있다. 진리란 없다고 혹은 모든 진리는 '그저 상대적'이라고 말하는 작가는 자신을 믿지 말라고 말하고 있는 셈이다. 그러니 믿지 마시길.

2. 철학의 주제는 무엇인가?

철학의 영역이라 할 수 있는 특별한 영역이 있는가? 혹은 철학적 물음은 어떤 맥락에서 발생할 수 있는가? 대체로, 이러한 물음에 대한 3가지 표준 답안이 있다.

(a) 철학은 존재의 또 다른 영역을 연구하며, 나름의 절차를 통해 이에

접근한다. 따라서 궁극적 물음의 목적은 이 다른 영역으로 향하는 문을 여는 것이다. 이것은 플라톤에 의해 채택된 견해로, 모든 철학 저작 중에서 가장 영감을 주며 아름다운 그의 몇몇 작품들에서 주장되었다. 플라톤 철학은 존재의 또 다른 상위 영역을 상징하는데, 그것이 참된 실재이며, 인간 영혼은 이성의 힘에 의해 이것과 연결된다. 고대의 많은 사상가가 이러한 생각을 받아들였는데, 이교도 철학자 플로티노스와 초기 기독교 교부인 알렉산드리아의 클레멘스가 가장 유명하다.

플라톤주의자에게 문제는 이것이다. 다른 영역이 존재한다는 것을 어떻게 아는가? 철학자는 이성의 힘으로 실제로 그것에 도달할 수 있다는 점을 입증해야 한다. 이제 철학의 주요 과제는 인간 지성을 비판적으로 평가하는 일이 된다. '상위' 영역을 기술하는 일은 추론 분석 다음의 일이 된다. 게다가 플라톤이 정교한 스토리텔링과 폭넓은 비유를 통해서만(즉 언어를 문자적 진리라는 목적에서 벗어난 방법으로 사용해서만) 이 상위 영역을 어렴풋이나마 보여줄 수 있었다는 사실은, 플라톤식으로 이해하는 철학이 실제로는 불가능하며, 우리는 일상적 사유의 세계를 넘어 이성의 관점으로까지 상승할 수는 없다는 의구심이 들게 한다.

(b) 철학은 어떠한 것을 연구한다. 철학적 물음은 특정 시점에 제기되고 특정 종류의 대상과 관련된다. 철학적 물음의 대상은 탁자—예를 들어, 이 탁자를 내가 어제 본 그 탁자와 동일하게 만드는 것은 무엇인가?('시간을 통한 동일성'의 문제)—나 사람, 예술작품, 정치체제, 즉 존재하는 어떠한 것이든 될 수 있다. 실제로, 허구나 불가능한 대상에 관한 철학적 물음도 있다—존재조차도 철학적 주제가 충족해야 하는 필요조건은 아니다. 만일 당신이 관심 있어 하는 것이 궁극적 물음이라면, 비존재도 다른 어느 것만큼 좋은 출발점이다.

이러한 견해의 주요 문제는 이것이다. 우리는 철학적(과학적, 예술적, 도덕적 혹은 종교적인 것과 대비하여) 물음을 어떻게 규정하는가? 나는 앞의 1절에서 하나의 답을 제시했다. 하지만 그것이 모든 사상가가 받아들이는 답은 아니다.

(c) 철학은 모든 것을 연구한다. 즉 철학은 만물의 이론을 제시하고자 한다. 과학이 '단편적'인 데 비해, 철학은 모든 진리가 조화될 수 있는 세계에 대한 통합적 설명을 시도한다. 대체로 철학자는 자신이 제시하는 총체성을 파악할 만큼 운이 좋은 합리적 존재를 위로하겠다고 약속한다. (세계의 진실은 형언할 수 없을 만큼 끔찍하리라는 근대의 의심이 우리를 세부에 집착하도록 이끈다. 그러나 바로 똑같은 이유에서 '총체성으로의 비약' 역시 영원한 유혹으로 남는다.)

다시금 여기에는 문제가 있다. 우리는 모든 것을 이해할 수 있는가? 어떤 것에 대한 이론은 가질 수 있지만 만물의 이론은 가질 수 없다고 주장하는 이들이 있다. 그러한 이론은 극히 일반적이어야 하므로 세계 밖의 관점을 취해야 하며, 따라서 세계 안에 있는 존재가 이해할 수 없게 주어질 것이다. 모든 것에 대한 물음은 또 다시 (a)에서처럼, 이성이 어떻게 그것을 알 수 있는가라는 더 긴급한 물음에 의해 미뤄지곤 한다. 철학적 전일주의holism 옹호자에는 대부분의 위대한 관념론자들이 포함된다. 헤겔, 셸링, F. H. 브래들리가 대표적이다.

3. 철학에는 독특한 방법이 있는가?

철학의 특별한 주제에 대한 생각을 차치하더라도, 우리는 여전히 철학적 방법의 문제에 부딪힌다. 궁극적 물음에 직면할 때 우리가 적용해야 하는 기법이나 일련의 가정, 절차가 있는가? 방법에 대한 탐구는 수세기 동안 철학자들의 지속적 관심사였다. 현재 사용되는 4가지 중요한 선택지가 있다.

(a)**토미즘.** 창시자 성 토마스 아퀴나스(1226~1274)의 이름을 딴 토미즘은 '이성이라는 자연의 빛'에 비추어 어긋나지 않고 교회의 가르침과 조화될 수 있는 한에서 철학적 성찰의 결과를 종합하려는 시도였다. 아퀴나스는 새롭게 발견된 아리스토텔레스의 저작과 이슬람교, 기독교, 유대교 신학자들의 주석을 대거 활용하여 철학을 모든 것의 궁극적 '근거' 혹은 설명을 탐구하는 최고의 학문이라고 묘사했다. 각각의 특정 학문은 스스로를 규정하는 영역에 관하여 탐구한다. 생물학은 생명을, 물리학은 물질을, 심리학은 마음을 연구하듯 말이다. 하지만 각 학문은 정당화할 수 없는 가정들을 한다. 철학의 과제는 만일 그러한 가정들이 타당하다면 세계가 어떠한지를 탐구하는 것이다. 따라서 철학은 자기의 결론을 경험에 의거할 수 없다. 그 결론은 이성에 의해서만 확립되며, 사물의 '최고의 원리'를 기술한다. 이러한 탐구의 영역은 보편적이다. 즉 모든 것이 그 영역에 해당하는데, 모든 부차적 학문은 철학에 그 궁극적 신뢰도를 의존하기 때문이다. 하지만 철학이 모든 것에 적용되더라도, 특정 학문이 제기한 것과 동일한 질문을 제기하지는 않는다. 이러한 학문들은 사물의 '2차적 원인'을 다루지만—즉 그것들은 하나의 우연을 다른 우연으로 설명한다—철학은 실재의 궁극적 본성으로서, 모든 우연을 설명하는 '제1원인'을 다루기 때문이다.

자크 마리탱은 《철학 입문》에서 토미즘의 견해를 간결하고 알기 쉽게 옹호하면서 자신의 주제를 다음과 같이 정의한다.

철학은 이성이라는 자연의 빛에 의해 만물의 제1원인 혹은 최고의 원리를 연구하는 학문이다. 다시 말해, 자연의 질서에 속하는 한에서, 제1원인에 있는 것에 관한 학문이다.

그러한 학문이 있을 수 있는가? 현대의 저자들이 이에 회의적이라면, 선천적*a priori* 논변(4절을 보라)의 본질과 가능성에 관해 확신하지 못하기 때문이다. 그리하여 우리는 토미즘의 거대한 야심과 대조되는, 다음과 같은 신중한 최소주의minimalism들과 만나게 된다.

(b) 언어적 혹은 '개념적' 분석. 이 명칭은 잠시 인기를 끌었지만 더 이상 일반적으로 사용되지 않는다. 하지만 그 명칭으로 의미하려던 바는 확실히 그럴듯하다. 그 생각이란 이런 것이다. 철학적 물음은 과학의 종착점, 사실의 문제에 관한 모든 특정한 탐구가 기진맥진했을 때 제기된다. 그렇다면 물어야 할 무엇이 남는가? 세계는 아니다. 왜냐하면, 그것에 관해 물어야 할 것은 모두 말했기 때문이다. 그렇다면 인간의 사유에 관해서인가? 하지만 그것에 관한 무엇 말인가? 사유가 세계의 일부분인 한 사유에 관한 학문도 있지만, 그것이 벌레나 은하계에 대한 학문보다 더 궁극적 물음과 관련이 있다고는 할 수 없다. 하지만 여전히 사유의 해석에 관한 문제가 있다. 이러저러한 생각으로 우리가 의미하는 바는 무엇인가? 이것은 과학적 물음이 아닐 것이다. 사유가 왜 생겨나는가에 대한 설명보다는 사유의 분석에 의해 해결되기 때문이다. 그러한 분석은 사유를 표현하는 데 사용된 단어와 관련되든가, 사유를 구성하는 개념과 관련됨에 틀림없다. 그러므로 철학의 근본 문제는 의미의 문제다. 우리가 철학의 문제에 답하려면 우리 용어의 의미(즉 그 용어로 표현된 개념)를 분석해야 한다. 이는 왜 철학의 결과가 단지 과학적 결과만이 아니라

일종의 영원한 진리 혹은 필연적 진리를 얻는 것처럼 보이는지를 설명해준다. 어떤 철학자가 '인격이란 무엇인가?'라고 질문할 때, 그는 특정한 사람들에 관한 특정한 사실을 찾는 것이 아니다. 또한 사람들에 관한 일반적인 과학적 진리를 찾는 것도 아니다. 그는 인격이라는 것이 무엇인지, 즉 어떤 것을 한낱 동물이 아니라 인격으로 만드는 것은 무엇인가를 알고자 한다. 따라서 그는 '인격'이라는 단어가 의미하는 바를 묻고 있는 것이다. '인격'이란 '합리적 행위자'를 의미한다는 것이 그의 답이라면, 인격이란 합리적 행위자다라는 진술은 비단 그에게 참일 뿐 아니라 필연적으로 참일 것이다. 그것은 우연적 진리(단순한 '사실의 문제')가 아니라 기술된 대상의 본질에 관한 진리를 나타낼 것이다.

이 견해에 따르면, 철학적 결과는 실체성의 공기를 잃음으로써만 필연성의 위엄을 획득한다. 만일 인격이란 합리적 행위자다라는 것이 단지 '인격'이라는 단어의 의미의 문제일 뿐이라면, 이 결과가 왜 중요한가? 더 나아가 의미란 무엇이고, 우리는 어떻게 이것 혹은 저것이 어떤 단어의 의미라고 결정하는가? 이러한 것들 또한 철학적 물음이며, 언어 분석 방법은 이러한 물음들로 사람들을 대단히 어리둥절하게 만든다.

(c)비판철학. 이 표현은 칸트가 자신이 생각하는 철학의 과제를 지칭하기 위해 도입한 것이다. 칸트에게도 철학은 사유의 분석과 관련되어 있다. 하지만 그것은 단어나 그 의미의 분석 이상을 의미한다. 철학은 타당한 활동의 한계를 설정하기 위해서 사유 너머로 나아가야 한다. 철학은 어떠한 절차가 진리로 향하는 경향이 있는지, 어떤 형태의 논변이 타당한지 그리고 우리의 추론 능력을 어떻게 사용해야 착각에 빠지지 않는지를 말해주어야 한다. 철학은 '사유 가능한 것의 한계를 규정해야'하며, 그 방법은 성찰 자체에 대한 '2차적' 성찰을 포함한다. 칸트는 때

때로 이러한 방법을 '선험적transcendental'이라고 부르는데, 대략 사유를 가능하게 하는 조건을 기술하기 위해서 사유의 배후에 이른다는(즉 넘어선다는) 의미. 비판철학의 결과는 만일 세계가 생각될 수 있다면 어떠한지를 우리에게 말해준다. 즉 세계란 생각될 수 있으므로, 우리는 순전히 철학적 논변만으로 세계가 어떠한지를 알 수 있다.

당연히, 이런 '비판적' 태도는 그 해답들만큼이나 많은 물음을 제기한다. 헤겔이 질문했듯이, 철학은 어떻게 사유를 초월하지 않으면서 동시에 사유의 한계를 설정할 수 있는가? (한 면만이 있다면 경계와 같은 것은 존재하지 않는다.) 이미 칸트에게도 비판철학(그리고 특히 '선험적 논변')의 가능성은 주요한 철학적 물음이었다.

⒟현상학. 현상학이란 글자 그대로 현상의 연구를 의미한다. 즉 의식에 나타나는 것으로서의 세계를 연구한다. 현상은 기만적일 수 있다. 현상은 자기를 통해 알려지는 비정신적 실재와 동일하지 않으면서도 드러날 수 있다. (그림 속 얼굴을 생각해보라. 그것은 현상이며, 의식적 관찰자에게는 진실로 그리고 객관적으로 거기에 있다. 하지만 그것이 물리적 실재의 일부인가?) 세계를 보이는 대로 이해하는 것은 확실히 철학적 과제의 일부다. 삶에서 가장 중요한 것들(선, 아름다움, 사랑, 의미)은 현상에 근거하고 있다. 그렇지만 현상학자에게 현상은 철학의 일차적 주제다. 현상이란 그것을 관찰하는 주체에 의존하기 때문에, 현상학은 의식 자체의 연구와 관련된다. 이 학설의 창시자로 20세기 초 수십 년 동안 주요 저서를 발표한 체코 모라비아 출신의 철학자 에드문트 후설은 그렇게 주장했다. ('현상학'이란 용어는 18세기 수학자 J. H. 램버트에 의해 처음 쓰였으며, 헤겔도 의식의 일반이론을 기술하기 위해 사용했다.)

후설에 따르면, 철학의 목적은 주체의 관점에서 보이는 의식의 내용을 연구하는 것이다. 철학은 의식의 연구로부터 시작되어야 하지만, 후설에 따르면 거기서 끝나는 것은 아니다. 오히려 철학은 또 다른 목표 그리고 더 야심 찬 목표를 갖는데, 그것은 바로 사물의 '본질'을 이해하는 것이다. 우리가 세계를 이해하는 것은 세계를 개념 아래로 불러오고, 각 개념은 본질을 나타내기 때문이다. 인간의 본질, 물질의 본질, 유니콘의 본질 등등. 이러한 본질은 과학적 탐구와 실험으로는 발견되지 않으며, 과학은 그저 각각의 사례를 연구할 뿐이다. 본질은 의식에 '드러나고' '정립되며', 직관에 의해서 파악될 수 있다. 문제는 직관의 작동을 방해하는 모든 잡동사니 생각을 제거하는 일이다. 우리의 마음은 우연적이고 비본질적인 것에 관한 믿음으로 혼란스럽다. 따라서 그러한 믿음을 '괄호 치기'하고, 순수한 내적 앎inner awareness의 대상으로 남겨진 것을 연구할 때에만 우리는 본질에 접근할 수 있다. '괄호 치기'의 방법은─'현상학적 환원'이라고도 한다─뒤의 장들에서 다시 논의할 것이다.

현상학은 언어 분석과 마찬가지로 그 일차적 주제로 의미를 제안한다. 그러나 그것은 언어에 딸린 협소한 개념으로서의 의미가 아니다. 그것은 삶 자체의 의미로서, 우리를 세계와 관계 맺게 하여 그것을 우리 자신의 세계로 만드는 과정을 뜻한다. 이것이 특히 도덕적이고 미학적이고 종교적인 물음에 대한 답을 찾으려 하는 이들에게 현상학이 갖는 매력을 설명해준다. 반면에 현상학은 그 비판자들이 만족할 만큼 스스로를 정당화하는 데 성공하지 못했다. 특히 의식에 '주어진' 것에 대한 연구가 어떻게 우리를 다른 어떤 것의 본질로 이끌 수 있는지 결코 보여주지 못했다.

(a) (b) (c) (d) 모두 철학이 과학보다 심오하고 우선한다고 가정한다. 게다가 이 4가지 견해에 따르면, 철학은 과학을 그대로 내버려둔다. 따라

서 어떤 과학이론도 철학이론을 증명하거나 부정할 수 없다. 왜 그러한가를 이해하기 위해서는 그 중요한 차이를 알 필요가 있는데, 이것은 뒤의 장들에서 다시 살펴볼 것이다.

4. 선천적인 것과 경험적인 것

철학은 선천적*a priori* 탐구라고 말해진다. 비록 그것이 정확히 무엇을 의미하는지는 논란의 여지가 있지만 말이다. 과학이 실험에 의해 진행되고 증거에 의해 모든 이론을 검증하는 반면, 철학은 사유만으로 결론에 도달하고 그 과정에서 경험을 전혀 언급하지 않는다. 이와 같은 것은 그래야만 하는데, 이는 지금까지의 우리의 논의로부터 연역할 수 있는 사실이다. 철학적 물음이란 과학이 끝나는 데서 제기되기 때문이다. 철학은 과학에 사용된 방법이 타당한지, 경험이 실재로 인도하는지, 세계 전체를 알 수 있는지 묻는다. 이러한 물음은 과학으로는 답할 수 없는데, 과학은 이에 대한 긍정적 대답을 전제하기 때문이다. 경험은 결코 자신이 실재로 인도하는지 여부를 물을 수 없다. 이것은 오직 사유만이 할 수 있는 물음이다. 이것을 선천적 물음이라고 부를 때, 철학자가 의미하는 바는 그것은 경험에 선행하는 것이고, 그 해결은 사유에 의해서만 가능하다는 것이다.

그리하여 철학자는 선천적 능력의 계발을 정당화하고 선천적 지식이 가능함을 보여주려고 노력한다. 실제로 칸트는 이것이 철학의 핵심 문제라고 생각했다.

5. 철학의 분과

철학에는 알려진 여러 분과가 있다. 하지만 그것들이 겉보기처럼 서로 명확히 구분되는 것은 아니며, 철학 전체에 대한 어느 정도의 지식 없이는 어느 분야도 진실로 이해할 수 없다고 충분히 주장할 수 있다. (이것이 실제로 영어권 철학의 주요 약점이다. 너무 협소하거나 분석적이라는 게 아니라 지나치게 전문화되었다는 것이다. 누군가가 철학자로 자처하면서 미학이나 정치철학, 도덕이나 종교에 관해 아무런 견해도 갖고 있지 않다면 전공과목에 대한 그의 생각은 무언가 잘못되어 있을 것이다.)

순수철학과 응용철학을 나누는 것은 유용하다. 전자에서 철학은 고유의 물음과 해답을 만들어내고, 후자에서 철학은 자신이 감당하지 못하는 주제를 다루는 분과 학문들의 토대를 탐구하는 데 이른다.

(a) 순수철학. 4개의 분과가 일반적으로 알려져 있다.

(ⅰ) 논리학: 추론의 연구. 어떤 형식의 논변이 타당하며, 왜 그러한가? 무엇으로부터 무엇이 도출되며, '도출된다'는 것은 무슨 의미인가? '사유의 법칙'은 무엇인가, 혹은 그와 같은 것은 없는가? 필연적 진리와 우연적 진리의 차이는 무엇인가? 등등.

(ⅱ) 인식론: 지식의 이론. 나는 무엇을 알 수 있으며, 어떻게 아는가? 지각이 지식을 제공하는가? 기억에 기초한 판단을 보증할 수 있는가? 과거의 지식, 보편법칙의 지식, 미래의 지식이란 있는가? 지식은 경험을 넘어설 수 있는가? 등등.

(ⅲ) 형이상학Metaphysics: 존재의 이론. (아리스토텔레스의 저작 중 《자연학》 다음에 오는 '*meta ta phusika*' 책이라는 데서 그 이름을 따왔다.) 무엇이 존재하는가? 존재란 무엇인가? 신은 존재하는가? 세계의 기본 재료는 무엇

인가? 속성은 그것을 지닌 개별자와 마찬가지로 존재하는가? 등등. 형이상학의 특정 분야는 별도로 취급될 만큼 매우 중요하다. 심리철학이 대표적이다.

(iv) 윤리학과 미학: 가치의 이론. 좋은 것, 행동, 감정과 나쁜 혹은 사악한 것, 행동, 감정 간에 실질적 차이가 있는가? 저것보다 이것을 해야 한다는 믿음을 정당화할 수 있는가? 덕이란 무엇이고, 왜 그것을 계발해야 하는가? 아름다움이란 무엇이며, 왜 그것을 추구해야 하는가? 등등.

(b) 응용철학. 인간이 어리석은 경우들만큼이나 많은 철학의 분과가 있다. 특히 중요한 것은 다음과 같다.

(i) 종교철학. 이것은 종종 신학을 포함하는 것으로 간주된다. 하지만 신학의 가능성을 다룬다고 말하는 것이 더 정확할 것이다.

(ii) 과학철학. 인식론의 분과이자(과학적 방법의 타당성을 검토한다) 형이상학의 분과이기도 하다(과학이 상정하는 존재자들entities의 존재를 다룬다. 그중 많은 것―예를 들어, 양자와 쿼크―은 형이상학적으로 상당히 문제가 된다).

(iii) 언어철학. 의미의 이해와 소통을 다룬다. 점점 더 중요해지고 있는 이 분과가 이제 나머지 분과들을 삼켜버릴 정도에 이르렀는데, 많은 철학적 물음은 의미에 관한 물음으로 바꿔 말할 수 있기 때문이다.

(iv) 정치철학. 응용철학 중 가장 오래된 분과로, 명백히 서양철학 최초의 걸작인 플라톤의《국가》의 주제이기도 하다.

(v) 응용윤리학. 최근 성장하는 철학 분과로, 철학적 논변을 특정한 도덕적 문제, 예를 들어 성행위, 기업윤리, 낙태, 안락사 등에 적용하는 분야다.

위의 대부분을 연구하는 것에 덧붙여, 철학의 역사를 연구하는 것도 일반적이다. 하지만 이것은 흥미로운 질문을 제기한다. 철학의 역사는 무엇을 의미하며, 그것이 왜 중요한가? 만일 철학이 내가 가정했듯 진실로 '근대적' 과목이라면, 그 역사는 무슨 필요가 있는가? 철학의 역사는 과학의 역사가 그 성공을 통해 대체되어왔듯이 왜 대체되지 않는가? 물리학자는 자기 분야의 최근 역사를 제외한 모든 것을 태연히 무시하고도 여전히 그 분야의 전문가일 수 있다. 반대로, 물리학(현재 참이라고 받아들여지는 물리학 체계)에 대한 이해가 매우 부족한 사람도 그 과목의 유능한 역사가가 될 수 있으며, 사장된 여러 가설의 가정들과 역사적 의의를 연구하고 자세히 설명할 수 있다. (그것이 바로 과학과 과학사가 별개의 학술 분과인 이유다.)

한 가지 대답은 이것이다. 철학적 물음은 궁극적이다. 따라서 그것은 인간 이해(오성)의 한계에 놓여 있다. 우리가 그것을 진정으로 파악했는지 알기란 어렵다. 그러므로 그것을 파악하기 위해, 우리는 그것과 씨름했던 위대한 사상가들의 저작을 연구하는 것이다. 그들의 뛰어난 지성은 시대에 뒤떨어진 믿음과 미덥지 않은 개념들로 뒤죽박죽일지라도 우리 혼자서 탐구할 때보다 해당 주제의 핵심으로 우리를 더 잘 인도하기 때문이다. 그러한 탐구는 인간 사유의 최상층부로 우리를 이끌 뿐 아니라 우리의 편견을 폭로해서 그 편견의 근원을 볼 수 있게 도와준다.

6. 철학의 역사와 사상의 역사

그렇다면 철학사와 사상사의 차이는 무엇인가? 혹은 차이가 없는가?

철학사는 철학에 대한 공헌 때문에 대접받는다. 다시 말해, 과거의 철학자들은 현재의 문제 혹은 현재 제기될 수 있는 문제에 기여하기 때문에 연구된다. 철학 연구를 생기 있게 해주는 진리에 대한 동일한 관심이 철학사에 대한 우리의 생각을 훈련시킨다. 역사상의 철학자들의 논의를 '닫힌 세계'로 간주하지 않는 것이 그들의 사유로 진입하는 전제조건이다. 따라서 철학사라는 지도는 영향력과 연속성의 지도라기보다는 시간순의 위치에 상관없이 우리와 동시대인이라고 여길 수 있는 인물들의 조각보라고 할 것이다. 철학사는 철학적 의제에 따라 다르게 가르쳐질 것이며, 사상ideas의 영역에서 영향력이 위대한 철학자들을 훨씬 능가했던 인물들(예를 들어, 루소나 셸링)은 철학사에서 비교적 단역만을 맡을 뿐이다. 사상사가는 서툰(즉 논변의 타당성이나 자기 결론이 참임을 주장하는 데 서툰) 철학자일지 모르지만 우수한 역사가임에는 틀림없다. 왜냐하면 그는 사상이 역사에 끼친 영향을 그 철학적 가치에 상관없이 기술하고, 가능하다면 설명해주기 때문이다.

이것이 바로 철학사가 그토록 틈새로 가득 차 있는 이유다. 중요한 사상가thinker였지만 그들의 문제가 해결되었거나 다른 저자에 의해 더 잘 진술된 이들이 있다―예를 들어, 말브랑슈나 로체가 그런 경우다. 해당 주제를 공부하는 학생들은 이제 거의 그들을 읽지 않는다. 하지만 우리에게 남아 있는 문제들에 대해 전범을 제시한 다른 사람들이 있다―플라톤, 아리스토텔레스, 데카르트, 칸트, 흄이 대표적이다. 때로는 과거의 사상가가 위대한 철학자로 재발견되어 사상사에서 철학사로 옮겨오기도 한다. 최근의 애덤 스미스가 그런 경우다. 때로는 로체가 그러했듯이 또 다른 여정을 밟기도 한다. 그리고 10년마다 그저 영향력 있었던 인물로 무시되다가 10년이 지나면 위대한 철학자로 '재발견'되는 철학자도 있다―그중 대표적인 인물이 바로 헤겔이다.

이것은 철학에 진보가 없다는 것을 의미하는가? 진보가 가능하다는 것이 '현대'철학의 암묵적 믿음이다. 밝혀내야 할 진리가 있다. 하지만 그것은 우리 오성의 한계에 놓여 있다. 따라서 우리는 논변의 패러다임에 기여하는 이러한 철학적 성취들을 견지해야 한다. 조금씩 철학의 영토에 빛이 비치고 있다. 무지가 우리를 다시 집어삼킬 위험은 언제나 있지만, 우리는 확실히 데카르트가 자신이 발견했던 문제들에 대해 발휘했던 것보다 나은 오성을 오늘날 요청할 수 있다.

2   회의주의

근대철학은 데카르트에서 시작된 것이 아니라, 정확히는 데카르트가 유명하게 만든 것, 곧 체계적 의심에서 시작되었다. 철학사에서 데카르트의 위상은 사상사에서의 위상과 확실히 일치하지 않는다. 실제로, 그는 회의적 물음을 정립하고 답하려고 시도했던 오랜 전통의 일부분이었다. (R. H. 포프킨의 인상 깊은 연구서 《에라스무스에서 스피노자까지의 회의주의의 역사》를 참고하라.) 인식론을 처음으로 철학의 중심에 올려놓은(하지만 이제 그 지위를 잃기 시작했다) 것이 바로 회의적 물음이다. 회의주의는 종종 지식이라는 개념―이에 대해서는 22장에서 다시 논의할 것이다―의 측면에서 제시된다. 하지만 우리가 회의적 물음을 말하기 위해 그리스 인들에게 매우 중요했던 회의주의라는 개념을 쓸 필요는 없다. 회의적 논변의 힘을 알기 위해서는 우리의 일상적 믿음에 충분한 근거가 있는지 질문하는 것으로 충분하다. 하지만 즉시 우리는 언어의 문제와 만나게 되므로, 우선 이것을 설명하는 편이 좋겠다.

1. 문장, 명제, 진술, 사유, 믿음

가령 내가 '고양이가 매트 위에 있다'라는 문장(간단히 'p'라고 하자)을 말한다고 하자. 이때 나는 p라는 문장을 발화할 뿐 아니라 p라는 명제를 표현하는 것이며, p라는 사유와 동일한 것이다. 명제는 문장의 의미다. 이 명제를 표현할 때, 나는 또한 어떤 진술을 하고 있는 것이기도 하다. p라는 진술 말이다. 하지만 나는 문장을 발화함으로써 항상 이러한 진술을 하는 것이 아니다. 즉 나는 지금 그 진술을 하고 있지 않다. 왜냐하면 나는 당신이나 혹은 누군가에게 고양이가 매트 위에 있다고 말하는 것이 아니라 그저 당신의 관심을 끌기 위해 그 명제를 예로 드는 것뿐이기 때문이다. ('고양이는 어디에 있나요?'라는 당신의 걱정스런 질문에 대한 내 대답과 대조해보라.) 진술을 할 때 나는 또한 p라는 내 믿음을 표현하는 것이기도 하다. 그래서 우리는 'p'와 동일시할 수 있는 4가지(5가지도 가능하다)의 것을 갖게 된다. p라는 문장, p라는 명제(사유), p라는 진술, p라는 믿음. 이것들은 각기 다른 범주에 속한다. 문장이란 언어의 한 조각이고, 명제란 문장이 의미하는 바이며, 진술이란 문장으로 말해진 것이고, 믿음이란 문장으로 표현된 어떤 정신상태다. 그러나 이들 모두에는 공통의 중요한 특징이 있다. 즉 이들은 참 또는 거짓일 수 있다(현대철학자들의 용어를 빌리면, '진리치'를 갖는다). 더욱이 이들은 동일한 사태에 의해 참이 된다. 즉 p라는 사태 말이다(따라서 p와 동일시할 수 있는 것이 또 하나 있는 셈이다). 그러므로 회의적 논변은 다양한 방식으로 표현될 수 있다. 문장, 명제, 진술, 믿음의 정당성에 관한 논변들 말이다. 우리의 목적을 위해서 이들을 구별할 필요까지는 없다. 하지만 이들 중 무엇이 가장 우선적인가(즉 다른 것들을 규정하고 확인해준다는 의미에서 무엇이 '근본적'인가) 하는 문제는 논리학과 심리철학에서 중요하다.

2. 회의적 문제의 구조

우리의 세계관에 기초적이어서 그것이 참임에 의문을 제기하지 않는 일군의 믿음을 확인하는 데서 회의주의는 시작한다. 그러고 나서 그러한 믿음의 모든 근거를 확인한다. 이러저러한 사람이 갖는 현실적 근거가 아니라 모든 가능한 근거를 말이다. 회의주의는 그 근거들이 믿음을 정당화하지 않는다는 것을 보여주는 데로 나아간다. 온건한 회의주의는 근거들이 믿음을 결정적으로 증명하지 못한다고 주장하며, 급진적 회의주의는 근거들이 믿음의 이유를 전혀 제공하지 않는다고 주장한다. 철학에 가장 커다란 자극을 준 것은 급진적 회의주의인데, 만일 우리가 여기에 답하지 못한다면, 우리의 일반적 믿음이 참이라고 생각할 아무런 근거가 없기 때문이다.

여기서 우리는 믿음을 구별할 필요가 있다. 어떤 믿음은 소위 인식론적 사치다. 나는 세계에 대한 내 개념과 그 속에서의 내 지위를 잃지 않고도 그러한 믿음을 포기할 수 있다. 신에 대한 믿음을 생각해보자. 그 믿음을 포기하는 것은 내게 도덕적이고 정서적으로 어려울지 모른다. 하지만 회의주의자가 내게 그 믿음에 어떠한 근거도 없음을 보여준다 하더라도, 그가 세계에 대한 나의 개념까지 훼손하는 것은 아니다. 가령, 나는 신이 존재하지 않음을 인정하면서도 과학적 믿음을 견지할 수 있다. 이러한 인식론적 사치를 공격하면서, 회의주의자는 실제로 나의 더 일반적인 신념을 확인시켜준다.

하지만 인식론적 필연도 있다. 그중 첫째는 내가 객관적 세계에 살고 있다는 믿음이다. 나와 구별되고 그 존재가 나의 사유에 의존하지 않는 세계 말이다. 만일 이 믿음을 포기한다면, 내 모든 과학적 지식과 사실상 내 모든 상식적 판단은 폐기될 것이다. 내가 무엇인지 개념을 세우는 것조차 힘들 것이고, 아마도 불가능할 것이다. 합리적으로 생각하고 말하는 나의 능력까지도 의심스러울지 모른다. 《제일철학에 관한 성찰》에서 데카르트의 논변은 바로 이러한 종류의 인식론적 필연을 겨눈다. 흥미롭게도 회의주의에 대한 그의 대답은 신에 대한 믿음을 되살리는 것이었으며, 그리하여 그것은 현대인이 생각하듯 단순한 사치가 아니게 된다.

3. 데카르트의 논변

데카르트는 자신의 (인식론적 '필연'의 범주에 속하는) 믿음을 의심하면서 시작한다. 먼저 그는 그러한 믿음의 일반적 근거가 그 거짓과 양립 가능함을 보여준다. 나는 이러한 근거들에서 이러한 믿음들을 가졌는데, 오류로 판명되었다. 그렇다면 내가 지금 실수를 범하고 있지 않음을 나는 어떻게 아는가? 예를 들어, 물리적 세계에 관한 믿음의 일반적 근거인 감각경험은 오류를 저지르기 쉬운 것으로 악명 높다. 나는 착각, 환영, 감각이상을 겪고 있을지 모른다. 그리고 그것은 다른 경우에 내가 '진실한'(즉 참된) 지각이라고 여기는 것과 질적으로 구별되지 않는다. 하지만 만일 내가 책상에 앉아 있다는 믿음의 근거가 사물이 겉으로 보이는 방식이고, 그 근거가 내가 책상에 앉아 있지 않다는 것과 양립 가능하다면, 그것은 **충분한** 근거가 아니다.

이로부터 데카르트는 경험이 어떠한 근거도 제공하지 못한다는 점을 보여주기 위해 고안한 두 가지 급진적 논변으로 나아간다.

(i) 꿈의 논변. 나는 꿈에서 종종 깨어 있는 상태를 경험한다. 그리고 꿈꾸고 있는 동안의 내 경험이 지금 불 옆에 앉아 명상을 하면서 갖는 경험과 정확히 동일하다는 가정에 논리적으로 불합리한 점은 조금도 없다. 그렇다면 내가 꿈꾸고 있지 않다는 것을 나는 어떻게 아는가? 꿈은 그 속에서 생겨난 믿음에 어떠한 토대도 제공하지 않는다. 하지만 꿈에서도 깨어 있을 때 경험하는 질서와 연결성을 원칙적으로 시현할 수 있다. 그렇다면 우리의 깨어 있는 경험을 신뢰할 근거는 무엇인가?

이것은 그저 '온건한' 회의주의의 한 형태인 듯 보인다. 누군가는 이렇게 대답할지 모른다. 내가 꿈을 꾸고 있다는 것은 사실상 있음직하지 않다. 내가 깨어 있다는 것을 증명할 수 없을지라도, 내가 깨어 있다고 믿을 만한 매우 타당한 근거들이 있다. 하지만 이러한 대답은 요점을 놓치고 있다. 우리는 장기적 연결의 측면에서 있음직한 일을 판단한다. 우리집 개는 내가 집에 왔을 때 배가 고플 리 없는데, 보통 아내가 먼저 도착해서 먹이를 주기 때문이다. 우리는 p라는 조건 아래서 q의 가능성을 안다. 왜냐하면 우리에게는 일반적으로 p와 q를 연결할 근거가 있기 때문이다. 그러나 만일 내가 지금 꿈을 꾸고 있다는 것이 가능하다면, 모든 경우에 내가 꿈을 꾸고 있다는 것도—심지어 깨어 있는 내 경험이 꿈이라는 것도 마찬가지로 가능하다. 나는 내 경험의 본질과 깨어 있다는 사실 사이에 장기적 연결을 맺을 수 없다. 그러한 연결이 있어야 내 경험이 이와 같을 때 내가 꿈꾸고 있지 않다는 것은 있음직하다고 연역할 수 있을 것이다.

다른 철학자들은 이렇게 답한다. 꿈꾼다는 개념은 깨어 있음과 대비됨으로써 의미를 지니며, 그러한 대비가 가능하다는 사실은 내가 의지할 수 있는 어떤 기준이 있음을 상정한다고 말이다. (노먼 맬컴의 《꿈꾸기》에서의 논변과 비교해보라.) 세부 논의로 들어가지 않더라도, 적어도 우리를 의아하게 만드는 것은 꿈의 개념을 동원하는 데카르트가 왜 자신이 지금 꿈을 꾸고 있다면 그것은 자신이 종종 깨어 있는 세계에 존재하기 때문이라는 생각을 즉각 지지하지 않았는가 하는 점이다. 반면에, 깨어 있는 것과 꿈꾸는 것을 구별할 기준이 있더라도, 내가 그 기준을 적용한다고 단순히 꿈꾸고 있는 것은 아닐까? 그리고 어떻게 나는 그 기준의 존재를 알게 되었는가? 그것이 존재한다고 그저 꿈꾸었을지 모른다.

데카르트 자신은 꿈의 논변을 결정적이라고 여기지 않았다. 데카르트는 꿈에서의 관념이 어딘가에서 유래한 것이며, 자신이 그 창조자가 아니기 때문에(그것은 무의식적이다), 그 관념을 만들 힘을 지닌 세계에 자신이 살고 있다고 가정하는 것이 옳다고 인정한다. 그는 객관적 실재를 어느 정도 신뢰할 수 있게 되었다. 그리하여 그는 이제 두 번째이자 더 강력한 논변으로 주의를 돌린다.

(ii) 악령. 데카르트는 이제 자신의 경험이 정확히 있는 그대로라고 상상한다. 악령—'사악한 천재'—이 그것을 만들어낼 경우를 제외하고 말이다. 그 악령은 자신의 희생자들에게 객관적 실재라는 한결 같은 착각을 불러일으킬 만큼 강력하고 심술궂은 존재일 것이다. 만일 이 가설이 말이 된다면, 객관적 실재란 없으며, 사실상 세계에는 나와 나를 기만하는 악령 이외에 아무것도 없게 된다. 그렇다면 이 가설이 참이 아님을 나는 어떻게 아는가?

이에 답하기 위해 다양한 시도를 해볼 수 있다. 하지만 우리는 더 이상 꿈꾸는 것과 깨어 있는 것의 구별에 의존할 수 없다. 또한 진실한 지각과 착각 지각의 구별에도 의존할 수 없다. 우리의 감각경험에서 참과 거짓을 으레 구별해주는, 진실한 지각이 갖는 어떤 표시가 있다고 가정해 보자. 악령은 그런 표시를 보여주는 경험을 만들어낼 수 없는가? 악령이 나로 하여금 현재 내가 하는 모든 구별을 하도록 하고, 내 지각들 중에서 참과 거짓을 매우 합리적으로 구분하도록 하며, 현재 나를 확신시키는 세계의 상을 구성하도록 하고, 깨어 있음과 꿈, 존재와 외관을 구별하도록 할 수 없는가? 그럼에도 이 모든 경우에, 내가 존재하는 유일한 것이 아닌 양 객관적 실재에 붙박아놓을 수 없는가?

어떤 이는 그렇다고 해도 '악령 논변'은 기껏해야 가설일 뿐이며, 내 경험에 대한 다른 경쟁 설명보다 나을 게 없다고 주장할 것이다. 일반적 설명—내 생각에 대응하는 객관적 세계에서 내가 살기 때문에 사물은 지금과 같이 보인다—이 더 낫지는 않더라도 마찬가지로 타당하다. 실제로 일부 철학자는 소위 '최선의 설명 추론'에 의지하여, 대상에 대한 상식적 관점이 진리를 추론하는 데 타당한 근거가 되며, 이는 그것이 우리의 경험에 대한 최선의 설명을 제공하기 때문이라고 주장한다. (길버트 하먼의 〈최선의 설명에로의 추론〉. 학습안내 참조.) 그러나 그 철학자들이 '최선의' 설명이 무엇을 의미하는지 말할 수 있다 할지라도, 상식에 의한 설명보다 악령이 더 나은 설명이라고 얼마든지 주장할 수 있다. 우리가 그 법칙을 거의 이해하지 못하는, 다수의 대상으로 이루어진 복잡한 세계의 존재를 가정하는 대신에, 악령 가설은 우리에게 무척 친숙한 원리(기만의 욕구와 추구)에 따라 작동하는 단 하나의 대상(악령)만을 제안한다. 그 가설은 상식의 교리보다 단순하면서 더 알기 쉽다. 아마도 그것이 최선의 설명일지 모른다!

4. 일반적 회의주의

이런 논변들의 목적은 우리의 상식적 믿음이 비록 거짓일지라도 그 근거는 충족될 수 있다는 점을 증명하고, 이에 덧붙여 우리가 다른 경쟁적 견해의 진리를 가정하기보다 상식적 믿음의 진리를 가정할 더 나은 이유가 없다는 점을 증명하려는 것이다. 악령은 여러 다른 모습으로 계속 등장하는데, 대부분이 이런저런 철학자에게는 무해한 용기 안에 악령을 밀봉해버린 듯한 논변들이다. 그러나 악령은 항상 탈출해버린다. 악령을 고안해낸 목적 자체가 그에게 그렇게 할 수 있는 힘을 주려는 것이었기 때문이다. 악령의 가장 최근 화신은 힐러리 퍼트넘의 논변을 통해서 나타난다(《이성, 진리 그리고 역사》 4~7쪽). 퍼트넘은 내가 사실 '통 속의 뇌 brain in a vat'에 불과하여, 전극으로 나를 자극하는 악의적 과학자의 처분에 맡겨져 있을지라도, 내 경험은 실제일 수 있다고 주장한다. (현대인들은 사악한 악령보다 미친 과학자에 더 만족해한다. 그러나 이 또한 악마의 작품이다. 30장을 보라.)

데카르트는 이러한 급진적 논변들에 의해 스스로 처하게 된 입장을 기술하기 위해 '과장된 회의'라는 표현을 사용했다. 데카르트의 논변은 의심과 확실성을 대비시킴으로써 의심을 밝히기보다는 오히려 모든 믿음과 모든 확실성을 오염시켜버린다. 그의 논변은 우리의 세계관이 의존하는 듯한, 알려진 것과 알려지지 않은 것 간의 대조 없이 우리에게 남겨진다.

이러한 급진적 회의주의가 회의주의의 유일한 종류는 아니다. 인식론의 각 영역에는 우리 믿음의 객관성에 도전하면서도 나머지 지식에는 영향을 미치지 않는 국지적 회의주의들이 있다. 다음은 몇몇 예들이다.

(a) 신. 신에 대한 믿음은 세계에 대한 믿음(예를 들어, 세계는 우리의 욕구와 조화를 이룬다는 믿음)에 기초한다. 그러나 세계에 대한 믿음이 참이라도, 신은 존재하지 않을 수 있다.

(b) 타인의 마음. 타인의 마음에 대한 믿음은 행동과 신체상태에 대한 믿음에 기초한다. 그러나 행동에 관한 믿음이 참이라도 타인의 마음은 없을 수 있다.

(c) 가치. 가치에 대한 믿음(그렇지만 그것은 정확히 믿음일까?)은 세계에 대한 믿음에 기초한다. 그러나 …….

(d) 과학에서의 '이론적' 존재자들(예를 들어 전자, 광자, 양자). 이론적 존재자에 관한 믿음은 관찰 가능한 존재자에 관한 믿음에 기초한다. 그러나 …….

인식론의 모든 영역에 동일한 회의주의의 논리를 반복할 수 있다. 국지적 회의주의의 가능성이 바로 인식론적 문제를 규정하는 것이다. 그리고 다음 장에서 다루게 될 물음 중 하나는 우리가 회의주의에 대해 하나하나 대답할 필요가 있는가, 혹은 반대로 항상 동일하게 반복되는 형태를 갖는 듯한 문제에 대해 전반적 해결책이 있는가 하는 것이다.

5. 현상과 실재

회의주의를 해석하는 한 가지 방법은 현상과 실재의 구별을 통해서다. 데카르트의 논변은 세계의 실재가 세계의 현상과 구별 가능하다는 것을 보여주는 듯하다. 문제는 현상으로부터 실재를 이끌어내는 것이다. 그것은 가능한가?

많은 철학자가 다음과 같은 방식으로 대답했다. 그렇다. 그것은 가능하다. 실재가 현상으로부터 너무 멀리 떨어져 있지 않다면. 게다가 우리가 '실재'의 의미를 알게 된다면, 실재는 멀리 떨어져 있을 수 없다. 그러한 철학자의 좋은 예가 버클리로, 그의 《힐라스와 필로누스의 세 대화》를 기회가 닿는 대로 읽을 필요가 있다. 버클리는 자신이 로크와 (아마도 잘못) 결부시킨 견해를 공격하고 있다. 그 견해에 따르면, 세계는 '질료적 실체' 즉 (더 친숙한 용어로는) 물질로 이루어져 있으며, 우리는 경험을 통해―즉 보이는 대로―그것을 안다. 그러나 이러한 생각은 모순에 이른다고 버클리는 주장했다. 만일 질료적 실체가 실제로 우리와 독립적으로 존재한다면, 그것은 그 현상과 상관없는 속성을 지녀야 한다. 하지만 어떤 속성이란 말인가? 우리는 속성을 규정하는 경험―색, 형태, 뜨겁고 차가움의 경험 등―을 통하지 않고는 속성에 대한 어떠한 개념도 가질 수 없다. 그렇다면 물질은 정말로 뜨겁거나 네모거나 녹색일까? 우리는 그렇다고 말할 어떤 근거를 가지고 있는가? '질료적 실체'가 뜨겁거나 네모거나 녹색으로 보인다는 사실뿐이다. 우리는 이 대상을 뜨겁다고 말한다. 왜냐하면 그것이 뜨겁게 느껴지기 때문이다. 뜨거운 물에 손을 넣었다가 꺼내보라. 그 대상은 더 이상 뜨겁게 느껴지지 않을 것이다. 따라서 그것은 뜨거운 동시에 뜨겁지 않게 느껴진다. 둘 중 어떤 현상이 실재를 보여주는가? 이 물음에 대한 답은 없다고 버클리는 말한다. 두 가지 현상 모두 참이든가―이 경우에 질료적 실체라는 관념은 모순을 내포한다, 혹은 둘 다 참이 아니든가다―이 경우에 속성은 질료적 실체가 아니라 그것을 나타낸다고 여겨지는 현상에서만 기인할 수 있다. 어떠한 해결책을 받아들이든, 질료적 실체는 고려에서 누락되고 현상이 그 자리에 온다.

그렇다면 우리는 실재란 현상이라고 말해야 하는가? 아니면 실재는 현상으로부터 구성된다고? 아니면 실재는 현상으로 환원 가능하다고? 버클리 이후 전개되어온 이러한 물음을 이해하기 위해서, 우리는 일반적인 철학적 견해 몇 가지를 규정할 필요가 있다.

3 몇 가지 다른 이론

회의주의에 맞서 싸우고자 했던 시도들의 범위와 다양성을 파악해본다면, 회의주의가 갖는 힘을 이해하기가 더 쉬워질 것이다. 이 장에서 나는 악령에 대한 전통적 응답 가운데 가장 중요한 것들을 살펴보고, 그렇게 함으로써 근대철학의 역사를 간략히 전개할 것이다.

1. 관념론

'관념론'이라는 용어는 다양한 견해에 붙여진다. 나는 버클리의 관념론에서부터 시작하겠다.

버클리는 우리가 '관념'이라는 존재와 그것을 '지각' 혹은 '상상'하는 그 무엇을 제외하고는 어떠한 것도 믿을 만한 근거가 없음을 보여주고자 한다. '존재하는 것은 지각되는 것이다.' 버클리가 '관념'이라는 용어로 의미하는 바는 지각이나 생각, 감각 등의 정신상태—즉 내가 '자기성찰'을 통해 내 안에서 발견할 수 있는 종류의 것들이다. 그의 논변은 일반적 회의주의를 포함하지만, 거기에 특히 로크를 겨냥한 자기만의 회의를 덧붙인다. 그 결론은 아주 간단하다고 버클리는 믿었다. 즉 우리는 '질료적 실체'의 세계를 상정하자마자 오류와 혼란에 빠진다는 것이다. 우리에게 알려진 것—즉 우리의 의식에 들어온 관념과 그것으로부터 올바르게 추론될 수 있는 어떤 것—에 관해서 말할 때에만, 우리는 안전하다. 게다가 평범한 사람들은 이것을 잘 알고 있다. 그들은 단어를 사용할 때 그것이 가리키는 관념 이외에 다른 것을 의미하지 않는다.

버클리는 악령에게도 끄떡없는 듯하다. 나는 내 관념에 기만당할 리 없다. 그리고 그 관념이 내가 물질적 세계에 대해 말할 때 가리키는 전부라면, 나는 그것에도 역시 기만당할 리 없다. 그러나 사안은 그렇게 간단하지 않다. 내가 탁자와 의자에 대해 말할 때, 버클리가 인정하듯이, 나는 단일한 관념이 아니라 그가 관념의 '집합'—대략, 그러한 개념들을 배치하도록 나를 이끄는 경험의 총체성을 의미한다—이라고 부르는 것을 가리킨다. 확실히 나는 내가 지금 지니고 있는 이 관념이 겉보기와는 다른 것이라고 생각하도록 기만당할 리 없다. 하지만 그것이 어떤 '집합'에 속한다고 잘못 믿을 수는 있다. 그리고 이전의 관념에 대한 내 기억이 틀릴 수도 있다. 따라서 현재 내가 세계에 대해 품고 있는 상은 전적으로 그릇된 것일지 모른다. 그리고 내게는 진정한 상에 도달할 유용한 수단이 전혀 없을지 모른다. 아마도 진정한 상을 말하는 것은 아무런 의미가 없을 것이다. 아마도 나는 내 현재의 관념만을 말해야 할 것이다. 하지만 이 경우에 나는 정말로 그것을 말할 수 있는가? (5장을 보라.)

버클리는 자신이 말하려는 것에 대해 매우 솔직하다는 점에서 관념론자 가운데 독특하다. 실제로 그가 주장하려 했던 것은 물리적 세계란 없으며, 마음—즉 당신의 마음, 나의 마음 그리고 신의 마음(내가 등을 돌리고 있을 때에도 사물들이 사라지지 않는 것은 그것들을 '생각하는' 신이 항상 거기에 있기 때문이다)—이외에 아무것도 존재하지 않는다는 것이다. 그는 이러한 정직함으로 인해 셸링과 헤겔로부터 '주관적 관념론자'라는 호칭을 얻었다. 그는 매우 순진하게도 만물은 정신상태로 '이루어져' 있다고 말하며, 그런 상태(관념)를 주관적 관점을 통해—즉 '내적인' 본성이라는, 의식에 '주어진' 방식을 통해—규정할 준비가 되어 있었다. 하지만 또 다른 종류의 관념론도 있는데, 그것은 (다시금 셸링과 헤겔의 명명에 따라) '객관적 관념론'이라고 불린다. 객관적 관념론자는 실재가 어떤 의미에서 마음과 독립되어 있다고 믿는다. 즉 실재는 그것을 지각하는 주체와의 관계에서 객관적이다. 그러나 객관적 관념론자는 또한 실재가 '정신적으로 조직된다'고 믿는다. 즉 실재는 알려지는 과정('개념 아래 놓이는' 과정)을 통해서 자기의 특성을 얻는다. 이 견해에 따르면, 물리적 대상이 관념 혹은 다른 정신적인 것으로 '구성된다'고 말하기란 불가능하다. 대신에, 물리적 대상이란 정신상태의 대상이며, 관찰하는 지성에 '상정되는' 과정에 의해 그 본성이 부여된다고 우리는 말해야 한다. 더욱이 정신상태는 단순히 '주관적'이지도 않다. 즉 그것은 버클리가 생각한 방식으로 주관에 '주어지지' 않는다. 정신상태 또한 자기에게 객관적(단순히 주관적이지 않은) 실재를 부여하는 과정을 통해 그 본성을 획득한다. 정신상태는 객관적 세계에서 '실현되며', 객관적 세계는 다시 지식의 과정을 통해 실현된다.

이러한 헤겔류 철학의 세부는 복잡할 뿐 아니라 명쾌함과도 거리가 멀다(이것은 12장에서 다시 살펴볼 것이다). 설상가상으로 세 번째 관념론 즉 칸트의 '선험적' 관념론(이것이 헤겔 철학에 주요한 영감을 주었다)이 있다. 칸트에 따르면, 세계는 우리와 독립해 존재하지만 우리의 능력에 '순응하기도' 한다. 세계란 있는 그대로인데, 왜냐하면 그것이 보이는 방식이기 때문이다—비록 존재가 보이는 것 이상이라 할지라도 말이다. 세계가 보이는 방식은 곧 우리가 그것에 질서를 부여하는 방식이며, 객관적 지식을 얻고자 할 때 우리가 그것에 질서를 부여해야 하는 방식이다. 우리에게는 또한 '선험적' 세계—우리의 인식이라는 요건에 구속받지 않는 세계—에 관한 관념이 있다. 하지만 그것은 관념일 뿐이며, 선험적 실재에 관한 어떠한 지식으로 바뀔 수는 없다.

칸트의 견해는 대단히 미묘하다—너무 미묘해서, 사실상 어떤 주석가도 그 견해가 무엇인지에 관해 다른 사람의 생각에 동의하는 것 같지 않다.

2. 검증주의

버클리는 종종 '검증주의자' 혹은 '논리실증주의자'와 비교된다. 검증주의는 양차 대전 사이에 중부 유럽이 자기의 유산을 버리고 도덕적 자살을 감행하게 만들었던 '거부의 문화'*부르주아 사회의 기성 문화를 전면적으로 거부하는 반항적 반문화를 가리키는 스크루턴의 독자적 개념의 일부로서 빈에서 일어났다. 표면상의 영감은 비트겐슈타인의 《논리철학 논고》에서 받았지만 다른 연구들, 특히 영국 경험론에도 의지하였으며, 지식에 이르는 증명된 길로서 과학과 '과학적 방법'을 높이 샀다. 그 근본이념은 '검증 원리'인데, 문장의 의미는 그것을 검증하는(참임을 밝히는) 절차에 의해 주어진다는 뜻이다. 당신은 'p'가 참인지 아닌지 밝힐 방법을 알 때에만 'p'의 의미를 안다. 이것은 우리가 말하는 많은 것이 무의미함을 함축한다. 왜냐하면 그것이 참임을 밝힐 실질적인 혹은 가능한 절차란 존재하지 않기 때문이다. 예를 들어, 대부분의 형이상학은 무의미하다―이것이 검증주의자들이 열렬히 환영한 결론이었다.

　검증주의는 A. J. 에이어에 의해 영국에 소개됐는데, 그는 자신에게 명성을 안겨준 책―《언어, 진리, 논리》―에서 이를 자세히 설명했다. 이 책은 일종의 고전이기에, 빨리 건성으로 읽더라도 가능한 한 꼭 읽어야 한다. 논변의 세부가 터무니없을 때도 있지만, 전체적으로는 무엇이 검증주의를 촉발했으며 왜 그것이 그토록 영향력이 있었는지를 명쾌히 보여준다. 그 책은 철학적 문제를 의미에 관한 문제로 재설정하고, 철학의 폐기를 철학의 목적으로 제안한 최초의 체계적 시도 중 하나였다. 그것은 또한 회의주의에 대한 하나의 답을 제시했다. 만일 p에 대한 증거가 q이고, 그것이 현재의 혹은 가능한 미래의 유일한 증거라면, 'p'는 q를 의미한다. 따라서 증거와 결론 간에 틈새란 없으며, 회의적 물음은 발생하지 않는다. (버클리와의 연결점은 바로 이 대목이다.) 그러므로 물리적 대상에 관한 내 진술들에 대해 내가 가진 유일한 증거가 경험에 관한 다른 진술들의 참에 있다면, 그것이 바로 내가 물리적 대상에 관한 내 진술들로 의미하는 것이다. '물리적 대상 자체', 경험 '너머의' 존재에 관해 남아 있는 어떠한 우려도 무의미해진다. 즉 그것은 철학적 고안물로서, 우리가 언어를 적절한 논리에 따라 사용한다면 사라질 것이다. 철학은 스스로 문제를 만들어내는데, 그 문제가 전혀 문제되지 않는다는 점을 보여줌으로써 해결될 수 있다.

　검증주의자는 행동주의자이기도 하다. 당신의 마음에 관한 내 진술에서 내가 지닌 유일한 증거는 당신의 행동에 대한 관찰이기 때문에, 그것이 내가 당신의 정신 과정을 언급하면서 의미하는 전부가 된다. 그러나 내 마음에 관해서는 어떤가? 내가 아프다거나 생각을 하고 있다고 말할 때 나는 확실히 내 행동을 언급하지 않는다. 만일 그런 것들이 내가 의미한 것이라면, 나는 오해받을 수 있다! 여기에 검증주의가 부딪히는 여러 난점 중 하나가 있다. 사실상, 검증주의는 현재 주로 이러한 난점 때문에 연구된다. 검증주의자도 버클리와 마찬가지로 솔직함이라는 실수를 저질렀다. 검증주의자는 검증 원리 자체를 포함하여 자신이 말한 모든 것을 논박 가능하게 만듦으로써 스스로의 순진함의 희생양이 되었다. 결국 그 원리를 어떻게 검증할 것인가? 해답이 있을 것 같지 않다. 어떤 경우든 검증 원리는 스스로의 계산에 의해 무의미해진다.

그러나 논리실증주의는 하나의 유산을 남겼다. 그것은 언어에는 외면의 구조로 즉각 드러나지 않는 체계적인 근본 구조가 존재한다는 견해다. 우리는 언어를 분석함으로써 그리고 문장 간의 논리적 관계를 드러냄으로써 우리가 의미하는 바를 발견해야 할 것이다. 실증주의자들은 러셀에게서 이러한 생각을 이끌어냈다. 하지만 그들이 사용한 방식은 철학적 탐구의 모든 영역에 기여했다.

3. 환원주의

검증주의는 또한 환원주의의 한 형태이기도 하다. 그것은 '문제적 존재자'—예를 들어 물리적 대상, 마음—에 관해 묻고, 그러한 대상을 믿도록 이끄는 증거로 환원함으로써 답한다. 여기서 원리가 되는 것은 '오컴의 면도날'인데, 중세 영국의 경험론자 오컴의 윌리엄에서 그 이름이 유래했지만, 그는 아마도 이 용어를 말한 적이 없었을 것이다. 오컴의 면도날은 '존재자를 쓸데없이 늘려서는 안 된다'는 말이다. 우리는 경험을 설명하기 위해 가정할 필요가 있는 것들의 존재만을 가정해야 한다. 필요하지 않은 존재자는 우리의 세계관에서 삭제하거나 다른 필수적인 것들로 '환원해야' 한다. 일례로 사회를 들 수 있다. 사회(가령 영국 사회)는 그 것을 구성하는 개인들 너머에 존재하는가? 대처 여사는 사회와 같은 것 은 없다는 말로 악명이 높다. 이 말은 사회란 개인들로 이루어진 것에 불 과하다는 의미다. 여기에서 개인에 관한 사실이 아닌, 사회에 관한 사실 이란 없다는 주장이 도출되는가? 만일 그렇다면, 우리는 사회란 존재하 지 않는다고 말할 수 있는가? 환원주의자는 우리가 사회를 그 구성원으 로 '환원한다'면, 사회가 존재한다고 말할 수 있다고 대답할 것이다. 환원 주의자는 존재론적으로 아주 인색하다. 그 반대자―헤겔 같은 '객관적 관념론자'를 포함한―는 더 풍성한 존재론을 주장할 것이다. 예를 들어, 헤겔은 사람들이 사회 안에 함께 모일 때 그들의 상호동의로부터 새로 운 존재자―시민사회―가 태동한다고 말할 것이다. 그리고 이 존재자 는 그것을 구성하는 개인들의 본성을 변화시킨다. 사회 밖의 사람들은 사회로 연합된 사람들과는 다른 부류다. 그렇다면 우리는 어떻게 사회가 비사회적인 개인들로 구성된다고 말할 수 있는가? 우리는 새롭고 유기 적인 전체를 가지며, 그것은 자기를 구성하는 세포들로 환원될 수 없는 데, 그들의 본성은 전체에 대한 참여에 의존하기 때문이다.

검증주의자는 특히 현대적 형태의 환원주의를 지지한다. 사람들이 사 회가 개인들로 '구성'되어 있다고 말할 때, 검증주의자에 따르면 그들은 에둘러 말하고 있는 것이다. 그들이 정말로 말해야 하는 것은 이것이다. '사회에 관한 문장은 개인에 관한 다른 문장과 동등하다.' 혹은 '사회에 관한 문장은 개인에 관한 다른 문장으로 의미의 손실 없이 옮길 수 있 다.' 여기서 '동등한'이란 논리적으로 동등하다(필연적으로 동일한 진리치를 갖는다)는 것을 의미한다. 다시 말해, 사회란 개인들로 구성되는 것이 아 니라 개인들의 '논리적 구성logical construction'이다. 논리적 구성이라는 관념은―러셀과 초기 비트겐슈타인에서 비롯하여―이후 철학에서 중요한 역할을 했다. 따라서 이에 관해 간략히 언급할 가치가 있다.

우리는 평균인을 말해야 할 경우가 자주 있다. 하지만 철학적 광기에 사로잡힌 사람만이 그런 평균인이 실존한다고 주장할 것이다. 우리가 그런 사람의 실존을 추정하지 않는 것은 평균인이 가리키는 것이 일종의 약칭임을 알기 때문이다. 즉 평균인이란 사람들에 관한 사실의 편리한 요약이다. 평균인에게 2.3명의 아이가 있다고 말할 때, 우리가 의미하는 바는 2.3명의 아이를 가진 무언가가 존재한다는 것이 확실히 아니다. 우리가 의미하는 바는 사람들의 자녀 수를 그 사람들의 수로 나누면 2.3이라는 것이다. 이것이 바로 어떤 대상에 관한 문장은 다른 대상에 관한 문장과 동등하거나 다른 대상에 관한 문장으로 옮길 수 있다고 검증주의자가 말할 때 염두에 두는 바의 예다. 이러한 생각을 표현하는 데는 두 가지 방법이 있다. 우리는 '평균인'이라는 단어를 포함하는 문장에 관해 말할 수 있고, 그것을 사람들에 관한 문장으로 옮길 수 있다고 말할 수 있다. 혹은 평균인 자체에 관해 말할 수 있고, 그가 사람들의 논리적 구성이라고 말할 수 있다. 양자가 비록 동일한 것을 말할지라도, 하나는 단어에 관한 것이고, 다른 하나는 그 단어가 '지시하는' 추정 존재자에 관한 것이다. 카르납은 자신의 책 《세계의 논리적 구조》에서 검증주의를 한계까지 밀어붙이며, 담화의 전자의 방법은 '형식적' 방식이고 후자의 방법은 '질료적' 방식이라고 말했다. 철학적 문제는 우리가 질료적 방식에 너무 얽매인 나머지, 여기에 의미를 제공하는 담론의 형식적 방식을 망각할 때 발생한다. 철학적 문제는 우리가 평균인을 지시한다는 전제로부터 시작되는 것일지 모른다. 따라서 평균인이 존재하게 되는 것이다. 형식적 방식으로 옮기는 작업은 그 문제가 난센스임을 보여준다.

검증주의자는 탁자와 의자가 관념의 집합이라는 버클리의 이론을 '감각소여sense data'의 논리적 구성이라고 바꿔 말한다. 감각소여란 감각경험에 '주어진' 것이다.

'환원주의'라는 용어는 때때로 다른 방식과 맥락으로도 사용되는데, 특히 인간세계에서 가치, 신화, 미신을 제거하려는 시도를 지칭하기 위해서 사용되기도 한다. 예를 들어, 킨제이류의 성과학자는 참여자들의 생각과 상관없이 인간의 성행위를 기술하고, 그것을 생물학적 기능이나 생식기의 쾌락적 감각으로 '환원할' 것이다. 마르크스주의자는 한 나라의 법체계를 그것이 규정하는 권리 및 의무와 상관없이 기술하고, 그것이 강요하는 권력관계로 '환원할' 것이다. 여기서 우리는 '~일 뿐'이라는 구의 특별한 용법과 마주친다. 성은 우리의 유전자를 영속시키는 수단'일 뿐'이다. 혹은 생식기에서 느껴지는 쾌락'일 뿐'이다. 정의는 지배계급의 권력 요건'일 뿐'이다. 여성에 대한 친절은 여성에게 예속을 상기시키기 위해 고안해낸 수단'일 뿐'이다. (플라톤의 《국가》 1권에서 트라시마코스의 논변을 보라.) 이러한 종류의 환원주의는 단순히 다수의 철학적 혼동을 내포하고 있는 것만이 아니다. 그것은 본질적으로 반철학적이고, 어떤 기정사실의 결론을 위해 세계를 단순화하려는 욕구에 기초하며, 그 호소력은 우리를 환멸에 빠뜨리고 비하시키는 능력에 달려 있다. 환원주의자는 우리 인간조건의 진리에 '눈뜨게 해준다.' 하지만 그것은 물론 진리가 결코 아니며, 그저 충격적이기 때문에 진리로 믿어진다. 철학자가 극복을 위해 최선을 다해야 할, 진리와 인간 경험에 대한 경멸이 여기 있다. 설령 유전 전략이 인간의 성적 행위를 설명할지라도, 이것이 우리로 하여금 설명되는 것은 설명하는 것과 동일하다거나 환원 가능하다고, 혹은 설명되는 것은 설명하는 것'일 뿐'이라고 결론 내릴 권리를 주지는 않는다. (결국, 유전 전략은 수학에 대한 우리의 믿음을 설명해준다.) 우리 시대 철학의 한 가지 과제는 사람들이 이러한 종류의 천박한 환원주의에 저항하도록 가르치는 일이다. 불행히도, 현대의 대학들은 그것을 지지하는 데 엄청난 에너지를 쏟고 있다.

4. 경험론

경험론Empiricism은 그 주요 원칙을 옹호한 섹스투스 엠피리쿠스(서기 200년경)에서 이름을 따왔는데, 모든 지식과 모든 오성(이해)은 경험—특히 우리가 감각을 통해 얻는 경험에 근거한다는 견해다. 이 이론에는 두 부분이 있다. 첫째, 경험론은 경험이 우리 지식의 기초라는 점을 긍정한다. 둘째, 경험론은 경험이 우리의 오성—즉 그 지식을 만들어내는 데 사용되는 개념—의 기초라는 점을 긍정한다. 양자가 왜 함께 묶이는지는 꽤나 분명하지만, 둘을 구별하려는 철학도 있다(예를 들어, 칸트 철학). 현대 경험론자는 이론의 두 번째 부분을 강조하는 경향이 있으며, 이것은 검증주의에 의해 전형화되었다(앞의 논의 참조). 그들은 우리가 생각하고 말하는 것의 의미가 그것을 '검증하는' 혹은 '근거 짓는' 경험에 의해 주어진다고 주장한다. 로크가 우리의 모든 관념은 감각에서 유래한다고 주장할 때 비슷한 생각을 염두에 두었지만, 그 주장을 제기하는 방식은 현대철학자들에게 매력적이지 않다. 왜냐하면 경험론은 우리 '관념'(혹은 개념)의 원인에 관한 이론일 뿐, 그 내용에 관한 것은 아니라고 암시하는 듯 보이기 때문이다. (동일한 결함이 로크와 더불어 위대한 근대 경험론자로 통상 분류되는 버클리와 흄에서도 관찰될 수 있다.)

　경험론의 일종은 '먼저 감각에 있지 않은 것은 아무것도 지성에 없다'는 중세 스콜라철학의 원칙에서 암시되었으며, 토마스 아퀴나스조차 이를 받아들였다. 하지만 아퀴나스나 그의 동시대인들이 얼마만큼 그 원칙을 받아들일 각오였는지는 분명하지 않다. 경험론자로 확실시된 중세

철학자—특히 오컴의 윌리엄—는 당시에 명백히 이단적이고, 심지어 위험하다고 생각되었다.

경험론은 상식적이라는 느낌이 든다. 하지만 그것은 또한 일단 받아들이고 나면 꽤나 우상파괴적이다. 그것은 지식에 대한 모든 주장이 경험의 시험을 거쳐야 하며, 만일 충족하지 못한다면 거부되어야 한다는 점을 함축하기 때문이다. 권위, 전통, 계시 모두 의심받는다. 하지만 '경험의 시험'이란 무엇을 의미하는가? 이에 관한 많은 의견 충돌이 있다. 가장 정교한 견해는 '과학적 방법'을 언급하는데, 경험의 시험이란 실험 절차, 귀납(15장 참조) 및 다수의 기타 지적 장치들을 포함하고, 그 권위는 경험의 시험을 통과하는 능력으로 다시금 입증된다고 주장한다.(이것은 악순환처럼 들리지만 앞서 말했듯이 이 견해는 정교하여, 이것이 결코 악순환이 아님을 증명하는 논변이 뒤따른다.)

경험론의 가장 큰 장애는 수학과 형이상학이다. 수학적 지식을 무시하기란 불가능해 보인다. 그것은 확실히 경험에 기초하지 않으며, 수학적 개념(수, 덧셈 등)의 의미 또한 우리가 그것을 '근거 짓는' 경험에서 유래하지 않는다. 수학이란 단순히 정의의 문제일 뿐이라는 것을 보여주려는 경험론자의 시도가 현대철학의 가장 중요한 결과 중 일부로 이어졌다. 형이상학에 관한 경험론자의 응답 하나는 검증주의자들에 의해 제시되었다—그것을 난센스로 일축하는 것 말이다. 하지만 이것은 너무 단순하다. 경험론자도 어쩔 수 없이 형이상학적 가정들을 하므로, 그 중에서 참과 거짓을 구별할 방법을 제시해야 하기 때문이다. (결국, 경험론 자체가 형이상학적 이론이 아닌가?)

이 문제 영역에 대한 반성이 '필연적 진리'에 관한 많은 논의의 바탕을 이룬다. 수학적이고 형이상학적인 명제는 만일 참이라면, 필연적으로 참이다—경험의 과정이 어떠하든, 세계가 어떻게 '판명되든' 간에 참이다. 그것은 무엇을 의미하며, 어떻게 그럴 수 있는가 그리고—경험론자에게 가장 중요한 물음인—우리는 그것이 그렇다는 것을 어떻게 알 수 있는가? 이것이 내가 13장에서 다룰 문제들이다.

5. 합리론

합리론은 칸트에 의해 처음으로 경험론과 구별되었다. 그는《순수이성비판》에서 경험론과 합리론이 두 개의 포괄적 선택을 대표하며, 당대의 철학자는 둘 중 어느 하나에 제각기 이끌린다고 주장했다. (그런 다음 칸트는 자신이 보기에 두 견해에서 오류는 피하고 참된 것은 통합한 자기만의 제3의 대안에 대한 논의를 계속한다.) 합리론은 경험에 대한 철저한 회의주의에 기초한다. 합리론자의 주장에 따르면, 경험은 애매모호한 결과만을 낳는다. 특히 그것은 세계의 현상을 보여줄 수 있을 뿐 실재에 관해서는 침묵한다. 따라서 그것은 지식의 어떠한 근거도 제공하지 못한다. 만일 우리가 무엇인가를 안다면, 그것은 우리가 확실성을 얻을 수 있기 때문이다. 그리고 확실성이란 자명한 원리들에 기초한 이성적 성찰에 의해서만 얻어진다. 그러므로 참된 지식은 선천적 지식—그 정당성이 추론에 의해서만 산출되는 지식—이다.

　합리론은 이성이 감각과 겨룰 때마다 이성이 감각보다 우위라는 결론으로 가차없이 나아간다(그리고 감각과 겨루는지 아닌지를 결정하는 것은 바로 이성이라는 마찬가지로 중요한 결론으로도 나아간다). 이것은 다시금 현상과 실재의 구별을 재설정하도록 이끈다. 경험에서 유래한 모든 믿음은, 그것이 '착각'이든 공상이든 혹은 충분한 근거를 지닌 과학적 결과든 간에, 현상에 관한 믿음이다. 정말로 실재하는 것은 이성에게만 알려진다.

합리론에는 오랜 전통이 있다. 그것은 적어도 플라톤만큼이나 오래되었으며, 그는 종종 전형적인 예로 간주된다. 근대에는 (표준 유형학에 따르면) 데카르트, 라이프니츠, 스피노자가 포함되며, 헤겔도 포함될 확률이 높다. 하지만 철학자—특히 과도하게 체계에 집착한 철학자(칸트)—가 고안해낸 이런 명칭에 지나친 중요성을 부여하는 것은 주의해야 한다. 현대의 주석가들은 데카르트와 라이프니츠의 '경험론적' 관점(심지어 스피노자의 경험론적 측면)을 강조하기 좋아하며, 이들은 모두 영향력 있는 과학적 사상가였고, 이들의 철학은 자신들이 관찰한 세계를 설명하려는 문제에서 부분적으로 출발했다고 지적한다. 그럼에도 편의상 경험론자와 합리론자의 구분이 일반적으로 받아들여진다.

합리론자가 직면해야 하는 한 가지 물음은 경험론자에게 제기된 질문과 유사한데, 우연적 진리—'달리 될 수도 있었던' 진리—를 어떻게 설명할 것인가다. 합리적 성찰의 결과는 항상 필연적으로 보인다. 우리는 그 결과를 증명할 수 있지만, 수학에서처럼 이것이 사물이 존재하는 방식임에 틀림없다고 증명함으로써만 가능하다. 진정한 실재가 추론에 의해서 알려진다면, 실재에 관한 어떠한 우연적 진리가 있겠는가? 스피노자만이 '없다'고 단정적으로 대답할 준비가 되어 있었다.

6. 실재론

이 '이론'은 최근 수십 년 동안 특히 중요해졌는데, 우리가 살펴볼 필요는 없는 복잡한 역사적 이유 때문이다. 간단히 말해서, 만일 당신이 x가 그것에 관한 우리의 생각, 우리의 경험, 기타 등등과 독립해서 존재한다고 생각한다면, 당신은 x에 관해 '실재론자'다. 이런 의미에서 대부분의 사람은 탁자와 의자에 관해 실재론자지만, 신화와 소설 속 인물에 관해서는 그렇지 않다. 검증주의는 철저한 반실재론으로 보일 것이다. '반실재론'이라는 용어가 다양한 이론을 아우르기 위해 최근 일반화되었는데, 검증주의는 그중에서도 특별한 경우다. 이전의 철학자들은 (칸트가 했듯이) 실재론을 관념론과 대비했다. '검증주의'를 관념론의 한 형태라고 부르기가 껄끄러웠기 때문에 이러한 더 광의의 명칭을 사용하게 되었다.

이 주제가 극도로 복잡해진 이유는, '실재론'이 이제 의미론에서 일반적인 견해를 기술하는 데 사용되기 때문이다. 19장에서 이것을 다시 다룰 텐데, 그때 실재론과 관념론(이때 '반실재론'은 관념론의 유일하게 가능한 명칭이다) 사이에 있는 몇몇 미묘한 견해들을 살펴볼 수 있을 것이다.

7. 상대주의

이것은 회의적 논변의 부담을 버거워하는 이들에 의해 자주 채택되곤 하는데, 그것이 마치 전체 논쟁을 깔아뭉개며 개인의 미약한 의견들에도 권리를 주는 것 같기 때문이다. 그것은 우리에게 객관적 진리와 같은 것은 없는데, 왜냐하면 모든 진리는 '상대적'이기 때문이라고 말한다. 도덕적 문제에 관한 논변에서 상대주의는 악당의 첫 피난처다. 상대주의자는 말한다. '그것은 당신의 견해며, 당신은 그렇게 생각해도 좋다. 그러나 그것은 내 견해는 아니며, 나는 얼마든지 내 견해를 가질 수 있다. 어느 것을 채택하느냐는 관점을 제외하면 어떤 견해도 권위를 갖지 않는다. 당신이 간통은 옳지 않다고 믿는 만큼 나 또한 그것이 옳다고 믿을 권리가 있다. 옳고 그름에 관해서 우리가 갖는 견해와 별개의 옳음이

나 그름이란 존재하지 않는다.'

상대주의는 모종의 회의주의의 승인과 관련된다. 그것은 도덕의 영역에서뿐 아니라 과학철학에서도 발판을 마련했다. 토머스 쿤의《과학혁명의 구조》의 요지는 과학적 사고란 항상 이론적 '패러다임'의 조정과 관련되며, 그것이 토론의 조건을 규정하기 때문에 정당성이 없음을 보여주려는 것이다. 이러한 생각의 영향하에서 상대주의는 1970년대에 엄청난 추종자를 거느렸다.

하지만 이 논쟁은 쿤보다 훨씬 오래되었다. 사실상 플라톤까지 거슬러 올라가는데, 그의 책《테아이테토스》는 프로타고라스의 상대주의에 대한 일관된 응답을 담고 있다. 플라톤은 상대주의자가 객관적 진리의 개념을 도입하지 않고도 전문기술, 가르침, 토론과 논쟁에 대한 설명을 제공할 수 있는지 물으면서 시작한다. 플라톤은 전문기술을 정의하지 않고, 대신에 '사람들은 전문기술에 대해서 어떻게 생각하는가?'(170ab)라고 묻는다. 대답은 어떤 이는 많이 알고, 다른 이는 무지한데, 무지한 자는 잘못된 판단을 내린다고 사람들은 생각한다는 것이다. 하지만 프로타고라스는 잘못된 판단이란 있을 수 없다고 주장한다. 그렇다면 잘못된 판단이 있다고 생각하는 사람들이 옳든지(이 경우에 프로타고라스는 논박된다), 아니면 그들이 틀리든지이다. 후자의 경우에도 프로타고라스는 논박되는데, 사람들의 판단이 잘못된 판단의 사례가 되기 때문이다.

상대주의자는 이 논변이 쟁점이 되는 것, 즉 절대적 진리의 개념을 가정한다고 대답할 것이다. 잘못된 판단이 있다는 것이 나에게는 참일지 모른다. 하지만 이로부터 그것이 프로타고라스에게도 참이라고 할 수는 없다. 그러나 플라톤이 보여주듯이, 상대주의가 상대주의자에게만 참이라면 우리 믿음의 객관성은 위험에 빠지지 않는다. 더욱이 상대주의가 상대주의자에게 진리라고 주장할 때, 그는 그것이 자신에게 절대적으로 진리라고 주장하고 있는 것이다. 그는 절대적 진리를 그 목표로 갖는 주장을 하는 바로 그 행위에 의해 절대적 진리에 관계한 셈이다.

그 논쟁은 여기서 끝나지 않는다. 하지만 두 가지는 분명하다. 통속적 상대주의는 무식한 악당들의 마음 이외에서는 살아남을 가망이 없으며, 세련된 상대주의는 그 이름값을 할 만큼 충분히 세련되어야 한다.

4 자아, 마음 그리고 육체

이제 데카르트의 《성찰》, 그중에서도 특히 두 번째 성찰로 되돌아가자. 거기서 그는 과장된 회의에 대한 첫 대답을 조심스럽게 말한다. 당신은 데카르트가 다양한 논변을 제시했다는 점을 기억할 텐데, 그중 특히 두 가지는 감각의 증거를 신뢰할 수 없다고 스스로를 납득시키는 듯했다. 이러한 논변들에 대한 데카르트의 응답은 다음의 질문을 던지는 것이었다. 나는 무엇을 확신할 수 있는가? 혹은 달리 말하자면, 내가 의심할 수 없는 것이 있는가? 그와 같은 것이 있다면 그것은, 아니 그것만이 지식의 기반을 제공할 수 있을 것이다.

이 질문에 대한 데카르트의 답은 종종 '코기토*cogito*'로 알려졌는데, '코기토 에르고 숨*cogito ergo sum*'(나는 생각한다. 그러므로 나는 존재한다)이라는 말로 요약된 이 논변의 초기 진술에서 비롯한 것이다. (《방법서설》을 보라. 이 정식화는 사실 친구 장 드 실롱 덕분이었다.) 그러나 데카르트가 《성찰》에서 말한 것은 이것이 아니다. 거기서 그는 '나는 있다, 나는 존재한다'라는 명제는 내가 그것을 발화할 때마다 혹은 '마음속으로 그것을 긍정할' 때마다 필연적으로 참이라고 말한다.

'필연적으로 참'이라는 구절을 주의해서 읽어야 한다. 결국, 나는 존재한다는 명제는 필연적으로 참이 아니다. 필연적으로 참인 것은 다른 명제—즉 내가 생각한다면 나는 존재한다는 명제다. (하지만 이것의 필연성은 '내가 먹는다면 나는 존재한다'의 필연성과 조금도 다르지 않다. 따라서 이 논변에 대한 데카르트의 최초의 정식화는 불충분하다.) 데카르트가 의심할 수 없다고 제안하는 명제가 '나는 있다'와 같은 우연적으로 참인 명제를 포함한다는 점을 알아채는 것은 무척이나 중요하다. 수학의 진리와 달리 이러한 명제는 거짓일 수 있다. 우연적이기에 그것은 어쩌다가 존재하게 된 세계에 관한 이론에 근거를 제공할 수 있다. 세계가 나를 포함하고 있음을 나는 안다. 그렇지 않을 수도 있었지만, 그러하다. 바로 여기에 세계가 실제로 포함하고 있는 것에 관한 내 이론의 출발점이 있다.

'나는 존재한다'가 의심으로부터 면제된다고 데카르트가 생각할 때 그는 옳은가? 현대의 합의에 따르면, 이 문장의 참은 '나'가 화자를 지시한다는 규칙에 의해 보장된다. 나는 존재한다는 명제는 자기 자신을 지시하는 누군가에 의해서만 표현될(공공연히 말하든 생각하든 간에) 수 있다. 따라서 그 명제의 성공적인 발화는 그것을 발화한 사람의 존재를 전제한다. 그 명제는 참이지 않고서는 받아들여질 수 없다. 따라서 데카르트는 옳았다.

그러나 거기서 무엇이 도출되는가? 데카르트는 나는 존재한다는 명제에 기초할 수는 없다는 점을 알았다. 어떤 것이 존재한다고 말하는 것은 아무것도 말하지 않는 것이다. 존재하는 것이 무엇인지를 또한 말할 수 없다면 말이다. 나를 포함하고 있는 세계에 관한 이론을 제시하려면, 나는 내가 어떤 종류의 것인지 알 필요가 있다. 데카르트는 자신에 관한 다양한 명제를 하나씩 생각해낸다─나는 이성적 동물이다, 나는 손과 얼굴과 팔을 가지고 있다, 나는 의지에 따라 움직일 수 있는 육체를 가지고 있다 등등. 하지만 그는 자신이 믿는 이 모든 것을 의심할 수 있다. 악령은 데카르트가 팔과 얼굴과 육체를 가지고 있다고 믿도록 속일 수 있다. 동일한 것이 어떠한 육체적 속성─'육체의 본성과 관련된' 어떠한 것─에도 참이다. 오직 영혼을 탐구할 때에만 우리는 악령으로부터 피난처를 찾을 수 있다. 내 육체에 관한 명제들이 참인지 내가 아무리 의심하더라도, 내가 생각하고 있다는 것은 의심할 수 없다.

> 생각한다는 것은 어떤가? 나는 거기서 생각이 내게 속한 속성임을 발견한다. 그것만은 내게서 떼어낼 수 없다. 나는 있다, 나는 존재한다, 이것은 확실하다. 하지만 얼마나 자주 그러한가? 내가 생각할 때만이다. 왜냐하면 만일 내가 생각하기를 완전히 멈춘다면, 나는 또한 존재하기를 멈출 것이기 때문이다.

데카르트는 더 나아가 자신이 생각하는 어떤 것, 다시 말해 '의심하고, 이해하고, 마음에 품고, 긍정하고, 부정하고, 의지하고, 거부하며, 또한 상상하고 느끼는 것'이라고 결론 내린다.

위의 문장이 보여주듯이, 데카르트는 대단히 많은 것을 포괄하기 위해 '생각'이라는 용어를 사용하고 있다. 사실상, 생각은 주체의 현재의 정신상태 전부를 포함한다. 그러한 모든 상태에 관하여 나는 오류에 면제되며, 악령은 나를 속일 수 없는 것이다. 이것은 '지적인' 정신상태뿐 아니라 감각적 지각에도 참이다. 데카르트는 다음과 같이 말한다.

나는 느끼는 자, 즉 감각기관들에 의해 어떠한 것을 지각하는 자와 동일한 자다. 왜냐하면 나는 진정으로 빛을 보고, 소리를 듣고, 열을 느끼기 때문이다. 그러나 이러한 현상은 거짓이며, 나는 꿈을 꾸고 있는 것이라고 말해질 수 있다. 그렇다고 해보자. 그래도 여전히 내가 빛을 보고, 소리를 듣고, 열을 느끼는 것 같다는 점은 적어도 확실하다. 이것은 거짓일 수 없다. 정확히 말하자면, 그것은 내 안의 감각*sentire*이라고 불리는 것이다. 그리고 그것은 엄밀한 의미에서 바로 생각하는 것과 다름없다.

데카르트의 논변은 '나는 존재한다'에 관한 최초의 의심의 면제를 넘어선 어떠한 움직임과 관련된다. '나'가 화자를 지시한다는 규칙이 '나'를 포함하는 모든 명제의 참을 보장해주지는 않는다. '나는 걷는다'를 예로 들어보자. 나는 그것을 말하고 생각할 수 있다. 그것이 참이 아니라도 말이다(왜냐하면 내가 꿈을 꾸고 있기 때문이다). '나는 말하고 있다'조차 자기정당화에 실패한다. 큰 소리로 말할 때마다 이 명제는 (필연적으로) 참일지라도, 나는 말하고 있다고(생각한다거나 꿈꾼다는 것과 대비하여) 잘못 믿을 수 있기 때문이다. 오직 내면의 말(즉 생각)만이 나에게 데카르트가 추구하는 완전한 의심의 면제를 부여한다. 하지만 생각이라고 기술될 수 있는 모든 것(현재의 모든 정신상태)이 의심으로부터 면제되는 듯하다.

나는 내가 말하고 있다는 것은 의심할 수 있지만 내가 생각하고 있다는 것은 의심할 수 없다. 마찬가지로 나는 내가 아프다는 것, 어떤 시각적 경험을 한다는 것, 집에 가고 싶어한다는 것 등등도 의심할 수 없다. 내 현재의 정신상태를 의심 너머에 놓는 어떤 것이 있는 것 같다. 하지만 내 육체상태─걷는다, 말한다, 몸무게가 76킬로그램이다 등등─에 관한 명제는 의심할 수 있다. 이러한 관념으로부터 다른 관념이 발생한다. 즉 물리적 세계에 관한 내 믿음은 오류를 범하기 쉬운 데 비해, 나 자신의 마음에 관한 믿음은 '오류에 면제된다는 것'은 정신적인 것과 물질적인 것 간의 근본적 차이 —'존재론적 차이'—에서 기인한다는 관념이다. 내 정신상태는 내 육체상태보다 나에게 더 참된 부분이며, 이것이 바로 내가 정신상태를 이 특권적 관계에 배치하고, 지식에 대한 내 주장을 보장해준다고 말하는 이유다.

여섯 번째 성찰에서 데카르트는 더 나아가 영혼과 육체 간의 '실질적 구별'을 지으려고 시도한다. 그의 논변은 대략 이렇다. 나는 내 육체에 관한 모든 명제를 의심할 수 있다. 하지만 내 영혼에 관한(즉 내 현재의 정신상태에 관한) 명제는 의심할 수 없다. 특히, 나는 내가 생각하는 것임을 의심할 수 없다. 만일 어떤 것이 나에 관해서 참이라면, 이것이 참이다. 하지만 나는 내 육체에 관한 모든 명제(내가 육체를 가지고 있다는 명제를 포함해서)가 거짓이라고 상상할 수 있고, 반면에 내가 생각하는 것이라는 명제가 거짓이라고는 상상할 수 없기 때문에, 내가 존재하는 한 후자가 틀림없이 참일지라도 전자는 거짓일 수 있다. 이로부터 다음과 같이 말할 수 있다. 나는 본질적으로 생각하는 것(영혼)이고, 부수적으로만(혹은 우연적으로만) 육체다. 더욱이 영혼이 육체 없이도 존재할 수 있다는 가설에는 아무런 문제가 없는 듯하다.

'실질적 구별'을 위한 논변은 심오하고 설명하기에 까다롭다. (버나드 윌리엄스의 책 《데카르트: 순수 탐구의 기획》의 탁월한 논의를 참조하라.) 나는 여기서 데카르트의 생각이 향하는 방향, 즉 오늘날 데카르트적 마음이론으로 알려진 견해를 보여주기 위해 이것을 언급했다. 이 견해에 따르면 마음은 비물질적 존재자(혹은 '실체')로서, 스스로를 투명하게 인식하며, 물질적 대상의 세계와 우연적으로만 연결된다. 각각의 주체(각각의 '나')는 그러한 마음과 동일하고, 마음에 대해 일종의 인식론적 주권을 행사한다. 그리하여 마음과 육체의 관계가 문제로 부상한다. (예를 들어,

내 몸을 내 몸이도록 하는 것은 무엇인가?)

데카르트는 이러한 용어들로 그 이론을 제시하지 않았다. 특히 그는 '정신적' '물질적'이라는 용어를 사용하지 않았다. 그에게 모든 정신상태는 '사유'의 방식이었다(그는 또한 '관념'이라는 용어를 지각, 사고, 의지, 감각에 무차별적으로 사용했다). 마찬가지로 모든 물질상태는 '연장extension'(이것은 우리가 생각하는 '공간상의 물질'에 해당한다)의 방식이었다. 그는 (밀랍 조각에 관한) 유명한 논변으로 두 번째 성찰을 마무리하는데, 그 논변은 다음의 두 가지를 보여주기 위해 기획된 것이다. 첫째, 연장은 일반적인 (물리적) 대상의 본질이다(그가 나중에 주장하듯, 사유가 영혼의 본질인 것처럼 말이다). 둘째, 우리는 이러한 사실을 경험적 관찰이 아니라 합리적 반성으로 알 수 있다. (따라서 이 논변은 데카르트가 합리론자라는 견해의 근거가 된다.)

1. 마음에 대한 데카르트적 접근

데카르트의 논변은 회의주의의 물결을 밀어내려는 의도였다. 하지만 그 영향은 이 영역에만 한정되지 않았다. 역사적으로 더 중요한 것은 데카르트적 마음이론이다. 그것이 반회의주의 논변에서 나왔다고 해도 말이다. 이 이론은 경험론자, 합리론자, 현상학자에 의해 이런저런 형태를 띠었다. 이들 각 학파의 견해는 검토해볼 가치가 있다.

A. 경험론

고전적 경험론은 다음과 같은 견해를 견지한다.

(ⅰ) 지식에 대한 모든 주장은 경험의 지식에 기초한다. 경험은 지식의 '근거'다.

(ii) 내 현재 경험에 관한 믿음이 오류에 면제될 때에만 경험은 그러한 근거를 제공할 수 있다. (그렇지 않다면 그 믿음 역시 근거를 필요로 한다.)

(iii) 하지만 내 경험은 근거를 제공한다. 왜냐하면 그 경험의 영역은 물리적 세계와 '떨어져' 있기 때문이다. 그곳은 '특권적 접근'의 영역이며, 나는(그리고 나만이) 그곳의 군주다. 내 마음에 관한 당신의 믿음은 절대로 나의 그것만큼 충분한 근거를 지니지 못할 것이다. 왜냐하면 나의 그것은 더 이상의 근거를 요구하지 않기 때문이다. 그것은 자기근거적이다.

이러한 사고 수순이 거칠 것 없이 데카르트적 마음이론으로 나아가지는 않았지만, 확실히 로크와 버클리를 비롯한 이들이 그 이론을 채택하도록 설득했으며, 그리하여 그들은 데카르트와 마찬가지로 마음과 육체의 관계에 관한 문제를 떠안게 되었다. 이 문제는 경험론자에게 특히 민감하다. 물리적 세계에 관한 내 지식이 세계의 일부가 아닌 것에 관한 내 지식에 근거해야 한다는 것은 이상하지 않은가? 그리하여 버클리의 관념론이 나왔다.

B. 합리론

데카르트의 '실질적 구별'은 영혼과 육체의 본질에 관한 합리론의 고찰에서 비롯했다. 마치 그것들이 이성에 의해 파악된다는 듯이 말이다. 이후의 철학자들은 사유(영혼의 속성)와 연장(육체의 속성)이라는 데카르트의 세계 구분을 매우 진지하게 받아들였다. 그들이 데카르트적 마음이론의 세부까지 받아들이지는 않았더라도, 사유와 연장이라는 중대한 '존재론적 구분'은 그들의 철학에서 살아남았다. 스피노자는 사유와 연장을 단일한 '실체'의 속성들로 설명함으로써 이러한 구분을 메우려 시도했다. 하지만 스피노자조차 사유란 근본적으로 물리적 세계와 '떨어져' 있으며, 그 고유의 용어로 탐구된다는 믿음을 고수한다. 라이프니츠에게도 데카르트 이론의 흔적이 남아 있다. 사실 라이프니츠에게 영혼은 육체보다 더 근본적인 실재성을 갖는다.

데카르트와 마찬가지로 합리론자들은 별 어려움 없이 영혼이 육체보다 오래 살아남을 수 있다는 견해를 받아들였다. 또한 그들 대부분은 영혼이 공간적 특성을 갖지 않는다고─즉 '어디에도' 존재하지 않는다고 주장했다. 합리론자와 경험론자 모두 데카르트를 따라서 모든 정신상태의 대상을 가리키는 데 하나의 포괄적 단어─'관념'이라는 단어─를 사용하는 경향이 있다. 합리론자에게 관념의 전범은 개념이며, 경험론자에게 그 전범은 감각경험이다. (흄은 전자를 관념, 후자를 인상이라고 부르며 이 둘을 구별함으로써 진일보를 이뤘다. 하지만 그러고 나서 관념을 흐릿한 인상이라고 기술함으로써 그 성취를 훼손했다.) 대체로, 근대철학 초기의 마음이론들은 다양한 종류의 정신적 대상을 체계적으로 구별하지 못함으로써 저해되었다.

C. 현상학

마음에 대한 데카르트적 접근의 가장 최근의 부활─현상학─은 그러한 장애에서 벗어났다. 현상학은 '주어진' 것을 대단히 복잡한 방식으로 분석하려는 욕구에서 생겨났으며, 주요 창시자인 에드문트 후설은 《데카르트적 성찰》이라는 의미심장한 제목의 책에서 그것을 선천적 '자아학egology'─자아에 관한 선천적 탐구─이라고 묘사했다. 데카르트가 자신이 증명할 수 없는 모든 것을 의심함으로써 시작했듯이, 후설에 따르면 마음의 연구는 의식에 주어지지 않는 모든 것을 '괄호 치기'함으로써 시작해야 한다. 예를 들어, 칠판에 휘갈겨 쓴 정치적 구호에 내가 화가 났다고 해보자. 그 구호가 실제로 거기에 있다는 것과 내 분노는 관련이 없다. 나는 존재하지 않는 것을 보도록 만드는 피해망상에 일순간 사로잡혀 괴로워하는 것일지 모른다. 따라서 그 구호는 주체의 정신상태에 속하지 않는 것으로 '괄호 쳐져야' 한다. 이것이 현상학적 '환원'의 방법이며, 그것은 순수한 정신적 내용과 그 속에 포함된 '본질'로 이끈다. 이 환원의 과정에서 물리적 세계 전체는 괄호 쳐지고, 오직 데카르트적 나머지, 자신이 숙고하는 세계와 '동떨어져' 있는 주체만이 남는다.

그러나 후설은 거기서 멈추지 않는다. 그는 이렇게 숙고하는 주체란 '경험적 자아', 세계의 일상적 집기의 일부에 지나지 않는다고 말한다. 그것 또한 의식의 대상이 아니기 때문에 괄호 쳐져야 한다. 현상학적 환원은 사유하는 자에서조차 추상하여 순수의식만을 남기는데, 후설은 그것을 '선험적 자아'라고 부른다. 이 선험적 자아의 위상을 결정하기란 어려운 일이다. 하지만 후설의 방법이 대체로 데카르트적인 마음에 관한 견해로 그를 이끌었음은 의심의 여지가 없다. 마음이 무엇이든 간에, 그것이 알려지는 것은 '내적인' 앎을 통해서며, 자아―'경험적'이든 '선험적'이든 간에―를 물리적 실재의 일부분으로 기술하는 것이 타당하다는 주장은 의심스럽다.

'경험적' 자아와 '선험적' 자아의 구별은 사실 칸트의 의해 도입되었다. 칸트가 그것을 데카르트적 마음이론뿐 아니라, 내적인 앎의 영역이 있으며 본질에 관한 지식은 그 영역의 탐구로부터 나온다는 관념 전체까지도 의심하는 데 사용했다는 사실은 흥미롭다. 칸트는 우리를 내적 영역으로 물러나게 하는 바로 그 과정이 우리에게서 지식의 모든 대상을 빼앗고, 결국 우리를 빈손으로 만든다고, 의심할 아무것도 남아 있지 않기에 의심에 끄떡없게 만든다고 주장한다.

우리는 심리학의 토대에 단순하고 그 자체로는 아무런 내용 없는 표상일 뿐인 나를 놓을 수 있다. 그것은 하나의 개념이라고 불릴 수 없고, 모든 개념에 동반되는 의식일 뿐이다. 하지만 이러한 사유하는 나, 혹은 그, 혹은 그것에서, 사유의 선험적 주체 즉 x 외에는 아무것도 표상되지 않는다. 그것은 자신의 술어인 사유에 의해서만 인식되며, 우리는 사유를 떠나서는 그것에 대한 최소한의 개념도 형성할 수 없다.

이 구절(《순수이성비판》제2판 B404)은 데카르트 이론에 대한 지속적인 반론의 일부인데, 다음 장에서 내가 다룰 주장을 미리 하고 있다. 후설에게 가장 화나는 점 중 하나는 그가 칸트에게서 자신의 언어를 훔쳐오면서 너무나 많은 논의를 간과했다는 것이다.

세계가 우리의 환원에 의해 '괄호 치기'될지라도, 세계에 대한 지시는 남는다. 내 분노가 그 섬뜩한 정치 구호에 관한 분노라고 언급하지 않는다면, 나는 그것을 기술할 수 없고, 다른 정신상태와 구별할 수 없다. 정신상태란 본질적으로 무엇에 '관한 것'이다. 말하자면, 내 분노는 '구호라는 형태의' 구멍을 갖고 있는데, 그 감정이 '충분한 근거'를 지닌다면 세계의 적합한 존재자로 채워져 있음에 틀림없다. 무엇에 '관한 것'이라는 점이 우리의 많은(어떤 현상학자들에 따르면, 모든) 정신상태의 특징이다. 이 특징은 일반적으로 '지향성intentionality'('겨누다'라는 뜻의 라틴어 *intendere*에서 유래했다)이라고 불린다. (후설이 이 특이한 전문용어의 창안자일 것이다. 그의 스승인 브렌타노는 그것 대신에 중세 스콜라철학에서 빌려온 '지향적 내재'라는 표현을 썼다.)

지향성에 덧붙여, 정신상태는 그 구성 요소들 그리고 강렬함 같은 불가분의 '순간들'의 측면에서 분석될 수 있을 것이다. 다른 현상학자들은 정신상태를 시간과의 관계의 측면에서 구별하며(어떤 상태는 정확히 시간을 밝힐 수 있지만, 다른 것은 그렇지 않다), '의지의 지배를 받는지'(당신은 나에게 어떤 것을 상상하되 그것을 믿지 말라고 명령할 수 있다)도 묻는다. 기타 등등. 이 모든 흥미로운 생각들은 현상학자에게 정신 영역을 그 안에 존재하는 다양한 종들로 넓게 분할하도록 이끈다. 그러나 성과들은 '1인칭' 사례의 연구, 즉 마음이 어떻게 의식에 제시되는지에 관한 연구에 의해 나온다. 따라서 현상학은 정신적인 것과 육체적인 것, 내적인 것과 외적인 것, 실제적이고 본질적으로 나인 것과 내 주위('주위'가 적절한 단어라면)에 그저 있는 것 간의 데카르트적 구별을 불가피하게 지지하는 경향을 보인다.

2. 의식과 자기의식

데카르트의 의심은 '1인칭' 즉 자기 자신을 의심하는 주체에 관한 연구로 막바지에 이른다. 하지만 그 논의의 과정에서 1인칭은 어떤 특성을 얻는다. 그는 의식적일 뿐 아니라 자기의식적이다. 그는 자신의 상태를 기술하기 위해 그리고 자신을 자기 이외의 다른 것과 구별하기 위해 '나'라는 단어를 사용할 수 있다. 회의적 물음에 대답하려는 시도에 의해, 자아와 타자의 구별이 그의 세계관의 기초에 놓인다. 이것은 데카르트의 이론이 우리가 일반적으로 이해하듯 마음에 관한 이론이 아니라 자기의식적인 마음에 관한 이론임을 의미하는 것일지 모른다.

모든 마음이 자기의식적이지는 않다. 예를 들어, 동물들은 아주 초보적일지라도 마음을 가지고 있다고 일반적으로 믿어진다. 그들은 적어도 정신상태를 갖는다. 예를 들어, 그들은 사물을 보고, 욕구하고, 생각하기도 한다. 개는 정원에 고양이가 있다고 생각할지 모른다. 쥐 냄새를 맡고, 주인을 보고, 이웃집 개가 짖는 것을 들을지 모른다. 개는 저녁식사를 원하고, 우편배달원을 두려워할지 모른다. 기타 등등. 하지만 이 중 어디에서도 개는 자기와 타자를 구별하지 않는다. 확실히 개는 이 정신상태를 그 주체인 자기 자신과 결코 결부시키지 않는다. 그렇다면 왜 우리는 개가 이러한 상태를 갖는다고 말하는가? 개나 다른 어느 것도 데카르트의 의식이론이 기초해 있는 정신상태에 대한 '특권적 접근'—오류의 면제—을 갖는 것 같지 않다. 개가 자기의 정신상태에 관해 오류를 범하지 않는다는 것은 참이다. 그러나 그것은 개가 그것에 관한 어떠한 판단도 내리지 않기 때문이다. 말하자면, 정신상태들이 개의 판단들이다.

　데카르트는 동물이 마음을 가지고 있지 않다는 견해로 기울었다. 동물은 많은 면에서 우리와 비슷하지만, 자연의 작품들 가운데 우리를 구별해주는 결정적인 것—영혼—이 결여된, 특별한 종류의 살아있는 기계다. 대부분의 사람은 이것이 너무나 믿기 어렵다고 생각한다. 하지만 대부분의 사람은 동물이 마음을 가지고 있음을 증명하는 것도 힘듦을 발견한다. 왜냐하면 사람들은 데카르트의 견해, 즉 마음이란 본질적으로 자아이고, 자기성찰의 행위로 스스로를 드러낸다는 견해를 본능적으로 고수하기 때문이다. 반면에 그들은 마음이 물리적 세계와 '별개'가 아니라 실질적이고 능동적인 구성요소라는 견해에도 끌린다. 결국 우리는 왜 정신상태를 동물에게 귀속시키는가? 그것이 그들의 행동을 설명하는 매우 좋은 방법이기 때문이 아닌가? 그리고 정신상태가 행동의 원인이 아니라면, 어떻게 그것이 행동을 설명할 수 있겠는가? 통상적으로 이해되듯이 인과란 물리적 사물들 간의 관계다. 그러면 우리는 마음이 물질적이라고 결론 내려야 하는가? 이 문제는 우리가 인간의 사례로 돌아올 때 민감해진다. 여기서도 우리는 행동을 설명하기 위해 정신상태를 들먹인다. ('그는 질투심에 그녀를 죽였다.' '그녀는 그를 보고 행복해서 미소 지었다.' '그는 모욕감을 느껴 사임했다.' 등등.) 데카르트 철학이 부딪히는 가장 큰 난점 중 하나는 자기성찰로만 드러나는 비물질적 실재인 마음에 관한 이론을, 마음이 물리적 세계에 영향을 미치고 영향을 받기도 한다는 견해와 조화시키는 일이다.

3. 무의식

어떤 이는 데카르트 이론이 어떻게 프로이트 심리학을 비롯하여 인간 마음의 무의식 부분을 가정한 여러 철학적이고 심리학적인 이론들과 조화를 이룰 수 있을지 궁금해할 것이다. 데카르트에게 무의식적 사유에 대해 말하는 것은 난센스에 가깝다. 라이프니츠는 좀 더 유연하게 많은 정신활동이 자기의식의 영역(그는 이것을 '통각'이라고 불렀다)을 벗어난다고 주장한다. 왜냐하면 그것은 관찰하기에 너무 빠르거나 끊임없이 일어나기 때문이다. 반면에 최근의 저자들은 드러나기보다는 더 깊이 숨어 있는 '무의식'의 존재를 받아들이는 듯하다. 즉 단지 자기의식의 범위 밖에 있는 것이 아니라 전혀 의식적이지 않은 것 말이다.

　당신이 마음을 물질적인 것—예를 들어, 뇌—이라고 생각한다면, 당신은 그것이 무의식적 상태를 갖는다고 인정할 준비가 분명히 되어 있을 것이다. 혈류 속에 있는 세균 수준처럼, 결코 인식의 대상이 되지 않는 물리적 상태를 갖는다고 말이다. 하지만 그것은 사람들이 무의식을 말할 때 염두에 두는 것이 아니다. 사람들이 의미하는 바는 이것이다. 나는 어떤 상태를 갖는데, 그것은 의식의 대상이 아니라 내 마음에 앞서는 이러한 믿음, 욕구, 지각과 같은 것이다. 정신상태를 관념(의식의 대상)과 의식적 사유로만 설명하는 데카르트에게 이러한 의견을 허용하기란 힘든 일이다. 그러나 그의 방법은 정신적인 것을 특징짓는 한 가지 방법에 불과할지 모른다. 다른 방법들이 있을지 모르며, 그것들에 따르면 모든 정신상태가 주체에게 완전히 알려진다는 것은 사실이 아닐지 모른다.

물론, 무의식적 정신상태의 존재를 수용하더라도, 우리는 여전히 의식의 실재를 인정해야 한다. 그리고 사실상 세계에 대한 내 관점을 규정하는 것이 바로 의식이기 때문에, 데카르트는 자신이 의식에 대한 설명을 제공하며 나는 본질적으로 무엇인지를 기술했다고 주장할 수 있다. 그는 자아와 마음은 하나고, 따라서 모든 정신상태는 정의상 의식적이라고 주장할 것이다. 만일 무의식이 비정신적인 것 혹은 정신 이전의 것으로서, 어느 순간 정신상태의 원인이 되어 의식을 침범하는 물질적 상태라는 식으로 생각된다면, 무의식에 대한 언급은 완전히 합당하다. 하지만 그것은 철학적 관심사가 아니다.

그러나 문제는 그렇게 간단하지 않다. 의식의 자리에 있는 이 '자아'란 도대체 무엇인가? 그것은 의식의 대상인가? 아니면 후설이 주장하듯, 순수 주관, 선험적 자아인가? 그리고 우리가 그것을 결코 관찰할 수 없다면(왜냐하면 그것은 관찰자로만 존재하고, 관찰의 대상이 되지 않기 때문이다), 우리는 왜 그것이 무의식적 상태를 가질 수 없다고 그토록 확신하는가? 이러한 어지러운 물음들은 대답될 수 없는 듯 보인다(그리고 실제로 흄은 자아란 그것에서 연유한 많은 수수께끼가 그렇듯이 일종의 망상이라고 말하려 했다). 하지만 자아를 철학의 출발점으로 삼는 사람들이 있다. 예를 들어, 피히테는 자아가 스스로를 대상으로 알지 못한다면 어떠한 지식도 있을 수 없다고 주장했다. 그러나 그렇게 할 때, 자아는 대상이 되고 자신에게 아주 낯선 것이 된다. 그러므로 알려진 자아는 '비아非我'다. 이러한 역설적 출발점으로부터 피히테는 모든 가능한 지식이 포함되고 정당화된다고 여긴 형이상학 체계를 도출했다.

그러나 우리는 '자아'와 '주체'에 대해 말하기보다는, 의식 개념을 전혀 언급하지 않고도 표현될 수 있는 데카르트의 코기토의 핵심적인 생각을 살펴봐야 한다.

4. 오류의 면제

다음의 명제들을 생각해보자.

  (1) 나는 존재한다.
  (2) 나는 생각한다.
  (3) 나는 꿈을 꾸고 있다.
  (4) 나는 아프다.
  (5) 나는 마실 것을 원한다.
  (6) 나는 키가 180센티미터다.
  (7) 나는 육체를 가지고 있다.
  (8) 나는 로저 스크루턴과 동일하다.

나는 이들 가운데 어떤 것을 의심할 수 있고, 어떤 것은 그렇지 않다. 어느 것이 의심을 면하고, 왜 그러한가? 그리고 의심의 면제는 오류의 면제와 동일한가?

첫 번째 명제는 데카르트에 따르면 의심을 면하는데, 왜냐하면 내가 그것을 생각한다는 사실 자체가 그것이 참이라는 충분한 근거이기 때문이다. 게다가 나는 이것이 그러하다는 것을 알 수 있다. 두 번째 명제도 마찬가지다. 그리고 여기서 그 명제가 참이라는 근거는 바로 의심한다는 사실에 포함되어 있다. 이 명제를 의심한다는 것은 그것을 생각한다는 것이다. 즉 이 명제를 의심하는 것은 그것의 오류를 위한 근거를 단순히 제공하는 것이 아니다. 그것을 위조하는 것이다. 세 번째 명제 역시 흥미롭다. 왜냐하면 나는 꿈을 꾸고 있을 때에도 내가 꿈을 꾸고 있다는 것을 의심할 수 있기 때문이다. (나는 내가 꿈을 꾸고 있다고 꿈꿀 수 있다. 하지만 그때 나는 실제로 꿈을 꾸는 것이다.) 그리고 나는 꿈꾸지 않을 때에도 꿈을 꾸고 있다고 생각할 수 있다. 이 설명은 사유나 경험을 꿈으로 기술하는 것이 그 외적 환경에 관한, 의식의 범위 밖의 것에 관한 무언가를 말하는 것이라는 사실에 기초하므로 나는 오류를 범할 수 있다.

네 번째 명제는 다른 이유에서 흥미롭다. 내가 아프다는 것을 의심하는 것은 아프지 않다는 것이다. 또한 그것은 내가 아프다는 것을 증명하는 것도 아니다. 따라서 이 명제를 (1)의 방식이나 (2)의 방식으로 자기 확증적이라고 해석할 수 있는 방법은 없다. 하지만 그것은 오류를 면하는 듯 보인다. 만일 내가 아프다고 생각한다면, 나는 아픈 것이다. 더욱이 내가 아프다면, 나는 그것을 안다. 그리하여 일부 철학자는 감각과 이와 유사한 정신상태는 '교정할 여지없이 알려지며' 또한 '자기 암시적'이라고(즉 그것이 나타나면, 나는 그것이 그렇다는 것을 안다) 주장한다. 이러한 견해는 자연스럽게 사유에 대한 데카르트적 관점으로 나아가지만, 그것이 코기토가 설명되듯이 설명될 수는 없다. 사실, 이 설명은 현대철학에서 풀리지 않은 문제 중 하나다. (31장을 보라.)

아마도 유사한 것이 (5)에도 참일 것이다. 욕구란 감각과 같은 방식으로 인식의 대상이 되는 듯하기 때문이다. 그리고 내가 욕구에 대해 실수를 할 수 있다는 가정은 난점투성이다. 반면에 철학자들이 무의식적 감각에는 전혀 동의하지 않을지라도 무의식적 욕구이론은 지지하려 한다는 사실은 사태가 그리 간단하지 않음을 암시한다. 더 나아가 '내가 마실 것을 원하는지 아닌지 나는 모른다'고 말하는 나 자신을 발견할 수도 있다. 이것은 내가 마실 것을 원하지만 바로 그것을 알지 못한다는 의미인가? 혹은 다른 어떤 것을 의미하는가?

(6)에 관해 나는 오류를 범할 수 있다. 나는 또한 그것을 의심할 수 있다. 이것은 우연적이고 자아 외적인 것을 언급한 데카르트적 명제의 전형이다. 그러나 (7)에 관해서는 어떤가? 나는 내가 육체를 가지고 있다는 것을 확실히 의심할 수 있다. 결국 데카르트는 그렇게 했다. 그러나 정말로 나는 오류를 범할 수 있는가? 육체 없이 생각할 수 있는 존재는 없다는 반데카르트적 관점의 철학적 주장을 상상해보자. 만일 그렇다면, 나는 내가 생각한다는 사실로부터 내가 육체를 갖는다는 것을 연역할 수 있다. 게다가 내가 육체를 가지고 있다고 믿을 때, 나는 절대로 오류에 빠질 수 없다. 오직 체화된 존재만이 어떠한 것을 믿을 수 있다. 이것은 칸트에 의해 유명해진 전략을 예시한다. 칸트는 물었다. '나는 생각한다'라는 생각을 갖도록 하는 내 능력에는 무엇이 전제되어 있는가? 그것이 무엇이든, 우리는 그것이 참임을 안다.

마지막 명제는 정말로 어려운 문제다. 확실히 나는 내가 나라는 사람과 동일하다는 것을 의심할 수 없다! 반면에 그 사람이 누구인지에 대해서는 실수를 할 수 있다는 또 다른 의미가 있을 수 있다. 나는 내가 나폴레옹이라고 믿을지 모른다. 혹은 심지어 과대망상에 빠져, 나는 로저 스크루턴이라고 믿을지도 모른다. 그런 터무니없는 실수가 실제로 일어난다. 동시에 나는 1인칭으로 나 자신을 가리킬 때마다 내가 바로 그 사람임을 항상 성공적으로 지시한다. 나는 이 순간을 '지금'과 동일시하거나 내가 있는 곳을 '여기'와 동일시할 때 실수하지 않듯이, 나 자신을 '나'와 동일시할 때 실수할 수 없다. 이것은 오류의 면제가 문법에서 발생하는 것처럼 보이게 만든다. 이것이 바로 우리가 비트겐슈타인에게서 발견하는 심오하고 놀라운 주장인데, 그는 데카르트의 전체 상을 뒤엎기 위해 그것을 사용한다.

5   사적 언어 논변

데카르트는 악령으로부터의 피난처를 1인칭에서 찾았다. 자아는 의심이 종결되는 곳이다. 그것은 하나의 절대적으로 확실한 것이며, 또한 내 믿음이 미치는 다른 모든 것과도 형이상학적으로 구별되는 것이다. 그것은 인식론의 닻일 뿐 아니라 형이상학의 출발점이기도 하다.

하지만 과장된 의심에 대한 데카르트 자신의 응답은 자기의식의 특징에 의존하지 않는다. 대신에 그는 자기 존재에 관한 증명으로 주의를 돌려, 자신이 그것에 설득되도록 만드는 것은 무엇인지 묻는다. 그 증명은 '명석판명한 관념'으로 이루어져 있다는 것이 대답이다. 즉 지성에 의해 완전히 파악되며, 혼동될 수 있는 다른 어느 것도 섞이지 않은 관념 말이다. (아주 간단히 말해서, 이것은 우리의 '자명한' 논변이라는 관념에 해당한다.) 그는 이것으로부터 명석판명함이 진리의 표시라고 연역하고, 참된 관념과 그릇된 관념을 구별하는 기준을 얻는다. 명석판명한 관념으로 이루어진 증명은 무엇이든 틀림없이 참된 결론으로 나아간다. 그는 지극히 자비로운 신의 존재에 관한 그러한 증명 두 가지를 제시하며, 그럼으로써 악령을 쫓아낸다.

데카르트의 신 증명은 뒤의 장에서 다시 살펴볼 것이다. 여기서 중요한 것은 데카르트의 전략을 파악하는 일이다. 그는 주관적 영역 그리고 거기서 그가 갖는 믿음들에서 출발한다. 그는 자신의 존재를 확립하고, 그런 다음 신의 존재를 확립한다. 신에 힘입어 그는 주관적 영역(순수 외견의 영역)에서 빠져나와, 세계를 있는 그대로 보여주는 세계관을 획득한다. 신의 본성을 성찰함으로써 그는 세계가 자신에게 보이는 대로임을 연역할 수 있다. 왜냐하면 신이 그를 기만할 리 없기 때문이다. 만일 그가 실수한다면, 그것은 그가 자신의 능력을 신이 의도한 대로 사용하지 않기 때문이다.

이 논변은 다른 곳에서도 일어나는 어떤 패턴을 보여준다. 먼저 주체 즉 자신이 왕인 외견의 영역에서 시작한다. 그런 다음 밖의 '객관적' 관점을 향해 주장한다. 그 관점으로부터 객관적 세계의 존재가 확립되고, 그 결과로부터 존재의 영역이 구성된다. 이러한 논변의 유형이 '토대주의'라고 알려진 인식론적 견해의 전형이다. 이것은 우리의 믿음에 확실한(혹은 의심할 나위 없는) 토대를 제공함으로써 그것을 정당화하려고 한다. 무엇보다 1인칭 지식(외견의 영역)이 의심 불가능하기 때문에, 그러한 지식이 다른 모든 믿음의 토대가 되는 경향이 있다.

최근의 철학자들은 외견의 영역을 전제하는 이러한 접근이 일단 수용된다면, 객관적 세계로 나아가는 것이 사실상 불가능해진다는 사실을 이해하게 되었다. 객관적 관점으로 가는 다리를 건설하려는 희망, 자아 밖의 존재의 영역에 관한 정당화된 주장을 세우려는 희망은, 우리가 그 구축 과정에서 만들어야 하는 방대한 가정들을 탐구함에 따라 빠르게 줄어들었다. 데카르트는 대부분의 사람들이 타당하다고 여기지 않는 신의 존재 증명을 통해 이 여행을 할 수 있었을 뿐이며, 흄은 아예 그 여행을 떠나지도 않았다.

하지만 혹시 그 전제에 어떤 잘못이 있는 것은 아닌가? 주관적 영역(외견의 영역)은 확실하다는 데카르트의 가정이 틀린 것은 아닌가? 이것이 현대에 나온 일련의 '반데카르트적' 논변에서 제기된 놀라운 주장인데, 그중 사적 언어의 가능성에 반대하는 비트겐슈타인의 논변이 가장 유명하다.

1. 배경

지난 장에서 나는 데카르트적 마음이론이 명시적으로든 암묵적으로든 현대철학자들의 지지를 받은 방식을 간략히 검토했다. 그 이론은 검증주의와 경험론에서 감지되고 있으며, 내적인 것과 외적인 것 간의 대비에 찬성하는 많은 전통적 인식론의 기저에 있다. 그리고 그것은 '선험적 주체'와 '주어진 것'을 강조하는 현상학에서도 가정되고 있다. 그러나 그 이론은 정확히 무엇을 말하는가?

이 질문은 '데카르트는 그 이론에 관해 무엇을 말했는가?'라는 질문과 같은 것이 아니다. 마음에 대한 '데카르트적 이론'은 처음 제기된 이후 진화해왔으며, 이제 그 이름으로 전개되는 이론은 다양한 견해의 종합이라 할 수 있다. 그중 많은 것이 실제로 데카르트의 생각이었지만, 데카르트라면 승인하지 않았을 방식으로 한데 결합되었다. 그리하여 그 이론은 다음과 같은 현대적인 형태—대체로 공격당하는 형태를 띠게 되었다.

마음은 비육체적 존재자로서 그 상태는 본질적으로 '내적'이다. 즉 '외적' 환경과 우연적으로만(아무런 필연적 연관성 없이) 연결된다. 주관 자체는 마음과 동일하며, 그것에 대한 특별한 '특권적' 견해를 갖는다. 특히 그 자신의 현재의 정신상태는 그에게 의심의 여지없이 알려진다. 만일 그가 정신상태를 갖고 있다고 생각한다면, 그는 갖고 있는 것이다. 그리고 그가 정신상태를 갖고 있다면, 그는 그것을 알고 있는 것이다. 더욱이 그는 정신상태에 관해서 착오를 일으킬 수 없다. (이것은 현재의 정신상태에만 적용되는데, 그는 명백히 과거와 미래의 상태에 관해서는 착오를 일으킬 수 있기 때문이다.) 그는 자신의 육체상태에 관해서는 그러한 특권적 견해를 갖지 못하며—사실상 이것이 마음과 육체가 구별된다고 생각하는 근거 중 하나다. 또한 그는 다른 사람들의 마음에 대해서도 그러한 특권적 견해를 갖지 못한다. '1인칭의 특권'은 정신적인 것의 특징적 표시이며, 모든 마음 혹은 적어도 모든 자기의식적 마음에 부여된다.

이러한 상에는 두 부분이 있다. 첫째, 정신적인 것은 어떠한 '외적' 과정과도 분리되어 있는 비육체적인 것이다. 둘째, 각 주체는 자신의 현재의 정신상태에 관한 '1인칭의 특권'을 갖는다. 두 번째 테제가 첫 번째를 내포한다고 여겨지는데, 정말 그러한가? 사람들이 데카르트적 이론을 공격할 때, 그들은 대개 첫 번째 부분—마음은 비육체적이라는 이론을 거부하고자 한다. 두 번째 부분을 공격하기란 더 어렵다. 왜냐하면 정교한 조건하에서 이 부분은 참이기 때문이다.

이에 덧붙여서, 데카르트는 마음이 실체이기도 하다고 생각했다. 이 주장—그 정확한 뜻은 분명하지 않다. 이것은 뒤에서 다시 논의할 것이다—은 일반적으로 지금 논의하는 '데카르트적' 이론에서는 본질적인 것으로 간주되지 않는다.

2. 인식론 대 인간학

데카르트적 이론은 철학에 대한 특별한 접근과 관련된다. 그것은 1인칭 (자아)과 그가 처한 곤경을 강조하기 때문에, 불가피하게 인식론의 문제들에 초점을 맞춘다. 나는 나 자신의 마음상태에 대해 확신할 수 있다. 그러나 이러한 확실성은 나를 나머지 실재와 분리시키는 듯하다. 그렇다면 나 자신 외에 어떤 것이 있음을 나는 어떻게 알 수 있는가? 내 자신의 경험에 대한 의심할 나위 없는 지식을 더 큰 세계에 관한 내 믿음의 기초로서 사용할 때뿐이다. 내가 그렇게 할 수 있음을 보여주는 것이 인식론의 일차적 과제다.

하지만 우리가 잠시 자아를 잊고 타자에 관해 생각한다고 해보자. 확실히 나는 '그는 어떻게 아는가?'라는 질문을 할 수 있다. 그러나 나의 대답 중 어떠한 것도 나에게 의심의 여지가 없는 것은 아닐 것이다. 나는 이 회의적 물음을 제기하거나 대답하지 않고서 그의 인식론적 능력을 기술할 수 있을 것이다. 그럼에도 이 문제를 탐구하는 데에는 어떤 철학적 의미가 있을 수 있다. 이 외부의 관점에서 '인식론적 곤경'을 철학적으로 기술하는 것이 유용할지 모른다. 예를 들어, 우리는 다음과 같은 결론을 주장하는 철학을 상상해볼 수 있다.

(a) 어떤 종류의 존재만이 객관적 세계에 관한 지식을 가질 수 있다. (여기서 객관적이란 '아는 자에 독립적인' 혹은 '그 본성이나 존재가 아는 자에 의존하지 않는'을 의미한다.)

(b) 어떤 종류의 존재만이 자기 지식의 근거에 대한 지식을 가질 수 있다. (아마도 우리는 그런 지식을 갖지만, 개는 그렇지 못할 것이다.)

(c) 어떤 종류의 존재만이 자신의 정신상태에 대한 지식을 가질 수 있다.

(d) 어떤 종류의 존재만이 '1인칭 특권'을 가질 수 있다.

(e) 어떤 종류의 존재만이 인식론적(그리고 특히 회의적) 문제를 가질 수 있다. 내 말馬은 이러한 종류의 문제를 절대로 갖지 않는다. 말이 도약을 거부할 때, 자기 앞에 놓인 세계의 존재를 의심하기 때문에 그러는 것은 결코 아니다.

이러한 결론들이 칸트가 '철학적 인간학'이라고 불렀던 것의 일부분을 형성할 수 있겠다. 칸트는 그 용어로 우리 조건의 선천적 기술을 의미했는데, 그것은 동시에 우리가 믿음과 경험을 가지려면 무엇이 참이어야 하는지도 보여준다. 이러한 철학적 인간학은 3인칭 관점에 우선권을 부여한다. 그것은 또한 데카르트주의자를 괴롭히는 인식론적 문제를 우회한다. 예를 들어, '나는 어떻게 아는가?'라고 묻는 대신에, 그것은 '어떠한 종류의 생물이 나는 어떻게 아는가라는 질문을 할 수 있는가?'라고 묻는다.

하지만 우리의 철학적 인간학자가 다음과 같은 결론을 내놓는다고 가정해보자. '물리적 대상의 세계에 사는 생물만이 자신이 거기에 산다는 것을 의심할 수 있다.' 확실히 그것은 우리에게 인식론적 난관에서 빠져나올 길을 제공한다. 왜냐하면 내게 세계에 관한 인식론적 문제가 있다는 바로 그 사실로부터 나는 즉시 그 문제에 긍정적으로 대답할 수 있다고 연역할 수 있기 때문이다. 나는 물리적 세계에 관한 내 결론을 내 경험에 관한 지식에 기반하지 않는다. 그것은 단지 내게 그런 문제가 있다는 사실에서 도출된다. 내 믿음의 '근거'를 제시하지 않고, 나 자신의 경험에 어떤 특별한 우선권을 부여하지 않고도, 나는 그 문제에 긍정적으로 대답할 수 있다.

우리의 인간학자가 더 놀라운 결론을 내놓을 수도 있다. (그가 그런 주장을 찾아낼 수 있다면 말이다!) 예를 들어, 그는 데카르트적 의식이론의 두 부분을 이간시킬 수 있다. 그는 다음과 같이 말할 근거를 찾을 수 있을 것이다. 그 마음이 물리적 세계의 일부인 생물만이 '1인칭 특권'을 가질 수 있다고 말이다. 데카르트적 마음이론이 거짓일 때에만, 우리는 그것을 믿게끔 하는 우리 자신의 정신상태에 대한 특권적 접근을 갖는다. 이것이 대략 '사적 언어 논변'의 결론이다.

칸트는 인식론에서 벗어나 철학적 인간학으로 전환을 시도하였다. 그것은 헤겔에 의해 더욱 심화되었는데, 그의 '객관적 정신' 이론은 실제로 인간조건을 3인칭의 관점에서 더욱 폭넓고 세밀하게 기술한다. 불행히도, 헤겔은 역설적 언어와 열정적 자기 확신 때문에 그 첫 충격이 잦아들자마자 철학자들 사이에서 무시되었다. 오직 후기 비트겐슈타인만이 이성의 이러한 계보를 재평가했으며, 그리하여 인식론은 철학적 의제에서 차석을 차지하게 되었다. W. V. 콰인을 따르는 철학자들은 인간학적 관점의 특별한 발전을 지지하면서 그것을 '자연화된' 인식론(혹은 인식론적 '자연주의')이라고 지칭하였다. (콰인의 1962년작《존재론적 상대성과 기타 논문들》중 〈자연화된 인식론〉을 보라.) 자연화된 인식론이란 바로 두 번째 자리로 강등된 인식론이다. 논쟁은 이제 무엇이 첫 번째 자리를 차지해야 하는지에 관해서다. 물리학? 형이상학? 아니면 파타피직스Pataphysics?*19세기 말 프랑스 작가 알프레드 자리가 과학과 형이상학을 패러디하기 위해 만든 신조어.

3. 비트겐슈타인의 논변

사적 언어 논변은《철학적 탐구》의 243절부터 351절까지에 흩어져 있다. 그것에는 많은 부분이 있는데, 비트겐슈타인의 후기 언어철학의 맥락 밖에서는 완전히 이해되지 않는다. 그러나 그 폭넓은 개념들 중 일부는 현 단계에서 이해될 수 있으며, 데카르트적 마음이론에 대해 강력한 도전을 제기하기에 충분할 것이다.

데카르트주의자에 따르면 정신상태는 사적인데, 그 소유자만이 접근할 수 있고, 따라서 알 수 있다는 아주 특별한 의미에서 그렇다. 바꿔 말하자면, 정신상태는 공적 세계와 별개이거나 '우연적으로만 연결된다.' 여기서 '공적 세계'란 한 사람 이상이 그 내용을 똑같이 접할 수 있고, 똑같이 알 수 있는 세계라는 의미다. 데카르트주의자는 이러한 의미에서 정신상태를 '사적 존재자' 혹은 '사적 대상'이라고 생각한다고 해보자. 문제는 이 견해가 참인가, 즉 정신상태는 사적 대상인가의 여부다.

우리가 말하는 '정신상태'란 무슨 의미인가? 비트겐슈타인이 드는 전형적 예는 감각이다. 우리가 느끼는 것 그리고 우리가 특권적으로 접근할 수 있는 것 말이다. 우리는 왜 이것을 정신적이라고 부르는가? 우리가 말하는 '마음'은 정확히 무엇을 의미하는가? 이것은 비트겐슈타인이 직접적으로 대답하지 않은 질문이다. 그러나 우리는 이미 그것에 대해 부분적 대답 하나를 제시할 수 있다. 마음이란 내가 '1인칭 관점'을 갖도록 하는 것이다. 나의 정신상태는 명백한 것이다—내가 그렇다고 믿는 것이고, 나에게 항상 드러나는 것이다. 비트겐슈타인은 이러한 '1인칭 특권'을 기술하는 일반적인 방식을 좋아하지 않는다. 특히, 비트겐슈타인은 내가 아프다는 것을 나는 안다고 말하는 것은 난센스라고 생각한다—왜냐하면 그것은 오류의 가능성을 내포하기 때문이다. (246절을 보라.) 그는 이것을 이런 식으로 말하는 것을 선호한다. "다른 사람들이 내가 아픈지 의심한다고 다른 사람들에 관하여 말하는 것은 말이 된다. 하지만 나 자신에 관해서 그렇게 말하는 것은 말이 되지 않는다."(246절) 하지만 그에게는 이것을 말하는 또 다른 방식, 더 암시적인 방식도 있는

86

데, 그것은 이렇다. 나 자신의 경우에 내가 지금 갖고 있는 이 감각을 아픔과 동일시하기 위해서 나는 어떠한 기준도 필요하지 않다. 나에게는 나 자신의 감각에 대한 어떠한 '동일성의 기준'도 없는 것이다. (사적 언어 논변이 요약돼 있는 288절을 보라.)

이것은 왜 그러한가? 비트겐슈타인은 정확히 말하지 않는다. 하지만 그는 우리가 '문법'의 사실을 다루고 있다고 암시한다. 즉 우리 언어에서 자기 지시self-reference에 관한 사실 말이다. 우리의 공적 언어는 그렇게 구성되어 있기에, 만일 누군가가 그 절차를 따르다가 '아픔'이라는 단어를 자신에게 적용할 때 실수를 한다면, 그것은 그가 '아픔'이라는 단어를 이해하지 못했음을 보여줄 따름이다. 우리는 감각을 그 특권적 1인칭으로 사용하게 해줄 단어들을 배운다. 반대의 경우를 상상해보자. '당신은 아픈가?' '당신은 생각하는 중인가?' 등등의 질문을 받을 때마다 '확실하지 않다. 어디 보자.'라고 대답하고 자신의 행동을 검토하기 시작하는 사람이 있다고 하자. 당신은 이것을 이해할 수 있는가? 그는 이런 식으로 계속할지 모른다. '나는 확실히 극심한 고통을 겪는 사람처럼 행동하고 있다. 아니면 적어도 나에게는 그런 것 같다. 아니 더 정확히 말하면, 나에게 그런 식으로 보이는 걸까? 확실하지 않다. 사실, 확실하지 않다는 것도 확실하지 않다. 확실하지 않다고 말하는 행위의 증거가 결정적이지 않기 때문이다. 아니면 적어도 내게는 결정적이지 않은 것처럼 보인다. 아마도 이런 말을 해서는 안 되겠지만—이 경우에 사태가 나에게 어떻게 보이는지 말하기란 매우 어렵다.' 등등. 확실히 여기에는 무언가 잘못돼 있다. 정신적 용어의 1인칭 용법은 미처 시작하지도 못했다. 당신은 이 사람이 그저 '그'와 '나'의 결정적 차이를 이해하지 못할 뿐이라고 말하고 싶을 것이다. 그는 자아의 관념을 파악하지 못하고 있다. 어쩌면 그는 자아가 없을지도 모른다. 이 경우에, 말하고 있는 것은 누구인가?

데카르트주의자의 견해는 이렇다. 우리가 자신의 정신상태에 대해 갖는 특권적 접근은 그 사적인 성격으로 설명된다. 내가 정말로 안다는 것은 나만이 알 뿐이기 때문이다. (이런 식으로 말하는 것은 이미 데카르트주의자의 견해에 무언가 틀린 것이 있음을 암시한다.) 하지만 감각이 실제로 '사적 대상'이라고 가정해보자. 감각에 대한 1인칭 지시를 보장하는 일종의 '특권적 접근'이 우리에게 있는가?

비트겐슈타인은 다음과 같은 경우를 상상한다.

> 모든 사람이 어떤 것이 담긴 상자를 하나씩 가지고 있으며, 그것을 '딱정벌레'라고 부른다고 가정해보자. 아무도 다른 사람의 상자 안을 들여다볼 수 없고, 모든 사람은 자신의 딱정벌레를 보고서만 딱정벌레가 무엇인지 안다고 말한다. 여기서 모든 사람의 상자 안에 각기 다른 것이 들어 있다는 것도 충분히 가능하다. 그것이 끊임없이 변한다고 상상할 수도 있다. 하지만 '딱정벌레'라는 단어가 이 사람들의 언어에서 사용된다고 가정해보자. 만일 그렇다면, 그것은 어떤 사물의 이름으로서 사용되는 것은 아닐 것이다. 상자 안에 있는 그것은 언어게임에서 어떠한 자리도 갖지 못한다. 그것은 심지어 어떤 것도 아닐 수 있다. 왜냐하면 상자가 비어 있을지도 모르기 때문이다. 아니, 사람은 상자 안에 있는 것으로 '약분될' 수 있다. 그것이 무엇이든, 그것은 상쇄되어버린다.(293절)

'언어게임'이란 많은 사람이 참여할 수 있는 규칙을 따르는 활동에 대한 비트겐슈타인의 약칭이다. (그의 주장 중 하나는, 언어게임에는 상이한 종류들이 있는데, 철학에서 우리는 하나의 게임을 다른 게임의 규칙으로 이해하려고 함으로써 잘못을 범한다는 것이다.) 그의 논변은 사적 대상을 (공적 언어로) 지시하는 단어를 공적 언어에 결코 들여올 수 없음을 보여준다. 위의 사례를 보자. 어떤 이가 '딱정벌레'라는 단어를 내가 사용하듯이 사용한다. 비록 그의 경우에 상자 안에 아무것도 없더라도 말이다. 그렇지만 우리 두 사람은 그가 딱정벌레를 가지고 있고, '딱정벌레'가 그가 가지고 있는 것에 대한 정확한 기술이라는 데 동의한다. 따라서 그것은 우리가 지시하는 '사적 대상'일 수 없다. 그것은 '부적절한 것으로서 고려에서 누락된다.'

이에 대해 혹자는 다음과 같이 대답하고 싶을 것이다. 어쩌면 공적 언어의 단어는 사적 대상을 지시할 수 없을 것이다. 그러나 우리의 공적 언어의 단어는 다른 방식으로도 사용된다. 우리 각각은 자신만의 사적 언어를 가지고 있으며, 그것으로 자기에게만 알려질 수 있는 것―자신의 '사적 대상'을 지시한다. 그리고 이것은 다른 누구도 이해할 수 없는 언어다. 왜냐하면 아무도 내가 사적 언어의 단어를 올바르게 사용하는지 알 수 없기 때문이다. 이것은 합리적인 생각인가? 비트겐슈타인은 아니라고 말한다. 우리는 이것을 합리적이라고 생각하는데, 왜냐하면 우리가 사적 대상에 '특권적 접근'을 할 수 있다고 믿기 때문이다. 즉 우리는 사적 대상이 일어나면 그냥 알 따름이며, 이에 대해 실수할 리 없다. 그리하여 이러한 것들과 결합하는 단어들로 이루어진 언어를 아무런 문제 없이 고안해낸다. 내가 그러한 언어의 단어들을 적절하게 사용하고 있음을 나는 늘 확신한다. 왜냐하면 나는 문제를 확인해보지 않고도 지시된 것이 실제로 거기에 있음을 확신할 수 있기 때문이다.

여기가 미묘한 대목이다. 비트겐슈타인은 우리에게 공적 언어를 되돌아보라고 말한다. 그가 거듭 말하듯이, 그때 우리가 정말 지시하는 것은 감각이다. 이 사실은 이미 감각이 (우리가 일반적으로 지시하듯이) 사적 대상이라는 견해에 의심을 던진다. 우리가 우리 자신의 감각 단어들을 사용할 때 착오를 일으키지 않는 것은, 우리가 그 단어들을 이해한다면, 바로 감각 단어들의 '문법' 부분이다. 그것이 바로 우리의 1인칭 확실성이 되는 것이다. 사적 언어를 만든 이는 자신도 이와 동일한 보증을 받을 수 있다고 여긴다. 하지만 그것은 우리의 공적 언어의 문법에 의해 제공된 보증이었다. 따라서 그는 보증을 받는다고 가정할 자격이 없다. 그에게는 다음과 같은 물음이 제기될 수 있다. 나는 내가 지금 가지고 있는 이것이 사적 대상임을(혹은 내가 지난번에 'S'라는 단어를 사용할 때 가졌던 것과 동일한 사적 대상임을) 어떻게 아는가? 이 물음이 제기되면, 우리는 그것에 대한 어떠한 답도 없음을 발견한다. 사적 언어의 사용자가 정말로 사적 대상을 확인했으며, 자신의 단어가 사적 지시 혹은 어떠한 지시라도 지닌다고 믿는 데 정말로 성공했다고 보증해줄 어떠한 기준도 발견되지 않는다. 그는 이것에 관해 틀릴 수 있지만, 자신이 틀렸음을 결코 알지 못할 수 있다. 그리고 만일 그가 옳다고 해도, 그는 그것을 알 수도 없을 것이다. 다른 누구도 그 문제에 관해 어떤 것도 알지 못하기 때문에, 그는 다른 화자에게 호소할 수 없다. 따라서 올바름의 기준이란 전무하며, 자신의 용어를 사적인 존재자와 내적으로 결부시킬 규칙도 없다. 사적 언어란 불가능하다. 우리는 사적 언어 사용자가 확실한 지시를 갖는다고 상상하는데, 이것은 우리가 그의 상황을 공적 언어의 측면에서 잘못 기술하기 때문이다. 즉 감각 단어들에 관한 공적 문법의 일부분인 '1인칭 특권'의 측면에서 말이다. 이 공적 문법은 감각 단어들을 — 행동으로 감각을 표현함으로써 — 가르치고 배우는 과정과 관련되어 있다. 하지만 "내가 감각을 표현하며 일반적 언어게임의 폐기를 가정한다면, 나는 감각[즉 사적 대상]을 확인할 기준이 필요하게 된다. 그리고 나면 오류의 가능성이 존재하게 된다."(228절)

비트겐슈타인의 논변에는 많은 곁가지 문제들이 있으며, 나는 그중에서 하나의 중심 가닥만을 간략히 요약했다. 당연히 이 문제는 무척 논쟁적이다. 이 논변에 동의하지 않는 사람도 많고, 그것이 타당하다고 생각하는 사람도 많다. 하지만 아무도 이것을 무시할 수 있다고 생각하지 않는다. 만일 타당하다면, 그것은 다음과 같은 결론을 내리는 듯 보인다. 첫째, 우리는 공적 언어로 사적 대상을 지시할 수 없다. 둘째, 우리는 사적 언어로도 그것을 지시할 수 없다. 따라서 우리는 그것을 지시할 수 없다. 그러므로 데카르트적 마음이론은 확실히 거짓이다. 그것이 참이라면, 그것은 우리가 마음에 대해 말할 수조차 없다는 결론에 이르기 때문이다. 데카르트는 '영혼'이라는 특권적 영역으로 도피했지만 악령으로부터는 결코 벗어나지 못했다. 그 반대로, 그의 사적 도피처는 이미 보이지 않는 벌레에 의해 갉아먹혔다.

요점은 이렇다. 내가 만일 악령에게 내 확신을 파괴하도록 허용한다면 그리고 나에게만 알려질 수 있는 것에서 근거를 찾는다면, 그러한 근거를 발견했다는 내 믿음 역시 악령의 희생양이 될 것이다. 물리적 실재와 격리된 영역으로 물러나서(완전히 그것과 '분리되어'), 나는 여전히 내가 생각할 수 있다고 믿는다. 다시 말해, 나는 '나'와 '생각한다'는 말로 내가 의미하는 바를 안다고 믿는다. 그러나 이것은 정확히 내가 더 이상 추정할 수 없는 것이다. 만일 악령이 나를 이러한 사적 궁지로 몰아넣는다면, 그것은 나를 거기서 살해하려는 것일 뿐이다.

반면에, 사적 언어 논변은 악령에게 답을 제시한다. 그것은 다음과 같이 말한다. 당신의 믿음의 근거를 찾는 일을 멈추고, 1인칭 관점에서 벗어나라. 만일 이러한 회의와 불확실성 때문에 괴롭다면, 외부에서 당신의 상황을 살펴보고 사태가 어떠한지 질문하라. 적어도 한 가지는 참임을 알 것이다. 당신이 언어를 말한다는 것 말이다. 그리고 그것이 참이라면, 다른 사람들이 당신의 언어를 배우는 것도 가능할 것이다. 만일 당신이 당신의 생각에 관해 생각할 수 있다면, 당신은 공적 언어를 말함에 틀림없다. 이 경우에 당신은 다른 사람들과 함께 거니는 어떤 '공적 영역'의 일부일 것이다. 이러한 공적 영역은 악령의 허구가 아니라 근본적 실재다.

4. 칸트와 본체

비트겐슈타인의 논변은 내가 이미 주목한 것과는 별개로, 인간학을 왕좌에 올려놓는 많은 흥미로운 특징을 갖고 있다. 어떤 종류의 것—'사적 대상'—은 지시될 수 없다는 그 특별한 결론은 마찬가지로 놀라운 것이다. 그것은 역설이 아닌가? 그것이 지시될 수 없다고 말하면서, 나는 이미 그것을 지시하지 않았는가?

비트겐슈타인의 견해를 이해하기 위해 칸트의 유사한 견해를 검토하는 것이 유용하겠다. 《순수이성비판》에서 칸트는 다음과 같이 주장한다. 우리는 관찰 가능한 것들—그가 명명한 대로 말하자면, 현상—의 세계에 산다. 우리의 개념은 현상 즉 경험을 통해 알려질 수 있는 대상에 적용될 때에만 의미가 있다. 반면에 우리의 사유 구조는 경험 '너머의' 세계, 그 본성이 현상에 독립적인 '물자체'의 세계에 대한 관념으로 우리를 유혹한다. 이러한 관념은 사유에게만 의미가 있다. 즉 우리에게는 그것에 대응하는 어떠한 경험도 없다. 물자체는 칸트가 말하듯 결코 현상이 아니다. 그것은 '본체noumenon', 즉 사유에만 주어진 어떤 것이다.

칸트의 주장에 따르면, 개념은 우리가 세계를 기술하고 설명하기 위해 사용할 때 판단의 행위에서 그 의미를 갖는다. 하지만 우리가 기술하고 설명할 수 있는 유일한 세계는 우리에게 보이는 세계, 즉 현상계다. 따라서 본체의 개념은 결코 판단의 행위에서 사용될 수 없다—그것은 절대로 세계가 어떻게 그러한지를 말하는 데 사용될 수 없다. 그것은 칸트가 말하듯이 '적극적으로' 사용되지 않는다. 우리는 그 개념을 소극적으로만, 즉 그것의 적용을 금지하기 위해서만 사용할 수 있다. 나는 영혼이 존재한다면 그것은 물자체이이야 한나고 말할 수 있다. 이 경우에 나는 그것에 관해 판단을 내릴 수 없다. 따라서 내가 정말로 마음을 지시하기에, 마음은 영혼이 아닌 것이다.

칸트는 많은 '철학적' 존재자가 본체에 불과함을 보이기 위해 다양한 논변을 만들어냈다. 당신이 그것에 관해 판단하려고 하자마자 당신은 다른 것—관찰 가능한 현상의 것—을 말하고 있음을 발견한다. 본체는 내가 예로 든 영혼처럼 '부적절한 것으로서 고려에서 누락된다.' 이것은 정확히 사적 대상에 관한 비트겐슈타인의 논변과 유사하다. 실제로, 비트겐슈타인은 데카르트주의자들, 자신들이 상정하는 사적 영역이 어떻게 정말로 자아나 혹은 다른 것을 지시하는 대상일 수 있는지를 보여주려는 그들에게 도전을 제기했다. 데카르트주의자에게는 자신이 지시하려는 것을 성공적으로 '골라냈음'을 보여줄 어떠한 방법도 없다. 그것은 마치 칸트에게 본체가 그러하듯이, 항상 그리고 필연적으로 개념적 파악이 불가능하다. 그 경우에, 비트겐슈타인이 간결하게 말했듯이, "그것에 관해 아무것도 말할 수 없는 어떤 것과 마찬가지로 아무것도 하지 못할 것이다." 사적 언어 논변은 사적 대상의 검토라기보다는, 우리가 정신적인 것에 관해 얘기할 때 '그 자신을 우리에게 강요하려 드는 문법'에 대한 체계적 거부다. (304절을 보라.)

칸트와 그 후계자들이 비트겐슈타인과 유사한 주장을 받아들였다고 생각할 여러 근거가 있다. 예를 들어, 칸트와 헤겔 모두 경험의 '주체'는 '대상' 세계와의 상호작용을 통해서만 주어진다고 믿는다. 데카르트가 묘사했던 것 같은, 순수 주관의 영역이란 없다. 주체는 개념을 적용함으로써만 스스로를 이해하게 되며, 개념은 대상의 영역―그것을 올바로 적용하는 것과 착오를 일으키는 것 사이에 참다운 구별(존재와 외견의 구별)이 존재하는 영역―에 일차적으로 적용됨으로써 스스로의 의미를 얻는다. 헤겔은 내가 타자를 인정하고 그의 권리를 승인하면서, 객관적인 사람들 간의 질서의 일원이 되는, '자기실현'이라는 복잡한 과정을 통해서만 나 자신에 대한 지식을 가질 수 있다고 덧붙인다. (《정신현상학》의 유명한 '주인'과 '노예'의 변증법. 20장을 보라.) 이 모든 주장은 1인칭의 사례가 철학의 출발점이 아니며, 더더구나 지식의 토대도 아니고, 공적 영역에서의 지시와 활동의 부산물이라는 비트겐슈타인의 결론을 향하고 있다.

5. 스트로슨과 현대적 접근

회의주의자에 대한 또 다른 그리고 밀접히 연관된 대답이 피터 스트로슨 경의 책《개별자들》의 첫 세 장에서 제시된다. 스트로슨은 비트겐슈타인처럼 우리의 언어가 어떻게 작동하는지 그리고 우리가 우리의 조건에 관한 사유를 가지려면 무엇이 참이어야 하는지를 보여주고자 한다. 그는 자신이 그저 우리의 언어 그리고 그것을 만든 형이상학적 가정들을 기술할 따름이라고 말한다. (그는《개별자들》을 '기술적 형이상학 시론'이라고 부른다.) 그러나 그는 사실상, 우리가 언어를 사용하는 방식은, 만일 우리가 어쨌든 지시를 한다면, 우리가 그것을 사용해야 하는 방식이라고 말하며 비트겐슈타인에게 다가간다. 스트로슨에게 지시는 지속적인 대상이라는 '틀'을 요구한다. 그 대상이 바로 그의 책제목인 개별자로, 우리가 무엇이든 일관되게 의미하려면 필요한 시간적 영속성을 제공한다. 나는 나를 객관의 영역에 기초하게 만드는 지시라는 일차적인 행위에 의해 내 언어를 이러한 개별자와 결부시킨다. 스트로슨은 이 영역이 객관적일 뿐 아니라 공간적임을 증명하려고 한다. 그는 공간 차원 없이는 대상을 다른 시기에 재확인할 수 없고, 따라서 지속적인 개별자라는 개념에 도달할 수 없다고 믿는다.

개별자는 두 개의 근본적 종류, 즉 물질 대상과 사람으로 나뉜다. 어떤 술어들이 물질 대상에는 의미 있게 적용될 수 없지만 사람에게는 적용될 수 있다는 사실에 의해 둘은 구별된다. 스트로슨은 혼란스럽게도 이것을 P-술어라고 부른다(정신적 술어라고 불러야 맞을 것이다). 그리고 그는 데카르트주의자에 대한 반론을 다음과 같은 진행한다. '파랗다' '남자' '생각하고 있다' 같은 술어는 일반어다. 그것은 무한히 많은 사례에(여하튼 잠재적으로는) 적용된다. 나는 그 술어를 이런 식으로 적용할 준비가 돼 있지 않다면 이해할 수 없다. 내가 배운 용례 외에 다른 사례에 적용하는 방법을 알지 못하는 술어란 진정한 술어가 아닐 것이다. 그것은 이름 같은 것일 것이다. 그것은 그 사례에 관한 어떤 것—참 혹은 거짓일 수 있는 어떤 것—을 말하는 데 사용될 수 없고, 나는 대상을 단순히 헨리라고 부름으로써 기술할 수 있을 뿐이다.

만일 데카르트주의자가 옳다면, 나는 나 자신의 사례에서 '아프다' '생각하고 있다' 같은 정신적 술어를 배운다. 하지만 나는 다른 사례를 전혀 만날 수 없다. 이러한 술어를 (내 정신적 삶의 내적 특징과 관련하여) 나 자신에게 적용하는 절차는 내 외부에서 복제될 수 없다. 따라서 나는 그 술어를 다른 사례에 적용하는 법을 배울 수 없다. 그것은 나에게 술어가 아니게 된다. 그러므로 나는 나 자신의 조건을 기술하는 데에도 그것을 사용할 수 없다. 데카르트적 마음 개념은 자멸에 이른다.

대안은 무엇인가? 스트로슨은 정신적 술어가 올바로 사용되는 다른 사례들을 내가 인정할 준비가 되어 있을 때에만 나는 비로소 정신적 술어를 이해할 수 있게 된다고 주장하며 다시 비트겐슈타인의 견해로 근접해간다. 이것은 내가 다른 '의식 주체들' 혹은 '인격들'을 내 세계에서 확인할 준비가 되어 있어야 함을 의미한다. 그리고 스트로슨에게 확인이란 또한 '시간을 통한 재확인'을 의미한다. 따라서 만일 내가 나 자신의 정신상태에 대한 지식을 가지려면, 나는 내 세계에서 사람들을 확인하고 재확인하는 절차를 가져야 한다. (논변의 이 부분은 아직 악령을 막아내지 못한다. 왜냐하면 나는 악령이 내게 제공하는 환각의 세계에서 사람들을 확인하고 재확인할 수 있기 때문이다. 하지만 우리가 1인칭 사례로 물러나는 것을 막고 마음에 관한 데카르트적 상을 거부하자마자, 그것은 악령을 물리치게 될 것이다.)

스트로슨의 논변은 비트겐슈타인의 그것과 마찬가지로 많은 주석을 낳았다. 곳곳에 애매한 부분이 꽤 많다. 지시의 대상 '확인하기'라는 개념은 모호하기로 악명 높다. 정신적 술어(P-술어)의 개념 역시 그러하다. (동물은 P-술어를 가지고 있는가?) 어떤 이(예를 들어, 에이어)는 만일 내가 고통을 나 자신과 결부시키려면 고통의 '다른 사례'를 확인할 수 있어야 한다는 그 근본 개념에 반대한다. 확실히 나는 '다른 사례'를 인지하거나 식별할 수 없더라도 다른 사례가 있을 수 있다고 인정할 수 있지 않은가? 그렇다면 그것은 '고통'이라는 단어가 나에게 술어의 의미를 갖는다고 주장하기에 충분할 것이다.

그럼에도 이 논변은 철학이 20세기 후반에 취했던 새로운 방향을 강화하는 데 기여했다. 회의적 문제들이 과거에 누렸던 우선권은 더 이상 주어지지 않는다. 철학자들도 우리 지식의 '근거'를 찾는데 그리 열중하지 않게 되었다. 데카르트적 마음이론 혹은 '내면의' 사적 영역에 대한 관념도 현대철학자에게 큰 매력을 갖지 못하게 되었다. 이 세 가지 전환은 인식론에서 벗어나 인간조건의 탐구로 향하는 하나의 포괄적인 변화의 일부분이다. 그리고 이 탐구의 일차적 주제는 언어다.

6 뜻과 지시

지난 장에서 우리는 어려운 분야를 향해 내달렸는데, 내가 사용한 용어 중 일부는 아직 설명되지 않은 것이었다. 나는 직관적 이해로 충분하리라고 가정하면서 지시, 술어, 의미, 규칙에 관해 언급했다. 이것들을 더 분명히 하기 위해서, 우리는 이제 독일의 철학자 프레게에게로 돌아가야 한다.

그는 우리가 알고 있듯이 언어철학의 창시자이며, 그의 작업은 비트겐슈타인의 《철학적 탐구》로 계승되었다. 프레게는 많은 책을 쓰지 않았지만, 그가 쓴 모든 것은 확실히 일급이다. 마이클 더밋의 저작들 덕분에 프레게 철학의 주요 관념이 이제 자유롭게 회자되고 있으며, 아무도 그 중요성을 의심할 수 없게 되었다. 철학에 관심 있는 모든 사람이 읽어야 하는 프레게의 논문 하나가 있는데, 나는 그것을 이 장에서 논의할 것이다. 기치와 블랙은 프레게 철학 총서를 새로 편집하면서 이 논문의 제목을 〈뜻과 의미에 관하여On Sense and Meaning〉라고 번역했는데, 다른 이들은 모두 그것을 〈뜻과 지시에 관하여On Sense and Reference〉라고 올바르게 부른다. 이 논문과 별개로, 프레게의 다른 두 저작이 현대철학과 관련하여 특히 의미가 있다. 그것은 〈사고〉라는 논문(P. F. 스트로슨의 《철학적 논리학에 관한 옥스퍼드 읽기 자료》에 실려 있다)과 짧은 걸작인 《산술의 기초》다.

철학에서 가장 과학적인 부분이어야 하는 논리학이 많은 면에서 가장 논쟁적이고 또한 변화에 가장 늦다는 것은 상식이다. 아리스토텔레스는 타당한 '삼단논법'을 정리하고 분류하였으며, 진리와 추론을 자세히 설명했다. 그러나 근대에 이를 때까지 그의 업적을 바탕으로 다른 것을 이룬 사람은 아무도 없었다. 비록 라이프니츠가 몇몇 중요한 진전을 이루었지만, 철학자들 사이에서 논리학의 지식은 사실상 19세기 동안 쇠퇴했다. 19세기의 가장 위대한 철학자—헤겔—가 《논리학》을 썼지만, 그 책은 형식적으로 부당한 논법으로만 구성되었고, 우리가 아는 논리학과 관련 있는 것은 조금도 담고 있지 않았다. 여러 경험론자가 오히려 논리학에 기여했으며, 존 스튜어트 밀의 《논리학 체계》는 프레게 이전의 저작 중 진지하게 탐구할 가치가 있는 소수의 작품 중 하나다. 그러나 진정한 변화는 프레게와 러셀이 동시에 수학적 사고의 토대를 탐구하기 시작한 19세기 말에야 이루어졌다. 나는 러셀의 기여 중 하나를 다음 장에서 살펴볼 것이다. 프레게가 발견한 많은 것을 러셀도 역시 발견했다.

1. 문장의 구조

고대철학자는 '존은 대머리이다' 같은 일반적인 주어-술어 문장에 익숙했다. 철학자는 이것을 주어('존'), 계사('이다'), 술어('대머리')라는 세 부분으로 나눈다. 그런데 그가 다른 문장들을 이러한 틀에 맞추려 할 때 큰 문제가 발생한다. 예를 들면, '모든 백조는 하얗다'(보편 문장), '존은 존재한다'(존재 문장), '당신이 오는 것은 필연적이다.'(양상 문장) 같은 문장들이다.

주술 문장은 아리스토텔레스에게 근본적이었는데, 주어에 의해 선택된 존재자와 술어에 의해 선택된 존재자 간의 대단히 중요한 형이상학적 구분을 암시해주기 때문이다. 주술 문장을 사용하지 않고서 생각할 수 있는 방법은 없어 보인다. 그리고 이것은 실재에서 실체와 그 속성 간의 궁극적 구분을 시사하는 듯하다. 실체는 특수하고, 속성은 보편적이다. 실체는(여하튼 그중 어떤 것은) 공간과 시간 안에서 아무런 문제없이 존재한다. 속성은 문제적 존재만을 가질 따름이다. (플라톤은 속성이 공간과 시간 안에 존재하지 않고 영원히 존재한다고 말했다.) 그리하여 이러한 구분은 실체와 보편이라는 두 가지 형이상학적 관념으로 인도하는데, 이것에 관해서는 8장에서 논의하겠다.

'프레게의 혁명'은 문장 구조에 관한 현대적 이론을 이끌었다. 이 이론에 따르면, 계사 '이다'는 존재를 뜻하는 '이다'와는 아무런 관련이 없다. 우리는 주술 문장을 아주 다른 논리를 갖는 존재 문장과 구별해야 한다. 더욱이 논리학의 목적상, 우리는 주술 문장을 세 개가 아닌 두 부분, 즉 '존'과 '대머리이다'로 나누어야 한다. 이 문장은 대머리를 존의 속성으로 단정한다. 존재 문장에 대해 말하자면, 그것은 주술 형식으로 결코 표현될 수 없다. 그것을 의미 있게 하려면 우리에게는 변수라는 수학적 개념이 필요하다. '존이 존재한다'라는 문장은 어떤 것이 존재하는데 그것이 존이라는 말이다—다시 말해, x가 있고 그 x는 존과 동일하다는 말이다. 마찬가지로 붉은 것이 존재한다고 말할 때, 내가 의미하는 바는 어떤 것이 존재하는데 그것이 붉다—혹은 x가 있고 그 x는 붉다는 것이다. 논리학자는 두 문장을 다음과 같이 쓸 것이다. $(\exists x)(x = 존)$ 그리고 $(\exists x)(R(x))$. 이 기호의 중요성은 우리가 논의를 진행함에 따라 더 분명해질 것이다. 그러나 이 논의에 꼭 필요하지는 않다. 주술 문장은 'B(존)'과 같이 표현될 수 있다—이것은 대머리B가 존의 '술어'임을 가리킨다.

논리학은 변수를 도입함으로써 처음으로 존재를 이해할 수 있게 되었다. 칸트가 주장했듯이, 존재는 술어가 아니다. 그것은 '양화사quantifier' 즉 얼마나 많은 것이 그 술어를 포함하는지를(최소한 하나는 포함한다) 우리에게 말해주는 것에 의해 표현된다. 양화사는 문장 $R(x)$에서 변수를 '묶는다.' 그렇지 않다면 변수는 '자유롭다.' (자유변수를 가진 문장은 '열린 문장'이라고 불린다.) 우리는 유사한 방법으로 양화사로 묶인 변수를 써서 보편 문장을 이해할 수 있다. 여기서 양화사는 모든 것이 어떤 속성을 갖는다는 말이다. '모든 것이 초록색이다'는 다음과 같이 쓸 수 있다. $(x)(G(x))$ 혹은 $(\forall x)(G(x))$—즉 모든 x에 대해 x는 초록색이다. 그러고 나면 흥미로운 첫 결과가 나온다. 즉 두 양화사는 부정에 의해 서로의 용어로 정의될 수 있다. 모든 것이 초록색이라고 말하는 것은 어떤 것이 초록색이 아닌 경우는 없다고 말하는 것이다—기호로는 $\sim(\exists x)(\sim G(x))$. 그리고 어떤 것이 초록색이라고 말하는 것은 모든 것이 초록색이 아닌 경우는 없다고 말하는 것이다—기호로는 $\sim(x)(\sim G(x))$. 따라서 놀랄 것도 없이, 프레게와 러셀은 자신들이 수학의 실마리를 찾았다고 느꼈다. 어쩌면 우리는 모든 수가 양화에 의해 정의될 때까지 양화의 논리학을 전개할 수 있을 것이다.

2. 단칭어와 동일성

술어의 개념을 이해하기란 매우 어렵다. 술어란 어떤 것을 대상의 속성으로 '단언하는' 용이다. 바꿔 말하자면, 그것은 대상에 '하나의 개념을 적용하거나' 대상을 어떤 종류로 이해한다. 하지만 문장의 주어는 어떤 가? 그것은 무엇을 하는가?

여기서 프레게는 새로운 용어법을 제안했다. '주어'라는 개념은 오해의 소지가 매우 크다. 왜냐하면 동일한 용어가 문장의 '대상'이라 불리는 것에도 사용될 수 있기 때문이다. '존은 매리를 걷어찼다'라는 문장은 '매리'라는 용어를 포함하는데, 이 용어는 확실히 세계에 있는 단 하나의 항목을 고를 때 '존'이라는 용어와 정확히 같은 기능을 한다. 그러나 그것은 문장의 주어 부분이 아니다. 프레게에게 '존'과 '매리'는 이름이며, 이름은 우리가 이제 단칭명사singular terms라고 불러야 하는 것의 특수한 예다. '단칭명사'의 범주는 또한 러셀이 '기술구descriptions'라고 불렀던 것—'어떤 사람'처럼 '비한정'이든 혹은 '영국여왕'과 '샛별'처럼 '한정'이든 간에—도 포함한다. 프레게에 따르면, 이러한 모든 용어는 '대상'을 지시한다. 대상이란 무엇인가? 이것은 형이상학의 문제다. 하지만 우리는 적어도 그것에 관해 두 가지를 말할 수 있다. 첫째, 그것은 속성의 담지자다(즉 그것은 속성으로 '서술된다'). 둘째, 그것은 동일성 진술의 주제다. 'a = b' 형식의 문장은 'a'와 'b'가 단칭명사(이름)인 한에서—즉 대상을 지시하는 한에서 의미가 있다.

그렇다면 우리가 '지시'에 의해 의미하는 바는 무엇인가? 답은 논리학에 의해 진술되는 것이 아니라 증명된다. 지시란 단칭명사와 그것에 대응하는 대상 간에—즉 '존'이라는 이름과 존 자신 간에 유지되는 관계다. 우리 모두는 이러한 관계에 대한 직관적 관념을 가지고 있다. 지시가 단칭명사에 한정되지 않고 의미의 차원을 일반적으로 기술한다는 점을 발견함에 따라 그 관념이 점점 더 정밀해진다고 프레게는 생각한다. 모든 용어는 지시를 한다. 사실상, 언어의 목적은 세계의 대상을 지시하고 골라내어 그것에 관한 참된 진술을 하는 것이다. 그것이 우리가 언어를 고안해낸 첫째 이유다.

3. 뜻과 지시

그러나 지시가 의미의 전부는 아니다. 동일성 진술 'a = b'를 생각해보자. 이것을 참으로 만드는 것은 'a'와 'b'가 동일한 대상을 지시한다는 사실이다. 만일 'a'의 의미가 자기가 지시하는 대상에 있다면, 'a'를 이해하고 'b'를 이해하는 사람은 누구나 'a = b'가 참임을 즉각 알 것이다. 마치 우리 모두가 'a = a'가 참임을 알듯이 말이다. 프레게는 예를 하나 든다. 어느 누구도 '샛별은 샛별과 동일하다'가 참인지 알기 위해서 세계에 관한 무언가를 알 필요가 없다. 그것은 자명하고, 그것이 참임은 단순히 단어의 의미에 의해서만 보장된다. 그러나 당신은 '샛별은 개밥바라기와 동일하다'라는 문장을 이해하지만 그것이 참임을 모를 수 있다. 이것은 그 문장이 '샛별은 샛별과 동일하다'와 같은 의미를 갖지 않음을 암시한다. 반면에, 두 문장의 용어들은 같은 것들을 지시한다—즉 금성이라는 행성과 동일성 말이다. 이로부터 의미는 지시보다 더 많은 것을 담고 있다는 점이 도출된다.

이것이 프레게가 뜻Sinn과 지시Bedeutung의 구별을 위해 제시한 논변 중 하나다. 당신이 어떤 단어를 이해할 때 당신은 그것의 '뜻'을 파악하며, 그것이 어떤 대상, 다른 단어 또한 가리킬 수 있는 대상을 지시함을 알지 않고도 당신은 그렇게 할 수 있다. 뜻이란 당신이 단어를 이해할 때 이해한 것이다. 그렇지만 언어가 지시적 기능을 수행하려면, 뜻은 어떤 식으로든 지시를 고정시켜야 한다. 단어를 이해한 사람은, 말하자면, 그 단어의 지시 쪽을 가리키게 되는 것은 분명한 사실인데, 마치 당신이 '샛별'을 이해할 때 금성, 개밥바라기의 방향을 가리키게 되는 것과 같다. 어떤 용어의 뜻은 그 지시를 결정하는 데 필요한 정보를 포함한다. 프레게는 종종 뜻을 지시의 '제시 방식'이라고 부른다. (이 논변에 관한 최근의 의심에 관해서는 19장 6절을 보라.)

단어의 뜻은 그것과 관련된 '관념'과 구별된다. 예를 들어, 나는 '비너스'라는 단어를 다양한 이미지(보티첼리의 〈비너스의 탄생〉), 어떤 이야기(초서의 《기사 이야기》에 나오는 비너스 신전), 어떤 음향(홀스트의 〈행성 조곡〉 중 '금성') 그리고 어떤 관념(아름다움, 고전적 완벽성, 사랑의 힘)과 연관시킬 수 있다. 이 모든 것은 프레게에게 '관념'에 지나지 않는다. 다시 말해, 그것은 내게 특별한 주관적 연관이지, 단어의 공유된 공적 의미―당신과 내가 이해하고, 우리가 그 단어를 같은 뜻으로 사용하도록 하는 의미―의 일부는 아니다. 이것을 달리, 좀 더 비트겐슈타인식으로 말하면, 한 단어의 뜻은 그것의 공적 용법을 관장하는 규칙에 의해 주어진다. 연관된 '관념'은 그러한 규칙의 국지적 결과다. 이것이 바로 의미란 본질적으로 공적이라는 비트겐슈타인의 후기 견해의 기원이다.

4. 술어와 문장

단칭명사에 대해서는 이쯤 해두자. 술어는 어떤가? 그리고 이것이 이루는 완전한 문장들은 어떤가? 아마도 이것들은 뜻을 가질 것이다. 그리고 이것들은 지시도 가졌을 것이다. 그렇지 않다면 단칭명사의 지시는 무력해질 뿐이며, 자신이 몸담고 있는 언어에서 아무런 역할도 하지 못할 것이다.

여기가 이 이론이 어려워지는 지점이다. 프레게는 '단어가 어떤 것을 지시하는bedeutet 것은 문장의 맥락에서뿐이다'라고 믿었다. 다시 말해, 지시는 완전한 문장에서만 발생하며, 지시를 부분으로 한정하면(내가 단칭명사들로 그렇게 했듯이), 우리는 간접적으로 말하고 있는 것이다. 진실로 우리는 어떤 단어의 지시를 그 단어가 문장의 지시에 기여한 바라고 이해해야 한다. 뜻도 마찬가지다. 어떤 단어의 뜻은 그것이 포함돼 있는 문장의 뜻에 대한 그 기여다. 우리는 어떤 단어의 뜻과 지시를 말할 수 있는데, 그 기여가 항상 동일하기 때문이다. 즉 그것은 체계적이다. 언어가 작동하는 것은 단어로 문장을 구성하는 규칙이 단어의 뜻으로부터 문장의 뜻을 구성하고, 단어의 지시로부터 문장의 지시를 구성하는 데에도 쓰이기 때문이다.

'존은 대머리이다'라는 문장을 생각해보자. 이것은 무엇을 지시하는가? 이 질문에 대답하기 위해, 우리는 다시금 언어의 핵심이 무엇인가를 고려해야 한다. 우리는 우리의 문장이 실재에 대응하기를 바란다. '존'이 존에 대응하는 식으로 말이다. 성공적인 문장은 세계를 있는 그대로 대표하는 문장, 우리를 실재로 인도하는 문장이다. 다시 말해, 참된 문장이다. 참은 성공의 가장 중요한 표시다. 프레게는 자신이 명명한 대로 두 개의 '진리치' 즉 참과 거짓만이 있다고 주장했다. 그러므로 문장은 둘 중 어느 하나, 즉 진리(참) 혹은 오류(거짓)를 지시할 것이라고 그는 말했다. 일견, 이것은 터무니없어 보인다 — 왜냐하면 언어의 무한히 많은 가능한 문장들이 오직 둘 중 하나를 말한다는 의미인 것 같기 때문이다. 그러나 그것은 옳은 결론이 아니다. 프레게가 의미했던 바는 이름이 그 대상과 관련되듯, 문장은 그 진리치와 관련된다는 것이다. 당신은 이것을 다른 식으로 증명할 수 있다. 존이 스미스 씨와 동일하다고 가정해보자. 이로부터 '존'과 '스미스 씨'가 동일한 지시를 갖는다는 것이 나온다. 이 경우에, 당신은 어떤 문장에서든 '존'을 '스미스 씨'로 대체할 수 있고, 그 지시가 변함없이 동일하리라고 기대할 수 있다. '존'을 포함한 문장에서 '스미스 씨'로 '존'을 대체할 때, 변함없이 동일한 것은 무엇인가? 답은 바로 진리치다. 만일 존이 대머리라는 것이 참이라면, 스미스 씨가 대머리라는 것도 참이다. 존이 기혼자라는 것이 거짓이라면, 스미스 씨가 기혼자라는 것도 거짓이다. 기타 등등. 이것은 진리치가 문장에 대해 갖는 관계는 대상이 이름에 대해 갖는 관계와 같다는 것을 암시한다.

(그렇지만 이 논변에도 문제가 있는데, 프레게는 그 점을 논의한다. 종종 당신은 진리치의 변화 없이는 동일한 지시를 가진 용어들을 대체할 수 없다. '메리는 존이 대머리라고 믿는다'라는 문장을 예로 들어보자. 이것은 참일 수 있다. 메리는 스미스 씨가 대머리라고 믿는다는 것이 참이 아니어도 말이다. 왜냐하면 메리는 존이 스미스 씨라는 것을 알지 못하기 때문이다. 프레게는 이러한 문장을 특별한 경우로 취급해야 한다고 주장한다. 대부분의 다른 철학자는 그의 의견에 동의한다. 합의된 사항은 이렇다. 우리는 용어들이 동일한 지시를 갖는다면 서로 대체될 수 있는 직접적인 경우와 일탈적이고 간접적이고 '불분명한' 맥락을—이 경우에 대체는 불가능하다—구별해야 한다. 우리는 먼저 '직접적' 맥락을 이해하려고 하며, 그것에 의해 간접적인 것을 설명한다. 12장을 보라.)

그렇다면 술어는 어떤가? 그것은 무엇을 지시하는가? 직관적으로 우리는 '개념' 혹은 그와 유사한 것을 말할 것이다. 술어는 대상에 개념을 적용하며, 만일 그 대상이 그 개념에 '속한다면', 그로 인해 비롯한 문장은 참이 된다. 프레게는 여기에 동의한다. 하지만 이것은 언어가 어떻게 작동하는지를 실제로 보여주지 않는다고 그는 주장한다. 그것은 술어의 지시가 문장의 지시(진리치)를 만들기 위해 단칭명사의 지시와 '결합하는' 방법을 설명하지 않는다. 프레게는 또 다른 수학적 개념, 즉 '함수'를 빌린다면 문제가 좀 더 분명해질 것이라고 말한다. 함수란 하나의 수학적 대상을 다른 것으로, 적절한 종류의 각각의 대상으로 체계적으로 변환하는 연산이다. 예를 들어, 함수 $\sqrt{}$는 각각의 수에 대해 그 수의 제곱근을 제공한다. 그것은 '수에서 그 근에 이르는 함수'다. 마찬가지로 개념은 대상에서 진리치에 이르는 함수를 결정한다. 어떤 대상을 함수에 집어넣으면 참 혹은 거짓이라는 둘 중 하나의 결과가 나온다. 이것은 우리 모두가 이미 아는 것을 말하는 전문적 방법일 뿐이다. 하지만 그것이 언어철학에서 매우 유용하다는 점이 증명되었다. 우리는 '함수'라는 용어의 또 다른 쓰임새를 곧 만나게 될 것이다.

만일 술어와 문장이 지시를 갖는다면, 뜻도 갖는가? 프레게는 그렇다고 말하며, 같은 방법으로 문장의 뜻을 분석한다. 단칭명사의 뜻이 그 지시(대상)에 있듯이, 문장의 뜻도 그 지시(진리치)에 있다. 앞서 보았듯이, 단칭명사의 뜻은 우리가 그 용어를 이해할 때 우리가 이해하고, 그 지시를 고정시키는 연산이다. 용어를 이해함으로써 우리는 그것이 무엇을 지시하는지 알 수 있다. 문장에 대해서도 마찬가지다. 문장을 이해하는 것은 문장으로 표현된 사유를 파악하는 것이며, 그것은 결국 문장의 진리조건에 의해 확인된다. 우리가 진리조건을 파악할 수 있을 때, 우리는 문장을 이해하기 위해 필요한 것을 얻게 된다. 진리조건이 지시(진리치)를 결정한다. 그것이 충족된다면 그 문장은 참이며, 그렇지 않다면 거짓이다.

술어의 뜻에 관해 말하자면, 이것은 다시 한 번 스스로에게 책임을 진다. 술어의 뜻은 단칭명사의 뜻에서 주어-술어의 뜻에 이르는 함수다. 좀 더 일반적인 방식으로 바꿔 말하자면, 어떤 용어의 뜻은 그것이 일부가 되는 문장의 진리조건에 대한 그 기여로 이해될 수 있다.

5. 공관상

프레게의 언어이론과 그로부터 파생할 수 있는 철학적으로 중요한 한두 가지 결론을 대략 정리하면 다음과 같다.

　(a) 뜻과 지시. 의미에는 두 차원이 있다. 모든 용어 그리고 용어들의 모든 의미 있는 조합은 뜻과 지시를 둘 다 갖는다. 뜻은 지시를 결정한다. 또한 그것은 그 용어를 이해할 때 우리가 이해하는 바다. 어떤 용어를 이해함으로써, 우리는 그 지시로 가는 '길'을 얻게 된다. 즉 우리는 그 용어를 세계와 관련시키기 위해, 우리가 필요한 것을 갖게 된 셈이다.

　(b) 단칭명사의 지시는 대상이며, 문장의 지시는 진리치다. 술어는 개념을 지시하며, 그것은 대상에서 진리치에 이르는 함수를 결정하는 것으로 이해된다.

　(c) 문장의 뜻은 그것에 의해 표현된 사유이며, 그것은 그 진리조건에 의해 주어진다. 언어에서 모든 용어의 뜻은 그것을 포함하는 문장의 진리조건에 대한 (체계적) 기여로 볼 수 있다.

　(d) 의미의 참된 단위는 문장 즉 사유의 완전한 표현이다. 어떤 용어의 의미와 지시가 완전히 실현되는 것은 오직 문장의 맥락에서다. (이것은 종종 '맥락 원리'라고 불린다.)

　(e) 동시에, 문장은 자기를 구성하는 용어들로 만들어진다. 각 용어는 진리조건에 체계적 기여를 한다. 이것이 의미하는 바는, 만일 우리가 개별 용어의 쓰임새를 관장하는 규칙을 안다면, 그것으로 만들 수 있는 무한히 많은 모든 문장의 진리조건을 이끌어낼 수 있다는 것이다.

　마지막 요점이 매우 중요한데, 그것이 언어철학과 언어학 모두에서 반드시 자주 해야 할 관찰을 지지하기 때문이다. (그것은 또한 언어학자 노엄 촘스키의 저작과 관련된 관찰이다.) 우리의 언어 이해는 창조적인 것 같다. 우리는 전에 결코 들어본 적 없는 문장을 이해한다. 그리고 우리가 구성할 수 있는 새로운 문장의 수에는 아무런 한계가 없는 것 같다. 그렇지만 우리는 제한된 능력만을 가진 유한한 생물이다. 그렇다면 이것이 어떻게 가능한가? 그것이 가능한 이유는, 우리가 구조적 원칙(통사론의 규칙)을 반복 적용함으로써 유한한 어휘로 무한히 많은 문장을 만들 수 있기 때문이다. 그리고 또 다른 일련의 규칙(의미론적 규칙)에 의해 그렇게 형성된 각 문장의 뜻이 그것을 구성하는 용어들의 뜻으로 결정되기 때문이다. 게다가 뜻은 지시를 결정하기 때문에, 뜻과 그것을 결합하는 의미론적 규칙을 이해함으로써 우리는 대상을 단칭명사에 할당할 뿐 아니라 진리치를 문장에 할당하는 방법을 얻게 된다. 우리의 언어는 그것을 관장하는 규칙에 의해 세계와 연결된다.

　프레게의 논변은 매우 인상 깊은 성취다. 공통 직관 이상의 무언가에 의지하지 않고도, 그는 언어와 그 이해 방법에 관한 포괄적 이론의 윤곽을 그렸는데, 여기에는 또한 형이상학적 제안이 그득하다. 그의 거의 모든 결론은 언어란 무엇이 참인지를 표현하고 소통하려는 일차적 목표를 갖는다는 단순한 관찰에서 나왔다. 단어와 세계의 관계가 표상되는 것은 바로 진리 개념의 측면이며, 또한 의미와 진리조건 간에 깨뜨릴 수 없는 연관이 있음을 우리는 즉각 깨닫는다. 이 두 관념만으로도 이후의 많은 철학이 설명된다. 그리고 프레게는 '심층구조'에 대한 설명을 추론하면서, 반대자가 일단 언어를 직시하는 법을 배운다면 그들 역시 할 수밖에 없는 가정 이외에는 아무것도 하지 않았다.

6. 논리학에서의 혁명

논리학은 타당한 추론을 연구하며, 타당한 것과 부당한 것을 구별하는 규칙을 제시하려고 한다. 만일 p에서 q로의 추론이 타당하다면, 추측컨대 이것은 'p'의 의미가 'q'의 의미를 포함하기 때문이다. 즉 q는 우리가 'p'로 이해한 것으로 구성된다. 이 견해에 따르면, 논리학의 일차적 주제는 프레게의 뜻이 될 것이다. 즉 우리가 문장을 이해할 때 우리가 이해하는 것 말이다.

논리학에서의 혁명은 철학자들이 문제는 바로 지시라는 것을 깨달았을 때 일어났다. 논리학은—데카르트주의 철학자들이 가정했듯이—'관념들' 간의 관계를 기술하는 것이 아니다. 그것은 가장 추상적이고 체계적인 개괄로, 언어와 세계의 관계를 기술한다. 결론이 참이지 않고서 전제가 참일 수 없다면, 추론은 타당하다. 따라서 우리는 명제들이 결합되는 '진리함수'에 의해 주장의 타당성을 이해할 수 있다.

그 생각은 이렇다. 언어에서 각 문장은 두 가지 추론 중 하나, 즉 참 혹은 거짓을 갖는다. 문장은 그 '진리치' 중 하나가 할당됨으로써 평가된다. 평가되기 전까지 문장은 단지 '해석되지 않은 기호'일 뿐이다. 그리하여 논리학의 첫 걸음은 '원초적 문장'의 언어를 명제 기호 p, q, r 등으로 대표되도록 하는 것이다. 이러한 기호는 변수로 취급되고, 각각에 진리치 T 혹은 F 중 하나를 할당함으로써 평가된다. 우리는 아직 이러한 언어로 많은 것을 할 수 없는데, 그것에는 구조가 없기 때문이다. 그래서 우리는 '그리고'와 '아니다' 같은 명제 '연결사'(대체로 기호 &와 ~으로 표현된다)를 도입함으로써 명제를 복합명제로 결합할 필요가 있다. 우리는 이러한 연결사에 '값'을 할당함으로써 그것을 이해한다. 분명히 연결사 자체는 참이나 거짓이 아니다. 하지만 그것이 함수를 나타낸다고 간주할 수 있고, 그것이 연결하는 명제들에 할당된 값에 따라 새로운 값을 산출한다면, 그것은 지시에 대한 우리의 일반적 관념을 확인해줄 것이다. 연결사 &(그리고)를 생각해보자. 우리는 이것에 다음과 같은 함수를 할당할 수 있다. 만일 p가 참이고 q가 참이라면, p&q는 참이다. 그렇지 않다면 그것은 거짓이다. 때때로 이것은 다음과 같은 진리표로 표시된다.

p	&	q
T	T	T
F	F	T
T	F	F
F	F	F

가운데 열은 p와 q 각각이 기호 'p'와 'q' 아래의 열에 주어진 값을 가질 때, p&q에 할당되어야 하는 값을 나타낸다.

우리는 또한 부정 ~을 동일한 방법으로 정의할 수 있다. p가 참일 때 ~p는 거짓이며, p가 거짓일 때는 참이 된다. 두 개의 명제 변수에는 16개의 가능한 진리함수가 있는데, 모두가 흥미롭지는 않다. 그러나 그중 하나가 논리학자의 주목을 끌었는데, 그것이 함언implication이라는 우리의 일반적 관념의 일부를 담아내기 때문이다. 아래의 표가 그 함수다.

p	⊃	q
T	T	T
F	T	T
T	F	F
F	T	F

⊃는 '실질 함언'이라고 불린다. 그리고 당신은 명제 p와 p⊃q로부터

q를 연역할 수 있음을 검사를 통해 알 수 있다. 처음 두 개가 참일 때마다, 세 번째도 역시 참이어야 한다. 이것이 논리학에서 전건긍정식*modus ponendo ponens* 혹은 *modus ponens*이라고 알려진 '추론 규칙'의 기초적 증명인데, 그 의미는 p이고 p가 q를 뜻한다는 것으로부터 q를 추론한다는 것이다.

두 명제에는 16개의 진리함수가 있지만, 그것을 소개하기 위해 16개의 기호가 필요하지는 않다. 왜냐하면 그들은 서로에 의해 정의될 수 있기 때문이다. 예를 들어, p⊃q는 ~(p&~q)로 정의될 수 있다. 한 가지 연결사만으로 할 수도 있다. 비록 그 결과는 좀 두려워 보이겠지만 말이다.

7. 형식언어

현대 논리학은 그 출발점을 이런 식으로 정의했기에 형식언어의 연구로 나아갔다. 형식언어란 인공언어로서, 그 창시자의 요건을 엄격히 준수하는 한편 자연언어의 특성을 일부 모방한다. 가장 간단한 형식언어는 기초적인 문장과 그 조합 간의 관계를 보여주기 위해 설계되며, 진리치의 할당에 의한 체계적 해석을 허용한다. 이러한 언어는 다음을 포함한다.

(a) 어휘: 원초적 명제 변수 p, q, r, s의 목록(프레게에 따르면, 자연언어에서 문장이 그렇듯이, 이러한 기호는 진리치를 나타낸다)과 '상수'의 목록(일반적으로 &, ~, ⊃ 같은 연결사).

(b) 통사론적 규칙: 소위 '정합논리식well-formed formula'을 정의하는 규칙. 예를 들면, 만일 p가 논리식이라면, ~p도 그렇다.

(c) 해석 규칙: 상수에 값을 할당한다. 그럼으로써 우리는 복합문장을 그 부분들에 할당된 값에 기초하여 해석할 수 있다. 이러한 값들이 진리

함수다.

이러한 언어는 자연언어의 몇 가지 특성을 모방한다. 그것은 무한히 많은 부분들로 구성된 무한히 많은 문장을 허용하며, 의미 있는 모든 문장의 지시는 그 부분들의 지시에 의해 완전히 결정된다. 하지만 그것은 프레게의 뜻 관념에 대응하는 것은 아무것도 포함하지 않는다. 또한 우리가 논리학의 영역을 탐구하는 데 이러한 관념이 필요한 것도 아니다. 가령, 증명과 논리적 진리라는 관념은 우리의 단순화된 언어로도 이미 탐구할 수 있다. 우리에게 필요한 것은 '추론 규칙'을 덧붙이는 일뿐이다. 그것은 예를 들면 다음과 같다.

(d) 추론 규칙: (i) p와 p⊃q로부터 q를 추론한다(전건긍정식). (ii) 만일 p와 q가 같은 진리치를 갖는다면, q를 포함하는 모든 정식에서 p를 q에 대입할 수 있다(대입 규칙).

언어는 이제 '되살아났다.' 어떤 명제든 제시해보라. 그러면 무한히 더 많은 것이 그 체계에 의해 산출될 것이다. 만일 우리가 언어에 공리를 덧붙인다면, 우리는 정리를 연역할 수 있을 것이고, 그러면 이론을 구성하기 위해 우리의 언어를 이용할 수 있을 것이다. 우리의 공리 선택은 이론의 목적에 의해 좌우될 것이다.

논리학에서 가장 흥미로운 공리는 논리적으로 참인 것들이다. 즉 '상수'에 할당된 해석이 주어질 때 거짓이 될 수 없는 것들 말이다. 논리적 진리는 변수의 값이 무엇이든 간에 참으로 판명된다. 예를 들어, (p&(p⊃q))⊃q는 논리적 진리다. p와 q의 값이 무엇이든 그것은 참으로 판명된다. 이러한 정식은 종종 '진리함수적 항진명제truth-functional tautologies'

라고 불린다. 만일 우리가 추론 규칙(내가 제시한 두 가지 같은)을 올바르게 선택한다면, 우리는 논리적으로 참인 공리로부터 논리적 진리만을 산출하는 이론을 갖게 될 것이다. 우리의 규칙을 반복 적용함으로써 모든 논리적 진리를 산출할 수 있을지도 모른다. (이 경우에 그 이론은 논리적 진리에 관한 '완전한' 이론이 될 것이다.) 이론이 완전한지 우리는 어떻게 알 수 있는가? 여기서 적절하고 흥미로운 수학적 질문이 제기되는데, 그것은 우리의 이론에 관한 이론—소위 '메타이론'을 구성하도록 요구한다. 많은 현대 논리학이 메타이론의 구성에 있다. 그것은 곧 증명에 관한 증명으로, 이러저러한 방법에 의해 우리가 도달할 수 있는 곳을 말해준다. (26장을 보라.)

이 모든 것은 자연언어와 어떤 관련이 있는가? 분명히, 우리의 형식언어는 그리 풍부하지 않다. 더욱이 그것은 자연언어 구조의 작은 부분—'그리고' '만약에' '아니다' 같은 연결사와 관련된 부분—만을 설명할 뿐이다. 우리가 문장의 구조 안으로 침투하여 그 부분들의 통사론적이고 의미론적인 속성을 탐구하려면, 훨씬 더 풍부한 언어가 필요하다. 이것이 '술어계산'이 하고자 하는 것으로, 그것은 문장의 부분들을 나타내는 원초적 기호들을 채택한다. 즉 술어기호 F, G 등과 단칭명사 기호 a, b, c와 변수 기호 x, y, z 그리고 이들을 묶는 양화사들 말이다. 타르스키의 저작 덕분에, 논리학자들은 이러한 종류의 언어를 프레게의 원칙에 따라 구성하는 방법과 부분들의 값에 기초해 문장에 '진리치를 할당하는' 방법을 알게 되었다. 지시의 이론은 이런 식으로 자연의 패러다임에 근접해가는 형식언어의 발전을 통해 점차 확장되었다. 그리고 우리는 항상 그러한 언어의 논리적 특성을 결코 그 정식의 뜻이 아니라 지시만을 고려하면서 설명할 수 있는 것 같다.

이 모든 것은 철학과 무슨 관련이 있는가? 논리학에 대한 이 새로운 접근은 철학적 의제를 어떤 식으로 바꿨는가? 다음 장에서 나는 예를 들어 대답해보겠다.

7 기술구와 논리형식

1906년《마인드》지에 첫선을 보인 러셀의 논문 〈지칭에 관하여On denoting〉
는 아마도 현대철학 전체에서 가장 유명한 논문일 것이며, 절제된 우상
파괴의 모범으로서, 영미철학에서 이후 50년간 벌어진 많은 것에 영감을
주었다. 그것의 주요 주제는 'the'라는 단어다. 만일 이렇게 작은 단어에
의미를 부여하여 철학 전체를 암시할 수 있다면, 무언가 중대한 일이 철
학에 일어났으리라고 독자들은 재빨리 짐작할 것이다. 러셀이 말한 대
부분은 현재 거부된다. 모든 것이 논박되었다. 하지만 거기에는 여전히
연구할 가치가 있고, 거부할 수 없을 만큼 뛰어난 분별력의 정수가 있다.
더욱이 러셀의 논변을 이해하지 않고서 현대철학을 이해하기란 불가능
하다. 1950년대 옥스퍼드 '일상언어' 철학의 짧은 시기에 스트로슨은 러
셀에게 응답하는 글을 썼는데(〈지시에 관하여On Referring〉라는 제목의 논
문), 이것 또한 중요하다. 하지만 돌이켜보건대, 그것은 자신이 비판하는

개념보다 훨씬 더 빠르게 낡은 것이 되었다.

1. 러셀의 문제

러셀의 사유는 프레게와 마찬가지로 논리학과 수학의 토대 연구에 뿌리를 두고 있으며, 두 사람 모두 러셀과 화이트헤드의 《수학 원리》에서 마침내 자세히 설명된 수학이론에 대한 신뢰를 공유했다. 그렇지만 러셀은 프레게가 〈뜻과 지시에 관하여〉에서 전개한 의미의 두 단계 이론을 받아들이지 않았다. 왜냐하면 그는 '지시'의 이론이 논리학이 요구하는 전부라고 (내가 지난 장의 말미에서 간략하게 요약했던 것의) 절반만 보았기 때문이다. 우리는 단어가 어떤 것을 '나타낸다'는 관념에 입각해서 논리학을 세울 수 있다. 즉 이름은 대상을, 문장은 진리치를, 일반어는 '부류'(자신의 '구성원'으로서 다른 것들을 갖는 것)를 나타낸다. 따라서 '존은 대머리이다'라는 문장은 진리치(가령, 참)를 나타내고, '존'이라는 이름의 것(즉 존)이 '대머리이다'로 지칭되는 부류(대머리인 것들의 부류)의 한 구성원이라고 말하는 것이다. 러셀은 문장의 의미는 명제라고 가정하고, 존을 '존'의 의미로 기술함으로써 많은 혼란을 야기했다. 이것은 프레게가 말한 의미의 두 단계를 혼동한 것이다. 존이 그의 이름으로 나타나듯이, 문장으로 나타나는 것은 진리치이지 명제가 아니다. 하지만 러셀은 프레게의 진의를 이해하지 못했으며, 그것은 프레게가 영향력을 발휘하던 시기 내내 오해되었다. 그리하여 러셀에게 존은 자기에 관한 모든 명제의 구성요소가 된다. 그는 거기, 명제의 한가운데에 서 있다. 실재 세계에서 온 불청객이 기이하게도 논리의 공간에 갇힌 꼴이다. 러셀의 이론에서 이러한 혼란을 제거하기란 쉬운 문제가 아니다. 그러므로 나는 러셀의 말을 사용하지 않고 말할 것이며, 그 진정한 힘을 포착하기 위해서 종종 그의 논변에서 벗어날 것이다.

우리가 오늘날 그 중요성을 이해하려면 또한 챙겨야 할 러셀 이론의 또 다른 측면이 있다. 그는 두 가지 근본적 물음을 고심한다. 첫째, 구phrase의 의미는 무엇인가? 둘째, 우리는 어떻게 그것의 의미를 아는가? 이름의 경우에, 그 의미는 지시된 대상이다. 러셀에 따르면, 우리는 대상을 접함으로써 그 의미를 안다. 이러한 관념은 러셀의 철학에서 '직접지knowledge by acquaintance' 이론과 관련이 있는데, 그 이론은 우리가 일반적으로 지시하는 어떤 것과도 실제로 대면하지 않으며, 따라서 우리 언어에서 대부분의 이름은 결코 이름이 아니라는 역설적인 결론을 주장한다.

러셀의 문제는 이렇다. 프레게가 이름(단칭명사)이라고 불렀던 표현에는 근본적으로 다른 두 종류가 있다. 즉 이름과 '지시구denoting phrases' 다. 후자는 비한정되거나('어떤 사람a man') 한정된다('그 사람the man'). 확실히 '존'은 '샛별the morning star'과는 다른 종류의 용어다. '존'이 지시하는 누군가가 없다면 우리는 그것을 이름이라고 전혀 가정할 수 없기 때문이다. 하지만 우리는 '샛별'과 같은 지시구로 지칭되는 어떤 것이 있다고 확신하지 않고서도 아주 만족스럽게 그것을 사용한다. 예를 들어, 우리는 '황금산the golden mountain은 금으로 이루어져 있다' '황금산은 눈에 보이지 않는다' '황금산은 존재하지 않는다'라고 말하며, 황금산에 관해 짐작할 수 있다. 하지만 황금산이란 없다고(확실히 그렇듯이) 해보자. 그렇다면 우리는 이 문장들을 어떻게 평가할 것인가? 이들은 참인가 거짓인가? 프레게는 이들이 '공허한' 이름을 담고 있다고 말할 것이다. 즉 아무것도 지시하지 않는 이름이며, 따라서 실제로 전혀 이름이 아니라고 말이다. 하지만 '황금산'이 지시가 결여된 채 이름으로서 기능한다면, 그것을 포함한 모든 문장 또한 지시를 결여하게 된다. (문장의 지시는 그 부분들의 지시가 결정될 때 비로소 결정된다.) 그러므로 '황금산'이 지시를 결여하는 것과 마찬가지로, '황금산은 보이지 않는다'라는 문장 역시 진리치를 결여한다. 그것은 참도 아니고 거짓도 아니다. 프레게가 옳다면, 우리의 언어는 그러한 문장들로 가득 찰 것이며, 우리는 그것들에 진리치를 부여할 수 없더라도 꽤나 만족스럽게 사용할 것이다. 이 경우에, 우리의 논리학—문장과 진리치 간의 관계에 기초하는 논리학—은 사라진다. 실로, 사태는 더욱 심각하다. 왜냐하면 우리는 이러한 지시구를 그것에 대응하는 어떤 것이 있는지 알지 못하고서도 사용할 수 있기 때문이다. 무한히 많은 문장이 우리의 사유와 추론에서 능동적 역할을 담당하지만, 우리는 문장이 사유와 추론에서 실질적인 위상을 갖는지 혹은 그 위상이 어떠한지 말할 수조차 없게 된다. 러셀은 이것을 참을 수 없었다.

러셀이 이러한 문제를 우려한 유일한 철학자는 아니었다. 현대 현상학의 창시자인 후설을 앞서 언급했는데, 그의 음산한 《논리 연구》가 바로 이 시기에 집필되었다. 후설은 오스트리아 철학자들의 학파에 속했는데, 이들은 세기의 전환기에 빈과 프라하의 대학들을 다니며, 논리학과 심리철학 사이의 폭넓은 영역을 전공하였다. 그 학파의 한 명이 알렉시우스 마이농인데, 오늘날 대개 러셀에게 경멸을 당했던 사람으로 알려져 있지만, 나름대로 매우 흥미로운 인물이다. 당시의 오스트리아 문화는 상상력 넘치는 성취들로 풍성했다. 말러, 프로이트, 클림트, 릴케는 자신들의 능력을 최고조로 발휘하고 있었다. 아돌프 로스는 아직 건축과의 전쟁을 시작하지 않았고, 쇤베르크도 음악에 대한 반역을 개시하기 전이었다. 심지어 무질은 여전히 특성 있는 남자들이 있다고 믿었다.*오스트리아의 작가 로베르트 무질(1880~1942)의 대표작이 사유소설 《특성 없는 남자》다. 마이농은 논리학이 사유의 대상을 연구해야 한다고 주장함으로써 이 풍부한 환상의 세계에 기여했다. 황금산이 없다고 하더라도 우리는 그것을 사유할 힘을 가지고 있으며, 바로 그 힘이 지시라는 안식처에 '황금산'을 정박시킨다. 우리는 '황금산이 보이지 않는다'라는 문장을 이해하는 데 아무런 어려움을 느끼지 않는데, '황금산'은 정신적 대상을 지시하기 때문이다. 이러한 대상은 실제 세계에는 존재하지 않지만, 사유의 영역에서는 '존속한다.'

러셀은 마이농을 잘 이해하지 못했던 것 같다. 어쨌든 러셀은 마이농이 다음과 같이 말했다고 여겼다. '황금산'이라는 구를 포함한 문장이 의미가 있기 때문에, 어떤 의미에서는 황금산이 있음에 틀림없다. 그렇지 않다면 그러한 문장은 어떠한 것에 관한 것이 아니게 된다. 그러므로 모든 지시구는 어떤 존재자를 '존속'의 영역으로 데려온다. 하지만 '둥근 사각형'은 어떤가? 그것도 마찬가지로 존속하는가? 이렇듯 불가능한 대상을 포함한다면, 그것은 얼마나 특별한 영역인가! 확실히, 우리는 프레게식의 족쇄에서 벗어나 지시구의 논리학을 다시 시작하고 검토해야 한다고 러셀은 생각한다. 어쩌면 우리가 그 논리학을 완전히 오해했을지 모른다.

2. 러셀의 이론

러셀은 정의의 개념에서 시작한다. 일반적으로 어떤 용어를 정의할 때 그것과 동치의 용어를 제시한다. 즉 정의된 용어를 그것을 포함하는 모든 문맥에서, 의미나 진리치가 바뀌지 않고서 대체할 수 있는 용어 말이다. (논리학에서 이에 해당하는 기호는 ' =df'다.) 정의란 곧 하나의 용어는 다른 것으로 대체될 수 있고, 관례상 그들은 항상 동일한 것을 지칭한다는 의미다.

그러한 정의를 러셀은 '명시적' 정의라고 불렀다. 그것은 동일한 기능을 갖는 다른 용어들을 대체함으로써 우리의 언어에서 용어들을 제거한다. 하지만 어떠한 명시적 정의도 정확히 동일한 논리학적이고 형이상학적인 문제를 낳는 새로운 용어를 도입하지 않고서는 '황금산'을 제거할 수 없다. 러셀은 우리에게 필요한 것은 암묵적 정의라고 말한다. 그 정의로 그가 의미했던 것은, 사용되고 있는 모든 문맥에서 용어를 대체하는 절차인데, 그것은 그 결과로 산출된 문장의 가치를 어떻게 평가하는지를 정확하게 보여줄 것이다. '프랑스의 현재 왕the present king of France'이라는 구를 예로 들어보자. 프랑스의 현재 왕은 없기 때문에(러셀이 했듯이, 우리가 공화주의 이단을 지지한다고 가정하면), 우리는 '프랑스 왕 = x'라는 형식의 정의를 이해할 수 없다. 동일성의 개념은 여기서 분명한 기능을 하지 못한다. 그럼에도 '프랑스의 현재 왕은 대머리이다'라는 문장은 의미가 있다. 그러므로 그것은 진리치를 가져야 한다. 그렇다면 우리는 이 지시구를 어떻게 평가하는가? 답은 그 진리치의 문제를 해결하기 위해서 전체 문장을 재구성함으로써 평가한다는 것이다. 우리는 그 구가 포함된 문장이 동일한 진리치를 갖지만 그 구가 포함돼 있지 않은 다른 문장으로 어떻게 대체될 수 있는지를 보여줌으로써 그 구에 대한 암묵적 정의를 내린다. 이것이 우리가 할 수 있는 최선이며, 우리가 할 필요가 있는 전부다. 그러면 그것을 어떻게 하는가?

답은 'the'라는 단어에 있다. 러셀은 다음과 같이 합리적으로 추리한다. 프랑스의 현재 왕을 대머리라고 기술할 때, 나는 먼저 어떤 프랑스 왕이 있다, 둘째로 많아야 한 명의 프랑스 왕이 있다, 셋째로 프랑스 왕은 누구든 대머리라고 암시한다. 이러한 세 관념은 프레게가 승인했음직한 이유에서 그 문장의 의미를 담아낸다. 즉 세 관념은 그 문장이 참이라면 참이어야 하는 것을 포착한다. 그것들은 원래의 문장의 '진리조건을 제시한다.' (이것이 러셀이 논점을 설명한 방식은 아니지만, 그것은 우리의 목적상 그리 중요하지 않다.)

'프랑스의 현재 왕은 대머리이다the present king of France is bald'에 대한 러셀의 분석은 다음과 같다.

'어떤 프랑스 왕이 있다There is a king of France. 많아야 한 명의 프랑스 왕이 있다there is at most one king of France. 그리고 프랑스의 왕인 모든 이는 대머리이다everything that is a king of France is bald.'

이것을 바꿔 말하면 다음과 같다.

'x가 있고, 그 x는 프랑스의 왕이고, x는 대머리이다. 그리고 모든 y에 대해서, y가 x와 동일한 경우에만, y는 프랑스의 왕이다.'

기호로는 다음과 같다.

$$(\exists x)(K(x)\&B(x)\&(y)(K(y)\supset(y=x))).$$

우리는 그 문장을 '술어계산'에서 인정하는 형식으로 번역했고, 원 문장이 '프랑스 왕the king of France'이라는 구를 포함하지 않는 세 문장의 접속과 정확히 동일한 진리조건을 가짐을 밝혔다. 게다가 우리는 원 문장이 결국 진리치를 가지며, 그 값은 (공화정이라는 가정에 따라) 거짓임을 알 수 있다.

이러한 과정은 우리 언어의 모든 지시구에 반복될 수 있다. 그것이 비한정되든('어떤 사람a man') 한정되든('그 사람the man') 간에 말이다. 러셀이 가장 관심을 쏟았던 지시구는 정관사와 기술구로 이루어진 것들이다. '프랑스 왕' '황금산' '샛별'과 같이 말이다. 그는 이것들을 '한정 기술구definite descriptions'라고 불렀다. 그것이 그의 이론의 이름이 되어, 러셀의 기술구 이론이라고 불린다. 그는 자신이 그러한 모든 구를 우리의 언어에서 제거하는 일반 규칙을 제시했을 뿐 아니라 'the'라는 단어의 의미에 관해 말할 필요가 있는 모든 것을 말했다고 믿었다.

3. 논리형식

러셀 이론의 몇몇 특징은 강조할 만하다.

(ⅰ) 그는 문장이 참이 되는 조건을 진술함으로써 문장의 의미를 제시한다. 그렇게 하면서, 그는 문장이 진리치를 가진다는 점뿐 아니라 그 진리치가 어떻게 결정되는지도 보여준다.

(ⅱ) 분석되는 문장은 (문법적으로 말하면) 주술 문장이다. 그것에는 주어('프랑스 왕')와 술어('대머리이다')가 있으며, 술어는 주어에게 속성을 부여한다. 그러나 그 분석은 결코 주술 문장이 아니다. 그것은 복합 문장이고, 그 형식은 존재 문장이다. 그것은 어떠한 것이 존재한다고 정말로 말하고 있으며, 그런 다음 그것의 다양한 속성을 서술한다.

(ⅲ) 원래의 문장의 문법적 형식 때문에 우리는 그 논리를 오해하게 되었다. 우리가 그 문장은 진리치를 갖지 않는다거나(프레게의 선택) 주어가 지시를 한다고(마이농의 선택) 여긴 것은 바로 이 때문이었다. 만일 러셀이 옳다면, 문법형식 체계는 우리를 오도하고 있는 것이다.

이로부터 러셀은 흥미로운 결론을 끌어낸다. 그는 일상언어의 문법이 거기에 표현된 사유의 진정한 논리형식을 은폐할 수 있고, 종종 그렇게 한다고 말한다. 논리형식은 추론에서 문장의 역할에 의해 주어진다. 즉 우리는 문장으로부터 무엇이 추론될 수 있고 그 진리치가 어떻게 결정되는지를 이해할 때, 그 문장을 이해한다. 더욱이 우리는 새로운 논리학에서 논리형식을 표현할 완전한 수단을 갖는다고 러셀은 추정한다. 그 논리학의 언어는 문장의 역할을 진리치의 담지자로 파악하기 위해 그리고 문장의 부분들의 지시가 어떻게 전체의 지시를 결정하는가를 보여주기 위해 정확히 설계된다. 기초적인 논리 연산자들(진리함수, 양화, 변수 등)이 완벽하게 이해될 수 있는 이유는, 그 연산자들이 자기들의 논리적 역할―문장의 진리치를 부분의 지시로부터 구성할 때의 역할―에 의해 정의되기 때문이다. 만일 논리학의 언어가 완전하다고―그것이 진리치를 할당하는 모든 방법과 추론의 타당성을 판단할 수 있는 모든 방법을 파악한다고―가정할 수 있다면, 우리는 러셀처럼 논리학이 자연문법에 우선한다고 말하고 싶을 것이다. 논리학은 우리의 일상언어가 실제로 의미하는 바를 말해준다. 혹은 적어도 우리가 의미해야 하는 바를 말해준다. 철학의 첫 단계는 우리를 곤혹스럽게 하는 문장들의 논리형식을 제시하는 일이다. 그리고 나서야 우리는 그것으로 무엇을 말할 수 있고 말할 수 없는지에 대한 실마리를 얻게 될 것이다.

 이러한 생각은 초기 비트겐슈타인과 논리실증주의자들에게 지대한 영향을 주었다. 심지어 오늘날에도 이런 주장을 하는 철학자들이 있다. 도널드 데이빗슨이 최근의 두드러진 예다. (그가 1984년에 발표한 선집《진리와 해석에 관한 탐구》를 보라.) 그러한 철학자들이 주장하듯이, 일상언어는 철학적 문제들을 낳는데, 우리가 거기에 표현된 사유의 진리조건을 이해하지 못하기 때문이다. 진리조건을 할당할 때, 우리는 그 연산자들을 완전히 이해할 수 있는 이상적 언어(논리적 언어)를 사용해야 한다. 데이빗슨에게 언어를 이상적으로 만들어주는 것은 그가 '진리 이론'이라고 부르는 것이 거기에 존재한다는 사실이다. 그가 말하는 진리 이론이란 언어의 모든 문장이 그 부분들의 평가가 주어질 때 어떻게 평가될 수 있는지를 체계적으로 보여주는 이론이다. 하지만 실제로 그 결과는 러셀과 유사하다. 데이빗슨은 진리 이론이 자연언어를 위해 제공될 수 있다는 점을 의심하며, '술어계산'이 우리가 실재를 대표하기 위해 갖는 최선의 언어라고 여긴다는 점에서 때때로 러셀에 동의하는 듯 보인다.

그리하여 세 가지 중대한 생각이 러셀의 이론에서 나왔다. 첫째, 철학은 문제가 되는 문장의 진리조건을 제시함으로써 전개된다. 둘째, 진리조건은 문장의 '논리형식'에 의해 주어지고, 논리적으로 투명한 언어로 표현된다. 마지막으로, 각 문장에 대해서는 아마도 단 하나의 옳은 분석(혹은 논리형식)이 있을 것이다.

4. 수학적 함언

러셀은 수리철학에서 자신의 이론을 좀 더 흥미롭게 적용시켰다. '3은 2보다 크다'라는 문장을 생각해보자. 그것은 '3'과 '2'라는 두 개의 이름을 포함하고 있다. 그 이름들은 무엇을 지시하는가? 그 분명한 답—수—은 플라톤의 과장된 형이상학에 문을 열어준다. 플라톤은 수란 실제로 존재하지만, 공간과 시간 안에 존재하지 않는다고 믿었다. 플라톤 같은 사상가에게, 수는 영원불변 존재하며 우리가 가장 확실히 주장할 수 있는 지식의 대상이고, 형이상학적 서열에서 특권적 지위를 차지하고서, 자신을 신격화하는 사멸하는 것들의 몰락에 잔잔히 미소 짓는다. 러셀은 만일 우리가 그러한 형이상학적 사치를 피하고자 한다면, '3은 2보다 크다'와 같은 문장의 논리형식이 보이는 것과는 다름을 보여주어야 한다고 생각했다. 즉 우리는 수적 표현을 포함하는 문장을 고쳐 써서, 그것이 동일한 것을 말하되 그런 표현을 이름으로 사용하지 않도록—가급적이면 수적 표현을 전혀 사용하지 않도록—해야 한다.

사실상, 우리가 수에 관해 말하는 대부분은 '바구니 안에 세 개의 사과 three apples가 있다'에서와 같이 형용사 형태를 사용해 말해진다. 셈하고 계산하는 대부분의 일상 활동은 계산되는 어떤 것, 수 자체가 아닌 다른 어떤 것이 있다고 암묵적으로 가정하는데, 그것이 바로 우리의 관심을 끄는 실질적 대상이다. 따라서 우리가 수적 표현을 그 형용사적 용법으로 이해할 수 있다면, 우리는 수학을 이해하는 첫걸음을 내딛게 될 것이다. 그리고 기술구 이론은 그 방법을 알려준다. 왜냐하면 우리는 이미 존재와 동일성 같은 순수하게 논리적인 관념의 측면에서 '하나'라는 표현을 분석했기 때문이다. 한 명의 프랑스 왕이 있다고 말하는 것은 거기에 어떤 프랑스 왕이 존재하고, 프랑스 왕인 모든 이는 그와 동일하다고 말하는 것이다. 기호로는 다음과 같다.

$$(\exists x)(K(x)\&(y)(K(y)\supset.y=x))$$

이 문장에는 어떠한 수적 표현도 나타나지 않는다. 하지만 '하나'라는 용어를 사용하여 우리가 말하려고 했던 것을 우리는 정확히 말했다. 우리는 이제 '0'과 '2'에 대해서도 똑같이 할 수 있다. '프랑스 왕은 없다'는 이렇게 읽힌다. 어떤 프랑스 왕이 있다는 것은 사실이 아니다. '두 명의 프랑스 왕들이 있다'는 다음과 같이 읽을 수 있다. x가 있고 y가 있다. 그 x는 프랑스의 왕이고 y는 프랑스의 왕이다. 그리고 모든 z에 대해서 z가 x와 동일하거나 또는 y와 동일한 경우에만 z는 프랑스의 왕이다. 기호로 하면 다음과 같다.

$$(\exists x)(\exists y)(K(x)\&K(y)\&(z)(K(z)\supset.(z=x)\vee(z=y)))$$

다시 한 번 우리는 논리적 관념만을 이용하여 수적 표현을 소거했다. (두 개의 논리기호가 더 도입된 데 주목하라. '$\vee$'는 '또는'을 의미하는 진리함수로 정의되며, 함언기호 다음에 오는 마침표 '.'는 그 뒤에 오는 모든 기호를—문장에서 앞서 열렸던 괄호들은 제외하고—함언의 '범위' 안에 있는 것으로 간주하라는 의미다.)

물론 우리가 수 자체에 대한 명시적이든 암묵적이든 정의를 내리려면 아직 갈 길이 멀다. 그리고 우리의 해석은 번잡할 뿐 아니라 계산을 가능하게 해주는 어떠한 연산법칙과도 아직 단절되어 있다. 그럼에도 논리학을 이렇게 특별하게 응용하여 수학을 대체할 수 있다는 것은 확실히 철학적으로 대단히 흥미로운 일이다. 심지어 이렇게 단순한 결과라도 플라톤식의 초월적 영역에는 엄청난 영향을 주며, 수학이란 결국 분석하면 논리학의 다른 모습에 불과하다고 믿는—러셀이 그랬듯이—사람들을 고무한다.

이제 우리는 철학사에서 정관사보다—동사 '이다to be'를 제외하고—중요한 단어가 없었음을 알게 되었다. 'the'의 분석으로부터 러셀은 언어의 이론, 존재의 철학, 분석의 방법 그리고 논리학에서 산술을 도출하는 첫걸음을 이끌어냈다. 그리고 이 모든 것은 그 주제의 현대 역사에서 다른 어느 것 못지않은 영향력을 발휘했다.

5. 마이농의 정글

이제까지 논의한 것은 다소 어려우며, 이 책의 뒤에서 우리가 다룰 문제들로 건너뛴 감이 있다. 하지만 그 근본 요지는 역사적으로나 철학적으로 중요하다. 그래서 나는 '존재론'에 대한 러셀식 접근을 살펴봄으로써 좀 더 자세히 설명하고자 한다. (내가 서둘러 요약하려는 것의 역사적 배경은 J. A. 패스모어의 《백년의 철학》이라는 제목의 훌륭하지만 다소 지루한 책에서 더욱 꼼꼼히 논의되고 있다.) 전통적 철학은 우리가 지금까지 조금도 의심하지 않았던 세계에 놀라울 정도로 존재자들을 도입한다. 플라톤의 형상, 데카르트의 자아, 헤겔의 절대이념, 쇼펜하우어의 의지, '질료적 실체', 칸트의 '물자체' 등등. 우리가 살펴보았듯이 버클리는 특히 '질료적 실체'라는 관념을 성가서 했고, 우리에게는 그 존재를 믿을 만한 어떠한 증거도 없으며 가질 수도 없고, 그것을 지시하지 않고도 말하고자 하는 모든 것을 하여튼 말할 수 있다고 주장했다. 하지만 우리가 마이농에 이를 무렵, 철학은 무한히 많은 형이상학적 대상을—그것을 '지시하는' 의미 있는 구만큼이나 많은—낳을 수 있게 된 듯(여하튼 러셀에게는 그렇게) 보인다. 철학자는 자신이 창조한 것들로 숨 막힐 듯 빽빽한 우주로 그것들을 물리칠 아무런 무기도 없이 들어간다. 이 정글에서 벗어날 방법은 무엇인가? 아니면 우리는 거기에서 영원히 미아가 되어야 하는가?

러셀의 대답은 단순하며, 사실상 버클리의 답을 현대 논리학의 용어로 고쳐 쓴 것이다. 그는 말한다. 당신이 그 의미와 구조를 이해하는 문장들을 이용하여 당신이 말해야 하는 것에 관해 말하라. 당신은 일상언어로 말하는 것과 정확히 동일한 것을 말하지는 않을 것이다. 하지만 적어도 당신이 무엇을 의미하는지는 알 것이다. 그 밖의 다른 것은 의미할 필요가 없다. 논리학의 언어로 말해질 수 없다고 분명히 말할 수 있는 것은 아무것도 없다. 그리고 스스로를 이 언어에 한정함으로써, 당신은 어떠한 철학자도 그의 이론이 약속하는 형이상학적 존재자의 존재를 주장할 아무런 근거가 없으며, 혹은 가질 수 없음을 알게 될 것이다.

우리는 이러한 관념의 응용을 논리적 구성의 이론(러셀이 제시한 기술구 이론을 일반화한 것)과 수리철학에서 이미 보았다. 유사한 생각을 미국의 철학자 콰인에게서도 발견할 수 있는데, 그는 자신의 형이상학을 '존재하는 것은 변수의 값이 되는 것이다'라는 표어로 요약했다. 다시 말해, 만일 당신의 믿음이 'F(x)인 x가 있다'라는 형식의 문장을 긍정하도록 만든다면, 그때서야 비로소 당신은 F인 어떤 것의 존재를 믿는다. 당신이 참을 표현하기 위해 '양화할' 수밖에 없는 모든 것은 존재하며, 그 밖의 다른 것은 존재하지 않는다. 이런 식으로 논리형식을 보여줌으로써, 우리는 언어의 '존재론적 빈민굴'에 숨어 있는 형이상학적 존재자들을 제거한다.

러셀의 제자이자 신봉자인 F. P. 램지가 논문 〈지칭에 관하여〉를 '철학의 패러다임'으로 불렀던 것은 그것이 이러한 방향을 가리켰기 때문이다. 그것은 언어를 조심스레 분석함으로써 철학적 문제와 그것을 해결할 때 동원되는 온갖 유령 같은 존재자들을 제거하는 듯하다.

6. 스트로슨의 비판

하지만 러셀의 이론에 대한 스트로슨의 반론이 공격하는 것이 바로 이 지점이다. 스트로슨은 러셀의 논문이 일으킨 전통, 즉 논리형식을 자연문법에 우선하는 전통에 저항한다. 그는 내가 사용했던 용어들로 러셀의 이론을 이해하지 않았다. 왜냐하면 그는 램지의 진심어린 찬사를 받았던 다른 사상가들의 영향 아래에 있었기 때문이다. 그는 형식논리학이 자연언어보다 실재에 좀 더 근접한 것이며, 만일 어떤 것이 형식언어로 말해질 수 없다면, 그것은 결코 말해질 수 없는 것이라는 가정에 격분했다. 그는 자연언어의 논리학이 있다고 믿었는데, 그것은 러셀과 프레게가 제시한 형식언어의 그것과는 다르지만, 그럼에도 마찬가지로 참된 전제에서 참된 결론을 이끌어낼 수 있으며, 합리적 존재와 소통한다는 언어의 일차적 목적에 더 민감하다고 믿었다.

우선, 스트로슨에 따르면, 러셀은 언어에서 문장이 그 자체로 의미를 가지며, 그래서 우리는 그것들이 한 페이지에서 애매모호하게 나타날 때에도 이해할 수 있다고 가정한다. 하지만 언어는 의미를 갖지 않는다. 그것은 우리의 사용을 통해 의미를 얻게 된다. 더욱이 참 또는 거짓인 것은 문장이 아니라 우리가 문장들로 만드는 진술이다. 진술을 한다는 것은 하나의 활동으로서, 맥락을 요구한다. 그리고 화자에 의해 진술되지 않은 전제들이 이러한 맥락 속에 구축된다.

러셀은 지시구를 포함한 문장이 여러 다른 문장들을 암시한다고 가정하며 분석을 전개한다. 예를 들어, '프랑스 왕은 대머리이다'는 프랑스 왕이 존재한다는 것을 암시한다. 하지만 문장은 그것이 진술문에서 사용될 때까지는 아무것도 암시하지 않는다. 그리고 만일 프랑스 왕이 존재하지 않는다면, 그에 관해 할 수 있는 어떠한 진술도 없게 된다. 우리가 말할 수 있는 최선은 프랑스 왕은 대머리이다라는 진술이 프랑스 왕의 존재를 전제한다는 것이다. 왜냐하면 그러한 진술을 하는 사람은 그 왕이 존재할 때에만 그렇게 진술할 수 있는 위치에 있기 때문이다. 만일 그 왕이 존재한다면, 우리는 그를 지시할 수 있다. 그렇지 않다면 우리는 할 수 없다. 지시하기는 우리가 하는 어떤 것이다. '지칭하기'는 논리학에 취한 지성이 날조한 것에 불과하며, 확실히 구가 할 수 있는 것은 아무것도 없다. 구는 아무것도 하지 않는다.

스트로슨은 계속해서 일상언어의 논리학을 형식논리학의 구조로는 파악할 수 없다고 주장한다. 그럼에도 그것은 우리의 말에 제약을 가하고, 러셀이 우리가 목표로 하기를 바랐던 바로 그 방향을 목표하도록 강요하는 논리학이다. 세계에 관한 진리라는 방향 말이다. '프랑스 왕은 대머리이다'가 '프랑스 왕인 x가 오직 한 명 있고 프랑스 왕인 모든 이는 대머리이다'를 의미한다고 말하는 것은 우스꽝스럽다. 그것은 결코 그 문장이 의미하는 것이 아니다. 누군가가 그것으로 할 수 있는 진술이 프랑스 왕의 존재를 전제할지라도 말이다.

그렇다면 그 문장은 무엇을 의미하는가? 불행히도, 스트로슨은 우리에게 답을 주지 않는다. 아마도 그는 문장의 의미란 그것을 만드는 데 일반적으로 사용된 진술에 의해 주어진다고 말해야 할 것이다. 하지만 진술이란 무엇인가? 여기서 우리는 신비로운 영역으로 들어간다. 우리는 문장이 무엇인지 안다. 하지만 진술이 무엇인지 아는가? 그것을 계산하고, 구별하고, 인식하는 방법을 아는가? 그것들 또한 존재론적 빈민굴에서 빠져나올 수 있는가? 이러한 것이 콰인의 결론이다.

어쨌든 러셀과 스트로슨의 불일치는 겉보기처럼 그리 근본적이지 않다. 스트로슨은 문장이 진리치를 갖지 않는다고 말하고 있다. 즉 진술만이 진리치를 갖는다. 프랑스 왕은 대머리이다라는 진술은 참 또는 거짓일 수 있으며, 그것은 진술될 때에만 참 또는 거짓일 수 있다. 하지만 전제들이 충족되지 않으면, 그것은 성립될 수 없다. 그 전제들 중 하나가 프랑스 왕의 존재다. 만일 프랑스 왕이 존재하지 않는다면, 프랑스 왕은 대머리이다라는 것은 참도 아니고 거짓도 아니다. 스트로슨은 사실상 프레게가 취했던 견해로 후퇴한 셈이다.

또한 진술을 확인하는 최선의 방법은 그것이 성립하는 올바른 상황 아래 있는가의 측면일 것이다. 프랑스 왕은 대머리이다라는 진술은 올바르게 성립한다. 언제? 한 가지 대답은(유일한 것은 아니지만) 참일 때 올바르게 성립한다는 것이다. 즉 어떤 프랑스 왕이 있고, 오직 한 명의 프랑스 왕이 있고, 그가 대머리일 때다. 하지만 이렇게 되면 우리는 그 진술을 진리조건으로 확인한 것이다. 그리고 그것은 바로 러셀이 기술한 것과 동일한 진리조건이다. 우리는 결국 '논리형식'에서 그리 멀리 벗어나지 않은 셈이다.

이 논쟁에는 이밖에도 많은 것이 있지만, 그것은 러셀식 분석을 완전히 거부하기가 얼마나 어려운지를 보여준다. '일상언어의 논리학'이라는 약속에 대해 말하자면, 적어도 말할 수 있는 것은 스트로슨이 그것을 완수하지 못했다는 사실이다. 아마도 그것은 실현될 수 없을지 모른다. (이것은 다음과 같은 끊임없이 반복되는 물음과 연결된다. 왜 논리학은 그토록 어려운가? 무엇으로부터 무엇이 나오고, 왜 그러한지를 결정하는 일이 세상에서 가장 쉬운 일이 되어서는 안 되는가? 하지만 가장 분명한 진리가 또한 가장 설명하기 어렵다는 것은 사실이다.)

7. 주제 옮기기

스트로슨의 반론은 오늘날 아무도 그런 식으로 하지 않을지라도 완전히 틀린 것은 아니다. 언어는 상이한 여러 방식으로 기능하며, 소위 '논리형식'을 보여주기 위해 요구되는 '조직화regimentation'(콰인이 부르듯)가 우리의 일상적 사고방식을 해친다는 인식이 커지고 있다. 게다가 철학자들은(데이빗슨을 제외하고) 단순한 논리학의 언어가 인간 사유의 총합을 대표하거나 아니면 (동일한 이유에서) 실재의 구조를 기술할 힘을 갖는다는 견해에 만족하지 않는다.

사실, 한정 기술구는 이것의 훌륭한 사례를 제공한다. 내가 '조지는 우승한 말이다'라고 말할 때, 나는 맥락에 따라 두 가지 중 하나를 의미할 수 있다. 당신이 조지를 구입하려고 조사하고 있을 때, 내가 이 문장을 추천의 의미로 말하는 것이다. 또 하나는, 당신이 경주 결과를 들었을 수도 있겠지만, 로베르트 무질이라면 듣기 싫어할 언어를 사용하여, 그저 누가 우승을 차지한 특별한 말인지 알고 싶을 수도 있다. 첫 번째 경우에 내 관심은 조지의 우수함을 기술하는 것이다. 두 번째 경우에 내 관심은 우승한 말을 확인하는 것이다. 하나의 같은 문장이 우수함이라는

'속성'으로 그리고 동일성 주장으로 동시에 기능할 수 있다. 확실히 그 것은 두 용법에서 동일한 논리를 갖지 않는가? 키스 도넬런은 기술구 이 론에 관한 최근의 한 탁월한 기고문에서 한정 기술구의 이 두 용법 간의 차이를 탐구하였고, 러셀식 이론이 그중 어느 것에 관해서도 전체 진리 를 담아내지 못함을 보였다. (K. 도넬런의 〈지시와 한정 기술구〉를 보라.)

하지만 이것은 우리를 다시 형이상학으로 인도한다. 우리가 관심의 초점을 논리학의 언어에 맞추든 일상언어에 맞추든, 우리가 말하는 것 의 구조가 세계의 구조와 상당한 관련이 있다는 것이 분명해졌기 때문 이다. 이 두 가지는 하나의 다른 면들일 수 있다. 헤겔주의자는 우리에게 그렇게 말한다.

8 사물과 속성

잠시 데카르트의 '코기토'(나는 생각한다)로 돌아가 보자. 그는 왜 이것을 확신했는가? 왜냐하면 만일 그가 이것을 의심한다면, 그것은 누군가가 의심한다는 것을 증명할 뿐이기 때문이다. 하지만 그는 너무 멀리 가버린 것은 아닌가? 18세기 독일의 잠언가 리히텐베르크는 데카르트가 생각의 존재만을 주장해야 했다고 말했다. '나는 생각하고 있다I am thinking'가 아니라 '그것은 생각하고 있다it is thinking'라고 말해야 하며, 그것은 '비가 오고 있다it is raining'라는 표현처럼 이해되어야 한다. 확실히 생각은 계속해서 존재한다. 하지만 왜 생각하는 사람의 존재를 가정하는가? 많은 사람이 이 반론에 강한 인상을 받았다. 왜냐하면 생각하는 사람을 가정할 때, 우리는 유력한 형이상학적 가설을 끌어들이기 때문이다. 사적 언어 논변에 의해, 그 가설은 악령에게서 세계 전체를 구해낼 수 있는 것이다.

하지만 이 반론은 실제로 옹호될 수 있는가? 확실히 누군가가 생각하지 않고서는 생각이란 있을 수 없다. 생각은 그 소유자 없이는 존재하지 않는다. 생각은 비와 달리, 세계의 독립적 항목이 아니라 어떤 상태 혹은 속성이다. 생각하고 있다고 말하는 것은 이미 생각하는 사람의 존재를 암시한다. 그렇지 않다면 우리는 죽어가는 그래드그라인드 부인*찰스 디킨스의 소설《어려운 시절》의 등장인물의 처지에 놓이게 된다. 그녀는 방 안 어딘가에 고통이 있다고 말하지만, 그것이 바로 자신의 것이라고 제대로 말할 수 없었다!

이 점은 일반적이다. 속성은 자기를 예화해줄 대상을 요구한다. 정사각형 모양의 어떤 것이 없다면 세계에 정사각형이라는 속성은 있을 수 없다. 이것은 인상적인 사실로, 플라톤 이래로 철학자들을 곤란케 했다. 왜냐하면 우리는 존재자를 두 가지 종류의 것—속성과 그 속성을 지닌 것으로 정확히 구분하는 듯하기 때문이다. 그리고 우리는 이미 그 두 가지에 관한 방대한 양의 지식을 갖고 있다. 속성은 사물에 내재하며, 사물이 속성에 내재하지는 않음을 우리는 안다. 사물은 속성의 측면에서 변화할 수 있지만 속성은 절대로 변할 수 없다, 사물은 존재하지 않게 될 수 있지만 속성은 절대로 그렇지 않다, 사물은 그 속성을 통해 알려지지만 속성은 그 자체로 알려질 수 있다 등등을 우리는 안다.

이러한 관찰은 철학자에게 사물과 속성의 구분이 무엇에 이르는지를 묻게 했다. 우리는 이미 언어에서 주어와 술어의 구분이 자연스럽게 발생하여, 문장에 대한 이런저런 형식의 논리적 분석으로 이어지는 것을 보았다. 아리스토텔레스는 주어와 술어의 이러한 구별을 근본적이라고 여겼다. 속성이 어떤 것의 술어가 되지 않는다면 진리란 있을 수 없다. 술어는 사유의 근본 구조의 일부다. 게다가 우리가 진리를 얻는 것은 바로 술어 덕분이다. 참된 문장이란 주어의 술어가 실제로 주어에 속하는 속성인 문장이다. 따라서 실재는 이러한 구조를 우리의 사유에 반영해야 한다. 사실, 그것이 사유가 주어-술어 구조를 갖는 이유다. 실재가 두 가지, 즉 한편으로는 실체 그리고 다른 한편으로는 속성으로 나뉘기 때문에 사유는 그러한 구조를 갖는다.

이제까지 나는 사물과 속성properties에 대해 말했다. 다른 사람이라면 대상과 성질, 실체와 속성attributes, 개별자와 개념을 말할 것이다. 각각의 짝을 이루는 용어들은 많은 형이상학 이론을 바탕으로 하고 있어, 그것들이 동일한 구별의 몇 가지 형태라고 말할 수 없게 한다. 하지만 그 모든 이론의 이면에는 특수자와 보편자 간의 근본적 구분을 이해하려는 시도가 놓여 있다. 특수자는 우리가 이름과 한정 기술구에서 확인한 것이다. 보편자는 특수자에 의해 예화되고, 특수자들이 공유하는 것이다. 파란색인 모든 것이 파랑이라는 속성을 공유하듯이 말이다.

1. 특수자

특수자는 몇 가지 외양으로 나타난다.

(a) 구체적 특수자, 혹은 공간과 시간 안에 있는 것. 탁자와 의자, 동물과 사람, 원자와 은하계—이 모든 것은 '공간과 시간 안에 있는 것'이다. 우리는 그것을 개별화하고, 셈하고, 기술할 수 있다. 어떤 것이 다른 것보다 더 기본적인지에 관한 많은 논쟁이 있다. 예를 들어 우리가 탁자와 의자를 확인할 수 없다면, 원자와 은하계를 실제로 확인할 수 있는가? (6절을 보라.) 철학자들 역시 어떤 특수자가 진정으로 실체적인지 궁금해한다. 예를 들어, 모래 한 더미는 동물이나 사람보다 더 '임의적인' 듯 보

인다. 그 하나 됨은(둘 혹은 다수가 아니라) 고양이가 하나인 것처럼 그 본성에서 나오지 않는다. 특수자를 찾으면서, 우리는 세계를 '재고조사할' 때 틀림없이 열거될 것들을 찾는다. 모래 한 더미를 포함한 우주는, 동일하지만 나눠진 모래더미를 포함한 우주와 별로 다르지 않다. 하지만 고양이 한 마리를 포함한 우주와 고양이 반쪽 두 개를 포함한 우주는 매우 다르다. 경험론은 구체적 특수자만이 정말로 실재한다는 견해로 기운다. 우주의 재고목록을 제시하는 일은 시간과 공간 안에 포함된 모든 것을 확인하는 일이다. 합리론은 실재가 그다지 분명하지 않다는 견해로 기운다.

(b) 추상적 특수자. 우리는 또한 수, 부류, 가능성, 허구 같은 것을 지시하고 기술하지 않는가? 우리가 러셀에 대해 논의하며 보았듯이, 수는 특히 여러 철학의 원천이다. 프레게의 의미에서 그것은 '대상'이다. 즉 우리는 수에 이름을 부여하고, 그것에 관한 진리를 발견하려고 노력한다. 그렇지만 수가 시간과 공간 안에 존재한다고 말하는 것은 부조리하다. 설령 어딘가에서 숫자 9와 마침내 만나게 될지라도 말이다. 그러면 우리는 수역시 특수자이지만, 아주 특별한 종류의 특수자라고 말해야 하는가?

경험론자는 여러 가지 이유에서 이러한 추상적 특수자에 관해 우려한다. 그중 하나는 수가 감각을 통해서는 알려질 수 없고 사유를 통해서만 알려질 수 있다는 점이다. 게다가 그것은 결과를 낳기 위해 어떤 것에도 작용하지 않는다. 그것은 자연계에서 '무력하며', 어떠한 흔적도 남기지 않는다. (내가 사과 두 개를 저울에 올리고 저울눈금이 흔들릴 때, 그 운동을 야기한 것은 사과이지 숫자 2가 아니다. 숫자 2는 그 과정에서 아무 역할도 하지 않는다. 만일 숫자 2가 이 과정에 개입되어 있다고 생각한다면, 숫자 4에 대해서도 마찬가지로 생각해야 한다―저울접시에는 사과 반쪽 4개가 있는 셈이니까 말이다. 그리고 모든 수에 대해서도 마찬가지다. 만일 어떤 수가 인과과정에 참여한다면, 모든 수가 그러하게 된다. 이것은 특정한 수의 '현존'이 어떠한 과정의 두드러진 조건은 아니며, 따라서 원인의 일부가 아님을 의미한다.) 이 경우에, 수는 어떻게 우리의 사유에 영향을 미치며, 우리는 왜 사유를 통해 수에 관한 지식을 얻는다고 말하는가? 그리하여 많은 경험론자는 수와 기타 추상적 대상을 아무런 독립적 실재 없는 '마음의 창작품'으로 해석하려고 한다.

(c) 혼합된 사례. 또한 추상과 구체 사이를 맴도는 것처럼 보이는 수수께끼 같은 사례도 있다. 흥미로운 예가 바로 '유형type'이다. 만일 내가 포드 사의 코티나를 지시한다면, 나는 하나의 특정한 차를 지시하는 것이 아니라 차의 유형을 지시하는 것이다. 개별적인 코티나들은 이 유형의 '징표token'다. 동시에, 논리적으로 말해서 그 유형은 특수자와 같이 행동한다. 포드 코티나는 속성들(즉 손상되지 않은 그 징표들이 공유하는 것들)을 갖는다. 그것은 시공간의 세계에서 구체적인 과정에 의해 기술되거나 설명될 수 있다. 그럼에도 포드 코티나가 있는 곳은 없다. 그것은 마치 수가 그렇듯, 그 징표들의 세계와 떨어져 있다.

(d) 문제의 사례. 대부분의 형이상학은 '존재론'과 관련되어 있다. 즉 무엇이 존재하며, 실재에 관한 설득력이 있는 기술을 얻기 위해 우리는 무엇이 존재한다고 가정해야 하는가에 관한 학문 말이다. 존재론의 문제는 합리론자에게만큼이나 경험론자에게도 실제적이며, 소크라테스 이전의 철학자들에게 그랬던 만큼이나 오늘날에도 뜨거운 쟁점이다. 문제적 존재자들은 빈번하게 철학적 논의에 올라오며, 우리는 그것들이 어떤 것의 속성 혹은 상태가 아니라 특수자가 아닌가 궁금해한다. 그 예에는 다음과 같은 것들이 포함된다. 사건, 사실, 명제, 사태, 시각과 청각,

예술작품(베토벤의 5번 교향곡은 어디에 있는가?) 등등.

2. 보편자

보편자는 특수자에 내재하며, 특수자에 의해 예화된다. 그리고 동일한 보편자가 무한히 많은 특수자에 내재할 수도 있다. 보편자에는 몇 가지 종류가 있다.

(a) 속성. 내가 그 컵은 녹색이다라고 말할 때, 나는 그 컵에 어떤 속성을 귀속시킨다. 그 속성은 술어 '녹색이다'와 일치하며, 그 술어에 의해 표현된다. 종종 속성의 귀속은 또 다른 종류의 언어를 사용한다. 예를 들어 내가 존은 남자다라고 말할 때, 나는 그에게 어떤 속성을 귀속시킨다. 하지만 그 기능을 수행하는 것은 형용사가 아니라 명사다.

속성에는 여러 종류가 있으며, 시대를 거치면서 그것들에 대한 흥미로운 철학적 구분들이 이루어졌다. 그중 가장 중요한 것 하나가 '제1'성질과 '제2'성질 간의 구별로 알려져 있는데, 로크가 이것을 직접 고안하지는 않았지만 그의 《인간오성론》(2권 8장)에서 논의하였다. 어떤 대상이 우리에게 어떻게 보이는지에 상관없이, 우리는 어떤 속성들이 대상에 속한다고 직관적으로 느낀다. 한편, 다른 속성들은 본성상 우리의 지각능력에 의존한다. 어떤 대상은 정사각형이고, 무겁고, 단단하다. 그것이 그렇게 보이든 그렇지 않은 간에 말이다. 그러나 그것이 쓴맛이 나든 아니든 간에 쓰고, 붉게 보이든 아니든 간에 붉고, 시끄럽게 들리든 아니든 간에 시끄러운가? 로크는 씀, 붉음, 시끄러움은 정상적 관찰자가 경험을 만드는 힘에 의해서 규정된다고 주장했다. 사물이 색을 지니는 것은 정상적인 관찰자에게 그런 색으로 보이기 때문이다. 그러므로 색은 '제2'성질이다. 로크의 구별은 더 포괄적인 기획을 담고 있는데, 그것은 우리의 일상적 지각에 나타나는 대로의 세계로부터 과학적 발견의 대상이 되는 세계를 분리하려는 기획이다.

때로는 지속적인 속성과 일시적 상태, 기질(용기, 허약함)과 발생(고통스러움, 파래짐), 우연적 속성과 본질적 속성을 구별하기도 한다. 이러한 구별들 중 일부는 나중에 다시 다룰 것이다. 지금 당장 이해할 필요가 있는 것은 속성들의 부류가 광대하고 다양하다는 사실뿐이다. 진정으로 특수자의 '술어가 될' 수 있는 것은 무엇이든 속성이다. 다양한 사실이 있는 만큼 다양한 속성이 있다.

(b) 관계. 이것은 전통적 논리학(아리스토텔레스의 논리학)에 많은 문제를 야기했다. 관계는 사례들을 갖는다. 그러나 그것은 자신이 내재할 하나 이상의 특수자를 요구한다. 일부 철학자들—특히, 라이프니츠와 스피노자—은 이것이 역설적이라고 생각했다. 그것은 하나의 특수자에 관한 진리를 다른 것에 관한 진리에 의존하도록 만든다. 둘 사이에 아무런 인과적이거나 형이상학적 연관이 없을 때에도 말이다. 현대 논리학은 그러한 우려를 자기발생적이라고 일축하며, 관계를 단순히 순서집합 대상들의 속성으로 취급한다. 따라서 '~보다 크다'로 표현되는 관계는 사물 두 쌍의 속성이며, '사이에'라고 표현되는 관계는 세 쌍의 속성이다. 이러한 두 쌍, 세 쌍 혹은 무엇이 '순서를 갖는다'고 말하는 것은, 존은 메리보다 크다고 말할 때 우리는 또한 메리는 존보다 크다고 말하는 것이 아니라는 사실을 인식하는 방법이다. '~보다 크다'라는 관계는 존과 메리라는 쌍에 그 순서로 적용된다. 관계 관념에 포함된 수수께끼는 어느 정도 순서라는 이 새로운 개념에서 유지된다. 누가 순서를 만들고 어

떻게 만드는가?

　(c) 종류. 만일 우리가 특수자를 그것의 종류에 할당하는 방법을 배우지 못했다면, 우리는 세계를 이해할 수 없다. 이것을 호랑이로, 저것을 금화로, 이것을 인간으로 동일시하는 방법 말이다. 종류는 보편자다(그것은 사례를 갖는다). 그러나 그것이 단순히 그러한지에 대해서는 논쟁의 여지가 있다. 어떤 것을 호랑이라고 동일시할 때, 우리는 그것이 노랗다고 기술하며 말하는 것보다 더 방대한 양을 말한다. 이 '더 방대한 양'은 단순히 노란색 종류의 부가적 속성들이 아니다. 우리는 그것을 호랑이로 확인할 때, 대상의 본성에 관한 어떤 것을 말한다. 이 점은 아래에서 다시 다루겠다.

　(d) 분류sortals. 로크는 사례들을 세는 데 사용할 수 있는 속성과 그럴 수 없는 속성을 구별했다. 일반어 '사람'을 예로 들어보자. 이것은 내게 사물을 기술하는 수단뿐 아니라 그것을 세는 수단까지 제공한다. '사람이 이 방 안에 얼마나 있는가?'는 결정하는determinate 질문이다. '녹색인 것들은 얼마나 있는가?'와 대조해보라. 여기에는 결정하는 대답이 없다. 대답은 내가 녹색의 범위를 어떻게 구분하는지에 전적으로 달려 있다. 녹색 스웨터는 하나의 녹색인가 아니면 세 개(몸통 하나와 소매 둘)인가? 녹색 액자는 하나의 녹색인가 아니면 네 개인가? 등등. 분류의 개념은 내가 아래에서 다룰 이유들 때문에 중요해진다.

　(e) 질량어Mass Terms. 마지막으로, 우리가 '몇 개How many?'라는 질문에 대답할 때 등장하는 명사들을 알아야 하듯이, '어느 정도How much?'에 대답할 때 등장하는 다른 일반어들도 알아야 한다. 물이 그 병에 얼

마나 있는가? 눈이 지난밤에 얼마나 내렸는가? 등등. 이 용어들 역시 보편자를 표현한다. 하지만 그것은 매우 특이한 종류의 보편자로서, 논리적으로 말해서, 마치 특수자인 양 종종 행동하는 듯하다. 각각의 물방울이 물이라는 보편자를 예화하지만, 우리는 그 사례들에 앞서 보편자에 대해 말한다. 우리는 '물'이 주어가 되는 주술 문장을 기술하면서 물의 속성을 나열한다. 이것 또한 철학자들을 당혹시켰으며, 이른바 '질량어'는 이제 철학책에서 특별한 장을 차지한다.

3. 보편자의 문제

우리는 계속해서 보편자를 구별할 수 있고, 그 결과가 아무 소득이 없지는 않을 것이다. 하지만 그것이 플라톤 이래로 철학자들을 혼란스럽게 한 다음의 물음에 대한 답을 주지는 않을 것이다. 보편자란 무엇인가? 일반어는 무엇을 지시하는가?

플라톤은 보편자가 수와 같이 추상적이라는 사실에 매료되었다. 파랑은 시간과 공간 안에 사례들을 갖는다. 하지만 그 자체로는 어느 때, 어느 곳에도 있지 않다. 게다가 우리가 그것에 대해 갖는 지식―예를 들어 파랑은 색이다, 어떤 것도 파랑이면서 동시에 빨강일 수 없다, 파란 것은 눈에 보인다 등등―은 필연적으로 참인 지식이다. 아마도 보편자에 관한 모든 진리는 마치 수학의 진리처럼 필연적일 것이다. 또한 보편자는 결코 변하지 않는다. 파랑은 역사를 갖지 않으며, 영원히 그리고 무조건적으로 그대로다. 다시 말해, 보편자는 정확히 추상적 특수자와 같이 행동한다. 따라서 어쩌면 보편자는 그것일지 모른다.

언어의 모든 용어는 사물을 대표함으로써(즉 '이름'으로서) 하나의 방법으로 기능한다고 당신이 생각한다면, 이러한 이론은 신뢰를 얻는다. '존'은 존을 대표하고, '이 의자'는 이 의자를 대표한다. 그렇다면 '용감'은 무엇을 대표하는가? 대답은 바로 보편적 존재자를 대표한다는 것이다. 플라톤이 종종 기술하듯이, 이데아 말이다. ('존은 용감하다'와 같은 문장에서 '이is'라는 단어가 대표하는 것과 관련하여, 우리는 엄청난 문제와 맞닥뜨리게 된다. 이것—존재에 관한 고전적 물음—은 12장에서 다룰 문제다.)

확실히 플라톤은 언어를 내가 방금 기술한 방식과 같은 것으로 생각하는 경향이 있다. 즉 각각 따로따로 어떤 것을 대표하며, 그 순차적 순서에 의해 순수하게 결합된 일련의 이름들로서 말이다. 프레게의 함수 이론을 살펴보면서, 우리는 이미 사물을 보는 이러한 방식에 대한 주요한 반론과 마주쳤다. 문장의 부분들은 각각 별개의 역할을 지니며, 결합에 의해서만 그리고 그것들을 구별하는 작업을 수행함으로써 의미를 갖는다.

플라톤에 따르면, 보편자란 무엇인가? 그는 꼼꼼하게 말하지도 않으면서, 실제로 생각을 끊임없이 바꾼다. 하지만 몇몇 대화편, 특히 《파르메니데스》《파이돈》《국가》에서 그는 유명한 형상 이론을 소개하는데, 이것은 오랫동안 보편자 문제에 대한 답이라 여겨졌다. (현대의 주석가들은 이 해석이 너무 단순하다고 생각한다.) '침대'라는 일반어를 예로 들어보자. 우리는 그것을 어떻게 적용하는가? 대답은 간단하다. '침대'는 침대의 추상적 형상을 지칭한다. 우리는 특정한 대상을 그 형상과 비교하고, 둘 사이의 적합성을 발견한다. 그리고 나서 우리는 '침대'라는 용어를 그 대상에 적용한다. ('침대'의 예는 플라톤이 《국가》에서 다룬 것이다. 그러나 그는 그것을 진지하게 생각했을까? 학습안내를 보라.)

플라톤은 이 논변에 만족하지 않고 반론을 제시했는데(소위 '제3의 사람 논변'), 우리가 여기서 살펴볼 필요는 없다. (하지만 역시 학습안내를 보라.) 우리는 플라톤의 반론이 지니는 힘을 러셀에서 기인한 다른 반론을 살펴봄으로써 이해할 수 있다. 만일 침대와 그 형상 간의 관계에 의해 '침대'라는 용어를 적용하는 것이라면, 그 관계는 어떠한가? 그것 역시 보편자가 아닌가? 침대와 그 형상이 이 관계를 예화한다고 인정해야 하지 않는가? 그러나 그것 역시 형상을 가져야 한다. 따라서 우리가 침대와 그 형상을 관계 맺으려면, 먼저 침대를 그 형상과 관계 맺게 해주는 형상과 침대를 관계 맺어야 한다. 하지만 이 새로운 관계는 어떠한가? 이것 역시 형상이 아닌가? 우리는 무한퇴행을 시작하게 된다.

다른 것들 역시 플라톤을 만족시키지 못했다. 만일 모든 일반어가 형상을 지칭한다면, 형상의 영역은 유쾌함과는 거리가 먼 것들, 즉 악의 형상, 고통의 형상 등으로 빽빽이 들어차게 된다. 이것들은 어떻게 자기와 반대되는 것들과 그렇게 쉽게 공존할 수 있는가? 더욱이 악과 고통은 플라톤이 선과 미를 위해 마련했던 신성불가침하고 영원한 실재성까지 얻는다. 그리하여 그는 다른 생각에 심취하면서도 계속해서 그 이론을 수정했다.

어떤 사람들은 보편자의 이론이 플라톤이 생각했듯이 실제로 있을 수 있는지 궁금해한다. 그러한 이론은 무엇을 위한 것인가? 그것은 일반어를 적용하는 방법에 대한 일반적 설명을 제공하는가? 하지만 그렇다면 그 설명은 일반어를 사용해야 하며, 따라서 우리가 이미 그것을 이해하고 있음을 가정한다. '일반어를 적용할 수 있는 것은 세계가 그러하기 때문이다'라고 말하는 이론은 '그러하다'라는 술어를 사용한다. 그렇다면 그것은 무엇을 지시하는가?

이 논변은 매우 강력하며, 비트겐슈타인의 후기 저작 그리고 콰인과 넬슨 굿맨의 저작에서 다양한 형태로 반복된다. 하지만 이것은 우리의 고민을 불식시키지 못한다. 오히려 고민을 깊어지게 한다. 우리는 당장

어림짐작으로 특수자를 확인할 수 있고, 언어가 어떻게 그것을 지시하는가를 보여주는 이론을 제시할 수 있지만, 보편자에 대해서는 동일한 작업을 할 수 없는 것 같기 때문이다. 우리가 어떤 책을 빨갛다고 기술할 때 무슨 일이 벌어지는가? 확실히 그 책이 빨갛다고 말할 때 우리는 세계에 관해 더 많은 것—그 책이 존재한다고 말할 때 암시되는 것보다 많은 것—을 말한다. 빨강은 실재의 부분이다. 어떤 부분인가?

4. 실재론과 유명론

전통적으로 철학자들은 이 물음에 답하며 두 진영으로 나뉜다. '실재론자'는 보편자가 우리의 사유에 독립해서 실제로 존재한다고 말한다. 유명론자는 보편자가 사유에 의해 생겨난다고—특히, 우리가 사용하는 일반어 이외에 보편적 실재란 없다고 말한다. (속성 자체보다 속성의 이름에 우위를 두기 때문에 이 이론의 명칭이 '유명론'이다. 논의의 단순화를 위해, 유명론과 유사하지만 일반어 대신 일반적 사유를 강조하는 개념론은 무시하겠다. 학습안내를 보라.)

실재론자에는 두 종류가 있다. 먼저, 플라톤과 같은 부류가 있다. 이들은 보편자가 거주하는 별도의 영역—추상적인 것들의 영역—을 상정하고, 일반어가 그러한 영역에 있는 항목들을 대표한다고 이해하려 한다. 둘째, 아리스토텔레스와 같은 부류가 있다. 이들은 보편자가 실제로 존재하지만 사례를 통해서만 존재한다고 믿는다. 빨강이 거주하는 특별한 영역이란 없다. 그것은 지금 여기에 존재하며, 특정한 것의 붉음에 있다. 아리스토텔레스는 《니코마코스 윤리학》 첫 부분에서 형상 이론에 대한 자신의 반론을 요약한다. 주요 반론은 그것이 설명을 위해 도입된 일반어(가령 '좋음')의 기능을 완전히 오해했다는 것이다. (좋음의 형상은 '좋은 화분' '좋은 프라이팬' '좋은 단두대'의 의미에서 어떤 역할을 하는가? 그리고 그것은 항상 동일한 역할인가?) 이 중요한 구절에서 아리스토텔레스의 요점은 일반어가 특정한 것을 기술하면서 그 의미를 얻게 된다는 점을 우리에게 일깨워준다. 만일 우리가 그것을 추상적 영역에 적용함으로써 배운다면, 우리의 사유는 그 영역에 머물며 결코 지상으로 내려오지 않을 것이다. 하지만 '빨강'과 같은 용어가 이해될 수 있는 것은 구체적으로 적용될 때만이다. 그리고 그 역할은 플라톤이 암시한 것과는 매우 다르다.

아리스토텔레스는 사물 안의*in rem* 보편자를 믿었다고 종종 말해진다. 이러한 종류의 상식 실재론자는 빨강이 오직 빨간 것 안에만 존재한다고 인정한다는 주장이다. 하지만 그것은 두 가지 이유에서 만족스러운 이론처럼 보이지 않는다. 첫째, '안에'라는 용어는 무엇을 의미하는가? 그것은 우리가 설명하려고 노력하는 것의 부분이 아닌가? 내가 이 방 안에 있듯이 빨강이 책 안에 있는 것은 아니다. 그리고 내가 이 방과 저 방에 동시에 있는 것이 불가능하다는 것을 우리가 알 때도, 빨강이 이 책과 저 책에 있을 수 있다는 것은 어째서 그런가? 우리는 이러한 입장을 취할 때 우리는 실질적인 입장에 답하기를 단순히 거부하고 있는 것은 아닌가?

두 번째로, 어떠한 사례도 갖지 못한 보편자는 어떠한가? 빨간 것이 하나도 존재하지 않는다고 가정해보자. 그것은 빨강의 비존재를 수반하는가? 확실히, 우리는 어떤 보편자들을 그 사례의 운명과 밀접히 연관지어 생각한다. 공룡은 그 사례들의 최후와 더불어 사라졌다. (혹은 정말로 사라졌는가?) 하지만 우리 사유의 대부분은 사례가 전혀 없는 보편자들을 탐구하는 데 몰두한다. '정사각형'이라고 표현되는 보편자를 생각해보

자. 기하학에서 우리는 이것을 정의하고, 그것에 관한 모든 종류의 정리를 개발한다. 하지만 기하학자가 그 용어를 정의하는 바와 같은, 정말로 정사각형인 어떤 것이 세상에 있는가? 많은 것이 대략적으로 정사각형이다—그리고 매우 근접한 것들도 있다. 하지만 정말로 정사각형이라 할 수 있는가? 아마도 그렇지 못할 것이다. 그러나 우리는 길거리에서 만나게 되는 그런 정사각형 보편자보다 더 많은 것을 안다(기하학 덕분에 말이다). 그것이 플라톤을 매료시켰던 논변이다.

아마도 아리스토텔레스주의자는 이에 대해 보편자는 사례를 가질 수 있는 한에서 존재한다고 말할지 모른다. '빨강이 존재한다'는 '빨간 것이 가능하다'를 의미한다. 하지만 '가능함'은 무엇을 의미하는가? 이것은 또 다른 보편자, 매우 추상적인 종류의 보편자를 지칭하지 않는가? 어떤 철학자들은 우리가 '가능세계'에 관한 탐구를 통해 가능성을 이해한다고 생각한다. 여기서 가능세계는 플라톤의 형상과 별반 다르지 않으며, 적어도 그것이 초래한 형이상학적 불안에 놓여 있는 추상적 존재자다.

유명론자는 이 모든 것에 관해 무엇이라 말하는가? 유명론에는 두 부분이 있다. 우선, 유명론자는 특수자만이 존재하며 그 밖의 다른 것은 존재하지 않는다고 주장한다. 만일 우리가 보편자는 존재한다고 말한다면, 이것은 우리가 일반어를 특수자에 적용함을 의미할 뿐이다. 추상적 존재자란(그리고 이것은 추상적 특수자에도 해당한다) 그저 언어에 의해 드리워진 그림자일 뿐이다. 우리는 여러 다른 것들에 '푸르다'라는 술어를 적용하기 때문에 그것들에 공통된 단일한 존재자—녹색—가 있다고 상상한다. 하지만 그것들이 공통으로 지닌 것은 우리가 그것들을 '푸르다'라고 부른다는 사실뿐이다.

유명론의 두 번째 부분은 좀더 미묘하다. 유명론자는 묻는다. 녹색이 존재한다고 주장하는 사람은 실제로 무엇을 말하고 있는가? 아마도, 푸른 것들이 있다는 말일 것이다. 하지만 그것은 무엇을 의미하는가? 아마도, 'x는 푸르다'라는 형식의 어떤 문장은 참이다라는 말일 것이다. 다시 말해, 술어 '푸르다'를 적용하는 것이 옳게 되는 사례들이 있다. 그렇다면 x가 푸르다고 말하는 것을 옳게 해주는 것은 무엇인가? 실재론자는 x가 푸르다는 사실이라고 말하며, 순환논변에 빠진다. 유명론자는 아주 다르게 말한다. 우리는 x를 기술하기 위해 단어 '푸르다'를 사용하는 것을 올바른 용법으로 간주한다. 이것은 사실이지만, 우리에 관한 사실이다. 우리의 언어규칙에 따라서, x는 푸르다로 올바르게 분류된다. 그러나 우리는 x를 아주 다른 방식으로 분류할 수도 있다. 분류는 공통의 꼬리표 아래 개별자들을 모아놓을 뿐이며, 모든 분류는 어느 정도 우리의 결정에서 비롯한다.

실재론자는 이에 만족하지 않고, 우리의 언어를 실재에 정박시키고자, 사물에는 우리의 기술을 정당화하는 실제 속성들이 있다고 말하고자 한다. 그러나 그렇게 주장할 때, 그는 새로운 기술들을 하며, 그럼으로써 선결문제 요구의 오류를 범한다. 당신은 단순히 하나의 분류를 또 다른 것으로 대체함으로써 우리의 분류를 실재에 정박시키지 못한다. 유명론자와 마찬가지로, 실재론자도 단어를 사용해야 한다. 그러나 그는 자신의 단어가 그것이 창조한 것을 넘어서 실재를 보여준다는 착각에 빠져 있다. 그리고 이에 대해 그는 어떠한 증거도 가질 수 없다.

최근 철학에서 두 가지 매우 중요한 논변이 이러한 계보를 따라 전개되었다. 비트겐슈타인이 《철학적 탐구》에서 행한 규칙 준수에 관한 논변과 넬슨 굿맨이 《사실, 허구, 예측》에서 행한 술어에 관한 논변(종종 '굿맨의 역설'이라고 불린다)이 그것이다. 이것들은 어렵기도 하거니와 지금 단계에서 꼭 이해해야 할 필요는 없다. (14장과 19장을 보라.) 각각의 논변은 비트겐슈타인이 말하듯이, 언어와 세계를 이어주기 위해 언어를 사용할 수는 없다는 결론으로 나아간다. 우리가 사물을 어떻게 분류하는지를 설명하려는 시도는 항상 사물 분류하기를 포함할 것이다. 언어 안에 있는 우리는 비개념화된 실재와 대면하기 위해서 언어를 벗어날 수 없다. 그러므로 언제고 우리가 지금 하는 대로 단어를 사용한다는 사실을 받아들일 수밖에 없다.

실재론자는 이에 만족하지 않을 것이다. 그는 우리의 언어 사용이 임의적이지 않고, 실재에 의해 제약된다고 주장할 것이다. 만일 우리가 지금 하는 대로 단어를 사용한다면, 그것은 세계가 우리의 소통을 제약하기 때문이다. 세계는 빨강과 같은 보편자를 포함하고 있으며, 우리는 일반어를 사용하여 그것을 포착하려고 시도한다. 더 나아가 실재론자는 유명론자가 위험한 여행을 나섰다고 주장할 것이다. 유명론자는 세계는 언어에 의존한다고, 즉 우리는 말하기를 통해 세계를 만든다고 말하는 듯하다. 사실 그것이 더욱 급진적인 유명론자들(예를 들어, 넬슨 굿맨의《세계제작 방식》)이 공공연히 말하는 바다. 이것은 러셀이 권장했던 '실재의 확고한 의미'를 상실하고 있지 않은가? 잘못 이해된다면, 유명론은 지적 재앙이 될 수 있다. 만일 내가 언어 사용자는 자신의 개념을 통해 실재를 형성한다고 믿는다면, 나는 아마도 당신의 개념을 의심하게 될 것이다. 자기 자신을 위해서가 아니라면 왜 당신이 세계를 당신의 방식대로 만들려고 하겠는가? 나는 스스로를 당신의 개념으로부터 해방시킬 의무가 있지 않겠는가? 미셸 푸코의 저작들을 본다면, 이러한 접근법이 얼마나 파괴적일 수 있는지 알게 될 것이다. 사실, 일종의 통속적 유명론이 학술계를 지배하고 있는 많은 모더니스트 관점들의 근저에 놓여 있다. 페미니스트들의 비판과 해체주의가 그 예다.

5. 실체

내가 가정했듯이, 우리가 적어도 특수자들을 이해한다는 것은 참인가? 고양이, 개, 냄비의 이미지가 아무리 생생할지라도, 이것들을 특정한 것들로 만드는 것이 무엇인지 우리는 정말로 말할 수 있는가? 혹은 이러한 사실은 우리가 푸른 것들을 '푸르다'라고 부른다는 사실 이상으로 설명할 수 없듯이 언어의 한계에 놓여 있는가?

특수자의 두 가지 특징이 현대철학자의 주목을 끌었다. 단일성과 동일성이다. 냄비는 하나의 사물이다. 그것은 세계의 목록에서 한 번 계산된다. 그것은 또한 그 자신과 동일하다. 이 말은 그것이 다음과 같은 '동일성 물음'의 주체가 될 수 있음을 의미한다. 이것은 내가 어제 본 것과 동일한 냄비인가? 등등. 두 가지 특징은 함께 귀속되며, 특수자는 세어질 수 있다는 사실과 관련된다.

하지만 아리스토텔레스는 특수자들을 세는 우리의 여러 방법에 만족하지 않았다. 왜냐하면 우리가 그것을 셈하는 방식은 우리가 그것을 어떻게 분류하는가에 달려 있기 때문이다. 그리고 자연에 가까운 것과 인공적으로 고안된 것을 분류하는 방법도 있다. 만일 내가 당신에게 이 방에 있는 더미를 셈하라고 하면, 당신은 어떻게 시작해야 할지 모를 것이고, 어떻게 하든 당신의 답은 임의적일 것이다. 당신은 그 더미를 세기 위해 그 성질을 변화시키지 않으면서 둘로 나눌 수 있다. 한편, 내가 당신에게 책상의 수를 세라고 한다면, 당신의 답은 그렇게 임의적이지 않을 것이다. 그리고 내가 당신에게 고양이의 수를 세도록 한다면, 당신의 대답은 전혀 임의적이지 않을 것이다.

게다가 특수자로 보이지만 조사 결과 보편자에 더 가까운 것도 있다. 다시 포드 코로나를 생각해보자. 확실히 그것은 속성을 갖는다. 그러나 단지 개별적인 차들이 그 속성을 갖기 때문이다. 그것들은 그 유형의 사례이며, 그 유형은 그것들의 술어가 된다. 혹은 평균인을 생각해보자. 평균인이 논리적 구성이라는 논변은 또한 평균인이 사람의 술어임을 성립시킨다. 왜냐하면 그에 관한 진리는 사람에 관한 진리에 의존하며, 순전히 그에 관한 추가적 진리란 없기 때문이다. 마찬가지로, 내가 '91학번'을 말할 때, 나는 실제로 그 구성원을 지시하고 있는 것이다. 내가 어떤 특수자를 기술하고 있는 것처럼 보일지라도, 그 특수자는 그것을 구성하는 개별자의 '술어가 된다.'

두 관념을 종합하면, 우리는 대단히 논쟁적인 개념에 이르게 된다. 곧 아리스토텔레스의 유명한 실체_ousia_ 개념이다. 속성은 실체의 술어이지만, 실체는 어떠한 것에도 술어가 되지 않는다. 게다가 특정한 실체는 그 세계의 내용이 확인될 수 있다면 틀림없이 세어질 수 있는 특수자다. 그리고 그것을 세는 방법은 그 본성에 의해 정해진다.

더미는 실체인가? 확실히 그렇지 않다. 왜냐하면 더미에 관한 진리는 실제로 그것을 구성하는 부분들에 대해서도 진리이기 때문이다. 그것은 나머지 없이 '나뉠' 수 있다. 게다가 우리는 더미를 어떻게(한 개, 두 개, 세 개 혹은 그 구성원만큼 여러 개로) 셈하더라도 그 진리를 똑같이 잘 요약할 수 있다. 고양이 모긴스는 사정이 매우 다르다. 모긴스에 관한 진리는 그것에 관한 진리이지, 그것의 부분들에 관한 진리가 아니다. 모긴스를 부분들로 나누면, 그것은 존재하지 않게 된다. 그리고 그 부분들 간의 관계는 자연적 관계다. 그 부분들이 하나의 자족체를 형성하기 위해 결합되는 것은 자연의 사실이다. 모긴스는 세계의 목록에서 오직 단 한 번 세어져야 한다.

책상이나 냄비에 대해서는, 문제가 그리 간단하지 않다. 우리는 책상을 윗부분과 네 개의 다리로 분리할 수 없는가? 그것을 셈하기 위해, 우리는 그것을 이등분해서 어떨 때는 두 개로, 어떨 때는 한 개로 볼 수 없는가? 그것은 우리가 그것을 그렇게 사용하는 한에서만―따라서 그것의 본성은, 말하자면, 우리의 이해利害에 의해 주어진다―책상이 아닌가? 이 경우에 우리는 책상에 관한 사실이 실제로는 그것을 사용하는 사람에 관한 사실이라고, 따라서 책상은 그 사람의 술어가 된다고 말하면 안 되는가?

　너무 깊이 들어간 감이 있으니 빨리 빠져나오는 것이 낫겠다. 고양이와 책상의 구별은 '자연적' 종류와 '기능적' 종류의 구별이다. 이러한 예들은 다음의 사실을 우리에게 말해준다. 우리 술어의 궁극적 담지자인 이러한 비임의적 특수자들을 추적하다 보면, 우리는 세계를 종류들로 나누고, 그중 임의적인 것과 비임의적인 것을 구별할 수밖에 없다. 일부 보편자는 자신이 적용되는 사물들의 본성을 기술하는 반면, 다른 보편자는 자신의 통과 조건을 기술한다. 모긴스는 모긴스임을 그만두지 않고서도 검은색이기를 그칠 수 있다. 그러나 모긴스가 모긴스임을 그만두지 않고서는 고양이임을 그만둘 수 없다. 아리스토텔레스주의자는 모긴스의 고양이임은 그것의 본질에 속하고, 그것의 색깔은 '우연적'이라고 말할 것이다. 세계의 궁극적 목록은 사물을 그 본질의 측면에서 기술한다. 그리고 만일 그 본질이 셈하는 방법을 결정한다면(만일 그것이 '분류'라면), 그 각각의 사례들은 개별적 실체다.

　실체 관념은 후대의 철학자들에게 계승되어 여러 방향으로 전개되었다. 합리론자들의 철학에서 그것은 핵심적인 역할을 담당하였다. 데카르트의 결론은 자신이 사유한다는 것이 아니라 자신이 사유하는 실체라는 것이다. 그리고 그가 이 말로 의미하는 바를 아는 것은 매우 중요하다. 그의 직속 계승자인 라이프니츠와 스피노자는 그의 실체 관념을 물려받았고 그 모순을 해결하려고 했다. 라이프니츠는 무한히 많은 실체들(모나드)이 있으며, 그것들이 함께 세계를 만든다는(그렇지만 라이프니츠의 세계는 우리가 일상적으로 지각하는 세계와는 매우 다르다) 결론에 이르렀다. 스피노자는 오직 하나의 실체만이 있으며, 그것은 어떻게 보느냐에 따라 신 혹은 자연이라는 결론에 도달했다.

경험론자들은 좀 더 가혹했다. 로크는 만일 우리가 성질의 담지자를 실체라고 의미한다면, 그것은 벌거숭이 '기체substratum'라고 주장했다. 그것은 우리가 모든 성질을 벗겨낸 후 남아 있는 것으로, 껍질을 마지막까지 모두 까버린 양파 같은 것이다. 그러나 그것은 무엇인가? 만일 우리가 그것에 관해 무언가를 말한다면, 우리는 그저 그 성질들 중 하나를 기술할 뿐이다. 우리의 언어에서 우리에게 실체 자체를 확인해줄 수 있는 것은 아무것도 없다. 그것은 '우리가 무엇인지 알지 못하는 어떤 것'이다. 동일한 것이 소위 우리의 술어를 이끈다는 '실질적 본질'에도 참이다. 그것 역시 (아마도 알 수 없는 것은 아닐지라도) 알려지지 않는다. 우리의 언어는 실질적 본질이 아니라 명목적 본질과 관련되어 있다. 그것은 우리가 편의상 고안해낸 분류이며, 실재에 어떠한 토대도 갖고 있지 않다. (이것은 철학에서 특수자의 문제에 관한 견해가 어떻게 보편자에 관한 견해와 밀접히 관련되는지에 대한 좋은 예다.)

6. 개별자

실체에 관한 논의는 현대철학에서 사라졌으며, 그 오랜 중요성을 다시 얻게 된 것은 전적으로 데이비드 위긴스의 끈질긴 저작 덕분이다. 그 사이, 또 다른 일련의 논변이 그 분야를 주도하였다. 그것은 바로 동일성에 관한 논변으로, 프레게에서 그 원천을 찾을 수 있지만, 콰인과 스트로슨의 저작과 더 자주 관련된다. 스트로슨의《개별자들》첫 장의 논변은 요약해볼 가치가 있는데, 그것이 우리가 논의한 문제들에 현대철학자들이 접근하는 방법을 형성했기 때문이다.

스트로슨은 모든 담론이 특수자를 확인하고(지시하고), 속성을 그것의 술어가 되도록 하는(개념 아래로 가져오는) 것에 의존한다고 주장한다. 우리는 어떻게 특수자를 확인하는가? 하나의 방법은 그것을 다른 특수자로 확인하는 것이다. 91학번이 그 구성원을 통해 확인되듯이 말이다. 그러나 분명히 그것은 우리의 물음에 대한 대답을 미룰 뿐이다. 우리는 어떻게 그 구성원을 확인하는가?

스트로슨은 기초 특수자가 있다고 주장한다. 그것은 우리가 어떤 것을 확인할 때 확인되어야 하는 것이다. (기초 특수자는 아리스토텔레스의 실체에 대한 스트로슨의 대체어다.) 이것이 우리의 우주를 구성하는 진정한 '개별자'일 것이다. 즉 세계의 목록에서 세어지는 것 말이다. 그것을 기초적이게 만드는 것은 우리의 언어 관행이 그것에 정박되어 있다는 사실이다. 그것을 지시함으로써 비로소 우리는 우리의 담론을 세계와 연관짓는다. 그러므로 기초 특수자는 가령 실재의 미시물리적 구성요소를 포함할 수 없다. 왜냐하면 그것은 우리의 시야 밖에 있기 때문이다. 그것은 J. L. 오스틴이 말하듯 일상적인 '감각할 수 있는 적당한 크기의 물체 즉 주변의 친숙한 물체medium-sized dry goods'*J. L. 오스틴《Sense and Sensibilia》p8 참조이자 우리가 세상에서, 보고 마주치는 종류의 것들이어야 한다. 그리하여 일상언어의 형이상학은 형이상학자들의 심문하는 시선 아래 제일 먼저 사라져버렸던 것들—탁자와 의자—에게 가장 중요한 자리를 내어준다.

만일 우리가 어떤 것을 지시하기 위하여 확인한다면, 우리는 또한 동일성 진술을 할 필요가 있다. '이것은 어제와 같은 탁자인가?' '내가 벽에 기대어 보는 저것은 한 개의 의자인가 두 개의 의자인가?' 등등과 같은 질문에 우리는 대답해야 한다. 많은 철학자들과 마찬가지로 스트로슨은 동일성이 물리적 대상의 경우에 시간을 통한 동일성을 포함한다고 주장한다. 물리적 대상에 대한 지시는 변화하는 와중에도(그것이 변하든 내가 변하든) 그것이 '재확인될' 때에만 가능하다. 그렇지 않다면 나는 내가 지시하고 있는 것이 그 지시가 완료될 때까지 혹은 당신이 이해할 때까지 지속되리라는 어떠한 보장도 하지 못한다. 스트로슨은 우리 우주에는 기초 특수자들을 위한 '동일성의 기준'이 필요하다고 말하며 이 점을 강조한다.

스트로슨은 더 나아가 우리가 기초 특수자를 공간에 위치시킬 때에만 그 동일성의 기준은 유용하다고 주장한다. 공간은 내가 대상의 역사를 추적할 수 있게 하고, 여기에 있는 이 탁자가 어제의 그것이라고 말할 수 있게 하는 영구적인 '지시의 틀'을 제공한다. 그러므로 우리의 세계관에서 기초 특수자가 시간과 공간 안에 있는 중간 크기의 대상이라는 사실은 결코 우연이 아니다. 구체적 특수자는 지시의 토대—담론을 가능하게 하는 것—로서 입증된다.

스트로슨은 우리의 세계관이 의지하는 형이상학적 특권을 지닌 존재자인 '재확인할 수 있는 특수자'로 우리를 이끈다. 그리고 그는 공간, 시간, 동일성 같은 개념을 철학의 중심에 놓는다. 나는 이 개념들을 이후의 장들에서 살펴볼 것이다. 그러나 형이상학의 다른 두 개념, 진리와 실재를 먼저 살펴봐야 할 때가 되었다. 왜냐하면 나는 우리가 그 용어 각각이 무엇을 의미하는지 안다고 가정했지만, 그 어느 것도 알지 못할 수도 있기 때문이다.

9 진리

어떤 의미에서, 진리는 언어와 세계 간의 추상적 관계를 다룬 지난 세
장의 주제였다. 하지만 내가 고찰했던 이론들은 논변에서의 진리의 위
상―진리의 논리학―과 관련이 있다. 그리고 그 이론들은 진리의 형이
상학적 본질이라는 측면에서는 중립적이다. 어떤 것이 참 또는 거짓이라
는 것은 무엇인가? 직관적으로 진리란 참인 것과 그것을 그렇게 만드는
것 간의 관계다. 하지만 이 관계의 두 항은 관계 자체만큼이나 논쟁거리
다. 철학자들은 '진리의 담지자'를 문장, 명제, 사유, 진술, 믿음, 혹은 언
어적이든 정신적이든 다른 어떤 존재자로 보느냐에 따라 나뉜다. 그들
은 또한 진리의 특징을 무엇으로 보느냐에 따라서도 나뉜다. 어떤 사람
은 대응correspondence을 말한다―하지만 무엇과의 대응이란 말인가?
(여기에는 다시 '사실' '상황' '실재' '사태'라는 용어들로 요약되는 다양한 견해들
이 있다.) 다른 사람은 대응을 다른 관계, 이를테면 정합coherence으로 대

체한다. 또 다른 사람은 진리를 관계로 보는 관념 자체를 거부하며, 대신
에 진리를 그것을 지닌 무언가의 내재적 속성으로 간주한다. 심지어 진
리는 속성도 관계도 아니며, 그 개념은 잉여redundant일 뿐이라고 주장하
는 사람도 있다. 이 장에서 나는 그러한 이론들 중 몇 가지를 살펴볼 텐
데, 그 이론들은 우리를 형이상학의 핵심으로 이끌 것이다.

1. 실재

러셀이 우리에게 권장했던 '실재의 확고한 의미'는 오만에 대한 경고로
들린다. 그것은 우리가 세계에서 유일한 것 혹은 심지어 우리가 알고 있
는 세계의 중심이라고 가정하지 말라고 말한다. 우리가 생각하거나 말
하는 모든 것은 우리 아닌 어떤 것으로 평가되기 위해 있다. 사유의 척도
는 실재이며, 실재는 사유에 의해 창조되지도 통제되지도 않는다. 실재
는 객관적이다. 그 존재는 그 외관과 구별된다. 그 자체는 우리가 그것을
무엇이라 생각하는가에 의존하지 않는다. 우리의 사유는 실재를 겨누며
목표에 적중했을 때, 오직 그럴 때에만 우리는 진리를 말할 수 있다.

   이 모든 것은 상식이다. 하지만 그것은 명료화하기 힘들고 증명하기
는 더욱 힘든 무수한 형이상학적 가정을 포함한다. 우선, 우리의 판단이
목표로 삼는 어떤 실재가 있는지 우리가 전혀 확신하지 못하는 맥락에
서도 우리는 종종 참, 거짓, 타당성을 말한다. 윤리학을 생각해보자. 당
신이 식인은 나쁘다는 견해를 피력하면, 나는 맞다(참)고 말하며 당신
의 판단에 동의할 것이다. 그리고 나는 계속해서 육식은 나쁘다는 당신
의 믿음은 틀렸다(거짓)고 주장할 것이다. 이것은 그저 임의적인 취향을
표현하는 것이 아니다. 이와는 반대로, 우리가 논쟁하는 것은 어떤 의견

에 대해서다. 당신은 즉시 내가 틀렸으며, 왜냐하면 피할 수 있는데도(가령 맛없는 콩 혼합물을 먹음으로써) 동물의 생명을 빼앗는 것은 나쁘기 때문이라고 대답한다. 그러면 나는 육식이 동물이 살 수 있는 유일한 가능성이라면 옳다고 주장한다. 이 논쟁은 어떤 합의점(대략, 동물의 생명을 유지하는 것은 좋은 것이라는)에 이른다. 하지만 이것 역시 의문의 여지가 있을 수 있다. 사람이 그저 잡아먹히기 위해 사육된다면 그 사람의 생명을 유지하는 것도 좋은 것인가? 이러한 논쟁은 우리에게 익숙하고, 또한 대단히 중요하다. 왜냐하면 우리가 근본적인 도덕판단들(십계명 또는 몇 개 내외의 원칙들)에 관한 포괄적 합의에 이를지라도, 냉철한 조언과 합리적 변설casuistry의 도움을 받아야만 인간적 정글에서 빠져나올 길을 찾을 수 있기 때문이다. 우리가 진리 개념과 타당한 논변을 활용할 수 없다면, 우리는 이 정글의 어디쯤 처하게 되겠는가?

하지만 우리는 도덕판단을 뒷받침하고 그 진리를 보장하는 도덕적 실재가 있다고 말하고 싶어하는가? 일부 철학자는 그러한 견해('도덕 실재론')를 주장한다. 그러나 그것은 상당히 철학적인 견해로, 그것을 검토한 모든 사람이 지지하지는 않았으며 상식에 부합하지도 않는다. 우리의 도덕적 논변의 구조는, 비록 도덕적 실재란 없을지라도 우리는 합의를 위해, T. S. 엘리엇이 말한 대로 '참된 판단의 공동 추구'를 위해 노력할 뿐이며, 그 유일하고도 충분한 보상은 사회적 화합이라는 것이다. 도덕적 판단의 예로 납득하지 못한다면, 미학의 논변을 생각해보자. 세인트 폴 대성당은 아름답지만, 로이즈 사의 새로운 빌딩은 혐오스럽다는 것은 분명하다. 하지만 이러한 판단을 참이 되게 하는 어떤 '미학적 실재'가 있는가?

이러한 물음들은 철학자들로 하여금 실재론을 가정하지 않고서 진리를 정의하도록 이끌었다. 담론에서 진리와 그 역할을 말하는 것이 그 하나다. 하지만 그렇게 할 때, 우리가 독립적 실재를 지시하고 있다고 가정해서는 안 된다.

그럼에도 우리는 우리 이론의 틀을 짓기 위해서 진리에 관한 폭넓은 상투적 조건들에 동의할 수 있다. 여기에 몇 가지가 있다.

（ⅰ）만일 문장 'p'가 참이라면, 'p는 참이다'라는 문장도 참이다. 그리고 반대도 마찬가지다.

（ⅱ）명제를 주장하고, 판단하는 등등의 행위에서 우리는 진리를 목표로 한다.

（ⅲ）우리의 판단은 단순히 우리가 그것을 참이라고 부르기로 결정하기 때문에 참이 되지 않는다.

（ⅳ）무엇이 참이든 간에 참이 되는 조건을 갖는다. 그 조건이 충족될 때 참이라고 부를 수 있다.

（ⅴ）참인 명제는 다른 모든 참인 명제와 일치한다. 어떤 참도 다른 참과 모순되지 않는다.

2. 대응설

이러한 상투적 조건들은 자연스럽게(불가피하지는 않더라도) 대응설로 이어진다. 이것은 종종 아리스토텔레스의 다음과 같은 말로 소개된다. "있는 것은 있다고 말하고 없는 것은 없다고 말하는 것이 참되게 말하는 것이다." 하지만 이러한 금언 같은 말은 해석을 요한다. 특히, 대응설을 옹호하는 사람과 반대하는 사람 모두가 이 말을 받아들이려면 말이다. 따라서 다시 시작해보자.

기본 생각은 이렇다. 진리란 참인 것과 그것을 참이 되게 하는 것 사이의 대응에 있다. 이에 당신은 자연스레 반문할 것이다. 무엇과 무엇 사이라고? 참일 수 있는 것에는 문장, 진술, 명제, 믿음, 사유가 포함된다. 우리는 어떤 것을 선택하는가? 간단한 대답은 그것은 중요하지 않다는 것이다. 만일 우리가 문장이 참이라는 것이 무엇인지를 말할 수 있다면, 그것이 표현하는 명제, 그것이 만들어내는 진술문, 그것이 확인하는 믿음 등으로 우리의 이론을 확장할 수 있다. 그렇다면 명제에 한정해보자. 문장으로 말해진 것, 누군가가 믿는 것, 진술문에 의해 진술된 것 등을 담은 추상적 존재자 말이다.

관계의 다른 항은 무엇인가? 참된 명제는 무엇에 대응하는가? 하나의 대답은 실재다. 그러나 우리는 이것이 우리가 피하고자 하는 형이상학적 속박으로 이끈다는 점을 이미 보았다. 또 다른 대답은 '사물'인데, 거의 나아진 것이 없다. 더욱이 우리가 그 용어로 단순히 세계를 뒤죽박죽 채운 대상들의 배열을 의미한다면, 사물로는 충분하지 않다. 내 차가 출발하지 않는다는 명제는 내 차로 인해 참이 되는 것이 아니라, 내 차가 출발하지 않는다는 사실로 인해서다. 우리가 이 명제를 뒷받침하려면 사물보다 추상적인 것이 필요하다. 사실, 사태, 상황 같은 것 말이다. 이 중 어떤 것인가? 그리고 그것이 중요한가? 아마도 중요하지 않을 것이다. 왜냐하면 사실, 사태, 상황은 하나의 중요한 속성을 공통적으로 갖기 때문이다. 즉 그것들은 '~이라는that'의 형태를 취하는 절에 의해 '개별화된다'(특정한 사실, 사태, 상황으로 확인된다). 내 차가 출발하지 않는다는 사실, 내 차가 출발하지 않는다는 사태, 내 차가 출발하지 않는다는 상황 식으로 말이다. 우리는 종종 다른 어법을 사용할 수 있다. 내 차의 출발하지 않음이라는 상황, 사실 등등으로 말이다. 그러나 요점은 동일하다. 즉 사실, 사태 등은 관계절을 통해서만 완전히 확인된다.

다시 말해, 우리는 명제를 통해서만 사실을 확인할 수 있다. 내 차가 출발하지 않는다는 명제는 '내 차의 출발하지 않음'이라는 구로 '명사화할' 수 있지만, 그럼에도 그것은 진리관계에서 다른 편에 있는 것과 동일한 존재자다. 명제가 사실에 대응할 때에만 참이라고 말하는 것은 분명한 것처럼 들린다. 그러나 당신이 문제의 핵심을 말하며, p라는 명제는 p라는 사실에 대응할 때에만 참이라고 실토하게 된다면, 당신의 이론은 훨씬 덜 인상적으로 들린다. 왜냐하면 동일한 존재자—p라는 명제—가 방정식의 양쪽 모두에 있는 것 같기 때문이다. 그리고 그것은 그런 식이어야 한다. 그것이 바로 아리스토텔레스가 그 금언 같은 말을 한 이유다(혹은 그것이 금언처럼 들리는 이유다).

이것이 문제가 되는가? 대응설의 옹호자는 그렇지 않다고 생각하지만, 정합설의 옹호자는 상당히 문제가 있다고 여긴다. 우리는 사실을 사태, 상황 혹은 진리조건으로 바꿈으로써 이 문제에서 벗어날 수는 없다. 이러한 개념들은 문장의 진리치가 사실에 의해 결정되는 **방법**에 대해 우리에게 무언가를 암시하는 데 도움을 준다. 하지만 우리가 명제를 참이 되게 하는 것을 확인하려면 어떤 명제를 제시해야 한다는 것은 여전히 참이다. 게다가 그것이 동일한 명제일 때에만, 우리의 이론이 진리의 이론이라는 어떤 선천적 확신을 갖게 된다.

그렇다면 사실에 한정해보자. p라는 명제의 참은 p라는 사실과의 대응에 있다는 이론으로 어떤 것이 실제로 말해지는가? 그 이론의 옹호자는 어떤 것이 말해진다고 주장할 것이다. 그는 명제란 정신적 혹은 언어적 존재자인 반면, 사실은 세계 안의 것이라고 주장할 것이다. p라는 명제가 진술되지 않았더라도 여전히 p라는 사실은 존재할 것이다. 그러므로 우리의 명제를 사실과 비교할 때, 우리는 그것을 그 자신과는 다른 어떤 것과 비교한다. 유사한 방식으로 우리 마을의 지도는 마을의 윤곽을 공유하지만, 그 정확성을 마을과 비교할 수 있고 참 또는 거짓으로 판명할 수 있다.

그렇지만 지도의 비유는 답변의 약점을 드러낸다. 마을의 특징은 지도에서 재현된다. 하지만 우리가 처음에 그런 특징을 확인한 것은 지도에 의해서가 아니다. 거꾸로, 나는 지도의 도움 없이도 그것을 지적할 수 있고, 걷고, 측정하며, 기술할 수 있다. 그것은 '별개로 확인 가능하다.' 그러므로 마을의 특징이 지도의 특징에 대응한다는 진술에 의해 실체적인 어떤 것이 말해진다. 이에 반하여, 그것이 사실에 '근거해야' 한다는 명제 외에는, 우리가 사실을 확인할 다른 방법이란 없는 것 같다. 둘 모두가 동일한 방법으로 확인될 때, 왜 우리는 둘을 갖는다고 확신하는가?

하지만 우리는 사실을 가리킬 수 없는가? 우리는 그것을 명제를 통해 확인할 수밖에 없는가? 우리의 단어가 세계와 결합되는 지점이 있지 않은가? 그리고 가리킴pointing은 그런 결합을 이루는 방법 중 하나가 아닌가?

3. 정합설

가리킴은 몸짓이고, 그 의미는 틀림없이 이해된다. 내가 손가락으로 그림을 가리킨다고 하자. 내가 내 어깨 뒤의 거울이 아니라 그림을 가리킨다고 당신이 생각하도록 만드는 것은 무엇인가? 당신은 그 몸짓을 하여튼 다른 식으로, 손가락에서 거꾸로 어깨로 향하는 식으로 읽을 수도 있었다. 간단한 대답은 그 몸짓을 우리가 지금과 같이 읽는 것은 그것을 관장하는 규약convention이 있기 때문이라는 것이다. 이것이 우리가 그것을 이해하는 방식이다. 게다가 그 규약은 그 몸짓이 내 앞에 있는 것을 가리킨다고 말할 따름이다. 내가 당신의 관심을 끌기 위해 고른 것에 관한 어떤 사실을 알기 위해서는 더 많은 규약을 들먹여야 한다. 가리킴은 언어에 속하고, 그 정확성을 언어에 의지한다. 우리의 단어가 실재에 닻을 내리도록 하기 위해 우리가 가리킴을 사용할 수 있는 것은 그 몸짓을 사유의 표현으로 읽을 수 있을 때만이다. 그러나 그것은 질문을 제기한다. 어떤 사유인가? 바로 p라는 사유다! 우리는 그 초라한 명제로 되돌아온다. 사실, 어떤 다른 사유도 그럴 수 없다. 오직 그것만이 p를 참이 되게 하는 무엇을 지시할 때 우리가 염두에 두는 사실을 전해준다.

이와 같은 논변은 일종의 유명론을 옹호하는 비트겐슈타인과 진리 정합설을 옹호하는 헤겔에 의해 제시되었다. 그렇다면 정합설은 무엇을 말하는가? 기본 생각은 이렇다. 우리는 아무리 애써도 사유를 벗어나 사실의 독립적 영역을 파악할 수 없다. 어떤 사유를 참이 되게 하는 것을 말하는 것은 사유를 표현하는 것이다. 일반적으로 동일한 사유를 말이다. 우리는 우리의 사유를 오직 다른 사유에만 정박할 수 있다. 어떤 사유도 사유가 아닌 것과 논리적 관계를 맺지 못한다. 이 논의를 위해 형이상학적 운명을 같이 하는 '진리를 담지한' 존재자들(문장, 명제 등) 중 하나가 아니라면 말이다. 만일 사유 혹은 명제가 그것 밖의 어떤 것과의 관계에 의해 참이 된다고 우리가 믿는다면, 그것 역시 사유 혹은 명제임에 틀림없다.

그러므로 진리란 명제 간의 관계다. 어떤 관계인가? 일반적으로 제시되는 답은 '정합성'이다. 세계에 대한 거짓된 견해는 정합적이지 않다. 참된 것은 그것을 구성하는 각 부분들이 지지하고 다른 모든 것에 의해 지지되는 방식으로 '일관된다.'

이런 식의 논의에는 명백히 매력적인 요소가 있다. 왜냐하면 그것은 대응설의 불친절한 '원자론'을 극복해주기 때문이다. 그것은 진리 추구가 왜 공동의 기획으로 우리의 모든 사유와 연결되는지, 우리의 모든 믿음이 왜 다른 모든 것의 시험에 의해 논박당하는지를 이해할 수 있도록 도와준다. 그것은 과학과 이론구성을 알 수 있게 해주고, 그것들이 지식의 중심에 있음을 보여주며, 동시에 그것들에 어떤 예술적 위엄을 부여한다.

문제는 정합의 관계를 정의하기가 힘듦이 증명되었다는 점이다. 정의의 첫발은 일관성(무모순성)에 있을 것이다. 왜냐하면 우리는 모든 참인 명제가 다른 모든 것과 일치한다고 알기 때문이다. (이것이 우리가 처음에 전제한 상투적 조건 중 다섯 번째였다.) 우리 명제를 전체 세계관에 맞추면서, 우리는 상호 일관된 사유체계를 구성한다. 문제는 이것이 진리의 충분조건이 아니라 필요조건을 제공한다는 것이다. 참인 우연적 명제 전체를 생각해보고, 그것을 부정해보라. 그 결과 역시 상호 일관된 체계일 것이다. 그러나 그 구성요소는 모두 거짓일 것이다. (그 반대는 우리의 관심을 우연적 진리에 국한시키는 한에서만 유지된다.)

일관성을 진리관계로 간주하고자 하는 정합설 옹호자를 위한 한 가지 대답은 모든 진리는 어떠한 경우에도 필연적으로 참이라고 주장하는 것이다. 그리고 이것의 부정은 비일관적 체계를 형성할 것이다. (대략 이것이 헤겔이 스피노자를 따라서 취한 노선이다.) 그러나 이렇게 되면 그는 진리의 또 다른 기준 즉 필연성을 제시하게 된다. 진리는 결코 명제 간의 관계에 있는 것이 아니라 각 명제 자체가 갖는 내적 속성에 있게 된다. 필연적으로 참인 속성 말이다. 그러나 그 속성은 무엇인가? 진리 개념에 의존하지 않고서 그 속성을 정의할 가망은 별로 없어 보인다.

다양한 대안이 모색되었다. 유망한 대안 하나는 증거의 관념에 기댄다. 진리체계란 각 명제가 다른 명제의 일부 혹은 전부에 대한 증거를 제공하거나, 다른 명제를 더 개연적으로 만들거나, 일련의 증거로 뒷받침함으로써 다른 명제와 연결되는 체계다. 그렇지만 여기에도 난점이 있다. 왜냐하면 이러한 상호 지지의 관계를 예화하는—아마도 무한히 많은—체계들이 서로 충돌할 수 있으며, 그들 모두가 참이 될 수는 없기 때문이다. (우리의 다섯 번째 상투적 조건의 또 다른 결과다.) 따라서 이러한 견해가 정합설 옹호자가 추구하는 결과를 내려면, 증거 관념을 강화할 필요가 있다. 아마도 그는 최선의 증거를 말해야 할 것이다. 왜냐하면 각각의 명제가 체계에서 다른 명제에게 최선의 증거를 제공하는 단 하나의 명제 집합이 있을 수 있기 때문이다. 하지만 우리는 어떻게 '최선'의 증거를 정의하는가? 확실히, p가 q를 수반하는 경우에만 p는 q에 대한 최선의 증거다. 즉 q가 참이 되지 않고서는 p가 참이 될 수 없는 경우 말이다. 다시금 우리는 정합성을 진리에 의해 정의하게 된다. 게다가 우리는 다른 길을 밟아, 참된 신념체계란 우연의 여지가 조금도 없는 체계라는 스피노자의 견해에 접근한다.

대응설의 옹호자는 우리가 정합성을 어떻게 정의하든 진리에 관한 우리의 기본적 직관(앞서 제시한 다섯 가지 상투적 조건을 포함하여)을 파악하는 일은 실패할 것이고, 만일 그것을 파악한다 하더라도 그것은 그 정의가 사유와 실재, 언어와 세계 간의 비교 개념을 은밀히 도입하기 때문이라고 말할 것이다. 정합설의 옹호자는 그러한 비교가 없다고 반박할 것이다. 우리가 사유를 실재와 비교하는 것은 실재를 개념 아래로 가져옴으로써만 가능하며, 그런 다음 우리는 사유를 사유와 비교한다고 말이다. (랠프 워커의 《진리 정합설》을 보라.)

논변이 교착상태에 빠진 듯 보이지만, 그것은 단지 겉모습에 불과하다. 왜냐하면 대응설의 옹호자에게는 사실 이외에 실재의 다른 특징을 명제에 참을 부여하는 것으로 동일시할 길이 열려 있기 때문이다. 프레드 소머스는 일련의 대담한 논문들에서 우리에게는 사실이나 다른 어떤

'언어 형태의' 존재자가 '진리 제조자'로서 필요하지 않다고 주장했다. 갈색 개가 존재한다는 것을 참이게 해주는 것은 세계의 속성이다—즉 세계는 갈색 개를 포함하고 있다. 논리학의 관점에서 볼 때, 사실과 세계의 속성은 완전히 다른 범주에 속하며, 따라서 정합설에 대한 이 악의에 찬 논변은 핵심을 놓치고 있다. 물론 정합설 옹호자는 여기에 만족하지 않을 것이다. 그는 논쟁의 용어가 바뀌었을 뿐이며, 문장을 세계의 속성과 비교할 때 우리는 여전히 실제로는 문장을 문장과 비교한다고 주장할 것이다. 그러나 아마도 이에 대한 응답도 있을 것이다. 정합설의 옹호자는 세계를 기술하기 위해서는 단어를 사용해야 한다는 시시한 관찰을 하고 있거나—그 관찰로는 언어 외의 실재란 존재하지 않는다는 결론을 확실히 내릴 수 없다—아니면 참된 문장을 통해 실재를 확인해야 한다고 말하고 있다. 후자의 경우에, 그는 틀린 것(거짓)을 말하고 있다.

4. 실용주의

우리가 지금까지 논의한 둘의 장점을 통합하려는 이론이 있다. 그 이론에 따르면, 우리의 믿음은 함축과 전제 같은 논리적 관계에 의해 한데 묶이는 체계를 구성한다. 우리는 그 체계에서 어떤 명제든 수정하거나 거부할 수 있다. 만일 우리가 다른 모든 명제를 조정하고, 그 명제들을 체계와 일치시킨다면 말이다. 그러나 체계가 충족해야 하는 외적 요건이 있다. 체계는 우리의 경험과 일치해야 한다. 그것으로부터 실제로 확증되는 경험의 설명을 얻는 것은 틀림없이 가능하다. 우리의 믿음은 콰인이 말한 대로 '경험 전체의 법정과 대면한다.' 이 이론은 흔히 이야기되듯이(가령 주요 옹호자인 콰인에 의해서) 경험론자의 범주들을 채택한 것을 제외하면, 헤겔의 이론과 실제로 다르지 않다. 헤겔은 경험이 우리의 믿음을 오로지 확증하거나 거부하며, 그것은 경험이 믿음을 포함하기 때문이라고 주장했다. 경험은 '개념 적용'의 방식이며, 우리의 여러 사유를 경험과 대비하여 시험할 때, 우리는 다시금 사유를 사유와 대비하여 시험할 뿐이다. 그리고 그 시험은 정합성이라는 낡은 시험일 뿐이다. 콰인의 조치로 우리가 얻은 최상은 사유의 새로운 영역(경험적 사유)을 전체 체계에 포함시킨 것이다.

콰인 자신은 헤겔주의자가 아니다. 그는 자신의 철학을 '실용주의pragmatism' 즉 19세기 말 C. S. 퍼스에 의해 주창되어 윌리엄 제임스, 존 듀이 그리고 자신으로 이어지는 특정한 미국적 전통과 동일시한다. (콰인의《논리적 관점에서》에 수록된 논문들을 보라.) 실용주의는 '진리'란 유용한 것을 의미한다는 견해다. 유용한 믿음이란 나에게 세계에 대한 최상의 통제력을 주는 믿음이다. 그것에 따라 행동할 때 최대의 성공 가능성이 나타나는 믿음 말이다.

실용주의자에게 내가 방금 말한 것만큼 분명하게 말하도록 설득하기란 무척 어렵다. 유용성에 의한 간단한 진리 정의는 명백히 부조리해 보인다. 더 복잡한 견해는 정합설(콰인)이나 대응설(퍼스)과 구별되지 않는 경향이 있는데, 이것은 그들이 서로 통합되어 있는 체계 때문이다. 분명히, 믿음이 유용한 경우에 참이라고 말한다면, 우리는 '유용한'이 무엇을 의미하는지 알아야 한다. 미국 대학에서 일자리를 구하는 사람은 페미니스트의 믿음이 유용함을 발견할 것이다. 마치 마르크스주의자의 믿음이 소련의(영국이나 이탈리아는 말할 것도 없고) 대학 기관원에게 유용했듯이 말이다. 하지만 이것은 그러한 믿음이 참임을 증명하지 않는다. 그렇다면 우리는 '유용한'으로 무엇을 의미하는가? 한 가지 의견은 성공적인 과학이론과 관련된다. 그러나 무엇이 이론을 성공적으로 만드는가? (만일 그것이 수많은 신봉자에게 확산됨을 의미한다면, 마르크스주의는 성공적이었다.) 어떤 사람은 성공적 이론이란 참된 예측으로 이어진다고 말한다. 그러나 만일 우리가 이 노선을 택한다면, 우리는 결국 유용성을 진리로 정의하는 것이다. 사실, 이러한 결론에 이르지 않는 그럴듯한 실용주의를 찾기란 힘들다. 즉 참된 명제란 참된 명제는 유용하다는 점에서 유용한 명제다. 흠 잡을 데 없지만, 공허하다.

이런 이유에서 현대 실용주의자는 리처드 로티(아마도 '포스트모던' 사상가로 기술되어야 할)와 같이 진리 정합설로 후퇴하는 경향이 있다. 위에서 제시한 것과 유사한 논변에 의존하면서, 로티는 우리의 담론이 독립적 실재를 '표상한다'거나 그것과 '일치한다'는 생각을 거부해야 한다고 판단한다. 우리는 언어를 초월한 사유를 지향할 수 없으며, 그렇게 하려는 시도는 다른 모습을 한 언어로 우리에게 되돌아올 뿐이다. 로티가 자신의 견해를 밝히는 방식은 다음과 같다.

> [실용주의자는] 진리를, 윌리엄 제임스의 말처럼, 믿으면 우리에게 좋은 것이라고 본다. 따라서 그들은 '대응'이라고 불리는, 믿음과 대상 간의 관계를 설명할 필요가 없으며, 우리 종이 그러한 관계에 관여할 수 있도록 하는 인간의 인지능력을 설명할 필요도 없다. 그들은 진리와 정당화 간의 간극을 자연적이고 초문화적인transcultural 총류의 합리성(어떤 문화를 비판하고 다른 문화를 칭찬하는 데 사용될 수 있다)을 따로 떼어냄으로써 메워야 하는 것으로 보지 않고, 그저 현실적으로 좋은 것과 가능적으로 더 좋은 것 간의 간극으로 본다. 실용주의자의 관점에서, 우리의 현재 믿음이 합리적임은 참이 아닐지 모른다고 말하는 것은 단순히 누군가에게 더 좋은 생각이 났다는 말이다. …… 실용주의자에게 객관성의 욕구란 자기 공동체의 한계를 벗어나려는 욕구가 아니라, 그저 가능한

한 많은 상호주관적 합의를 이루려는 욕구, 할 수 있는 한 '우리'라는 지시를 확장하려는 욕구다. (《객관성, 실재론 그리고 진리》 22~23쪽.)

이러한 관점에서, 실용주의자는 자신의 견해가 (로티가 '실재론자'라고 부르는) 반대자의 견해보다 더 좋다고 생각하지만, 자신의 견해가 사물의 본성에 대응한다고 생각하지 않는다. 다시 말해, 실용주의는 유명론의 주장과 진리 정합설의 주장을 한데 묶어, '우리'가 진리의 시험대이며 모든 과학적 판단이 항소하는 최종 법정이라고 말한다. 이 견해에 따르면, 진리란 광범위한 합의(혹은 최소한 '우리' 사이의 광범위한 합의)와 구별되지 않기 때문에, 진리―과학―추구는 그저 우리가 할 수 있는 한 합의를 확장하려는 시도일 뿐이다.

유명론자나 관념론자와 논쟁하기 힘들듯이, 이러한 견해와 논쟁하기란 힘들다. 이렇게 정의된 실용주의자는 빈틈을 보이지 않는 한 항상 자신을 위해 마련한 자리에 머물 것이다. 로티 자신이 인정하듯이(24쪽), 실용주의자는 실질적으로 진리이론을 갖고 있지 않다. 그는 우리에게 이러한 개념을 버릴 것을, 우리의 믿음을 실재에 대한 언어 형태의 특징과 비교할 수 있다는 그 헛된 주장도 함께 버릴 것을 제안한다. 대신에 우리는 사는 일에 집중해야 한다. 만일 여기서 선택해야 할 것이 있다면, 그것은 삶의 방식의 선택이다―자유사상을 지닌 민주주의자의 개방적이고 포용적인 방식 대 원시 부족민이나 성직자의 폐쇄적이고 배타적인 방식 간의 선택 말이다.

그렇지만 이것은 매우 빈약한 전제에서 이끌어낸 놀라운 결론이다. 왜냐하면 로티의 견해에 대한 유일한 근거는 우리의 것인 언어와 절차에 의하지 않고서는 세계를 기술할 수 없다는 보잘것없는 진리이기 때문이다. 그럼에도 우리는 실재를 드러내는 절차와 그 안에 있는 우리의 위상을 강화시킬 뿐인 절차를 구별하지 않는가? 이슬람 공동체 움마는 이제까지 알려진 것 중 가장 폭넓게 확장된 의견 합의체였고 지금도 그렇다. 그것은 분명히 합의(이즈마)를 진리의 기준으로 인정하며, 포괄적인 1인칭 복수를 가능한 한 많이 포함하려는 노력을 끊임없이 기울였다. 뿐만 아니라 로티나 제임스가 '좋은' 믿음 혹은 '더 좋은' 믿음으로 무엇을 의미하든, 독실한 무슬림은 확실히 최선의 믿음을 지녔다고 간주해야 한다. 안전, 안정, 행복, 세계에 대한 통제력 그리고 적을 제거할 때의 떳떳한 마음을 안겨주는 믿음 말이다. 하지만 여전히 마음 어딘가에서, 그러한 믿음은 참이 아닐 수 있고, 포스트모던 무신론자의 따분한 의견이 아마도 그러한 믿음보다 나을지 모른다는 성가신 느낌이 들지 않는가? 신은 존재하지 않는다고 태평하게 주장하는 로티는 이 믿음이 어떤 점에서는 그가 상상한 합의 공동체를 위한 더 좋은 토대임을 믿어야 한다. 하지만 그는 그것을 어떻게 아는가? 분명히, '우리의 것'인 방법을 적용함으로써는 아니다. 왜냐하면 역사는 정반대 방향을 가리키기 때문이다. (무신론자 공동체를 건설하려던 두 가지 커다란 시도, 나치 독일과 소련을 보라.) 무엇인가를 믿게 될 때, 로티가 우리와 마찬가지로 그 합의 이면을 살펴보고, '좋음'이나 효율성 이외의 다른 근거에서 믿음을 평가할 준비가 되어 있음은 명백하다. 진실로 신이 존재한다는 믿음을 그가 거부한다면, 그것은 다른 무신론자와 마찬가지로 그가 그 믿음에 대응하는 것은 실재 세계에 아무것도 없다고 확신하기 때문이다. 확실히, 실용주의 학파의 창시자가 '오류가능주의fallibilism'—우리의 믿음 중 어느 것도 의심의 범위를 초월한 것으로 간주되어서는 안 됨을 의미한다(C. S. 퍼스,《논문집》1권)—를 지지할 때, 나쁜 믿음 또한 거짓이라고 판단하는 우리의 시험을 박탈하겠다는 의미는 아니었다. 비록 우리가 결코 스스로 확실성을 선언할 자격이 없을지라도, 우리는 여전히 우리의 오랜 믿음을 참이 아니라고 기술하고, 대체로 그것과 모순되는 새 믿음을 수용함으로써 거부한다. 실제로, 논박의 방법은 과학에 매우 근본적이어서 그것을 전제하지 않는 주장을 상상하기란 힘들다. 그리고 우리가 오류와 모순 같은 개념을 사용할 때, 우리는 진리에 대한 믿음을 은밀히 재확인한다. 뿐만 아니라 과학이 목표로 하는 수렴, 또한 그것이(예를 들어, 종교와 달리) 달성하는 듯 보이는 수렴에 관하여 과학은 진리로 수렴된다는 추정 이외에 더 명쾌한 설명은 없는 듯하다. 이슬람교도, 콥트교도, 드루즈파, 불교도는 많은 면에서 의견이 일치하지 않지만, 그들이 적어도 물질에 관해서 생각한다면 물리학의 법칙에 동의한다.

내가 말한 대로, 이것이 결정적 발언일 수는 없다. 왜냐하면 실용주의자는 바로 그 이름이 암시하듯, 프로타고라스와 같은 변설가이기 때문이다. 그는 몇 가지 확고부동한 논변으로 무장하고서, 자신을 비판하는 이들이 증명되지 않은 것을 사실로 가정한다고 늘 비판할 수 있다. (학습안내를 보라.) 그리고 우리는 과학이론의 본성과 의미의 개념을 논의할 때 이러한 논변을 다시 만나게 될 것이다. 현재의 목적상, 문제는 이렇다. 그 책임을 누구에게로 돌려야 하는가? 우리가 어떻게 언어에 독립적인 실재라는 관념을 없앨 수 있는지를 실용주의자가 증명해야 하는가? 아니면 그의 반대자가 이 관념이 참임을 증명해야 하는가? 이러한 물음에 대한 가장 현명한 응답은 칸트에 의해 제시되었으며, 그의 '선험적 관념론'은 다음과 같은 도식적 답변을 내놓는다. 우리는 우리의 것인 관점에서만 세계를 알 수 있다. 우리는 세계를 어떠한 관점에서도 아닌 '그 자체로서' 알기 위해 우리의 개념을 벗어날 수 없다. 그럼에도 판단은 실재의 표상이라는 믿음에 의해 우리의 개념이 형성된다. 우리의 개념은 객관성의 개념이며, '대상'의 영역에 적용된다. 이 근본적 믿음 없이 우리는 생각을 시작할 수 없다.

170

동시에, 객관적 질서에 대한 믿음은 어떠한 관점에서도 보이지 않는 세계라는 관념을 낳는다. 신만이 아는 세계 '그 자체' 말이다. 우리는 사물에 대한 신의 무관점의 관점을 얻을 수 없다. 하지만 신의 사유는 '규제적 이념'으로서 우리의 방법에 깃들며, 우리에게 항상 발견의 길을 걷도록 권고한다.

칸트의 견해(힐러리 퍼트넘이 '내적 실재론'이라는 이름으로 다시 제기했다)가 이 문제에 대한 결정판은 아니다. 하지만 여태껏 이야기했던 것 중 최선의 말이다. 그리고 그것은 진리의 본성에 관한 문제가 로티의 논변과 같은 것에 의해서는 실제로 해결되지 않음을 보여준다. 우리가 우리의 개념을 벗어날 수 없다는 사실이, 이 특정한 개념—진리의 개념—이 그 근본 목적으로 생명의 표현보다는 세계의 표상을 갖는지 여부를 결정하지는 않는다. (세계의 개념 또한 우리의 개념 중 하나임을 기억하라.)

5. 잉여론

F. P. 램지(《사실과 명제》)에게서 기인하는 이 이론은 우리가 다룬 난제들에 대한 급진적 반응이다. 참과 거짓이라는 두 개의 진리치만이 있다고 가정해보자. 어떤 명제 p에 대해서, p가 p라는 명제는 참이다라는 것과 논리적으로 동치임은 사실일 것이다. 'p'와 'p는 참이다'라는 두 문장은 필연적으로 같은 진리치를 갖는다. (이것은 우리의 상투적 조건 중 하나가 아니다. 왜냐하면 그것은 모든 명제는 참 또는 거짓이라는 논쟁적 이론에 의존하기 때문이다.)

하지만 만일 우리가 'p'와 'p는 참이다'가 동치라고 받아들인다면, 우리에게는 진리 개념이 필요하지 않다는 결론을 주장하고 싶어질 것이다.

우리는 그것 없이도 말하고 싶은 모든 것을 말할 수 있다. p가 참이라고 말하는 대신에, 그 p를 말하는 것으로 충분하다. 우리가 '참'이라는 단어로 덧붙이는 것은 원래의 명제를 재확인할 뿐이다.

이것은 문제를 회피하려는 것처럼 보인다. 하지만 그것은 두 가지 정교한 생각에 기반하고 있는데, 첫째는 칸트에 의해 자세히 설명되었다.

(1) 진리에 관한 철학적 문제는 부당한 일반화에서 비롯한다. 각 명제에 대해서 우리는 그것을 참이 되게 하는 것은 무엇인가라는 질문을 제기할 수 있고, 우리는 진리조건을 제시함으로써 대답한다. 또한 우리는 각 명제와 그 진리조건을 '짝짓는' 이론들을 제시할 수 있다. 하지만 그 이론들은 각 명제에 다른 결과를 제시한다. 만일 이 명제 혹은 저 명제를 참이 되게 하는 것은 무엇인가라고 질문하는 대신에, 어떠한 명제를 참이 되게 하는 것은 무엇인가라고 묻는다면, 나는 아무런 대답도 할 수 없다. 그 질문은 과잉 일반화되었다. ('이 책의 무게는 얼마인가?'와 '어떤 것의 무게는 얼마인가?'를 비교해보라.) 철학자는 '대응'과 '정합'을 말하지만, 이것들은 단지 단어일 뿐이다. 우리는 각 명제를 그 진리조건과 의미 있게 비교할 수 있다. 그러나 전통적 이론들이 요구하는 의미에서 진리에 관한 일반적 진리란 없다.

(2) 우리가 부딪힌 난점은 우리의 사유 전반을 검사하고 그 신뢰도를 판단하려는 시도에서 생겨난다. 하지만 그 전체를 정합성의 측면에서 평가하려면 혹은 그것을 실재와 비교하려면, 우리는 인간의 사유를 벗어난 관점을 취할 수 있을 때에만 그렇게 할 수 있다. 그러나 우리가 취할 그러한 관점이란 없다. 우리는 우리의 사유에 갇혀 있다. 하지만 이것은 제약이 아닌데, 우리가 도망쳐 나온 다른 관점이 없기 때문이다. 우

리는 '참된'과 같은 단어를 사용할 때, 우리의 언어 안에서 사용한다. 그것은 어떠한 것도 가질 수 없는 마법적 속성을 갖지 않으며, 우리를 언어 밖으로 이끌어 세계와 '직접' 혹은 '선험적으로' 대면하도록 하지도 않는다. 따라서 '참된'이라는 단어는 형이상학자를 만족시킬 어떤 것도 더하지 않는다. 그것은 그 언어에서 누락될 수 있다.

잉여론은 많은 철학자를 만족시키지 못했다. 그것이 우리가 진리에 관해 말하는 모든 것에 대한 설명이라면 상당한 왜곡을 요구한다. ('모차르트의 죽음에 관한 진실' '진리의 추구' '대체로 참인 이야기'를 생각해보라. 당신은 이러한 구에서 램지의 이론을 따라 '진실' '진리' '참인'이라는 단어를 제거할 수 있는가?) 그 이론은 또한 무척이나 불만족스럽다. 우리는 고전적 이론들이 무엇을 말하는지 직관적으로 알며, 그 이론들 간의 선택이 실질적일 뿐 아니라 형이상학 전체에서 가장 근본적인 선택임을 인정하기 때문이다. 그럼에도 철학자들은 종종 이 문제에서 램지의 생각으로 회귀하는데, 그 이유 중 하나는 그의 생각이 이 문제에 대한 새롭고 점차 인기를 얻고 있는 접근법을 예증해주기 때문이다.

6. 최소주의 이론

내가 19장에서 다시 살펴볼 유명한 논문에서, 폴란드의 논리학자 알프레트 타르스키는 진리에 관한 어떤 '이론'을 제안했는데, 그 이론은 대응의 관념을 포착하는 한편, 진리의 독특한 역할을 논리적 담화의 토대로 특징지었다. 그가 언급하지 않은 출발점은 프레게에 의해 제안된 지시의 설명이었다. 여기서 진리는 담화의 목표이자 성공적 발화의 의미론적 값으로 등장한다. 그리하여 타르스키는 자신의 이론을 '의미론적 진리론'—의미론적 해석으로 진리의 역할을 보여주는 이론—이라고 불렀다.

타르스키는 묻는다. 진리의 '정의'는 어떤 조건을 따라야 하는가? 우리가 진리의 정의를 받아들이도록 만드는 것은 무엇인가? 우선, 그것은 우리 언어의 각 문장에 진리조건을 할당해야 한다. 둘째로, 그것은 그 진리조건을 문장의 부분들의 의미론적 값에서 얻어야 한다(그럼으로써 복합 표현의 의미론적 값은 그 요소들의 의미론적 값에 의해 결정된다는 프레게의 요건을 충족한다). 셋째로, 그것은 티르스키가 '적합 조건condition of adequacy'이라고 부른 것을 충족해야 한다. 즉 모든 사례는 다음의 '규약'을 충족해야 한다.

(T) s는 p일 때에만 참이다

문자 s가 어떤 문장이라는 이름으로 대체되고, 문자 p가 그 문장 자체로 대체되는 경우에, 이것은 참으로 판명되어야 한다. 이 도식의 한 가지 사례는 다음과 같다.

(S) '눈은 하얗다'는 눈이 하얄 때에만 참이다.

(타르스키는 사실 '영어에서 참'을 말했다. 왜냐하면 내가 26장에서 다시 살펴볼 이유들에서, 그는 진리란 그것이 표현되는 각각의 언어로만 정의될 수 있으며, 더욱이 그 언어가 아니라 또 다른 언어, 그가 '메타언어'라고 부른 것으로 정의된다고 믿었기 때문이다. 단순화를 위해, 나는 우리의 현 관심사와 관련 없는 이러한 복잡성을 무시하고 있다.)

규약 T는 왜 적합 조건을 진술하는가? 대답은 간단하다. 문장 S와 같은 그 사례는 대응의 관념을 정확히 표현한다. 사례는 문장을 그 표현에 사용된 사실과 관련시킨다. 먼저 그 문장을 명명하고, 그런 다음 그것을 사용함으로써 말이다. 우리는 영어의 규칙에 따라 사용된 '눈은 하얗다'라는 문장이 바로 그 사태, 그것이 무엇이든 '눈은 하얗다'라는 문장을 참이 되게 해주는 사태와 동일함을 선천적으로 안다. 그러므로 (T)의 모든 사례를 수반하는 이론은 대응의 관념으로 파악될 수 있는 모든 것을 파악할 것이다. 즉 언어로 파악될 수 있는 모든 것 말이다. (그리고 우리가 살펴보았듯이, 언어로 파악될 수 있는 것은 대응과 정합 사이에서 문제가 되고 있는 것을 진리의 기준으로 결정하기에 아마도 충분하지 않을 것이다.)

타르스키는 놀랍고도 암시적인 방식으로 자신의 이론을 정립했다. 하지만 우리의 현재 목적과 관련해서, 그의 논변의 가장 중요한 결과는 그것이 진리에 관한 일종의 '최소주의minimalism'에 존경을 표한다는 점이다. 심오한 형이상학적 이론을 찾는 대신에, 타르스키는 진리에 관한 반론의 여지없는 상투적 조건들을 우리에게 그저 되돌려주고, 그것들에 관한 적절한 이론을 제공하기 위해서는 무엇이 필연적인가라고 묻는다. 아마도 우리는 더 이상 진리의 이론을 묻지 말아야 할 것이다.

그리하여 콰인은 타르스키에게 영감을 받아 술어 '참된'을 문장의 형이상학적 위상을 기술하는 것이 아니라 단지 자신이 명명한 '비인용의 술어predicate of disquotation'로 간주한다. 그것을 사용함으로써, 우리는 인용된 단어에서 사용된 단어로 나아간다. 그리고 사실, 그것이 그 기능이다. '눈은 하얗다'라는 문장을 명명하고, 그런 다음 진리라는 술어를 덧붙이고, 그렇게 함으로써 나는 그 문장을 사용한다. 나는 스스로 그렇게 하며, 따라서 그것은 세계에 관한 내 이론의 한 조각으로서 내 담화의 다른 문장들 옆에 자리 잡는다.

이제 1절로 돌아가 보자. 당신은 내가 거기에서 나열했던 상투적 조건들이 (그 다음 문단에서 내가 아리스토텔레스를 대신하여 언급한 것과 더불어) 진리에 관한 모든 진리를 담고 있다고 여기는 철학자를 상상할 수 있다. 혹은 적어도 우리가 진리 개념을 비인용의 술어로서 성공적으로 사용하기 위해 진리에 관해 생각할 필요가 있는 모든 것을 담고 있다고 말이다. 그리하여 새로운 철학적 기획이 생겨난다. 최소한의 형이상학적 가정만을 하면서, 그렇게 상상한 진리의 이론을 제시하는 일 말이다. 타르스키가 발견했듯이, 그것은 결코 쉽지 않다. 실제로, 그는 그것이 불가능하며, 진리의 이론이란 인공언어를 위해서만 고안될 수 있고, 그것을 토론하기 위해서는 항상 또 다른 언어를 구성해야 하는 대가를 치를 수밖에 없다고 생각하게 되었다. 그럼에도 그가 그 점에 관해서 틀렸을지 모른다. 최근의 많은 철학자는 적어도 그렇게 생각하며, 그 결과 진리의 문제에 대한 완전히 새로운 접근이 이 학문에서 표준이 되었다.

대응설의 옹호자와 정합설의 옹호자 모두 최소주의 이론을 수용할 수 있다. 그리고 각각은 의심의 여지없이 자신의 이론이 바로 최소주의 이론이라고 주장할 것이다. 즉 그 개념을 설명하기 위해 말해질 필요가 있는 최소한(그리고 또한 정합적으로 말해질 수 있는 최대한)이라고 말이다. 하지만 토대가 이제 바뀌었다. 대응이든 정합이든 다를 바가 전혀 없을지 모른다. 어쩌면 이것들은 동일한 관념—규약 T에 포함된 관념—의 경쟁하는 기술들에 불과할지 모른다. 논란이 있다면, 그것은 아마도 실재의 두 가지 개념에 관해서일 것이다. 이제 내가 살펴볼 것이 그 주제—그리고 특히 현상과 실재의 구별—에 대해서다

10 현상과 실재

현상과 실재의 구별은 논리적으로 기술될 수 있다. 사물은 종종 있는 그 대로 보이고, 종종 그렇지 않다. 현상은 때로는 기만적이고, 때로는 그렇지 않다. 그러나 회의적 논변은 사물의 포괄적 관점에 관한 욕구와 결합하여, 철학자들이 그 구별에 관한 총체적 이론을 시도하도록 이끌었다. 회의적 의심에 맞설 기반을 제시하기 위해서였지만, 한편으로는 상식의 안주를 전복하고자 그 의심을 활용하면서 말이다.

　다시 데카르트에게로, 특히 두 번째 성찰 끝부분에 나오는 밀랍 조각에 관한 논변으로 되돌아가는 것이 유용하겠다. 밀랍은 형태, 색깔, 크기, 냄새—내가 감각을 통해 지각하는 성질—를 갖는다. 내가 그것을 불에 갖다 댈 때, 밀랍이 그 모든 면에서 변화함을 발견한다. 하지만 밀랍 자체는 남는다. 이로부터 데카르트는 다음과 같이 생각했다. '감각적 성질'은 그것을 지닌 사물의 본성이 아니다. 그것은 우연적이다. 실체는 변화하더라도 동일한 실체로 남는다는 면에서 말이다. 그렇다면 물리적 대상의 본질은 무엇인가? 밀랍이 본질적으로 지니는 듯한 유일한 속성은 공간상의 연장이며, 더불어 다양한 공간적 형태에 존재하는 능력이다. 바꿔 말하자면, 물질적 실체는 본질적으로 연장되며, 그 연장은 다양한 방법으로 '변형될' 수 있다. 연장과 그 방식이 물리적 실재의 전부다. (데카르트의 이러한 결론은 기하학을 통해 확고해졌다. 기하학은 그에게 우리가 공간에 대한 명석판명한 관념을 가지며, 따라서 추론에 의해서만 그 본질에 대한 지식을 얻을 수 있다는 확신을 주었다.)

이러한 논변은 로크의 제1성질과 제2성질에 관한 이론 그리고 합리론자의 현상과 실재를 구별하는 접근법 모두의 선구였다. 합리론자는 세계의 현상이 세계의 실재에 대한 서투른 안내자라고 주장하는 경향이 있다. 세계의 실재는 감각 지각의 모호함과 불일치를 해결해주는 논변을 통해 이성에 나타난다. 그러므로 감각에 비치는 대로의 세계는 완전히 오해일지 모른다. 예를 들어, 라이프니츠는 생애의 어느 시기에 '단자들'의 실제 세계는 공간이나 시간상에 존재하지 않으며, 우리가 관찰하는 종류의 어떠한 인과관계도 드러내지 않는다는 생각을 하게 되었다. 그는 비록 겉으로 보이는 세계가 시간, 공간, 대상, 인과성의 세계일지라도, 그 세계가 이런 근본적 실재에 의해 완전히 설명될 수 있음을 입증하려고 했다.

대체로, 철학자들은 감각을 불신하는 데 큰 어려움을 겪지 않았다. 23장에서 더 자세히 살펴볼 '착각 논증'은 철학의 진부한 예 중 하나다. 그것은 사물이 항상 있는 그대로 보이지는 않기 때문에, 우리에게는 참된 지각과 착각을 구별해줄 어떤 기준이 필요하다는 전적으로 믿을 만한 사실을 강조한다. 그러한 기준은 존재하지 않는다는 것이 버클리의 논점 중 하나였다. 이제 경험론자가 착각 논증과 타협하기란 일반적으로 힘들다. 왜냐하면 그의 근본전제가 우리는 경험을 통해서만 지식을 얻는다는 것이기 때문이다. 따라서 경험을 신뢰할 아무런 기준이 없다면, 우리는 실재를 파악한다고 결코 확신할 수 없다. 로크는 어떻게 물리적 실재의 개념이, 현상과 실재의 구별을 풍성하게 전개시킬 수 있게 해주는 연산들을 통해서, 우리의 감각경험에서 창발하는지를 보여주려고 했다. 그가 제1성질과 제2성질을 구별할 때, 전자는 객관적으로 실재하고 후자는 단순히 주관적이라는 의미가 아니었다. 그 구별은 우리 감각경험의 근본원인인 세계에 대한 정교한 이론의 일부였다. 이러한 이론의 측면에서, 로크는 참된 지각과 거짓된 지각을 구별할 수 있게 해주는 물리적 실재의 개념에 도달하기를 바랐다. 버클리의 논변은 수박 겉핥기며, 로크의 견해에 대한 대대적인 오해에 의존한다. 하지만 그 오해 역시 도발적이다. 왜냐하면 그것은, 경험론에 따르면 어떤 것의 근거가 현상뿐일 때, 현상과 실재를 구별할 근거를 찾는 일의 어려움을 강조하기 때문이다. 우리는 현상 안에서 그 구별을 재구성하든지(흄이 하듯이), 아니면 그것을 완전히 포기해야 한다(버클리가 방법을 알았다면 그렇게 하고 싶었을 것이다).

1. 급진적 공격

버클리는 현상('관념')이 일관적임을 증명하려고 했다. 모순과 부조리는 '질료적' 실재가 있고 우리의 관념이 그것을 우리의 지각에 나타낸다고 가정할 때에만 발생한다. 합리론자는 반대의 견해로 기운다. 즉 감각을 통해 전달된 현상은 비일관적이며, 진정한 실재의 탐구는 우리의 상식적 믿음의 부정합성을 극복하려는 싸움의 일부다. 이러한 합리론자의 기획은 파르메니데스만큼이나 오래되었으며, 여전히 계속되고 있다. 그 급진적 성격을 파악하기 위해서, 마지막 위대한 관념론자 F. H. 브래들리를 살펴볼 필요가 있다. 그의 《현상과 실재》는 상식적 세계가 실제적이지 않고 그럴 수도 없음을 설명하기 위해 엄청난 양의(질은 대부분 그저 그런) 논변을 정리해놓았다.

(a) 제1성질과 제2성질

브래들리는 제2성질이란 현상에 불과하며, 지각하는 자에 독립적인 어떤 실재에 귀속될 수 없다는 버클리의 견해와 의견을 같이한다. 그 역시 이것이 로크가 믿었던 바라고 생각한다―현대의 주석가는 동의하지 않지만 말이다. 브래들리는 계속해서 제1성질이 제2성질과 같은 처지라고 주장한다. 제1성질은 연장, 강도, 질량과 같은 속성으로, 공간을 점유함으로써 대상에 속하는 것이며, 우리의 상식적 견해뿐 아니라 어떤 타당한 물리학에 의해서도 그 대상에 귀속되는 것이다. 브래들리는 그러한 성질이 대상에서 지각되는 경우 외에는 대상에 귀속되지 않는다고 주장한다. 우리는 제1성질과 관련하여 경험과의 관계를 통하는 것 외에는 다른 어떤 정보원도 갖지 못한다. 그는 덧붙이길, 만일 어떤 성질이 '하나의 관계를 제외하고 우리에게 비존재적'이라면, '우리가 그 관계 밖의 실재를 주장하는 것보다 부당한 일은 없다.'(13쪽) 그는 계속해서 현상임을 의심할 수 없는 제2성질과 결부되지 않고서는, 우리는 어떤 경우에도 제1성질을 생각할 수 없다고 주장한다. 나는 연장된 것을 어떤 촉감, 외양, 혹은 그 무엇을 갖는 것으로밖에는 생각할 수 없다. 그러므로 나는 동일한 원칙에 입각해서, 제1성질이 이 관계와 독립적으로 존재할 가능성을 주장하기 위해서 제1성질과 제2성질을 분리할 수 없다.

문제는 더욱 심화된다. 브래들리는 성질을 사물에 귀속시킨다는 바로 그 관념에 어떤 혼란이 있다고 생각한다. 우리는 항상 그러한 성질을 '지각되는 것으로서의 사물'에 귀속시키고, 그 결과로 우리 자신, 지각하는 자에게 귀속시키게 된다. 동시에 우리는 자신이 그 성질을 소유하지 않는다는 점을 인정한다. 내가 정사각형이고 붉은 어떤 것을 관찰할 때, 정사각형이거나 붉은 것은 내가 아니다. 하지만 나에게 주어지는 다른 것, 이러한 속성의 진정한 담지자일 수 있는 것은 아무것도 없다.

(b) 실사와 형용사

마지막 논변은 파악하기 힘들지만, 매우 많은 전통적 철학이 기반에 두는 구별에 관한 일반적 회의주의의 일부다. 즉 주술 문장에서 명시되는 사물과 속성의—브래들리의 표현대로 하면, '실사와 형용사'의 구별 말이다. 브래들리의 회의주의는 로크가 자기 식대로 아리스토텔레스의 실체 관념을 이해하고 전개한 회의주의와 유사하다. 만일 실체가 속성의 담지자로 정의된다면, 그것은 정확히 무엇인가? 그것을 확인하려는 어떠한 시도도 그것에 속성을 귀속시켜야 한다. 하지만 그럴 경우, 나는 속성이 내재하는 것이 아니라 그저 속성을 확인할 뿐이다. 그리고 내가 속성 아래에 놓여 있는 기체에 도달하기 위해 속성을 벗겨낸다면, 나는 정처 없이 여행을 떠나는 셈이다. 양파의 심을 찾겠다고 모든 껍질을 벗기는 꼴이다. 실사와 형용사의 구별은 기껏해야 우리의 관점에서만 타당하다. 하지만 우리의 관점과의 관계를 벗어나면 그 구별은 생각될 수 없고, 확실히 독립적 실재에 귀속될 수 없다.

(c) 성질과 관계

누군가는 적어도 성질은 존재한다고 대답할지 모른다. 즉 붉음은 존재한다고, 비록 우리가 그것을 독립적 실재에 귀속시킬 자격이 없을지라도 말이다. 하지만 우리는 이것을 말할 수라도 있는가? 브래들리는 그럴 수 없다고 주장한다. 왜냐하면 성질은 그것이 귀속되는 관점에 전적으로 관계되기 때문이다. 나는 관계의 관념을 통하지 않고서는 성질을 생각할 수 없다. 만일 우리가 성질을 그것이 놓인 관계에서 분리함으로써 도출하려고 한다면, 이것은 다른 관계―분리의 관계―를 도입할 뿐이며, 그것은 성질을 우리가 추출하려고 했던 관계에 더 견고히 고착시킨다. 하지만 그렇다면 물음이 생긴다. 관계란 무엇인가? 관계는 성질들을 서로 연결하는 듯 보인다. 하지만 그것이 관계시키는 용어들만큼이나 많은 설명을 필요로 하는 다른 어떤 관계―'연결'―에 의하지 않는다면, 어떻게 되는가? 이런 식의 어지러운 추상적 논변(보편자에 대한 고전적 논의를 연상시키는)에 의해, 브래들리는 성질과 관계라는 관념 전체의 폐지로 나아간다.

> 그러나 다른 한편으로, 관계가 어떻게 성질을 나타낼 수 있는지는 알 수 없다. 만일 그것이 성질에 대해 아무것도 아니라면, 성질은 어느 것과도 관계하지 않게 된다. 그리고 만일 그렇다면, 어떤 의미에서, 성질은 성질이기를 그치며, 그것의 관계는 비존재자가 된다. 하지만 관계가 성질에 대해 어떤 것이라면, 분명히 우리는 이제 **새로운** 연결 관계를 요구할 것이다. (27쪽)

이런 종류의 논변은 브래들리 기획의 문맥 밖에서는 거의 알 수가 없다. 하지만 그 점이 우리로 하여금 그의 방법을 파악할 수 있게 해준다. 우리의 상식적 세계관의 일반적 특징을 들고, 그것을 철학적 추상명사들(성질, 관계, 실사 등)로 다시 기술함으로써, 그는 모순이 사유에 내재한다는 인상을 만들어낼 수 있다. 우리에게 너무나 친숙해서 거의 의문을 제기하지 않을 법한 사유에 말이다. 브래들리의 비판가들(예를 들어, G. E. 무어와 러셀)은 잘못이 우리의 상식적 견해에 있지 않고, 그것을 기술하는 데 사용된 불필요하고 설명되지 않은 추상 개념에 있다고 주장할 것이다. 하지만 이러한 응답이 매력적일지라도, 브래들리의 논변에서 정확히 무엇이 잘못되었는지 찾아내는 데 도움을 주지는 않는다.

(d) 과학적 상

브래들리는 계속해서 자신의 회의주의를 물리학의 핵심 개념들, 즉 시간과 공간, 실체(사물)와 인과성으로 확장한다. 이 모든 것은 철학의 첫 공격에 희생될 만큼 모순투성이라고 그는 믿는다. 우리는 기껏해야 그것들을 세계의 현상의 부분으로 간주할 수 있을 뿐이다. 하지만 그것들 자체로는 어떤 실재성도 갖지 못한다. 당신은 그것들에 실재성을 귀속시키자마자, 자신이 모순에 빠졌음을 발견하게 된다. 뒤의 장들에서 나는 공간, 시간, 인과성을 다루며, 관념론자와 그 지지자들이 우리 세계의 이러한 특징들을 거부하기 위해 사용하는 논변을 검토할 것이다. 만일 당신이 이러한 개념들 역시 약화시킬 수 있다면, 진정한 실재에 관한 물음을 판단하면서 과학의 권위를 실질적으로 박탈하게 될 것이다. 공간, 시간, 인과성 없이는 물리학 같은 것은 없게 된다. 그리고 이러한 개념들이 현상의 구조를 단순히 기술할 뿐이라면, 물리학 역시 결코 현상 너머로 나아갈 수 없다. 그것은 세계를 실제 있는 그대로 결코 기술할 수 없다.

데카르트는 이러한 결과에 놀라지 않을 것이다. 왜냐하면 이미 악령이 물리적 사물의 철학적 취약성을 그에게 일깨워주었기 때문이다. 그러나 데카르트는 브래들리의 다음 논변에는 틀림없이 놀랄 것이다. 그것은 데카르트적 세계관이 기초해 있는 것, 즉 우주의 실체적 중심인 자아와 정반대를 향한다. 사실상 브래들리가 말하는 것은 이것이다. 우리가 조우하는 현상이 관찰하는 자아에 귀속될 수 있다고 주장할 어떠한 가능한 근거도 우리에게는 없다. 시간을 통한 자기동일성을 가정할 어떠한 근거도 없으며, 자아에 내재하는 듯 보이는 현상을 넘어 자아가 무엇일 수 있는지에 대한 어떤 가능한 개념도 없다.

2. 상식의 답변

브래들리와 그의 동시대인인 맥타가트는 영국 철학자들 사이에서 반발을 불러일으켰다. 그 반발은 G. E. 무어에 의해 주도되어 J. L. 오스틴과 스트로슨의 일상언어 철학에서 절정을 이루었다. 이 철학자들은 상식적 세계관에 대한 수정 개념을 정립하려고 했는데, 반대자들이 보기에 그들에게 유리한 필요 논변을 시작하는 것조차 고집스레 거부했다. 무어는 최소한 몇몇 물리적 사물은 실재한다고―정말로 실재한다고―주장했다. 왜냐하면 그에게는 두 팔이 있으며, 그것은 물리적 대상이기 때문이다. 그는 이러한 사실을 그것을 논박하기 위해 설계된 세련된 논변들보다 더 확신했다. 그리고 그는 더 나아가 자신이 두 팔을 가지고 있다는 사실, 혹은 자기 앞의 벽에 창문이 있다는 사실(한번은 그가 낯선 강의실에서 이 말을 하며, 벽에 그려놓은 눈속임 그림trompe l'oeil 창을 당당히 가리켰다)을 확신하는 만큼, 그 논변들의 타당성을 확신할 수는 결코 없다고 말하고 싶어했다.

이것은 심통을 부리며 게임하기를 거부하는 것처럼 보인다. 그렇지만 비트겐슈타인이 《확실성에 관하여》에서 지적했듯이, 이것은 그 이상이다. 무어는 철학적 논변에서 사용되는 개념이 실질적 개념이라고 말하고 있다. 만일 그것이 실질적이라면, 그것은 그 적용에서 의미를 얻어야 한다. 즉 그것은 실재에 근거해야 한다. 그리고 그 적용에 관한 의심이 종결되는 경우에만, 개념은 실재에 닻을 내릴 수 있다. 여기서 그것은 '손'을 말하는 것이 옳다 등등으로 우리가 말할 수 있는 경우들 말이다. 우리는 물론 현상과 실재를 구별할 수 있다. 하지만 이것은 우리의 상식적 세계관 내에서의 구별이며, 그 자체의 존재이유raison d'etre를 훼손하지 않고서 그 세계관을 완전히 거부하는 데 사용할 수 없다.

문제에 대한 이러한 접근법은 상당한 개선의 여지가 있다. 하지만 이 단순한 논변의 일부는 지지할 가치가 있다. 우선, 우리가 일상적 담론에서 현상과 실재를 쉽사리 구별하며, 둘이 충돌할 때에도 좀처럼 속지 않는다는 점이다. 철학자들이 연구한 '착각'의 사례 대부분(타원형으로 보이는 둥근 동전, 물속에서 구부러져 보이는 막대기, 열병 환자에게 쓴맛이 나는 달콤한 오렌지 등)은 우리가 실수를 하거나 우리가 실재를 발견하는 데 쩔쩔매는 경우가 아니다. 우리의 상식적 세계관은 그저 관리상의 편의를 위해 정렬된 현상의 뒤범벅이 아니다. 그것은 사물이 보이는 방식을 설명하고 예측하기 위해 설계된, 공유된 공적 이론이다. 우리는 경험에 기초하여 세계에 대한 결론을 내리고, 일관성과 설명에 대한 일상의 필요에 따라 실재의 상을 형성한다. 브래들리가 탐구한 '모순들'은 우리가 상식적 관점을 형성할 때 이미 해결된다. 그 관점은 착각과 진실한 현상을 놀랄 만큼 쉽게 구별하고, 우리 자신의 인식론적 한계에 관한 맹아적 이론을 세계 개념의 일부로 만든다. 오로지 현상의 본성과 현상을 기술하는 데 일반적으로 사용되는 개념을 왜곡함으로써, 브래들리는 우리를 당혹케 하는 일련의 역설을 만들어낸다.

뿐만 아니라 상식의 옹호자는 브래들리주의자의 논변이 자신이 신뢰를 얻기 위해 의존하는 구별, 즉 현상과 실재의 구별을 약화시킬 듯하다고 주장할 것이다. 내가 어떤 것이 보이는 방식을 기술할 때, 나는 현상을 기술하고 있다. 그러나 그것은 어떤 것의 현상이다. 이 용어의 바로 이러한 용법에는, 현상이 거의 정확히 표상하는 근본적 실재와 관련이 있다는 암시가 있다. 브래들리가 말했듯이, 현상은 관계의 관념이다. 그러나 그 관계는 관찰자에 대해서가 아니다. 관찰된 사물에 대해서다. 하지만 브래들리의 급진적 논변 말미에서, 그 관계는 완전히 단절된다. 우리는 더 이상 관찰된 사물의 실재도, 그것의 관념도 가정할 수 없게 된다. 현상은 결코 어떤 것의 현상이 아니게 된다. 그것은 '단순 현상'일 뿐이며, 그것 밖에 있는 어떠한 실재에 관한 힌트도 담고 있지 않다. 그렇다면 어떤 의미에서 우리는 그것을 현상으로 기술해야 하는가? 대상에 대한 지시를 모두 상실하면, 현상 개념이 의존하는 바로 그 대비를 상실하게 된다.

3. 합리론자의 기획

브래들리는 이러한 답변에 별로 당황하지 않을 것이다. 그는 이 답변의 타당성이 우리의 언어와 거기에 동원된 개념이 실제로 그렇듯 '적합하다'는 가정에 지나치게 의존한다고 주장할 것이다. 그리고 이 가정이 바로 그가 의문을 제기한 것이다. 이전의 많은 합리론자들처럼, 브래들리는 우리의 일상적 어법이라는 우연적 개념에 갇히지 않고, 정확히 그것을 초월하여, 우리의 자아가 만들어낸 모순들에서 벗어나 세계를 그 자체로 바라보려는 추론 능력이 우리에게 있다고 주장할 것이다.

그리하여 현상을 제거한 후, 브래들리는 참된 실재를 마음껏 탐구한다. 확실히 감각 지각은 그것을 드러내지 못할 것이다. 일반적 과학 추론도 마찬가지다. 우리에게는 상식과 과학적 추론을 벗어난 관점으로 나아가게 해줄 방법이 필요하다. 그것이 제공하는 상은 틀림없이 자기일관적이며, 세계를 완전하게 볼 수 있게 해줄 것이다(그렇지 않다면 자기일관성이 보장될 수 없다). 그리하여 그것은 우리를 사물 전체에 대한 개념, 절대적 총체성으로 이끌 것이다. 브래들리는 헤겔로부터 용어를 빌려와 (그는 헤겔의 영향을 맹렬히 부정했다) 이 개념을 말했고, 그것이 나타내는 실재를 절대자라고 불렀다.

브래들리의 동시대인 대부분은 그의 기획이 터무니없고 신비적이며, 논변의 낡아빠진 사다리를 구름에 기대놓고 오르며, 폐기된 종교적 신을 복귀시키려는 시도라고 생각했다. 그러나 사실 그 기획은 합리론의 전통에 있는 모든 철학자에게 공통적이다. 다시금, 데카르트로 돌아가 보자. 데카르트는 자신의 논변이 확실성의 영역—자아와 그 의식 상태—을 남겨주었다고 믿는다. 그는 그것들을 확신한다. 그러나 그가 그토록 확신하는 것은 대체 무엇인가? 자아란 정확히 무엇인가? 그리고 자아가 거주하는 곳은 어떤 종류의 세계인가? 자아는 정신적 실체라는 그 자신에 대한 개념을 갖는다. 그리고 밀랍 조각에 대한 선천적 반성에서 유래한 물질적 세계라는 개념을 갖는다. 하지만 이러한 개념들이 실재에 대응한다는 보장이 있는가? 확실히, 그것들은 실재에 대한 나의 관점에 속한다—그것은 순수 주관의 관점이며, 그의 경험은 자신에게 의심의 여지가 없다. 하지만 그것들이 세계를 정말 있는 그대로 표상함을 나는 어떻게 증명할 것인가? 계속되는 데카르트의 논변 이면에는, 그가 악령과 아직 싸우지 않았고 앞으로도 결코 싸우지 않으리라는 성가신 의심이 있다. 왜냐하면 그가 사물을 있는 그대로 정말 보고 생각한다는 것을 증명하려면 필요할, 세계 전체에 대한 관점, 세계 내에서 자신의 위상에 대한 관점을 그는 얻을 수 없기 때문이다. 버너드 윌리엄스가 명명한,

실재의 '절대 개념'에 관한 이러한 추구는 합리주의 철학의 근본적 탐색이 되었다. 라이프니츠와 스피노자 모두 세계 전체에 대한 관점을 추구했는데, 그것은 어느 특정한 관점에서가 아니라 실재 그 자체의 구조를 보여주는, 1인칭의 관점을 벗어난 관점일 것이다. 그리고 그 절대적 관점의 추구가 인식론의 전체 기획에 필수적이라고 생각하는 것은 확실히 부조리하지 않다. 만일 우리가 그것을 얻을 수 없다면, 우리는 우리 자신의 관점에 갇힌 채 그 한계를 초월하지도, 한계를 진정으로 이해하지도 못할 것이다. 그럴 경우에, 우리가 세계를 생각하는 방식이 세계가 실제로 존재하는 방식이라고 어떻게 주장할 수 있겠는가?

절대적 관점은 얻을 수 없다는 주장으로 칸트는 철학에 뚜렷한 공헌을 했다. 심지어 우리는 세계 그 자체에 관한 개념조차 가질 수 없다―이것은 순수한 '이성의 이념', 즉 알 수 없는 우리 사유의 잉여 부산물이다. 세계는 우리의 세계이고, 비록 우리가 우리 자신의 관점 안에 둘러싸인 채 남더라도, 그 관점의 한계가 사유 자체의 한계이며, 그 결과 알 수 있는 세계의 진정한 한계다. 나머지에 대해선 침묵할 따름이다.

하지만 당신이 합리론자의 기획을 여전히 고수한다고 가정해보자. 당신은 어떻게 절대적 관점으로 올라갈 것이며, 그것이 당신에게 제공하는 비전을 어떻게 이용할 것인가? 플라톤은 하나의 답을 주었고, 데카르트는 또 다른 답을 내놓았다. 그리고 데카르트가 진정한 실재를 정의할 때 결정적 개념은 신의 개념이었다. 만일 절대적 관점이 있다면, 그것은 신의 관점이다. 따라서 그에게 필요한 완전히 객관적인 관점을 정립하기 위해서, 데카르트는 신의 존재를 가장 먼저 정립해야 한다고 생각했다.

11 　　　　　　　　　　　신

우리는 진정한 실재에 대한 탐색이 어떻게 많은 철학자들로 하여금 이 세계를 넘어 '절대적'이고 오류 없는 관점을 찾도록 유혹했는지 살펴보았다. 하지만 그런 관점에 머물면서, 정말 있는 그대로의 세계에 관한 지식을 갖는 어떤 것이 있다고 누구도 믿지 않는다면, 그러한 관점을 갈망하는 것은 무의미하다. 왜냐하면 그러한 관점이 우리의 형이상학적 확신을 지지해줄 수 있는 것은 단지 (세계의 궁극적 진리에 관한) 지식의 저장소로서만이기 때문이다.

전통 신학은 정확히 이러한 목적에 부합하는 신의 개념을 발전시켰다. 신은 세계에 내재하지만 또한 그것을 초월하기도 한다. 신은 실재를 어떤 부분적 관점에서 바라보지 않는다. 신은 이러저러한 유한한 지각에 나타나는 현상과 상관없이 전체 세계를 그 자체로 바라본다. 신은 전지하고 무한하다. 사유는 신의 본질이고, 자기 자신이 그 사유의 대상이다. (아리스토텔레스에게 신은 '스스로를 사유하는 사유'다.) 신의 존재를 정립한다는 것은, 토머스 네이글이 기술한 대로, 정확히 이러한 '어디에서도 바라보지 않는 관점view from nowhere'을 정립하는 것이며, 그것은 우리에게 절대적 진리를 제공해줄 것이다.

이 장의 주제는 신이며, 그 존재에 대한 논변이다. 그러나 그 개념이 어떻게 발생했는지 그리고 그것이 현대철학자의 '자연화된' 인식론과 어떻게 만나는지를 논의하기 위해서 잠시 형이상학에서 물러날 필요가 있다. 종교철학의 주요 결함 중 하나는 신에 관한 추상적 개념('철학자의 신')에 집중하고, 신이 세속에서 자격을 얻는 데 의지하는('의지하다'가 적당한 표현은 아니지만 만일 그렇다고 한다면) 종교적 경험을 무시하는 경향이다.

1. 유일신과 다신

현대인은 자주 신의 관념에 대해 혼란스러워 한다. 그리고 모더니스트에게는 이러한 혼란이 신이 된다. (그리하여 종교가 이미 선수를 친 물음들을 다룰 때, 모더니스트는 열정을 숨기지 않는다. 사람들을 모더니즘으로 이끄는 것이 이러한 은밀한 종교적 열정이다. 즉 그들은 최소한 우리의 불신을 믿자고 말한다.) 하지만 사실, 신의 개념은 전혀 혼란스럽지 않다. 근대 이전의 모든 사회에서 그 관념은 초자연적인 세계에서 자생적으로 생겨난다. 그 세계는 인간 권력과 동일한 형태를 갖지만(즉 의지와 욕구를 표현하지만), 사물들에 대한 실행력과 무엇이 왜 그러한지에 대한 이해력 모두에서 우리보다 대단히 월등한 힘들이 거주하는 곳이다. 이것은 왜 그런가? 사회학자 에밀 뒤르켐(1858~1917)은 《종교생활의 기본 형태》에서 독창적인 답을 제시했다. 도덕적 존재는 공동체에서만 존재할 수 있다. 그러나 공동체는 충성과 희생에 의존하는데, 이 소중한 필수 덕목은 단순히 사람이 합의에 의해 결합하거나, 서로 계약을 맺거나, 공동의 습관과 관습을 갖기 때문에 존재하지 않는다. 그것은 구성원이 되는 경험 때문에 존재한다. 나는 당신이라는 낯선 사람을 위해 내 생명을 내놓을 수 없다. 하지만 우리 둘이 그 일부이고, 우리가 공유하는 정체성을 형성하는 더 커다란 것을 위해서는 내 생명을 버릴 수 있다. 구성원이 되는 경험은 사회의 핵심 경험이다. 그것은 사회의 지속성을 보장하고, 또한 모든 도덕적 명령을 지시하는 연대다.

구성원이 된 사람은 세계를 새로운 관점에서 본다. 그 사람에 관한 모든 사건과 요구는 그에게 원래의 의미를 초월한다. 훨씬 더 거대한 것—그럼에도 그와 직접 얽매어 있는 것—의 운명이 세계에서 문제가 된다. 이것이 그가 사랑하는 것이고, 그의 마음을 사로잡는 것이다. 그러나 그것을 사랑할 때 그는 혼자가 아니다. 그는 동료 구성원들의 지지를 받으며, 그들과 집단적 운명의 짐을 나눠 진다. 뒤르켐은 이것이 가장 중요한 종교적 경험이라고 주장한다. 그리고 그것은 즉시 성스러움의 개념으로 옮겨간다. 구성원의 기준을 제시하는 성스러운 대상, 제의, 관습은 어떠한 인간 권력의 권위도 초월하는 권위를 지니게 된다. 그것들을 명령하는 것은 나나 당신일 수 없다. 그것들이 제정하는 것도 나의 의지나 당신의 의지일 수 없다. 하지만 그것들은 대단히 인격적이다. 그것들은 우리가 사랑하는 것의 '실제적 현존real presence'이고, 그것들은 우리에게 도덕적 명령으로 말을 건넨다. 즉 그것들은 너는 나의 것이며, 소유물로서의 의무를 지고 있다고 말한다. 하지만 그러한 의무를 누구에게 지고 있단 말인가? 그 대답은 물음에 의해 좌우된다. 즉 우리와 같지만 더 거대한, 또 다른 존재다. 신이 이미 숭배의 권리로 단장하고서 공동체의 경험에서 출현한다. 우리가 희생과 복종의 의무를 진 것은 바로 신에 대해서다. 신이 우리가 부족의 제의에서 느끼는 외경심의 대상이 된다. 우리가 이러한 제의를 올바르게 수행해야 하는 것은 그 제의에서 신이 현존하기 때문이다. 그리고 자신에게 복종하는 이들에게만 스스로를 드러내겠다는 신의 정당한 요구는 우리가 이단자와 불청객을 빈틈없이 배제하는 것을 허가해준다.

실제 생활에서는 아니라 해도 적어도 상상으로라도 누가 이러한 경험을 모르겠는가? 그리고 인류학적 증거는 뒤르켐의 견해에 아무런 단서를 달지 않는다. 근대성의 외곽에 존재할 만큼 운이 좋았던 공동체들에서, 구성원들의 연대가 종교의 기능이라고 주장하는 것은 부조리하지 않을 것이다. 그러므로 철학자의 신을 검토하기에 앞서, 우리는 종교의 신을 기술해야 한다. '종교'란 곧 라틴어로 사람들을 그들이 속한 집단에 '결속시킴'을 뜻한다.

몇몇 좋은 예들이 호메로스의 서사시에 들어 있다. 활기차고 성미 급하며 잘 웃는, 인간세계에 대한 불가해한 관심을 지닌 올림포스 산의 신들 말이다. (그러나 신들이 인간세계의 일부일 뿐 아니라 인간세계에 의해 만들어진 존재들이라는 뒤르켐의 가설을 받아들인다면, 그리 불가해하지 않다. 특히, 뒤르켐은 랍비의 아들이었다.) 현대 독자에게 가장 놀라운 점은 호메로스의 신들이 인간의 정념과 다른 정념을 하나도 갖고 있지 않다는 사실이다. 원한에서 분노에 이르기까지, 사랑에서 욕망에 이르기까지, 신들은 우리의 공통적인 예속 상태의 모든 과실을 즐긴다. 신들은 우리처럼 자연적힘에 '압도되고', 고양이가 쥐를 참지 못하듯, 때때로 그러한 힘을 거의참지 못한다.

동시에 신들의 힘은 초자연적이다. 자연법칙을 거역하는 힘이다. 자연세계에서 사물들이 전개되는 방식과 관련하여 우리가 경험에서 이끌어낼 수 있는 어떠한 것도 신의 행동을 제약하지 못한다. 비록 정념의 지배를 받지만, 신은 어느 순간 불가사의하게도 그것을 지배한다. 인간들의 싸움에 적극적으로 가담하는 한편, 싸움을 종식시키기 위해 지금까지 알려지지 않은 힘을 사용하기도 한다. 무엇보다 중요한 것은 신들이 불멸이라는 점이다―신들은 태어나기는 하지만(신들 자신이 다른 더 고대의 신들의 자식이기 때문이다) 죽지 않는다. 왜냐하면 신들은 공동체 자체를 대표하기 때문이다―공동체는 부패로 인해 오염되지 않는다. 만일 뒤르켐이 옳다면, 이러한 것이 신들의 기능이다. 모든 인간적 위험을 지나, 부족의 생존을 보장하는 것 말이다.

호메로스의 신들은 다른 숭배의 대상들과 어떤 중요한 특징들을 공유한다. 먼저, 신들은 우리에게 가장 중요한 어떤 것들을 요구한다. 이러한 요구에 불복하면, 특별한 종류의 고난―영원히 지속되는 종교적 고난에 처하게 된다. (이러한 고난은 생활과 기쁨의 유일한 원천인 공동체에서 '추방'됨으로써 비롯한다.) 둘째, 신들은 '초자연적으로' 행동한다. 신들이 자연법칙을 따르기로 아무리 결심하더라도, 신들은 그 법칙을 지배할 힘을 보유한다. 셋째, 토머스 하디가 태양에 대해 말하듯이, 신들은 인간세계에 대한 '관심으로 그득하다.' 아무것도 신들의 주목을 벗어나지 못하며, 모든 것이 신들의 감정을 사로잡는다. 마지막으로, 신들은 그 본성상 '마법적인' 사건들로 이 세계에 모습을 드러낸다. 즉 초자연적인 것이 자연에 침입한다. 이 모든 것의 결과로 신들이 스스로를 드러내는 장소를 신성시하고, 신비로운 금지로서 관리하게 된다. 또한 우리는 경건한 행동을 통해 신들을 공경할 뿐 아니라, 신들이 우리의 인간적 목적을 달성하도록 우리가 할 수 있는 한 애써야 한다고 생각한다.

물론 유대교, 기독교, 이슬람교의 전통이 상상한 신이 그와 같지 않음은 말할 것도 없다. 반면에, 만일 유일신이 많은 경쟁 신들이 제공하던 필요에 답을 내놓지 않았다면, 그들에게 승리를 거두기란 불가능했을 것이다. 유일신은 부족의 신이 아니라 보편적 공동체의 신이다. 구원받을 영혼을 갖고 있는 한, 어느 누구라도 그 신을 숭배하고, 숭배의 혜택을 요구할 수 있다. (이것은 우리가 물려받은 신의 관점의 근저에 사회에 대한 수정된 개념이 있음을 암시해준다.)

그럼에도 유일신은, 말하자면 한 부족(혹은 12부족)의 신으로서 세상에 나왔고, 그의 초기 모습은 이러한 사실이 큰 특징을 이루었다. 그것은 그러한 신성을 선택할 때 무척 대담하고도 실로 무모했던 그 부족들의 특징과 마찬가지였다. (댄 제이콥슨의 《이야기들의 이야기: 선민과 그들의 신》을 보라.) 철학자의 신은 이스라엘의 신에 대한 오랜 반성의 과정에 의해 (개념적으로) 형성되었다. 신의 지위에는 어떤 특성들이 본질적인 것 같다. 특히, 초자연적 힘과 인간 이상의 지식을 소유하며, 이와 더불어 자신이 창조했다는 가정으로 가장 잘 설명되는 세계에 관심을 쏟는다는 점 말이다. 또한 신이 사회적 기능을 수행하려면, 숭배의 대상이 갖는 주요 특징을 유지해야 한다. 신은 구성원과 비구성원, 구원 받은 자와 타락한 자, 우리와 그들을 차별해야 한다. 하지만 부족적 신성의 다른 속성들은 신의 품위를 떨어뜨린다. 특히, 그러한 속성들은 신을 자연의 일부, 압도적 지배자라기보다는 보조적인 역할로 만드는 듯하다. '우상'과의 전쟁은 모세와 더불어 시작되어 오늘날에도 여전히 맹위를 떨치고 있다. 그리고 이것은 신인동형론―인간의 특성(특히, 인간의 정념)을 신에게 귀속시키는 행위―에 대한 반감과 밀접히 관련된다.

다른 한편으로, 만일 신이 우리와 계속 소통한다면, 우리의 본성이 신에게 낯설게 되는 일은 불가능해 보인다. 따라서 우리가 신의 형상대로 만들어졌으며(신이 우리의 모습을 따라 만들어졌다기보다), 우리의 정념조차 어떤 신적인 원형의 희미한 반영으로서 경험된다는 믿음이 생겨났다. 하지만 많은 철학자는 어떤 종류의 정념도 신에게 귀속시킬 수 없다는 모세 마이모니데스와 스피노자의 견해에 동의할 것이다. 심지어 인간조건에 대한 관심의 정념조차 그럴 수 없다. 신을 사랑한다는 것은 바로 신에게 우리의 사랑에 보답해 달라는 유치한 요구를 중단하는 것이다. 신의 사랑은 우리의 사랑처럼 그렇게 사소한 것에까지 확대될 수 없다는 점을 아는 것이다. (신의 사랑은 사물 전체에 대한 사랑이며, 우리는 단지 그 전체에 포함되고, 어떤 의미에서 그 전체에 의해 소멸되는 것일 뿐이다.)

아마도 가장 중요한 진전은 신의 특이성에 대한 성찰을 통해 이루어졌다. 에드워드 기번이 말하듯이, 쾌활한 이교도는 매일 자신의 수호자들이 모셔진 장소로 가서 신들을 골랐다. 종종 새로운 신들은 낡은 사회 형식에 동화될 수 없었다. 주신 바쿠스처럼, 신들은 새로운 요구를 지닌 새로운 종류의 공동체와 새로운 신성의 경험을 예고했다. (에우리피데스의 《바쿠스의 시녀들》을 보라.) 그러나 '신들의 아버지' 제우스 혹은 주피터에 대한 모호한 믿음과는 별도로, 불멸의 것들 중 하나가 창조에 대한 절대적 통제권을 갖는다는 분명한 개념은 없었다. 종종 지배적인 신은 찬탈을 통해 권력을 획득했으며, 동일한 방법으로 권력을 잃을 위협을 감내해야 했다. 만신전에서 한 자리를 차지하려는 수많은 경쟁자들에 대한 이교도들의 관용은, 고대부터 내려온 양립 불가능한 관습들에 따라 인간이 여러 공동체에 살고 있으며, 따라서 서로의 신을 존중함으로써만 평화로운 관계를 유지할 수 있다는 인식과 궤를 같이 했다.

고대 그리스의 이교와 나란히 철학적 일신론이 발생했다. '신들의 아버지'로서의 제우스의 위상은 점차 새로운 존재자, '신*ho theos*'에게 주어졌다. 신은 플라톤의 형상이라는 베일을 통해 감질나게 스스로를 어렴풋이 드러낸 후, 마침내 아리스토텔레스의 《형이상학》에서 '원동자prime mover'로서 철학의 중심에 들어섰다. 즉 발생하는 모든 것을 설명해주는 존재 말이다. 그러한 존재는 점점 더 멀어지고 혼자된 이스라엘의 신과 정확히 대응한다. 두 관념은 서로에게 기여하다가, 적절한 시기에 융합되었다. 비인격적인 '원동자'가 인격을 얻게 되었다. 구약성서의 엄격한 가부장적 인격이 육화한 신의 인격으로 인해 기독교도에게 자격을 얻게 되었다. 모든 신과 마찬가지로, 이 신도 공동체를 보호한다. 하지만 모든 경쟁자를 제거했기에, 그는 모든 사람에 대한 의무를 떠안게 된다. 아마도 유대인들은 그와의 특권적 관계를 주장할 수 있을 것이다. 하지만 그들이 숭배의 유일한 권리를 주장할 수는 없다.

그럼에도 가장 중요한 종교적 경험은 지역 공동체와 그 신성한 인공물들과 관련하여 그대로 남는다. 유일신 숭배는 '이단'의 관념과 결합하여, 신을 잘못 숭배하는 자 혹은 신의 본성을 이해하지 못하는 자 혹은 유사한 방식으로 스스로를 '신들' 중 하나로 증명하려는 자를 비난한다. 그리하여 신의 본성 그리고 신과 세계의 관계와 관련해서 합의된 교의를 발전시키려는 압력이 있게 된다. 그리고 이 개념은 겉보기에 상충하는 두 가지를 옹호해야 한다. 즉 신에게만 신성의 소유권을 부여하는 것 그리고 경쟁 공동체들 사이에서 특정 공동체의 생활권Lebensraum 요구를 충족시키는 것이다. 신에 대한 근대적 개념을 야기한 것이 바로 이 두 요구 사이의 역동적 관계다.

2. 신의 특성

모든 신성의 초자연적 속성은 새로운 개념의 신에서 '초월'이라는 관념 아래 포섭된다. 신은 자연법칙에 지배되지 않으며, 그 창조자로서 법칙 위에 선다. 아마도 세계 안에 신의 자리는 없을 것이다. 신이 이따금 거기에 모습을 드러내더라도 말이다. (그럼으로써 신은 자신의 유일하고 진정한 의무를 완수한다. 자신의 현존으로 세계를 채우는 것 말이다. 이 경우에, 그보다 작은 신들은 세계의 틈새를 찾아야 한다.) 신은 '초월적'이지만, 그럼에도 그는 철학적 의미에서 인격을 갖는다. 신은 자유롭고 합리적인 동인이며, 다른 인격들에 의해 기분이 상할 수도, 기뻐할 수도 있다. 우리 각각에 대한 이러한 인격적 관계는 부족과 그것을 보호하던 수호신의 낡은 관계를 대체한다. 어떤 의미에서, 이 새로운 개념은 우리를 새롭고 지속적으로 확장해나가는 공동체(성도의 '교통communion')로 기꺼이 받아들인다. 그러나 그것은 또한 더 엄격한 형태의 개신교에서처럼, 신과의 떨리는 만남을 각 개인에게만 맡긴 채 공동체의 경험을 완전히 없앨 위험이 있다.

초월적 존재가 어떻게 인격을 소유할 수 있는가? 아마도 우리는 그 물음에 다음과 같이 대답할 수 있을 것이다. 인격이란 인간 본성과 동일한 것이 아니라, 그것에 부여된 형상이다. 인격은 우리에게 각인되며, 비인간의 사례들에도 다양한 정도로 많이 존재하는 능력과 속성들로 이루어져 있다. 추론하고, 자유롭게 행동하고, 의도를 품고 실현하며, 옳고 그름의 개념에 응답하는 능력 말이다. 이 모든 것은 인간뿐 아니라 천사, 신, 기업, 심지어 돌고래에게도 존재할지 모른다. 그리고 이 모두는 정도의 차이를 허용한다. 그러므로 우리는 쉽게 신을 인간으로 이해할 수 있다. 그는 최고의 인간, 인격적 존재의 원리가 되는 능력들을 가장 완전한 정도로 갖고 있는 인간이다. 합리성, 자유의지, 선을 이해하고 그에 따라 행동하는 능력 말이다.

구성원이 되는 것이 의무의 가장 큰 원천이다. 이러한 의무가 새로운 일신론적 종교에서 신 그 자체와의 인격적 관계로 바뀌기 때문에, 신이 내 행동의 심판관이 된다. 그는 최고의 인간이며, 따라서 그의 보상과 처벌 역시 최고다. 더욱이 그는 그런 것들을 실행에 옮길 힘과 의지를 갖고 있다. 그리하여 나와 신의 관계보다 중요한 것은 아무것도 없게 된다.

이것이 바로 샤토브리앙이 기독교의 '천재성'이라고 불렀던 것의 일부며, 신의 추상적 인격에 육신을 부여하는 것이다. 복음서의 저자가 말하듯, 기독교에서는 말씀이 육신이 된다. 세계에 대한 관심이라는 신의 인격적 본성으로 인해 신은 이 세상에서 인간이 되고, 다른 인간들이 고통 받듯 (오직 훨씬 더) 고통 받는다. 그러므로 신이 그리스도로 육화했다는 것은 신의 인격을 이해하고, 신과 우리가 맺는 관계의 특성을 이해하기 위한 풍부한 원천이었다. 그리고 그것이 바로 기독교인을 유대인 및 무슬림과 나누는 문제인데, 유대인과 무슬림은 신의 재판과 심판, 십자가 고난으로 암시되는 신의 폄하를 받아들일 수 없다.

이런 모든 것은 친숙하며, 우리로 하여금 어떻게 종교적 경험(신성한 것의 경험)이 단일한 신으로 전이될 수 있고, 그 신과의 인격적 관계로 바뀔 수 있는지를 이해하게끔 돕는다. 하지만 신에게는 또 다른 측면이 있다―곧 세계의 창조자로 통상 요약되는 신 관념 말이다. 아리스토텔레스 이래로 철학자의 신은 대중에게 '존재의 근거'로 제시되었다. 신은 '왜?'라는 물음에 대한 궁극적 대답, 원동자, 제1원인, 최종 설명이다. 그는 세계를 창조하고, 또한 유지한다. 신의 존재에 관한 주요 논변은 신의 이러한 특징에 의존하고, 신의 도덕적 인격에 의존하지 않는다. 따라서 우리가 계승한 신의 관념에는 신학적 공백이 있다. 최고의 인간으로서의 신의 본성과 최고의 존재로서의 신의 본성 간에는 어떤 연관이 있는가? 다시 말해, 왜 제1원인이 인간이 되어야 하는가? 왜 세계에 관한 최종 설명은 신의 뜻을 통해 얻어지는가? 이러한 물음은 대답될 수 없을지 모르며, 아무튼 수수께끼를 의미한다. 사실 생각해보면, 이것이 기독교가 묘사하는 대로, 육화의 수수께끼다.

흄은 《자연종교에 관한 대화》에서 일반적으로 인정되는 신의 관념에

서 여러 가닥을 유쾌하게 떼어내어, 신에 관한 우리의 훨씬 더 신인동형
론적인 믿음을 부조리하게 만들 수 있었다. 세계가 창조되었는지, 혹은
창조되었다면 인격에 의해 창조되었는지, 혹은 그러한 인격이 존재한다
면 그가 자비로운지, 혹은 그가 자비롭다면 지극히 자비로운지―기타
등등―를 증명할 쉬운 방법이란 없다는 점을 깨닫자마자, 당신은 신학
을 철학적 전제에 기초하도록 만들기가 대단히 어려우며, 또한 그렇게
하려는 시도가 종교에게는 위험함을 깨달을 것이다. 왜냐하면 신을 철
학적으로 존중받도록 만드는 과정은 우리가 자발적으로 신을 숭배하는
많은 것 역시 위태롭게 하기 때문이다.

3. 철학자의 신

아퀴나스와 그의 동시대인들이 기술했듯이, 최고의 존재는 매우 특수한
속성들을 다소 갖는다. 그의 인격(혹은 기독교인에게는 세 인격)과 관련한
수수께끼가 있기는 하지만 말이다. 알다시피 '철학자의 신'은 스콜라 논
리학자들, 교회 성직자들, 이슬람교와 유대교와 기독교 신학자들, 합리
론 철학자들(데카르트와 라이프니츠 같은) 그리고 현대의 토마스주의자들
에 의해 놀랄 만큼 일관되게 기술되었다. 간단히 말해서, 그들 모두가 생
각하는 신은 영원불변하고 전지전능하며 최고선이다.

　하지만 이런 대단한 추상적 개념들은 무엇을 의미하는가? 우리는 실
제로 그것들을 이해할 수 있는가? 그리고 그럴 수 있다면, 우리는 그것
들이 서로 양립할 수 있다고 확신하는가? 알다시피, 이것이 '자연신학'
의 주제다. 신의 본성을 탐구하며, 신의 위엄을 훼손하거나 숭배 욕구를
약화시키지 않을 신에 관한 일관된 설명을 제시하려는 시도 말이다.

우리는 철학자들이 제시하는 신 개념에 문제가 있음을 쉽게 알 수 있다. 만일 신이 영원하다면, 신은 시간성에 의존하는 세계에 관한 진리를 정말로 알 수 있는가? 예를 들어, 내가 지금 이 페이지를 쓰고 있다는 진리 말이다. 만일 그렇다면, 신은 이것을 언제 알았는가? 그리고 신이 항상 그것을 안다면, 내가 지금 이 페이지를 쓰도록 예정되어 있었다는 결론이 나오는가? 만일 그렇다면, 내가 말하고 행동하는 모든 것은 예정되어 있는가? 그렇다면 신이 내 악한 행위의 실질적 작가인가?—왜냐하면 신은 악행을 예견하면서도 또한 불가피하게 그것을 행할 인간을 창조했기 때문이다. 하지만 어쩌면 내게는 자유의지가 있을 것이다. 그러나 만일 그렇다면, 신은 내 행동을 막을 힘이 없는가? 하여튼 우리는 전능한 존재를 어떻게 이해해야 하는가? 그 개념 자체가 역설이 아닌가? 다음의 논변을 생각해보라. 신이 전능하다고 하자. 이로부터 신이 어떤 가능한 대상도 만들 수 있다는 점이 도출된다. 이 가능한 대상 중에서 신이 통제할 수 없는 피조물의 경우는 어떤가? 만일 그것을 만들 수 있다면, 신은 전능하지 않다. 그것을 통제할 수 없기 때문이다. 만일 그것을 만들 수 없다면, 신은 전능하지 않다. 어느 쪽이든 신이 패한다. (이렇게 진술된 논변은 신이 통제할 수 없는 피조물의 불가능성을 단순히 증명하는 것으로 간주될 수 있다. 그럼에도 이 논변의 저자인 J. L. 매키는 이것이 유신론자에게 난처한 딜레마를 제시한다는 점을 증명할 목적으로 그것을 수정했다.《유신론의 기적》160~161쪽을 보라.)

당신은 어떠한 물음을 선택하든 신의 개념에 문제가 있음을 알 수 있다. 그리고 그 문제들은 신자들의 운명을 다루기 때문에, 철학적 상상력에 가장 커다란 원동력이 되어왔다. 그 문제들을 숙고한다면, 우리는 신앙심과 불경이 모든 개념들 중에서 가장 창조적인 것(신자에게 그 창조성은 전혀 우연이 아니다)에서 나왔다고 하는 멋지고 복잡한 추론으로부터 확실히 이득을 볼 수 있을 것이다. 하지만 우리를 붙잡는 또 다른 문제가 있다.

데카르트가 악령에게서 도망친 곳은 자아였다. 거기에서 최소한 그는 회의로부터 자유로웠고, 거기―그의 내실―에서 그는 세계를 되찾게 해줄 무기를 모을 수 있었다. 내면을 들여다보면서 그는 많은 유용한 것을 발견하였다. 하지만 신의 관념보다 유용한 것은 없었다. 그는 주장한다. 나의 성찰은 내가 생각하는 것으로서 존재할 뿐 아니라 내가 오류를 범하는 쉽다는 것, 아무리 노력해도 내게는 한계가 있다는 것, 내 지식은 기껏해야 파편적이라는 것―요컨대, 내가 유한하고 불완전함을 확신시켜준다. 하지만 내가 그 반대의 관념 없이 어떻게 불완전함을 생각할 수 있겠는가? 내가 이러한 용어들로 스스로를 기술하는 것은 그 용어들을 부정하는 어떤 것과 대조하지 않는다면 어떻게 가능하겠는가? 나의 회의적 논변은 나를 단순히 피난처로 이끄는 것만이 아니다. 그곳은 모든 관념 중 가장 위대한 것―모든 면에서 완전하며, 그 힘과 앎과 선함을 그 무엇도 능가할 수 없는 존재의 관념―을 제공한다. 그리고 이러한 연역은 내실 안에서 수행된다. 데카르트는 자신이 신의 관념을 갖고 있으며, 악령조차도 자신에게서 그것을 빼앗아갈 수 없음을 알았다. (신의 관념은 '본유관념innate idea'이다.) 따라서 남은 질문은 그 관념이 그 자체의 진실성을 증명하는 데 사용될 수 있는가다.

4. 신의 존재를 위한 논변

데카르트의 논변을 검토하기 전에, 우리는 신학적 전통을 살펴보아야 한다. 철학자의 신은 무한히 강력하고, 무한히 지혜로우며, 무한히 선하다. 그는 또한 우리가 놓여 있는 유한한 세계의 창조자이자 심판관이며, 모든 것의 존재를 위한 최종 근거다. 신의 존재를 지지하는 어떤 논변이 있는가?

확실히 많은 논변이 제시되었지만, 대부분 바람직한 결론에는 한참 못 미쳤다. 아리스토텔레스의 원동자 개념은 많은 중세철학자들, 특히 아랍의 주석가인 알파라비와 알가잘리에게 영감을 주었다. 이 아랍인들은 다시 모세 마이모니데스에게 영향을 주었고, 그는 아퀴나스에게 영향을 주었다. 아퀴나스의 《신학대전》은 신에 관해 알려진 모든 것에 대한 포괄적 설명을 제시하려고 한다. 이루 말할 수 없을 만큼 논의가 빼곡하고 냉정한 이 방대한 저서가 가장 위대한 철학서 중 하나임은 의심의 여지가 없다. 그리고 그 책이 시작한 신의 존재에 대한 다섯 가지 논변('다섯 가지 방법')은 모두 연구할 가치가 있다. 그중 세 번째를 살펴보자.

> 우리는 본성상 존재할 수도 존재하지 않을 수도 있는 사물들을 발견하는데, 그것들이 생성소멸하기 때문이다. 따라서 그것들은 존재할 수도 존재하지 않을 수도 있다. 그러나 그것들이 항상 존재하는 것은 불가능한데, 어느 시점에 존재하지 않을 수 있는 것은 항상 존재하는 것이 아니기 때문이다. 그러므로 모든 것이 존재하지 않을 수 있다면, 어느 한 시점에 아무것도 존재하지 않게 될 것이다. 지금 이것이 참이라면, 지금이라도 아무것도 존재하지 않게 될 것인데, 왜냐하면 존재하지 않는 것은 이미 존재하는 어떤 것을 통해서만 존재하기 시작하기 때문이다.

아퀴나스는 계속해서 주장한다. 따라서 우리는 어떤 것이 존재한다는 단순한 사실로부터 어떤 것이 필연적으로 존재함을 연역할 수 있다. 이 필연적으로 존재하는 것이 신이다. 많은 철학자는 이 논변의 결정적 단계, 즉 '어느 시점에 존재하지 않을 수 있는 것은 항상 존재하는 것이 아니다'라는 주장에 만족하지 않았다. 그 존재가 우연적인 어떤 것이 그럼에도 불구하고 모든 영원과 별개로 단순히 존재한다는 생각에 어떤 오류가 있는가?

이 논변은 종종 '우연적 존재의 논변'으로 기술되며, 정통 로마가톨릭 신학의 초석으로 남아 있다. 우연적 존재의 논변과 유사하며, 마찬가지로 논쟁적인 논변은 다음과 같다.

나는 우연적으로 존재한다. 다시 말해, 나는 존재하지 않을 수도 있었다. 나의 존재는 우연적 사실이다. 하지만 무엇에 대해 우연적이란 말인가? 그리고 내가 존재하기 위해서는 어떤 조건들이 충족되어야 하는가? 그러한 조건들 또한 우연적인가? 이 경우에, 무엇에 대해 우연적이란 말인가? 등등. 따라서 어떤 것이 진정으로 우연적이라면, 무언가는 필연적임에 틀림없다. 만일 우연적 존재가 있다면, 그 존재가 어떠한 것에도 우연적이지 않은 존재가 있음에 틀림없다. 이 필연적 존재가 신이다.

나는 '다섯 가지 방법'을 논의하지는 않을 텐데, 그 방법들은 앤서니 케니 경이 쓴 상당히 이해를 돕는 동명의 책의 주제다. 대신, 나는 칸트의 후기 논의로 돌아갈 것이다. 거기에서 칸트는 신의 존재에 대한 모든 증명이 각각 목적론적, 우주론적, 존재론적이라고 자신이 분류한 3가지 변형 중 하나에 속한다고 설득력 있게 주장했다. (우연적 존재의 논변은 우주론적 논변의 한 형태다.)

(i) 목적론적 논변: 목적 혹은 설계로부터의 논변이다. (그 이름은 목적을 탐구하는 '목적론teleology'에서 유래한다.) 이것은 실제로 일군의 논변들인데, 그것에 대해 칸트는 직접 놀라운 사례를 제시할 정도로 호의적이었다. (29장을 보라.) 이 논변은 자연과 그 안에서의 우리 위상을 긍정 평

가하는 것으로 시작하여, 전능하고 자애로운 존재만이 우리가 아는 세계를 설계할 수 있었다는 주장으로 나아간다. 이 논변에 대한 칸트의 호의는 철학적이라기보다는 종교적이다. 왜냐하면 어떤 의미에서 이러한 식의 주장은 이미 숭배와 관련되어 있기 때문이다. 이 논변의 전제는 우리의 경험을 종교적 용어로(세계의 선의 '계시'로) 해석하도록 요구한다. 한편, 이성만이 승인할 수 있는 것을 훨씬 능가하는 결론으로의 도약은 신앙의 도약이다. 우리가 이러한 결론으로 도약해야 한다는 것은 종교적 믿음의 근거라기보다는 오히려 종교적 믿음의 결과다. 왜냐하면 이 논변의 전체적 타당성은 신에 대한 선천적인 개념에 의존하고, 또한 세계에 대한 설명이 있다면 그것은 자기만의 도덕적 목적을 가진 최고의 존재의 의지에서 발견된다는 믿음에 의존하기 때문이다. 이 논변은 자기가 증명해야 하는 것을 가정해야 한다. 이는 그것이 악순환임을 의미하지 않는다. 왜냐하면 유신론적 가정은 그것에 기초한 목적론적 논변과 결합할 때, 그렇게 않을 때보다 세계를 더 잘 이해할 수 있도록 만들기 때문이다. 하지만 이것은 목적론적 논변이 결코 신의 존재에 대한 자족적 증명일 수 없음을 의미한다.

사실, 칸트와 흄 둘 다 알았듯이, 이 논변을 논박하기란 어렵지 않다. 그것은 전제, 은밀한 가정, 연역의 3단계로 이루어져 있는데, 각각 별도로 문제시될 수 있다.

(a) 전제. 세계는 (a)선한 질서를 드러내고, (b)설계를 나타내는 모종의 질서를 드러낸다. 둘 중 어느 것이 참인가? 우리는 모른다. 종종 세계는 선하고, 조화롭고, 아름다운 듯 보이며, 자애로운 힘의 징후로 가득한 듯하다. 하지만 폭탄이 비처럼 떨어지고, 죽음의 부대가 문을 박차고 들이닥칠 때, 이러한 인상은 쉽사리 사라진다. 우리가 악의 명백한 사실을 수

용할 어떤 영리한 방법을 발견할 수 있다 하더라도(6절을 보라), 악에 대한 우리의 경험은 사라지지 않을 것이며, 세계 전체에 대한 우리의 개념에 영향을 미칠 것이다. 폴란드 티니에츠의 수도원에서 비스와 강 위로 떠오르는 해가 나무가 우거진 언덕 위 그 교회의 종탑들을 황금빛으로 물들이는 모습을 보면서, 당신은 그 경치의 아름다움과 질서에 자연스레 감동받는다. 그러나 당신 뒤에는 아우슈비츠 수용소 터가 있고, 태양 위를 덮고 있는 장밋빛 구름에는 노바후타에 있는 제철소들이 밤사이 뿜어낸 배기가스가 포함되어 있다. 이러한 것들은 당신이 아는 것(혹은 알아야 하는 것)이다. 그리고 그것을 안다면, 그 질서의 경험은 잠시의 착각처럼 보일 것이다.

우리가 인간세계를 벗어나 아무 간섭도 받지 않는 자연의 작품들을 볼 때에도, 설계의 인상은 우리의 무지만큼 오래 지속된다. 윌리엄 페일리는 19세기 초에 쓴 자연신학에 관한 중요한 저서에서 자연의 작품을 우리가 우연히 발밑 풀밭에서 발견한 째깍거리는 완벽한 시계와 비교했다. 우리가 그것을 발견한다면, 어떻게 시계공의 존재를 의심할 수 있겠는가? 하지만─리처드 도킨스가《눈먼 시계공》일깨워주었듯이─이러한 인상 역시 착각이다. 진화론은 설계─우리 자신이 아우를 수 있는 것보다 더 복잡하고 더 멋진 설계─라는 현상이 어떻게 결코 설계되지 않은 것들에서 일어나, 무작위의 변화와 반복된 재난의 과정을 통해서 서서히 존재하게 되었는지를 증명한다. 모든 사랑스런 말馬을 위해, 무수한 부적응의 말들이 비참히 사라졌다. 그리고 동일한 것이 당신과 나에게도 참이다.

진화론은 확실히 설계 논변이 정식화되는 방법을 변화시켰다. 하지만 그것은 그 논변을 논박하지 않는다. 신이 자신의 불가해한 목적을 달성하기 위해 이런 방법─눈먼 진화의 방법─을 선택하지 않아야 할 이유는 없다. 게다가 자연에는 더 놀라운 또 다른 설계가 있다. 의식의 설계 말이다. 세계가 우리를 통해 알려진다는 사실보다 놀라운 것이 있는가? 만일 의식이 모든 것의 원인이 아니라면, 어떻게 실재에 대한 의식이 있을 수 있는가? 모든 무한한 가능성 중에서 바로 이것이 있어야 한다는 것이 얼마나 기이한 우연인지 생각해보라. 스스로가 또한 알려질 가능성 말이다. 확실히 지식을 포함하는 세계는 드문 세계고, 우리의 세계처럼 매우 철저히 알 수 있는 세계는 더욱 드문 세계다. 일상적 삶에서 우리는 이런 엄청난 사실을 알아채지 못한다. 그러나 일단 그것을 알아채고 나면, 우리는 외경심에 빠지기 쉽다. 우리가 어디로 향하든, 세계는 우리의 탐구에 굴복한다. 그 질서와 체계는 속속들이 해독될 수 있고, 그 비밀은 하나씩 지식으로 옮겨진다.

이러한 논변에 대한 하나의 답이 있는데, 그것은 진화의 논변과 유사하다. 그것에는 두 가지 형태가 있으며, 하나는 과학적이고 다른 하나는 철학적이다. 과학적 논변은 스티븐 호킹(《시간의 역사》)이 '약한 인간원리 weak anthropic principle'라고 부른 것을 이용한다. 이 원리는 우리가 아는 세계가 인간들이 그 안에 존재하는 데 필요한 만큼의 질서만을 드러낸다고 말한다. 따라서 우리가 존재하는 데 필요한 질서의 양이 세계를 완전히 판독할 수 있을 만큼 거대하기 때문에, 우리가 세계를 아는 것은 전혀 놀랍지 않다. 하지만 우리가 관찰하는 방식으로 우주 전체의 질서가 짜여 있다고 가정할 이유는 없다. 우리가 내릴 수 있는 결론은 그저 우리가 접근할 수 있는 우주의 일부에 질서가 있다는 것뿐이다. 아마도 이 일부는 광대한 가능성의 배열 중 무작위의 한 조각일 뿐이며, 대부분의 존재는 우연히 지금 우리의 지위를 얻게 했고 우리 자신의 존재를 허용했던 법칙으로부터 제멋대로 이탈한 덕분에, 우리에게 영원히 금지된다.

철학적 논변은 칸트의 《순수이성비판》에서 유래한다. 칸트는 자연세계의 질서가 공간, 시간, 인과성 등의 관념을 따라 짜여 있는 것은 우연이 아니라고 주장한다. 왜냐하면 이러한 질서가 지식의 전제조건이고, 특히 우리 조건의 특징인 자기인식의 전제조건이기 때문이다. 그리하여 우리가 존재하는 어떤 세계도 과학에 의해 요구된 바로 그 질서를 드러낼 것이라는 점을 우리는 선천적으로 알 수 있다. 게다가 우리는 다른 세계에 대한 어떠한 개념도 가질 수 없다. 우리는 다른 세계를 생각할 수조차 없는데, 우리로서는 설명이 불가능할 수밖에 없는 과학적 범주에 의해서만 그것을 생각할 수 있기 때문이다. 세계란 불가지의 것일 수도 있었다는 가정은 이제 공허해진다. 이 경우에, 우리의 세계가 알려질 수 있다는 전제로부터 우리는 어떠한 논변도 세울 수 없다.

하지만 칸트는 《판단력비판》에서 이러한 논변으로부터 물러났다. 그는 우리의 능력과 세계 간의 조화—지식으로 이끄는 조화—가 설명을 요구하는 또 다른 의미가 있다고 주장했다. 그러나 그것은 우리가 할 수 없는 설명이다. 우리는 단지 이러한 사실과 대면할 수 있을 뿐이고—즉각적인 미적 경험과 갑작스런 종교적 외경으로—우리의 사고 한계 너머를 가리키는 어떤 것이 여기 있음을 인정할 따름이다.

물론, 이것은 논변이 아니다. 하지만 이것은 우리를 전제로 되돌아가게 한다. 결국, 수수께끼는 세계의 본성에 있지 않고—왜냐하면 우리에게는 그것과 비교할 다른 세계가 없으며, 따라서 세계가 지금과 같아야 한다는 것이 놀랄 만한 일인지 혹은 있음직하지 않은 일인지 판단할 수 없기 때문이다—세계가 존재한다는 사실에 있다. 왜 어떠한 것이 있는가? 왜 아무것도 없지 않고 어떤 것이 있는가? 그리고 그 어떤 것은 어디에서 왔는가? 이러한 질문을 제기하는 것은 설계 논변의 여지를 남기는 것이다.

(b) 가정. 우리가 그 전제의 난관(혹자는 그 전제가 지적이라기보다는 정서적이고, 사물에 대한 우리 자신의 제한된 관점으로 과학적 집착을 표명하는 것이라고 말할 것이다)을 극복하더라도 더 심각한 어려움을 만나게 된다. 그 논변은 의문스런 가정, 즉 세계는 자기 외부의 원인을 갖는다는 가정 없이는 별반 힘을 얻지 못한다. 목적론적 논변은 자연이 자연적 과정이 아니라 그 초월적 근거의 측면에서 전체로서 설명될 수 있다고 은밀히 가정한다. 하지만 확실히 이것은 증명되어야 하는 것이고, 그 논변을 통해 가정될 수 없는 것인가? 사실, 이 가정은 정확히 두 번째(우주론적) 논변의 결론이다. 그리하여 칸트는 목적론적 논변이 우주론적 논변에 기대며, 그것 없이는 어떤 지적인 힘도 갖지 못한다고 주장했다.

(c) 연역. 우리가 그 전제와 더불어, 세계의 원인이 틀림없이 외부에서 발견된다는 그 은밀한 가정을 받아들인다고 하자. 우리는 그 원인이 우리가 아는 세계를 만들어내는 데 필요한 성질들을 갖는다는 점만을 연역할 수 있다. 세계는 유한하고 불완전하기 때문에, 유한하고 불완전한 어떤 것이 세계를 만들었을 수 있다. 가령, 성간星間 우주에 알을 뿌려놓은 거대 거미 같은 것 말이다. 목적론적 논변은 우리의 세계를 만든 충분조건을 전개한다. 즉 불가해한 목적을 지닌, 최고로 강력하고 자애로운 존재의 현존 말이다. 그러나 우연적인 사실들에 대한 설명을 추구하면서, 우리는 그것들을 설명하는 데 필요한 것을 넘어서 어떤 것의 존재를 추론할 자격은 없다.

(ii) 우주론적 논변. 잠시의 성찰로도 우리는 목적론적 논변이 신의 존재라는 형이상학적 문제와 타협을 이루는 데 실패했음을 알게 된다. 그것은 지금 여기에서 신성의 표식을 찾으려는 호메로스식 개념에 여전히

갇혀 있는 논변이다. 우리에게는 자연세계 안에 있는 모든 것의 초월적 근거를 정립하기 위해서 자연세계 밖으로 우리를 데려갈 더 강력한 논변이 필요하다. 이것이 우주론적 논변의 목표인데, 그 논변은 세련되고 궤변적인 여러 변형을 포함한다. 그 가장 단순한 형태는 '제1원인'의 논변이다. 세계의 어떤 사건을 생각해보자. 그것은 설명되지 않든가 원인이 있든가 둘 중 하나다. 동일한 것이 그 원인에도 참이며, 그것의 원인에게도 참이다. 이 원인의 연쇄는 영원히 확장되는가? 만일 그렇다면, 우리는 결코 제1원인에 이르지 못하며, 따라서 이 연쇄 전체를 설명할 수 없게 된다. 이 경우에 세계에서 행해지는 모든 설명은 불충분하게 된다. 그 중 어느 것도 그 결과가 왜 일어나는지 실제로 설명하지 못한다. 만일 우리가 그 물음에 실제로 대답하려면—어떤 것에 대한 설명을 실제로 찾으려면—우리는 모든 것을 설명하는 원인을 찾아야 한다.

이 논변은 세계에는 설명이 결여돼 있든지(이 경우에 세계를 이해하려는 우리의 시도는 아무런 토대를 갖지 못하며, 신학적 가설은 다른 어느 가설이나 마찬가지가 된다), 아니면 설명을 갖는다고 말한다. 바로 제1원인 말이다. 하지만 분명히 이 논변에는 두 가지 현저한 약점이 있다. 우리는 왜 모든 것에 대한 설명이 있다고 가정해야 하는가? 왜 우리는 세계의 환원불가능한 우연성과 그것에 포함된 모든 것을 단순히 받아들이지 못하는가? 그리고 제1원인 자신은 어떠한가? 무엇이 그의 원인이었는가?

두 번째 물음에 대해서는 하나의 만족스런 대답만이 있을 뿐이다. 즉 그는 스스로의 원인이었다. 그는 자기 존재에 대한 완전한 설명이다. 그의 존재는 그의 본성으로부터 나온다. 그리고 이것을 말하는 또 다른 방식은 (마이모니데스에 따르면) 제1원인은 필연적 존재라는 것이다. 그러므로 이 논변은 '자기원인*causa sui*'인 존재, 즉 그 존재가 자신의 본성에 포함되는 것 외에 더 이상의 어떤 설명도 요구하지 않는 존재가 있음을 우리가 증명할 수 있을 때에만 가능하다. 이것은 우주론적 논변에 의해 증명되지 않고 그것에 의해 가정된다. 하지만 이것은 존재론적 논변에 의해(그 논변의 타당성을 가정할 때) 증명된다. 따라서 칸트는 모든 논변이 마침내 이것, 그의 증명의 서열에서 세 번째에 멈춘다고 주장했다.

(위의 첫 번째 질문은 인과성과 설명에 관한 문제로 우리를 이끌지만, 그것에 관해서는 나중에 다루도록 하겠다.)

(iii) 존재론적 논변. 이 논변의 장점은 그것이 다른 두 논변의 결함을 보충하는 한편, 신이 신앙심과 전통이 요구하는 모든 속성을 갖고 있음도 증명한다는 점이다. 신은 모든 긍정적 속성을 지닌—무한히 강력하고, 무한히 지혜로우며, 무한히 선한—필연적 존재다.

이 논변은 일반적으로 11세기(캔터베리의 대주교가 된다는 것이 어떤 의미를 지녔던 시기) 캔터베리의 대주교 성 안셀무스에서 기인한다. 하지만 그보다 먼저 아리스토텔레스주의자와 아랍의 철학자들이 이러한 논변을 주장했으며, 사실상 신의 존재에 대한 유일하게 가능한 논변이고, 최종적으로 폐기되지 않은 유일한 논변이기도 하다. (칸트는 자신이 그것을 폐기했다고 생각했다. 그러나 최근의 철학자들, 특히 노먼 맬컴과 앨빈 플랜팅가는 칸트의 확신에 찬 기각에 의문을 제기했다.) 간단히 말해, 우리는 그보다 더 위대하다고 생각할 수 없는 존재를 신이라고 이해한다. 이러한 관념은 우리의 마음속에 분명히 존재한다. 그것은 모든 긍정적 속성과 모든 완전함이 부여된 존재의 관념이다. 하지만 만일 이러한 관념의 대상이 실재로서가 아니라 우리 마음속에만 존재한다면, 이보다 우월한 어떤 것의 관념이 있게 된다. 즉 이미 생각한 모든 완벽함뿐 아니라 실질적 존재라는 부가적 완벽함도 소유한 존재의 관념 말이다. 이것은 가설에 어긋난다. 따라서 가장 완벽한 존재의 관념은 실재와 대응해야 한다. 실존은 가장 완벽한 존재의 본성에 속한다. 그의 존재는 그의 본성으로부터 도출된다. 다시 말해, 그는 우연적으로가 아니라 필연적으로 존재한다.

이러한 논변을 일단 수용하면, 다른 두 논변의 빈틈을 채울 수 있다. 오직 한 가지 주요 난점이 남는데, 신의 완전함과 세계의 불완전함을 화해시키는 일이다. 그러한 신이 어떻게 우리가 알고 있는 세계를 창조할 수 있었는가? 나는 이 점을 아래에서 다루겠다.

하지만 우리는 이 논변을 받아들일 수 있는가? 칸트의 답변은 현대 철학자에게 호의적으로 받아들여졌는데, 그것이 프레게 논리학의 전조를 담고 있었기 때문이다. 칸트는 이 논변이 '존재는 참된 술어다'라고, 즉 단지 문법적 술어가 아니라 형이상학적 술어라고 가정한다고 주장했다. 다시 말해서, 어떤 사물의 속성을 나열할 때, 나는 그중 하나로 존재를 나열할 만하다. 하지만 이 관념은 존재의 논리학을 잘못 진술하고 있다. 내가 초록색 암소가 존재한다고 말할 때, 나는 그 개념에 사유에 있는 어떤 것을 덧붙이지 않는다. 나는 단지 그것이 예화되며, 그것에 대응하는 어떤 것이 세계에 있다고 말할 따름이다. 그 암소에 대한 나의 기술은 그것이 존재한다는 주장으로 인해 증대되지 않는다. 두 농부가 암소에게 요구되는 '완벽함'을 모두 나열한다고 하자. 건강, 체력, 풍부한 젖, 다산 등등을 말이다. 그리고 그들의 목록이 정확히 일치한다고 가정해 보자. 한 농부가 다른 농부가 말한 완전함의 목록에 '존재'를 덧붙인 것을 제외하고 말이다. 그들의 목록은 이상적 암소의 본성과 관련하여 실제로 다른가? 확실히 그렇지 않다. 존재는 사물의 속성에 아무것도 더하지 않는다.

이 점을 정확히 지적하기란 어렵기에, 그 정식화를 위해서는 프레게의 논리학을 기다려야 했다. 그런데 모든 철학자가 어쨌든 다 만족하지는 않았다. 왜냐하면 칸트식의 답변이 존재의 특수성에는 지나치게 주의를 기울이고, 존재와 일반 속성들 간에 공통적인 것, 즉 둘 다 '진정으로 귀속될' 수 있다는 점에는 충분한 주의를 기울이지 않는 것 같기 때문이다. 그리하여 최근의 철학자들은 존재론적 논변에 대한 논쟁을 계속하며, 어떤 사람은 그것이 부당하다고 믿고, 다른 사람은 그것이 비록 신앙심이 요구하는 것만큼은 못할지라도 어떤 것을 증명한다고 믿으며, (플랜팅가 같은) 또 다른 사람은 (비록 그 논변이 원래 형태는 아닐지라도) 여전히 원래의 결론에 만족한다. 즉 필연적 존재는 존재하고, 또한 가장 완벽한 존재며, 모든 것의 궁극적인 근거라는 결론 말이다. 그러므로 나는 다음 두 장에서 존재론적 논변을 다시 다룰 것이다.

5. 데카르트의 사다리

데카르트는 《성찰》에서 신의 존재에 대한 두 가지 논변, 우주론적 논변과 존재론적 논변의 견해를 각각 제시한다. 간단히 말하면 다음과 같다.

(i) 나는 의심과 오류에 빠질 수 있다는 사실로 증명되듯이 불완전한 존재다. 하지만 나는 가장 완벽한 존재의 관념을 갖고 있다. 이러한 관념은 어디에서 오는가? 나로부터 오는 것은 아닌데, 왜냐하면 '결과에 있는 것만큼 원인에도 그 많은 실재(완벽함)'(데카르트가 자명한 것으로 간주한 원리)가 있어야 하기 때문이다. 특히, 관념의 '형상적' 원인에는(그 관념의 참된 설명에는) '객관적으로' 그것에(즉 그 관념이 표상하는 것에) 포함돼 있는 만큼이나 많은 실재가 있어야 한다. 그러므로 완벽한 존재의 관념은 완벽한 원인, 곧 신을 가져야 한다.

(ii) 존재론적 논변. 나는 가장 완벽한 존재의 관념을 갖는다. 그러한 존재는 모든 완벽함을 포함하며, 따라서 모든 단계에서 실재를 포함해야 함을 나는 명석판명하게 지각한다. 따라서 이 관념은 존재를 포함한다. 신의 본질은 존재다. 데카르트는 다른 것에 대해서는 이렇게 말할 수 없다고 덧붙인다.

이 두 논변과 더불어, 데카르트는 마침내 신의 관점으로 올라간다. 세계는 자기가 담고 있는 모든 것에 대해 충분한 지식을 지닌 최고의 존재를 담고 있다. 나는 그 지식을 공유할 수 있는가, 아니면 그것으로부터 영원히 배제되는가? 대답은 악령 자신에 의해 제시된다. 신은 최고로 선하기 때문에 결코 기만하지 않는다. 따라서 다음과 같은 결론이 나온다고 데카르트는 주장한다. 우리가 생득적으로 지닌 그러한 능력은 그것의 참되고 신이 부여한 본성에 따라 사용될 때 오류보다는 진리를 산출할 것이다. 신의 존재는 지식에 대한 나의 주장을 지지하고 보장해준다. 나는 신의 관점을 공유할 수 있고, 따라서 나의 관점을 초월할 수 있다. 그로 인해 나는 정말로 세계 그 자체를 알게 된다.

하지만 이것은 정말로 가능한가? 내가 지각하는 대로의 세계를 생각해보자. 그것은 색, 냄새, 소리를 포함한다─감각기관을 가진 존재에 의해서만 지각될 수 있는 성질들 말이다. 이러한 제2성질들은 물질의 기본 구성요소가 아니며, 과학적 세계관에서 어떠한 역할도 하지 못한다. 확실히 신은 세계를 이런 방식으로 알지 않으며, 제2성질들이 의존하는 경험을 하지도 않는다. 따라서 세계에 대한 신의 개념은 틀림없이 나의 것과는 매우 다를 것이다. 내 유한한 본성에서 기인한 불순물을 정제함으로써, 내가 신의 개념을 공유할 수 있게 된다는 것이 실제로 가능한가? 데카르트는(그리고 그를 따라서 라이프니츠와 스피노자는) 그렇다고 말했다.

왜냐하면 이성은 내가 신과 공유하는 능력이며, 신이 어디에서도 바라보지 않는 관점에서 세계를 보듯, 이성도 그렇게 세계를 보기 때문이다. 이성은 사물 전체를 탐색한다. 그리고 이것만이 세계가 실제로 어떤지를 나에게 말해준다.

칸트의 위대한 업적 중 하나는 그러한 생각이 틀렸음을 보여주었다는 점이다. 칸트는 이성의 힘이 우리 자신의 관점, 즉 자연의 일부로서 제한되고 경험에 속박된 피조물의 관점에서 적용되는 한, 우리가 그것에 의존할 수 있다고 주장했다. 만일 우리가 이성을 경험의 구속으로부터 해방시킨다면, 이성은 자발적 환상에 빠질 것이다—그리고 신만이 지니고 우리는 결코 파악할 수 없는 '어디에서도 바라보지 않는 관점'을 동경할 때, 이성은 우리를 가장 심각하게 오도할 것이다.

6. 악의 문제

우리의 논의는 종교철학의 또 다른 문제를 건드렸다. 곧 악의 문제다. 시인들이 그토록 불완전하고 범죄를 저지르는 본성을 신들의 탓으로 돌린다는 점이 플라톤을 몹시 괴롭혔다. 그는 인류학자로서보다는 철학자로서 그러한 저급한 존재들을 믿는 것이 내키지 않았다. 그들의 불완전함은 세계의 창조자보다는 피조물의 역할에 어울리는 듯했다. 유대교-기독교-이슬람교의 전통에서는 최고의 존재를 정확히 창조자의 역할에 맞추기 위해서 그러한 허물을 모두 씻어내 버렸다. (설령 신 역시도 상당한 범죄 성향과 더불어 세상에 나타났지만 말이다—《출애굽기》 4장 24절과 25절을 보라. 거기에서 신은 모세를 죽이려 하지만 실패한다.) 하지만 그 경우에, 왜 신은 그토록 일을 망쳤는가? 혹은 신은 일을 잘 하면서 왜 우리에게는 그저 나쁘게 보이도록 하는가?

아주 간단히 말해서, 악의 문제에는 다음과 같은 대답들이 있는데, 그 중 어느 것도 완전히 만족스럽지는 않다.

(ⅰ) 라이프니츠의 유명한(사실은 악명 높은) 표현을 쓰자면, 신은 모든 가능한 세계 중에서 최선의 세계를 만들었다. 신이 우리에게 베풀었던 많은 선 중에는 자유의 선이 있다. 신은 자유 없는 세계를 생각할 수 없었는데, 자유가 도덕적 선의 필수적 부분이기 때문이다. 또한 자유는 사랑의 전제조건이며, 신은 세계를 사랑하려고 했고 그 보답으로 사랑을 받으려고 했다. 하지만 자유는 남용의 가능성 없이는 존재할 수 없다. 악은 인류의 자유 남용을 통해서 세계에 들어섰다. 다른 어느 것도 악하지 않다. 오직 그것뿐이다.

(ⅱ) 우리의 유한한 관점에서 악으로 보이는 것은 결코 악이 아니라, 그 자체로 선이든가 혹은 그 악처럼 보이는 것이 더 큰 선에 포함되는 어떤 전체성의 일부다. 마치 베토벤의 9번 교향곡 마지막 악장의 환희가 그것에 선행하는 갈구와 비탄 없이는 공허한 수사일 수밖에 없는(따라서 전혀 환희일 수 없는) 것과 같다. 따라서 우리의 구원의 환희―최상의 축복―는 구원을 필연적으로 만드는 타락 없이는 가능하지 않다. 복된 죄 *Felix culpa*인 것이다. 또는 파국이 비극의 아름다움에 필수적인 부분인 것처럼, 악은 세계의 아름다움에 필수적인 부분이다. (플로티노스의《엔네아데스》Ⅱ, 3, 18을 보라.)

(ⅲ) 악은 무이고, 부정이며, 어떤 고유의 실재도 갖지 않는다. 우리는 그것을 두려워하는데, 단지 비존재가 존재와 상충하기 때문이다. 하지만

올바로 이해한다면, 우리는 악에 의해 해를 입지 않을 수 있다. 세계를 이해한다는 것은 우리가 절대 안전함을 이해하는 것이다─고통과 죽음의 경우에도 우리에게서 아무것도 빼앗아가지 못한다. 그것들은 그 자체로 무이기 때문이다.

마지막 견해는 좀 더 신비주의적이고, 신자뿐 아니라 불신자에게도(예를 들어, 《두이노의 비가》에서 릴케에게도) 권유된다. 나는 이러한 물음들을 30장에서 다시 다룰 것이다. 분명히 이것들은 실질적 물음들이며, 이것들에 대한 어떤 태도를 정하지 않고는 우리는 철학자로서 살아갈 수 없다.

12 존재

많은 철학자들에게 존재는 형이상학의 진정한 주제다. 파르메니데스에서 하이데거까지 이 신비로운 관념, 그 불안한 '존재' 감정으로의 끊임없는 회귀가 있었고, 그 감정은 술에 취하게 하거나 형이상학으로 인도했다. 철학자들이 생각하는 존재란 정확히 무엇이고, 이 관념과 관련된 문제들은 무엇인가? 몇몇 고전적 논의들을 살펴보는 것이 유용하겠다. 그것들은 동일한 것에 관한 논의는 아니다. 하지만 공통된 중요 요소가 있다.

1. 아리스토텔레스

아리스토텔레스는 《형이상학》 4권 1장에서 존재로서*qua* 존재를 지시하는데(그의 그리스어가 통상 '번역되는' 대로), 이것이 철학의 궁극적 주제라고 암시한다. '~로서'는 무엇을 의미하는가? (《고도를 기다리며》에서 러키의 독백과 호세 베르나데테의 《형이상학》 1장을 보라.) 아리스토텔레스의 논의는 매우 치밀해서, 데이비드 위긴스가 지적하듯, 성냥 한 갑이 우주만큼이나 무게가 나갈 정도다. 그러나 우리는 다음과 같은 논변을 이끌어낼 수 있다.

우리는 많은 것이 있다are고 말한다. 대상과 사건, 성질과 관계, 과정과 가능성들이 말이다. '존재'라는 용어를 이렇게 많은 것에 적용할 때, 우리가 의미하는 어떤 단일한 것이 있는가? 우리가 소크라테스에 대해 말하면서, 그는 사람이고, 들창코이며, 철학자이고, 플라톤의 선생이며, 그가 부엌에서 크산티페에게 말하고 있다고 할 때, 우리는 확실히 '이다 is'라는 단어로 하나의 것을 의미할 수 없는가? 아리스토텔레스는 이 술어들 중 첫 번째에서 보이는 '이다'의 일차적 의미를 인정한다. 즉 소크라테스는 사람이다라고 말하는 것은 그가 무엇이다라고 말하는 것이다. 그것은 그가 결여할 수도 있는 이런저런 속성을 지닌 것으로서뿐 아니라 그를 실체로서 특징짓는다. 실체는 아리스토텔레스의 범주들 중 하나다. 다른 범주들에는 질, 양, 관계, 능동, 수동, 장소, 시간 등이 있다. 범주를 이해할 때 우리는 실재의 심층구조를 이해한다. 그리고 실체를 이해할 때, 우리는 동사 'to be'의 일차적―혹은 중심―의미를 이해한다. 이것이 우리가 그 용어의 다른 적용들을 이해할 때 파악해야 하는 의미다. 따라서 존재로서 존재의 연구는 실체의 연구다. 무엇보다 소크라테스와 같은 개별 실체의 연구다. (예를 들어, 술어는 실체의 술어가 되는 한에서만 존재한다.) 실체는 만일 우리가 존재를 어떤 것에 귀속시킨다면, 존재로 확인해야만 하는 것이다. 그러나 개별 실체의 연구는 우리를 더 멀리로 이끈다고 아리스토텔레스는 주장한다. 다른 모든 '존재들'이 의존하는(또는 다른 모든 존재가 그 '술어가' 되는) 실체의 전형, 즉 신 자체로 말이다(《형이상학》 4권).

아리스토텔레스의 논변은 복잡하고, 많은 탐색 여정을 포함한다. 그럼에도 그것은 존재 개념이 형이상학의 첫 번째 주제며, 만일 우리가 존재의 근거를 발견할 수 없다면 그 어떤 만족스런 형이상학도 갖지 못할 것임을 암시해준다. 우리는 무엇이 존재를 우리에게 알려주는지, 무엇이 궁극적으로 존재하는지, 어떠한 것이 있어야 하는 이유를 설명해주는 것은 무엇인지 알아낼 필요가 있다. 이 세 가지 질문에 대한 답이 신이다.

우리는 아리스토텔레스의 이론으로부터 여러 갈림길로 출발할 수 있다. 우리는 '분석'철학자들이 규정한 빈약한 존재의 이론the Sparse Theory of Being에 승선할 수 있다. 혹은 헤겔과 그 추종자들의 특징인 걸리적거린 존재의 이론the Encumbered Theory of Being을 선호할 수도 있다. 아니면 하이데거가 옹호한 불안한 존재의 이론the Anxious Theory of Being을 택할지도 모른다. 이러한 이론들 각각에는 신의 형상을 한 구멍이 나 있으며, 또 다른 방향으로 출발할 수 있을 때에만 우리는 그 구멍을 메울 수 있다. 즉 아퀴나스가 우리에게 물려준 필연적 존재의 이론 말이다.

2. 분석철학: 빈약한 존재의 이론

우리는 이미 이 이론이 작동하는 것을 보았지만, 신에 대해서 논의하면서 확립된 새로운 맥락에서 그 개요를 되풀이할 가치가 있다. 표준적인 분석의 접근법은 존재와 같은 개념은 없다고 주장한다―만일 당신이 술어로 표현되는 것을 개념이라고 의미한다면 말이다. 칸트식의 표어를 반복하자면, '존재는 참된 술어가 아니기' 때문이다. 더 정확히 말하면,

존재란 양화사다. 황금산이 있다고 말하는 것은 황금과 산이라는 개념이 어떠한 대상에 의해 예화된다고 말하는 것이다. (더 간단히 말하면, 그것은 x가 있고, 그 x는 황금이고 산이라고 말하는 것이다.) 존재에 관한 모든 질문은 양화사에 관한 질문으로 환원할 수 있다. 우리의 양화사가 어떤 존재자의 부류를 아우르겠는가?

하지만 존재론의 문제들은 여전히 남는다. 어떤 종류의 사물이 존재함을 우리는 어떻게 증명하는가? 콰인은 하나의 안을 제시했는데, 우리의 언어를 일종의 이론으로 보라고 요청한다. 그 이론의 목적은 신뢰할 만한 예측을 산출함으로써 경험에 질서를 부여하는 것이다. 그 이론은 어떤 대상을 '양화해서' 술어와 관련된 변수로 묶으라고 우리에게 말한다. 마치 코끼리들이 있다고 우리가 말할 때처럼 말이다. 하지만 양화사를 사용하는 것이 경험에 관한 최선의 이론에 필수적이 않을 때에도 우리는 종종 그것을 사용하곤 한다. (예를 들어, 우리는 우유부단한 덴마크 왕자가 있다고 말하며, 허구의 존재자들을 양화할 수 있다. 하지만 우리가 아는 세계를 기술하기 위해서 이러한 것을 꼭 할 필요는 없다.) 우리의 이론을 정립하는 과정에서 어떤 술어를 양화해야만 할 때, 우리는 그 이론이 그런 종류의 사물들의 존재를 우리에게 약속해준다고 말할 수 있다.

이것은 존재가 '이론-상대적'임을 의미한다. 우리는 코끼리 혹은 마녀 혹은 신이 자기를 요구하는 이론과 관련하여 존재한다고 말할 수 있다. 그렇다면 우리는 더 나아가 그 이론이 참인가라고 질문할 수 있는데, 이 것에 대해 콰인은 우리가 살펴보았듯이 실용주의적 해석을 제시하는 경향이 있다. 콰인은 자신이 명명한 '존재론적 상대성ontological relativity'을 옹호하면서 이에 대해 꽤나 급진적이다. 그는 이론의 맥락 외에는 무엇이 존재하는지 명시하려고 하지 않는다. 그리고 한 가지 목적에 유용한 이론은 또 다른 목적에는 유용하지 않을지 모른다. 존재의 물음은—무엇이 실제로 존재하며 왜 존재하는가―다양한 '개념 도식'의 상대적 유용성에 대한 물음으로 용해된다.

분석철학의 대부분은 존재론적 빈민굴을 청소하는 작업에 있다. 신들과 영혼들이 번식하는 북적이는 공동주택들을 철거하는 일이다. 그 결과는 절망적일 수 있다. 특히 생명과 신비로 가득했던 활기찬 옛 거리가, 당신이 콰인에게서 발견할 수 있는 것과 같이, 르 코르뷔지에식 설계에 의해 줄지어 늘어선 막사들로 대체된다면 말이다. 존재론적 자격이 아무리 의심스럽더라도, 그 오래된 신들과 영혼들이 귀 기울일 만한 이야기들을 간직하고 있음을 우리는 안다. 새로운 도시계획자의 딱 부러진 관료적 언어로는 전해질 수 없는 어떤 것 말이다. 아마도 이것은 존재의 물음에 분석철학자들이 지지하고자 했던 것보다 더 많은 것이―혹은 적어도 존재의 다른 물음이―있기 때문일 것이다.

분석적 전통 내에서조차, 양화와 그 논리학이 존재에 관해 모든 것을 말해준다는 견해에 대한 반발이 커지고 있다. 존재를 근본적 종류와 파생적 종류로 구별하는 옛 아리스토텔레스주의의 관념이 부활하여 다양한 형태로 논의되었다―스트로슨(《개별자들》에서)과 위긴스(《같음과 실체》에서)가 대표적이다. 읽기 어렵지만 그만큼 보람 있는 이 두 책에서 비로소 존재와 시간 간의 연관이 맺어지고, 시간 속에 존재하고 시간을 통해 재확인될 수 있는 사물들에 우선권이 주어진다. 이것은 근본적 존재를 공간과 시간 밖에 있는―영원불변하고 이성만이 알 수 있는―것에만 부여하는 플라톤주의자들의 존재론적 질서를 뒤집는다. 존재에 근거를 부여하는 것은 바로 시간과의 연관이라고 현대철학자들은 주장한다. 왜냐하면 언어가 시공간적 특수자들에 대한 지시에 뿌리를 두고 있기 때문이다. 다른 한편으로, 존재에 대부분의 신비를 제공한 것 역시 시간과의 연관이다. 어떻게 어떤 것이 지금 있을 수 있으며, 그때 있었던 것 그리고 내일 있을 것과 동일한 것일 수 있는가? 어떻게 나는 변화하는 이러한 시공간적 특수자를 동일시할 수 있는가? 그러한 물음에 대한 성찰은 존재와 동일성이 개념적으로 연관된다는 프레게의 견해에 더 많은 내용을 제공한다. 그것은 또한 위긴스에서, 어떤 시간적 지속 방식만이 실체적 단일성과 동일성을 부여한다는 아리스토텔레스주의의 결론으로 이어진다. 이러한 결론은 '존재론적 상대성'에 대한 체계적 거부를 포함한다. 고양이와 개와 사람 같은 실체적 항목들과, 더미와 오케스트라와 눈뭉치 같은 인위적 항목들 간에는 우리의 '개념 도식'과 독립적인 어떤 구별이 실제로 있다. 현대철학자는 어떻게 그러한 결론에 도달할 수 있는가? 그 답은 동일성의 개념에 있다.

3. 동일성 없이 존재자는 없다

존재를 전하기 위해 양화사를 사용할 때 우리는 동일성에 의존한다. '소크라테스는 존재한다'는 $(\exists x)(x = 소크라테스)$가 된다. 한정 기술구를 술어논리로 옮길 때에도 우리는 동일성이 필요하다. 이러한 사실은 '동일성 없이 존재자는 없다'는 콰인의 표어로 요약되는, 심층 형이상학적 진리를 가리킨다. 이러한 진리의 발견, 혹은 논리적 근거를 지닌 형이상학에서 이 중요성의 발견은 종종 프레게의 덕택이다. 그는 《산술의 기초》62절에서 이렇게 쓰고 있다. "만일 우리가 어떤 대상을 명시하기 위해 기호 a를 사용한다면, 우리는 b가 a와 같은 모든 경우를 결정할 기준을 가져야 한다. 설령 그 기준을 적용하는 것이 우리의 능력으로 항상 가능하지는 않더라도 말이다." 그 점을 지적하기 위해 프레게는 사실상 두 개의 구별되는 관념을 결합한다. 즉 동일성 없이는 대상은 없다는 것과 동일성의 기준 없이는 대상의 명명은 없다는 것이다. 이러한 관념들 간의 관계는 규정하기가 지극히 어렵다.

프레게의 주어-술어 문장 이론을 상기해보자. '잭은 화가 나 있다'라는 문장에서 단칭명사 '잭'은 어떤 대상, 잭을 지시한다. 나는 단칭어가 어떤 대상을 지시하는지를 앎으로써 그 용어를 이해한다. 그리하여 내가 잭을 확인하고, 그를 다른 사람과 구별하고, 이런저런 대상이 그와 같은가라는 질문을 해결하는 절차가 필요하다고 주장하는 것은 그럴듯하다. 아마도 그러한 절차는 '동일성의 기준'이라고 불릴 만할 것이다. 최소한, 잭이 화가 나 있다는 것이 참이라면, 세상에 잭이라는(잭과 동일한) 어떤 것이 틀림없이 있음을 우리는 확실히 동의할 수 있다. 동일성의 개념은 지시 행위에서 은밀히 적용된다.

하지만 일반어 '화가 나 있다'는 어떤가? 프레게는 이것이 어떤 개념을 지시하며, 또한 함수를 결정한다고 말한다. 이 말은 다소 아리송하기에, 프레게의 의미론에서 작동하는 함수에 대해 좀 더 알아보자. 프레게는 함수가 '사물의 본성에 깊이' 놓여 있다고 말한다. 그러나 그는 이러한 점에 스스로 놀라워했는데, 왜냐하면 함수는 다른 대상을 제공받을 때에만 하나의 대상(진리치)을 결정하는 특이나 불완전한(혹은 그가 말하듯이 '불포화된') 존재자이기 때문이다. 따라서 함수의 동일성에 관한 실질적인 문제가 있게 된다. '화가 나 있다is angry'가 지시하는 함수는 '분노한다is furious'가 지시하는 함수와 같은가? 어떻게 우리는 알 수 있었는가? 모든 화 난 것 그리고 화가 난 것만이 분노하였다는 것만으로는 충분하지 않을 것이다. 왜냐하면 '심장을 가지고 있다'와 '신장을 가지고 있다'를 생각해보라―두 술어는 정확히 같은 것에 적용되지만 확실히 다른 함수를 지시한다. 만일 우리가 '화가 나 있다'와 '분노한다'가 같은 것을 의미할 때에만 같은 함수를 지시한다고 말한다면, 우리는 의미의 같음에 대한 기준이 필요할 뿐 아니라(예를 들어, 콰인이라면 이것은 획득될 수 없거나 명령에 의해서만 획득될 수 있다고 말할 것이다), 우리는 이제 지시의 같음을 뜻의 같음에 의존하게 만듦으로써, 뜻과 지시 간의 구별을 실질적으로 폐기하는 셈이다.

나는 수학의 토대를 논의하는 25장에서 이 문제를 다시 다룰 것이다. 하지만 이 문제는 콰인의 표어의 요점을 잘 보여준다. 프레게의 대상들은 우리 존재론의 환영받는 구성원들인데, 왜냐하면 그것들은 자기 신분증을 이미 구비하고 있기 때문이다. 그러나 함수는 결코 도착하지 않을 문서를 기다리며 국경에 무력하게 서 있다. 함수는 '사물의 본성에 깊숙이' 놓여 있을지 모른다. 그러나 '그것은 어떤 것인가?'라는 물음에 대한 분명한 답은 있을 것 같지 않다. 그래서 그것을 빈민굴로 돌려보내고 싶은 유혹이 생긴다.

하지만 동일성이란 정확히 무엇인가? 이것 역시 난해한 질문이며, 라이프니츠(그는 존재와 동일성이 깊이 연관되어 있음을 인지한 실질적으로 최초의 인물이었다)의 가장 흥미로운 사유에 영감을 준 질문이었다. 문법적으로 말하면, 동일성은 관계다. 반면에, 그것은 하나의 용어만을 갖는다. 모든 것은 그 자신, 오직 스스로와 동일할 뿐이다. 그렇다면 그것을 왜 관계라고 부르는가? 대답은 논리학의 관점에서 그렇게 취급될 수 있고, 다른 방식에서는 실질적으로 그럴 수 없다는 것이다. 그렇다면 동일성이란 어떤 관계인가? 철학자들은 다음의 네 특징에 동의한다.

（ⅰ） 동일성은 대칭적이다. 만일 a = b라면, b = a다. 일반화하면 다음과 같다.

$(x)(y)(x = y \supset y = x)$

（ⅱ） 동일성은 재귀적이다. 모든 것은 그 자신과 동일하다.

$$(x)(x = x)$$

(iii) 동일성은 이행적이다. 만일 a = b이고 b = c라면, a = c다. 일반화하면 다음과 같다.

$$(x)(y)(z)(x = y \& y = z \supset x = z)$$

（ⅰ）（ⅱ）（ⅲ）의 조건은 '~와 같은 높이다' '~와 같은 시대다' '~와 합동이다'처럼 모든 '동치관계'에 의해 충족된다.

(iv) 덧붙여서, 동일성은 다음과 같은 라이프니츠의 법칙을 충족한다. 만일 a가 b와 같다면, a에 대해 참인 모든 것은 b에 대해서도 참이다. (그리고 위의（ⅰ）에 의해, b에 대해 참인 모든 것은 a에 대해서도 참이다.)

$$(x)(y)(F)(x = y \supset .F(x) \equiv F(y))$$

(기호 ≡은 '~일 때에만'이라고 읽고, 진리함수적으로 정의되며, p⊃q&q⊃p와 동치다. 명제 p≡q는 p와 q가 둘 다 참이거나 둘 다 거짓이라면 참이고, 그렇지 않으면 거짓이다.) 이 법칙을 진술할 때 우리는 술어를 양화할, 즉 이른바 '이차second-order' 논리로 이행할 필요가 있다. 많은 사람들(예를 들어, 콰인과 굿맨)에게, 이것은 용납할 수 없는 빈민굴로의 여정을 이미 포함한다.

라이프니츠의 법칙은 참인가? 가령 존은 메리를 사랑스럽게 생각하고 있는데, 메리는 존이 사랑하는 고양이를 잡아먹은 사람이고 존은 그 사실을 모른다고 하자. 존은 자신의 고양이를 잡아먹은 사람을 사랑스럽게 생각하고 있는가? 만일 우리가 아니라고 대답한다면, 메리에 대해서는 참인 어떤 것이 있지만—즉 존은 그녀를 사랑스럽게 생각하고 있지만—존의 고양이를 잡아먹은 사람에 대해서는 설령 그 사람과 메리가 동일할지라도 참이 아니라고 우리는 암시하는 것인가? 대부분의 철학자는 이 질문에 대해 '아니다'라고 대답할 것이다. 그럼으로써 라이프니츠의 법칙을 구하지만, 그 대가로 '존은 ~을 생각하고 있다'와 같은 맥락 이론('내포적intensional' 맥락)을 필요로 하게 된다. 이 주제는 다음 장에서 다시 다루겠다.

(v) 동일성의 논의에서 라이프니츠에 의해 촉발된 또 다른, 더 논쟁의 여지가 있는 원리가 있다. 이것이 소위 식별불가능자의 동일성Identity of Indiscernibles으로, 라이프니츠의 법칙의 환위명제인데, 다음과 같다. 만일 a와 b가 모든 속성을 공유한다면, 그것들은 하나이고 같다.

$(x)(y)(F)((F)x \equiv F(y) \supset x = y)$

이 원리의 매력은 분명하다. 왜냐하면 그것은 동일성에 대한 필요충분조건을 제공해줄 수 있기 때문이다. 라이프니츠의 법칙과 식별불가능자의 동일성으로부터 (i) (ii) (iii)의 조건이 논리적으로 도출된다. 그러나 식별불가능자의 동일성은 참인가?

모든 속성을 공유하는 두 개의 쇠공을 상상해보자. 그것들은 여전히 두 개일 수 없는가? 그것들이 공간적으로 혹은 시간적으로 분리되어 있다면, 두 개일 수 있다. 그렇지만 그것들은 모든 속성을 공유하지는 못할 것이다. 왜냐하면 그것들의 시공간적 특징은 다르기 때문이다. 그러면 두 개의 쇠공을 제외하고는 아무것도 담고 있지 않으면서, 두 쇠공이 일정한 속도와 거리를 유지하며 서로의 주위를 천천히 돌고 있는 세계를 상상해보자. 어느 시점에서 공 a의 공간적 속성은 무엇인가? 대답은 다음과 같을 것이다. 공 a는 공 b로부터 1미터 떨어져서, 시속 3킬로미터의 속도로 b에 대해 8자 모양으로 움직인다. 그러나 정확히 같은 것이 b에 대해서도 말해질 수 있다. 단지 여기서는 b의 시공간적 속성이 a에 대해서 규정될 뿐이다. 그러나 a와 b 간의 차이는 없기 때문에, 그것들은 이제 모든 속성을 공유한다. 그러나 그것들은 두 개다.

이 예는 내가 24장에서 살펴볼 이유들 때문에 논쟁거리다. 그러나 이 것은 두 개의 근본적 물음을 제기해준다. (ⅰ)우리는 우리의 존재론에서 개별적 대상들을, 예를 들어 '속성의 사례들'의 집합으로 대체함으로써, 어느 정도까지 제거할 수 있는가? (ⅱ)우리의 동일성 개념은 시간·공간 과 어느 정도까지 밀접한 관계가 있는가? 이것들이 바로 현대철학이 라이프니츠로부터 물려받은 심오한 형이상학적 물음들이다. 라이프니츠 는 식별불가능자의 동일성을 받아들였지만, 개별 실체들을 자신의 존재 론에서 제거하거나 혹은 그것들을 속성들로 '환원하려' 하지 않았다. 오 히려 그는 '충족이유율'에 부합하는 개별자들의 합리적 존재론을 수립 하고자 했다. 충족이유율이란 아무리 우연적일지라도 모든 것이 존재하 는 데에는 충분한 이유가 있다고 여기는 것이다. 그는 식별불가능자의 동일성을 가정해야만 그러한 존재론이 고안될 수 있다고 생각했다. 왜 냐하면 각 사물의 이유는 그 속성들의 목록에서만 발견될 수 있기 때문 이다. 만일 식별불가능한 대상이 있을 수 있다면, 하나이자 같은 이유가 그러한 대상 하나, 둘, 셋 기타 등등의 존재를 설명할 것이며, 그리하여 무의 존재도 설명할 것이다.

그러나 최근 철학자들의 가장 큰 주목을 끌었고, 빈약한 존재의 이론 에 실체를 추가하도록 한 것은 두 번째 질문이다. 내 말의 의미는 문자 그대로인데, 왜냐하면 데이비드 위긴스의 동일성에 관한 성찰의 결과로 서 철학에 다시 기어들어온 것이 바로 아리스토텔레스의 의미와 똑같은 실체이기 때문이다. 그의 원래 표적은 (다른 사람들 중에서도) 피터 기치 가 옹호한 '상대적 동일성relative identity'의 개념이다. 기치에 따르면, 동 일성은 '분류 개념sortal concept'과 관련된다. 즉 '무엇과 같은가?'라는 질문에 답하는 개념 말이다. 만일 잭이 헨리와 같다면, 이것은 아마도 잭이 헨리와 같은 사람이기 때문일 것이다. 기치에 따르면, 이것은 a가 b와 같은 F이어야 하며 같은 G는 아니라는 가능성을 열어준다. (그리하여 기독교 교리는 그리스도가 하느님 아버지와 같은 실체이지만 같은 인격은 아니라고 주장한다.) 이러한 급진적 견해는 라이프니츠의 법칙과 이행성(상대적 동일성은 동일성의 한 종이 아님을 보여주는 것으로 충분하다) 모두를 위반한다고 증명될 수 있다. 그럼에도 위긴스는 기치의 논변에 일말의 진리가 있다고 주장한다. a가 b와 같을 때마다, a와 b 모두에 해당되고 그것들의 동일성의 조건을 규정하는 분류 개념이 있어야 한다. '무엇과 같은가?'라는 질문은 항상 상대적이고 동시에 형이상학적으로 근본적이다. 잭과 헨리의 경우에, 이것은 참이다. 우리는 사람, 인간, 동물, 인격 등의 적절한 분류들을 당혹스러울 만큼 풍부하게 갖고 있다. 그리고 그중 어떤 것이 기본적인가라는 실질적인 물음도 있다. 그러나 이것은 정확히 아리스토텔레스의 존재 이론으로 우리를 이끌며, 그 존재론은 실재의 궁극적 구성요소, 우리가 어떤 것을 동일시할 때 동일시해야 하는 그러한 사물들, 그러한 사물의 종류들을 추구한다.

우리 일상의 존재론에서 개별적인 실체들은 모두 시간과 공간 안에 있다. 따라서 만일 우리가 그것들을 확인하고, 개별화하고, 다시 같은 것으로서 재확인한다면 그것들은, 가령 스트로슨, 위긴스 그리고 다른 사람들이 말하길, 틀림없이 존재하는 것이다. 하지만 존재자들이 그렇게 확인될 수 있게 하는 모든 분류가 참된 실체-분류는 아니다. 왜냐하면 임의로 혹은 우리의 일시적 관심에 따라 세계를 나누는 것들과 세계를 그 내적인 질서에 따라 나누는 것들 간의 구별이 있기 때문이다. 만일 내가 내 차를 재조립한다면, 그 차를 지난주에 내가 소유했던 것과 같다고 부르기로 결정할지 여부는 임의적인 문제다. 혹은 최소한, 그 결정은 법적이고 세제적인 편의에 의해 좌우될 것이고, 사람마다 다르게 내릴 것이다. '차'라는 분류어는 사물을 셈하는 것을 돕고, '무엇과 같은가?'라는 질문에 답을 제공한다. 그러나 그것은 인간의 관심과 관련해 사물을 분류하고, 사물의 본성에 대해서는 피상적으로만 언급한다. '말'이라는 분류어는 꽤나 다르다. 내 앞의 마구간에 있는 이 말이 조지인지, 혹은 어제 여기 서 있던 것과 같은 말인지 여부를 결정하는 것은 내가 아니다. 말의 내력은 말의 본성의 법칙에 의해 결정되고, 인간의 관심을 지시하지 않는다. 조지를 '말'이라는 분류 아래에 확인함으로써, 우리는 동일성의 실질적 기준을 사용할 뿐 아니라 조지가 근본적으로 무엇인지도 말하는 셈이다.

이 모든 것은 매우 논쟁거리며, 우리가 다시 다룰 만하다. 하지만 이것은 빈약한 존재의 이론이 동일성의 개념에 걸려 넘어져 형이상학의 진창에 깊이 빠져버렸다는 중요한 관찰을 보여준다.

4. 필연적 존재

존재론적 논변은 칸트가 말한 존재는 참된 술어가 아니라는 언명에 의해 기각되었다. 러셀은 반대의 가정에서 도출되는 부조리를 보임으로써 이 문제를 매듭지을 수 있다고 믿었다. 그는 만일 존재가 술어라면 다음과 같은 논변을 만들 수 있다고 주장했다.

(1) 당나귀는 존재한다.
(2) 이요르*A. A 밀른의 동화《곰돌이 푸》에 등장하는 항상 우울해 하는 당나귀는 당나귀다.

그러므로 (3) 이요르는 존재한다.

(러셀은 이 논변을 '사람은 무수히 많다. 소크라테스는 사람이다. 그러므로 소크라테스는 무수히 많다'와 비교한다. 하지만 이것은 실제로 비교 가능한가?) 러셀의 반례는 사실상 논점선취의 오류다. 존재가 술어라고 생각하는 사람은 (1)을 어떤 당나귀는 존재한다고 읽을 것이다. 이로부터 (2)가 주어지면, (3)은 나오지 않는다. 존재가 술어라고 생각하는 사람은 이것이 실제로 존재하는 어떤 것들에 대해서는 참이고, 다른 것들에 대해서는 거짓이라고 말한다. 이것이 마이농의 견해였다. 이것은 우리로 하여금 있음being을 존재existence와 구별하도록 그리고 존재하지 않는 것들이 있다고 말하도록 하는가? 아마도 그럴 것이다. 하지만 만일 우리가 모순에 빠지지 않고도 그리고 우리가 참이라고 아는 모든 것을 표현하지 않고도 그렇게 할 수 있다면, 무엇이 우리를 가로막는가?

이 점은 허구를 고려함으로써 강화된다. 확실히 우리 모두는 이요르가 누구인지 안다. 우리는 그에 관해 많은 것을 알며, 우리의 친구와 지인들을 그와 효과적으로 비교할 수 있다. 우리는 그가 존재하는가라는 질문에 관심을 갖는다. 이것은 이요르에 관한 질문이다. 그리고 우리는 아주 흔쾌히 아니라고 대답할 수 있다. 우리가 좋아하는 이 당나귀에 대해서 우리가 참이라고 알고 있는 많은 것들을 부정하지 않고서도 말이다. 우리는 '이요르'라는 이름을 어떤 한정 기술구로 옮긴 다음 그것을 포함하는 모든 문장을 러셀의 거추장스러운 정식으로 옮기려고 노력하기보다는, 어떤 대상을 긍정하거나 부정해주고, 존재란 술어라고 하는 가정에 따라 훨씬 쉽게 허구를 설명할 수 있다.

만일 존재가 술어라면, 어떤 것들이 필연적으로 존재한다는 주장을 수용하기가 한결 더 쉬워진다. 존재가 본질의 일부인 것들이 있을 것이다. 즉 그것들의 완전한 개념이 존재를 **포함하는** 것 말이다. 전통적으로 오직 하나의 존재자만이 이런 방식으로 생각되었는데, 바로 신이다. 이것은 우리가 신의 존재가 그의 본성으로부터 어떻게 나오는지를 이해할 수 있도록 해주는 신 개념을 갖고 있기 때문이다. 만일 신이 가장 위대한 존재고, 존재가 속성이라면, 신은 존재함에 틀림없다. 왜냐하면 당신이 어떤 것에서 존재를 제거한다면, 그것의 선함과 능력과 관련된 모든 측면을 약화시키기 때문이다. 어떤 철학자들(예를 들어, 노먼 맬컴)은 존재는 술어가 아니지만, 필연적 존재는 술어라고 주장함으로써 존재론적 논변을 옹호했다. 맬컴의 생각은 이렇다.

어떤 것이 필연적으로 존재한다고 말할 때, 나는 그것의 존재가 자기 이외의 다른 어느 것에도 의존하지 않는다고 말하고 있는 것이다. 이것이야말로 진정한 완전함이다. 신의 속성 목록에 필연적 존재를 추가함으로써, 우리는 신의 선함과 능력을 크게 증가시킨다. 뿐만 아니라 이것이 바로 성 안셀무스가 원래의 논변에서 염두에 두었던 것이라고 맬컴은 주장한다.

이러한 수정판은 필연성에 관해 의심스러운 가정을 한다. 또한 어떤 것이 필연적 존재를 갖는다는 전제로부터 그것이 정말로 존재한다고 연역할 수 없다는 불행한 결과도 갖는다. 기껏해야 그것이 존재한다면, 그것은 필연적으로 존재한다고 결론내릴 수 있을 뿐이다. 다음과 같은 개념을 생각해보라. 붉은 깃털과 2미터의 날개폭을 지니고, 라틴어를 완벽히 구사하며, 알토색소폰을 잘 불고, 필연적 존재를 가진 새. 이것은 모순 없는 개념처럼 보인다. 하지만 그러한 새가 있는가?

플랜팅가는 우리가 '최고의 위대함'을 지닌 존재에 관하여 완벽하게 일관된 개념을 제시할 수 있으며, 이러한 개념은 존재론적 논변의 요건을 충족한다고 좀 더 그럴듯하게 주장한다(《필연성의 본성》 214~215쪽).

따라서 우리는 그러한 존재가 필연적으로 존재한다고 증명할 수 있다. 다음 장에서 나는 이 증명을 살펴볼 것이다. 이러한 모든 논변과 더불어, 우리는 이 '가장 위대한 존재'가 실제로 우리의 신 개념에 대응하는지 물어야 한다. 특히, 그는(혹은 그것은) 창조된 세계와 관련하여 어떻게 서 있는가? 우연적 존재들은 그에게 의존하는가? 그가 그것들을 초래했는가? 그는 그것들에 관심이 있는가?

이 논변의 전통적 형태는 신을 세계와 연결시키기 위해 인과관계의 관념을 통해 표현되었다. 마이모니데스는 필연적 존재란 우연적 존재가 다른 것에 의해 야기되는 바로 그 방법으로, '자기원인'인 존재라고 주장했다. 그러므로 필연적으로 존재하는 바로 그 동일한 것이, 우리가 알고 있는 세계의 궁극적 설명을 추구할 때, 우리를 인도하는 것이다. 이 논변에서 '원인'은 무엇을 의미하는가라는 문제 역시 이 책의 또 다른 장의 주제다. 그렇지만 마이모니데스의 신은 플랜팅가의 신이 결여한 소중한 속성을 지닌다. 그는 세계의 우연성을 극복한다. 모든 우연적 존재들은 신에게 의존하고, 신은 필연성으로 인해 존재하기 때문에, 존재의 수수께끼가 풀린다. 설명되지 않고 설명할 수도 없이 그저 존재하는 것은 아무것도 없다. 즉 그 존재가 '맹목적 사실'인 것은 아무것도 없다. 그리고 그것은 당신과 나에게도 해당한다. 그리하여 우리를 창조한 신의 목적에 대한 탐색이 시작된다.

필연적 존재에 관한 또 다른 우려가 있다. 우리는 오직 하나만이 이러한 특징을 지닐 수 있다고 확신하는가? 예를 들어, 수는 어떤가? 만일 숫자 2가 존재한다면, 그것이 우연적으로 존재할 수 있는 방법을 생각하기란 힘들다. 2라는 수가 없는(하지만 다른 수는 모두 있는) 가능세계 혹은 수가 전혀 없는 가능세계가 있는가? 이런 가정은 말이 되지 않는다. 그러나 숫자 2는 인과적 힘을 잃는 대가로 자기의 필연적 존재를 획득한다. 수는 세계에 영향을 미칠 아무런 능력 없이, '인과적으로 무기력' 하다. 플랜팅가의 신도 마찬가지가 아닐까? 여하튼, 신은 필연적 존재의 영역에서 외롭지 않다. 무한히 많은 것들이 거기 그의 옆에 존재한다. 수, 보편자, 가능세계 그리고 다른 많은 것들이 말이다. 신은 존재론의 빈민굴에서 왕이 된다.

  (이 마지막 문제는 중세 신학자 둔스 스코투스에 의해 알려졌는데, 그는 수학적 대상과 같은 추상적 개념은 독립적으로 존재하지 않고 신의 사유 안에서만 존재하며, 그 개념의 영원한 본성은 바로 그것을 사유하는 존재의 영원성에 빚지고 있다고 주장하였다.)

5. 헤겔: 걸리적거린 존재의 이론

철학사 전체에서 존재에 관한 가장 영향력 있는 설명 중 하나는 헤겔의 《논리학》에서 제시되었다. 러셀은 그 저서에 대해서 논리가 더 나빠질수록 그 결과는 더 흥미로워진다고 평했다. 헤겔의 생각을 이해하는 것은 매우 중요하며, 그의 견해는 이후의 철학사에서 여러 가면을 쓰고 되풀이된다. 첫 번째로 이해해야 할 것은 헤겔이 논리학을 현대적인 의미에서―그것에 따르면, 논리학은 추론과 논변의 연구다―생각하지 않았다는 점이다. 그는 그리스인들이 로고스*logos*라고 불렸던 것의 추상적 탐구를 의미했다. 로고스는 단어, 기술, 설명, 추론, 논의 등 다양한 의미를 갖는다. 헤겔의 《논리학》은 개념을 사유하고, 기술하고, 적용하는 선천적 연구다. 그리고 그것이 탐구하는 개념 중 첫 번째가 다른 모든 것이 의존하는 것―존재being의 개념이다. (영어 번역본에서는 어떤 타당한 이유도 없이 보통 대문자로 Being이라고 쓴다.)

가장 논쟁적인 가정이 이미 존재를 개념이라고 기술하면서 제기되었다. 하지만 또 다른 논쟁적 가정이 곧 그것을 가린다. 헤겔에 따르면, 우리는 우리의 개념을 독립적 실재와 비교하지 않는다. 오히려 개념들이 전개되고, 그것들에 의해 기술되는 실재가 생겨난다. 헤겔은 진리 정합설의 옹호자다. 그는 사유가 아닌 것에 대해서 사유를 평가하기란 불가능하다고 주장한다. 실재는 우리가 그것을 생각하는 방식에 의해 결정된다. 실재를 이해한다는 것은 우리의 개념을 이해한다는 것이고, 그 반대도 마찬가지다. 세계의 구조는 단지 사유의 구조일 따름이고, 존재하는 모든 것은 정신Geist이다. 그것은 어느 방식으로 보면 '주관적 정신'이고, 다른 방식으로 보면 '객관적 정신'이다.

헤겔은 개념-적용이 자신이 '변증법'이라고 부르는 독특한 3단 구조를 드러낸다고 믿었다. 모든 사유는 개념의 적용을 포함하는데, 어떤 개념의 첫 번째 '형태'(혹은 '계기moment')는 추상이다. 실재를 파악하려고 할 때, 나는 그것에 어떤 추상적 개념을 적용함으로써 시작한다. '대상' 혹은 '사물'과 같은 것으로 말이다. 그런 다음, 나는 이 추상적 개념의 부적합성을 이해함으로써, 더 '규정적determinate' 파악을 얻게 된다. 그리하여 더 '규정적' 관념에 이르게 된다. 그러나 이 규정적 관념은 추상적 관념과 싸우게 된다. 어떤 의미에서 이것은 그것과 모순되기 때문이다. ('모든 규정은 부정이다'라고 헤겔은 스피노자를 인용하여 말한다.) 이러한 갈등으로부터 새로운 개념이 태어나는데, 그것은 더 나은 판별을 한다는 점에서 그리고 더 완전한 실재의 상을 제시한다는 점에서 처음의 것보다 '더 참된' 것이다. 헤겔은 이러한 생각을 다음과 같이 말한다.

(i) 첫 번째 계기: 어떤 개념이 적용된다. 그러나 그것은 추상적이고, '무매개적immediate'이며 비규정적이다. (무매개적이란 간단히 말해서 그것이

더 이상의 개념 없이 사유로부터 직접 나온다는 뜻이다.)

(ii) 두 번째 계기: 추상적 개념은 경쟁 개념들에 의해 '매개되고', 그로 인해 규정적 개념이 될 때에만 지식을 산출할 수 있다.

(iii) 추상직 개념과 규정적 개념 간의 갈등은 지적 '초월'(지양Aufhebung)에 의해, 양자를 구현하는 더 참된 개념으로 해소된다.

개념-적용이 추상에서 규정적인 것으로 진보의 단계를 따라 어떻게 전개되는지를 알기란 쉽다. 내가 어떤 대상을 처음에는 공간상의 사물로, 그 다음에는 생명체로, 그리고 나서 동물로, 그런 다음 고양이로 이해할 때와 같다. 하지만 그 여러 단계가 갈등(심지어 모순)을 통해서 도달된다는 관념은 무엇을 의미하는가? 헤겔의 사고는 대략 이렇다. 개념은 본성상 보편적이고, 따라서 추상적이다. 그러나 그 적용은 항상 어떤 사례, 특수자다. 하지만 특수성의 요소를 도입할 수 있는 것은 개념 이외에 아무것도 없다―우리는 개념 이전의 실재에는 결코 접근하지 못한다. 개념은 어떤 방법을 써서 **스스로를** 적용해야 한다. 즉 개념은 자신이 적용되는 특수자를 동일시하는 데 필수적인 것들을 자기 안에 포함해야 한다. 따라서 모든 개념의 추상적·보편적 요소는 구체적·특수적 요소에 의해 상쇄되어야 한다. 즉 추상에 반하는, 따라서 추상적 형태의 개념에 반하는 쪽을 향하는 벡터를 갖는다. 양자의 충돌이 구체적 실재의 관념으로 이끄는 것이며, 이때 양자는 고양이이면서 고양이가 아닌데, 그것은 보편자와 동일하지 않기 때문이다.

그리하여 헤겔은 존재에 관해 무엇이라 말하는가? 우리의 프레게식 존재 개념은 닻의 개념과 같다. 즉 존재 양화사가 우리의 개념을 실재와 연결시켜준다. 개념을 그 사례와 결합시키는 것은 개념 자체가 아니라 연산이다. 이것이 '빈약한 존재의 이론'으로 이끄는 것이다―양화사 이론 말고는, 존재에 관해서 말할 만한 것은 아무것도 없다는 뜻이다. 그러나 헤겔의 철학에는 그러한 닻을 내릴 자리가 없다. 우리의 개념을 개념 이전의 실재에 고정시킬 방법이란 없다. 사유는 스스로를 적용하는 바로 그 과정을 통해, 자기가 지시하는 실재를 능동적으로 창조한다. 존재 역시 이러한 과정에 포함된다. 존재는 최고로 추상적인 개념이며, 모든 것을 포괄하는 개념이다. 그러므로 존재가 '논리학'의 출발점이다.

존재의 개념은 헤겔의 변증법을 예증해준다. 처음에 생각된 존재는 완전히 추상적이다. 그것은 헤겔이 표현한 대로 '비규정적 무매개성'이다. 즉 나는 이 관념을 어느 다른 것의 도움 없이도 이해할 수 있으나(그것은 '무매개적'이다), 이는 단지 그것이 완전히 비규정적이기 때문이다. 즉 그것은 모든 것에 적용되고, 따라서 특별히 어떤 것에 관해서는 아무것도 말하지 않는다. (헤겔에게는 항상, 우리가 규정성을 희생하여 무매개성을 획득하며, 따라서 내용을 잃는 대신 확실성을 얻는다는 흥미로운 생각이 있다. 우리의 지식이 더 확실해질수록, 우리가 아는 것은 더 줄어든다.) 이로부터 도출되는 점은, 존재를 서술할 때 우리는 무엇이 있는지에 관해서는 아무것도 말하지 않는다는 것이다. 그러므로 존재가 있다고 말하는 것은 아무것도 말하지 않는 것이다. 헤겔은 이것을 모순이라고 생각한다. 왜냐하면 우리는 존재의 개념을 적용할 뿐 아니라, 말하자면 존재 내에 은폐된 채 놓여 있으며, 존재에 대항해 싸움을 벌이고 싶어하는 무 혹은 비존재의 개념 또한 적용하기 때문이다. 비존재는 존재를 규정하거나 '제한하며', 변증법의 연쇄에서 다음 개념으로(결정적 존재의 개념으로) '넘어가도록' 강제한다. 규정적 존재는 진정한 특수자가 갖는 존재의 종류다. 예를 들어, 어떤 탁자가 존재한다. 그러나 그 존재에는 한계가 있다. 즉 그것이 있지 않은 곳들이 있다. 탁자라는 개념을 적용할 때, 우리는 세계를 탁자인 것들과 탁자가 아닌 것들로 나눈다. 이 모든 것은 탁자가 규정적 존재를 갖는다는 사유에서 이해되며, 거기에서 존재와 비존재 모두는 이해되고 초월된다. 헤겔은 이러한 관념을 가리키기 위해 현존재dasein라는 독일어를 사용한다. ('현존재'는 존재를 의미하지만, 어원적으로는 '거기에 있음'을 뜻한다. 헤겔에게 이것은 우리의 존재 관념에서 '규정적' 요소를 담고 있다.)

여기서 흥미로운 복잡성이 헤겔의 이론에 도입된다. 헤겔은 우리가 사유(혹은 정신) 자체 내에서 어떤 구분을 다루고 있음을 깨닫지 못한다면, 주관과 객관, 내적인 것과 외적인 것, 자아와 세계 간의 관계는 완전히 불가사의해진다고 믿었다. 사유는 두 방향 중 어느 하나를 가리킬 수 있다. 즉 그것은 객관적 질서의 구성을 통해 그 잠재태를 실현함으로써 대상에서 스스로를 표현할 수 있다. 혹은 대상이 아니라 자신의 정신 '현상'을 연구함으로써 스스로를 성찰할 수 있다. 따라서 두 종류의 '논리학'이 있게 된다. 개념을 대상에 적용하는 것을 연구하는 객관적 논리학과 개념을 사유 내에 있는 것으로서 연구하는 주관적 논리학이다. 전자는 '즉자적 존재being-in-itself'(혹은 존재로서의 개념)를 연구하고, 후자는 '대자적 존재being-for-itself'(혹은 개념으로서의 개념)를 연구한다. '즉자 존재'와 '대자 존재'의 구별은 철학사에서 대단히 중요해진다. 그것은 마르크스에 의해 도용되어 훼손되었다가, 하이데거와 사르트르에 의해 원래의 의미로 부활하였다. 이 구별이 흥미로운 것은 부분적으로, 자기의식적 존재가 비자기의식적 존재와 단순히 종류만 다른 것이 아니라 실제로 다른 종류의 존재를 갖는다고 주장하는 데 있다. 자기의식적 존재는 바위와 돌과 나무와는 다른 방식으로 존재한다. 이러한 사유는 우리가 자연 안에 있지만 또한 그것과 '별개로' 있다는 견해에 형이상학적 기초를 약속한다.

헤겔은 존재의 철학에서 시간의 중요성을 인정하며, 이 관념이 존재와 규정적 존재 간의 변증법적 대립에서 발생하고, 오로지 사유의 시간적 방법을 통해서만 해결될 수 있다고 주장한다. 우리는 하나이자 같은 것이, 어느 시점에는 그 존재를 요청하지만 다른 시점에는 그렇게 하지 않음으로써, 존재하기도 하고 존재하지 않기도 한다는 관념에 의미를 부여한다. 시간을 통해서 우리는 존재자들을 식별하며, 따라서 우리는 그것들을 셈하고 구별할 수 있는 것이다. 시간은 또한 우리에게 '생성'(변증법에서의 다음 단계)의 개념을 제공하며, 그것을 통해 우리는 유기체의 존재를 이해한다. 유기체는 끊임없는 생성의 상태에 있지만, 여전히 같은 것으로 남는 존재자들이다.

이 이론은 존재의 '계기들'의 연속적인 '전개'를 통해서 이러한 방식으로 진행된다. 이것을 자세히 이해하기는 어려우며, 놀랍고 충격적인 논변들로 가득하다. 그러나 그 중심 개념은 다소 흥미롭다. 헤겔은 우리가 하나의 개념―존재의 개념―을 통해서 세계 전체를 이해할 수 있다고 말한다. 하지만 이 개념을 이해할 때, 우리는 그것의 연속적 '규정들'을 산출한다. 그러고 나서 우리는 존재에는 여러 다양한 방식이 있으며, 우리의 세계가 개념의 구분에 따라 나뉨을 발견한다. 구체적 사물의 존재는 추상의 존재와 같지 않다. 재확인할 수 있는 특수자의 존재는 시간 밖에 있는 것의 존재와 같지 않다. 유기체의 존재는 무기물 덩어리의 존재와 같지 않다. 자기의식적 주체의 존재는 단순한 유기체의 존재와 같지 않다. 기타 등등. 이 모든 것은 흥미로운 제안이다. 하지만 이것들 모두 논란이 되는 전제에 의존하고 있다. 즉 존재는 다른 어느 것과 마찬가지로 하나의 개념이라는 전제 말이다. 존재는 우리의 개념 도식을 실재에 정박시키지 않고, 자신의 예화로부터 그 개념 도식을 산출한다. 쇼펜하우어가 비꼬면서 평했듯이, 그 결과는 모든 것의 존재에 대한 존재론적 증명이다. 그리고 이러한 증명 역시 우리의 세계에서 우연성을 제거하는 양성의 결과를 얻지만, 그 신뢰의 대가는 성 안셀무스의 후계자들이 초래한 것보다 훨씬 더 크다.

6. 하이데거와 불안한 존재의 이론

이 주제를 마치기 전에, 모든 철학 저작 중에서 가장 악명 높은 책 하나를 잠시 훑어볼 가치가 있다. 하이데거의《존재와 시간》말이다. 이 저작에서 하이데거의 목적은, 자신의 저작을 완성하기 위해 사용한 방법과 마찬가지로, 불분명하다. 그럼에도 몇 가지 지침을 제시할 수 있으며, 그것은 그를 곤혹스럽게 만든 물음들을 알려줄 것이다.

하이데거는 현상학자며, 후설의 제자로, 스승으로부터 깊은 영향을 받았다. 또한 그의 언어는 헤겔의 영향을 받았으며, 그의 논변은(혹은 그 결여는) 소크라테스 이전 철학자들의 사색에서 영향을 받았다. 그 밖의 다른 것은 그에게 조금도 영향을 주지 않았던 것 같다. 그의 저작들이 드러내는 한에서 보면, 프레게와 러셀과 비트겐슈타인은 결코 존재하지 않았던 듯하다.

현상학은 현상의 연구로 시작한다. 하지만 하이데거는 그것을 '물자체'의 연구, 사실상 물자체에 관한 유일하게 참된 연구로 간주한다. 이것은 현상appearance이 '스스로 드러나는 것'을 의미하는(하이데거의 그리스어 독해에 따르면) '현상phenomena'이기 때문이다. 그러므로 현상학phenomenology은 현상 그 자체가 아니라 현상에서 사물의 드러남을 연구하는 것이다. (하이데거의 논변 대부분은 결코 논변이 아니라, 대개 그리스어 단어에 초점을 맞춘 아마추어 어원학의 단편들이다. 양차 대전 사이의 중부 유럽 철학 대부분이 이와 같았다. 예를 들어, **푀겔린***독일 출생의 미국 정치철학자, **라너***독일의 예수회 사제이자 가톨릭 신학자, **파토치카***후설과 하이데거의 영향을 받은 체코의 철학자와 비교해보라.)

    하이데거가 명명한 '존재의 물음'이 제기되는 것은 이렇게 이해된 현상학의 맥락에서다. 이 물음은 다른 모든 물음에 대해 '존재론적 우위'를 갖는다. 이 말은 다른 물음들이 그것에 대한 답을 기다려야 할 뿐 아니라, 우리 역시 그 답에 의존한다는 뜻이다. 나의 존재는 그 물음에 달려 있다. 그리고 나는 다른 방식으로 존재함으로써만 그 답을 발견한다.

    헤겔처럼, 하이데거는 존재의 여러 방식을 인정한다. 하지만 그는 헤겔이 구축한 것들에 새롭고 흥미로운 몇몇 범주들을 덧붙인다. '세계-내-존재'와 '대자 존재'가 있고, '타자와의 공존재'와 '죽음을 향한 존재'도 있다. 사실상, 그 책의 논변은 연속되는 존재 형태들을 통한 여행이며, 각각의 문제를 제시하고 그것이 다음 단계에서 해결됨을 보여준다. (변증법의 메아리라 하겠다.)

    그렇다면 그 물음이란 무엇인가? 분명히, 프레게가 논의한 물음은 아니다. 하이데거는 '존재'라는 용어의 의미론적 역할이라는 뜻에서는, 존재의 의미에 관심이 없다. 하지만 우리의 세계 내 존재로서의 의미라는 뜻에서는, 존재의 의미에 관심이 있다. 존재의 물음은 다양하게 정식화될 수 있다. 하지만 본질적으로는 이렇다. 나는 왜 여기에 있는가? 이것은 너무 단순한 듯 들린다. 그래서 하이데거는 '나'라는 단어를 빼고 '현존재Dasein'로 대체하며, 그것을 존재Sein 즉 단순 존재와 대비시킨다. 현존재란 '존재가 문제가 되는 존재자'다. 다시 말해, 존재를 가질 뿐 아니라 존재의 물음도 갖는 존재자다. 즉 자기의식적 존재자 혹은 '나'다. 우리는 현존재를 존재existence로 번역할 수 없는데, 왜냐하면 하이데거가 존재의 더 깊은 층을 가리키기 위해 실존Existenz이라는 용어를 도입하기 때문이다. 실존은 "현존재가 처신할 수 있고 항상 처신하며 지향하는 존재의 종류다."(32쪽)

하이데거는 시간성이 현존재의 일부며, 현존재가 시간 속에 자리 잡고서, 시간 속에서 자신의 존재 의미를 추구함을 매우 확신한다. (현존재는 '역사성'을 갖는다.) 그는 또한 현존재의 본질은 그것의 **실존**이라고 주장하는데, 이것은 만일 실존이 분명히 존재(혹은 다른 어떤 것)를 의미하지 않는 것이 아니라면, 자아의 존재에 대한 존재론적 논변처럼 들린다. 어쨌든, 우리가 현존재에 관해서 아는 것은 이것이다. 존재가 그것에게는 문제가 된다. 그것은 세계 안에 있고, 문제가 있는 관계를 맺으며 세계와 대치한다.

그 문제의 일부는 피투성Geworfenheit 즉 '내던져짐'이라는 용어로 요약된다. 세계 내의 사물들은 아무 설명 없이 세계에 '내던져진다.' 나는 사물들을 이런 방식으로 보며, 또한 그에 맞춰서 사물들에 반응한다. 나 또한 '내던져져' 있다. 이것은 하이데거의 문제를 우연적 존재의 문제인 듯 보이게 한다. 나는 어떻게 우연적 존재와 타협할 수 있는가? 그러나 하이데거에게 타협은 필연적 존재의 증명을 포함하지 않는다. 그와는 반대로, 그의 황량하고 무신론적인 세계는 우리의 곤경에서 벗어날 어떠한 확실한 것도 장담하지 않으면서 우리 각자가 자신의 우연성과 타협해야 하는 세계다. 우리는 우연성 자체에서 의미를 찾아야 한다. 그럴 때에만 우리의 존재 문제는 해결될 것이다. 이러한 문제는 그리고 그에 대한 해답은 실존적existential이다. 즉 그것은 우리의 세계 내 존재 방식과 관련된다. 우리가 존재의 문제를 해결하는 것은 어떠한 방식의 존재에 의해서뿐이다. 그렇다면 우리는 존재의 의미를 이론이나 논변에서가 아니라 존재가 더 이상 문제가 되지 않는 존재의 방식에서 찾게 된다. 그 문제에 대한 답은 그것이 더 이상 문제가 되지 않을 때 나온다.

하이데거의 세부적 설명은 이 장의 범위를 넘어선다. 그러나 개략적으로 말하면, 그는 다음과 같은 생각을 전개한다.

(i) 사물들의 순수 이론. 하이데거는 칸트식 사유의 오랜 전통으로부터 사람과 사물 간의 구별을(비록 그는 이런 언어를 사용하지는 않지만) 받아들인다. 그리고 그는 사물들의 이론을 '손안에 있음ready-to-hand'과 사용됨으로 전개한다. 이 이론은 현상학적 이론이다. 즉 그것은 사물들이 어떻게 그것들이 드러나는 사람들에게 이해되는지를 기술한다.

(ii) 인격의 이론. 인격은 현존재에게 타자다. 더 간단히 말하면, 자기의식적 존재는 자기와 같은 종류의 타자들을 인식하고, 그들을 사물들과 구별한다.

(iii) 인격적 관계의 이론. 인격적 관계는 본래적일 수도, 비본래적일 수도 있다. 그것은 내가 존재의 물음을 은폐하기 위해, 그리하여 나란 무엇인가에 대한 책임을 떠맡기를 회피하기 위해 이용할 때, 비본래적이다. 비본래성은 내가 타자들에게 내 인생을 지휘하도록 허락할 때, 즉 '그들'에게 나 자신을 넘겨줄 때 나온다. (30장을 보라.)

(iv) 불안의 이론. 불안Angst은 내가 우연적이라는 인식 그리고 내가 세계와 불필요하게 분리되어 있다는 인식에서 비롯한다. 나는 불안에 '빠지는데', 비본래적 존재의 한 가지 원인은 타자에게 책임을 넘겨줌으로써 나 자신을 구하려 시도하기 때문이다. (이것은 거짓 공동체다.)

(v) 불안의 진정한 극복은 '염려Sorge'의 태도를 통해서며, 염려를 통해 나는 나 자신 그리고 나에게 나타나는 세계에 답한다. 이것은 하이데거가 '죽음을 향한 존재'라고 부른 존재의 새로운 양상으로 내가 이동할 때에만 가능하다. 그런 다음 나는 죽음을 한계로 받아들이며, 또한 그것을 초월하게 된다.

(내가 매우 논쟁적으로 개괄한) 이러한 관념들에서 내가 앞서 기술한 종

교 현상의 일부를 알아채는 것은 어렵지 않다. 공동체 밖에서의 상실과 고독감, 비본래적 공동체의 거부, 그럼에도 추방자의 고독을 극복하려는 욕구, 우연적 존재의 불안 그리고 죽음의 수용을 통해 그것을 극복하려는 조치들. 이 모든 관념은 종교의 자연사에 속한다. 하이데거가 제시한 존재의 문제는 종교가 대답을 제시하려는 문제와 매우 유사한 듯하다. 마지막 장에서 나는 이 문제를 다시 다루겠다.

13   필연성과 선천성

나는 지금까지 필연적인 것과 우연적인 것, 선천적인 것*a priori*과 후천적인 것*a posteriori* 간의 구별에 대한 직관적 이해를 가정했다. 이제 이러한 구별을 좀 더 상세히 살펴보고, 이것과 종종 관련되는 제3의 구별, 분석적인 것과 종합적인 것의 구별을 이것과 관련시킬 때가 되었다. (후자의 용어는 칸트에서 기인하며, 그의 《순수이성비판》 서문은 내가 앞으로 논의할 문제들에 대한 최선의 진술을 여전히 담고 있다.)

일반적으로 간주되듯이, 이러한 구별은 명제들 간의 구별이다—어떤 철학자가 명제에 대해 말하는 것을 다른 철학자는 믿음, 판단, 사유 혹은 문장에 대해 말한다는 일반적 단서를 단다면 말이다. 필연적 명제란 반드시 참인 명제다—즉 그것의 부정은 불가능하다. 우연적 명제는 그것이 참이라 하더라도, 거짓이었을 수 있는 명제다. 선천적 명제는 그 참이 경험의 도움 없이 추론에 의해서만 증명될 수 있는 명제다. 후천적 명제는 그 참이 경험에 의해 확립되어야 하는 명제다. 마지막으로, 분석명제란 그것에 포함된 개념들에 의해서 진리치가 순수하게 결정되는 명제다. 만일 그 명제가 참이라면, 이는 그것을 표현하는 데 사용된 단어들이 그 참을 보장하기 때문이다. 즉 어떠한 다른 가정도 그 단어들의 의미와 양립할 수 없다. (다른 모든 명제는 종합적이다.)

칸트는 마지막 구별을 이런 식으로 설명하지 않았다. 그는 분석판단을 술어의 개념이 주어의 개념에 포함된 판단으로 정의하였다. (아퀴나스는 '자명한' 진리를 같은 식으로 정의하였다.) 따라서 모든 육체는 공간적이라고 말할 때, 나는 분석적 진리를 표현하는데, 육체의 개념은 공간성의 개념을 포함하기 때문이다. 현대철학자들은 칸트의 설명을 두 가지 이유에서 거부한다. 첫째, 그것은 주술 문장에만 적용된다. 둘째, 그것은 문자 용어로 옮기기 어려운 은유를 이용한다. '포함'이라는 은유 말이다. 하지만 철학자들이 발견했듯이, 칸트의 생각보다 더 나은 형태를 찾기란 지극히 어렵다. '정의상 참'이라고 하는 것은 거의 도움이 되지 않는데, 대부분의 용어에는 합의된 정의가 없기 때문이다. '단어의 의미에 의한 참'이라고 하는 것도 마찬가지로 공허한데, 왜냐하면 '~에 의한'이라는 구에 대한 주석이 필요하지만 아무도 그것을 제시하지 않기 때문이다. 그러므로 우리는 사례들로 시작해야 한다. 여기에 몇 개가 있다.

모든 총각은 미혼이다.
붉으면서 동시에 붉지 않은 것은 아무것도 없다.
화는 하나의 감정이다.
최고 통치권은 주권이다.

가정은 다음과 같다. 만일 당신이 이러한 문장들에서 용어들의 의미를 이해한다면, 당신은 세계에 관한 어떠한 추가 사실을 찾을 필요 없이, 이 문장들이 참임을 알 것이다.

1. 경험론자의 견해

칸트는 '분석적'과 '종합적'이라는 용어를 소개했지만, 그 용어가 나타내는 구별을 완전하게 소개하지는 않았다. 흄은 그 대신에 한편으로 '관념의 관계relations of ideas'와 다른 한편으로 '사실의 문제matters of fact' 간의 구별을 말했다. 그는 모든 판단이 이 중 어느 하나를 다루며, 판단이 속할 수 있는 더 이상의 범주는 없다고 믿었다. 이러한 논지는 종종 '흄의 포크Hume's Fork'라고 불리며, 우리의 세 가지 구별은 실제로는 세 가지 다른 방법으로 기술된, 하나의 구별이라는 견해와 같은 것이다. 왜 냐하면 흄의 '관념의 관계'가 의미했던 것이, 칸트가 하나의 개념이 다른 개념을 '포함한다'고 말할 때 의미했던 것이기 때문이다. 내가 총각은 미혼이다라고 말할 때, 내 판단은 총각과 미혼이라는 관념들 간의 관계에 의해서만 참이 된다. 내가 총각은 불행하다라고 말할 때, 내 말은 그것이 참이라면 사실의 문제를 진술하는 것이다. 사실의 문제는 경험을 통해서만 알려질 수 있다고 흄은 주장했다. 그리고 사실의 문제를 진술하는 모든 명제는 거짓일 수 있다. 필연성은 그 참이 관념의 관계에 의해 보장되는 판단들에만 속한다.

흄의 견해는 경험론의 특징이며, 나중에 검증주의자들에 의해 계승되었다. 경험론에 따르면, 필연성은 우리가 그것에 관한 우리의 지식도 설명할 수 있을 때에만, 비로소 설명될 수 있다. 유한하면서 경험에 얽매여 있는 생물인, 내가 어떻게 어떤 명제가 필연적으로 참임을 안다고 주장할 수 있는가? 확실히, 내가 그 참을 선천적이라고 밝힐 수 있을 때에만 가능할 것이다. P가 (그저 참인 것과 반대되는 것으로서) 필연적으로 참이라는 경험적 증명은 있을 수 없다. 칸트는 이것에 대부분 동의하였다. 하지만 경험론자는 내가 어떤 명제의 참을 선천적이라고 밝힐 수 있는 것은 그 참이 그 명제를 이해함으로써 내가 이미 가진 정보에 근거할 때뿐이라고 덧붙인다. 이러한 정보는 무엇일 수 있는가? 확실히, 어떤 명제를 이해한다는 단순한 사실로부터 내가 이끌어내는 유일한 정보는 그것('관념')을 구성하는 개념들에 있다. 개념은 단어의 의미다. 따라서 내가 선천적 명제의 참을 도출해내는 것은 단어의 의미에 대한 나의 지식으로부터다. 요컨대, 필연적 진리는 그것을 표현하는 데 사용된 단어의 의미에 의해서 참이다. 그리고 필연적 진리의 부류는 선천적 진리의 부류와 동일하다.

이러한 견해는 필연적 진리란 '언어적인 것에 불과하다'는 검증주의자의 표어에 암시되어 있다. 경험론자의 이론은 필연성의 관념에 포함된 신비를 폐기해버린다. 우리가 필연성의 창조자이고, 진리는 공허해짐으로써만 필연적이 된다. 세계에 관한 가장 심오한 진리인 듯 보이는 것은 실제로는 우리가 세계를 기술하기 위해 채택하는 규약에 지나지 않는다. 이런 식으로 필연성을 설명하면서, 경험론자는 우리가 어떻게 필연성을 알 수 있는지도 보여준다.

그렇지만 이 이론은 선천적 지식에 대한 우리의 모든 주장이 거짓이거나 사소한 것이라는 결론을 내리게 된다. 만일 우리가 p가 참임을 선천적으로 안다면, 이것은 다른 어떤 것에 의해서가 아니라 우리 자신의 언어적 약정에 의해서 p가 참이 되기 때문이다. 경험론자는 항상 이러한 결과를 환영하는데, 그것이 우리의 철학적 주장을 분명하게 제한하기 때문이다. 실제로, 이것은 형이상학—그것은 선천적일 때에만 참일 수 있다―이 사소하거나 거짓인 사유들로 이루어져 있음에 틀림없다는 주장과 밀접하게 관련된다.

2. 칸트

하지만 칸트는 불만스러웠다. 경험론자의 견해는 형이상학에서 흥미로운 결과들을 모두 배제할 뿐 아니라, 명백히 '종합적인' 다수의 선천적 진리들을 설명하지 못한다. 칸트는 이 용어를 다음과 같은 사실을 지칭하기 위해 사용했다. 즉 분석적 판단이 개념을 그 구성요소들로 단순히 나누는 반면, 다른 판단들은 주어에 암시적으로 '포함되지' 않은 관념을 술어에서 제기함으로써 '종합'을 가져온다. 하지만 우리는 칸트가 유명하게 만든 이 표현, 즉 '선천적 종합synthetic *a priori*' 지식의 용법을 찾기 위해서 이런 특수 이론을 받아들일 필요는 없다. 선천적 종합 지식이란 선천적이지만 그것을 표현하기 위해 사용된 단어의 의미에서만 도출되지 않는 참인 지식을 의미한다. 칸트는 물었다. 선천적 종합 지식은 어떻게 가능한가? 만일 가능하지 않다면, 형이상학과 같은 것은 없게 된다.

  하지만 그것은 가능하다고 칸트는 주장했다. 왜냐하면 수학이 가능하고, 수학은 선천적 종합 지식이기 때문이다. 수학 부호들의 의미를 분석함으로써 수학적 진리를 증명할 방법은 없다. 그러나 모든 합리적 존재는 이러한 진리를 파악할 수 있고, 그것을 선천적으로 증명할 수 있으며, 그것이 참이라면 필연적으로 참임을 인정할 수 있다. 칸트가 이 점에 관하여 옳았는지 여부는 그의 시대 이후 줄곧 철학의 주요 논쟁거리 중 하나였다. 그리고 그것이 내가 25장에서 다룰 주제다. 어떠한 철학자도 수학적 진리가 분석적임을 증명하는 데 근접하지 못했다고 주장한 점, 그리고 수학적 진리 역시 '관념의 관계'를 말한다는 흄의 안일한 가정에는 전혀 근거가 없다고 주장한 점에서 칸트는 확실히 옳았다.

우리가 수학에 관해서 뭐라고 말하든, 칸트는 형이상학에도 선천적 종합 진리가 있으며, 철학의 과제는 그것을 발견하는 것이라고 확신했다. 그 과제가 매우 어렵다면, 그것은 우리가 선천적 종합판단의 이론을 결여하고 있기 때문이다. 즉 우리는 어떻게 선천적 종합판단이 가능한지 그리고 그 진리가 어디에서 도출되는지에 관한 명확한 개념을 갖고 있지 않다.《순수이성비판》에서 그는 그 이론을 제공하기 시작하며, 우리가 세계를 이해하고자 한다면 그것이 어떠해야 하는지를 형이상학적 진리가 우리에게 말해준다고 주장한다. 우리는 우리의 지적 능력을 연구함으로써 그 형이상학적 진리를 밝힌다. 이러한 연구로부터, 우리는 경험의 어떤 형식만이 그리고 실재의 어떤 종류만이 알려질 수 있다고 결론 내린다. 이것은 경험적 연구가 아니다. 그것은 알려질 수 있는 것의 한계를 정하기 위해서, 우리가 오성을 선천적으로 반성하는 것과 관련된다. (이것은 인간 지식이 확대될 때까지는 그렇다는 말이 아니라 지식이 더 이상은 나아갈 수 없다는 의미다.) 칸트의 이론이 선천적 종합 지식은 어떻게 가능한지를 실제로 설명하지 않는다는 점이 즉각 드러난다. 이론 그 자체는 어찌 되는가? 만일 이론이 자신이 밝힌 진리의 선천적 위상을 지지한다면, 그것 역시 선천적으로 알려져야 한다. 우리가 형이상학의 본성을 선천적이고 종합적이라고 설명하려면, 거꾸로 칸트의 이론이 선천적이고 종합적이라고 가정해야만 한다. 반면에, 만일 칸트의 이론이 실제로 분석적이라면('지식' '오성' 등으로 우리가 의미하는 것을 분석하는 데 기초한다면), 그것에서 도출되는 결론 역시 분석적일 것이다.

칸트는 선천적 진리의 두 가지 기준이 있다고 주장했다. 즉 엄밀한 의미에서의 보편성과 필연성이다. 만일 우리가 필연성을 확신할 수 없다면, 우리는 결코 엄밀한 의미에서의 보편적 판단(항상 어디에서나 참인 것에 관한 판단)을 내릴 수 없다. 그리고 우리는 선천적 증명을 갖는 경우에만 필연성을 확신할 수 있다. 칸트는 또한 우리가 일상적 사유에서 이러한 기호들을 끊임없이 만난다고 생각했다. 예를 들어, 우리가 보편타당하다고 주장하는 과학법칙 말이다. 우리가 과학의 근거가 되는 어떤 선천적 종합 원칙을 찾을 수 없다면, 과학은 토대가 없게 될 것이다. 선천적 종합 진리는 형이상학의 사치품이 아니라 일상적 실재세계의 구성요소다.

하지만 한 가지 문제는 어떤 명제가 선천적 종합명제인가에 대한 합의가 거의 없다는 점이다. 칸트가 선택한 것들은 그의 논쟁거리인 체계와 지나치게 결부되어 있어, 이를 받아들이는 철학자는 거의 없다. 선천적이지만 분석적이지 않다고 여겨지는 명제들의 몇 가지 사례는 다음과 같다.

(1) 빨강이면서 동시에 초록인 것은 없다.

(2) 신은 존재한다. (존재론적 주장에 대한 칸트의 반론 중 하나는, 만일 그것이 타당하다면 신의 존재를 분석적 진리로 만들게 된다는 것이었다.)

(3) 모든 사건에는 원인이 있다.

(4) 진리는 사실과의 대응이다.

(1)과 같은 사례가 (2)와 같은 사례보다 현대철학에서 훨씬 더 자주 논의된다는 점을 알게 되어도 당신은 놀라지 않을 것이다. 그리고 그 사례는 물론 흥미롭다. 우리가 아이에게 '빨강'이라는 용어를 가르칠 때, 빨강은 '초록이 아니다'를 의미함 또한 가르친다고 주장하는 것은 터무니없다. 어떠한 것도 전체가 빨강이면서 동시에 초록일 수는 없다고 우리

에게 말해주는 것은 '빨강'과 '초록'이라는 용어의 의미가 아니라, 그 성질 자체다. 두 색깔이 단일한 표면에 공동으로 내재할 수 없다는 것은 빨강의 본성, 초록의 본성에 관한 진리다. (하지만 여기서 '본성'은 무엇을 의미하는가?)

3. 크립키

선천적인 것과 후천적인 것 간의 구별이 필연적인 것과 우연적인 것 간의 구별과 일치한다는 데 칸트는 경험론자들과 의견을 같이한다. 하지만 그가 상당히 다른 종류의 구별이라고 간주하는 분석적/종합적의 구별에 대해서는 그들에 동의하지 않는다. 따라서 그는 선천적 종합 진리가 있을 수 있으며, 그것은 필연적 진리이기도 하다고 믿는다. 솔 크립키는 한발 더 나아가, 우리에게는 두 가지가 아니라 세 가지의 구별이 있다고 주장한다. 그것을 개략적으로 살펴보자. 필연적인 것/우연적인 것의 구별은 형이상학적이고, 존재의 두 가지 방식 간의 구별이다. 선천적인 것/후천적인 것의 구별은 인식론적이며, 지식에 이르는 두 갈래길 간의 구별이다. 분석적인 것/종합적인 것의 구별은 의미론적이며, 문장의 진리치가 결정되는 두 가지 방법 간의 구별이다. 그렇다면 우리는 왜 이러한 것들이 하나의 구별에 대한 세 가지 다른 이름이라고 혹은 그 구별에 공통적인 어떤 것이 있다고 가정해야 하는가? 칸트가 선천적이고 종합적인 진리를 지지하려고 했듯이, 크립키는 '선천적이고 우연적인 것' 그리고 '후천적이고 필연적인 것'을, 다른 똑같이 놀라운 것들과 마찬가지로 우리가 어떻게 수용할 수 있는지를 보여준다.

　《이름과 필연》은 대단히 흥미로운 저작이고, 현대철학의 방향을 바꾼

책이다. 그 논변 전체를 요약할 수는 없으므로, 나는 주요한 두세 가지에 집중할 것이다. 첫 번째는 동일성에 관한 것으로, 다양한 형태가 존재한다―루스 바컨 마커스가 제시한 양상논리의 형식적 증명을 포함해서 말이다. (양상논리에 관해서는 이 장의 마지막 절을 보라.) 모든 것은 자신과 동일할 뿐 아니라 필연적으로 동일한 듯 보인다. 뿐만 아니라 어느 것도 자기 이외에 다른 것과는 동일하지 않다. 그렇다면 동일성 진술 'a = b'를 생각해보자. 그것은 'a'와 'b'가 동일한 대상을 지시할 때에만 참이며, 그렇지 않다면 거짓이다. 그러나 만일 'a'가 'b'와 동일한 대상, 즉 a라는 대상을 지시한다면, 어떻게 a = b가 거짓일 수 있겠는가? 확실히 그 진술은 대상(즉 a)을 자기 자신(즉 b)과 동일시할 뿐이다. 그리고 그렇게 하는 진술은 단지 참일 뿐 아니라 필연적으로도 참이다. a가 자기 자신과 동일하지 않은 가능한 상황이란 없다.

이 논변은 라이프니츠의 법칙으로 바꿔 말할 수 있다. 즉 a가 b와 동일하다면, a에게 참인 모든 것은 b에게도 참이라는 것 말이다. a에게 참인 것 중 하나는 그것이 a와 필연적으로 동일하다는 것이다. 따라서 이것은 b에게도 역시 참임에 틀림없다.

크립키는 이러한 관찰을 내가 이미 다뤘던 동일성과 지시에 관한 물음과 연결시킨다. 프레게(그리고 그 이후의 많은 철학자)는 대상을 지시하는 용어(언어의 진정한 이름)가 그 대상을 동일시하는 절차와 연관되어 있다고 느꼈다. 우리가 동일성 진술을 할 수 있는 것은 바로 이러한 절차(이름의 뜻)에 의해서다. 하지만 언어의 진정한 이름―말하자면 우리로 하여금 언어로부터 존재하는 사물의 세계로 하강할 수 있게 하는 단어란 무엇인가? 러셀은 '논리적으로 고유명사'가 자기에 의해 지칭된 대상이 있는 경우에만 의미를 갖는다고 믿었다. 즉 지칭된 대상이 의미인 것이다. 따라서 우리의 언어에서 이름처럼 보이는 많은 것은 위장된 한정 기술구로 판명되며, 그 기술구의 담지자는 프랑스의 불행한 왕처럼 우리의 존재론에서 단두대형에 처해진다.

러셀은 이름의 지시대상이 그것의 의미라는 기괴한 생각으로 인해 난관에 봉착했지만, 이름의 핵심이 지시를 한다는 점이라는 그의 주장은 분명히 옳았다. 결단코, 이것이 이름의 의미에 관한 근본적 사실임에 틀림없다. 한 가지 제안은 이것이다. 이름 'a'의 뜻은 그것이 a를 지시한다는 것이다. 언어에서 이름의 역할은 대상과의 연관에 의해서 온전히 규정된다. 이것이 대략 크립키가 취한 노선이고, 그는 이로 인해 이름이 동일화와 동일성의 진술에서 특별한 역할을 한다는 프레게의 테제에 새로운 힘을 실어줄 수 있었다. 일부 철학자들, 특히 존 설은 이름의 뜻이 하나 혹은 일군의 기술구에 의해 주어진다고 가정했다. 크립키는 만일 그렇다면 이로부터 아리스토텔레스는 아리스토텔레스가 아니었을 수도 있게 된다고 주장한다. 왜냐하면 그 사람―즉 아리스토텔레스―은 그의 이름에 포함된 기술구를(기술구가 무엇이든 간에) 충족시키지 못했을 것이기 때문이다. 그러나 사실상 우리는 이름을 이런 식으로 결코 이해하지 않는다. 만일 우리가 그런다면, 우리의 언어에 있는 어떤 이름으로 같은 것을 의미했는지 알기가 매우 곤란해질 것이다. 이름을 이해한다는 것은 단순히 그것이 지시하는 것이 어떤 대상인지를 아는 것이다. 이름은 그 뜻을 바꾸어 동일한 이름이기를 그치지 않고서는 다른 대상을 지시할 수 없다. 크립키는 이 점을 이름은 '고정 지시어rigid designators'다라는 말로 표현한다. 이름은 모든 가능한 상황에서(혹은 모든 '가능세계'에서) 같은 대상을 지시한다.

프레게는 '샛별은 개밥바라기와 동일하다' 혹은 '포스포로스Phosphorus는 헤스페로스Hesperus다*그리스 신화에서 새벽의 여신 에오스의 두 아들로, 각각 샛별과 개밥바라기를 가리킨다'와 같은 동일성 진술에 대해 우려했다. 이러한 것들은 참이지만 후천적이다. 즉 우리는 그것들이 참이라고 하는 점을 관찰을 통해, 두 '단칭명사'가 같은 사물을 지시함을 발견함으로써 알게 된다. 프레게는 그것이 우연적으로 참이 되는 동일성 진술이라고 말하는 경향을 보였다. 하지만 크립키는 어떤 동일성 진술도 우연적으로 참이 되는 것이 아니라고 주장한다. 만일 '헤스페로스'와 '포스포로스'가 이름이라면, 그것은 고정 지시어며, 모든 가능한 상황에서 같은 대상을 골라잡는다. 만일 헤스페로스가 포스포로스와 동일하다는 것이 한 번이라도 참이라면, 그것은 항상 그리고 필연적으로 참이다. '샛별the morning star'과 '개밥바라기the evening star'와 관련해서는 사정이 더 복잡해진다. 왜냐하면 이러한 구는 두 가지 방식으로 읽힐 수 있기 때문이다. 아침에 마지막으로 보이는 별이 밤에 처음으로 보이는 별과 동일하지 않아야 한다는 것은 분명히 가능하다. 그러나 이 별, 즉 샛별이 이것, 즉 개밥바라기와 동일해서는 안 된다는 것은 불가능하다.

그러면 이것은 우리를 어디에 남겨 두는가? 크립키는 우리가 필연적이고 후천적인 진리를 다루고 있다고 주장한다. 그는 다른 예를 드는데, 그것은 어떤 사물 그리고 어떤 종류의 사물은 존재하기를 멈추지 않고서는 잃을 수 없는 '실질 본질'을(로크의 표현대로) 갖는다는 전통적 관념에 대응한다. 따라서 만일 모긴스가 고양이라면, 그것은 본질적으로 고양이다. 즉 그것은 고양이기를 그치지 않고서는 고양이기를 그만둘 수 없다. 하지만 내가 모긴스라고 불렀던 이 생물이 고양이라는 것은 후천적 짐작이다. 이 문제에 대한 내 조사는 결코 완전하지 않으며, 어느 날 누군가가 모긴스가 실은 마모셋원숭이류이거나 혹은 밴더스내치*루이스 캐럴의《거울나라의 앨리스》에 등장하는 가상의 생물체라는 정보로 나를 놀라게 할지도 모른다.

크립키는 또한 선천적이고 우연적인 진리가 있음을 증명하려고 한다.

254

즉 거짓일 수도 있었던 참된 명제, 하지만 그것이 참임을 우리가 선천적으로 아는 명제 말이다. 하나의 예는 파리에 있는 미터 표준자에 관해서다. 그 미터 표준자가 1미터 길이라는 것은 확실히 선천적으로 분명하다. 그러나 이 자는 1미터 길이가 아니었을 수도 있다. 즉 그것은 지금의 바로 그 자이지만 늘어나거나 줄어들었을 수 있다. 그러나 크립키의 논변은 이 점에서 더 논쟁적이다. 파리에 있는 미터 표준자의 실제 길이가 후천적으로만 알려지는 요인들─온도, 압력, 대기상태 등─에 의존하는 듯할 때, 그것이 1미터 길이라는 것을 나는 정말 선천적으로 알 수 있는가? 하지만 우리는 크립키의 예가 필요 없을지 모른다. 우리는 우연적이고 선천적인 진리를 이미 알고 있지 않은가? 즉 나는 존재한다라는 명제로 표현되었던 진리 말이다. 데카르트는 자신의 존재를 선천적인(그리고 타당한) 논변에 의해 확립했다. 하지만 그는 존재하지 않을 수도 있었다. 만일 이 예 역시 논쟁의 여지가 있다면, 그것은 이 예가 '나'라는 단어를 포함하기 때문이다. 확실히 '나는 존재한다'라고 말함으로써 내가 어떤 명제를 명시한 것이 아니라고 말해질 수 있다. 왜냐하면 나는 누가 존재하는지를 아직 말하지 않았기 때문이다. 나는 존재한다에 대한 선천적 증명은 주지의 사실이 될 수 있는 어떠한 것에 대한 선천적 증명이 아니다. 나는 존재한다라는 사유로부터 그러므로 로저 스크루턴이 존재한다는 것을 연역할 필요가 있다. 그러나 그것은 도출되지 않는다. (나는 로저 스크루턴이다라고 생각할 때 내가 착각을 할 수도 있다. 어쩌면 그런 사람은 없을 수도 있다.) 수수께끼는 여기서 더욱 증폭될 수 있는데, 나는 31장에서 그중 몇 가지를 다룰 것이다. 하지만 우리가 여기서 머뭇거릴 필요는 없다, 왜냐하면 크립키 논변의 진정한 힘은 선천적이고 우연적인 것이 있다는 주장이 아니라, 후천적이고 필연적인 것이 있다는 형이상학적으로 혁명적인 주장에 의존하기 때문이다.

이러한 후자의 주장은 많은 기성관념과 많은 지적 자기만족을 전복시켰다. 하지만 그것은 스스로에 대해 곤란한 물음들을 제기한다. 특히, 우리가 선천적인 것, 필연적인 것, 기타 등등으로 의미하는 것은 정확히 무엇인가? 이러한 물음을 다루기 전에, 네 번째 견해를 잠시 살펴볼 필요가 있다. 그 견해는 우리의 논의와 관련하여 한 가지 구별이 있다거나, 두 가지가 있다거나, 크립키가 주장하듯 세 가지가 있다고 여기지 않고, 오히려 아무것도 없다고 주장한다.

4. 콰인

콰인의 〈경험론의 두 도그마〉는 크립키의 《이름과 필연》이 우리 시대에 안겨준 것과 같은 충격을 당대에 안겨주었다. 그의 주요 표적은 '의미에 의한 진리'라는, 필연성에 대한 경험론자의 견해였다. 하지만 그의 논변은 다른 두 견해에도 똑같이 반대한다. 간단히 말해서, 콰인의 공격은 다음과 같다.

(1) 분석성. 이것으로 우리는 무엇을 의미하는가? '모든 총각은 미혼이다'라는 문장이 분석적으로 참이라고 말하는 것은 그것이 문장을 구성하는 단어들의 의미에 의해 참이 된다고 말하는 것이다. 어떤 단어들인가? 우선, '총각'이 있다. 이것은 확실히 미혼 남성을 의미한다. 따라서 그 문장은 논리적으로 참인 '모든 미혼 남성은 미혼이다'로 환원된다. 하지만 우리는 왜 '총각'과 '미혼 남성'이 같은 뜻을 지닌다고 확신하는가? 우리의 동의어의 기준은 무엇인가? 답은 '모든 총각은 미혼이다'는 분석적이라는 것이다. 이 경우에 분석성에 대한 우리의 정의는 순환논법이

된다.

(2) 필연성. 이것은 무엇을 의미하는가? 필연성에 대한 나의 기준은 무엇인가? 한 가지 제안은 필연적 진리란 경험과 상관없이 우리가 기꺼이 긍정하는 진리라는 것이다. 그러나 콰인은 우리가 어떠한 경험에 직면하더라도 다른 곳에서 수정할 준비가 되어 있는 한 우리의 전체 체계에 있는 어떠한 문장도 긍정할 수 있다고 주장한다. 어떤 문장도 경험에 반하여 그 자체로 시험되지 않는다. 나는 '모긴스는 포유동물이다' '모긴스는 포식자다' 등등의 참을 시험함으로써만 '모긴스는 고양이다'의 참을 시험할 수 있게 된다. 그리고 경험이란 기술될 때까지는 아무것도 증명하지 않기 때문에, 나는 내 신성불가침한 관념들을 견지하기 위해 항상 증거를 수정할 수 있다. 물론, 누군가는 모긴스가 밴더스내치라는 모든 증거에 직면하여 내가 한 말의 의미를 바꾸지 않고서는(즉 '고양이'는 '밴더스내치'와 동의어가 될 것이다) 내가 '모긴스는 고양이다'라는 문장을 고수할 수 없다고 대답할 것이다. 하지만 그때 나는 정말로 필연적인 문장과 그렇지 않은 문장을 구별하기 위해서 의미와 동의어의 개념에 의존해야 한다. 그리고 그것은 결국 분석성의 개념에 의지하도록 요구할 것이다. 우리는 다시 순환논법에 빠져버린다.

유사한 고찰이 선천성에도 적용된다. 우리는 분석성, 필연성, 선천성, 동의어를 정의할 수 있지만, 오직 서로에 의해서만 가능하다. 그것들은 콰인이 '내포적 용어의 순환circle of intensional terms'이라고 부른 것을 형성하며, 그 유용성은 우리가 그 적용에 대한 분명하고 독립적인 기준을 제시할 수 있을 때까지 의심스럽게 남는다. ('내포적'이라는 용어는 아래에서 설명하겠다.) 콰인은 이러한 용어들이 우리에게는 필요 없기 때문에, 그 모두를 내다버려야 한다고 주장한다. 우리가 말할 수 있고, 말할 필요

있는 전부는 우리의 언어가 '경험의 법정' 전체와 대면하는 어떤 단일한 체계 즉 '개념 도식'을 형성한다는 점이다. 우리는 의미—그 동일성의 조건이 결코 규정될 수 없는 유령 같은 형이상학적 존재자—를 지시할 필요가 없다. 왜냐하면 우리의 언어를 세계와 관련시키기 위해 뜻의 차원은 필요하지 않기 때문이다. 지시만으로 충분하다. 그리고 개념 도식 전체를 검토해보면, 필연적으로 참인 것과 그저 우연적으로 참인 것 간에 어떠한 가능한 구별도 없음을 우리는 알게 된다. 우리가 할 수 있는 유일한 구별(그리고 할 필요가 있는 유일한 구별)은 다루기 힘든 경험에도 불구하고 포기하기가 주저되는 문장과, 거리낌 없이 버릴 수 있는 문장 간의 구별이다. 이러한 구별은 '태도의 구별'이다. 즉 이것은 세계에 있는 두 가지 '존재 방식'을 기술하지는 않는다.

말할 필요도 없이, 이 모든 것은 무척이나 논쟁적이다. (예를 들어, 그라이스와 스트로슨이 〈도그마를 옹호하며〉에서 시도한 답변과, 1969년 《형이상학 리뷰》지에 실린 길버트 하먼의 논문들에서 총결집된 일군의 콰인식 논변들을 보라.) 문제는 만일 당신이 콰인의 결론을 받아들인다면 유명론, 실용주의 그리고 고도의 과학적 세계관에 이끌리는 자신을 발견하게 된다는 것이다. 그러나 만일 당신이 그의 논변을 자세히 살펴본다면, 그 견해가 이러한 전제들에서 세워졌으며, 따라서 매우 합당한 질문들로부터 보호받고 있음을 알게 될 것이다. 예를 들어, 필연성에 대한 비순환논법적 설명은 없다 할지라도, 이것이 그 관념에 대한 우리의 거부를 정당화하는 경우는, 급진적 유명론자가 동의할 용어들로 정의될 때까지는 아무것도 정의되지 않는다는 콰인의 견해를 우리가 받아들일 때뿐이다. 하지만 가령 '사물' 혹은 '경험'에 대한 비순환논법적 정의를 내리려고 시도해보라. 약간의 진전은 있을 수 있겠지만, 당신의 정의는 그 미로에서 빠져나올 때까지 점점 더 모호해지고, 출발점으로 되돌아간다.

5. 필연성과 가능세계들

프레게의 이론을 떠올려보라. 그것에 따르면, 단칭어의 지시는 대상이고, 문장의 지시는 진리치다. '지시' 대신에 논리학자들은 종종 '외연 extension'이라는 용어를 사용한다. (이 용어는 19세기의 논리학자 윌리엄 해밀턴 경에서 빌려왔다.) 이것은 프레게의 용어 '지시'에 의해 표현된 것과 똑같은 관념을 표현하지는 않는다. 하지만 이것은 우리가 논리학에서 필요로 하는 것을 담고 있다. 이름의 외연은 대상이고, 술어의 외연은 부류class이며, 문장의 외연은 진리치다. 외연논리학은 (문장과 같은) 복합용어의 외연이 그 부분들의 외연에 의해 완전히 결정된다는 가정에서 비롯된 논리학이다―즉 p&q의 진리치는 그 구성요소들의 진리치에 의해 완전히 결정되고, '메리는 화가 나 있다'의 진리치는 '메리'가 메리를 지시하고, '화가 나 있다'가 화가 나 있는 것들의 부류를 지시한다는 사실에 의해 완전히 결정된다는 식이다. 외연논리학에서 대체의 법칙은 보편적으로 타당하다. 이것은 같은 외연을 가진 용어들은 전체의 외연을 바꾸지 않고서 서로 대체될 수 있다는 말이다. (라이프니츠의 법칙은 특별한 경우다.) 현대 논리학은 대체의 법칙이 준수된다는 가정(외연성의 가정) 위에 세워졌다. 그리고 이것이 준수되지 않는다면, 논리학의 영장은 집행을 멈추게 된다―적어도 이것은 콰인과 같은 극단적 사상가들도 믿는 편이다.

콰인은 필연성의 관념이 외연성의 원리를 위반하지 않고서는 우리의 언어에 도입될 수 없다고 생각한다. 다음과 같은 문장을 살펴보자.

　(1) 필연적으로 그 더비 경마 우승마는 더비 경마에서 우승했다.

이것은 참인 듯 보인다. 그러나 '그 더비 경마 우승마'를 '조지'로 대체해보자—왜냐하면 결국 우승한 것은 조지이기 때문이다—그러면 결과는 다음과 같다.

   (2) 필연적으로 조지는 더비 경마에서 우승했다.

그러나 이것은 확실히 거짓이다. 왜냐하면 조지가 우승하지 않았을 수도 있기 때문이다. (그렇지 않다면 어느 누가 마권업자가 되려 하겠는가?)

콰인은 이 점을 '필연적으로'라는 용어가 '지시적으로 불명료한' 맥락을 만든다는 말로 표현한다. 다른 사람들은 그 대신에 '내포적intensional' 맥락이라고 말한다. 콰인의 모든 '내포적 용어'('분석적' '필연적' '선천적' '동의어적' 등)는 대체의 법칙이 실패하는 이러한 맥락을 만든다. 내포적 용어라는 콰인의 단어가 가리키는 것이 바로 이것이며, 그것이 기술하는 것에 대해 콰인은 적대적이다. 그는 논리학에 내포적 맥락이 차지할 자리는 정말로 없다고 믿는다. 왜냐하면 그것은 언어의 투명성을 파괴하고 세계와의 관계를 흐리게 만들기 때문이다.

두 가지 응답이 이 논변에 대해 제기되었는데, 둘 다 우리의 논의와 밀접한 관련이 있다. 첫 번째 응답은 필연성의 두 종류를 구별한다. 즉 대언적de dicto 필연성과 대물적de re 필연성이다. 첫 번째 종류의 필연성은 그것을 표현하는 데 사용된 단어에 의해(즉 '말해진 것'에 의해) 유지된다. 따라서 '총각은 미혼이다'는 대언적 필연성이다. 즉 그것은 우리의 단어 선택 때문에 유지된다. 누군가를 총각이라고 기술할 때, 우리는 그가 미혼이라는 점을 함축한다. 그러나 총각인 존을 생각해보자. 그가 미혼이라는 것이 필연적으로 참인가? 분명히 아니다. 그는 언제라도 결혼할지 모른다. 그는 기술상으로만 '필연적으로 미혼'이다. 실제로는 필연적으로 미혼이 결코 아니다. 대물적 필연성은 다음과 같은 것이다. 필연적으로 헤스페로스는 포스포로스다. 개밥바라기가 그 자신과 동일하다는 것은 그저 기술상으로가 아니기 때문이다. 이 필연성은 사물의 본성에 놓여 있다.

　모든 필연성은 대언적이라는 것, 즉 그것은 언어의 가공품이라는 것이 흄의 경험론의 가정 중 하나였다. 우리는 단어들을 이용하여 필연성을 만든다. 그것은 형이상학자들이 탐구하는 종류의 특별한 '존재 방식'을 전혀 가리키지 않는다. 콰인이 필연성의 개념은 불가피하게 내포적 맥락으로 이어진다고 가정하는 것은, 필연성이 있다면 그것은 틀림없이 우리의 단어 사용에서 비롯된다는 경험론자의 견해를 그가 수용한다는 것과 같은 의미다. 그러나 위의 명제 (1)과 (2)를 다시 살펴보자. 만일 우리가 (1)에서 '그 더비 경마의 우승마'를 '고정 지시어'라고 간주하고, 그것이 무엇을 나타내는지 자문해본다면, 대답은 분명하다. 그것은 조지를 나타낸다. 이 경우에 그 문장은 분명히 거짓이다. 조지는 더비 경마에서 필연적으로 우승한다는 속성을 갖지 않는다. 어떤 말도 가질 수 없다. 그러나 이렇게 읽을 때, (1)과 (2)의 진리치는 동등하다. 다시 말해, 만일 당신이 그 문장들을 대물적 필연성의 표현으로 읽는다면, 그것들이 내포적 맥락을 포함한다는 점은 결코 분명하지 않다. 대물적 필연성에서 필연의 요소는 말하자면 술어에 흡수되어, 문장 전체에 그림자를 드리우기를 그친다. 만일 모긴스가 필연적으로 고양이라면, 그것은 어떻게 확인되든 필연적으로 고양이다. 즉, 커튼 뒤에 거꾸로 매달려 있는 것은 고양이인 것이다.

　두 번째 응답도 마찬가지로 흥미롭다. 논리학자들이 필연성과 가능성의 개념('양상' 개념)에 주의를 기울이게 되자, 그들은 이 관념들이 '양상 연산자modal operator'로 등장하는 언어를 개발했다. 우리가 필연성과 가능성에 대해 어느 정도 이해하고 있다는 점은 분명하다. 예를 들어, 우리는 그것을 서로에 의해 정의할 수 있다. '필연적으로 p'는 'p가 아닌 것은 가능하지 않다'와 동등하다. 뿐만 아니라 우리는 '필연적으로 p'는 'p'를 함축한다, 'p'는 'p가 가능하다'를 함축한다, '필연적으로 p 그리고 필연적으로 q'는 '필연적으로 p&q'를 함축한다, 기타 등등을 안다. 이러한 직관을 기반으로, 양상논리의 정교한 체계가 미국의 논리학자 C. I. 루이스(그는 콰인과 같은 실용주의자다)에 의해 개발되었다. 그때 그러한 체계를 해석하는 방법에 관한 문제가 발생했다. 우리는 양상연산자 '필연적으로'에 그 외연 혹은 값으로 무엇을 할당해야 하는가? 그것은 내포적 맥락을 만들기 때문에(확실히, 단지 'p'와 'q'가 같은 진리치를 갖기 때문에, '필연적으로 p'로부터 '필연적으로 q'가 나오지는 않는다), 우리는 그것에 어떠한 종류의 진리함수를 할당할 수 없다. 그렇다면 우리는 그것에 무엇을 할당해야 하는가? 아니면 이러한 해석의 기획 전체가, 콰인이 주장하듯, 실패하고 마는가? 만일 그렇다면, 양상논리를 의심한 콰인이 옳게 된다.

이 문제에 대한 답은 양상연산자 자체에 의해 제시된다. '어떤'과 '모든'이라는 양화사가 상호정의될 수 있는 바로 그 방식으로 '가능적으로'와 '필연적으로'도 상호정의될 수 있기 때문이다. 가령, '가능적으로 p'는 'p가 아닌 것은 필연적이지 않다'가 참일 때에만 참이다 등으로 말이다. 따라서 우리는 양상연산자를 양화사로 해석해야 한다. 양상연산자는 자신과 결부된 명제가 아니라 그 명제가 참이 되는 가능한 상황을 지시한다. 해석의 결과가 의미론의 일반적 필요조건—유한성, 일관성, 완전성 등—을 충족함을 증명할 수 있다면, 이것은 양상논리학의 정합적 해석으로 이어질 것이다. 크립키가 13세 때 쓰고, 1963년 《기호논리학회보》에 발표한 탁월한 수학 논문에서 이것이 증명되었다. 그는 p가 필연적으로 참이라고 말하는 것은 p가 모든 가능세계에서 참이라고 (좀더 세련되게) 말하는 것이라고 제안했다. 우리는 이제 외견상 내포적 양상 문장을 완벽하게 외연적 문장으로 변환할 수 있다. 이때 '필연적으로'는 문장에서 그것을 구성하는 연산자이기를 멈추고, 그 대신 가능세계를 아우르는 양화사가 된다. 그리고 우리는 그 결과로부터 양상 문장들의 진리치가 그 부분들의 지시('외연')에 의해 어떻게 결정되는지를 보여주는 이론을 구성할 수 있다. 우리가 가정할 필요가 있는 것은 가능세계의 존재뿐이다(현실세계는 그중 하나다).

이와 더불어 라이프니츠가 처음으로 논의했던 개념이 철학에 다시 도입된다. 우리가 필연성과 가능성에 관해 말하고 싶었던 모든 것을 우리는 가능세계의 관념을 이용하여 바꾸어 말할 수 있으며, 그 결과는 논리학자의 의미대로 '투명할' 것이다. 모긴스는 필연적으로 고양이다라고 말하는 것은, 모긴스가 존재하는 모든 세계에서 모긴스는 고양이다라고 말하는 것이다. (비록 그것이 존재하는 모든 세계에서 검은색은 아닐지라도 말이다.) (나는 여기서 논쟁적인 가정을 했다. 즉 모긴스 자신이 다른 세계에 존재한다는 가정 말이다. 데이비드 루이스는 그 대신에 각각의 가능세계에서 모긴스의 '상대역counterpart'을 말해야 한다고 주장한다. 우리의 목적상 이런 논쟁은 제쳐두겠다.)

가능세계라는 기제는 철학자들에 의해 여러 목적으로 사용되며, 논리학과 형이상학에 상당한 영향을 미쳤다. 또한 플랜팅가는 그것에 힘입어 존재론적 논변을 새로운 형태로 부활시킬 수 있었다. 그는 두 가지 형태의 증명을 제시하는데, 그중 더 간단한 것은 다음과 같다.

최고의 탁월함maximal excellence이라는 속성을 생각해보자. 거기에는 전지, 전능, 도덕적 완벽성이 포함될 것이다. 어떠한 것이 최고로 탁월해야 한다는 것은 가능하다. 즉 최고로 탁월한 것이 존재하는 가능세계가 있다. 이제 '모든 가능세계에서 최고의 탁월함'인, '능가할 수 없는 위대함unsurpassable greatness'이라는 속성을 생각해보자. 플랜팅가는 이 속성이 모든 가능세계에서 예화되든지 아니면 어디에서도 예화되지 않는다고 주장한다. 따라서 능가할 수 없는 위대한 존재를 포함하는 어떠한 세계가 있다면, 모든 세계가 그를 포함하게 된다. 그런데 능가할 수 없는 위대함이 예화되는 가능세계가 있다. 따라서 능가할 수 없는 위대한 존재가 존재하며, 필연적으로 (모든 가능세계에서) 존재한다.

이 논변은 양상논리에서 핵심 가정을 한다. 즉 필연적이거나 불가능한 것은 어느 세계든 다르지 않다는 가정이다. 이러한 가정은 어떤 조건 아래에서만 할 수 있으며, 그 조건은 플랜팅가의 논변 방식에 의해 암묵적으로 부정된다고 충분히 주장할 수 있다. 하지만 정말로 중요한 전제는 최고의 위대함, 따라서 능가할 수 없는 위대함이 가능세계에서 예화된다는 것이다. 이것은 실질적 가능성인가? 라이프니츠는 존재론적 논변이 신의 존재를 증명하지 않는다고 말했다. 오히려 그것은 신의 존재가 필연적이거나 불가능함(신과 같은 존재는 있을 수 없기 때문에 불가능하다)을 증명한다. J. L. 매키는 플랜팅가의 논변이 라이프니츠가 놓은 장애물을 실제로 넘어서지 못함을 증명하려고 열심히 시도한다. 그에 따르면, 플랜팅가는 능가할 수 없는 위대함의 개념이 예화 가능함을 증명하지 않으며, 할 수도 없다. (《유신론의 기적》은 평생을 신의 비존재에 대해 강의했고, 이제는 거꾸로 자신이 강의의 대상이 된 사람이 쓴 유용한 책이다.)

이 논변은 우리를 전문적 영역으로 이끌므로, 이제 그것을 지평선 너머로 사라지도록 해야 한다. 그러나 가능세계의 개념이 얼마나 중요한지, 또한 얼마나 논쟁적인지를 알고자 하는 사람에게 이 논변을 추천한다. 사실상, 그것은 태생적으로 논쟁의 여지를 안고 있다. 가능세계는 비현실 세계인데, 그러한 것이 어떻게 존재할 수 있겠는가?

대부분의 철학자는 가능세계의 지시가 그저 '말하기의 방식', 다른 더 번거로운 방법으로 설명될 수 있는 쟁점을 말하는 편리한 방법이라고 받아들인다. 데이비드 루이스는 그렇지 않다. 그는 《반사실적 조건문》 5장과 《세계의 복수성》에서 가능세계가 실제로 존재한다고 열정적으로 주장한다. 물론, 그는 그중 하나만이 실제로 존재한다고 덧붙인다. 그러나 '실제로'라는 단어는 '여기' 그리고 '지금'과 같은 것으로 이해되어야 한다. 그것은 우리가 우연히 있게 된 특정한 장소(특정한 가능세계)를 선택할 뿐이다. 오직 터무니없는 이기주의만이 우리를 다른 세계는 전혀 존재하지 않는다는 결론으로 이끌 수 있다.

역설적이게도, 루이스의 존재론적 사치는 바로 빈약한 존재의 이론에서 생겨났다. 만일 양화가 존재의 척도라면, 우리가 양화해야 하는 모든 것은 존재한다. 우리는 양상 진리가 있다는 것을 안다(우리는 그것 없이는 세계를 이해할 수 없다). 그리고 우리는 양상 진리가 가능세계를 양화할 때만 이해될 수 있음을 안다. 따라서 가능세계는 존재한다. (하지만 만일 그렇다면, 그것은 수가 그렇듯 필연적으로 존재하는가? 대부분의 옹호자는 그렇다고 말하는 경향이 있다. 하지만 현실세계도 또한 가능세계다. 그것은 필연적으로 존재하는가? 만일 그렇다면, 그것에 포함된 모든 것 또한 필연적으로 존재하는가?)

이러한 수렁에 빠지기보다는 대물적 필연성으로 돌아가 보자. 왜냐하면 내가 지금까지 논의한 문제들에 대한 크립키식의 접근법이 옳다면, 이 관념은 자연과학에 근본적일 뿐 아니라 우리의 일상적 사고에 깊이 박혀 있기 때문이다. 실질적 필연성은 있는 것이며, 그것은 사물의 본성에 놓여 있지, 그저 언어로 세계에 투사된 것이 아니다. 경험론자들은 이것을 받아들이기가 매우 어렵다고 여긴다. 왜냐하면 부분적으로 그들은 우리가 그러한 필연성을 결코 발견할 수 없으며, 따라서 우리가 그것을 믿을 자격을 증명할 수 없다고 합당하게 생각하기 때문이다. 이 논변은 흄에서 비롯되었고, 이제 우리가 살펴봐야 할 것이 그의 인과성에 대한 사유다.

14 　　　　원인

자연필연성이라는 주제는 우리를 인과의 문제로 이끈다. 이것은 흄의 파괴적인, 그렇지만 완전히 독창적이지는 않은 논의와 더불어 문제가 되었다―그의 논의는 동시대인들에게 철저한 회의주의로 이해되었다. (근대 주석가들, 특히 스트라우드와 피어스는 이러한 해석에 동의하지 않을 것이다.) '원인'이라는 용어가 흄과 그 후계자들이 의미한 것을 항상 의미하지는 않았다는 점을 먼저 지적할 필요가 있겠다. 전통적으로(아리스토텔레스에게 영감을 받은 라틴어 저자들, 즉 라이프니츠와 스피노자에 이르기까지의 모든 이들에게) '원인'이라는 단어는 어떤 타당한 설명을 의미했다. 사물을 설명하는 여러 방법이 있듯이 원인에도 여러 유형이 있다. 아리스토텔레스는 그것을 4가지로 구별했다. 만일 설명이 '왜'라는 물음에 대한 만족스런 대답이라면, 우리는 설명이 모두 똑같지는 않으리라고 인정해야 한다. 왜냐하면 우리는 '왜'라는 물음의 상이한 뜻들을 구별해야 하기 때문이다. 목적을 찾는 '왜?'가 있다. '왜 당신은 그것을 했는가?' '~을 위해서.' 이유를 찾는 '왜?'도 있다. 이유는 정당화일 수도 있고('왜냐하면 하는 것이 옳은 일이었기 때문이다') 설명일 수도 있다('왜냐하면 내가 하고 싶었기 때문이다'). 그리고 아리스토텔레스가 '작용인efficient cause'—우리 대부분이 보통 그 용어로 의미하는 원인의 종류다—이라고 불렀을 것을 찾는 '왜?'도 있다. '그녀가 나를 몰아붙였기 때문이다.' 판사가 내게 왜 아내의 차에 독을 넣었는지 물을 때, 내가 '왜냐하면 내 뇌의 전기자극이 비소 병에 손을 뻗어 찻잔에 따르도록 했기 때문입니다'라고 대답한다면 그는 만족하지 않을 것이다—비록 그것이 '왜?'라는 물음에 대한 '작용'인의 요구대로 해석된 참된 대답일지라도 말이다.

따라서 철학자들은 다양한 종류의 설명을 구별한다. 즉 목적론적, 합리적, 기계적 설명이 있으며, 종종 그중 마지막의 것에 대해 '인과적'이라는 용어를 남겨둔다. 목적론적 설명은 사건을 목적의 측면에서(즉 나중에 닥칠 어떤 것으로) 설명한다. '인과적' 설명은 이제 이해되었듯이, 사건을 그것을 낳은(따라서 그것에 선행하는) 사건으로 설명한다. 행동의 일상적 이유가 이러한 상에 부합하는 경우가 정확히 무엇인가 하는 문제는 잠시 뒤로 미루겠다.

1. 흄의 문제

다음과 같은 진술을 생각해보자. 그녀가 넘어진 것은 그가 그녀를 밀었기 때문이다. 이것은 '인과적 연결'을 지시한다. 이 연결은 무엇과 무엇 간에 유지되며, 어떤 종류의 연결인가?

(i) 관계의 항. 최근의 일부 철학자들(예를 들어, 도널드 데이빗슨)은 인과관계가 사건들 간에 유지된다고 주장한다. 다른 이들은 사실 혹은 사태를 선호한다. 우리가 어떤 것을 선택하느냐가 중요한가? 그녀가 넘어진 원인을 그가 그녀를 밀었다는 사건이라고 말할 것인가 아니면 그가 그녀를 밀었다는 사실이라고 말할 것인가를 결정하는 데 단어 이외에 문제될 것이 있는가? 우리는 사건을 지지하는 다음과 같은 논변들을 발견한다. 사건은 개별자다, 사건은 시간과 공간상에 정확히 위치할 수 있다, 사건은 분명히 물리적 세계의 일부다, 그리고 마지막으로, 사건을 지시하는 문장은 지난 장에서 논의된 종류의 '내포적 맥락'을 포함하지 않는다. (이것은 같은 사건에 대한 상이한 기술구들이 그 문장의 진리치를 바꾸지 않고서도 대체될 수 있음을 의미한다.) 종종 주장되듯이, 이 중 어느 것도 사실에 대해서는 분명히 참이 아니다. 사실은 우리가 살펴보았듯이(9장), 그것만의 특이한 방식 때문에 형이상학적으로 문제적이다. 예를 들어, 사실들의 동일성 조건에 관한 어떠한 합의도 없다. 만일 고양이가 매트 위에 있다가 사실이라면, 매트가 고양이 아래에 있다는 것도 사실이다. 이것은 하나의 사실인가 아니면 둘인가? 그리고 작은 고양잇과 동물이 양털로 짠 네모난 것 위에 있다는 사실은 어떤가? 우리는 이 사실들을 어떻게 세기로 결정할 것인가? 그리고 우리는 사실이 그것을 기술하는 우리의 방식보다는 세계에 속한다고 정말로 확신하는가? 이 모든 난점은 진리 대응설에 반대하여 제기된 비판들로 이미 친숙한 것이며, 확실히 심각한 문제다.

하지만 우리는 사실을 지지하는 다음과 같은 논변들을 발견한다. 설명은 사물에 대한 이유 제시와 관련된다. 이것은 참된 명제를 제시한다는 의미며, 참된 명제에 대응하는 것은 사건이 아니라 사실이다. 인과적 연결이란 다른 것이 주어졌을 때 어떤 것을 더 확률적으로 만드는 것이며, 확률의 관계는 사건들이 아니라 사실들 간에 유지된다. (이러한 논변 대부분은 D. H. 멜러가 《형이상학의 문제들》에서 제기한 것이다.)

이 장의 목적상 이러한 두 견해 사이에 어떤 최종 결정을 내릴 필요는 없다. 하지만 이것들을 명심하는 것은 중요한데, 각각이 부딪히는 난점이 우리 논의에서 다시 나타날 것이기 때문이다. 편의상 나는 사건만을 언급하겠다. 하지만 내 말 중 어떤 것도 인과관계에 관여하는 것은 사건이지 사실이 아니라는 견해를 특별히 지지하지는 않을 것이다.

(ii) 관계. 내가 선택한 진술은 '단칭 인과 진술'이다. 즉 그것은 한 사건을 그것의 원인과 관련시키지만, 다른 사건에 관해서는 아무것도 말하지 않는다. 이 진술을 참이 되게 하는 것은 무엇인가? 상식적 대답은 그가 그녀를 밀었다면, 그녀는 넘어져야 했다는 것이다. 인과는 필연성을 포함한다. 그렇지 않다면 두 사건 간의 연결처럼 보이는 것은 단순히 '우연적'이게 된다.

흄은 이것에 만족하지 않았다. 왜냐하면 우리는 그러한 필연적 연결을 어떻게 관찰할 수 있었는가? 우리가 관찰한 전부는 하나의 사건이며, 그리고 나서 또 다른 사건을 관찰할 뿐이다. 흄은 우리가 결코 필연적 연결을 관찰할 수 없을 뿐 아니라, 우리가 그것에 대한 타당한 '관념'을 어떻게 얻을 수 있는지조차 알기 어렵다고 주장했다. 왜냐하면 우리의 경험에는 그러한 관념이 유래할 수 있는 어떠한 것도 없는 듯하기 때문이다. (사실, 흄은 필연적 연결의 관념을 설명하려 한다. 하지만 그의 설명은 세계 속 사물들이 필연적으로 연결되어 있다고 단언할 근거가 우리에게는 없다는 자신의 견해를 확인해줄 따름이다.)

흄의 견해는 부분적으로 필연성에 대한 그의 경험론적 설명에 의해 촉발된다. 그 견해에 따르면, 필연성은 '관념들의 관계'를 반영할 따름이다. (앞의 장을 보라.) 필연성이란 세계에 내재하는 것이 아니라, 세계를 기술하는 우리의 방법에 있을 뿐이다. 하지만 그의 말에는 다른 더 중요한 이유가 있다. 그것이 바로 우리가 흄의 법칙이라고 부를 수 있는 것으로, 시간상의 필연적 연결이란 없다는 것이다. 만일 어떤 것이 다른 것에 선행하거나 뒤따른다면, 그것들 간의 연결은 기껏해야 우연적이다. 왜냐하면 세계가 두 번째 사건이 일어나기 전에 끝나는 것은 언제나 가능하기 때문이다. 두 논변은 서로 연결된다. 경험론자는 필연성의 유일한 형태가 논리적 필연성이라고 믿는다. 명제는 그 부정이 자기모순일 때 논리적으로 필연적이다. 하지만 세계가 특정 시점 t에 끝난다는 가정에는 결코 어떤 모순도 있을 수 없다. t 시점까지의 세계에 대한 기술은 그 이후 아무 일도 일어나지 않았다는 주장과 항상 모순되지 않을 것이다. 만일 그렇지 않다면, t 시점까지의 사건의 연속은 일어날 수 없었을 것이다. 왜냐하면 그 발생(즉 그 기술구가 함축하는 미래의 사건)에는 필연적인 것이 결여되어 있었기 때문이다. 그것은 불합리하다.

흄의 법칙은 다른 것들에도 적용된다. 하지만 이것을 원인의 개념에 적용하면 곧바로 원인이 그 결과에 선행한다는 가정이 뒤따르게 된다. 이 가정은 보장될 수 있는가? 아마도 그렇지 않을 것이다. 왜냐하면 원인과 결과가 동시에 일어나는 경우가 분명히 있는 듯하기 때문이다. 내가 쿠션에 앉는 것이 쿠션이 움푹 들어가는 원인이다. 그러나 역행 인과backwards causation가 있을 수 있는가? 이 문제는 잠시 후에 살펴볼 것이다.

2. 인과와 법칙

우리가 흄의 논변을 수용한다고 해보자. 그렇다면 a가 b의 원인이라는 것을 참이 되게 하는 a와 b 사이의 연결이란 무엇인가? 흄의 논점은 인과적 연결을 우연적 연결과 구별해주는 어떠한 것도 시간에서 관찰되지 않는다는 것이다. 시간에서 우리가 목격하는 전부는 하나의 사건이며, 그런 다음 그것과 인접한(즉 서의 같은 공간에 있는) 또 다른 사건뿐이다. 하지만 시간적 우선성과 인접성이 인과와 동일한 것은 아니다. 그렇다면 다른 무엇이 더해져야 하는가? 우리가 덧붙일 수 있는 유일한 것은(왜냐하면 그것이 우리가 관찰할 수 있었던 유일한 것이기 때문이다) 다른 장소 그리고 다른 시간과 관련된다. 우리는 a와 같은 사건들에는 b와 같은 인접한 사건들이 규칙적으로 뒤따른다는 점을 관찰할 수 있다. a유형과 b유형의 사건들의 이러한 지속적 결합이 a가 b의 원인이라고 주장할 근거를 제공한다.

그렇다면 이것이 우리가 '원인'으로 의미하는 바인가? 검증주의자들은 '그렇다'고 말한다. 그들은 주장할 만한 근거를 지닌 문장의 의미를 확인할 때면 즉시 다음과 같은 결론으로 비약한다. 'a가 b의 원인이다'는 즉 'b가 뒤따르고, a와 인접해 있다. 그리고 b유형의 사건은 a유형의 사건과 바로 그러한 방식으로 규칙적으로 연결된다'라는 의미라고 말이다. 요컨대, 인과는 규칙적 연결을 의미한다. 그 개념으로 우리가 의미하거나 의미할 수 있는 더 이상의 것은 전무하다. 흄이 이렇게 말했다고 종종 간주되지만, 사실 그의 견해는 좀 더 미묘하다. 그는 필연적 연결의 관념이, 비록 자연에는 그것을 적용할 아무런 근거가 없을지라도, 원인 개념의 일부로 여전히 남는다고 믿었다. 하지만 검증주의자들의 견해는 러셀에서 도널드 데이빗슨에 이르는 우리 시대의 많은 철학자에게 권장되었다. 그들이 그것을 받아들인 이유는 서로 다르지만, 그것은 이제 철학적 상투어의 지위를 차지했다.

그러나 그것은 무엇을 의미하는가? 규칙적 연결의 관념은 정확히 무엇을 함축하는가? a유형의 사건이 b유형의 사건과 항상 연결됨을 의미하는가? 아니면 그 사건들이 그렇게 연결되는 경향이 있다는 것인가? 아니면 그 사건들이 지금까지 그렇게 연결되어 왔다는 것인가? 흄과 러셀과 데이빗슨은 '항상'의 의미라는 데 의견이 일치하는 듯하다. 인과적 진술을 연결이 좀 더 약한 진술과 구별해주는 것은 보편 양화사다. 그러나 칸트는 이것에 대해 다음과 같이 응수했다. 만일 a유형의 사건과 b유형의 사건 간의 연결이 엄밀한 의미에서 보편적이라면, 우리는 상상컨대 그것을 주장할 어떠한 경험적 근거도 갖지 못할 것이다. 엄밀한 의미의 보편성은 단순히 선천적 진리를 표시할 뿐만이 아니다. 그것은 필연성의 함축을 낳는다. 우리는 관찰의 한계를 넘어서도록 해주는, a와 b 사이에 필연적 연결이 있다고 생각할 때에만 이러한 종류의 판단을 할 수 있다. 따라서 흄의 인과론은 그 자신이 공격한 것에 대한 대안이 아니다.

경험론자들은 칸트의 답변에 반대한다. 그들은 필연적 연결의 관념에 기대지 않으면서 인과적 규칙성을 정의하는 방법이 있다고 믿는다. 우리는 '자연법칙'이라는 개념으로 우리가 말하고자 하는 것을 말할 수 있다. 그것은 근본적 규칙성을 진술하며, 그것으로부터 다른 규칙성들이 나온다. 그리고 자연법칙은 필연적 진리가 아니다. 그것은 거짓일 수도 있다. 경험론자들의 믿음은 법칙이란 선천적으로가 아니라 오직 경험에 의해서만 확립될 수 있다는 것을 전제하는 자연법칙의 우연성에 기초해 있다. 그들은 그것으로부터 법칙이란 우연적 진리라고 추론했다. 하지만 크립키가 옳다면, 이러한 논변은 아무런 가치가 없다. 자연법칙이 필연적인가라는 질문은 그것이 선천적인가 혹은 그렇지 않은가 하는 증명에 의해 해결되지 않는다.

이 모든 것은 두 가지 거대한 물음으로 이어진다. 자연법칙이란 무엇인가? 그리고 모든 인과적 진술이 그러한 법칙과 관련되어 있다는 것은 참인가? 각 물음을 차례로 살펴보자.

3. 법칙과 반사실적 조건문

내가 벽난로에 불을 피울 때마다 밖에서 부엉이가 운다고 하자. 이것이 장기간에 걸쳐 동시에 일어난다고 가정해보자. 내가 어떤 조사를 할 때까지, 나는 두 사건 간의 인과적 연결을 추론할 수 없다. 내가 불을 피울 때마다 부엉이가 울었다고 결론 내릴 수 있을 뿐이다. 이것은 이상한 사실이지만 그렇더라도 역시 사실이다. 하지만 나는 만일 지금 불을 피운다면 부엉이가 밖에서 울 것이라고 추론할 수 없다. 내게는 그 주장이 참이라는 어떠한 증거도 없으며, 그것은 내가 관찰한 것을 넘어선다. 그 주장을 할 때, 나는 인과성의 표시인, 두 사건 간의 일종의 법칙 같은 연결을 암시할 뿐이다. 그런데 부엉이가 내 굴뚝에 둥지를 틀고 있으며, 내가 불을 피울 때마다 쫓겨났다가, 연기가 잦아들면 태연히 되돌아옴을 내가 발견했다고 해보자. 그것은 나로 하여금 만일 지금 불을 피운다면 부엉이가 울 것이라고 말할 수 있게 해줄 것이다. 왜냐하면 하나의 사건이 다른 사건의 원인이라고 나는 추측할 것이기 때문이다.

　이것은 일부 철학자들에게 어떤 기준을 제시했는데, 그것에 의해 우리는 우연적 규칙성과 법칙을 구별하게 된다. 전자는 '반사실적 조건문 counterfactual'의 참을 암시하는 반면, 후자는 그렇지 않다. 반사실적 조건문이란 특별한 종류의 조건문으로, 사실과 반대되는 어떤 사태를 가정하는 것을 말한다. 이런 조건문은 여러 이유에서 흥미롭다. 그중 하나는 그것이 '진리함수적이지' 않다는 점이다. 즉 우리는 그것을 실질 조건문으로 환원하거나 혹은 외연논리학의 표준 체계로 손쉽게 편입시킬 수 없다. 그것은 또한 인간 사유의 가장 흥미롭고 풍요로운 영역 중 하나를 예증해준다―바로 가능한 상황들에 관해 숙고하고, 그것과 관련된 것에 대한 이해를 형성하는 우리의 능력 말이다. 바로 이 능력이 우리의 일상적인 인과의 사고에서 발휘되는 듯하다. 우리가 인과적 연결의 존재를 주장할 때마다, 우리의 사유는 현실적인 것을 넘어 가능한 것까지 포괄하는 데 이른다.

그러나 이것은 우리에게 경험론자들에 반대하는 그 이상의 무기를 제공한다. 가능한 것에 관한 사유는 필연적인 것에 관한 사유와 정확히 같은 종류의 사유다. 인과성은 양상의 관념으로서 확고하게 정립된다. 그리고 반사실적 조건문을 이해하는 최선의 방법은 필연적 연결을 통해서다. 만일 어떤 것이 붉다면, 그것이 채색되어 있을 것임을 나는 알 수 있다. 왜냐하면 붉음과 채색됨 간에 바로 필연적 연결이 있기 때문이다. 불을 피운다면 부엉이가 울 것이라고 말할 때, 나는 유사한 어떤 것을 말하는 것이 아닌가?

따라서 우리는 현대철학자들이 반사실적 조건문을 논의할 때 필연성의 이해와 관련된 개념들에 종종 의지하는 것을 발견하게 된다. 예를 들어, 데이비드 루이스는 자신의 책《반사실적 조건문》에서 그것을 가능세계라는 개념에 의해 분석한다. 마치 당신이 필연성을 분석할 때처럼 말이다. 당신은 그가 물리적 필연성의 관념을 정의하고 있다고 말할지 모른다. 하지만 그렇다고 해도 그것 역시 필연성의 관념이다.

누군가는 불 피움과 부엉이의 울음 간에 필연적 연결을 주장하는 것은 부당하다고 대답할지 모른다. 부엉이가 꼭 울어야 하는 것은 아니다. 부엉이의 울음이 불에 의해 야기된다고 할지라도 말이다. 왜냐하면 우리는 이러한 사건을 관장하는 법칙을 확인하지 않았기 때문이다. 자연법칙은 인과적 규칙성을 뒷받침하지만, 그것 모두에 의해 예증되지는 않는다. 아마도 부엉이가 연기를 피한다는 것은 자연법칙일 것이다. 그러나 이것을 주장하면서 우리는 사물의 본성을 더 깊이 파고든다. 우리는 이제 그러한 절대적이고 예외 없는 규칙성에 접근하고 있는데, 그것이 자연법칙의 유일한 사례다.

하지만 이러한 대답은 논점을 인정할 따름이다. 왜냐하면 그것은 우리의 모든 인과적 사유가 예외 없는 법칙에 닻을 내리고 있음을 함축하기 때문이다. 참된 인과적 진술은 결국 필연적 연결에 의해 참이 된다.

4. 인과성과 결정

그러나 여기가 우리 모두가 잘못된 길을 들어가는 대목이라고 엘리자베스 앤스컴은 유명한 논문(《인과성과 결정》)에서 주장한다. 예외 없는 일반화의 약속은 결코 인과적 사고의 일부가 아니다. 칸트주의자와 흄주의자 모두 틀렸다. 전자는 인과적 연결이 보편적으로, 따라서 필연적으로 유지된다고 주장한다. 후자는 필연성의 개념을 '단순한' 보편성의 관념으로 대체하고자 하며, 우연적인 것과 관찰 가능한 것의 영역에 머무르면서도 인과적 연결의 특징(말하자면 그 강점)을 파악할 수 있다고 믿는다. 하지만 우리는 엉뚱한 곳, 즉 '결정'의 관념에서 인과성을 찾고 있다. 우리는 결정의 관념에 따라서 원인이 발생하면 결과가 뒤따라야 한다고 여긴다. 이것은 실은 그 개념의 일부가 아니다.

앤스컴은 (슈뢰딩거에서 간접적으로 비롯된) 다음과 같은 예를 검토한다. 방사성물질 한 덩어리가 폭탄이 장치된 가이거 계수기 옆에 놓여 있다. 알파 입자가 계수기에 검출되면 폭탄이 터지도록 설계되어 있다. 따라서 우리는 폭탄이 터지면, 그 폭발이 방사성물질의 근접에 의해 야기되었음을 안다. 하지만 이러한 상황에서 폭탄이 터질 것이라고 우리에게 말해주는 자연법칙이란 없다. 그와 관련된 유일한 법칙은 알파 입자가 한 시간 동안 방출될 확률이 50퍼센트라고 우리에게 말해준다. 알파 입자가 하나도 방출되지 않는다 할지라도, 우리가 아무리 오랫동안 기다리더라도, 이것은 참일 수 있다. 그렇다면 여기에는 원인이 결과를 결정하지 않음에도, 관찰될 수 있는 인과적 연결이 있다.

우리는 더 나아갈 수 있다. 확실히, 우리는 인과적 연결의 지식을 통해서만 우리의 세계를 이해하고 영향을 미칠 수 있다. 하지만 그러한 연결이 근거하고 있는 법칙, 만일 그러한 법칙이 있다면, 그것을 아는 사람은 우리 가운데 거의 없다. 우리의 인과적 지식 대부분은 1절에서 살펴본 종류의 단칭 진술에 담겨 있다. 나는 칼이 빵을 자르는 것을 본다. 그렇게 할 때, 나는 인과적 연결을 목격한다. 나는 말이 돌부리에 걸리고, 나무가 바람에 흔들리고, 사과가 가지에서 떨어지고, 아이가 신나서 소리지르는 것을 본다. 이 모든 것은 인과적 연결을 포함하는데, 나는 그것들을 과학의 도움 없이도 그리고 그것들을 관장한다고 여겨지는 자연법칙에 대한 완전한 무지에도 불구하고 이해하며 안다. 인과적 사고는 비록 인과적 지식의 가장 풍부한 저장소임에도 불구하고, 영원히 내 마음에 없을지 모를 관념들을 내게 약속한다고 여겨질 수는 없다.

이에 대해서 두 가지 익숙한 대답이 있다. 어떤 이는 말한다. 당신의 얘기는 지당하다. 인과적 연결은 관찰되지 않는 것과 반사실적인 것을 지시하지 않고서도 관찰될 수 있고 논의될 수 있는 독특한*sui generis* 것이다. 다른 이는 말한다. 당신은 너무 성급히 나아가고 있다. 나는 p라는 내 사유로부터 q를 추론하지 않는다. 하지만 그럼에도 p는 q를 함축할 수 있으며, 이러한 함축이 내가 실제로 의미하는 바를 결정할 때 매우 중요할지 모른다. (아마도 내가 의미하는 바를 나는 말해야 할 것이다. 하지만 내가 말한 것만을 나는 의미해야 하는가?) 어쨌든, 아이들조차 사물을 그 속성과 구별한다. 그러나 그러한 구별에 함축된 것을 파악하거나, 혹은 그러한 구별을 할 때 자신이 정말로 의미하는 바를 깨닫고 있는 아이가 얼마나 되겠는가?

5. 인과와 확률

그럼에도 우리는 실질적인 어려움과 마주치게 됐는데, 나는 그것을 다음 장에서 다룰 것이다. 왜냐하면 가이거 계수기 사례의 영향력을 부정하기란 힘들기 때문이다. 그것은 우리에게 과학법칙이 대체로 보편적 연결을 진술하는 것이 아니라 확률만을 진술함을 상기시킨다. 즉 주어진 b에 대한 a의 확률 말이다. 양자역학(그것은 우주에 관한 궁극적 진리라고 주장한다)의 경우에, 이러한 확률은 소거할 수 없다. 즉 그것은 알려질 수 있는 것의 한계에서 발생한다. 과학적 원리를 향한 우리의 모든 탐색에서, 우리는 통계법칙을 수용하는 데 얽매여 있으며, 이에 만족해하는 자신을 발견하게 된다. 내가 불을 피울 때 부엉이가 울 것이라는 충분한 가능성이 있다. 그리고 그것이 내가 인과적 연결의 가설로부터 연역할 수 있는 모든 것이다.

그렇다면 물음이 생긴다. 어떤 것이 먼저인가? 가능성과 확률의 판단이 인과적 진술에 의존하는가? 아니면 인과적 진술이 확률의 판단에 의존하는가? 몇몇 철학자들—특히, 주페와 멜러—은 확률의 개념이 근본적인 것이며 원인의 관념 안에 들어 있다고 믿는다. 인과적 연결을 목격할 때, 우리는 증거를 통찰하고 있는 것이다. 우리는 무엇이 무엇에 대한 이유를 제공하는지 그리고 주어진 무엇이 앞으로 어떻게 될지를 느낀다. 이 굳건한 제안은 우리에게 두 가지 결론을 권한다. 첫째, 인과적 관계의 용어는 사건이 아니라 사실이다. 둘째, 우리가 증거라는 언어로 파악하는 관계(p가 q에 대한 증거일 때 p와 q 간의 관계)는 사유에서의 관계가 아니라 실재에서의 관계다. 헤겔이 말했듯이, 실제적인 것은 합리적인 것이요, 합리적인 것은 실제적인 것이다.

6. 인과성과 시간

이제 마지막 논점이다. 왜 흄은 원인이 그 결과에 선행해야 한다고 주장했는가? 전통적 분석의 이러한 구성요소와 규칙적 연결의 구성요소 간에는 어떤 연결이 있는가? 확실히 규칙적 연결은 결과와 원인 사이에 동등하게 존재한다. 왜 항상 나중의 사건은 이전의 사건에 의해 설명되는가? 아니면 그래야만 하는가? 우리가 어떤 표준적 접근법을 택하더라도, 시간적 우선성의 테제는 고립되어 설명되지 않은 채 남는다. 가령, 누군가가 인과에 대한 반사실적 조건 분석을 전개한다고 해보자. 내가 스위치를 눌렀기 때문에 불이 켜졌다고 말하는 것은, 이러한 상황 혹은 이와 충분히 유사한 상황에서, 내가 스위치를 눌렀다면 불이 켜졌을 것이라고 말하는 것이다. 이것은 스위치 누름이 불 켜짐에 선행했다는 것을 함축하는가? 그렇지 않다. 왜냐하면 주어진 인과적 연결에서, 즉 이러한 상황 혹은 충분히 유사한 상황에서, 만일 불이 켜졌다면, 그때 내가 스위치를 눌렀을 것이라는 것도 동등하게 참이기 때문이다. (데이비드 루이스의 표현을 쓰면 다음과 같다. 이러한 상황에 놓인 세계 그리고 불이 켜지는 세계란 바로 내가 스위치를 누르는 세계다.) 그렇다면 왜 설명은 과거에서 미래로 진행되고 다른 식으로는 진행되지 않는가? 이것은 난해한 수수께끼로,

이에 대한 만족스런 해답을 찾아내기란 어렵다. 일부 철학자들은 설명이 오직, 설명되는 사건이 그것을 설명하는 사건에 의해 야기되기 때문에 가능하다고 주장한다. 그리고 '야기함'이라는 이 관념은 과거에서 미래로만 적용된다.

그러나 이것은 과연 그러한가? 최소한 한 명의 철학자, 마이클 더밋은 그 난제가 그렇게 쉽게 해결될 수 있다는 데 의심을 품었다. 그는 〈과거를 야기함〉이라는 제목의 논문에서 '역행 인과'가 여전히 중요한 철학적 선택일 수 있음을 보여주기 위해 고안한 예를 하나 든다. 어떤 부족이 매년 전사들을 보내 먼 곳에 있는 사자를 사냥하도록 한다. 그들은 6일 동안 떠나 있는데, 그중 이틀은 이동을 하고, 이틀은 사냥을 하고, 이틀은 집으로 돌아온다. 그들이 없는 동안, 추장은 그들이 용감히 행동하도록 하는 춤을 춘다. 그는 6일 내내 춤을 추는데, 이것을 다음과 같은 말로 정당화한다. 과거에 추장이 4일 동안만(아마도 그쯤에는 전사들에게 더 이상 그의 도움이 필요하지 않으리라 여기고) 춤을 추었을 때마다 그 결과가 비참했다고 말이다.

당신은 다음과 같이 주장함으로써 이에 응수할지 모른다. 최소한 추장은 마지막 이틀 동안의 춤이 그 이전 날들 동안 신하들의 용맹을 야기하는 데 도움이 된다는 자신의 믿음을 시험해야 한다고 말이다. 전사들이 용맹하게 행동하지 않았다면, 그들이 돌아온 후에도 추장은 춤을 추어야 할지 모르며, 그러고서 상황이 바뀌는지를 보아야 할 것이다. (왜 우리는 변하지 않으리라 생각하는가?) 하지만 물론 추장은 다른 설명, 마찬가지로 합리적인 다음과 같은 사실의 설명을 발견할 것이다. 이 경우에, 그는—가령—전사들의 과거 행동을 바꾸기 위해 춤을 출 수는 없다거나 혹은 춤을 춤으로써 바꿀 수는 없다고 설명할 것이다. 더밋은 우리가 이러한 상황을 올바로 그려본다면, 역행 인과성의 관념을 받아들이기보다 거부할 더 타당한 이유가 없다는 결론에 이를 수 있다고 말한다. 역행 인과는 중요한 선택이 되며, 그 부족의 계획에 합리적으로 포함될 것이다.

이 논변과 그 예는 여러 이유에서 매우 논쟁적이다. 만일 이 경우에 역행 인과가 일어날 수 있다면, 그것은 왜 일반적으로 일어나지 않는가? 그리고 만일 그것이 일반적으로 일어날 수 있다면, 우리는 역설적인 믿음과 관련된 우리 자신을 발견하지 않겠는가? (나는 현재의 내 삶을 완전히 바꿀 과거의 사건을 야기할 수 있었는가? 심지어 더 이상 과거를 야기하는 데 관심이 없을 정도로 말이다.) 많은 철학자는 순행 인과가 우리의 시간 개념과 밀접한 관련이 있으며, 역행 인과를 진지하게 고려하자마자 우리는 모순에 처하게 된다고 주장한다.

마지막 두 절에서 내가 다룬 문제들은 복잡하며 이해하기 힘들다. 그것들을 더 잘 이해하기 위해서 우리는 과학적 사유의 본성을 좀 더 일반적으로 살펴볼 필요가 있는데, 그것이 다음 장의 주제다.

15 과학

지난 장에서 다룬 물음들은 형이상학에 속한다. 그것들은 세계의 본성, 특히 세계가 실질적 필연성을 포함하는지 여부와 관련이 있다. 그러나 이 형이상학적 난제를 발생시키는 고찰은 또한 인식론적 문제를 낳는다. 바로 귀납의 문제다. 우리가 예측을 할 때마다 그리고 그 사례들로부터 일반법칙을 도출할 때마다, 우리는 귀납적 추론을 한다. 즉 관찰된 것으로부터 관찰되지 않은 것을 추론한다. 수학과 논리학에서 우리는 연역적으로 추리하며, 우리의 추론은 전제가 참일 때 그 결론이 거짓일 수 없는 한에서만 타당하다. 연역에도 다소 문제가 있긴 하지만 어쨌든 그것은 참에서 참으로 나아가도록 한다. 하지만 귀납은 전제에 의해 함의되지 않는 결론으로 우리를 이끈다. 즉 전제가 참이더라도 결론은 거짓일 수 있다. 이 경우에, 이러한 결론이 참임을 우리는 어떻게 아는가? 결론의 오류가 그것을 이끈 논변과 양립 가능할 때, 결론은 어떤 의미에서 정당화되는가?

이 문제는 두 가지 관찰에 의해 첨예해진다.

⑴ 귀납추론은 관찰된 것에서 관찰되지 않은 것으로 단순히 이동하지 않는다. 그것은 대체로 법칙을 상정함으로써 그렇게 한다. 나는 매일, 매년 태양이 뜨는 것을 관찰한다. 그리하여 나는 태양이 매일 떠오른다고 결론 내린다. 그리고 그 일반법칙으로부터 나는 태양이 내일도 떠오를 것이라고 연역한다. 그러나 이 법칙은 무한히 많은 사례에 적용된다. 따라서 내 증거는 내 결론에 한참 부족하게 된다. 이러한 추론은 어떠한 종류의 타당성을 갈망할 수 있는가?

⑵ 흄의 법칙을 다시 상기해보자. 시간을 가로지르는 필연적 연결이란 없다. t 시점까지의 세계에 관한 진리가 무엇이든, 그것은 t 시점 이후의 어떠한 사건 진행과도 항상 양립 가능할 것이다. 흄의 법칙은 귀납을 신뢰하는 이들에게 훨씬 더 치명적인 회의적 도전을 제기할 수 있다. 그것은 아마도 데카르트의 악령 이후 철학에서 가장 강력한 부정적 힘일 것이다.

흄의 법칙의 공간적 형태도 있다. 세계가 시간상의 어느 시점에 끝나서, 그 시점까지의 세계에 대한 기술이 그 이후의 세계에 대한 기술과 논리적으로 별개인 것을 우리가 상상할 수 있는 것과 마찬가지로, 우리는 공간의 각 영역에 경계가 지어져 그 너머에는 아무것도 없는 것을 상상할 수 있다. 그때 경계 안쪽의 세계에 대한 기술은 경계 너머의 세계에 대한 기술과 논리적으로 별개일 것이다. (그러나 이 경우는 좀더 어렵다. 그러한 경계가 모긴스의 허리를 가로지를 수는 없는데, 절반의 고양이는 다른 절반의 존재를 암시하기 때문이다. 청컨대, 이런 어려움은 제쳐두자.)

1. 몇몇 '해결책들'

이 문제에 대해 다양한 해결책이 시도되었는데, 여기에 그중 몇 가지가 있다.

⑴ J. S. 밀. 밀은 《논리학 체계》 3권 21장에서 우리의 과학적 사유는 자연의 일양성uniformity of nature을 전제한다고 제안한다. 우리는 미래가 과거와 같을 것이고, 미답의 영역이 우리가 관찰한 것과 같을 것이라고 가정한다. 이러한 가정은 우리의 사고에 깊게 박혀 있어서 우리는 그것을 의심할 수조차 없다. (아마도 의심을 하더라도 말로 표현할 수 없을 것이다. 이런 경우에, 우리는 의심하기를 멈춰야 한다.) 따라서 모든 귀납적 논변은 실제로는 다음과 같은 형식의 연역적 논변이다.

> 대전제: 자연은 일양적이다.
> 소전제: F의 관찰된 모든 사례는 G였다.
> 결론: 그러므로 모든 F는 G이다.

이러한 논변에는 두 가지 약점이 있다. 첫째, 우리는 대전제가 참임을 어떻게 아는가? 우리가 지금까지 자연이 일양적임을 관찰해왔으며, 따라서 자연은 항상 그리고 어디에서나 일양적이라고 가정하기 때문인가? 그렇다면 당연히 우리는 바로 증명되어야 하는 것, 즉 귀납의 타당성을 가정하고 있는 것이다. 둘째, 우리가 대전제를 인정하더라도 이 논변은 여전히 연역적으로 타당하지 않다. 왜냐하면 우리가 관찰한 F들이 이례적일 수 있기 때문이다. 혹은 G가 그 소유자에게 별로 중요하지 않은 특성일 수 있으며, 따라서 F들은 쉽게 G이지 않을 수 있다. (고양이는 꼬리가 없을 수도 있다. 대학 구성원은 좌파이지 않을 수 있다. 마마이트 잼은 맛있지 않을 수 있다.) 그렇다면 우리가 '관찰된 F들은 G이다'로부터 '모든 F는 G이다'를 추론할 자격이 있는 것은 정확히 언제인가? 이것이 귀납의 문제며, 대전제에 대한 밀의 호소는 그것을 해결하는 데 아무것도 하지 못했다.

밀은 이러한 문제를 모르지 않았으며, 그에게는 중요하게 말해야 할 것들이 있었는데, 나는 그것들을 아래에서 다시 다룰 것이다. 특히, 밀은 그 논변에 포함된 순환성이 악순환이라는 것을 부정했다.

(2) 확률. 아마도 우리는 연역적 논변의 패러다임을 포기하고, 전제와 결론을 논리적으로 별개가 되도록 허용하는 추론의 원칙을 찾아야 할 것이다. 사실, 그러한 원칙이 있다. 바로 확률 이론의 공리와 규칙이다. 물론, 이러한 공리와 규칙은 논쟁적이다. 그렇지만 우리는 그 문제에 대해 다소의 직관을 갖고 있다. 우리는 다른 사건의 발생이 주어질 때 어떤 사건이 일어날 가능성을 자주 측정한다. 그리고 만일 우리가 이러한 논변 형식을 그 근본 가정들로 환원할 수 있다면, 우리는 귀납적 타당성의 기준을 갖게 된다. 귀납적 타당성은 정도의 문제가 된다. 즉 논변은 결론이 전제에 의해서 확률적이 되는 한에서 타당할 것이다.

확률에는 '주관적' 확률과 '객관적' 확률이 있다. 사람들은 확률을 사건과 이론에 할당하는데, 이것은 '주관적' 사실이다. 즉 사람들 자신들에 관한 사실이다. 어떤 특정한 할당으로부터 모든 종류의 결론이 나오지만 그 할당 자체는 더 이상 정당화되지 않는다. 하지만 객관적 확률 혹은 가능성likelihood의 개념도 있다. 사건의 가능성은 하나의 사실이며, 우리의 예측과 별개다. 확률 개념이 귀납의 수수께끼에 대답하려면, 가능성에 관한 믿음을 어떻게 정당화할 수 있는가를 증명해야 한다. 하지만 그것은 어떻게 가능한가? 한 가지 대답은 우리가 '장기적 빈도'에 의해 확률을 발견한다는 것이다. 만일 장기적으로 10개의 F 중 9개가 G라면, F가 G가 될 확률은 90퍼센트다. 이러한 측정은 확률의 객관적 계산법을 허용하며, 그것으로 우리의 모든 법칙에 대해 우리가 지닌 증거를 따져보도록 한다. 하지만 유일한 문제는 우리가 '장기적 빈도'에 관한 우리의 믿음을 정당화할 방법을 아직 모른다는 점이다. 필연적으로 우리의 관찰은 유한한 표본만을 다룰 뿐이다. 하지만 '장기적'이란 무한하든지 아니면 적어도 어떠한 경계도 갖지 않는다. 우리의 표본은 전형적이라는 가정이 바로 우리가 증명할 필요가 있는 것이다. 어떤 표본은 전형적이다라는 결론으로 향하는 추론이 바로 귀납이다. 그리고 문제는 다음과 같다. 그것은 어떻게 정당화되는가? (확률의 논의로서 이 점이 가장 기본적인 출발점이다. 7절에서 이 주제를 다시 다루겠다.)

(3) 포퍼. 여러 좋은 이유에서든 나쁜 이유에서든, 포퍼라는 이름을 무시하기란 어렵다. 그는 (논리실증주의의 지지자 중 하나였던 1930년대에) 과학적 방법에서 결정적 개념은 검증이 아니라 반증이라는 놀라운 제안을 했다. 우리는 결코 과학법칙을 결정적으로 검증할 수 없다. 하지만 그것을 결정적으로 반박할 수는 있다. 하나의 반례는 유한한 수의 실증적 사례들이 결코 증명할 수 없는 것을 전복하기에 충분하다. 과학적 추론은 귀납의 문제가 아니라 추측과 논박의 문제다. 과학적 가설은 반박되지 않을 때까지만 지속될 뿐이다. 우리가 적극적으로 논박을 찾아왔고, 지금까지 그것을 찾는 데 실패했다는 사실이야말로 과학법칙이 참이라는 데 대해 우리가 할 수 있는 최선의 보증이고, 우리에게 정말로 필요한 유일한 보증이다.
포퍼의 말은 그럴듯하다. 그러나 그것이 귀납의 문제를 해결하지는 못한다. 추측과 논박의 방법은 과거에 우리에게 도움을 주었고, 참된 가설로 이끌었다. 하지만 그것이 미래에도 우리에게 도움을 줄까? 우리가 귀납의 원리를 가정할 수 있을 때에만 그럴 것이다. 뿐만 아니라 우리는 과학법칙을 단순히 그 논박을 찾는 동안에만 잠정적으로 받아들이는 것이 아니다. 우리는 그것을 증거에 기초하여 참이라고 받아들인다. 증거가 과학법칙을 증명하기에 항상 불충분하리라는 사실에는 변함이 없다.

그럼에도 과학적 방법에 대한 포퍼의 설명은 매우 영향력이 있었다. 왜냐하면 그것이 진짜 과학과 사이비과학을 구별하는 기준을 제시하기 때문이다. 진짜 과학은 발견의 모험—세계에 대한 적극적 탐구다. 그것의 가설과 이론은 반례가 무엇일지를 정확히 규정함으로써 스스로에 대한 논박을 용이하게 해주는 용어로 구성된다. 사이비과학은 논박을 회피한다. 그것의 이론은 증거에 직면해서 용어를 조정하려는 의도로 구성된다. 그것의 법칙은 모호하고 비결정적이며, 일시적 반증의 출현에도 살아남도록 해줄 면책조항들을 담고 있다. 포퍼에 따르면, 프로이트와 마르크스의 이론이 이와 같다. 하지만 토머스 쿤의 저작(《과학혁명의 구조》)이 중요하다면, 그것은 주로 과학과 사이비과학 간의 이러한 단순 이분법에 의문을 제기하기 때문이다. 쿤은 가장 엄격한 이론들에서조차 신봉되는 '패러다임'이 유지되고 보호된다고 주장한다. 그리하여 '패러다임의 전환'은 전체 구조가 붕괴하는 엄청난 사건이 된다.

(4) 스트로슨. 스트로슨은 귀납적 추론이 연역적으로 타당하지 않기 때문에 귀납의 문제가 발생한다고 주장한다. 하지만 만일 그 추론이 연역적으로 타당하다면, 그것은 새롭거나 흥미로운 결과를 전혀 산출할 수 없다—그것은 그저 우리가 이미 아는 것에 대한 함축을 전개할 뿐이다. 따라서 귀납적 추론이 연역적으로 타당하지 않다고 불평하는 것은 무의

미하다. 이러한 사실이 과학의 발견에서 귀납추론이 제 역할을 한 데 따른 필연적 결과라면 말이다. 더욱이 우리에게는 과학적 추론의 다른 원리가 없다. 관찰된 것으로부터 관찰되지 않은 것으로 나아가기 위해 우리가 제안할 수 있는 어떠한 다른 방법도 틀림없이 귀납에 의지하든지, 그렇지 않으면 그 결론에 대한 근거를 전혀 제시하지 못하든지 할 것이다. 관찰되지 않은 것에 대한 추론이 귀납에 의존한다는 것은 사실상 분석적 진리다. 일단 이 점을 알고 나면, 우리는 귀납을 전제하지 않는 용어로 귀납의 정당화를 발견하려는 시도를 분명히 포기해야 한다. 그러한 정당화를 발견하려는 시도가 정합적이지 않음은, 연역적 논변의 타당성을 전제하지 않는 용어로 연역의 정당화를 발견하려는 시도가 정합적이지 않은 것과 같다.

  스트로슨의 설명은 일군의 유사한 응답 가운데 하나다. 그리고 그것에 공감하기는 쉽다. 그것은 마치 귀납의 비귀납적 정당화의 추구가 우리를 어디로도 이끌지 못할 것처럼 보이게 한다. 만일 이끈다 해도, 그것은 스나크 혹은 부줌*루이스 캐럴의 난센스 시 〈스나크 사냥〉에 등장하는 가상의 동물들 같은 것(아마도 후자)일지 모른다. 하지만 브레이스웨이트(《과학적 설명》)는 더 나아가, 귀납을 정당화하기 위해 귀납의 원리를 이용하는 것은 전혀 악순환이 아니라고(J. S. 밀을 따라) 주장한다. 이것은 그가 '유효' 순환성이라고 부른 것과 관련된다. 귀납은 과거에 항상 작동했다. 따라서 미래에도 작동할 것이다. 그러나 이러한 결론을 도출할 때, 나는 귀납의 타당성을 논변의 또 다른 전제로서 받아들이지 않는다. 나는 귀납을 추론의 규칙으로서 이용한다. 그리고 그 규칙은 자기의 신뢰도를 결론으로 산출함으로써 스스로를 정당화한다. 이러한 논변은 순환적인가 아닌가? 만일 그렇다면, 그 순환은 악순환인가?

(5) 실용주의와 자연화된 인식론. 이 문제에 대한 고전적 진술을 수용하고 그것과 직접적으로 맞서는 위의 접근법들에 대하여, 그것과 경쟁하는 또 다른 전통이 대두되었는데, 이것은 C. S. 퍼스, 존 듀이, W. V. 콰인에 의해 전형화되었다. 이 전통에 따르면, 우리는 귀납을 이용하는 사람에게 그것이 얼마나 유용한가의 측면에서 귀납의 원리를 탐구해야 한다. 그 원리는 우리가 성공적인 예측을 할 수 있게 해주고, 그리하여 환경을 지배할 수 있게 해줄 것이다. 설령 세계가 갑자기 변한다 하더라도, 그리하여 F의 n개 사례가 G로 판명될 때마다 n+1번째는 G가 아니게 된다 하더라도, 당신은 여전히 귀납의 원리를 사용하는 편이 더 좋을 것이다. 왜냐하면 이것은 이러한 기이한 상황에서조차 당신을 장기적으로 가장 유용한 예측을 하도록 이끌 것이기 때문이다. (당신은 n개의 F를 관찰하고 나서 잠시 후에, 다음 것은 다르리라고 예상하는 습관이 들 것이다. 그리고 당신이 옳았다는 점이 드러날 것이다. 그러나 그 습관이 바로 귀납이다.)

'자연화된' 인식론을 믿는 이들은 문제의 초점을 1인칭 관점에서 3인칭으로 옮긴다. 이들은 귀납에 의존하는 사람이 다른 경쟁 원칙을 이용하는 사람보다 세계가 어떻게 밝혀진다 하더라도 더 나은 생존 기회를 갖는다고 주장할 것이다. 따라서 이 원리는 진화에 의해 선호될 것이며, 생존경쟁에서 경쟁자들을 물리칠 것이다.

이것이 귀납의 입증인가? 그렇기도 하고, 아니기도 하다. 이것은 귀납의 원리가 우리에게 유용하다고 여겨지는 방식에 의존한다. 간단한 대답은 그것이 참된 결론을 낳기 때문에 유용하다는 것이다. 그렇지만 우리는 그것을 어떻게 아는가? 우리는 다시 이 물음으로 돌아온다. 사실상, 뒤르켐이 옳다면, 거짓 믿음은 종종 참된 믿음보다 유용하다. 예를 들어, 종교 문제에서 맹목적 진리 추구는 사회의 생존 기회를 파괴할 가능성이 있다. 거짓에 대한 신중한 감식력은 진화적으로 결정된 이점일지 모른다. 그것은 심지어 우리로 하여금 진리와 직면할 수 있게 해주는 요인 중 하나일지 모른다. (왜냐하면 낡은 종교를 조롱하는 합리론자들이 얼마나 미신을 잘 믿는지 그리고 그들이 위기에 처하여 얼마나 현실을 직시하지 못하는지에 주목하는 것은 흥미롭기 때문이다.)

2. 헴펠의 역설

가장 많은 지지를 얻은 '해결책'은 그 물음을 거부하는 것이다. 그것은 이렇게 말한다. '귀납은 귀납이지 연역이 아니다. 뿐만 아니라 그것에는 잘못된 점이 전혀 없다. 그리고 그것은 관찰된 것으로부터 관찰되지 않은 것으로 나아가게 하는 유일하게 가능한 원리다.' 하지만 어쩌면 그것에는 잘못된 점이 있을지 모른다. 이것이 바로 칼 헴펠(오스트리아의 검증주의자들 중 한 명)의 유명한 역설에 의해 촉발된 사유로, 종종 '확증의 역설'이라고 불린다. '모든 까마귀는 검다'라는 문장을 예로 들어보자. 귀납의 원리에 따르면 이러한 일반법칙은 그 사례에 의해 확증된다. 그러나 그 사례란 무엇인가? 물론, 검은 까마귀다. 그러나 그것이 이 법칙의 유일한 사례인가? 아마도 아닐 것이다. 왜냐하면 '모든 까마귀는 검다'는 논리적으로 '모든 검지 않은 것은 까마귀가 아니다'와 동치이기 때문이다. 까마귀가 아닌 것들 또한 모든 까마귀는 검다라는 법칙의 사례인가? 만일 그렇다면, 나는 빨간 스웨터를 관찰할 때마다 까마귀는 검다라는 내 믿음을 확증하게 된다!

　이것은 왜 역설인가? 이것은 모순을 포함하지 않는다. 하지만 이것은 귀납의 원리를 정식화하는 일반적 방법에 의문을 던진다. 만일 모든 법칙이 그 사례에 의해 확증된다면, 우리는 사례를 인식하는 방법을 알 필요가 있다. 빨간 스웨터는 모든 까마귀는 검다라는 법칙의 사례가 아니다. 왜냐하면 그것은 까마귀에 관한 법칙이며, 그것을 관찰함으로써만 확실히 확증될 수 있기 때문이다. 동시에, 우리는 '모든 까마귀는 검다'와 '모든 검지 않은 것은 까마귀가 아니다'가 논리적으로 동치라는 사실로부터 벗어날 수 없다. 그리고 만일 우리가 'p는 q를 확증한다'와 'q는 r을 함의한다'로부터 'p는 r을 확증한다'를 추론할 수 없다면, 귀납추론은 뒤죽박죽 엉망이 될 것이다. 이 원리를 포기하는 것은 귀납논리에 대한 모든 희망의 포기와 관련될 것이다. 아니 관련이 되겠는가?

3. 과학적 방법

헴펠의 역설은 지금까지 해결되지 않았다. 그러나 그것은 철학자들에게 귀납이 과학적 추론에서 홀로 있지 않다는 사실을 일깨워주었다. 그것은 방법론이라는 아치 꼭대기의 쐐기돌이다. 과학적 방법은 증거의 수집 외에도 몇 가지 작업을 포함한다. 확증에 대한 우리의 탐색은 논박에 대한 탐색과 밀접히 관련된다. 그리고 탐색은 이론 수립의 일부다. 우리는 관찰 가능한 것에 대한 일반화만 추구하는 것이 아니라 설명을 추구한다. 이것은 우리의 법칙이 인과적 연결에 대한 탐구에 의해 촉발될 것임을 의미한다.

그리하여 우리는 그 사례를 설명하는 규칙성('모든 까마귀는 검다'와 같은)과, 참이라 할지라도 아무것도 설명하지 못하는 규칙성(예를 들어, '내 호주머니 안의 모든 것은 까마귀가 아니다')을 구별한다. 까마귀는 공통 본성을 지닌 의미 있는 부류를 형성한다. 내 호주머니 안의 것들은 그렇지 않다.

과학적 방법에 관한 철학은 이러한 문제들을 다음과 같이 말한다.

(1) 이론이란 무엇이고, 그 용어들로 지칭되는 것은 무엇인가?
(2) 우리는 어떻게 이론에 도달하며, 어떻게 그것에 도달해야 하는가?
(3) 어떤 부류의 대상이 과학법칙의 일차적 주제인가?
(4) 실질적 본질은 있는가? 있다면, 우리는 어떻게 그것을 아는가?
(5) 과학에 의해 기술된 세계는 현상의 세계와 어떤 관계를 맺는가?
(6) 확률이란 무엇인가? 실질적(객관적) 확률은 있는가?

이러한 문제들 중 몇 가지를 간략히 살펴보겠다.

4. 이론과 이론적 용어

당신이 어떤 사건을 설명하고자 한다고 해보자. 예를 들어, 번개의 섬광에 대해서 말이다. 당신은 '왜 그것이 일어났을까?'라고 묻는다. 어떤 대답은 일반법칙을 제공한다. '번개는 폭풍 구름이 있을 때 항상 일어난다(혹은 일어날 가능성이 높다).' 대부분의 사람들은 이에 만족하지 않을 것이다. 이것은 단지 사건들 간의 일반적 연결을 암시하기 때문에 설명처럼 보인다. 그러나 그것은 그런 연결에 대한 더 이상의 설명을 제공하지 않는다. 그것은 일반법칙이지만, 아직 자연법칙은 아니다. 누군가가 다음과 같이 계속한다고 하자. '폭풍 구름이 나타나면, 전하가 그 안에 축적된다. 이 전하가 구름과 지면 사이의 습한 공기와 갑자기 접지될 수 있다. 그 결과로 생기는 방전이 번개다.' 이것은 훨씬 더 만족스럽다. 왜냐하면 이것은 당신을 혼란스럽게 했던 인과의 사슬을 풀어주기 때문이다. 그것은 어떻게 그러한지를 증명함으로써 왜 그러한지를 설명해준다.

이 예는 이론 구성의 사례다. 많은 철학자들(포퍼를 포함하여)에 따르면, 이론이란 실은 '가설 연역적' 체계다. 그것은 그 최고 원리들(혹은 공리들)에서 일련의 연역이 이어지다가, 마침내 '관찰 진술'에서 멈추며, 경험에 의해 확증되거나 논박되는 체계다. 이론에서 관찰로 내려가는 것이 연역의 길이고, 관찰에서 이론으로 올라가는 것이 귀납과 '귀추법 abduction'의 길이다. 귀추법이란 가설을 형성하는 절차를 지칭하기 위해 C. S. 퍼스가 만든 용어다. 그리고 두 과정은 서로를 제한하고 형성한다. 우리가 우주의 실제적 질서를 현상적 질서와 구별하는 법을 배우는 것은 이러한 역동적 상호제한을 통해서다(이것은 헤겔의 의미와 유사하게 '변증법적'이다).

그러나 우리 이론의 용어들은 어찌 되는가? 그것들은 무엇을 지시하는가? 이 물음은 경험론자들의 골칫거리로 판명되었다. 왜냐하면 장, 파동, 아원자 입자를 말할 때 우리는 직접 관찰 가능한 어떤 것을 지시하지 않기 때문이다. 물론, 우리는 이러한 것들의 결과를 관찰하며, 그것이 바로 이론이 말하는 것이다. 그러나 우리는 물자체를 관찰하지 않는다. 종종 이론적 존재자들은, 양자역학에서 연구되는 파동이면서 동시에 입자인 존재자들처럼, 본래 역설적인 듯하며, 그것과 관련하여 명확한 진리란 없고 단지 확률만이 있는 듯하다.

이러한 문제에 대한 첫 번째 응답은 이론을 그 모형과 구별하는 것이다. 모형(태양계를 닮은 닐스 보어의 유명한 원자모형 같은)은 우리에게 이론적 존재자를 상상하는 방법을 제공한다. 완벽한 모형은 이론이 이론적 존재자에게 귀속시키는 모든 특징을 재현한다. 그러나 그것은 또한 이론에서 언급되지 않았던(아마 언급될 수조차 없었던) 그 이상의 속성을 지닐 것이다. (그래서 보어의 원자가 뚜렷한 형태를 갖는 것이다. 실제로 거기에는 힘들과 장들의 확률적 분포만이 있지만 말이다.) 이론적 존재자가 역설적으로 보이는 것은 단지 우리가 그것과 그것을 시각화하기 위해 이용하는 모형을 혼동하기 때문이다. 그것 자체는 역설적이지 않다—다만 상상할 수 없을 뿐이다.

두 번째 응답은 이론적 존재자가 존재한다고 말할 때 우리는 무엇을 의미하는가를 묻는다. 대략 세 가지 답변이 일반적으로 받아들여진다.

(1) 실재론자: 우리가 의미하는 것은 이론적 존재자가 당신과 내가 존재하듯이 저 밖의 세계에 실제로 존재한다는 것이다. 이론은 실재가 어떠한지를 우리에게 말해준다. 만일 이론이 실재를 있는 그대로 기술하지 않았다면, 말해줄 수 없었을 것이다. 이것이 이론의 핵심이다. 다른 어떤 가정도 이론이 현상을 실제로 설명한다는 믿음과 양립할 수 없다.

(2) 환원주의자: 이론적 존재자란 실은 '논리적 구성'이다. 그것은 자신이 추론된 관찰 가능한 존재자들로 만들어진다. 이론은 관찰 진술의 총합으로 제시된다.

환원주의는 논리실증주의자들, 특히 카르납이 좋아하는 태도며, 세계를 그것에 관한 지식을 얻게 하는 관찰로 환원하려는 이들의 외곬수적 시도가 과학철학 대부분의 원인이 된다. 환원주의는 또한 (발견자의 이름을 따서) 크레이그의 정리라고 알려진 형식논리학의 결과에서 용기를 얻었다. 이 정리는 어떤 이론이 어떻게 이론적 용어를 결여하고 있는 다른 이론으로 대체될 수 있는가를 증명한다. 하지만 환원주의의 매력은 오래가지 못했다. 왜냐하면 이론의 관찰 진술은 무한히 많기 때문이다. 우리는 이론을 관찰로 환원하는 일을 결코 완수할 수 없다. 뿐만 아니라 우리의 관찰은 '이론 의존적'이다. 오직 우리의 관찰 기록에 이미 이론의 용어와 그 존재에 대한 전제가 들어 있기 때문에, 관찰은 자신이 증명하는 것을 증명하게 된다.

(3) 도구주의: 이론은 하나의 관찰에서 또 다른 관찰로 이동하기 위한 도구로 이해되어야 한다. 그것의 유일한 가치는 예측력에 있다. 그리고 우리를 관찰에서 이론으로 그리고 다시 그 역으로 이끄는 논리적 관계에 의해서, 이론은 이러한 힘을 갖게 된다. 우리는 이론의 용어가 어떤 것을 지시한다고 가정할 필요가 없다. 가장 중요한 것은 예측이 참으로 판명된다는 점이다.

도구주의는 매우 밀접한 관련이 있는 실용주의와 마찬가지로, 아주 면밀히 검토하지 않는 한 괜찮아 보인다. 그러나 문제는 관찰로부터 예측을 추론하는 일이 이론의 존재 주장이 참이라는 가정에서만 가능하다는 점이다. 따라서 우리는 실재론자에게로 되돌아온다. 뿐만 아니라 이론에 의해 가정되었던 존재자가 나중의 어느 시점에 관찰될 수도 있다—토성의 위성이나 혈액 속 세균처럼 말이다. 우리가 그러한 것을 관찰한 후 그것에 완전히 다른 형이상학적 지위를 할당해야 한다고 말하는 것은 기이해 보인다.

5. 실질적 본질과 자연종

그러나 이론은 어떻게 구성되어야 하는가? 우리는 어떠한 것(내 호주머니 속에 있는 것)에 관한 이론을 가질 수 있는가? 우리는 왜 '검지 않은 것은 까마귀가 아니다'가 아니라 '까마귀는 검다'를 이론의 첫 단계로 기꺼이 받아들이는가? 둘이 동치임에도 말이다. J. S. 밀은 하나의 대답을 제시했다. 세계는 종류를 포함하고 있다고 그는 주장한다. 이러한 종류를 만든 것은 우리가 아니다. 즉 그것은 세계에 존재한다. 그것의 구성원은 공통 본성에 의해 한데 묶이며, 우리가 그것을 어떻게 기술하느냐와 상관없이 한데 속한다.

그래서 우리는 까마귀를 과학적 탐구의 적합한 대상으로 동일시한다. 왜냐하면 그것이 '자연종natural kind'의 구성원으로서 한데 속한다는 점을 우리가 인정하기 때문이다. 마찬가지로 우주의 근본물질들, 예를 들어 금이나 물에 대해서도 마찬가지다. 우리는 단순히 분류를 함으로써 물이라는 종류를 만들어내지 않았다. '장신구'라는 용어로 지칭되는 종류와 대조해보라. 우리는 어떨 때는 이것을, 어떨 때는 저것을 장신구로 간주하기로 선택한다. 그리고 그것들을 이러한 공통의 꼬리표 아래 묶고, 그 꼬리표가 나타내는 대로 그것들을 이용하려는 우리의 욕구 외에는, 그것들 자체로는 아무런 공통점을 가질 필요가 없다.

자연종과 비자연종의 구별은 다른 구별, 즉 로크가 회의적으로 논의했던 실질적 본질과 명목적 본질의 구별과 관련이 있다(예를 들어, 크립키와 퍼트넘은 그렇게 생각한다). 우리가 그 사례를 고르는 '명목적' 본질과 달리, 자연종은 실질적 본질을 갖는다. 예를 들어, 우리는 단단함과 투명함으로 다이아몬드를 고른다. 그러나 다이아몬드는 본질적으로 단단하거나 투명하지 않다. 그것의 실질적 본질이 과학적 탐구에 의해 발견되었다. 다이아몬드에 관한 참된 이론은 그것이 본질적으로 무엇인지를 우리에게 말해준다. 즉 그것은 탄소로서, 숯과 똑같은 것이다.

이것은 후천적이고 필연적인 진리의 또 다른 사례다. 다이아몬드는 자신이 존재하는 모든 세계에서 탄소다. 그것은 필연적으로 탄소다. 그러나 다이아몬드는 자기 자신이기를 그만두지 않고서도 우연적 속성—단단함, 빛남, 투명함—중 어떤 것을 잃을 수 있다.

자연종이라는 관념은 최근 철학자들 사이에서 두 가지 이유로 커다란 관심을 불러일으켰다. 첫째, 자연종은 과학이 필연적 연결을 찾는다는 점을 암시한다. 실질적 필연성은 있으며, 세계의 구조에 포함되어 있고, 그것을 발견하는 것이 과학의 과제다. 둘째, 자연종은 스스로를 우리의 관찰로부터 분리해서 객관적 질서와 결부시킴으로써 과학의 권위를 강화한다. 과학은 현상의 체계적 기술과 같은 것(카르납에게 과학은 그러한 것이었다)이 점점 더 아니게 되고, 실재에 대한 끈기 있는 탐구, '자연의 마디를 나누려는' 시도, 그리하여 우리의 관심-상대적 개념을 자연종의 개념으로 대체하려는 시도와 같은 것이 점점 더 되는 듯하다.

6. 귀추법

자연종의 가정은 '귀추법' 과정의 일부다. 나는 수많은 까마귀를 관찰함으로써 까마귀가 어떠한 종류를 형성한다는 결론에 도달하지 않는다. 나는 자연의 질서를 가정하고, 그것에 의해 내가 관찰한 것을 이해한다. 이러한 대상에 대한 나의 관찰은 어떤 검고 깃털 있는 것에 대한 지각이기를 멈추고 까마귀에 대한 지각이 된다. 그리고 그것을 연구하면서 내가 관찰한 것들이 바로 까마귀의 특징이다.

과학적 추론에서 첫걸음은 법칙의 귀납적 '증명'이 아니라 이론의 귀추법이다. 그리고 귀추법은 우리의 관찰을 규정하는 분류 없이는 불가능하다. 자연에 대한 우리의 본능적 공감은 우리로 하여금 사물의 참된 질서를 활발하고 유익하게 추측하도록 한다. 즉 세계를 구성하는 종과 물질들로 말이다. 물론, 우리는 실수를 저지른다. 오랫동안 고래는 물고기로, 불은 물질로, 유리는 결정성고체로 분류되었다. 하지만 이러한 첫 시도로부터 우리는 분명한 발걸음으로 더 참된 상을 향해 나아가며, 그렇게 우리의 분류를 수정한다. 그렇지만 오직 첫 시도가 대체로 정확하기 때문에, 이 과정이 시작될 수 있다.

우리가 이론 구성에 관해 말했던 것과 귀추법에 관한 이러한 간단한 언급을 이제 결합해보면, 우리는 과학을 '최선의 설명으로의 추론'으로 보는 견해에 도달하게 된다. 이러한 추론은 귀납추리가 기초해 있는 분류와 더불어 시작된다. 과학의 기획은 세계의 질서를 발견하는 것이며, 그것은 우리로 하여금 세계가 왜 지금과 같이 보이는지를 이해할 수 있게 해준다. 이제 특정 관찰을 설명해주는 많은(무한히 많은) 이론들이 있다. 그중 최선을 찾으면서, 우리는 최소한의 가정으로 가능한 한 많은 것을 설명하는 이론을 찾게 된다.

그러면 최선의 이론 역시 참인가? 대답은 간단하다. 거짓일 수 있다. 하지만 우리로 하여금 그것을 채택하도록 이끄는 고찰은 참된 이론과 거짓 이론을 구별해주는 고찰이다. 설명력과 존재론적 경제성이 진리의 기준이다. 그러나 만일 그렇다면, 그것은 실재의 심오한 특징을 가리킨다. 즉 실재는 우리에게 가장 잘 알려질 수 있기 위해 질서지어진다. 일어나는 어떤 일도 충분한 설명을 결여하지 않으며, 어떤 것에 대한 설명은 다른 것에 대한 설명을 제공한다. 세계는 라이프니츠가 '충족이유율'이라고 부른 것을 따른다. 왜 그런가?

두 가지 일반적인 대답이 있지만, 그것들이 유일한 답은 아니다. 첫 번째이자 가장 간단한 대답은 신이 그렇게 만들었다는 것이다. 신은 자신의 피조물들이 그들의 지성으로는 이해할 수 없는 세계에서 살기를 바라지 않았을 것이다. 그리하여 신은 질서정연한 세계를 창조하였고, 그러한 세계는 탐구하는 지성에게 차례대로 조금씩 그 비밀을 드러낸다. 두 번째 대답은 스티븐 호킹(《시간의 역사》)이 '약한 인간원리'라고 불렀던 것에 다시 호소한다. 즉 관찰은 우리 세계처럼 생명을 유지하는 세계에서만 가능하다는 원리 말이다. 이것이 참이 되려면, 세계는 복잡하고 체계적인 종류에 대한 인과적 질서를 보여줘야 한다. 그리하여 자연은 설명될 수 있는 곳에서만 관찰 가능하리라는 것이 바로 자연법칙이 된다. (칸트도 유사한 것을 말했을 것이다. 비록 그에게 그것은 물리학의 법칙이라기보다는 형이상학의 법칙이었겠지만 말이다.)

7. 확률과 증거

헴펠은 우리가 증거 혹은 확증의 개념에 대해 결코 분명히 알지 못한다는 것을 증명하기 위해 역설을 제시했다. 이러한 불명확성은 확률 개념으로 더 악화되는데, 확률은 과학적 추론에서 주요 역할을 담당하는 듯 보이지만, 과학에 쓰인 다른 개념들처럼 많은 철학적 문제를 낳았다. 이것은 복잡하고 전문적인 영역이지만, 몇 가지 주요 쟁점을 파악하는 것은 중요하다. 이 절이 가장 기본적인 출발점은 아니다(그것은 앞에서 이미 설명했다). 그러나 최대한 쉽게 설명하려 한다.

만일 p가 q를 함의한다면, p는 q가 참이 되기 위한 충분조건이고, 반면에 q는 p가 참이기 위한 필요조건이라고 말한다. 만일 p와 q가 서로를 함의한다면(상호 연역적이라면), p는 q의 필요충분조건이며, 그 반대도 마찬가지다. 분석철학의 중반기에는 필요충분조건의 탐색이 철학의 중심과제로 여겨졌다. 그리하여 수많은 따분한 글들에서 '~일 때에만'이 의기양양하게 등장했다. 비트겐슈타인이 이 모든 것을 바꿔놓았는데, 처음에는 가족유사성family resemblance의 관념으로, 그 다음에는 징후symptoms와 기준criteria의 구별로 그렇게 했다. 그가 주장하길, 만일 누군가가 '게임'의 정의를 묻는다면 나는 그에게 일련의 필요충분조건을 제공할 수 없다. 하지만 나는 일군의 특징들을 기술할 수는 있는데, 그러한 특징들의 집합은 게임으로 간주되는 행위가 되기 위한 충분조건이지만, 그중 어느 것도 필요조건은 아니다. (이때 '~로 간주되다'는 자신의 근본적 유명론을 어기는 셈이다.) 상이한 게임들은 가족 구성원이 서로를 닮았듯이 서로 유사하다. 즉 게임의 개념은 '가족유사성'의 개념이다.

한동안 이 관념은 상당한 영향력을 발휘했으며, 적어도 한 명의 철학자(렌퍼드 뱀브로)는 보편자 문제에 대한 해결책이라(비록 그 관념은 그러한 것이 아니었지만) 여긴 것을 제기하기 위해 그것을 이용했다. 하지만 더 중요한 것은 비트겐슈타인의 두 번째 기여, 즉 징후와 기준의 구별이었다. 창밖을 바라보며 나는 땅의 물웅덩이와 농장 위의 먹구름을 본다. 비의 징후들이지만, 비의 현존에 대한 필요조건도 충분조건도 아니다. 징후란 비결정적 증거며, 동시에 그 권위를 어떤 우연적(대체로 인과적) 연결에 의존하는 증거다. 나는 창밖으로 손을 내밀었다가 손이 물방울에 젖은 것을 발견한다. 이것은 비에 대한 추가 증거로, 징후가 아니다. 이것은 비를 구성하는 것이다. 즉 강수가 비의 기준이다. 그렇다 하더라도, 이것은 충분조건이 아니며, 심지어 필요조건도 아니다. 그 물은 비행기에서 쏟은 것일 수도 있다. 비록 바람이 그 물방울들을 지면 위에서 갖고 있다 해도, 비처럼 내릴 수 있다. 그럼에도 강수는 단순히 우연적으로 비와 연결되지 않는다. 그것은 필연적으로 비에 대한 증거다.

이것은 어떤 종류의 필연성인가? 비트겐슈타인의 직계 제자들은 그것을 대언적 필연성이라고 가정했다(왜냐하면 그들은 대물적 필연성을 인정하지 않았기 때문이다). 그들은 강수가 비의 현존에 대한 증거라는 것이 바로 '비의 개념의 일부'라고 주장했다. 충분히 흥미롭게도, 비트겐슈타인이 (《청색책》에서) 제시한 유일하게 명료한 예는 어떤 자연종, 즉 질병의 징후와 기준이었다. 따라서 그는 아마도 대물적 필연성을 지시하고 있다. 이 경우에, 우리는 강수가 사물의 본성상 비에 대한 증거라고 주장해야 한다. 둘 중 어느 방법을 택하든, 우리는 증거에 대한 두 가지 관념—우연적인 것과 필연적인 것—을 갖게 되는 듯하며, 그중 어느 것도 필요충분조건이라는 낡은 관념에 의해 이해될 수 없다.

이 주제는 논쟁점으로 가득하다. 그렇지만 두 가지 이유에서 다룰 가치가 있다. 첫째, 그것은 진리조건을 증거와 연결시키지 않는 반면, 새로운 방식으로 그것을 다시 연결시킨다. 당신은 문장의 의미가 그 진리조건에 의해 주어진다는 프레게의 주장에 동의하는 한편, 당신이 이해하는 모든 문장에 대해 증거를 파악한다는 점을 부정할 수 있다. 예를 들어, 나는 '내 주가 살아계신다'라는 문장을 이해한다. 이것은 나를 완전히 사랑하며, 내 죄를 없애줄 권능이 있고, 내 도움을 받아 그렇게 할 의향이 있는 어떤 초인적 인격이 존재할 때에만 참이다. 그러나 어떤 증거가 나로 하여금 그러한 것을 믿도록 이끄는지 나는 모른다. 이와 대조적으로, 어떤 개념들의 경우에 증거는 그것들에 의해 가리켜진 사물의 본성에 있다. 나는 '사과에는 영양분이 많다'의 진리조건을, 그것이 참인지 여부를 밝혀줄 증거를 이해하지 않고서는 파악할 수 없다. 이것은 의미의 물음을 다시 제기한다. 우리는 문장을 실제로 이해하는가? 우리가 파악한 모든 것이 언제 그 문장을 사용할지 우리에게 말해주는 기준이 아니라, 추상적으로 생각된 그 진리조건이라면 말이다. 여기에는 내가 19장에서 살펴볼 중요한 논변이 있다.

기준에 관심을 갖는 두 번째 이유는 기준이 믿음의 형성에서 확률의 중요성을 보여주기 때문이다. p에 대한 증거는 무엇이 됐든 p를 더 확률적이 되게 하거나 혹은 있음직하게 만드는 것에 있다. 만일 증거의 관계가 필연적일 수 있다면, 확률은 사물의 본성에 깊숙이 놓인다. 그러나 확률이란 정확히 무엇인가?

우리가 확률을 말하는 세 가지 종류의 상황이 있는데, 각각의 경우가 동일한 의미인지는 논쟁거리다.

(1) 한 쌍의 '진짜' 주사위를 던져 두 개의 6이 나올 확률. 여기에는 분명하게 한정된 일군의 선택 가능한 결과들이 있고, 참을 특정 결과가 나올 가능성은 얼마인가라는 순수하게 수학적인 문제로 만드는 정의가 있다. 이와 같은 경우에, 우리는 '확률 계산법'을 사용하며, 그 정리는 선천적이다. 만일 주사위의 특정 쌍이 우리의 수학적 예측에 어긋나는 듯하다면, 이는 그것이 '참'이 아니라 편향돼 있음을 증명할 뿐이다.

(2) 9월의 첫째 날 런던에 비가 올 확률. 여기서 우리는 실질적 경향을 나타내는―나타낸다고 믿는―빈도를 다룬다. 따라서 만일 지난 50년 중 45년이나 9월 첫째 날 런던에 비가 내렸다면 우리는 다시 그렇게 될 가능성이 10 중 9라고 결론 내릴 수 있다. 그렇게 추리할 때 우리는 실질적 가능성을 단순한 우연과 명백히 구별하고 있는 셈이다. 그러한 추리는 현실이란 우리의 계산이 나타내는 방향으로 일어나는 경향이 있다고 가정할 때 비로소 합리적이 된다. 다시 말해, 우리는 표본이 제대로 '장기적 빈도'를 나타내고, 이 장기적 빈도가 우연이 아니라고 가정하고 있는 것이다. 날씨의 경우에, 이것은 매우 취약한 가정이다. 근본적 물음은 이렇다. 그 가정은 언제 취약하지 않게 되는가? 우리는 언제 단기적 빈도에서 장기적 빈도를 추론할 수 있는가?

또한 빈도가 분류에 상대적이라는 또 다른 문제가 있다. 내가 다음과 같은 질문을 한다고 해보자. 대학교수인 스미스가 보수당에 투표할 가능성은 얼마인가? 통계는 지난 두 번의 선거에서 대학교수 중 16퍼센트만이 보수당에 투표했다는 것을 말해준다. 그래서 우리는 16퍼센트라고 대답한다. 그렇지만 스미스는 또한《데일리 텔레그래프》지를 구독하고 폭스하운드 종의 열성팬이다. 그리고 통계는 그러한 사람 중 90퍼센트가 보수당에 투표한다고 말해준다. 스미스를 이 새로운 방법으로 분류하면, 우리는 90퍼센트라고 대답한다. 어떤 대답이 정확한 것인가?

(3) 우주의 빅뱅이론이 참일 확률. 여기서 우리는 빈도 혹은 표본이 아니라 특정 가설에 대한 증거의 무게를 다룬다. 철학적으로 말해서, 이것이 가장 흥미로운 경우인데, 왜냐하면 '확률'의 의미에 관한 문제에서 빠져나오는 것이 불가능하기 때문이다. 우리는 실재에서 '장기적 빈도'를 가리킬 수 없다. 또한 우리는 선천적 확률 계산법으로부터 우리의 판단을 이끌어낼 수도 없다. 확률은 여기서 기본적 사실로 보인다. 그리하여 어떤 사람들은 이러한 경우에 확률 판단이 단순히 '주관적'이라고 주장한다. 다른 사람들은 좀 더 그럴듯하게, 확률 판단이 다른 경우와 마찬가지로 이 경우에도 '합리적 믿음의 정도'의 척도라고 말한다. 이것이 바로 현대철학의 의제에 확률 개념을 도입한 세 사상가 즉 케인스, 제번스, 제프리스(모두 경제학에 관심이 있었다)가 옹호한 견해였다.

이러한 관점에서 보면, 세 경우 모두에 단일한 확률 관념이 있다. 그들을 구별해주는 것은 확률 판단이 기초해 있는 증거의 종류다. 사실, 케인스와 제프리스는 더 나아가 확률이란 본질적으로 관계라고 주장했다. 즉 하나의 명제는 다른 명제와 상대적으로 더 확률적이거나 덜 확률적이다. 보수적 대학교수의 예가 보여주듯이, 확률의 절대적 할당이란 아무런 의미가 없다. 결국, 그는 보수당에 투표하거나 혹은 그러지 않는다. 하지만 그가 이런저런 증거와 관련하여 보수당에 투표할 확률은 완벽하게 정합적인 관념이다. 만일 우리가 측정하고 있는 것이 물리적 세계의 어떤 특징이 아니라, 다른 것에 기초하여 어떤 것을 믿는 것이 얼마나 합리적인지의 정도라고 이해한다면 말이다. 장기적 빈도 같은 물리적 세계에 대응하는 어떤 특징이 있을지 모른다. 그러나 그것은 기껏해야 확률 판단에 대한 우리 증거의 일부분이지, 우리가 의미하는 것은 아니다.

이러한 견해는 매력적이지만 논쟁의 여지가 있다―예를 들어, J. R. 루카스는 확률의 절대적 개념을 옹호한다. 이에 따르면, 어떤 명제가 참일 확률이 우리가 증거를 주장하면서 다가가려는 목표다. 우리의 예에서 스미스가 보수당에 투표할 확률은 16퍼센트가 아니다. 왜냐하면 이 판단이 기초해 있는 증거가 너무나 빈약하기 때문이다. 또한 90퍼센트의 확률이 있다는 것도 참이 아니다. 왜냐하면 스미스에게는 《텔레그래프》지를 구독하고 하운드 종의 열성팬이라는 것보다 더 많은 것이(혹은 어쨌든 약간이라도 더) 있기 때문이다. 스미스에 관한 모든 관련 사실을 취합해야만―그의 불우했던 어린 시절, 토리당 고위층에 대한 증오, 노동조합에 대한 경멸, 양파절임에 대한 기호―당신은 그가 보수당에 투표할 실질적 확률이 얼마일지를 우리에게 말할 수 있을 것이다.

만일 이것이 어리석게 들린다면, 그것은 최근 저자들(특히 데이비드 루이스)에 의해 강조된 중요한 구별에 무관심하기 때문이다. 바로 인식론적 확률과 객관적 확률 간의 구별 말이다. 이러한 저자들 중 일부(예를 들어, 도로시 에징턴)는 확률과 가능성 간의 유사성에 끌려, '확률적으로'를 '가능적으로'와 마찬가지로 양상연산자로 취급해야 한다고 주장한다. (따라서 당신은 객관적 확률을, 만일 당신이 그런 종류의 것을 좋아한다면, 다음과 같이 정의할 수 있다. '확률적으로 p가 현실세계에서 참인 것은 p가 물리적으로 유사한 세계들 대부분에서 참일 때만이다.' 그러나 이렇게 정의된 확률을 당신이 양화하려고 할 때 문제가 생긴다.) 우리는 다양한 가능성의 개념을 갖고 있다.

특히 우리는 인식론적으로 가능한 것과 물리적 혹은 형이상학적으로 가능한 것을 구별한다. 명제 p는 그 참이 우리의 기존 지식체계에 의해 배제되지 않는다면 인식론적으로 가능하다. 그러나 형이상학적으로는 가능하지 않을 수 있다(즉 그것이 참이 되는 가능세계가 전혀 없을 수 있다). 또한 그것은 물리적으로 가능하지 않을지 모른다. 즉 그것은 물리학의 법칙이 유지되는 모든 세계에서 거짓일 수도 있다.

아마도 우리는 확률을 동일한 방식으로 다뤄야 하며, 인식론적으로 확률적인 것(즉 우리의 기존 증거체계와 관련하여 확률적인 것)을 물리적이거나 혹은 형이상학적으로 확률적인 것과 구별해야 할 것이다. 그러면 최소한 두 가지 종류의 확률이 있게 된다. 증거와 관련된 확률(인식론적 종류) 그리고 객관적 확률―이것은 결국 물리적 혹은 형이상학적 확률일 것이다―말이다. 객관적 확률이라는 관념은 많은 사람들에게 혼란을 주었던 것 같다. p에 대한 객관적인 승산을 말한다는 것은 무슨 의미인가? 확실히, p는 참인가 참이 아닌가? 객관적 확률을 옹호하는 사람들은 확률이 시간에 따라 변할 수 있다고 주장하는 경향이 있다. 노동당이 다음 총선거에서 승리하리라는 것은 1990년에 객관적으로 확률적이었다. 존 메이저가 보수당의 당수가 된 후 그것은 확률적이기를 그쳤다. 그리고 1992년 노동당의 승리 확률은 영이 되었다. 즉 그 명제의 거짓은 이제 영원히 당연한 것이 되었다.

우리가 객관적 확률을 지지하든 지지하지 않든, 확률이 어떻게 측정되는가라는 물음이 생긴다. 첫 번째 종류의 사례에서―'진짜' 주사위 혹은 동전―우리에게는 간단하고 선천적인 기준이 있다. 바로 선택 가능한 결과들의 수다. 주사위 하나를 던져서 6이 나올 확률은 1/6이다, '진짜' 동전을 던져 앞면이 나올 확률은 1/2이다, 등등. 두 번째 종류의 예에서도 우리에게는 직관적 척도가 있다. 여기에서는 확률 = 장기적 빈도다. 그리고 더 장기적으로 조사할수록, 우리의 표본은 더 대표성을 갖게 된다고 우리는 가정한다.

하지만 세 번째 종류의 경우에 확률의 측정은 훨씬 더 문제적이다. 예를 들어 보수당이 노동당보다 선거에서 이길 확률이 더 높다고 말하면서, 우리는 확실히 인식론적 확률들을 비교한다. 하지만 우리는 각각의 확률에 정확한 수치를 할당할 수 있는가? q가 주어질 때 p가 참임을 특정인이 확신하는 정도에 대해서는 분명히 값을 할당할 수 있다. 왜냐하면 이것은 내기 배당률로 측정될 수 있기 때문이다. p가 참이라는 가정에 그가 걸어보려는 것 말이다. 하지만 주관적 확신의 측정이 확률의 측정은 아니다. 인식론적이든 물리적이든, 확률은 단순히 특정인이 그렇다고 믿는 것이 아니다. 보수당이 이기리라고 믿는 것은 정말 객관적으로 더 합리적이다. 그러나 얼마만큼인가?

'확률이론'의 공리들에서 수학적 표현을 찾은 어떤 직관적 관념들에 힘입어, 우리는 그 질문에 대한 답에 다가갈 수 있다. 0에서 1까지의 연속척도로 확률의 등급을 매긴다고 해보자. 어떤(예를 들어, 필연적) 참의 확률은 1이 될 것이고, 불가능한 명제의 확률은 0이 될 것이다. 다른 종류의 모든 명제는 양극 사이의 어딘가에 놓일 것이다.

이제 확실히, p와 p 아닌 것 중 어느 하나는 참임에 틀림없다. 따라서 p의 확률은 1에서 p 아닌 것의 확률을 뺀 것임이 직관적으로 분명해진다. 뿐만 아니라 확률이 합해질 수 있다는 것도 직관적으로 분명하다. 만일 p와 q가 논리적으로 별개라면, p 또는 q일 확률은 p의 확률과 q의 확률의 산술적 합에서 그것들이 동시에 참일 확률을 뺀 것이다. 그것들이 둘 다 참일 확률(p&q의 확률)은 개별 확률의 합이 아니라 곱으로 표현될 것이다―구체적으로 말하면, p의 확률에 p가 주어질 때의 q의 확률을 곱한 것이 될 것이다. 이것은 항상 둘 중 하나만이 참일 확률보다 작거나 같을 것이다. 그리하여 다음과 같은 확률이론의 3가지 정연한 공리들이 나오게 된다.

(1) $P(p) = 1 - P(\sim p)$

(2) $P(p \vee q) = P(p) + P(q) - P(p \& q)$

(3) $P(p \& q) = P(p) \times P(주어진 p에 대한 q)$

이러한 공리들은 독립적이지 않다. 첫 번째는 단지 두 번째의 특별한 경우일 뿐이다. 어떠한 확률 할당이든 이러한 공리들에 함축된 제한들을 충족해야 할 것이다. 이것들은 확률에 관한 사람들의 믿음의 일관성에 결정적인 기준을 제공한다.

이 모든 것은 간단해 보이는데, 인식론적 확률이 증거와 상대적이라는 점을 우리가 기억하기 전까지만 그렇다. 이런 의미에서는 p의 확률과 같은 것은 없으며, 단지 증거 e가 주어질 때의 p의 확률만이 있을 뿐이다. 그렇다 할지라도, 일련의 직관적 공리들이 내가 제시한 세 가지와 동일한 선천적 방식으로 고안될 수 있다.

인식론적 확률 이론의 문제 중 하나는 확률 판단이 증거의 변화와 더불어 변하는 방식을 설명하는 일이다. 내가 당구공 100개(검은 공 70개와 흰 공 30개)가 담겨 있는 자루를 갖고 있다고 해보자. 내가 그 자루에서 꺼낸 공이 검은색일 확률은 얼마인가? 자연스런 답은 0.7이다—우리가 고려해야 할 다른 사실이 없다고 가정한다면 말이다. 그러나 만일 자루에서 처음 뽑은 10개가 모두 검은 공이라면, 다음 것이 검은색일 확률은 얼마인가? 만일 우리에게 다른 정보가 없다면, 우리는 그 확률이 이제는 무척 작다고 말해야 한다. 즉 다음에 나올 것은 흰 공임에 틀림없다. 그러나 대부분의 사람들은 그런 결론을 도출하지 않을 것이다. 왜냐하면 우리는 이미 더 많은 정보를 갖고 있기 때문이다. 지금까지 일어난 일을 생각해보면, 공들이 무작위로 분포되어 있지 않고, 검은 공들이 모두 위에 있을 확률이 높다. 다음 공이 검은색이리라는 것은 확률적으로 더 낮은 것이 아니라 더 높다.

이 예는 증거가 변화함에 따라 끊임없이 자기 자신을 먹어대는 확률 판단의 역동적 본성을 보여준다. 따라서 상대적 확률의 계산법에 대한 제한 중 하나는, 확률 판단이 증거의 변화에 어떻게 대응하는가를 보여주는 것이 될 것이다. 두 개의 정리가 이러한 관념을 담아낸다. 둘 다 토머스 베이스에서 기인하여, 그의 이름을 따서 불린다. 첫 번째는 새로운 증거 e가 주어질 때 어떤 가설 h의 확률 변화를 다음과 같은 정식으로 정의한다.

$$\frac{P(h/e)}{P(h)} = \frac{P(e/h)}{P(e)}$$

여기에서 P(h/e)는 주어진 증거 e에 대한 h의 확률을 의미한다.

두 번째는 새로운 증거 e가 주어질 때 두 개의 경쟁 가설 h와 g의 변화된 확률을 다음의 식으로 비교한다.

$$\frac{P(h/e)}{P(g/e)} = \frac{P(h)}{P(g)} \times \frac{P(e/h)}{P(e/g)}$$

다시 말해, 새로운 증거가 주어질 때 두 가설의 확률 비율은, 두 가설의 원래의 확률 비율에 주어진 첫 번째 가설에 대한 증거의 확률과 주어진 두 번째 가설에 대한 증거의 확률의 비율을 곱한 것과 같다. 만일 새로운 증거가 g라는 가정보다 h라는 가정에 대해 더 확률적이라면, h의 상대적 확률은 증가한다.

베이스의 정리들은 순수하게 수학적이다. 마치 더 장기적으로 실시할 수록 대표성의 확률이 높아진다고 말하는 베르누이의 정리(종종 대수의 법칙이라고 불린다)가 그렇듯이 말이다. 수학적 결과인 이러한 정리를 논박한다는 것은 가능하지 않다. 그러나 논쟁이 되는 것은 그것의 용법, 특히 이렇듯 어려운 경우들(내 분류에서 세 번째 종류의 경우들)을 다룰 때의 용법인데, 여기서 확률은 장기적 빈도나 확률 계산법에서는 어떠한 기초도 갖지 못한다.

검증주의자들이 처음 이 문제에 주목했을 때, 그들의 관심을 끈 것은 오로지 확률의 인식론적 형태만이었다. 왜냐하면 그것이 귀납의 수수께끼에 대한 '검증주의자'의 해결책을 약속하는 듯 보이는 가설과 증거 간의 관계였기 때문이다. (예를 들어, 루돌프 카르납의 《확률의 논리적 기초》를 보라.) 그것은 정도를 인정하면서도, 명제들 간에 유지되는, 그리고 함의와 일관성 같은 논리적 관계들과 유사한 '확률화probabilification'의 관계를 정의하고자 희망하였다. 하지만 이러한 정도를 결정할 그럴듯한 방법을 어느 누구도 만들어내지 못한 듯하다. 주어진 하나의 증거가 주어진 가설을 어느 정도까지 '확률화하는지' 정확히 증명하는 방법 말이다. 그리하여 그 기획은 대체로 포기되었다.

이것은 확률의 인식론적 개념이 합리적 분석에 저항한다는 의미가 아니다. 사람들은 명제에 대해 어느 정도의 확신을 갖고 있으며, 내기 행위가 보여주듯이, 그들에게 가용한 증거들에 힘입어 어떤 가설들에 정확한 값을 할당할 준비가 되어 있다. 게다가 이러한 행위에 대한 분명한 합리적 제한들이 있다. 확률의 할당은 확률이론의 공리들을 따라야 하며, 그 공리들은 동시적 일관성의 기준을 제공한다. 하지만 확률의 할당은 또한 증거의 변화에 대응하여 변화해야 하며, 어떠한 일양적 방식으로 변화해야 한다. 예를 들어, 만일 당신이 q가 주어질 때의 p에 어떤 조건부 확률을 할당한 다음, q가 일어났음을 확실히 알았다면, p의 확률에 대한 당신의 새로운 값은 q가 주어질 때의 p의 확률에 대한 옛 값과 같아야 한다. 합리적인 사람들은 새로운 정보에 대응하여 마음을 바꿔야 하며, 어떤 인정된 방향으로 바꿔야 한다는 이러한 요건이 베이스의 전통에 서 있는 확률이론의 주요 동기였다.

하지만 이러한 합리적 제한들이 합리적인 사람들이 동일한 증거에 직면해서도 동의하도록 이끌 만큼 충분히 강력한지 여부는 여전히 미해결의 문제로 남아 있다. 아마도 합리적인 사람들은 새로운 증거에 직면하여 유사한 방식으로 자신들의 믿음을 조정할 것이다. 하지만 그들로 하여금 다른 믿음이 아니라 어떤 믿음을 갖고 시작하도록 제한하는 것은 무엇인가? 어떤 사람들은 우주의 '빅뱅'이론이 본질적으로 있음직하지 않다고 간주하는 듯하다. 그리하여 그들은 그 이론에 직관적으로 매료된 사람들이 할당하는 것만큼의 확률을 할당하기 전에 훨씬 더 많은 증거를 요구하는 듯하다. 그러나 둘 중 어느 쪽이 더 합리적이라고 누가 말할 수 있겠는가?

8. 확률과 과학적 실재론

현대 물리학은 사실상 객관적 확률, 즉 대물적 확률의 개념을 거의 수용하게 된 듯하다. 이러한 확률은 사물의 본성에 있는 듯하며, 증거에 의해서 변하지 않는다. 이러한 것이 적어도 현재 사람들이 선호하는 해석에서의 양자역학에 함축되어 있다.

현대철학은 양자역학을 그 발견의 시기에 무시하려고 했다. 철학자들은 역설이란 당신이 자연을 매우 깊이 조사하여 일상의 개념이 당신이 발견한 것을 더 이상 기술할 수 없을 때 요구해야 하는 것이라고 주장했다. 결함은 우리의 개념에 있지 않다―그것은 우리가 일반적으로 적용하는 용법에 완벽하게 잘 들어맞는다. 결함은 또한 실재에도 있지 않다―그것은 가장 작은 크기로 관찰될 때에도 도드라져 보이도록 되어 있다. 그것은 우리가 살아가는 '중간 크기의 마른 것들'의 세계에 속하는 이미지와 관념들에 의해 미시적 물리세계를 기술하고자 하는 우리의 욕구에만 놓여 있다.

슈뢰딩거는 양자 현상의 역설적 본성이 미시물리적 세계에 국한되지 않고 자연의 전 영역에 미칠 수 있음을 유명한 예를 통해서 보여주었다. 고양이 한 마리가 미량의 방사성물질과 함께 상자 안에 있다고 가정해보자. 양자법칙은 그 물질이 한 시간 동안 알파 입자를 방출할 확률이 50퍼센트라고 나타낸다. 그 입자가 가이거 계수기에 충돌하면, 계수기가 망치를 작동시켜 청산가리가 든 플라스크를 깨뜨리고, 그 결과 고양이가 죽도록 장치되어 있다. (닐스 보어가 지지하여 '코펜하겐 해석'이라고 알려진) 한 해석에 따르면, 어떠한 관찰 없이는, 알파 입자가 문제의 시간 동안 방출되는지 여부의 물음에 대해 어떠한 결정적 대답도 있을 수 없다. 사건이란 말하자면 시간 위에서 펼쳐지며, 측정 행위와 더불어서만 '발생'이 된다. 유일한 문제는 전체 체계―붕괴하는 물질과 더불어 그것을 관측하는 장비―가 주어진 시간에 입자 방출을 기록하느냐다. 관측 장비 없이는, 우리는 그 체계가 두 가지 상태―붕괴한 원자가 있는 것과 그것이 없는 것―의 '중첩'에 있다고 말할 수 있을 뿐이다. 그러나 이것이 의미하는 바는 죽은 고양이가 있는 상태와 그것이 없는 상태다. 그렇다면 누군가가 관찰해줄 때까지 고양이는 가사상태에 있다고 우리는 말하는 것인가? 이것은 확실히 과도한 제안이다. 아니면 적어도 리처드 힐리의 말처럼, '호기심이 고양이를 죽인다는 격언의 특이한 변형'(《양자역학의 철학》, 1989)이다.

관념론자들은 물리적 실재가 그것을 관찰하는 마음에 어떤 식으로 의존함을 양자역학이 증명한다고 여기며 이러한 사고실험에 종종 흥분한다. 이것은 타당하지 않다. 결정적 요소는 마음이 아니라 측정이다―사건들이 정보로 기록되는 물리적 과정 말이다. 모든 과정은 자신에게 영향을 미치는 것들에게 영향을 주기 때문에, 일부 측정은 원칙적으로 불가능하리라는 것이 쉽게 연역될 수 있다. 왜냐하면 어떤 경우에 정보 수집의 과정이 측정이 발생하는 조건들을 파괴할 것이기 때문이다. 이것이 바로 하이젠베르크의 '불확정성 원리'로, 입자의 운동량을 측정하면서 동시에 그것의 속도를 결정하는 것은 불가능하다고 주장한다. 하나의 양을 정한 어떤 측정은 우리가 다른 양을 정할 수 있게 해주는 조건을 파괴할 것이다. 여기서 '불가능하다'는 무엇을 의미하는가? 분명한 답은 '물리적으로 불가능하다'이다. 하지만 이러한 이론화 수준에서 물리적 불가능성은 형이상학적 불가능성과 별반 다르지 않다. 불확정성 원리는 세계가 가장 근본적 본성에서 어떠한가를 우리에게 말해준다. 문제는 그 결과로 생긴 우리 지식의 '공백'이 또한 물리적 세계의 공백인가의 여부다. '실재론자'란 이 물음에 '아니오'라고 대답하는 사람이다.

실재론은 또 다른 유명한 사고실험―아인슈타인과 포돌스키와 로젠의 사고실험―으로부터 용기를 얻었는데, 그것은 물리적 세계의 독립된 실재에 대한 우리의 믿음을 회복시키기 위해 설계되었다. 당신이 하나의 입자를 A와 B라는 한 쌍으로 나누며, A의 속성이 B의 속성과 체계적인 상관관계에 있다는 것이 자연법칙이라고 가정해보자. 예를 들어, 만일 A가 어떤 축을 따라 양의 '스핀'(고유의 각운동량)을 갖는다면 B는 그 축을 따라 음의 스핀을 갖는다는 식으로 말이다. 불확정성 원리는 어떤 축을 따르는 입자의 각운동량이 다른 축을 따르는 각운동량을 비결정되게 함으로써만 측정될 수 있다고 우리에게 말한다. 하지만 우리가 어떤 축을 따르는 A의 각운동량과 또 다른 축을 따르는 B의 각운동량을 측정한다고 가정해보자. 이때 우리는 분명히 후자의 축을 따르는 A의 각운동량 역시 연역할 수 있다. 이것은 우리로 하여금 아인슈타인이 믿었던 것에 경험적 의미를 부여할 수 있게 한다. 즉 모든 존재자의 속성은 우리가 그것을 직접적으로 측정할 수 있든 없든 간에 결정된다. 각각의 입자는 각각의 축을 따라 각운동량을 갖는다. 단 하나의 그런 각운동량이 그 입자의 연구에 의해서만 측정될 수 있다 하더라도, 다른 축을 따르는 각운동량이 '숨은 변수'로서 지속된다.

물에 떠 있는 입자의 브라운 운동을 연구할 때, 우리는 무질서하게 이리저리 움직이는 것을 관찰한다. 더 심층적인 원인을 탐구하지 않고서도, 우리는 이러한 운동을 지배하는 법칙을 정식화할 수 있다. 예를 들어, 특정한 크기와 질량의 입자들이 특정한 온도와 점도에서 평균적으로 얼마나 멀리 움직일지를 우리에게 말해주는 법칙 말이다. 그러한 법칙은 사회학의 법칙과 마찬가지로 통계적일 것이다. 하지만 우리는 '숨은 변수'—이 경우에는 입자들의 관찰된 행동을 설명해주는 분자운동—를 발견하자마자 통계적 요소를 제거할 수 있다. 이 운동이론은 통계법칙보다 더 뛰어난 것에 우리가 접근할 수 있도록 해준다. 즉 각 개별 입자가 그렇게 운동하는 이유에 대한 설명 말이다. 마찬가지로, 아인슈타인은 양자역학의 통계법칙이 궁극적이지 않으며, 우리가 그 통계적 규칙성을 설명하는 숨은 변수를 발견한다면 마침내 대체될 것이라고 생각했다. 대물적 확률이란 없다. 왜냐하면 '신은 주사위 놀이를 하지 않기' 때문이다. 아인슈타인의 사고실험은 필요한 발견이 어떻게 이루어질 수 있는가를 보여주기 위해 설계되었다.

1964년 물리학자 J. S. 벨은 이러한 논쟁을 완전히 바꿔놓은 논문을 출간했다. 그는 만일 숨은 변수가 실제로 있다면, 어떤 특정 원천에서 튀어나온 일련의 입자 쌍들에 대해서, 특정한 일군의 속성들의 어떠한 분포가 통계적으로 가능하고 어떠한 것이 통계적으로 불가능한지를 우리가 선천적으로 계산할 수 있어야 한다고 주장했다. 벨은 하나의 정리를 도출했는데, 그것의 타당성은 어떠한 실제 물리학 이론의 참과도 독립적이다. 왜냐하면 그것은 그 대신, 관련된 종류의 통계적 규칙성이 측정되는 모든 체계를 지배하는 추론의 규칙에 초점을 맞추고 있기 때문이다. 그 정리는, 3개의 기하학적 축을 따라 측정된, 양성자 한 쌍의 각운동량 간에는 어떤 통계적 부등식이 있다고 말한다. 이 부등식은 입자가 생겨날 때(분열이 일어날 때)와 그 이후의 여정 동안 그 요소들이 입자에 어떠한 영향을 미치든 간에 유효하다. 우리가 다음과 같은 두 가지 가정을 한다면 말이다. 첫째, 각각의 축을 따르는 각운동량은 측정이 되든 혹은 '숨어' 있든 간에 독립 변수다. 둘째, '원격작용'이란 없다. ('국소성locality' 혹은 '아인슈타인의 국소성'이라고 알려진 두 번째 가정은 빛의 속도보다 빠른 힘의 이동이란 있을 수 없다고 주장한다. 이것은 심오한 물리학의 진리이며, 어쩌면 형이상학의 진리이기도 할 것이다. 왜냐하면 그것의 부정은 도저히 생각할 수 없는 시간여행의 역설들을 포함하기 때문이다.)

그렇다면 양성자 쌍 A와 B를 생각해보자. 양자이론은 둘 사이의 거리와 관계없이 A에서 측정 가능한 속성은 B에서 측정 가능한 속성과 상관관계에 있을 것이라고 예측한다. 이러한 상관관계 때문에 그 측정은 벨의 부등식에 위배되며, 그것은 A의 상태가 B에게 행해진 측정과 독립적이라는 가정에서만 발생한다. 이 경우에 두 가정 곧 '실재론'(즉 숨은 변수의 결정성)과 아인슈타인의 국소성 중 어느 하나는 버려야 할 듯하다. (베르나르 데스파냐가 옹호한 세 번째 가능성이 있는데, 그것은 과학적 방법의 기본 규칙을 포기하는 것을 포함한다―이러한 극단적인 처방은 우리로 하여금 이러한 규칙들이 어떠한 것에 적용된다는 점을 확신하지 못하게 한다.)

프랑스 물리학자 알랭 아스페는 주목할 만한 실험에서 이 문제를 시험했다. 오차범위가 확실성과는 너무 멀었다. (그리고 어쩌면 확실성과는 너무 멂에 틀림없다고 생각할 철학적 근거가 있을지 모른다.) 그럼에도 양자역학의 예측이 아인슈타인과 포돌스키와 로젠의 예측보다 우세를 차지한 듯하다. 벨의 부등식은 위배되었다. 실재론과 국소성의 가정은 시험을 받았고 부족함이 발견되었다.

철학자는 이러한 당혹스런 발견들을 어떻게 생각해야 하는가? 이러한 것들은 그를 '과학적 실재론'에서 벗어나 물리적 세계에 대한 더 인간 중심적인 시각으로 나아가도록 하는가? 혹은 그는 그저 어깨를 으쓱거리고는 물리적 세계는 실재이지만 역설적이라는 믿음에 만족해야 하는가? 여기에는 두 가지 사유가 있다. 첫째, 이 논쟁에서 '실재론자'도 '반실재론자'도 실험과 관찰의 권위를 거부하지 않는다는 점을 주목하라. '숨은 변수'에 대한 아인슈타인의 확신은 우리가 실제로(간접적이기는 하지만) 그것을 측정할 수 있다는 그의 믿음에서 생긴다. 아인슈타인은 심지어 관찰이나 측정에 의해 원칙적으로 접근할 수 없는 양quantity은 물리적 실재와 아무런 관련이 없다고 인정하는 듯하다. 아인슈타인의 실재론은 칸트가 '경험적 실재론'—경험세계에 관한 실재론—이라고 부른 것이다. 그것은 '선험적 실재론'이 아니며, 그와 반대되는 '반실재론'과 정확히 같은 과학관에서 생긴다. 모든 가능한 관찰이 이루어지는 경우, 물리적 실재란 바로 관찰된 것이라고 주장하는 견해 말이다.

둘째, 물질에 대한 양자론적 관점에는 어떠한 모순도 포함돼 있지 않다. 만일 그것이 역설적이라면, 그것은 오직 우리의 편견에 저항한다는 의미에서만 그렇다. 양자역학에 의해 예측된 상관관계—그것은 두 입자가 아무리 멀리 떨어져 있더라도, A의 관찰이 B에 대해 수행된 측정을 반영하리라고 말해준다—는 '원격작용'이 있음을 밝히지 않는다. 그러한 상관관계는 빛보다 빠르게 신호를 전달하는 데 사용될 수 없다. 즉 '벨의 전화'*양자역학을 이용하여 빛의 속도보다 빠르게 신호를 보내는 가상의 장치로, 물리학자 J. S. 벨의 이름에서 따왔다'와 같은 것은 없다. 만일 그러한 것이 있다면, 실재는 정말 역설적일 것이다. 판 프라센은 이 경우를 설명의 요구가 충족되지 않고 거부되었던 역사적 사례들과 유익하게 비교하였다.

> 관성의 법칙에 관한 아리스토텔레스주의의 물음—'만일 물체에 가해지는 힘이 없다면, 무엇이 물체를 계속 움직이게 하는가?'—은 17세기까지 대답되지 않고 폐기되었다. 이제 그러한 요구를 무자비하게 다루기란 매우 어려워 보인다. 왜냐하면 뉴턴주의자조차도 그 오랜 설명 요구에 입에 발린 말일지라도 여전히 관성의 힘*vis inertiae*을 말할 것이기 때문이다. (《양자역학》, 옥스퍼드 1992)

판 프라센은 마찬가지의 방식으로, 양자역학의 법칙이 우리가 가질 수 있는 최선의 설명 방법임을 우리가 인정해야 한다고 주장한다. 그것 너머로, 어떤 '근본' 구조로 나아가려는 시도는 단순히 그 수수께끼를 심화할 뿐이다.

어쩌면 이것이 우리가 말할 수 있는 전부일 것이다. 그 이론은 우리에게 기이해 보이지만, 오로지 그것이 편견의 장벽을 뚫고 나아가기 때문일 뿐이다. 그것은 물리적 세계가 우리 마음에 의존한다거나 혹은 근본적으로 과학이 접근할 수 없는 것이라고 결코 증명하지 않는다. 세계는 참된 이론이 그렇다고 말해주는 바로 그대로이다. 그리고 양자역학은 참된 이론이다.

9. 다시 흄의 법칙

그러나 이것은 우리를 오랜 논쟁―보편자의 본성에 관한 실재론자와 유명론자 간의 논쟁으로 돌아오게 한다. 유명론자에게 사물이란 그 본성상 그러한 것이고 우리의 태도와도 상관이 없다고 가정하는 것은 참을 수 없는 일이다. 아니면 당신이 그렇게 가정한다고 말해보라. 그러나 그렇게 할 때, 당신은 사물에 당신의 분류에 의해 만들어진 '본성'을 단순히 귀속시킬 따름이다. 이러한 견해를 강화하기 위해, 유명론자 넬슨 굿맨은 흄의 법칙에 대한 가장 기발한 응용을 고안했다. 이것이 바로 '굿맨의 역설'이다. (그의 책《사실, 허구, 예측》, 특히 '귀납의 새로운 수수께끼'라는 제목의 장을 보라.)

다음과 같은 술어를 생각해보자. '서기 2000년 이전에 검사했다면 녹색이고, 그 이후에 검사했다면 파란색.' 이 성가신 술어를 'grue'라는 용어로 대체해보자. 내가 지금*이 책의 초판은 1994년 출간되었다 어떤 것이 녹색이라고 말하기 위해 가진 모든 증거는 또한 그것이 grue라고 말하기 위한 증거다. 그렇다면 그것은 어느 것인가? 둘 다일 수는 없는데, 논리적으로 양립할 수 없기 때문이다. 그러나 귀납은 두 가설 모두에 대해서 동등한 증거를 나에게 준다. 즉 귀납적 근거에서는 둘 중 어느 하나를 선택할 이유가 없다. (그리고 물론 우리는 'grue'와 같은 술어를 무한히 많이 만들어낼 수 있으며, 그 모든 것은 우리가 녹색으로 기술하는 것들의 예화가 되기 위해 경쟁할 것이다.)

이것은 흄의 법칙의 응용이다. 세계에 대해 참인 어떤 것도 이제 세계가 미래에도 같을 것임을 논리적으로 함축하지 않는다. 마치 세계가 2000년에, 그 순간 전에 참이었던 어떤 것과도 모순되지 않고서, 존재하기를 그칠 수 있는 것과 마찬가지로 말이다. 따라서 그것은 녹색의 모든 예화가 파란색의 예화로 대체되었다는 것을 제외하면 우리의 세계와 정확히 같은 세계로 즉시 대체될 수 있다. 그러나 만일 그것이 가능하다면, 우리의 세계가 grue라는 색깔의 사물들의 세계가 아니라 녹색 사물들의 세계라는 것을 우리는 어떻게 아는가? 우리는 풀의 색이 grue가 아님을 어떻게 아는가? 혹은 이 문제에서는 그것의 색은 grue인가? (흄의 법칙의 공간적 형태에 대응하는 이 역설의 공간적 형태가 있다. 지금까지 관찰된, 세계의 경계 내의 모든 에메랄드가 녹색이라고 하자. 그렇다면 우리는 그것의 색깔을 grue라고 말할 동등한 증거를 갖게 된다. 여기에서 grue란 곧 그 경계 내에서는 녹색이고 그 밖에서는 파란색이라는 의미다.)

어떤 사람들은 다음과 같이 응수한다. 'grue'는 실질적 술어가 아니라 인위적으로 구성된 것이다. 그것은 시간이나 공간상의 임의의 지점에서 그 적용을 변화시키도록 정의된다. 세계가 모든 시간과 공간에서 존재하는 방법을 다루는 과학이론에서, 그러한 술어는 분명히 어떠한 역할도 담당할 수 없다.

이러한 응수는 논점을 벗어나 있다. 세계를 'grue'와 'bleen'(2000년 전에는 파란색, 그 이후에는 녹색) 같은 술어를 이용하여 구분하는 사람을 상상해보자. 그는 내가 '녹색'이라는 단어를 이용하여 grue를 의미한다고 생각한다. 그런데 갑자기 2000년에 내가 '녹색'이라는 단어를 bleen인 것에 적용하기 시작한다. 그는 이렇게 말한다. '당신은 2000년까지는 녹색으로 grue를 의미하더니 그 이후에는 bleen을 의미하니, 이 얼마나 놀라운 일인가! 자신이 속해 있는 시간상의 어떤 시점에 대하여 이처럼 자의적인 지시를 갖는 그것은 어떤 종류의 술어란 말인가? 과학이론의 전체 목적이 세계가 모든 순간에 어떻게 존재하는가를 말하는 것이라면, 이러한 술어는 그 이론에서 어떤 역할을 할 수 있겠는가?'

이 논변은 또 다른 논변, 즉 비트겐슈타인에서 기인하는 규칙 준수하기와 관련된 논변과 연결된다. 크립키는 자신의 책《비트겐슈타인의 규칙과 사적 언어》에서 의미에 관한 급진적 회의주의를 정당화하기 위해 이러한 논변을 이용한다. 내가 '녹색'이라는 단어를 쓸 때 grue가 아니라 녹색을 의미함을 나는 어떻게 아는가? 당신은 분명히, 내가 언제 2000년이 오는지를 알 것이고, 내가 '녹색'이라는 단어를 파란 것들에 적용하기 시작한다고 대답할 것이다. 그러나 그렇지 않다. 왜냐하면 만일 내가 '녹색'이라는 단어를 그러한 파란 것들에 적용한다면, 나는 그러한 것들이 내가 그 단어 즉 녹색(grue를 의미하는)을 적용하곤 했던 것들과 같은 색이라고 말할 것이기 때문이다.

이 난제를 해결하기란 지극히 어렵다. 굿맨에게 이것은, 우리의 분류란 우리의 분류이며, 그것을 어떤 언어초월적인 실재에 근거지우려는 시도는 본질적으로 불가능함을 밝히는 데 기여한다. 우리의 분류에서 우리가 행하는 이러한 구별은 '자연의 마디를 나누는' 그것의 능력보다는 그것의 미래로의 '투사가능성projectibility'과 관련된다.

10. 과학적 세계관

아무도 굿맨의 역설에 최종 답변을 제시하지 못했지만, 굿맨 자신이 그것으로부터 도출한 급진적 결론을 수용하는 사람도 거의 없다. 그렇다면 대중들에게로 피신하여, 철학자들이 제공하려고 하는 세계의 과학적 상을 검토해보자.

세계는 자연종들로 나뉜다. 한편으로는 원소와 화합물을 포함한 물질들로, 다른 한편으로는 동물과 아원자 입자를 포함한 개별자의 종류들로 말이다. 이러한 종류들은 실질적 본질을 가지며, 그것으로부터 모든 속성이 나온다. 이러한 실질적 본질을 탐구하고, 그것을 지배하는 변형의 법칙을 도출하는 것이 과학의 과제다. 세계에 대한 과학의 재고목록에서 언급되는 특징들은 무엇이 됐든 로크의 의미에서 제1성질들이다. 즉 사물 자체가 소유한 성질들 그리고 우리에게 어떻게 보이는지를 설명해주는 성질들이다. 과학이론은 실재로부터 현상을 연역한다. 그러나 그것은 실재를 현상과 거의 혹은 전혀 관련 없는 용어들로 기술함으로써만 그렇게 한다. 제2성질과 비자연종은 진정한 실재의 기술에서 아무런 역할도 하지 않는다. 우리가 사물들을 지각하고 분류한다는 사실은 과학에 의해 설명될 수 있을지 모른다. 그러나 그 설명은 설명된 것을 훼손할 것이다.

그러나 이제 과학은 데카르트의 신의 자리를 찬탈한 듯 보인다. 과학은 우리의 제한된 관점을 표현하는 범주들에 의해서가 아니라 인간 지각의 변덕에 의해서 왜곡되지 않고, 그 내적 본성에 따라 조직된 세계를 있는 그대로 보여주는 '모든 곳으로부터의 관점'을 열망하는 듯하다. 과학은 우리가 자연의 일부에 불과하다고 암시한다. 세계에 대한 우리의 관점은 절대적이지 않고, 우리를 창조한 진화과정의 부산물이다. 그것의 권위는 항상 과학이론의 제국주의적 야심에 의해 찬탈당할 처지에 있다. 이 경우에, 우리는 무엇이고 어디에 있는가? 이것이 이제 내가 살펴볼 물음이다.

16 영혼

'영혼'이라는 단어는 부분적으로 그것의 종교적 함의 때문에 더 이상 많이 쓰이지 않는다. 그 대신 철학자들은 마음, 정신상태, 의식 혹은 자아에 대해 말한다. 이러한 표현 중 어느 것도 완전히 만족스럽지 않다. 그래서 나는 내면의 삶을 구성하는 모든 것을 지칭하기 위해 전통적인 의미에서 '영혼'이라는 용어를 쓸 것이다. 우리는 사유하고 추리하고 믿음을 형성한다. 즉 우리는 마음을 갖는다. 우리는 감정, 감각, 욕구를 느낀다. 즉 우리는 정념을 갖는다. 우리는 행동하고 의도하며 결정한다. 즉 우리는 의지를 갖는다. 그리고 우리는 우리의 현 정신상태와 결정을 특유의 확실성과 직접성으로 안다. 즉 우리는 자기의식적이다. '영혼'이라는 용어는 이 모든 것 곧 마음, 정념, 의지, 자아를 지시한다. 그리고 우리는 영혼에 관한 두 가지 중심 문제를 이 장에서 살펴볼 것이다. 바로 자연에서 마음의 자리와 관련한 소위 심신 문제와, 자기인식의 본성과 정도와 관련한 자아의 문제다.

사람들이 동물은 영혼이 아니라 마음을 갖는다고 말할 때, 이것은 대체로 그들이 동물의 믿음, 욕구, 감각의 존재는 인정하지만 '자아'의 존재는 부정하기 때문이다. 종교는 더 나아가 인간 영혼에 육체적 죽음 이후에도 살아남는 능력을 부여하는데, 이것은 동물의 마음은 갖지 못하는 능력이다. 하지만 우리는 동물과 이처럼 크게 다른가? 아리스토텔레스는 모든 생명체가 지닌 생명 원리를 지칭하기 위해 하나의 단어—프시케*psuche*—를 사용했다. 이성과 자기의식은 정신*nous*에 속하며, 그것은 프시케의 사멸하지 않는 부분이다. 그러나 말, 개, 심지어 양배추도 프시케를 갖는다. 만일 내 영혼이 그것들의 영혼과 마찬가지로 나에게 생명의 원리라면, 죽음은 영혼의 종말이고, 그 모든 부분과 속성들, 그것에 포함된 자아의 종말이어야 한다.

이것은 난해하고 성가신 문제다. 이에 대해 현대에 들어와 선호되는 응답은 우리가 하등동물들과 정신적 삶이 갖는 복합성의 측면에서만 다르다고 주장한다. 우리는 갖고 있지만 하등동물들은 갖고 있지 않은 능력과 상태가 있다. 그러나 이러한 능력과 상태는 하등동물들의 그것들과 형이상학적으로 구별되지 않는다. 하등동물들의 마음과 마찬가지로, 우리의 마음은 자연의 일부며, 우리의 육체뿐 아니라 물리적 세계 전체와도 인과적으로 연결되어 있다.

이로부터 이런저런 형태로 인간 영혼에 관한 진리를 주장하는 첫 번째 도전자가 되는 이론이 생겨난다. 바로 '물리주의physicalism' 이론이다. 100년 전 철학자들은 '마음'과 '물질'의 관계를 숙고하며, 전자는 공허하고 어디에도 있지 않은 것의 종류로, 후자는 단단하고 덩어리지며 둔감한 종류로 생각했다. 요즘의 철학자들에게는 '물질matter'의 의미를 알 수 있다는 확신이 훨씬 줄어들었다. 이 용어는 더 이상 물리학에서 선호되는 이론들에서 나타나지 않으며, 질료와 형상 간의 구별뿐 아니라 양자의 불가분의 개념적 연관을 옹호하는 아리스토텔레스주의 과학의 잔재다. 육체를 인간의 질료로, 영혼을 그 형상으로 기술한 사람이 바로 아리스토텔레스였다.

현대철학자는 우주의 재료로서 '물질'을 폐기한 후 대체어를 찾는 데 몹시 애를 먹었다. 아마도 현대 물리학의 정신을 따라가기에는 에너지가 더 적합했을 것이다. 그러나 현대철학자는 자신이 폐기한 용어를 이내 능가해버리는 과학과 스스로를 결부시키기보다는, 그 물음을 미해결로 남겨두는 편을 선호한다. 무엇이 있는가를 발견하는 것이 물리학의 소임이다. 그러나 발견에 선천적 한계를 설정하는 것은 철학자의 소임이 아니다. 따라서 철학자는 물질 대신에 '물리적 실재'에 대해 말하는데, 이것은 참된 물리학이 행하는 존재론적 확신의 총합을 의미한다. 물리주의자란 물리적 실재 외에는 아무것도 없으며, 따라서 영혼은 존재하지 않든가 혹은 물리적 실재의 일부라고 생각하는 사람이다.

물론, 물리학이 무엇인지 우리는 여전히 알지 못한다. 물리학은 진보해감에 따라 점점 더 독특해지는 듯하고, '물리적 실재'는 그것을 발견할 수 있게 해주는 관찰과 점점 덜 구별되는 듯하다. 그러나 당장은 다음과 같은 정도로 만족하자. 즉 물리학이란 공간과 시간상의 사물들에 관한 참된 이론 그리고 그것들 간의 인과적 관계에 관한 참된 이론이다. 물리주의는 영혼이 그러한 것들 중 하나라는 이론이다.

1. 데카르트 재검토

마음과 육체 간의 '실질적 구별'을 주장하면서, 현대철학의 이 의제를 설정한 사람은 또 다시 데카르트다. 이 '실질적 구별'에 대한 그의 논변이 정확히 무엇인가는 논쟁거리다. 핵심 전제는 데카르트가 자신의 선천적 지식이론을 요약하기 위해 도입한 전문용어에 의존한다. 바로 '명석판명'이라는 개념 말이다. 우리는 우리가 선천적으로 아는 것을 필연적 참으로서, 알려진 것의 본질의 일부로서 안다. 이것은 명석판명한 관념(다른 관념 혹은 감각지각과 뒤섞이지 않으며, 지성에 의해 완전히 파악되는 관념)이 진리의 고유한 표시들을 포함하며, 이성의 관점(신의 관점이기도 하다)에서 세계를 보여주기 때문이다. 여섯 번째 성찰에서 데카르트는 다음과 같이 주장한다.

> 나는 내가 명석판명하게 이해하는 모든 것이, 그것에 대한 나의 이해에 정확히 대응하기 위해, 신에 의해 창조될 수 있음을 안다. 따라서 내가 어떤 것을 다른 것과 별개로 명석판명하게 이해할 수 있다는 사실은 그 둘이 구별된다고 나를 확신시키기에 충분하다. 왜냐하면 그것들은 적어도 신에 의해서 분리될 수 있기 때문이다.

그는 덧붙여 말한다. 나는 사유하는 것으로서의 나 자신에 대한 명석판명한 관념을 갖는다. 즉 나는 사유가 내 본질에 속한다고 명석판명하게 생각한다. 또한 나는 그 밖의 어떤 것도 내 본질에 속하지 않음을 명석판명하게 인식한다. 특히, 나의 육체 혹은 다른 어떤 연장적인 것에 관한 사실도 나의 본질에 속하지 않는다. 마찬가지로, 나는 대체로 육체에 관한 명석판명한 관념을 가지며, 연장 이외에는 아무것도 육체의 본질에 속하지 않음을 안다. 특히, 사유는 육체의 본질에 속하지 않는다. 그러므로 마음은 본질적으로 육체와 구별되며, 따라서 원칙적으로 육체와 분리될 수 있음을 나는 명석판명하게 지각한다.

이 논변의 세부사항은 여섯 번째 성찰과, 반박들에 대한 데카르트의 여섯 번째 답변에서 시도되고 있으며, 그중 많은 것들이 이처럼 엄청나게 미세한 추론 과정에서 올바르게든 틀리게든 식별된 오류들이다. 하지만 데카르트의 실질적 난점은 그의 결론을 낳은 논변보다는 결론 자체에 있다. 왜냐하면 만일 연장이 물리적 실재의 본질이고 사유가 그것을 갖지 않는다면, 사유는 물리적 세계의 일부일 수 없기 때문이다. 정신적인 것과 물리적인 것은 별개의 존재론적 영역에 속하게 된다. 이 경우에 그것들은 어떻게 상호작용하는가?

데카르트는 그것들이 실제로 상호작용하고, 정말로 그것들 간에 철저한 상호연관성이 존재하며, 따라서 '나는 배의 사공처럼 내 육체 안에 머무르지 않는다'는 점에 의심을 품지 않았다. 그러나 그는 이러한 사실에 대한 만족스런 설명을 찾을 수 없었고, 결국 송과선의 매개 기능에 관한 악명 높은 가설로 그 쟁점을 얼버무렸다.

사실상, 이것이 물리주의자가 데카르트의 논변을 물구나무서도록(혹은 마르크스가 헤겔을 비판하며 했던 표현을 빌리면, 바로 세우도록) 시도하는 지점일 것이다. 우리는 마음과 물리적 세계 간에 인과적 상호작용이 있음을 안다. 그래서 내가 짐의 말을 생각한 것이 내가 화가 난 원인이며, 내 화가 그를 때리도록 한 원인이고, 그를 때린 것이 그가 쓰러져 커피잔을 깨뜨리게 한 원인이다. 도자기 파편이 그의 상처의 원인이고, 그 상처가 그의 고통의 원인이며, 그 고통이 그의 양심의 원인이고, 그 양심이 결국 우리의 관계를 끊기로 한 그의 결심의 원인이다. 이 완벽하게 평범한 일련의 사건에서, 인과의 연쇄는 마음에서 물리적 세계로 갔다가 다시 어떠한 방해의 징후도 없이 거꾸로 되돌아온다. 그러나 오직 물리적인 것만이 인과적으로 연관될 수 있음을 우리가 증명할 수 있다고 가정해보라. 그렇다면 우리는 마음이란 물리적인 것이라는 증명을 갖게 되지 않겠는가?

2. 1인칭과 3인칭 관점

그 증명에 대해서는 잠시 미루고, 대신에 데카르트 논변의 또 다른 측면을 살펴보자. 그의 마음에 대한 견해는 1인칭 사례 연구에서 비롯한다. 마음이란 내가 '외부 세계'에 대해 성찰하기를 멈추고 내면을 바라봄으로써 나 자신에게서 발견하는 무엇이다. 이것이 우리가 4장과 5장에서 이미 살펴본 데카르트주의 이론이다. 그러나 우리가 타인의 마음을 알 듯이, '외부'에서 바라보는 마음의 관점, 3인칭 관점도 있다. (그러나 또 다른 가능성이 있으며, 이것은 윤리학에서 매우 중요하다. 바로 마르틴 부버가 그의 통렬한 에세이《나와 너》에서 탐구한 2인칭 관점이다. 하지만 이것은 제쳐두자.) 3인칭 관점은 우리에게 필수적이며, 서로의 행위를 이해하고 설명하려는 우리의 시도와 밀접히 관련되어 있다. 우리는 믿음과 욕구를 동물에게도 귀속시킨다. 왜냐하면 동물의 행동도 우리의 행동이 야기되는 방식과 유사한 방식으로 야기되는 듯하기 때문이다. 즉 주변 세계로부터 수집한 정보에 의해서 그리고 자신에게 이롭게 세계를 바꾸려는 욕구에 의해서 야기된다.

사실 1인칭 관점이 없다면, 데카르트적 마음이론은 완전히 매력이 없어질 것이다. 나는 실제로 무엇인가, 나는 나 자신일 뿐이다라는 관념을 키우는 것이 바로 이 관점이다. 확실히 이와 같은 것은 개나 말에게 결코 참이 아니다. 그들의 불완전한 영혼은 우리의 관점 때문에 존재한다. 즉 그들을 인간세계의 경계로 억지로 나아가도록 하여, 그 절반-배제의 자리에서 우리를 응시하도록 훈련시킨 것은 바로 우리다.

그렇다면 물리주의에 이러한 장애물을 제공하는 1인칭 관점이란 대체 무엇인가? 합의점은 거의 없는 듯하다. 하지만 다음과 같은 생각은 상당히 공통적이다.

(1) 나는 내 정신상태를 아무런 교정 없이 직접적으로 안다. 당신의 정신상태의 경우, 나는 당신의 말과 행동을 연구함으로써만 안다. 이것은 내 정신상태에 관한 어떤 사실이 있으며, 그것은 오직 나에게만 드러남을 암시한다. 뿐만 아니라 이것은 중요한 사실, 아마도 가장 중요한 사실인데, 왜냐하면 이것이 내가 사유하거나 느끼는 것이라는 충분한 증거를 제공하기 때문이다.

(2) 만일 우리가 어떤 사람에 관해 그의 뇌, 신경체계, 행동을 포함한 물리적 진실들을 나열하더라도 여전히 빠뜨리는 것이 있다. 즉 그가 된다는 것이 '어떤 것인지'다. 뿐만 아니라 우리가 3인칭 관점에서 정신상태에 관해 말할 수 있는 모든 것을 말하더라도 여전히 그것에 관한 그 이상의 진리가 있다. 바로 그 상태에 있다는 것이 '어떤 것인지'다. 톰 네이글(《죽음에 관한 질문들》에서 〈박쥐가 된다는 것은 어떤 것인가?〉를 보라)의 주장을 상당 부분 요약한 이 논변은 심지어 동물에게까지 적용될 수 있다. 박쥐가 된다는 것에는 무언가가 있으며, 박쥐의 쾌락과 고통을 경험한다는 것에는 무언가가 있다. 이것은 정신적인 것에 대하여 '순수하게 주관적인' 사실이 존재함을 암시한다. 그 사실은 물리이론에서 아무 역할도 할 수 없는데, 그것은 물리이론이 초월하고자 애쓰는 관점, 즉 주체의 관점(언어 사용자의 경우에는 1인칭의 관점)과 분리될 수 없기 때문이다.

(3) 정신상태는 환원불가능한 현상학적 성질, '날 느낌raw feel' 혹은 감

각질*qualia**어떤 것을 지각하면서 느끼게 되는 기분이나 마음속 이미지로서 주관적인 특징을 갖
는다*을 갖는데, 이것은 우리가 내성에 의해 우리 자신의 사례에서 관찰하
는 어떤 것이다. 하지만 다른 것들은 영원히 지각이 차단된다.

첫 번째와 세 번째 관념들은 종종 한데 섞인다. 아마도 물리주의자가
간과하는 이 중요한 사실은 종종 '의식', '내적' 측면, 혹은 정신적인 것
의 '주관적' 실재라고 불린다. 크립키는《이름과 필연》) '실질적 구별'에
대한 데카르트의 논변을 놀랍게 변형시켜, 어떠한 물리적 과정도 고통
과 동일할 수 없다고 주장한다. 왜냐하면 고통스럽게 느낀다는 것이 바
로 고통의 필연적 특징인데, 어떠한 물리적 과정도 그러한 본질적 속성
을 가질 수 없기 때문이다.

우리는 이 모든 논변을 어떻게 생각해야 하는가? 이것은 책 한 권짜리
주제며, 이 장에 관한 학습안내에서 그 개요가 제시될 것이다. 한편 여기
에는 두 가지 생각이 있다. 내가 내 정신상태는 직접적으로 알지만 당신
의 정신상태는 행동 등의 연구를 통해서만 안다는 사실로부터, 나의 경
우에는 내가 아는 다른 어떤 것이 있다는 사실은 나오지 않는다. 내 1인
칭 인식에 대한 다른 근거가 있고 다른 '발견 방법'이 있을 때에만, 그것
은 참이 될 것이다. 하지만 나는 결코 찾지 못한다. 1인칭 지식에는 아무
런 근거가 없기 때문이다.

우리의 정신상태에 '순수하게 주관적인' 측면이 있다고 가정해보자.
이것을 제외하고는 우리와 꼭 같은 존재들의 사회를 상상해보라. 즉 그
들의 경우에는 주관적 측면이 전혀 없다고 말이다. 그들의 언어는 우리
의 언어처럼 기능하며, 당연히 그들의 체격이나 행동에서 관찰할 수 있
는 우리와 그들을 구별해주는 특징은 전혀 없다. 심지어 그들은 우리처
럼 말하고, '이처럼 아프다는 게 어떤 건지 당신은 모른다'와 같은 말을

한다. 그들의 철학자들은 심신 문제와 씨름하고, 그들 중 대부분은 심지어 데카르트주의자다. 이것은 터무니없는 제안인가? 그렇지 않다면, 아마도 이것이 바로 우리가 놓여 있는 경우일 것이다.

3. 지향성

물리주의를 자세히 검토하기 전에, 우리는 그것에 대한 두 번째 주요 반론을 알아야 한다. 지금까지 나는 영혼, 마음, 정신상태에 대해 말했고, 이러한 관념들에 대한 직관적 이해를 가정했다. 그러나 사실상 이 용어들이 무엇을 의미하는지 우리는 정말로 아는가? 무엇이 어떤 상태를 정신상태로 만드는가?

이 물음에는 대략 3가지 대답이 있다.

(1) 정신상태란 '1인칭 관점'이 있는 것 혹은 '주관적' 측면을 가지는 것이다. 나는 이것을 이미 살펴보았다.

(2) 정신상태란 행동을 이해하고 설명하는 데 어떤 역할을 하는 것이다. 이에 대해서는 곧 살펴볼 것이다.

(3) 정신상태란 '지향성'을 갖는 상태다. 이것이 이제부터 살펴볼 주장인데, 왜냐하면 이것은 물리주의에 대한 독특하고 흥미로운 반론과 관련되기 때문이다.

지향성intentionality(철자에 주의하라. s가 아니라 t를 갖는다)에 대한 현대적 논의는 후설의 스승이며, 혹자는 현상학의 진정한 창시자라고 여기는 19세기 말 오스트리아의 철학자 브렌타노와 더불어 시작된다. 브렌타노는《경험적 관점에서 본 심리학》에서 철학자들이 일반적으로 간과하는 질문을 정확히 제기한다. 즉 무엇이 어떤 상태 혹은 조건(그는 '현상'이라고 말한다)을 정신적으로 만드는가? 그는 정신적인 것의 기준, 모든 그리고 유일한 정신상태의 속성을 제안한다.

> 모든 정신 현상은 중세 스콜라학자들이 대상의 지향적(또한 정신적) 내재inexistence라고 부른 것, 그리고 우리가…… 내용의 지시, 혹은 대상으로의 방향(이 경우에 우리는 이것에 의해 실재를 이해할 수 없다), 혹은 내재적 객관성이라고 부를 수 있는 것에 의해 특징지어진다.

브렌타노의 언어는 모호하고 머뭇거린다. 하지만 여기에 대략 그가 염두에 둔 것이 있다. 존이 두려워할 때마다, 그는 어떤 것을 두려워한다. 그가 생각할 때마다, 그는 어떤 것에 관해 생각한다. 그가 믿을 때마다, 그는 어떤 것에 관한 명제를 믿는다. 그가 화낼 때마다, 그는 어떤 것에 관해 화낸다. 그가 경험을 할 때마다, 그것은 어떤 것의 경험이다. 그리고 이 모든 경우에 '어떤 것'―우리가 정신상태의 대상이라 부르는 것―은 그의 사유 안에만 존재하고 어떤 독립적 실재도 갖지 못할 것이다. (이것이 브렌타노가 '내재'로 의미하는 바다.) 겨누다라는 뜻의 라틴어 *intendere*에서 유래하여 지향성이라고 불리는 이러한 특징을 4장에서 언급했다. 브렌타노는 이것이 모든 그리고 유일한 정신 '현상'의 특징이라고 믿는다. 모든 정신상태는 내재 대상을 향한다. 이것은 우리가 정신상태를 지시할 때 특별한 어법을 사용해야 함을 의미한다. 만일 존이 두려워한다가 참이라면, 존은 어떤 것―가령, 쥐―을 두려워하는 것이다. '존은 쥐를 두려워한다'라는 문장을 예로 들어보자. 이것은 '존은 쥐를 밟았다'에서와 같이 관계를 기술하는 것처럼 보인다. 하지만 '존은 쥐를 밟았다'로부터 당신은 '쥐가 있고, 존은 그것을 밟았다'를 추론할 수 있다. 실질적인 관계에서 두 명사 모두 존재한다. 하지만 '존은 쥐를 두려워한다'로부터 당신은 '쥐가 있고, 존은 그것을 두려워한다'를 추론할 수 없다. 그의 두려움은 쥐가 없더라도 진짜일 것이다.

여기에는 설명해야 할 긴 논의가 있으며, 나는 그것을 18장에서 다룰 것이다. 그러나 그 논의를 간단히 줄이면, 브렌타노 자신을 포함해서 많은 철학자에게 정신적인 것의 지시와 관련한 이 특이한 문법은 바로 정신적인 것을 물리적인 것과 구별해주는 것처럼 보였다. 모든 물리적 관계는 실질적 관계다. 즉 어떠한 물리적 사태도 '내재' 대상과 이러한 특별한 종류의 관계를 맺을 수 없다. 왜냐하면, 그 대상은 이를테면 무엇 안에 존재하는가? 그것을 품을 마음이 필요하다. 그것은 바로 어떠한 물리적 실재도 담아낼 수 없는 것이기 때문이다.

많은 철학자(특히 로더릭 치좀)는 이것이 물리주의에 대한 장애물이라는 인상을 받았다. 왜냐하면 만일 우리가 정신적 실재를 물리적 측면에서 파악하려 한다면, 우리는 물리적인 것들을 지향적 언어로 기술해야 하기 때문이다. 그리고 그것은 우리가 할 수 없는 것이다. 한쪽 항이 존재하지 않는 물리적 '관계'의 관념은 아무런 의미가 없다. 이러한 사이비 관계는 말하자면 일탈할지 모를 어떤 '지시' 혹은 '목표하기' 행위가 있기 때문에만 의미가 있게 된다. 그리고 이 점이 정신적 영역을 물리적 영역과 구별해주는 것이다.

브렌타노의 견해에 불만을 갖는 몇 가지 이유가 있다.

(1) 모든 정신 현상이 지향성을 드러낸다는 것은 분명하지 않다. 어떤 것'의' 혹은 어떤 것에 '관한' 것이 아닌 정신상태는 결코 있을 수 없는가? (감각, 입에 담기도 끔찍한 두려움을 생각해보라.)

(2) '지향성'의 속성이 실제로 무엇인지 분명하지 않다. 만일 그것이 문법적 속성이라고 한다면, 아마도 그것은 단순히 내포성intensionality(s를 갖는다), 즉 어떤 양상 맥락이든 동등하게 갖는 속성일 것이다. 그리고 그것이 문법적 속성이라면, 그것은 자신이 기술하는 것에 관해 우리에게 무엇을 말해주는가?

(3) 물리적 과정이 지향성을 드러낼 수 없다고 가정하는 것은 선결문제 요구의 오류다. 만일 정신상태가 물리적이라면, 어떤 물리적 상태는 지향성을 갖게 된다. 유일한 문제는 '어떻게?'다. 이에 대한 대답으로 어떤 철학자들, 특히 대니얼 데닛은 '지향계intentional system' 이론을 개발한다. 이것은 바로 기계(가령, 컴퓨터)가 어떻게 지향성을 드러낼 수 있는지를 우리가 상상할 수 있게 해줄 것이다.

이러한 이유와 여러 다른 이유들로, 현대철학자들은 지향성을 물리주의에 대한 넘을 수 없는 장애물로 간주하지 않으려는 경향이 있다. 실제로 데이빗슨은 지향성을 아래에서 살펴볼 이유들 때문에 물리주의(혹은 물리주의와 같은 것)를 지지하는 논변으로 여긴다. 그럼에도 지향성의 연구는 심리철학의 중심이 되었다. 왜냐하면 그것은 이유가 무엇이든 마음이 일종의 컴퓨터라고 믿는 사람들에게 도전하기 때문이다.

4. 무의식에 대한 주석

여기가 아마도 4장 끝부분에서 언급했던 주제로 되돌아갈 적절한 자리일 것이다. 무의식적인 정신상태란 있을 수 있는가? 만일 그렇다면, 의식적 상태와 무의식적 상태는 동일한 것에 속하는가? 이러한 물음은 어렵고도―정신요법에서 무의식 개념을 대단히 창의적으로 이용한 프로이트에 따른다면―상당히 시급하다. 무의식적 정신성의 관념을 은유 혹은 심지어 난센스라고 일축하는 사람들이 있다. 하지만 다른 사람들은 그 개념에 어떠한 난점도 없다고 보는데, 내가 방금 기술한 특징―지향성의 특징―에 의해 정신적인 것은 의식을 지시하지 않고도 정의될 수 있다는 근거에서다. 실제로 우리가 어떤 상태를 정신적인 것으로 지시할 때, 우리는 마음속에 적어도 두 가지 관념을 갖는다. 첫째는 '1인칭 관점'이라는 의미에서 의식이고, 둘째는 지향성―즉 우리가 감정, 믿음, 욕구에서 관찰하는 '대상으로의 방향'이다. 무의식적 정신상태의 사례로 보통 제시되는 것들이 항상 그 지향성의 측면에서 특징지어진다는 점은 정말 흥미롭다. 무의식적 욕구, 사유, 감정 말이다. 이것들의 무의식적 특징은 이것들을 털어놓을 때 수반되는 고통으로 자주 설명된다. 아무런 지향성을 갖지 않는 정신상태(예를 들면, 치통)가 무의식의 형태에서도 동등하게 존재할 수 있다는 주장에는 본질적으로 어떤 역설이 있는 듯하다.

그러나 여기에는 난점이 있다. 무의식적 상태는 무엇으로부터 기인하는가? 데카르트주의 전통의 철학자들은 정신적인 것을 정의하는 특징으로서뿐 아니라 정신상태를 단일한 주체에 귀속시키는 과정으로서 의식에 의존한다. 정신상태를 갖는 존재자는 그것을 자기 것으로 의식하는 존재자와 동일하다. 마음은 '의식의 중심'이며, 정신상태를 갖는다는 것은 그 사실 때문에 *ipso facto* 그것을 의식한다는 것이다. 최소한 말할 수 있는 것은 이렇다. 무의식적 정신상태가 있다면, 정신상태는 데카르트적 주체와는 다른 어떤 것의 상태임에 틀림없다. 그렇다면 무엇의 상태인가?

하나의 제안은 유기체다. 정신상태란 활동하는 동물들의 실제적 상태며 환경에 대한 그들의 감각적 반응의 일부다. 우리는 이러한 상태를 행동 형성에서 그 특유의 역할—지향성에 의해서 예화되는 역할—때문에 정신적이라고 정의한다. 또한 우연히 이러한 상태 중 일부가 유기체의 의식 앞에 나타날 수 있다. 다른 것들은 여전히 의식으로부터 숨어 있다.

하지만 이 제안을 검토해보면 매우 받아들이기 어렵다는 점이 드러난다. 만일 정신상태가 의식적이고, 의식 자체가 동물의 등에 올라탄 기수, 언제라도 떨어질지 모르고, 참된 권위를 갖지 못한 채 자신이 관찰한 상태를 보고하는 것 외에는 어떤 특별한 역할을 하지 않는 무책임한 기수처럼 보인다면, 이 제안은 완전한 우연처럼 보이기 때문이다. 의식적 상태와 그것을 통해 빛을 발하는 의식 간에 존재하는 특유의 친밀함은 사라지는 듯하다.

뿐만 아니라 '무의식'에 대해 말하는 사람들은 종종 무의식적 마음을 지시한다—마치 무의식적 정신상태가 다른 어떤 담지자를 갖는 것처럼 말이다. 마음은 무의식적 도펠겡어를 얻어, 의식적 마음이 유기체에 깃든 것과 동일한 방법(그것이 무엇이든)으로 유기체에 깃들게 된다. 하지만 이것 역시 미흡한 것 같다. 이 두 마음은 어떻게 '소통'하는가?

이러한 어려움에 대한 한 가지 해결책은 무의식의 존재를 의식적 마음의 특별한 경우로서 인정하는 것이다. 무의식적 정신상태는 (a) 어떤 사람이 마치 x를 생각했거나 y를 욕구했던 것처럼 행동할 때 그리고 (b) 그러한 생각이나 욕구를 의식으로 가져올 때(가령, 정신분석가에 의해) 존재한다. 만일 (a)가 (b) 없이 충족된다면, 우리는 정신상태에 대해 말하기를 주저할지 모르며, 대신에 유기체의 모종의 병리학적 상태—히스테리, 최면 등 이와 유사한 것들—를 지시할 것이다. 이러한 견해는 정신적인 것의 정의 기준으로서 여전히 의식을 우위에 둔다.

여기서 어려움의 대부분은 의식과 자기의식을 정확히 구별하지 못함으로써 생긴다. 동물은 정신상태를 갖지만, 아마도 그것을 자신의 것으로 여기지 않을 것이다. 말은 고통을 느끼지만, 나는 아프다라는 생각을 마음에 품지 않는다. 우리는 동물의 정신상태가 무의식적이라고 말해야 하는가? 확실히 아니다. 무의식적 정신상태를 지시할 때, 우리는 자기의식적 생물의 특별한 조건을 지시하는 것이다. 즉 생각과 느낌을 자신의 것으로 여길 수 있고, 통상 1인칭의 권위로 그렇게 하지만, 어떤 이유에서 자기가 분명히 가진 이 생각 혹은 느낌을 자신의 것으로 여기지 않는 생물 말이다. 이것은 어떻게 가능한가? 우리는 자기의식에 관한 이론을 가질 때에만 이 물음에 답할 수 있다. 즉 어떤 생물이 정신상태를 여전히 지니면서도 결여할 수 있는 매우 특수한 정신 능력에 관한 이론 말이다. (31장의 논의를 보라.)

불만족스러울지라도, 무의식이라는 주제는 심리철학에서 어쩌면 결정적인 난점을 우리에게 상기시켜주는 데 일조한다. 정신상태는 어떤 것의 속성이다. 그러나 무엇의 속성인가? 의식인가?(그렇다면 그것은 무엇인가?) '마음'인가? 육체인가? 뇌인가? 유기체 전체인가? 이러한 물음에 대답하지 못한다는 사실은 더 흔한 형태의 물리주의를 포함하여, 정신적인 것에 관한 진리를 찾는 현재의 많은 경쟁자들의 타당성을 떨어뜨린다.

5. 물리주의의 변형들

물리주의는 거의 물리주의자들의 수만큼이나 다양하다. 하지만 다음과 같은 폭넓은 구분이 마음을 물리적 세계의 일부라고 생각하는 사람들이 현재 제기하는 대부분의 견해를 망라한다.

(ⅰ) 행동주의

두 이론이 이 이름으로 불린다. 하나는 20세기 초 완고한 심리학자들 사이에 인기 있었던 이론으로, 정신상태는 환원불가능하게 '내적'이고 주관적이기 때문에 과학적 탐구의 적절한 주제가 아니라고 주장한다. 따라서 만일 심리학이 과학이 되려면, 그것은 행동의 과학이어야 한다는 것이다. 다른 하나는 더 철학적인데, 마음이란 바로 행동(행동의 육체적 전제조건과 함께 하는)이라고 주장한다. 행동주의의 가장 엄격한 형태는 환원주의자로, 정신상태란 행동의 논리적 구성이라고 주장한다. 평균인이 사람의 논리적 구성인 것과 같은 방식으로 말이다. 이러한 환원주의자의 모든 이론과 마찬가지로, 행동주의는 마음에 관한 진술이 어떻게 행동에 관한 진술로 대체될 수 있는지를 증명할 수 없다.

길버트 라일은 유명한 책 《마음의 개념》에서 일종의 세련된 행동주의를 다음과 같이 옹호했다. 그는 데카르트주의자가 우리 정신언어의 피상적 문법으로 인해 그것이 지시하는 어떤 존재자―마음 혹은 영혼―가 있다고 생각하도록 오도되었다고 주장한다. 수세기 동안 철학적 담론에 출몰해온 이 '기계 속 유령'은 실은 문법적 착각('범주오류'의 결과)이다. '사유' '느낌' 같은 정신적 용어는 대상을 지시하지 않는다. 그것은 복잡한 행동방식을 기술하는 부사와 같다. 존이 정원을 신중히 파헤친다고 말하는 것은 그의 정원 파헤치기에 어떤 특별한 내적 사건이 수반되었다고 말하는 것이 아니다. 오히려 그것은 그가 정원을 파헤치는 방법을 기술하는 것이다. 그것은 그가 정원을 천천히 파헤친다고 말하는 것과 같다. 우리가 일단 정신적인 것에 대한 지시의 '심층 문법'을 이해한다면, 우리는 데카르트적 착각에서 벗어날 것이고, 우리가 둘—기계와 그것을 모는 유령—이 아니라 하나임을, 그 둘 중 어느 것보다 훨씬 더 복잡하고 흥미로운 하나임을 알게 될 것이다.

(ii) '동일성' 이론

오랫동안 철학자들은 우리의 정신적 술어의 의미가 어떠한 물리적 기술구의 의미와도 근본적으로 다르기 때문에, 정신상태가 실제로 물리적이라고 말하는 것은 상당히 터무니없다고 생각했다. 우리가 '뇌 처리과정'이라는 용어를 배우고 적용할 수 없었던 방식으로 '고통'이라는 단어를 배우고 적용했다면, 어떻게 우리가 고통과 뇌 처리과정 간의 동일성을 주장할 수 있겠는가? 언젠가 오스트레일리아 철학자 J. J. C. 스마트를 필두로 하여 이러한 노선의 논변에 대한 이의가 제기되었다. 스마트는 반박한다. 확실히 '고통'과 (예를 들어) 'c-신경 섬유 자극'이라는 용어가 의미는 다를 수 있다. 하지만 같은 지시를 갖지 않는가? 얼마 동안 이러한 반박은 문제가 되는 동일성이 '우연적인' 것이라는 견해의 옹호와 밀접히 관련되었다. 크립키 이후로 철학자들이 지지하기를 꺼리는 견해 말이다. 하지만 스마트가 의미했던 것은 고통과 c-신경 섬유 자극 간의 동일성이 후천적이라는 점뿐이었다.

동일성 이론의 논의로부터 방대한 문헌이 양산되었다. 아마도 그것에 대한 가장 설득력 있는 반론(물리주의 일반에 대한 반론과는 별도로)은 다음의 두 가지일 것이다.

(a) 고통이란 어떤 상태다. 그것은 그것이 포함되어 있는 마음 전체가 있는 곳에서만 존재한다. 당신은 속성의 사례들 간의 동일성을 주장할 수 없다. 그 속성을 지닌 존재자들 간의 동일성을 주장할 위치에 있지 않다면 말이다. (어떤 사람의 신경체계에서 추출한 c-신경 섬유를 실험실에서

자극하는 상황을 상상해보라. 당신은 그 시험관에서 고통이 진행되고 있다고 말하는가? 이 경우에 그것은 누구의 고통인가? 그래드그라인드 부인의 것인가?) 고통을 느낄 수 있는 것의 종류를 확인하고, 그것과 동일시되는 물리적 대상을 확인하는 그 모든 힘든 작업이 이제 수행되어야 한다. 그 작업이 수행될 때까지, 정신적 상태와 물리적 상태 간의 동일성 주장은 엉터리다. 당신이 증명할 수 있는 것은 기껏해야 그 둘이 인과적으로 연결된다는 것이다.

(b) 가령 내가 나처럼 생기고 나처럼 행동하는 생물과 우연히 마주친다고 가정해보자. 그는 내 애정 어린 접근에 반응하고, 내 삶에서 일종의 친구 같은 역할을 맡는다. 나는 의심에 시달린 나머지 혹은 미친 과학자의 병증에 일시적으로 사로잡힌 나머지, 그의 정신적 힘이 어디에 있는지 관찰하고자 그의 머리를 연다. 놀랍게도, 나는 아무것도 발견하지 못한다―혹은 어쩌면 죽은 새끼 고양이와 털실뭉치만 발견할지 모른다. 나는 그의 두개골 뚜껑을 제자리에 돌려놓고 충격에 겨워 사색에 잠긴다. 내 친구는 내가 그를 무시하는 데 반응한다. 그가 '네가 변해서 슬퍼'라고 어느 모로 보나 그 말을 이해하면서 말할 때, 그가 나를 비난하고 있는 것이 아니라고, 그가 내 행동에 상처받지 않았다고, 그가 완전히 착각하는 것이라고 나는 말하겠는가? 이 모든 것이 메리 셸리에 의해 훌륭히 시도되었다. 그녀의 이야기에서 교훈을 얻을 수는 거의 없지만 말이다. 프랑켄슈타인의 괴물은 행동의 유형 그리고 환경과 반응 간의 연결이 우리에게 중요한 것이지, 그것을 만들어낸 메커니즘이 아니라고 말한다. 그 메커니즘은 매우 신비하며, 어쨌든 사람마다 다를 수 있다.

(iii) 기능주의

이것은 또 다른 종류의 물리주의로 이끈다. 프랑켄슈타인 남작과 그의 괴물 간의 관계는 각각 동일하게 프로그램된 두 개의 아주 다른 하드웨어 부분들 간의 관계와 같다. 영혼은 입력과 출력 간의 연결이 설정된다는 측면에서 소프트웨어다. 뇌는 이 프로그램이 설치되는 하드웨어다. 기능주의 이론은 정신상태를 실질적인 특수한 상태(고통, 화, 명제 p에 대한 믿음)로 만드는 것은 환경의 입력을 행동의 출력과 연결시키는 정신상태의 역할이라고 주장한다. 불쾌한 전문용어 때문에 좌절하지 말라. 기능주의자는 다음과 같이 말하고 있다. 심연에서 정신적인 것을 찾기를 멈추라, 그리고 그 표면에 주목하라. 당신은 유기체의 환경과 그 행동 간의 연결망을 본다. 당신은 그것의 감수성과 편애를 관찰한다. 그리고 당신의 모든 관찰과 마찬가지로, 이것들은 당신이 본 것의 이론, 즉 이것이 저것에 수반되고, 이것이 저것의 결과라고 당신에게 말해주는 이론에 의해 생기를 얻는다. 기능적 연결은 우리를 둘러싼 유기체와 관계할 때 우리가 주목하는 것이다. 따라서 우리가 그 연결을 기술하는 언어―정신적인 것의 언어―를 개발하였다 해도 놀랄 일은 아니다.

기능주의는 한 생물의 마음이 또 다른 생물에서는 일어나지 않는 과정들로 예화될 수 있다는 가능성을 허용한다. 비록 다른 생물 역시 마음을 가질지라도 말이다. 공상과학소설의 실리콘 생물체는 우리만큼이나 고통, 생각, 슬픔에 민감할지 모른다.

(iv) 기타

가능한 다른 물리주의도 있는데, 그것들 모두를 나열하고 싶지는 않다. 하지만 한 가지 이론은 특별히 언급할 가치가 있는데, 그 이유는 단지 지향성에서 비롯한 반론을 놀라운 방식으로 다루고 있기 때문이다. 그것은 데이빗슨이 〈정신적 사건들〉이라는 논문에서 주장한 이론이다.

데이빗슨의 모든 논문과 마찬가지로, 이것은 빈틈처럼 보이는 것이 다른 곳—전체보다 그럴듯하지 않은 것들로 얼기설기 엮인 망—에서 채워지는 체계의 일부분을 구성한다. 특별히, 데이빗슨은 흄의 전제에서 출발한다. 즉 a가 b를 야기하는 것이 참이라면, 이것은 a유형의 사건이 b유형의 사건을 야기한다는 의미의, 보편적이고 예외 없는 법칙이 있기 때문이라는 전제 말이다. 정신적 사건이 물리적 사건을 야기하기도 하고 물리적 사건에 의해 야기되기도 한다는 것은 참이기 때문에, 두 종류의 사건을 연결하는 보편법칙이 있음에 틀림없다. 그러나 정신적 개념은 자신과 동일시되는 지향적 어법 때문에 숙명적으로 그러한 법칙에 포함되는 것을 금지당한다. 브렌타노가 주장했듯이(앞의 3절을 보라), '지향적' 어법을 사용하지 않는 정신적인 것에 대한 지시란 없으며, 이러한 것은 물리과학에서 설 자리가 없다. 따라서 정신적 개념으로 사건을 기술할 때, 우리는 결코 인과법칙에서가 아니라 단칭 인과 진술에서만 쓰일 수 있는 기술구를 이용한다. 하지만 그러한 법칙은 틀림없이 있기 때문에, 정신적 사건(바로 그와 동일한 사건)의 다른 기술구가 있음에 틀림없다. 정신적 사건을 법칙과 같은 방식으로 그것의 원인 및 결과와 관계 맺어주는 기술구 말이다. 정신적 사건은 기술되는 대로만 정신적이다. 하지만 우리는 또 다른 기술구가 있음을 알며, 그것은 인과법칙에서, 따라서 사물의 체계에서 자신의 자리를 발견한다. 이것이 물리주의자들이 찾고 있는 기술구다.

데이빗슨은 자신의 견해를 '무법칙적 일원론anomalous monism'이라고 부른다. '무법칙적'이란 '법칙이 없는 것 같은unlaw-like'을 의미한다. '일원론'이란 세계에는 정신적인 것과 물리적인 것의 두 종류가 아니라 한 종류가 있으며, 그 하나가 두 가지 다른 방식으로 개념화될 수 있다는 의미다. (이러한 사유 방식의 선례로 스피노자가 있다.)

6. 창발 속성과 수반

화가가 캔버스에 물감을 칠할 때, 그는 순수하게 물리적 의미에서 어떤 물리적 대상을 창조한다. 이 대상은 2차원 표면에 배열된 물감의 면과 선으로 구성된다. 그 그림을 볼 때, 우리는 그러한 물감의 면과 선 그리고 또한 그것들을 담고 있는 표면을 본다. 그러나 그것이 우리가 보는 전부는 아니다. 우리는 또한 눈웃음 지으며 우리를 바라보고 있는 어떤 얼굴을 본다. 그 얼굴은 우리가 보는 물감덩어리 이외의 캔버스의 속성인가?

당신이 피아노로 어떤 멜로디를 연주할 때, 당신은 건반을 연속해서 치고, 각각의 건반은 소리를 만들어낸다. 이것은 순수하게 물리적인 과정으로, 한 음이 다른 음으로 이어지는 음의 연속을 낳는다. 당신은 이 연속을 듣는다. 하지만 그것이 당신이 듣는 전부는 아니다. 당신은 또한 악장을 듣는다. 그 멜로디는 C에서 시작하여 A로 올라갔다가 다시 G로 내려온다. 이 악장은 우리가 듣는 음들 이외의 연속적 소리들의 속성인가?

이러한 질문들에 명확한 답을 하기란 힘들다. 어떤 의미에서, 그 얼굴은 물감덩어리 이외의 캔버스의 속성이다. 왜냐하면 당신은 전자를 관찰하지 않고서도 후자를 관찰할 수 있으며, 그 반대도 마찬가지기 때문이다. 그리고 어떤 의미에서 그 얼굴은 실제로 거기에 있다. 그것을 보지 못하는 사람은 시각적이든 지적이든 결함이 있는 사람이다. 다른 한편으로, 어떤 의미에서 그 얼굴은 캔버스의 부가적 속성이 아니다. 왜냐하면 물감덩어리가 거기에 있자마자, 얼굴이 있게 되기 때문이다. 얼굴을 만들기 위해 더 이상 아무것도 더해질 필요가 없다―그리고 더 이상 아무것도 더해질 필요가 없다면, 그 얼굴은 확실히 그 이상 아무것도 아니다. 뿐만 아니라 바로 이런 방식으로 배열된 바로 이러한 물감덩어리를 만들어내는 모든 과정은 바로 이 얼굴을 만들어낼 것이다―예술가 자신이 그 사실을 인식하는지 여부와 상관없이 말이다. (2차원 도표상의 색 분포만을 지시하는 명령에 따라 모나리자를 그려내는 기계가 있을 수 있다.)

이러한 사례들에 대한 한 가지 응답은 그 얼굴이 캔버스의 창발emergent 속성이라고 말하는 것이다. 그것은 이러한 색 조각들의 배열에서 창발하는데, 이것은 색 조각들의 이러한 배열을 갖는 대상은 무엇이든 바로 이와 같은 얼굴을 나타낼 것이라는 의미다. 하지만 그것은 그 조각들 '이외의' 어떠한 것도 아니다. 왜냐하면 그 얼굴이 나타나기 위해서 캔버스에 다른 어떤 것도 더해질 필요가 없기 때문이다. 이러한 창발 속성은 또한 자기가 창발되는 속성을 '수반하게supervenient' 된다. 즉 그 얼굴에서의 어떤 변화는 그것의 기초가 되는 물리적 배열의 어떤 변화를 필요로 한다. 그리고 같은 배열은 같은 얼굴을 만들어낼 것이다. 얼굴이 캔버스 A에는 보이지만 캔버스 B에는 보이지 않더라도, 캔버스 A와 캔버스 B가 물리적으로 구별될 수 없다고 말한다면 여기에는 어떤 부조리한 점이 있을 것이다. 그것들 간에는 어떤 물리적 차이가 있음에 틀림없다. 비록 우리가 그것이 무엇인지를 찾아내려면 꼼꼼히 살펴봐야 하겠지만 말이다.

이 예는 논쟁적이며, 우리는 24장에서 다시 살펴볼 것이다. 하지만 이 것은 우리가 폭넓게 개괄한 심리철학의 어떤 견해들을 이해하는 데 도움을 준다. 정신적 속성이 물리적 체계의 '창발' 속성이라고 주장하는 견해들 말이다. 아마도 기능주의를 이러한 방식으로 이해할 수 있을 것이다. 확실히 데이빗슨의 무법칙적 일원론은 정신적 특징들이 창발적임을 암시한다. 그 생각은 이렇다. 우리는 아무것도 없는 데서 시작하여 다양한 회로와 트랜지스터를 결합하고, 움직일 수 있는 팔다리와 감각탐지기들에 그것을 연결함으로써 어떤 물리적 체계를 창조한다. 단순한 체계일 경우, 우리는 그것을 정신적 용어로 기술하려는 유혹을 전혀 느끼지 않는다. 왜냐하면 우리는 그것을 항상 그것보다 더 단순한 것과 비교하기 때문이다. 하지만 자연적 비교가 더 복잡한 것, 가령 동물 혹은 심지어 인간과 이루어지는 시점이 온다. 우리는 그저 그 물리적 체계의 '목록'을 추가함으로써 이러한 시점에 도달할 수 있다. 단지 물리적 부품과 속성들만이 우리가 그렇게 바꿈에 따라 바뀌어야 한다. 하지만 갑자기 정신적인 것이 물리적인 것에서 '창발한다.' 마치 마지막 붓질에서 얼굴이 나타나듯이 말이다. 정신적인 것은 물리적인 것 이외의 어떤 것이다. 그것이 자신을 기술하고 관계 맺기(그리고 어쩌면 또한 자신을 지각하기) 위해 완전히 새로운 개념을 요구한다는 점에서 말이다. 하지만 그것은 물리적인 것 이외의 어떠한 것도 아니다. 물리적 기초가 자리를 잡을 때, 정신적인 것 역시 거기에 있게 되며, 그 이상 아무것도 추가되지 않는다는 점에서 말이다.

이러한 견해는 17장 이후 더 잘 이해할 수 있을 것이다. 하지만 나는 독자가 이것이 얼마나 매력적인지를 알게 되기를 바란다.

7. 자아

당신은 메리 셸리가 우리에게 가르치려고 했던 모든 것을 수용하기 위해, 계속해서 물리주의자의 견해를 다듬을 수 있다. 그러나 그 견해가 세련되어 갈수록, 우리는 유기체 세계의 거대한 격차, 즉 우리와 나머지 간의 격차를 깨닫기 시작한다. 우리에게는 동물에게 귀속시키지 않는 능력들이 있는데, 그것들은 우리가 동물들과 표면적으로 유사한 모든 방식을 완전히 바꿔놓는다. 특히 두 가지가 논의될 만한데, 바로 합리성과 자기의식이다.

 (i) 합리성. 우리는 동물이 믿음과 욕구를 갖는다고 여기는데, 이것이 일종의 은유가 아닌지와 관련한 커다란 논쟁이 이미 있다. 왜냐하면 동물은 자신의 믿음에 대한 언어를 갖고 있지 않아서, 그들이 믿는 것이 저것이 아니라 이것이라고 관찰자가 만족할 만큼 명시할 방법이 없기 때문이다. 나는 왜 테리어 종의 개가 그 구멍 속에 쥐가 있다고 믿는다고 말하는가? 그 개가 어떤 명제를 발화하지 않는 한, 나는 어떻게 그 개가 그것을 믿는다는 것을, 그 개가 그 구멍에 회색의 것들 중 하나, 혹은 자기가 죽여도 되는 희생물 중 하나, 혹은 한입에 삼켜 피 맛을 볼 수 있는 냄새 중 하나가 있다고 믿는다는 것과 구별할 수 있는가? 그 선택은 임의적인 듯하다. 하지만 확실히 개는 사람과 마찬가지로 자신의 환경으로부터 정보를 모으고 적절하게 반응한다. 우리는 이런 정보 수집 과정을 합리적 믿음이라는 이름으로 통하는 더 세련된 과정과 구별할 필요가 있는 듯하다.

 우리는 단지 믿음만을 갖지 않는다. 우리는 그것을 표현하고, 그것으로부터 결론을 이끌어내며, 그것을 지지하는 추론을 한다. 우리의 개념은 그것을 표현하는 단어들만큼이나 세세하게 나뉜다. 그리고 우리의 사유과정은 동물의 왕국에서는 유례없는 방식으로 현재의 순간으로부터 해방된다. (그리하여 우리는 가능성과 불가능성, 순전히 가상의 이야기, 현상에 반하는 이론, 다른 장소와 다른 시간에서 일어나는 현상에 관해 숙고할 수 있다.) 우리가 동물의 세계와는 다른 세계에 살며, 동물처럼 현재의 욕구에 예속되는 상태에서 어느 정도 벗어났다고 말하는 것은 과장이 아니다. 나는 다음 두 장에서 이에 관해 좀 더 말할 것이다. 어쨌든 이러한 사유가 영혼으로 의미되었던 것의 대부분을 구성한다. 우리가 영원한 진리와 불변의 실재에 접근하게 되는 것은 순간을 넘어서려는 이러한 끊임없는 갈망을 통해서다. 만일 우리가 그저 정보처리장치일 뿐이라면, 어떻게 그렇게 할 수 있겠는가?

일부 철학자들(특히 존 설과 J. R. 루카스)은 이것을 중시하는데, 왜냐하면 이것이 컴퓨터에서 영감받은 인간 마음 모형의 지극히 받아들이기 어려운 어떤 점을 가리키는 듯하기 때문이다. 컴퓨터는 확실히 정보입력에 정보출력으로 응답한다. 심지어 그것은 그 정보를 행동계획의 기초로 삼는 로봇과 전선으로 연결될 수 있다. 하지만 컴퓨터는 그 정보가 참임을 알 수 있는가? 그것은 자신의 믿음을 실재와 비교하고, 곤경에 처해서 판단을 내릴 수 있는 합리적 존재의 그 특수한 관점에 도달할 수 있는가? 우리가 진리와 같은 개념을 사용한다는 점은 우리가 자연질서의 부차적 부분이라는 테제를 의심하는 식으로 우리를 경험세계로부터 분리시키는 듯하다.

(ii) 자기의식. 소위 심신 문제는 만일 자기의식이 없었다면 결코 제기되지 않았을 것이다. 자연세계에 대한 기술은 어떠한 형이상학적 문제를 자동적으로 만들지 않으면서, 동물을 포함하는 것으로 확장될 수 있다. 물론 주위 환경에 관한 정보를 얻고 반응하는 생물의 자연에서의 현존은 과학에게 커다란 도전이다. 하지만 그것은 엄밀한 의미에서 철학에게 도전은 아니다. 하지만 문제는 우리가 1인칭 관점의 자연에서의 현존을 인정할 때 시작된다. 그것은 신의 것(불의 형상으로 말했던 '나는 곧 나니라')일 수도 있고, 혹은 단순히 철학자의 것(난롯가에서 말하는 '코기토 에르고 숨')일 수도 있다. 여기에 신비가 있지 않은가? 토머스 네이글의 말을 빌리면, '나는 대체 어디에 있는가?'

네이글은 다음과 같은 방법으로 이 문제를 강조한다(《어디에서도 바라보지 않는 관점》). 가령, 내가 물리적 세계에 포함되어 있는 모든 것에 관한 참된 과학이론에 따라 물리세계에 대한 완전한 기술구를 갖는다고 가정해보자. 이러한 기술구에서는 세계가 포함하고 있는 동물뿐 아니라 사람들까지 인정될 것이다. 이 사람들 중 한 명이 로저 스크루턴이라 불리며, 내가 가진 모든 속성을 갖는다. 하지만 여전히 이 기술구에 언급되지 않은 사실이 있는데, 즉 그 사람이 바로 나라는 사실이다. 마찬가지로 이 고통이 나의 고통이고, 이 즐거움이 나의 즐거움이라는 사실이 있다. 나 자신을 내 세계에 자리매김하는 내 능력은 만물에 대한 나의 1인칭 관점과 같은 종류다. 그리고 그 1인칭 관점에서 내게 드러나는 것은 진정한 실재에 관한 과학 목록에는 포함되지 않는다.

우리는 이제 히스테리 환자라면 자기 파멸로 날아갈 법한 철학적 사색의 어지러운 암초 중 하나에 이르렀다. 현대철학자들은 다른 방향으로 선회함으로써 응답하려는 경향이 있다. 그들은 말한다. 이러한 사람들 중에서 누가 나인지를 과학적 목록이 말해주지 않는다는 당신의 주장은 일리가 있다. 그리고 과학 목록은 나에게 지금이 어떤 순간이고 여기가 어떤 장소인지 역시 말해주지 않는다. '나' '지금' '여기'와 같은 (통상 '지표사indexicals'라고 알려진) 단어들은 화자를 자신의 세계에 자리매김하는 데 기여한다. 그것들은 그 세계에 관한 어떤 추가적 사실을 기록하지 않고, 단지 우리의 문장들이 말해진 맥락을 확인함으로써 그 문장들을 세계와 연관지어줄 따름이다.

이것이 충분한 대답일까? 나는 31장에서 이 난제를 다시 살펴볼 것이다. 당장은 다음으로 넘어가는 것이 최선이겠다.

8. 영혼의 통일성

이러한 우려는 칸트에게 익숙했으며, 그는 대략 다음과 같이 주장했다. 우리의 자기의식은 우리에게 통일이라는 특별한 관념을 준다. 나는 이 고통, 이 사유가 하나의 것 곧 나에게 속함을 직접적으로 안다. 나는 내가 무엇인지 알지 못한다. 오직 내가 하나의 것, 정신적 술어들의 담지자라는 점을 제외하고는 말이다. 칸트는 이러한 통일의 인식을 '통각의 선험적 통일transcendental unity of apperception'('통각'은 자기의식에 대한 라이프니츠의 용어다)이라고 불렀다. 이 통일은 내가 그것을 어떤 더 기초적인 전제로부터 결코 이끌어낼 수 없다는 의미에서 '선험적'이다. 이 고통은 이러이러한 속성을 갖고, 이 사유는 이러이러한 속성을 가지므로, 그것들이 하나이자 같은 것에 속한다고 말하는 사람의 입장에 나는 있을 수 없다. 내가 그 고통과 그 사유를 확인할 수 있다는 바로 그 사실은 내가 그것들을 나의 것, 즉 하나의 것의 상태들로 확인할 수 있음을 전제한다.

많은 철학자는 따라서 영혼은 특수한 종류의 통일성과 불가분성을 갖는다는 결론을 이끌어내고 싶어한다. 반쪽짜리 영혼 같은 것은 없다. 그리고 이것은 영혼이란 매우 특별한 종류의 존재자며, 물리적 세계와 절대적으로 구별되는 실체라는 합리론자의 믿음에 생기를 불어넣는다. 왜냐하면 물리적 세계의 내용물들은 그 공간성으로 인해 나뉠 수 있기 때문이다. 하지만 칸트는 선험적 통일로부터 실체적 통일을 추론하는 것은 오류를 포함한다고 주장한다. 전자의 통일이 내게 말해주는 것은 나 자신의 정신상태들을 기술하는 내 능력으로 인해, 내가 그것들 각각을 나의 것으로 확인할 수 있다는 점뿐이다. 이로부터 내가 (말하자면, 다른 어떤 것—가령, 나의 뇌—의 속성이라기보다는) 하나의 실체라는 것은 나오지 않는다. 내가 무엇인지 혹은 어디에 있는지 혹은 어떠한지에 관해서는, 정말이지 아무것도 나오지 않는다. 오직 내가 있다는 것만이 나올 뿐이다.

그럼에도 내가 단순히 물리적 세계의 일부라는 것을 의심할 또 다른 이유가 있으며, 그 이유는 우리를 다르게 만든 것으로부터 또한 유래한다고 칸트는 믿었다. 바로 우리는 합리적 존재라는 사실 말이다. 합리적 존재는 단지 자기의식적일 뿐 아니라 자유롭기도 하다. 사실상, 이 두 관념은 두 개의 다른 관점, 즉 이론적 관점과 실천적 관점에서 기술된 결국 하나의 관념이다. 따라서 영혼은 자연의 일부가 아니라고 말하는 사람이 의미하는 바를 알려면 우리는 자유의 개념을 탐구해야 한다.

17   자유

인간 존재의 형이상학적 난제에는 두 가지 원천이 있다. 첫째는 의식이고, 둘째는 자유다. 우리는 선택을 하고, 그것을 실행한다. 우리는 우리의 결정에 대해 서로를 칭찬하고 비난한다. 우리는 미래를 숙고하고, 결심을 한다. 이 모든 흔한 사건들에서, 우리는 많은 것을 할 자유가 있다고 가정한다. 우리가 실제로 하는 것이 우리의 선택이며, 따라서 우리의 책임이다. 이러한 가정은 정당한가? 그렇지 않다면, 도덕에는 무엇이 남는가?

1. 인과성과 결정

우리가 법칙이 지배하는 우주에 살고 있으며, 거기에서 각각의 사건은 불변의 인과법칙에 따라 일어난다는 관념은 결정론이라는 망령을 불러낸다. 이것은 모든 것이 일어나는 그대로 발생하도록 결정되어 있으며, 사태가 '달리 될 수 없었을 것'이라는 믿음이다.

결정론을 정의하는 데 많은 노력이 경주되었다. 여기에 한 가지 안이 있다. 참인 인과법칙의 총합과 어느 시점의 우주에 대한 완전한 기술구가 주어진다면, 다른 시점의 우주에 대해서도 완전한 기술구가 연역될 수 있다. 이 경우에, 세계가 미래의 어느 시점에 존재하는 방식은 세계가 지금 존재하는 방식에 의해 완전히 결정된다. 사태가 지금 어떠한지 주어지면, 이후로 아무것도 달리 일어날 수 없다. 이것은 나의 행동에도 해당한다. 내가 미래의 어느 순간에 할 행동은 내가 통제하지 못하는 요인들, 즉 내가 태어나기도 전부터 존재했던 요인들의 변경할 수 없는 결과다.

이렇게 정의한다면, 결정론은 거의 확실히 거짓이다. 우리는 우주의 근본법칙으로 과거에서 미래를 연역할 수 없다. 그것은 어떤 사건이 다른 것이 주어질 때 확률적이라는 점만을 말해줄 뿐이다. 양자 현상은 단순히 아무런 일반적 의의 없는 고립된 사건이 아니다. 그것은 실재에 스며들어, 체계적 불확실성으로 가득 채운다. 이런 이유에서 가이거 계수기에 관한 앤스컴의 논변은 타당하다. 모든 사건에는 원인이 있다고 말하는 것과 모든 사건은 그 원인에 의해 결정된다고 말하는 것은 상당히 다른 말이며, 후자는 물리학이 논박한 것이다. 만일 '결정된다'가 '확률적으로 결정된다'를 의미한다고 말한다면, 이것은 논점을 단순히 인정할 따름이다.

그럼에도 더 온건한 형태의 결정론은 타당할 것 같다. 그것은 각 사건에 대한 설명이 그것을 야기한 조건들에 있으며, 인과의 연쇄가 무한히 소급된다고 말한다. 그리하여 모든 것은 이제 제자리에 놓이며, 이후의 모든 사태를 설명하게 된다. 그렇다면 어떤 의미에서 우리의 미래의 결정은, 단순히 사건 과정의 일부가 됨으로써 그것을 확증하기보다는, 사건의 과정을 변화시키는가?

이러한 온건한 형태의 결정론은 인간의 자유에 대한 우리의 믿음을 훼손하는가? 어떤 사람은 아니라고 말할 것이다. 왜냐하면 자유는 인간 선택의 결과가 예측 불가능하다는 점만을 요구하기 때문이다. 그것은 인간 행동을 포함한 모든 사건이 원인들의 한 가지 연쇄에 속할지라도 참일 수 있다.

2. 신의 예지

하지만 이 물음이 예측과 관련된다면, 인간 자유에 대한 위협을 인식하기 위해 인과를 들먹일 이유가 전혀 없다. 결정론적 법칙 없이도, 미래에 관한 진리는 알려질 수 있을지 모른다. 아마도 신이 존재한다면, 신은 정말로 그것을 알 것이다. 이 경우에, 내가 태어나기도 전에 알려진 결과로 내가 어떻게 비난받을 수 있겠는가? 이것이 자유의지의 문제가 중세철학자들의 사고에 지장을 주었던 방식이다. 즉 인간의 자유는 어떻게 신의 예지와 양립할 수 있는가? (라이프니츠는 이 문제와 씨름하여 흥미로운 결과를 낳았다.) 심지어 이 난제와 관련하여 예측을 전혀 언급하지 않고 단순히 진리 자체의 관념만을 반영하는 해석도 있다. 아리스토텔레스는 내일 바다에서 전투가 있을 것이라는 진술을 검토한다. 이 진술은 지금 진리치를 갖는가? 만일 그렇다면, 그것은 내일 발화될, 오늘 해전이 있다는 진술의 진리치와 틀림없이 같을 것이다. 해전이 있다는 것이 내일 참이라면, 해전이 있을 것이라는 것은 오늘 참이다. 미래에 관한 진술은, 만일 참이라면 지금 참이다. 이 경우에, 미래는 실제로 변할 수 있는가?

(아리스토텔레스 자신이 검토한 한 가지 안은 미래에 관한 진술이 진리치를 갖는 다는 점을 부정하는 것이다. 하지만 이것은 결정론이 참이든 아니든 예측이란 문자 그대로 불가능함을 의미할 것이다.)

3. 나는 달리 할 수 있었는가?

홉스는 자유란 선택을 의미한다고 말했다. 나는 현재의 상황에서 어떤 선택을 갖고 있는가? 내가 A를 한다고 할 때, 나는 B를 할 수도 있었는 가? 내가 자유롭게 A를 한다고 말하는 것은 내가 달리 선택했다면 다른 것을 할 수도 있었다고 말하는 것이다. (G. E. 무어의 《윤리학》을 보라.) 어떤 상황의 결과가 내 선택에 의존하는 한에서, 나는 자유롭다. 따라서 내가 밀려서 균형을 잃고 당신 위로 쓰러진다면, 나는 자유롭게 당신을 다치게 한 것이 아니다. 왜냐하면 당신이 다치는 것을 피하기 위해 내가 할 수 있는 것이 아무것도 없기 때문이다. 내가 이 문제에서 어떤 선택을 하든, 내가 일단 쓰러지기 시작했다면, 당신을 구하기에는 이미 너무 늦고 만다. 그리고 나는 쓰러지기를 선택하지 않았다. 변호사들은 이러한 종류의 사건을 논의하며, '회피가능성'의 관념은 법적 책임을 할당할 때 큰 역할을 한다. 만일 당신이 비난받는 그 결과를 피할 수 있었다면, 당신은 자유롭게 그 결과를 일으킨 것이다. (P. 쉴프가 편집한 《G. E. 무어의 철학》 중 C. L. 스티븐슨의 〈윤리학과 회피가능성〉을 보라.)

이러한 접근법은 나름 장점이 있다. 하지만 너무 쉽게 문제를 빠져나 간다. 그것은 내가 자유롭게 x를 하는 것은 내가 다른 어떤 것을 선택해서 할 수도 있었을 때만이라고 말한다. 하지만 나는 그렇게 선택할 수 있었는가? 그리고 만일 그렇다면, 나는 자유롭게 선택할 수 있었는가? 행동에 관한 물음은 그것을 이끈 선택에 관한 물음이 되며, 우리는 무한퇴행을 시작하는 듯하다. 어느 시점에서 우리는 단순히, 그렇게 하도록 선택하지 않으면서 선택을 한다는 것을 받아들여야 한다. 이것이 바로 나의 선택이라고 말이다. 하지만 그때 나는 또 다른 선택을 할 수 있었는가? 아니면 내가 한 선택을 하도록 나는 결정되어 있었는가?

이러한 물음은 우리에게 익숙하다. 왜냐하면 우리는 사람들이 하기로 선택한 것 때문에 그들을 자동적으로 비난하지는 않기 때문이다. 우리는 선택을 그것을 이끈 연쇄적 사건의 일부로 간주하기 위해서 사람들의 선택 이면에 있는 동기를 이해하려고 한다. 그리고 우리는 어떤 사람의 현재 성격을 낳은 불운들을 발견하고서, 그가 그러한 행동을 한 것은 '그의 잘못이 아니다'라고 자주 결론 내리곤 한다. 그는 자신이 통제할 수 없었던 상황에 의해서 그렇게 했던 것이다. 리처드 3세는 자신의 성격을 뒤틀리게 했던 불운들을 늘어놓고, 자신의 기형을 자세히 설명하고는 선언한다. '나는 악인이 되도록 결정되었다.' 즉 나는 그렇게 하기로 선택했고, 결심했다. 그러니 나 또한 내 상황의(상황에 의해 결정된) 희생양이다.

4. 자유와 성격

그러한 사유는 자유의지에 대한 우리의 믿음과 원인에 대한 우리의 지식 간에 결국 모종의 갈등이 있음을 암시한다. 우리가 상황에 대해 더 많이 알게 될수록, 우리는 어떤 사람이 자유 행위자라고 점점 덜 말하게 된다. 모든 것을 이해하면 모든 것을 용서하게 된다*Tout comprendre c'est tout pardonner*.

그러나 이제 우리는 리처드 3세의 대단한 연설에서 암시된 어떤 역설과 마주치게 된다. 완전히 원인 없는 선택이 있다고 가정해보라. 사건의 흐름에서 아무 원인 없이 튀어나오는 선택 말이다. 이것이 우리가 자유선택으로 의미하는 바인가? 확실히 그러한 선택은 다른 모든 사람들에게뿐 아니라 그것을 선택한 사람에게도 놀라울 것이다. 그것은 완전히 원인 없는 사건일 것이며, 이에 대해 그를 칭찬하거나 비난할 수 없는데, 왜냐하면 그것은 그가 원한 것도 아니요, 그 자신 안의 어떠한 것에서 유래하지도 않았기 때문이다. 그렇다면 자유는 그저 불가해한 것으로 환원된다. 이 경우에, 자유를 우리가 갈망해야 하거나 판단해야 하는 어떤 것이라고 보기란 어렵다.

실제로, 자유로운 행동에 대한 우리의 일상적 개념을 살펴보면, 우리는 사람들이 자유롭게 한 행동에 대해 그들을 칭찬하고 비난하기 때문에 그들의 행동이 진정으로 그들의 것임을 확인하고 싶어한다는 점을 알게 된다. 우리는 그들의 자유로운 행동을 그들의 성격 탓으로 돌린다―그가 이것을 야기했다 혹은 그녀가 저것을 야기했다고 말하는 식으로 말이다. 자유로운 행동은 행위자의 숙고에서 나오며, 따라서 그것 또한 그 원인의 일부임에 틀림없다. 자유는 인과의 부재라기보다는 오히려 인과를 함축한다.

5. 양립가능론

이제 우리는 현대철학자들이 취하는 몇 가지 견해를 정의해볼 수 있다.

（ⅰ）자유의 개념은 부조리하다. 이것은 다음과 같이 주장하는 사람의

견해다. 첫째, 자유는 인과와 양립할 수 없는 듯 보인다(왜냐하면 우리가 어떤 사람의 행동의 인과를 그의 의사결정 너머의 지점으로 추적할 때마다 그가 자유롭다는 것을 부정하게 되기 때문이다). 둘째, (방금 제시한 이유에서) 자유는 인과를 함축한다. 따라서 자유의 개념은 모순적이다.

(ii) 양립불가론. 자유는 (a) 결정 혹은 (b) 인과와 양립불가능하다. 많은 사람이 자유가 결정과 양립불가능하다는 것을 인정하지만(예를 들어, 앤스컴), 인과와 양립불가능하다는 것은 부정한다.

(iii) 양립가능론. 자유는 (a) 인과 혹은 심지어 (b) 결정과 양립가능하다. 두 관념 간에는 전혀 모순이 없다.

양립가능론에는 상당히 오랜 역사가 있으며, 두 가지 변형을 허용한다. 스피노자처럼 새로운 자유 개념을 제시하는 사람들이 있고, 흄처럼 낡은 개념에 만족하는 사람들이 있다. 스피노자는 다음과 같이 주장했다. 모든 것은 필연적으로 일어난다. 만일 우리가 행위자 자신에게서 비롯하는 행동만을 '자유롭다'고 기술한다면, 오직 신만이 자유롭다. 하지만 우리는 또한 우리가 이해하는 사건과 이해하지 못하는 사건을 구별할 수 있다. 우리 행동의 원인에 대한 '적합한 관념'을 우리가 갖는 만큼, 상상컨대 오직 우리에게 적용할 수 있는 의미에서, 그만큼만 우리는 자유롭다. 이러한 자유는 정도의 문제며, '필연성의 의식'으로 정의될 수 있다.

흄의 접근법은 대체로 더 온건하고, 상당한 공감을 얻었다. 흄은 결정론자였다. 그는 모든 사건에는 원인이 있을 뿐 아니라 원인이 그 결과를 결정한다고 믿었다. 왜냐하면 원인은 보편법칙에 의해 결과와 연결되기 때문이다. (그는 비록 '실질적 필연성'에 관해 회의적이었지만 이것은 믿었다.) 그러나 그는 우리의 자유 관념에는 결정론을 부정하는 것이 아무것도 없다고 주장했다. 자유의 관념은 우리가 어떤 행위의 결과를 칭찬 혹은 비난의 형태로 행위자에게 귀속시킬 때 생긴다. 이 관념에는 결정을 긍정하거나 부정하는 어떤 것도 없으며, 그 관념의 근거는 과학의 발전에 의해 영향받지 않는다.

6. 책임

현대의 흄주의자들은 특히 책임의 관념과 이와 관련된 '변명'의 개념에서 깊은 인상을 받았다. (J. L. 오스틴의 《철학적 논문》 중 〈변명을 위한 항변〉을 보라.) 선한 자를 보상하고 비행을 저지른 자를 처벌하기 위해서, 행동에 책임을 할당하는 일은 인간의 삶에서 무엇보다 중요하다. 만일 우리가 이러한 관념을 더 이상 고려하지 않고, 법정에서의 대부분의 일이 민형사 사건 모두에서 단지 누가 무엇에 대해 책임이 있는가를 확인하는 것이라면, 우리는 결코 인간관계망을 관리하거나 판결하는 데 성공하지 못할 것이다. 도덕적이고 법적인 논변을 연구해보면, 우리는 책임의 개념이 선택의 개념과는 매우 다르다는 것―그리고 확실히 '형이상학적 자유'와는 크게 동떨어져 있다는 것을 발견하게 된다.

어떤 사람은 신중히 어떤 일을 하고 합리적인 검토를 거쳐 자신의 행동을 선택하지만, 그 결과에 대해서는 책임이 없을 수 있다. 가령 내가 어떤 알 수 없는 이유로 브레이크가 고장 난 트럭을 몰고 있다고 가정해보자. 오른쪽으로 핸들을 꺾으면 나는 연약한 노인 한 명을 향해 트럭을 몰게 되고, 왼쪽으로 꺾으면 한 무리의 아이들을 향해 몰게 된다. 그리고 내가 아무것도 하지 않는다면, 트럭은 사람들로 가득한 술집으로 충돌하게 된다. 마침내 내가 위험에 빠뜨리기로 결심한 것이 그 연약한 노인의 생명이라면, 바로 그 때문에 나는 그 노인의 죽음에 대해 책임이 있게 되는가?

마찬가지로, 어떤 사람은 자신이 초래하려고 선택하지 않았고, 자신은 미처 생각하지도 못했던 결과에 대해서 책임이 있을 수 있다. 가령, 공장에서 출고되는 모든 트럭의 브레이크를 점검하는 것이 당신의 업무고, 당신이 그중 한 대를 검사하지 않은 채 지나가게 했다고 가정해보라. 당신은 그 연약한 노인의 죽음에 어느 정도 책임이 있지 않겠는가? 이것은 민사상 매우 중대한 과실 사건이다. 하지만 형사상 과실도 있다. 타인의 생명과 재산에 대한 무분별한 부주의는 형사고발로 이어질 것이다. 처벌을 부과할 때 법은 우리의 도덕적 직관을 단순히 따른다.

마지막으로, 모든 책임의 경우에는 변명의 가능성이 있다. 나는 신중히 행동했고, 그 점은 맞다. 하지만 나는 협박을 받고서, 정신적 혼란 상태에서, 혹은 만취 상태에서 행동했다. 나는 과실을 저질렀고, 그것도 맞다. 하지만 아내와 헤어져서 나는 집중할 수 없었다, 혹은 규칙이 불분명했고, 그것을 배울 시간이 주어지지 않았다. 변명은 벌어진 재난이 나의 잘못이 아니었음을 보임으로써 비난에서 벗어난다.

책임의 개념은 우리에게 필수적이며, 자체의 논리가 있다. 우리는 비난의 판단에서 의견이 일치하며, 그것을 축소하거나 심화하는 것과 같은 요소들을 인정하는 경향이 있다. 그렇다면 그러한 개념들은 무엇에 기초하는가? 그리고 그것들은 형이상학적 자유의 관념에 의존하는가?

7. 인격과 동물

인격과 동물 간의 구별이 이 문제의 해결에 실마리를 던져준다. 아마도 우리는 동물이기는 하지만, 그 행동이 도덕적 용어로 판단되는 특별한 종류의 동물일 것이다.

닭장이 어지럽혀 있고 머리 잘린 닭들이 발견된다면, 당신은 당연히 괴로울 것이다. 하지만 당신은 여우에 대해서 분개하는가? 당신은 그 여우가 법정에서 심판을 받고, 적절한 처벌을 받기를 바라는가? 확실히 그렇지는 않다. 당신은 총을 들고 밤새 지키든가 혹은 폭스하운드 사냥개의 주인에게 전화를 걸지 모른다. 그렇지만 당신의 목적은 여우를 처벌하는 것이 아니다. 단지 그것을 몰아내려는 것뿐이다. 여우는 본능에서 그렇게 한 것이며, 고의*mens rea*는 없었다. 여우는 당신의 닭을 존중할 의무가 없으며, 또한 자신에게 집행될 수 있는 생명에 대한 권리도 갖지 않는다. 동물들에게는 의무도 권리도 없으며, 마치 그러한 도덕적 관념이 동물들에게 적용되는 것처럼 그것들을 대하는 것은 감상적일 뿐 아니라 어리석은 짓이다. 만일 당신이 그러한 관념을 동물에게 적용하려 한다면, 그 결과는 혼란스러울 뿐 아니라 근본적으로 실패하고 말 것이다. 당신이 원하는 어떠한 것도, 동물이 원하는 어떠한 것도 얻지 못할 것이다.

인간의 경우에는 아주 다르다. 닭장에 침입해서 닭들을 물어뜯으며 한바탕 소란을 일으킨 것이 내 이웃 앨프리드였음을 안다면, 나는 당연히 분개할 것이다. 나는 그 피해에 대해 그를 나무라고, 그의 행동이 잘못된 것임을, 그에게 어떠한 해도 입히지 않은 무고한 생명들의 안녕과 내 재산을 존중하는 것이 그의 의무임을 설득하려고 노력할 것이다. 만일 앨프리드가 상습적 닭 도살자라면, 이러한 절차는 성공하지 못할 공산이 크다. 하지만 나는 또한 그에게 소송을 제기할 수 있고, 잔악행위라는 이유로 형사고발을 할 수도 있다. 어떻게 해서든 그를 심판하고, 비난하고, 내 화를 표출하고자 하는 내 의향은 효과를 볼 것이다. 그는 그 짓을 다시 할 마음이 덜 들 것이다. 그리고 그가 행실을 고침에 따라, 내 분노도 누그러질 것이다. 어느 날 우리는 친한 친구가 되고, 그 머리 잘린 닭들은 추억에 불과하게 될지 모른다.

이 사례는 스트로슨이 〈자유와 분노〉에서 행한 논변을 예증해준다. 스트로슨은 우리가 인격을 대하며 취하는 두 가지 다른 태도가 있다고 주장한다. 그는 그것을 '객관적' 태도와 '반응적' 태도라고 부르지만, 우리는 '과학적' 태도와 '상호인격적' 태도라고 더 유용하게 기술할 수 있다. 나는 다른 자연적 대상들을 지배하는 운동법칙을 연구하고, 그에 따라 그것들의 행동을 조정하려고 함으로써 그것들과 관계하듯이, 인격들과 관계할 수 있다. 혹은 나는 한 인격이 다른 인격에게 반응하듯이 그들에게 반응할 수도 있다. 그들에게 이유를 대고, 내가 그들 때문에 당한 잘못에 대해 분노하고, 그들의 불의에 대해 화를 내는 식으로 말이다. 일반적 상황에서 상호인격적 태도는 자족적이다. 그것은 상호 합의와 공통의 이해를 야기하는 데 효과적이다. 분노는 사과로 보답받고, 사과는 용서로 보답받는다. 이성의 상호 타협은 결국 조화롭게 끝을 맺는다.

이러한 상호인격적 태도의 기저에는 합리성의 가정이 놓여 있다. 한 인격은 우리가 호소하는 권리와 의무를 지닌 합리적 존재다. 그는 이해할 수 있고 이성에 따라 행동할 수 있다. 그리하여 그의 계획은 논변에 비추어 변경되고 수정될 수 있다. 그가 나에게 해를 입힐 때 내가 분개하고, 나에게 이롭게 행동할 때 고마워하는 것은 바로 이 때문이다. 이러한 반응은 합리적이고, 또한 효과적이다. 나의 분노는 그에게 자신의 방식을 바꾸도록 설득하고, 나의 감사는 그에게 자신의 방식을 유지하도록 고무한다.

하지만 어떤 경우에는 분노와 감사, 칭찬과 비난, 이성과 궤변이 비효과적이다. 앨프리드는 가만히 내 비난을 참다가, 다음날 밤 다시 닭을 물어 죽일 수도 있다. 그는 상호인격적 반응의 범위 밖에 있는 어떤 망상에 시달리고 있다. 이제 그에 대한 나의 견해는 흔들린다. 나는 더 이상 다른 인격과 하듯이, 그와 관계를 맺을 수 없다. 상호인격적 감정은 더 이상 이득이 되지 않으며, 그 역시 그러한 감정의 지배를 승인하지 않는다. 결국 나는 더 과학적인 관점을 취하여, 그의 질환의 원인을 찾고, 치료를 시도하게 된다. 만일 내가 그를 가둔다면, 그것은 처벌로서가 아니라 그의 병을 치료하기 위해서다. 앨프리드는 인격적 관계망에서 떨어져 나가 하나의 사물이 된다. 이와 같은 것이 정신질환에서 일어나는 일일지 모른다.

그리고 여기에 자유와 인과의 갈등이 있다고 스트로슨은 독창적으로 주장한다. 이것은 대물적 갈등이 아니다. 오히려 갈등은 관찰자의 태도에 있다. 인격적 관계는 우리로 하여금 타인의 행동의 심층적 원인을 무시하고, 책임과 권리라는 우리의 자생적 관념을 통해 타인에게 반응하도록 한다. 상호인격적 감정은 우리가 인간 행동의 과학을 통해 얻을 수 있는 것보다 훨씬 더 효과적으로 인간세계를 다룰 수 있게 해준다. 하지만 상호인격적 접근법이 더 이상 도움이 되지 않는 시점이 온다. 우리가 원인을 찾기 시작하는 것은 바로 이때다. 그 결과, 우리는 타인을 인격에서 사물로 격하시킨다.

따라서 갈등은 자유로운 행동과 야기된 행동 간에 있지 않다. 인간 본성에 관한 우리의 과학은 양자에 차별 없이 적용되며, 실질적 차이를 부정한다. 갈등은 우리로 하여금 인과를 간과하도록 요구하는 태도와, 그것에 주목하고 그것으로 우리가 보는 것을 규정하도록 요구하는 태도 사이에 있다.

8. 칸트의 견해

나는 스트로슨의 견해를 그가 사용하지 않은 용어들로 정의했는데, 그것의 원조가 되는 견해로 넘어가기 위해서였다. 그것은 바로 칸트가 제시한 견해인데, 확실히 자유의 문제에 대한 모든 철학적 대답 중 가장 심오한 것이라 할 만하다.

칸트는 우리가 자유롭다는 것을 아는 것은 도덕법칙에 구속받기 때문이라고 주장한다. 우리는 이성에 의해 해야 하는 것을 하고 하지 말아야 하는 것을 피하도록 스스로에게 명령한다. 그러한 명령은 만일 우리가 그것에 복종하기로 자유롭게 결정할 수 없다면 의미가 없을 것이다. 왜냐하면 우리가 본성상 하는 것은 의무일 수 없기 때문이다. 인과법칙이 지배적 원리인 자연세계에서는 자유의 여지가 없다. 따라서 나는 자연의 일부면서—왜냐하면 나는 정념에 속박당하고, 모든 종류의 비합리적 동기에서 행동하도록 촉발되는 동물이기 때문이다—동시에 자연과 별개인 듯한데, 왜냐하면 나는 내 행동의 창시자이며, 내 행동은 이성에서 비롯하고, 어떤 선험적 법칙에 내가 자유롭게 복종한다는 것을 표현하기 때문이다.

나는 이 두 관념을 어떻게 화해시키는가? 칸트의 견해는 그것들은 화해될 수 없고 초월될 수 있을 따름이라는 것이다. 그것들은 경쟁 관점 즉 오성의 관점과 실천이성의 관점에서 세계에 대한 완전한 기술구를 제공한다.

오성은 우리에게 다음과 같은 인간조건의 상을 제시한다. 우리는 유기체고, 자연세계의 일부며, 세계의 인과성에 구속되어 있다. 다른 동물들과 마찬가지로, 우리는 우리의 행동을 야기하고 설명해주는 정념과 욕구의 영향을 받는다. 우리는 타자들 가운데 있는 대상이다. 우리의 욕구는 생존경쟁에서 어떠한 권위도 갖지 않으며, 지상의 자원을 놓고 우리와 경쟁하는 타자들과 동물들의 욕구에 의해 유린되고 방해받을 수 있다.

실천이성은 우리에게 다른 상을 제시한다. 우리는 권리, 의무, 도덕적 가치를 지닌 인격이다. 우리는 이처럼 자연의 밖에 서 있으며, 더 상위의 법칙에 따라 자연과 우리 자신 모두를 판단한다. 이성은 우리에게 욕구를 충족시키기 위해 무엇을 할 것인가만을 말하지 않는다. 우리가 욕구하든 하지 않든, 무엇을 해야 하는지를 또한 말해준다. 이것은 행위자에게 '정언명법categorical imperative'으로 직접 말해진다. 그는 이 명법을 부정할 수 없고 기껏해야 회피할 수 있을 뿐이다. 우리는 타자들 가운데 있는 대상이 아니라, 세계에 대한 1인칭 관점을 가진 주체다. 세계는 우리에게 설명을 요구하고, 우리가 자연의 질서와 별개임을 끊임없이 상기시킨다. 따라서 인격은 단순히 사물이 아니며, 이성의 법칙을 거역하지 않고서는 사물로 취급될 수 없다. 그들은 단지 수단으로가 아니라 그 자체 목적으로 대해야 한다. 그들에게는 권리가 있으며, 그 권리는 불가침의 것이다. 그러나 그들에게는 또한 의무가 있으며, 인격들이 서로 관계를 맺고, 그리하여 자신들의 이상적 공동체인 '목적의 왕국'을 갈망하는 것은 바로 권리와 의무의 상호적 망을 통해서다.

칸트가 제시한 상은 우리가 이의를 제기할 수 있는 많은 요소를 담고 있다. 하지만 그것은 철학 이전의 우리의 직관에 의해 확인된다. 예를 들어, 우리는 육체의 움직임과 행동을 구별한다. 즉 내 팔의 올라감과 내가 팔을 들어올리는 것을 구별한다. 그 차이는 무엇인가? 칸트는 답을 제시한다. 전자는 자연적 과정으로, 그것을 일으킨 원인을 통해 이해된다. 후자는 합리적인 존재의 표현으로, 그 행동의 이유의 측면에서 이해된다. 마찬가지로, 우리는 원인과 이유를 구별한다. 전자는 자연법칙으로 운동을 설명하고(예를 들어, '내 팔이 올라간 것은 시냅스가 발화되었기 때문이다'), 후자는 행동을 정당화하는 것으로 그것을 설명한다('나는 그에게 경고하기 위해 팔을 들어올렸다. 내가 그렇게 한 이유는……'). 다시금, 우리는 우리와 같은 생물 즉 권리와 의무를 지니고, 우리가 바라는 대로 다룰 수 없으며, 우리가 고려할 가치가 있는 생물과 자연의 나머지를 구별한다. (물론, 동물에 관해서는 문제가 있다. 하지만 그들의 사례의 불확실성은 우리 사례의 확실성을 상기시키는 데 기여할 따름이다.) 그리고 이 구별은 인격과 사물 간의 대비뿐 아니라 주체와 객체 간의 더 형이상학적 대비에 의해서도 분명해진다. 자기의식적 주체는 그저 자신이 통제하지 못하는 힘에 휩쓸리는 자연의 일부가 아니다. 그는 자연의 심판관으로서, 단순히 어떤 일을 할 뿐 아니라 무엇을 할지 묻기도 한다. 그는 스스로 세계에 자리잡으며, 단순히 세계에 '포함되지' 않는다. (이것이 하이데거가 '존재의 물음'으로 의미했던 바의 일부다.)

우리가 이런 식으로 인격을 사물과, 인격에 대한 우리의 태도를 사물에 대한 우리의 태도와 구별하는 일을 계속할수록, 우리가 자연에서 자유의 위상을 검토할 때, 이것이 바로 우리가 염두에 두는 구별이라는 주장은 점점 더 그럴듯해진다. 뿐만 아니라 우리는 이제 왜 책임의 개념이 그렇게 중요한지를 알 수 있다. 왜냐하면 그것이 자연세계를 인간세계와 연결시켜주기 때문이다. 그것은 우리에게 자연세계의 이 부분 혹은 저 부분이 이 인격 혹은 저 인격의 합리적 자아를 표현한다는 것을 말해준다. 이것이 판단의 시작이자 끝이다.

그러나 두 관점은 어떻게 조화될 수 있는가? 내가 말했듯이, 칸트는 양자가 조화될 수 있다고 믿지 않았다. 하지만 양자의 모순은 오성에서만 모순이고 실천이성에서는 아니며, 따라서 도덕적 삶에서는 초월될 수 있다. (이것이 헤겔의 변증법 이론에 진정으로 영감을 준 점이다.) 칸트의 접근법은 너무나 과감하다. 따라서 그것을 상식에 좀 더 근접한 것으로 대체할 수 있는지 살펴보자.

18 인간의 세계

잠시 15장의 논의로 돌아가 보자. 나는 정신상태가 그 '지향성' 즉 '내재 대상'을 '지시'하는 속성에 의해 구별된다는 논변을 언급했다. 이것은 정확히 어떤 속성인가? 프레게의 문장구조 이론은 외연성의 원리에 의존하는데, 이것은 복합용어의 지시(외연)가 그 부분들의 지시에 의해 결정된다는 의미다. 어떠한 문맥(맥락)은 이러한 원리를 위반하는 듯하다고 프레게는 인정했다(6장을 보라). '메리는 ~을 믿는다'라는 문맥에서, 우리는 용어들을 같은 지시로 확실하게 대체할 수 없다. 메리는 블랙스톤 여사가 여자라는 것을 믿는다라는 사실로부터 메리는 버크벡 칼리지 학장이 여자라는 것을 믿는다라는 것은 나오지 않는데, 왜냐하면 메리는 블랙스톤 여사가 버크벡 칼리지 학장이라는 것을 모를 수 있기 때문이다. (여성이 학장이 된 것은 언제부터인가?) 프레게에게 이러한 외연성의 실패는 분명하기만 한데, 왜냐하면 '메리는 ~을 믿는다'와 같은 문맥에서 용어들은 새롭고 '완곡한' 지시를 갖기 때문이다. 프레게의 제안은 용어들이 여기서 자기들의 일상적인 뜻을 지시한다는 것이다. 우리는 전체의 지시(진리치)를 변경하지 않고서도 단어들을 같은 뜻으로 대체할 수 있다고 프레게는 주장한다. 이것이 프레게의 내포성 이론인데, 오늘날에는 거부된다.

 '메리는 ~을 믿는다'라는 문맥은 점점 더 자주 진정으로 비외연적인 것, 다시 말해 '내포적인' 것으로 간주된다. 흥미롭게도 이 문맥은 지향의 대상, 즉 메리의 믿음의 대상을 확인하는 용어에 의해 완성된다. 우리가 지향의 상태를 지시할 때마다, 사실상 우리는 결국 내포적 어법을 사용하게 된다. '존은 그 복면을 쓴 사람을 두려워한다'로부터 '존은 자기 아버지를 두려워한다'는 나오지 않는다. 설령 그 복면을 쓴 사람이 그의 아버지일지라도 말이다. '메리는 알레브를 질투한다'로부터 '메리는 그 터키에서 가장 불쌍한 소녀를 질투한다'는 나오지 않는다. 기타 등등. 내포적 문맥은 이름 혹은 기술구와 관련되는데, 그것은 또한 주체가 그 믿음, 두려움, 질투의 대상을 생각하는 '조건하의 기술구'이기도 하다. 이러한 '조건하의 기술구'가 정신상태의 '지향적 대상'을 확인해준다. 따라서 기이한 요행으로, 지향성은 일종의 내포성인 것이다. 정신적 항목들이 기술될 때 생기는 종류 말이다. (혹은 그것은 요행인가? 확실히, 그럴 리 없다.)

 이것이 정확히 맞지는 않지만 충분할 것이다. 또한 지향성은 정신상태가 세계의 개념화라는 사실을 반영한다. 따라서 정신상태를 기술하기 위해, 우리는 그것의 '세계'가 제시되는 '조건하의 기술구'를 확인해야 한다. 정신적 영역의 연구는 지향적 영역의 연구다―우리가 경험을 통해 생각하는 것으로서의 세계 말이다. 후설은 이러한 지향적 영역을 생활세계Lebenswelt라고 불렀다. 윌프리드 셀라스를 따르는 다른 이들은

'과학적' 이미지에 반대되는 것으로서 '현시적' 이미지라고 썼다. 나는 '인간의 세계'라고 부를 것이다. 그리고 나는 철학의 과제 중 하나가 이러한 인간의 세계를 기술하고 탐구하는 것—어쩌면 과학의 세계에 맞서 그것을 옹호하는 것—이라고 주장할 것이다.

1. 지향적 상태의 변형들

지향성은 '~의' '~에 관하여' 같은 단어들이 정신적인 것을 기술하는 데 필요하다는 것을 의미한다. 이러한 용어들은 '유사관계'를 지칭한다. 하지만 그것들은 항상 같은 유사관계를 지칭하는가? 이 물음에 대답하기란 대단히 힘들다. 우리가 피상적 문법 아래로 파고들자마자, 개념이 의식에 등장하는 여러 상이한 방식을 발견하게 된다. 그중 몇 가지는 다음과 같다.

(i) 지각. 내가 어떤 대상을 볼 때 그것은 어떤 것, 가령 소처럼 보인다. 하지만 그것은 소가 아닐 수 있다. 다른 한편으로, 그것이 그 대상이 보이는 방식이다. 우리가 지각 현상으로 의미하는 바는 무엇인가? 그것은 일종의 믿음인가? 나는 23장에서 이 물음을 다시 다룰 것이다.

(ii) 믿음. 믿음은 참 또는 거짓일 수 있다. 그것을 참이게 하는 것은 세계며, 세계는 우리의 믿음이 표상하는 대로일 수도 있고 아닐 수도 있다. 뿐만 아니라 각각의 믿음은 그 대상의 개념을 포함한다. 어떤 개념은 세계의 실질적 본질보다는 오히려 우리 경험의 측면에서 세계를 그려낸다. 예를 들어, 이 책이 빨갛다는 나의 믿음은 어떤 개념—빨강—을 적용하는 것이며, 그 내용은 지각을 통해 주어져야 한다. 그러한 믿음은 현

상에 관한 믿음이다.

(iii) 욕구. 내가 맥주 한 잔을 원할 때, 욕구의 '대상'이 존재하며, 앤스컴(《의도》)이 명명한 '바람직함의 특성화desirability characterisation' 하에서 나는 그것을 생각한다. 나는 맥주를 시원하고, 상쾌하게 해주며, 막연하게 허용될 수 있는 것이라고 여긴다. 이 욕구의 대상은 미래에 있고, 내 기대는 어긋날 수 있다. 심지어 전혀 실현되지 않을 수도 있다.

(iv) 감정. 감정은 믿음에 기초한다. 예를 들어, 내가 어떤 것을 두려워한다면 그것이 나를 위협한다고 믿기 때문이다. 따라서 감정은 믿음의 지향성을 공유한다. 즉 세계가 개념과 일치하는지 여부에 따라 믿음이 참 또는 거짓이듯, 감정도 참 또는 거짓일 수 있다. 그러나 감정에는 지향성의 두 번째 차원이 있다. 감정은 또한 욕구와 관련되기 때문이다. 만일 내가 가면 쓴 사람을 두려워한다면, 나는 그에게서 벗어나기를 욕구할 것이다. 나의 두려움은 욕구의 지향성을 갖는다. 즉 그것은 바람직한 어떤 미래 상태(가면을 쓴 사람이 없는 상태)의 개념과 관련된다.

(v) 사유. 내가 어떤 풍경에 대해 생각할 때 반드시 어떤 것을 믿는 것은 아니다. 그 풍경은 완전히 상상일 수 있다. 그러나 나는 여전히 '사유를 품으며', 그것은 참 또는 거짓일 수 있고, 그 내용은 세계를 표상하거나 잘못 표상할 수 있다.

(vi) 상상. 허구의 이야기를 읽거나 그림을 볼 때 나는 상상의 세계를 마음속에 떠올리고, 내 사유와 느낌이 그곳에서 거닐도록 한다. 이것 역시 나를 개념들과 관련시키는데, 그 개념들은 참이어야 한다는 요구로부터 본성상 자유롭다. (하지만 아마도 참에 가까운 것이어야 할 것이다.) 여기에는 심오한 물음들이 있으며, 나는 그것들을 다시 살펴볼 것이다.

이 목록은 더 확장될 수 있다. 하지만 이것은 세계의 현상이 인간의 많은 능력들의 요구에 따라 여러 방식으로 구성된다는 점을 보여준다. 내 목록에 있는 모든 정신상태는 모종의 철학자들(예를 들어 제리 포더)에 의해 '정신적 표상'으로 기술되는데, 그것이 세계를 이러저러한 것으로 '표상하기' 때문이다. 그림이 그렇게 하듯이 말이다. 그러나 '표상'이라는 용어는 브렌타노의 '지시'가 이미 제시한 것에 덧붙이는 것이 거의 없다. (미학에서 철학자들은 종종 표상을 지시라는 용어로 이해하려고 한다.) 핵심적인 관념은 진리의 관념이다. 세계는 우리의 정신상태를 왜곡할 수 있다. 하지만 때때로 우리는 그 점을 그리 신경 쓰지 않는다. 예를 들어, 상상에서 우리는 정확히 그것을 기대한다. 그럼에도 상상적 개념은 우리에게 소중한 것이며, 실재에 대한 우리의 통찰과 관련된다.

2. 과학의 세계

이것은 15장에서 논의했던 문제로 돌아가게 한다. 현상을 설명하려는 시도로 시작된 과학은 빠르게 현상을 대체하기 시작한다. 가상디와 보일 같은 17세기 과학사상가들은 이 점을 재빨리 간파하고, 당시 로크에 의해 유명해진 제1성질과 제2성질의 구별을 도입했다. 사물이 보이는 방식을 설명할 때, 우리는 그것이 (아마도) 어떠한지를 기술한다. 그러고 나서 우리는 실재에서 순수하게 지각되는 몇몇 성질만을 그것에 귀속시킨다. 바로 '제1'성질 말이다. 다른 성질들은 그것을 탐지하는 것과 관련된 감각경험의 측면에서 정의된다. 어떤 대상이 빨갛다고 말하는 것은 그것이 정상적 조건에서 정상적 관찰자에게 빨갛게 보인다고 말하는 것이다. (정상적 관찰자란 누구인가? 정상적 조건에서 빨간 것을 빨강으로 보는 사람이다! 여기에는 많은 순환논법이 있지만, 그중 어느 것도 악순환이 아니라는 데 대체로 의견이 일치한다.) 이것은 아무것도 실제로는 빨갛지 않다는 것을 의미하는가? 버클리는 그렇다고 생각했다. 하지만 그러자 버클리도 그와 같아졌다. 사물은 실제로는 빨갛지만, '빨강'이라는 분류는 경험-상대적이어서, 진정한 실재(어떠한 관점에서도 바라보지 않은, 있는 그대로의 세계)에서 아무런 자리를 차지하지 못한다고 말하는 것이 좀 더 합리적이다.

이 논변은 일반화할 수 있다. 우리가 매일 사용하는 개념들은 세계를 우리가 맞닥뜨리는 그대로 반영한다. 그 개념들은 거짓 판단뿐 아니라 참인 판단에서도 사용될 수 있다. 빨강이 제2성질이라는 증명은 빨강에 관한 판단이 모두 거짓임을 증명하지 않는다. 이와는 반대로, 그것은 우리로 하여금 어떻게 참과 거짓이 여기서 구별되는지 이해할 수 있게 해준다. 마찬가지로, '민간 심리학folk psychology'(우리 일상의 정신적 개념들에 포함되어 있는 인간 영혼에 대한 암묵적 이론)은 정신적 세계의 현상만을 기술할 뿐 그 기저에 있는 메커니즘은 기술하지 못한다. 하지만 이것은 현상에 관한 참된 이론이 우리의 일상적 믿음과 모순되는 것으로 판명되는 경우에만, 마음에 관한 우리의 일상적 판단을 무효화할 것이다.

그러나 문제가 있다. 우리는 어떻게 일상적 개념이 오류를 포함하지 않음을 사전에 아는가? 과학이 그 개념들을 모조리 쓸어버리고, 그 대신 그 냉철한 추상적 개념, 인간적인 것은 아무것도 달려 있지 않은 해골만을 제공하지 않으리라고 우리는 어떻게 확신할 수 있는가?

이러한 우려는 단지 철학적인 것만이 아니라 영적인 것이기도 하다. 세계의 의미는 과학이 뒷받침하지 않는 개념들에 간직되어 있다. 인간적 담론의 얕은 표토에서 자라나는 아름다움, 선, 영혼 같은 개념들 말이다. 이 식물군이 제거되고 나면 이 표토는 이내 침식되어 이후 아무것도 자라지 않게 된다. 우리는 성의 문제에서 이러한 과정이 작동하는 것을 볼 수 있다. 인간의 성은 대체로 사랑과 일체감이라는 관념을 통해 이해되었다. 문학의 관념들과 이미지들의 매혹적인 숲은 이러한 개념을 보호해주었고, 남자와 여자는 그 안에서 행복하게—혹은 어쨌든 그들이 관리하고 조절할 수 있는 정도의 불행과 더불어—살았다. 성과학자는 과학적 진리를 밝히기 위해 복잡하게 얽혀 있는 이 모든 관목림을 제거해버린다. 동물적 기관, 교화되지 않은 충동 그리고 미국산 휴머노이드들의 행동에 관한 엄격한 보고서들에 등장하는 얼얼한 감각 같은 진리들 말이다. 그 경험의 의미는 이 과학적 기술구들에서 아무 역할도 하지 못한다. 과학이 무엇이 참인지에 대해 절대적 지배권을 행사하기 때문에, 그 의미는 허구처럼 보이게 된다. 사람들은 잠시 그것의 다른 모습을 보여주려고 시도하고, 때로는 더 잘할 수 있다는 희망까지 품는다. 하지만 그들은 실패한 뒤 냉소적 쾌락주의 상태에 빠져, 성에는 생물학 이상의 것이 있다고 믿는 고루한 사람들을 비웃는다.

따라서 사물에 대한 심층적인 과학탐구는 그 표면을 이해할 수 없게 만들 수 있다—혹은 적어도 오직 느리고 고통스럽게만, 인간 행동의 필요를 약화시키는 망설임을 통해서만 이해할 수 있게 만들지 모른다. 행위자로서 우리는 세계의 표면에 속하며, 우리의 행동을 알리고 허용하는 분류들을 그것에 적용한다. 우리는 이러한 개념들을 그것보다 나은 어떤 것으로 대체할 수 없는데, 그 개념들이 바로 인간적 상황의 압력하에서 그리고 인간적인 필요, 특히 우리의 의미 필요에 대한 대답으로 진화해왔기 때문이다.

3. 비자연종

우리의 분류는 세계를 우리의 관심에 따라 나눈다. 과학은 사물의 본성에 대한 관심에 봉사하며, 따라서 사물이 어떠한지를 드러나게 해주는 것이 목적인 분류를 이용한다. 자연종의 개념은 '자연의 마디를 나누며', 그리하여 우리 과학법칙의 특징을 이룬다. 하지만 우리는 대상의 인과와 구조보다는 대상과 우리의 관계에 더 관심이 있다. 우리는 사건의 원인뿐 아니라 그 의미를 추구한다―사건에 아무 의미가 없더라도 말이다. 예를 들어, 우리는 별들을 우리 스스로가 지어낸 허구에 따라 별자리로 분류하며, 그렇게 함으로써 천문학상의 불법행위를 저지른다. 천문학자에게 우리의 '별자리' 개념은 단지 그것을 처음 고안한 사람들의 주술적 감정만을 나타낼 뿐이다. 점성술사에게 그것은 사물의 신비에 대한 가장 심오한 통찰을 전해준다. 그리고 현대인들은 누가 옳은지 의심하지 않는다. 심지어 그들이 별점을 볼 때에도 말이다.

　그러나 과학에 의해 인정되는 구분과 상관없이 유효한 타당한 분류들이 있다. 좋은 예가 장식용 대리석의 분류다. 이 분류의 목적은 암석을 미적 유사성에 따라 무리 짓는 것이다. 장식용 대리석은 윤이 날 수 있다. 그것은 결과 색과 농도를 지니며, 반투명한 표면은 신성함을 가득 머금는다. 그 분류에는 오닉스, 반암, 대리석 자체가 포함된다. 따라서 과학적으로 말하자면, 이것은 완전히 난센스다. 왜냐하면 오닉스는 산화광물이고, 반암은 규산염 광물인 반면, 석회암―대리석의 화학적 동소체―은 분명히 그 부류에서 배제되기 때문이다. 암석에 관한 과학은 이러한 모든 분류를―그것은 인간적 목적에 부합하다 보면 설명력이 약해진다―사물을(사물의 현상을 포함해서) 최종적으로 설명하는 자연종 개념으로 대체하는 것을 목표해야 한다.

　암석에 관한 과학은 대리석과 석회암을 언젠가 생명체가 압력을 받고 분해되어 발생한 탄산칼슘의 상이한 결정형으로서 한데 분류할 것이다. 그러한 과학은 대리석의 외관과 유용성이 오닉스와 반암의 외관 및 유용성과 너무나도 비슷하다는 사실에 대한 설명을 하나도 찾지 못할 것이다. 그리하여 그것은 '장식용 대리석'에 상응하는 어떠한 분류도 갖지 못할 것이다.

이와 유사한 것이 민간 심리학에도 참일 수 있다. 16장에서 나는 정신상태를 비정신상태와 구별해주는 것이 무엇인가라고 질문했다. 최근의 인기 있는 대답 중 하나는 '설명적 역할'이다. 정신상태는 행동의 설명에서 특별한 역할을 한다는 것이다. (기능주의자들이 이러한 노선을 취한다.) 그러나 사물에 대한 우리의 일상적 설명은 피상적이다. 즉 그 설명은 생존에 필요한 만큼 재빨리 사건에 반응하도록 해주는 임시변통의 이론을 표현하지만, 그 실질적 구성에는 함축된 것 이상의 지식이 들어 있지 않다. 예를 들어, 탁자와 의자가 단단하다는 '이론'은 우리에게 지극히 유용하지만, 그것은 나무에 관한 참된 과학에 의해 오래전에 폐기되었다. 마찬가지로 우리의 믿음, 욕구, 감정, 지향의 개념들은—비록 행동을 분류하고, 그에 대한 우리의 반응에 초점을 맞출 때에는 유용하지만—장식용 대리석의 개념만큼이나 피상적일 수 있다. 아마도 행동에 관한 참된 이론은 그러한 개념들을 전혀 이용하지 않겠지만, 탄산칼슘의 개념이 석회암과 대리석의 구분 양쪽에 걸치는 것과 비슷한 방식으로, 그 개념들 간의 장애물을 가로지를 것이다. 그때 마음에 관한 참된 이론은 믿음, 지향, 기타 등등에 관한 이론이 아니게 될 것이다. 즉 그러한 관념들은 제거되었을 것이다. 그 이론은 우리의 정신적 개념들을 분석하지 않고 대체할 것이다. (지향성의 교훈은 지향성이 그런 개념들을 대체해야 한다는 것이라고 데이빗슨은 주장한다.)

하지만 동시에 과학은 우리의 일상경험을 명령하고 지도하는 개념들에 대한 어떠한 대체물도 제공하지 못할 것이다. 화학, 지질학, 결정학의 이론으로 무장했지만 장식용 대리석에 대한 개념은 갖지 못한 조각가는 자기보다 덜 박식한 동료가 자연스럽게 장식용 걸작을 떠올릴 수 있게 해줄 때 쓰이는 유사성이라는 직접적인 감각은 갖지 못할 것이다. 그들의 지각은 다를 텐데, 왜냐하면 그 박식한 조각가에게는 그 암석이 그것을 조각의 재료로 바라보는 사람에 의해 지각되어야 한다는 개념이 없을 것이기 때문이다. 마찬가지로, 마음에 관한 '참된 과학'은 우리 일상의 정신적 개념들에 대한 어떠한 대체물도 제공하지 않을 것이다. 왜냐하면 이러한 개념들은 우리의 상호 의사소통에 질서를 가져다주기 때문이다. 내가 존에 관해 갖는 근본적인 사실들이 그의 생물학적 체격, 그의 과학적 본질, 그의 신경기관이라면, 나는 그에게 애정, 분노, 사랑, 경멸, 슬픔으로 반응하기가 어려움을 알게 될 것이다. 그런 식으로 기술된다면, 그는 내게 신비로워진다. 왜냐하면 그러한 분류는 내 상호인격적 태도의 지향적 대상을 포착하지 못하기 때문이다.

4. 지향적 이해

따라서 우리는 이해의 두 가지 방식을 대비할 수 있다. 현상을 설명하는 것을 목표하는 과학과, 현상을 해석하는 것—즉 인간의 세계를 기술하고, 비판하고, 정당화하는 것—을 목표하는 '지향적 이해'가 그것이다. 지향적 이해는 세계를 개념의 측면에서 연구하며, 우리는 개념을 통해 세계를 경험하고 행동한다—우리 마음 상태의 지향적 대상을 규정하는 개념 말이다. 칸트주의 철학자 빌헬름 딜타이(1833~1911)는 이러한 종류의 이해를 지시하기 위해 Verstehen이라는 용어를 만들었다—그리고 이 용어는 막스 베버의 저작을 통해 사회학적으로 사용되었다. 지향적 이해는 우리가 지각하는 대로의 세계와 직접적으로 맞물린다. 그것은 사물을 설명하기보다는 우리가 사물과 조화되도록 만드는 것을 목표한다.

우리의 지향적 이해의 개념들을 분석하기란 쉽지 않다. 그것들은 느낌과 활동 안에 깊이 박혀 있으며, 초점을 맞추기 어렵다. 그럼에도 인간 세계에 관한 진정한 객관적 진리들이 있으며, 우리는 그것을 철학적 분석을 통해 발견한다. 어떤 사람은 이러한 분석을 '현상학'이라고 부르고, 다른 사람은 '개념 분석'이라고 부른다. 하지만 우리가 현상의 구조를 연구하는 이 영역에서 최소한 두 방법은 하나이자 동일하다. 우리의 지향적 이해를 심화하려는 시도는 현상의 공적 언어를 탐구하는 것과 관련되며, 우리는 이 공적 언어를 통해서 세계를 행동의 영역이자 반응의 대상으로서 이해한다.

여기에 우리가 칸트의 자유 이론을 표현할 방법이 있다. 사람은 두 가지 방법으로, 즉 자연의 요소로서 혹은 상호인격적 태도의 대상으로서 개념화될 수 있다. 첫 번째 방법은 인간(자연종) 개념을 사용한다. 즉 우리의 행동을 설명 단위별로 나누고, 인간에 관한 생명과학에서 우리의 행동을 끌어낸다. 두 번째 방법은 인격 개념을 사용하는데, 이것은 자연종 개념이 아닌 독특한 것이다. 이 개념 그리고 이와 연관된 자유, 책임, 행동의 이유, 권리, 의무, 정의의 개념들을 통해서, 우리는 한 인간이 그에게 인격으로서 반응하는 사람들에게 어떻게 보이는지에 대한 기술구를 얻는다. 우리의 반응은 상호인격적인 느낌의 망에 갇힌다. 우리 각자는 타자의 정당화를 요구하고, 그 결과 초래된 이성의 상호 타협이 사회적 화합의 뿌리다. 이러한 상호 타협을 허용하는 개념은 우리에게 유용할 뿐 아니라 불가결하다. 그리고 그중 최고가 자유의 개념이다.

인간적인 것들을 '심층' 탐구하려는 과학적 시도는 한 가지 위험을 동반한다. 그것은 그 표면에 대한 우리의 반응을 파괴할 우려가 있다. 하지만 우리가 살고 행동하는 곳이 바로 그 표면이다. 사회적 상호작용에 의해 유지되는 복잡한 현상으로서 우리가 창조되며, 현상으로서의 우리가 그 상호작용을 또한 창조하는 곳이 바로 그곳이다. 인간 행복의 씨앗이 뿌려지는 곳이 바로 이 얇은 표토며, 그것을 긁어내버리려는 무모한 욕구―마르크스와 프로이트에서부터 사회생물학에 이르기까지 그 모든 '인간과학'에 영감을 주었던 욕구―는 우리에게서 위안을 빼앗는다. 따라서 개념의 생태에서 활동하는 철학이 중요해진다. 그것은 '현상을 구하기 위한' 최후의 시도다.

지향적 이해는 우리 세계의 '얇은' 기술구를 명확히 하고 뒷받침한다. 그것은 기능적 종류와 제2성질에 의미를 부여한다. 그것은 인격체에 배경을 형성해주는 더욱 파악하기 어려운 분류들을 지지한다. 즉 감정(두려움, 사랑스러움, 혐오스러움) 그리고 미학적 관심(장식적인 것, 평온한 것, 조화로운 것)과 관련된 분류들 말이다. 그것은 우리의 상호인격적 태도들이 그 지향성을 위해 의존하는 개념들을 강화함으로써 그 태도들에 의미를 부여한다. 그리고 그것은 도덕적이고 종교적인 경험으로 세계의 의미를 탐구한다.

5. 마법과 오류

그러나 확실히 우리는 지향적 이해가 지금 그대로 괜찮다고 가정할 수 없는가? 우리는 공통 개념(예를 들어 자유의 개념)에서 모순을 발견할지 모른다. 우리는 일상적 세계관과 그것에 동반되는 민간 심리학의 핵심에서 어떤 신화, 환상, 망상을 발견할 수도 있다. 만일 이것들이 과학에 의해 제거된다면, 그것은 확실히 그럴 만하기 때문이다.

믿음을 비판하는 것은 그것에 포함된 개념을 비판하는 것과 같지 않다. 제2성질을 생각해보라. 철학은 이에 관한 우리의 믿음이 참일지 모른다고 말해준다. 비록 그것을 표현하는 데 사용된 개념들이 체계적으로 왜곡되어 있더라도 말이다. 반대로, 실재에 뿌리를 두고 있는 개념은 종종 실재에 관한 거짓 믿음을 포함한다. 별에 관한 원초적 믿음에서처럼 말이다. 철학은 우리의 개념이 유효한지 여부를 우리에게 말해줄 수 있지만, 우리 믿음이 참인지 여부는 말해줄 수 없다. 그러나 철학은 우리의 믿음에 반하는 가짜 논변들에 저항할 수 있으며, 그저 개념들을 숙고함으로써 그것들을 끌어낸다. 예를 들어, 마르크스주의는 사회생활의 구조에 얽혀 있는 많은 믿음을 '단순 이데올로기'에 불과하다고 비판한다. 정의에 관한 믿음은 아무 권위도 갖지 못하며, 그것이 채택되는 이유는 단지 '부르주아' 권력을 합법화하기 때문이라고 마르크스주의는 말한다. 정의의 개념이 이러한 기능에 기여하는 것은 아마도 맞을지 모른다. 왜냐하면 그 개념은 이해-상대적이고, 정치질서가 바로 정의가 섬기는 이해이기 때문이다. 하지만 이로부터 정의에 관한 우리의 믿음 역시 자신의 진리를 주장할 수 없는 단순히 기능적인 것이라는 주장은 나오지 않는다. (이 사례는 제2성질의 예와 유사하다.) 비록 정의 개념이 그것에 의해 유지되는 사회관계로부터 그 뜻이 유래했을지라도, 도둑질이 불의라는 것은 참이다.

다른 한편으로, 인간세계에 관한 많은 거짓 믿음이 있으며, 우리가 이러한 거짓 믿음을 잃게 되면 종종 그 믿음에 사용된 개념들에 대한 확신도 잃게 된다. 이것이 또한 우리의 영적 위기의 일부일지 모른다. 호메로스의 《일리아스》의 독자는 그리스의 영웅과 그의 세계 간에 거리가 없다는 점에 강한 인상을 받을 것이다. 영웅이 지각하는 세계는 행동의 필요에 의해 이미 형성되어 있다. 즉 세계는 영웅에게 그 자신의 감정의

지향성을 다시 반영하고, 그는 그 이유를 잠시 생각하지 않고도 현실로부터 자신의 결정을 읽어낼 수 있다. 하지만 그리스 영웅의 세계는 단지 '행동의 준비'로서만 개념화되는 것이 아니다. 그것은 또한 마법에 걸린 세계, 즉 초자연적 용어들로 이해되는 세계이기도 하다. 호메로스의 신학은 '얕고', 표토에 뿌리박고 있으며, 호메로스의 영웅과 같은 표면에 거주하고 있다. 이것이 호메로스 신학의 유용성을 설명해준다. 그러나 이것은 그것이 거짓이라는 것과 밀접한 관련이 있는 유용성이다. (실용주의의 경우도 그러하다.)

프루스트의 세계와 대조해보라. 그 세계의 영웅은 현대과학에 의해 모든 면에서 제약된 자신을 발견한다. 그는 이 모든 미신이 거짓임을 알며, 세계에 의미가 있다면 자신이 그것을 창조하기 때문임을 안다. 그는 더 이상 자연에서 자신의 의지를 읽지 않는다. 대신에 그는 자연을 자신에 관한 것으로 옮겨 씀으로써 자신의 의지를 발견하려고 시도한다. 인간의 세계는 회상된 세계가 된다. 즉 그 의미는 위대한 행위와 도전이 아니라, 향기의 기억 그리고 어린 시절과 함께 사라져버린 마법의 머나먼 메아리에 거주한다. 이 세계에도 의미가 있으나, 그것은 어떤 실질적인 행동 결정이 치명적으로 부족한 의미다.

이 대조는 중요하다. 인간세계는 거짓의 샘물로 채워질 때 가장 번성한다. 호메로스의 밀림에서 만개한 개념들은 그 영웅의 행동의 열정을 충족시킨다. 왜냐하면 그 개념들이 세계를 영웅의 지향에 맞추어주고, 지향성을 미지의 주변 환경으로 멀리 확장하기 때문이다. 프루스트의 오아시스의 메마른 정직함은 그 영웅을 거의 격려하지 못한다. 그가 사물에서 발견하는 소극적 의미는 과학세계의 최종적 무의미함과 털끝만한 차이로 구분될 뿐이다.

이러한 검토는 왜 그토록 많은 철학자가 인간세계와 그것을 기술하는

데 사용되는 개념을 의심하는지를 설명해준다. 우리는 너무나 많은 오류, 너무나 많은 매력적인 알레고리 및 신화에 가까이 있다. 그럼에도 우리는 이 점을 인정해서는 안 된다. 과학은 오직 사물이 보이는 방식을 설명하기 때문에 권위를 갖는다. 따라서 과학은 자신이 대체하려고 애쓰는 현상보다 더 큰 권위를 결코 가질 수 없다. 인간의 세계는 이러한 현상들로 가득한 체계다. 그리고 그것이 오류투성이일지라도, 과학 역시 이와 마찬가지다. 우리는 또한 우리의 지향적 어법을 버림으로써 오류에서 벗어날 수 없다. 왜냐하면 그것만이 현상을 기술할 수 있고, 따라서 과학의 최종 증명을 제공할 수 있기 때문이다.

6. 의도

과학적 세계관에 굴복하는 것과 관련된 또 하나의 더 큰(도덕적으로 더 큰) 오류가 있다. 이것은 내가 아직까지 논의하지 않았던 정신적 개념, 곧 의도(지향)의 개념에 의해 증명된다.

동물은 욕구를 갖지만, 행동하기로 '결심하지' 않는다. 동물이 욕구에 의해 행동할 때, 그 욕구가 동물 행동의 충분한 원인이다. 만일 동물이 주저한다면, 다른 욕구가 개입하여 갈등에 빠뜨리기 때문이다. 사람에게는 욕구만 있지 않다. 그에게는 또한 의도가 있다. 즉 사람은 결정을 하고, 행동계획을 세우고, 그것을 실천한다. 나는 하고자 원하지 않는 것을 하고자 의도할 수 있다. 나는 또한 내가 의도하지 않은 것을 하고자 원할 수도 있다. 의도적 행동의 두드러진 특징은 그것이 어떤 이유에서 한 것이며, 행위자 자신이 '왜'라는 물음에 대답하며 그 이유를 제공할 수 있다는 점이다. (앤스컴의《의도》를 보라.) 따라서 우리가 의도적 행동을 할 수 있는 것은 행동의 이유를 주고받는 우리의 능력과 밀접한 관련이 있다. 내가 단순히 충동에서 행동하는 것이 아니라 '결심을 할' 때, 나는 행동을 내 자아와 연결시키는 일련의 이유들에 의해 내 행동과 더 중요하게 관련된다. (의도와 충동의 이러한 구별은 자유에 관한 칸트주의 철학 대부분의 기저를 이룬다.)

세계를 개념화하는 모든 방법이 행동의 이유를 제공할 수 있는 것은 아니다. 사랑을 예로 들어보자. 존이 메리를 사랑할 때, 그는 그녀가 대체될 수 없고 소진될 수 없는 특정한 사람이기 때문에 사랑한다. 그녀가 메리라는 것이 존의 느낌의 지향성을 좌우하고, 그가 그녀를 위해 하는 모든 행동에 이유를 제공한다. 그가 그녀에게 꽃을 보내고, 그녀와 사귀고, 그녀를 원하고, 그녀와 결혼하는 것은 바로 그녀가 메리이기 때문이다. 그러나 이 '특정한 사람'이라는 관념, 그 지배적 특징이 그녀가 바로 그녀라는 이 관념은 과학에 의해 지지되지 않는다. 인간 행동에 관한 과학은 존의 심취의 진정한 원인을 찾기 위해서 인간세계에서 그러한 기술구를 제거하는 데 최선을 다한다. 그는 메리의 냄새 때문에, 혹은 그녀가 제인, 로즈메리, 이네즈와 공유하는 다른 어떤 특징 때문에 그녀를 사랑한다. 존을 메리에게 이끄는 성질이 다른 여자와 공유되지 않는 것이라 할지라도, 여전히 그를 이끄는 것은 그 개인이 아니라 그 성질이다. 과학은 '개별적 본질'과 같은 것을 전혀 인식하지 못한다. 메리가 존에 의해 지각되는 조건하의 기술구는 그녀의 이름을, 그리고 거기에서 포착된 개별성을 본질적으로 지시한다. 그 기술구는 거짓이 아니다. 하지만 그것은 과학적 세계관의 특징을 이룰 수 없다. 만일 과학에게 진리에 대한 배타적 지배권이 주어진다면, 과학은 사랑의 목표들을 위협하게 된다.

의도는 사유와 행동의 접점에 놓여 있다. 그것은 세계의 개념과 그곳에서 행위자의 자리라는 개념을 통해 그 둘을 연결한다. 모든 개념이 행동의 이유에 특징을 이룰 수는 없다. 사실상, 합리적 행위자는 인간세계의 구성을 강요한다. 만일 세계가 우리의 세계가 되려면, 그것은 우리의 기획을 요청하고 촉진해야 한다. 우리가 우리 기획의 목적을 규정하는 개념을 적용하는 것이 가능해야 한다. 그러한 개념(예를 들어, 사랑스러움, 호감, 아름다움, 기분 좋음)은 우리의 실천이성 또한 지배한다.

행동의 이유란 정확히 무엇인가? 이 문제는 이중으로 어렵다. 먼저, '왜?'라는 물음은 적어도 두 가지 방식으로 해석될 수 있다. 즉 설명을 요구하는 것으로 그리고 정당화를 요구하는 것으로 말이다. '행동의 이유'는 그중 어느 것을 의미하는가? 둘째로, 3인칭 관점에서 제시된 이유는 행위자 자신에 의해 (그 자신에게 혹은 다른 사람에게) 제시된 이유와는 매우 다르게 보일지 모른다. 어느 것이 행동의 진정한 이유인가? 행동에는 무의식적 이유가 있을 수 있다는 주장으로 인해 문제는 한층 더 혼란스러워진다. 이것은 타당한가? 만일 그렇다면, 무의식적 이유의 한계는 무엇이고, 우리는 그것을 어떻게 발견하는가?

나는 심리철학에 속하는 이러한 물음들을 살펴보지는 않을 것이다. 하지만 여기에 이 장의 주제와 관련된 한 가지 생각이 있다. 내가 지닌 내 행동의 이유는 그것이 행동을 설명하든 않든 간에 내가 보기에 행동을 정당화해야 한다. 그러나 내 정당화가 당신이 제시하는 정당화와 일치하지 않을지 모른다. 그리고 당신의 정당화는 내가 얻을 수 없는 것일지 모른다. 전쟁무용을 연구하는 인류학자를 생각해보자. 그리고 내가 부족의 일원으로서 그 춤에 참여하고 있다고 말이다. 부족이 춤추는 것은 옳은데, 왜냐하면 그 춤이 영혼을 고취하고 위기의 순간에 연대의식을 불러일으키기 때문이라고 인류학자는 주장한다. 하지만 이것은 내가 춤추는 이유가 아니다. 나는 전쟁의 신에게 복종하여 춤을 춘다. 내가 내 춤을 인류학자가 생각하듯 여긴다면, 나는 춤에 대한 흥미를 급격히 잃어버릴 것이다. (이것이 제대로 된 인류학자가 자신의 발견에 대해, 그 발견으로 인해 타락할지 모를 사람들의 귀에 들리지 않을 만큼 멀리 떨어질 때까지 침묵을 지키는 이유다.)

이 예는 1인칭 관점이 어떻게 인간세계의 특정한 개념에 형성될 수 있으며, 그 개념이 어떻게 3인칭 관점에 의해 위협받을 수 있는가를 보여준다. 그 인류학자의 이론은 춤추는 이의 생활세계를 훼손하고, 그리하여 사유와 행동 간의 연결을 깨뜨린다. 마찬가지로, 종교를 정당화한 뒤르켐의 사회학 역시 종교를 훼손한다.

7. 의지

내 행동에 대한 나의 관점과 관찰자의 관점 간의 구별은 나 자신에게서 재생산될 수 있다. 나는 어떨 때는 어떤 관점을 채택하고, 또 어떨 때는 다른 관점을 채택할 것이다. 나는 '무엇을 할 것인가?'라는 질문에 비추어 미래를 바라보고, 결심을 하도록 돕는 이유를 찾을 것이다. 결심을 하고 나면 나는 결정을 하게 된다. '나는 그것을 할 것이다'라고 말하고, 그 사유에 대해 어떠한 회의나 부정도 인정하지 않을 것이다. 또는 나는 나 자신을 '외부에서' 바라볼 수 있다. 나는 내 행동을 예측한다. 하지만 실제로 그렇게 하고자 결정하지는 않고서 말이다. '의심의 여지없이 나는 집에 갈 것이다. 그것은 바로 내 성격이다.' 나는 이 예측이 참인지 의심할 수 있다. 그리고 나는 그것을 야기한 이유가 아니라 그것을 믿는 이유를 제시함으로써 그것을 정당화한다.

결정하기와 예측하기의 구별은 행동에 대한 1인칭 관점과 3인칭 관점의 구별과 마찬가지로 많이 논의되어왔다. 이러한 구별들은 우리로 하여금 철학자가 '의지'로 의미하는 것을 알 수 있도록 돕는다. 합리적 행위자로서 나는 단순히 미래에 관해 추측만 하지 않는다. 나는 미래의 사건을 내 자신의 일부분으로서 숙고하고, 결정하고, 권리를 주장한다. 나는 내 결정의 내용에 대해 직접적인 지식을 가지며, 그렇게 함으로써 내 자기의식을 외부 세계를 향해 그리고 미래를 향해 투사한다. 오직 자기의식적 관점을 지닌 존재만이 이렇게 할 수 있다. 칸트는 이 자아의 진정한 신비는 실천이성을 통해서만 아우를 수 있다고 주장하기까지 했다. 자아가 경험세계에서 '실현되는' 것은 바로 이 의지의 활동에서이며, 그것에서 연유하는 도덕적 삶에서다. 의지를 통해서 선험적인 것은 구체화되고, '우리 가운데 살게 된다.'

쇼펜하우어는 칸트 철학에서 영감을 받아, 그의 존재론에서 지배적인 지위를 의지에 부여했다. 그는 관념론자들이 우리가 아는 경험세계가 현상(그는 이것을 '표상Vorstellungen'이라고 불렀다)의 체계라는 그들의 주장을 완전히 밝혔다고 믿었다. 우리의 개념—공간, 시간, 인과—은 이 순수 현상의 영역에 적용되어, 그것을 친숙한 물질세계로 조직한다. 하지만 현상 이면에 어떠한 것이 있는가? 어떤 '물자체'가 있는가? 쇼펜하우어는 그렇다고 대답했다. 내가 직접적으로 개념 없이 아는 것이 있으며, 그것은 '표상'으로서가 아니라 '나' 자신으로서—곧 의지로서 나타난다. 이것이 바로 '물자체', 현상 배후의 진정한 실재, 공간과 시간과 인과의 범주를 벗어나면서 절대적으로 그 본성을 지니는 존재자다. 의지는 자유롭다. 그것은 직접적으로(즉 개념 없이) 알려진다. 그리고 그것에 관한 우리의 사유는 이론이성보다는 실천이성을 통해 정당화된다. 현상 배후의 실재를 파악하려는 철학의 헛된 시도는 유익하지도 필연적이지도 않다. 왜냐하면 우리가 내면을 바라보기만 하면, 우리가 찾던 것을 의지 그 자체의 활동에서 발견하기 때문이다.

쇼펜하우어의 체계는 모든 사람이 좋아하는 것은 아니다. 하지만 그가 자기인식과 음악에 대한 이해 간의 연관을 유일하게 인식한 위대한 철학자임을 짚고 넘어가야겠다. 이 이유만으로도 우리는《의지와 표상으로서의 세계》를 읽어야 한다. 그리고 다른 이유도 있다. 이 책은 대단히 쉽고 우아하게 쓰였으며─언제나 진지하지만 결코 지루하지 않다. 현대철학자들에 의해 의지가 합리적 행위자와 동일시된 것은 주로 칸트와 쇼펜하우어 덕분이다. 즉 결정의 의식적 과정을 추론과 논변의 그 배경과 동일시하는 것 말이다.

하지만 더 원시적이면서 초기 도덕과 덜 결부되어 있는, 의지에 대한 다른 개념들도 있다. 예를 들어, 니체는 의지를 자기주장의 능력이라고 썼는데, 이것은 그것의 기원이 합리적이지 않고, 내 자신의 이점을 움켜쥐고 살아있는 유기체로서 번성하려는 본능적 욕구에 있다는 점을 암시한다.

더 최근의 논의는 합리성 이전의 자기운동 현상을 강조한다. 즉 그 토대가 동물의 영혼 깊숙이 놓여 있는 노력하는 능력 말이다. 그래서 브라이언 오셔네시는 어려운 만큼 흥미로운 책에서 의지를 일종의 비합리적 힘, '운동하는 영혼'으로 볼 것을 주장했다. 단순한 욕구와는 다르고, 실천이성과도 다르지만, '분발efforts of will'과 같은 현상에서 분명히 드러나고, 노력 끝에 성공을 거두는 것이 최고의 순간인 어떤 것 말이다(《의지》). 오셔네시의 논의는 그 엄청난 범위와 세부사항이 특징이다. 만일 그것이 의지라는 주제를 철학의 중심으로 회복시키는 데 기여했을지라도, 그것은 또한 쇼펜하우어가 알았던 주제는 아닐 것이다.

하지만 이제 다음 주제로 넘어가야 할 때다. 지향의 이론은 우리를 그것의 가장 중요한 사례로 이끌었다─어떤 것을 의미하는 행위 말이다.

우리는 여기서 '의미하다'로, 내가 세계의 의미를 지시할 때 의미하는 것을 정확히 의미하는가?

19 의미

6장에서 나는 철학의 몇몇 핵심 물음을 재구성하면서 프레게 언어이론의 개요를 제시했다. 그 이론은 다음과 같은 결론을 주장하면서 언어와 진리의 체계적 연결을 발전시켰다.

> (1) 의미의 단위는 문장이며, 문장은 완전한 사유를 표현한다.
> (2) 문장은 진리치를 갖는다. 그리고 참은 모든 의미 있는 문장의 '표준 값'이다.
> (3) 문장에 의해 표현된 사유는 그 진리조건, 즉 문장이 언제 참인지를 결정하는 조건에 의해 주어진다.

문장에 관한 이러한 결론은 문장의 부분들에 관한 이론으로 피드백된다. 각각의 의미 있는 구성요소는 뜻과 지시를 모두 갖는다. 뜻은 지시를 결정하고, 문장의 뜻이 그 부분들의 뜻에 의해 결정되는 것과 마찬가지로, 진리치는 개별 용어의 지시대상에 의해 결정된다. 이 이론에 힘입어 프레게는 우리가 어떻게 무한히 많은 문장을 적은 어휘에 기초하여 이해하는지를 설명한다. 이 이론은 또한 용어들이 포함하는 독립적 연산자들 즉 이름, 술어, 양화사를 프레게가 설명할 수 있도록 해준다.

하지만 그 이론은 의미가 무엇인지 우리에게 말해주는가? 확실히 그것은 우리로 하여금 언어를 해석하고, 복합명사의 의미를 그 부분들의 의미에서 끌어내는 규칙을 제시하도록 해준다. 그러나 그것은 어떤 것을 의미하는 기호를 단순히 '해석을 담고 있는' 기호와 구별해주는가? 가령 내가 우연히 바닷가에서 '신은 죽었다'라는 문장의 글자들을 이루는 조약돌 형태를 발견했다고 하자. 이 조약돌은 신이 죽었다는 것을 의미하는가? 누군가가 그것을 그런 목적으로 거기에 놓았을 경우에만 확실히 그렇다. 우연적 형태는 아직 의미 있는 문장이라 할 수 없다. 우리는 종종 자연에서 이러한 형태들을 발견하며, 거기에서 유한한 일련의 요소들은 체계적 '규칙'에 따라 배열된다. (얼룩말이나 보초堡礁의 물거품 얼룩에 있는 무늬 같은 것들 말이다.) 재주 있는 사람은 이러한 형태들을 '단어'로 나누고, 그 각각에 뜻과 지시를 할당하고, 그것들이 발생시키는 전체 '문장'에 진리조건을 할당할 수 있다. 하지만 그것이 그 형태들의 유의미함을 증명하지는 않는다. 설령 그것이 놀랍게도 그것들을 이해할 있는 의미론으로 이끌지라도 말이다.

우리가 해석할 수 있는 어디에나 의미가 있다는 가정은 점성술사, 연금술사, 마녀 그리고 구조주의 문학비평가에게 인기 있다. 그러나 이토록 많은 종류의 돌팔이들에게 공통된 가정이라면 무언가 잘못된 점이 있을 것이다.

1. 의미와 단언

여기서 누락된 요소는 사용의 요소라고 주장할 수 있을 것이다. 의미는 기호가 어떤 것을 말하기 위해 사용될 때 생겨난다. 만약 악마가 그 조약돌을 배열했다면, 거기에는 정말로 메시지가 담겨 있을 것이다. 그렇다면 우리는 기호의 사용을 어떻게 이해하는가?

하나의 제언은 기호란 어떤 것을 단언하기 위해 사용될 때 유의미하게 된다는 것이다. 프레게는 단언assertion이 언어에서 매우 중요한 부분이라고 믿었다. 그는 또한 단언이 단언된 사물의 뜻 혹은 지시 위의 어떤 것이라고 주장했다. 중요한 의미에서, 단언은 문장의 의미의 일부가 아니다. 이것은 같은 문장이 하나이자 같은 의미를 갖고서, 단언되고 동시에 단언되지 않으면서 생겨날 수 있기 때문이다. 다음의 논변을 생각해보자.

(1) p

(2) p는 q를 함축한다. 그러므로

(3) q

(1)과 (2)를 단언한 사람은 만일 합리적이라면 또한 (3)을 단언하게 될 것이다. 그러나 (1)에서 단언된 명제 p는 (2)에서 단언되지 않는다. 이것은 (2)에서 단언되지 않은 q가 (3)에서 단언되는 것과 마찬가지다. 그러나 어느 문장의 의미도 이 논변의 과정 동안 변하지 않는다. 'p'가 (1)과 (2)에서 같은 것을 의미할 때에만 이 논변은 타당하다. 따라서 단언은 문장의 의미론적 속성이 아니다. 그렇다면 무엇인가? 분명한 제언은 단언이란 문장이 실행되기 위해 사용되는 행위라는 것이다.

그러나 그것이 문장이 실행되기 위해 사용될 수 있는 유일한 행위인가? 분명히 그렇지는 않다. 나는 p를 단언할 수 있다. 하지만 나는 또한 p인지 여부를 묻고, p가 참이 되도록 명령하고, p일지 궁금해하고, p라는 생각을 품고, p를 가정하는 등등을 할 수 있다. 이 모든 '언어행위speech act'에는 어떤 공통점이 있다―즉 그것의 '내용', 바로 명제 p다. 하지만 언어행위는 그것이 무엇을 지향하는가 그리고 청자에게 어떻게 이해되는가에 따라 달라진다.

이러한 사유는 앞으로 나아갈 길을 시사한다. 우리가 전형적인 언어 상황을 찾아낼 수 있다고 가정해보라. 그렇다면 우리는 화자가 무엇을 하려고 하는지 그리고 그가 그렇게 하는 데 그 명제(내용)가 어떻게 관련되는지를 정확히 알기 위해 그것을 연구할 수 있을 것이다. 그러면 우리는 누군가가 'p'를 말할 뿐 아니라 그것을 의미하기도 할 때 무엇이 관련되는지를 이해하기 시작할 것이다. 이것이 폴 그라이스가 유명한 논문(〈의미〉, 1957)에서 택한 접근법이다.

2. 그라이스의 이론

그라이스는 C. L. 스티븐슨을 비판하면서 논의를 시작한다. 스티븐슨은 논리실증주의의 영향 아래에서 연구한 철학자로, 분명히 잘못되었다는 것이 너무나 명백한 이론들의 유용한 제공자 중 한 명이었다. 스티븐슨은 '의미의 인과론'을 옹호했다. 즉 단어는 그것을 야기한 마음의 상태를 통해 의미를 얻고, 단어는 다시 마음의 상태를 야기한다는 이론이다. 나는 p를 믿는다. 이것이 내가 'p'를 발화하게 하는 원인이고, 이것은 다시 당신이 p를 믿도록 만든다. 습관성 연합이 바로 이러한 원인과 결과로 'p'가 일반적으로 발화되게 해준다.

경험론자들은 습관, 연합 혹은 기타 '접착'력 있는 단어들을 '관념'과 결부시킴으로써 의미에 대한 이러한 설명을 종종 내놓곤 한다. 이 이론늘은 무엇이 잘못되었는가? 명백한 반박은 이 이론들이 규칙에 지배받는 언어의 본성을 간과하고, 규칙과 법칙을 메커니즘과 습관으로 대체한다는 것이다. 그렇지만 이것은 그라이스의 반박이 아니다. 그의 관심은 언어를 규정하는 규칙이 아니라 의미의 행위에 관해서다. 우리는 종종 아무 지배 규칙 없는 몸짓으로, 가령 손을 흔듦으로써 어떤 것을 의미한다. '화자의 의미'는 모든 언어가 궁극적으로 뿌리박고 있는 사실이다. 만일 언어의 규칙이 있다면, 그것은 개별 화자들이 어떤 것을 의미하는 행위에서 적용하는 규칙이다.

스티븐슨의 분석은 여러 이유에서 충분하지 않다. 메리에 대해 생각하는 것이 내게 양배추에 대해 말하도록 야기하고, 그것은 다시 지난주 크리켓 경기를 당신이 생각하도록 만든다.《율리시스》의 독자들이 알듯이, 이것은 정신적 삶의 재료다. 그렇다면 왜 나는 양배추라는 단어를 사용했을 때 양배추를 의미했는가? 반대로, 목사가 차를 마시러 오리라는 내 생각이 내게 주전자를 불에 올려놓도록 야기했으며, 다시 그것은 목사가 차를 마시러 오리라고 당신이 생각하도록 야기한다. 그러나 확실히, 내가 주전자를 불에 올려놓는 것이 목사가 차를 마시러 온다는 것을 의미하는 행위는 아니었지 않은가?

의미에 관한 우리의 직관으로 돌아가 보자. 먼저, 의미란 사람들이 하는 어떤 것이다. (그라이스가 명명한 '자연적 의미'도 있다. 구름이 비를 의미할 때처럼 말이다. 하지만 이것은 확실히 같은 현상은 아니다.) 뿐만 아니라 의미는 그 주요 발생에서 3항 관계다. 존은 메리에게 몸짓으로 어떤 것을 의미한다. 왜냐하면 의미란 소통하려는 시도이기 때문이다. 독백은 우리가 중심 관계를 파악할 때에만 설명될 수 있는 일탈적 사례다. 셋째, 의미는 의도적(지향적) 행위다. 어떤 것을 의미하는 것은 특정한 의도를 지니고 어떤 것을 하는 것이다. 그리고 그 의도는 타인을 향한다. 넷째, 타인은 몸짓을 이해해야 하고, 이것이 내가 그 몸짓을 할 때 의도하는 것의 일부다.

그래서 여기에 하나의 안이 나온다. 존이 메리에게 p를 믿도록 설득하려는 의도로 어떤 행위를 할 때, 존은 자신의 행위로 p를 의미한다. 그라이스는 이것으로 충분하지 않으리라고 주장한다. 왜냐하면 이것은 누군가가 다른 사람에게 어떤 것을 믿도록 의도하지만 그것을 의미하는 것은 분명히 삼가는 경우를 구별하지 못하기 때문이다. 나는 당신의 아내가 바람을 피운다는 것을 당신이 깨닫기를 원하고, 그래서 당신이 다니는 길에 그 증거를 뿌려놓는다. 하지만 나는 당신이 그 사실을 말하거나 의미한다고 나를 비난하는 것은 원하지 않는다. 그래서 나는 내 의도를 숨긴다. 이 예는 무엇이 필요한지를 시사해준다. 바로 2차 의도다. 나는 다른 사람이 내 의도를 알아차리기를 의도해야 한다. 따라서 '존은 x를 함으로써 메리에게 p를 의미한다'에 대한 그라이스의 분석은 다음과 같다.

존은 x를 한다

(1) 메리가 p를 믿는다는 의도를 갖고서

(2) 메리가 의도 (1)을 알아차린다는 의도를 갖고서

(3) p에 대한 메리의 믿음은 그의 의도 (1)을 알아차림으로써 생긴다는 의도를 갖고서.

좀 더 간결하게 말하면 이렇다. 존은 어떤 것을 한다, 메리가 그것이 그의 의도라는 것을 알아차림으로써 p를 믿으리라고 의도하면서 말이

다. 의미는 2차 의도의 문제다. 자신의 의도에 주목하도록 의도하는 것이다. 그라이스는 이렇게 말하며, 많은 사람이 그에게 동의한다.

1960년대와 70년대 동안 작은 연구 분야가 발전하여, 그라이스의 분석에 대한 반례를 찾고, 그것을 피하도록 설계된 한층 정제된 형태를 제시하는 일에 매진했다. (따라서 당신은 의도의 또 다른 층을 덧붙이도록 하는 상황을 상상할 수 있다. 2차 의도를 알아차리는 의도 말이다. 아마도 당신은 어떤 것을 분명하게 의미하기까지 꽤나 많은 발판을 딛고 이 사다리를 오를지 모른다.) 또한 의미가 항상 믿음을 유도하는 문제라는 생각에도 잘못된 점이 있다. 존이 의미하는 바를 이해하기 위해서 메리가 p라는 믿음을 가질 필요는 없다. 그녀는 그가 말하는 것을 이해할 수 있지만, 그것을 한 마디도 믿지 않을 수 있다. 하지만 이해란 무엇인가? 확실히 그것은 어떤 것의 의미를 파악하는 것이다. 다시 말해서, 존은 청중이 자신의 의도를 알아차림으로써 자신의 의미를 파악하도록 의도할 때에만 p를 의미한다. 이 분석은 순환논법, 특히 내포적 어법(의미의 이론이 설명한다고 여겨지는 어법의 종류)을 포함하는 나선형의 순환논법도 시작한다.

또 다른 반론이 존 설과 다른 사람들에 의해 제기되었다. 존이 어떤 것을 하고자 의도한다고 말하는 것은 그의 믿음에 관한 어떤 것을 함축한다. 당신은 가능하다고 믿는 것만을 하고자 의도할 수 있다. (나는 달까지 도약하고자 의도할 수 없다. 비록 그렇게 하는 것을 욕구할 수 있을지라도 말이다.) 뿐만 아니라 그것은 관련 있는 어떤 종류의 가능성도 아니다. 내가 마이크 타이슨을 정정당당한 싸움에서 쓰러뜨리는 것은 어떤 의미에서 가능하다—그런 일이 일어날 수 있는 가능세계가 있다. 하지만 실질적 의미에서 그것은 내 능력 밖이다. 따라서 나는 진지하게 자기 착각에 빠지지 않는 한 그런 일을 하고자 의도할 수 없다.

마찬가지로 2차 의도는 사람들이 그것을 성취할 가능성을 진지하게 믿을 수 있는 상황에서만 존재할 수 있다. 어떤 상황하에서 나는 당신이 내 말에서 의도를 정확하게 끌어낼 수 있으리라고 믿을 수 있는가? 우리가 일상적 의사소통 행위에서 접하는 p의 값의 그 모든 미세한 변형들에 대해 당신이 p를 믿도록 하려는 의도 말이다. 분명히 우리는 기대될 수 있는 것과 가정된 것에 합의할 규약, 규칙, 체계가 필요하다. 즉 우리는 의미 있는 기호의 체계—요컨대 언어—가 필요하다. 하지만 우리가 언어를 사용해서 어떤 것을 의미할 수 있느냐는 놀라운 일이 아니다. 왜냐하면 프레게가 우리에게 제시한 이유들에서 언어 속 문장은 이미 의미를 갖기 때문이다.

3. 언어행위

어떤 철학자들은 마지막 고찰에 힘입어, 그라이스가 의미를 화자의 의미로 환원하려 하는 것은 실패하고 말 것이라고 믿는다. 그라이스의 분석은 문장의 의미이론에 항상 의존할 것이고, 이것은 다시 언어의 이론에 의존할 것이다. 화자가 그라이스가 요구한 2차 의도를 형성할 수 있는 것은 언어가 제자리에 있을 때뿐이다. 그라이스는 의미의 이론을 제시하기는커녕, 우리가 하나의 원천을 또 다른 원천에서 얻을 수 있다고 가정한다.

하지만 이것은 반론인가? 악순환과 무해한 순환을 구별하는 것은 중요하다. 당신이 b에 의하지 않고는 a를 전혀 설명할 수 없고, a에 의하지 않고는 b를 전혀 설명할 수 없다면, 당신은 곤란해진다. (혹은 정말 곤란한가? 그것은 당신이 '설명'으로 무엇을 의미하는가에 달려 있다.) 하지만 a에 관한 모든 상술이 b에 관한 모든 상술을 포함하고 그 반대도 마찬가지일지라도, 이것은 중요하지 않을 수 있다. 왜냐하면 우리가 a와 b로 염두에 두는 것을 아마도 다른 방법으로 확인할 수 있기 때문이다. 우리의 경우에, 화자의 의미를 의도를 통해 명시하고, 문장의 의미를 의미론적 규칙을 통해 명시함으로써 그렇게 했다. 그리고 우리는 이제 두 현상이 상호 의존적임을 아는 위치에 있다. 화자의 의미에 그 충분한 범위와 잠재력을 주는 것은 바로 의미론적 규칙이다. 하지만 언어에 생기가 돌게 하고, 그 형식적 규칙을 의미의 규칙으로 전환시키는 것은 바로 2차 의도다. 이것이 존 설의 주장이다. 그리고 그것은 데이비드 루이스의 독창적 논변에 의해 뒷받침되었다(《규약》). 루이스는 공동체 구성원이 그라이스식의 2차 의도를 전달하기 시작할 때에만 규칙을 따르는 행위들이 공동체에서 생겨난다고 주장한다. 규약과 2차 의도는 사회생활의 기원에서 함께 생겨난다.

이러한 사유는 존 설에 의해 언어행위 이론에 적용되는데, 이 이론은 J. L. 오스틴의 사후 출간된 강연집(《어떻게 말로 행위하는가》)에서 처음 그 윤곽이 그려졌다. 단언이 언어의 주요 용법이기는 하지만 유일한 용법은 아니다. 질문, 명령, 경고, 약속 등의 모든 것이 그라이스가 분석한 종류의 행위와 관련된다. 뿐만 아니라 존 설은(《언어행위》) 이 모두가 의미론적 규칙이라는 같은 본체를 이용한다고 주장한다. 왜냐하면 모든 언어행위는 단언되기도 하고, 질문되기도 하고, 제안되기도 하고, 약속되기도 하는 명제적 내용(간단히 말해서, 프레게식의 사유)을 갖기 때문이다. 그리하여 의미 개념의 두 부분이 언어행위의 이론에서 합쳐진다.

존 설의 이론의 세부에 우리가 관심을 가질 필요는 없다. 그것은 아무튼 매우 논쟁적이고, 많은 면에서 확실히 잘못돼 있다. 우리가 파악해야 할 중요한 사항은 그라이스와 프레게를 적절히 조합하면 우리가 두 철학자에 대한 많은 반론을 극복할 수 있다는 점이다. 나는 p를 단언할 때,

p라는 믿음을 유도하려고 의도하지 않는다. 나는 청자가 p라는 나의 믿음을 알아주기를 의도한다. 적어도 정상적인 경우에, 내가 성실하게 말한다면 말이다. (불성실은 상호신뢰망이 확립되었을 때에만 가능한 부차적인 경우다.) 내가 경고할 때, 나는 당신이 위험을 알아차리기를 의도한다. 내가 약속할 때, 나는 당신이 내 의도를 신뢰하기를 의도한다. 기타 등등. 각각의 경우에 나는 당신이 이것이 내 의도라는 점을 알아차림으로써 어떤 것을 알아주기를 의도한다. 이러한 2차 의도는 당신이 나와 마찬가지로 명제를 확인하는 의미론적 규칙을 파악하기 때문에 가능하다. 그것이 바로 우리 사유의 공통 주제다.

언어행위 이론은 언어철학의 흥미로운 분야다. 하지만 그것은 짧은 동안만, 철학자들이 어떤 개념을 당연시하여 주목하지 못했던 동안만 무대의 중심을 차지했다. 바로 의미론적 규칙이라는 개념 말이다. 언어의 규칙을 이해할 때 무엇이 관련되는가? 확실히, 우리가 우리의 언어 이해방식을 보여줄 의미의 이론을 만들 때까지 의미에 관한 실질적 물음들은 대답되지 않은 채 남을 것이다. 언어가 세계에 관해 말하도록 사용되려면 말이다.

4. 의미의 이론이란 무엇인가?

그리하여 최근 철학적 소통로를 거의 포화상태로 만든 논쟁이 시작되었는데, 그 주제에 관심이 많은 사람이라면 무시할 수 없는 논쟁이다. 도널드 데이빗슨은 또 하나의 유명한 논문에서(〈진리와 의미〉, 1967) 자신을 유명하게 해준 계획에 착수했다. 이 계획의 목표는 진리가 의미이론에서 중심 개념이라는 점을 증명하는 것이었다. 언어를 위한 의미이론을 추구할 때, 우리는 무엇을 찾는가? 인공언어에 관한 연구는 우리가 의미를 언어의 모든 문장에 할당하는 것을 추구한다는 점을 시사해준다―우리가 이전에 결코 접하지 못했던 문장들을 포함해서 말이다. 그것은 어떻게 행해지는가?

우리가 의미를 직접 할당한 이론을 갖고 있다고 가정해보자. 그것은 각각의 문장 s에 대해 s는 p를 의미한다고 우리에게 말해준다. 우리가 그 이론을 이해하기 위해서는, 's가 p를 의미한다'는 정식에서 어떤 종류의 것이 'p'를 대체할 수 있는지를 알아야 한다. 하지만 이 정식은 내포적 맥락을 포함한다. 즉 우리는 공통의 진리치를 갖는다는 이유에서 'p'를 문장들로 대체할 수 없는데, 왜냐하면 그것은 '메리는 p를 믿는다'는 경우에서처럼 불합리함을 낳기 때문이다. 메리가 p를 믿는다는 사실과, p와 q가 같은 진리치를 갖는다는 사실로부터, 메리가 q를 믿는다는 것은 나오지 않는다. 마찬가지로, 우리는 문장이 그 진리치를 공유하는 모든 문장과 정확히 같은 것을 의미한다는 것을 확실히 부정해야 한다. 이와 달리 생각하는 것은 뜻과 지시를 혼동하는 것이다. 사실, 우리 정식에서 'p'를 'p'와 같은 의미를 갖는 문장들로 대체할 수 있다고 가정하는 것은 그럴듯하다. 하지만 그때 우리는 문장 각각에 의미를 할당해줄 기준이 필요하다. 그리고 그것이 바로 우리가 찾고 있는 것이다. 따라서 동의성Synonymy 혹은 의미의 같음이라는 개념을 이용하는 의미이론은 시작조차 할 수 없을 것이다.

따라서 우리는 외연적 의미이론을 찾아야 한다. 동일한 지시를 갖는 용어들의 대체를 허용하는 이론 말이다. 무엇이 그러한 이론일 수 있는가? 데이빗슨은 우리가 다른 질문을 함으로써 그 질문에 대답할 수 있다고 주장한다. 무엇이 그러한 이론의 성공 기준인가? 이 기준은 우리가 모든 문장에 그것이 실제로 갖고 있는 의미를 할당했음을 보여줄 것이다. 그렇다면 어떤 술어 T를 생각해보자. 그것은 문장의 술어가 되고, 그것이 적용되는 각각의 문장에 대해 이런저런 조건에서 올바르게 사용된다고 우리에게 말해준다. 각 문장 s에는 다음과 같은 정식이 있을 것이다. s는 p일 때에만, 'p'가 s를 사용하는 것이 옳은 조건들을 진술하는 경우에, T이다. 만일 우리가 언어의 모든 문장에 대해 다음과 같은 형식의 정식을 산출하는 이론을 찾을 수 있다면, 우리는 의미이론을 갖게 될 것이다.

(1) s는 p일 때에만 T이다

'p'가 s가 올바르게 사용되는 경우임에 틀림없는 것을 정확히 진술한다면 말이다. 하지만 이러한 이론을 성공적이게 하는 것은 무엇인가? 우리는 s가 'p'일 때에만 참이고, 그 반대도 참이라는 선천적 보장이 필요하다. 따라서 문장 'p'는 s의 진리조건을 제시해야 한다. 's'가 문장 'p'의 이름인 경우에만 우리는 이것을 확신할 수 있다. 그러면 술어 'T'는 자연히 '참'이라고 읽힐 것이고, (1)은 진리이론에 대한 타르스키의 적합 조건이 될 것이다. 타르스키는 진리이론이 모든 형식의 문장을 산출할 때에만 적합하다고 말한다.

(2) '눈은 하얗다'는 눈이 하얄 때에만 참이다.

즉 그것이 각 문장과 그것에 의해 진술되는 조건을 짝지을 때에만 말이다. (이것이 우리가 '대응'으로 의미하는 바다. 9장의 논의를 보라.)

타르스키는 인공언어를 위한 진리이론을 개발했다. 그는 복합문장의 진리치를 그 부분들의 값으로 결정하는 체계적 이론을 발전시키기 위해, 당신이 언어의 어휘에 값(지시)을 어떻게 할당할 수 있는지를 보여주려 했다. 정식 ⑴에서 's는 T이다'는 문장을 명명하거나 확인하는 반면, 'p일 때에만'은 그 부분들의 의미론적 속성에 의해 그 진리조건을 진술한다. 그 이론은 유한성의 원리를 따른다. 즉 무한히 많은 진리조건은 기본 어휘에 값을 유한하게 할당함으로써 수립된다. 하지만 그 이론은 결코 혼란스러워하지 않는다. 모든 논리식(모든 문장)에 대해 진리조건을 명시한다. 그 진리이론은 우리가 말하기 위해서는 의미이론이 필요하다고 말한다. (이것은 또한 문장의 뜻은 그 진리조건에 의해 주어진다는 프레게의 생각을 증명한다.)

27장에서 살펴볼 이유들 때문에, 타르스키는 자신의 접근법을 자연언어로 확장하는 가능성에 대해 회의적이었다. 그러나 데이빗슨은 이러한 회의주의를 가볍게 무시하고, 진리이론이 우리가 의미이론을 통해 달성할 수 있는 단연 최고의 것이라고 주장한다. 그 이론은 우리 언어의 문장을 우리가 어떻게 이해하는지를 말해준다. 즉 그것은 각 문장에 대하여 그 새로움과 상관없이 진리조건을 낳는다. 그것은 외연적이며, 따라서 의미의 같음이라는 관념에 전혀 의존하지 않는다. 그리고 그것은 가장 중요한 시험을 통과한다─즉 그것은 정확히 각 문장이 말하는 바를 그 문장의 의미로서 제시한다.

여기서 데이빗슨이 주장하지 않은 것을 보는 것이 중요하다. 그는 자신이 영어 혹은 다른 자연언어를 위해 의미이론을 만들었다고 주장하지 않는다. 그는 단지 그러한 이론이, 만일 우리가 그것을 찾을 수 있다면, 어떠한지 말할 따름이다. 그는 의미의 개념이 쓸모없거나 혹은 진리의 개념으로 대체될 수 있다고 주장하지 않는다. 그는 그저 이론이 진리이론을 위해 규정된 형식적 기준, 특히 적합 조건을 충족하는 한에서, 우리가 원하고 필요로 하는 모든 것을 우리에게 제공하리라고 말할 따름이다. 마지막으로, 그는 이론이 위의 (2)와 같은 사소해 보이는 정식—각 문장을 먼저 명명한 다음 사용함으로써 간단히 스스로와 짝짓는 정식—으로 단순히 구성될 것이라고 주장하지 않는다. 그는 그 이론이 (2)와 같은 모든 정식을 수반하는 한에서 적합할 것이라고 말한다. 다시 말해, 우리는 'p'가 어떤 문장 s의 진리조건을 진술한다는 것을 안다. 그것이 's'가 대표하는 바로 그 문장과 동치인 한에서 말이다.

(주의 사항: 이 모든 것은 진술하기 어렵다. 왜냐하면 타르스키가 주장하길, 진리 이론은 탐구 중인 언어('대상'언어)와 동일한 언어로는 표현될 수 없고, 다른 언어('메타언어')로만 표현될 수 있기 때문이다. 그럼에도 만일 우리가 동일한 언어를 사용하고자 한다면, 우리가 문장을 때로는 명명하고, 때로는 사용한다는 점을 확실히 알아야 한다. 위의 설명에서 's'는 이름이다. 마찬가지로 (2)에서 앞의 '눈은 하얗다'는 이름인 반면, 뒤의 '눈이 하얗다'는 그것에 의해 명명된 문장이다. 이 구별은 내가 먼저 이름을 명명하고 그런 다음 문장을 명명함으로써 한 것처럼 이루어질 수 있다. 하지만 따옴표는 통제를 벗어나는 경향이 있다. 《거울 나라의 앨리스》에 나오는 앨리스와 하얀 기사의 대화를 보라.)

이 모든 것의 결론은 무엇인가? 가장 중요한 점은 다음과 같다.

(1) 진리의 개념이 언어이론에서 다시 중심을 차지하게 되었다.
(2) 어떤 문장의 의미는 그 진리조건에 의해 주어진다.
(3) 문장을 이해한다는 것은 그것을 참이게 하는 조건을 아는 것이다.

5. 진리와 단언가능성

이 요점들 중 마지막이 마이클 더밋을 사로잡았고, 프레게에 관한 논의를 확장하면서, 언어철학뿐 아니라 형이상학 자체의 핵심을 찌르는 일련의 새로운 물음들을 제기하기에 이르렀다. 문장의 '진리조건을 안다'는 것은 무엇인가? 이 물음에 대답할 때까지, 우리는 문장의 이해방식을 증명할 수 없을 것이다. 진리조건들의 진술문을 제시하는 것만으로는 충분하지 않다. 왜냐하면, 그 진술문을 우리는 어떻게 이해하는가?

더밋은 이 어려움이 심각하다고 생각한다. 왜냐하면 데이빗슨 같은 철학자들이 논의했듯이, 진리의 개념에는 우리가 실제로 파악할 수 있다고 확신할 만한 것이 아무것도 없기 때문이다. 우리 언어에는 그 진리치를 결코 알 수 없는 많은 문장이 있는데, 그 진리조건이 우리의 인식론적 능력을 초월하기 때문이다. 어떤 문장들은 '결정불가능하고'—예를 들어, '도시는 결코 그곳에 세워질 수 없을 것이다'—다른 문장들은 유한한 존재가 그것을 위해 수집할 수 있는 어떠한 증거도 넘어선다. 보편적 법칙('모든 별은 헬륨을 함유한다'), 필연성과 가능성에 관한 문장 등이 그 예다. 이러한 문장들을 위한 진리조건을 진술할 때, 우리는 그것을 아는 우리의 능력을 넘어서는 사태들을 기술하는 듯하다. 따라서 만일 진리의 개념이 의미이론에서 중심 역할을 한다면, 그 이론은 우리 언어의 이해방식을 설명할 수 없음을 증명할 것이다.

이러한 견해에 대한 더밋의 논변은 두 가지 타당해 보이는 고찰에 의존하는데, 하나는 프레게로부터 비롯했고, 다른 하나는 비트겐슈타인에서 비롯했다. 먼저, 문장의 뜻은 우리가 그것을 이해할 때 이해하는 것이다(프레게). 따라서 뜻은 틀림없이 '우리 손 안에' 있게 된다. 둘째로, 언어를 배우고 가르칠 수 있다면, 이해는 언어 훈련으로 '분명해질' 것이다(비트겐슈타인). 두 고찰은 같은 결론을 가리킨다. 즉 우리는 문장의 의미를 우리가 그것을 정당하게 사용할 수 있는 상황과 관련시켜야 한다. 만일 우리가 이것을 할 수 없다면, 우리는 문장을 '언제 말해야 하는지 알'

수 없게 된다. 또한 우리는 다른 사람(가령, 우리가 가르치고 있는 사람)이 문장을 정당하게 사용할 수 있는 상황에서 말하는지도 알 수 없게 된다.

이러한 논변들로부터 이끌어낼 수 있는 다양한 결론이 있다. 어떤 철학자는 진리가 '단언가능성assertibility'만큼 근본적이지는 않다고 주장한다. 우리는 화자가 언제 문장을 사용할 '권리를 갖는가'를 말해주는 규칙을 정함으로써 언어를 가르친다. 이러한 규칙은 화자의 인식론적 한계에 의해 제한되며, 알 수 없는 '진리조건'에 대한 어떠한 지시도 배제한다. 또는 어떤 철학자는 진리의 개념이 여전히 근본적이지만, 우리의 한계에 '알맞도록' 수정되어야 한다고 주장할지 모른다. 우리는 진리의 '검증 초월적' 개념을 파악할 수 없지만 그러한 개념이 필요하지도 않다. 우리는 진리가 단지 '단언가능성'을 의미한다는 또 다른 관념으로 임시변통할 수 있다.

어느 쪽이든 결론은 '반실재론'이다. 이것은 더밋이 실재론에 대한 불만을 표현하기 위해 만든 용어다. 실재론자의 의미이론은 우리 언어가 우리가 얻는 정보 너머에 놓여 있는 초월transcendent 실재를 표상한다고 주장한다. 우리의 언어가 만일 그와 같다면 우리는 그것을 이해할 수 없을 것이라고 더밋은 주장한다. 언어가 '저편의 세계'에 대한 내장된 지시를 갖는다 하더라도, 그것은 그 형이상학적 윤곽이 우리 자신의 인식론적 능력에서 유래하는 세계다. 우리가 의미할 수 있는 것은 우리가 알 수 있는 것에 의해 결정된다.

이렇게 말한다면, 이 이론은 논란의 여지가 적어 보인다. 하지만 일반적으로 이렇게 말해지지 않는다. 사실상 애매함과 자아도취라는 면에서, '반실재론'의 저작들은 '해체' 진영 밖에서는 경쟁자가 전무하다. 종종 반실재론은 문장의 의미가 그것을 확증하는 우리의 절차에 의해 주어진다고 말하는 검증주의처럼 보인다. 그러나 솔직한 검증주의는 너무나 많은 반론에 스스로를 노출시킨다. 따라서 그 평판 나쁜 관계를 끊기 위해서 반실재론자는 '단언가능성'의 개념을 끊임없이 다듬는다. 때때로 반실재론자는 일상언어에 실재론자의 가정이 담겨 있음을 인정한다. 따라서 그들은 일상언어를 고치자고 제안한다. 특히, 일상언어의 형성과 관련된 논리학을 수정하자고 말이다. 그래서 우리는 p와 p 아닌 것 사이에 제3의 방법은 없다고 말하는 배중률을 수용한다. 즉 만일 p가 참이 아니라면, p 아닌 것은 참이다. 하지만 '참'이 '단언가능성'을 의미한다면, 우리가 그러한 가정을 할 수 있는지 의심스럽다. 만일 우리가 p를 단언하는 것이 정당하지 않다면, 이로부터 우리가 p 아닌 것을 단언하는 것은 정당하다는 주장은 나오지 않는다. 만일 나온다면, 그것은 우리가 단언가능성을 참으로 정의했기 때문이며, 우리의 일상언어에 묻혀 있는 가정들을 다시 은밀히 들여오기 때문이다. 따라서 정직한 반실재론자는 '일탈 논리학deviant logic'에 전념하게 될 듯하다.

이 논쟁은 논리학의 영역에 걸쳐서 계속되고 있다. 그러나 결국 반실재론은 칸트가 '선험적 관념론'이라고 부른 것과 동일시되는 듯하다. 칸트에 따르면, 우리는 선험적 실재의 관념을 갖고 있다. 어떠한 관점에서도 보이지 않는 '그 자체로서의' 세계에 대한 관념 말이다. 하지만 이 관념은 사유가 드리운 그림자에 불과하다. 우리는 그것을 결코 파악할 수 없으며, 철학의 과제는 그 환각의 힘으로부터 우리를 자유롭게 하는 것이다. 우리가 아는 것으로서의 실재는 우리의 관점으로부터 알려지며, 그것이 바로 '가능한 경험'의 관점이다. 우리의 사유는 근거를 제공하는 경험으로부터 그 내용을 얻는다. 우리가 아는 세계는 경험세계다. 하지만 경험세계는 실질적이고 객관적이며, 단지 이상적일 뿐인 선험적 세계와는 다르다. 따라서 선험적 관념론은 경험적 실재론이다. 진리의 개념은 우리의 사유를 경험적 실재와 관계 맺도록 사용되는 한에서 타당하다. 그것을 다르게 사용한다면 역설과 모순에 빠질 것이다.

칸트의 선험적 실재론은 인간 지식의 본성과 한계에 관한 논변에 기초한 형이상학적 이론이다. 더밋의 '반실재론'에 대한 주요 반론 중 하나는 그것이 순수하게 의미론적인 전제로부터 거대하고 모호한 형이상학적 결론으로 나아간다는 것이다. 어떠한 고찰도 그 이론을 지지해 제시되지 않는다. 언어의 이해에 관한 분명한 직관과는 반대되는 몇 가지를 제외하고는 말이다. 따라서 의미론적 반실재론은 바로 증명되어야 할 것을 은밀하게 가정한다. 즉 우리 세계의 본성은 우리 언어의 본성에 의해 좌우된다는 것, 언어 이외에 진정한 실재에 의미를 부여할 다른 관점은 없다는 것을 말이다. 형이상학이 먼저 오고, 말해질 수 있는 것의 본성과 한계는 알려질 수 있는 세계의 본성과 한계에 의존한다고 주장하는 것이 확실히 더 그럴듯할 것이다.

칸트의 선험적 관념론과 유사하고, 아마도 그것과 구별되지 않을 만한 것이 힐러리 퍼트넘이 옹호하며 스스로 '내재적 실재론internal realism'이라고 명명한 견해다. 이것은 우리가 개념들을 개념화되지 않는 실재와 비교하기 위해서, 우리의 개념 체계 밖에서 어떤 관점을 얻을 수는 없다고 주장한다. 그럼에도 우리가 우리의 개념 체계 내에 머무는 한, 우리는 실재론자의 진리 관념을 이용하고, 우리의 믿음과 문장을 독립적 실재와 일일이 비교할 자격을 얻는다. 이러한 실재가 완전히 알려질 수 있다거나 혹은 우리의 방법이 그것을 완전히 아우를 수 있다는 가정은 없다. 하지만 우리의 인식 능력을 완전히 넘어서는 실질적 세계가 있다고 가정하는 것은 터무니없는 주장이다. 그러한 '외재적 실재론'은 '선험적 실재론'이 칸트에게 그러하듯 공허할 따름이다.

6. 외재적 관점

힐러리 퍼트넘과 같은 견해를 지닌 이들은 최근 저작들에서 프레게와 그 후계자들이 생각했던 식의 의미론적 분석의 전체 가능성에 대해 의문을 제기한다. 프레게에 따르면, 우리는 단어와 문장의 뜻을 파악함으로써 언어를 이해한다. 뜻은 다시 지시를 '결정하고', 그리하여 우리로 하여금 언어에서 세계(대상, 함수, 진리치)로 나아가도록 해준다. 이러한 언어의 상은 인간의 마음의 상과 대응한다. 의미와 사고는 '머리에서' 전개된다. 사유가 문장의 뜻이며, 하나의 사유를 갖는다는 것은 하나의 정신적 항목을 품는다는 것이다. 이 정신적 항목은 다른 정신적 항목들로 구성되며, 각각은 공적 언어에서 어떤 단어 혹은 구의 뜻에 대응한다. 따라서 나는 내 사유가 참인지 혹은 그것이 지시하는 어떤 것이 세계에 있는지 알지 않고서도, 내가 무엇을 의미하는지 그리고 내가 무엇을 사고하는지 알 수 있다. 이러한 상은 (타일러 버지에 의해) '심리적 개인주의'라고 불리는데, 개인의 마음이 그 자체로 여하튼 완전하고, 세계에 관한 사유를 형성하는 데 필수적인 모든 것을 자기 안에 담고 있음을 함축하기 때문이다.

사실상 퍼트넘은 사유의 내용이 사유자의 마음 '밖의' 상황에 의존할 것이라고 주장한다. 그럼에도 프레게에게 지시가 뜻을 결정하고, 그 반대는 아니라는 것은 사실이다. 사실, 우리는 이미 그러한 사례를 만난 바 있다. 크립키가 자신의 '고정 지시어' 이론에서 논의한 고유명사와 자연종 용어들 말이다(13장을 보라). '금'이라는 용어를 생각해보자. 우리는 이 용어를 어떤 전형적 사례들─노란 연성의 금속물질 조각─에 의해 우리의 언어에 도입하며, 우리는 금방 그 관찰 가능한 속성들을 인식하는 법을 배운다. 하지만 우리는 이 관찰 가능한 속성들로 금을 정의하지 않는다. 이 사례들을 금의 전형으로 이해할 때, 우리는 금이 아닌 노란 연성의 금속물질의 표본이 있을 가능성, 혹은 노란 연성의 금속물질이 아닌 금의 표본이 있을 가능성을 배제하지 않는다. '금'은 그것이 무엇으로 판명되든지 간에 이러한 물질을 지시하는 것으로서 도입된다. 그 용어의 뜻은 이러한 지시를 갖는다는 사실에 의해 주어진다. 과학적 탐구가 이 지시를 결정하기 위해 요구된다. 오직 그때에야 우리는 '금'으로 우리가 의미하는 것에 대한 분명한 관념을 갖게 될 것이다. 그 원자의 수, 원자의 무게 그리고 원소 주기율표 상의 위치의 측면에서 말해진 금에 관한 과학적 이론은, 만일 그것이 금이라면 무엇이 그 물질 조각에 참이어야 하는지를 우리에게 말해줌으로써 금의 '실질적 본질'을 확정한다. 그리하여 그것이 '금'이라는 용어의 뜻을 결정한다. 우리가 그 단어를 사용할 때 실제로 의미하는 것을 말이다. 자연종에 관한 필연적이고 후천적인 진리가 존재하는 것은 바로 지시가 뜻을 결정하기 때문이다.

퍼트넘은 다음과 같은 사고실험을 제안한다. 모든 면에서 우리 지구와 똑같고, 또한 우리처럼 언어를 사용하는 사람들이 살고 있는 행성이 있다고 가정해보자. 하지만 그 행성('쌍둥이 지구')과 우리 지구 간에는 한 가지 작은 차이가 있는데, 즉 그곳에서 호수와 강을 채우고 식물과 동물의 생명을 유지하는 투명하고 갈증을 해소해주는 액체가 H_2O가 아니라 어떤 다른 화합물, XYZ라고 가정해보자. 쌍둥이 지구의 거주자들은 이 액체를 '물'이라고 부르고, 우리가 하는 모든 방식으로 그것을 사용하고 기술한다. 그들이 물에 대해 생각하거나 지시할 때 '그들의 머리에서' 전개되는 것은 정확히 우리의 머리에서 전개되는 것이다. 하지만 그들의 사유는 우리의 사유와 같지 않다. 그들의 사유는 XYZ에 관한 것이고, 반면에 우리의 사유는 물 즉 수산화수소에 관한 것이기 때문이다. 이러한 사실은 그들이 사용하는 '물'이라는 용어와 우리가 사용하는 같은 용어 간의 의미 차이에 반영된다.

퍼트넘이 이 사고실험에서 이끌어낸 결론은 사고가 단순히 '머리에' 있는 것이 아니라는 점이다. 사고한다는 것은 우리 외부에 있는 사물들과의 복잡한 관계 속에 처하는 것이며, 그 사물들은 우리 사유의 내용을 제공하는 데에서 능동적 역할을 담당한다. 이 논변은 타일러 버지와 다른 사람들에 의해 더욱 심화되었다. 지금까지 우리는 마치 단어가 임의적 규칙을 통해 규정상 세계와 결부되어 있다는 듯이, 언어의 작동을 그 용법의 맥락을 지시하지 않고서 기술해왔다. 그러나 단어는 그런 식으로 쓰이지 않는다. 단어는 외부에서 우리의 상황을 관찰하는 타인에 의해 우리에게 가르쳐진다. 나는 말을 물끄러미 바라보는 아이를 보고 '말'이라고 말해준다. 하지만 나는 말이 거기에 있다는 것만이 아니라 그 아이가 말을 본다는 것—즉 말이 그에게 특정한 지각 경험을 야기한다는 것을 이미 가정하고 있다. 세계와 관찰자 간의 이러한 인과적 연결이 언어에 구축된다. '말'은 어떠한 종류의 것을 의미하게 되고, 그것은 말들이 행동하는 방식에서 관찰자에게 영향을 미친다. 화자와 세계 간의 연결은 바로 이러한 단어의 의미에서 확립된다.

고유명사도 마찬가지다. '메리'라는 이름을 가르칠 때, 나는 메리의 현존과 그 아이의 인식행위 간의 연결을 가정해야 한다. 메리 자신이 그녀의 이름을 가르치는 데서 확고한 역할을 맡으며, 결과적으로 그녀를 지시하는 사유들에서 실질적인 구성요소다. 내 사유를 엘리자베스가 아니라 메리에 대한 사유로 만드는 것은, 단지 '내 머리에서 전개되는' 무엇이 아니라, 내 현재의 사고를 그 여자 자신과 연결시키는 일련의 영향력이다. (일부 철학자들은 계속해서 '이름의 인과론'을 고안해낸다. 이들은 어떤 단어의 용법이 그 명명된 대상에 의해 올바른 종류의 방식으로 촉발될 때 그 단어는 이름이 된다고 주장한다. 이 제안은 매우 논쟁적이다. 어쨌든 우리는 허구, 아직 태어나지 않은 아이, 머나먼 역사적 인물들에게 이름을 붙인다. 증명될 수 있는 최대치는 우리의 전형적 이름—아이가 그것을 통해 '이름의 게임'을 배우는 이름—이 그 대상과 인과적으로 연결된다는 점뿐이다.)

이러한 제안은 매우 논쟁적이다. 그렇지만 그것은 전통적 의미이론들에 있는 심각한 공백을 지적해준다. 우리는 단어가 어떻게 세계와 결부되는지, 또한 단어가 세계와 결부될 수 있다면, 그것은 어떤 종류의 세계일지 물을 필요가 있다. 규칙과 규약을 말하는 것이 가장 좋은 대답일 것이다. 하지만 규칙은 어떻게 이해되며, 그것을 가르칠 때 무엇이 가정되는가? 아마도 실제적 경험세계는 데카르트주의자가 좋아할 정도보다 더 거슬리게 우리의 사유에 침범할 것이다. 그리고 아마도 우리가 완전한 의미이론을 제시한다면, 우리는 세계에 대한 완전한 이론을 제시하게 될 것이다.

7. 실재론과 규칙 준수하기

사적 언어에 반대하는 논변을 제외하고, 비트겐슈타인의 가장 유명한 논변은 규칙 가르치기와 준수하기에 관한 것이다. 《철학적 탐구》《수학의 기초에 대한 고찰》 등에서 전개된 이 논변은 그것이 함축하는 바에 대한 합의가 거의 없음에도 커다란 영향을 미쳤다.

만일 언어가 의사소통의 수단이라면, 그것은 화자들이 서로의 말의 내용을 되찾도록 해주는 규칙에 근거해야 한다. '규칙을 준수한다'는 것은 무엇인가? 내가 어떤 사람에게 규칙, 가령 '더하기 2'를 제시한다고 해보자. 그렇다면 그는 이 규칙을 자연수에 적용하기 시작하여 2, 4, 6, 8 등등으로 적어 나갈 것이다. 1000에 이른 후 그는 1004, 1008, 1012로 계속 적어 나간다. 나는 그가 같은 방법으로 계속하지 않는다고 항의한다. 그는 아니, 이것이 같은 방법이라고 대답한다. 우리는 이러한 논란을 어떻게 해결하는가?

우리는 다음과 같이 응답하려 할 것이다. '더하기 2'란 바로 1002, 1004 등등으로 계속되는 것을 의미한다고 말이다. 그것이 당신이 그 의미를 파악할 때 이해하는 것이다. 하지만 '등등'이라는 단어는 무엇을 의미하는가? 분명히 당신은 그 규칙의 모든 적용을 나열하지 않았다. 그것은 무한히 많을 것이다. 당신은 '같은 것이 무한히 *ad infinitum* 다시 계속된다'는 의미라고 말한다. 하지만 그러면 우리는 출발점으로 다시 돌아오게 된다. 무엇이 같은 것으로 간주되는가? 우리의 반항적인 규칙-준수자는 이렇게 말할지 모른다. '이제 알았어요. 1002, 1004, 1006 이런 식으로 계속해야 하는군요.' 그리고 당신은 열정적으로 고개를 끄덕인다. 그러나 그는 2000에 도달한 후 2004, 2008, 2012로 나아간다. 보다시피, 일탈의 가능성은 무한하다.

순진하게도 우리는 누군가가 그 규칙을 이해한다면 그는 우리가 하듯이 계속해야 한다고 말할 것이다. 하지만 이 '해야 한다'는 무엇을 지시하는가? 우리의 일탈적인 규칙 준수자가 특정 지점까지 행한 어느 것도 그로 하여금 다른 방법이 아니라 정해진 방법으로 계속하도록 강요하지 못한다. (흄의 법칙을 상기해보라.) 그가 과거에 무엇을 했든, 그가 하던 대로 계속하는 것은 우연적 사실일 뿐이다. 그가 규칙을 이해한다면 우리의 방법으로 계속해야 한다고 우리가 말할 때, 우리는 이것이 그것을 이해한다고 우리가 간주하는 것임을 의미할 뿐이다. 하지만 그러면 문제는 다시 우리의 결정에 머물게 된다. 이것이 바로 우리가 하는 것이다.

당신은 이 논변과 '녹색' 및 'grue'에 관한 굿맨의 역설 간의 유사성을 알아챘을 것이다. 굿맨의 역설과 마찬가지로, 규칙-준수하기 논변은 놀랄 만한 결론을 낳도록 강화될 수 있다. 지금까지의 논의는 유명론자의 방향으로 기울었다. 즉 우리 규칙의 의미는 우리의 훈련에 의해 주어진다. 우리 의미의 결정권자는 우리의 행위이며, 우리가 사용하는 분류는 우리 자신의 결정에 의해 좌우된다. 하지만 앞의 예로 돌아가 보자. 우리가 '더하기 2' 규칙으로 의미하는 바는 우리가 1002, 1004 등등으로 계속한다는 사실에 의해 결정된다. 우리는 이러한 방법으로 우리가 계속하리라는 것을 미리 알았는가? 그럴 수도 있지만, 아마도 아닐 것이다. 왜냐하면 그 규칙은 우리가 그 모든 적용을 미리 다 알 수 없는 무한히 많은 적용을 갖기 때문이다. 우리가 결코 도달해본 적 없는 어떤 지점에서 할 것을 우리는 지금 어떻게 아는가? 만일 우리의 유일한 시험대가 그 계산의 완수라면, 우리는 우리가 의미하는 바를 알지 못할 것이다― 왜냐하면 그 규칙의 의미는 우리가 결코 해본 적 없는 적용을 포함하는, 그 모든 적용에 의해 주어지기 때문이다.

크립키는《비트겐슈타인의 규칙과 사적 언어》에서 이 논변의 회의적 힘을 강조하기 위해 또 다른 형태를 제시한다. 다음과 같이 정의된 'quus'라고 불리는 수학 연산자를 상상해보자. x와 y가 둘 다 50 이하면, x quus y = x+y이고, 그렇지 않으면 x quus y = 57. 이 수학 함수에는 모순이 전혀 없으며, 당신은 그 용도를 쉽게 상상할 수 있다. 이제 짐은 산수를 잘하지만 50 이상의 수를 결코 다뤄본 적이 없다고 가정해보자. 그의 모든 덧셈은 50까지의 수들을 포함하고, 더 큰 수들은 전혀 포함되지 않았다. 짐이 'x+y'를 말할 때, 우리는 그가 quus가 아니라 +를 의미하는지 어떻게 아는가? 그는 둘 다를 의미할 수는 없는데, 둘은 양립할 수 없기 때문이다. 그렇다면 둘 중 어느 것인가? 그 증거는 어느 쪽의 가설과도 양립가능하다. 사실상, 짐이 자기 입으로 '+'를 의미할 수 있는 무한히 많은 함수가 있으며, 그 모두는 다른 경우와 양립 불가능하다. 우리는 짐이 +를 의미하는지 혹은 quus를 의미하는지 결정할 수 없기 때문에, 우리는 그가 의미하는 바를 알 수 없다. 더 심각한 것은 우리가 어느 쪽을 의미하는지도 우리는 알 수 없다. 우리가 아무리 멀리까지 셈을 하더라도, 우리가 수행하지 못하는 계산이 항상 있을 것이다. 그리고 우리가 그 계산을 수행할 때, 그 답이 'quus'의 어떤 새로운 형태에 대해서 x quus y가 아니라 x+y로 나오리라는 것을 우리는 어떻게 미리 아는가?

크립키는 (지금쯤은 명확해졌을) 유사한 것을 '녹색'과 'grue'에서도 이끌어낸다. 그리고 그는 먼저 의미에 관한 급진적 회의주의를, 둘째로 회의주의에 대한 '반실재론자'의 응답의 일종을 계속해서 옹호한다. 두 견해 모두 그 자체로 그의 독자에게 권해지지는 않았다. 하지만 비트겐슈타인의 논변에 관한 크립키의 날카로운 진술은 독자 모두를 '독단의 잠'에서 깨어나게 한다. 마치 인과성에 관한 흄의 논변(이 모든 회의적 역설의 기원)이 칸트를 깨웠듯이 말이다.

비트겐슈타인 자신은 철학을 인간학의 방향으로 전환시키는 데 관심이 있었다. 궁극적 사실은 철학자들이 일반적으로 찾는 곳에서 발견되지 않는다고 그는 주장한다. 궁극적 사실은 필연성과는 관련이 없고, 인간조건 즉 우리의 습관, 실천, '삶의 형식'에 관한 심층적 우연성과 관련이 있다. 우리가 '주어진 것'으로서 당연시해야 하는 것이 바로 이 우연성이다. 그리고 우리가 궁극적 물음들에 대답하기 위해 돌아가야 하는 곳이 바로 이것이다.

8. 다른 종류의 의미

나는 현대철학자에 의해 논의되는 물음들을 다뤘다. 하지만 그것이 '의미'에 관한 유일한 물음들은 아니다. 우리는 음악의 의미, 제의의 의미, 삶의 의미를 말한다. 여기서 의미가 같은 현상이라고, 혹은 같은 방법을 통해 이해되어야 한다고 가정하는 것은 성급할 것이다.

그럼에도 저자들은 우리가 언어를 분석할 때 사용하는 개념들을 '기호들'의 다른 체계로 확장하고자 했다. 그 과정에서 많은 선결문제 요구의 오류를 범하면서도 말이다. 왜냐하면 의사소통이 여러 방식으로 일어난다는 것 그리고 단어들의 체계가 아닌 상징들의 '체계'가 있다는 것은 부정할 수 없기 때문이다. 여기에 몇 가지 예가 있다.

(a) 코드: 수기 신호, 깃발, 배지, 유니폼의 표시 같은 것.

(b) 관례적 의복과 행동: 장례식에서의 검은 옷과 느리고 엄숙한 몸짓. 소개시 악수와 고개 끄덕임과 한담. 제의와 예식.

(c) 우리에게 실제 세계 혹은 상상의 세계를 보여주는 그림과 이미지: 광고, 로고, 문장紋章.

(d) 예술에서의 표상. 구상화, 구술 혹은 다른 매체를 통한 것을 모두 아우른다.

(e) 예술에서의 표현. 음악작품이 감정을 표현하고, 혹은 연극이 삶의 통찰을 전할 때와 같은 것. 표현이란 표상을 빼고 남는 것이다. 당신은 《파우스트》에 묘사된 세계—등장인물, 상황, 말해지고 일어난 사태의 목록—를 완전히 설명할 수 있지만 그 희곡의 의미를 샅샅이 다룰 수는 없다. 인간조건에 대한 어떤 통찰이 그 희곡에 의해 표현된다. 그리고 그것이 무엇인지 우리에게 말해주는 것이 비평가의 일이다(쉬운 일은 아니다).

(f) 비유적 표현. 언어에는 문자 그대로의 의미이론으로는 담아낼 수 없는 것을 의미하는 방법들이 있다. 예를 들어, 은유는 의미의 완전히 새로운 차원을 도입한다. 은유는 연결을 창조하는 만큼 그 연결을 기술하

지는 않는다. 그것은 모순으로 가득하지만, 그 때문에 더 많은 것을 의미한다.

> 내게는 박차가 없네
> 내 의도의 옆구리를 찌를. 있는 것은
> 비월의 야망뿐. 스스로를 뛰어넘어
> 반대편에 떨어지려는.

이 승마 이미지들의 어수선한 덩어리에 의미를 집중하다 보면 그 용어들의 뜻과 지시를 저 멀리 넘어서게 된다.

(g) 풍경의 의미. 워즈워스의 《서곡》에서 보이는 것과 같은 것. 당신은 이것이 의사소통의 예가 아니라고 생각할지 모른다. 하지만 그 시인이 자신과 대화하기 위해서 풍경을 이용한다고 왜 말할 수 없는가? 그는 그것에 의미를 부여한다.

우리는 이 모든(그리고 아마도 더 많은) 다양성을 수용할 상징이론을 그려낼 수 있는가? 스위스 언어학자 페르디낭 드 소쉬르는 《언어학 기초 강의》(1902)에서 '기호의 일반학'을 잠시 언급하며, 언어학이 그것의 특별한 경우라고 말했다. 그는 이러한 일반학을 '기호론semiology'이라고 불렀다. 그 명칭은 사람들이 일반적 방법을 추구하기를 단념하기 시작함에 따라 나중에 '기호학semiotics'(이 용어는 C. S. 퍼스에 의해 처음 사용되었다)으로 대체되었다. 이제 어떤 저자가 '음악의 기호학'을 언급할 때, 거기에는 음악의 의미가 문장의 의미에 필적하는 방식으로 발생한다는 숨겨진 가정이 있는 것이다.

소쉬르는 또한 '구조주의' 언어학의 창시자였다. 그는 문장 내의 구조적 관계가 고립되어 있는 단어들보다 의미의 진정한 매개물이라고 주장했다. 소쉬르가 이러한 점을 표현하는 방식은 프레게의 그것보다 매우 조잡해서, 현대철학자들은 그를 거의 연구하지 않는다. 하지만 프랑스 문학비평 역사의 어떤 시점에서 소쉬르는 숭배의 대상이 되었고, 소쉬르 언어학의 전문용어들이 파리 좌파의 수사학에 도입되었다. 이 주제와 관련된 사람들(예를 들어 롤랑 바르트)은 대체로 프레게, 러셀, 타르스키를 무시했다. 하지만 소쉬르에 의해 약속된 '기호의 일반학'은 그들의 급진적 정치 의제에 유용했다. 그들의 바람은 부르주아 사회의 인공물과 규약을 '해독할' 방법을 찾는 것이었다. 그것의 의미를 폭로하고, 그것에 대한 팽배한 지적 경멸을 뒷받침하기 위해서 말이다. 그리하여 '구조주의 비평'이라고 불리는 특수한 일탈이 생겨났으며, 그것의 사이비 과학적 전문용어와 급진적 메시지는 그 후계자에 의해 한 단계 더 심화되었다―데리다의 '해체 비평'이 그것이다. (30장을 보라.)

물론, 언어와 다른 종류의 기호들 간에는 흥미로운 유비가 있다. 문제는 이러한 유비가 구조주의자들이 바랐던 종류의 일반화 가능한 의미이론을 제시하는 데 사용될 수 있는가의 여부다. 그들이 관심을 가졌던 두 개의 유비는 이것이다. 첫째, 모든 인간 행동은 표현적인 것으로 간주될 수 있다. 그것은 사유, 느낌, 지향을 드러내는데, 그 모든 것이 행위자에 의해 자발적으로 인식되지는 않는다. 둘째, 인간 표현의 양식들은 빈번히 언어와 같은 구조를 갖는 듯하다. 그리고 언어에서 의미는 구조를 통해 발생되기 때문에, 같은 것이 일반적으로 의미에도 참일 것이다.

소쉬르식 모형에 따르면, 문장은 '통합체syntagms'로 구성된 '체계'다. 통합체란 체계를 파괴하지 않으면서―즉 언어의 화자들로 하여금 문장을 '수용 불가능하게' 만들지 않으면서―서로를 대체하는 용어들의 집합으로 정의될 수 있다. 예를 들어, '존은 메리를 사랑한다'는 문장에서

'사랑한다'는 '미워한다' '먹는다'로 대체될 수 있지만 '그러나' '~라고 생각하다' '수영한다'로는 대체될 수 없다. 이제 바르트의 예인 메뉴를 생각해보자. (그의 《기호학 원론》을 보라.) 어떤 사람은 다음과 같이 주문할 것이다. 에그 베네딕트, 그 다음에 스테이크와 감자튀김, 그 다음에 럼바바 케이크. 이것은 '수용 가능한 체계'다. 그러나 우리 사회에서 같은 메뉴가 역으로는 '수용 가능하지' 않을 것이다. 뿐만 아니라 각 요리는 '통합체적 단일성'에 속한다. 즉 각 요리는 어떤 요리로는 대체될 수 있지만 다른 요리로는 대체될 수 없다. 스테이크와 감자튀김은 햄 샐러드로 대체될 수 있지만 소테른 와인 한 잔으로는 대체될 수 없다―왜냐하면 그것은 수용 불가능하기 때문이다. (그리고 언어의 경우에서처럼, 여기에도 작동하는 규약이 있으며, 우리는 그것을 '문법의 규칙'의 위상으로 격상시키고 싶을지 모른다.) 그 다음은 무엇이 나오는가?

바르트의 실제 해석을 살펴보자. 스테이크와 감자튀김은 《신화론》의 한 에세이에 따르면) '프랑스적임'을 '의미한다'고 여겨진다. 에그 베네딕트의 '의미'는 '가톨릭주의'이고, 럼바바의 의미는 '관능성'이라고 가정해보자. 이제 전체 체계의 의미는 무엇인가? 그것은 프랑스 가톨릭주의가 관능성과 양립할 수 있다는 것을 의미하는가? 혹은 프랑스적인 것이 가톨릭적인 것보다 더 중요하다는 것을 의미하는가? 혹은 관능적인 것이 양자의 근본적인 부분이라는 것을 의미하는가? 어떻게도 말할 수 없는데, 왜냐하면 그 체계는 일종의 통사론을 갖지만, 어떤 의미론적 구조와도 연결되지 않기 때문이다. 그 부분들의 의미로부터 전체의 의미를 이끌어낼 방법은 없다. 구조주의 비평가들의 모든 저작에서, 당신은 같은 결함을 발견할 것이다. 통사론과의 비유는 단순히 비유로 남는데, 왜냐하면 의미론적 규칙과 단절되어 있기 때문이다. 뿐만 아니라 의도된 의미의 종류가 '표현'이라는 폭넓은 범주에 속할 때, 의미론적 규칙의 이러한 부재는 불가피하다. 나는 이 점을 29장에서 다시 다룰 것이다.

현대철학자들은 구조주의를 무시하지만, 어떤 타당한 이유에서 '기호학'을 완전히 배제하지 않는다. 몇몇 철학자는 언어로부터 예술로 이동하여 의미이론을 일반화하려고 했다. 그중 가장 유명한 이가 넬슨 굿맨으로, 그는 표상과 표현 모두를 지시의 일반이론으로 설명하고자 했다 (《예술의 언어》). 그의 작업은 자신의 유명론에 의해, 그리고 지시 개념과 그것에 처음으로 의미를 부여한 프레게 이론과의 연결을 거부함으로써 가능했다. 그럼에도 그의 논변은 설득력이 있다고 할 수는 없지만 적어도 그것이 약속하는 바에서는 영향력을 발휘했다.

나는 24장에서 이 주제를 다시 살펴볼 것이다. 하지만 지금은 회의주의를 권해야 하겠다. 우리가 예술, 문학, 음악, 제의와 의식, 종교와 삶에서 발견하는 의미가 하나가 아니라 여럿이라는 점은 의심의 여지가 없다. 이러한 의미들이 우리의 가치에서 가장 귀중한 것들을 담고 있다는 것 또한 의심의 여지가 없다. 하지만 이러한 사실들은 우리로 하여금 언어가 은유로 가장하고서만 침범할 수 있는 영역들로 언어의 이론을 확장하지 말도록 경고해주어야 한다.

20 도덕

윤리학은 매우 어렵고도 다양한 주제여서, 대체로 철학의 별도 분과로 취급된다. 하지만 어떤 철학자의 형이상학적 견해는 그 견해에서 도덕의 위상을 파악함으로써만(설령 아무런 위상을 갖지 못한다 하더라도) 이해될 수 있다. 그리고 철학의 나머지 영역들을 그대로 놔둔 채, 윤리학의 물음들은 대답될 수 없다. 따라서 인식론과 형이상학으로 되돌아가기 전에, 나는 도덕으로 우회할 생각이다. 다른 현대철학자들과 마찬가지로, 나는 이 주제가 오랫동안 오해되었다고 믿는다.

그 오해는 두 가지 원천에서 비롯한다. 즉 철학적 문제들이 언어분석을 통해 해결된다는 성급한 믿음과, 벤담 이후 영어권 철학을 괴롭힌 도덕적 백치라는 유산이다. 이러한 결점 중 어느 것도 전적으로 해롭지는 않다. 왜냐하면 각각은 명료함을 낳으며, 명료함은 어떤 분야에서의 기득권을 위협하기 때문이다. 그럼에도 두 태도는 그 주제의 의의를 이해하는 데 필수적인 일종의 신중한 관점을 방해했다.

그러나 그 주제란 무엇인가? 도덕은 대체 어디에 있는가? 그것은 (현대철학자들이 가정하듯) 어떤 종류의 판단—아마도 어떤 '평가의' 단어들로 이루어진—의 문제인가? 칸트가 주장했듯, 행위와 실천이성의 문제인가? 흄이 생각했듯, 감정, 공감, 동기의 문제인가? 혹은 아리스토텔레스가 제안했듯, 성품과 도덕교육의 문제인가? 간단한 대답은 이 모든 것이 관련되어 있다는 것이다. 그러나 가장 큰 실수 중 하나는 현대철학자들이 범하고 있는 것으로, 도덕적 판단이 단지 그들이 선호하는 용어들로 논의될 수 있다는 이유만으로 어떻게든 주요하다고 가정하는 것이다. 하지만 그 선례가 존재한다. 따라서 나는 도덕적 판단의 관념에서부터 시작하겠지만, 그것을 이내 뛰어넘기를 바랄 것이다.

1. 도덕적 담론의 논리

현대철학은 G. E. 무어의 저작 《윤리학 원리》와 더불어 윤리학의 영역으로 나아갔다. 러셀의 〈지칭에 관하여〉보다 몇 년 전에 출간된 이 책은 블룸즈버리 서클의 몇몇 회원들(케인스, 클라이브 벨, 버지니아 울프, 러셀)에 의해 유명해졌는데, 그들은 개인적 관계와 미학적 감성에 대한 이 책의 옹호가 자신들의 마음을 결정적으로 변화시켰다고 주장했다. (이 책이 그들의 선호와 일치했던 만큼이나 그들의 마음을 변화시킨 것은 아니었다. 이것이 책이 영향을 미치는 일반적 방식이다.) 돌이켜보건대, 《윤리학 원리》의 도덕적 메시지는 그것이 유지하는 데 잠시 도움을 준 생활양식보다 더 설득력이 있지는 않았다. 훨씬 더 흥미로운 것은 이 책이 시작하는 논변이다.

(a) 자연주의적 오류

무어는 자신이 많은 전통적 윤리체계의 오류를 발견했다고 생각했다. 즉 좋음(선)을 그 자체가 아니라 다른 어떤 속성과 동일시하는 오류 말이다. 많은 철학자는 '좋은'이라는 용어를 좋은 것들이 갖는 '자연적' 속성을 나열함으로써 정의하려고 했다. 예를 들어, '공리주의자'는 좋음을 행복의 측면에서 정의한다. 최대 다수의 최대 행복을 증진하는 것이 좋다고 말이다. 무어는 '자연적' 속성으로 단순하게 자연세계의 일부인 속성을 의미한다. 행복이 그렇듯이 말이다. 그 속성의 원인과 결과는 자연을 이해할 때 사용되는 표준적 방법에 의해 발견될 수 있다. '좋은'이라는 용어에 대한 이 모든 '자연주의적' 정의는 오류를 범한다고 무어는 주장했다. '좋은'이 '행복을 증진하는'을 의미한다는 것이 참이라고 가정해보라. 그러면 '행복을 증진하는 것은 무엇이든 좋다'라는 진술은 '좋은 것은 무엇이든 좋다' 혹은 '행복을 증진하는 것은 무엇이든 행복을 증진한다'와 동치인, 동어반복이 된다. 하지만 이 경우에 '행복의 증진은 좋은가?'라고 묻는 것은 어리석을 것이다. 이것은 '좋은 것은 좋은가?'라고 묻는 것과 같다. 하지만 무어는 계속해서, 어떤 자연적 속성에 대해 '그것은 좋은가?'라고 묻는 것은 결코 어리석은 것이 아니라고 주장한다. 어떤 자연적 속성은 좋은가라는 질문은 항상 열려있는 물음이다. 그리고 이것은 '좋은'이란 자연적 속성의 측면에서는 결코 정의될 수 없다고 말하는 것과 같다.

이 '열린 물음' 논변은 확실히 타당하지 않다. 물음은, 묻고 있는 것이 필연적 진리인지 혹은 심지어 '동어반복'인지 여부와 관계없이, 우리의 무지가 허락하는 한 열린 채로 남는다. 수학을 생각해보라. 세 변을 가진 유클리드 도형이 내각의 합이 180도인 도형인가라고 묻는 것은 완전히 합리적이다. 이는 틀림없이 이제는 학교에서 더 이상 가르치지 않는 논변에 의해 당신이 증명해야 하는 어떤 것이다. 하지만 두 개념은 필연적으로 동연적coextensive이며, 당신은 하나를 다른 하나에 의해 정의할 수 있다. 마찬가지로, 도덕적 좋음의 개념이 행복의 개념과 밀접히 연관되어 있음을 입증하기 위해서는 긴 철학적 논변이 필요할지 모른다. 이 경우에, 설령 좋음이 행복의 증진을 포함한다는 것이 필연적 진리일지라도, 그리고 그것이 '좋은'이 실질적으로 의미하는 것일지라도, 행복을 증진하는 것이 좋은지 여부는 여전히 열린 물음으로 남을 것이다.

무어는 자신의 엉터리 논변으로부터 흥미로운 결론을 이끌어냈다. 그는 좋음이 그것을 소유한 어떤 것의 속성이라고 주장했다. (그렇지 않다면, 어떤 것에 대해 그것이 좋다고 말하는 것은 결코 참이 아닐 것이다.) 하지만 그것은 어떤 자연적 속성과 동일하지 않다. 또한 그것은 정의될 수도 없다. 따라서 좋음이란 '단순한'(정의할 수 없는) 비자연적 속성이다. 그것은 속성이지만, 그 형이상학적 위상이 자연과 구별되는 속성이다.

(b) 정의주의

이것은 무어의 직계 후계자들이 도출한 결론이 아니다. 무어가 '흄의 법칙'(내가 이 이름으로 언급했던 법칙은 아니다)이라 불리는 것에 관한 증명을 발견했다는 확신이 널리 퍼졌다. 흄은《인성론》에서 도덕철학자들이 사실에서 당위로 쉽사리 나아간다고 지적했다. 그러나 매우 쉽게 이루어지는 이 '사실'에서 '당위'로의 전환은 결코 간단히 설명될 수 있는 것이 아니라고 그는 덧붙였다. 훗날 주석가들은 전제가 아무리 복잡하고 정보를 제공할지라도, '사실'로부터 '당위'를 논리적으로 증명할 수는 없다고 주장하면서, 흄을 '사실'과 '당위' 간의 '간극'의 존재에 대한 전거로 간주했다.

따라서 이것이 '자연주의적' 오류에 대한 설명이다. 무엇이 좋은가에 관한 진술은 우리가 무엇을 해야 하는가에 관한 진술을 수반하기 때문에, '좋은'은 '당위'와 운명을 같이 해야 하며, 좋은 것에 관한 진술은 넘을 수 없는 논리적 장벽에 의해 사실에 관한 진술과 구분되어야 한다. 관념들의 신속한 연합에 의해, 철학자들은 '흄의 법칙'과 자연주의적 오류 모두를 소위 '사실'과 '가치' 간의 존재론적 차이와 연결시켰다. 막스 베버 같은 완고한 사회학자들이 이러한 구분을 하며, 과학적 사회학은 사실만을 다루어야 하고, 따라서 '가치중립적'이라고 주장한다. 많은 순진한 독자들은 자신들이 베버의 의미에 대한 명석판명한 관념을 가졌다고 여겼으며, 과학이 사실에 입각해야 하고(혹은 '실증적'이어야 하고) 이러저러한 관찰자 공동체의 '가치'를 지시하지 않아야 한다는 견해를 진심으로 지지했다.

요컨대 나쁜 논변, 사변적 구별, 과학만능주의적 편견이 한데 결합하여 사실과 가치, '사실적' 기술구와 도덕적 판단, '~이다'와 '~이어야 한다' 간에 구별이 있다고―그리고 이 모든 구별은 세계의 기술구로는 부적합한, 특수한 '도덕적 담론의 논리'에 의해 가려지는 하나의 구별이라고―철학자들을 설득했다. 철학자들은 도덕적 담론이 본질적으로 '평가적'이라고 주장했다. '좋은'이라는 단어는 무어가 생각했듯 '비자연적' 속성을 지시하지 않는다. 그것은 결코 속성을 지시하지 않는다. 도덕적 언어는 기술적 언어와는 다른 방식으로 기능하며, '좋은'과 같은 단어는 '평가적 의미'를 갖는다.

평가적 의미에 관하여 최초로 개발된 이론이 정의주의emotivism로, 대체로 C. L. 스티븐슨이 전개한 형태로 논의되었다. 스티븐슨은 의미의 '인과'이론(지난 장을 보라) 배후에 있는 한 가지 목적에 힘입어 기술적 의미와 동등한 평가적 의미라는 관념을 도입할 수 있었다. 스티븐슨에게 문장이란 마음의 상태들 간의 인과적 연결이다. 즉 p라는 나의 믿음이 내가 'p'를 말하도록 야기하고, 그것은 다시 당신이 p를 믿도록 야기한다. 그러나 믿음이 아니라 태도와 이런 식으로 연결되는 문장들이 있다고 가정해보라. 나의 태도가 내게 'q'를 말하도록 야기하고, 그것은 다시 당신이 공감하도록 야기한다. 우리는 이제 의사소통에서 언어의 새로운 종류의 의미와 새로운 역할을 갖게 된다. 도덕적 판단은 믿음보다는 태도를 표현한다. 따라서 그것은 참도 거짓도 아니다. 왜냐하면 태도는 그것이 기초해 있는 믿음에 의해 결코 결정되지 않기 때문이다. 각각의 사람은 자신만의 '가치'를 가지며, 그것은 그의 태도를 통해 확인된다.

이 이론은 분명히 오류인데, 왜냐하면 의미의 인과이론이 분명히 오류이기 때문이다. 하지만 그것을 가령 그라이스식 언어행위 이론으로 재진술할 수 있는가? 아마도 가능할 것이다. 아마도 우리는 어떤 문장이 일반적으로 믿음을 표현하고, 다른 문장(그중 도덕적 판단)이 일반적으로 태도를 표현한다는 생각을 이해할 수 있을 것이다. 이러한 제안은 그럴듯한가? 인기 있는 주요 논변은 도덕적 판단의 '행위지시적 힘'에 기댄다. 누군가가 진심으로 도덕적 판단을 수용한다는 표시는 세계에 대한 그의 지각과 이론이 아니라 그의 행위에 있다. 태도는 근본적이고, 진실한 확신의 시험대다. 하지만 만일 도덕적 판단이 믿음을 표현한다면, (제안된) 진실성의 시험대는 꽤나 달라질 것이다. 왜냐하면 행위와 믿음은 논리적으로 별개이기 때문이다. 존이 p를 믿는다는 사실로부터, 어떤 x에 대해 그가 x를 한다는 것은 결코 나오지 않는다. 그의 행위는 그의 욕구, 감정, 동기 ― 요컨대 그의 태도에 의존한다. (사실상 '동기를 부여하는 믿음'이 있다는 반론은 최근까지 진지하게 고려되지 않았다.)

(c) 규정주의

이 문제는 우리가 '규정주의prescriptivism'를 논의할 때 더 첨예해지는

데, 이 이론은 R. M. 헤어와 결부되지만 실은 칸트에서 유래했다. 정의주의와 마찬가지로, 규정주의는 이제는 널리 거부될 의미이론들로 인해 방해받고 있는 현대세계에 들어왔다. 하지만 그것에는 그 이론을 더 가치 있는 연구주제로 만들어주는 논리적 정교함이 있다. 출발점은 도덕판단의 '행동지시적 힘'이다. 그리고 그 기본 생각은 이러한 행동지시적 힘이 명령에 의해 대표된다는 것이다. 따라서 우리는 도덕판단을 명법imperative과 동화시킴으로써 이해할 수 있다. 내가 '문을 닫아라!'라고 말할 때, 나는 명령을 하는 것이다. 당신은 문을 닫음으로써 이러한 명법을 받아들인다. 그것을 지지하며 제시되는 이유는 어떤 것을 믿는 이유라기보다는 행동의 이유다. (이러한 사실은 우리가 왜 명법을 참 또는 거짓으로 기술하지 않는지를 설명해준다. 명법의 성공은 세계와의 적합에 있지 않고, 세계를 명법에 적합하게 만드는 데 있다. 명법은 앤스컴이 명명한 실재와의 '적합 방향'에 의해 구별된다.)

명법에는 논리가 있다. '모든 상자를 역으로 가져가라'는 명령으로부터 '이 상자를 역으로 가져가라'는 명령이 나온다. 물론 '~으로부터 나온다'라는 구는 여기서 특별한데, 바로 우리가 명법을 참 또는 거짓으로 기술하지 않기 때문이다. 그럼에도 우리는 그 관계를 일관성의 측면에서 충분히 쉽게 설명할 수 있다. 하나의 명법이 다른 명법을 수반하는 경우는 당신이 전자를 수용하고 후자를 거부하는 것을 일관되게 할 수 없을 때다. 행위가 서로 모순될 수 있고, 명법이 행동으로 수용되기 때문에, 우리는 명법의 논리라는 관념을 완벽히 이해할 수 있다.

우리는 이제 특별한 부류의 명법을 구별해야 한다―보편화 가능한 명법 말이다. 내가 '이 상자를 역으로 가져가라'고 말할 때, 나는 이 특정한 상자에 대한 본질적 지시를 하고, 당신에게 내 명법을 전달한다. 그러나 내가 이러한 특수자에 대한 지시를 배제하고, 유형이나 종류만을 명시한다고 가정해보라. '건강한 사람이라면 누구든지 긴급이라고 표시된 상자를 올바른 목적지에 가져간다.' 이 명법은 이제 '보편화'되어, 세계 전반에 무차별적으로 전달된다. 명령의 분위기를 잃지 않고서 이러한 보편화를 이루기란 불가능하다. 즉 그 문장은 직설법으로 바뀐다. 그것을 표현하는 또 다른 방법은 '해야 한다'라는 단어를 사용하는 것이다. 즉 '건강한 모든 사람은 ~을 가져가야 한다.' 하지만 칸트가 지적했듯이, '해야 한다'를 포함하는 문장의 직설법은 표면적 현상일 뿐이다. 겉을 조금만 긁어내면 곧 그 아래에 있던 명법의 힘이 드러날 것이다.

헤어에 따르면, 보편화 가능한 명법이 '평가적' 담론의 특징이다. 도덕 판단이란 규정적이고, 보편화 가능하고, 최우선적인—즉 어떤 경쟁 '평가' 때문에 그 힘을 미뤄둘 수 없는—판단이다. 그리하여 헤어는 최소한의 이론이라는 짐만을 든 채 다음과 같은 상에 도착한다. 도덕적 판단이란 명법이다. 그것에는 논리가 있으며, 그것이 바로 명법의 논리다. 따라서 명법은 합리적 논변의 특징을 이룰 수 있으며, 스티븐슨과 다른 사람들이 기술했던 정서의 직설적 표현에 불과한 것이 아니다. 사실상 그것은 우리 실천이성의 대전제를 이루며, 무엇을 할 것인가라는 물음에 대한 완전히 이성적인 대답의 정점에 선다.

뿐만 아니라 '사실'과 '당위' 간에는 실제로 간극이 있다. 행위는 믿음에서 나오지 않는다. 어떤 행동도 믿음과 모순되지 않는다. 따라서 '사실'과 관련된 전제를 수용하는 것(즉 믿음을 갖는 것)과 '당위'와 관련된 결론에 불복하는 것(즉 행동방침을 거부하는 것)은 결코 모순되지 않는다.

마지막으로, 규정주의는 도덕적 특징의 '수반supervenience'을 설명해주는 듯하다. 만일 존은 선하고 헨리는 악하다면, 존과 헨리 간에는 어떤 다른 차이가 있음에 틀림없으며, 그 점이 이러한 도덕적 불일치를 설명해준다. (16장 5절에서 논의한 그림의 속성들의 수반과 비교해보라.) 이처럼 비

도덕적 특징들에 도덕이 수반하는 것은 도덕판단의 보편화 가능성의 직접적 결과며, 이것은 마음속에 어떤 보편적 원칙, 즉 '이러이러한 특징을 가진 모든 사람은 선하다'라는 형식의 원칙을 지닌 사람에 의해서만 진정 이루어질 수 있다.

헤어는 자신의 설명을 오스틴의 언어행위에 관한 언급과 연관시키고, 또한 후기 저작들에서는 실천이성 이론과 연관시킨다. 이 이론은 다음과 같은 반론에 대한 답변으로 기획되었다. 즉 헤어의 견해에 따르면, 도덕적 판단이란 정말 '주관적'인데, 왜냐하면 그것은 판단을 내리는 사람의 개인적 결정을 표현하기 때문이다. 헤어의 견해는 간단히 말해서, 도덕적 판단을 단지 그것이 실행을 포함한다는 이유만으로 주관적이라고 간주해서는 안 된다는 것이다. 그와는 반대로, 도덕적 실행이란 합리적인 종류의 실행이다. 그것은 주체에게 즉각적인 결정 너머의, 그것이 유래한 원칙을 항상 바라보라는 의무를 부과한다. 합리적 비판이라는 개방적 활동이 바로 도덕관념에 포함되어 있으며, 비록 도덕적 질문에 대한 답을 찾기가 힘들지라도, 이것은 그것을 찾기가 불가능함을 함축하지 않는다. 내가 어느 합리적 존재에게나 그의 욕구와 상관없이 권할 수 있는 원칙을 발견한다면, 나는 그것을 찾은 것이다.

헤어는 자신이 '기술주의descriptivism'라고 부른 것(이것은 무어의 '자연주의'를 포함한다)을 공격한다―즉 도덕적 술어는 그것이 적용되는 대상의 속성을 기술하며, 따라서 도덕적 판단은 기술구라는 견해 말이다. (이 견해에 따르면, '사실'과 '당위' 간에는 간극이 없게 되는데, 왜냐하면 모든 '당위'는 실제로는 '사실'이기 때문이다.) 헤어는 기술주의자가 도덕판단의 '행위지시적 힘'을 부정함으로써 우리를 곤경에서 벗어나게 해준다고 주장한다. 기술주의자는 중대한 용어들('좋은' '해야 하는' '옳은' '나쁜')을 자연 세계와 얽어맴으로써 도덕의 객관성을 보장하고 싶어한다. 그러나 그가 그렇게 하는 데서 거두는 성공이란 그 용어들에서 도덕적 힘을 제거하는 것이며, 그리하여 우리를 범죄의 삶을 살면서도 도덕전문가인 체하도록 해준다. 만일 도덕적 판단이 믿음을 표현한다면, 그것은 더 이상 우리의 행동을 제한하지 않는다. 만일 그것이 '객관성'의 대가라면, 치르기에 너무 비싼 대가다.

규정주의도 정의주의도 오늘날 많은 추종자를 거느리지 못한다. 여기에는 몇 가지 난점이 있다.

(ⅰ) 의지의 약함. 만일 헤어가 옳다면, 나는 어떤 행동을 피하려고 의도하지 않고서는 그 행동이 잘못이라고 믿을 수 없다. 그러나 종종 나는 유혹에 굴복해서 잘못임을 알고도 행동하곤 한다. 이것은 어떻게 가능한가? 헤어는 이러한 경우를 설명하려 하지만(《자유와 이성》 중 '퇴보'에 대한 장을 보라) 성공하지 못한다. 사실, 의지박약은 도덕과 행위에 관한 많은 철학에서 문제다.

하지만 아마도 그것은 정의주의에는 문제가 되지 않을 것이다. 왜냐하면 내가 어떠한 행동에 반하는 태도를 취하지만 그럼에도 그 행동을 한다고 주장할 때 아무런 모순이 없기 때문이다.

(ⅱ) 딜레마. 아가멤논이 원정군을 트로이로 이끌려 한다면 자신의 딸을 희생시켜야 한다. 이렇게 여신은 명령했다. 자신의 나라와 군대에 대한 그의 의무는 이피게네이아를 죽이도록 요구한다. 아버지로서의 그의 의무는 그 반대를 요구한다. 그러나 그가 두 명령 모두에 복종할 수는 없다. 그렇다면 그가 이피게네이아를 희생시키는 것은 자신의 아이를 죽이는 것은 잘못이라는 도덕적 판단을 그가 단순히 거부했다는 것을 의미하는가? 헤어는 그렇다고 말해야 한다. 그러나 그것은 딜레마가 가

능하다는 점을 부정하는 것과 같다. 확실히 아가멤논은 자기 범죄의 인식으로 인해 영원히 낙인찍혔으며, 이러한 사실은 이후 그의 후회와 참회로 표현된다. (다시금 이것은 정의주의보다 규정주의에게 더 큰 난점이다. 버나드 윌리엄스의《자아의 문제》중〈딜레마〉를 보라.)

(iii) 실질적인 '도덕 담론의 논리.' 우리는 도덕적 판단을 참과 거짓으로 기술한다. 즉 그것은 추론에서 '기술적' 판단의 역할과 정확히 같은 역할을 한다. 특히 그것은 조건문에서 특징적이다. '만일 존이 선한 사람이라면, 그가 고통을 받는 것은 부당하다.' 설령 존을 지지하지 않는 누군가도 진심으로 이 문장을 주장할 수 있다. 그러나 이 조건문의 전건은 그 의미상 화자가 바로 그러한 지지의 태도를 밝히는 것이라고 여겨진다. 이것은 어떻게 가능한가?

이러한 반론은 정의주의와 규정주의 모두에게 불리하다. 헤어는 이에 답하기 위해 미미한 시도를 하지만, 문제는 여전히 미해결로 남아 있다.

(iv) '좋은'의 실질적 의미. 정의주의자 혹은 규정주의자는 '좋은'보다 '당위'를 중시하고, '당위'를 통해 '좋은'을 정의하려는 경향이 있다. 즉 좋은 행동이란 당신이 해야 하는 행동이다, 좋은 사람이란 당신이 본받아야 하는 사람이다 등등으로 말이다. 이것은 '좋은'의 뜻을 완전히 잘못 표상한다고 철학자들은 입을 모은다. 아리스토텔레스는《니코마스코스 윤리학》1권에서 그 뜻을 훨씬 잘 기술했다. '좋은'은 고립된 형용사로는 의미를 이루지 못한다. 우리는 항상 '무엇으로서 좋은가?' 혹은 '무엇을 위해 좋은가?'라고 물을 필요가 있다. '좋은 사람' '좋은 농부' '좋은 말'에서 그 용어는 '한정적으로' 사용되며, 그 의미는 함께 결합되는 명사에 의해 완성된다. 아리스토텔레스는 각각의 명사가 에르곤*ergon* 즉

특징적 활동을 정의하며, 이것이 '좋은'의 뜻을 정해주는 것이라고 주장했다. 농부의 특징적 활동은 농사다. 좋은 농부란 농사를 잘—성공적으로—짓는 사람이다. 칼의 에르곤은 자르는 도구로서의 기능이다. 좋은 칼이란 잘 자르는 칼이다. 기타 등등. 사람의 에르곤을 안다면, 우리는 좋은 사람의 관념을 이해할 수 있다. 이것이 아리스토텔레스가 발견하려고 했던 것이다.

이 모든 것은 매우 정연하고 그럴듯하지만, 이에 대한 적절한 응답을 찾기란 힘들다. 하지만 응답들이 있으며, 설득력이 없지는 않다.

(ⅴ) 정의주의에 대한 반대: 이 얼마나 지독한 순진함인가! 정의주의는 우리가 태도란 무엇인지를 알고 있으며, 그것은 믿음과 구별된다는 어떤 선천적인 계시를 갖고 있다고 가정한다. 정의주의는 태도가 무엇이든지 간에 지향성을 가지며, 지향성이 정신상태를 합리적인 방향으로 제한한다는 점을 알지 못한다. 도덕적 삶을 속물적으로 기술하고, 우리의 실제 도덕적 판단들의 다양성과 수완에 주목하지 못한다. 그것은 '좋은' '해야 하는' 같은 용어를 거의 사용하지 않으면서도, 우리의 삶과 행위 방식에 대한 정당화를 어떨 때는 여기에서 어떨 때는 저기에서 찾으며, 우리 인간세계를 기술하는 개념들 사이를 자유롭게 배회한다. 여하튼 정의주의는 우리가 그 메시지에 귀 기울이기 전에 얼마간의 정교화가 필요하다.

(ⅵ) 믿음과 행위 간에 어떠한 수반 관계도 없다는 공통의 가정. 이것은 독단적 주장이 아닌가? 이것을 증명하려면, 당신은 어떠한 '동기를 부여하는 믿음'도 없다는 것을 입증하기 위해 심리철학을 깊이 연구해야 할 것이다. 하지만 정의주의자와 규정주의자는 그런 번잡한 일에 연

루되기를 근엄한 체하며 꺼린다. 사실, 오늘날 도덕철학자들 간에는 동기를 부여하는 믿음의 문제가 윤리학의 핵심이라고 주장하는 경향이 커지고 있다. 만일 우리가 어떤 믿음을 갖는 편이 합리적이고, 그 자체로 행동에 대한 충분한 동기인 믿음이 있음을 증명할 수 있다면, 그것은 도덕의 충분한 옹호가 될 것이다. (아마도 내가 당신의 미래에 대해 책임이 있다는 믿음이 그와 같은 것일지 모른다.)

(d) 도덕 실재론

이 모든 반론에 직면한 철학자들은 무어와 헤어가 일축했던 견해로 돌아가려 했으며, 그것을 '자연주의' 혹은 '기술주의'(현존하지 않는 철학으로 인해 너무나 오염된 용어들)가 아니라 '도덕 실재론'이라고 불렀다. 이 표현에도 약점은 있는데, 왜냐하면 언어철학에서 실재론 대 반실재론 논쟁과의 연관을 암시하기 때문이다. 그러나 그럼에도 그것을 채택해보자. 도덕 실재론자는 도덕적 판단이 다른 판단과 똑같으며, 실재의 특징을 기술한다고 주장한다. 즉 도덕적 실재 말이다. 세계는 좋음과 가치, 옳음과 그름, 의무와 금지를 포함하며, 도덕적 언어의 목적은 단지 이러한 것들을 기술하고 추론하는 것뿐이다.

어떤 철학자들은 존 설처럼, '사실'에서 '당위'로의 추정 증명을 만들면서 적의 영토에서 도덕 실재론을 위해 싸우려고 했다. 다른 철학자들은 필리파 푸트처럼, 도덕적 판단의 진리 기준을 제시했다. (그녀의 경우에, 이 기준은 '인간의 이익 및 손해'와 관련된다.) 그러나 아마도 가장 그럴듯한 옹호는 내가 18장에서 개괄한 인간세계에 관한 사유로 돌아가는 것이다. 그럼으로써 도덕판단이 우리의 지향적 이해에 속한다고 주장하는 것이다. 바로 우리의 관심에 따라 세계를 구분하는 개념들을 이용하고, 우리의 태도와 행동에 기초한 다수의 표면적 진리를 제공하는 지향적 이해 말이다. 정의라는 개념을 생각해보자. 이것은 도덕 담론에서 두드러진 특징을 이루며, 인간적 성품과 행동에 대한 알기 쉬운 특징을 기술한다. 정의는 또한 그런 행동과 성품을 '평가하는' 데에도 쓰인다. 어떤 행동을 불공평하다고 말하는 것은 그 행동을 판단하는 것이다. 이러한 기술구는 비난의 힘을 갖는다. 헤어는 '불공평한'이라는 용어가 실제로 두 가지를 의미한다고 말할 것이다. 그것은 행동을 기술하고, 또한 그 행동을 비난한다. 원칙적으로 두 구성요소는 '기술적인' 부분과 '규정적인' 부분으로 나뉠 수 있다. 하지만 왜 그렇게 말하는가? 어떻게 하나이자 같은 술어가 두 개의 이질적인 규칙을 따르면서도 뿔뿔이 흩어지지 않는가? 오직 규정주의 이론을 고집스레 고수할 때에만 우리는 그렇게 말할 수 있다. 왜 기술구와 평가 간의 구분 전체가 오류에 기초해 있다는 점을 받아들이지 않는가?

이런 식으로 논의는, 우리의 행동을 판단이라는 무대에 올려놓고 인간세계를 다루도록 해주는 개념들에 초점을 맞추기 시작했다. 이것은 실재론자의 견해가 모든 사람에게 받아들여진다는 의미는 아니다. J. L. 매키는 지극히 과대평가된 책(《옳음과 그름 만들어내기》)에서 도덕 실재론에 반대하는 논변들을 정리하고, 두 가지를 골라 특별히 강조한다. 도덕적 판단이 행동을 지시하는 역할을 한다는 논변과, 만일 실재론이 참이라면, 도덕적 속성이 존재하게 되며, 도덕적 속성은 매우 기이한 종류의 것이라는 그 자신의 '기이함의 논변'이 그것이다. 그렇다, 그것은 기이한 종류의 것이다. 제2성질도 기이한 종류의 것이고, 생활세계를 구성하는 모든 성질도 마찬가지다. 그러나 기이함이란 '인과적 무력함'의 다른 이름일 뿐이다. 도덕적 속성은 물리적 실재를 설명하는 데서 아무 역할도 하지 않는다. 우리는 그것을 세계에서 지각하지만, 세계는 그것을 언급하지 않고서도 설명될 수 있다. 과학적 관점에서 볼 때, 좋음이라는 사실은 없으며, 어떤 것이 좋다고 간주된다는 사실만이 있을 뿐이다. 과학적 관점에게는 그만큼 더 안 좋은 것이다.

2. 실천이성

경쟁이론들 사이에서 우리가 어느 쪽을 택하든, 여전히 남는 물음이 있을 것이고, 이 물음은 도덕판단의 분석보다 훨씬 더 중요하다. 바로 다음과 같은 실천이성의 물음이다. 우리는 다른 것이 아니라 어떤 것을 하는 것에 대한 객관적으로 구속력 있는 이유를 갖는가?

도덕 실재론자가 옳고, 도덕판단이 관찰자에게 독립적인 실재를 기술한다고 가정해보라. 그렇다면 도덕판단이 참일 때, 우리는 어떤 행동의 이유를 갖는가? 다른 한편으로 규정주의자가 옳고, 도덕판단이 우리의 결정을 표현하며, 따라서 도덕판단의 수용과 그에 따른 행위 사이에 아무 간극도 없다고 가정해보라. 그러면 물음은 다음과 같다. 도덕판단에 대해 우리는 어떤 근거를 갖는가? 하지만 이 두 물음은 정확히 하나이자 같은 물음, 즉 사유와 행동 간의 '가교'에 관한 물음이다. 행동을 위한 구속력 있는 이유이기도 한 참된 사유는 있는가? 있다면, 그것은 무엇인가?

타당한 실천적 추론의 논쟁의 여지 없는 예가 하나 있다. 당신이 아이슬란드에 가고 싶어하고, 그 유일한 방법이 맨체스터에서 비행기를 타는 것이라고 하자. 그렇다면 당신에게는 맨체스터에서 그 비행기를 타야 할 이유가 있다. 아마도 그것은 결정적인 이유가 아닐지 모른다. 당신에게는 갈등하는 욕구가 있을 수 있다. 당신은 맨체스터에 대해 나쁜 기억이 있어, 비행기를 타느니 여행을 취소하고 싶을 것이다. 그러나 여전히 당신에게는 그 비행기를 탈 이유가 있다. 그리고 반대 이유가 없다면, 그것이 당신이 해야 하는 것이다. 이 예는 수단에 관한 추론과 관련된다. 만일 당신이 y를 욕구하고, x가 y의 수단이라면, 다른 조건이 같다면 x를 하라. 이것이 아리스토텔레스가 '실천적 삼단논법'이라고 불렀던 것의 한 형식이다. 이것으로써 그는 욕구와 사유가 합리적 행동에서 하나가 되는 과정을 의미했다. 이것은 그 결론이 행동이기 때문에 실천적이다. 이것은 그 행동이 '무엇을 할 것인가?'라는 물음에 대한 합리적 대답—전제가 그 행동의 이유를 실제로 제공할 때 정당화되는 대답—이기 때문에 추론의 형식이다.

수단에 관한 추론은 논란의 여지가 없는데, 의심스러웠던 어떠한 것도 보장하지 않기 때문이다. 모든 것은 대전제에 의존하며, 대전제는 목적 혹은 욕구를 진술한다. 당신은 그것을 어떻게 정당화하는가? 흄은 "이성은 정념의 노예이며, 오직 그래야 한다"는 유명한 말을 했다. 그가 의미하는 바는 이성이 실천적 추론에서 우리 목적을 위한 수단을 밝히는 것 외에 다른 어떤 역할도 할 수 없다는 것이다. 이성은 결코 목적 그 자체를 제공할 수 없다. (그는 또한 이성에만 의지하려는 시도가 우리의 도덕 감정의 권위를 약화시킬 것이라고 믿었다.)

3. 공리주의

비록 흄은 공리주의자가 아니었지만, '공리 원칙'이라는 언명을 제공했으며, 이것은 오늘날까지 영어권 윤리학에서 중요한 자리를 차지하고 있다. 다양한 형태의 공리주의가 존재한다. 벤담에게 중대한 관념은 쾌락의 극대화다. 밀의 목표는 행복이며, 자유의 존중에 의해 제한될지라도 마땅히 추구되어야 할 것이다.

그 이론의 가장 간단한 형태는 다음과 같이 주장한다. 모든 합리적 존재가 갖고 있으며, 그 바람직함이 자명한 하나의 목적이 있다. 곧 행복이다. 우리는 이 목적의 추구를 정당화할 필요가 없으며, 그것은 다른 어느 것보다 우리에게 중요하다. 아리스토텔레스가 말했듯, 그것은 '궁극 목적'이다. 실천이성은 행복에 이르는 수단과 관련되며, 따라서 완전히 객관적이다. 우리는 우리의 모든 행동을 '행복을 가져오는' 그 결과에 따라 평가할 수 있다. 가장 많은 행복을 약속하는 행동이 옳은 것이다.

첫 번째 문제: 누구의 행복인가? 아마도 내 행복의 바람직함은 나에게 자명할 것이다. 그러나 내가 당신의 행복을 나의 의제로 삼을 어떤 이유가 있는가? 공리주의자들은 으레 각 사람의 행복이 총합에서 1로 계산되고, 우리는 행복이 누구의 것이든 상관없이 행복을 낳으려 목표해야 한다고 주장한다. 그렇지만 우리가 왜 그렇게 해야 하는가? 이것이 우리가 원하는 어떤 것, 혹은 우리가 원해야 하는 어떤 것, 혹은 원하는 것이 합리적인 어떤 것인가? 우리는 실천이성의 물음과 함께 제자리로 돌아온다.

두 번째 문제: 우리는 어떤 행동이 산출할 행복의 총량을 어떻게 추산할 수 있는가? 우리의 추론에 커트라인이 있는가? 아니면 이 물음은 영원히 열린 채로 남는가? 옛 공산주의자의 논변을 되돌아볼 가치가 있다. 그들은 부농의 청산이 사회주의 경제의 장기적인 이익을 위한 단기 비용이기 때문에 옳다고 말했다. 물론 이런 식으로 당신은 어떤 것이든 정당화할 수 있다. 레닌, 히틀러, 스탈린이 알았듯이 말이다.

세 번째 문제: 우리는 어느 모로 보나 더 큰 행복을 위해 한 사람의 행복을 희생시킬 자격이 있는가? 어떤 폭군이 히긴스를 고문해 죽이면 당

신들 모두에게 클라레 와인 한 병씩을 주겠다고 말한다. 만일 그 주위에 충분히 많은 와인 애호가가 있다면, 이것이 불쌍한 히긴스의 운명을 정당화하는가? 이처럼 어리석고 불쾌한 가능성들을 상상하기란 쉽다.

네 번째 문제: 행복은 측정될 수 있는가? 그렇지 않다면, 우리는 모든 실천적 추론을 수단에 관한 추론으로 실제로 환원할 수 있는가? 모든 실질적 물음은 이제 결정될 수 없는가?

이와 같은 난점들은 지겹도록*ad nauseam* 만들어질 수 있다. 어떤 철학자들은 '규칙 공리주의'를 옹호함으로써 우회하고자 한다. 이것은 행동의 옳음 혹은 그름에 대한 우리의 시험은 그것이 도덕규칙(예를 들어, 십계명 중 하나)을 따르는지에 있다고 우리에게 말한다. 하지만 그 규칙 자체의 권위는 그것에 대한 일반적 복종이 행복의 원인을 증진한다는 사실 덕분이다. 이런 속임수는 매우 빨리 원래의 이론과 같은 난점들에 봉착한다. 특히, 이것은 앤스컴이 도덕적 타락이라고 (올바르게) 부른 것을 인가해준다. 만일 살인에 반대하는 규칙이 일반적 행복을 증진하기 때문에 무고한 자를 죽이지 않아야 한다고 내가 믿는다면, 나는 쉽사리 죄를 저지르도록 유혹당할 수 있다. 아마도 나는 그 규칙을 위반함으로써 일반적 행복을 늘릴 수 있을지 모른다. 그래서 일반적 복종을 준수하면서도, 내가 해야 할 일은 그 자를 죽이는 것이 된다. 아무도 그것을 알아내지 못한다면, 내가 하는 행위는 옳다.

이러한 종류의 고찰로부터 버나드 윌리엄스는 만일 공리주의가 참된 이론이라면, 우리는 공리주의에 입각하여 사람들이 그것을 믿지 못하도록 해야 한다고 주장했다. 자기 거부를 정당화하는 이론은 진리의 유망한 도전자가 아니다.

4. 결과주의

공리주의가 영국인의 기질에 놀랄 만큼 성공적으로 이식된 것은 두 가지 요인 때문이다. 도덕에 세속적 목적을 제공한 것과, 윤리학을 수학적 계산으로 환원한다는 약속이 그것이다. (벤담은 '행복계산법'을 제안했는데, 이것은 오늘날 경제학에서 받아들여지는 '결정이론'의 원형이었다.) 공리주의 도덕은 경제인*homo economicus*의 도덕이다. 적어도 벤담은 그렇게 생각했다.

더 현명한 경제학자 애덤 스미스는 이미 《국부론》에서 이 논변의 결함을 폭로했다. 장기 이익은 그것을 의도하지 않은 거래에서 '보이지 않는 손'에 의해 발생할 수 있다고 그는 주장했다. 아마도 우리가 그것을 목표한다면, 놓치고 말 것이다. 이윤을 추구하는 개인들에 의한 자유거래는 사회 전체에 이익이 된다. 하지만 오직 그 거래가 금지들에 의해 구속될 때에만 그렇다. 속임수, 사기, 절도 등은 금지되어야 한다. (로버트 노직이 명명한) 이러한 '측면제약*side-constraints*'이 바로 우리가 도덕으로 의미하는 것이다. 도덕법칙에 대한 복종이 일반적 행복을 증진한다는 것은 가능하다. 하지만 그것이 우리가 목표로 하는 일반적 행복이 아닐 때에만 그렇다는 것도 또한 가능하다. 도덕 원칙은 절대적 구속으로 간주될 때에만 이로운 결과를 낳는다.

이러한 절대적 금지의 관념을 어리석거나 비합리적이라고 간주하는 것이 바로 영국인의 도덕적 백치의 일부다. 확실히, 도덕은 이로운 결과에 의해 정당화된다고 주장된다. 따라서 우리는 그 결과에 비추어 도덕을 조정하고 수정해야 한다. 만일 이런저런 상황에서 내가 어떤 원칙을 어기는 데서 오는 엄청난 이익을, 혹은 복종하는 데서 오는 엄청난 불행을 분명히 파악할 수 있다면, 나는 불복해야 한다. 도덕이 합리적이고, 편견을 맹목적으로 고수하지 않는다면, 원칙은 항상 결과와 비교 검토되어야 한다. 도덕적 '절대주의'는 심지어 범죄로 비난받는다. 이런 식으로, '결과주의consequentialism'이론을 통해 무제한적 타락의 가능성이 현대의 양심에 재진입했으며, '응용윤리학'에서 몇몇 흥미로운 궤변을 만들어냈다.

5. 칸트의 접근법

결과주의는 그 주요 적수인 칸트를 통해 가장 잘 이해된다. 그의 윤리학 체계는 인간의 마음이 고안해낸 가장 아름다운 창조물 중 하나다.

칸트는 규정주의자였다. 칸트는 도덕판단이 명법이며, 또한 보편적이라고 믿었다. 헤어가 논의한 형식적 의미에서뿐 아니라 모든 합리적 존재에게 보편적으로 적용되는 더 실체적 의미에서도 말이다. 그러나 헤어와 달리, 칸트는 이러한 '정언명법'에 선천적 근거가 있다고 믿었다.

수단에 관한 추론에서, 나는 '만일 당신이 x를 원한다면, y를 하라'라는 형식의 명법을 사용한다. 여기서 전건은 목적을 명시한다. 이러한 '가언명법'은 다음과 같은 단일 원칙에 그 타당성을 의존한다. '목적을 바라는 자는 수단을 바란다.' 칸트는 이 원칙이 분석적이라고 주장한다. 따라서 수단에 관한 논변은 타당하다(또한 하찮다). 하지만 우리는 목적에 관해서도 추론한다. 우리는 이것 혹은 저것을 원하는 것이 옳은지를 그로부터 나오는 이득에 상관없이 묻는다. 그러한 추론 또한 타당할 수 있다. 하지만 이 경우에 타당성은 객관적 타당성을 의미한다―즉 그것은 모든 합리적 존재에게, 그들의 욕구와 상관없이 타당하다. 가언명법은 중요한 의미에서 여전히 주관적이다. 왜냐하면 그것은 전건에 언급된 욕구를 가진 사람에게만 이유를 제시하기 때문이다. 그 이유는 그의 관심에 따라 상대적이며, 아무런 독립적 힘을 갖지 못한다. 하지만 만일 정언명법이 있다면, 그것은 틀림없이 그러한 개인적 관심사를 추상하고, 이성만의 관점에서 세계를 바라볼 것이다.

모든 이성 활동과 마찬가지로, 이러한 추상과정은 우리가 후천적으로만 아는 '경험조건'(행위자의 필요와 욕구 같은)에 대한 지시를 버리는 것을 포함한다. 그리하여 정언명법의 탐색은 우리를 선천적인 것의 영역으로 이끈다. 우리는 그 타당성이 이성에 의해서만 보장되고, 단순히 어떤 분석적 연결('p를 야기하든지 아니면 p 아닌 것을 야기하라!'라는 명령에서처럼)에 기초하지 않는 명법을 추구한다. 따라서 칸트가 착수한 비범한 계획은 이것이다. 선천적이고 종합적인 **명법**의 발견! 만일 당신이 그것을 발견할 수 없다면, 도덕이라는 전체 구조물은 모래 위에 지어진 셈이다.

칸트의 다음 행동은 지극히 독창적이다. 그는 정언명법의 내용을 추상과정에 의해서가 아니라 추상 관념 자체에 대한 성찰에 의해 이끌어낸다. 정언명법은 말한다. "모든 '경험조건'이 무시된 후에야 비로소 당신의 행동 이유를 찾아라." 만일 당신이 이 명법에 복종한다면, 이성이 요구하는 것을 하게 될 것이다. 당신의 행동은 이성만을 지시하지, 당신의 개인적 정념과 관심을 지시하지 않을 것이다. 따라서 그것은 당신뿐 아니라 어떠한 합리적 존재든 구속할 것이다. 그리하여 우리는 이런 식으로 정언명법을 표현할 수 있다. '모든 합리적 존재의 법칙으로서 당신이 바랄 수 있는 준칙에 따라서만 행동하라.' ('준칙'이란 대략 당신이 해야할 일을 할 때 당신의 의도를 의미한다.) 이 유명한 원칙은 이성의 요구를 담아내며, 또한 '대우받고 싶은 대로 남을 대하라'라는 기독교의 황금률과 일치한다.

이 이성의 요구는 내가 이성을 존중한다는—즉 나의 결정에서 이성에게 최종 결정권을 허용한다는 요구다. 이것은 나 자신뿐 아니라 다른 사람의 이성도 존중한다는 의미다. 모든 합리적 존재는 나의 존중을 요구하며, 이것이 또한 도덕의 근본 공리다. 나는 타인의 이성을 보잘것없는 것인 양 무시할 수 없다. 나는 우리가 함께 참여하는 그 기획에서 그를 설득하고, 그의 합리적 동의를 얻으려고 노력해야 한다. 나는 그를 그저 내 목적을 위한 도구로(오직 수단으로) 이용할 수 없다. 왜냐하면 모든 합리적 존재와 마찬가지로, 그도 내가 하는 만큼 내 행동에 대해 판단하고 있기 때문이다. 요컨대, 정언명법은 '합리적 존재를 항상 그 자체 목적으로 대하고 결코 수단으로만 대하지 않도록 행동하라'고 요구한다.

그리하여 실천이성은 우리를 어떤 공통 기획의 일부분으로 만든다—그 기획에서 우리 각자는 동료를 존중할 뿐 아니라, 타인의 눈으로 자신의 행동을 정당화할 이유를 찾도록 강요된다. '합리적 존재들의 공동체'라는 관념이 우리의 실천적 담론 안에 잠복하며, 우리의 도덕적 사고를 강요한다. 그리하여 정언명법은 모든 권리가 존중받고 모든 의무가 준수되는 이상적 공동체로 우리를 이끈다. 이것 또한 이성의 요구가 된다. 칸트의 말을 빌리면, "당신의 행동의 준칙이 목적의 왕국에서 자연법칙이 되도록 행동하라."

세 정식은 한 가지 명법의 표현들로 간주되며, 이 명법이 모든 도덕이 기반하고 있는 선천적 법칙이다. 그 타당성이 이성에서만 도출되기 때문에, 모든 합리적 존재는 이성에 의해 이 법칙을 수용하도록 강요된다. 마치 그들이 논리학의 법칙을 수용하도록 강요되듯이 말이다.

하지만 정언명법을 수용한다고 할 때 우리는 무엇을 의미하는가? 아리스토텔레스와 마찬가지로, 칸트는 이성이 '행동으로 수용될' 때에만 실천적이라고 믿는다. 행동의 이유란 해야 할 일을 하는 나의 이유다. 즉 그것은 단순히 정당화해주는 원리일 뿐 아니라 동기이기도 하다. 만일 정언명법이 실천적 권위를 가진다면, 이성은 틀림없이 동기를 부여하는 힘을 가질 것이다. 따라서 이성은 정념의 '노예'이고 오직 그래야 한다는 흄의 견해는 거부되어야 한다.

이것은 어떻게 가능한가? 칸트에게 그 답은 17장에서 논의한 그의 자유의 철학에 있다. 합리적인 존재의 선택은 '이성에 의해서 결정된다.' 바로 합리적 선택이라는 관념에 '자유의 인과성'이 함축되어 있다. 도덕은 자유를 전제함으로써 우리의 자유가 실질적임을 증명한다. 다른 모든 동기는 우리를 노예로 삼는다. 가언명법을 따라 행동할 때, 나는 자연의 일부로서, 내 자신의 욕구의 도구로서, 그것을 통해 자연의 인과성이 그 비인격적 운명으로 진행되도록 행동한다. (이것이 우리가 욕구를 '정념 passions'이라고 기술하는 이유다. 실제로, 칸트는 욕구를 지시할 때 종종 '병리적 pathological'이라는 단어를 사용한다.) 그와 대조적으로, 정언명법은 자아에 직접 호소한다. 그것은 자연의 원인을 받아들이지 않고, 나를 2인칭 단수 너Du로 직접 부르며 자연질서에 저항한다.

그의 다른 도덕철학과 마찬가지로, 칸트의 자유이론은 단지 그의 형이상학의 사변적 부산물이 아니라 우리의 도덕적 직관, 즉 행동에서 훌륭히 성공을 거두는 어떤 것을 이해하려는 진지한 시도다. 그 결과로 나온 도덕의 상은 다음과 같이 요약될 수 있다.

도덕적 존재는 자유롭고, 합리적이며, 자기입법을 할 수 있다. 우리는 그를 자연의 나머지와 구별하기 위해, 권리와 의무의 담지자로서 '인격'이라고 부른다. 인격은 항상 목적으로 다루어져야 한다(그는 착취, 조종, 학대, 예속, 유린될 수 없다). 그는 이상적 공동체의 평등한 구성원이며, 도덕법칙에 복종하는 한에서 그 공동체에서 자신의 자리를 차지한다. 나는 도덕법칙 자체를 존중해야 하는 만큼 합리적 존재 또한 존중해야 한다. 이러한 의무는 불편부당하고 객관적이며, 국가들을 뿔뿔이 나누는 인종, 신념, 관습의 모든 임의적 구별을 무효화한다.

그리하여 여기에 선천적 증명을 갖춘 계몽주의 도덕이 있게 된다. 칸트의 도덕철학이 세상을 변화시킨 듯 보였다는 것은 놀랄 일이 아니다. (하지만 영향력에 관한 1절 도입부의 언급을 보라.) 그러나 여기에는 쉽사리 제쳐둘 수 없는 문제들이 있다. 예를 들어, 자유 개념에 대해서 칸트 스스로도 알 수 없는 것이라고 인정했다. 그리고 정언명법을 낳는 추론의 경우, 그것은 실제로 설득력이 있는가? 아니면 아주 영리한 하나의 수사학인가?

6. 주인, 노예 그리고 측면제약

헤겔은 자신의 '변증법'의 용어로 표현된 흥미로운 논변을 제시하며, 모든 합리적 존재는 칸트가 기술한 대로 적어도 자기 자신을 바라보아야 한다는 결론을 지지한다. 그리고 그렇게 하면서, 그는 칸트에게 단지 잠재되어 있던 관념—사회적 범주로서 도덕적 가치라는 관념을 표면화한다. 변증법적 방법에 힘입어 헤겔은 철학적 논변에서 현세적 은유들을 자유롭게 사용한다. 그는 논리적 관계를 마치 과정인 듯 기술하는데, 그에게 개념의 '전개'는 또한 정신이 자기인식으로 성장하는 것이기 때문이다. 헤겔이 의식의 고고학(말하자면, 의식과 자기의식이 구성되는 개념적 단계)에 몰두했던 《정신현상학》에서, 현세적 어법은 번역이 불가능한 극적이고 시적인 힘을 얻는다. 따라서 나는 지배와 예속(주인과 노예)에 관한 유명한 구절을 내 자신의 용어로 요약해보겠다. 다음의 몇몇 구절은 내가 앤서니 케니 경의 《삽화로 보는 근대철학사》에 기고했던 것을 개작한 것이다.

칸트와 마찬가지로, 헤겔은 자아의 존재가 독특한 직접성—칸트의 선험적 통각의 통일의 직접성—을 제공함을 인정한다. 그리고 칸트와 마찬가지로, 그는 우리의 정신상태가 우리에게 주어지는 이러한 직접성이 정신상태의 본성에 관해서는 아무런 실마리도 제공할 수 없다고 주장했다. 그것은 그저 지식의 아무 깊이 없는, 표면의 반짝거림일 뿐이다. 순수주관의 직접성은 헤겔이 말하듯이 무차별적이고, 비결정적이며, 따라서 내용이 결여돼 있다. (12장에 요약된 헤겔의 존재에 관한 설명과 비교해보라.)

이로부터 순수주관은 자기가 무엇인지에 대한 어떠한 지식도 얻을 수 없고, 자기가 살고 있는 세계에 관한 지식은 더더욱 얻을 수 없다는 결론이 나온다. 그럼에도 칸트가 보았듯이, 순수주관의 존재는 통일을 전제하고, 그 통일은 통일의 원리 즉 의식을 하나로 묶어주는 어떤 것을 요구한다. 스피노자는 이와 관련하여 유기적 존재들의 동일성을 구성하는 코나투스conatus 즉 노력을 말했다. 헤겔은 유사한 개념인 아리스토텔레스의 오렉시스orexis 즉 욕구에 의지한다. 바로 우리가 우리의 세계를 소유하고자 하는 노력 말이다. 의식의 초기 단계에서, 이것이 자아가 도달하는 것이다. 유아의 원초적인 '나는 원한다'나, 둥지 속 새끼의 집요한 새된 소리 같은 것 말이다.

그러나 욕구는 어떤 것에 대해 욕구하지 않고서는 존재할 수 없다. 욕구는 그것에 독립적인 대상을 상정한다. 대상을 향한 이 모험과 더불어, 자아의 '절대적 단순성'은 깨어진다. 그러나 욕구의 대상을 상정하면서, 정신은 자기의식으로 상승하지 않는다. 왜냐하면 정신은 대상의 세계 외에 다른 것으로서, 그리고 대상과의 관계에서 자유로운 것으로서 스스로에 관한 개념을 갖지 못하기 때문이다. 그것은 단지 동물적 정신의 단계에 도달하여, 세계를 욕구의 대상으로서 탐구하지만, 혼자서는 아무것도 아니기에 진정한 의지를 갖지 못한다. 이 단계에서 욕구의 대상은 단지 결여Mangel로서 경험되며, 욕구 자체는 욕구된 것을 파괴한다.

자기의식은 대립의 '계기'를 기다린다. 세계는 그저 수동적으로 욕구의 요구에 비협력하지 않는다. 그것은 또한 그 요구에 능동적으로 저항한다. 그때 세계는 진정으로 타자가 된다. 세계는 내 욕구의 대상을 제거하고, 그것을 놓고 경쟁하며, 경쟁자인 나의 폐기를 추구하는 듯하다.

자아는 이제 '자신의 호적수를 만났고', 거기서 헤겔이 '타자와의 생사를 건 투쟁'이라고 시적으로 부른 것이 이어지며, 다른 의지 및 다른 권력과 맞서며 자아는 스스로를 의지로서, 권력으로서 알기 시작한다. 충만한 자기의식은 이것의 직접적 결과가 아니다. 왜냐하면 그 투쟁은 욕구에서 생겨나고, 자아는 (스스로를 지식의 대상으로 결정하기 위해서) 스스로를 발견해야 하기 때문이다. 이러한 자기결정Selbstbestimmung은 주체가 추구할 가치가 있는 것과 그렇지 않은 것을 구별하면서, 세계의 대상에 의미를 부여할 때에만 일어난다. 생사를 건 투쟁은 자유로운 자아 개념을 낳지 않는다. 그와 반대로, 이 투쟁의 결과로 어느 한쪽이 다른 쪽을 지배하게 된다. 명예보다 삶을 택하는 자는 명예를 위해 삶을 희생할 각오가 된 자의 노예가 된다.

자기의식의 이 새로운 '계기'가 가장 흥미로운 부분인데, 이에 대한 헤겔의 설명은 19세기 윤리학과 정치철학에 지대한 영향을 미치게 된다. 무리의 한쪽은 다른 쪽을 노예화하고, 그리하여 다른 쪽의 노동을 갈취할 권력을 얻는다. 이러한 노동 덕분에 주인은 의지를 소모하지 않고서도 자신의 욕구를 충족시킬 수 있으며, 따라서 여가를 얻을 수 있다. 하지만 여가와 더불어 의지의 쇠약이 나타난다. 세계는 그것에 맞서 주체가 행동해야 하고, 그것에 관하여 주체가 스스로를 규정하려고 노력해야 하는 저항의 대상으로서 이해되기를 그친다. 여가는 권태에 접어든다. 세계의 타자성은 베일에 가려지고, 주체―그것의 자기규정은 대상세계와의 대조를 통해 존재한다―는 신비 속에 사라진다. 그는 무력감에 빠지고, 새로이 얻은 '자유'는 일종의 술에 취한 환각으로 바뀐다. 주인의 자기규정은 치명적으로 손상된다. 그는 노예의 행동을 관찰함으로써 자신이 욕구하는 것의 가치를 결코 이해할 수 없다. 왜냐하면 주인의 눈에는 노예가 수단에 불과하기 때문이다. 노예는 자신의 목적을 추구하는 것으로 보이지 않는다. 반면에, 노예는 자연의 무차별적인 메커니즘에 흡수되어, 자신의 하찮은 일에는 주인으로 하여금 그 일을 추구할 가치를 상상하게 할 아무런 중요성도 없다고 여긴다.

이제 노예의 눈을 통해 사태를 바라보자. 비록 그의 의지는 사슬에 매여 있지만 파괴되지 않는다. 그는 굴복했을지라도 세상을 향해 여전히 능동적이며, 주인의 명령에 따라 행동하지만 그럼에도 그는 자신의 노동을 대상에 부여하고, 대상을 통해 자신의 정체성을 깨닫는다. 그의 노동의 결실은 나의 작품으로 간주된다. 그는 세계를, 비록 자신은 사용하지 못하더라도, 자신의 이미지대로 만든다. 그리하여 그는 스스로를 세계의 타자성과 구별하고, 노동을 통해 자신의 정체성을 발견한다. 그의 자기의식은 성장하며, 비록 수단으로 취급받을지라도, 그는 불가피하게 자기 행위의 목적의 의미와, 그 목적을 자기 것으로 만드는 의지, 둘 다를 얻는다. 그의 내적 자유는 주인의 권태에 비례해서 점점 강해지며, 마침내 그가 봉기하여, 여가 상태에 수반되는 수동성에 스스로 '빠져든' 주인을 노예화하기에 이른다.

주인과 노예는 각기 절반의 자유를 소유한다. 전자는 자유를 행사할 기회를, 후자는 자유의 가치를 아는 자아상을 갖는다. 그러나 양쪽 다 전체를 갖지는 못하며, 그들 간의 이러한 권력 이동은 부단히 이어지고, 결코 충족되지 않는다. 이들의 관계의 변증법은 해결책을 기다리는데, 그것은 각자가 타자를 수단이 아닌 목적으로 대할 때에만 나타난다. 즉 각자가 자신들을 노예화하는 생사의 투쟁을 단념하고, 타자의 의지의 실재를 존중할 때 나타난다. 그렇게 할 때, 각자는 타자의 자율성을 받아들이고, 그와 더불어 타자를 수단이 아니라 목적으로 대하라고 우리에게 명령하는 정언명법을 받아들인다. 그때 각자는 자연과 동떨어진 채, 공통의 도덕법칙이 인정하는 상호요구에 의해서 공동체에 구속되는 주체로(대상이 아니라) 스스로를 간주한다. 이 법칙이, 칸트의 말을 빌리면, 자유의 법칙이다. 그리고 이 '계기'에서 자아는 그 능동적 본성의 개념을 획득한다. 즉 자아는 자율적이지만 법칙의 지배를 받으며, 공통 본성을 띠고, 보편적 가치를 추구한다. 자기의식은 **보편적 자기의식**이 된다.

헤겔의 설명은 사회 구성원으로서의 행위자의 관점을 반영하며, 정언명법에 대한 또 다른 광의의 시각을 우리에게 제공한다. 도덕법칙에 대한 나의 복종은 내 자신의 도덕적 가치에 대한 믿음과 밀접히 관련된다. 그리고 이것은 나의 자존감에 의존하며, 이것은 다시 내가 타자에게 어떻게 보이는가라는 개념을 반영한다. 도덕적 행위가 사회적 산물이라는 주장은 헤겔의 의해 그 '역사성'에 대한 믿음과 연결된다. 도덕적 행위는 명확한 역사적 계기를 가지며, 사회질서가 진화함에 따라 발전한다. 이 모든 시사적 관념들은 칸트의 뼈대에 살을 붙이고, 칸트의 의무 관념에서만 파생될 수 있는 것보다 더 그럴듯하고 미세한 도덕 심리학을 약속하는 듯하다.

정언명법은 또한 단순히 개별적 의지를 묶는 원리로서만이 아니라, 낯선 사람들 간의 협상과 타협의 도구로서 이해될 수 있다. 그것을 통해 그들은 상호 적대감에서 빠져나와 서로를 동등한 존재로서 대할 수 있다. 현대철학자들에게 가장 호소력이 있는 것이 바로 정언명법의 이러한 측면이다. 왜냐하면 그것이 현대의 도덕을 '측면제약'의 체계로서 시사해주기 때문이다. 도덕법칙은 우리에게 무엇을 해야 하는지 말해주지 않는다. 그러나 그것은 우리의 이해 추구 과정에서 무엇을 할 수 없는지를 말해준다. 우리의 목표는 다른 곳, 삶과 욕구의 끊임없는 흐름에서 탐색되어야 한다. 하지만 그 실현 수단은 도덕법칙에 의해 제한된다. 특히, 우리는 타자를 수단으로 삼을 수 없다. 즉 우리는 타자의 이해를 무시하거나 짓밟을 수 없다. 또한 우리는 그를 노예로 삼거나, 조종하거나, 착취하거나, 기만할 수 없다. 왜냐하면 그의 합리적 본성은 우리의 그것 못지않은 권리를 갖기 때문이다.

그리하여 거기에서 권리의 이론이 등장한다. 칸트의 견해에 따르면, 인격은 의무(도덕법칙에 복종할)와 권리(목적으로서의 자신의 본성을 침해하는 사람들에 맞설)의 소유에 의해 구별된다. 각 개인은 자신의 영역에서 주권자다. 그의 권리는 불가침의 이해를 규정하고, 이것은 그의 합리적 동의로만 파기될 수 있다. 우리가 타자를 목적으로 대하는 것은 바로 이러한 주권의 영역을 존중하기 때문이다. 그에게서 소유권이 있는 것들을 빼앗는 것, 그를 노예로 삼거나 속이는 것, 그의 성적인 호의를 동의 없이 전용하는 것―이 모든 것은 타자의 주권에 반하는 중대한 침해이자, 그가 목적의 왕국의 자기입법적 일원임을 인정하기를 거부하는 것이다.

그리하여 현대철학자들―특히 로버트 노직, 데이비드 고티에, 로렌 로마스키―은 시장권력의 시대에서 자유주의적 도덕에 의미를 부여하기 위해 칸트의 관념을 이용했다. 그들의 전망은―이것의 기원 역시 하이에크를 거쳐 애덤 스미스로 거슬러 올라간다―각자가 자신의 재화를 추구하고, 시장에서의 가격과 같이 '보이지 않는 손'에 의해 집단선택이 출현하는 사회에 관한 것이다. 우리의 목표를 부과하는 것은 도덕이 아니고, 국가는 더더욱 아니다. 실제로, 그렇게 하려는 시도는 반드시 자유의 상실뿐 아니라 갈등, 결핍, 혼란을 가져온다. 도덕의 역할은 우리의 행동을 제한함으로써 조정하는 것이다. 일부 철학자들은 칸트의 도덕을 집단게임에서의 합리적 전략으로 간주해야 한다고 (게임이론에서 유래한 용어들로) 주장하기도 한다. 정언명법은 사회적 게임에서 모든 합리적 참가자가 선호하는 선택일 것이다. 그 게임에서 각자의 이해는 자신의 목표에 이르는 최소 저항 경로를 누리는 것이다.

나는 28장에서 이러한 논의를 다시 살펴볼 것이다. 그것은 모든 사람을 만족시키지는 못한다. 그것은 칸트 역시 만족시키지 못할 것이다. 도덕의 사회적 정당화를 제시하려는 시도에는 '무임승차자'—그 결실을 누리기 위해 게임하는 척하는 사람—의 위험이 따른다. 만일 우리가 그에게 규칙을 받아들여야 하는 이유를 제시할 수 없다면, 우리는 도덕의 객관적 근거를 진정으로 확립하지 못한 셈이다. 이것이 헤겔이 감지했던 것이고, 사기꾼과 착취자가 스스로에게 불리하게 행동하는 것임을 그가 증명하려고 했던 이유다.

7. 흄의 공감

칸트 이론의 약점은 이성이 행동의 동기를 제공하는 데 그 자체로 충분하다는 주장에 있다. 헤겔은 합리적 존재가 어떻게 정언명법에 의해 제한되는지를 보임으로써 그 논변의 빠진 고리를 제공하려고 했다. 하지만 그 이야기는 아무래도 모호하기에 회의주의자를 설득하지 못한다.

흄의 도덕철학은 그를 현대 정의주의의 선구자로만 여긴 철학자들에 의해 오랫동안 과소평가되었다. 하지만 도덕적 동기에 관한 가장 필적할 만한 설명을 제시한 사람이 바로 흄이었다. 그가 옹호한 도덕은 칸트의 그것과 크게 다르지 않다. 하지만 그 근거는 칸트의 합리적 동기의 상에 대한 완전한 거부와 관련된다. 흄은 우리가 감정('정념')에 의해서만 동기를 얻는다고 주장했다. 추론은 정념의 대상을 규정할 수 있지만 동기를 제공할 수는 없다. 동기는 다른 원천에서 발생함에 틀림없다. 따라서 도덕에 동기를 부여하는 힘이 있다면, 틀림없이 도덕적 감정이 있는 것이며, 그것이 도덕적 삶의 진정한 핵심이다.

칸트는 이것이 도덕적 이유를 가언명법으로 만든다며 반대할 것이다. 그것은 자기입법적 존재로서의 우리의 본성을 부인하는 것과 관련된다. 칸트에게, 감정적으로 행동—그것이 일종의 선행일지라도—하는 사람은 '자율적'이지 않다. 그는 '정념에 휘둘리며', 그의 행동은 자신의 의지 이외의 어딘가에서 비롯된다. 그는 칸트가 의지의 '타율성'이라고 부른 것을 저지른다. 그리고 이것은 칸트가 영국의 도덕주의자 일반—특히 로크의 제자로서, 흄이 옹호한 윤리적 교의의 진정한 원조인 샤프츠버리 백작 3세—에게 겨누었던 비난이다.

하지만 흄에게 도덕적 동기의 문제는, 우리가 일단 두 종류의 정념을 구분한다면 분명해진다. 자기이익에 기초한 정념과, 공감sympathy에 기초한 정념 말이다. 후자는 전자보다 일반적으로 더 약하지만, 덜 변덕스럽다. 우리 각자는 자신의 목적을 추구하고, 우리를 방해하는 사람들에게 저항한다. 그리고 만일 이것이 인간 마음의 내용 전부라면, 삶은 정말 비참할 것이다. 그러나 우리가 정념에 사로잡히지 않고, 우리의 목적이 시야에서 멀어지며, 사심 없는 호기심의 자리에서 인간세계를 숙고하는 경우들이 있다. 이것은 우리가 어떤 이야기나 비극 혹은 역사책을 읽을 때 일어난다. 또한 법정에서 하듯이, 다른 사람들이 우리에게 자신들의 사정을 설명하고, 우리의 판단을 간청할 때에도 일어난다. 이러한 경우에, 우리의 정념은 우리 자신 때문이 아니라 타자 때문에 촉발된다. 이러한 공감 행위는 인간에게 자연스러우며, 사회세계에 대한 그들의 모든 지각을 알려준다. 더욱이 그것은 항상 같은 방향을 향하는 경향이 있다. 우리의 목적이 무엇이든, 당신과 내가 그것을 무시할 줄 알아야 동의할 수 있다. 논쟁의 두 당사자가 우리 앞에 왔을 때, 당신과 내가 그 결과에 대해 개인적 이해를 갖지 않아야, 우리는 우리의 평결에 동의할 것이다. 이러한 개인적 이해의 무시는 감정적 진공상태를 낳는데, 오직 공감만이 그것을 채울 수 있다. 그리고 우리의 공통 본성에 기초한 공감은 공통의 결론으로 향한다.

이것이 흄이 생각한 도덕의 기원이다. 우리의 이해를 무시하고 세계를 공평하게 숙고하는 우리 모두가 가진 기질 말이다. 비록 그 결과로 생기는 정념이 우리의 이기적 욕구에 비해 미약할지라도, 그것은 한결같고 오래 간다. 게다가 그것은 타자의 동의에 의해 강화되며, 우리의 집단적 도덕감moral sentiments은 어떤 개별적 정념보다 훨씬 강한 힘을 제공하게 되고, 행동에 대한 일종의 공적 제한으로 이어져 관습과 법률로 구현된다.

도덕적 동기에 관한 흄의 세밀한 설명은 철학적 인간학의 걸작이며, 인류의 관찰자로서 그의 지혜가 담긴 증언이다. 지면이 한정돼 있어 그것을 곱씹어볼 수는 없으며, 또 그렇게까지 할 필요는 없다. 하지만 용어와 관련해 한 가지를 지적할 필요가 있다. 흄은 종종 '자연주의자'로 기술된다. 이것이 의미하는 바는 흄이 G. E. 무어의 의미에서 자연주의자라는 것이 아니라(그는 그렇지 않았다), 흄이 도덕의 근거를 인간 본성에 관한 탐구에서, 그리고 자연에서 인간의 자리에 관한 이론에서 끌어내었다는 점이다. 칸트는 이러한 의미에서 자연주의자로 간주되지 않을 것이다. 왜냐하면 그가 비록 도덕을 인간에게 '자연적인(본성적인)' 것으로 간주했을지라도, 도덕이 그가 기술했듯 '우리의 인색한 계모인 자연'에게 우리가 빚지고 있는 어떤 것은 아니기 때문이다. 반대로, 도덕은 우리를 자연 너머에, 경험세계에 대한 판단조건에 놓는다.

8. 아리스토텔레스 윤리학

당신의 마음속 깊은 곳에서 끊임없이 맴도는 물음은 이것이다. '왜 나는
도덕적이어야 하는가?' 지금까지 검토한 어느 철학자도 이에 대한 최종
적이고 결정적인 답을 주지 않는다. 아마도 나는 정언명법 없이도 살아
갈 수 있을 것이다. 아마도 나는 타자들의 사회적 전략에 '무임승차'할
수 있을 것이다. 아마도 나는 흄주의자들이 겪는 공감에 따르는 큰 희생
에 면역된 채 만족해하는 사이코패스의 삶을 살 수도 있을 것이다. 왜
그러면 안 되는가?

　최선의 대답은 아리스토텔레스에 의해 제시되었으며, 그의《니코마코
스 윤리학》은 평생토록 연구할 만한 관찰과 논변의 걸작이다. 상세한 설
명 없이, 그 전략을 간단히 정리하면 다음과 같다.

　(ⅰ) 실천적 삼단논법. 무엇을 해야 하는가에 관한 모든 추론은 행위자
의 믿음 및 욕구와 관계있는 전제들에서 시작된다. 욕구는 행위의 동기
이고, 실천적 삼단논법은 선택을 위한 그 해석이다. 당신의 선택은 당신
의 믿음과 욕구에 의해 좌우된다―당신이 합리적이라면 말이다.

　(ⅱ) 기질. 그럼에도 욕구는 시간에 걸쳐 형성될 수 있다. 그것은 방
종에 의해 강화되고, 우리의 훈련된 저항에 의해 약화된다. 욕구는 기질
*hexeis*을 표현하고, 모방과 습관에 의해 교육될 수 있다. (사람은 "습관의 뜰
을 지나 이성의 궁전으로 들어간다.")

　(ⅲ) 그리하여 두 가지 실천이성의 물음이 있게 된다. (a) 이제 무엇을
할 것인가?(실천적 삼단논법) 그리고 (b) 어떤 종류의 기질을 습득해야 하
는가? 윤리학의 실질적 관심사는 두 번째 물음이다. 그것에 대답하면서,
우리는 인간조건에 관한 완전한 설명과 어떤 기질이 그것에 가장 적합

한지를 제시해야 한다.

(iv) 행복. 만일 내가 '왜 a를 하는가?'라고 묻는다면, a가 b의 수단이고 b가 욕구된 어떤 것임을 보임으로써 정당한 이유를 찾을 수 있다. 그러나 그렇다면 '왜 b를 원하는가?' 다시금, 우리는 b를 욕구된 어떤 것과 관계 맺음으로써 그 물음에 대답한다. 하지만 이 연쇄에는 끝이 있는가? '궁극 목적'은 있는가? 아리스토텔레스는 그렇다고 말한다. 궁극 목적은 행복*eudaimonia*이다. '왜 행복을 목적으로 하는가?'라고 묻는 것은 말이 되지 않기에 이것이 궁극적인 것이다. 행복이란 충족 혹은 '성공'의 일반 조건을 의미한다. 우리가 그것을 왜 추구해야 하는가라고 묻는 것은 어리석다. 왜냐하면 성공 혹은 충족은 모든 행동이 지향하는 것이기 때문이다.

(v) 무엇이 행복인가? 아리스토텔레스는 행복을 두 가지로 설명한다. 하나는 형식적이다. 행복은 '궁극 목적'이며, 실천적 물음들에 대한 궁극적 대답이다. 다른 하나는 실체적이며, 행복이 무엇에 있는지를 말하려 한다. 간단히 말해서, 행복은 덕*arete*을 따르는 영혼*psuche*의 활동이다. 덕은 성공을 가장 확실히 보장하는 기질이며, 그것에는 우리의 합리적 행동의 두 가지 방식에 대응하는 두 종류가 있다. 실천적 덕과 지적인 덕이 그것이다.

(vi) 합리적 존재. 합리성은 우리 삶의 형식을 규정한다. 우리가 우리 이성을 성공적으로 훈련시킬 수 있는가에 따라(또는 우리의 합리적 행동이 충족되는가에 따라), 우리의 삶은 순조로워진다. 따라서 우리 모두는 덕을 습득할 이유가 있다. (종종 아리스토텔레스는 합리성을 인간의 에르곤이라고 말한다. '좋은'의 실질적 의미에 관한 앞의 1절을 보라.)

(vii) 덕. 플라톤과 마찬가지로, 아리스토텔레스는 지적인 삶을 최상이자 가장 행복한 삶으로, 지적인 덕을 가장 귀중한 덕으로 강조했다. 그러

나 우리가 실천적 덕을 살펴볼 때, 그의 논변은 더 타당해 보인다. 특히, 사려 곧 실천적 지혜*phronesis*, 용기, 절제, 정의 같은 덕들 말이다. 우리 모두는 이러한 덕을 습득할 이유가 있다. 이것을 습득할 때, 우리는 감정적 기질을 얻는다. 그리고 이 기질로부터 우리 행위의 동기가 나온다. 덕을 정당화함으로써, 우리는 덕이 있는 사람의 행위를 정당화한다.

(viii) 중용의 원리. 모든 덕에 대해서 최소한 하나, 보통 두 개의 악덕이 대응한다. 하나는 과잉이고, 다른 하나는 결여다. 경솔한 사람에게는 영혼이 과잉되어 있고, 소심한 사람에게는 영혼이 결여되어 있다. 그러나 용감한 사람은 둘 사이의 '중용'을 유지한다. 중용이 정확히 어떻게 추산되는가는 커다란 논쟁거리다. 아리스토텔레스는 확실히 중용을 일차원 선 상의 중간점으로 여기지 않았다. 오히려 중용이란 이성이 권하는 방향이다. 악덕을 따르는 사람이 두려움이나 화에 의해 다른 방향으로 유혹될 때에도, 덕이 있는 사람은 이성을 따르고 합리적 목적을 추구하도록 동기부여된다.

(ix) 감정의 교육. 덕이란 어떤 동기에서 비롯하여 행동하는 기질이기 때문에, 덕의 습득은 또한 감정의 교육이기도 하다. 우리는 두려움, 화, 원한 기타 등등에서 벗어나려 해서는 안 된다. 우리는 올바른 사람을 향해, 올바른 경우에, 올바른 이유로, 올바른 정도의 화를 느끼도록 스스로를 훈련해야 한다.

(x) 3인칭 시점. 행동을 할 때는 너무 늦어버려 내 방식을 바꿀 수 없다. 나는 내 목숨을 구하길 원하고, 그래서 합리적이 되어 전장에서 달아난다. 그러나 한 걸음 물러나 외부에서 그 상황을 바라보라. 예를 들어, 당신 아이에게 도덕을 가르치는 경우를 생각해보라. 당신은 아이가 스스로를 위해서 어떻게 되기를 원하는가? 분명히, 당신은 아이가 행복하기를 원할 것이다. 따라서 아이는 행동할 때 성공에 필요한 기질을 가져야

한다. 예를 들어, 아이는 두려움이나 나약함에도 불구하고 이성이 그에게 권하는 목적을 추구할 수 있어야 한다. 요컨대, 그는 용감해야 한다. 이제 이 추론을 당신 자신에게 적용해보라. 거기에 그 도덕적 물음에 대한 해답이 있다.

(xi) 이성이 권하는 방향. 우리는 일단 덕을 얻고 나면, 귀중하다고 여기는 것만을 당연히 추구한다. 사회적 존재로서 우리는 우리 자신뿐 아니라 다른 사람에게도 적용될 수 있는 용어로 우리 가치 개념의 틀을 만든다―만일 당신이 존을 그의 비겁함 때문에 경멸한다면, 당신은 자신의 비겁함을 수치스러워할 것이다. 그래서 합리적 존재의 독특한 동기가 생겨난다―수치에 대한 두려움과, 그와 반대되는 것 곧 명예*to kalon*에 대한 사랑이 그것이다. 모든 덕이란 명예(즉 당신에 대한 칭찬을 불러일으키는 것)를 추구하고, 수치를 피하려는 기질이다. 이성이 권하는 것이 바로 이러한 행동의 방향이다.

만일 이 전략이 완수될 수 있다면, 실천이성의 물음에 대한 해답이 찾아질 것이다. 이성이 정념의 노예라고 말한 점에서 흄은 옳다. 그러나 실천적 삼단논법이 내가 무엇을 해야 할지 지배하는 선택의 순간에만 그렇다. 하지만 나는 나 자신에 대한 장기적 관점을 가질 수 있으며, 그때 나는 '무엇을 할 것인가?'라는 물음을 제쳐놓고 그 대신 '무엇이 될 것인가?'라고 묻는다. 이것은 3인칭의 분명한 대답을 가지며, 그 대답은 나에게 동등하게 적용된다. 요컨대 모든 합리적 존재는 자신의 특수한 욕구와 상관없이 덕을 계발할 이유를 갖는다.

그 결과로 나오는 도덕은 칸트의 도덕 그리고 현대철학자 대부분의 도덕과 한 가지 놀랄 만한 점에서 다르다. 그것은 원칙이나 법칙을 규정하지 않는다. 올바른 선택이란 덕이 있는 사람이 선택하는 것이라고 그것은 말한다. 그러나 그가 어떻게 선택할지는 한낱 철학자가 예견할 수 없는 문제들에 달려 있다. 원칙을 정함으로써 '옳음'과 '그름'의 구별을 정당화한다는 관념 전체가 사라진다.

니체는 이러한 연유로, 기독교 윤리에서 근본적 대조가 좋음good과 악함evil(해야 하는 행동과 피해야 하는 행동)인데 반해, 그리스 윤리에서 근본적 대조는 좋음good과 나쁨bad이라고—좋은 표본과 나쁜 표본을 의미한다—지적한다. (《선악의 피안》을 보라.) 이 점은 대체로 맞는 말이다. 아리스토텔레스는 인간의 특징적 활동을 규정했는데, 바로 이성이다. 그리고 그는 이러한 활동에 성공적으로 참여할 준비가 된 사람과, 실패하고 말 열등한 표본을 구별한다. 그는 현대의 민주적인 사람이라면 참지 못할 모든 종류의 성질을—자신보다 열등한 사람을 경멸하는 기질을 포함해서—우월한 사람에게 귀속시키기를 두려워하지 않는다.

유사한 생각에서, 니체는 '새로운 인간'의 도덕을 권한다. 아리스토텔레스와 마찬가지로, 니체는 삶의 목적을 '번성'에서 찾았다. 탁월함은 이 목적에 기여하는 성질들에 있다. 물론 니체의 문체는 아리스토텔레스의 그것과는 매우 다르게, 시적이고 훈계적이다(구약성서의 예언을 혼성모방한 유명한 《차라투스트라는 이렇게 말했다》에서처럼). 하지만 그의 수사학에는 논변들이 숨어 있으며, 그것들은 매우 아리스토텔레스적이어서 그런 식의 재진술이 요구될 정도다.

니체는 '좋음'과 '악함'의 구별을 거부하는데, 왜냐하면 그것이 종교적 믿음이 없는 사람에게는 부적절한 어떤 신학적 도덕을 감싸기 때문이다. '좋음'이라는 단어는 '나쁨'과 대조될 때 분명한 의미를 갖는다. 하지만 그것이 '악함'과 대조될 때에는 분명한 의미가 결여된다. 좋은 표본은 그 권력이 유지되고, 따라서 번성하는 사람이다. 번성하는 능력은 칸트의 '선의지'에도 있지 않고(니체는 칸트를 '대재앙을 일으킨 거미'로 기술했다), 공리주의자의 보편적 목적에도 있지 않다. ("행복에 대해서 말하자면, 영국인만이 그것을 원한다.") 그것은 의지의 훈련을 허용하는 성품의 기질들에서 발견된다. 용기, 긍지, 단호함 같은 기질들 말이다. 아리스토텔레스의 덕들 중에서도 한 자리를 차지하는 이러한 기질들은 자기지배를 형성한다. 그것들은 또한 타자들에 대한 지배를 허용하며, 자기비하라는 커다란 '나쁨'은 막아준다. 사람은 정념을 죽이면 이러한 기질에 이르지 못한다―그와 반대로 정념은 덕스러운 성품의 뗄 수 없는 부분이다. 니체형 인간은 '자신의 욕구를 자기 마음대로 바랄' 수 있다.

아리스토텔레스와 마찬가지로, 니체는 자신의 반신학적인 태도의 결과에서 물러서지 않았다. 좋은 삶의 목적은 탁월함이기 때문에, 도덕철학자는 우리에게 인간적 탁월함의 이상을 제시해야 한다. 도덕의 발전은 평범하고, 가축떼와 같으며, '너무나 인간적인' 것의 정제를 요구한다. 따라서 이러한 이상은 그 본성상 평범한 인간의 범위 밖에 있다. 뿐만 아니라 이 이상은 정신의 나약함 때문에 자기보다 더 약하지 않은 것에는 공감하지 못하는 사람들을 혐오하고(아리스토텔레스) 혹은 심지어 혐오해야 한다(니체). 아리스토텔레스는 이러한 이상적 인간을 '위대한 영혼의 소유자*megalopsuchos*'라고 불렀고, 니체는 '초인Übermensch'이라고 불렀다. 각각의 경우에 긍지, 자신감, 평범한 자와 무능한 자에 대한 경멸이 당당하고 쾌활한 인생관 그리고 항상 지배하려 하고 결코 신세지지 않으려 하는 욕구와 더불어, 자기충족적 인간의 본질적 속성으로 간주되었다. 이러한 상을 조소하기란 쉽지만 각각의 경우에, 인간본성에 관한 일관된 견해(신학적 견해 이외에) 중에 그 필연적 결과로서 이러한 탁월함의 이상을 갖지 않는 견해는 없다는 주장을 지지하는 강력한 논변들이 제시된다.

따라서 니체가 세상에 알린 '새로운 인간'의 본질은 '즐거운 지혜'였다. 전적으로 스스로 선택하는 능력, 그러면서도 자신의 행위의 동기와 불일치하지 않는 능력 말이다. 그 목표는 성공으로, 이런저런 욕구의 성공뿐 아니라 그것의 바탕이 되는 의지의 성공이다. 이러한 성공은 본질적으로 개인의 성공이다. 니체의 이상적 인간상 어디에도 연민은 없다. 연민은 실패에 대한 병적인 매료에 불과하다. 그것은 의지를 대단히 약화시키는 것이며, 노예들 간의 유대를 형성하는데, 그 유대가 노예상태를 영속화한다. 기독교에 대한 니체의 주요 불만은 기독교가 이러한 병적인 감정을 덕의 유일한 기준으로 격상시켰으며, 이렇듯 연민에 기초하였기에 지배하는 것, 강한 것을 불가피하게 거부해야 하는 '노예'도덕의 길을 닦았다는 점이다.

9. 도덕적 세계

아마 도덕을 정당화하려는 시도들 중 어느 것도 결정적으로 만족스럽지는 않을 것이며, 마지막 논변의 성공에 대한 무자비한 강조는 머리카락이 쭈뼛해질 정도다. 아마도 우리의 '목적에 관한 추론'은, 흄이 주장한 인간적 공감이라는 정당화되지 않고 정당화될 수도 없는 기반에 의존할 것이다. 그럼에도 당신은 위의 논변들로부터 도덕 회의주의자와 도덕 상대주의자에 대한 대답으로 많은 것이 말해질 수 있음을 알 수 있다. (비록 '도덕 상대주의'의 정의는 내가 나중에 다시 다루기 위해 한쪽으로 제쳐 놓은 어려운 문제이지만 말이다.) 도덕적 범주가 인간세계의 기술에서 중심이며, 우리의 '사회적 지향성'의 핵심을 이룬다는 것은 그리 놀랄 만한 발견이 아니다. 우리가 서로에게 갖는 태도(17장에서 논의한 '상호인격적 태도')는 도덕적 개념들에 기초해 있다. 인간세계는 권리, 의무, 정의, 수치심과 죄책감, 긍지와 명예, 덕과 악덕이라는 개념들을 통해 질서가 선다. 윤리학의 과제 중 하나는 이러한 개념들을 탐구하고, 실천이성에서 그것들이 차지하는 자리를 보이는 것이다.

예를 들어, 정의를 생각해보자. 우리는 이 관념을 어떻게 이해해야 하는가? 어떤 철학자들은 정의가 행동의 속성이라고 믿는다. 다른 철학자들은 사람들의 속성(즉 덕)이라고 믿는다. 또 다른 철학자들은 사태의 속성이라고 믿고, 또 다른 철학자들은 세 가지 모두라고 믿는다. 우리가 어떤 것을 말하는가는 대단히 중요한 문제다. 예를 들어, 정의란 사람들의 권리를 존중하는 것을 의미한다거나(노직) 혹은 각각의 사람에게 각자의 몫을 주는 것을 의미한다고(아리스토텔레스) 말하는 사람들이 있다. 그리고 그러한 사상가들은 사람들이 서로를 정의롭게 대우할 때 어떠한 종류의 사회질서 혹은 재화의 분배가 출현할지를 알 도리가 없다. 하지만 정의를 사회적 재화의 분배 기준으로 간주하는 사람들─롤스가 가장 중요하다─이 있다. 정의롭게 행동하는 것은 특정한 사회질서를 추구하는 것이다. 어떤 사람들은(롤스는 아니지만) 당신이 사회정의를 위해서 개인의 권리를 짓밟아도 된다고 믿는다. 여기서 논쟁은 깊고 어려워진다. 그리고 이것이 사회주의 옹호자와 반대자 간의 주요 도덕적 논쟁이다.

나는 이러한 문제들을 28장에서 다시 다룰 것이다. 그동안 '세계 내 존재'의 도덕적 삶에 관한 또 다른 물음─키에르케고르와 하이데거가 제기한 물음─으로 넘어갈 필요가 있다. 우리는 우리의 유한성, 우연성, 의존성에 직면하여 어떻게 처신해야 하는가? 이 물음에 답하는 것이 삶의 의미를 아는 것이다.

21 생명, 죽음 그리고 동일성

지난 몇 장의 논의로부터 분명한 점은 합리성이 인간을 이해하기 위한 결정적인 개념이라는 것이다. 하지만 합리성을 정의하기란 쉽지 않다. 또한 합리성이 우리가 속하는 종의 뚜렷한 특징, 우리를 구별해주는 다른 어느 특징보다 중요한 특징인지는 그리 분명하지 않다. 이성이 없는 인간이 있으며, 이성이 인간 아닌 것들—천사와 신, 어쩌면 다른 동물, 어쩌면 우리 인간 능력에 필적하도록 프로그램된 기계—에서 나타날 수도 있다.

   그럼에도 아리스토텔레스의 직감—우리는 본질적으로 이성적이라는—은 아퀴나스와 칸트를 포함한 후대의 많은 사상가에 의해 공유되었다. (우리는 여기서 대언적 필연성이 아니라 대물적 필연성을 언급하고 있다. 13장을 보라.) 그것은 우리가 인간을 동물의 왕국의 나머지와 따로 떼어 다루는 데 대한, 종교적 계시 이외에 유일하게 생각해볼 만한 근거를 제공한다. 아리스토텔레스의 직감은 이것이다. 우리는 우리의 정신적 삶에 의해 하등동물과 구별된다. 만일 우리가 이러한 정신적 삶을 조사하고, 그것이 유인원과 개와 곰의 능력을 뛰어넘는 모든 방식을 열거한다면, 우리는 이 많은 방식이 실은 한 가지 방식이며, 단일한 존재론적 차이의 상이한 측면이 드러난 것임을 알게 된다. 즉 이성적 존재와 비이성적 존재 간의 차이 말이다. 몇 가지 차이점은 다음과 같다.

(a) 동물은 욕구가 있지만 선택을 하지 않는다. (아리스토텔레스는 이 점을 자신의 윤리학 저서들에서 강조한다.) 동물을 훈련시킬 때, 우리는 새로운 욕구를 유발시킴으로써 그렇게 한다. 하지만 우리는 원하지 않는 것을 하고자 선택할 수 있으며, 선택하지 않은 것을 하고자 원할 수 있다. 칸트는 이러한 구별을 많이 만들어냈다. 왜냐하면 그는 이것이 도덕의 근거라고 여겼기 때문이다.

(b) 동물에게는 의식이 있지만 자기의식은 없다. 동물은, 인간조건의 신비를 낳는 듯 보이는 이 특유의 1인칭 사유를 하지 못한다. 동물에게는 정신상태가 있지만, 그것을 자기 것으로 여기지 않는다.

(c) 동물들에게는 믿음과 욕구가 있다. 하지만 그들의 믿음과 욕구는 현재의 대상 즉 지각된 위험, 즉각적 필요 등등과 관련된다. 그들은 과거와 미래에 관한 판단을 내리지 않는다. 또한 장기 계획을 세우지도 않는다. (조너선 베넷의《합리성》을 보라.) 다람쥐는 겨울을 대비해 식량을 저장한다. 하지만 그들은 합리적 계획이라기보다는 본능에서 그렇게 한다. (다시 말해, 만일 이것이 계획이라면, 다람쥐가 변경할 수 없는 계획이다.) 동물은 사물을 기억하고, 그러한 방식으로 과거에 관한 믿음을 유지한다. 그러나 그것은 현재에 영향을 미치는 한에서의 과거다. 쇼펜하우어가 주장하듯(《의지와 표상으로서의 세계》 2권 5장), 동물들의 기억은 그들이 지각하

는 것에 국한된다. 그들은 '과거를 읽지' 않고, '지각의 세계에서 살아간다.'

(d) 동물들은 서로 관계를 맺지만, 사람처럼 하지는 않는다. 동물들은 자신의 영역이 확실해질 때까지 으르렁대고 견제한다. 그러나 그들은 어떠한 재산권, 주권, 양보 의무도 인정하지 않는다. 그들은 서로를 비난하지 않으며, 실천이성을 주고받지도 않는다. 만일 사자가 영양을 죽이더라도, 다른 영양들은 그 희생자에게 불의가 행해졌다고 의식하지 않으며, 복수할 생각도 하지 않는다.

(e) 일반적으로 동물들에게는 권리와 의무가 없다. 그들을 죽이는 것은 살해가 아니며, 우리의 목적을 위해 그들을 사육하거나 훈련시키는 것은 죄가 아니다. (그렇다면 동물을 잔인하게 다루면 안 된다는 우리 믿음의 근거는 무엇인가? 칸트는 이 물음에 당혹해했다.)

(f) 동물들에게는 상상력이 없다. 그들은 현실적인 것에 관해 생각할 수 있고, 현실적인 것이 암시하는 것에 대해 불안해할 수 있다. (저 울타리 안에서 움직이고 있는 것은 무엇인가?) 하지만 그들은 가능한 것에 관해 숙고할 수 없으며, 불가능한 것은 더더욱 할 수 없다.

(g) 동물들에게는 미적 감각이 없다. 그들은 세계를 향유하지만, 초탈한 사색의 대상으로서 향유하지는 않는다.

(h) 모든 면에서 동물들의 정념은 제한적이다―그들은 의분을 느끼지 못하고, 단지 분노할 뿐이다. 그들은 양심의 가책을 느끼지 못하고, 단지 채찍을 두려워할 뿐이다. 그들은 에로틱한 사랑도 진정한 성적 욕구도 느끼지 못하고, 단지 무언의 애착과 교미의 욕구를 느낄 뿐이다. 그들의 감정적 한계는 상당 부분 그들의 지적 한계에 의해 설명된다. 그들은 고차원적 느낌이 의존하는 사유를 할 수 없다.

(i) 동물에게는 유머가 없으며(하이에나는 결코 웃지 않는다), 음악도 모

른다(새는 결코 노래하지 않는다).

(j) 동물들이 우리의 정신적 목록에 필적하지 못하는 이 모든 방식 그리고 다른 많은 방식의 바탕에는, 어떤 철학자들에 따르면 이 모든 것을 설명해주는 요인이 있다. 바로 동물들에게는 언어가 없으며, 따라서 그들은 말로 표현되어야 하는 그 모든 사유, 느낌, 태도를 가질 수 없다는 사실이다. 이것은 아리스토텔레스의 견해와도 일치하는데, 이성을 가리키는 그의 용어 — 로고스*logos* — 는 또한 말하기를 뜻한다. (동물은 *alogon*이라고 아리스토텔레스는 말하는데, 이것은 비이성적이면서 동시에 언어가 없다는 의미다.)

위의 주장들은 명백히 논쟁적이다. 그러나 그것은 수세기 동안 이루어진 많은 관찰의 의미를 밝혀준다. 우리는 우리와 다른 동물 간에 모종의 체계적 차이가 있다고 가정한다. 우리를 구별해주는 것은 그저 수학과 과학의 어려운 추론만이 아니라 우리의 모든 사고, 우리의 모든 행동, 우리의 모든 감정적 삶에서도 명백하다고 우리는 가정한다. 쇼펜하우어가 동물들의 순결한 삶을 찬양할 때, 그는 그들이 죄를 짓기에는 너무 선하다는 것이 아니라 그들이 선과 악 아래에 존재한다는 의미였다. 그들의 기쁨은 양심의 가책과 불안으로 인해 손상되지 않는다. 그리고 그들이 위험에서 달아날 때, 그들은 우리처럼 죽음을 두려워하지 않는다. 그들에게는 자신의 비존재라는 개념이 없기 때문이다. 심지어 고문도 동물에게는 덜 문제가 되는데, 그들에게는 누군가가 자신에게 고문을 가한다는 소름끼치는 생각이 없기 때문이다. 그리고 어떤 동물이 위의 측면 중 하나에서 우리와 비슷하다고 주장될 때 — 고등 유인원 같은 동물에게는 유머감각이 있는 듯하며, 돌고래는 욕구를 소통하고 행동을 같이하는 듯하다 — 그 논변은 이러한 동물들이 다른 측면에서도 우리와 비슷하다고 암시하는 경향이 있다. 고등 유인원들이 웃을 수 있다는 견해를 지지해주는 논변을 전개하기란 불가능할 것 같으며, 그러한 논변이 또한 추론 능력과 어쩌면 언어까지도 그들에게 귀속시키지는 못한다. 유인원이 이와 같은가 혹은 이처럼 되도록 훈련받을 수 있는가는 경험적 물음이다. 그러나 내가 기술한 능력들이 한꺼번에 같이 있는지 혹은 그와 반대로 하나하나씩 예증될 수 있는지는 철학적 물음이다.

그러나 우리가 동물과 공통으로 갖는 중요한 어떤 것이 있다. 바로 생명 그 자체다. 잠시 셸리 여사의 소설로 돌아가 보자. 우리의 행동을 모방하고, 우리의 언어를 말하며, 우리의 사유와 의도와 욕구를 나타내도록 설계된 피조물이 어느 인간 존재만큼이나 우리의 큰 관심을 차지할 만하다는 생각에 우리는 진정 마음이 편할 수 있겠는가? 논의를 위해, 우리는 프랑켄슈타인의 괴물을 인격으로 인정할 수 있다. (어차피, 구조상 우리와는 관련이 없는, 기업과 대학 같은 법적인 인격이 있다.) 그러나 이 '인격'은 살아있는가? 그렇지 않다면, 우리는 그 현존에 진정 편안함을 느낄 수 있는가? 우리가 서로를 해칠까봐 조심하듯, 우리는 그것을 해칠까봐 조심할 것인가? 프랑켄슈타인의 괴물처럼, 우리 밖으로 내몰리게 된다면 어떤 면에서는 섬뜩하지unheimlich 않겠는가?

1. 생명

우리는 생명을 인식하고, 인간세계에서뿐 아니라 과학세계에서도 그것에 특별한 지위를 부여한다. 앙리 베르그송 같은 생명철학자들은 생명현상이 자연의 나머지와 구별되고, 물리법칙 아래 작동하는 물리적 과정으로 설명될 수 없는 유기체의 또 다른 원칙과 관련된다고 주장했다.

진화론이 이러한 견해에 반대하여 자주 인용된다. 하지만 흥미롭게도, 베르그송은 그 이론이 자신의 견해를 확증해준다고 여겼다. (한때 영향력이 있었던 그의《창조적 진화》를 보라.) 이 논쟁이 항상 최고 수준으로 전개되지는 않는다. 생명철학자들은 생의 과정이 물리적 과정이 아니라는 논쟁적인 테제와, 생의 과정이 비록 물리적이지만 유기체의 새로운 질서를 보여주며, 일반 거시물리학이 연구한 유기체 및 법칙으로 환원될 수 없는 새로운 법칙체계를 따른다는 훨씬 덜 논쟁적인 테제를 구별하지 않는 경향이 있다. 이 두 번째 테제가 어쩌면 참일지 모른다. 광범위한 물리적 사건을 지배하는 법칙들이 양자역학 법칙에서 도출되지 않는다는 것이 참일 수 있는 것처럼 말이다.

아마도 더 흥미로운 구별은 아리스토텔레스가 한 것으로, 원하는 것을 찾아 자기운동하는 유기체와 불활성 유기체 즉 외부 힘에 이끌려서만 움직이는 것 간의 구별이다. 이것은 동물과 식물 간의 상식적 구별에 대응하며, 따라서 아리스토텔레스는 이 구별을 영혼의 욕구적 부분과 식물적 부분 간의 또 다른 구별과 관련시킨다. 하지만 자연종 간의 모든 구별과 마찬가지로, 동물과 식물의 구별은 겉보기와 다를지 모른다. 어쩌면 자기운동하는 식물과 움직이지 않는 동물이 있을지 모른다. 그럼에도 스스로 움직이는 것들이 우리 세계에서 특별한 자리를 차지한다는 점에서 아리스토텔레스는 확실히 옳다. 왜냐하면 여기에 변화의 분명한 능력이 있으며, 변화는 바로 변화하는 것들 내에서 설명되기 때문이다. 동물은 '제 맘대로 행동하고', 그렇게 이해되었다.

후대의 철학자들은 아리스토텔레스를 따라 동물의 행위가 의존하는 자기운동의 원리를 찾고자 했다. 그들의 관심은 두 가지 집착에 영향받았다. 하나는 과학적이고, 다른 하나는 형이상학적인 것이었다. 그들은 자기운동에 대한 설명을 찾았으며(그들은 그것을 개별자가 연속상태를 만드는 능력으로 이해했다), 동시에 우리 세계관을 특징짓는 '실체'의 특성화를 찾았다. 라이프니츠는 모든 모나드(모든 근본적 실체)가 활력*vis viva*을 보유한다고 주장했다. 이 활력이 모나드의 상태뿐 아니라 발생 순서를 설명해준다. 스피노자는 오직 하나의 실체만 있다는 형이상학적 토대에서 논의했지만, 그럼에도 '유사실체들'을 인정했으며, 각각은 자기 존재를 지속하고자 하는 사물의 노력, 곧 코나투스에 의해 활성화된다. 우리는 일시적으로뿐 아니라 지속적으로 '한데 결합하는' 어떤 것을 발견할 때, 그것이 자체의 본성과 동일성을 지닌 실질적 개별자라고 말하는 경향이 더 짙어진다.

그리하여 생명의 개념은 '진정한 개별자'를 탐구하는 철학자들에 의해 전용되었다. 더미는 임의적 개별자다. 탁자조차도 우리의 관심이 그 존재를 요구하는 한에서만 하나의 사물이다. 그러나 개나 고양이나 인간에 대해서는, 그들의 단일성과 동일성이 그들이 분류되는 방식과는 아주 독립적으로 그들 자신에게 속하는 듯하다. 모긴스가 한 마리의 고양이라는 것은 바로 그것의 본성의 일부다. 그리고 고양이를 셈하는 기준은 고양이과에 관한 이론에 의해 주어진다.

나는 '진정한' 혹은 실체적 개별자의 두 가지 특징을 언급했다. 바로 단일성과 동일성이다. 이 부분과 저 부분이 하나의 사물에 속한다는 것을 비임의적으로 만드는 유기체가 있다. 그리고 또한 어느 시점의 이것이 다른 시점의 저것과 같다는 것을 비임의적으로 만드는 유기체가 있다. 생명은—혹은 적어도 동물의 생명은—철학자들이 항상 알아내려 하지만 결코 분명히 얻지 못했던 것을 약속해준다. 바로 단일성과 동일성의 기준, 특히 시간상의 동일성의 기준이다. (12장의 동일성에 관한 논의를 보라.)

시간상의 동일성이 왜 그토록 문제가 되는가? 해답은 흄의 법칙에 있다. 흄은 지금 기술된 세계와 어제 혹은 내일 기술된 세계 간에는 아무런 필연적 연결이 없다고 주장했다. 세계에 관한 이러한 완전한 기술구 각각은 다른 기술구들의 부정과 모순되지 않는다. 하지만 지금 있는 그대로의 세계에 관한 완전한 기술구는 지금 존재하는 것들만을 언급한다. 질적으로는 동일하지만 다른 것들이 어제 존재했다고 가정해보라. 그렇다면 이러한 사실은 어제 있는 그대로의 세계에 관한 완전한 기술구에는 나타나지 않을 것이다. 어제의 대상이 오늘의 대상과 수적으로 같든지 않든지 간에, 그 기술구는 동일하게 읽힐 것이다. 그렇다면 나는 어떻게 지금 시간상의 동일성을 주장할 근거를 가질 수 있는가? 내가 찾을 수 있는 최선은 어제의 세계와 오늘의 세계 간의 어떤 '항상성과 정합성'이다. 그러나 항상성과 정합성이 동일성이 되지는 않는다. 하지만 어쩌면 더 나은 것을 찾을 수 있을지 모른다. 즉 개별자 자체가 왜 어떤 시점에는 이러저러하다가 다른 시점에는 이러저러한지에 관한 설명 말이다.

2. 인격 동일성

동일성은 인격의 경우에 특히 민감한 문제다. 왜냐하면 여기에서 동물로서의 우리의 동일성과 인격(혹은 합리적 존재)으로서의 우리의 동일성 간의 관계에 대한 추가적인 문제가 제기될 수 있기 때문이다. 우리는 스스로를 동일시하는 너무 많은 방법을 갖고 있는 듯하다. 나는 스스로를 '나'라는 1인칭으로 확인한다. 다른 사람들은 나를 함께 인격적 관계를 맺을 합리적 존재로 확인한다. 동물학자는 나를 유기체로 확인할 것이다. 자아, 인격, 동물 간의 관계는 무엇인가? 나는 세 가지인가, 두 가지인가, 한 가지인가? 그리고 우리는 그 동일성을 어떻게 결정하는가? 여기에 철학적 문제의 풍부한 보고가 있는데, 그중 몇 가지를 간략히 살펴보겠다.

이 물음을 현대적 형식으로 처음 제기한 이는 로크였다. 그는 인간이 인격과 같은 개념이 아니라고 주장했다. 전자는 자연계의 일부를 기술하고, 후자는 '법적' 개념이다. 인격은 책임과 권리에 대한 우리의 탐구에서 그 특징을 이룬다. 인격이란 '이성을 갖고 반성을 하며, 자기를 자기로 간주하는, 생각하는 지적 존재, 다른 시간과 장소에서도 동일한 생각하는 것'이다(《인간오성론》, 2권 27장 2절). 따라서 우리는 인간의 동일성과 인격의 동일성에 대한 상이한 기준을 발견하더라도 놀라지 말아야 한다. 인간은 그 육체가 작동하는 한 변함이 없다. 그리고 그는 인격의 모든 흔적이 사라진 후에도 오래 존재할지 모른다. (하지만 우리가 '그' 또는 '그녀'에서 '그것'으로 대명사를 바꿀 수 있는 시점이 있는가?) 우리는 또한 인격의 급격한 변화를 상상할 수 있다. 하나이자 같은 인격이 두 명의 다른 인간에게 '육화'되는 것을 상상할 수 있듯이 말이다. (로크의 예에서는 구두 수선공이 왕자의 육체로 들어간다.)

로크는 보통 '의식의 연속성'이라고 기술되는 동일성의 기준을 제안했다. 내 기억이 나를 과거와 연결시켜주고 내 욕구와 의도가 나를 미래로 투사하는 한에서, 나는 그만큼만 시간에 걸쳐 같은 인격이다. 토머스 리드는 이러한 기준이 동일성의 문제에 두 가지 상충하는 답을 내놓는다는 유명한 반론을 제기했다. 늙은 장군은 장교였던 젊은 시절을 기억하며, 그때의 장교는 사과를 훔쳤던 소년 시절을 기억한다. 비록 장군은 그 소년 시절을 잊었더라도 말이다. 그렇다면 장군은 그 소년과 동일하면서 동시에 동일하지 않다. 그러나 이 반론은 결정적이지 않으며, 단지 우리가 로크의 접근법을 수정해야 함을 시사한다. 우리는 장군과 그의 모든 과거 행위를 연결하는, 서로 맞물리는 기억의 연쇄로서 인격의 동일성을 정의해야 한다. 그 노인은 중년 시절을 기억하고, 그 중년 사내는 청년 시절을 기억하며, 그 젊은이는 유년 시절을 기억한다. 만일 이 연쇄가 깨지지 않는다면, 아마도 동일성이 확보될 것이다.

더 심각한 반론은 버틀러 주교에 의해 제시되었는데, 그의 《설교》는 도덕철학(또한 도덕)의 위대한 저서 중 하나다. 내가 이전에 한번 이 방에 있었다고 생각한다고 가정해보자. 무엇이 이러한 생각을 기억으로 만드는가? 확실히, 이 방에 있었던 나 자신과 내가 동일하다는 사실이다. 그러나 이러한 동일시가 정확한지 나는 어떻게 아는가? 내게는 이전에 이 방에 있었던 것이 바로 나였다는 판단의 근거가 있어야 한다. 거짓 기억 요구는 결코 동일성의 근거가 될 수 없다. 참된 기억 주장('진짜' 기억)이 동일성의 근거지만, 그것은 오직 그 진리가 동일성 주장이 참이라는 데 의존하기 때문이다. 요컨대 그 기준은 순환논증이다.

하지만 이것은 악순환인가? 우리가 살펴보았듯이, 선순환과 악순환을 구별하는 것은 중요하다. 종종 순환논증을 따라가다 보면, 우리는 두 개념이 실제로 깊이 연결되어 있음을 보이게 된다. 한쪽이 다른 쪽의 전후 모두에 적용되어야 하는 것이 아니라(악순환에서처럼), 둘 다 함께 적용된다. 아마도 이것이 인격 동일성과 의식의 연속성에는 참일 것이다. (예컨대 페리와 위긴스가 이러한 주장을 한다.) 여하튼 버틀러의 비판은 결코 결정적이지 않다.

다른 사람들—특히 버나드 윌리엄스—은 '의식의 연속성'에 기초한 기준이 육체의 연속성에 기초한 다른 기준을 전제한다고 주장한다. 이 다른 기준이 없어도 된다고 우리가 생각하는 것은 단지 그것이 필요하지 않다고 암시하는 1인칭 관점에게 우리가 기만당하기 때문이다. 하지만 만일 우리 자신의 경우에 그것이 필요하지 않다면, 이것은 우리가 다른 기준을 사용하기 때문이 아니라 아무런 기준도 사용하지 않기 때문이다. 우리의 1인칭 특권은 우리가 인격 동일성의 개념을 갖는가에 달려 있다─그리고 그것은 다시 우리가 타자를 확인하고 재확인할 수 있는 가에 달려 있다. 그렇다면 그것은 어떻게 이루어지는가?

육체의 연속성에 대한 강조가 이 문제를 해결하지는 못한다. 이 점을 증명하는 첫 번째 일련의 논변은 슈메이커에서 기인한다(《자기인식과 자기동일성》). 그는 브라운과 존이라는 두 사람이 뇌를 적출하는 심각한 뇌수술을 받고 있는 상황을 상상한다. 각각의 뇌를 제자리에 돌려놓다가 그만 다른 두개골에 잘못 넣게 된다. 브라운의 육체가 존슨의 기억과 존슨의 성격상의 특징을 가진 채 수술에서 깨어난다고 가정해보라. 우리는 브라운의 육체 '안에' 있는 인격을 이제 존슨이라고 말해야 하는가?

이러한 예는 오래된 생각에 의미를 부여한다. 즉 우리는 우리의 육체가 아니라, 왠지 육체 안에 있는 것과 동일하다는 생각 말이다. '뇌 이식'이라는 허구의 실험으로, 슈메이커는 시간을 통한 동일성 개념의 일부로서 인과적 연속성의 어떤 척도를 요구하는 사람들을 만족시킬 수 있었다. 존슨에 대한 우리의 인격적 관계는 이제 존슨의 육체 '안에' 있는 인격에 의해 좌절되고 부정될 것이다. 하지만 그 관계는 브라운의 육체 '안에' 있는 인격에 의해 보상받을 것이다. 따라서 인격 동일성의 어떤 합리적 관념에 의하면, 이 두 번째 인격이 존슨이어야 한다. 하지만 그가 부분적으로만 존슨과 같고, 브라운의 더 좋지 않은 기벽과 버릇을 여전히 갖고 있다고 가정해보라. 그때 우리는 어떻게 말할 것인가? 우리가 당면하여 도저히 어쩔 줄 모를 온갖 종류의 곤란한 사례들을 지어낼 수 있다.

그리하여 이러한 난제에 대한 잘 알려진 응답이 대두되었는데, 그것은 후기 비트겐슈타인과 관련이 있다. 비트겐슈타인은 우리의 일상적 개념이 어떤 배경을 가정해야만 의미가 있다고 주장했다. 이러한 가정에 더 이상 의존할 수 없을 때, 우리는 우리의 개념을 사용할 수 없다. 우리는 일탈 상황을 상상하기 시작한다. 그러나 곧 우리는 그것에 관해 어떻게 말할지 알지 못하는 자신을 발견한다. '누가 존슨인가?'라는 물음에 대한 답은 없는데, 그런 물음은 이미 없다는 단순한 이유 때문이다.

비록 이러한 응답이 매력적일지라도, 그것은 윌리엄스가 자주 강조하는 어떤 난점에 직면한다. 누가 존슨인가라는 물음이 우리에게는 없을지라도, 존슨에게는 확실히 있지 않겠는가? 다음과 같은 경우를 상상해보라. 당신은 뇌 이식을 받아야 하고, 당신의 육체에 헨리의 뇌를 받기로 했다. 한편, 헨리의 육체는 현재 당신의 뇌를 받을 것이다. 수술 후, 헨리 육체의 '점유자'는 그가 원하는 모든 것을 보상받는 반면, 당신 육체의 '점유자'는 끔찍한 고문을 받을 것이다. 당신이 이 수술의 결과를 두려워하고, 두 사람 중 어느 쪽이 당신일지 궁금해하는 것은 분명히 합리적이다. 1인칭 관점은 인격 동일성의 물음을 그것을 훼손할 것 같은 일탈 가정에 직면하여 열린 물음으로 만든다.

두 번째 일련의 논변은 데릭 파핏과 관련된다(특히 《이성과 인격》을 보라). 시간상의 동일성 관념이 적용되지 않는 사례들이 있다. 아메바를 생각해보라. 그것은 질적으로 동일한 두 부분, 각각의 아메바로 분열한다. 아메바는 그 후계자 중 어느 것과 동일한가? 하나의 대답이 갖는 근거는 다른 하나의 대답의 근거가 될 것이다. 하지만 애초의 아메바가 그 둘 다와 동일할 수는 없다. (동일성이란 모든 것이 오직 하나의 것, 곧 자기 자신과 맺는 관계다.) 그렇다면 그것은 둘 중 어느 것과도 동일하지 않다. 이제 이러한 생각을 인격에 적용해보라. 브라운의 뇌가 컴퓨터로 '판독되고', 컴퓨터는 그 모든 대뇌 정보를 1000개의 다른 뇌에 복제하며, 각 뇌가 브라운과 닮은 사람에게 이식되는 한편, 브라운의 원래 뇌와 육체는 모두 죽은 경우를 상상해보자. 브라운은 이러한 닮은 사람들 중 누구와 동일한가? 동일성의 개념이 적용될 수 없는 듯하며, 어쨌든 중요하지 않은 듯하다. 파핏은 인격 동일성의 관념을 '폐지하고', 그 대신 연속성의 관념을 내세우기 위해 이러한 많은 사례를 상상한다. 내게 중요한 것은 내가 미래의 어떤 인간 존재와 동일해야 한다가 아니라, 내가 되기에 충분한 것이 그 인간 존재의 안에 살아남아야 한다는 것이라고 그는 말한다. 동일성의 물음에 답하는 우리의 방법은 결국 임의적이다. 더욱이 동일성은 내가 합리적으로 욕구해야 하는 어떤 것이 아니다.

파핏은 자신의 논변에서 놀라운 도덕적 결론을 끌어낸다. 하지만 이 논변은 흄의 법칙에 호응하여, 인격에게만 적용되지 않는다. 그것은 동물, 식물, 탁자, 의자, 심지어 소립자에도 되풀이될 수 있다. 만일 이 논변이 인격 동일성의 개념을 폐지한다면, 그것은 이와 같은 것들의 동일성 개념도 폐지한다. 하지만 이것은 우리를 출발점으로 데려간다. 왜냐하면 우리 세계에서 실체적 개별자들을 확인하는 한에서, 우리는 시간을 통한 동일성의 개념을 정당화할 수 있기 때문이다. 인격이란 자유로이 육화되는 소프트웨어 정보단위만이 아니다. 그는 또한 생명체이고, 자연종의 일원이기도 하다. 이때 그의 동일성은 자신의 삶에 의해 정해지며, 그는 그 삶을 계속해서 살아야 한다.

3. 실존과 본질

이것은 우리를 존재의 이론으로 돌아오게 한다. 동물은 자연의 일부다. 그들의 존재는 각 '자연종'을 지배하는 법칙에 의해 규제된다. 다프네가 월계수가 될 수 없는 것처럼, 호랑이는 사자나 쥐나 노간주나무가 될 수 없다. 호랑이의 삶은 자신이 호랑이라는 것에 의해서 그 방향이 정해진다. 호랑이가 시간이 흘러 변하더라도, 변화의 과정은 그 기질에 의해 결정된다. 노간주나무와 마찬가지로, 호랑이는 그 삶이 전개됨에 따라 본질적으로 그것인 바가 된다. 따라서 호랑이의 동일성에 관한 물음은 임의적이지 않다. 어떤 것이 어떤 시점에서 호랑이일 수 있는 것은 오직 그 기질이 다른 시점에도 그것이 호랑이라고 결정할 때다. 파핏의 터무니없는 사고실험들은 여기서 통하지 않는다. 왜냐하면 그 실험들은 우리로 하여금 호랑이를 맨 처음 확인할 수 있게 한 바로 그 법칙들을 폐지하기 때문이다. 만일 호랑이처럼 사람들이 자연종을 이룬다면, 우리는 그들의 시간을 통한 동일성에 관하여 실질적 보장을 갖게 될 것이다.

하지만 사람들이 자연종을 구성하는가? 만일 우리가 신과 악령과 천사를 사람으로 인정한다면, 아마도 아닐 것이다. 만일 우리가 기업과 대학과 교회 같은 인공적인 인격을 포함한다면, 확실히 아닐 것이다. 그럼에도 흄을 따르는 회의주의자와 싸울 때 자연종이 가져다주는 이점을 감지하고서, 인격 동일성의 개념을 자연종에 기초시키려 하는 철학자들이 있다. 그러한 철학자들은 인격이 자연종에서 실현된다는 사실로부터 인격이라는 개념의 의미가 파생된다고 주장하는 경향이 있다. (이것이 대략 위긴스가 옹호하는 견해다.) 우리가 인격이 무엇인지 아는 것은, 단지 우리에게 그 전형적 사례가 있기 때문이다. 바로 인간 존재 말이다.

그럼에도 분명한 것은, 로크가 최초로 주장했듯이, 인격 동일성과 동물의 동일성은 상이한 관념이며, 우리 조건의 독특한 특징들—자기의식, 자유(혹은 여하튼 그것에 대한 믿음), 상호인격적 대응—은 동물적 삶의 요구와 경쟁하는 듯 보인다는 점이다. 설령 이 경쟁이 단지 외견상에 불과할지라도, 여전히 그 현상을 설명하는 것은 필수적이다.

그 경쟁이 단순히 외견상에 불과한 것이 아니라, 그 반대로 실질적이고 절대적인 것이라고 여기는 철학자의 한 유형이 있다. 바로 실존주의자다. 나는 12장에서 하이데거에 의해 제기된 불안한 존재의 이론을 언급했는데, 이에 따르면 자기의식적 생물의 존재는 사물이나 동물의 존재와는 본질적으로 다르다. 우리에게 존재란 존재의 물음에 대한 응답이다. 우리는 세계를 향해 '어떤 태도를 취하고', 그렇게 함으로써 우리 자신을 존재하게 한다. 사르트르는 대상의 본질이 그 실존에 선행하는 반면, 우리의 경우에는 정반대라고 주장하면서, 이 점을 더 과격하게 지적한다. "그 실존이 자신의 본질보다 앞서는 존재, 어떠한 개념에 의해 정의될 수 있기 전에 실존하는 존재가 적어도 하나 있다. 그 존재는 인간이다."(《실존주의와 휴머니즘》.) (하지만 흥미롭게도 그는 '인격'이 아니라 '인간'이라는 단어를 사용한다.)

실존주의는 이제 더 이상 유행하지 않는다. 그럼에도 그 주요 생각은, 심지어 실존주의를 표현하는 데 애초 사용되었던 후설식 언어를 거부하는 철학자들에게조차 상당히 흥미롭다. (후설에게 '본질'이란 '개념작용'에 의해 주어지고, 정신적으로 발견되는 것이다. 본질은 과학실험에 의해 결코 발견되지 않는다. 크립키 이후로 이런 식의 사유를 승인하기란 매우 어려워졌다.) 우리는 그 생각을 다음과 같은 식으로 말할 수 있다. 동물의 실존은 그 체질(그 본질)에 의해 설정된 궤도를 따라 달린다. 어제의 동물과 오늘의 동물은 같은데, 그 동물의 모든 가능성이 처음부터 그것 안에 포함되어 있으며, 자연법칙에 따라 전개될 뿐이기 때문이다. 인간의 실존은 그러한 어떤 궤도를 따라 달리지 않는다. 나는 내가 되고자 선택하는 바이고, 내가 누구인지는 내 생명이 다할 때까지 진정 알 수 없다. 나 스스로 동일성을 형성하게 되는 실존 이후에야 비로소 나의 '본질적' 특성이 확인될 수 있다. 실존주의자는 종종 우리는 실체가 아니라는 말로 이 점을 표현한다. 예를 들어, 하이데거는 '인격은 어떤 사물, 실체가 아니다'라고 썼다. "현존재는 그저 눈앞에 있는 어떤 것에 속하는 종류의 존재를 갖지 않으며…… 가져본 적도 없다."(《존재와 시간》 48쪽.)

 왜 우리는 이러한 학설을 받아들여야 하는가? 이유는 1인칭 관점에 있다. 대상을 사유할 때, 나는 인과적으로 사유한다. 설명, 예측, 인과법칙에 의해서 말이다. 사람들을 생각할 때, 나는 보통 이런 식으로 생각하지 않는다. 나 자신을 생각할 때는 확실히 그렇지 않다. 내가 결심을 할 때, 나는 내가 무엇을 할지 예측하는 것이 아니라 그것을 하려고 결정하는 것이다. 무엇을 하려 하는가라는 질문을 받았을 때, 자신의 성품에 대한 평가에 기초하여 그저 예측을 말하는 인격은 정확히 말해 결심을 한 것은 아니다. 결정을 할 때, 나는 내 미래의 자아와 동일시하며, 말하자면 나를 기다리고 있는 미래에 나 자신을 놓고, 나 자신의 방향으로 돌려놓는다. 내 본성이 이미 주어졌다면, 나는 이렇게 할 수 없다. 그렇다면 내 미래는 돌이킬 수 없고, 내게는 아무 선택도 없기 때문이다. 자유란 나의 실존이 항상 불완전하고, '불포화 상태이며', 그 실현을 기다리고 있음을 의미한다. 그리고 이 자유는 결정을 할 때 내가 무엇을 할지 바로 아는 직접성에서 드러난다. (나는 내 결정을 내 미래 행위에 대한 증거에 기초하지 않으며, 기초할 수도 없었다.)

 실존주의자들은 지향뿐 아니라 지향성을 강조하는데, 이것은 우리 조건의 특징이자 우리의 경우에 실존이 본질에 선행한다는 추가 증거다. 마지막 논변과 마찬가지로, 이 논변은 시사해주는 바가 많다. 하지만 마지막 논변처럼 이것 역시 은유투성이다. 지향성은 표상된 세계와의 관계를 포함한다. 그리고 실존주의자에게 이 관계는 활기차고, 지배적이며, '생생'하다. 의식은 우리가 생활세계를 여행해 감에 따라 그것을 끊임없이 재배열하는 것과 관련한다. 의식의 대상을 재배열하면서, 우리는 주체도 역시 재배열한다. 왜냐하면 주체란 지향적 세계의 중심에 있는 구멍, 즉 이 모든 것이 이해되고 실행되는 관점이기 때문이다.

이러한 생각은 스페인의 실존주의자이자 사르트르와 달리 문화적·정치적 보수주의자였던 호세 오르테가 이 가세트에 의해 잘 요약되었다. "돌에게는 그 실존이 주어진다. 그것은 자신이 무엇인지에 대해 싸울 필요가 없다…… 인간은 자신의 실존을 매순간 만들어야 한다."(〈기능인〉) '싸움'의 이미지는 실존주의자의 마음에서 결코 떠나지 않는다. 그 이유는 30장에서 설명하겠다.

인간과 돌이라는 대비에 주목하라. 사르트르가 인용된 문단 바로 전에 제시한 것은 인간과 종이 자르는 칼이다. 하이데거가 제시한 것은 현존재와, 사물의 조건인 눈앞에 있음이다. 하지만 이것은 우리가 향했던 물음들의 대비가 아니다. 우리의 물음은 동물과 인격의 관계에 관한 것이다. 아마도 실존주의자들은 이 빠진 고리를 간과하기 때문에 자신들의 과격한 결론에 즐거워할 수 있을 것이다.

확실히, 우리 조건의 특성이 지향성과 밀접한 관계가 있다면, 우리는 실존주의자가 하듯 그것을 기술할 수는 없다. 왜냐하면 동물에게도 지향성이 있기 때문이다. 그들은 어떤 것을 향해 짖고, 어떤 것에 대해 갈망하고, 어떤 것으로부터 달아난다. 이러한 경우들 각각에서 전치사는 지향적(따라서 내포적) 문맥을 가리킨다. (멍멍이의 '지향적 내재'에 관한 조지 엘리엇의 기술을 비교해보라. "상상의 고양이를 향해 짖는 것은 개의 마음에서는 흔한 일이지만 비교적 미약하다."《펠릭스 홀트》 15장.)

그리고 만일 우리 조건의 특성이 우리의 근본적 자유에 있다면, 우리는 바로 그 개념을 의심하기 위해 실존주의자의 논변을 사용할 수 없는가? 만일 사르트르가 옳다면, 근본적 자유는 우리에게 어떠한 기존의 본성도 없다는 결론을 수반한다. 하지만 이것은 시간을 통한 동일성에 관한 우리의 판단에 아무 근거가 없음을 의미하지 않는다. 그와 반대로 책임, 비난, 칭찬, 지향 자체는 우리에게 시간을 통한 동일성을 긍정하도록 요구한다. 이 경우에, 근본적 자유의 가정은 우리를 모순으로 이끄는 듯하다.

이것은 결코 실존주의자에 대한 결정적 반론이 아니다. 그럼에도 인간의 삶이 동물의 삶과 왜 그토록 다른지 증명할 책임이 실존주의자에게 있다고 주장하는 것은 합리적이다. 그렇지 않다면 우리의 삶이 우리 동일성의 '근거'가 아님을 증명할 책임이 있다. 어느 쪽을 택하든 탐탁지 않다.

4. 죽음

그러나 여기에는 또 다른 문제가 있다. 살아있는 것은 또한 죽음을 피할 수 없다. 만일 생명과 인격이 하나이자 동일하다면, 죽음 이후에는 무엇이 살아남는가?

인격 동일성을 규정하는 어떤 방법들은 인격의 생존에 대한 믿음을 정당화하는 듯하다. 그리고 다른 방법들은 그것을 부정하는 듯하다. 만일 인격이 성품, 기억, 이성이라면, 육체가 죽을 때 이러한 것들(혹은 이러한 것들의 체계)이 지속되리라고 가정하는 데 아무 문제가 없다. 그리하여 '지성'이 육체보다 오래 생존하며, 심지어 (플라톤의 사고에서) 육체에 선행한다는 플라톤과 아리스토텔레스와 스피노자가 옹호하는 견해가 제기된다.

하지만 이에 반대하는 다음과 같은 강력한 고찰들이 있다.

(a) 우리의 정신상태와 육체 조건 간에는 밀접한 관계가 있다. 예를 들어 육체적 표현 수단이 없는 주체에게 감정을 귀속시킴으로써 우리가

무엇을 의미할 수 있을지 알기란 어렵다. 마찬가지로 감각, 지각, 심지어 믿음은 육체, 감각기관 그리고 그것에서 유래한 행위와 밀접히 관련되어 있는 듯하다.

(b) 우리의 정신 대부분은 동물적 생명의 일부다. 이것은 확실히 우리의 감각에는 참이다. 그리고 하등동물들의 목록을 넘어서 있는 마음의 상태들—예를 들어, 에로틱한 사랑—조차 우리가 그들과 공유하는 육체 조건과 원초적 반응에 뿌리를 둔다.

(c) 인격 동일성에 관한 풀리지 않는 의문들에 의해서, 우리는 인간 생명과 그것이 함축하는 육체 조건이 인격의 생존에 필수적이라고 믿는다. 만일 내 마음을 프로그램한 '소프트웨어'가 내 육체가 죽은 후 구현된다면, 그 결과로 생긴 하드웨어가 나인지 혹은 나일 수 있는지는 생각해볼 필요도 없다.

(d) 사람들 외에도 나무, 개, 물고기, 박테리아 등 많은 것들이 죽는다. 하지만 대부분의 경우에 이러한 것들이 죽은 후에도 계속 존재한다는 생각은 어리석다. 만일 개들이 어떤 '행복한 사냥터'에서 계속 살아간다고 사람들이 믿고 싶어한다면, 그들이 사랑하는 사람들에 대해서 이런 것을 믿는 것도 같은 이유에서다. 즉 사별을 받아들일 수 없는 것이다. (그러나 제러드 맨리 홉킨스는 빈시 언덕의 포플러들에 대해 진정으로 상실감을 느꼈다. 그 나무들 역시 불멸인가? (〈빈시의 포플러〉*19세기 영국의 시인 홉킨스가 벌목된 포플러 나무들을 슬퍼하며 지은 시).)

이러한 고찰들에도 불구하고, 나 자신의 죽음은 나의 종말이 아니며 그럴 수도 없다는 느낌이 지속된다. 이러한 느낌의 원천은 무엇인가? 다음과 같은 생각과 관련 있는 것 같다.

(a) 인격의 생존에 대한 우리의 감각은 1인칭 관점과 밀접히 관련되어 있다. 시간을 통한 나의 동일성이 최고의 고려 대상이 될 때, '나'는 무대의 중심에 놓인다. 나는 무엇을 할 것인가? 나는 무엇을 느끼거나 생각할 것인가? 하지만 이러한 '나'는 죽음을 넘어서 투사될 수 있다. 나는 내 육체가 무기력하게 누워 생명이 없는 상황에서도 내가 무엇을 생각하거나 느낄지 궁금해할 수 있다. 이러한 사유에는 모순이 전혀 없다.

(b) 나 자신의 비존재는 내게 상상할 수 없는 것이다. 나는 세계에 대한 내 관점을 또한 생각하지 않고서는 그야말로 세계를 생각할 수 없다. 그리고 그것이 나 자신의 존재에 대한 사유를 의미한다.

이 논변은 매우 까다로우며, 반론에도 열려 있다. 그 반론은 루크레티우스의 뛰어난 시와 전해지는 흄의 대화에 표현되어 있다. 흄은 그 대화에서, 태어나기 전 내 비존재를 상상하기 어렵지 않은 것처럼 죽은 후 내 비존재를 상상하는 것도 어렵지 않으며, 둘 중 어느 것에 의해서도 괴로워할 이유가 없다고 말했다. 내가 세계로 입장했다는 사실이 왜 퇴장을 금하겠는가?

상상 가능한 아주 다른 두 관념이 있는 것 같다. 나는 내가 존재하지 않는 세계를 상상할 수 있다. 만일 그렇다면, 그러한 세계는 아마도 가능할 것이다. 하지만 만일 이러한 1인칭 관점에서 바라본 세계에 어떠한 나도 있지 않은 것을 상상하라는 의미라면, 나는 존재하지 않는 나 자신을 상상할 수 없다. 그러나 이로부터 실질적 가능성은 아무것도 나오지 않는다.

(c) 나의 합리적 지성과 마찬가지로, 나의 인간관계는 시간에 얽매이지 않으며, 죽음에 의해 영향받지 않는 중대한 측면으로 남는다. 나의 죽음은 당신에 대한 나의 의무도, 나에 대한 당신의 의무도 없애지 못한다. 나의 의지는 의무와 권리에 간직되고, 무한한 미래로 투사된다. 죽음이

의지를 위협하지 않는 듯 보이는 것은 죽음이 권리와 의무의 망에는 영향을 미치지 않기 때문이다.

다시금 이 논변은 평가하기가 어렵다. 이것이 증명할 수 있는 최선은 인격의 생존에 대한 믿음을(그 믿음이 참인지가 아니라) 실천이성이 포함한다는 것이다. 독특한 변형이 칸트에 의해 제시되었는데, 그는 실천이성이 불멸을 전제한다고 믿었다. 왜냐하면 무한한 의무의 무게는 그 이행에도 무한한 시간을 요구하기 때문이다.

(d) 죽음은 지적으로 감당하기 어렵다. 또한 감정적으로 감당하기도 어려우며, 이러한 어려움은 3인칭 관점과 2인칭 관점에서 더 생생히 감지된다. 사별의 순간, 타자가 더 이상 존재하지 않음을 믿기란 거의 견딜 수 없는 일이다. 내 감정에는 '당신의 모습을 한' 통일체가 있으며, 나는 비록 멀리 떨어져 닿을 수 없음에도 마치 당신이 여전히 존재하는 듯 행동하고 느낀다.

이 논변은 '사후세계'를 믿는 강력한 동기를 제공하지만, 그렇게 믿을 이유는 제공하지 않는다. 하지만 만일 그러한 사후세계가 가능하다면, 우리는 인간조건에서 가장 가치 있는 모든 것에 대한 존중에서 할 수 있는 한 그것을 믿어야 할지 모른다.

이 논변들은 확정적이지 않으며, 논의가 계속되고 있다. 그러면 이제 또 다른 더 시급한 문제로 넘어가보자.

5. 죽음의 두려움

우리는 모두 죽음을 두려워한다. 하지만 그렇게 하는 것은 합리적인가?

우리는 정확히 무엇을 두려워하는가? 네이글은 고통이나 괴로움에 대한 두려움과는 아주 다른, 어느 날 내가 존재하지 않을 것이라는 생각에 수반되는 특이하고 심란한 느낌에 대해 썼다. "무의 기대라고 불릴 수 있는 어떤 것이 있다. 비록 마음은 그것에서 벗어나려 하지만, 그것은 항상 놀랍고, 종종 무서우며, 당신의 생명이 제한된 시간 동안만 계속될 것이라는 익숙한 인식과는 꽤나 다른 명백한 경험이다."(《어디에서도 바라보지 않는 관점》, 225쪽.) 이것은 불안한 느낌 그 이상인가?

비트겐슈타인은《논리철학 논고》에서 죽음은 삶의 일부가 아니라 그 한계라고 썼다. 그가 의미하는 바는 죽음의 건너편에서 출현하는 '죽음 이후의 삶' 같은 것은 없다는 것이다. 죽음은 삶에서의 경험이 아니며, 죽음에는 그것을 되돌아볼 만한 그리고 어떤 새로운 관점에서 평가할 만한 것이 없다.

다른 사람들도 유사한 방식으로 죽음의 두려움이 비합리적이라는 결론을 주장했다. (루크레티우스와 여러 로마의 스토아철학자들이 그러했다.) 만일 죽은 후 내가 존재하지 않는다면, 그야말로 두려워할 아무것도 없게 된다. 하지만 이것은 궤변처럼 들린다. 죽음은 또한 생명과 그에 딸린 좋은 것들의 상실이다. 그러니 그 상실을 두려워하는 것은 합리적이지 않은가? 그러나 이것 역시 요점을 놓치는 듯하다. 나는 모든 좋은 것들을 잃을까 위협받으면서도, 여전히 이러한 위협을 차분히 바라볼 수 있다―혹은 적어도, 내가 곧 존재하지 않으리라는 생각에서 오는 불안한 느낌 없이 말이다. 왜 나의 비존재가 그토록 끔찍한가? 진정, 그것은 대체 왜 끔찍한가?

이 물음을 이해하기란 특히 어렵다. 죽음이라는 악을 기술하려는 모든 시도는 우리가 좋음(생명의 좋음을 포함하여)의 상실을 두려워하며, 따라서 '존재론적 불안'이라는 독특한 느낌을 그리워한다고 암시하거나,

그렇지 않으면 우리는 비존재 그 자체를 두려워하는데, 이것은 비합리적인 듯하다고 결론을 내린다. 하지만 또 다른 의미에서 죽음을 두려워하는 것은 명백히 합리적이다. 만일 우리가 죽음을 두려워하지 않는다면, 우리 자신의 생존을 확보하지 못할 것이고, 따라서 우리의 모든 기획의 성공을 위태롭게 할 것이기 때문이다. 그러므로 합리적 존재에게 죽음의 두려움은 필요하다. 마치 악취를 맡고 구토하는 능력이나 이따금씩 수면을 취하는 성향이 필요한 것처럼 말이다. 하지만 이것이 그 두려움을 합리적 두려움으로 만드는가?

합리적 두려움이란 무엇인가? 아마도 당신을 고통스럽게 하는 것을 두려워하는 것은 합리적일 것이다. 당신이 어떤 상황에 있을 때 거기서 벗어나기를 바라는 한에서, 그 상황을 두려워하는 것은 합리적이다. 하지만 다시금 이 기준이 죽음에는 적용되지 않는다. 만일 죽음이 종말이라면, 죽음이 찾아왔을 때 어느 누구도 그것으로부터 달아나는 것을 두려워하지 않는다. 아킬레스가 오디세우스에게 자신은 저승에서 가장 위대한 왕자가 되느니 차라리 이승에서 가장 천한 노예가 되겠노라고 푸념할 때, 그는 죽음 너머의 지점에서 말하는 것이다―즉 그는 죽음과 맞닥뜨리고도 살아남은 '영혼'으로서 말하는 것이다. 하지만 그가 죽음의 두려움을 정당화하는 방법은 다만 그것이 사람의 운명을 돌이킬 수 없는 몰락으로 이끈다는 점을 보이는 것이지, 그것이 사람의 운명을 끝낸다는 점을 보임으로써가 아니다.

이 답변 불가능한 수수께끼에 대하여, 그 논변을 뒤집어서 죽음의 부재를 두려워하는 것이야말로 합리적이라고 주장하는 것은 솔깃한 시도다. 버나드 윌리엄스는 차페크 형제의 유명한 희곡(⟨마크로풀로스 사건⟩

*1922년 체코의 극작가 카렐 차페크가 쓴 희곡으로, 마법의 몰약을 먹고 300년 동안 생명과 젊음을 유지한 여인의 이야기)을 이용하여, 불멸의 '권태'를 주장하고, 우리의 기쁨

은 그 바람직함을 죽음에 의존하는 사멸의 기쁨이라고 지적했다. 그 모든 사랑과 기쁨을 겪고도 오직 타인에 대한 냉소적 무관심이라는 냉혹한 고원에 오르려 하는 그 희곡의 주인공은, 사멸이라는 한계를 빼앗긴 진정한 실천이성의 인물상을 보여준다. (불멸의 권태에 관한 더 재미있는 형태는 줄리언 반스의 《10과 1/2장으로 쓴 세계사》의 훌륭한 마지막 장에서 찾아볼 수 있다.)

불멸의 전통적 옹호자들은 윌리엄스의 주장에 거의 동요하지 않을 것이다. 그들은 아퀴나스(그리고 《신곡 천국편》의 단테)와 더불어, 우리의 사멸 욕구는 바로 우리가 죽을 때 결코 썩지 않는 다른 더 신비로운 기획에 헌신하기 위하여 잃게 되는 것이라고 주장할 것이다. 신에 대한 숭배는 무한히 반복되어야 하는데, 바로 그 대상 역시 무한하기 때문이다. 미사나 예배의식은 결코 진정한 신자를 지치게 하지 않으며, 혹은 그 내밀한 계시의 의미를 의심하도록 만들지 않는다. 만일 영원한 삶이 있다면, 어찌 이것이 아니겠는가?

6. 적당한 때의 죽음

이러한 생각은 두려움에 떠는 이교도를 전혀 위로하지 못한다. 그렇다면 그는 성공 능력이 요구하는 비합리적인 죽음의 두려움과, 기쁨 없는 장수라는 합리적 두려움 사이에 사로잡혀 있는 셈인가? 이것은 정말 끔찍할 것이다.

3인칭 관점에서 바라본다면, 죽음이 항상 악은 아니다. 사실 때때로 그것은 선이다. 먼저, 죽음이 올바른 처벌로 여겨질 수 있다. 어떤 사람의 범죄가 그를 죽이는 충분한 이유가 될 수 있다. 이 경우에, 그의 죽음을 어찌 악이라고 말할 수 있겠는가? (히틀러나 스탈린을 생각해보라. 그들의 죽음은 그들 자신에게만 좋은 것이 아니었다. 더 비참하게 죽었다면 더 좋았을 것이다.) 둘째, 죽음은 육체적이거나 감정적인 끔찍한 고통에서 해방되는 것으로 여길 수 있다. 셋째, 더 신비로운 측면에서, 죽음은 어떤 대업을 맡은 생명에게 어울리는 마무리로 간주될 수 있다. 비극적 영웅은 죽음으로 결백을 입증하고, 이는 그의 삶에 최종적 명예 회복의 주문으로 반영된다. 우리는 이것을 이해하지 못한다. 하지만 우리는 그것을 느끼며, 우리의 느낌은 우리 자신의 소멸을 숙고할 때의 불안만큼이나 실제적이다. 왜 우리의 반성은 우리에게 아무 도움이 안 되는 그 이름 없는 두려움을 곱씹기보다는 이러한 더 만족스런 관점에 머무르지 못하는가?

고대 사상가들에게, 죽음은 또 다른 방법으로 정당화될 수 있었다. 잠시 아리스토텔레스의 덕에 관한 논의로 돌아가 보자. 용감한 사람은 위험에 직면하여 명예로운 것을 추구하는 기질을 습득한다. 명예가, 도망치고 싶은 것 이상으로 그가 원하는 것이다. 그리고 이 기질을 습득하는 것은 합리적인데, 그것이 '행복의 일부'이기 때문이다. 용기 없는 사람은 실천이성의 궁극 목적인 '활동에서의 성공' 보장을 전혀 가질 수 없다. 하지만 이제 전투의 순간을 생각해보라. 적이 곧 나를 제압할 것이다. 나는 어떻게 하는 것이 합리적인가? 목숨을 구하려 하는 겁쟁이에게는 방패를 팽개치고 도망치는 것이 합리적이다. 마음속에 명예에 대한 생각을 고수하는 용감한 사람에게는 죽음이 따르더라도 맞서는 것이 합리적이다. 용감한 사람의 욕구는 우리 모두가 습득할 이유가 있는 기질에서 나오기 때문에, 그는 이중으로 이성적이다. 그러므로 수치스런 생존보다 명예로운 죽음을 선호하는 것이 합리적이다. (이 문제는 악명 높은 크산티페의 대화에서 크산티페와 소크라테스에 의해 논의된다.《프뤼네의 향연》, 1158a~b를 보라.*이 책과《크산티페의 대화》모두 로저 스크루턴이 플라톤의 저작을 패러디한 철학소설이다.)

이것은 3인칭 관점에서 완벽하게 이해될 수 있다. 우리 모두는 친구를 위해 목숨을 버리는 영웅을 좋아한다. 평화주의자들조차 그렇게 느낀다. E. B. 브리튼의 《전쟁 레퀴엠》 중 자기희생에 대한 장엄한 헌사를 보라. 그리고 어떤 사람은 '유감스런' 전쟁을 개탄하면서도 이렇게 느낄 수 있다. 하지만 이것은 1인칭 관점에서도 이해될 수 있다. 사람은 죽음을 좋아하게 될 수는 없지만, 적어도 끔찍한 상황에서는 그것을 최선의 결과로 받아들이게 될 수 있다. 생존이 한 사람의 삶에 치명적인 타협, 회복할 수 없는 치욕, 그가 바랐던 모든 것과 그가 했던 모든 것에 대한 비난이 되는 상황들이 있다. 따라서 니체에 따르면, '적당한 때의 죽음'이라는 생각이 진정한(즉 이교도의) 도덕의 근거일지 모른다.

이러한 생각은 자살을 정당화하는가? 쇼펜하우어는 그렇다고 믿었다. 플루타르코스의 여러 영웅들이 그랬듯이 말이다. 하지만 당신을 명예롭게 죽도록 만들 것 같은 그러한 덕의 습득을 정당화하는 것과 죽음 자체를 정당화하는 것은 별개의 문제다.

7. 죽음의 신비

이러한 생각이 설령 참일지라도 우리의 우려를 진정시키지 못한다. 어쩌면 아무것도 그것을 진정시킬 수 없을 것이다. 아마도 우리는 죽음의 두려움이 실제로는 두려움이 아님을 받아들여야 할 것이다. 왜냐하면 그것은 우리가 죽음으로 인해 어떻게 해를 입는지에 대하여 어떠한 일관된 사고에도 근거하지 않기 때문이다. 그것은 불안이다. 하이데거에 따르면, 이 불안에는 심층적 토대가 있다. 왜냐하면 그것은 우리의 우연성을 사유하는 의식에 그 반란을 표시하기 때문이다. 죽음은 우리가 있지 않을 것이고, 따라서 우리가 있지 않았을지도 모른다는 점을 우리에게 보여준다. 우리의 실존에는 어떠한 궁극적 토대도 없다. 이것이 우리가 어떠한 이유도 찾을 수 없는 잔인한 사실이다. 왜냐하면 우리의 모든 이유는 우리가 결코 이를 수 없는 생명 밖의 관점이 아니라 생명 안에서 생겨나기 때문이다. 죽음에 대한 불안은 '존재론적'이다. 그것은 실존 그 자체의 얼굴을 덮고, 그 '존재의 근거'를 훼손한다. 그것을 완화하기 위해 우리는 무엇을 할 수 있는가? 하이데거는 몇몇 의미심장하지만 모호한 제안을 한다. 현존재는 자기 존재에 대해 책임을 져야 한다고 그는 말한다. 그리고 이것은 그가 '죽음을 향하는 존재'라고 기술한 존재론적 태도를 통해서만 이루어질 수 있다. 우리는 우리 자신의 사멸이라는 진리를 수행해야 하고, 결코 환상이나 절망으로 도피해서는 안 된다. 우리는 죽음을 삶의 이면으로 보아야 한다. 죽음을 뚜렷이 직시하는 것이 삶의 의미를 이해하는 것이다. 오직 그럴 때에만 우리는 진정으로 사는 것이다. 아마도 이것이 비극 작가들이 우리에게 들려주는 교훈일 것이다. 분명히 이것이 릴케의《두이노의 비가》의 주제 중 하나다. 하지만 철학자가 실제로 이러한 사유를 전달할 수 있을지는—문자언어에 대한 숙달이 하이데거가 도달한 단계보다 더 나아가지 못한 철학자는 말할 것도 없고—상당히 의심스럽다.

22   지식

2장에서 나는 지식이론의 몇 가지 주제를 논의했다. 하지만 지식 자체에 관해서는 별로 말하지 않았다. 독자들이 이에 놀라지 않도록 설명을 덧붙이자면, 내가 생각하기에 지식의 개념은 믿음의 정당화와 관련 있는 인식론에서 그다지 큰 관심사가 아니다. 만일 철학자들이 지식을 논의하는 데―지식이 정당화된 참된 믿음justified true belief인가라는 엄청 따분한 물음과 관련해서―많은 시간을 보낸다면, 그것은 부분적으로 인식론의 물음들이 지식이라는 용어로 잘못 표현되기 때문이다. 철학자들은 실제로는 우리 믿음의 정당화를 추구하면서, '나는(혹은 우리는) 어떠한 것을 아는가?'라고 물었다. 그 주요 장본인은 플라톤이다. 그는 진정한 앎을 단순한 의견doxa과 구별하고, 아는 사람의 특수한 마음상태를 탐구함으로써 인식론의 물음들에 답할 수 있다고 가정했다.

하지만 회의주의자가 제기하는 물음들 외에도, 지식에 관한 다른 물음들이 있으며, 이 장에서 나는 그중 몇 가지를 살펴보겠다. 예를 들면 다음과 같다. 지식이란 무엇이고, 왜 우리는 그것을 평가하는가? 이론적 지식과 실천적 지식 간에 구별은 있는가? p를 아는 사람은 p를 확신해야 하는가? 이밖에 더 많은 물음이 있다. 이 주제에 관한 저작은 방대하지만 조금도 재밌지 않다.

1. 지식이란 무엇인가?

플라톤은 《메논》에서 지식을 '설명logos을 덧붙인 참된 믿음'이라고 정의한다. 그는 그의 저서 중 다른 곳에서 이러한 분석에 반대하지만, 일반적으로 이것이 '전통적' 지식이론 문헌 중 최초로 지식을 '정당화된 참된 믿음'으로 언급한 예라고 추정된다. 이 이론에 따르면, 존이 p를 아는 것은 다음과 같은 때 만이다.

(i) 존이 p를 믿는다.
(ii) p는 참이다.
(iii) p에 대한 존의 믿음은 정당화된다.

이 이론에 따르면, 우리가 지식에 관심을 갖는 것은 우리의 믿음이 참인지에 관심이 있기 때문이다. 그리고 지식의 추구란 우리의 믿음이 참임을 보장해줄 정당화의 추구다.

이 이론의 한 가지 난점은 세 번째 조건에 암시되어 있다. 분명히 정당화는 대략 확실하고, 대략 타당할 수 있다. 우리가 지식을 말할 수 있으려면, 어느 정도 수준의 정당화가 요구되는가? 만일 존이 p를 믿는 이유가 p가 참임을 수반해야 한다고 말한다면, 논리학과 수학의 영역을 제외하고, 우리 중 어느 누가 어떤 믿음에 대한 충분한 정당화를 가질지 의심스럽다. 이러한 견해에 따르면 경험적 지식과 같은 것은 없을 것이다.

플라톤은 《국가》에서 거의 이러한 결론에 이른다. 그는 다음과 같은 오류 논변을 제공했다고 비난받기도 했다.

(1) 필연적으로 존이 p를 안다면, p는 참이다.

그러므로

(2) 존이 p를 안다면, p는 필연적으로 참이다.

다시 말해, 오직 (수학의 진리 같은) 필연적 진리만이 실제로 알려질 수 있다. 나는 플라톤이 정말 (논리학자들이 '필연적으로'라는 용어의 '범위'라고 여긴 것의 오해와 관련 있는) 오류를 범했는지 의심스럽다. 대신에 나는 그가 다음과 같은 사실에 지나치게 감명받았다고 생각한다. 즉 우리가 실제로 우리 결과에 대해 충분한 정당화를 갖는 것은 바로 수학 및 필연성을 다루는 다른 학문들에서만이라는 사실 말이다. 그는 자기만의 그리스적 방식으로 훗날 데카르트가 탐구할 길을 나섰던 것이다.

하지만 만일 우리가 결코 수반되지 않는(결코 충분조건이 아닌) 정당화를 지식으로 간주하도록 허용한다면, 우리는 정말로 그 개념의 용도를 찾을 수 있는가? 존이 p를 안다고 내가 말할 수 있으려면, 나는 p가 참임을 알아야 한다. 또한 나는 p에 대한 존의 믿음이 정당화된다는 것도 알아야 한다. 아마도 p가 참이라는 내 증거는, 존의 그것과 마찬가지로, 충분함에는 미치지 못할 것이다. 그것은 p가 거짓이라는 것과 양립한다. 이 경우에 나는 p가 참임을 어떻게 확신할 수 있는가? 그리고 만일 내가 확신하지 못한다면, 나는 p를 안다고 말하기보다는 나는 p를 확신한다고, 혹은 나는 p가 매우 그러하리라고 믿는다고, 혹은 이와 유사한 주장을 하면 안 되는가? 그리고 나는 존에 대해서도 같은 주장을 하면 안 되는가? 왜냐하면 그가 p를 안다는 것을 내가 알 수 있는 유일한 방법은 p가 실제로 참이라는 것을 앎으로써―즉 내가 p를 안다는 것을 앎으로써―가능하기 때문이다. 따라서 아마도 나는 지식 개념을 적용하기를 단념해야 할 것이다―내가 안다고도, 그가 안다고도 말하지 못하고, 그 대신 우리 각자의 믿음의 상대적 합리성만을 말하는 것이 지식 개념이라면 말이다.

왜 안 되겠는가? 어쩌면 우리는 C. S. 퍼스가 '오류가능주의'라고 명명하며 옹호한 견해를 취해야 할 것이다. 그 견해에 따르면 내 믿음 중 어느 것도 물음의 범위를 넘어선 것으로, 혹은 확실성이나 지식의 문제로 간주되지 않는다. 확실성과 지식의 관념들은 필연적이지도 정당화되지도 않는다. 그 관념들 없이도 우리는 말하고 싶은 모든 것을 말할 수 있으며, 그 관념들을 도입하는 것은, 우리의 믿음이 어떠한 추가 증거에도 불리해지지 않을 지점에 우리가 이를 수 있음을 암시함으로써, 혼란만을 낳을 뿐이다.

우리가 이러한 고찰로부터 내릴 수 있는 최소한의 결론은, 누군가가 어떤 것을 안다는 것이 참일지라도, 이로부터 그가 자신이 안다는 것을 또한 안다는 주장은 나오지 않는다는 것이다. 하지만 이러한 회의적 논평 이외에, 우리는 전통적 이론에 대해 무엇을 말해야 하는가? 아마도 그것은 지식에 관한 그럴듯한 분석은 아무튼 아닐 것이다. 어쩌면 그것은 지식 개념의 목적을 오해하고 있는지 모른다. 만일 그렇다면, 그 이론이 우리의 회의적 성향을 길러준다 해도 놀랄 일은 아니다.

2. 조건들은 필요한가?

전통적 이론은 지식이 존재하기 위한 위의 세 가지 조건을 제시하는데, 각각은 필요조건이며, 셋을 합쳐 충분조건이라고 여긴다. 어느 누구도 두 번째 조건—알려진 명제의 참—이 지식에 필요함을 의심하지 않는다. 하지만 다른 두 조건 각각의 필요성에 대해서는 반대하는 논변들이 제기되었다.

(ⅰ) 믿음 없는 앎. 콜린 래드퍼드는 어떤 사람이 비록 믿지 않을지라도 참을 알 수 있음을 보여주는 예를 제시한다. 아마도 가장 그럴듯한 사례는, 프랑스혁명이 일어난 연도를 적으라는 문제에 어쩔 줄 몰라 하다가 1789년이라고 적었지만 그것이 정답이라는 일말의 확신도 없는 긴장한 수험생의 경우다. 당신은 그가 모든 시험을 이런 식으로 치르는 상황, 즉 정답을 맞히고, 출제자가 원하는 바를 정확히 말하지만, 자신의 답이 맞는지 틀리는지 스스로 말할 수 없는 상황을 상상할 수 있다. 당신은 그를 지켜보면서, 그가 배운 바를 정확히 생각해내고 있음을 안다. 그 응시자가 들은 역사 수업은 헛되지 않았고, 시험 전 몇 주 동안 한 공부도 헛되지 않았다. 바꿔 말하자면, 풍부한 역사 지식이 그 응시자의 머릿속을 가득 채우고 있었다. 분명히, 지금 다시 쏟아져 나오는 것은 바로 그 풍부한 지식이 아니겠는가? 다시 말해, 그 응시자가 순간 당황하여 평상시의 믿음을 잊는다 해도, 그가 프랑스혁명의 연도를 안다고 말하는 것이 자연스럽지 않겠는가?

이 사례는 많은 이유에서 문젯거리다. 어쩌면 그 응시자는 프랑스혁명이 1789년에 일어났다고 정확하게 믿지 않을지 모른다. 하지만 그는 다른 해가 아니라 그 해를 적기로 마음먹는다. 이것은 우리의 첫 번째 조건의 적절한 변형, 즉 의견의 발화가 아닌가? 하지만 이 예는 좀 더 보강될 수 있을 것이다. 가령 그가 틀린 답을 적는다고 가정해보라. 우리는 그가 맞는 답을 알았다고 어떠한 상황에서도 여전히 말할 수 없는가? 어쩌면 그 자신이 시험이 끝난 후, 이와 같은 말을 할지 모른다. '난 1789년이라는 걸 알았어. 도대체 뭐에 홀려서 1788년이라고 썼을까?' 기타 등등. (이제 우리는 이 주제가 얼마나 따분한지 알기 시작했다. 그가 안다거나 모른다고 우리가 말하는 것이 도대체 무슨 문제가 되는가?)

(ii) 정당화 없는 앎. 그 수험생이 프랑스혁명이 1789년에 일어났다고 믿는지 우리가 의심할지라도, 그 연도를 적을 때 그는 꽤나 정당화되는 듯하다. 왜냐하면 그렇게 하는 모든 이유가 그의 의식에 주입되었기 때문이다. 그는 배웠기 때문에 아는 것이다. (플라톤이 지식에 관심을 가졌던 것은 바로 그것이 가르침의 목적이기 때문이다. 그는 무지가 극복되는 그 과정을 이해하고 싶어했다.)

하지만 우리는 어떤 사람이 배우지 않고도 아는 경우, 자신의 판단을 타당하게 해줄 어떠한 이유를 획득하지 않고도 아는 경우를 상상할 수 있다. 대중적인 사례가 병아리 감별사의 경우다. 갓 부화한 병아리를 만져보고 즉각 암수로 분류할 수 있지만, 자신이 어떻게 혹은 왜 그러한 결론을 내리는지 알지 못하는 사람들이 있는 듯하다. 그리고 그들의 판단은 확실히 참이다. 따라서 우리는 그 사람이 M이라고 표시된 상자에 넣은 병아리가 수컷임을 그가 안다고 말하는 경향이 있다. 비록 그에게는 그 병아리가 수컷이라는 자신의 믿음에 대한 어떠한 정당화도 없더라도 말이다.

이런 종류의 사례는 여러 이유에서 시사적이다. 우선 첫째로, 그것은 전통적 이론에 의해 촉발된 '정당화logos'의 관념에 의문을 던진다. 우리는 p라는 존의 믿음에 대한 정당화가 있을 때에만 존이 p를 안다고 의미하는가? 혹은 그 자신이 그 믿음에 대하여 분명하게 표현된 설명을 제시할 수 있다는 뜻에서, 그가 그러한 정당화를 지닌다고 의미하는가? (플라톤의 '로고스'라는 용어는 후자를 암시한다. 플라톤에게 아는 자란 자신의 견해를 정당화할 수 있는 자다.) 3인칭 관점에서 병아리 감별사를 바라보라. 분명히, 그는 그 병아리가 수컷이라는 자신의 믿음에 대한 정당화를 갖는다고—즉 그는 병아리 감별 문제에서 항상 맞는 그런 종류의 사람이라고—말하는 것은 그럴듯하다. 하지만 그는 병아리 감별에 관한 판단이 그 결론으로 도출되는 추론과정에서 이것을 전제로 사용하지 않는다. 물론, 여전히 지루한 논변들이지만 그럼에도 숙고해볼 가치는 있다.

3. 조건들은 충분한가?

에드먼드 게티어는 유명한 논문에서 전통적 이론이 틀림없이 오류라는 것을 보여주는 듯한 일련의 사례를 제시했다. 왜냐하면 세 조건이 가능할 뿐 아니라 충족될 때에도, 우리는 지식을 주장할 수 없기 때문이다. 이러한 사례들을 지칭하기 위해 '게티어 사례'라는 표현이 만들어졌으며, 이것은 지식이론에서 전범이 되었다. 여기에 그중 하나가 있다.

　스미스와 존은 구직 지원자이고, 면접을 기다리는 동안 대화를 나눈다. 다른 지원자는 없으며, 대화 도중에 존은 스미스가 자신보다 더 적격자이고, 스미스가 취직될 게 확실하다고 결론 내린다. 대화는 우연히 스미스의 호주머니 속 동전에 대한 것으로 바뀐다. 동전은 12개가 있으며, 스미스는 그것을 꺼내 세어본다. (12는 그에게 행운의 숫자이고, 그래서 그는 확인하고 싶어했던 것이다.) 이 대화의 결과로, 존은 다음과 같은 결론을 내린다. 이 일자리를 얻는 사람의 호주머니에는 동전 12개가 있을 것이다. 그는 이것을 믿으며, 그에게는 이것을 믿을 특별한 이유가 있다. 하지만 놀랍게도, 스미스가 아니라 존이 그 일자리를 얻게 된다. 행복에 겨워 자신의 호주머니 안에 손을 넣었다가, 그는 거기에 정확히 동전 12개가 있음을 발견한다.

따라서 그 일자리를 얻는 사람의 호주머니에 동전 12개가 있을 것이라는 믿음은 참이었다. 요컨대, 존은 참이고 완전히 정당화된 믿음을 갖는다. (스미스가 취직될 것이고, 동시에 스미스의 호주머니에 동전 12개가 있다고 존이 생각할 때, 그에게는 그렇게 생각할 이보다 더 나은 이유는 없었을 것이다.) 하지만 확실히 그는 자신의 생각이 참인지 알지 못했다. 왜냐하면 그의 결론은 당면 문제에 핵심적일 뿐 아니라 완전히 잘못된 판단에 기초했기 때문이다. 즉 스미스가 취직될 것이라는 판단 말이다. 그 일자리를 얻는 사람의 호주머니에 동전 12개가 있을 것이라는 존의 믿음은 우연적 참이었다.

게티어는 자신의 사례에서 아무런 결론도 끌어내지 않았다. 그는 잠시 등장해서 소논문을 출간한 후 은퇴해버렸다. 하지만 다른 철학자들은 게티어의 사례를 두 가지 흥미로운 결론의 전거로 받아들였다. 첫째, 우리는 1인칭 관점에서 지식에 관해 생각하는 것을 그만두어야 한다. 1인칭 관점은 우리로 하여금 내가 p를 아는가라는 물음과, 내게 그것을 믿을 적합한 근거가 있는가라는 물음을 혼동하도록 만든다. 둘째, 지식 개념은 신뢰할 수 있는 믿음과 신뢰할 수 없는 믿음을 구별하기 위해 고안되었으며, 아는 사람의 추론을 평가하기 위해서라기보다는 그의 인식론적 능력을 보증하기 위해서 적용됨을 우리는 인식해야 한다.

4. 신빙성 이론들

다양한 이론들이 이러한 노선에서 제기되었는데, 그중 두 가지를 살펴
볼 필요가 있다.

(a) 인과론. 이것은 앨빈 골드만과 관련이 있는데, 그는 신빙성reliability
의 관념이 설명과 연관되며, 따라서 인과성과 연관된다고 주장한다. 존
이 p를 안다고 말할 때, 나는 단지 그의 믿음이 참임을 말할 뿐 아니라,
존의 신빙성이나 전문적 식견에 호소함으로써 그것이 참임을 설명한다.
따라서 우리는 지식을 다음과 같은 식으로 분석해야 한다.

(i) 존은 p를 믿는다.
(ii) p는 참이다.
(iii) p가 참임이 p에 대한 존의 믿음을 야기한다.

즉 우리는 (ii)와 (i) 간의 연관을 합리적 연관이 아니라 인과적 연관
으로 바꾸어 말하는 것이다. (다음 장에서 나는 심리철학 분야에서의 이러한
인과적 연관에 대한 일반적 관심사를 논의할 것이다.) 그 발상은 이렇다. 한 사
람이 어떤 문제에서 전문가가 되면, 세계는 이러한 방식으로 그에게 영
향을 미쳐 참된 판단을 산출하게 한다. 그는 '신뢰할 수 있는 인지 기계'
인 셈이다.

골드만의 이론이 모든 경우를 다 설명하지는 못한다. 우리에게는 수
학의 지식과, 미래의 우연적인 일들에 관한 지식이 있다. 하지만 수학의
진리도, 미래의 사태도 우리의 현재 정신상태와 인과관계를 갖지 않는
다. 2+2 = 4라는 사실은 2+2 = 4라는 나의 믿음을 야기하지 않는데, 수학

적 사실은 인과관계에 참여하지 않기 때문이다. (적어도 우리는 그렇게 믿는 경향이 있다.) 당신이 이 사례를 좋아하지 않는다 해도, 적어도 다른 사례는 인정할 것이다. 내일 비가 올 것이라는 현재의 내 믿음이 비가 오는 내일에 의해 야기된다는 것은, 비록 그러리라는 것을 내가 알 때조차, 불가능하다.

(b) '추적'이론. 이것은 대체로 로버트 노직이 장황하게 전개한 이론에 주어진 명칭이다. 인과관계는 부분적으로 그것이 '반사실적 조건문'을 승인한다는 사실에 의해 우연적 연관과 구별된다는 점을 상기해보라. 흡연이 암을 일으킨다는 것이 법칙이라면, 우리는 만일 존이 담배를 피운다면 암에 걸리기 쉬우리라고 추론할 수 있다. 신빙성의 요소가 반사실적 조건문에 압축되어 있다. 하지만 인과적 연관이 없는 경우에도 참인 반사실적 조건문이 있을 수 있다. (예를 들어, 만일 당신이 담배 2+2개피를 피운다면, 당신은 담배 4개피를 피우는 것이다. 하지만 2+2와 4 사이에는 어떠한 인과적 연관도 없다─이때의 연관은 수학적 필연성의 연관이다.) 따라서 신빙성의 조건을 반사실적 조건문으로 다시 표현해보자. 존이 p를 아는 것은 다음과 같은 것이 참일 때만이다.

(ⅰ) 존은 p를 믿는다.
(ⅱ) p는 참이다.
(ⅲ) 만일 p가 참이 아니라면, 존은 그것을 믿지 않을 것이다. 그리고
(ⅳ) 약간 다른 상황에서도, 만일 p가 여전히 참이라면, 존은 여전히 그것을 믿을 것이다.

마지막 두 조건이 존의 믿음은 '진리를 추적한다'는 생각을 담아낸다.

그에게는 오류를 피하고, 진리를 확인하면서 세계의 길을 추적하는 능력이 있으며, 우리는 이러한 방식에서 그의 의견에 의지할 수 있다. 그는 신뢰할 수 있는 교과서와 같은, 실재에 대한 안내자다.

추적이론의 논의는 복잡해졌다. 당신은 '약간 다른 상황'이라는 구절이 문제를 야기할 것임을 쉽게 상상할 수 있다—얼마나 다르고, 어떤 척도로 측정하는가? 그러나 우리가 이 어려움을 걱정할 필요는 없다. 지식이 실제 의미하는 바에 대한 최상의 후보로서 신빙성이 정당화를 누르고 승리했음을 의심하는 철학자는 거의 없기 때문이다. 그리고 이것은 우리를 새로운 관점에서 인식론으로 돌아갈 수 있도록 해준다.

5. 외재주의와 회의주의

만일 내가 '나는 무엇을 아는가?'라고 자문한다면, 나는 즉시 회의주의의 미로에서 길을 잃은 나 자신을 발견하게 된다. 정당화가 지식의 일부분이 아니라 해도, 나는 어떤 명제를 참이라고 주장하지 않고서는 그 명제를 안다고 주장할 수 없다. 따라서 나는 그것이 참이라는 내 믿음을 정당화할 수 있어야 한다. 나는 그것을 어떻게 하는가? 하지만 만일 나 자신의 곤경에서 한발 벗어나, '외재주의자externalist'의 관점에서 지식에 대한 권리를 보게 되면, 이 인식론적 문제는 그리 중요하지 않게 된다. 내 지식은 당신의 지식과 마찬가지다. 즉 그것은 단순히 참일 뿐 아니라 신뢰할 수 있는 참이기도 한 믿음의 체계에 있다—그 참은 나의 인식론적 신뢰도에 의해 보장된다. 당신이 지식을 가졌듯이 내가 지식을 가졌다는 것도 마찬가지로 확실하다. 안다고 주장할 때, 나는 단순히 나 자신의 의견을 재확인하지 않는다. 나는 내 의견이 인식론적으로 내게 최선인 것에서 비롯한 판단들에 속한다고 여긴다.

물론 이렇게 설명하면, 지식에 관한 많은 '전통적' 관념은 더 이상 가능하지 않게 된다. 예를 들어, 내가 p를 아는 것이 참이라는 것으로부터, 내가 p를 안다는 것을 나는 또한 안다는 것은 나오지 않는다. 지식은 '반복적'이지 않다. 하지만 이것은 약점이 거의 아니다. 왜 지식은 자기의 영역 안에 항상 포함된다는 이러한 이상한 속성을 가져야 하는가? 또한 이로부터 나는 내가 아는 것을 항상 확신한다는 것 역시 나오지 않는다. 확실성이란 독특한 조건이며, 우리는 오직 신중한 분석과 논변을 통해서만—지나치게 폭넓게 혹은 빈번히 적용될 때—아는 자의 자연적 권한을 위협하는 종류의 확실성을 얻는다.

p가 q를 수반하고, 나는 p를 안다고 가정해보자. 이로부터 나는 q를 안다가 나오는가? 그것이 **진짜로** 나온다고 말하는 것은 '폐쇄의 원리', 즉 지식이 논리적 결과의 관계 아래 닫혀 있다는 원리를 받아들이는 것이다. 하지만 외재주의자의 관점은 우리에게 그러한 원리를 인정할 어떠한 근거도 주지 않는다. 왜냐하면 그 원리는, 만일 당신이 참인지 알지 못하는 당신의 믿음에 어떤 결과가 있다면, 당신의 믿음은 도저히 지식이 될 수 없다는 것을 함축하기 때문이다. 이 경우에, 당신은 확실히 아무것도 알지 못할 것이다.

데카르트는 자신이 손에 밀랍 조각을 들고 불가에 앉아 있는 것이 참이라면, 그가 악령에게 속고 있지 않다는 것 또한 참이라고 주장했다. 하지만 그는 자신이 악령에게 속고 있지 않음을(혹은 자신이 통 안에 있는 뇌나 그 비슷한 것이 아님을) 알 수 없다. 따라서 '외재주의자'의 관점을 취한다면, 그는 자신이 불가에 앉아 있는지 알 수 없다고 결론 내리려 할 것이다. 하지만 그런 결과는 우리가 폐쇄의 원리를 받아들일 때에만 나온다. 외재주의자의 관점은 그 원리가 임의적임을 보여준다. 유용하고 설득력 있는 지식 개념을 고안해내기 위해서, 우리가 그 원리를 받아들일 필요는 없다. 반대로 우리가 진짜로 그 원리를 받아들였다면, 우리는 그 개념을 결코 가질 수 없었을 것이다. 그러니 그 대신에 내가 불가에 앉아 있음을 나는 알 수 있다고 하자—이것은 내가 최대한 신뢰할 수 있는 믿음 중 하나다—비록 내가 악령에게 속고 있지 않음을 (어떤 정교한 증명을 궁리해내지 않는다면) 알 수 없을지라도 말이다.

만일 사람들이 폐쇄의 원리를 여전히 수용하려고 한다면, 그것은 아마도 그들이 그것을 다르지만 인식론적으로 덜 해로운 원리, 즉 내가 p를 알고, p가 q를 수반함을 또한 안다면, 나는 q를 안다는 것과 혼동하기 때문일 것이다.

하지만 이것은 내가 그 수반이 참임을 확신하는 특별한 경우에만 회의주의를 승인한다. 그것이 정확히 내가 악령에 관해 성찰할 때 처하게 되는 경우는 아니다. 내가 불가에 앉아 있다는 사실로부터 내가 악령에게 속고 있지 않다는 것이 도출되는지 나는 알지 못한다. 왜냐하면 나는 후자의 가설이 일관적인지도 알지 못하기 때문이다. 아마도 이것이, 무어가 자신에게 두 팔이 있음을 그에 반대되는 어떠한 논변의 타당성보다 더 확신한다고 주장할 때, 그가 염두에 두었던 것일지 모른다.

이것이 회의주의자에 대한 답변이 되지는 않는다. 그와 반대로 이것은 회의적 논변을 진술하거나 논박할 때 지식 개념이 얼마나 중요한지를 보여줄 따름이다. 지식을 어떻게 정의하든, 우리는 항상 다음과 같은 1인칭의 회의적 물음을 가질 것이다. 나는 어떻게 p를 아는가? 하지만 이것은 다음의 물음과 동치다. 나는 p에 대한 내 믿음을 어떻게 정당화하는가?

6. 지식의 가치와 변형

지식은 소중하다. 왜냐하면 그것은 우리의 믿음, 즉 우리 자신의 믿음과 타자들의 믿음에 의지할 수 있게 해주기 때문이다. 어떤 문제에 관한 진리를 추구할 때, 나는 아는 사람에게 호소한다. 왜냐하면 그의 의견은 신뢰할 만할 정도로 진리와 연관되어 있기 때문이다. 이것이 내가 지식을 추구하는 이유다. 그리고 이것이 교육이 그토록 중요한 이유다─왜냐하면 교육의 목적이 바로 지식이기 때문이다.

하지만 지식에는 많은 변형이 있다. 합리적 성공의 종류만큼이나 많은 변형이 있다. 믿음은 진리를 목적으로 하고, 진리를 성취할 때 성공하게 된다. 아는 자는 진리라는 목표에 믿을 만하게 도달한 자다. 하지만 우리가 도덕을 논의할 때 보았듯이, 이성은 진리만을 목적으로 하지 않는다. 합리성의─실천적이고 이론적인 것 모두의─다른 활동들이 있으며, 각각에는 자기만의 특정한 목표가 있다. 따라서 우리는 여러 종류의 지식이 있음을 알게 되어도 놀라지 말아야 한다. 여기에 그중 다섯 가지가 있다.

（ⅰ）그것을 앎. 이것은 내가 지금까지 논의한 지식의 종류다. 그 대상은 명제이고, 그것이 이론적 성공에 대한 우리의 전형이다. 그것의 목적은 진리이며, 그것의 내용은 믿음이다.

（ⅱ）어느 것인지를 앎 그리고 누구인지를 앎. 당신은 내가 듣고 있는 데서 말한다. '그가 그 상을 탔어요.' 나는 당신이 어느 상을 지칭하는지, 혹은 누가 그것을 탔는지 알 수도 있고 모를 수도 있다. 이것을 그것을 앎의 특별한 경우로 간주하는 것은 해볼 만한 시도다. (그가 호손든 상을 받

았다는 것을 알 때, 나는 어느 상인지를 안다.) 하지만 문제는 그리 간단하지 않다. 언어 자체의 이해와 관련되며, 특정한 믿음을 형성하는 우리의 능력에 선행하는 모종의 '어느 것인지를 앎'이 있는 듯하기 때문이다. 예를 들어, 언어에서 이름을 이해하려면, 나는 그것이 어느 대상을 지시하는지를 알아야 한다. 이것은 대상을 확인할 수 있느냐의 문제이지, 그것에 관한 특정한 사유를 갖느냐의 문제가 아니다. 가레스 에번스(《지시의 변형들》)는 자신이 러셀의 원리라고 명명한 것을 옹호하는데, 이는 단칭 명사의 뜻을 파악하는 것은 그것이 어느 대상을 지시하는지를 아는 것이라는 의미다. 아마도 이 원리는 왜 이름이 고정 지시어인지를 설명하는 데 사용될 수 있을 것이다. (13장을 보라.)

(iii) 어떻게를 앎. 길버트 라일이 이 관용구를 유명하게 만들었다—그리고 그 이후의 철학자들은 자신들이 실천적 지식으로 의미하는 바를 설명하기 위해 종종 이 용어를 사용하곤 한다. 내게 자전거를 어떻게 타는지 말해주는 것은 이론적 진리의 지식이 아니다. 나는 자전거에 관해 많은 것을 알지 못하면서도, 자전거를 어떻게 타는지 알 수 있다. 어떻게를 앎은 솜씨skill의 문제다. 하지만 그것은 합리적으로 습득되고 합리적으로 훈련된 솜씨다. 게다가 다른 형태의 지식처럼, 그것도 신빙성을 내포한다. 어떤 것을 어떻게 하는지 아는 사람은 당신이 의지할 수 있는 사람이다. 당신이 그것을 아는 사람과 상담하듯, 그는 당신이 조언과 본보기를 구할 사람이다.

'어떻게를 앎'은 기술technique의 문제다. 그것은 수단의 숙달과 관련된다. 따라서 목적이 나쁘다면, 그것은 악용될 수 있다. 그러므로 실천적 지식에는 어떻게를 앎 이상의 것이 있어야 한다. 칸트가 '목적의 지식'이라고 부른 것, 아리스토텔레스가 (기술과 분명히 대비하여) '덕'이라고 부른 것이 또한 있어야 한다. 그것은 바로 다음의 것이다.

(iv) 무엇을 앎. 사람은 무엇을 해야 할지 혹은 무엇을 느껴야 할지 모를 수 있으며, 우리가 도덕적 능력을 습득하는 것은 바로 무엇을 해야 할지 그리고 무엇을 느껴야 할지를 배울 때다. 내가 궤변가로서 아무리 사려 깊고 노련할지라도, 도덕적 선택을 할 때 무엇을 해야 할지 여전히 모를 수 있다. 무엇을 해야 하는지 아는 사람이란 옳은 것을 신뢰할 만하게 하는 사람이다. 그것을 정당화할 솜씨를 갖고 있든 아니든 간에 말이다. 이와 관련 있는 것이 무엇이 옳은지를 느끼는 능력이라고 아리스토텔레스는 주장했다. 유덕한 사람은 무엇을 느껴야 하는지를 안다. 이는 상황이 요구하는 것을—올바른 감정을, 올바른 대상을 향해, 올바른 정도로—자연스럽게 느낀다는 뜻이다. 도덕 교육은 이러한 지식을 그 목표로 삼는다. 아마도 이것이 인문학을 가르칠 때 우리가 가르쳐야 하는 것일지 모른다.

(v) 어떠한지를 앎. '당신은 진정한 두려움에 시달린다는 것이 어떠한지를 모른다.' 이렇게 말하는 사람은 당신이 두려움이 무엇인지를 앎을 의심하지 않는다. 타자의 두려움을 어떻게 알아보는지를 알고, 그것의 원인과 결과와 표현방식이 무엇인지를 안다는 의미에서 말이다. 실제로, 당신이 두려움에 관해 알려져 있는 모든 것을 알지라도, 그것이 어떠한지는 여전히 알지 못할 수 있다. 왜냐하면 '어떠한지를 앎'이란 그것을 겪음을 의미하기 때문이다. 이것이 바로 미메가 지크프리트에게 두려움이 어떠한지를 가르칠 수 없었고, 지크프리트가 잠자는 브륀힐데를 만나고 나서야 그것을 알게 되는 이유다.*모두 바그너의 음악극 〈니벨룽겐의 반지〉의 등장인물들이다. 토머스 네이글은 내가 두려움이 어떠한지를 알 때, 내

가 아는 어떤 것—세계에 관한 과학적 목록에는 포함시킬 수 없는 '주관적' 사실—이 있다고 주장하면서, 이러한 종류의 지식을 그것을 앎으로 잘못 이해한다. 하지만 그러한 사실이란 없다. 여기서 관련된 지식은 1인칭 직접지의 문제이며, 우리가 그것을 가치 있게 여기는 것은, 어떤 사람이 인간 경험의 형태와 변형들을 잘 알 때 그 사람에게서 나오는 다른 모든 것을 우리가 가치 있게 여기기 때문이다.

또한 다른 종류의 지식도 있다. 예를 들어, 당신이 길거리에서 어떤 사람을 알아볼 때처럼, 그냥 '아는 것' 말이다. 하지만 우리는 더 이상 주제에서 벗어날 필요가 없다. 신빙성 이론이 어려움 없이 이러한 사례들로 확대될 수 있으며, 각각의 사례에서 '지식'으로 우리는 같은 것을 의미한다는 직관을 정당화해준다고 말하는 것으로 충분하다. 우리는 의견, 기술, 행동, 느낌, 공감을 시인하기 위해 지식이라는 단어를 사용한다. 그것들이 유래한 능력을 시인함으로써 말이다. 다섯 번째 종류의 지식이 이해하기 가장 힘들다. 하지만 미학의 주제를 형성하는 것이 바로 이런 종류다.

23 지각

지식이라는 주제는 우리가 살고 있는 세계에 관한 지식을 얻는 주요 방법인 지각이라는 주제로 자연스럽게 이어진다. 지각의 연구는 인식론의 필수 부분이며, 사실상 이 분과의 뿌리다. 그것은 또한 심리철학과 형이상학에서도 중요하다. 왜냐하면 지각은 마음과 세계, 내부와 외부가 만나는 지점이자, 사실들이 의식으로 번역되고, 세계가 그 정신적 형태로 우리에게 주어지는 과정이기 때문이다. 지각을 이해한다는 것은 하이데거가 말한 우리의 '세계-내-존재'를 이해하는 것이다.

우리는 지각에 관한 네 가지 주요 문제를 구별할 수 있는데, 그것들은 그 개념의 중심성을 예증해준다.

(i) 지각적 믿음은 정당화되는가? 만일 그렇다면, 어떻게 정당화되는가?

(ii) 지각은 '외부 세계'에 관한 우리 지식의 토대인가?

(iii) 지각이란 무엇인가?

(iv) 만일 세계가 지각될 수 있다면, 세계는 어떤 모습인가?

처음 두 개는 인식론적 물음이다. 세 번째는 심리철학에 속하며, 네 번째는 형이상학의 물음이다. 네 가지 물음은 서로 부딪치며, 따라서 하나씩 대답하기가 매우 어렵다. 사실 인식론, 형이상학, 심리철학의 구분에는 어떤 인위적인 면이 있다. 이와 같이 실제로 어려운 영역에서는 경계에 상관없이 직감을 따르는 것이 최선이다.

1. 인식론적 물음

그럼에도 지각의 연구는 확실히 인식론적 물음에서 시작되며, 데카르트의 《성찰》에서의 논변과 직접 연결된다. 감각을 통해 지각할 때, 우리에게는 세계의 상이 주어진다. 이 상이 참임을 우리는 어떻게 아는가? 세계가 실제로 우리의 지각이 표상하는 대로임을 우리는 어떻게 알 수 있는가?

이러한 물음에 대한 첫 번째 응답은 세계가 우리의 감각이 그리는 상과 유사하지 않다고 말하는 것이다. 지각은 우리가 지각하는 대로—사물들의 과학적 목록에는 포함되지 않는 '제2'성질과 '제3'성질들로 치장되어—세계를 표상한다. ('제3'성질로 나는 어떤 지적이고 감정적인 능력을 가진 생물에게만 지각될 수 있는 특징을 의미한다. 얼굴에 나타난 슬픈 기색, 그림에 표현된 삶, 몸짓에서 드러난 우아함 같은 것들 말이다.)

이러한 응답은 요점을 놓치고 있다. 인간세계를 기술할 때조차, 우리는 세계가 지각하는 사람들과 독립적으로 존재한다고 가정한다. 장미는 내게 어떻게 보이는지와 관계없이 실제로 붉다. 게다가 인간세계와 과학 세계는 두 개의 세계가 아니라 두 가지로 기술되는 하나의 세계다. 세계를 보이는 대로 설명하고자 하는 우리의 노력에서 나온 것이 과학이론이다. 그 이론은 우리 일상의 지각을 차지하고 있는 바로 동일한 사물들에 관한 것이다. 만일 세계가 우리가 지각하는 대로임을 보장할 수 없다면, 우리는 어떠한 사실에 대해서도 실질적 지식을 가질 수 없다.

여기서 악명 높은 논변 하나를 언급할 필요가 있는데, 그것은 우리 시대의 모든 종류의 철학적 오류에 관한 적절한 근거로 이용돼왔다. 바로 '착각 논변'이다. 그 논변을 진술하기란 지극히 어려운데, 그것의 거의 모든 표준적 설명들이 그 지지자들이 이끌어내고 싶어하는 받아들일 수 없는 결론에서 유래한 언어로 치장되어 있기 때문이다. 하지만 대략 그것은 다음과 같다.

지각에는 다양한 '감각 양상'이 있다. 그것은 시각, 청각, 촉각, 미각 등과 관련된다. 내가 어떤 것을 볼 때마다, 그것은 내게 어떤 방식으로 보인다. 내가 내 '지각적 믿음'을 얻는 것은 바로 이러한 '모양'에 기초해서다. 마찬가지로 내가 어떤 것을 들을 때마다, 그것은 어떤 방식으로 들린다. 기타 등등.

하지만 모양, 소리, 맛은 기만적일 수 있다. 예를 들어, 물속에 있는 곧은 막대의 '모양'은 물 밖에 있는 굽은 막대의 모양과 구별되지 않는다. 어느 각도에서 바라보면 둥근 탁자는 타원으로 보인다. 귀를 막으면 사물의 소리가 멀게 들린다. 기타 등등. 하지만 그 '착각'의 모양에서 그것이 착각이라고 내게 말해주는 것은 아무것도 없다. 즉 그것은 다른 상황에서 얻은 '진실한' 모양과 구별되지 않는다. 나는 어떤 대상의 속성을 내가 그것을 지각할 때 그것이 갖는 '모양'만으로 '읽어낼' 수 없다. 실제로, 있는 것처럼 보일지라도 아무런 대상도 없을 수 있다. (신기루, 무지개, 환각, 망상처럼 말이다.)

여러 철학자들이 이 논변에서 상이한 결론을 끌어낸다. 그들의 결론은 대략 두 가지, 인식론적인 것과 존재론적인 것으로 나뉜다.

(ⅰ) 인식론적: 내 지각적 믿음의 근거는 내가 그것을 얻는 방법인 모양, 소리, 맛에 의해 주어진다. 하지만 그 믿음이 참이든 거짓이든, 이러한 모양, 소리, 맛은 실제 그대로일 수 있다. 그렇다면 내 지각적 믿음은 어떻게 근거지어지며, 얼마나 잘 근거지어질 수 있는가?

(ⅱ) 존재론적: 둥근 탁자가 타원으로 보일 때, 내게는 타원의 모양이 주어진다. 어떤 것이 타원이다. 하지만 그것은 그 탁자가 아니다. 왜냐하면 그 탁자는 둥글기 때문이다. 이 타원형의 어떤 것은 무엇인가? 모양이다. 하지만 그것은 무엇인가? 그것을 어떤 이미지 혹은 '정신적 상'이라고 말하고 싶어진다.

두 가지 결론을 결합해서, 우리는 '감각소여sense-datum'라는 영향력 있는 개념을 산출한다. 이것은 두 가지 별개의 속성을 가진 어떤 정신적 항목을 지칭한다. 한편으로 그것은 내 지각적 믿음 혹은 판단을 기초시키는 데 필요한 정보이거나 그 정보를 포함한다. 다른 한편으로 그것은 지각된 사물에 내게 귀속시키게 되는 그런 속성들을 실제로 갖는 정신적 이미지이거나 그 이미지를 포함한다. G. E. 무어, 러셀, 에이어 모두 감각소여의 옹호자들이었으며, 그들 모두 착각 논변에 의해 감각소여의 존재가 증명되고, 그 본성이 확립된다고 믿었다. 그러나 그들은 어떤 것이 어떻게 하나의 정보이면서 동시에 정신적 이미지가 될 수 있는가에 대해서는 독자의 상상에 맡겨놓았다. 그들의 동기 중 하나는 직접적 지식의 대상을 확인하는 것이었다. 즉 그 속성이 지각자의 마음에 직접적으로 제멋대로 주어져, 그가 그것이 바로 보이는 그대로임을 합리적으로 의심할 수 없는 대상 말이다. 이런 식으로, 의심할 수 없는 지각적 사실을 기술함으로써 우리의 지각적 믿음의 토대를 묘사할 수 있다고 그들은 가정했다.

존재론적 빈민굴에서 온 이 방문객을 성가셔한 이후의 철학자들은 착각 논변을 폐지하는 데 많은 시간과 노력을 기울였다. 아마도 그 논변에 대한 가장 중요한 공격은 J. L. 오스틴의 강연에 포함된 것일 텐데, 이는 《감각과 감각체》로 사후 출간되었다. ('감각체sensibilium'는 감각소여에 대한 러셀의 별칭이다. 책 제목은 다소 학자적 농담이다.) 확실히, 위의 존재론적 결론은 부당하다. 탁자가 타원으로 보인다는 사실로부터 다른 어떤 것이 실제로 타원이라는 점은 나오지 않는다. 오스틴은 '보인다'라는 단어가 정신적 영역에 관한 확실한 판단이라기보다는 실재에 관한 망설이는 판단을 가리킨다고 주장하고 싶어했다. 어떤 것이 실제로 타원임을 의심하게 되는 상황에서만, 나는 어떤 것이 타원으로 보인다고 말한다. 뿐만 아니라 내가 어떤 것을 볼 때마다 존재하는 어떤 정신적 존재자—'감각소여' 혹은 비슷한 무엇이든—가 있다고 가정할지라도, 그것을 타원, 갈색, 고체 같은 이러한 용어들로 기술하는 것은 확실히 잘못이다. 어떤 정신적 존재자도 그것과 같을 수 없다. 그 전체 논변은 기만적인 게임에 현상과 실재의 구별을 관련시킨다. 그것은 마치 우리가 다음과 같이 주장하는 것과 같다.

나는 탁자를 보는 듯하다.
그러므로 나는 외견상의 탁자를 본다.
내가 보는 듯한 것은 타원형이다.

그러므로 타원형인 '외견상의 탁자'가 있다.

물리적 세계에서 이 외견상의 탁자(그것은 실제 탁자와 동일한 공간을 점유해야 한다)를 위한 자리는 전혀 없기 때문에, 그것은 정신적 공간에 존재해야 한다. 그것은 탁자가 그저 갖는 것처럼 보이는 모든 속성을 실제로 갖는 '감각소여'가 된다.

당신이 이러한 논변의 오류를 알아차리기 위해 철학의 천재가 될 필요는 없으며, 그것이 우리가 감각소여의 도입을 정당화하기 위해 말할 수 있는 전부라면, 분명히 그것을 빈민굴로 돌려보내는 편이 낫다. 하지만 그 논변의 인식론적 비중은 그 존재론적 결론에 대한 이러한 공격에 영향받지 않는다. 여전히 우리는 지각적 믿음의 근거와 관련하여 문제를 갖고 있는 듯 보인다. 사실, 그것은 감각경험에 국한된 오래된 데카르트적 문제다. 만일 우리의 지각적 믿음이 세계가 지각에서 보이는 방식에 의존하고, 세계가 보이는 방식이 그 믿음의 거짓과 양립가능하다면, 우리는 그 믿음이 참임을 어떻게 아는가?

착각 논변에 관해서 할 말이 더 있다. 예를 들어, 통상 이야기되듯, 그 논변이 착각(굽은 막대 같은)을 망상(알코올중독자의 환각 같은)과 혼동하는 그 안이한 방식을 우리는 받아들이지 말아야 한다. 우리가 굽은 막대나 타원형의 탁자 상판에 '속지' 않는 것은 이것들이 단지 '외견상'임을 알기 때문이다. 우리는 또한 정상적 능력을 지닌 사람에게 정확히 나타나는 진실한 지각인 무지개와 신기루에도 속지 않는다. 신기루가 보여야 하는 곳에서 신기루를 보지 못하는 것은 환각을 겪고 있는 것이다. 분명히, 너무 많은 것들이 한데 섞여버렸으니, 다시 시작하는 편이 최선일 것이다.

2. 소박실재론과 표상이론

여전히 어떤 철학자들은 그 논변이 지각 경험과 물리적 세계 사이를 이 간시킨다고 주장한다. 그것은 우리가 지각을 단순히 지각하는 자와 지 각된 것 간의 '직접적 관계'로 간주할 수 없으며—어떤 것이 그것들 사 이에 끼어듦을 보여준다. 당신은 '감각소여' 혹은 '정신적 이미지'라는 내포를 좋아하지 않을지 모른다. 하지만 우리가 물리적 대상을 '곧바로' 혹은 '직접적으로' 지각하는 것이 아니라, 다른 어떤 것—지각하는 순 간 우리의 의식 면전에 있는 정신적 내용—의 지각을 통해서만 지각한 다는 점을 당신은 받아들여야 한다고 말이다.

그리하여 소위 '소박실재론'과 '표상이론' 간의 충돌이 일어난다. 이 또한 지뢰밭이기에, 우리는 신속하지만 조심스럽게 건너가도록 노력해 야 한다. 소박실재론은 우리가 세계를 소박하게 믿는다는 세련된 믿음 에 그 이름을 빚지고 있다. 즉 우리는 지각을 통해 물리적 세계와 직접 접촉한다고 (철학자들이 우리에게 말한다고) 소박하게 가정한다. 세계의 실 재는 그것을 지각하는 행위에서 우리에게 '주어진다.' 실재에 관한 정보 가 회복되는 어떠한 중간의 정신과정, 이미지, 상 혹은 그와 유사한 것은 없다. 우리는 그저 눈을 뜨고, 거기에 있는 것을 본다.

표상이론은 이와 대조적으로 우리가 대상을 그 정신적 표상을 통해서 지각한다고 주장한다. 이 '정신적 표상'은 물리적 실재에 대응할 수도 있고 그렇지 않을 수도 있다. 따라서 그 본성은 우리의 정신적 과정을 해치는 착각, 망상, 모호성을 조심스럽게 제거함으로써 회복되어야 한 다. 때때로 그 이론은 우리가 물리적 세계를 오직 간접적으로 지각하는 반면에, 정신적 표상은 직접적으로 지각한다고 주장하면서 한발 더 나아 간다.

일반적으로 진술되듯이(즉 그 반대자들에 의해서), 소박실재론은 부조리해 보인다. 왜냐하면 그것은 지각이 아교와 같다고 암시하기 때문이다. 즉 그것은 당신을 세계에, 세계를 당신에게 달라붙게 하고, 따라서 세계는 당신의 일부가 된다. 그리하여 당신은 현재의 감각에 대해 착오를 저지를 수 없는 것과 마찬가지로, 세계를 지각할 필요도 없고 착오를 저지를 수도 없다. 이 이론에 근접한 유일한 철학자는 버클리인데, 그는 우리가 '질료적 실체'를 지각하는 것이 아니라 관념만을 지각하며, 정신적 존재자인 관념은 우리의 마음 앞에 분명히 직접적으로 나타난다고 주장했다. 덜 직접적인 관계는 지각의 대상을 지각할 수 없게 하고, 따라서 역설적으로 만든다고 버클리는 생각했다. (그는 우리가 물질적 사물을 지각한다고 말하는 것은 말이 되지 않는다고 종종 주장했다. 또는 우리가 그렇게 한다고 말하는 것은 모순인데, 왜냐하면 그것은 그 사물을 인식의 대상, 따라서 의심의 여지없는 대상이자 동시에 지각의 베일에 가린 대상, 따라서 불가지의 대상으로 만들기 때문이다.)

확실히, 이렇게 정의된 소박실재론은 처음에는 버클리의 경우처럼 관념론에 빠질 위험이 있으며, 그 다음에는 우리 세계가 우리 자신의 '관념' 이외에 알 수 있는 것을 아무것도 담고 있지 않음을 깨닫기 시작함에 따라 유아론에 빠질 위험이 있다. 하지만 표상이론은 훨씬 나은가? 분명히 그렇지는 않다. 왜냐하면 그것은 우리가 물리적 대상을 어떤 다른 것, 즉 그것을 표상하는 관념 혹은 이미지를 지각함으로써만 지각한다고 말하는 듯하기 때문이다. 하지만 그렇다면 우리는 그 관념 혹은 이미지를 어떻게 지각하는가? 확실히 우리가 그것을 지각하려면 그것을 의식에 표상해주는 또 다른 관념이 필요할 것이다. 이내 우리는 무한퇴행을 시작한다.

하지만 잠깐 기다려보라. 다음과 같은 대답이 들려온다. 나는 우리가 물리적 대상을 지각하듯이 정신적 표상을 지각한다고 말하지 않았다. 그와 반대로, 우리는 표상을 **직접적으로** 지각하지만 대상은 간접적으로만 지각한다. 하지만 이것은 무엇을 의미하는가? 아마도 다음과 같을 것이다. 나는 물리적 대상에 관해서는 실수할 수 있지만 표상에 관해서는 실수할 수 없다. 표상은 내게 직접적이고, 제멋대로이고, 자기암시적이며—의식에 '주어진' 것의 일부다. 그러나 이 경우에, 나는 왜 대체 그것을 지각한다고 말하는가? 지각이란 사물을 알아내는 방법이다. 그것은 지각하는 것과 지각되는 것 간의 분리를 암시하고, 그 분리와 함께 오류의 가능성이 나온다. 오류의 가능성을 부정하는 것은 그 분리를 부정하는 것이다. 정신적 표상은 결코 지각되지 않는다. 그것은 단지 나의 일부일 뿐이다. 바꿔 말하면, 정신적 표상이 지각이다. 이 경우에 직접 지각과 간접 지각 간의 대조는 무너진다. 우리는 물리적 대상을 정말 지각하고, 그것을 직접적으로 지각한다. (우리가 그러지 않을 때를 제외하고 말이다! 즉 우리가 거울에 비친 상을 보거나, 덤불 속의 사슴을 관찰할 때처럼 그 느낌을 통해 대상을 관찰할 때를 제외하고 말이다.) 그리고 우리는 표상 경험을 가짐으로써 물리적 대상을 지각한다.

이것은 소박실재론이 버클리가 옹호했던 그 믿을 수 없는 것으로 정의될 때에만 소박실재론의 거부인 것처럼 보인다. 하지만 그것은 우리 모두가 '소박하게' 믿는 것에 대한 거부는 확실히 아니다. 반대로, 그것이 우리가 소박하게 믿는 바이다. 우리가 정신상태를 가짐으로써 물리적 대상을 지각하고, 이러한 정신상태가 세계에 관해 맞거나 틀린 정보를 제공한다고 가정하는 것이 정상이다. 표상이론은 정신상태의 표상적 특성을 기이하게 기술할 때에만 상식에 대한 저항처럼 보인다. 예를 들어, 그것을 감각소여로 기술하고, 그리하여 그 감각소여를 관찰자의 마음 앞에 떠돌아다니는, 그의 일부이지만 파악할 수는 없는, 별도로 존재하는 존재자로 가정한다면 말이다. 하지만 감각소여의 이러한 '구체화'는, 버클리가 우리는 관념을 지각하고 그 관념이 지각의 진정하고도 유일한 대상이라고 주장하며 저질렀던 바로 그 오류를 범하는 것이다. 그럼 이제 다음 주제로 넘어가자.

3. 정신적 표상

철학자들은 '정신적 표상'을 말할 때 무엇을 의미하며, 무엇을 의미해야 하는가? 이 표현은 현대 심리철학 그리고 또한 그것과 관련 있거나 어쨌든 밀접히 연관된 '인지과학'의 전문용어 중 하나다. 감각소여 옹호자들의 주장에 따르면, 지각적 상태는 상대적이다. 한편으로 그것은 인식행위이며, 다른 한편으로는 인식의 대상인 정신적 이미지다. 표상은 후자의 요소에서 발생한다. 이미지는 그림이 그러하듯 물리적 실재를 보여주며, 그것이 우리가 세계를 표상하는 방식이다.

잠깐만 숙고해보아도 이것이 가망 없음을 알 수 있다. 그림은 그 주제를 어떻게 표상하는가? 그것과 유사함으로써는 아니다— 왜냐하면 대체로 그림은 그렇지 않기 때문이며, 어쨌든 유사성은 표상과는 매우 다른 관계다. (모든 대상은 그 자체와 유사하다. 만일 a가 b와 유사하다면, b는 a와 유사하다. 그중 어느 것도 표상에는 해당되지 않는다.) 간단히 말해서, 그림이 그 주제를 표상하는 것은 그것이 바로 우리가 그림을 이해하는 방식이기 때문이다. 그리고 우리는 그림 속 주제를 봄으로써 그림을 이해한다. 즉 우리는 그 주제가 표상되는 지각적 상태를 가짐으로써 그림을 이해한다. 따라서 우리는 정신적 표상이라는 용어로 '그림그리기'를 설명해야지, 그 반대로 해서는 안 된다.

프레게와 지시이론으로 잠시 돌아가 보자. 우리는 세계가 그 참과 거짓으로 평가될 수 있는 항목들—그중 가장 중요한 것이 문장이다—을 포함함을 보았다. 그것이 없다면 의미와 같은 것이 있을 수 없을 이 두드러진 속성은 또한 정신상태에 의해서도 나타난다. 예를 들어, 사유와 믿음에 의해서 말이다. 이것들 역시 참 또는 거짓일 수 있으며, 이것들을 참으로 만드는 대응관계는 참인 문장과 그것에 의해 기술된 사실 간에 유지되는 것과 동일한 관계다. 요컨대, 표상의 특징은 지시이며, 그것의 지배원리는 참이다. 어떤 정신상태가 참 또는 거짓일 수 있는 한에서, 그만큼만 그것은 '정신적 표상'이다. 이 경우에 착각 논변은 어떤 점, 즉 지각 경험은 정신적 표상이라는 점을 증명해준다.

우리는 이미 정신적 표상을 다른 이름으로 만난 바 있다. 바로 지향성이다. 어떤 것'의' 혹은 어떤 것에 '관한' 정신상태를 말할 수 있을 때마다 우리는 그것을 표상으로 기술할 수 있으며, 그 반대도 마찬가지다. 따라서 표상이론은 그리 놀랍지 않은 어떤 것, 즉 지각 상태란 믿음, 감정, 욕구와 마찬가지로 지향적이라는 이론이 된다. 그것이 그렇지 않다면 놀라울 것이다. 감각소여 이론의 오류는 정신상태의 지향적 대상을 실존적('내재적'이 아니라) 존재자로 기술한다는 점이다.

그러나 여기서 방대한 미해결의 탐구가 시작된다. 표상은 순전히 물리적 대상에서 가능한가? 그렇다면 그것은 어떤 종류의 대상이고, 어떻게 조직되며, 어떻게 구성되는가? 인지과학의 가능성이 이러한 물음들과 관련되며, 그것이 바로 '정신적 표상'이라는 구절이 현대철학자들의 입에 그토록 자주 오르내리는 이유 중 하나다. 하지만 이것에 관해 더 말하기 전에, 우리는 인식론적 물음에서 벗어나 지각 자체의 분석을 더 직접적으로 살펴볼 필요가 있다.

4. 지각의 분석

우리의 논의를 당분간 시각 지각으로 제한해보자. 존이 메리를 본다고 내가 말할 때, 나는 존이 존재한다는 것뿐 아니라 메리 역시 존재함을 암시하는 듯하다. '보다'라는 단어는 '알다'라는 단어와 마찬가지로 길버트 라일이 '성취단어success word'라고 불렀던 것이다. 그것은 단지 존의 정신상태를 기술할 뿐 아니라 어떤 방식으로 그것을 보증하기도 한다. 즉 그는 실제로 그녀를 보고, 그녀는 실제로 거기에 있다. 이것은 지식의 경우와 유사한데, 존이 p를 안다고 말할 때 나는 어떤 믿음을 존에게 귀속시킬 뿐 아니라 그 믿음을 참이라고 단언한다. 우리가 살펴보겠지만, 지식과의 이 유사성은 중요하다.

하지만 존이 메리를 본다고 말할 때, 나는 또한 그에게 어떤 종류의 정신상태를 귀속시킨다. 이것을 '시각경험'이라고 부르자. 설령 메리가 현존하지 않을지라도, 존이 그런 경험을 가질 수 있다는 점은 분명하다—착각 논변이 밝히는 만큼 말이다. 또한 그녀가 현존하지 않을지라도, 존의 경험이 메리가 대응할 수 있는 것의 '표상'이라는 점 역시 분명하다. 그러나 여기에는 특이한 것이 있다. 그 표상이 완전히 오해일지라도, 우리는 존이 메리를 본다고 말할 수 있다. 예를 들어, 그는 먼 지평선의 어떤 형상, 산들바람에 나부끼는 붉은 천 조각 같은 것을 보고한다. 이러한 기술은 그의 경험에 '지향적' 대상을 제시한다. 하지만 사실 그 지평선의 사물은 메리이며, 그녀는 결코 붉은 천 조각이 아니다. 설령 존 자신이 붉은 천 조각을 보고 있다고 믿는다 하더라도, 그는 여전히 메리를 보고 있는 것이다. 다시 말해, 우리는 지각된 대상을 지각의 지향적 대상으로 확인하는 것이 아니라 별개로, 세계의 '물질적 대상'으로 확인하는 것이다. (나는 학술 용어인 '물질적 대상'을 사용하는데, 이것을 버클리의

'질료적 실체'와 혼동해서는 안 된다.) 존이 메리를 본다는 것을 참으로 만드는 것은 그의 앞에 서 있는 사람이 바로 메리라는 점이다. 그리고 심지어 그가 그것은 결코 메리가 아니며 어떤 불타는 천사가 자신을 그러한 판단을 내리도록 이끌었다고 생각할지라도, 이것은 그러하다.

철학자들은 이에 강한 인상을 받았는데, 왜냐하면 이것은 우리의 지각 개념이 외재적인 3인칭 관점과 결부되어 있음을 암시하는 듯하기 때문이다. 이것은 또한 그 개념이 현상의 기술보다는 행위의 설명에 속함을 시사해준다. 중요한 사실은 존의 경험의 참이 아니라, 메리를 바라보고 그녀가 서 있는 장소에서 정보를 추구하는 데서 그것이 비롯한다는 사실이다. (19장 6절에 있는 의미에 관한 유사한 논변과 비교해보라.)

그러므로 두 가지 개념이 지각을 분석할 때 특히 중요한 듯하다. 바로 인과와 정보다. 그라이스는 유명한 논문에서, 메리가 인과적으로 존의 경험과 관련될 때에만 존이 메리를 보는 것이라고 말하는 강력한 논변을 제시한다. 아무 인과관계나 그렇게 하지는 못할 것이다. 그녀는 적절한 방식으로 인과적으로 관련되어야 한다. 그라이스는 존의 시각경험이 정확히 있는 그대로지만, 설령 그녀가 존 앞에, 그가 시선을 주는 방향에서 있더라도 메리와의 인과관계가 깨진 사례들을 생각해보라고 요청한다. 가령, 메리의 앞에 45도 비스듬히 거울이 놓여 있고, 그것이 한쪽에 서 있는 메리를 닮은 사람을 비춘다고 가정해보라. 확실히 존은 지금 메리가 아니라 메리를 닮은 사람을 보고 있을 따름이다.

그라이스가 내리는 결론은 존의 시각경험 중 어떠한 것도 그가 메리를 보고 있음을 수반하지 않으리라는 것이다. 오직 올바른 인과의 연쇄로 메리와 관련될 때에만, 그는 그녀를 본다. 마찬가지로 흥미로운 것은 그 경험이 완전히 일탈적일지라도 여전히 메리를 '보는 것'일 수 있다는 주장이다. 시각의 매개를 통해서 그 경험이 메리로부터 존에게로 온다면, 그것은 메리를 보는 경험이다. 다시 말해, 지각 개념은 존이 세계로부터 시각 정보를 수집하는 일을 하는 한에서만 적용된다. 그 정보가 내부가 아니라 외부에서 그에게 온다면, 그것이 전적으로 오해라 할지라도 말이다. (만일 그가 눈을 뜨고 메리 앞에 서서, 자기 앞에 서 있는 메리의 환영을 본다면, 그는 그녀를 보고 있는 것이 아니다.)

그렇다면 시각경험이란 대체 무엇인가? 그것은 어떤 종류의 것인가? 어떤 철학자들—특히 데이비드 암스트롱—은 '경험'이, 일반적으로 이해되듯, 지각에 필수적이지 않다고 주장했다. 중요한 요소는 믿음이다. 즉 지각한다는 것은 내가 언급한 인과적 과정에 의해, 감각을 통해 믿음을 습득하는 것이다. 다른 철학자들은 더 일반적인 '정보' 관념에 만족하며, 다양한 정보 상태를 명시하는 일은 심리철학에 맡긴다. 부분적으로 그 동기는 인공지능이라는 관념의 장애물을 제거하는 것이다. 만일 지각이 환경으로부터 정보를 습득하는 문제라면, 아마도 그것은 기계—가령, 튜링기계나 프레게 의미론의 원리로 프로그램된 그와 유사한 기계—가 할 수 있는 일일 것이다. 하지만 만일 우리가 지각에는 시각경험이 요구된다고 주장한다면, 우리는 기계가 그것을 할 수 있다고 가정하기가 꺼림칙할 것이다.

여기서 '감각과 지각'이라는 주제에 관한 또 다른 미해결의 논쟁이 시작된다. 지각에 우리가 감각—즉 우리가 육체로 느끼는 정신상태—이라고 부르는 그러한 경험과 유사한 것이 있는가? 우리는 지각을 느낀다고 말하지 않는다—확실히 우리는 우리의 눈으로 시각경험을 느끼지는 않는다. 우리는 눈에 감각을 갖지만, 그것이 결코 시각경험은 아니다. 사물을 만질 때, 우리가 감각을 수용한다는 것은 참이다. 하지만 우리는 촉감 없이는 촉각 지각을 갖지 못하는가? 우리의 움직임이 어떤 것에 의해 방해받음을 인식하는 것으로 충분하지 않은가? 그리고 내가 멜리장드*메테를링크의 희곡이자 이를 대본으로 한 드뷔시의 유일한 오페라 〈펠레아스와 멜리장드〉의 여주인공의 반지를 되찾기 위해 우물 안을 쑤석거릴 때처럼, 막대기 끝으로 뭔가를 느끼는 경우는 어떤가?

반면에, 시각은 감각기관과 관련이 있다. 지각은, 밝은 불빛이나 시끄러운 소리가 그렇듯, 고통스럽거나 고통스럽게 될 수 있다. 즉 그것은 다소 강렬해질 수 있다. 가장 중요한 점은 이것이다. 지각은 특정 시간 동안 지속되다가 사라질 수 있다. 거기에서 얻은 정보가 여전히 남아 있더라도 말이다. 메리에 대한 나의 시각경험은 내가 그녀에게서 눈을 돌리자마자 사라진다. 하지만 내가 그녀를 바라봄으로써 얻은 정보는 내게 남는다. 이것이 경험이란 정보 이상의 어떤 것이라는 증거가 아니겠는가?

게다가 어떤 지각 정보는 그것을 수집할 때 관련되었던 경험으로 정의되어야 한다. 제2성질에 관한 정보 말이다. 어떤 것이 붉다는 정보는 정상 관찰자의 경험의 측면에서 분석될 수 있다. 그것은 어떠한 시각경험도 없는 세계에서는 존재할 수 없다. 제2성질이 바로 우리의 감각이 실재를 이해하는 방법이기 때문에, 감각경험을 결여한 존재에게 지각이 어떻게 있을 수 있는지 알기란 어렵다.

반면에, 시각경험은 지향성을 갖는다는 점에서 믿음과 비슷하고, 감각과는 다르다. 아마도 우리는 그것을 감각적인 것과 지적인 것 사이에 놓인, 독특한 것이라고 말해야 할 것이다. 이러한 점은 시각경험이 왜 두 가지 별개의 관심에 기여하는지를 설명해준다. 인지적인 것과 미학적인 것 말이다. 시각경험은 내게 정보를 주고, 나는 그것을 평가한다. 하지만 또한 그것은 그 자체로 즐거움이며, 이 즐거움은 경험이라는 그 특성과 떼어놓을 수 없다.

그리하여 여기에 현대철학자가 지각을 분석하고자 하는 방법이 있다. 그는 그것을 정신상태가 아니라, 정신상태가 환경과 복잡하게 연결되어 정보를 받고, 그것을 사유와 행동으로 번역하는 과정으로 기술할 것이다. 그 과정에는 다음과 같은 구성요소가 있다.

(i) 지각된 대상, 사실, 사태. (존은 메리를 본다. 그는 또한 그녀가 거기에서 있음을 본다.)

(ii) 정보가 수용되는 감각기관.

(iii) 어떤 면에서는 감각과 비슷하고, 다른 면에서는 사유와 비슷한, 독특한 지각경험. 이것은 '감각경험'이지만, 지향성을 갖는다.

(iv) (iii)을 통해 얻은 정보 혹은 믿음. 이것은 경험보다 오래 지속된다.

(v) (i)에서 (ii)와 (iii)을 거쳐 (iv)로 이어지는 인과관계.

(vi) 수집된 정보의 결과─지각하는 자의 마음과 행동에 미치는 효과.

마지막 조건은 내가 언급하지 않은 것이다. 하지만 분명히, 지각 과정의 구성요소들을 단일한 인과적 연쇄로 꿰고서, 그것의 반대쪽 끝을 무시하기란 불가능할 것이다. 지각이란 입력이다. 그러나 모든 입력에는 출력이 있으며, 출력이 그것을 그러한 입력으로 만든다. 지각 개념을 이해하기 위해서는 마음의 이론 전체에서 그 기능을 살펴봐야 한다. 이 이론은 '민간 심리학'에 속한다. 즉 그것은 우리 인간세계의 토대인 서로를 설명하고 이해하려는 기초적인 노력의 일부다. 하지만 아마도 그것은 머잖아 더 상위의 행동과학에 길을 내주게 될 것이다. 그 경우에 입력과 출력 간의 연관은 정신적인 것을 지시하지 않고, 지향성을 지시하지 않으며, '시각경험' 혹은 그것에 의존하는 제2성질들을 지시하지 않는 이론으로 재기술될 것이다. 그때 아마도 우리는 '인지과학자들'이 목표로 하는 것을 성취하게 될 것이다. 하지만 그때 우리는 지각을 이해하게 될까?

5. 현상론

위의 절은 거의 모더니스트라 할 수 있을 정도로 현대적이었다. 하지만 이 단호한 마음의 3인칭 관점에 관하여 할 말이 더 있다. 우선 한 가지 는, 그것이 우리의 마음 개념이 이미 인간 행동의 이론을 포함하는 정도 까지 우리를 일깨워준다는 것이다. 따라서 우리의 정신적 개념들은 검 사해보면 인과적 요소를 담고 있는 것으로 종종 드러난다. 어떤 사람들 은 이것이 지식에도 해당된다고 주장한다(앞의 장을 보라). 대부분의 사람 들은 그것이 지각에 해당됨을 인식한다. 아마 믿음에도 해당될 것이다. 심지어는 의미 자체에도 해당될 것이다. 어쩌면 지시이론에 의해 판독 된 언어와 세계 간의 연관이 실제로 인과적 연관이며, 따라서 의미이론 은 사람들이 말하는 것을 그들이 지시하는 것의 결과로 설명하려는 시 도일지 모른다. (다시, 19장 6절을 보라.)

하지만 이러한 성찰이 철학적 상상력을 사로잡기 전에, 철학자들의 시선은 여전히 지각의 1인칭 관점과 '외부' 세계에 관한 인식론적 문제 에 고정돼 있었다. 만일 경험세계에 관한 우리의 모든 지식이 감각을 통 해 우리에게 온다면, 그것은 무엇의 지식인가? 분명히, 우리는 과학이론 들을 세울 수 있다. 하지만 그 이론들이 기초해 있는 증거의 이론이 아 니라면, 그것은 무엇의 이론인가? 당신이 어떤 식으로 바라보든, 지각경 험이 무대의 중심을 차지한다. 만일 우리가 세계에 관한 지식을 갖는다 면, 그것은 지각 가능한 세계임에 틀림없다. 하지만 그것은 어떤 종류의 세계인가? 세계는 지각 가능하기 위해서 어떠해야 하는가?

아마도 이 물음에 대한 가장 급진적인 대답은 버클리가 간략히 말했 고, 논리실증주의자들이 다음과 같이 재진술한 말일 것이다. 즉 물리적 대상이란 지각경험의 논리적 구성이다. (실제로 그들이 말한 것은 감각소여의 논리적 구성이었다. 하지만 우리는 이 평판 나쁜 표현을 무시해야 한다.) 이것이 바로 '현상론'으로, 물리적 대상에 관한 모든 진술문은 지각경험에 관한 동등한 진술문으로 번역될 수 있다고 주장한다. 이것이 우리가 의미하는 전부인데, 왜냐하면 우리는 그 밖의 것에 대해서는 지식을 갖고 있지 않으며, 물리적 세계에 관한 진술의 증거를 제시할 때 다른 어느 것도 예증할 수 없기 때문이다.

오랫동안 현상론은 그저 옹호될 수 없다고 여겨졌다. '물리적 대상의 진술문'에 대한 어떠한 번역도 이루어지지 않았는데, 애초의 진술문에 담긴 모든 감각정보를 담아내려면 그 번역이 무한히 길어야 하기 때문이다. 게다가 사적 언어 논변 같은 고찰이 우리에게 알려주었듯이, 물리적 세계의 개념들을 사용하지 않고서 우리는 결코 우리의 지각경험을 확인하거나 기술할 수 없다. 현상론과 같은 식의 모든 이론은, 마음을 비밀스런 내부 영역보다는 행동의 설명에 위치시키는 외부 관점의 승리에 의해 일소되었다.

하지만 아마도 성급히 결론짓지 말아야 할 것이다. 만일 내게 문장이 오직 한 가지 종류의 것—즉 지각경험—을 지시할 것이라고 믿을 합리적 근거가 있다면, 문장의 분석이 무한히 길어진다는 것이 문제가 되는가? 나는 π의 전개식이 영원히 계속될 것임을 안다. 하지만 나는 거기에 수가 아닌 것은 어떠한 것도 나타나지 않으리라는 것 역시 선천적으로 안다. 그렇기에 π는 수다. 마찬가지로, 현상론자는 물리적 대상의 진술문의 전개식에 현실적이고 가능한 경험에 관한 진술문이 아닌 것은 어떠한 것도 나타나지 않는다고 말할 것이다.

그리고 경험을 확인하고 기술하려면 물리적 대상이라는 개념이 필요하다는 점이 문제가 되는가? 만일 그 개념이 바로 우리가 기술하고 있는 것이라고 확신할 수 있다면 말이다. 물리적 대상이라는 개념을 사용한

다고 해서, 물리적 대상이 그것을 우리에게 지시해준 경험 위의 어떤 것
이라는 견해를 우리가 받아들이지는 않을 것이다.

그라이스는 심지어 우리가 현상론과 지각의 인과이론을 결합할 수 있
다고—그리하여 물리적 대상은 바로 그것이 야기한 경험의 '논리적 구
성'이 된다고—생각하기도 한다. 이렇게 현기증을 일으키는 생각은 빨
리 다음 주제로 넘어가도록 만든다.

24 상상

지난 장의 말미에서 나는 보고 듣고 느끼고 맛보고 냄새 맡는 것과 관련된 지각경험이 있다고 생각할 몇 가지 이유를 제시했다. '경험'이라는 단어는 문제의 상태들이 순수하게 인지적 용어들—즉 사유, 믿음, 정보 같은—로 해석될 수 없음을 암시해주었다. 그것들에는 환원될 수 없는 감각적 요소가 있다. 즉 '그것이 어떠한지'라는 구절로 포착된, 감각된 특성 말이다. 염소가 화합물이라는 것을 믿기 위해 '그것이 어떠한지'와 같은 것은 필요 없다. 하지만 염소의 냄새를 맡기 위해서는 그것이 어떠한지와 같은 것이 필요하다.

동시에 지각경험은 단순히 아픔이나 간지럼 같은 감각이 아니다. 왜냐하면 감각에는 지향성이 있는 것 같지 않기 때문이다. 즉 그것은 지각이 그런 것처럼 '외부를 향하지' 않는다. 비트겐슈타인은 우리에게 다음과 같은 경우를 상상하도록 요청한다. 어떤 식물들에는 건드리면 심한 통증을 일으키는 부분이 있다. 이 '통증 부분'에는 그것을 구별해주는 어떠한 인식 가능한 특징도 없다. 이 경우에, "우리는 지금 붉은 부분에 대해 말하듯이…… 잎사귀의 통증 부분에 대해 말해야 한다"라고 비트겐슈타인은 말한다(《철학적 탐구》 1부 312절). 나는 비트겐슈타인의 '~하듯이'의 설득력에 회의적이다. 왜냐하면 우리는 감각을 지각과 구별해야 하고, 감각이 어떤 원인과 규칙적으로 연결됨으로써 지각이 되지는 않기 때문이다. 우리는 통증이라는 감각을 통해, 우리가 그 통증 부분에서 '지각하는' '제2성질'을 만들어내서는 안 된다. 오히려 그 부분이 우리가 통증을 느끼도록 야기한다고 말해야 한다―아직 우리는 그 이유를 알지 못하지만 말이다. (이 예에서 배워야 할 또 다른 교훈도 있다. 즉 촉각적 제2성질의 외견상의 부재다―촉감은 세계에 대한 순전히 제1성질적 설명을 제시하는 듯하다. 조너선 베넷의 《로크, 버클리, 흄》을 보라.) 다시 말해, 통증과 같은 감각은 그 원인을 이러저러하다고 '표상하지' 않는다. 참 또는 거짓 지각은 있어도, 참 또는 거짓 통증 같은 것은 없다.

　오랫동안 철학자들은 감각과 지각의 구별을 얼버무렸다. 흄은 그 둘을 무차별적으로 지시하기 위해 '인상'이라는 용어를 사용한다. 그리고 이것이 그의 철학의 최대 약점이자, 정신과정에 대한 그의 설명을 거부하게 하는 궁극적 이유로 드러났다. 칸트는 자신이 '직관'이라 부른 것을 진정한 경험과 구별함으로써 문제를 바꾸었다. 칸트에게 직관은 감각과 같은, 개념화되지 않은 정신적 입력이다. 경험은 직관과 개념의 '종합'을 통해 발생한다―즉 그것은 내가 날것의 감각재료를 개념 아래로 가져와서 '표상적' 특성을 부여할 때 생겨난다. 그리하여 나는 창밖을 바라볼 때, 돌담으로 둘러싸인 푸른 들판을 보게 된다. 그 개념들(푸른, 들판, 돌, 담) 모두가 내 경험에 들어온다. 왜냐하면 그것이 바로 내가 보는 것을 아는 방식이기 때문이다.

모든 사람이 칸트의 경험에 관한 설명을 받아들이지는 않는다. 왜냐하면 칸트는 지각경험(형태Gestalt의 현상)의 고유한 구조와, 우리가 경험에 그리고 경험을 통해 적용하는 개념을 분명하게 구별하지 않기 때문이다. 어떤 현대철학자들은 이러한 맥락에서 경험의 '비개념적 내용'을 말하는데, 이것은 경험 그 자체에 상주하면서 경험을 '외부로 향하게 하는' 듯한 질서를 의미한다. 어떤 특정 개념도 지각에 거주하지는 않을지라도 말이다. 그럼에도 칸트의 이론은 감각과 지각의 구별에 관한 부분적으로 그럴듯한 설명을 제공한다. 그리고 그것은 16장에서 살펴본 '인간세계'의 본성에 관한 고찰에 설득력을 보탠다. 우리의 지각에 거주하는 개념은 우리의 감각능력에 의해 불가피하게 제한된다. 나는 창밖을 바라보며, 들판을 광합성 식물세포들이 펼쳐져 있고 탄산칼슘 조각들로 둘러싸여 있는 것으로 볼 수는 없다. 이러한 기술구는 어떠한 '보는 방법'과도 대응하지 않는다. 그것은 현상들 간에 어떠한 구별도 하지 않는 개념들을 사용한다. 나의 지각은 최고의 과학이론들에 저항하는 방식으로 세계를 표상한다. 그러나 이러한 지각은 또한 거기에 사용된 개념들이 진짜임을 입증하며, 우리 인간세계의 실재성을 밝혀준다.

창밖을 바라볼 때, 나는 단순히 들판이 푸르다고 보지 않는다. 나는 그것이 푸르다고 믿는다. 내가 보는 것이 믿는 것이다. 그리고 이것은 모든 정상적 지각경험에 대해 참이다―망설임 없이, 지각 경험에 적용된 개념들 또한 세계에 관한 참이라고 주장된다. 하지만 들판의 먼 구석으로 내 시선이 향하고, 거기에서 긴 풀들이 바람에 나부껴, 불빛이 비치자 기이한 형태를 이룬다고 가정해보자. 그것은 악마의 연회 모양을 한다. 나는 마녀들이 춤추는 모습과, 그림자 형태의 검은 개가 그 가운데서 으르렁대는 것을 본다. 나는 그러한 사건이 일어나고 있다고 믿지 않지만, 그럼에도 그것이 내가 보는 방식이다. 여기에는 지각에 사용된 개념들이 있지만, 그것들은 어떠한 판단에도 적용되지 않는다(칸트라면 이렇게 말했을 것이다). 이것은 믿지 않으면서 보는 것이다―이것은 인간을 동물과 구별해주는 보기의 종류이며, 여기에서 상상이 중요한 요인이 된다.

1. 상상과 정신적 이미지

'상상'이라는 용어는 다양한 방식으로 사용되며, 대체로 정신능력을 지칭하기 위해 사용된다. 현대철학의 전문용어로서 그것에는 적어도 두 가지 뜻이 있다.

(a) '정신적 이미지'를 경험하는 능력.
(b) 창조적 사고를 하는 능력.

이 두 가지 뜻 간의 연관은 불분명한데, 부분적으로 각각의 의미 자체가 불분명하고, 각각이 관련되어 있는 이론에 의존하기 때문이다. 정신적 이미지는 사유할 때, 꿈꿀 때, 지각할 때, 기억할 때 나타난다. 그것은 또한 우리가 상상할 때에도(이 용어의 두 번째 뜻으로) 나타난다. 그것은 매우 많은 상이한 문맥에서 나타나기 때문에, 정신적 이미지의 이론이 두 번째 뜻의 상상의 이론과 같은 것이라고 혹은 심지어 그러한 이론의 필연적인 부분이라고 가정하는 오해가 있을 수 있다. (아마 동물에게도 정신적 이미지가 있을 것이다. 적어도 개들은 꿈을 꾸는 듯하다. 그러나 그들에게 두 번째 뜻의 상상―스토리텔링, 그림그리기, 창의과학의 지배원리인 상상―이 있다고 말하는 것은 신뢰하기 어렵다.)

그럼에도 정신적 이미지의 관념을 이해하려 시도해보자. 정신적 이미지는 다음과 같은 면에서 사유와 비슷하다.

(i) 그것에는 지향성이 있다. 즉 그것은 어떤 것'의' 혹은 어떤 것'에 관한' 이미지다. 따라서 어떤 생물의 정신적 이미지 형성 능력은 그것의 인지능력에 절대적으로 의존한다. 만일 어떤 생물이 과거에 관한 사유를 갖지 못한다면, 그것은 '기억 이미지' 역시 갖지 못할 것이다. (스스로에게 다음의 질문을 해보라. 지금 내 마음 앞에 있는 이 이미지를 무엇이 기억으로 만드는가? 그것은 거기에 표상된 특징과 관련하여 정확히 같은 것이었을 수도 있지만, 기억이 아니라 예언이나 허구였을지도 모른다.)

(ii) 따라서 이미지는 참 또는 거짓일 수 있다. 친구 얼굴에 대한 참된 이미지는 그를 있는 그대로, 즉 실재에 대응하는 것으로 보여주는 것이다.

(iii) 이미지는 다른 정신상태와 지적인 관계에 있을 수 있다. 예를 들어, 베네치아에 대한 나의 이미지는 그 도시에 관한 당신의 생각과 모순될지 모른다. 그것은 토마스 만이 제시한 상과 부합할지 모른다. 그것은 '가장 고귀한 곳La Serenissima'*베네치아의 별칭이라는 명칭이 완전히 부적절하다고 암시할지 모른다. 기타 등등.

하지만 정신적 이미지는 단순히 사유가 아니다. 나는 베네치아에 관해 생각할 수 있고, 심지어 정확한 정신적 기술을 할 수도 있지만, 베네치아의 이미지를 얻을 수는 없다. 나는 어느 페이지에서 해당 이미지 없는 텍스트를 기억할 수 있다. 나는 '직접 음악을 듣지' 않고도 악보를 통해 연주할 방법을 생각할 수 있다. 기타 등등. 이미지란 지각과 같다. 이미지에는 우리가 '감각적'이라고 부르는 싶어하는 요소가 있으며, 그 감각적 요소가 이미지를 지각경험과 관련시킨다. 예를 들어, 이미지는 다음과 같은 면에서 지각경험과 비슷하다.

(ⅰ) 이미지는 정확히 시간상으로 기록될 수 있다. 그것은 어느 순간 시작되고, 잠시 지속된 다음 멈춘다.

(ⅱ) 이미지는 (감각처럼) 다소 희미하거나 강렬할 수 있다. 이는 세부의 문제가 아니라 세기|force의 문제다.

(ⅲ) 이미지는 지각에 의해서만 충분히 기술될 수 있다. 베네치아에 관한 내 이미지는 시각적 이미지다. 그것은 내가 산타마리아 델라 살루테 성당으로 흐르는 그란데 운하를 굽어볼 때 갖는 경험과 비슷한 정신적 이미지다. 베토벤의 9번 교향곡에 관한 내 이미지는 청각적 이미지다. 그것은 내가 베토벤의 9번을 들을 때 갖는 경험과 비슷하다. 여기서 '비슷하다'는 '환원 불가능한 유비'를 표현한다―즉 두 경험에 서로 유사한 '면'이란 없다. 하나는 단지 다른 하나의 상상된 형태일 뿐이다.

(ⅳ) 모든 이미지에는 1인칭 관점이 있으며, 또한 그 관점이 아우르는 '그것이 어떠한지'가 있다. 사유의 경우에 '그것이 어떠한지'가 있는지는 의심스럽다. (앞 장을 보라.)

2. 창조적 상상

정신적 이미지는 우리가 꿈꿀 때, 기억할 때 그리고 또한 어떤 것을 상상할 때 발생한다. 종종 우리는 어떤 사람이 실제로는 없지만 있다고 생각하는 것을 상상한다고 기술한다―하지만 이런 뜻에서의 '상상하기'란 '착각하기'와 같은 것을 의미하며, '상상하다'란 그저 세계에 관한 거짓 믿음을 얻는 데 불과할 것이다. 이것이 우리가 그 단어로 보통 의미하는 바는 아니다.

그 단어의 참뜻에서 보자면, 상상은 창조적 사유를 의미한다. 그것은 착각의 문제가 아니다. 강한 상상력을 지닌 사람이 상상력이 떨어지는 이웃보다 더 많은 거짓 믿음에 시달리지는 않는다. 오히려 그는 더 폭넓게, 더 창조적으로, 덜 문자에 얽매인 채 사유한다. 그의 사유는 가능성들 사이를 배회하고, 믿음과 불신 모두를 '유보할' 준비가 되어 있다. (콜리지는 '불신의 자발적 유예'가 극의 이해와 관련 있다고 말했다.) 이런 뜻에서의 상상적 사유는 실제 세계에 관한 착각이 아니라, 비실재적일 뿐 아니라 비실재적이라고 알려진 세계의 진실을 알려주는 기술이다. (이러한 세계에―예를 들어, 연극의 세계에―속는다는 것은 상상력의 과잉이 아니라 상상력의 결여를 보여주는 것이다.)

이미지가 창조적 상상을 도울 수 있다. 비록 그것이 필요 요소도, 충분 요소도 아닐지라도 말이다. 내가 소크라테스와 크산티페 간의 대화를 상상할 때, 나는 또한 그것을 마음속에 그려보는데, 이는 그들의 만남을 보고 듣는 것이 어떠할지를 상상해본다는 의미다. (이미지는 사실상 '그것이 어떠한지를 상상할' 때 본질적인 요소다.)

그러한 이미지는 의지의 영역 안에 놓인다는 점에서 꿈의 이미지나 지각의 이미지와는 다르다. 누군가에게 어떤 것을 꿈꾸도록, 혹은 어떤 시각경험을 갖도록 명령한다는 것은 말이 되지 않는다. 그러나 우리는 확실히 그에게 어떤 것을 상상하도록 명령할 수 있고, 그는 자신의 의지를 직접 적용하는 것 외에 다른 어떤 방법을 사용하지 않고서, 지체 없이 그 이미지를 '소환'하거나 '구성'할 것이다. 정신상태가 의지의 제약을 받는지 여부에 따라 효과적으로 구별될 수 있다는 점은 비트겐슈타인의 《심리철학적 소견들》에서 흥미로운 발언 중 하나다. 그 결과로 생긴 구별은 감각적인 것과 지적인 것, 동물적인 것과 합리적인 것, 정서적인 것과 인지적인 것, 심지어 '수동적인' 것과 '능동적인' 것(이것은 예컨대 스피노자가 기술한 것이다) 간의 전통적 구분에도 해당한다. 의지의 제약을 받는 지각(오리-토끼 도형에서 오리를 보는 것)이 있고, 또한 인지적 상태(가정하기, 가설 세우기)도 있다. 하지만 믿음 혹은 감각이 관련되는 곳 어디에서나, 의지는 말하자면 후퇴해버린다. 나는 당신에게 달이 치즈가 아니라 돌로 이루어져 있다고 가정하도록 명령할 수 있으나, 그것을 믿도록 할 수는 없다. 나는 당신에게 손가락에 상처를 내도록 명령할 수 있지만, 고통을 느끼지 않도록 할 수는 없다. 기타 등등.

기억과 창조적 상상이 밀접히 관련되어 있다고 생각할 한 가지 이유는, 둘 다 이미지를 포함하고, 두 경우 모두에서 이미지를 형성하는 과정이 적어도 부분적으로 의지의 영역 안에 남아 있다는 점이다. 내가 '지난 일들의 기억을 불러낼' 때, 나는 아마도 그렇게 하기를 삼갔을 어떤 일을 하고 있는 것이다. 나는 언젠가 내 감각에 각인되었던 경험을 다소 어렴풋하고 무력한 형태로 만나기 위해, 과거 사건과 대상의 현상과 특징을 찬찬히 상기한다. 여기에 예술이 있으며, 그것은 허구로 쓰인 예술과 다르지 않다. 그리고 과거를 전적으로 창조적 상상의 산물인 양 재가공하는 데서, 모든 사람이 프루스트가 성취한 바를 해낼 수는 없겠지만, '회상 능력'과 '창조 능력'이 이 영역에서 많은 공통점이 있으며, 단일한 감정적 요구에 호소한다는 점은 의심의 여지가 없다.

상상 행위의 자발성은 창조적 상상에 실마리를 제공한다. 왜냐하면 이미지를 포함하든 하지 않든, 상상은 달리 주어지지 않는 정신적 맥락을 (그것은 예를 들어 지각으로 그리고 지각에서 비롯된 판단으로 주어진다) 소환하거나 창조하는 것과 항상 관련되기 때문이다. 내가 말 앞에 서 있을 때, 말의 이미지를 받아들이는 것은 어떠한 창조적 상상 행위와도 관련이 없다―왜냐하면 그 이미지가 내 경험에 주입되고, 나는 아무것도 하지 않기 때문이다. 마찬가지로, 내가 어떤 전투 이야기를 듣거나 그에 관한 신문기사를 읽을 때, 내 사유는 내 스스로 하는 것이 아니며, 그 이야기의 전개에서 어떠한 창조적 역할도 하지 않는다. 일반적으로, 우리의 일상적 인지행위 과정에서 우리가 지각하고 믿는 것들은 싫든 좋든 우리에게 주입되며, 우리의 창조 능력과는 별개다.

하지만 말이 없는데도 말의 이미지를 불러내거나, 다른 어느 자료에서도 접하지 못한 전투 묘사를 지어낼 때, 내 이미지와 내 사유는 내게 주어진 것을 넘어서, 내 의지의 영역 안에 놓이게 된다. 나는 이미지와 이야기 모두를 조정할 수 있고, 마음대로 취소할 수도 있다. 이런 창의적 행동이 상상의 전형적 사례다. 그리고 그것이 사유와 관련되는 한, 이러한 사유는 현실세계에 관한 믿음이 아니라 상상세계에 관한 추정이 된다.

우리는 이러한 사유과정을 어떻게 이해해야 하는가? 프레게의 단언이론으로 돌아가는 것이 유용하겠다. p와, p가 q를 함축한다는 것으로부터 q를 추론할 때, 명제 p는 첫 번째 전제에 단언돼 있는지 여부와 상관없이 두 번째 전제에서 단언되지 않은 채 나타난다. 그러나 p는 두 전제에서 같은 명제다. 그렇지 않다면 이 추론은 타당하지 않을 것이다. 이로부터 단언이 문장 의미의 일부가 아니라는 사실이 나온다고 프레게는 주장했다. 명제가 단순히 참으로 단언되거나 단언되지 않기 때문에 바뀌지는 않는다. 이런 기초적 결과는 우리로 하여금 다음과 같은 중요한 결론을 내릴 수 있게 해준다. 즉 믿음의 내용은 그 내용을 그저 '받아들이는' 믿음이 아닌, 사유에서 바로 다시 만들어진다. 이것이 추론에서 항상 일어나는 일이다. 또한 이것이 주로 상상에서 일어나는 일이다.

따라서 우리는 창조적 상상의 적어도 한 가지 중심 요소에 관한 설명을 감행할 수 있다. 바로 'p를 상상하는' 능력이다. p를 상상할 때, 어떤 사람은 p라는 사유를 참이라고 단언하지 않고도 받아들인다. p라는 사유는 그의 일상적 인지능력과 지각능력에 의해 그에게 주어지는 것을 넘어선다. 그리고 그가 p를 불러오는 것은 의지의 행위이거나 그의 의지의 영역 안에서다. (따라서 그는 예컨대 언제든 자신의 사유를 취소하거나 수정하려 할 수 있다.) 아마도 p라는 사유가 지각적 요소를 포함한다면(누군가가 어떻게 보인다고 내가 생각할 때처럼), 그것은 어떤 이미지로 구체화되거나 흡수될 수 있다. 그리고 이러한 이미지 역시 창조적 상상의 작용이다.

모든 상상이 이러한 모델에 쉽사리 들어맞지는 않는다. 왜냐하면 모든 상상이 '~라고 상상하는 것'은 아니기 때문이다. 어떤 상상의 작업은 감각적 형태 자체 외에 주제가 없는 순수 이미지다. 예를 들어, 멜로디를 작곡하는 것은 창조 작업이다. 그것은 새롭고 흥미로운 전체를 이루도록 소리들을 합치는 일과 관련된다. 이는 자발적 행동이며, 지각에 주어지는 것을 넘어선다. 그러나 프레게의 의미에서 그것은 사유의 표현이 아니다. 멜로디는 명제가 아니다. 그럼에도 그것은 고유한 질서, 의미, 소통능력을 갖는다는 면에서 명제와 비슷하다. 사유와 비슷하지만 상상 세계의 창조와는 관련이 없는 이러한 과정은 '~라고 상상하는 것'과 동일한 영역에 놓이는데, 그것이 경험의, 따라서 인간세계의 창조적 변형과 관련되기 때문이다.

이것이 바로 우리가 음악, 추상화, 건축에 대해 참이라고 본능적으로 느끼는 것이다. 인간세계는 보로미니*바로크 건축양식을 창안한 이탈리아의 건축가, 바흐, 브라크에 의해 돌이킬 수 없게 바뀌었다. 많은 사람이 이 사실을 알아채지 못할지라도 말이다. 그리하여 우리는 모든 창조적 예술에 '상상'이라는 단어를 자유롭게 사용한다. 그럼에도 이 다양한 상상의 작용이 여러 개가 아니라 하나의 정신능력과 관련 있다고 가정할 수 있는지를 증명하는 것이 이론의 과제다.

또한 퍼스(《선집》 1권 20~21쪽)가 '과학적 상상'이라고 불렀던 것도 있다. 허구의 요구에 의해서가 아니라, 과학이론의 목적에 의해서 통제되는 상상 말이다. 과학자들의 상상세계는 물리적으로도 가능하며, 과학적 진리를 단단히 부여잡으면서도 당신의 사고를 알려진 실재로부터 해방시키는 일은 결코 작은 위업이 아니다.

3. 상상의 세계

하지만 허구—극, 시, 산문이건, 구상화나 무언극이건—가 여전히 창조적 상상의 주요 사례이며, 또한 상상적 사유의 완전한 상술과 이해에서 이미지의 중요성을 보여주는 것이다. 허구가 가능세계와 같은 것이라고, 혹은 적어도 그러한 세계의 일별이라고 주장하는 것은 솔깃한 주장이다. 상상의 작업은 가능성을 구성하는(혹은 실재론자에게는, 발견하는) 일과—아마도 현실세계를 그 가능한 변형들의 맥락에 놓으려는 목적과—관련된다. 우리의 일상적 사유는 우리를 가능성과 확률을 평가하는 일에 관여하도록 만들기 때문에(15장을 보라), '가능세계'를 마음속에 그리는 능력은 이미 우리의 일상 심리학에 함축돼 있다. 이러한 이유에서, 상상이 일상적 사유와 지각의 일부라는 (흄, 칸트, 헤겔이 주로 좋지 않은 여러 이유에서 지지했던) 오래된 이론을 우리는 지지하고 싶을지 모른다.

이 제안은 여러 면에서 오해의 소지가 있다. 먼저, 우리가 양상 문장의 의미를 설명하기 위해 가능세계에 호소해야 하고, (가능성, 필연성, 확률에 관한) 양상적 사유가 과학적 사고와 관련 있다 할지라도, 가능성에 의존하는 일상적 판단을 내리기 위해 우리가 이러한 가능성을 머릿속에 그리거나, 혹은 그것을 서술할 필요는 없다. 반대로, 우리가 상상세계를 실제로 서술할 때, 우리는 물리적이든 형이상학적이든 논리적이든 간에 가능성의 제한들에 얽매이지 않는다. 아리스토텔레스는 불가능성이 맥락상 있음직하다면 용인될 수 있다고 말했다. 이와 대조적으로, 비개연성은 그것이 아무리 가능할지라도 상상할 수 없는 것과 관련된다(《시학》). '개연성'이 의미하는 것은 '등장인물에도 해당된다.' 거인 파프너가 용으로 변할 때*바그너의 〈니벨룽겐의 반지〉에서 거인 파프너는 쌍둥이 형 파졸트를 죽이고 용으로 변하여 보물을 지킨다, 비록 이러한 변신이 형이상학적으로 불가능할지라도, 어떤 심오한 영적·도덕적 진리가 우리 눈앞에서 벌어진다. (또한 오비디우스의《변신 이야기》의 이야기들과 비교해보라.)

상상세계의 창조는 그 자체의 목적을 지닌 별개의 기획이다. 허구를 이해하는 것은 사건, 인격, 대상이 현실성의 영역뿐 아니라 때로는 가능성의 영역으로부터 괄호 묶인 채 발생하는 '허구적 맥락'을 인식하는 것과 관련된다. 그러나 성공적 허구에서, 모든 것은 그 자체의 필연성과 더불어 진행된다. 즉 그 의도적인 비실재성에도 불구하고, 그것은 살아있음을 목적으로 한다. 불가능한 세계 또한 그 자체로 위안이 될 수 있다. 우리는 일종의 아이와 같은 자유를 지닌 채 그것에 거주하며,《거울나라의 앨리스》와 에셔의 판화에서처럼, 더 맑고 더 순수한 공기를 숨 쉬는 듯하다.

상상세계에 대한 감정적 반응은 모든 정신 현상에서 가장 흥미로운 것 중 하나다. 왜냐하면 우리는 이러한 허구적 상황에 대해 우리의 진정한 존재에 생기를 불어넣는 감정 형태를 느낄 수 있는 듯하기 때문이다. 우리는 비극적 인물에 공감하는데, 아리스토텔레스는 이러한 공감을 연민과 공포로 이해했다. 그러나―이러한 감정의 대상은 비실재일 뿐 아니라 비실재라고 알려져 있기 때문에―우리는 일반적으로 행동해야 하듯 행동하지는 않게 된다. 우리는 사면초가에 몰린 주인공을 돕기 위해 무대로 달려가지 않는다. 반대로, 우리는 우리의 감정을 편히 받아들이고, 조금의 도덕적이거나 육체적인 대가 없이 울고 웃으며, 잠시 동안 마음 편한 공감의 차원에서 살아간다. 이러한 정신 활동은 기이한 것이다.

우리가 우리에게 아무 실재성도 없는 것에 의해서 진짜로 감동받는 것은 어떤 의미에서인가? 그리고 이렇게 외견상 헛된 방법으로 우리의 공감을 발휘하는 것이 왜 우리에게 그토록 소중한 것이어야 하는가? 이러한 것들이 미학에서 가장 중요한 물음이다.

켄들 월턴은 이러한 맥락에서, 우리의 미학적 감정이 노는 아이들의 감정과 비교되어야 한다고 주장하며 '믿는 체하기' 이론을 전개했다. 극은 믿는 체하기 게임에서 하나의 버팀목과 같다. 그리고 우리가 느끼는 감정은 그 게임의 일부다. 이러한 생각에는 어떤 흥미로운 점이 있다. 그러나 이것은 문제에 대한 대답이라기보다는 문제의 기술처럼 보인다. 확실히 그것은 진짜 공감과 우리가 허구에 대해 느끼는 공감 간의 관계에 관한 문제를 해결해주지 않는다. 아마도 전자는 진짜이고, 후자는 상상이라는 것 외에 더 할 말이 없을 것이다. 앨리스가 흘린 눈물처럼, 극장에서의 눈물은 진짜 눈물이 아니다. 그러나 그것들은 모두 똑같이 마음을 적신다.

4. 환상과 상상

상상의 세계는 실제 세계가 아니라 가설적*ex hypothesi*이다. 상상은, 믿음이 진리를 목표하듯, 진리를 목표로 하지 않는다. 그와 반대로, 그것은 어떤 의미에서 진리를 회피하는 것을 목표로 한다. 그러나 그것은 자신의 창조물을 이해하려 하고, 그 창조물이 실제 세계와 유익한 관계를 맺도록 하려는 시도에 의해 지배된다. 우리는 상상의 작품이 그 주제와, 그 주제가 궁극적으로 도출되는 실제 원형을 밝혀주리라 기대한다. 요컨대 비극이 그 본질적 파토스를 이상화하고 극적으로 만들 때조차 인간조건에 상응하듯이, 상상적 사유는 실재에 상응하는 것을 목표로 한다. 그리고 상응은 의미론적 이상보다는 도덕적 이상에 더 가깝지만, '삶에 대한 진리'가 확실히 그것의 일반적인 부분이다.

따라서 콜리지의 환상과 상상의 구별은 여전히 매력적이다. 왜냐하면 우리는 실재를 밝혀주고 새로운 방식으로 실재를 받아들이도록 해주는 잘 규율된 스토리텔링과, 환상의 영역으로의 규율 없는 도피를 구별해야 하기 때문이다. 환상은 상상이 택한 길에서 한발 더 나아간 듯하다. 사실상, 그것은 익숙한 인간세계를 향하는 새로운 감정이라기보다는, 옛 감정의 대체물을 창조하는 것과 관련된 마음의 독특한 활동이다. 환상의 대상의 본성은 그것을 추구하는 정념에 의해 좌우된다. 음란물에서 그렇듯, 아무것도 검토되거나 의문시되거나 시험받지 않는다. 그 대신, 현실세계는 지워지고, 우리의 감정적 요구를 따르는 다른 세계로 대체된다. 이와 대조적으로, 진정한 상상적 대상은 현실세계에 대한 우리의 응답을 낳고 통제하며, 우리의 정념을 교육함으로써, 헛된 과잉이 정제된 실재와 만나도록 다시 이끈다. (아리스토텔레스는 이와 관련하여 정화 즉 카타르시스*katharsis*를 말했다.)

허구에 대한 비판은 그것이 요구하는 감정적 반응의 종류를 확인하려는 시도와 관련된다. 특히, 예술작품이 자기가 창조한 세계를, 우리가 인간 본성에 관해 알고 있는 것에 비추어, 행동과 사건과 인물의 결과를 통해, 실제로 탐구하는지를 묻는 것은 상당히 중요하다. 종종 허구가 우리로 하여금 그 인물들에게 어떤 감정을 느끼도록 할 때, 그 상황이 그 느낌을 실제로 정당화하지는 않는다. 우리는 충분한 이유 없이도, 우리의 감정에 빠지도록 요구된다. 이러한 경우에 우리가 그 대상에 대해서는 전혀 신경 쓰지 않으면서 비극적 태도를 즐기는 것은 위험하다. 우리는 우리의 느낌을 내면으로 향하게 하고, 우리 자신을 공감의 주인공으로 즐기며, 인간세계의 실질적 복잡성을 무시하는 법을 배운다. 이것이 감상sentimentality의 악덕이다. 그리고 그것이 현대예술의 주요 결함이다.

5. 상상의 지각

철학자들이 무엇보다 관심을 갖는 특별한 상상 작용이 있다. 즉 상상의 대상을 창조하는 것이 아니라 그것을 지각하는 것과 관련 있는 종류의 것 말이다. 내 앞에 서 있는 말에 대한 나의 이미지는 직접적 지각이다. 그 말은 내가 가질 수밖에 없는 경험에 의해 '주어진다.' 그림으로 제시된 말에 대한 나의 이미지는 결코 그와 같지 않다. 첫째, 나는 말이 실제로 거기에 있다고 믿지 않으며, 믿으려 하지도 않는다. 둘째, 나는 그 그림의 선과 질감에 '동의할' 준비가 된 한에서만 말을 지각한다. 즉 나는 2차원적 윤곽에 불과한 것에서 어떤 생명체를 상상으로 재현한다. 내가 보는 것은 주어진 것을 넘어선다. 허구적 사유가 실재를 능가하는 바로 그 방식으로 말이다. 사실상, 그것은 허구적 사유의 지각적 동치다. 셋째, 나의 경험은 의지의 영역 안에 놓인다―이것은 내가 마음 내키는 대로 어떤 때는 오리로 보고, 어떤 때는 토끼로 볼 수 있는, 오리-토끼 도형 같은 애매한 그림들에 의해 결정적으로 증명된 사실이다. (이것은 특별한 사례라고 말할지 모른다. 하지만 반대로, 이것은 일반적 사례의 두드러진 형태일 뿐이다. 가장 사실적이고 외견상 애매하지 않은 조지 스터브스의 말 그림에서조차, 나는 그 생물을 어떤 때는 180센티미터 키의 거구로, 어떤 때는 150센티미터 키의 여성용 말로 보기를 선택할 수 있다. 또한 어떤 때는 쉬고 있다고, 어떤 때는 움직일 태세를 하고 있다고 볼 수도 있다. 기타 등등. 내가 보는 것은 내가 그것을 보게 되는 물리적 상에 의해 부분적으로만 결정된다는 것이 이 사례의 논리에

깔려 있다. 그 이미지는 주목이라는 행위에 의해 완성되어야 하며, 그것을 어떻게 완성하느냐는 내게 달려 있다.)

이러한 현상은 종종 '~로 보기seeing as'라고 기술된다—리처드 월하임《예술로서의 회화》)은 이러한 노선을 따라 '~로 보기'와 '~에서 보기seeing in' 간의 유용한 구별을 제시했다. 내가 x를 y로 볼 때, x와 y는 같은 존재론적 범주에 속해야 한다. 만일 x가 특수자라면, y도 특수자다. 만일 x가 유형이라면, y도 유형이다. 만일 x가 보편자라면, y도 보편자다. 기타 등등. (예를 들어, 내가 몰타십자가를 어떨 때는 하얀 바탕의 검은 십자가로, 어떨 때는 검은 바탕의 하얀 십자가로 보는 경우를 생각해보라.) 하지만 내가 x에서 y를 볼 때, 그러한 제한은 적용되지 않는다. 나는 그림에서 어떤 얼굴을 볼 것이다. 하지만 나는 또한 그림에서 혹은 얼굴에서 우수를 볼지 모른다. 나는 어떤 기념비적 건물에서 긍지를 보고, 혹은 헨리의 개나 방에서 그의 인격을 볼지 모른다. 우리가 이 '~에서 보기'를 어떻게 분석해야 하는가라는 문제는 매우 논쟁적이다. 하지만 이 현상이 많은 종류의 미학적 경험의 전형을 제시한다는 점은 의심의 여지가 없다. 내가 음악의 악장을 듣고, 시의 어조에 반응하고, 건물의 위엄 있는 자태를 바라볼 때, 내가 그림에서 얼굴을 볼 때 일어나는 것과 중요한 면에서 비슷한 어떤 것이 일어난다. 우리는 '이중지향성double intentionality'이라고 내가 명명한 일반적 현상을 대하고 있는 것이다(《예술과 상상》). 즉 별개의 두 대상—예술작품(그 자체로서의)과 그것에서 보이거나 들리거나 읽히는 것—을 동시에 향하는 경험 말이다

또한 y에서 x를 보는 것과, x와 y의 유사성 혹은 유비를 알아채는 것 간에는 중요한 차이가 있다. 분명히, 나는 오리-토끼 도형과 토끼 간의 유사성을 알아챌 수 있다. 그 도형을 오리로 볼 때조차, 그 도형을 토끼로 보지 못하게 하는 경험에도 불구하고 말이다. 여기서 이 차이는 은

유와 직유의 차이와 유사하다. 성공적인 은유에서 어떤 것은 그저 다른 것에 비유되는 것이 아니라 다른 것에서 체화되거나 육화된다. 릴케가 '그렇게 박쥐의 자취가 저녁의 도자기를 깨뜨리네so reiszt die Spur der Fledermaus durchs Porzellan des Abends'《두이노의 비가》중 제8비가라고 썼을 때, 그는 두 사물을 비교하는 것이 아니라, 하나(도자기에 퍼져가는 균열)의 속성을 이용해 다른 것(저녁하늘을 나는 박쥐의 비행)을 묘사하기 위해, 말하자면 둘을 한데 융합한다. 은유에서 술어는 문자 그대로의 용법으로부터 그것에 해당하지 않는 새로운 상황으로 이동한다. 글자 그대로 말하자면, 은유란 거짓이다. 이런 점 때문에 어떤 철학자들은 은유가 그것을 표현하는 데 사용된 용어의 새로운 의미와 관련된다고 주장한다. 하지만 그와 반대로, 새로운 문맥에서 사용되는 것은 바로 옛 의미다. 그것이 이 이동에서 중요한 점이다. (이 흥미로운 주제가 철학에서 날로 성장 중인 분과를 이룬다. 비트겐슈타인의《철학적 탐구》2부 11절과 도널드 데이빗슨의《진리와 해석에 관한 탐구》중 〈은유가 의미하는 것〉을 보라.) 은유의 이해는 문자 경험의 모든 고차원적 형태에서 필수적인 부분이기 때문에, 우리는 여기에서 분명히 미학적 이해에서 상상의 역할에 대한 실마리를 얻게 된다.

6. 표상

허구는 상상세계의 표상(재현)과 관련된다. 우리는 지난 장에서 만났던 골치 아픈 개념으로 다시 돌아왔다. 우리는 '표상'으로 무엇을 의미하는가? 우리의 언어에 전형적 사례가 있다고 나는 이미 암시했다. 여기서 표상은 단순히 지시를 의미하며, 문학작품이 어떻게 표상적일 수 있는가를 이해하는 데에는 아무 문제가 없다―즉 문장이 자기가 지시하는 대상과 개념에 '관한' 것이듯, 문학작품은 그 주제에 '관한' 것이 됨으로써 표상적이 된다. 문제가 있다면, 허구가 의미를 이루는가이다. 프레게는 모든 '공허한 이름'에는 지시가 결여돼 있다고—혹은 당신이 선호한다면, 그 모두가 공집합 즉 아무 구성원 없는 집합을 지시한다고—믿었다. 이 경우에, 모든 허구는 같은 것에 관한 것이 된다. 분명히, 우리는 그것을 말하려 하지는 않는다. 《리어왕》은 리어왕에 관한 것이고, 《성》은 측량기사 K에 관한 것이다. 우리는 은폐된 양상을 다루고 있는 듯하다. 《성》의 문장들은 마치 '~은 가능하다'와 유사한 '~은 허구이다'라는 표현으로 전개되는 듯하다. 의미론의 관점에서 보면 복잡하다—특히, 허구의 세계가 가능세계일 수는 없다는 점을(실제로 이 사례에서처럼) 우리가 기억한다면 말이다. 하지만 아마도 이해하기가 그리 어렵지는 않을 것이다.

진짜 문제는 시각예술에서 나온다. 그림 또한 매우 특별한 종류이기는 하지만 표상이다. 그것은 주제를 기술하지 않고 묘사한다. 이것은 또 다른 관계인가? 혹은 같은 관계의 또 다른 종류인가? 아니면 무엇인가? 그림 역시 지시를 한다고, 문장과 마찬가지로 그림도 자신의 의미론적 구조와, 자신을 세계의 대상들과 관계 맺어주는 규약 덕분에 표상적이라고 주장하고 싶을 것이다. 이것이 《예술의 언어》에서 굿맨이 옹호한 견해인데, 권장할 만한 점이 많다—특히, 대부분의 철학자들이 받아들이려 하는 것보다 훨씬 큰 범위를 허용하는 유명론적 언어이론을 주장하는 굿맨 같은 사람에게는 말이다.

하지만 그 의미이론의 문제들은 극복될 수 없다. 만일 언어가 기능하듯 그림이 기능한다면, 그림은 규약에 의해 지시되어야 한다. 단어는 어떤 단어든 아무 대상과도 짝이 될 수 있다는 점에서 임의적이다. 규칙이 이러한 연결을 만들기 위해 존재할 뿐이라면 말이다. '인간'이라는 단어가 인간을 의미하는 것은 임의적이다. 'homme' 'mensch' 'chelovek'*'인간'을 뜻하는 프랑스어, 독일어, 러시아어도 그만큼 좋으며, 어느 것에도 특별한 권한은 없다. 하지만 그림은 자연적 관계에 의해 그 주제와 관련된다. 비록 규약이 틴토레토의 〈십자가에 못 박힌 예수〉에 관한 우리의 해석에 영향을 준다 할지라도, 거기에는 베네치아 르네상스에 관한 지식과 상관없이, 모든 사람에게 유효한, 소박한 지각의 어떤 환원 불가능한 정수가 있다. 어떤 규약도 이것을 록 콘서트나 마을 축제의 묘사로 만들 수는 없다.

둘째로, 문장은 그 의미론적 구조에 의해서 지시를 한다. 문장의 진리치가 그 부분들의 지시에 의해 결정되는 것과 마찬가지로, 문장의 진리조건은 그 부분들의 뜻에서 유래한다. 이것이 바로 우리가 문장을 이해하는 방식이다. 이 과정에서 근본적인 것이 유한성의 원리다. 즉 한 문장에는 많은 의미 있는 부분들이 유한하게 있으며, 각각에는 결정적인 뜻과 지시가 있다. 같은 것이 회화에는 해당되지 않는다. 회화의 어느 두 영역 사이에는 제3의 영역이 있으며, 그것 또한 어떤 것을 표상한다―즉 그 영역들에 의해 어느 한쪽으로 묘사되는 부분들 사이에 놓인 주제 부분 말이다. 회화는 통사론적으로 구성되지 않으며, 이미지들의 통합성을 갖는다. 따라서 무한히 나뉠 수 있고, 그것이 묘사하는 주제의 무한히 많은 부분들을 표상한다. (굿맨은 이 두 특성을 통사론적이고 의미론적인 밀도로 기술하며, 따라서 그것들에 통사론적이거나 의미론적 특성을 부여하는 데 성공하지 못한다.)

그러므로 묘사의 이론에 대해서는 상상의 지각에 의지하는 편이 낫다. 회화는 당신이 그것에서 볼 수 있는 것을―혹은 적어도 당신이 그것에서 보도록 화가가 의도한 것을―표상한다. 표상은 여전히 문학이 보여주는 것과 같은 속성이다. 왜냐하면 당신은 그것을 같은 방식으로 이해하기 때문이다―즉 허구의 세계에 관한 사유를 회복함으로써 말이다. 하지만 표상의 과정은 근본적으로 다르다. 실로, 회화는 의미론적 구조가 없는 의미의 유용한 사례를 제공한다. 회화는 흄이 '대상에 확산되는' 마음의 기질이라고 불렀던 것을 동원함으로써 의미를 갖는다. 우리가 29장에서 살펴보겠지만, 이것이 의미의 가장 중요한 형식 중 하나이며, 그것의 부재가 한탄의 가장 빈번한 원인이다.

7. 상상과 규범성

이미지와 은유는 다소 성공적일 수 있다. 이야기는 다소 삶에 대해 참일 수 있으며, 회화는 다소 통찰력이 있을 수 있고, 음악은 다소 진실할 수 있다. 상상의 모든 작품은 우리의 비평을 요청하는 듯하다. 왜냐하면 상상은 작품을 이해하는 데에도 관련되며, 우리의 사유가 상상의 세계에 일단 표출되고 나면, 그것은 이 새로이 얻은 자유의 법칙에 구속되기 때문이다. 상상이란 합리적인 능력이며, 합리적 존재들에게 고유할 뿐 아니라, 그들이 이성을 발휘하게 하고, 모든 구와 단어와 행에 관해 '왜?'라고 묻게 하고, 익숙한 실재 세계와 그것의 상응을 판단하게 만들기도 하는 것이다. 따라서 상상의 작품에서 특수한 판단형식이 생겨난다. 우리는 상상이 아무리 자유롭게 돌아다닐지라도, 가야 할 옳은 길과 잘못된 길이 있음을 느낀다. 이러한 판단을 내릴 때, 우리는 상상을 현실로 되돌리려 하고, 그것을 도피의 도구라기보다는 지식과 이해의 도구로 사용하려 한다. 이것이 아마도 프로이트가 예술을 환상에서 현실로 돌아오는 길로 기술했을 때 의미한 바일 것이다. 또한 이것이 아마도 칸트가 모든 미적 경험 배후에서 보편화 가능한 판단행위―초기의 입

법―를 포착한 이유일 것이다. 여하튼 그것이 비평의 기원이며, 상상이
단순히 사실일 뿐 아니라 가치이기도 하다는 우리 믿음의 근거다.

25 공간과 시간

이상과 같이, 우리는 종종 불가능한 것을 상상한다. 실로, 우리의 상상이 가능성의 경계를 초월할 수 없다면, 그 경계에서 비롯된 예술, 종교, 자기이해는 우리에게 거의 가치가 없을 것이다. 불가능하지만 상상할 수 있는 것이 우리의 사유와 느낌에서 커다란 역할을 하며, 그러한 것은 존재하지 않는다는 앎이 사람들이 그것을 창조하고 토론하고 동정하며 살아가는 것을 결코 막지는 못한다. (여기에 '존재는 술어다'라는 견해의 한 가지 동기가 있다. 30장을 보라.)

하지만 그 반대, 즉 가능하지만 상상할 수 없는 것은 어떠한가? 만일 이러한 것 역시 승인되어야 한다면, 우리는 데카르트 이후 상당한 추종자를 거느린 견해, 즉 상상할 수 있는 것이 가능한 것의 시험대라는 견해를 포기해야 할 것이다. 예술이 우리에게 상상할 수 있지만 불가능한 것을 받아들이도록 설득하듯이, 과학은 가능하지만 상상할 수 없는 것을 제공한다. 정말, 실제적이지만 상상할 수 없는 것 말이다! 어떨 때는 파동처럼 행동하고 어떨 때는 입자처럼 행동하며, 통계적 진리만이 있을 뿐인 양자물리학의 기본단위들은 상상이 불가능하다. 만일 우리가 그러한 것들을 그럼에도 상상할 수 있는 것들이라고 말한다면, 이것은 우리가 가능성을 상상가능성conceivability의 시험대로 사용하고 있으며, 그 반대가 아니기 때문이다.

하지만 한 영역에서, 철학자들은 상상가능성을 실재가 통과해야 하는 시험대로 마지못해 바쳐야 했다. 데카르트와 스피노자에게, 유클리드 기하학의 타당성은 그 공리가 우리 자신의 '명석판명한'(데카르트) 혹은 '적합한'(스피노자) 관념을 표현한다는 사실에서 전적으로 비롯하는 듯했다. 유클리드가 공간에 관한 자명한 명제들을 따로 떼어냈으며, 그의 오류는 상상할 수 없는 것이고, 그의 정리들이 기하학에 관한 모든 선천적 진리를 산출한다고 여겨졌다.

1. 유클리드와 시각적 기하학

유클리드 기하학의 선천적 본성은 칸트의 의해 가장 강력히 주장되었다. 그의 바람은 먼저 기하학이 선천적이고 종합적인 지식을 낳음을 증명하고, 둘째로 이것이 어떻게 그럴 수 있는가에 관한 이론을 제공하는 것이었다. 그 생각은 이렇다.

유클리드의 공리는 분석적으로는 참이 아니다. 그 진리를 그것을 표현하는 데 사용된 용어의 의미에서 끌어낼 방법은 없다. 왜냐하면 그 진리는 직관적으로 파악되며, 그것은 도표에서와 같은 공간의 표상을 요구하기 때문이다. 공간에 관한 모든 직관은 유클리드 원리의 승인을 포함한다. 즉 그 원리를 위반하는 어느 것도 대상들이 위치하고 운동할 수 있는 공간으로 상상될 수 없다. 따라서 유클리드 기하학은 선천적이고 종합적이다.

이것은 어떻게 가능한가? 칸트의 대답은 유클리드 기하학이 우리 자신의 정신능력의 필요조건을 반영한다는 것이다. 만일 우리가 사물을 우리와의 관계에서 객관으로—즉 우리의 경험과 별개로 존재하고 생존하는 것으로서—표상한다면, 우리는 공간에 그것을 위치시켜야 한다. 공간은 우리로 하여금 사물을, 말하자면 '외면하게' 해주고, 우리가 있었을지 모를 곳 그리고 우리가 관찰했을지 모르지만 관찰하지 않는 곳에 위치시키게 해준다. 따라서 어떤 것을 객관으로 경험할 때, 나는 그것을 공간적으로 표상한다. 칸트의 표현을 빌리자면, '공간은 외감outer sense의 형식이다.'—외감이란 나의 '외부에' 있는 것, 나와의 관계에서 객관적인 것, 내 내부 영역 부분이 아닌 것을 지각하는 능력이다.

공간은 본성상 3차원적이고, 단일하며, 무한하다. 만일 공간이 우리 지각의 대상을 그 안에 자리매김할 수 있는 지시의 틀이라면, 이러한 것들이 바로 요구되는 특징들이다. 세계의 공간적 특성은 우리 자신의 인지능력에 의해 부과된다. 그리하여 우리는 그것을 선천적으로 알 수 있다. 우리가 세계를 개념화할 수 있는 것은 오직 우리의 경험이 '공간적으로 조직되어' 있기 때문이다. 이러한 조직화의 원리들은 우리의 정신적 자질에 속하며, 따라서 경험을 참고하지 않고도 알려지고 연구될 수 있다—설령 그것들에 의미를 부여하는 것이 우리의 경험 능력일지라도 말이다.

이런 미묘하고 대담한 견해가 피히테, 헤겔, 쇼펜하우어에게 깊은 인상을 주었고, 그리하여 그들은 저마다의 체계를 세웠다(하지만 각자의 자부심으로 인해 조금씩 수정되었다). 하지만 오늘날 어느 누구도 이에 만족하지 않는다. 칸트가 이 방법으로 증명할 수 있는 최선은 '현상적 공간'—시야의 공간—이 유클리드적이라는 점이다. 하지만 이조차도 의심스럽다. (시야는 정말로 유클리드적인가? 결국, 평행선은 시각적 지평선에서 만난다—원근법 그림에서 그렇듯이 말이다.) 설령 비유클리드 공간을 상상한다는 것이 어떠할지 우리가 알지 못한다 할지라도, 어쩌면 다른 생물은 알 수 있을지 모른다. 아주 우연히도 우리가 만나는 세계의 부분들이 유클리드적 용어들로 너무나 재빨리 유용하게 질서 지어져 있어서, 우리는 그것들을 그렇게 지각하는 습관을 획득한 것이다. 아마도 진화가 우리에게 유클리드적 현상학을 부여하였고, 우리의 생물학적 경쟁자들은 그들의 더 참되지만 더 번거로운 기하학이 전투의 순간에 요구되는 초고속 계산에는 유용하지 않음을 알게 되었을지 모른다. (민코프스키 공간*유클리드의 3차원 공간에 시간의 1차원을 더하여 아인슈타인의 특수상대성이론을 기술하는 수학적 공간에서 누군가를 찌른다고 생각해보라. 확실히 당신은 맞히지 못할 것이다.)

그럼에도 칸트는 핵심을 파악했다. 설령 참된 기하학이 유클리드 기하학이 아닐지라도, 우리는 대상(즉 그 존재가 우리의 지각에 의존하지 않는 존재자)이 공간 안에 있다는 것을 선천적으로 알 수 있다. 대상이 공간 안에 위치할 때에만, 우리는 변화를 통해 그것을 확인하고, 관찰되지 않을 때에도 그것에 관한 정보를 수집하며, 과학이 요구하는 완전한 인과적 실재를 그것에 줄 수 있다. 이것이 흥미로운 결론이며,《개별자들》에서 스트로슨이 다른 근거에서 옹호한 것이다. 하지만 물론 그것이 우리가 어떤 종류의 공간에 거주하는지를 말해주지는 않는다.

유클리드의 기하학은 놀라운 지적 성취이며, 고대부터 칸트에 이르기까지 계속해서 최고의 권력을 구가한 지난 천년 동안의 끈질긴 지적 노력의 결정체다. 하지만 유클리드가 알았듯이, 그의 체계에는 다른 것들과 독립적이고, 따라서 나머지 것들과 모순되지 않으면서 대체될 수 있는 하나의 공리가 있다. 이것, 즉 평행선 공리는 평행선들이 결코 만나지 않는다고(그렇지 않으면, 한 평면의 직선들은 한 점에서만 만난다고) 말한다. 이것은 확실히 '평행선' 혹은 '직선'의 정의에 의해서는 참이 되지 않는다. 그것은 칸트의 '직관'에 의존하는 듯하다. 우리는 그저 그렇지 않은 것을 상상할 수 없을 뿐이다. 하지만 그것늘은 달리 될 수 있는가?

대답은 '그렇다'이다. 평행선 공리가 없는 기하학에서 본질적으로 불합리한 것은 아무것도 없다. 하지만 왜 그것을 기하학이라고 부르는가? 두 가지 이유가 있다. 첫째, 그것이 유클리드 기하학의 변형이기 때문이다. 둘째, 그것이 유클리드가 기술하려고 했던 물리적 대상의 속성들을 기술하는 데 이용될 수 있기 때문이다. 따라서 비유클리드 기하학이 유클리드에 대한 진정한 대안일지 모른다. 물리적 세계에 관한 진리의 진정한 후보 말이다.

2. 힐베르트와 공리체계

지난 세기에 일어난 수학과 논리학에서의 혁명은 기하학에 대한 사람들의 개념을 근본적으로 바꿔놓았다. 경험세계에 대한 선천적이고 종합적인 학문이라는 칸트의 상 대신에, 기하학은 공리체계라고 생각되었다. 그 결론은 전제에서 순수하게 논리적인 행위로 도출되고, 그 전제(공리)는 단순히 해석되지 않은 공식에 불과하며, 실재에 적용됨으로써만 의미를 얻는다. 공리체계는 그 공리들에 기하학적 의미가 주어질 때—즉 그것들이 물리적 세계의 공간적 속성을 기술하는 데 이용될 때—기하학이 된다. 많은 기하학—유클리드 기하학과 비유클리드 기하학—은 해석되지 않은 체계들로서 비교될 수 있다. 예를 들어, 우리는 그것들이 내적으로 일관적인지, 공리들이 독립적인지(즉 상호 증명불가능한지) 등등을 물을 수 있다. 하지만 이 모든 것은 논리적 물음일 뿐이다. 즉 그것들은 어떤 체계가 참인지에 관해서는 아무것도 말해주지 않는다. 그 물음은 경험적이다. 그것은 그 이론의 공리들이 물리적 공간의 측면에서 해석될 때 실제로 진리를 산출하는지 여부에 관한 물음이다. 유클리드 기하학은 선천적이고 종합적이지 않다. 그 증명들은 선천적으로 타당한데, 왜냐하면 그것들은 논리의 문제이기 때문이다. 하지만 그 전제들은 만일 참이라면 후천적으로 참인데, 왜냐하면 세계가 우연히 그것들과 일치하기 때문이다. 사실상 그것들은 거짓이다(아주 작은 차이의 근사치일지라도 말이다).

하지만 실재의 '공간적' 특성이란 무엇인가? 무엇이 공리이론을 가능한 기하학으로 만드는가? 수리논리학의 창시자 중 한 명이며, 내가 방금 개괄한 공리체계에 대한 견해의 주요 책임자인 D. 힐베르트가 하나의 답을 제시했다. 그는 기하학의 근본 개념들이 어떻게 대수의 용어들과 세 개의 공리에서 파악된 '사이'라는 핵심적 관계로 정의될 수 있는지를 증명했다. (관심 있는 이들을 위해 소개하자면, 공리 I 은 다음과 같다. '만일 a, b, c가 직선상의 점들이고, b가 a와 c 사이에 있다면, b는 또한 c와 a 사이에 있다.') 이러한 방법으로, 그는 도표나 시각적 표상에 일절 의지하지 않고서 유클리드 기하학 전체를 이끌어냈다. 또한 그는 도표가 공리의 해석을 제공하면서도 그 시각적 가능성을 소진하지 않음을 증명했다. 소위 '구의 족family of spheres' 역시 유클리드의 공리를 충족한다. 요컨대, 점들을 1차원 이상에서 '사이'와 관련하여 조직하는 데 이용할 수 있는 체계라면, 그 체계가 기하학이다. 참된 기하학이란 사실상 우리 세계의 공간적 조직을 기술하는 것이다.

3. 비유클리드적 공간

하지만 우리는 어떻게 물리적 공간에 관한 진리를 발견하는가? 가운데가 볼록 튀어나온 평면 표면에 사는 2차원 생물을 상상해보자. 그들은 그 표면을 측정하다가 이 언덕의 존재를 발견할 수 있을 것이다. 그들은 그 언덕 위를 지나갈 때 다른 곳을 지나갈 때보다 측량자를 더 여러 번 놓아야 할 것이다. 하지만 그 언덕 지역에는 모든 측량자를 왜곡하는 힘이 펼쳐져 있어서, 자들을 한 줄로 쭉 연결할 때 자의 길이가 더 길어져서, 그 언덕 위에 놓이는 자의 수와 다른 쪽을 가로지르는 자의 수가 정확히 같다고 해보자. 그 언덕의 현존은 더 이상 탐지될 수 없을 것이다. 일반적으로 측정이란 물리적 과정이기 때문에, 어떠한 물리적 기하학의 경험적 조사도 물리적 가정하기를 피해갈 수 없다. 우리는 우리 세계의 물리학에 관한 어떤 것을 가정하지 않고서는, 그 기하학의 기술을 시작할 수 없다. 예를 들어, 정밀한 측량자는 어느 곳에서든 어떤 속도로 움직이든 그 길이를 그대로 유지한다는 가정 말이다. 거꾸로 세계의 물리학은 세계의 기하학에 관해 가정하지 않고서는 전개될 수 없다. 그 평면 같은 표면에 언덕이 있음을 아는 사람만이 힘의 장이 자신의 측량자를 왜곡하고 있음을 아는 위치에 있을 것이다. 유클리드 기하학이 암암리에 뉴턴 물리학에 심어져 있었고, 뉴턴 물리학이 다시 유클리드 기하학에 심어져 있었기 때문에, 그토록 오랫동안 수용되었던 것이다.

이것은 우리가 현대 물리학에서 일어난 일을 이해할 수 있도록 돕는다. 먼저 리만, 민코프스키, 로바체프스키 등에 의해 비유클리드 기하학이 발견되었다. 유클리드의 평행선 공리를 대체하거나 생략하는 기하학 말이다. 둘째, n-차원 기하학이 발전했다. 이것의 수학적 가능성을 파악하기란 쉽다. 3차원 기하학이란 힐베르트의 용어로, 3차원에서 '사이'의 관계에 따라 배열되어 점으로 확인되는 x, y, z라는 세 수의 체계다. (이 것들은 세 개의 축을 따라 위치를 정하는 데 사용된 '좌표들'이다.) 우리는 그 관념을 점들이 n개의 수로 확인되고, 어떤 수 n에 대하여 '사이'가 n차원에서 작동되는 체계라고 일반화할 수 있다.

셋째, 기하학에서 작동하는 힘을 기술하지 않고서는 세계의 기하학을 기술할 수 없다는 인식을 갖게 되었다. 그리하여 물리적 기하학이 물리적 대상의 이론과 관련된다. 언덕의 예에서, 우리는 굽은 공간 혹은 그와 동등하게 펼쳐져 있는 힘의 장을 말할 수 있었다. 우리가 어떤 것을 선택하느냐는 그 이론이 결과로서 갖는 간결성과 예측력에 의존할 것이다.

마지막으로, 전체 상에서 시간을 빼놓으면 물리적 공간을 기술할 수 없다는 인식을 얻게 되었다. 내가 어떤 것의 길이를 측정할 수 있는 것은 오직 내가 그것의 한쪽 끝의 정확한 위치를 알아내는 순간과 다른 한쪽 끝의 정확한 위치를 알아내는 순간 사이에 그것이 움직이지 않았음을 알 때만이다. 또한 만일 양끝을 동시에 관찰할 수 있다면, 나는 어떤 것의 길이를 측정할 수 있다. 따라서 나는 동시성의 기준이 필요할 것이다. 그리고 이 기준이 나의 기하학에 내장될 것이다. 측정이란 공간적으로 별개인 사건들의 동시성의 기준을 요구한다. 특수상대성이론에서, 동시성은 빛의 속도가 변함없다는—즉 공간을 가로질러 쏜 빛 신호가 한결같은 속도로 날아간다는—가정에 입각하여 정의된다.

이제 '사이'의 관계가 공간상의 점들뿐 아니라 시간상의 점들까지도 질서 지운다는 점은 분명하다. 시간은 4차원 기하학의 공리 아래서 '네 번째 차원'으로 간주될 수 있다. 실제로 이것이, 공간적이고 시간적인 속성들 모두 물리적 세계에 관한 전체 이론을 통해 정의되어야 하며, 각각 별도로 특징지어질 수 없음을 오늘날 우리가 인정한다는 점을 받아들이는 자연스런 단계다. 물론 이런 방식으로, 시간이 단지 공간의 또 다른 차원일 뿐임을 증명하지는 못한다. 앞으로 살펴보겠지만, 그러한 식으로 기술하는 것을 불가능하게 만드는 시간의 특징들이 있다. 오히려 힐베르트의 의미에서, 물리적 세계에 관한 진리를 산출하는 4차원 '기하학'이 있다. 즉 그 차원들 중 셋은 공간적 '사이'를 산출하고, 그중 하나는 시간적 '사이'를 산출한다. 이 가설은 거짓일 수 있다. 아마도 우리는 어떤 물리학자들이 주장하듯, 4차원 이상이 필요할지 모른다(5에서 17 이상까지 여러 수치가 제안되었다). 하지만 어떤 가설을 채택하느냐는 물질에 관한 전체 이론의 맥락에서 실험에 의해 평가되어야 할 경험적 문제다.

물리학자들이 공간의 '곡률'에 대해 말할 때, 그들이 의미하는 바는 대략 이렇다. 공간의 어느 점에서 어떤 물체가 직선에서 벗어나게 되는 것은 힘이 그것에 작용하기 때문이라고 말할 수 있다. 아니면 물체는 계속해서 직선에 있지만, 공간 자체가 굽어 있다고 말할 수도 있다. 즉 그 물체가 평행선 공리를 거부하는 직선을 따른다고 말이다. 우리는 후자의 기술을 선택하는데, 왜냐하면 그것이 그 결과로 생긴 물리학을 대단히 단순화해주고, 우주가 단일하고 한결같은 법칙체계에 의해 지배된다는 이론을 제시하기 때문이다.

우리는 이 중 어느 것이라도 상상할 수 있는가? 어떤 의미에서는 가능하다. 그 표면을 2차원 평면으로 간주할 수 있는 구를 생각해보라. (당신은 그 표면을 어슬렁거리며 그 기하학을 기술하려 하는 2차원 생물을 상상할 수 있을 것이다.) 이러한 표면의 2차원 기하학은 비유클리드적이다. 거기에서 삼각형의 내각의 합은 180도 이상이다. 어느 두 점 사이의 최단 직선은 하나 이상이다. 직선들은 한 번 이상 만난다. 기타 등등. 그리고 이것을 기술하는 또 다른 방법─외부에서 그 구를 바라보는, 우리와 같은 3차원 생물이 쉽게 파악하는 방법─은 이러한 2차원 공간이 굽어 있다는 점이다. 이제 같은 것을 3차원에서만 상상해보라. (물론, 당신은 그럴 수 없다.

하지만 그것이 바로 기하학이 시각에서 해방되어야 하는 이유다.)

4. 상대적이고 절대적인 공간

상대성이론은 아인슈타인의 업적이며, 그는 다시 민코프스키의 기하학을 기반으로 삼았다. 공간이 상대적이며 절대적이지 않다는 관념은 꽤 오래되었으며, 라이프니츠 철학의 전개에서 커다란 역할을 했다. 뉴턴이 제시한 공간 상은 무한한 통이었다. 거기에서 대상은 어느 곳에든 위치할 수 있으며, 아무런 경계가 없어서, 당신은 어느 방향으로든 아무리 멀리까지도 갈 수 있었다. 뉴턴의 말을 빌리자면, "절대적 공간은, 그 본성상, 외부의 어느 것과도 관계없이, 항상 비슷하고 부동인 채로 있다."(《자연철학의 수학적 원리》.) 사실, 공간에 경계가 있다고 주장하는 것은 불합리한 듯하다―당신이 경계에 도달하면 어떻게 되는가? 그리고 그 너머에는 무엇이 있는가? (이것이 물음을 제기하는 잘못된 방식이라는 점은, 그 표면이 경계 없는 유한한 공간인 구의 예에서 명백해진다. 하지만 과학의 진보를 방해하는 것이 바로 그러한 3차원 공간을 상상하기가 어렵다는 점이다.) 그리하여 뉴턴에게 공간의 절대적 특성은 그 무한성과 밀접히 관련된다―그리고 칸트는 이에 동의했다. 공간은 그저 어디에나 영원히 존재한다. 그리고 이것은 다른 어떤 사실과도 독립적인―예를 들어, 그 특정 지점에서 공간을 점유하는 어떤 것이 있다는 사실과 독립적인―사실이다.

이러한 견해는 신학적 근심을 낳게 된다. 왜냐하면 그것은 다음 중 하나를 암시하는 듯하기 때문이다. 즉 공간은 창조에 선행했든가(이 경우에 신이 창조하지 않은 어떤 것이 있게 된다), 혹은 신이 공간 안에 있는 사물뿐 아니라 공간 자체도 창조했든가이다(이 경우에 공간이 있지 않았을지 모른다는 것이 가능해진다). 그렇다면 공간에는 한계가 있으며, 그 너머에는 글자 그대로 아무것도 없다고 가정하면 되지 않을까?

라이프니츠는 더 나아갔다. 절대공간이라는 관념에는 몹시 비정합적인 어떤 것이 있다고 그는 주장했다. 왜냐하면 그것은 우주가, 말하자면 비스듬히 움직일 수 있다고 암시하기 때문이다. 그 결과는 현재의 세계와는 다르지만, 절대적으로 구별될 수 없는 세계일 것이다. 사실상, 이러한 견해에 따르면, 구별 불가능한 무한히 많은 세계가 있을 수 있다. 이 경우에, 그것들 사이에 선택할 수 있는 것은 글자 그대로 아무것도 없을 것이다. 그 구별 불가능한 경쟁 세계들 중에서 다른 것이 아니라 이 세계를 창조하고자 한 신의 선택은 따라서 완전히 임의적이 될 것이다. 이것은 신의 합리성과 선함에 대한 인식 부족일 뿐 아니라, 라이프니츠에게 과학의 초석인 충족이유율을 위반하는 것이기도 하다. 즉 그것이 참이라는 충분한 이유 없이는 어떠한 참된 명제도 있을 수 없다는 원리 말이다. 절대공간이라는 가정은 우리에게서 거기에 있는 어떠한 존재의 충분이유를 빼앗는다. (이 논변은 라이프니츠와 뉴턴의 제자인 새뮤얼 클라크 간의 서신왕래에서 탁월하게 진술되었고 탁월하게 논의되었다.)

하지만 그 대안은 정확히 무엇인가? 라이프니츠는 공간적 속성이 상대적이라는 견해를 가졌다. 어떤 대상의 위치는 그것과 다른 대상의 관계에 의해 주어진다. 우리가 일단 우주에 있는 대상들 간의 공간적 관계를 결정하면, 우리는 그 안의 모든 것의 위치를 확정하게 된다. 어느 것이 어디에 있는지에 관한 더 이상의 사실은 없게 된다. 이러한 공간적 관계를 정확히 재현하는 우주는 모두 같은 우주다. (이것이 바로 현대적 사유이고, 힐베르트가 '사이'의 공리화를 통해 채택한 것이다.)

이 해결책은 두 가지 추가 논변에 의해 복잡해진다. 첫째, '공간 안의 대상'이라는 개념은 여전히 모호하다. 만일 대상이 공간을 점유한다면,

그것은 틀림없이 공간적 부분들을 갖게 된다. 그러면 그것들은 어디에 있는가? 그 위치 또한 관계적 용어들로 명시되어야 하는가? 그 과정은 무한퇴행하지 않는가? 라이프니츠는 아니라고 말하며, 점으로의 이 비유한non-finite 분해가 정확히 기하학이 분석하는 것이라고 강조할 것이다. 그렇다면 둘째로, 공간적 관계는 어떠한가? 그것은 어떻게 이해되어야 하는가? 라이프니츠에게 이것은 특히 어려운 문제였는데, 왜냐하면 그는 관계가 실재적이라고 생각하지 않았기 때문이다. 즉 라이프니츠에게 관계란 항상 그것에 의해 결합된 대상들의 단자적 술어에서 비롯한 '논리적 구성'이었다.

칸트는 추가 반론을 생각해냈다―바로 유명한 '비합동적 등가물 incongruent counterparts' 논변이다. 어떤 대상과 그 거울 이미지―가령, 왼손과 오른손―를 생각해보라. 전자의 공간적 관계가 후자의 공간적 관계에 의해 정확히 재현되지 않는가? 하지만 그것들의 공간적 속성은 서로 다른데, 왜냐하면 오른손은 왼손과 비합동이기 때문이다. 오른손으로 하여금 왼손이 비운 공간을 정확히 채우도록 공간에서 움직일 방법은 없다. 따라서 왼손만을 포함하는 우주는 오른손만을 포함하는 우주와는 다른 우주다. 설령 두 세계에서 모든 공간적 관계가 동일할지라도 말이다. (칸트는 〈다섯 손가락의 야수〉*뇌졸중으로 오른쪽 반신이 마비된 은퇴한 유명 피아니스트의 죽음에 관한 1946년도 미국의 공포영화를 보지도, 브람스가 편곡한 왼손을 위한 바흐의 샤콘느를 듣지도 않았지만, 왼손과 오른손 장갑에 대해 말했다.)

우리는 칸트의 논변에 어떻게 응답하는가? 공간적 관계로 환원할 수 없는 공간의 특성이 있다고 주장하는 점에서 그는 옳다. 즉 선과 면의 연속성 및 불연속성과 관련된 위상적 특징 말이다. 대상의 방위는 위상적 특징이다. 비대칭적 대상은 항상 어떤 방향을 향한다. 하지만 이것은 또 다른 사실 때문이다. 즉 공간 안의 대상은 점들이 아니며, 많은 점들에 퍼져 있다. 어떤 점도 방위를 갖지 않는다. 하지만 비대칭은 방위를 야기하며, 점들의 비대칭 집합은 전체로 간주될 때 방위를 갖게 된다. 비트겐슈타인이 지적했듯이(《논리철학 논고》 6.36111), 이 문제는 1차원 공간에서 다시 생길 수 있다. 한쪽 끝은 빨강이고 다른 한쪽은 녹색인 직선을 상상해보라. 그것은 그 거울 이미지와 만나기 위해 자신이 점유하고 있는 1차원 공간에서 이동할 수 없다. 하지만 그것은 거울 이미지 위에 놓여 합동이 되기 위해 2차원 공간에서 회전할 수 있다. 만일 당신이 4차원 공간에서 오른손을 회전시킬 수 있다면, 또한 왼손 위에 그것을 올려놓을 수 있다. (그리하여 4차원 박수라는 기괴한 특성이 나오게 된다.)

이에 대한 반응은 두 가지다. 첫째, 우와! 둘째, 그래서? 칸트의 논변은 여전히 방위가 공간적 관계 이외의 어떤 것임을 보여준다. 왜냐하면 3차원 공간에서의 공간적 관계가 우리가 얘기하고 있는 것이기 때문이다. 우리가 네 번째 차원에 의해서 비합동을 극복할 수 있다고 말하는 것은 소용이 없다. 그 차원이 우리에게 주어진다면, 우리는 4차원의 대상을 포함해서 새로운 종류의 비합동을 산출할 수 있을 것이다.

이 모든 것은 '공간의 점유'라는 개념이 우리의 생각보다 훨씬 이해하기 어려움을 시사해준다. 칸트가 올바르게 주장했듯이, 그것은 사물이 공간 안에 있고, 그 위치에 의해서 확인 및 재확인될 수 있는, 객관적 세계라는 우리의 개념에 근본적이다. 하지만 우리가 힐베르트식의 점들의 기하학으로 공간을 기술할 수 있더라도, 공간 안에 있는 사물은 그것이 점유하고 있는 점들 이상의 어떤 것이다. 어느 장소 '안에 있음'이라는 관계는 여전히 해명될 필요가 있다. 어쩌면 우리는 그것이 원초적이라는 견해에 만족해야 할 것이다. 확실히 그것은 수학적이 아니라 물리적인 관념이다. 그리고 어떤 순수 수학이론도 우리에게 그것의 전체 진리를 말해주지 않을 것이다. 우리가 장소의 점유를 이해하려면 경도, 강도,

응집력 같은 물리적 개념들이 필수적이다.

5. 얼마나 많은 공간들이 있는가?

칸트는 공간은 무한한가 그리고 공간은 절대적인가라는 두 물음을 결합했다. 또한 그는 그것들을 세 번째 물음 즉 공간은 단일한가와도 결합했다. 칸트가 공간을 3차원에 영원히 뻗어 있는 일종의 매개라고 여기게 한 동일한 시각적 관념들이, 그로 하여금 하나의 공간만이 있을 수 있다고 믿게 했으며, 그 이름을 붙일 만한 어떠한 경쟁 후보도 기껏해야 물리적 장벽에 의해 고립될 뿐 공간적으로는 분리되지 않는, 그저 한 공간의 일부분으로 판명되리라고 믿게 했다. 다시 말해서, 공간 안에 있는 모든 것은 공간 안에 있는 다른 모든 것과 공간적으로 관련되어 있다. 이 것은 참인가? 그리고 이것은 참이어야 하는가?

이것이 참이라고, 즉 공간의 이론들이 이러한 설명의 기획과 밀접히 관련되어 있다고 가정할 타당한 이유가 있다. 사물들 사이의 인과적 연결을 찾는 것은 자동적으로 그것들을 같은 공간에 위치시키는 것인데, 왜냐하면 인과적 연결망을 형성하는 힘과 장을 기술하려는 모든 시도는 단일한 공간에 그 힘과 장을 위치시키는 것을 포함하기 때문이다. 만일 우리 우주가 우리의 우주이려면, 그것은 우리에게 자신에 관해 알려지는 것을 허용하는 방식으로 우리와 인과적으로 연결되어야 한다. 따라서 우리가 정보를 얻을 수 있는 것의 무언가가 우리의 공간 안에 있어야 한다. 우리의 세계와 우리의 공간은 하나이자 같은 것이다.

하지만 우리는 하나의 공간 안에 존재해야 하는가? 상식은 그렇다고 말한다. 하지만 앤서니 퀸턴 경은 아니라고 말한다. 그는 유명한 논문

(《공간과 시간》)에서 공간적으로 무관한 두 세계에서 사는 것이 어떠한지를 기술한다. 당신이 어느 날 밤 잠자리에 들어, 이방인들에 둘러싸인 낯선 장소를 걷고 있는 꿈을 꾼다고 상상해보라. 거기에서 당신은 그들의 낯선 삶에 참여하게 된다. 꿈속에서 당신은 다시 잠이 든다. 그런 다음 당신은 깨어나고 집의 낯익은 침대로 돌아온다. 매일 밤 당신은 이런 이상한 꿈을 꾸고, 그것은 점차 더 정합성을 얻는다. 그리하여 마침내 당신은 그 다른 세계에서 정말로 잠든다면 이르렀을지 모를 지점까지 그 세계를 떠올릴 수 있을 듯해진다. 당신은 첫 번째 세계에서의 경험을 두 번째 세계에서 이야기하고, 당신의 새로운 동료는 그것을 꿈이라고 여긴다. 어느 순간 당신은 첫 번째 세계가 실제 세계이고, 두 번째 세계는 꿈일 뿐이라고 말할 수 없게 된다. 당신이 전자에 실재를 귀속시켰던 모든 근거가 당신으로 하여금 후자에도 실재를 귀속시키게 한다. 이런 경우가 있음직하지 않다 할지라도, 확실히 불가능하지는 않다. 하지만 만일 그것이 가능하다면, 두 세계 사이에 어떠한 공간적 관계도 없을지라도, 공간적인 두 세계가 있어야 한다는 것은 가능하다. (어떤 세계에는 있는 곳이 다른 세계에는 어디에도 없게 된다.)

당신은 이것을 인정하는가? 만일 그렇다면, 당신은 또한 이와 관련된 어떠한 인격 동일성의 문제도 없음을 인정해야 한다. 하나의 세계에서 잠드는 사람이 다른 세계에서 깨어난 사람과 동일하다고 말할 때 아무 문제가 없다고 말이다. 다시 말해, 당신은 인격 동일성의 개념을 완전히 관찰자의 1인칭 관점에 결부시키고, 그의 신체에 일어나는 일을 무시해야 한다. 그렇다면 당신은 그가 두 개의 몸을 지닌 한 사람이라고 말하는 것인가? 이 사례는 많은, 너무나 많은 흥미로운 물음을 제기한다. 따라서 잠시 미뤄두자.

6. 시간의 신비

앞서 말했듯이, 시간은 물리이론의 관점에서 하나의 차원으로 간주될 수 있다. 그것은 사이의 관계에 의해 조직된다. 그것은 방위도 보여준다. 과정은, 왼손이 오른손과 비합동이듯, 시간에서 그 '거울 이미지'와 비합동이다. (거꾸로 연주되는 멜로디는 제대로 연주되는 멜로디와 같은 순서를 보이도록 '시간을 통해 이동될' 수 없다. 알반 베르크의 〈룰루〉 중 '영화' 음악과 비교해 보라*베르크의 오페라 〈룰루〉 2막 막간에 상영되는 무성영화의 반주는 앞으로 연주해도, 거꾸로 연주해도 똑같은 회문 구조다.) 하지만 사람들은 시간이 공간과 마찬가지로, 우리 주위 어느 곳에나 있는 세 차원과 동등한 또 다른 차원이라고 주장하기를 망설인다. 그리고 거기에는 타당한 이유들이 있는데, 그중 몇 가지는 다음과 같다.

먼저, 시간에는 방향이 있다(시간의 화살). 즉 그것은 항상 과거에서 미래로 움직이며, 절대로 미래에서 과거로 움직이지 않는다. 이것은 당신이 아주 자세히 검토하지 않는 한 분명한 것처럼 들린다. 그래서 성 아우구스티누스의 유명한 말이 있다. "그렇다면 시간이란 무엇인가? 아무도 묻지 않을 때, 나는 안다. 묻는 사람에게 설명하고자 할 때, 나는 모른다." 왜냐하면 물론, 방향을 갖는 것은 시간이 아니라 시간 안에 있는 사물들이기 때문이다. 아무것도 시간에서 뒤로 움직이지 않는다. 아무것도 일어났던 때보다 더 일찍 일어날 수 없다. (그러나 이 말은 단순한 동어반복처럼 들린다.) 여기에는 직관적인 관념이 있으며, 그것을 정합적으로 진술하기란 거의 불가능하다.

둘째, 당신은 공간을 통해 이동할 수 있는 것처럼, 시간을 통해 이동할 수는 없다. 당신은 그것에 의해 휩쓸린다. 어떤 미래 시점으로 당신의 경쟁자의 속도보다 두 배 서둘러 갈 수 있는 방법은 없다. 도중에 미적거리거나 꾸물거릴 수도 없다. 시간적 질서는 당신을 다른 어떤 때가 아니라 정확히 어떤 순간에 있도록 강제한다.

셋째, 시간 안에 있는 모든 것은 존재하는 동안 시간 전체를 점유한다. 당신은 시간의 차원의 일부분을 완전히 채운다. 당신의 모든 동시대인 역시 마찬가지다. 시간에서는 자리를 다툴 수도, 그 점유자들을 옆으로 밀칠 수도 없다. 모든 것은 할당된 세월 동안 거기에 행복하게(혹은 불행하게) 머문다. 시간 안에 있는 어느 것도 다른 것을 배제하지 못한다.

이러한 특징들은 우리가 '공간 안에서의 위치'를 말하는 것과 같은 방식으로 '시간 안에서의 위치'를 말해서는 안 됨을 보여준다. 시간은 우리가 점유하려고 선택할 수 있거나 경쟁할 수 있는 위치가 아니다. 그것은 모든 것을 아우르면서도 인정사정없다.

이 모든 것이 철학자들에게 시간에 관한 심오하고 고뇌 어린 물음들을 묻게 했다. 먼저, 그것은 필연적인가? 시간 없는 세계는 있을 수 있는가? 둘째, 그것은 실재적인가? 시간이란 어떤 면에서 사유하는 마음의 창조물이거나 혹은 사실상 시간적으로 전혀 위치를 정할 수 없는 것들을 보는 방식이라고 할 수 있는가? 셋째, 하나이자 같은 것이 시간 안과 밖에 동시에 존재할 수 있는가? 우리는 시간의 감옥에서 해방될 수 있으며, 그러고도 여전히 지금의 우리와 같은 것일 수 있는가?

시간 개념을 둘러싸고 형성된 많은 논변은 고대에서 그 기원을 찾을 수 있다. 제논과 파르메니데스는 시간이 비실재적이라는 증명으로 유명했다. 그리고 나는 27장에서 그 논변들을 살펴볼 것이다. 플라톤과 그를 추종하는 플로티노스는 궁극적 실재란 비시간적이고, 또한 우리가 그것에 참여해서 마침내 우리 자신을 시간의 감옥에서 벗어나게 할 수 있다고 믿었다. 아리스토텔레스는《자연학》의 한 탁월한 절에서, 이 분야에서 누군가 떠올렸을 모든 논변을 선수 쳤으며, 그 신비의 원천 중 하나를 '지금'이라는 작은 단어에서 찾아냈다.

7. 시간의 비실재성

시간의 비실재성에 대한 믿음은 철학에서 상투적인 것인데, 왜냐하면 그것이 우리 존재의 주요한 신비를 의미 있게 해주는 듯하기 때문이다. 쇼펜하우어는 이렇게 말했다. "인간은 대단히 놀랍게도, 수천 년 동안의 비존재 후에, 갑자기 존재하게 된 자신을 발견한다. 그는 잠시 동안 살고, 그런 다음 다시 그가 더 이상 존재하지 않게 되는 그만큼의 오랜 기간이 온다. 가슴은 이에 저항하고, 그것이 참일 수 없다고 느낀다. 가장 조야한 지성은 시간이 본성상 이념적인 것이라는 예측 없이는 그 주제에 관해 숙고할 수조차 없다."

쇼펜하우어는 시간의 비실재성에 대한 논변이 아니라 그 동기를 정확히 확인해준다. 아리스토텔레스는 다음과 같이 말하며 그 핵심에 더 다가간다. "시간의 한쪽은 전에는 있었지만 지금은 있지 않으며, 다른 쪽은 앞으로 있을 것이지만 아직은 있지 않다. 하지만 시간—무한한 시간과 당신이 얻고자 하는 어떤 시간 모두—은 이것들로 이루어져 있다. 존재하지 않는 것들로 이루어진 것은 실재에서 어떤 몫도 가질 수 없다고 어떤 이는 자연스레 가정할 것이다." 혹은 적어도, 시간에서 현재 있지 않은 모든 부분을 빼보라. 그러면 당신에게 남는 것은 '지금'뿐일 것이다. 당신이 붙잡으려 하자마자 사라지는 잠깐 동안의 순간 말이다.

다른 한편, 이것이 시간이 무엇인지를 말하는 방식이 아닐까? 우리는 어쩌면 우리 언어의 문법에 의해 시간의 실재성을 부정하도록(왜냐하면 그 실재성은 다른 어느 것에도 적용될 수 없는 관용구에 의해 파악되어야 하기 때문에) 잘못 이끌리는 것은 아닐까? 우리는 시간의 독특함에서 시간의 비존재로 너무 성급히 이동하는 것은 아닐까?

여기가 바로 맥타가트의 유명한 논변이 등장하는 대목이다. 20세기 초 케임브리지의 관념론사인 맥타가트는 《존재의 본성》 2권 33장에서 아리스토텔레스의 '지금'에 관한 사유를 역설의 형태로 다시 말했다. 시간은 어떻게 이해되든 연속적인 사물의 '순서'와 관련된다고 그는 주장했다. 어떤 연속인가? 그는 A연속, B연속, C연속이라는 세 가지를 제시했다. 첫 번째는 지금의 용법에 함축되어 있는, 과거-현재-미래라는 연속이다. 두 번째는 물리학에서 기록되는, 이전-동시-이후라는 연속이다. 세 번째는 우리가 시간적 관용구를 통해 이해하지만 전혀 시간적이지 않은 사물들의 실질적 순서다. 그의 논변은 A연속과 B연속에 집중되어 있다. 그는 후자에 대해, 그것이 시간의 관념을 실제로 전혀 포착하지 못한다고 말한다. 왜냐하면 시간은 변화와 관련하는데, B연속에서 배열된 사건은 말하자면 영원히 배열되기 때문이다. 이 연속에서는 아무것도 변화하지 않는데, 왜냐하면 각 사건은 다른 사건과의 관계에 의해 그것에 배정된 위치에 영원히 고정되기 때문이다. 바꿔 말하자면, B연속이란 아무것도 위치가 바뀌지 않는 '사이'의 관계에 의해 배열되는 불변의 연쇄다.

이 논변은 매우 만족스럽지 않다. 왜냐하면 어느 누구도 사건이 변화한다고 생각하지는 않기 때문이다. 오히려 변화하는 것은 사건에 참여하는 대상이다. 그럼에도 맥타가트의 논변에는 중요한 점이 있다. B연속에 의해 파악되는 시간-관계의 형식적 구조는 어떤 것이 일어난다는 것을 담아내지 못한다. 이런 생각은 A연속으로만 설명될 수 있다고 맥타가트는 주장했다. 어떤 것은 지금 일어남으로써 일어난다. 즉 그것은 현재가 되고, 현재가 되자마자 과거가 되며, 돌이킬 수 없다. 하지만 A연속은 모순을 포함한다. 이 연속의 전 구성원은 미래, 현재, 과거다. 그리고 이 술어들은 서로 모순된다. 따라서 아무것도 일어나지 않는다.

분명한 답변은 어떤 사건도 이 세 술어를 동시에 가질 수는 없으며, 따라서 어떠한 모순도 없다고 말하는 것이다. 이 사건은 미래였고, 현재이며, 과거일 것이다. 그리고 그것에는 어떠한 모순도 없다. 하지만 맥타가트는 이에 대해 답하는데, 그것은 다음과 같은 그 자신의 말로 가장 잘 전달된다.

X는 Y였다라고 말할 때, 우리는 과거 시간의 어떤 순간에 X가 Y라고 단언하는 것이다. X는 Y일 것이다라고 말할 때, 우리는 미래 시간의 어떤 순간에 X가 Y라고 단언하는 것이다. X는 Y이다라고 말할 때('이다'의 시간적 의미에서), 우리는 현재 시간의 어떤 순간에 X가 Y라고 단언하는 것이다.

따라서 [순간] M ─ 현재이고, 과거일 것이고, 미래였던 ─ 에 관한 우리의 최초 진술은 M이 현재 시간의 어떤 순간에는 현재이고, 미래 시간의 어떤 순간에는 과거이며, 과거 시간의 어떤 순간에는 미래라는 의미다. 하지만 모든 순간은, 모든 사건과 마찬가지로, 동시에 과거이자 현재이며 미래이기도 하다. 따라서 유사한 난점이 발생한다. 만일 M이 현재라면, 과거인 과거 시간의 어떤 순간도 없게 된다. 하지만 과거인 미래 시간의 순간들은, 과거일 수 없는 과거 시간의 순간들과 동등하다. 다시, M이 미래이고 현재와 과거일 것이라는 주장은 M이 현재 시간의 어떤 순간에는 미래이며, 미래 시간의 다른 순간들에는 현재와 과거라는 의미다. 그 경우에, 그것이 과거 시간의 어떤 순간에서도 현재나 과거일 수는 없다. 하지만 M이 현재나 과거일 미래 시간의 모든 순간들은 과거 시간의 순간들과 동등하다.

따라서 다시 우리는 모순에 봉착하는데, 왜냐하면 M이 A연속의 세 결정 중 하나를 갖는 순간들은 또한 그것이 그 결정을 가질 수 없는 순간들이기 때문이다. 만일 우리가 이러한 순간들에 대해서 M 그 자체에 대해 이전에 말해진 것—예를 들어, 어떤 순간은 미래이고, 현재와 과거일 것이라는 것—을 말함으로써 이것을 피하려 한다면, '이다'와 '일 것이다'는 전과 같은 의미를 갖게 된다. 그렇다면 우리의 진술은, 문제의 순간이 현재의 순간에서는 미래이고, 미래 시간의 다른 순간들에서는 현재와 과거일 것이라는 의미가 된다. 물론, 이것은 또다시 동일한 난점이다. 그렇게 무한히 계속된다.

맥타가트는 이 무한퇴행이 악순환이라고 생각했는데, 왜냐하면 이것은 우리가 A연속에 포함된 모순을 그것이 이미 제거되었다고 전제하지 않고서는 결코 제거할 수 없음을 보여주기 때문이다. 또한 우리가 A연속을 적용하지 않고서는 변화나 시간적 연쇄(단순한 무시간적 연속과 반대되는 것으로서)의 어떠한 실질적 개념도 가질 수 없다고 그는 주장했다. 시간의 독특한 점은 바로 사건의 순서에 모순을 도입한다는 것이다. 이 모순을 해결하기 위해, 우리는 관념론적 방식으로 시간이 비실재적이라고—근원적 실재에 대응하지 않는, 우리의 제한된 관점의 반영이라고—가정해야 한다.

8. 그 논변에 대한 응답들

이 논변에 대한 많은 응답이 있는데, 특히 두 가지가 검토해볼 만하다. 첫 번째 응답은 '지금'의 문법에 집중한다. '지금'이란 일부 철학자들이 '지표적indexical' 표현이라 부르고, 라이헨바흐가 '범례-재귀적token-reflexive'—범례적 언사 즉 화자의 상황이라 말할 수 있는 것과 관련되는 것을 의미한다—단어라고 부르는 것이다. '지금'은 '여기' '나'와 비슷하다. 즉 '여기'가 화자의 장소를 지시하고 '나'가 화자를 지시하듯이, '지금'은 화자가 말하고 있는 시간을 지시한다. 우리가 일단 이것을 이해한다면, 우리는 '지금'이 어떤 사건의 속성을 지시하는 것이 아니라 그것이 기술되는 관점만을 지시함을 알 수 있다. 한 관점에서 '지금'—즉 현재—은 모순 없이 다른 관점에서의 '그때'—즉 과거—인 것이다. 마치 어떤 장소가 내 관점에서는 여기이지만 당신의 관점에서는 거기이듯이 말이다.

어떤 철학자들은 이러한 응답에 수긍하지 않는다. 예를 들어, 데이비드 햄린은 '여기'에 관해서는 맥타가트의 모순과 동치인 것이 없으며, 이것만으로도 좀 더 말해질 필요가 있음을 시사하기에 충분하다고 주장한다. 실제로는 맥타가트의 모순과 정확히 동치인 부분이 있는데, 왜냐하면 분명히 어떠한 대상도 동시에 여기와 저기에 있을 수는 없으며, 그것이 내 관점에서는 여기이고 당신의 관점에서는 거기라고 말하는 것은, 마치 어떤 사건이 미래였고 현재이며 과거일 것이라고 말하는 것과 같기 때문이다. 왜냐하면 이것은 그것이 여기에서는 여기이고, 거기에서는 거기라고 말하는 것을 포함하기 때문이다. 하지만 여기가 여기(나의 관점에서)이자 동시에 거기(당신의 관점에서)이듯이, 여기(당신의 관점에서)와 거기(나의 관점에서)가 둘 다 있는 것이다. 그리고 어떠한 것도 여기와 거기에 동시에 있을 수 없다. 하지만 유사성이 그 역설을 해결해준다. 이것이 모순이라고 말하는 것은 크기의 개념이 모순을 포함한다고 말하는 것과 같다. 커다란 벼룩도 사실은 작은 동물이고, 커다란 코끼리도 매머드의 작은 후손이듯이, 커다란 모든 것은 또한 작다는 식으로 말이다.

더밋은 맥타가트를 옹호하는 취지의 논문에서, 맥타가트가 범례-재귀적 논리를 모른 것은 비난받을 만하지만, 그럼에도 그의 논변이 공간 이론에서는 재현될 수 없는, 시간에 관한 실질적 난점을 잘 지적해준다고 타당하게 주장한다. '여기' '서기' 같은 범례-재귀적 용법은 공간의 기술에서는 본질적이지 않다. 우리는 공간에 대한 관점을 전제하지 않고서도 사물을 공간에 위치시킬 수 있다고 더밋은 말한다. 하지만 유사한 어떤 것도 시간에는 해당되지 않는다. 우리는 먼저 우리 자신을 시간 가운데 위치시키지 않고서는 시간의 확인을 시작할 수 없다. 더밋의 제안을 따르기란 어렵다. 왜냐하면 우리가 시간을 확인하기 위해서 어떤 관점이 필요하다는 의미는 바로 우리가 공간을 확인하기 위해서―즉 공간을 고르고, 그것에 대해서 서로 소통하기 위해서―어떤 관점이 필요하다는 의미이기 때문이다. 헤이스팅스 전투가 엘리자베스 1세의 죽음보다 이전이었음을 아는 어떤 사람은 여전히 그것이 정확히 언제였는지는 알지 못한다. 하지만 그것이 정확히 986년 전에 일어났음을 아는 사람은 그것이 언제였는지를 안다. (그리고 공간에 대해서도 마찬가지다.)

아마도 더밋의 응답 이면의 실질적 요점은 이것일 것이다. 우리는 장소를 여기와 저기로 확인할 뿐 아니라, 여기에서 저기로 이동하기도 하고, 따라서 저기에서 여기로 바뀌는 관점을 채택하기도 한다. 이러한 공간상의 이동의 자유는 공간을 우리의 현재 관점으로부터 해방시켜주고, 우리가 그 안에 위치하는 틀로서 공간 관념에 의미를 부여한다. 시간에 대해서는 어떠한 유사한 것도 없으며, 이것이 그 신비의 일부다. '지금'이 우리가 가진 모든 것이고, 우리가 가질 수 있는 모든 것이다. 그러나 그것은 아무것도 아니다.

맥타가트에 대한 또 다른 응답은 휴 멜러의 《실질적 시간》에서 열정적으로 옹호되었다. 멜러는 A연속에 대한 맥타가트의 비난을 받아들인다. 그런 식으로 말하는 것은 실제로 혼란스럽고 모순적이라고 그는 주장한다. 만일 우리가 그렇게 함으로써 여하튼 시간이 실제로 무엇인지를 말한다고 생각한다면 말이다. 하지만 그것은 시간의 실재성이 B연속에 의해 주어지기 때문이다. 모든 시간적 진술의 진리조건은 '~보다 이전에' '~와 동시에' '~보다 이후에'라는 관계에 의해 주어진다. 그리고 이것은 '지금' '현재' '미래' '과거'를 포함하는 시간적 진술들에도 참이다. 가령 존 메이저*1990~1997년 재임가 지금 영국의 총리라는 것을 참이 되게 하는 것은 메이저가 어느 시점에 총리이고, 그 시점의 어떤 부분이 이러한 언사와 동시적이라는 사실이다. (하지만 우리는 '이러한'에 대해서도 유사한 문제를 갖고 있지 않은가?) 무엇이 실제로 말해지는지 우리에게 말해주는 것은 진리조건이기 때문에, 여기에는 어떠한 역설도 없다. B연속이 시간을 구성하는 것이다. A연속은 그저 우리의 유동적 관점의 반영일 뿐이다.

이 모든 응답에는 바람직한 것들이 있다. 그리고 그것들이 맥타가트의 결론을 피한다 할지라도, 여전히 시간의 신비를 떨쳐내지는 못한다. 누군가가 표현했듯이, 생성의 신비 말이다.

9. 시간과 1인칭

그 신비는 내 자신의 상황과 관련하여 가장 민감하게 느껴진다. 나는 시간 안에 있고, 시간은 내 모든 사유와 느낌—후회, 희망, 기대, 갈망, 공포—을 알려준다. 세계를 향한 모든 태도에서 나의 '시간 안에 있음'은 숙명적으로 나의 자아 개념에 자격을 부여한다. 만일 하이데거를 신뢰할 수 있다면, 이것이 내 조건에 관한 근본적 진리이고, 내 불안의 원천이다. 내가 시간 안에서 확장되고, 과거에서 미래로 날아가는 시간의 화살에 얽매여 있다는 사실을 나는 어떻게든 받아들여야 한다.

어떤 철학자들은 경험되는 시간이 물리적 시간과 같다는 점을 의심했다. 베르그송(《의식의 직접소여에 관한 시론》)은 시간le temps과 지속la durée의 유명한 구별을 하면서, 물리학자가 전자는 알 수 있지만 후자는 알 수 없다고 주장한다. 왜냐하면 지속이라는 특성은 생명의 과정—사건의 연쇄를 겪는 것—에 의해서만 드러나기 때문이다. 사건을 겪으면서 나는 그것의 내적 질서에 대한 지식, 어떤 것이 다른 것에서 성장하고 대체하는 방법에 대한 지식을 얻으며, 이러한 지식은 내 기억에 간직된다. 기억은 시간의 질서가 사유에 종속되는 독특한 개관을 제공한다. 베르그송에게서 영감을 받은 프루스트는, 기억된 시간이 물리적 시간이 가질 수 없는 질서—이후의 사건이 이전의 사건을 밝혀주고, 다시 그 자신을 밝혀주는 의미의 질서—를 가짐을 보여주려고 했다. 기억의 질서는 연쇄라기보다는 의미의 질서다.

이러한 사유는 철학적 설명이라기보다는 허구에 더 가깝다. 메를로퐁티의 '체험된 현재' 이론에 대해서도 동일하게 말할 수 있는데, 이것은 체험된 시간을 물리학자에 의해 기술된 시간과 구분하려는 또 다른 시도다. 메를로퐁티에 따르면, 자기의식의 특성은 다른 시간들이 현재를 '강화하기' 위해 그것에 영향을 미친다는 점이다. 내가 사는 순간이란, 과거에 있었고 미래에 있을 것들이 기억과 의지에 의해 능동적으로 현재가 되는 순간이다. 나는 물리적 대상들이 그러하듯, 그저 시간의 화살의 수동적 희생양이 아니다. 나는 시간의 경과를 경험하고, 시간의 화살이 날아가는 때와 장소를 동시에 의식한다.

시간과 관계할 때 우리가 다소간 느슨해질 수 있다는 점은 확실히 참이다. 다른 시간들에 대해 책임을 지는 합리적 능력이 잘사는 것의 중대한 부분이며, 그것이 현재 잘사는 것을 의미한다. 나의 현재 행동이 예전의 악행에 대한 속죄일 수도 있다. 그것 역시 미래의 행복에 대한 호소일지 모른다. 만일 내가 합리적이라면, 나는 시간의 흐름이 저항할 수 없이 나를 휩쓸고 가도록 허용하지 않는다. 나는 항상 미래를 계획하고, 과거에 대해 책임을 진다. 아마도 이것이 '시간 내 존재'가 의미하는 것일지 모른다. 나는 내 자신을 과정으로 알고, 그 과정을 통해 나의 동일성을 긍정한다. 일어난 일은 내가 한 것이었고, 내가 의도하는 일은 나에게서 비롯될 것이다. 시간의 흐름에 대한 이러한 능동적 맞섬이 인간 존엄의 극치이며, 만일 시간이 신비하다면, 그것은 부분적으로 우리가 시간이 어떻게 작동하는지를 알지 못하고, 알 수도 없기 때문이다. 그러나 우리는 알고 있다.

10. 과정과 생성

시간의 비실재성을 주장했던 사람들과 대조적으로, 19세기에 시간의 실재성에 깊은 인상을 받고서 형이상학의 기초에 그것을 세우려 한 철학자들의 학파가 출현했다. '학파'라고 말했지만 지금에 와서 돌이켜볼 때에만 그러하였고, 그 다양한 분파들은 A. N. 화이트헤드의 대작《과정과 실재》에서 한데 결집되었으며, 이후 헌신적인 추종자 세대에 의해 숙고되고 논의되었다. 이 학파를 기술하는 데 일반적으로 사용되는 '과정철학process philosophy'이라는 명칭의 기원은 모호하다. 하지만 어느 누구도 최근의 가장 중요한 대표자가 미국의 철학자이자 신학자인 찰스 하트숀임을 의심하지 않는다. 또한 미국 독자들이 명백히 사용자 친화적이라고 여기는, 활기차고 진취적인 '과정신학'도 그에게서 기인한다.

과정철학자들은 베르그송뿐 아니라 퍼스, 윌리엄 제임스, 듀이도 그
들 무리에 속한다고 주장하며, 그들 모두는 제임스가 기술했던, 새로움
과 모험의 여지가 전혀 없는, '블록 우주block universe'를 거부했다. 이 철
학자들 사이의 유사성이 실제로 그런 것보다 더 외견상일지라도, 그럼에
도 그들이 과정의 개념을 형이상학에 근본적이며 비환원적이라고 본 것
은 사실이다. 또한 그들은 자신들의 논변에서 현대 과학의 결과, 특히 현
대 물리학과 생물학에서 시간과 과정에 부여되는 위치에 의해 강한 영향
을 받았다.

모든 다양한 과정철학을 한 절에서 요약하기란 가능하지 않기에, 나는
화이트헤드의 주요 주제들을 개괄하는 것으로 만족하겠다.

(a) 전통 철학은 시간을 진지하게 받아들이지 못한다. 만일 우리가 그
것을 진지하게 받아들인다면, 우리는 어떠한 구체적 존재자도 변화할 수
없음을 곧 깨닫게 된다. (왜냐하면 변화란 어떠한 것이 동일하면서 동시에 동일
하지 않음을 요구하기 때문이다.) 구체적 존재자는 대치될 수 있을 뿐이다.

(b) 시간을 진지하게 받아들이지 못하게 하는 한 가지 방식은 그것을
'공간화하는' 것이다. 베르그송이 인지했듯이, 이것이 인간의 사유의 지
속적 오류이며, 그것은 우리가 시간 안에 놓이는 방식이 아니라 시간 안
에 있는 방식을 파악하지 못한다.

(c) 시간은 과정으로서만 이해될 수 있다. 시간은 '영원한 객체'가 구
체화되는 '합생concrescence'과 관련된다. 시간에서 근본적 존재자는 실
체가 아니라, 서로를 대치하는 '계기들'이다. 대치란 로크의 의미에서 모
든 계기의 실질적 본질의 부분이다. 마치 한 계기에 총을 쏘고 동시에
상처 입듯이, 어느 계기에서든 다른 계기들이 '파악될' 수 있다. 하지만
각 계기는 불완전하다. 그것은 자기 존재를 유지할 수 없고, 재빨리 자

기를 대치할 미래의 길을 가리킬 뿐이다. 어떤 의미에서 시간은 자기 안에서 발생하는 존재자들의 이런 불완전성에 있다. 따라서 우리는 대치supersession, 파악prehension, 불완전성incompleteness이라는 세 가지 기본 범주를 통해 시간을 이해해야 한다.

(d) 시간적 과정에 대한 이러한 대단히 추상적인 설명이 실체와 성질에 대한 공격의 근거다. 화이트헤드에 따르면, 이 범주들은 시간의 흐름에서의 추상일 뿐이며, 어떠한 구체적 실재도 지칭하지 않는다. 사실상, 실체와 속성(대상과 성질)에 대해 사유하려는 경향은 '전도된 구체성의 오류'를 보여준다.

(e) 우리는 실재적인 것과 현실적인 것을 구별해야 한다. 미래는 단순히 실재적이고, 현재는 현실적이며, 과거는 '현실성의 불멸의 결합체'로 이루어진다. 단순히 실재적인 것에 현실적인 것이 서서히 이식되는 전이transition의 과정은, 현실적인 것들의 유기적 '공동체'를 야기하는 창조적 과정이다. 올바로 이해된 모든 과정은 창조적이다.

(f) 시간은 '획기적epochal'이다. 즉 그것은 연속체가 아니다. 만일 그것이 연속체라면, 각각의 계기는 끊임없이 스스로를 대치해야 할 것이기 때문이다. 시간은 고유의 지속을 갖는 개별적 계기들에 의해 연이어 점유된다. 윌리엄 제임스는 이와 관련하여 '경험적 현재specious present'를 말했다—그것으로 그는 짧지만 진정한 시간의 확장을 의미했는데, 그것이 경험의 최소한의 필요조건이다. 이러한 시간의 원자론은 아마도 화이트헤드의 주장 가운데 가장 기이하고 가장 도발적인 것 중 하나일 것이다. 하지만 그것은 철학자들뿐 아니라 물리학자들 사이에서도 지지자를 얻은 이론이다.

이 모든 것은 결국 어떤 독특하고 다소 겁나는 형이상학이 되며, 그 용어들은 현대철학의 공적 담론으로 간신히 번역될 수 있을 뿐이다. 화이트헤드가 인정했듯이, 이 점이 우리로 하여금 완전히 새로운 신 개념을 도입하도록 만든다. 그 신은 더 이상 생성의 영역의 영원불변한 지배자로 간주될 수 없고, 시간의 드라마에 스스로 참여해야 한다. 하지만 과정이란 창조성이며, 따라서 이미 신적 본성을 드러내보였다. '합생'에 힘입어, 우리는 그 본성에 참여하며, 하트숀의 말을 빌리면, '모든 미래의 현실성이 가능해진다.'

화이트헤드는 실체의 현실성을 부정한다. 하지만 우리가 인격이며, 인격은 시간적으로 지속되고, 많은 계기를 포용하며, 사물의 흐름에서 그들을 도드라지게 하는 동일성과 단일성을 향유한다는 점을 그는 인정해야 했다. 그는 상식에 대한 이러한 양보가 자신의 형이상학 내에서 쉽게 수용될 수 있다고 생각했다. 모든 비평가가 결코 납득하지 못할지라도 말이다. 존재의 희소이론 역시 마찬가지로 근본적 존재자들이 본질적으로 시간 안에 있다는 결론으로 나아간다. 하지만 대부분의 현대철학자들에게 그 존재자들은 또한 재확인될 수 있고, 따라서 지속가능한 것이다. 그러한 생각을, 대치와 불완전성을 현실적인 것의 불가피한 조건으로 만드는 철학과 조화시키기란 힘들다. 현대철학자들 가운데 '사건의 존재론'을 옹호하면서 화이트헤드의 방향으로 나아간 이는 아마도 데이빗슨뿐일 것이다. 그 존재론이 충분히 전개되었다면, 실제로 어떠한 것도 이야기될 만큼 충분히 오래 지속되지 않는다는 결론으로 분명히 나아갔을 것이다. 화이트헤드가 흥미 있어 했다면《과정과 실재》에 수백 페이지를, 또한 하트숀이 그보다 많은 수백 페이지를 할애했을 성싶은 결론이다.

11. 영원

과정철학자들의 대척점에는, 암암리에 그들에 공감하면서 시간의 실재성을 당연시하는 한편, '무시간성'의 조건으로 간주된 영원에 우월한 실재성을 부여하는 철학자들이 있다. 그들 중 가장 위대한 이가 플라톤이다. 생성의 세계에서 이루 말할 수 없이 분명한, 모든 변화와 쇠퇴 너머의, 형상의 영역에 관한 그의 전망은, 인간의 운명에 관한 무수한 철학적·신학적 성찰에 영감을 주었다. (특히 《파이드로스》를 보라.) '영원'이 의미하는 것은 정확히 무엇이고, 시간과 어떤 관계가 있는가?

우리는 영원eternity을 영구sempiternity와 구별해야 한다. 만일 어떤 것이 아주 오랫동안 지속된다면, 즉 그것이 있지 않은 때가 없다면, 그것은 영구하다. 하지만 어떤 것이 시간 밖에 있는 경우에만, 즉 시간적 술어들이 그것에 진정으로 적용되지 않는 경우에만, 그것은 영원하다. 이러한 관념에 대한 전통적 설명은 수학을 통해서이며, 지속적인 물리적 대상과 수의 대조를 통해서이다. 바윗덩어리가 전체 시간 내내 지속되는 것은 논리적으로 가능하다. 하지만 그것은 본질적으로 시간 안에서이며, 시간의 흐름에 따른 변화에 종속된다. 만일 숫자 2가 존재한다면, 그것은 모든 시간에 존재한다. 하지만 그것은 시간 안에 존재하지 않는데, 왜냐하면 그것은 시간적 과정에 참여하지도, 변하지도 않기 때문이다. 그것은 그 모든 속성을 본질적으로 그리고 영원히 소유한다. 숫자 2에는 어떤 일도 일어나지 않는다. 또한 그것은 다른 어떤 것이 일어나도록 어떤 것을 야기하지도 않는다.

존재론적 논변은 만일 신이 존재한다면, 바로 이런 식으로 영원하다고 암시하는 듯하다. 신은 자신의 모든 속성을 본질적으로 소유하며, 시간 밖에(그리고 또한 공간 밖에) 존재한다. 그는 어디에나 그리고 언제나 있는데, 이것은 오직 신이 어느 곳에도 그리고 어느 때에도 없기 때문이다. 플라톤의 형상의 세계 또한 수학적 모델 위에 구성되었다. 그리고 인간의 운명을 시간적 과정으로부터의 일종의 '구원'에서 찾은 모든 저자들 —성 아우구스티누스와 보이티우스에서 스피노자까지—은 수학적 진리의 세속적이지 않은 위엄에 매혹되었다.

하지만 이러한 영원 개념은 형이상학적이고 신학적인 난점 투성이다. 만일 신이 실제로 시간 밖에 있다면, 그는 어떻게 시간적 과정에 영향을 줄 수 있는가? 예를 들어, 신이 세상에 홍수를 내리려 한다고 가정해보자. 어떤 시점에서는(즉 그가 세계에 홍수를 내리는) 신에 대해 참인 어떤 것이 있지만, 그것은 다른 시점에서는 신에 대해 참이 아니다. 게다가 만일 신이 세계와 관계되어 있다면(예를 들어, 창조자로서), 세계의 모든 변화는 신의 관계적 속성들에서의 변화일 것이다. 즉 신은 창조된 천구와 어떨 때는 이러한 관계를 맺고, 어떨 때는 저러한 관계를 맺을 것이다. 그러나 만일 숫자 2가 영원하듯 신이 영원하다면, 이러한 것은 참일 수 없다.

반면에, 만일 신이 지속적인 바위와 같이 단지 영구하다면, 그는 결코 창조된 세상에서 배제되지 않는다. 반대로, 그는 세상의 일부가 된다. 뿐만 아니라 신은 영원하다기보다 지속적일 뿐이라고 결론 내렸던 신의 존재 증명은 상상하기 어렵게 된다. 왜냐하면 그런 증명은 신의 필연적 존재와 조화되기 힘들기 때문이다. 그리고 필연적 존재라는 속성 없이는, 신은 신이 아니게 된다. 하트숀 및 과정신학자들과 더불어, 불변하는 신은 신이 아니라고 말하는 것은 바로 최고 존재로서의 신의 지위를 위태롭게 한다.

이러한 사유는 우리로 하여금 시간의 비실재성을 믿도록 유혹할 것이다. 하지만 시간의 비실재성이 이런 생각에서 우리를 해방시켜주지는 않는다. 왜냐하면 그것은 시간 안에 있는 모든 것이—우리 자신을 포함해서—비실재적이며, 따라서 어떠한 창조된 세계도 없다고 결론 내리든가, 아니면 모든 창조된 것(모든 우연적 존재)은 신이 그렇듯 시간 밖에 실제로 존재하며, 착각의 세계인 생성의 세계에서 그저 그렇게 보일 뿐이라고 결론 내리기 때문이다. 두 번째 견해는 (무엇보다 동양의 종교들과 쇼펜하우어에 의해) 확실히 옹호되었다. 하지만 그것은 우리에게 다루기 힘든 문제를 남겼다. 어떻게 본질적으로 시간 밖에 있는 어떤 것이 시간 안에 있다고 보이는가? 확실히, 우리가 시간 안에 있는 어떤 것을 만나면, 우리는 그것이 숫자 2가 아님을 안다. 동일한 것이 모든 영원한 대상에 참이어야 한다.

이 문제에 대한 스피노자의 접근법은 특히 유익하다. 존재론적 논변의 자기만의 해석에 의해, 스피노자는 적어도 하나의 실체가 존재함을, 또한 많아야 하나의 실체가 존재함을 증명한다. 모든 긍정적 측면에서 무한한 실체 말이다(《에티카》 1부). 따라서 이 하나의 실체가 모든 것을 포괄하며, 신과 자연계 사이에 실재의 구별은 있을 수 없다. 자연계는 신(하나의 실체)과 동일하든가, 아니면 신의 '양태' 중 하나로서 그의 '술어'다. 스피노자는 이러한 견해들 중 전자를 옹호하면서, 모든 것인 하나의 적절한 이름으로서 '신 즉 자연*Deus sive Natura*'이라는 명칭을 붙였다.

그러므로 창조자와 창조된 것 간의 구별은 두 존재자 간의 구별이 아니라, 단일한 실재를 상상하는 두 방법 간의 구별이다. 나는 신적인 실체를 어떨 때는 자기 의존적이고 모든 것을 포괄하는 전체로서, 어떨 때는 의존의 연쇄에서 각각이 서로에 의해 드러나는, 다양한 '양태'의 총합으로서 상상할 수 있다. 실체를 상상하는 전자의 방법은 수학자가 증명을 생각하는 방법과 비슷하다. 즉 모든 것을 포괄하는 한 줌의 공리로부터 진리에서 진리를 이끌어내는 무시간적 논리적 연관을 연구하는 것 말이다. 실체를 상상하는 후자의 방법은 과학자의 실험방법과 비슷하며, 그것을 통해 근본적 질서가 질문에 의해 도출된다.

이러한 구별은 다른 구별을 수반한다. 곧 영원과 시간 사이의 구별이다. 세계는 영원의 관점 아래에서 *sub specie aeternitatis* 생각될 수 있다. 마치 수학자가 수와 증명을 생각하듯이 말이디. 혹은 시속의 관점 아래에서 *sub specie durationis* 생각될 수도 있다. 마치 보통사람들이 시간 안에서 사건의 연쇄를 관찰하듯이 말이다. 영원한 것과 가변적인 것이라는 두 영역이 있는 것이 아니라, 다시금 하나의 실재를 생각하는 두 방법이 있는 것이다. 세계를 지속의 관점 아래에서 연구한다는 것은 세계를 있는 그대로 연구한다는 것이다. 따라서 시간은 실재적이다. 그럼에도 세계를 이런 식으로 연구한다면, 우리는 결코 그 전체를 파악할 수 없다. 우리는 각각의 진리가 어떻게 모든 다른 진리를 포함하고 포함되는지를 보여주는, 그 필연적 연관의 총합에 결코 이를 수 없다. 존재론적 논변에서처럼, 내가 세계를 영원의 관점 아래에서 볼 때, 나는 무엇이 있고, 있어야 하는지를 알고, 모든 진리가 영원한 진리임을 안다. 그때에야 비로소 나는 세계에 대한 '적합한' 관념을 갖는다.

스피노자 철학의 매력은 그의 일원론과 밀접히 관련되어 있다. 스피노자의 세계에서 사물들의 전체보다 작은 모든 것은 그 전체의 '양태'가 된다. 모든 구별은 용해되고, 개별자들은 영원을 통해 제한 없이 뻗어나가 거대하고 잠잠한 존재의 바다로 녹아든다. 설령 시간이 실재적일지라도, 그것은 이 철학자의 사물들에 대한 견해에서 거의 실질적 권위를 갖지 못한다. 왜냐하면 지속이라는 격자는 하나의 실체를 어떤 지적 의미도 만들지 못하는 방식으로 나누며, (세계에 관한 '적합한 관념'을 얻기 위해) 사물이 궁극적으로 어떠한지를 알려면, 우리는 그 격자를 버리고, 영원의 관점을 채택해야 하기 때문이다.

라이프니츠가 알았듯이, 이러한 전망에는 치러야 할 대가가 있다. 스피노자의 철학은 스콜라철학자들이 개별화의 원리*principium individuationis*라고 부른 것을 결여하고 있다. 그 원리에 의해 우리는 어떤 것을 다른 것과 구별하고, 실체적 실재를 인간 주체에 귀속시키며, 우리의 담론을 객관적 개별자의 영역과 결부시킨다. 우리가 그 원리를 복원하고, 일원론을 버리고, 다수의 개별자들(그중에는 우리 자신을 포함하여)로 구성된 세계를 받아들인다고 가정해보라. 그렇다면 스피노자의 시간관에는 무엇이 남는가? 우리는 여전히 시간이란 개별자들을 배열하거나 상상하는 방식이며, 바로 그 동일한 개별자들이 자신들의 시간적 옷을 벗고 영원—여기서 영원은 끝없는 지속이 아니라 시간 밖의 존재를 의미한다—이라는 외투로 갈아입을 수 있다고 주장할 수 있는가? 그러한 것이 가능할 때에만, 우리는 영원한 생명의 약속을 이해할 수 있는가? 그러나 생명이 본질적으로 성장과 사멸의 과정이라면, 어떻게 생명이 영원할 수 있는가? 실로 어떤 개별적 실체가, 그 개별성(그리고 따라서 그 본질)이 시간을 통한 동일성과 밀접히 관련될 때, 어떻게 비시간적 용어로 알려질 수 있는가? 영원의 관점 아래에서 보일 수 있는 어떠한 것도 확실히 이것, 여기, 지금과 동일하지 않은가?

12. 천구의 음악

그 물음은 우리가 알 수 있는 것의 한계에 있다. 하지만 아마도 그 물음에 대한 그저 신비적이지 않은 응답 방법이 있을 것이다. 그중 하나는 다음과 같다.

칸트가 《순수이성비판》에서 시간과 공간의 문제를 다룰 때, 그는 (자신의 비판 이전의 논변들을 따라) 시간과 공간이 실제로 감성의 '형식'이라고 주장했다. 그것들은 우리가 세계를 지각할 때마다 세계를 상정하는 틀이다. '물자체'는 공간과 시간 안에 있지 않다. 시공간의 세계는 현상계다. 《비판》의 논변이 발전해가면서, 이런 식으로 생각된 물자체는 지식의 대상일 수도, 우리가 지각하고 이해하는 현상과 어떤 알려질 수 있는 관계를 맺을 수도 없음이 칸트에게 점차 분명해졌다. 논변의 말미에서 물자체는 단순한 '본체'로서 고찰에서 완전히 누락된다. (5장을 보라.) 비트겐슈타인의 비유를 빌리자면, 당신은 물자체에 의해 '나뉠' 수 있지만, 물자체는 자신에 의해 정의된 세계관에서 어떠한 자리도 얻지 못하고, 자신을 논박하는 논변들에 의해 단지 그림자를 드리울 뿐이다.

하지만 칸트는 또한 이러한 결론이 불만스러웠다. 왜냐하면 그의 자유이론은 우리가 적어도 하나의 물자체와 실제로 대면함을 암시하는 듯했기 때문이다. 즉 그 선택이 이성에 의해(즉 '영원히 타당한' 근거에 의해) 결정되고, 현상계에 의해 '조건지어지지 않는' 선험적 자아 말이다. 사실상, 칸트는 일종의 '개별화된 스피노자주의'를 옹호하는 용감한 시도를 했으며, 그것에 따라 나는 두 가지 양립할 수 없는 방법으로 나 자신을 상상할 수 있게 된다. 즉 인과법칙에 얽매여 시간과 공간 안에서 자리를 점유하는 자연의 일부로서의 나와, 경험적 질서 밖에서 이성에게만 복종하는 '목적의 왕국'의 일원으로서의 나 말이다. (하지만 오성은 이 두 번째 관점에는 미치지 못하며, 그것은 판단으로서가 아니라 실천이성의 명법을 통해서만 표현될 수 있다고 칸트는 덧붙였다.)

칸트의 직접적 후계자들—피히테와 셸링—은 그의 형이상학적 의심은 무시한 반면에, 그의 자유이론은 지지했다. 모든 세대의 사상가들은 선험적 자아가 하나의 실재이며, 선험적 자유의 요청이 세계에 대한 상상가능한 체계의 근거임을 칸트가 증명했다고 여겼다. 우리는 우리 자신의 경우에는 진정한 실재에 접근할 수 있으며, 그것은 시간·공간·범주

같은 감성의 조건들에 선행하고, 따라서 본질적으로 그 외부에 있다. 하지만 그것은 또한 자연계에서 '스스로를 정립하며', 따라서 시간적 질서에서 분명히 나타난다. 요컨대, 하나이자 동일한 개별자는 시간 안과 밖 모두에 있다.

이러한 노선의 논변에서 쇼펜하우어보다 멀리 나아간 이는 없다. 그의 《의지와 표상으로서의 세계》는 비록 타당한 논변방식은 아닐지라도 칸트 철학의 철학적 풍부함이 탁월하게 펼쳐지는 종합적 걸작이다. 쇼펜하우어에 따르면 자연계는 시간, 공간, 인과성의 개념에 의해 질서 지어진 '표상들'의 체계다. 이러한 표상의 이면에 그리고 어떤 의미에서 표상에 의해 갇힌 채로, 물자체가 놓여 있다―그 실재가 내성과 내 안에서의 대면을 통해 파악될 수 있는 무조건적인 것 말이다. 내적 영역은 직접 지식의 영역으로, 거기에서 나는 개념 없이 알며, 달리는 얻을 수 없는 확실성을 갖고서 안다. 그것은 또한 칸트가 보여주었듯이 자유의 영역이기도 하다. 요컨대, 물자체란 의지다. 그것이 자유를 통해 스스로를 표현하며, 개념이나 조건 없이 실천이성을 통해 스스로를 드러낸다.

하나의 의지를 다른 의지와 구별하기 위해서, 우리에게는 개별화의 원리가 필요하며, 이것은 자연계에서만 가능하다고 쇼펜하우어는 주장한다. 즉 현상을 관장하는 시공간의 조건을 통해서, 우리로 하여금 대상들을 확인하고 구별할 수 있게 해주는 '표상'의 영역에서 말이다. 하지만 의지 그 자체는 어떠한 개별화의 원리도 갖지 않는다. 또한 그것은 시간과 공간 안에 존재하지도 않는다. 그것은 하나이자 균일하고 영원하며, 오직 끊임없이 자신에 반하여 싸우려는 자연에서 시간적 거처에 갇혀 있다. 의지의 최고 목표는 자기가 출현했던 그 무의식적 영원성으로 돌아가는 것이다. 그리고 이러한 소멸에 대한―불교의 열반에 대한―갈구가 이 세상의 인간 생명의 참된 비밀이라고 쇼펜하우어는 주장한다.

무의식의 밤에서 생명으로 깨어나면서, 의지는 한없고 경계 없는 세계에서, 무수히 많은 개별자들, 모든 갈구, 고통, 부정 사이에서, 스스로를 개별자로 발견한다. 그리고 마치 어수선한 꿈을 꾼 양, 옛 무의식으로 서둘러 돌아간다. 하지만 그때까지 그것의 욕구는 무한하고, 그 요구는 무궁무진하며, 모든 충족된 욕구는 새로운 욕구를 낳는다. 세상의 어떤 가능한 만족도 그것의 갈망을 진정시키기에 충분할 수 없고, 그 요구에 궁극 목표를 정할 수 없으며, 그 가슴의 끝 모를 깊은 구렁을 채울 수 없다. (46장.)

물자체로서의 의지는 바로 '현상의 베일' 너머에 놓여 있기 때문에, 오성에는 알려질 수 없다. 시간과 공간 안에서 그것을 표상하려는 어떠한 시도도 그것의 내적 본성을 착각하게 만들며, 우리 자신의 경우에만 언어로는 절대 포착할 수 없는 이 궁극적 실재를 직접 알게 된다. 그러나 비록 의지가 표상될 수 없을지라도, 표현될 수는 있다. 의지는 개념을 벗어나, 외적 생명이 아니라 내적 생명의 질서가 달성되는, 이성이 인도하는 기획에서 스스로 말을 건넨다. 이러한 것들 중 가장 위대한 것이 음악이다.

쇼펜하우어는 우리가 베토벤의 교향곡에서 모든 인간의 정념을 발견한다고 주장한다. 그러나 그것은 '오직 추상적이며 어떠한 특수화도 없다.' 그것은 슬픔의 대상이 아니라 슬픔이고, 열망된 것이 아니라 열망이며, 욕구된 것 없는 욕구다. (음악은 열정의 대상을 표상하기 위해서 개념을 필요로 하며, 따라서 물자체와 대면하기 위해 개념 이면을 엿볼 수 있는 능력을 희생한다.) 그리하여 우리는 음악을 통해, 내면을 통해 순수 주관으로서 달리 알았을 것을 객관적으로 알게 된다.

쇼펜하우어의 음악이론은 우리가 자세히 알 필요 없는 여러 이유들로 인해 지지받지 못한다. 하지만 그것은 음악이 영원의 비밀을 담고 있으며, 음악에서 우리가 '무시간적인 것과 시간의 교차점'을 만난다는 고대 피타고라스의 믿음을 상기시켜준다. 아마도 피타고라스 이론의 가장 명백한 옹호자는 보이티우스일 것이다. 그는 《음악론*De Musica*》에서 세 종류의 음악을 구별한다. 즉 노래, 기악곡 그리고 모든 자연적 화음의 원천인 세계의 음악이 그것이다. 이 자연의 음악은 들리지 않는다. 사실, 그것은 인간의 음악이 그렇듯 시간 안에서 일어나지 않는다. 그것은 우주의 신적인 질서에 있다―그것은 부분과 부분 그리고 각 부분과 전체의 어울림으로, 우리의 지성을 통해서만 완전히 이해될 수 있다. 사실, 우리가 이러한 신적 화음을 파악할 수 있는 최선의 방법은 수학을 통해서다. 우리가 수들 간의 관계를 연구하고, 모양과 면적 간의 관계가 수의 관계로 환원되는 기하학의 숭고한 증명들을 궁리해낼 때 말이다.

따라서 천구의 음악은 수학과 철학에서 지성에게 드러나는 영원불변한 사물의 질서에 있다고 할 수 있다. 하지만 그것은 음악에서 감각에 드러났던 것과 정확히 같은 질서라고 보이티우스는 말한다. 내가 화음을 들을 때, 나는 귀를 통해 모든 영원을 통해 울려 퍼지는 그런 수들의 관계를 느낀다. 비록 음악이 시간적 과정이고, 내가 음악에서 듣는 것이 시간의 흐름에 따라 펼쳐지는 것을 듣는 것이라 할지라도, 그럼에도 바로 이 시간에 얽매인 경험이 나에게 '불멸에 대한 암시'를 제공한다. 즉 영원에 대한 일별, 시간과 공간 밖의 거기에 거주하는 기쁨에 대한 일별 말이다.

보이티우스의 이론도 쇼펜하우어의 그것처럼 지지받을 수 없다. 그러나 아마도 그들 각자가 주장하려 하는 것에는 핵심적인 진리가 있을지 모른다. 예를 들어 멜로디를 들을 때, 우리는 분명한 악장movement을 듣는다. 즉 멜로디는 어떤 지점(가령 F)에서 시작되어 빠르게 올라갔다가 서서히 내려오고, 마침내 C에서 끝난다. 멜로디를 이러한 용어로 기술할 때, 나는 내가 듣는 것을 기술한다. 하지만 물질세계의 소리에는 악장과 같은 것은 없고, 소리의 연속만이 있을 뿐이다. F 다음에 G가 올 뿐, F에서 G로 움직이는 것은 아무것도 없다. 설령 내가 움직이지 않는 소리만을 듣는다 해도, 내가 듣는 것은 움직임(악장)이다. 뿐만 아니라 나는 그 멜로디를 다시 확인할 수 있다. 같은 음조나, 혹은 다른 음조에서 말이다. 나는 그것이 더 빠르게 혹은 더 느리게 연주됨을 알아챌 수 있다. 나는 음악의 상상 공간에서 그 거울 이미지를 들을 수 있다―역행 카논에서처럼 말이다. 요컨대, 그 멜로디는 내게서 개별자의 특성을 얻고, 항상 그 내적 선율 진행에 의해 활성화되어 다양한 형식으로 되풀이된다. 하지만 실제 사건의 연속과 이러한 선율 진행의 관계는 사실상 알려질 수 없다. 내가 멜로디를 듣는 소리들이 시간과 공간 안에 있다 하더라도, 멜로디 자체는 나름의 시간과 공간에 거주하는 듯하다. 나는 그것을 그러한 '이상적' 시간과 공간에서 만난다. 설령 그것이 나의 시간과 공간이 아니며, 경험세계와 양립하지 않을지라도 말이다.

그리하여 우리는 음악에서, 우리의 시간과 공간에서 이상적 시간과 이상적 공간으로 나아간다. 즉 음악의 경험에서만 있게 되는 시간과 공간 말이다. 그것은 말하자면 그 이상적 시간에서 영원으로 나아가는 작은 발걸음이다. 때때로 나는 바흐의 푸가나 베토벤의 후기 4중주 혹은 브루크너의 무한히 웅장한 테마 중 하나를 들을 때, 내가 듣는 바로 이 악장이 어느 한 순간 나에게 알려졌던 것일지 모른다고 생각한다. 즉 이 모든 것은 단지 내 앞의 시간 안에서 우연히 펼쳐지며, 마치 수학이 나에게 알려지듯이, 또 다른 방법으로 내게 알려졌던 것일지 모른다. 왜냐하면 음악적 영원이란—그것이 멜로디이건 화음이건 간에—단지 우리 시간의 순간적 방문객이기 때문이다. 그 개별성은 이미 실제 시간에서 해방된다. 따라서 우리는 어떠한 어려움 없이 이 시간에서 해방된 개별자, 하지만 여전히 개별자로 남는 것을(쇼펜하우어의 의지는 개별자로 남지 않지만) 상상할 수 있다. 그리하여 우리는 음악의 경험에서, 하나이자 동일한 개별자가 시간과 영원에서 존재한다는 것이 무엇인지에 대한 일별—직관—을 얻을 수 있다.

물론, 이것이 우리로 하여금 당신이나 내가 영원에서 어떻게 존재하는지를 상상할 수 있게 해주지는 않는다. 하지만 이것을 상상하기 어려움이 그 불가능성에 대한 최종 증명인가? 우리가 사물의 본성상 3차원의 유한하지만 경계 없는 공간을 상상할 수 없다는 점을 기억하라. 하지만 우리는 2차원 공간(구의 표면)에서 그와 동등한 것을 상상할 수 있다. 누군가에게 구체적 개별자(사람)를 영원히 존재하는 것으로 상상하도록 요청하는 것은 이와 거의 유사할 것이다. 우리는 이렇게 말할지 모른다. 이상적 시간 안에 존재하는 멜로디가 영원에서도 존재한다는 것이 무엇인지를 당신은 알고 있다고 말이다. 이제 실제의 시간 안에 있는 구체적 대상에 대해서 같은 것을 가정해보라. 그렇게 할 때 우리는 이렇게 말할 수 있다. 2차원 공간이 유한하지만 경계가 없다는 것이 무엇인지를 당신은 알고 있다고 말이다. 이제 3차원에서 같은 것을 생각해보라. 그러면 물론 당신은 그것을 상상할 수 없다!

독자가 이 중 어떠한 것도 받아들이지 않을지라도, 이것은 중요한 철학적 관찰을 일깨워줄 것이다. 즉 우리가 수학의 본성을 이해하지 못한다면, 결코 시간을 진정으로 이해하지 못할 것이라는 점 말이다. 수학적 대상들이 존재하고, 영원히 존재한다는 것은 정말로 참인가? 그리고 만일 이것이 참이라면, 우리는 도대체 어떻게 수학의 법칙을 알게 되었는가?

26　수학

칸트는 공간을 '외감의 형식', 시간을 '내감의 형식'이라고 주장했다. 지각이 세계를 공간적으로 조직된 것으로서 표상하듯이, 모든 경험은(감각 같은, 순수하게 '내적인' 경험을 포함해서) 우리의 세계를 시간 안에 위치시킨다. 시간과 공간은 정신적 삶에 본질적이다. 공간이 기하학의 형식으로 선천적 지식을 전달하는 반면, 시간은 자신의 선천적 진리의 본체를 전달하는데, 그것 또한 수학적이다. 기하학을 이해하는 데 필요한 '직관'은 산술―처음에는 이것을, 그러고 나서 저것을 계산하거나 기입하는 연산―의 이해에 필요한 또 다른 직관과 부합한다. 아마도 그 연산은 우리가 시간을 이해할 때 이해하는 것의 일부일 것이다. 산술을 선천적 계산 과학이라고 부를 수도 있을 것이다.

　이러한 대담하고 놀라운 관념을 견지하기란 힘들다. 하지만 그 동기는 현대철학자가 공감할 만한 것이다. 칸트는 수학적 진리의 선천적 본성을 설명하고자 했으며, 수학적 대상의 별개의 영원한 영역을 상정하고 이성의 '고양'을 통해 신비롭게 접근하는 '플라톤의 유혹'에 굴복하지 않았다. 그에 반하여, 우리가 수학적 진리에 접근할 수 있도록 해주는 것은 바로 감각적 존재로서의 우리의 본성이라고 칸트는 주장한다. 수학은 경험의 선천적 틀―만일 경험이 진정 우리의 것이고, 우리의 자기의식적 인식의 대상이라면, 경험이 부합해야 하는 '형식'―을 기술한다. 하지만 그것은 경험세계 안의 어떠한 항목도 기술하지 않는다. 만일 당신이 수학은 대상을 기술한다고 믿기 위해 플라톤이 저지른 오류를 범한다면, 바로 그것이 당신이 그 대상들을 선험적 영역에 위치시키는 이유다.

칸트의 견해에 따르면, 수학적 명제는 선천적이지만 종합적이다―그리고 이 점에서 그는 플라톤과 의견을 같이한다. 하지만 이 주장에 대한 그의 설명은 그 형이상학적 힘을 제거한다. 우리는 수학을 고대 이후로 그래왔던 것처럼 객관적 지식의 전형으로 만들지 않고도, 이것을 인정할 수 있다.

동시에, 플라톤의 견해에도 직관적 그럴듯함이 있다. 다음과 같은 진술들을 생각해보자.

(1) 우리는 많은 산술의 진리를 알며, 그것을 의심의 여지없이 안다.

(2) 산술의 진리는 수에 관한 것이다.

(3) 수는 동일성의 주제이고, 실제로 수의 동일성은 주요 수학 개념 중 하나다.

(4) 진리는 사실과의 대응을 의미한다.

이 모든 명제를 인정하면서, 이제는 익숙해진 이유들에서 수가 대상임을 부정하기란 어렵다. 그리고 플라톤의 이론을 또한 수용하지 않고서 수가 대상임을, 영원불변하고 필연적으로 존재하는 대상임을 받아들이기란 힘들다. 뿐만 아니라 수는 어떠한 변화 혹은 과정에도 참여하지 않는다. 그것은 인과적으로 무력하다. 따라서 그것을 다른, 선험적 영역에 위치시키는 것은 완전히 합리적이다.

1. 수학의 본성

수학에는 많은 분과가 있다. 기하학과 산술은 서로 구별되는 학문으로, 전자는 공간을 다루고 후자는 수를 다룬다는 칸트의 가정은 그럴듯하다. 하지만 데카르트 이후로 기하학적 형식과 증명이 좌표계를 통해 대수적으로 표상될 수 있다는 것이 상식이 되었다. 지난 장에서 논의되었던 발전은, 기하학을 가르칠 때 보통 쓰이는 도표와 도형을 지시하지 않고도 기하학이 연구될 수 있다는 추가 증명이다.

힐베르트는 수학이 공리체계의 집합으로 환원될 수 있으며, 각 분과가 그 공리에 의해 다른 것과 구별됨을 증명하고자 했다. 추론규칙은 수학에도 공통되며, 그러한 추론의 속성인 전건긍정식 같은 기초적인 논리적 단계를 포함한다. 어떤 이론을 하나의 논리가 아니라 수학이론으로 만드는 것은 공리들의 본성에 있다. 그 공리들이 공간, 시간 그리고 그 모든 다양한 형식의 측정을 기술한다면 틀림없이 그럴 것처럼 대단히 다양할지라도, 그것들을 수학으로 표시해주는 하나의 뚜렷한 특징이 있는데, 바로 대수의 지시가 그것이다. 대수란 변수들을 갖는 산술이며, 우리가 산술을 이해할 수 있다면, 수학은 더 이상 형이상학적 신비가 아니게 될 것이다. 따라서 플라톤과 피타고라스주의자들은 또한 이 점에서 옳았다. 즉 수가 수학의 근본 개념이며, 그 형이상학적 위상의 궁극적 원천이다.

힐베르트는 플라톤주의자였다. 이것은 내가 플라톤의 유혹이라고 부른 것에 그가 굴복했다는 의미가 아니다. 그는 굴복하지 않았다. 그는 수학이론이 공리체계로 모두 환원될 수 있다고 믿었다. 하지만 또한 그는 결코 수 관념이 공리에서 제거될 수 없다고 믿었다. 따라서 우리는 수적 표현이, 우리의 연산과 독립적인 실재를 갖는, 대상을 대표한다고 가정해야 한다. 이것이 일반적으로 '플라톤주의'가 의미하는 바다. 즉 수학은 실제적이고 독립적으로 존재하는 대상들의 체계 혹은 영역을 기술하며, 그 대상의 본성은 증명을 통해 우리에게 알려지지만, 그 대상은 그것을 발견할 수 있게 해주는 증명 너머에 있는 존재자라는 이론이다.

플라톤주의에는 놀랄 이유가 많다. 수가 어쨌든 대상이라면, 그것은 매우 이상한 대상일 뿐 아니라, 대단히 많은 양의 수가 있는—실제로 게오르크 칸토어가 초한수transfinite number 이론에서 증명했듯이—'비가부번 무한nondenumerable infinity'이다. 전체 수를 확인해주는 어떤 정식 혹은 절차는 없으며, 심지어 무한히 여러 번 적용되는 정식도 없다. 그리고 새로운 수들을 고등수학이라는 모자에서 쉽사리 꺼낼 수 있다는 점은 그 수들이 실제로 그 안에 있지 않았고, 그것들을 보여주는 날랜 손재주의 착각에 불과한 부산물임을 많은 사람에게 시사해준다.

그리하여 플라톤주의에 대한 대안으로 구성주의 이론이 등장했다. 이것은 다양한 형태로 존재하지만, 20세기 네덜란드의 수학자 L. E. J. 브로우웨르와 A. 헤이팅이 가장 진지하게 지지했다. 그들은 '직관주의'라고 명명한 구성주의의 한 형태를 옹호했다. 이것이 오늘날 빈번하게 논의되는(예를 들어, 더밋의 동명의 책에서) 이론의 이름이다. 구성주의자는 우리에게 증명의 관념 이외에 어떠한 수학적 진리 개념도 없다고 믿는다. 우리의 수학이론은 지적 구성이며, 그 이론의 발판까지만 도달할 수 있고, 또 다른 영역 혹은 독립적으로 존재하는 대상들로 우리를 결코 데려가지 못한다. 증명은 모두 거기에 있다. 수에 대해서도 마찬가지다. 그것은 유한한 수의 단계로 산출해주는 연산에 의해 '구성되기'까지는 존재하지 않는다. '저 밖'에서 발견을 기다리고 있는 수란 없다. 모든 존재하는 수는 수학자의 책과 논문에 담겨 있다. 왜냐하면 수가 존재한다고 말하는 것은 수와 관련된 타당한 증명이 있다고 말하는 것이기 때문이다.

구성주의는 플라톤주의가 초래한 듯 보이는 어지러운 형이상학을 제거한다. 그것은 또한 수학의 선천적 본성에 대한 이해할 수 있는 설명을 준다―혹은 여하튼 주는 듯하다. 사실상, 이것은 칸트가 제시한 것과 같은 설명이다. 수학적 명제는, 우리 자신이 그것의 저자이기 때문에 선천적으로 알려진다. 우리는 수에 관해 매우 많이 그리고 조금도 틀림없이 아는데, 왜냐하면 수에 관한 진리는 그것을 낳은 증명들에 의해 만들어지기 때문이다.

그러나 구성주의의 매력은 곧 사라진다. 직관주의자들이 인정하듯이, 수에 관한 그들의 견해를 수용하고 논리학을 그대로 놔두기란 불가능하다. 수학적 명제는 그것에 대한 증명이 있는 경우에만 참이다. 마찬가지로 그 부정의 증명이 있는 경우에만 거짓이다. 하지만 둘 중 어느 증명도 없다면 어찌되는가? 우리는 그 명제가 무의미하든가―이것은 확실히 용납될 수 없는데, 왜냐하면 우리는 증명을 결여한 수학적 명제로는 우리가 의미하는 바를 모를 것이기 때문이다―혹은 참도 거짓도 아니라고 말할 수밖에 없다. 다시 말해, 우리는 '배중률'을 부정해야 한다. 또한 이것이 우리가 부정해야 하는 전부가 아니다. 헤이팅이 예증했듯이, 우리는 수학적 진리의 구성주의적 해석을 수용하기 위해 완전히 새로운 논리체계―그는 이것을 직관주의적 논리학이라고 불렀다―가 필요할 것이다. 이러한 논리체계는 순전히 반직관적인 것으로 드러난다. 실제로 직관주의자들은, 수학의 특별한 분야에서, 모든 '반실재론' 형태가 부딪히는 난점을 예상했다. (19장을 보라)

그러면 이것은 우리를 어디로 데려가는가? 플라톤주의자의 형이상학과 구성주의자의 일탈 논리학 모두를 피하는, 수학의 선천적 본성에 대한 어떤 그럴듯한 설명이 있는가?

2. 논리주의

이 물음은 우리를 근대철학의 초기로 돌아가게 한다. 칸트의 선천적이고 종합적인 것으로서의 수학이론은 프레게가 《산술의 기초》를 저술하는 데 영감을 주었다. 이 책의 목적은 수학이 실제로 분석적임을—흄이 가정했듯이—증명하는 것이었다. 프레게는 이것이, 수학이 만일 그것에 추론이 있다면 받아들여야 하는 종류의 기초적 논리법칙으로 환원될 수 있다는 의미라고 여겼다. 그렇게 '논리주의' 계획이 시작되었다—즉 수학을 논리학에서 도출하여, 수학적 진리의 본성에 관한 어떠한 잔여 물음도 남기지 않으면서, 수학을 논리학으로 환원하려는 탐구 말이다.

라이프니츠는 이미 이러한 환원을 수행하려 시도했다. 그는 2+2 = 4라는 진술에 대한 악명 높은 증명을 산출했는데, 그것은 다음과 같다. 2 = df.1+1이고, 4 = df.1+1+1+1이다. 따라서 2+2 = 1+1+1+1 = 4다. 이 명제는 단순히 정의를 대체함으로써 증명된다. '2+2 = 4'는 '정의상 참'이다. 하지만 라이프니츠의 증명은 성공하지 못하는데, 2+2 = (1+1)+(1+1)이라는 빠진 행이 있기 때문이다. 도대체 무엇이 우리로 하여금 괄호를 빼고, (1+1)+(1+1)을 (1+1+1+1)로 전환할 수 있게 하는가? 그 조치는 바로 덧셈 연산이 인가하는 것이다. 하지만 그것은 논리학의 법칙이 아니라 산술의 법칙에 의해 인가된다.

19세기 말 데데킨트는 산술의 모든 기초 개념(유리수, 실수, 복소수)이 자연수 이론으로 환원될 수 있음을 증명했다. 그 무렵 칸토어는 일대일 대응 개념이 '동수성equinumerosity'을 정의하는 데 사용될 수 있음을 증명했다. 그리고 마지막으로 페아노는 산술을 공리들의 집합으로 환원했다. 산술의 환원이 완료되기 위해서는, 그 공리들에 포함되어 있는 근본 개념들을 정의하는 일만이 남았다.

일반적으로 페아노의 '가정'이라고 불리는 것은 지극히 깔끔하다.

1. 0은 수다.
2. 모든 수는 적어도 하나이자 많아도 하나의 다음 수successor를 갖는다.
3. 0은 어떤 수의 다음 수가 아니다.
4. 두 수는 같은 다음 수를 갖지 않는다.
5. 0에 대해 참이고, 어떤 수가 참일 때 그 수의 다음 수에 대해서도 참인 어떤 것이든, 모든 수에 대해 참이다.

다섯 번째 가정은 수학적 귀납의 잘 알려진 공리를 진술하며, 우리로 하여금 모든 수에 관한 정리들을, 그중 세 가지만을 고려함으로써 증명할 수 있게 해준다. 산술의 모든 것은 이 다섯 개의 가정에서 도출될 수 있다. 따라서 논리주의 계획은 세 개의 무정의 용어primitive terms — '수' '다음 수' '0' — 를 정의하고, 그 가정들이 논리학에 의해 그 정의에서 유래될 수 있음을 증명하고자 한다. 이것이, 칸토어에 의해 도입된 일대일 대응 관념을 이용해, 프레게와 러셀이 착수했던 것이다.

첫 번째 단계는 수가 무엇에 부속되는지를 묻는 것이다. 소크라테스는 하나이고 삼위일체는 셋이라고 말할 때, 나는 '하나'와 '셋'을 무엇의 술어가 되게 하는가? 수가 대상의 속성이 아니라는 점은 즉시 분명해진다. 단일성은, 지혜가 그렇듯, 소크라테스의 술어가 되지 않는다. 그렇지 않다면, 소크라테스는 하나이고 플라톤은 하나라는 전제로부터 나는 소크라테스와 플라톤은 하나라고 추론할 수 있다. 이에 대한 응답은 양화 이론에 의해 제시된다. 인간이 존재한다고 말할 때, 나는 존재를 인간의 술어가 되게 하는 것이 아니라 인간 개념의 술어가 되게 한다고 프레게는 주장한다. 나는 그 개념이 적어도 하나의 사례를 갖는다고 말하는 것이다. (존재는 술어들의 술어다.) 마찬가지로, 수는 개념의 술어가 된다. 다섯 명의 현자가 있다고 말하는 것은 현자라는 개념이 다섯 번 예화된다고 말하는 것이다.

그리하여 우리는 수의 형용사적 표현이 논리학의 언어로 어떻게 번역되는지를 이미 보았다. 이것이 바로 러셀이 한정 기술구 이론에서 했던 것이며, 그것은 '~인 정확히 하나의 x가 있다'를 표상하는 법을 우리에게 알려준다. 그것을 일반화하면, 다음과 같이 쓸 수 있다.

(0) '어떠한 F도 없다'는 $\sim(\exists x)(Fx)$로 번역한다.

(1) '정확히 하나의 F가 있다'는 $(\exists x)(Fx\&(y)(Fy \supset y=x))$로 번역한다.

(2) '정확히 두 개의 F가 있다'는 $(\exists x)(\exists y)(Fx\&Fy\&\sim(x=y)\&(z)(Fz \supset.(z=x)v(z=y)))$로 번역한다.

기타 등등. 하지만 이것은 아직 우리에게 수량명사(영, 하나, 둘 등)를 이해하는 방법을 말해주지 않으며, 수학의 법칙과 계산을 표현하는 수단을 주지도 않는다. 이를 위해서 우리는 수 자체를 정의할 필요가 있다.

수를 정의하기 위해, 우리는 먼저 개념에서 그 '외연'—즉 그 아래 놓이는 것들의 모임class —으로 이동해야 한다. 프레게는 모든 개념이 모임을 결정한다고 생각했다. 즉 모든 개념 F에 대해, F인 것들의 모임이 있다. 개념 F의 수는 F인 것들의 모임의 구성원의 수다. 우리는 이 수가 다른 개념의 수와 같다는 것을, 그것이 어떤 수인지 알지 않고도, 알 수 있다. 두 모임의 수들은 서로 일대일 대응에 놓일 수 있기 때문이다. 만일 F의 모든 모임의 구성원에 대하여 G의 모임의 구성원이 있고 반대도 마찬가지라면, 얼마나 많은 F가 있는지 알지 못하더라도, 우리는 두 모임이 동수라고 말할 수 있다. '동수성'에 대한 우리의 정의는, 수의 개념에는 쓸모없는, 순수하게 논리적인 정의다.

그럼에도 우리는 이제 또 다른 논리적 관념에 의해 수의 정의를 구성할 수 있다. 바로 '동치류equivalence class'다. 내가 유클리드 기하학에서 선의 방향을 정의하고자 한다고 가정해보자. 나는 우선 '같은 방향'을 다음과 같이 정의한다. ab와 cd가 평행인 경우에만, ab는 cd와 같은 방향이다. 그렇다면 나는 ab의 방향을, ab와 같은 방향인 모든 직선의 모임으로 정의할 수 있다. 이것이 동치류이며, 그것은 그 개념 —ab의 방향—의 외연과 완전히 일치한다. 수학의 관점에서 나는 이러한 모임의 속성을 논의함으로써 ab의 방향에 관해 내가 말하고자 한 모든 것을 말할 수 있다. 만약 내가 방향을 일반적으로 정의하고자 한다면, 나는 그것이 같은 방향의 모임들의 모임이라고 말할 수 있다.

마찬가지로, 우리는 수를 동치류의 모임으로 정의할 수 있다. 그 목표는 논리적 개념만을 사용하여 그 정의를 완성하는 것이다. 그 의미와 외연이 사유의 기초 법칙들에 의해 결정되는 개념들 말이다. 따라서 여기에 당신이 0을 정의하는 방법이 있다. '자기 자신과 동일하지 않은' 술어를 생각해보라. 이것이 어떠한 것에도 적용되지 않는다는 것은 논리적 참이다. 따라서 이 술어가 결정하는 모임에는 필연적으로 어떠한 구성원도 없다. 그것은 '공집합null class'이다. 따라서 숫자 0은 자기 자신과 동일하지 않은 x의 수로(또는, 자기 자신과 동일하지 않은 것들의 모든 모임들의 모임으로) 정의될 수 있다.

$$0 = df.Nx \sim (x = x)$$

('Nx'는 ~인 x의 수를 의미한다.)

0을 정의한 후, 우리는 나머지 수들을 반복해서 이렇게 정의한다. 1은 공집합과 수가 같은 모든 모임들의 모임이다(왜냐하면 적어도 하나이자 많아도 하나인 공집합이 있다는 것은 논리적 참이기 때문이다). 2는 그 유일한 구성원들이 공집합과 그 유일한 구성원이 공집합인 모임인, 그런 모임과 수가 같은 모든 모임들의 모임이다. 기타 등등. (우리는 어떠한 존재론적 가정도 전혀 하지 않으면서, 공집합으로부터 수들을 '만든다'.) 우리는 또한 존재 양화사에 의해 '다음 수'의 관계를 정의할 수 있다. 만일 F의 나머지가 모든 G와 같은 수인 F가 존재한다면, F의 수는 G의 수보다 하나 더 많기(즉 다음 수이기) 때문이다. ('같은 수'는 수를 지시하지 않아도 정의된다는 점을 기억하라.)

페아노의 가정이 요구하는 마지막 무정의 용어는 수 자체의 개념이다. 프레게는 그 정의를 제공하기 위해, 수학적 귀납(페아노의 다섯 번째 가정)에 교묘히 호소한다. 만일 x가, 영이 포함되고 그것에 포함되는 어떤 것의 다음 수도 그것에 포함되는 모든 개념에 포함된다면, 우리는 x를 자연수라고 말할 수 있다.

이 정의는 우리로 하여금 페아노의 가정을 이끌어낼 수 있게 해주고, 그 가정들로부터 산술의 나머지를 이끌어낼 수 있게 해준다. 데데킨트와 칸토어가 산술에서 전체 수 이론을 도출하는 방법을 증명했고, 수 이론은 수학에서 독특한 것이기 때문에, 우리는 논리학에서 수학을 도출하게 된다. Q.E.D.(증명 종료.)

3. 러셀의 역설

이것이 프레게 수학이론의 가장 기본적인 개괄이다. 프레게가 이것을 생각해낼 바로 그 즈음에, 러셀도 유사한 선상에서 같은 결과를 향해 연구하고 있었다. 하지만 러셀은 그 기획에 의심을 던지는 역설을 알아차렸다. 프레게의 증명은 모든 술어 F에 대해, F인 것들의 모임이 있다는 자신의 가정에 무차별적으로 의존한다. 이것은, 모든 것은 자기 자신과 동일하다는 법칙처럼 더 이상의 정당화가 요구되지 않을 만큼 기본적인, 논리학의 직관적 관념이라고 여겨진다. 하지만 그것은 논리학의 일반 관념과 동등하지 않은 개념—모임의 개념—을 도입한다. 모임은 우리의 존재론에서 새로운 존재자를 구성한다. 그것은 단순한 묶음이나 합이 아니라, 정돈된 무리다. 그렇다면 왜 '모임의 구성원'이라는 관념을 술어 같은 논리적 관념이라고 가정하는가?

설상가상으로, 프레게의 가정에는 모순이 따른다. 술어가 '자기 자신의 구성원이 아니라고' 생각해보라. 모임이 타당한 존재자라면, 이 술어는 그것에 적용될 수 있다. 따분한 것들의 모임은 확실히 그 자체가 따분하다. 따라서 그것은 자기 자신의 구성원이다. 작은 것들의 모임은 크며, 따라서 자기 자신의 구성원이 아니다. 기타 등등. 만일 모든 술어가 모임을 결정한다면, 이는 '자기 자신의 구성원이 아닌' 술어에도 참이어야 한다. 따라서 자기 자신의 구성원이 아닌 것들의 모임이 있어야 한다. 이것은 자기 자신의 구성원인가 아닌가? 만일 그렇다면, 그것은 그렇지 않다.

만일 그렇지 않다면, 그것은 그렇다. 어느 것이든 곧바로 모순이다.

이 역설에 대한 많은 응답이 있다. 하지만 어느 것도 논리주의의 기획을 지켜주는 데 성공하지 못하는데, 그 응답들이 논리학의 자명한 내용의 일부가 아닌 개념들을 동원하도록 우리에게 요구하기 때문이다. 가장 유명한 응답 두 가지는 다음과 같다.

（ⅰ）유형론. 이것은 이 역설을 둘러싼 러셀 자신의 방법이었다. 모든 존재자는 유형의 서열 체계에 배열되어야 한다. 동일한 유형의 존재자들은 어느 한 모임에 함께 속할 수 있는 한편, 다른 유형의 존재자들은 그럴 수 없는 것처럼 말이다. 예를 들어, 붉은 대상들의 모임이 있다. 하지만 붉은 대상들의 모임을 포함하여 붉은 대상을 구성하는 모임이란 없다. 붉은 대상들의 모임은 붉은 대상들 자체보다 더 상위의 유형에 속한다. 우리가 그 서열 체계를 올라감에 따라, 그 패턴은 반복된다. 그 구성원이 붉은 사물들의 모임, 푸른 사물들의 모임, 파란 사물들의 모임, 노란 사물들의 모임인 어떤 모임이 있다. 그러나 색깔이 있는 사물들의 모임들의 모임을 포함하는 이 모든 것을 구성하는 모임이란 없다. 그리고 이것은 무한히 계속된다. 그 구성원이 다른 유형인 모임을 구성하려는 어떠한 시도도 배제된다. 우리는 혼성 모임hybrid classes을 도입해서는 안 되는데, 그 결과가 우리 논리학의 논리식이 아닐 것이기 때문이다. 따라서 '자기 자신의 구성원이 아닌 모임들의 모임'은 허용 가능한 표현법이 아니다.

여기에는 직관적으로 매력적인 어떤 면이 있다. 왜냐하면 그것은, 이러한 추상적 존재자들이 우리가 구성해주기 때문에 존재한다는 구성주의자의 생각을 반영하기 때문이다. 따라서 우리가 헛소리를 하는 것이 아니라면, 우리가 존재자들을 어떻게 구성하는지를 살펴봐야 한다. 혼성 모임은 '존재는 존재한다' 혹은 '말이라는 개념이 말이다'라는 문장과 동일한 결점을 갖는다. 즉 그것은 개념을 해당 사물보다는 오히려 자기에게 은밀하게 적용한다. 다른 한편, 이런 직관은 기껏해야 형이상학적이며, 확실히 논리적이지는 않다.

게다가 산술의 기초는 추가 가정 없이는 더 이상 주장될 수 없다. 우리는 0이라는 수를 공집합으로부터 순수하게 논리적 수단으로 구성할 수 있다. 하지만 어떤 임의의 수 n을 생각해보라. 우리는 n이 존재한다는 것을 어떻게 아는가? 우리는 그것을 내가 일찍이 지적했던 방식으로 구성할 수 있다. 공집합을 생각해보라—그것은 어떤 것이다. 그리고 이제 그 유일한 구성원이 공집합인 모임을 생각해보라—그것은 또 다른 것이다. 그리고 그 유일한 구성원이 공집합인 모임이 유일한 구성원인 모임을 생각해보라—그것은 또 다른 것이다. 기타 등등. 이런 방법으로 우리는 어떤 n에 대해서, 무로부터 n개의 구성원을 가진 모임을 구성할 수 있다. 그 어떠한 존재론적 가정을 하지 않으면서도, 우리는 모든 수에 관해서 말할 수 있다. 그러나 그 결과로 생긴 종류는 지독한 혼성일 것이며, 러셀의 이론에 의해 바로 두 번째 단계에서 배제될 것이다. 따라서 동일한 유형의 n개의 사물들의 존재를 가정하지 않고서는, 그 구성원이 n개인 모임을 구성할 방법은 없다. 그리하여 우리 세계에는 수들이 있는 만큼이나 많은 존재자들이 있음에 틀림없다. 그렇지 않다면, 수학은 알려진 주제의 존재를 가정할 수 없다. 이것은 거대한(사실상 무한한) 존재론적 가정이다. 러셀은 그것을 무한 공리라고 불렀다. 하지만 그것은 결코 논리학의 진리가 아니다. 경험적 진리조차 될 수 없을 것이다. 이 경우에, 수학의 선천적 본성은 심각한 의심에 처하게 된다.

(ⅱ) 체르멜로의 집합론. 에른스트 체르멜로의 응답은, 그 방식은 덜

직관적이지만, 더 간단하고 깔끔했다. 그가 말하길, 역설은 러셀이 든 예가 그렇듯이, 어떤 술어에 대해서만 발생한다. 따라서 우리는 자기 자신의 구성원이 아닌 대상들의 집합과 같은 그런 집합은 없다고 결론 내려야 한다. 어떤 술어들은 집합을 결정하지만, 어떤 것들은 그렇지 않다. 그리고 우리는 모든 술어에 대해서가 아니라 모든 적합한 술어에 대하여 집합이 있다고 말함으로써, 이 점을 지적할 수 있다. 우리는 그렇게 정의된 집합론으로 수학을 구성한다.

하지만 새로운 집합 개념은 모임에 관한 러셀의 직관적인 생각과 매우 거리가 멀다. 그 외연은 논리적 개념만의 연구에 의해서는 세워질 수 없고, 우리가 설명하고자 하는 종류의 수학적 추론을 추가 적용함으로써만 세워질 수 있다. 수는 집합으로 환원되는데, 이것은 다만 수를 이해하기 힘들게 하는 모든 방식으로, 집합이 수와 같아졌기 때문이다. 특히, 집합 구성원을 뜻하는 기호 $\in$가 새로운 수학의 무정의 용어가 되며, 그 속성은 이 논리학 영역에 관한 어떤 부가 설명에 의해서가 아니라, 그것으로 만들어진 이론에 의해 주어진다.

4. 수학의 우선성

하지만 이제 형세는 논리학자에 반하는 쪽으로 역전될 수 있다. 논리학자는 술어가 프레게 논리학의 틀 내에서 충분히 알려질 수 있는 명료한 관념이라는 확신에 찬 가정으로부터 시작했다. 술어논리학에 의해, 그는 먼저 모임의 구성원을 정의하고, 그런 다음 수를 정의했다. 하지만 역설은 모임 구성원의 정의뿐 아니라, 그것을 파생시킨 바로 그 술어의 관념까지도 의심해간다. F가 대표하는 것은 무엇인가라는 물음을 던지며, 프레게는 교묘하게 잘 피해간다. 그는 개념이라고 말한다. 하지만 각 개념은 함수를 결정한다. 대상이 완결된 존재자인 것과 달리, 함수는 완결된 존재자가 아니다. 그것은 '불포화되어' 있다. 그러면 함수 F에 대응하는 것은 도대체 무엇인가? 함수는 어떻게 개별화되는가? (우리는 이미 12장에서 이 문제와 맞닥뜨린 적이 있다.) 이 물음에 대답할 때, 우리는 해석의 세 번째 단계로 이동하고 싶을지 모른다. F라는 개념과 F라는 함수 너머에, 그 개념의 외연이 있다고 말이다. 즉 F인 사물들의 모임이다. 이제 마침내 우리는 명백한 실재의 조각 하나를 갖게 된다—술어 'F'가 정박해 있는 세계의 어떤 것 말이다. 하지만 불행히도 이러한 해명은 바로 러셀의 역설에 의해 배제되었던 것이다. 모순은 모든 술어가 모임을 결정한다는 가정에서 비롯한다. 따라서 우리는 기준을 필요로 하며, 그것은 적합한 술어와 부적합한 술어를 구별해줄 것이다.

사실 우리에게는 기준이 있다. 우리에게 필요한 것은 단지 무정의 용어들의 목록에 집합 구성원의 기호 ∈를 추가하는 것뿐이며, 그러고 나서 모든 집합에는 적합한 술어가 있다고 정하면 된다. 우리는 구성원의 측면에서 술어를 정의할 수 있다. F를 a의 술어가 되게 한다는 것은 a가 F들의 집합의 하나의 구성원이라고 말하는 것이다. 우리는 동일성의 개념이 거의 적용되지 않는 듯한 기이한 '불포화된' 존재자를 더 이상 지시하지 않고, 그 동일성 조건이 잘 이해되는 세계의 실질적 항목들을 지시하게 된다. 왜냐하면 집합이란 동일한 구성원을 가질 때 동일하기 때문이다.

그리하여 우리는 논리학의 기본 연산—주술 문장 구조—을 그 본성이 집합론의 공리들에 의해 정의되는 수학적 연산으로 설명하게 된다. 수학의 근거인 집합 구성원이 또한 논리학의 근거로 판명된다. 즉 집합 구성원의 법칙은 사유의 법칙이다. 요컨대 논리학은 수학의 토대가 아니라 그것의 한 분야다.

사태는 보이는 것처럼 결코 간단하지 않다. 왜냐하면 이 급진적인 노선이 콰인의 추종자에게는 매력적일지라도, 당연히 다른 이들은 거의 수용하려 들지 않을 것이기 때문이다. 예를 들어, 신장을 가진 생물의 집합은 심장을 가진 생물의 집합과 동일한데, 왜냐하면 신장을 가진 모든 것은 심장을 가지고 있으며, 그 반대도 마찬가지기 때문이다. 하지만 논리학, 생물학, 의학은 우리로 하여금 양자를 구별하도록 한다. 그리고 프레게의 제안 즉 우리에게는 단일한 모임을 결정하는, 두 가지 속성이 있다고 말하는 것보다 더 나은 방법은 무엇인가?

(단지 속성들의 외연이 아니라) 집합에 의해 속성들을 정의할 수 있다면, 우리는 속성들에 대해 갖는 집합의 이점을 보존할 수 있다. 이렇게 하는 것은 불가능하지 않다. 여기에 한 가지 안이 있다. F라는 속성은, 모든 가능세계 w에 있는 F의 집합이, w에 있는 G의 집합과 동일한 구성원을 갖는 경우에만, G라는 속성과 동일하다. 하지만 우리는 이제 어떠한 콰인주의자도 기꺼이 따르지 않을 영역으로 이동하게 되었다. 그리고 속성을 정의하는 유일한 방법이 우리를 모든 가능세계에 대한 양화와 관련시킨다면, 이는 속성을 전적으로 포기할 또 다른 이유가 될 수 있다.

5. 집합론

체르멜로와 그의 동시대인 아브라함 프렝켈에 의해 제기되어, 현재 체르멜로-프렝켈 집합론으로 알려진 집합론의 7가지 공리는 프레게에서 영감을 받았지만, 프레게가 승인했음직한 것과는 거리가 꽤나 멀다. 이 공리들은 임의적이지 않으며, 가장 기본적인 지적 연산—내가 사물을 셈하고, 모으고, 혹은 그것을 단일한 술어 아래로 가져올 때와 같이, '사물들을 사유로 결합하는 것'―에 대응한다고 여겨진다. 그 공리들은 논리적 참이 아니라, 러셀이 불렀던 '암묵적 정의'(7장을 보라)의 부분이다. 집합 구성원을 뜻하는 ∈라고 정의된 기호 말이다. 그 공리들의 참은 증명할 수 없는 직관에 의해 확립되는데, 왜냐하면 모든 증명이 그 공리들에 의존하기 때문이다.

프렝켈에서 비롯한, 무근거한 집합은 없다고 말하는 '기초공리Foundation Axiom'를 생각해보라. 즉 수를 포함하는 수를 포함하는 수를 포함하는 수를 포함하는…… 무한까지 나아가는 이러한 집합은 없다는 것 말이다. 이 공리는 집합이란 그 구성원들에 의해 형성되고 그것들에 수반한다는 우리의 직관적 관념을 담고 있다. 집합은 그 구성원들이 있는 '지상으로 내려와야' 한다. 당신은 집합에 담겨 있는 사물들을 '잡았을' 때에만, 집합을 갖게 된다. 따라서 까마귀의 집합은 있어도, 까마귀 아닌 것의 집합은 없다. (만일 그러한 집합―약칭해서 N―이 있다면, 그것은 까마귀 아닌 것일 것이다. 따라서 N은 N을 포함할 것이며, 그 N은 N을 포함하며, 그 N은 N을 포함하며…… 이렇게 무한히 계속된다.) 그것이 헴펠의 역설에 대한 해결책인가?

더 중요한 점은, 우리가 프레게-러셀의 수 정의가 왜 유지될 수 없는지 이제 알 수 있다는 것이다. 두 개의 구성원으로 된 모든 집합들의 집합―즉 프레게에게, 수 2와 동일한 집합―과 같은 그런 집합은 없다. 만일 그러한 집합이 있다면―그것을 S라고 부르자―(짝 공리에 따라) S와 대처 여사로 구성된 또 다른 집합 T도 있을 것이다. 하지만 T는 두 개의 구성원을 가진 집합이다. 따라서 S는 T를 포함하고, 그 T는 S를 포함하며, 그 S는 T를 포함하며…… 이렇게 무한히 계속된다. 다시 한 번, 기초공리가 위반된다. 집합 T는 결코 지상에 닿지 않는 무한 사다리다. 꿈에서 야곱에게 주어진 것처럼 첫 번째 발판이 없는 사다리 말이다.

그러므로 수를 집합의 집합으로 정의하려는 기획을 포기해야 한다. 집합은 그 자체로 수학의 무정의 용어가 된다. 게다가 우리는 아마도 칸트가 결국 옳았을 것이라는 점을 안다. 집합론의 공리는 분석적 진리가 아니다. 기초공리를 부정하는 데 비일관성이란 없다. 하지만 이 공리는 확실히 후천적이지 않다. 그것은 구성원에 관한 직관적 개념화를 반영함으로써, 선천적으로 알려진다. 더욱이 집합론의 평가 기준은 우리가 집합론으로부터 산술 전부를 끌어낼 수 있다는 것이다. 하지만 산술은 기하학과는 다르다. 우리는 마지못해 '대안산술'을 묵인하든가 혹은 산술의 법칙이 유지하지 못하는 가능세계를 상상해볼 뿐이다. 왜냐하면 산술의 후천적 주제란 없기 때문이다. 기하학의 후천적 주제인 물리적 공간과 유사한 것은 없다. 따라서 우리의 세계가 산술의 법칙에 부합한다는 것은 우연적 사실이 아니다. 요컨대, 집합론은―그것이 옷을 벗은 최종 상태인 산술은―선천적이고 종합적이며 필연적인 진리의 요체다.

6. 수란 무엇인가?

그렇다면 수란 무엇인가? 그 답을 찾아내기란 매우 힘들다. 수가 집합이라고 말하는 것은 아무것도 말하는 것이 아니다, 어떤 집합인지 말할 수 없다면 말이다. 설령 우리가 러셀의 역설(그리고 그것은 많은 역설 중 하나일 뿐이다) 언저리에서 방법을 찾으려고 몸부림칠지라도, 3이라는 수가 실제로 무엇인가에 대해 정확히 말할 수 있는 데 여전히 더 근접하지는 못한다. 나는 세 개의 구성원으로 된 어떤 집합을 들고, 그것을 내 계산에서 숫자 3으로 사용할 수 있다. 하지만 무한히 많은 그런 집합들 중 어느 것이 3이라는 수인가?

대답은 어떠한 답도 없다는 것이다. 하지만 아마도 그것이 답일 수 있다. 폴 베나세라프는 한 멋진 논문에서(《수가 될 수 없는 것》) 수가 무엇이라 하더라도, 대상이 아니라는 결론으로 논리주의의 주요한 유산을 취한다. 3이라는 수의 대상은 없다. 우리는 알맞게 구성된 어떤 일련의 집합들을 산술의 항목들로 쓰이도록 선택할 수 있다. 그것들이 계산에 요구되는 방식으로(즉 페아노의 가정에 요약된 방식으로) 배열되는 한, 그것들 간에는 글자 그대로 선택할 것이 아무것도 없게 된다. 만일 수가 그 자체의 독립적인 존재를 갖는, 한정적인 대상이라면, 그것이 그렇게 되는 대상들의 특정한 집합이 있을 것이다. 하지만 그러한 집합은 발견될 수 없다. 우리가 그중 하나를 밝혀낸다 하더라도, 그것은 무한히 많은 경쟁자들에서의 임의적 선택일 것이다.

이것은 옳지 않을지 모른다. 하지만 이것은 다시금 공감을 얻는다. 왜냐하면 그것이 우리로 하여금 수학이란 셈하기, 측정하기, 계산하기의 활동으로부터 그 의미를 얻는 하나의 실천이라는 점을 상기시켜주기 때문이다. 플라톤적 유혹은 그러한 활동들로부터, 고요하고 방해받지 않는 영역으로 우리를 데려간다. 그 영역에서 수는 사용되기보다는 숙고되고, 우리의 지적인 응시, 영원이라는 귀중한 보석 아래에서 거듭 전복된다. 하지만 수학적 지식은 그와 같지 않다. 만일 그렇다면, 당신은 수를(혹은 적어도 통용 가능한 수를) 지적으로 완전히 알지만, 양떼를 셀 수는 없는 사람을 상상할 수 있을 것이다. 우리는 칸트가 했듯이, 먼저 실천해야 하고, 그런 다음 수를—우리가 그것을 파악하려 시작하지 않는 한 존재자로 보인다—우리의 활동에 의해 드리워진 무수한 그늘로 간주해야 하지 않겠는가?

7. 이론과 메타이론

수리철학은 러셀과 프레게 이후 메타이론의 발전과 함께 또 한 걸음 앞으로 나아갔다. 메타이론은 논리철학에서 점차 중요한 역할을 하고 있으므로, 그것에 대해 알 필요가 있다.

우리는 이론을 추론규칙을 포함하는, 공리의 집합으로 정의한다. 정리란 규칙을 반복 적용함으로써 공리로부터 도출되는 정식이다. 하지만 이론은 공리가 해석과 함께 제공되기 전까지는 공허하다. 우리는 그 무정의 용어들에 값을 할당하고, 정식의 값이 그 부분들의 값에서 어떻게 나오는지를 보여줄 필요가 있다. (이러한 '값의 할당'은, 19장에서 보았듯이, 언어에 대한 진리이론의 일부다.) 해석이란 이론 그 자체에 의해 이루어지는 어떤 것이 아니라, 다른 이론—메타이론—을 통해 우리에 의해 이루어지는 어떤 것이다. 메타이론은 주어진 공리가 체계 내의 다른 공리들과 독립적이라고 내게 말해줄 수 있다. (독립성은 다른 공리들은 참인 반면 그 공리를 거짓으로 만드는 해석이 있음을 보임으로써 증명된다.) 메타이론은 주어진 공리 집합이 어떤 해석에 완전히 상대적임을 보여줄 수 있다. 그것이 그 해석 하에서 참인 모든 정식을 낳는다고 의미하면서 말이다. 그리고 그것은 공리들이 비일관적임을—즉 p와 p 아닌 것을 하나의 정리로 산출하는 해석이 있음을—보여줄 수 있다. (또는, 모든 논리식이 정리가 되는 해석도 있다. 다음 장을 보라.)

우리는 또한 이론에서 정식을 증명할 수 없을지라도, 특정 정식이 증명가능하다는 것을 말해줄 메타이론을 상상할 수 있다. 만일 공리가 산술의 모든 진리를 낳고, p가 그러한 진리임을 증명할 수 있다면, 우리는 p가 증명가능하다는 것을 입증한 것이다. 하지만 우리는 그것을 이론 내에서 증명한 것이 아니다. 이 점이 플라톤주의자에게 어떤 만족을 준 이유는, 수학적 진리란 그 진리를 수립할 수 있게 하는 어떤 특정한 증명과는 구별된다는 것을 암시하기 때문이다. 아직 증명되지 않은 진리가 있다. 적어도 그 이론 내에서는 아니다. 이 논리주의자의 계획에 대한 마지막 일격은 괴델에 의해서 가해졌는데, 그는 유명한 메타수학적 증명에서 산술의 일관성의 증명을 허용하는 산술의 완전함의 증명이란 있을 수 없으며 그 반대도 마찬가지라고 주장했다. 완전하면서도 일관된, 산술을 산출하기에 충분한 어떤 공리체계를 우리는 알 수 없다. 그래서 참이지만 증명할 수 없는 산술의 정식이 있게 된다. 아무리 다듬더라도, 수학적 진리의 완전한 범위를 산출하는 데 충분할 어떠한 논리체계도 없다는 점이 도출될 듯하다. 또한 우리가 수학을 힐베르트가 바랐듯이, 증명할 수 있는 일련의 정식으로만 여길 수 없다는 것이 도출된다. 즉 '형식주의' 이론은 거짓이다.

괴델의 정리에 관한 고찰은 흥미롭다―당신이 더글러스 호프스태터의 《괴델, 에셔, 바흐》에서 발견할 수 있듯이 말이다. 이 책은 또한 (제목에서 암시되고 있듯이) 무모한 비교를 하고 있다. 하지만 그것은 비전문가가 매우 신중하게 읽어야만 하는 분야다. 그리하여 플라톤주의가 사유 내에서 여전히 어떤 생명력을 갖고 있다는 생각에 우리가 만족한다고 해보자. 만일 증명할 수 없는 수학의 진리가 있을 수 있다면, 수학은 우리가 그것을 구성하는 증명들로 환원될 수 없다. 수학적 진리의 영역은 있다. 우리 자신의 지적인 절차를 통해 그것에 접근할 수 있든 없든 간에 말이다. 그리고 이상한 점은 이것 또한 우리가 증명할 수 있는 어떤 것이라는 점이다. 우리가 우리 자신의 한계를 뛰어넘어서, 자유롭게 돌아다닐 수 없는 바로 그 영역으로 우리의 사유를 투사해볼 수 있다는 점은 놀랄 만한 사실이다. (하지만 어쩌면 이것이 바로 수의 세계가 갖는 인위성을 반영해주는 수학적 난제들 중 하나가 아닌가? 여하튼 이러한 것이 구성주의자의 반박일 것이다.) 이 세계에 어떻게 접근하든지 간에, 우리는 한 가지 사실을 깨달을 수밖에 없다. 우리가 가장 확신하고 있으며, 고대 이후 철학자들에게 지식의 전형을 제공한 것이 또한 역설의 영역이라는 사실 말이다. 그리고 각 역설에 대한 해결책은 또 다른 역설을 낳는 듯하다. 결코 의심받지 않았던 유일한 진리들의 객관적 타당성마저 의심이 들게 할 정도로 말이다. 그렇다면 역설이란 무엇이며, 왜 역설을 피해야 하는가?

27　역설

역설은 '믿음과 반대되는' 명제를 의미하며, 역설에는 두 종류가 있다. 즉 (보통 충분한 설명 없이) 어떤 친숙한 정설에 도전하는 것과, 직관적으로 받아들일 수 있는 전제에서 시작하여 그것으로부터 모순—참일 수 없는 것—을 도출하는 것이다. 현대철학자들이 가장 흥미로워한 것은 두 번째 종류의 역설인데, 왜냐하면 그것이 철학체계의 설득력에 대한 일종의 객관적 시험대를 제공하기 때문이다. 모순은 그것을 낳는 관념의 귀류법*reduction ad absurdum*이다.

　아니, 그것이 이렇게 단순한가? 실재 자체가 역설적이라면 어찌되는가? 그 경우에, 확실히 우리는 역설을 해결한 철학보다는 그것을 기록한 철학에 더 공감할 것이다. 이것이 자유의 철학을 전개할 때 칸트의 바람이었다. 모든 합리적 존재는 자신이 실제로 자유롭다는 점과, 자유의 요청이 지성의 관점에서는 본래 역설적이라는 점을 알게 되리라고 칸트는 믿었다. 다른 이들은 더 신비로운 방식으로, 모든 영역에서의 역설을 인간 한계의 표시이자 우리에게 신의 인도와 계시가 필요하다는 표시로 기꺼이 끌어안으려 했다.

따라서 역설은 현대철학에서의 그 위상에 의해서는 정확히 기록되지 않은 서구 사상의 역사를 갖는다. 소크라테스 이전의 철학자들이 시간, 공간, 운동의 역설을 탐구하고, 그것을 해결하려는 욕구를 형이상학의 주요 동기로 여겼지만, 역설은 기독교의 탄생과 더불어 그 참된 영향력을 획득했다. 기독교의 교리는 의식적으로 역설—신의 육화와 십자가형이라는—을 수용한다. 이미 사도 바울의 서한에서, 당신은 이러한 역설들이 신앙의 시험대로서 그 모든 날것 그대로의 지지할 수 없는 형태로 제시되는 것을 발견한다. (복음이란 '이방인에게는 미련한 것이요, 유대인에게는 거리끼는 것'이다.) 교부 테르툴리아누스는 명백히 십자가형을 언급하며, 불합리하기 때문에 나는 믿는다*credo quia absurdum est*라고 썼다. 이 말은 기독교에 대한 논박으로 간주되기는커녕, 그의 후계자들은 이 말을 종교적 믿음의 참된 원리로 인정했다.

아마도 모든 종교는 귀중한 역설의 보고일 것이다. 하지만 역설은 신비와 같지 않다. 그것은 열광시키기도 하고, 또한 약화시키기도 한다. 그것은 파괴하는 힘이자, 또한 기이한 헌신을 자극한다. 인간의 영혼에는, 믿을 수 없는 명제와 직면하여, 그것을 적극 받아들이고, '맞아, 틀림없이 그래!'라고 말하며, 뒤따르는 상식의 붕괴를 흐뭇해하는 어떤 면이 있다. 따라서 역설이란 일상적 세계와 거리를 두고 조롱하는 반항의 행위일지 모른다.

그리하여 역설은 종교적 사고뿐 아니라 혁명적 정치학에서도 중요한 위치를 차지했다. 루소는 《사회계약론》에서 우리는 '자유롭기 위해 강제되어야' 한다고 도전적으로 말했다. 반면에 그의 제자들인 로베스피에르와 생 쥐스트는, 자유를 누릴 수 없음을 스스로 보여준 사람들의 목을 즐겁게 치며, '자유의 전제주의'를 옹호했다. 그런 역설은 혁명의 문헌에 풍부하다. '사적 소유는 도둑질이다.' '권리는 부르주아의 발명품이다. 그러니 그것에 저항하는 것은 옳다.' '억압적 관용.' '인간의 의지는 역사의 원인이 아니라 결과다. 그러니 역사를 만들라!'

아마도 동양의 종교들에서 역설은 다른 종류일 것이다. 그것은 모순이 아니라, 정확히 말하자면, 선 철학자의 수수께끼와 같은 당혹스런 공허다. 사유가 갑자기 증발해버린 자리에는 아무것도 없다. 이는 불안이라기보다는 오히려 안정이다. 서구의 전통에서 역설은 세계를 스스로에 대하여 등 돌리게 한다. 세계는 우리의 눈앞에서 스스로를 먹어치운다. 그리고 이것이 역설의 핵심이다. 그것은 실재에 대한 사유의 승리를 보여주는 듯하다. 그것은 말한다. '나는 어떤 것도 믿을 수 있다. 심지어 이것조차도 말이다. 그러니 나와 함께 하라!'

"역설 없는 사상가는 감정 없는 연인, 보잘것없는 범인凡人과 같다"고 키에르케고르는 말했다(《철학적 단편》 III장). "모든 정념의 절정은 자신의 몰락을 바란다. 따라서 그것은 충돌을 추구하는 이성의 최고 정념이기도 하다. 그 충돌이 틀림없이 이러저러하게 자신의 파멸의 원인일지라도 말이다……." 그리고 그는 테르툴리아누스보다 한발 더 나아갈 각오가 되어 있었다. "스스로 자신의 신을 만들어냈음을 아는 미친 변덕은 신앙심 가장 깊숙이 숨어 있다." 분명히, 이것이 역설의 기원이다. 신을 부정함으로써 세계를 논박하려는 욕구 말이다. 그렇지 않다면 그것은 당신을 논박할 고통스러운 의심이다.

하지만 키에르케고르는 또 다른 역설도 언급한다. 칸트에 의해 세상에 나왔고, 헤겔에 의해 확대된 그 역설에 따르면, 이성은 자신의 법칙에 불복함으로써가 아니라 너무 엄격히 복종함으로써 모순에 빠진다. 우리를 역설로 이끈 것은 바로 이성이다. 그리고 역설이 비롯된 모순이 없었다면 불가능했을 초월적 판단에서, 역설을 극복해야 하는 것도 바로 이성이다. 이것이 헤겔의 가장 중요한 생각이며, 역설을 처음으로 존중할 만한 것으로 만들었다. 이것이 신앙이 쇠퇴해가던 시대에 헤겔이 성공할 수 있었던 비결이다. 그는 역설이 사물의 본성에 있으며, 우리를 위로해줄 어떤 것을 믿지 못함은 오직 우리 자신의 정신능력의 무력함 때문이라고 설파했다. "여자애들이 대체 뭐가 되려고 이러지?"라고 하얀 여왕*루이스 캐럴의 〈거울나라의 앨리스〉에 나오는 체스판의 여왕은 물었다. "나 어렸을 때에는 아침식사 전에 여섯 가지 불가능한 명제를 믿었건만."

1. 함언의 역설

주요 역설가인 월트 휘트먼은 자신의 유명한 시*〈나 자신의 노래song of myself〉와 더불어 우연히 논리적 담론에 뛰어든다.

> 나는 나 자신과 모순되는가?
> 그렇다면 좋다, 나는 나 자신과 모순된다
> (나는 크고, 내 안에는 다수가 있다.)

여기에는 아주 간결하게 표현된, 소위 엄밀 함언strict implication의 역설이 있다. 많은 함언의 역설이 있으며, 그것들은 부분적으로 첫 번째 종류의 역설이기 때문에 흥미롭다. 즉 그것들은 모순을 포함하지는 않지만, 대단히 반직관적인 사유를 포함한다. 당신은 그것들을 해결할 필요가 없다. 하지만 해결하지 않는다면, 당신의 일은 더 힘들어질 것이다.

다음과 같은 진리표로 정의된 실질 함언을 생각해보자.

P	⊃	Q
T	T	T
T	F	F
F	T	T
F	T	F

이러한 정의는 참인 명제는 어떠한 전제에 의해 함축되며, 거짓 명제는 어떤 결론을 함축한다는 결과를 갖는다. 따라서 많은 사람은 그것이 일반적으로 이해되듯이, 함언의 정의일 수 없다고 주장한다. 우선 첫째로, 우리가 참된 명제들 중에서 전제에서 진짜 도출되는 것과 그렇지 않은 것을 항상 구별하듯이, 우리는 항상 거짓 명제들의 결과를―반사실 조건문 추론에서처럼―산출해낸다.

동시에, 많은 논리학자는 실질 함언이 우리가 함언과 관련시키는 추론에서 정확히 그러한 역할을 할 수 있다고 주장한다. 특히, 그것은 타당한 전건긍정식이라는 중요한 시험을 통과한다. 명제 (p&(p⊃q))⊃q는 진리함수적 항진명제, 즉 논리적 참이다. (그러나 아래의 '아킬레우스Ⅱ'를 보라.) 따라서 그러한 논리학자들은 '역설'을 받아들일 준비가 되어 있다. 만일 우리가 실질 함언을 의미하지 않는다면, '만일'이 무엇을 의미하는지 실제로 알지 못하게 된다.

하지만 우리에게는 또 다른 그리고 더 나은 정의가 있다고 C. I. 루이스는 주장한다. 바로 엄밀 함언이다. '만일'이라는 단어는 전제와 결론 간의 연관을 암시하는데, 그것은 추론을 정당화해주는 종류다. 추론에서 우리는 전제가 참인데 결론이 거짓일 수는 없다고 생각한다. 따라서 그것이 우리가 '만일'을 정의하는 방법이다. '만일 p라면 q이다'는 'p이고 q

아닌 것은 논리적으로 불가능하다'는 의미다. 또는 'p가 q를 실질적으로 함언한다는 것은 논리적으로 필연이다'라는 의미다. (기호로 쓰면 이렇다. □ (p ⊃ q).)

그러나 이러한 정의는 또한 어떤 역설, 즉 논리적으로 불가능한 명제로부터 모든 것이 도출된다(휘트먼의 '다수')는 역설을 낳는다. 그리고 논리적으로 필연적인 명제가 모든 것으로부터 도출된다. 확실히 우리는 그것을 받아들이기를 원하지 않는가? 하지만 다시금 이것은 첫 번째 의미에서만 역설이다. 즉 그것의 수용과 관련된 모순은 없다. 사실상 우리가 역설을 수용해야 한다는 것과, 내적으로 더 역설적이지 않은 연역 가능성 혹은 '함의'(예를 들어, 함의를 비이행관계로 만듦으로써 p가 q를 함의하고, q가 r을 함의한다는 것으로부터, p가 r을 함의한다는 결론은 도출되지 않는다)에 대한 다른 어떤 있을 법한 정의도 없다는 점을 증명하는 데 할애한 상당한 분량의 문헌들이 있다. 불가능한 명제에서 모든 것이 도출된다는 점이 중요한 논리적 발견이라고 당신은 말할지 모른다. 불가능성에 관한 심오한 진리로서, 우리가 그것을 왜 피해야 하는지를—두 번째 의미의 역설이 왜 존재론적 재앙인지를—정확히 보여준다고 말이다. 헤겔이 이 심오한 진리를 알았더라면, 그는 자신의 '증명'이 왜 그렇게 저항 없이 자신이 원하는 어디라도 전개해갈 수 있었는지 알았을 것이다. 그것은 또한 우리에게 일관성에 대해 새로운 시험기준을 제시하기도 한다. 공리체계는 모든 정식이 정리라면, 일관적이지 않게 된다. (지난 장을 보라.)

모든 사람이 이에 만족해하지는 않는다. 도로시 에징턴은 조건문이 그 진리조건으로 이해될 수 있는 것이 결코 아니라는 점을 증명하는 논변을 제시했다. 만일 우리가 그렇게 하고자 하면, 결국 우리는 사람들에게 일관되지 않은 믿음들을 갖게 하고 만다. 한 설문지에 대한 다음과 같은 답변들을 생각해보자.

> (1) 보수당이 승리할 것이다. 예.
> (2) 보수당이 승리하거나 어떤 p에 대해서도 p이다. 예.
> (3) 만일 전 내각이 끔찍한 스캔들에 연루되더라도, 보수당이 승리할 것이다. 아니오.

조건문이 진리조건을 갖는다고 가정할 때, 이 답변들의 집합은 상호일관적이지 않다. 에징턴 여사가 제안하는 해법은 '만일'이 확률로 분석되어야 한다는 것이다. 이 단어의 사용에는, 전제가 결론의 가능성에 대한 근거라는 가정이 있다. 조건 판단이란 어떤 가정 아래에서 사실이 무엇인가에 관한 판단이다. 그리고 그것을 무엇이 참인가에 관한 판단으로 환원할 방법은 절대적으로simpliciter 없다. 따라서 결론과 전제는 진리조건의 분석에 의해 요구된 방식으로 서로 분리될 수 없다.

이 영역은 흥미로운 분야이지만, 더 나아간다면 고대와 현대 철학에서 중요한 역할을 한 실질적 역설에서 벗어날 것이다.

2. 실질적 역설

실질적 역설이 내가 의미하는 두 번째 종류의 역설이다. 우리가 직관적으로 수용하는 전제로부터 출발해서, 합리적인 단계를 밟아 모순으로 이끄는 논변 말이다. 파르메니데스와 그의 제자 제논에 의해 예증된, 역설에 대한 고대의 접근법은, 실질적 역설이 세계에 관한 우리의 상식적 관점에서 유래할 수 있는 진정한 모순이라는 것이었다. 따라서 그것은 상식적 관점을 옹호할 수 없다는 증명이었다. 그것은 실재가 현상과는 패나 구별된다는 것, 진정한 실재가 무엇인지 우리에게 말해줄 수 있는 자는 철학자뿐이라는 것을 보여주었다. 이것은 철학자가 자신의 강의에 상당한 요금을 청구할 수 있음을 의미했다. (《페리크티오네의 파르메니데스》 333D를 보라*로저 스크루턴의 철학소설 중 하나로, 플라톤과 그의 어머니 페리크티오네와의 가상 대화록.)

그러한 접근은 현상에 관한 F. H. 브래들리의 논변과 맥타가트의 시간의 비실재성 증명과 더불어 우리 세기에서 되살아났다. (10장과 25장을 보라.) 하지만 역설들이 나오는 듯한 전제들이 너무 견고히 뿌리 내리고 있어서, 그것들을 거부한다면 우리가 어느 곳에 처해 있는지를 알지 못하게 된다고 주장했던 상식의 옹호자들에 맞서면서 점차 패퇴하고 말았다. 맥타가트의 것과 같은 역설은, 세계에 대한 우리의 직관적 상을 유지하기 위해 우리의 언어와 개념을 조정함으로써 해결되어야 했다. 그러한 대안은 우리가 현상의 환각적 베일을 꿰뚫고 어떤 실재를 볼 수 있게 하는, 파르메니데스와 브래들리가 상상했던 것은 아니다. 그 대안은 아무것도 알지 못한다. 상식과 과학의 정상적인 세계가 우리가 알고자 희망할 수 있는 유일한 세계다.

그럼에도 고대의 역설들은 여전히 우리에게 남아 있으며, 그중 세 가지로 시작하는 것이 유익하겠다.

3. 거짓말쟁이 역설

많은 고대철학자를 괴롭혔으며, 그중 한 명(코스의 필레타스)의 죽음을 야기했다고 일컬어지는 이 유명한 역설은 진술하기 쉬운 만큼 해결하기는 어렵다. '내가 지금 말하고 있는 것은 거짓이다'라고 말하는 사람을 생각해보라. 그의 말은 참인가 거짓인가? 만일 참이라면, 그것은 거짓이며, 만일 거짓이라면, 그것은 참이다.

우리는 이러한 역설에 어떻게 응답할 것인가? 언뜻 보기에, 당신은 그것을 속임수라고 치부할지 모른다. 확실히, 문제의 문장은 단지 일탈적이라고 당신은 말할 것이다. 우리는 단순히 그것을 부적격한 것, 혹은 아무것도 말하지 않는 것, 혹은 문법적 기형으로서 배제해야 한다고 말이다. 따라서 한 가지 제안은, 어떤 문장 자체에 '참'이라는 술어를 적용할 수 있다는 점을 부정하는 것이다. '참'이라는 술어는 다른 문장을 평가할 때 사용된다. 하지만 이것은 이 역설을 해결하지 않는다. 왜냐하면 우리는 그것을 다음과 같은 형식으로 재구성할 수 있기 때문이다.

1. 아래 쓰인 문장은 거짓이다.
2. 위에 쓰인 문장은 참이다.

만일 2가 참이라면, 1은 참이다. 하지만 만일 1이 참이라면, 2는 거짓이다. 따라서 만일 2가 참이라면, 그것은 거짓이다. 이러한 예와 유사한 예들은, 거짓말쟁이 역설에 대한 통사론적 해결책은 없으며, 단순히 그 문법에 힘입어 문제의 문장을 배제할 방법이 없음을 증명하는 데 사용될 수 있다. 이 역설은 의미론적 역설이다. 즉 참이라는 술어 자체의 의미에서 파생되는 역설이다. 그리고 그것은 진리이론의 문맥에서만 해결될 수 있다.

이 역설에 대한 또 다른 대응은 이가bivalence의 원리—모든 문장은 참 또는 거짓이라고 말하는 원리—를 부정하는 것이다. 다음 문장을 생각해보라.

L: L은 거짓이다.

이것은 최소주의자의 표현으로 이 역설을 요약한다. 우리는 즉시 다음을 연역할 수 있다.

(1) 만일 L이 참이라면, 그것은 거짓이다.
(2) 만일 L이 거짓이라면, 그것은 참이다.

거짓인 것은 참이 아니고, 참인 것은 거짓이 아니라고 한다면, 우리는 다음과 같이 추론할 수 있다.

(3) 만일 L이 참이라면, 그것은 참이 아니다.
(4) 만일 L이 거짓이라면, 그것은 거짓이 아니다.

하지만 만일 어떤 것이 자신의 부정을 함축한다면, 우리가 그 부정을 추론할 수 있다는 것이 추론규칙이다. 따라서 (3)으로부터 우리는 L이 참이 아니라고 추론할 수 있으며, (4)로부터 그것은 거짓이 아니라고 추론할 수 있다. 따라서 우리는 다음과 같이 결론 내릴 수 있다.

(5) L은 참도 아니고 거짓도 아니다.

'진리치 간극' 즉 참과 거짓 사이에 간극이 있는 한, 역설은 없다. 그러한 간극이 있다면, L과 같은 문장은 점유자를 위한 매우 좋은 후보다. 왜냐하면 그것은 어떠한 근거도 갖고 있지 않기 때문이다. 그것은 그 자체를 넘어서지 못하는 문장의 거짓을 단언하는 것을 의미하며, 그 거짓을 설명하는 실재와는 어떤 접촉도 하지 않는다.

이러한 응답은 매력적이다. 하지만 강화된 거짓말쟁이 역설로 알려진, 새로운 역설의 형태와 만나게 된다. 다음의 문장을 생각해보라.

L′: L′은 참이 아니다.

이가의 원리를 부정한다 해도, 우리는 모순을 이끌어낼 수 있다. 만일 L′가 참이라면, 그것은 참이 아니다. 만일 그것이 참이 아니라면, 그것은 참이다. 마크 세인스버리는《역설》) '참된'이라는 술어가 문장 L′에 대해 정확히 긍정될 수도 없고 부정될 수도 없다는 가정에 입각해서, 이에 대한 세련된 해결책을 제시했다. 하지만 우리가 살펴보아야 하는 이 역설에 대한 또 다른 일반적 응답이 있는데, 바로 타르스키의 응답이다.

타르스키의 생각은 오히려 모임 구성원의 역설에 대한 러셀의 응답과 같다. 러셀이 유형의 서열로 모임을 배열했듯이, 타르스키도 언어의 서열을 제시했다. 진리는 하나의 언어에 대해서 정의될 수 있지만 다른 언어로만 정의될 수 있다. 따라서 어떤 언어의 문장도 참을 스스로의 술어가 되게 할 수 없고, 혹은 그 언어의 다른 어떤 문장에도 술어가 되도록 할 수 없다.

타르스키의 응답은, '메타언어'로 틀이 잡히지 않은 언어에 대해서는 어떠한 진리이론도 있을 수 없다는 것을 암시한다. 하지만 메타언어는 우리로 하여금 대상언어 그 자체의 표현능력을 초월하는 종류의, '대상언어'에 관한 정리들을 정식화하도록 허용할 수 있다. 타르스키는 이 생각을 괴델의 정리를 앞질렀던 방법으로 발전시켜 나갔다. 그리고 대상언어와 메타언어 간의 효과적인 구별은 진리란 이러한 방법으로 생각될 수 있을 따름이라는 자신의 직관을 확증해준다. 즉 잠재적으로 무한한 언어의 서열이 있으며, 그 각각은 진리의 개념을 자기 아래에 놓여 있는 하나의 언어에 적용하지만 그중 어느 것도 그 개념을 스스로에게는 적용하지 않는 식으로 말이다.

달갑지 않은 두 가지 결과가 뒤따른다. 첫째는 그 자신의 문장들을 아우르기 위해 우리 언어에 사용된 우리의 일상적 진리 개념이 혼란스러우며 사실상 모순적이라는 점이다. 둘째는 '참된'이라는 단어가, 우리가 서열의 단계를 올라감에 따라 체계적으로 의미를 바꾸어, 무한히 모호해진다는 점이다. 이것이 파르메니데스식 비례라는, 실재에 대한 우리의 직관적 개념(결국, 진리 개념이 지시하는 것)에 대한 공격을 이룬다.

당신은 이 역설에 대한 체르멜로식 응답을 상상할 수도 있다. 즉 '참된'이라는 단어의 사용이 모순을 낳을 때, 그것을 배제하는 것이다. 대략, 이것이 타르스키의 진리이론이 자연언어를 다루도록 일반화될 수 있다고 주장하는 사람들의 접근법이다(거짓말쟁이 역설을 설명하며, 타르스키 자신은 부정했던 것이다). 이것은 그 역설에 대한 해결책이 아니라, 다른 문제로 주의를 돌리기 위해 그것을 제한하는 방법일 뿐이다. 사실, 해결책은 코스의 필레타스의 시대와 마찬가지로 오늘날에도 전혀 보이지 않는 듯하다. 그와 운명을 함께하기보다는 다음으로 이동하는 편이 낫겠다.

4. 더미의 역설

더미를 뜻하는 그리스어 *soros*에서 유래한 더미의 역설sorites paradox은, 거짓말쟁이 역설만큼이나 오래되었으나 아마도 덜 치명적일 것이다. n개의 모래알이 더미를 이룬다면, 단지 모래알 하나를 없앤다고 해서 그것이 더미이기를 그만두지는 않을 것이라고 우리는 생각하는 경향이 있다. 따라서 (n)(n은 더미다⊃.n−1은 더미다). 이로부터 당신은 그 정식을 반복 적용함으로써 즉시 다음과 같은 결론을 연역할 수 있다. 만일 어떤 수의 모래알이 더미를 이룬다면, 0까지 줄어드는 모든 작은 수도 그렇다고 말이다. 반대로, n개의 낱알이 더미가 아니라면, n+1개도 더미가 아니다. 이로부터 당신은 물론, 만일 어떤 수의 모래알이 더미가 아니라면, 무한에까지 이르는 모든 큰 수에 대해서도 동일한 것이 참이라는 정반대의 결과를 얻는다. 이러한 두 결론으로부터, 모든 낱알의 무리는 더미이면서 동시에 더미가 아니라는 주장이 나온다.

그 결론은 모순을 포함한다. 누군가는 그것이 도출되지 않는다고 대답할 것이다. 왜냐하면 그 논변은 단순히 '더미이다'라는 술어가 무의미하다는 것을 증명할 뿐이기 때문이다. 이 경우에, 어떤 것도 더미가 아니며, 더미가 아닌 것도 아니다. 하지만 이러한 응답의 문제점은, 그 논변이 일상언어의 무수히 많은 술어들에 되풀이될 수 있다는 점이다. 그 활용이 '더미이다'라는 술어처럼 정확한 경계가 없다는 사실에 의존하는 술어들 말이다. '붉다' '부드럽다' '키가 크다'를 생각해보라. 사실상, 거짓말쟁이 역설이 진리 개념에 의문을 던지듯이, 더미의 역설은 술어 개념에 의문을 던진다. 그것은 우리의 일상적 술어 적용이 모순을 포함함을 암시하는 듯하다. 아마도 우리는 모호한 경계가 없는 어떤 새로운 술어를 고안해냄으로써 모순을 극복할 수 있을 것이다. 예를 들어, 우리는 붉은 것들이 내뿜는 빛의 파장으로 '붉은'을 재정의할 수 있다. 우리는 어느 정도의 낱알 무리가 더미가 되는지에 대하여 정확한 결정을 내릴 수 있다. 기타 등등. 하지만 이것은 두 가지 비참한 결과를 낳는다. 우선, 시간과 능력상 여의치 않은 힘든 과학적 탐구와 실험을 먼저 하지 않고는, 우리는 술어를 적용하는 방법을 더 이상 확신할 수 없다. 둘째로, 우리는 새롭고 정밀한 술어를 정의내릴 때 사용되는 과학이론들의 진리에 의존해야 한다. 그 이론들의 증거가 그 이론들을 지각된 세계—즉 우리의 직관적 술어, 우리가 거부하려고 하는 바로 그 술어에 의해 기술되는 세계—와 비교함으로써 나온다 하더라도 말이다.

더미의 역설은 많이 있는데, 그 모두가 우리의 일상적 술어의 **모호함**과 관련되어 말해진다. 이것을 말하는 것은 그 역설을 해결하는 것이 아니라 기술할 뿐이다. 우리는 그것을 어떻게 해결할 것인가? 모든 역설과 마찬가지로, 우리에게는 세 가지 가능한 조치가 있다. 즉 전제를 거부하는 것, 전제에서 나오는 추론을 거부하는 것, 모순인 것처럼 보이지만 실제로는 모순이 아니라는 점을 증명함으로써 그 역설을 '해명하는' 것이다. 그 추론에 흠이 있을 수 없다는 점은 분명하다. 그것은 단순히 전건 긍정식에 의존할 따름이며, 어떤 속임수나 술수도 포함돼 있지 않다. 내가 방금 넌지시 비춘 이유들 때문에, 그 결론이 수용될 수도 없다. 그렇다면 그 전제들 중 어떤 것을 우리가 거부해야 하는가?

누군가는 모호한 술어가 경계를 갖는다는 생각을 거부할지 모른다. 명확히 더미인 어떤 것이 있고, 명확히 더미가 아닌 다른 것이 있지만, 둘 사이에는 어떤 것이 더미이거나 더미가 아닌지 말할 수 없는, 어떤 영역이 있다고 그는 말할지 모른다. 따라서 우리는 술어 '더미'를, 더미도 아니고 더미가 아닌 것도 아닌 그런 사물을 명확한 구분선의 어느 한쪽으로 배분해주는, 새롭고 더 명확한 술어로 대체해야 한다. 우리는 술어 '더미'를 '새 더미newheap'로 더 분명히 한다. 그런데 이 술어에는 어떤 것이 분명히 해당하든가 혹은 분명히 그렇지 않게 된다. 이 새로운 술어를 사용할 때, n개의 수가 있을 것이고, 그것에 대하여 그 원칙 즉 $(n)(n$은 새 더미다$\supset n-1$은 새 더미다$)$는 거짓이다. 이것이 대략 '초평가적supervaluational' 설명인데, 이 이국적 이름과 정밀한 본질은 키트 파인에서 기인한다. 문제는 그것이 모호함을 완전히 제거함으로써 그 역설을 회피한다는 점이다. 만일 모호함이 있다면, 그 원칙 $(n)(F(n) \supset F(n-1))$은 유지되는 듯하다. 하지만 모호함이 없다면, 우리는 어떻게 우리의 술어를 파악해서, 동시에 우리의 일상적 지각에 기초하여 그것을 적용할 수 있는가?

또 다른 접근법은 모든 명제가 만일 참이라면, 절대적으로 참이라는 관념을 포기하는 것이다. 아마도 우리는 진리의 정도를 대신하여, 모래알을 쌓아 더미를 만들 때, 그 무리가 더미라는 것이 점점 더 참이 된다고 말해야 할 것이다. 하지만 어떤 이들은 그 해결책의 대가가 치르기에는 너무 크다고 주장한다. 우리는 전건긍정식의 타당성을 더 이상 가정할 수 없다고 그들은 말한다. 왜냐하면 그것은 절대적 진리치를 갖는 명제에 대해서만 정의되기 때문이다. 또한 우리는, 마찬가지로 진리의 절대적인 개념화에 근거하여 만들어진, 고전 논리학의 옹호가능성을 가정할 수도 없다. (고전이라고 할 때 내가 의미하는 것은 6장에서 소개한, 양화가 있는 프레게의 이치two-valued 논리학이다.)

'진리의 정도' 해결책을 옹호하는 이들은 종종 그러한 부담을 지려고 하지 않는다. 예를 들어, 도로시 에징턴은 전건긍정식을 포함하는 모든 정상적인 추론은 확률로 이해될 수 있다고 믿는다. '만일 p라면 q이다'는 'p를 가정한다면, q일 가능성이 매우 크다'로 이해되어야 한다. 그러나 어떤 특별한 문맥에서만(수학적 추론에서 일어나듯이) 우리는 '확실한'을 '가능성이 매우 큰'으로 대체할 수 있다. n개의 낱알이 더미가 된다고 가정한다면, n-1개의 낱알 역시 더미를 이룰 가능성이 매우 크다. 절대적 확실성은 없지만, 최대한으로 가능하다. 하지만 이 추론에 영향을 미치는 불확실성이라는 미세한 척도가 그 결론에 의해 계승되어, 그 아래의 연쇄로 전달된다. 다시 말해, n-2개의 낱알이 더미를 이룬다는 것은 다소 덜 확실해지고, n-3개의 낱알이 더미를 만든다는 것은 훨씬 덜 확실해진다. 에징턴 여사는 그 역설을 다른 것, 즉 확률이론에서의 소위 '복권의 역설'과 비교한다. 많은 복권이 복권판매소에서 판매되고, 그중 하나만이 당첨될 것이다. 따라서 어떤 복권이 당첨되지 않을 확률은 매우 높다. 그리하여 우리는 다음과 같은 전제들이 있는 논변을 만들 수 있다. '복권1은 당첨되지 않을 것이다' '복권2는 당첨되지 않을 것이다' '복권3은 당첨되지 않을 것이다' 기타 등등. 그 각각은 매우 확률이 높다. 하지만 이 논변의 결론—'어느 복권도 당첨되지 않을 것이다'는 확실히 거짓이다. 이 역설은 대단히 분명하며, 그 이름에 걸맞은 어떤 확률적 추리이론에 의해 해결될 것이다. 더미의 역설도 마찬가지다. 어떤 수 n에 대하여, n이 더미라고 가정한다면, n-1 역시 더미라는 것이 최대한으로 가능하다고 말하는 식으로, 우리는 그 역설을 낳는 원리—(n)(n은 더미다⊃.n-1은 더미다)—를 이해해야 한다.

그 논변은 우리의 범위를 넘어서 있다. 하지만 해결책이 우리로 하여금 일상의 추론이란 수학에서 발생하는 추론과는 구조적으로 매우 다르다는 것을 인정하도록 강요할지 모른다는 점이 바로 이 역설의 중요성을 증명해준다.

5. 아킬레우스 I

제논의 운동의 역설은 기원전 5세기경에 처음 제기된 이후 근심과 희열의 원천이 되어왔다. 그의 원래 의도는 운동과 변화—아마도 시간 자체—가 모순적인 관념이고 실재란 불변한다는 점을 증명하는 것이었다. 아마도 그는 그것을 증명하는 데에는 성공하지 못했을 것이다. 하지만 무한에 관한 집요한 의심을 제기하는 데에는 성공했다. 우리가 제논의 논변을 설명할 수 있도록 해준 아리스토텔레스는 그 논변을 매우 진지하게 다뤄야 한다고 여겼다. 그리고 그것은 서로 다른 이유에서였지만 칸트, 헤겔, 러셀에 의해 동일한 찬사를 받았다. 이 논변에는 세 가지가 있다. 경기장의 역설, 화살의 역설 그리고 아킬레우스와 거북의 역설이다. 간략화를 위해, 나는 마지막 것만을 다루겠다.

거북 한 마리가 아킬레우스에게 경주를 신청한다. 그 동물의 건방짐을 비웃던 영웅은 마침내 경주를 하는 데 동의하고, 초보자인 만큼 몇 발자국 앞에서 출발해야 한다는 거북의 간청을 받아들인다. 아킬레우스는 어렵지 않게 거북이 출발한 곳에 도착한다. 하지만 그가 거기에 도착한 시간 동안, 거북은 새로운 위치로 나아간다. 아킬레우스 역시 그 위치에 도착하지만, 거북이 다시 작기는 하지만 실질적인 거리로 더 나아갔음을 발견할 뿐이다. 따라서 아킬레우스는 경쟁자의 새로운 위치까지 더 전진해야 한다. 하지만 그 경쟁자는 더 이상 거기에 없으며, 아주 조금이라도 앞으로 더 나아간다. 그렇게 무한히 계속된다. 이것이 무한연속의 시작이라는 것은 가장 형편없는 수학자라도 파악할 수 있는 것이다. 그렇다면 아킬레우스는 무한한 시간 동안 대체 어떻게 자신과 거북 사이의 간격을 메울 수 있을까?

우리가 알고 있듯이, 유한수로 합해지는 무한한 수학적 연속이 있다. 예를 들어, $\frac{1}{2}$, $\frac{1}{4}$, $\frac{1}{8}$……이라는 급수는 1로 합해진다. 이것이 이 문제를 해결하지 못하는가? 이것은 아킬레우스가, 유한한 시간에 유한한 거리를 달림으로써, 무한히 많이 감소하는 간격을 메울 수 있음을 보여주지 않는가? 만일 공간이 수의 연속체와 같은 것이라면, 그렇다고 할 수 있다. 하지만 우리는 그것을 가정할 수 없다. 한 가지 이유는, 우리는 공간이 무한히 나뉠 수 있다고 가정할 수 없기 때문이다. 아마도 우리가 공간의 가장 작은 가능한(즉 물리적으로 가능한) 단위에 도달하는 어떤 지점이 있을 것이다. 가령, 양성자나 쿼크의 너비 말이다. 다른 한편, 그것이 또한 이 역설에 대한 어떤 해결책일지 모른다. 왜냐하면 그것은 아킬레우스가 무한한 과제를 수행할 필요가 없음을 시사하기 때문이다. 거북이 할 수 있는 것은 공간상의 유한한 이동일 뿐이며, 따라서 아킬레우스는 경쟁자가 쓴 시간보다 더 적은 시간만으로도 그만큼을 역시 이동하기에 충분하다.

이러한 해결책 중 어느 것도 보편적 동의를 얻지 못했다. 특히, 두 번째는 만족스럽지 못한데, 그것이 증명되어야 하는 경험적 가정에 의존하기 때문이다. 공간이 무한히 분할될 수 있다고 가정하는 것은 그렇지 않다고 가정하는 것보다 더 수용될 만하다. 그리고 이것은 공간상의 운동이 항상 무한히 많은 여정의 완료를 포함할 것임을 시사해준다. 이것이 제논의 경기장 역설의 본질이다. 이 역설은 J. F. 톰슨에 의해 일반화되었고, 그는 무한히 많은 다른 과제의 완료를 포함하는 과제라는 '거대과제mega-tasks' 관념을 도입했다. 삶에는 거대과제가 대단히 많은 듯하며, 우리는—삶은 불가능하다고(그것은 불가능한 일이 아니다) 결론 내리지 않는 한—그러한 과제가 어떻게 완료될 수 있는지를 이해해야 한다. 톰슨은 거대과제가 완료되었다는 가정이 실제로 모순을 포함함을 보여주는 흥미로운 논변들을 제시한다.

6. 아킬레우스 II

바로 그 톰슨이, 19세기 말 루이스 캐럴이 《마인드》지에 발표한 두 번째 아킬레우스의 역설에 대한 표준적 해결책을 제시했다. (당신이 《마인드》지를 어떻게 생각하든, 그 철학지는 빼어난 역사를 갖고 있다.) 발은 빠르지만 우둔한 아킬레우스는 지혜로운 거북을 따라잡고, 거북은 어떤 지적 문제에 관해 그에게 조언을 해준다. 아킬레우스는 파리스가 헬레나와 눈이 맞아 달아났으며, 만일 파리스가 헬레나와 눈이 맞아 달아났다면, 전쟁이 일어날 것이라는 얘기를 들었다. 그렇다면 그는 전쟁이 일어날 것이라고 결론 내릴 수 있는가? 거북은 만일 그가 p와, p가 q를 함축한다로부터 q로 나아갈 수 있다면, 어째서 그렇지라고 대답한다. 하지만 확실히 그것은 참이라고 아킬레우스는 말한다. 그럼 그것 역시 우리의 전제에 추가해보자고 거북은 응수한다. 그럴 경우에 우리는 다음과 같은 세 전제를 갖게 된다.

⑴ p
⑵ p는 q를 함축한다.
⑶ (p & p는 q를 함축한다)는 q를 함축한다.

이제 q가 나오는가? 거북은 만일 우리가 ⑴ ⑵ ⑶이 함께 q를 함축한다고 가정한다면, 어째서 그렇지라고 말한다. 그럼 그것 역시 우리의 전제에 추가해보자.

⑷ (p & (p는 q를 함축한다) 그리고 ((p & p는 q를 함축한다)는 q를 함축다)))는 q를 함축한다.

이제 q가 나오는가? 만일 우리가 ⑴ ⑵ ⑶ ⑷가 함께 q를 함축한다고 가정한다면, 어째서 그런가. 그럼 그것 역시 우리의 전제에 추가해보자. 기타 등등. 무한히 계속된다. 여기에는 글자 그대로 결코 완결될 수 없는 무한과제가 있다. 추리는 불가능하고, 아킬레우스는 다시 패배하여, 불복하는 우둔한 이로 물러나며, 결코 다시는 나타나지 않기로 결심한다.

이것은 실질적 역설이 아니다. 왜냐하면 해결책이 있기 때문이다. 즉 논변의 전제를 추론규칙과 구별하면 된다. 만일 추론규칙이 전제로 번역된다면, 그것은 무력해진다. 아마도 논리적 참이겠지만, 어떤 것도 할 수 없게 된다. 전건긍정식은 위의 (3)에서 상술된 논리적 참과는 동일하지 않은 독특한 것이다. 그것은 일련의 정식에서 다른 것으로 이동해가라는 일련의 명령이다. 바꿔 말하자면, 전건긍정식은 대상언어로 하는 진술이 아니라 메타언어로 하는 진술이다. 그리고 이 점을 이해할 때, 우리는 논리학에 관한 심오한 진리를 이해하게 된다.

하지만 이것은 우려스런 진리이기도 하다. 왜냐하면 거짓말쟁이 역설에 대한 타르스키의 해결책과 같이, 그것은 우리가 하나의 언어로만 사유할 수는 없다고 시사해주기 때문이다. 우리 자신의 사유를 넘어, 외부의 관점에서 그것을 고려할 능력이 없다면, 우리는 사유 방법을 배울 수조차 없다. 그렇다면 사유란 얼마나 이상한 것인가.

7. 무한의 역설

첫 번째 아킬레우스의 역설은 무한 개념을 둘러싼 전체 역설군 중 하나다. 그것은 수학에서뿐 아니라 유한한 신이라는 생각을 용납할 수 없었던 사변적 신학에서도 효율적으로 사용된 개념이다. 첫 번째 아킬레우스의 역설은 다음과 같이 매우 간단히 표현될 수 있다. 무한급수(예를 들어, $1+\frac{1}{2}+\frac{1}{4}+\frac{1}{8}+\cdots\cdots$의 급수)가 어떻게 유한한 합(즉 2)으로 합산되는가? 확실히, 아무리 작은 수라도 무한히 많은 양을 합한다면, 그 결과는 틀림없이 무한히 크지 않은가? 유사한 난제들이 물리세계와 관련해서도 발생한다. 우리는 공간과 그 안에 포함된 대상들이 무한히 나뉠 수 있다고 생각하는 경향이 있다. 하지만 이것은 그것들이 무한히 많은 부분들로 이루어져 있으며, 그 각각은 비록 사라질지라도, 유한한 크기라고 암시하는 듯하다. 이 경우에 그것들은 무한히 커서는 안 되는가? 우리는 또한 시간이 양방향으로 무한히 뻗어나간다고 믿는다. 앞으로는 미래로, 뒤로는 무한한 과거로 말이다. 이 마지막 관념은 특히 당혹스런 것으로 판명되었다. 왜냐하면 칸트가 《순수이성비판》에서 주장했듯이, 그것은 무한연속이 끝난다는 것을 함축하는 듯하기 때문이다. 이것은 확실히 불합리하다! (칸트는 유한한 시간만이 현재까지 경과해왔다고 가정하는 것도 마찬가지로 불합리함을 증명하려고 했다. 따라서 실질적 역설이 있게 되며, 이에 대한 해결책을 찾아야 한다. '순수이성의 이율배반'이라고 불리는 《비판》의 위대한 장을 보라.) 비트겐슈타인에게도 유사한 난제가 있다. 가령, 매우 지친 듯한 어떤 사람이 혼잣말로 '5, 1, 4, 1, 3 ─ 휴우! 다 셌네!'라고 말하는 것을 들었다고 해보자. 그에게 무엇을 했는지 묻자, 그는 '원주율의 완전한 소수전개를 거꾸로 열거했다'고 대답한다. 우리는 이것을 어떻게 생각해야 할지 알겠는가? 우리는 무한급수를 시작하는 방법은 알지만 그것을 끝내는 방법은 모르는 듯하다. 그러나 아킬레우스의 역설이 보여주듯이, 무한급수는 어디에서나 끝나고, 출발부터 종료까지 1초밖에 걸리지 않을지 모른다.

아리스토텔레스는 '가능적 무한'과 '현실적 무한'을 구별함으로써 많은 무한의 역설을 풀고자 했다. 무한한 과제를 완료했다든가, 무한한 거리를 가로질렀다는 생각에는 본래 불합리한 어떤 것이 있다고 그는 생각했다. 왜냐하면 이러한 주장은 유한한 시간과 공간에 완전함과 전체성을 놓고서, 현실적 무한의 측면에서 유한한 것들을 생각하도록 강요하기 때문이다. 하지만 끝이 없는 어떤 과제를 우리가 시작할 수 있다는 생각에는 아무런 불합리도 없다. 예를 들어, 어떤 공간적 대상을 계속 이등분하는 일 말이다. 무한연속이란, 당신이 아무리 많이 진행하더라도, 여전히 미완성한 채로 남는 어떤 것일 뿐이다. 그리고 그것이 우리가 수학에서 효율적으로 사용하는 무한 개념이다.

이러한 무한 관념은 칸트를 포함한 많은 철학자를 매료시켰다. 집합은, 당신이 아무리 많은 구성원을 나열하더라도, 여전히 나올 것이 더 있다면, 무한하다. 그러므로 수학에서 무한은 결코 완료되지 않는 연산에 대응한다. 하지만 이 점이 역설을 실제로 해결해주는가? 불행히도, 바로 이 무한집합이라는 관념과 더불어 새로운 난제가 발생한다. 자연수의 급수와 짝수의 급수를 생각해보라. 이것들은 다음과 같이 짝지을 수 있다.

1 2 3 4 5 ……
2 4 6 8 10 ……

각 급수는 무한으로 나아가지만, 직관적으로 우리는 두 번째 급수가 첫 번째 급수의 절반의 구성원을 갖는다고 믿는다. 결국, 두 번째 급수에 포함된 첫 번째 급수의 모든 구성원에 대해, 누락되는 첫 번째 급수의 구성원이 있게 된다. 하지만 첫 번째 급수의 각 구성원은 두 번째 급수의 고유 구성원과 '짝을 이룬다.' 두 급수는 '동수equinumerous'다.

철학적 사고를 지닌 두 수학자가 19세기에 이 역설을 고심했다. 바로 리하르트 데데킨트와 게오르크 칸토어다. 데데킨트는 자연수의 급수가 자신의 부분집합과 동수라는 생각에 모순이 없다고 주장했다. 역설의 느낌은 우리가 여전히 두 급수를 유한항으로 사고한다는 사실에서 비롯한다. 실제로, 데데킨트는 더 나아가, 우리가 무한집합을 바로 이런 식으로 정의해야 한다고 제안했다. 자신의 진부분집합과 일대일 대응에 놓일 수 있는 집합으로 말이다. ('진'이란 집합 자신을 그 부분집합으로 세지 않는다는 의미다.)

이 정의를 이용해서, 칸토어는 완전한 무한의 수학을 발전시켰고, 자신의 발견에 놀라워하면서도 심란해했다. 왜냐하면 서로 동수가 아닌 무한집합이 있음을 증명하는 것이 가능해졌기 때문이다. 사실상, 증가 크기에 따라 자연수와 같이 배열될 수 있는, 무한히 많은 무한수가 있는 듯하다. 그는 실수의 집합이 유리수의 집합보다 크다는 점을 증명하기 위해 독창적 증명 ─ 유명한 '대각선 논법' ─ 을 고안했다. 그것은 다음과 같다.

0과 1 사이의 모든 실수를 생각해보자. 각각은, 0의 무한급수로 끝날, 무한소수전개로 표현될 수 있다. 즉 $\frac{1}{3}$은 0.3333……, $\frac{1}{2}$은 0.5000……, 2의 제곱근에서 1을 뺀 것은 0.4142…… 등등. 우리가 이 실수의 집합에 자연수를 짝짓기 시작한다고, 즉 0과 1 사이의 모든 실수에 대하여 자연수 하나씩을 택한다고 해보자. 예를 들면 다음과 같다.

0   0.1029……

1   0.3333……

2   0.4142……

3   0.5000……

기타 등등. 우리는 이제 우측에 있는 수들의 무한한 칸을 대각선으로 가로지름으로써, 새로운 수를 구성할 수 있다. 첫 번째 수는 그 첫 숫자로 1을 갖고, 두 번째는 두 번째 숫자로 3을 갖고, 세 번째는 세 번째 숫자로 4를 가지며, 네 번째는 네 번째 숫자로 0을 갖는다. 그리하여 우리가 그 각각의 숫자를 다른 숫자로 대체한다고 해보자. 3이 있는 곳에는 2를 놓고, 3이 없는 곳에는 3을 놓는 식으로 말이다. 이것은 우측에 나열된 다른 모든 실수와 적어도 숫자 하나가 다를 것이다. 다시 말해, 그것은 자연수와 짝을 이루고 있는 실수의 목록에 포함되지 않을 것이다. 따라서 자연수가 있는 것보다 0과 1 사이에 더 많은 실수가(그리고 따라서 더 많은 실수가) 있게 된다. 두 집합은 동수가 아니다.

유사한 논변으로, 당신은 모순에 빠지지 않고도 수학적 증명에서 합리적으로 논의될 수 있고, 효율적으로 사용될 수 있는, 무한의 상위 질서가 있음을 증명할 수 있다. 이것은 무한을 다루는 아리스토텔레스의 낡은 방법이 부적절함을 시사해준다. 우리는 결코 완결되지 않은 일들로 더 이상 무한량을 다룰 수 없다. 왜냐하면 그것은 우리에게 무한수란 모두 동일하다고 말하도록 강요하기 때문이다. 하지만 어떤 것은 다른 것보다 더 크다. 그렇다면 우리는 어떻게 무한을 기술하는가?

칸토어는 자신의 이론으로 인해 침울해졌다. 독실한 신자로서 그는 우리가 무한의 개념을 파악할 수 있고, 그것을 신학이 요구하는 의미에서 정확히 이해할 수 있음을 보여주고자 했다. 하지만 그가 그 대각선의 비밀을 푼 후 마주친 아찔한 심연은 모든 신학을 혼란에 빠뜨리는 듯했다. 이 새로운 종류의 무한에 관해 생각할 수 없고, 다른 어떤 것에 관해서도 생각할 수 없었던, 칸토어는 결코 다시는 헤어 나오지 못한 우울의 구렁에 빠져들었다. 하지만 그의 결과는 역설적인가? 확실히 반직관적이라는 첫 번째 의미에서만 그렇다. 거기에서 비롯된 결과가 아무리 놀라울지라도, 무한집합 관념에 모순은 들어 있지 않다. 반면에, 이러한 집합의 존재는 철학에 자극을 주었다. 수학에서 우리가 무한으로 의미하는 바와, 무한량을 포함하는 증명을 이해하는 방법을 설명하는 일이 긴요해졌다. 이것이 지난 장에서 논의한 수학적 '구성주의' 이론의 주요 동기 중 하나였다.

8. 역설의 역할

이러한 예들이 보여주듯이, 역설은 철학에서 중요한 위치를 차지한다. 어떠한 길들이 우리에게 막혀 있다는 깨달음은 역설 덕분이다. 그리고 논리적 논변의 원동자는 바로 그것을 피하려는 노력이다. 이것이 바로 역설의 발견이 항상 그토록 열렬히 환영받은 이유다. 헴펠의 까마귀에 관한 역설을 생각해보라. 그것은 과학철학에서 가장 생산적인 발견 중 하나로 판명되었다. 그것은 과학적 방법이 귀납의 원리만으로 요약될 수 없음을 우리에게 알려준다. 굿맨의 grue에 관한 역설, 혹은 규칙 준수하기에 관한 비트겐슈타인의 이질동형isomorphous의 역설을 생각해보라. 이것들은 의미에 대한 소박한 접근과 더불어 철학적 불만의 원천이며, 우리 조건에 대한 선천적 관점에 의해서만 이해될 수 있는 행위라는, 완전히 새로운 언어 개념의 원동력이었다.

모든 역설이 그렇게 멋진 빛을 발하지는 않는다. 하얀 여왕이라면 분명히 동의할, 유용한 훈련법은 당신이 얼마나 많은 역설을 받아들일 수 있는지 그리고 그렇게 할 때 당신의 세계관이 어떻게 변하는지를 알아보는 것이다. 독자는 마크 세인스버리의 뛰어난 저서의 중요한 첫 번째 부록을 참고해야 하며(학습안내를 보라), 불쌍한 필레타스의 전철을 밟기 전에 그 끝에 도달하려 애써야 한다.

28 객관정신

<u>28</u>

지난 장에서 논의한 역설은, 한 합리적 존재가 연역적 논변의 원리를 따르면서도 이성에 반하는 결론으로 나아가는 사유를 할 때 발생한다. 만일 그가 합리적이라면 그 결론을 받아들이지 않을 것이다. 하지만 사람들이 항상 합리적이지는 않으며, 종종 비합리성에 의해 자극받기도 한다. 그들은 절대 믿을 수 없는 것을 믿으려는 의지를 갖는다.

비합리성은 행동과 욕구에서도 분명하다. 나는 피해야 할 더 나은 이유가 있는 것을, 그 이유를 알 때조차 진지하게 추구할지 모른다. 그리고 나는 내 합리적 본성이 뒷걸음질 치는 어떤 것, 일단 저지른 후에 하지 않았다면 하고 바랄 어떤 것을 하고자 할지도 모른다. 이것은 비합리적 동기부여의 전형적 사례로, 최근 철학자들의 상당한 주목을 모은 주제인데, 왜냐하면 그것이 실천이성의 본성에 관한 중요한 물음을 제기하기 때문이다.

세 번째 종류의 비합리성이 있는데, 그것은 둘 이상의 사람이 공동 기획에 착수할 때 발생한다. 여기에서 그들은 다양한 방법으로 의견 불일치를 해결한다. 그리고 그것을 해결하는 일부 방법만이 합리적이다. 이 말로 내가 의미하는 바는, 일부 방법만이 그들의 협동과 그것을 요구하는 공동 목표를 성공시키는 경향이 있다는 것이다. 그것은 어떤 방법인가? 여기서 우리는 정치철학의 영역으로 들어서며, 그것이 이 장의 주요 주제다. 어떻게 개인의 선택이 합리적으로 통합되는가? 그리고 어떤 종류의 질서가 합리적 존재에게 최선인가?

이 문제는 소위 '죄수의 딜레마'에 의해 적나라하게 부각된다. 그 딜레마는 완전히 합리적 선택을 하는 합리적 행위자들이, 그럼에도 일단 그 게임에 '다른 참가자'가 있으면, 자신들의 최선의 이익을 무산시키는 방식을 예증해준다. 두 공범이 체포되어 따로 떨어진 감방에 갇힌다. 만일 기소된다면 그들은 절도죄로 유죄판결을 받을 것이고, 둘 중 어느 하나가 자백한다면 살인죄로 유죄판결을 받을 것이다. 각자는 경찰로부터 혼자만 살인을 자백한다면 자신에 대한 두 혐의 모두 취하될 것이고 다른 사람만 선고받으리라는 약속을 얻는다. 만일 둘 다 자백한다면, 각자 살인죄에 대한 감형된 형량을 받을 것이다. 어느 쪽도 자백하지 않는다면, 둘 다 절도죄만 유죄판결을 받을 것이다. 각자는 다른 사람이 자백한다면 자신도 자백하는 편이 나으며, 다른 사람이 자백하지 않아도 자신은 자백하는 편이 낫다고 추리한다. 따라서 각자는 어떻든지 간에 자백하고, 그렇게 둘 모두에게 더 나쁜 결과를 낳도록 거든다.

죄수의 딜레마는 합리적 선택이 합리적이고 이기적인 타자의 선택에 의존할 때마다 발생한다. 그리고 이러한 딜레마는 두 '참가자'만이 있는 '게임'에 국한되지 않는다. (이 용어들의 사용은 자연스러운데, 그 주제가, 형식상 말하자면, '게임이론'이라고 알려진 것에 속하기 때문이다.) 해양 어종 감소에 의한 문제를 생각해보라. 각국은 다른 나라가 협정을 준수한다고 신뢰할 수 없으므로, 가능한 한 많은 물고기를 잡는 편이 나으며, 그래도 여전히 잡을 수 있는 물고기가 있다고 추론한다. 그 결과는 모든 나라에게 더 나쁜데, 곧 물고기가 사라질 것이기 때문이다. 하지만 각국은 스스로의 불신에 '갇혀', 할 수 있는 한 많이 잡는 쪽을 선택한다.

1. 사회계약

바로 이것이 '만인에 대한 만인의 투쟁' 상태인 자연상태에서의 인간조건이라고 홉스는 주장했다. 이러한 상태에서 인간의 삶은 '외롭고, 비참하고, 끔찍하고, 야만적이고, 짧은데', 그 이유는 인간이 비이성적으로 행동하기 때문이 아니라, 반대로 바로 그들이 상호경쟁과 상호불신의 상황에서 가능한 한 이성적으로 행동하기 때문이다. 이러한 심각한 곤경에 대한 해결책은, 홉스가 '리바이어던'이라고 이름 붙인 전체성으로 '결합하는' 것이다. 인간은 조건 아래 뭉쳐야 하고, 그 결과 생겨난 합의를 구속력 있는 것으로 간주해야 한다. 그렇게 그들은 사회계약을 맺어야 한다. 이러한 계약 관념은, 홉스가 프랑스 신학자이자 법률가인 장 보댕에게서 취한 것이지만, 플라톤에서 그 기원을 찾을 수 있다.

　많은 철학자의 정치철학은 사회계약에 기초해 있다. 하지만 그들 사이에 계약조건에 대한 합의는 거의 없다. 여기에 몇 가지 형태가 있다.

　(i) 홉스. 홉스는 내전과 잉글랜드 사회가 무정부상태로 붕괴해가는 것을 목도하면서, 강제될 수 없는 계약은 아무런 가치가 없다고 확신하게 되었다. 따라서 강제 조항이 합의 조건의 일부이어야 한다. '자연상

태'에서 합리적 존재들은 주권을 확립하기로 계약한다. 주권은 한 사람일 수도, 사람들의 의회일 수도 있지만, 어떤 경우에도 애초의 합의 조건을 강제할 최상의 절대적 권한을 갖는다. 주권은 계약의 창작물이므로, 또한 계약의 당사자일 수 없다. 즉 주권은 사회계약 위에 있으며, 따라서 주권이 다른 모든 사람에 대하여 그 조건을 강제한다면, 주권은 그 조건을 무시할 수도 있다.

이것이 바로 주권의 의무를 명시하기는 매우 어렵지만, 시민의 의무를 명시하기는 비교적 쉬운 이유라고 홉스는 생각했다. 반란이 정당화될 수 있는가라는 문제에 대해 그는 신중히 말을 아꼈는데, 이는 부분적으로 크롬웰의 반란이 그토록 막대한 비참을 야기했는데, 우리가 다시 그 길을 벗어나는 것은 정당하다고 말하는 것은 위험하다고 홉스는 믿었기 때문이다.

홉스는 주권을 법체계의 집행자로, 법률을 질서 잡힌 영연방에 필수적인 것으로 간주했다. 법에 대한 복종은 사회 일원이 되는 주요 대가이며, 시민들은 사회 평화가 가져오는 혜택 대신에 이러한 복종을 하기로 계약했던 것이다. 이 견해에 따르면, 시민불복종은 애초의 계약상 결코 정당화될 수 없다.

(ⅱ) **로크.** 로크는 《시민정부에 관한 두 번째 논고》에서 자신이 명명했던 '사회계약'에 대한 수정본을 발전시켰다. 그는 홉스보다 덜 냉소적으로, 자연상태에서 인간이 여전히 신법 즉 '자연법'을 인정하고 복종할 수 있다고 여겼다. 애초의 계약을 맺을 때, 그들은 전쟁을 평화와 교환하는 것이 아니라, 타고난 자유를 문명화된 삶의 이점과 교환한다. 사회계약의 결과인 '시민사회'는 자연법에 의해 우리가 갖게 된 양도할 수 없는 권리를 존중해야 한다. 이러한 권리는 생명·신체·재산에 대한 권리

와, 동의가 실현되려면 필요한 기본적 자유를 포함한다.

로크는 그 계약이 명백히 드러나지 않고, 우리의 사회적 행위에서 암시될 뿐이라는 점을 인정했다. 그리고 그는 사람들이 자유롭게 떠날 수 있는 나라에 거주하기를(혹은 여행하기를) 선택할 때마다, 그 조건이 일종의 '암묵적 동의'에 의해 수용된다고 생각했다.

(iii) 루소. 루소는 《사회계약론》에서 당시 공동의 지적 재산이 된 이론에 대한 독자적 설명을 제시했다. 루소에 따르면, 인간의 천성은 선하고, 또한 본래 자유롭다. 인간은 자유롭지 못한 만큼 악해지는데, 이런 부자유의 원인은 제도다. 제도는 전적으로 민주적일 경우에만—즉 그것이 내리는 모든 결정이 전 구성원이 표결한 것일 때에만—인간의 자유를 표현하고 증진할 수 있다. 시민은 이 합의에 굴복하면서, 자신의 선택이 공동체 나머지의 선택과 충돌할 때마다 그 공동체의 나머지를 더 우선하도록 선택한다. 그리하여 그는 자신의 자유의 일부를 공동체에 양도한다. 하지만 그 양도는 또한 증대이기도 하다.

홉스에서처럼, 계약은 일종의 독자적 인격을 갖는 새로운 공동의 존재자를 만들어낸다. 소극적으로 생각할 때, 우리는 그것을 국가라 부르고, 적극적으로 생각할 때, 우리는 그것을 주권이라 부른다. 법인처럼, 그것은 의지—루소가 명명한 유명한 '일반의지'—를 갖는데, 그것은 전체 의지(즉 사회를 구성하는 개별 의지의 총합)와는 구별되는 것이다. 루소는 로크가 옹호했던 자연권을 거부했다. 사회란 모든 권리가 자발적으로 주권에 양도된 상태—하지만 순수 민주정의 길에서 벗어나자마자 그 자신의 권리를 잃고 마는 상태다.

이 모든 형태에서, 사회계약은 근본적 자유의 원칙 즉 우리의 의무가 내심 스스로 창조되고, 스스로 부과된다는 원칙을 소중히 간직한다. 만일 내가 복종의 의무를 받아들이기를 결코 선택하지 않는다면, 나는 법에 의해 구속되거나 혹은 주권에 의해 정당하게 제한될 수 없다. 정당성은 시민에 의해 부어지는 것이지, 주권에 의해서가 아니며, 주권을 찬탈했던 선조들에 의해서는 더더욱 아니다. 만일 우리가 법에 의해 구속되는 계약을 발견할 수 없다면, 그 법은 구속력이 없다.

하지만 이러한 사회계약이 우리의 애초의 문제를 해결해주는가? 그것이 합리적인 사회행위에 필요한 신뢰를 만들어주고, 각각의 사람이 합리적으로 선택함으로써 최선의 것을 선택할 것이라는 점을 확신시켜주는가? 만일 그것이 계약에 의해 구속되려는 종류의 사람을 만들어낸다면, 그렇다고 말할 수 있다. 앞의 두 죄수가 침묵을 지키자고 서로 계약을 맺고, 이것이 무슨 일이 있어도 그들이 그렇게 행동할 충분한 동기라고 상상해보라. 하지만 이것은 사실상 그들이 계약 의무를 모든 이기적 계산 위에 둔다는 의미다. 그렇다면 문제는 '그렇게 하는 것이 합리적인 것인가?'가 된다. 만일 내가 당신이 그 합의를 깨지 않을 것임을 알고, 내가 이기적이지만 더할 나위 없이 합리적 동물이라면, 나는 여전히 자백하는 편이 나을 것이다.

이것을 일반화하면 '무임승차자' 문제가 된다. 즉 자신이 처벌받지 않을 것임을 알고서, 다른 사람의 희생에 무임승차하는 사람 말이다. 그러한 사람들이 나머지 사람들에게 자신들의 부정행위의 부담뿐 아니라, 속고 있다는 느낌까지도—그러한 느낌을 받으면, 우리 모두가 알다시피, 똑같이 행동하고자 하는 일반적 유혹이 생긴다—부과하지 않을 사회를 우리는 어떻게 만드는가?

2. 전통적 반론들

내가 방금 언급한 것들과는 다른 세 가지 주요 반론이 사회계약 관념에 대해 제기되었다. 그것을 제기한 세 철학자는, 자신들이 보기에 17세기와 18세기 동안 유럽을 동요시켰던 혁명의 위험한 자유사상에 반대했던 보수주의자들이었다. 하지만 그들의 목적은 이념적이기보다는 철학적이었다.

(1) 흄. 로크에게 계약의 최소 조건은 암묵적 동의다. 하지만 그것은 거의 충족될 수 없는 조건이다. 로크는 세계가 미국과 그 밖의 다른 곳의 '빈 땅'으로 가득하고, 불만을 지닌 신민은 그곳으로 달아날 수 있다고 가정한다. 하지만 그러한 땅이 정말 비어 있는가? 그리고 자기가 현재 있는 곳에 머무르기 위해 필요한 자원을 모으기에도 빠듯한 보통사람이 그러한 곳으로 정말 자유롭게 갈 수 있는가? 반드시 죽음을 야기할, 혹은 여하튼 삶에서 가치를 찾을 수 있게 해주는 모든 동기 중 하나를 빼앗는 행동방침을 선택할 자유란 대체 무슨 의미인가?

(2) 버크. 사회계약은 현재 살아있지 않아 참여하지 못하는 사람들의 이익을 침해한다. 죽은 자와 아직 태어나지 않은 자 말이다. 그러나 그들에게도 현재 살아있는 자들이 매우 이기적으로 다투는 자원과 제도에 대한 권리, 아마도 불명확한 권리가 있다. 사회를 살아있는 구성원들 간의 계약으로 상상하는 것은 앞선 이들 그리고 뒤에 올 이들에게는 아무런 권리도 부여하지 않는 것이다. 하지만 우리가 그런 부재 영혼들을 무시할 때, 우리는 법에 그 권위를 부여하고 우리 자신의 생존을 보장하는 모든 것을 무시하게 된다. 따라서 우리는 사회질서를, 죽은 자들과 태어

나지 않은 자들이 살아있는 자들과 함께 포함되는 동반자 관계로 보아야 한다.

(3) 헤겔. 계약을 말하는 것은 권리와 의무를 소통하고, 합의하며, 인정할 수 있는 사람들의 존재를 가정하는 것이다. 따라서 그것은 이미 사람들이 모종의 사회적 존재를 이루었음을 가정하는 것이다. (20장의 지배와 예속에 관한 논변을 보라.) 그러므로 사회는 계약에 근거할 수 없는데, 계약은 사회가 자리잡기 전에는 실재할 수 없기 때문이다. 뿐만 아니라 사회계약론은 참을 수 없을 만큼 순진하다. 그것은 정치적 의무를 합의 관계라는 단일 모델로 구성하려 한다. 하지만 정치적 삶이란 여러 수준의 의무들이 있는 복합적인 것이다. 특히 우리는 자유로이 떠맡기 때문에 발생하는 의무―헤겔의 표현을 빌리자면, büergerlishe Gesellschaft(로크에 대한 존중으로 '시민사회'라고 번역되지만, '부르주아 사회'가 더 정확할 것이다)의 의무―를, 가정생활의 의무 같은 어떻게든 우리가 떠안게 되는 의무와 구별해야 한다. 헤겔에 따르면, 국가에 대한 우리의 의무를 비선택적이고 물려받은 것으로 간주하지 않는 국가에 관한 견해는 결코 일관적이지 않다.

3. 집단선택과 보이지 않는 손

사회계약론에 대한 불만은 정당성의 더 그럴듯한 기준을 찾으며, 집단선택에 대한 연구로 이어졌다. 사회는 구성원들을 대표하여 내려진 선택이 있을 때에만 존재한다. 이러한 선택은 어느 때에 정당한가?

한 가지 안은 '사회적 선택'이 그 이름처럼, 단순히 개인들의 선택을 반영하는 것이 아니라, 사회 구성원들이 어떤 정책에 거수 표결할 때처럼, 개인들의 선택에서 비롯된다는 것이다. 하지만 우리는 개인들의 선택이 집단적 결과로 통합되는 두 방법을 구별해야 한다.

(1) 집단적 의사결정. 어느 위원회의 회원들은 각각의 당면 문제에 대해 직접 투표한다. 각 개인은 결정되어야 하는 문제에 대해 자신이 선호하는 선택을 표명한다. 그 결과는 어떤 규칙에 따라 계산된다. 예를 들어, 어떤 정책은 찬성표가 만장일치일 경우에만 인정된다. 이 경우에, 개인은 결정되어야 하는 모든 문제에 대해 거부권을 갖는 셈이다. 이는 개인에게 최대한의 권리를 주고, 어떤 것이 현실적으로 결정될 가능성을 최소화시킨다. 또는, 3분의 2 다수결의 규칙 혹은 과반수의 규칙이 있다. 소수결이 우세할 때에만 그 절차는 엉터리로 보일 것이다. 왜냐하면 이때 어떤 사람이나 사람들의 무리에게 결정할 실질적 권리를 주는, 모종의 가중치가 있는 듯하기 때문이다. 그렇다면 다른 사람들의 선택은 최종 합계에서 아무런 역할도 하지 못하게 된다.

개인적 선택들을 종합하는 이러한 규칙은 '헌법'이라고 기술된다. 하지만 우리가 살펴보겠지만, 정치적 헌법에는 이보다 더 많은 것이 있다. 민주주의는 계약과 동일한 절차가 아니다. 비록 로크와 루소는 두 관념을 결합하고자 하는 경향을 보였지만 말이다. 계약에서 구성원들은 어떤 특별한 절차에 구속되는 데 동의한다. 그리고 동시에 그들은 결정이 내려지는 방식에 참여할 더 이상의 권리를 포기하는 데 동의한다. 사회계약은 완전히 비민주적인 정치 과정을 정당화할 수 있다. 비록 그것이 다른 의미에서는 완전히 민주적인 관념일지라도—왜냐하면 계약에서 모든 참여자는 그 조건에 대한 거부권을 갖기 때문이다—말이다.

(2) 보이지 않는 손. 애덤 스미스는 《국부론》의 유명한 절에서, 자유시장의 참여자 각각은 자신의 개인적 이윤을 추구하지만, "보이지 않는 손에 의해 결코 자신이 의도하지 않았던 목적을 증진하게 된다"고 말했다. 문제의 목적이란 사회의 일반적 후생이라고 스미스는 주장했다. 여기서 당신은 개인의 선택이 집단적 결과를 낳도록 결합되는 매우 상이한 방법을 인식하기 위해, 스미스의 시장 옹호에 동의할 필요는 없다. 시장에서 각 개인은 자유 선택을 하며, 우리는 그것이 자기이익의 관점에서 판단할 때 전적으로 합리적이라고 상상할 수 있다. 아무도 사실상 보이지 않고 숨어 있는 사회적 결과를 선택하지 않는다. 하지만 그 결과는 무수한 개인적 결정의 종합의 결과로서 어김없이 나타난다. 스미스의 생각은 헤겔의 '이성의 간지'의 전조였다. 하지만 '보이지 않는 손'이라는 기제가, 죄수의 딜레마가 보여주듯이, 반드시 참여자의 이익을 낳지는 않는다. 이것이 바로 시장 옹호자가 자원의 만족스런 분배에 도달할 더 나은 방법은 없다고 주장하는 이유다. 집단적 의사결정에 의해 그러한 분배에 도달하려는 시도는 비합리적이라고 종종 덧붙이면서 말이다. 왜냐하면 그것은 해당 위원회가 아무리 민주적일지라도 결정할 수 있는 종류의 사안이 아니기 때문이다.

이러한 두 가지 종합 방법은 일반화될 수 있으며, 근본적으로 대조적인 정치적 합의 관념으로 이어질 수 있다. 집단적 의사결정의 옹호자는 그 구성원들에 의해 명백하게 동의된 사회를 추구한다. 즉 구성원들 스스로 자신들의 제도와 물적 조건을 선택하는 사회 말이다. 보이지 않는 손의 옹호자는 동의에서 유래하지만, 결코 명백히 동의된 적 없었던 사회를 추구한다. 왜냐하면 개별 구성원들의 선택은 최종 결과와 아무 상관없는 문제들을 아우르기 때문이다. 만일 당신이 첫 번째 종류의 동의가, 스미스와 헤겔과 하이에크가 생각했듯이, 달성불가능하다고 생각한다면, 당신은 여전히 두 번째 종류의 동의를 바랄 것이다. 그때 당신은, 설령 아무 근거가 없을지라도, 보이지 않는 손이 만일 존재한다면, 우리가 또한 동의할 어떤 것을 산출할 수 있다고 믿을 강한 동기를 갖게 된다.

4. 사회적 선택의 역설

개인의 선택을 집단적 결과로 종합하는 데 어떤 방법을 택하든, 역설이 생겨난다. 여기에 그중 세 가지가 있다.

　(1) 민주주의의 역설. 이것은 루소에 의해 강조되었으며, 다음과 같은 형식을 취한다.

　　(i) 만일 내가 민주적 선택의 정당성을 믿는다면, 나는 다수에 의해 선택된 정책이 제정되어야 한다고 믿는다.
　　(ii) 양립할 수 없는 두 정책 A와 B가 있다.
　　(iii) 나는 A가 제정되어야 하고 B는 제정되면 안 된다고 믿으며, 따라서 A에 투표한다.
　　(iv) 다수는 B에 투표한다.

　(i)과 (iv)에 의해서 나는 B가 제정되어야 한다고 믿는다. 하지만 (ii)와 (iii)에 의해서 나는 B가 제정되어서는 안 된다고 믿는다. 그리하여 나의 민주적 가치의 고수가 <u>스스로</u>를 상충하는 믿음에 빠뜨린다. (하지만 이것들은 모순되는 믿음들인가? 만일 아니라면, 아마도 이것은 두 번째 종류의 역설은

아닐 것이다.)

(2) 투표의 역설. 이것에는 다양한 종류가 있는데, 루소의 제자인 마르키 드 콩도르세에 의하여 다음과 같이 선형화되었다. 가령 어떤 투표에서 다수가 정책 y보다는 정책 x를 선호하고, 또한 z보다는 y를 선호함을 보인다고 하자. 그러나 그것은 다수가 x보다는 z를 선택함을 보여줄지 모른다. 그러므로 이행성을 가정하면, 우리는 모순을 갖게 된다. 즉 x가 z보다 선호되고, z가 x보다 선호되는 것이다. 이것은 다음과 같은 세 시민의 사례에서 예증될 수 있다. A는 y보다 x를 선호하고, z보다 y를 선호한다. B는 z보다 y를 선호하고, x보다 z를 선호한다. C는 x보다 z를 선호하며, y보다 x를 선호한다. 이 경우에, y보다 x를 선호하고, z보다 y를 선호하며, x보다 z를 선호하는 다수가 있게 된다. 이 역설은, 둘 이상의 선택안이 있고 우리가 그것들의 순위를 매기려 하는, '선호 순위'를 다루기 때문에 일어난다. 아마도 현실적인 민주적 결정은 이와 같지 않을 것이다. 하지만 우리는 선거경험을 통해서 유사한 조건들이 종종 충족되며, 승리를 거둔 정당이 실제 정책과 관련하여 소수의 선호를 반영할 수 있음을 안다.

콩도르세는 혁명적이면서도 순수했다. 그는 공포정치기 직전 실성한 후 목숨을 잃었다. 한번은 한 여인이 저녁식사 자리에서 칼라일에게 물었다. "칼라일 씨, 이 모든 철학이 무슨 쓸모가 있나요?" 그는 다음과 같이 대답했다. "부인, 사람들은 루소의《사회계약론》에 대해 같은 질문을 했습니다. 그리고 그 책의 재판은 초판을 묵살했던 사람들의 피부로 제본되었답니다."

(3) 애로의 정리. 투표의 역설은 '사회선택' 이론으로 알려진 응용논리

학의 한 분야로 발전해갔다. 그 이론은 합리적 선택들이 종종 비합리적 결과로 종합될 때 일어나는 문제들과 명백히 관련된다. 수리경제학자 K. J. 애로가 이 주제에 중요한 기여를 했는데, 그는 사회 구성원들의 선호에 기초하여 선택가능한 사회상태의 완전하고 일관된 순위를 낳으면서, 어떤 직관적 조건들을 충족시킬, 그가 '헌법'이라 부르는 것을 설계하기란 불가능함을 예증했다. 그 증명은 개인의 선호들을 사회적 결과로 변환하는 일련의 규칙으로 '사회후생함수'를 정의한다. 그런 다음 그 함수가 충족해야 하는 조건들을 규정한다. 예를 들어, 어떠한 구성원도 그 결과에 영향을 미치도록 허용되어서는 안 되며, 그 결과는 '파레토 최적'이어야 한다(즉 그것에서의 어떠한 변화도 누군가를 더 곤궁하게 만들 것이다). 애로는 어떠한 사회후생함수도 이러한 조건들을 충족할 수 없음을 증명한다.

이것은 꽤나 전문적인 내용이며, 정치철학과의 관련성은 논란거리다. 하지만 그것은 긴 일련의 논변의 일부이며, 개인적 선호들의 종합이 결국 정치적 의사결정의 정당성에 대한 어떠한 정합적 시험대도 제공하지 않는다는 결론으로 기운다. 만일 우리가 정치적 의사결정을 그것에 영향받는 개인들이 아니라 어떤 다른 존재자—예를 들어, 루소의 '일반의지' 혹은 그것을 구현한 국가—에게 귀속시킨다면, 이러한 모든 논변은 완전히 무시될 것이다.

5. 일반의지, 헌법, 국가

국가이론은 복잡하고 어렵다. 우리는 그것을 다음과 같이 나눠볼 수 있다.

（ⅰ）헌법. 헌법은 종종 국가의 기본법으로 정의된다. 다른 모든 법의 타당성이 의존하는 법 말이다. 하지만 이것은 우리의 논의를 멀리 진척시키지 못한다. 왜냐하면 법이 무엇인지를 알아야 하기 때문이다. 게다가 많은 국가들에는 법률이 없으며, 그 국가들의 헌법이 어느 정도 엉터리일지라도, 우리는 여전히 그것들을 설명하고 비판할 방법을 알 필요가 있다.

헌법은 정치적 의사결정이 도달하는 근본적 절차들로 구성된다. 그것은 미국의 헌법과 마찬가지로 성문화된 것일 수 있다. 하지만 아주 고지식한 사람만이 헌법이란 고정적이고, 불변하며 쉽게 알려질 수 있다고 믿을 것이다. (미국의 헌법은 200년 동안의 헌법 판례법에 비추어 해석되어야 한다. 그것이 성문화될 당시와 오늘날 동일한 것을 의미하는지, 혹은 동일한 것을 의미해야 하는지, 혹은 동일한 것을 의미하는 기준이 사실상 이 경우에 무엇일 수 있는지는 실질적인 문제다.) 영국의 헌법은 결코 성문화된 적이 없으며, 아마도 그럴 수 없을 것이다. 왜냐하면 그것은 주권자에 의해 결코 논의된 적 없는, 끊임없이 발전하는 다수의 보통법common law에서 유래했기 때문이다.

（ⅱ）참여적이고 대의적인 정부. 루소는 직접 민주주의를 옹호했으며, 그것으로 그가 의미했던 바는 모든 시민이 투표를 통해 모든 정치적 선택에 참여하는 체제였다. 이것은 두 가지 이유에서 고대 아테네에서 실행되었다. 고대 아테네는 작은 도시국가(폴리스)였고, 인구의 대다수(여자, 노예, 이민 노동자)는 권리를 박탈당했다. 직접 민주주의는 현대 사회에서는 실행될 수 없다. 그리하여 공동 관심사에 투표하는 사람들이 나머지 사람들에 의해 그렇게 하도록 임명되는 '대의제'가 등장했다. 임명 절차는 민주적일 수 있다. 이러한 경우에, 우리는 대의 민주주의를 갖는다.

하지만 그렇지 않을 수도 있다. 영국에서는 민주주의가 있기 오래전에 대의제가 있었으며, 대표자는 선거구민이 그를 내쫓을 힘이 거의 없던 시대에도 선거구민을 위해 발언하는 것이 의무였다. (물론 이러한 상황에서 그가 선거구민을 위해 발언할지는 논란거리다.) 대표자는 대리인이 아니다. 선구구민은 그에게 무엇을 말할지 혹은 어떻게 투표할지를 말하지 않는다. 그는 자신의 양심을 따를 것이라는 양해 아래 임명된다. 선거구민이 갖는 유일한 통제권은 선거 시기에 발휘된다. (버크는 이러한 구별에 관한 많은 논의를 했지만, 이것에 대한 이해는 여전히 매우 부족하다.)

(iii) 권력분립. 몽테스키외는 로크를 추종하고 수정하면서, 국가권력에는 세 종류가 있다고 주장했다. 즉 정치적 결정을 수행하고 법을 집행하는 것과 관련된 행정, 법의 제정과 관련된 입법, 그 법을 개별 소송에 적용하는 것과 관련된 사법이 그것이다. 그는 더 나아가 이러한 권력들의 분립이 개인의 자유의 전제조건이라고 주장했다. 그렇게 된다면 권력들이 서로 균형을 이룰 수 있고, 정부의 각 부처가 자신의 비행에 책임을 질 수 있기 때문이다. 분립은 결코 완전하지 않다. 비록 분립을 극대화하려는 노력이 미국 헌법에서 시도되었지만 말이다. (하지만 그 결과 대법원에 독립권이 부여되었고, 이제 대법원은 미국에서 가장 중요한 법률 제정자이자 정책 입안자가 되었다.)

(iv) 국가의 본성. 국가는 여러 방식으로 볼 수 있다. 통치자들의 선택으로부터 정책을 만들어내는 일종의 행정기제로 볼 수도 있고(이것이 마르크스주의자의 상이다), 혹은 공직을 차지한 사람들과 별개로, 그들의 의사결정 권력과 책무를 부여하는 공직체계로 볼 수도 있으며(아리스토텔레스), 혹은 기업이나 대학과 비교될 만한, 자기만의 의지·책무·목표를

갖는 공동인corporate person으로 볼 수도 있다(루소와 헤겔). 마르크스주의의 상은 30장에서 다시 논의할 것이다. 하지만 다른 두 견해에 관해 몇 가지 의견을 개진하는 것이 적절하겠다.

우리의 전통에서 정부의 이념 중 하나는, 권력을 행사하는 자들이 그것으로 무엇을 하는지를 항상 답할 수 있는 체제를 달성하는 것이었다. 만일 어떤 사람이 절대권력을 행사할 수 있다면, 그는 사실상 비판의 위협을 없애고, 자기 마음대로 계속할 수 있다. 이를 방지하기 위해, 권력은 결코 전적으로 부여되어서는 안 되고, 오직 작고 제한된 정도로만 부여되어야 한다. 이는 공직을 차지한 자들의 권력을 규정하는 한편, 또한 그것을 제한하는 공직체계를 고안함으로써 달성된다. 그들의 권력을 넘어서는 것은 월권ultra vires 행위이며, 따라서 법에 규정된 처벌에 스스로를 노출시키는 것이다. 만일 각 공직을 차지한 자들이 평생 그 지위를 유지한다면, 그들은 다시 권력을 남용할 기회를 갖게 된다. 하지만 만일 그들이 한동안만 권력을 차지하거나 그것을 눈감아준다면, 공직은 그 공직자와 구별되는 특성을 얻고, 존경의 대상이자 연속성의 원천이 될 수 있다. 이것이 바로 아리스토텔레스의 이상이었으며, 그는 이것이 정책 결정의 모든 주요 체제―군주정, 귀족정, 민주정―와 양립할 수 있다고 주장했다.

동시에 국가는 통합체로서 기능해야 한다. 상충하는 결정들을 공표하는 공직은 국가를 파괴할 것이다. 그렇다면 권력은 어떻게 통합되는가? 이것이 루소가 일반의지를 말하고, 헤겔이 공동인을 말하는 대목이다. 이 철학자들에게 이상 국가란 기계의 통합성도, 유기체의 통합성도 갖지 않는다. 그것은 인격의 통합성을 갖는다―즉 자기 결정에 책임을 지고, 권리와 의무 모두를 갖는 존재자 말이다. 아마도 공직체계는 그러한 국가의 일부일 것이다. 여하튼 이러한 통합체의 관념이 다른 대안보다 추상적으로 더 그럴듯해 보인다. 왜냐하면 그것이 우리로 하여금 어떻게 국가가 인정될 뿐 아니라 복종을 얻는지를 이해할 수 있게 해주기 때문이다. 당신은 기계나 동물에게는 복종하지 않는다. 하지만 당신에 대하여 권리와 의무를 지닌 것에는, 당신이 그 권리와 의무를 인정하는 한, 복종한다.

(ⅴ) 정당성. 그리고 이것은 그 정당성을 인정한다는 의미다. 국가를 정당하게 만드는 것은 무엇인가? 다른 식으로 질문해보자. 무엇이 정치적 의무(국가에 대한 우리의 의무)의 근거인가? 네 가지 안은 다음과 같다.

(a) 물려받은 권위. 권력은 그 권위가 반드시 보호되는 어떤 과정을 통해, 아득한 옛날부터 물려받은 것이다. 이런 종류의 많은 이론이 고안되었으며, 특히 로크의 반대자인 로버트 필머 경은 세습군주제의 일부 변형을 정당화하려 했다. 그 명백한 난점은 이것이다. 그 권위는 어디에서 처음 생겨났는가? 그리고 그것이 양도에 의해 보존된다는 것을 무엇이 보증하는가?

(b) 사회계약. 이것은 우리가 살펴보았듯이, 비록 만족스럽지는 않지만 분명한 답변이다.

(c) 동의. 암묵적이든 명시적이든, 합의에 대한 우리의 동의는 여전히 그 정당성의 어떤 근거를 제공할 수 있다. 아마도 흄이 주장했듯이, 이것이 우리가 바랄 수 있는 최선일 것이다. 이 경우에, 전통이 요구하는 대로 사람들이 자유롭게 살아가는, 유서 깊은 관습에 기초한 국가가 우리의 정당한 질서의 모델이다.

물론 이것은 보이지 않는 손을 생각나게 한다. 그리고 18세기의 자유시장 옹호자들 역시 관습적 정당성이라는 관념을 받아들이는 경향이 있었던 것은 우연이 아니다.

(d) 공리주의 이론. 다른 경쟁 전통에 따르면, 국가를 정당화하는 것은 제 할 일을 하는 능력이다. 국가는 국민의 행복을 위한 도구이고, 더 많은 행복을 낳을수록 더 정당해신다. 이 견해의 약점은 정당성이 잠정적인 것이 된다는 점이다. 인간 진보를 위한 새로운 계획을 가진 사람의 집권은 완전히 정당화될지 모른다. 사실, 정당성이라는 관념은 이제 폐기되는 경향이 있으며, 국가는 그 안전장치를 빼앗겼다.

6. 정의

따라서 아리스토텔레스 이후 현재, 정당성은 부정적 상태에 놓여 있다는 취지의 논변이 있다. 모든 종류의 정치질서는 결정적인 시험을 통과하는 한에서만 정당하다고 간주될 수 있는데, 그 시험의 이름은 바로 정의다. 공리주의는 어떤 더 큰 선을 위해 무고한 자의 파멸을 인정할 것이기 때문에 이 시험을 결코 통과할 수 없다는 것은 익숙한 논변이다. (20장을 보라.)

아리스토텔레스는 정의의 두 가지 유형을 구별했다. 아니, 정의 개념의 두 가지 적용이 더 맞을 텐데, 분배적 정의와 '교환적' 정의가 그것이다. 정의의 문제는 두 가지 맥락에서 발생한다―첫째, 어떤 재화가 그것을 요구하는 사람들 간에 분배되어야 하는 경우다. 둘째, 어떤 사람이 자신의 행동을 통해 보상이든 처벌이든 어떤 것을 받을 만한 경우, 그리고 정의가 그가 받은 것의 척도가 되는 경우다. 첫 번째 경우에는 '옳음'의 개념이 지극히 중요하며, 두 번째 경우에는 '공과'라는 밀접히 연관된 개념이 중요하다. 처벌받을 만하지 않은 사람을 처벌하는 것은 확실히 불의의 전형적 사례다. 재산 분배에서 권리가 없는 사람들 중 누군가가 권리를 갖는 경우에 그렇듯이 말이다.

두 경우에서, 정의가 어떤 사태의 속성인가 혹은 어떤 인간 행동이나 관계의 속성인가라는 물음이 생겨난다. 다시 말해, p가 어떻게 일어나는지와 상관없이, 단순히 p가 부당할 수 있는가? 사회주의자는 이 물음에 예라고 답하는 경향이 있다. 행위는 정당한 분배에 기여하는가에 따라 정당하다고 그들은 말한다. 다른 이들은 정의를 규정적 혹은 절차적 개념으로 간주한다. 그것은 사람들 간의 거래에 적용될 때에만 의미가 있으며, 그 거래에서 떼어내어 그러한 사태에 적용될 수는 없다고 말이다. 우리는 롤스의 이론과 노직의 답변을 살펴봄으로써 이 논쟁을 이해할 수 있다. 이들의 주장이 이 문제에 대한 결정적 발언은 아니지만, 현대철학에서 한 자리를 차지하고 있으며, 무시될 수 없다.

롤스의 《정의론》은 방대하고도 복잡한 저서로, 모든 정교한 방법을 적용하여 정의의 분배이론을 자세히 설명한다. 롤스에게 정의란 사회 전체의 재화 분배를 규정하는 것이다. 정의 개념은 우리가 분배를 정당화하고 시정할 수 있는 유일한 건전한 장치이며, 우리는 사회를 전체로서 볼 때에만 일관된 정의론에 도달할 수 있다. 우리는 모든 사람을 고려하고 각자를 하나로만 셈하도록 함으로써, 재화와 이익의 어떠한 분배가 정의로운 분배인지 질문해야 한다.

이러한 방법의 근거는 합리적 선택 자체에서 찾을 수 있다. 우리는 모두 합리적 선택자이며, 우리 모두는 정치적 맥락에서 선택을 한다. 따라서 우리 모두는 자신의 이익뿐 아니라 우리가 살고자 선택하는 좋은 사회에 대해서도 생각한다. 문제는 우리가 현실 상황에서 우리의 강점과 이점을 파악하고 성공에 이르는 가장 빠른 길을 취하면서, 우리보다 약하거나 어리석은 사람들의 상충하는 요구는 무시하는 경향이 있다는 점이다. 따라서 우리가 인간 사회의 현실적 조건을 탐구한다면, 우리는 보편적으로 수용될 수 있는 정의 개념에 이르리라고 결코 바랄 수 없는데, 왜냐하면 그 현실 조건은 역사적으로나 본성적으로 우리를 가르는 모든 불공정을 그저 승인하고 영속시키도록 이끌기 때문이다. 그러므로 정의로운 것의 척도를 가지려면, 우리는 자신의 이점을 무시해야 한다. 그리고 이것은 우리 자신을 어떤 가설적 상황에 투사함을 의미한다. 우리를 다른 사람과 구별해주는 사실들을 우리가 더 이상 알지 못하는 상황 말이다. 우리는 사회적 실재에 '무지의 베일'을 드리우고, 우리 조건에 대해서 아무것도 몰랐다면, 무엇을 선택했을지 자문해본다. 이 베일의 이면에서 선택하기는 또한 계약조건으로 이해될 수 있다. 우리는 동료들과 함께 사회를 건설하기 위해 노력하는 우리 자신을 상상할 수 있다. 우리가 무엇을 선택할 것인가라는 물음은 우리가 무엇에 동의할 수 있는가라는 물음과 동일한데, 왜냐하면 이 최소한의 상황에서는 관련된 어떤 것도 우리를 구별해주지 않기 때문이다. 따라서 정의로운 분배 또한 우리의 사회계약에 명시되어야 하는 것이 된다.

롤스는 합리적 선택의 기준을 게임이론에서 채택한다. 바로 '최소극대화 전략maximin strategy'이라는 기준이다. 이것은 있을 법한 가망성에 관해 아무것도 알지 못하는 상태에서, 나는 최소의 '이점'을 극대화하는 것을 선택한다는 전략이다. 나는 스스로 최악의 가능한 결과를 생각해보고, 그것이 가능한 한 좋은 것임을 확신하고자 한다. 왜냐하면 그러한 결과가 일어날 수 있기 때문이다. 사회계약의 맥락에서, 이것은 최악의 상황이 가능한 한 좋은 것임을 확실히 하려 한다는 의미다. 다른 한편, 내 지위가 어디이든, 나는 그것에서 벗어날 최대한의 자유를 확보하기를 바란다. 나는 내 자유를 양보하려 하지 않는데, 그것은 내게서 사회적 희망의 주요 원천을 빼앗는 것이기 때문이다. 따라서 나는(그리고 당신도)

최대한의 개인적 자유가 있으며 동시에 모두에게 동등한 자유가 분배되는 사회를 선택할 것이다. 일단 이 원리가 충족되면, 우리는 최하위층의 사람들에게 최선의 가능한 대우를 제공하기를 선택해야 한다. 즉 어떤 불평등이 허용될지라도, 그들은 최악의 지위가 다른 분배하에 있는 것보다는 나은 상태여야 한다('차등원칙difference principle'). 마지막으로, 사회적 이익은 접근 가능해야 한다—즉 지위와 직무에 딸린 사회적 이익이 모두에게 열려 있어야 한다고 롤스는 주장한다. 이 원칙들은 사전에서처럼 '순차적으로 배열된다.' 첫 번째가 충족될 때에만, 우리는 두 번째에 호소한다.

이 모든 것은 대단히 치밀하고 노련하게 전달된다. 하지만 이것을 수용할 어떠한 이유가 있는가? 그 결과는 이 미국 동부해안 지식인이 선호하는 이데올로기에 너무 가까워서, 처음부터 의도했던 결과가 아니라고 우리를 납득시킬 수 없지 않은가? 반론들에는 다음과 같은 것들이 있다. 첫째, 무지의 베일 이면에 합리적 선택과 같은 것은 있을 수 없다. 롤스는 자신이 바라는 결과를 얻기 위해, 우리에게 우리의 인종과 성뿐 아니라 우리의 종교적 가치와 몇몇 '선 개념'까지도 무시하도록 요구한다—요컨대, 진정으로 합리적 선택을 생각할 수 있게 해주는 모든 것을 말이다. 둘째, 롤스가 자유에 부여하는 중요성을 사람들도 부여하리라는 어떠한 설득력 있는 증거도 없다—행복이 더 중요한 선이고, 때로는 자유를 희생함으로써만 얻을 수 있는 것이 아닌가? 셋째, 최소극대화 전략이 이러한 이상적 무지 상태에서 합리적 존재에게 권할 만한 유일한 것은 아니다. 우리는 종종 안전하게 행동한다. 하지만 위험을 감수하는 것도 마찬가지로 합리적이며, 그것이 우리가 항상 하는 일이다. 넷째, 우리의 경험적 조건에서, 우리의 상황을 인식하고서, 그러한 조건을 완전히 제쳐놓도록 요구하는 어떤 개념에 의해 우리가 동기부여되어야 한다는 생각에는 논쟁의 여지가 있다. 칸트와 마찬가지로, 롤스는 모든 현실적 동기를 없애고 운전석에 이성만을 남겨둠으로써 합리적 동기를 끌어내려 한다. 하지만 아마도 이성은 그 페달을 밟을 수 없을 것이다.

하지만 이것들은 노직의 관심을 끈 반론들이 아니다. 그의 주요 관심은 롤스 이론의 **목표**와 관련된다―특히 정의란 재화 분배의 속성으로, 재화 생산의 역사와 관계없이 결정될 수 있다는 생각과 관련된다. 롤스의 사고실험 이면에는 다음과 같은 상이 놓여 있다. 사회의 총생산은 사회적 협력 때문에 존재한다. 정의론의 물음은 몫에 대한 권리를 가진(그들이 사회 구성원인 덕분에) 사람들 간에 그것을 어떻게 분배하느냐다. 하지만 확실히, 재화가 주인 없이 세상에 나오지는 않으며, 그것은 이미 소유권을 설정한 기획, 계약, 암묵적 합의 망의 결과로서 생산된다고 우리는 반론할 수 있다. 그 권리를 침해하지―이것은 불의일 것이다―않고서 재화를 분배하는 것은 불가능하다.

하지만 이상적 분배가 이루어졌다고 해보자. 그것이 유지되리라고 무엇이 보장해주는가? 확실히, 사람들이 자유롭게 자신들의 재화를 교환하고 생산하고 기부한다면, 그 범형pattern은 즉시 무너질 것이다. 그것이 반드시 유지되도록 하려면, 우리는 권리가 다시 침해될 정도까지 인간의 경제적 자유를 축소해야 할 것이다.

요컨대, 정의에 관한 '범형' 이론들은 결코 정의의 이론이 아니다. 현실에서 정의는 절차적 개념이며, 그것의 근본적 적용은 노직이 명명한 '정의보존적 양도justice-preserving transfer'(이것은 논리학에서의 진리보존적 추론과 다소 비슷하다)다. 가령, 내가 신발 한 켤레를 정당하게 소유하고 있고, 당신은 장갑 한 켤레를 정당하게 소유하고 있는데, 우리가 그것들을 교환하는 데 합의한다고 하자. 강제는 없으며, 우리 둘 다 양도를 원한다. 확실히 우리가 정당한 소유로 이 거래를 시작했다면, 우리는 그 거래를 또한 정당한 소유로 끝맺지 않는가? 만일 천 명의 사람들이 플라시도 도밍고의 노래를 간절히 듣고자 원하고, 그가 보수에 대한 분담금으로 요구하는 20파운드를 각자 지불하며, 그들이 그 흥정에 완전히 만족한다면, 플라시도 도밍고에게는 자기 돈에 대한 권리가 있지 않은가? 그리고 그가 결국 훨씬 더 부자가 되는 것은 완전히 정의롭지 않은가? 따라서 정의보존적 양도는 정의라는 이름으로 불평등을 촉진할 수 있다. 하지만 다른 대안들은 명백히 부당할 것이라고 노직은 주장한다. 그 대안들에는 도밍고에게 그가 요구한 것보다 더 적은 돈을 받고 노래 부르도록 강요하거나, 그가 어떻게든 자신의 재능을 발휘하는 것을 금지하는 것이 포함될 것이다.

이러한 논변들은 흥미로우며, 나는 그중 하나를 아래에서 다룰 것이다. 분명히, 노직은 어떤 것의 '정당한 소유'에는 무엇이 있는지에 대해서 무언가를 말하고자 했다. 그리고 이것은 정당한 원초적 획득 이론을 요구할 것이다. (만일 어떤 것이 당신 것이 아니라면, 당신에게는 그것을 양도할 권리가 없다.) 동시에, 우리는 그 강조점이 몫과 분배의 관념에서 개인의 권리로 어떻게 옮겨갔는지를 주목해야 한다. 실제로, 정의에 대한 한 가지 정의는 권리와 관련해서다. 정당한 거래는 어떠한 권리도 침해되지 않는 거래다. (이것이 처벌이 정당할 수 있는 이유다. 만일 누군가가 처벌을 받을 만하다면, 그에게는 그것을 피할 권리가 없기 때문이다. 헤겔은 심지어 범죄자에게는 처벌받을 권리가 있으며, 당신이 그것을 거부하는 것은 그에게 몹쓸 짓을 하는 것이라고 말한다.) 이러한 정의 개념은 사회주의자에게 권장된 것과는 거리가 멀다. 설령 그것이 법정에서 벌어진 많은 일에는 대응하더라도 말이다. 사회주의 사상가들이 강조하는 것은 '사회적 정의'다. 이것은 정의라는 용어를 특수하게 적용한 경우로, 전체로서의 사회 상태를 고려하기 위해 우리를 개인의 권리 영역에서 내쫓는 것을 의미한다.

7. 법

방금 언급한 권리는 일반적으로 자연권으로 기술된다. 그것은 우리가 본성상―가령, 우리는 합리적 존재이고, 모든 합리적 존재는 단지 수단으로서가 아니라 목적으로 대우받을 권리를 갖기 때문에―갖는 권리다. (이것이 칸트 철학의 권리에 대한 정당화다. 신학자들은 그것을 다른 식으로 정당화할 것이다.) 하지만 모든 권리가 자연권인 것은 아니다. 사실상, 많은 철학자들은 자연권이 있다는 것을 부정한다. 예를 들어, 벤담은 자연권의 교리를 '죽마에 올라탄 헛소리nonsense on stilts'라고 기술했다. 권리의 유일한 창조자는 법이고, 법의 유일한 창조자는 입법부라고 벤담은 주장했다. 법은 권리를 부여하는 규칙 혹은 규약인데, 왜냐하면 법이 사람들에게 권리를 존중하도록 강요하기 때문이다.

벤담은 법'실증주의자'였다. 모든 법은 입법부에 의해 상정되고, 그중 어느 것도 자연적이지 않다고 그는 믿었다. 따라서 모든 권리는 실증적 권리다. 그리하여 자연적 권리와 실증적 권리 간의 구별에 대응하여, 자연법과 실증법 간의 구별이 생겼다. 근대 이전에 자연법에 기초한 세밀하고 정교한 정치철학이 있었는데, 사회계약론은 여러 면에서 그것으로부터의 근본적 이탈이었다. 왜냐하면 사회계약론은 우리의 정치적 의무의 원천을 어떤 천부적 계율이 아니라 우리 자신의 선택과 합의에 놓았기 때문이다. 법실증주의는 중세적 세계관을 거부하는 마지막 단계였으며, 여전히 논쟁은 있지만, 20세기에 강력한 지지자들을 모았고―양차 대전 사이에 거의 정통 학설이 되었다.

'법이란 무엇인가?'라는 물음은 쉽지 않다. 법이란 어떤 권위에 의해 강제된 행위 규칙이라고 말하더라도, 어떠한 종류의 규칙에 관해 말하고 있는지 우리는 여전히 알지 못한다. (그리고, 비트겐슈타인이 보여주었듯이, 규칙 개념은 그 자체의 문제를 만들어낸다. 19장을 보라.) 만일 규칙이 법의 지위를 획득하려면, 필수적인 듯 보이는 몇 가지 조건은 다음과 같다.

(ⅰ) 규칙은 한정적이어야 한다. 즉 그것은 우리로 하여금 무엇을 규칙을 지키는 것으로 간주하고, 무엇을 규칙을 벗어나는 것으로 간주할지 결정하도록 허용해야 한다. 모호한 법은 법이 아니다. 혹은 법이라면, 매우 부당한 법이다. (여기서 우리는 자연법 개념이 어떻게 가장 실증주의적인 이론에까지 끊임없이 파고드는지를 본다. 왜냐하면 이 영역에는 우리의 모든 사고를 유발하는 자연적 정의의 개념이 있기 때문이다.)

(ⅱ) 규칙은 선언되거나 공표되어야 한다. 비밀스런 법 역시 법이 아니다. 혹은 다시금 매우 부당한 법이다. (하지만 소비에트의 법에는 많은 비밀법이 있었다. 만일 시민 자신이 법의 올바른 쪽에 있는지 여부를 알 수 없다면, 그는 당국에 순종해야 할 것이다.)

(ⅲ) 규칙은 소급적이어서는 안 된다. 어떤 사람의 어제의 행위가 불법이었다고 지금 발표하는 것은 다시금 불의를 저지르는 것이다. 소급법은 이성의 근본적 요건을 위반한다. 즉 나는 아직 존재하지 않은 규칙을 합리적으로 지킬 수는 없다.

(ⅳ) 규칙은 사회 전체를 규제하는 법체계에 속해야 한다. 그리고 그 체계에는 해결할 수 없는 자기모순이 있어서는 안 된다. 즉 상충하는 법들을 해결해주고, 타당한 법들을 조화시켜주는 절차가 있어야 한다.

일반적인 상태에서, 법은 주권에 의해 강제된다. 하지만 이것이 필수적인 특징은 아닌데, 여러 나라들이 상호신뢰를 위해 수용하는 데 합의하는 국제법과 같은 자발적인 법이 있기 때문이다. 하지만 주권에 의해 강제된 법으로 논의를 한정해보자. 무엇이 그러한 법을 타당하게 하는가?

이것은 최근에 많이 논의된 물음이다. 왜냐하면 이것이 실증주의자와 자연주의자가 가장 갈라지는 문제이기 때문이다. 실증주의에 대한 가장 세련된 최근의 옹호는 H. L. A. 하트에 의해 제시되었다. 그는 모든 법체계의 타당성이 그가 명명한 '승인율rule of recognition'에 빚지고 있다고 주장한다. 이 규칙은 어떤 규정이 법으로 간주될 수 있는지를 우리에게 말해준다. 예를 들어, 영국에서 법은 의회에서 여왕의 승인을 받을 때에만 구속력을 갖는다. 국왕의 재가를 받지 않은 법을 강제하려 시도하는 기관은 월권행위를 하는 것이다. 게다가 국왕의 재가는 법적 타당성을 충족한다. 즉 법에 타당성을 부여하기 위해 다른 어떤 행위도 필요하지 않다.

하지만 이것은 난점을 제기한다. 영국법과 미국법의 대부분은 결코 의회에 의해 명백히 승인된 적이 없는데, 왜냐하면 '보통법'이기 때문이다. 즉 법률은 판례집에 수록된 판결문들로 간직된다. 우리가 그것이 무엇인지뿐 아니라 어떻게 적용해야 할지도 모른다는 것이 바로 보통법의 독특한 특징이다. 우리는 어떤 특정 판례가 정확히 판결되었다고 가정하고서, 그런 다음 그것을 판결한 '규칙'을 끌어낸다. 규칙의 잘못된 정식화가 애초의 판례를 반드시 부당하게 만드는 것은 아니다. 선례구속의 원칙stare dicisis(판례를 그대로 두라)이 우리에게 말해주는 것은 상급 법원에 의해 기각될 때까지 판례는 권위를 지니며, 우리는 거기에 들어 있는 원리 즉 판결이유ratio decidendi를 찾아내야 한다는 것이다. 하트는 여기에 암묵적인 '승인율'이 있다고 말할 것이다. 즉 보통법에 수용된 모든 것은 또한 의회에 의해 승인된다고 말이다.

보통법에 관한 연구는 일종의 자연주의를 대표하는 세련된 답변으로 이어진다. 로널드 드워킨은 일련의 놀라운 논문들에서, 우리가 보통법 추론을 가장 세련된 실증주의에 의해 제안된 모델과 동화시킬 수 없음을 보여주었다. 실증주의자는 어떤 '가장 중요한 규칙'을 지시함으로써 법을 사회규약과 구별하려 한다고 드워킨은 주장한다. 그렇다면 법의 모든 난점과 비결정은 '사법적 재량'의 문제로 취급된다. 즉 그것들은 독립적인 법적 문제들에 대한 진정한 해답의 발견이 아니라, 단순히 법관의 자의적인 판결과 관련된다. 마지막으로, 실증주의자에게 법적 의무는 기존의 법 규칙이 그것을 부과할 때에만 존재한다. 이러한 생각들은 법을, 일관성 외에 어떠한 내적 제한에도 대응하지 못하는, 명령체계로 정의한다. 이러한 견해는 그것에서 비롯한 교의들만큼이나 그릇된 것이라고 드워킨은 주장한다. '가장 중요한 규칙'은 법체계에 필요조건도 충분조건도 아니다. 그것이 필요조건이 아닌 것은, 법은 보통법과 같이 사법적 선례와 그 '중력'을 주목하는 사법적 추론에서 온전히 생겨나는 것이기 때문이다. 또한 그것이 충분조건이 아닌 것은, 법을 적용할 법정이 있고, 그 법정에서 판사가 어떠한 법적 규칙으로부터도 그 권위가 비롯되지 않는 판결 '원칙들'을 사용해야 할 때에만, 최고 입법부가 법을 제정할 수 있기 때문이다.

이러한 원칙들의 존재는, 판사가 명확히 규정된 법의 도움 없이 당사자들의 권리와 책임을 판결해야 하는, '힘든 소송들'에 의해 밝혀진다. 이러한 소송의 판결은 '재량'의 행사가 아니라, 당사자의 실질적이고 독립적으로 존재하는 권리와 의무를 결정하려는 시도다. 판사는 자신이 그들의 권리와 의무를 만들어낸다고 생각할 수 없다―그렇지 않다면, 그의 판결은 소급 입법 행위가 될 것이다. 또한 그는 일반적인 직무행위에 필요하지 않은 어떤 '재량'을 행사한다고 상상할 수도 없다. 힘든 소송에서, 법은 적용된다기보다는 발견된다.

드워킨의 설명의 세부는 이 장의 범위를 넘어선다. 드워킨은 이제 법을 여러 사람에 의해 쓰인, 헌법적 권리 체계에 대한 일종의 주석으로 간주하려 한다. 왜냐하면 그는 미국 법체계를 상당히 염두에 두었기 때문이다. 하지만 그의 많은 사례는 영국 법에서 나오며, 그것은 영국 헌법의 창조자이지 창조물이 아니다. 따라서 그의 논변이 법자연주의 쪽이 아니라면, 도대체 어디로 향하는지 알기가 매우 힘들다.

포괄적인 법철학을 전개하려 하는 사람이라면, 두 가지 중대한 물음을 제기해야 한다. 법의 기능은 무엇인가? 그리고 법의 규칙은 무엇인가? 첫 번째 물음에 대해서 세 가지 답변이 제시될 수 있다.

(i) 법의 기능은 주권이 욕구하는 어떤 '최종상태'를 달성하는 것이다. 사회주의 법체계에서, 법은 종종 사회주의 사회의 목적을 위한 수단으로 간주되었다. 이 견해의 문제점은 수단-목적 추론이 법을 준수하는 것을 정당화하는 만큼이나 빈번히 법을 위반하는 것도 정당화한다는 점이다. 시민이 자신의 법적 권리를 요구할 수 있을 때, 그는 주권의 계획에 장애가 되고, 그 계획의 실현을 방해할 수 있다. 이것이 바로 권리가 사회주의 체제에서 사라졌던 이유다. ('사회주의 법'이란 구소련에 도입되었던 특수한 체계를 기술했던 전문용어임을 밝혀둔다.)

(ii) 법의 기능은 인간 갈등의 다양한 상황에서 '정의를 구현하는' 것이다. 이것은 법자연주의자가 선호하는 견해이며, 우리의 보통법에 반영되어 있다. 이 견해의 문제점은, 법이 정책의 도구이거나 도구가 되었으며, 자연권 침해에 개의치 않고 어디에서나 주권의 의지를 강요하는 데 쓰인다는 점을 충분히 인식하지 못한다는 점이다.

(iii) 법의 기능은 시민이 자신의 동료에게 기대할 수 있는 것에 대한 알 수 있는 경계를 설정함으로써 사회 갈등을 해소하는 것이다. 이는 하이에크와 같은 사상가들이 선호하는 견해다. 그들은 시장을 자유거래에 대한 지속적으로 전개되는 반응으로 보듯이, 법을 누군가가 '규칙을 어

길' 때 평형을 회복하려고 노력하는 것이라고 본다.

아마도 정답은 이것들의 어떤 조합일 것이다. 아니면 아마도 꽤나 다른 어떤 것일지 모른다.

법의 규칙에 관해서 말하자면, 이것을 정의하는 문제는 아마도 현대 사회가 다뤄야 하는 가장 중요한 정치적 쟁점 중 하나일 것이다. 법의 규칙은 주권의 행위와 그 대리인들의 행위를 포함한 모든 행위가 법으로 제한되는 곳에만 존재한다. 그것은 권력을 남용하는 주권에 대하여 희생자가 어떤 보상을 받을 때에만 보장될 수 있다. 그리고 그 결과로 내려진 평결을 집행하는 것이 가능해야 한다. 하지만 그 집행을 누가 하는가? 분명히 주권 자신이다. 이러한 이유로, 홉스는 주권이 법 위에 있어야 한다고 가정했다. 주권이 무엇을 결정하든 그것이 법이다. 설령 그것이 자신의 규정들 중 하나를 위반한다 해도 말이다. (왜냐하면 여기서 '위반'은 단지 '기각'의 다른 말이기 때문이다.) 다른 사람들은 더 합리적으로, 합법성을 보장해주는 권력분립의 역할을 강조한다. 만일 법관이 독립적이라면, 그는 주권의 대리인에게 법의 집행을 요청할 수 있다. 심지어 주권 자체에 대해서도 말이다. 하지만 이것이 어떻게 가능한지는 여전히 어느 정도 불가사의하다.

8. 자유

법은 강제 수단으로, 인간의 자유를 제한하는 것이다. 따라서 법과 그 기능에 관한 문제는 자유주의자에게 큰 관심사였는데, 그들에게 인간의 자유를 제한하는 모든 것은 명백히 잘못이었기 때문이다. 이와 관련하여, 로크는 자유와 방종을 구별했으며, 후자는 우리가 자유의 이름 아래 욕구하는 것이 아니라고 주장했다. 왜냐하면 방종은 사실상 타인의 자유에 대한 위협이기 때문이다. 방종을 금하고, 그리하여 인간의 자유를 촉진하기 위해 우리에게는 법이 필요하다. 따라서 오직 피상적으로만, 법은 우리의 자유를 제한한다. 올바로 이해된 법은 자유가 성취될 수 있는 유일한 수단이다.

이러한 생각이 J. S. 밀의 《자유론》에서 개진되었다. 법학의 과제는 한 사람의 자유가 신장될 수 있는 최대 공간을 만들고, 그의 이웃에게도 비슷한 크기의 공간을 함께 허용함으로써, 인간의 자유를 극대화하는 법 체계를 고안해내는 것이라고 그는 주장했다. 이러한 목적을 위해 그는 유명한 '위해' 원칙을 제안했는데, 이에 따르면 행동은 타인에게 해를 끼치지 않는 한 허용되어야 한다. 어떤 사람의 행위가, 도덕적으로 혹은 미학적으로 우리에게 아무리 불쾌할지라도, 그 동료들의 안녕을 보호하려는 목적 외에는, 국가에 의해 금지되어서는 안 된다.

또한 밀은 인간의 자유가 왜 정치적 선인지를 말하려고 했다. 그것 없이는 의견의 자유로운 논의를 요구하는, 과학이나 법이나 정치에서의 진보란 있을 수 없다고 그는 믿었다. 인간 행복의 새로운 가능성들이 출현하는 '삶 속 실험들'에서 자라는, 도덕의 진보 역시도 있을 수 없을 것이다.

밀의 주요 비평가인 제임스 피츠제임스 스티븐 경에 따르면, 문제는 보통사람들이 그러한 실험들로 성장하지 않으며, 그 실험들을 구경한다고 '무해하게' 남지도 않는다는 점이다. 우리가 '위해'를 순수하게 의학적 관념으로 간주하지 않는다면, 우리는 우리의 행복을 위협하는 모든 것에 의해 해를 입음을 인정해야 한다. 그리고 행복의 큰 부분은, 어떤 사람이 수치스런 행동들이 맘대로 끼어들 수 없는 안전한 도덕질서에 속함을 아는 데 있기 때문에, 우리는 동료 시민들이 자신들이 해야 할 일을 하도록 강제되리라고 기대할 권리가 있다. (스티븐은 인도에서 판사로 일했으며, 유럽인 주인들이 그들의 여흥을 위해 고안한 '삶 속 실험들'이 예의 바른 평범한 인도인들에게 끼친 영향을 목격하고 특히 심란해했다.)

자유주의적 견해를 정의하려는 또 다른 시도는 위해의 개념을 권리의 개념으로 대체하는 것과 관련된다. 이 견해에 따르면, 어떤 행동이 다른 사람의 권리를 침해하는 것으로 보이지 않는다면 허용되어야 한다. 강조점이 이제 옮겨진다. 즉 우리는 무엇에 대해 권리를 가지며, 우리의 권리는 언제 침해되는가? 노직과 같은 철학자는, 칸트가 말한 이유들에서, 우리에게는 권리에 대한 꽤 분명한 견해가 있다고 주장할 것이다. 우리에게는 다른 사람을 존중할 권리, 강제되거나 속거나 빼앗기지 않을 권리, 타인에 대해 유사한 존중을 보이면서 자기만의 생활방식을 추구할 권리 등등이 있다. 아마도 사회 범절의 척도가 바로 이 관념에 함축돼 있을 것이다. 그 결과 생겨난 법체계는, 넓은 의미에서 칸트의 도덕과 비슷하지만 어떤 목적을 다른 목적보다 더 추구할 절대적 의무를 부과하지는 않는, '측면제약'의 체계일 것이다.

이러한 상은 확실히 동의할 만하다. 하지만 이것이 설득력을 가질 수 있는가? 한 가지 문제는 이것이다. 우리는 사람들이 자기만의 목적을 지니고, 자기 이웃을 존중하고 존중을 요구할 수 있는 합리적 행위자라고 가정한다. 하지만 이러한 복잡한 존재들이 출현하는 것은 사회상태에서만이다. 만일 우리가 그들에게 그들이 바라는 대로 출현할 완전한 자유를 허용한다면, 어쩌면 그들은 출현하지 않을지 모른다. 아마도 날것 그대로의 동물적 인간을 도덕적 행위자로 만들려면, 어느 정도의 간섭적 통제가 필요할 것이다. 그리고 아마도 그 통제는 우리로 하여금 개별 시민의 권리들(혹은 적어도 추상적으로 정의된 칸트 철학의 권리들)을 축소하도록 강요할 것이다. 이러한 문제는 '자유주의적 개인주의'의 문제인데, 아래에서 다시 살펴보겠다.

9. 소유

자유주의 사상가들에 의해 옹호되었던 권리들 중 소유권이 가장 논쟁적이었다. 사적 소유의 권리란 있는가? 그리고 만일 있다면, 그것은 어떻게 정당화되는가?

이 논쟁은 아주 오래된 것이다. 플라톤은 《국가》에서 사적 소유가 불만과 갈등의 원천으로, 폐기하는 것이 최선이라고 믿었으며, 일종의 재화의 공동소유를 옹호했다. 아리스토텔레스는 《정치학》에서 이에 답하며, 사적 소유가 시민권의 필수적인 부분이라고 어렴풋이 옹호했다. 하지만 근대적 목적에서의 이 논쟁은, 로크가 《시민정부에 대한 두 번째 논고》 5장에서 자연적 소유권의 존재를 주장하는 유명한 논변을 제기하면서 시작되었다. 그 권리는 자연적이므로, 사회계약 조건 밖에 놓이며, 어떠한 시민도 그것을 양도했다고 가정할 수 없다고 로크는 주장했다.

로크의 주요 논변은 노동에 관해서인데, 다음과 같이 결코 쉽지 않은 말로 쓰여 있다.

> 대지와 모든 열등한 생물이 모든 인간의 공동의 것이라 할지라도, 모든 인간은 자신의 '인격'에서 '소유'를 갖는다. 이러한 어느 누구도 그 자신 이외에는 어떠한 권리도 갖지 않는다. 그가 몸으로 한 '노동'과 그가 손으로 한 '일'은 당연히 그의 것이라고 우리는 말할 수 있다. 따라서 자연이 제공하고 남긴 상태로부터 그가 무엇을 제거했든 간에, 그는 그것에

자신의 노동을 섞었고, 그것에 자신의 것을 합했으며, 그렇게 함으로써 그것을 자기 것으로 만든다.

인용부호는 로크가 그 개념들을 만족스럽게 정의하지 못했음을 느꼈다는 표시다. 그럼에도 이 노동의 논변은 이후 '원초적 취득'에 관한 모든 논의에서 중요한 역할을 했다. 이것은 노직이 다음과 같이 익살맞게 표현한 명백한 반론에 열려 있다. 즉 만일 내가 바다에 토마토주스를 쏟아서, 그것을 대양과 섞어버린다면, 나는 대양 전체에 대한 소유권을 획득하는가, 아니면 그저 토마토주스를 잃어버릴 뿐인가?

로크는 종종 그 논변의 초점을 바꾸었다. 나는 내 노동을 어떤 것에 단순히 섞을 뿐 아니라, 그럼으로써 그것에 가치를 더한다. 그리고 내가 유일한 창작자인 그것의 가치는, 만일 그것이 누군가의 것이라면, 확실히 나의 것이다. 하지만 그것은 누군가의 것인가? 그 논변은 내가 내 노동과 섞어놓은 것이 애초에는 임자 없는 것이라는 어떤 보증이 없다면 시작될 수조차 없다. 하지만 로크는 그것에 임자가 없지 않다고 인정한다. 왜냐하면 신이 우리에게 이 세상을 '공동의 것'으로 갖도록 주었기 때문이다. 뿐만 아니라 내가 다른 사람들을 위해 '충분하고 똑같은 정도로' 남겨두지 않는다면, 나는 결코 소유권을 얻을 수 없다고 로크는 믿었다. 나는 그렇게 한다고 어떻게 확신할 수 있는가? '다른 사람들'이 먼 미래로 뻗어나가서, 머나먼 어느 때에 나의 취득으로 불리한 영향을 받는 누군가가 항상 있다면 말이다.

로크의 논변은 단순히 사적 소유권을 정당화할 뿐 아니라, 누가 무엇을 소유하는가라는 물음에 답하는 방법도 제시하려고 한다. 덜 대담하지만 더 영리했던 헤겔은(《법철학》에서) 사적 소유제도의 정당화만을 제안하고, 소유의 분배는 그가 어떠한 지배권도 주장할 수 없는 요인들인 법,

역사, 운에 맡겼다. (생각해보니, 헤겔은 모든 것에 대해 지배권을 주장했다.) 로크에게, 내 신체('내 이마의 땀방울')가 나의 것이듯, 내 노동은 나의 것이다. 헤겔에게, 육체 활동과 노동은 동일하지 않다. 합리적 존재만이 노동할 수 있는데, 가치를 창출하려는 의도가 노동의 동기의 필수적인 부분이기 때문이다. 이러한 의도는 합리적 존재에게 필연적이다. 만일 그가 자신의 가능성을 실현하여, 진정한 자아를 이룬다면 말이다. 뿐만 아니라 생산된 대상에서 사적 소유를 상상하는 것이 가능한 한에서만 지속될 수 있는 것이 의도다. 헤겔에게 소유는 사적임에 틀림없는데, 왜냐하면 그것은 개별적 자아의 표현이고, 하나 이상의 자아와 동일한 관계를 맺는다면 그 특성을 잃을 것이기 때문이다. 그것은 내가 세계에서 내 개별성을 긍정하고 실현하는 제도다. 사적 소유를 통해서, 나는 세계 안에 내 안식처를 만든다. 세계의 한 귀퉁이가 내 것이라고 표시함으로써 말이다.

두 논변은 내가 요약한 것보다 훨씬 복잡하다. 그 논변들을 평가할 때, 사적 소유권이 복합적임을 항상 명심할 필요가 있다. 사적 소유권은 다음 중 하나 혹은 일부 혹은 전부와 관련될 것이다. 사용할 권리, 다른 사람이 사용하지 못하게 할 권리, 팔고 교환하고 증여할 권리, 사용하지 않고서 보유할 권리, 축적할 권리, 파괴할 권리. 철학적 논변은 이 권리들 중 하나를, 다른 것들을 정당화하지 않고서, 정당화할 것이다.

소유권이 어떠한 도덕적 가정도 하지 않는 선천적 논변에 의해 확립될 수 있다는 주장은 의심스럽다. 왜냐하면 그것은 '사실'에서 '당위'로 나아가는 논변이 될 것이고, 그러한 논변은 만성적으로 공급 부족이기 때문이다. 하지만 우리는 이로부터 사적 소유가 정당화되지 않는다는 반대의 결론을 받아들여서는 안 된다. 사적 소유에 반대하는 논변들은 찬성 논변들만큼이나 사변적이고 비유적이다. 이것은 특히 '헤겔을 바로 세우려는' 마르크스의 시도에서 참이다. 그는 사적 소유제도가 세계에서 개별적 자아의 실현과는 동떨어진 채, 개인을 도구로 전락시킴으로써 소외시킨다는 점을 보여주려고 했다. 어느 경우에서든, 전통적 논의는 소유의 권리보다 훨씬 중요한 관념, 즉 소유의 의무를 간과한다. 권리와 마찬가지로 의무도 개인에 의해 소유될 수 있다. 사적 소유의 의무를 강요하기 위해 필요한 대가가 바로 사적 소유의 권리에 대한 논변이다. 그리고 소유가 남용되거나 낭비되거나 환경을 파괴하는 데 쓰이지 않게 하려면, 우리는 그러한 사적 의무를 강요할 필요가 있다. 이러한 공리주의적 논변은 더 계속될 수 있다. 공산주의가 낳은 환경 재앙을 목격한 모든 사람은, 피해에 대한 책임을 당당히 지는 법인(개인이든 단체든)이 없을 때 어떠한 대가를 치러야 하는지 알 것이다.

10. 제도

이것은 8절에서 언급한 자유주의적 개인주의로 돌아가게 한다. 이 견해에 대한 헤겔주의자의 응답으로 이 장을 끝맺는 것이 유용하겠다. 그리고 이것은 '객관정신'이 실제로 무엇을 의미하는지를 설명해줄 것이다. 자유주의자는 인간의 모든 제도를 인간 선택의 산물로, 선택 자체를 정당성의 원천으로 표상한다. 하지만 헤겔주의자에 따르면, 정당성이란 바로 합리적 존재가 자기 자신과 자신의 종을 제도에 의해 형성되고, 양육되고, 확장된 존재로 존중하는 데서 비롯한다. 우리는 우리의 제도를 욕구하고 선택하지 않았다. 제도가 없었다면 할 수 있는 선택도 없었을 것이기 때문이다. 또한 우리는 모든 물려받은 합의에서 한발 물러나, 어떤 의지의 행위로—나 자신에게서 물러날 수 있는 이상으로 물러나, '지금의 나인 이것이 나인가, 내가 아닌가?'라고 물으며—그것이 정당하다고 선언할 방법을 알지 못한다. 개인주의의 오류는 사회의 전망을 오직 합리적 선택이라는 관념에만—헤겔의 말을 빌리자면, 역사, 공동체, 육체를 전혀 지시하지 않는 실천이성의 '추상' 개념에—기초시키려는 시도에 있다. (이것이 우리가 처음에 다루었던 죄수의 딜레마에 대한 집단적 해결책으로서의 사회 전망이다.) 개인주의는 선택을 무엇보다 중시하며, 정의를 각 개인의 자유가 이웃의 자유와 조화되는 절차로 간주한다. 그럼으로써 자유와 정의의 개념은, 롤스의 이론에서처럼, 서로 뒤엉킨다. 현대의 개인주의자는 더 나아가, 정의의 관념이 모든 특수한 '선 개념'으로부터 자유로워야 한다고 주장하며 롤스를 반박한다. 어떤 특정한 가치 체계, 어떤 특정한 역사 공동체, 어떤 특정한 관습, 상황, 편견도 기본권에 대한 추상적 진술에 포함될 수 없다. 그 진술은 자유와 평등이 정부의 유일한 변명이라는 근본적 요구만을 반영한다. 정치학이란 원자들이 각 개별 영역에서 유지되는 체계다.

하지만 우리는 그와 같지 않다. 합리적 존재로서 우리의 본성은—가족, 시민사회, 국가의—일원이 되는 경험을 통해 출현한다. 우리는 자발적 연합으로만이 아니라 자연적이고 불가피하게 뭉친다. 우리는 태어나고, 아이를 낳고, 죽는다. 우리의 조건이 드러나는 이 중요한 사건들은, 오직 우리가 공동체의 일원이 됨으로써만 실제로 수용된다. 그리고 이 수용 행위로부터 우리는 삶의 의미를 깨닫는다. 사회의 구성원이 되게 하는 제도들은 사회적 삶의 필수조건*sine qua non*이다. 그것들이 없다면, 우리는 결코 가치 개념을 얻을 수 없다. 가치 개념이 없다면, 우리는 우리의 선택을 다른 사람에게 혹은 우리 자신에게 정당화할 수 없다. 그렇다면 모든 것은 부당하다—아니 더 정확히 말하면, 정당과 부당을 더 이상 구별할 수 없게 된다. 아마도 이것이 우리의 조건일 것이다.

29 주관정신

개인주의자와 '공동체주의자' 간의 논쟁은 심오하고 복잡하다. 정치학, 사회학, 심리철학의 많은 쟁점은 다음의 물음으로 합쳐진다. 즉 사회란 개인들의 총합인가, 아니면 반대로 개인은 사회의 부산물로서, 자유로운 합리적 행위자라는 개인의 본성은 이러한 역할을 부여해주는 유기적 조직체에 참여한 덕분인가? 두 견해 모두 매력적이다. 전자는 각 사람을 자신의 불쾌한 이웃으로부터 보호해주는 주권과 권리의 영역을 강조하고, 후자는 애초에 우리의 이웃을 불쾌하다고 생각하게 만든 상호 필요와 의존성을 강조한다.

어느 누구도 합리적 존재가 본성상 공동체의 일원임을—아리스토텔레스가 유명하게 기술했듯이 폴리스의 동물_zoon politikon_임을—합리적으로 의심할 수 없다. 하지만 그가 본성상 일원이 되는 어떤 특정 공동체 혹은 공동체의 종류가 있는가? 아마도 자유주의의 가장 그럴듯한 형태는 합리적 선택이란 사회적 인공물이라는 견해를 받아들이는 비개인주의적(혹은 심지어 반개인주의적) 자유주의일 텐데, 그것은 합리적 선택을 독특하게 낳을 수 있는 특정한 사회질서란 없다고 주장한다.

따라서 우리에게 실천이성이 있다면, 우리는 밀이 권장했던 그 사회적 실험들을 최대한 자유롭게 수행해야 한다. 새롭고 더 위안이 되는 공동체 형태가 그 실험들로부터 출현하기를 소망하면서 말이다. 하지만 그런 공동체 형태가 출현할까? 그리고 우리가 감히 우리의 작은 평화와 위안을 위협할 실험들을 감수할까?

합리적 존재는 공동체에서뿐 아니라 고독에서도 위안을 발견한다. 사실, 우리의 가치들 중 어떤 것은 고독에서 가장 깊이 느껴지며, 그것이 세계에 자아를 위한 곳이 있다고 암시해주기 때문에 더더욱 소중히 여겨진다. 미학적이고 종교적인 경험이 바로 이러한 종류다. 이 말은 그러한 것들이 순전히 고독한 존재에게만 유용하다는 의미가 아니다. 반대로, 종교적 경험은 구성원이 되고자 하는 우리의 필요에서 생겨나기 때문에, 동료 신자들의 공동체를 생각하지 않고서는 무의미할 것이다. 그럼에도 그것은 미학적 경험과 마찬가지로, 사람들과 함께일 때만큼이나 고독에서도 향유되며, 자아의 신비를 알려주고, 그렇지 않다면 부조리했을 존재의 궁극 목적을 알려주는 듯하다.

헤겔주의자들이 기술하듯, 철학이 이러한 '주관정신'의 영역에 관해 많은 것을 말해줄 수 있는지는 분명하지 않다. 아마도 예술과 전례가 진리의 맥락이 소진된 영역에서 일관된 언사를 독점할지 모른다. 하지만 그것이 그렇다는 믿음은 그 자체로 철학적 믿음이다. 미학 분야로의 외도만이 우리에게 그것이 참인지 여부를 말해줄 것이다.

미학은 입문하기 어려운 분야인데, 왜냐하면 우리에게는 그것에 관한 철학 이전의 지도가 없기 때문이다. 일상적 사고에서 우리는 마음, 도덕,

과학, 신을 언급한다. 철학적 문제로 생각할 수 있는 거의 모든 것을 말이다. 하지만 '미학적aesthetic'이라는 용어는 철학의 발명품이며, 그것에 의해 기술된 것 역시 발명품이 아닌지 누가 알겠는가? 따라서 아마도 미학에서 가장 중요한 과제는 그것이 무엇인지를 말하는 것일지 모른다.

모더니스트 철학자들은 미학이란 예술철학이라고 우리에게 말한다. 그러므로 우리가 그 주제를 정의해야 하는 것은 바로 예술의 개념을 통해서다. 하지만 이러한 접근법은 곧 실패한다. 왜 렘브란트의 초상화는 예술에 해당하고, 썩은 물고기는 그렇지 않은지를 설명해줄 예술의 정의란 없다. 썩은 물고기를 전시회에 내놓고, 우쭐대며 평단의 호평이라는 공을 다투는 소위 예술가들이 많이 있다. 예술가에 대한 낭만적 관념에 의해, 그리고 사기꾼들과 협잡꾼들이 결코 어떤 방법으로도 얻을 수 없었던 탁월함을 주장하려 함으로써 예술 개념은 너무나 기형화되어, 무엇이 예술에 속하는가라는 물음은 더 이상 흥미롭거나 결정 가능한 물음이 아니게 되었다. 어떤 것을 예술이라고 불러보라(왜냐하면 예술은 자연종이 아니기 때문이다). 하지만 우리가 왜 그렇게 정의된 것에 관심을 가져야 하는가라는 물음에 대답해보라. 그것은 우리를 다시 출발점으로 데려온다.

어느 인류학자가 오지의 부족을 연구하며, 그들의 활동을 그 기여 목적에 따라 분류한다고 가정해보자. 그는 사람들이 들판을 경작하고 씨를 뿌리고 수확하는 것을 보고, 이러한 활동을 식량에 대한 욕구라고 분류한다. 그는 옷, 도구, 약을 제조하는 것을 관찰하고, 또한 집을 짓고, 고위 권력자들을 향한 의식도 관찰한다. 하지만 아무 목적이 없는 듯 보이는 활동들이 있다. 부족 구성원들은 시급한 일들로부터 '따로 시간을 내어', 기이한 구조물을 만들기도 하고, 길게 울부짖는 소리를 내기도 하고, 완전히 넋을 빼앗는 춤을 추기도 하고, 배설물을 나무 꼭대기 높이 던지기도 한다. 부족민들에게 이 모든 활동에 대한 단어가 있다고 해보자. (그러나 그 활동들 각각에 그 단어를 적용하는 것에 대해, 적어도 그 구성원들 중 한 명은 이의를 제기할 것이다). 인류학자가 이 단어('슈마트schmart')가 무슨 의미인지, 슈마트라는 일들이 갖는 공통점이 무엇인지 묻자, 사람들이 골똘히 생각한 끝에 어떤 명쾌하지 않은 전문어를 제시한다고 해보자. 즉 슈마트의 핵심은 사람들이 그것에 대해 슈마미학적schmaesthetic 관심을 갖는 것이다라고 그들이 말한다고 말이다. 더 설명해달라고 하자, 그들은 다른 부족들 또한 역사의 다른 시기에 슈마미학적 관심을 갖는다고 주장한다. 반드시 같은 것들에 대해서는 아닐지라도 말이다. 그 부족의 철학자들 중 한 명은 결국 슈마미학적인 것이 인간에게 보편적이고, 세계의 의미는 바로 슈마미학적 관심에서 드러난다고 선언한다. 그 결과 배설물 던지기를 하던 사람들 중 가장 큰 박수갈채를 받은 자에게 상과 사제직과 교수직이 부여된다. 우리는 이 사람들이 인류학자로 하여금 철학의 새로운 분야에 눈 뜨게 만들었다고 결론 내릴 수 있는가?

앞서 말했듯이, 슈마트에는 목적인 듯 보이는 것이 전혀 없다. 그리고 우리가 사람들에게 슈마트가 무엇을 위한 것인지 묻는다면, 그들은 우리에게 그것은 어떤 것을 위한 것도 아니라고, 혹은 그 자체 외에는 아무 목적도 없다고 말하기 십상이다. 그럼에도 그들이 슈마트에 굉장한 관심을 가지며, 누군가가 그 결과를 낳거나 행할 때마다, 다른 사람들이 주변에 몰려들어 쳐다보고 박수를 쳐준다고 가정해보자. 배설물 던지기의 전문가는 인접한 무리 너머에까지 잘 알려지며, 다수의 군중이 그를 찾고 좋아하게 된다고 말이다. 어쩌면 사람들은 그가 공연하는 것을 보기 위해 돈을 낼지도 모른다. 또한 사람들이 다양한 공연의 가치를 논하면서, 어떤 공연이 다른 것보다 낫다고 강변하고, 자신들의 판단을 정당화할 이유를 찾는다고 가정해보자. 우리는 적어도 이 사람들이 슈마트를—옳든 그르든—평가하고 각각의 슈마트 작업에 개인적 가치를 할당한다고 결론 내릴 수 있다. 또한 그들이 누군가가 직접 경험하지 않고서 판단 내리는 것을 완전히 무시한다고 가정해보자. 중요한 것은 슈마트의 경험이며, 특정 공연이 의미하는 바를 소문이나 연역으로 이끌어내는 것은 도저히 불가능하다고 그들은 말한다. 또한 당신은 자신의 슈마미학적 가치를 빌려올 수도 없다. 당신은 특정 배설물 던지기와 정직하게 만남으로써 그 가치를 직접 알아내야 한다.

우리는 이 이야기를 상술하면서, 우리 자신의 행동과의 중요한 유사성을 발견한다. 그중 첫 번째는 스포츠다. 알다시피, 스포츠는 실제로 두 가지 활동이다. 스포츠선수의 활동과 관찰자의 활동 말이다. 그리고 양자의 관심이 항상 일치하는 것은 아니다. 테니스 경기를 하는 여자선수는 자신의 상대를 이기려 하고, 이 목적을 달성하기 위해—게임의 규칙 하에서—있는 힘을 다한다. 구경꾼은 누가 이기는지, 혹은 승리에는 관심이 없을지 모른다. 그는 게임 자체, 선수들의 기술과 재간, 시합이 불러일으키는 흥분에 더 관심이 있다. 만일 그 여자선수가 구경꾼의 관심을 공유하기—그리고 승리의 목적보다 게임의 외양에 집중하기—시작한다면, 그녀는 패배할 뿐 아니라 그 게임을 형편없는 결과로 이끌 공산이 크다.

하지만 다른 활동들에서, 우리는 구경꾼과 공연자가 더 밀접하게 손을 잡는 것을 발견한다. 극장에서 여배우는 비단 자신이 관객에게 어떻게 보이는지에 관심을 가질 뿐 아니라, 그녀 자신이 자기 연기의 관객이다. 그녀에게 옳은 것은, 관객으로서의 그녀 자신에게도 옳게 보이고 들리며, 그녀는 다른 관객들에게도 그러하기를 희망한다. 여배우로서의 좋은 판단력이란 자신의 연기를 단순한 관찰자의 눈을 통해 보는 능력이다.

배설물 던지기는 어떠한 내적 목표도 없다는 점에서, 많은 관중이 보는 스포츠라기보다는 연극 공연에 더 가깝다. 물론, 어떤 사람은 내적 목표를 상상할 수 있을 것이다. 목표는 배설물을 가능한 한 높이 던지는 것일지 모른다. 많은 관중을 동원하는 스포츠의 단순한 형태처럼 말이다. 하지만 만일 그러한 목적이 없는데도 그 공연이 여전히 대중의 관심을 끈다면, 우리는 우리의 연극 및 예술 공연에 사용하는 것과 다르지 않은 용어들로 그 행위를 기술하고 싶어질 것이다. 우리는 특정한 배설물 던지는 자의 던지는 스타일, 힘, 입담, 유머 등등을 언급하기 시작한다. 그의 행위는 그 자신과 관객 간의 정교한 소통행위처럼 보이기 시작하며, 그는 그 행위를 통해 관객의 관심을 사로잡고, 자신의 행동을 자신의 능력에서 가장 만족스럽고 가장 가치 있는 모습을 보여주도록 조정하려고 한다. 만일 원주민 철학자가 이제 '슈마미학적 가치'에 관해 논의하기 시작한다면, 우리는 그가 의미하는 바를 얼마간 짐작할 수 있지 않겠는가?

그러나 관심의 초점은 공연자에서 관객으로 옮아간다. 우리가 배설물 던지는 자가 무엇을 하고 있는지 이해할 수 있는 것은, 오직 우리가 다른 사람들이 그의 행위에 기울이는 어떤 관심을 확인했기 때문이다. 그는 그 관심에 봉사한다. 슈마트의 철학에서, 감상은 창작에 선행한다. 따라서 그것은 미학에 속한다. 거기에는 합리적 존재만이 할 수 있는 어떤 마음상태, 관조의 태도가 있다. 우리에게 경험이란 단순히 세계에 관한 정보를 얻거나 그것을 변화시키려고 계획을 짜는 일만이 아니다. 그것은 우리의 관심을 지시하지 않고서, 사물을 그 자체를 위해 관조하는 것과도 관련된다. 이러한 관조는 특히 의미 있는 듯하며, 우리가 말로 표현하기 힘든 어떤 것을 암시해주는 듯하다―어쩌면 그것은 '불멸의 암시'일지 모른다. 만일 우리가 종종 이러한 경험을 종교적 용어로 기술하려고 한다면, 아마도 그것 또한 우연이 아닐 것이다. 만일 당신이 간단한 예술의 정의를 원한다면, 예술이란 미학적 관심을 받을 만한 대상을 제작함으로써 그 관심에 봉사하는 행위라고 할 수 있다.

1. 이성의 관심

모든 동물은 관심을 갖는다. 그들은 자신의 필요와 욕구를 충족시키는 데, 안전과 안녕에 요구되는 정보를 수집하는 데 관심이 있다. 합리적 존재는 이러한 관심들을 추구하고, 가능하다면 그것들 간의 갈등을 해결하는 데 자신의 이성을 이용한다. 흄에 따르면, 이것이 이성의 영장領狀의 전체 범위다. 왜냐하면 이성은 우리의 관심에 종속되어 있고, '관념들의 관계'와 동떨어진 어떠한 결과를 낳을 권한은 전혀 없기 때문이다.

칸트는 '이성의 관심'이 있다고 주장했다. 즉 우리가 순전히 우리의 합리성에 의해서만 갖는 관심, 우리의 욕구·필요·욕망과는 아무 관련이 없는 관심 말이다. 그중 하나가 도덕이다. 이성은 우리에게 우리의 의무를 지키도록 동기부여하고, 다른 모든 (경험적) 관심은 그 과정에서 무시된다. 이것이 바로 어떤 결정이 도덕적이라고 할 때 의미하는 바다. 옳은 일을 할 때의 관심은 나의 관심(즉 내 경험적 본성의 관심)이 아니라, 내 안에 있는 이성의 관심이다.

이성은 또한 감각세계에도 관심이 있다. 암소 한 마리가 되새김질하며 들판에 서 있다가 눈을 돌려 지평선을 바라볼 때, 우리는 그 암소가무슨 일이 일어나는지에(특히 자신의 안전에 대한 잠재적 위협이 있을 때) 관심이 있다고 말하지, 그 풍경에 관심이 있다고는 말하지 않는다. 어떠한동물도 육지 끝자락의 곳에 서서 그 전망에 감동하지 않는다. 어떠한 동물도 좋아하는 경치를 보기를 갈망하지 않는다. 말은 마구간을 벗어나들판으로 나가기를 갈망할지 모른다. 하지만 이러한 갈망은 먹이와 자유에 대한 감각적 관심에 의해 유발된다.

이와 대조적으로, 합리적 존재는 어떤 것을 보는 것만으로도 즐거워한다. 장엄한 풍경, 아름다운 동물, 복잡한 무늬의 꽃―그리고 물론(칸트에게는 부차적인 사례였지만) 예술작품을 말이다. 이 즐거움의 형태는 어떠한 경험적 관심과도 부합하지 않는다. 풍경을 관조할 때, 나는 어떠한 육체적 욕망이나 필요를 채우지 않는다. 또한 단지 유용한 정보를 찾고자 그것을 살피지도 않는다. 칸트가 말했듯이, 그 관심에는 사심이 없다―즉 풍경 그 자체를 위한 관심, 있는 그대로의 바로 그것(혹은 보이는 대로의 그것)에 대한 관심일 뿐이다. 이러한 '사심 없음'이 '이성의 관심'의 특징이다. 우리는 그것을 우리의 경험적 본성이라고 말할 수 없고, 경험적 본성을 초월하는 이성이라고만 말할 수 있으며, 그것은 덧없는 삶의 목적들보다 더 권위 있고 더 완전한 세계의 의미를 탐색한다.

이러한 탁월한 주장은 미학의 주제에서 이제껏 이루어진 유일한 실질적 진보이며, 이 장 내내 우리의 주의를 끌 것이다. 그러나 미학적 관심을 더 자세히 이해하려 하기 전에, 우리는 이성의 관심이 무엇인지 물어야 한다. 칸트 자신은 기이한 종류의 이원론자였다. 그는 합리적 존재가 두 가지 방식으로 세계와 자기 자신을 바라본다고 믿었다. 어떤 관점에서, 세계는 자연으로 보이고, 그 자신은 인과법칙에 종속된 자연의 일부로 보인다. 다른 관점에서, 세계는 기회의 영역으로 보이며, 거기에서 의지는 시험을 받고, 우리 자신은 자유롭다. 이 두 번째 관점이 이성의 관점이다. 그것은 항상 스스로에 대한 법칙이며, 경험적 조건을 무시하고 행위자의 상황 너머의 보편적 관점을 열망한다. 이성의 동기는 객관적 타당성의 추구이며, 실천적 세계에 대해서 논리적이고 수학적인 논변과 같은 견해를 갖는다. 따라서 '이성의 관심'은 객관적 가치에 대한 관심이다.

칸트에게 큰 영향을 받은 피히테는 이러한 설명에 이의를 제기했다. 모든 것을 고려할 때, '이성'이란 단지 자아의 다른 이름일 뿐이라고 그는 주장했다. 세계에 대한 칸트의 두 관점은 3인칭 관점(비아非我)과 1인칭 관점으로, 결국 자아가 전부다. 도덕이 비롯되는 것은 바로 이 두 번째 관점—'나'를 세계의 중심으로 정립하는 것—에서다. '나'는 실천이성의 원천이고 목적이며, 그 규정과 금지는 '무엇을 할 것인가?'라는 물음의 답으로서만 나온다. '이성의 관심'과 만날 때마다 우리는 자아와 만난다고 피히테는 말한다. 이것이 그러한 관심이 언급될 수 있는 유일하게 가능한 존재자 혹은 관점이다. 같은 것이 미학적 관심에도 참이다. 세계를 사심 없이 관조한다는 것은 세계를 자아와 관련하여 관조한다는, 자아를 세계의 일부로서 관조한다는 의미다. (이것은 피히테의 언어와는 거리가 멀다. 하지만 아마도 그의 의미와 그리 다르지 않을 것이다.) 이러한 견해는 미학적 경험이 왜 그토록 우리의 마음을 사로잡는지 설명해준다. 우리는 세계에서 우리의 안식처를 찾는다. 육체와 그 욕망의 안식처가 아니라, 자아의 안식처를 말이다. 미학적 관심의 끝없음은 우리가 그 안식처를 결코 찾을 수 없다는 사실을 반영한다. 자아는 경험세계 안이 아니라 그 경계에 놓여 있다. 이러한 피히테의 사유는 쇼펜하우어와, 또한 비트겐슈타인의《논리철학 논고》에서 부활한다.

2. 미학적 태도

그렇다면 우리는 특별한 종류의 이성적 관심을 발견한 듯하다. 우리의 경험적 욕구를 지시하지 않으면서, 어떤 것 그 자체를 위한 관심 말이다. 이러한 관심의 가치는 무엇이고, 그것은 우리 조건에 관하여 무엇을 말해주는가?

그 특징을 기술하면서 논의를 시작해보자.

(ⅰ) 칸트가 말했듯이, 그것은 현상계에 있는 관심이다. 즉 보이는 대로의 세계 말이다. 미학적 관심의 대상은 감각을 통해 지각되고, 경험의 요소가 본질적인 듯하다. 당신은 풍경의 모습, 새의 지저귀는 소리, 얼굴에 닿는 바람의 감촉에 반응한다. '미학적aesthetic'이라는 용어는 지각을 뜻하는 그리스어에서 유래했으며, 칸트의 스승인 A. G. 바움가르텐이 시와 과학의 차이를 특징짓기 위한 근대적 의미로 처음 사용했다. 만일 우리가 시를 그 진리로 평가한다면, 그것은 결국 철학이나 과학에 항복해야 하지 않겠는가? 바움가르텐은 읽기와 암송하기의 경험과 밀접히 관련된 일종의 시적 진리가 있다고 주장했다. 그것은 제시된 이미지, 시행의 리듬, 사유의 연쇄 그리고 단어들의 소리와 떼어놓을 수 없다. 다시 말해, 시 감상은 순전히 지적 용어로는 이해될 수 없고, 우리의 지각능력을 확장함으로써만 이해될 수 있다.

여기에는 실질적인 문제들이 있다. 시의 의미와 그 경험 간의 너무 밀접한 관계는 시를 번역불가능하게 만든다. 동시에 우리는 시의 번역이 어렵다는 것을 안다. 왜냐하면 번역자는 문자적 의미 이상을 보존해야 하기 때문이다. 원본에 압축돼 있는 세계를 지각하고, 반응하고, 상상하는 방법, 또한 사유가 경험되는 방식을 반영하는 사유 자체의 운율을 말이다. (수사학에서 주제의 '전개'와, 키케로풍 구절의 거의 번역이 불가능한 아름다움을 비교해보라.)

(ⅱ) 대상은 지각경험을 통해서 감상되지만, 또한 '그 자체를 위해서' 감상되기도 한다. 이것은 무엇을 의미하는가? '사심 없는 관심'이라는

칸트의 언급은 흥미롭지만 충분한 설명은 되지 못한다. 목적을 향하는 모든 활동은 그 목적을 위해 행해진다. 하지만 목적 자체란 무엇인가? 우리는 이것을 그 자체를 위해 추구하지 않는가? 이 경우에, 동물은 어떤 것을―예를 들어, 성적 결합을―그 자체를 위해 관심을 가질 수 없는가? 하지만 이것은 칸트의 의미에서 완전히 사심 있는 관심이다. 즉 동물은 욕구나 필요에 의해 자극받고, 그 욕구가 충족될 때 그 관심은 사라진다.

우리가 염두에 둔 관심을 확인하는 가장 간단한 방법은 그것에 부여하는 이유들에 의해서다. 만일 내가 누군가에게 왜 풍경을 보고 있는가라고 묻는다면, 그는 그것에서 자신이 원하는 어떤 것을 언급함으로써 대답할 것이다. 가령, 적의 움직임 같은 정보 말이다. 하지만 그가 풍경의 관찰 가능한 특징들만을 언급함으로써 대답한다면, 이것은 그 풍경이 그에게 본질적으로 흥미롭다는, 바로 그것이 있는 그대로 흥미롭다는 표시다. 그의 욕구는 그것을 바꾸거나 파괴하거나 소모하거나 이용하는 것이 아니라, 단지 그것을 탐구하고 그 모습을 즐기는 것이다.

(iii) 의미의 탐색. 이런 점에서 누군가는 반론을 떠올릴 것이다. 미학적 관심은 항상 대상에서 그 단순한 외양 이상의 것을 본다고 말이다. 만일 그렇지 않다면, 우리가 왜 그것에 그런 가치를 두어야 하는지 이해하기 어렵게 된다. 예를 들어, 그림을 볼 때 나는 단지 색, 선, 모양만을 보지 않는다. 나는 그것으로 재현된 세계를 본다. 그 세계에 생명을 불어넣어주는 극적인 사건, 그것을 통해 표현되는 감정을 본다. 요컨대 나는 의미를 본다. 유사한 어떤 것이 내가 음악 악장을 들으며 음표를 통해 전개되는 내적 드라마를 상상할 때도 일어난다. 이것은 시에서 훨씬 더 분명히 일어난다. 단지 단어들이 내는 소리만을 생각하는 사람은 거

의 모든 의미를 놓칠 것이다. 이것은 칸트가 강조한 사례들에도 해당된다. 꽃과 나무와 새소리 말이다. 꽃에 미학적 관심이 있는 사람들은 18세기의 수필가들이 기술했듯이, 그 '다양성 속의 통일성'을 즐긴다. 이것이 은유, 상상, 스토리텔링의 원천이다. 자연의 아름다움을 포착하려 한 작가들은, 테오크리토스와 베르길리우스처럼, 항상 스토리텔링에 의지하여, 우리에게 풍경의 윤곽을 보고, 산들바람의 속삭임을 듣고, 거기에서 은밀하고도 영원히 공연되는 어떤 영적 드라마를 즐기라고 권유한다.

이에 답하기는 다시금 쉽지 않다. 우리는 의미의 두 종류를 구별해야 한다. 경험 안에 상주하는 의미와, 경험을 통해 획득되는 의미 말이다. 고고학자는 묻혀 있는 유물을 찾기 위해 모래를 체로 거르며 정보를 찾는다. 각 경험은 그 의미 때문에 그에게 소중하다. 하지만 경험이 의미하는 것은 경험 자체와는 다른 어떤 것이다. 내가 어린 시절을 보낸 마을을 지나갈 때, 내 마음은 추억으로 가득 찬다. 추억은 내 옛집의 지각에 의해 촉발된다. 하지만 그것은 독립적으로 존재하며, 지각이 멈춘 후에도 오랫동안 내 마음에 남는다. 우리는 이러한 종류의 많은 사례를 생각할 수 있으며, 그때 사유, 믿음, 느낌, 기억, 이미지는 어떤 경험에 의해 촉발되지만 독립적으로 존재한다. 이러한 사례는 24장의 관점-지각aspect-perception에서 검토한 사례와 대조된다. 내가 푸생의 〈황금송아지 숭배〉에서 춤추는 사람들을 볼 때, 나는 단지 그 그림에 의해 그들을 생각하도록, 혹은 내 마음의 눈으로 그들을 그려내도록 촉발되지 않는다. 나는 그들을 거기에서, 그 그림에서 본다. 그리고 눈길을 돌릴 때 나는 그들을 보기를 그친다. 만일 내가 그들의 이미지를 유지한다면, 그것은 또한 그 그림의 이미지다. 이 그림의 의미는 그 경험 안에 있으며, 독립적으로 획득될 수 없다. 또한 그 의미는 간단한 문제가 아니다. 나는 단지 춤추는 인물들과, 그들이 관여하는 장면만을 보지 않는다. 나는 그들의 어리석음과 경박함을 본다. 나는 우상숭배의 위험과 매력을, 저 멀리서 십계명 석판을 집어 던지는 모세의 모습에서 무력함을 느낀다. 나는 세계가 갑자기 바로 이런 식으로 행동하는 중년의 유행을 좇는 사람들로 가득했던 그 끔찍했던 1960년대를 떠올린다. 그리고 어떤 도덕적 생각이 그림의 관점에 스며들기 시작한다. 그 인물들은 새로운 시각에서 내 앞에 나타난다. 행복하고 무고한 자들이 아니라, 무법의 화신이자 신성모독자로서 말이다.

이러한 의미가 그 그림의 지각에 담겨 있다. 이것이 바로 당신이 그 의미를 이해하기 위해, 그리하여 그 중력장 안으로 떨어지기 위해 그 그림에 의지해야 하는 이유다. 의미란 이미지의 '결합'이나 연속이 아니다. 그것은 그림 안에 있으며, 그것에 대한 경험을 통해서만 이해될 수 있다. 모든 미학적 의미가 이와 같다. 이러한 사실은 두 가지 이유에서 흥미롭다. 첫째, 그것은 비평에 형식적 제한을 제기한다. 비평가가 이러이러한 것이 시, 그림, 음악 작품의 의미의 일부라고 우리에게 말할 때, 우리 역시 예술작품을 그가 기술한 대로 경험할 수 있을 때에만 그의 말은 수용될 수 있다. 상상의 비유가 겉으로는 보이지 않는 그림에서 읽힐 수 있다. 숨겨진 구조가 겉으로는 감지될 수 없는 이야기에서 지각될 수 있다. 수학적 질서가 표면적으로는 들리지 않는 음악에서 식별될 수 있다. 우리에게 이러한 것들을 말해주는 영리한 비평가들은(발자크의 《사라진》을 연구한 바르트처럼) 우리의 시간을 낭비하고 있는 셈이다.

둘째, 이것은 사유와 경험이 분리될 수 없는 이 특정한 종류의 의미가 왜 우리에게 가치 있는가라는 물음을 제기한다. 왜 우리는 우리 삶의 그토록 특별한 자리를, 헤겔이 기술한 '이념의 감각적 빛남'으로 만드는가? 모든 진지한 미학은 이 물음에 대한 답을 추구한다. (하지만 관심 있는 독자라면 진지한 미학이란 거의 없음을 알게 될 것이다.)

(iv) 반복. 우리의 많은 관심은 일단 충족되면 삶의 의제에서 누락된다. 당신은 법전을 숙지하고 나면 그것을 한쪽으로 치워놓게 된다. 그것은 당신에게 법률을 가르친다는 제 기능을 수행한 셈이다. 같은 것이 과학이나 역사 교과서에도 해당된다. 만일 당신이 다시 찾아본다면, 그것은 당신의 기억이 불완전하기 때문이다. 정보에 대한 관심은 충족될 수 있다. 음식에 대한 관심처럼 말이다. 하지만 그 본성상 충족될 수 없는 관심이 있는데, 왜냐하면 그것에는 목적이 없기 때문이다. 미학적 관심이 이와 같다. 사람들은 종종 '주피터 교향곡을 백 번은 들었는데, 매번 거기서 새로운 것을 발견해'와 같은 말을 하곤 한다. 하지만 그들이 의미하는 바는, 자신들이 매번 거기서 어떤 옛것을 발견한다는 것이다. 바로 그 동일한 경험이 계속해서 그들을 부르며, 그들은 여전히 그것을 반복한다. 왜냐하면 그들이 추구하는 어떠한 것도, 그들의 추구를 끝내줄 수 없기 때문이다.

하지만 이것은 나를 미학적 관심의 다섯 번째 특징이자 그것에 기초한 미학적 태도로 이끄는데, 그것에 한 절을 할애할 가치가 있다.

3. 취미의 이율배반

우리에게 반복적으로 상기되고, 의미로 가득하며, 우리가 우리의 관심을 제쳐둘 때에만 구할 수 있는 경험이란, 바로 가치의 경험처럼 들린다. 사실상, 그것이 경험의 본질이라고 칸트는 주장했다. 자유를 행사함으로써 성장하는 의무와 권리의 관념들이 우리의 미적 지각에 깃든다. '이성의 관심'은 더 적은 것에 만족할 수 없다. 뿐만 아니라 미적 대상을 향한 나의 태도가 참으로 사심 없는 것이라면, 나는 그것의 가치를 어떠한 욕구나 필요, 나 자신의 어떠한 경험적 술어로 돌릴 수 없다. 그것은 본질적으로 그 가치를 갖는다. 나는 이성의 보편적 능력을 발휘함으로써 미학적 가치를 판별한다. 당신 또한 당신의 관심을 보류하는 한에서 그것을 판별할 수 있다. 따라서 당신은 그것을 판별해야 한다. 만일 당신이 그렇게 하지 못한다면, 그것은 당신의 판단이 자기관심에 의해 흐려지기 때문이다. 당신은 대상을 실제 있는 대로 주목하지 않는다—오히려 실제 보이는 대로 주목한다. 미학적 관심은 정언명법처럼 법칙으로 진술되는 '취미판단'이 된다. 모든 합리적 존재는 내가 느끼듯이 느껴야 한다. 그들이 그렇게 하지 못한다면, 그것은 그들이 거기에 있는 것을 주목하지 않기 때문이다. (물론, 이것은 당신이 극단적인 사례들을 생각할 때—나쁜 취미《아메리칸 사이코》든 좋은 취미《일리아드》든—가장 그럴듯해 보인다.)

하지만 만일 우리가 이것을 인정한다면, 우리는 역설에 봉착하게 된다. 칸트는 이 역설을 '취미의 이율배반'이라고 불렀으며, 그것을 다음과 같이 도출한다. 한편으로 미적 경험은 '직접적'이다. 그 의미는 그 안에 불가분하게 담겨 있으며, 경험과 분리될 수 없다. 따라서 우리는 왜 그 경험이 중요한지를 보편적 용어로 말할 수 없다. '우상숭배를 인간의 나약함이라고 보여주는 모든 그림은 훌륭하다'라는 식의 보편법칙이란 없다. 어떤 그림을 위대하게 만드는 특징들이 다른 그림은 우스꽝스럽게 만들 것이다. 모든 것은 맥락에 달려 있다. 그것이 바로, 칸트가 관찰했듯이, 당신이 당신의 미적 판단을 결코 간접적으로 할 수 없는 이유다. 당신은 비평가의 기술을 따라, 틴토레토의 〈십자가에 못 박힌 예수〉가 위대한 그림이라고 추측할 수 있을 것이다. 하지만 당신이 그것을 직접 보기 전에는 알 수 없다. 그 기술은 항상 의미를 결여할 것이다. 이것은 미학적 결론에 대한 어떠한 합리적 논변도 있을 수 없음을 암시한다. 그 판단은 항상 어떤 의미에서 '근거 없는' 것이 된다. 따라서 취미의 문제에서 옳고 그름이란 있을 수 없다. 중요한 모든 것은 관찰자의 직접적 쾌락이다. 따라서 우리는 위의 것으로부터 반대의 결론을 이끌어낸다. 두 가지 결론이 우리의 미적 경험에 관한 이론에서 불가피하게 나온다. 미적 경험은 객관적 판단에서 나올 수 없다. 그리고 그것은 객관적 판단에서 나와야 한다.

　이것이 칸트가 그 모순을 도출한 방법은 아니다. 하지만 우리의 목적에는 충분할 것이다. 모든 역설과 마찬가지로, 우리에게는 몇 가지 해결 방법이 있다. 우리는 이 모순이 단지 표면적임을 증명하려 시도할 수도 있고, 그 전제들을 논박할 수도 있으며, 전제들로부터 나아가는 추론을 논박할 수도 있다. 그리고 이 경우에, 세 요소 모두 그리 강력하지 않기에 피할 수 있는 많은 여지가 있다. 하지만 칸트는 확실히 중요한 어떤 것에 이르렀다. 왜냐하면 이 역설은 우리가 미적 선택을 논의하려 할 때마다 나타나기 때문이다. 현대 건축을 혐오하는 사람은 '모든 것은 취미의 문제다. 당신에게는 당신의 취미가 있고, 내게는 내 취미가 있다'라는 말로 주장을 끝내지 않는다. 그들의 특징적 태도는 분노다. '어떻게 감히 당신이 내 의지에 반하여, 그렇게 역겨운 것을 보라고 내게 강요한단 말인가!' 그리고 그들은 자신들의 판단을 정당화하려고 무던히 애쓸 것이다. 그 불쾌한 대상은 규모와 재질 면에서 비인간적이며, 인간을 소외시키고, 인간세계의 연약한 구석을 파괴하며, 무의미하고 기계적이고 강압적인 공적인 삶의 이미지를 우리에게 제시한다고 덧붙이면서 말이다. 동시에 그들은 반대쪽에서의 압력을 느끼는데, 자신들의 이유에는 증거가 부족하고, 반대자로 하여금 그 불쾌한 대상을 그가 보고자 하지 않는 방식으로 보도록 설득하려는 부질없는 시도에 그들이 의지함을 알기 때문이다. 다음과 같은 대답이 나올 것이다. '당신은 콘크리트가 야만적 재료라고 말한다. 하지만 당신이 좋아하는 고전적 건물인 팡테옹의 돔을 이루는 것도 콘크리트다. 당신은 그 규모가 비인간적이라고 말한다. 하지만 당신이 유럽에서 가장 위대한 건물이라고 인정하는 샤르트르 대성당의 규모에 비하면 그것은 아무것도 아니다. 당신은 그것이 길거리를 없애고, 이웃 건물들과 조화되지 않는다고 말한다. 하지만 그것이 바로 당신이 좋아하는 이스파한의 모스크에 의해 벌어진 모습이다.' 기타 등등. 특정한 재료, 규모, 방위를 지닌 특정한 건물만이 당신의 반대자를 설득할 수 있다. 그리고 그가 당신과 의견을 달리하고 싶어하는 것은 바로 이 특정한 사물에 관한 그의 경험에서다.

그러나 이 문제가 논의되지 않고 그대로 있게 허용될 수는 없다. 우리에게는 어떤 종류의 건물들을 짓는 것을 범죄로 규정하는 법이 있으며, 이러한 법에는 전적인 미적 정당성이 있다. 베네치아는 중세시대 이후 그런 법에 의해 통제되었으며, 그로 인해 훌륭한 결과를 낳았다. 그러한 법의 부재는 돈벌이에 혈안이 된 야만인들에 의한 미국 도시들의 총체적 파괴를 야기했다. 따라서 여기에 우리가 관심을 가져야 할 어떤 것이 있다. 옳은 것과 그른 것이 있음을 우리가 알지만, 결코 그 논변에서 이길 수 없는 문제 말이다. 이것이 바로 미적 경험이 그토록 고통스러운 이유이며, 많은 현대인이 이것을 회피하려고 안간힘을 쓰는 이유다.

하지만 그들은 이것을 피할 수 있는가? 칸트는 아니라고 말했다. 이성의 관심은 불가피하다. 당신은 도덕법칙을 면한 체할 수 있지만, 그런 시도를 하며 결코 행복하게 살 수는 없다. 당신은 음악이 타락하고, 풍경이 약탈되고, 도시가 파괴되는 것을 못 본 체할 수 있다. 하지만 당신의 가슴은 이러한 것들에 의해 점차 침울해지고 파괴될 것이다. 미적 판단은 실천이성의 일부이고, 환경에 대한 가장 진실한 안내자다. 우리가 세계를 우리에게 적응시키고, 우리를 세계에 적응시키는 것은 바로 미적 판단에 의해서다. 그것을 없앤다면, 우리는 집 없는 노숙자가 될 것이다.

안락한 고독의 자리에 성난 외로움이 찾아올 것이다. 실러는 더 나아가, 인간의 '미적 교육'이 합리적 삶을 위한 진정한 준비이고, 어떤 질서 잡힌 정치학의 토대라고 주장했다.

이러한 것들은 대담한 생각이나. 하지만 현대의 삶은 이것들이 사실임을 보여주는 무언가를 했다.

4. 목적과 가치

하지만 아마도 우리는 인간의 실현에 관한 우리의 견해에서 미학에 너무 우월한 지위를 부여해서는 안 될 것이다. 왜냐하면 칸트의 견해의 타당성은 미적 경험이 두 가지 상이한 합리적 관심, 즉 놀이와 종교의 교차점이라는 사실에서 부분적으로 연유하기 때문이다. 그 자체로 가치있는 것이 미학적 관심의 유일한 대상은 아니다. 같은 것이 사람, 활동, 제도, 의식儀式에도 참이다. 내가 일할 때, 나의 행위는 목적을 위한 수단이다. 돈을 버는 것 혹은 마르크스주의자가 선호하는 '가치를 창출하는 것' 말이다. 하지만 내가 놀 때, 나의 행위는 그 자체로 목적이다. 놀이는 즐거움을 위한 수단이 아니다. 그것은 그 자체로 즐거운 것이다. 그리고 그것은 유사한 활동들의 원형을 제공한다. 예를 들어 스포츠, 대화, 사교 그리고 아마도 예술 자체 말이다. 실러는 이것을 인식했으며, 놀이를 본질적 가치의 전형으로 격상시키기까지 했다. 유용한 것과 좋은 것을 만나면 인간은 그저 진지해지지만 아름다운 것을 만나면 놀게 된다고 그는 말했다(《인간의 미적 교육에 관한 서한》).

실러의 언명에는 역설의 요소가 있다. 하지만 당신은 그것에서 역설과는 거리가 먼 어떤 생각을 다음과 같이 이끌어낼 수 있다. 만일 모든 행위가 목적을 위한 수단이라면, 어떠한 행위도 본질적 가치를 갖지 못한다. 그렇다면 세계는 그 의미를 상실한다. 하지만 그 자신을 위해 관여되는 행위가 있다면, 세계는 우리에게 회복되고, 우리는 세계에서 회복된다. 왜냐하면 이러한 행위에 대해, 우리는 그것이 무엇을 위한 것인지 묻지 않으며, 그것은 그 자체로 충분하기 때문이다. 놀이가 그런 것들 중 하나다. 그리고 놀이와 유년시절의 연관성은 우리로 하여금 그런 '사심 없는' 행위에 주목하게 만드는 본질적인 순수와 흥분을 일깨워준다. 만일 노동이 놀이가 된다면—그리하여 노동자가 자신의 노동에서, 무엇을 산출하느냐와 상관없이, 성취감을 느낄 수 있다면—노동은 단조로운 고역이기를 그치고, 그 대신 '인간의 자기 회복'이 될 것이다. 이 마지막 말은 마르크스의 것으로, 그의 '소외되지 않은 노동' 이론—칸트에서 비롯되어 실러와 헤겔을 거치며 나온 이론—의 핵심을 담고 있다

예술과 놀이의 유사성은 더 최근의 사상가들에 의해서 강조된다—특히 켄들 월턴은 《가장으로서의 모방》에서 예술적 재현이 가장놀이에서의 소품과도 같다고 주장한다. 이러한 생각은 풍요로운 것이며, 우리가 행하는 미학적 관심과 상상 간의 연결을 강화시켜준다. 하지만 이것은 또한 예술과 여가 간의 연관이 얼마나 깊은지, 어떻게 예술이 우리가 세계와 우리 자신에게 편안함을 느끼는 많은 행위 중 하나일 뿐인지를 암시해준다.

대화를 생각해보자. 각각의 발화는 답변을 불러일으킨다. 하지만 일반적인 경우에 대화가 향하는 방향이란 없다. 각 참여자는 적합한 말로 자신이 들은 바에 응답하고, 대화는 사건이 개입하기 전까지 예측 불가능하고 목적 없이 전개된다. 비록 우리가 대화에서 많은 정보를 얻는다 할지라도, 이것은 그 일차적 목적이 아니다. 일반적인 경우에, 사람들이 '인사를 나누듯', 대화는 놀이처럼 그 자체를 위해 행해진다. 같은 것이

춤에도 해당된다.

이러한 행위들을 이해하기 위해, 우리는 목적과 기능을 구분해야 한다. 사회생물학자는 놀이에도 기능이 있다고 당연히 주장할 것이다. 즉 그것은 아이가 세계를 탐구하고, 행동 준비를 하는 가장 안전한 방법이라고 말이다. 하지만 그 기능이 목적은 아니다. 아이는 놀고 싶기 때문에 논다. 놀이는 그 자체로 목적이다. 실제로, 당신이 그 기능을 목적으로—가령, 학습을 위한 놀이로—만든다면, 당신은 노는 것을 그만둘 것이다. 당신은 그러면, 실러가 말하듯이, '그저 진지해질' 뿐이다. 마찬가지로, 어떤 정보를 얻거나 주기 위해, 공감을 이끌어내거나 자신의 이야기를 하기 위해 대화하는 데 급급해하는 사람은 대화하기를 그친다. 늙은 수부*콜리지의 시 〈늙은 수부의 노래〉의 화자와 마찬가지로, 그는 대화의 죽음이다.

대화는 덧없는 것이다. 하지만 내가 한 말은, 인간의 좋은 것들 중 최고에 속하는 사랑과 우정이라는 장기적 관계에 더 명확히 적용된다. 아리스토텔레스는 세 종류의 우정을 구별했다. 쾌락에 기초한 우정이 있다. 아이들이 함께 놀고, 남자들이 함께 술을 마시고, 여자들이 수다를 떨 때처럼 말이다. 이러한 우정은 상호성의 원초적 형태를 보여준다. 이것은 그 자체로 가치 있지만 덧없으며, 그 동료는 다른 사람으로 쉽게 대체될 수 있고, 그 또한 '똑같이 행동할' 것이다. 이것과 대조되는 것이 유용성의 우정이다. 사업상의 동업이나 공동 목표를 위한 공동작업에서와 같은 것 말이다. 여기서의 우정은 목적에 종속되고, 그 목적이 좌절되거나 달성될 때 사라진다. 아리스토텔레스의 세 번째 형태의 우정은 우리가 보통 생각하는 것과 같은 우정이다. 여기에서 타인은, 우리가 그에게서 얻는 쾌락이나 유용성과 상관없이, 그 자체로 가치를 지닌다. 아리스토텔레스는 이러한 우정이 오직 유덕한 사람들 사이에서만 가능하다고 믿었다. 이것은 참이 아닐지 모른다. 그럼에도 우리는 아리스토텔레스의 논의에서 다양한 인간 교제에 대한 중요한 통찰을 깨달을 수 있다. 즉 그 자체로 가치 있는 인간관계와 수단으로서 가치 있는 인간관계가 있다는 점 말이다. 그리고 그 자체로 가치 있는 것들 중에는, 더 열등하고 더 미숙하고 더 유아적인 종류와, 다른 사람이 단지 즐길 뿐 아니라 가치 있게 여기는, 더 고등하고 더 의식적이며 더 지속적인 종류가 있다.

우정은 우리를 목적의 왕국으로 이끌며, 그것은 칸트에 의해 기술된 것보다 더 온화하고 활기찬 영역이다. 우정에서 모든 것은 목적이며, 어떤 것도 수단에 불과하지 않다. 나는 당신을 기쁘게 하고자 갈망한다. 나는 당신을 위해 행동하지, 나 자신에 대한 관심을 위해 행동하지 않는다(타인을 위해 행동하는 나의 '이성의 관심'을 제외하고 말이다). 우정 자체가 나의 목적이며, 나는 당신을 그 목적을 위한 수단이 아니라 그 목적으로 대한다. 우정에서 사태의 이유에 대한 이성의 탐색은 궁극 목적으로 나아가며, 그 목적은 당신이다.

우정에는 기능이 있다. 그것은 사람들을 결속시켜, 공동체를 강하고 지속가능하게 만든다. 우정은 그것에 의해 결속된 사람들에게 이익을 가져다주고, 모든 기획에서 그들을 북돋운다. 하지만 그러한 이익을 당신의 목적으로 삼는다면, 우정은 사라지고 만다. 우정은 오직 수단으로 대하지 않을 때에만 이익을 위한 수단이다. 같은 것이 가치 있는 거의 모든 것에 해당된다. 교육, 스포츠, 하이킹, 사냥 그리고 예술 자체에 말이다.

이러한 것들은 사실 해명하기 어려운 생각들이다. 하지만 만일 그것들을 해명할 수 있다면, 우리가 삶의 의미에 대한 단서를 갖게 될 것이라고 믿는 것은 부조리하지 않다. 의미는 본질적 가치에 있다. 우리는 그 자체로 우리에게 흥미를 불러일으키는 것을 발견함으로써 그것을 이해한다.

그리고 그러한 관심은 사심 없는 것이어야 한다. 미적 경험, 우정 그리고 우리가 '그저 진지해지지' 않는 다른 모든 행위의 방식으로 말이다.

또한 이러한 행위들이 중요한 것은 주관정신의 영역에서만이 아니다. 마이클 오크숏은 정치적 사고에서 가장 큰 잘못이 폴리스*polis*를 '사업연합'—어떤 공동 목적을 위한 동업자관계—모델로 생각하는 것이라고 주장했다. 그러나 그것이 우리가 국가를 바라보는 방식이다. 우리가 평화로운 군중의 자연적 성장을 어떤 지배적인 계획에 종속시킬 때마다 하는 방식이다. '시민연합'은 사업보다는 대화와 더 잘 비교된다. (아리스토텔레스는 유사한 이유에서 이것을, 넓은 의미에서의 그리스어 필리아*philia*로 요약되는, 우정의 한 종으로 기술했다.) 많은 사람들이 오크숏의 생각에서 영감을 받았고, 다른 사람들은 그것이 헤겔의 시민사회와 국가의 구별을 무시한다고 비판했다. 하지만 정치조직이 목적으로 간주되든 수단으로 간주되든, 만일 그 자체로 목적인 연합을 허용하지 않는다면, 그것은 결코 우리의 가장 절실한 필요에 답하지 못할 것이다.

5. 종교적 경험

미적 경험을 다른 맥락에 놓고, 그것이 하나의 사례가 되는 다른 일반적 현상을 연구한다면, 칸트의 견해가 좀 더 밝혀질 것이다. 미학적인 것 이외에도, 의미와 경험이 친밀하게 결합되고, 옳고 그름의 물음이 우리에게 불가피한 듯한, 다른 마음의 상태들이 있다. 특히 숭배 행위, 종교적 의례와 의식, 그리고 종교적 황홀을 다룬 문헌들에 가득한 모든 다양한 '은총'과 '공현epiphany'이 있다. 이러한 경험들은 어떤 미학적 요소와 관련이 있을지 모른다. 하지만 그것은 순수하게 미학적이지는 않은데, 사심이 없지 않기 때문이다. 우리는 연극이나 회화를 관조할 때 하는 무심한 방식으로, 종교적 의례의 의미를 관조하기 위해 그 의식에 참여하지는 않는다. 우리는 우리의 구원을 위해, 그 진리를 목적으로 참여하는, 진정한 참가자다.

그럼에도 미적 경험과의 흥미로운 유사점들이 있다. 숭배행위의 목적은—구원의 약속, 계시, 영혼의 자연적 조화의 회복이라는 형태로—순간 너머에 있지만, 경험과 완전히 분리될 수 없다. 신은 어느 신학에 의해 정의되는 것보다 훨씬 더 정확하게 숭배행위에서 정의되며, 이것이 바로 의식의 형식이 매우 중요한 이유다. 전례의 변화는 신자에게 중대한 의의를 갖는데, 왜냐하면 그것은 신에 대한 그의 경험의 변화이기 때문이다. 성호를 두 손가락으로 하느냐 세 손가락으로 하느냐의 문제로 교회가 분열될 수 있다. 실제로 러시아정교회가 그랬듯이 말이다. 성공회 기도서를 사용할지, 트리엔트 미사 경본을 사용할지의 문제도 마찬가지로 분열을 불러올 수 있다.

종교 의례는 다른 면에서도 미적 경험과 유사하다. 그것은 소진될 수 없고 끝없이 새로워질 수 있다. 미사에 한번 가고서 '이제 나는 그 의미를 알았으니 다시 갈 필요가 없다'고 말하며 떠나는 사람은 그것의 요지를 알지 못한다. 설령 그가 그 후 모든 동작과 단어를 기억할 수 있다 해도 말이다. 그가 관련된 신학과 교리에 관해 아주 세세하고 설득력 있는 주석을 달 수 있다 해도, 그는 여전히 그 의례의 핵심을 알지 못한다. 미사의 의미는 경험과 뗄 수 없으며, 끊임없이 갱신되어야 한다. 당신은 '결코 충분히 느낄 수 없는' 마음상태를 느껴야 한다. 당신이 그것을 고대하기 때문이 아니라—반대로 당신은 암포르타스*<small>바그너의 오페라 〈파르지팔〉의 등장인물로, 죄로 신음하는 인류를 상징한다</small>처럼, 차라리 죽음을 더 택할 정도로 그것을 두려워할지 모른다—그것이 영혼의 필수품이 되었기 때문이다.

미학과 종교 간에는 또 다른, 더 이해하기 어려운 비교가 있다. 미적 경험의 주관적 본성은 묵시적인 공동체 관념과 밀접한 관련이 있다. 이 독특한 현존하는 대상을 제외한 모든 것을 잊고, 무시되었던 내 모든 관심과 더불어 그것을 고심하면서, 나는 또한 그 의미에 대한 사유에 내 마음을 연다─나만이 아니라, 내가 하나의 구성원인 종류에 대해서 말이다. 미적 경험은 대상과 주관 사이의 생생한 만남이며, 그때 주관은 보편적 의의를 얻는다. 내가 대상에서 발견한 의미는 나처럼 사는 모든 사람, 그들의 기쁨과 고통이 내 안에 반영되는 모든 사람이 갖는 의미다. 이것은 취미의 이율배반에 반영된다. 칸트가 말했듯이, 미적 판단은 '공통감각'에 호소한다. 즉 그것은 내 자신의 욕구에 대한 맹목적 집착으로부터 나를 자유롭게 한다. 나는 나 자신을 암묵적 공동체의 일원으로 보게 되고, 그 삶은 관조의 경험에서 고쳐 써지고 정당화된다.

종교적 경험에도 암묵적이지만 부재하는 공동체가 있다. 살아있는 자들만의 공동체가 아니라, 죽은 자들과 아직 태어나지 않은 자들로 확장되는 공동체 말이다. 종교의 이야기들은 오래전에 땅에 묻힌 사람들에 관한 것이다. 공동체 가입 의식은 대대로 변함없이 반복될 수 있다. 그것은 나를 나 자신의 죽음뿐 아니라 그렇게 될 사람들과 하나로 묶어준다. 의례의 변화는 불안감을 주는데, 왜냐하면 그것은 그 공동체가 갑자기 끝날 수 있고, 내가 사용하는 단어와 몸짓이 잠정적인 것에 지나지 않으며, 우리 모두가 잊히리라고 암시하기 때문이다.

이러한 부재의 공동체가 고독의 실질적 의미이며, 은둔자와 수도자의 정당성이고, 또한 신성한 예배 즉 미사의 '실제적 현존'이다. 이것은 우리의 사유 속에 있으며, 서로를 배척하게 하는 관습과 욕망으로부터 우리가 그것을 분리하자마자 있게 된다. 그리고 이것이 바로 종교적이고 미학적인 경험이 사회적 삶의 치료법인 이유다.

니체는《비극의 탄생》에서 비극의 종교적 기원을 숙고하며 다음과 같이 주장한다. 디오니소스 숭배자들은 그들의 세속적 걱정을 내던지고 춤에 동참한다. 이 춤은 신을 부르는 주문이며, 그는 춤에서 현존한다. 모든 음악은, 우리 각자를 껴안고 우리의 이탈을 무효화하는 공동체에서 함께 춤추려는 이 욕구에서 유래한다. 우리가 꾸린 합창단은 우리에게 신의 이야기를 들려준다. 또한 우리 모두가 우리 자신의 숙명적인 일에 착수하기 위해 이 순수한 교단을 떠나야 하듯, 떠나는 사람들의 이야기도 들려준다. 그 춤에서 비극의 영웅이 나오며, 그의 운명은 동료 무용수들을 경악케 하고 매혹시키기도 한다. 그는 따로 떨어져 행동하고, 스스로를 긍정하다가, 자신이 잠시 출현했던 통일성으로 물러나 파괴되어 버린다. 거기에 이 비극의 춤이 주는 위안이 있다. 개인의 위반이 멀리서 공연되고, 수용되었다가, 마침내 극복된다.

　동일한 경험이 극장에서도 반복될 수 있다. 관객은 연극 합창단을 통해 대리로 춤을 춘다. 비극의 주인공은 재현된 행위의 중심이다. 신 자신은 조용히 숨어버린다. 하지만 이것은 본질적으로 같은 경험이라고 니체는 말한다. 그리고 아마도 이것은 사제가 예수의 수난 이야기를 말하며, 신도들에게 그들의 죄와 그 죄를 낳은 신과의 결별을 상기시키고, 그들에게 공동의 '희생'을 요청할 때에도 같은 경험일 것이다. 각각의 경우에, 같은 이야기가 말해진다. 이상적 공동체, 우리를 분열시키는 행동(실수든 죄악이든), 그리고 공동체―살아있는 자들의 현 공동체가 아니라, 살아있는 자와 죽은 자와 아직 태어나지 않은 자의 공동체―가 회복되는 데 따른 궁극적 회복의 이야기 말이다. 죽은 자에게로 건너가는 비극의 영웅은 그들과 함께 숭배행위를 하는 숭배자와 같다.

6. 상상과 설계

이러한 생각은 기발하지만, 여기서 더 자세히 설명하는 것은 적절하지 않다. 하지만 그것은 미학에 관한 칸트의 또 다른 사유를 설명할 수 있게 도와준다. 사심 없는 관조는 모든 목적을 제쳐놓는다. 그 자신의 목적뿐 아니라 대상의 목적까지도 말이다. 아름다운 예술작품 혹은 장엄한 풍경은 그 목적을 찾고, 그것들이 그 목적에 적절한지를 판단함으로써 이해되지 않는다. (이것은 콜링우드의 말을 빌리자면, 예술과 기교를 혼동하는 것이 될 것이다.) 하지만 사심 없는 태도가 동시에 관심(즉 이성의 관심)의 표현인 것처럼, 미적 대상의 무목적성은 일종의 합목적성이다. 우리는 대상을, 모든 개별자에 설계돼 있고, 지배적 지향에 의해 합쳐지지만, 그 자체 너머의 어떤 목적은 결여한 것으로 간주한다. 이 '목적 없는 합목적성'이 미학의 특징이다. 그것은 세계를 설계된 것으로, 우리 자신을 그 설계의 일부로 보여준다. 우리는 우리 자신의 능력들과 그것들이 향하는 현상계 간의 일종의 조화를 느낀다. 세계는 관조되도록 설계되었고, 우리가 또한 우리 자신에게서 발견하는 합목적적 본성을 반영한다.

그리하여 미학적 태도는 자연스럽게, 자연의 모든 것을 의지의 표현으로 간주하는 종교적 태도로 이어진다. 우리는 세계를 창조한 신의 의도가 무엇이었는지 알 수 없을 것이다. 하지만 적어도 우리는 만물에 드리워진 숭고한 합목적성을 인식함으로써 신이 세계를 창조하였다는 것을 알 수 있으며, 그 합목적성이 우리—매순간 스스로를 자연과 유리된 존재로 보도록 강요되는 자유로운 존재들—처럼 기이하고 역설적인 피조물조차 자연질서에서 안식처를 찾을 수 있다고 보장해줌을 알 수 있다.

설계 논변의 한 형태로서, 이것은 상당히 결함이 있다. 미적 경험이 그 대상을 합목적적이라고 간주하는 것이 참이라 해도, 이로부터 그 대상이 실제로 합목적적이라는 것이 도출되지는 않는다. 푸생의 〈황금송아지 숭배〉가 지금 걸려 있는 곳에 실제로 춤추는 사람들이 있다고 할 수 없는 것처럼 말이다. 하지만 칸트의 논의는 종교인류학에 중요한 기여를 했으며, 그것을 심사숙고하는 것은 가치가 있다. 칸트는 우리가 상호인격적 관계에서 그 의미를 얻는 이러한 태도를 자연 전반으로 확대할 수 있다고 제안한다. 우리가 웃는 사람을 볼 때, 우리는 인간의 육체가 신경자극이 시키는 대로 움직이는 것을 본다. 하지만 우리는 웃음을 육체가 아니라 정신으로 이해한다. 웃음은 자유와 의지의 표현이지, 자연과정에 불과한 것이 아니다. 웃음은 설령 육체적인 것일지라도, 우리에게는 항상 육체 이상의 것이다.

그리고 이것이 바로 우리가 기적과 신성 같은 개념을 이해해야 하는 방식이다. 기적적인 사건은 우리에게 인격적 표현을 띠고 나타난다. 우리는 이 표현을 알아채지 못할지 모른다. 마치 어떤 사람이 초상화를 응시하면서, 그것을 이루는 선과 색을 보지만 얼굴은 보지 못하듯이 말이다. 마찬가지로, 성스런 장소란 인격과 자유가 우연적이고 의존적이고 평범한 것—돌멩이 하나, 나무 한 그루, 물 한 줌—에서 빛나는 장소다. 우리가 그 인간적 인격체로 향하는 어떤 태도가 있으며, 그것은 우리가 그 인간의 형상에서 세계에 대한 관점을 보도록 이끌고, 그 관점은 다시 그곳에서 세계 밖으로 뻗어간다. 우리는 바로 이러한 태도를 이따금씩 자연 전반으로 향하게 하고, 특히 자유가 실재하는 그러한 장소, 사물, 사건으로 향하게 할 것이다. 성스러움의 경험이란 자유와의 갑작스런 만남이다. 그것은 어떠한 인간 의지도 담고 있지 않은 인격과 합목적성의 인식이다. 이러한 면에서, 우리의 경험은 신성의 계시로 이해될지 모른다. 신앙 없는 시대에 우리가 미학적 가치에 많은 희망을 거는 것은 바로 그러한 계시에 대한 우리의 갈망 때문이다.

7. 자연화된 인식론

종교적 신앙의 문제 중 하나는, 이러한 거대한 가설을 정당화할 수 있는 어떤 근거를 사유나 경험에서 발견해내는, 인식론적 어려움이다. 인식론은 데카르트 시대에 있었던 것이 아니다. 비트겐슈타인과 콰인의 영향 아래에서, 철학자들은 인식론적 문제들에 3인칭으로 접근하며, 우리의 인식론적 능력을 자연계의 특징으로 기술하는 경향이 있다. (5장을 보라.) 그 특징들은 실제로 존재하며, 우리 믿음에 대한 진정한 설명을 나타낸다고 그들은 주장한다. 예를 들어, 물리세계에 관한 우리의 믿음은, 물리세계가 과학이 기술하는 형태로 존재하며, 우리는 그 표면적 윤곽에 관한 정확한 정보를 얻는 방식으로 진화한다는 가정에 의해 가장 잘 설명된다. 따라서 물리적 대상에 관한 믿음은 그것이 참임을 가정할 때 가장 잘 설명된다. 우리는 지식과 지각 이론에서 이러한 접근법의 영향력을 살펴보았다. 그것을 더 어려운 영역들―도덕, 미학, 신학―로 확대하면 왜 안 되는가?

도덕의 경우에, 그 결과를 해석하기란 모호하고 어렵다. 하지만 신학의 경우에는 상대적으로 명확하다. 신앙의 주장이 참이라면, 신은 초월적이다. 신은 자연의 일부가 아니고, 과학적 탐구가 가능한 대상도 아니다. 따라서 종교적 믿음에 관한 어떤 과학적 설명도 상상컨대 신을 나타낼 수 없다. 이로부터 만일 설명이 있다면, 그것은 '자연주의적'일 것이라는 주장이 도출된다. 즉 그것은 결코 신을 지시하지 않는 힘과 기능으로 종교적 믿음을 설명할 것이다. 정확히 그런 설명이 이 장과, 내가 신의 본성을 논의했던 11장에서 가정되었다. 신에 대한 믿음은 우리의 경외감과 신성함에 대한 응답이며, 그것은 다시 우리의 공동체 필요에 대한 응답이다. 그 공동체에서 죽은 자와 아직 태어나지 않은 자는 희미하지만 집요한 애정으로 우리를 둘러싼다. 이러한 '자연화된 인식론'이 신앙의 주장을 파괴하는가? 초월적인 것에 대한 우리 믿음의 최선의 설명이 초월적인 것을 전혀 지시하지 않는다는 사실로부터 그 믿음은 근거 없다는 주장이 도출되는가? (수의 존재에 대한 우리의 믿음에 대해서 같은 논변을 시도해보라.) 이 물음은 대답하기 어렵다. 왜냐하면 그러한 설명의 존재가 바로 신의 존재가 수반하는 것이기 때문이다. 뿐만 아니라 우리가 제시한 설명은 믿음(혹은 그와 비슷한 어떤 것)을 우리가 어떤 것을 믿거나 묻게 되는 사회적 과정의 자연적 부산물로 만든다. 그리하여 성 아우구스티누스는 이렇게 말했다. "우리의 마음이 주 안에서 쉴 때까지 안식은 없도다!"

종교적 믿음을 설명하는 다른 방법은 설명 대상에 더 직접적인 공격을 가한다. 헤겔에게 영향을 받았고, 자신의 주요 생각 중 하나를 마르크스에게 제공했던, 포이어바흐가 제시하는 설명을 살펴보자(《그리스도교의 본질》). 일반적으로 종교, 특히 기독교는 인간을 자기 개선의 힘든 과업으로부터 벗어나게 해주는 정교한 장치로 볼 수 있다고 포이어바흐는 주장했다. 인간의 덕과 공동체적 삶을 인격화하고, 그것을 인간세계의 밖, 초월적 영역에 둠으로써 말이다. 그 영역에 대한 접근은 경험적 존재에게는 금지되기에, 인간은 자신의 개선 가능성에서 유리되어, 스스로를 자신의 '유적 존재species being'로부터 소외시킨다. 종교는 인간의 사회적 본성을 실현하는 것이 아니라 좌절시킨다. 그것은 덕에 이르는 길을 제시하는 것이 아니라 그 길을 영원히 봉쇄한다. 그것은 세계 안에 우리의 안식처를 제공하는 것이 아니라 우리를 세계와 우리 자신으로부터 소외시킨다.

이러한 생각은 이제 우리가 살펴보아야 할 영적이고 지적인 기획에 속한다.

30 악마

우리는 악마의 비존재를 증명하는 부정의 존재론적 논변을 상상할 수 있는가? 플랜팅가의 신의 존재 논변에 입각하여, 우리는 악마를 '최소의 위대함minimal greatness'의 존재, 즉 비존재가 확실히 그 하나로 포함될, 모든 부정적 속성을 소유한 존재로 정의하면 안 되는가? 이것이 부조리하게 들리는 것은, 부분적으로 비존재를 술어로 간주하려는 시도는 사실상 제로이기 때문이다. 비존재가 어떻게 어떠한 것의 속성일 수 있겠는가?

하지만 이것은 또한 다른 이유에서도 부조리한데, 즉 악은 그 실재에 의해 증가되지 감소되지는 않기 때문이다. 악한 행위는 악한 사유보다 더 큰 악이다. 따라서 비존재는 악마의 악한 속성에 더해지는 것이 아니라 감해진다. 우리가 오직 어떤 새로운 술어, 파괴적 존재자들에게만 부여되는 존재의 유비를 고안할 수 있을 때에야, 우리는―말하자면, 비존재로서가 아니라 부정적으로 존재하는 것으로서—악마의 존재론적 증명을 제안할 수 있다. 실제로, 그러한 술어를 제안했던 철학자가 있다. 즉 하이데거는 무에 대해 참인 어떤 것이 있다고, 다시 말해 무는 '무화한다'Das Nichts nichtet는 유명한 주장을 했다. 언제나처럼, 그는 현상학적 관념을 염두에 두고 있었다. 우리에게는 무의 잠식이라고 기술할 수 있는 어떤 경험이 있다. 이것은 무가 영혼의 풍경에 살며시 기어들어와, 우리에게 무언가를 하는 것과 같다.

이러한 경험은 사르트르의 뛰어난 저서 《존재와 무》에서 다른 말로 진술되었다. 무는 '벌레처럼 존재의 가슴을 휘감고' 있다고 그는 말한다. 나는 언제든 무와 만날 수 있다. 예를 들어, 내가 누군가를 만나기로 한 카페에서 그를 찾지만 그가 거기 없을 때처럼 말이다. 세계는 갑자기 그의 부재로 인해 달라진다. 그리고 이 부정적 사실은 그 자체로 독특한 실재성을 띤다. 하지만 이 경험이 아무리 기이할지라도, 분명히 악의 원형은 아니다. 사르트르가 거기 없다는 것을 확인하기 위한 레뒤마고*사르트르와 시몬 드 보부아르 등 유명 작가와 예술가들이 자주 찾던 파리 생제르맹에 있는 카페 방문은 삶의 축복 중 하나인 것이다.

1. 부정과 도덕법칙

하지만 논리학의 부정 기호에 의해서도, 부재의 현상학에 의해서도 파악되지 않는 종류의 부정이 있다. 우리를 성가시게 하는 것에서 벗어나는 것과 관련된 거부 말이다. 인간이라는 동물의 특징은 '유형성숙 neoteny'*한 개체가 성체가 되어서도 어린 시기의 형태를 계속 유지하는 유형진화의 하나로, '유아화juvenilization'라고도 한다이다. 인간은 도움 없이도 생존할 수 있는 발달단계 훨씬 이전에 태어난다. 인간의 성장은 다른 동물의 성장과 유사하지 않다. 동물은 처음 몇 달 동안 의존한 후 곧바로 자신의 길로 독립한다. 인간은 여러 해 동안 생존에 필요한 것을 배워야 할 뿐 아니라, 그의 육체는 인생의 3분의 1이 지나서야 성숙해지고, 반면에 그의 정신은 끝없는 혼란을 겪으며, 심지어 무덤의 문턱에 이르러서도 결코 성숙해지지 않는다.

따라서 인간은 불가피하게 자신의 부모에게 의존하는 상태로 성장하는데, 이는 동물의 왕국에서는 유례없는 일이다. 이 원초적 유대를 끊을 만큼 강력한 어떤 상쇄력이 없다면, 젊은이는 다시 한 번 번식의 순환을 시작하기 위해, 이 무시무시한 경쟁과 소원함의 세계에서 결코 첫발을 내딛지 못할 것이다. 가족에서 시민사회로의 통과는 변증법적 부정을 포함한다고 헤겔은 말했다. 집의 '안락한' 가치들에 대한 갑작스럽고, 폭력적이기까지 한 거부—바로 집을 매력적으로 만들어주는 것에 대한 거절—가 있게 된다. 고독, 위험, 모험이 청소년의 영혼을 끌어당기고, 낯선 사람들의 영역인 시민사회로의 여행이 시작된다.

이 소원함으로의 여행은 집에 대한 강렬한 열망을 만들어낸다. 그리고 모든 인간의 가슴에는 안전의 이미지, 궁극적 구원의 이미지가 여전히 남아 있다. 그것은 출발 장소로의 회귀, 오직 '처음 알았던 것'으로의 회귀이기도 하다. 이것—헤겔 변증법의 세 번째 계기—이 종교의 목적이며, 그 용어들로 상상되지 않은 위안의 이미지는 없다. 그 구성이 〈방황하는 네덜란드인〉*유령선을 소재로 하는 북유럽의 전설과 하이네의 소설을 접목하여 쓴 바그너의 중기 악극 중 하나에서와 같이 대단히 낭만적인 극 형식을 취하든, 혹은 《4개의 4중주》*T. S. 엘리엇이 1943년 발표한 종교적 주제의 시집에서와 같이 침묵하는 죽은 자들과 그들의 죽어버린 믿음을 신비롭게 호출하는 형식을 취하든, 혹은 횔덜린의 《귀향Heimkehr》에서와 같이 유년시절의 풍경으로 돌아가는 여행의 형식을 취하든, 그 결과는 동일하다. 거부의 죄악은 속죄되고, 영혼은 영원한 안식처에 기꺼이 받아들여진다. 개인은 원죄, 즉 쇼펜하우어의 말을 빌리자면, '존재 자체의 죄악'―즉 개인의 오만과 그로부터 비롯된 소외―을 참회한다.

그 네덜란드인이라 할지라도, 거부의 상태에 악마적인 것은 전혀 필요하지 않다. 어떤 사람들은 자기를 붙잡는 사람들을 가볍게 꾸짖으며 집을 떠난다. 다른 사람들은 익살과 애정으로 자신의 부모를 지켜보다가, 점차 자신들의 옛 의존성을 버리는데, 보통 새로운 의존성을 얻음으로써 그렇게 한다. 하지만―에드먼드 고스가 《아버지와 아들》에서 기술했듯이―아버지의 법에 대한 비극적 거부 없이는 이 가족극에서 벗어날 길이 없는 상황들이 있다. 그 거부가 마침내 화해에 이를 수도 있다. 아들이 아버지에게 공감하는 법을 배우고, 그 낡은 법을 자신의 자기긍정의 필수적 전조로 간주함으로써 말이다. 하지만 그것이 평생에 걸친 부정적 태도, 외적 권위에 대한 수용의 거부 그리고 자아의 '해방'을 방해하는 모든 가치, 모든 관습, 모든 규범의 거절로 이어질 수도 있다.

이처럼 영혼이 부정적 태도에 머무는 것은 연구할 가치가 있는데, 왜냐하면 그것이 현대 대학에서 철학으로 통하는 많은 것들의 뿌리에 있기 때문이다. 마르크스주의에서부터 해체주의까지, 모더니스트 철학자는 우리가 계승한 문화와 제도에는 어떠한 권위, 어떠한 법원法源, 어떠한 가치, 어떠한 의미도 없으며, 사유의 유일한 목적은 '해방'에 이르는 길을 깨끗이 치우는 것임을 증명하는 데 매진했다. 이렇게 정의된 모더니즘이 이 책의 논변과 양립할 수 없기에, 그 메시지를 이해하려고 노력할 가치가 있다.

도덕법칙은 모든 합리적 존재에게 정언명법의 형식으로 제시된다고 칸트는 주장한다. 이것은 수세기 동안 변하지 않았고, 변할 수도 없었다.

동일한 사유가 십계명과, 그리스도의 새로운 법칙―네 이웃을 네 몸과 같이 사랑하라―과, 칸트 자신의 더 새로운 법칙―인간을 수단으로만이 아니라 항상 목적으로 대하라―을 통해 표현된다.

반역의 성신은 이성에 보편법칙이 있다는 관념에 저항한다. 기쁨의 사원 입구 위에 '하지 말라'라고 쓴 이는 바로 질투심 많은 아버지다. 그렇게 윌리엄 블레이크는 우리에게 말하며, 그것이 바로 마르크스와 그의 모더니스트 제자들의 메시지다. 법이란 그것에 의해 증진되는 이익의 측면에서 이해되어야 한다고 그들은 주장한다. 이것이 법이 설명되어야 하는 방식이다. 사회란 권력체계이며, 권력은 그 정당성의 신화에 의해 유지된다. 법과 도덕은 그 신화의 일부이고, 그것들의 생존능력은 그것들에 복종함으로써 패배하게 되는 사람들의 맹신에서만 비롯한다.

마르크스주의는 법에 대한 이러한 거부를 어떤 역사과학에 기초시키려 했는데, 이에 따르면 사회제도는 그 경제적 토대를 형성하는 생산관계에 의존한다. 연속적인 각 생산관계 체계―노예제, 봉건제, 자본주의, 사회주의 그리고 최종적으로 공산주의―는 사회의 '생산력' 발전에 의해 야기되며, (자족적인 최종 단계를 제외한) 각각은 제도와 법이라는 상부구조에 의해 유지된다. 사적 소유의 법적 권리는 소유권이 부르주아 '생산관계'를 강화한다는 사실에 의해 설명된다. 하지만 그렇게 함으로써, 소유권은 또한 인간의 궁극적 해방과 양립할 수 없는 체제 유지에 기여한다. 그 해방은 오직 공산주의의 도래와 더불어 올 것이다. 그때 사적 소유는 생각할 수 없게 될 것이고, 그것을 유지하는 데 기여했던 어떠한 생산관계도 존재하지 않게 될 것이다.

그 이론은 이보다 훨씬 복잡하다. 하지만 그것은 종종, 타당한 법이나 타당한 도덕체계 같은 것은, 그것을 요구하는 경제질서를 벗어나서는, 존재하지 않음을 보여주는 것이라고 여겨진다. 법을 절대적이라고 옹호할 때, 당신은 인간 제도의 '역사성'을 부정할 뿐 아니라, 특정 질서—대개 부르주아 질서—의 영원한 타당성을 긍정하고, 사회 변화에 반대하게 된다. 이것은 거의 도덕 자체가 도덕의 거부를 요구하는 것과 같다. 당신은 자신에게 도덕법칙을 부여하면서도, 해방의 희망은 부정하는 셈이다.

이 마지막 문장에 표현된 역설은 혁명가들에 의해 열렬히 수용되었다. 로베스피에르와 생 쥐스트에서부터, 폴 포트와 빛나는 길Sendero Luminoso*1970년 조직된 페루의 혁명운동단체로, 마오쩌둥 사상을 바탕으로 유격전과 테러 활동을 전개했다에 이르기까지 말이다. 이것은 헝가리의 공산주의자 죄르지 루카치에 의해 우리 시대에 가장 명확히 표현되었다. 이 철학자이자 문학평론가는 1956년 헝가리혁명 실패 후 사형을 모면한, 임레 너지 정부의 소수 요인 중 한 명이었다. 그는 1960년대 급진주의자들이 가장 좋아한 책 중 하나였던 《역사와 계급의식》에서 이렇게 말한다. "합법성 혹은 불법성의 문제는 그 자체로…… 공산당에게는 단지 전술의 문제로 환원된다. 이렇게 완전히 무원칙한 해결책에 부르주아 법체계에 대한 유일하게 가능한 실천적이고 원칙적인 거부가 있다." (여기서 당신은, 신비주의자와 마찬가지로 자신의 고귀한 운명이라는 생각에 도취된, 이 혁명가를 사로잡은 의기양양한 역설을 볼 수 있다.) 법체계에 대해 참인 것은 부르주아 세계의 다른 모든 특징에 대해서도 참이다. 경제행위, 사회관계, 감정, 야망, 심지어 도덕 자체에도 말이다. 따라서 루카치는 "공산주의 윤리는 악한 행동의 필요성을 인정하는 것을 최고의 의무로 삼는다"라고 단언할 수 있었다. "이것이 혁명이 우리에게 요구하는 가장 위대한 희생이다"라고 덧붙이면서 말이다.

우리는 그런 희생에 익숙하다. 그리고 그것은 혁명적 지식인들에 의해서가 아니라, 수백만 명의 헤아릴 수 없는 그들의 희생자들에 의해 치러졌다. 또한 루카치가 말했듯이, "부르주아 사회에서 인간적이기란 불가능하며", 따라서 "부르주아는 인간 존재의 외양만을 갖는다." 당신이 이러한 말로 사람들을 기술한다면, 그들을 몰살하는 것은 그리 힘들지 않다. 부르주아는 일소되어야 하는 법의 제정자나. 만일 그가 법과 더불어 일소되어야 한다면, 그가 그러한 운명을 요청한 것이 아니겠는가?

마르크스주의의 과학이라는 허울은 면죄장치로서 지극히 중요했다. 만일 (생산력과, 그 발전을 방해하는 생산관계 간의 불가피한 충돌의 결과로서) 혁명이 불가피하다면, 그 범죄 역시 불가피하다─그것은 결코 범죄가 아니라, 새로운 사회질서의 진통일 뿐이다. 그 탄생을 촉진하고자 하는 자들은 신속하고 폭력적으로 행동해야 한다. 하지만 그 결과 일어나는 작은 유혈사태는 생명과 해방의 대가다.

2. 도덕의 계보학

마르크스주의 유물론은 니체가 동명의 유명한 책에서 명명한, '도덕의 계보학'의 한 예다. 그것은 도덕제도가 사회에서 어떻게 생겨나고, 어떤 기능을 수행하며, 왜 사람들이 그것에 동의하게 되는지를 보여줌으로써 도덕제도를 설명하고자 한다. 이러한 설명의 매력은 그것이 설명의 대상을 훼손하는 듯하다는 사실에서 주로 기인한다. 마르크스의 이데올로기 이론에 진리는 거의 없다. 하지만 상당량의 메피스토펠레스적 매력이 있다. 만일 세계가 이와 같다면, 도덕은 확실히 우리의 지지를 요구할 수 없는가? 사실, 우리에게는 도덕을 폐기할 일종의 그림자 의무가 있을지 모른다. 도덕을 훼손하는 철학은 또한 그 자신의 그림자 도덕을 만들어낸다.

니체의 계보학도 동일한 효과가 있다. 그는 기독교 전통에서 도덕적 가치가 본래 나약한 자들에게 힘을 실어주고, 태생적 노예들이 그들의 태생적 주인들을 이길 수 있도록 허용하기 때문에 지지된다는 점을 보여주고자 한다. 도덕은 연민과 온순함의 감정을 칭송함으로써 영웅에 맞서는 무리를 결집하고, 영웅의 에너지와 힘의 결실로부터 그를 배제한다.

니체의 계보학은 마르크스주의의 그것과 내용적 측면에서는 거의 공통점이 없다. 하지만 유사한 매력이 있다. 만일 당신이 내심 자신이 초인이고, 당신의 힘과 에너지와 재능이 소인국의 의무의 망으로 당신을 결박하는 소인들에 의해 좌절된다고 믿는다면, 당신은 기꺼이 니체의 시각을 승인할 것이며, 도덕을 그렇게 설명함으로써 당신 또한 변명을 할 수 있게 된다고 믿을 것이다.

국제사회주의자들의 범죄에 대해 마르크스가 준비했던 강력한 변명은, 그 반대 진영의 국가주의자들을 위해 니체가 준비한 것이었다. 똑같이 숨 가쁜 해방의 외침이 나치의 선전에서 들리며, 이번에는 니체의 어조로 울려퍼진다. 도덕은 낡은 사회의 인공물에 불과한 것으로 경멸된다. 억압의 도구로서가 아니라, 더 형편없는 자들이 그들을 정당히 억누르는 사람들을 무력화하는 질병으로서 말이다.

두 철학은 중요한 물음을 제기한다. 믿음에 대한 설명은 또한 어느 때에 그 믿음을 훼손하는가? 마르크스식 혹은 니체식 계보학의 진리는 둘 중 어느 사례에서든 도덕적 주장의 거부를 정당화하는가? 이것은 종교에 관해 제기된 물음과 유사하다. 하지만 앞서 말했듯이, 이것은 대답하기가 훨씬 더 힘들다. 아마도 말할 수 있는 최선은, 증거가 우리 눈앞에 제시되기 전까지는 도덕이 훼손되었다고 믿어서는 안 된다는 것이다. 누군가가 도덕을 그것이 참임을 지시하고 않고서도 설명할 방법을 생각해냈다는 단순한 사실이 우리의 해방을 허가해주어서는 안 된다.

3. 소외

더 논의를 진행하기 전에, 헤겔 이후 근대성의 조건을 규정할 때 중요한 역할을 해온 개념을 다시 언급해야겠다. 바로 소외의 개념이다. 헤겔의 변증법은 모든 지식, 모든 행위, 모든 감정이 긴장 상태에 있으며, 이러한 긴장에 의해 원초적 드라마를 공연하도록 이끌린다고 말한다. 각 개념, 욕구, 느낌은 처음에는 원초적이고 즉각적이고 통일된 형태로 존재한다—자기인식 없이, 본래 불안정하지만, 그럼에도 그 자체로 편안하게 말이다. 그것의 궁극적 '실현'은 '통일성의 회복' 상태, 원초적 안식처로의 귀향이지만, 자기인식이 달성되고 지향이 충족된 상태에서만 이루어진다. 이러한 최종 목표에 도달하기 위해, 정신의 각 측면은 자신의 보금자리에서 떨어져 나와, 자신이 통제하지 못하는 세계에서 스스로를 긍정하기 위해 투쟁하는, 분리의 기나긴 궤도를 통과해야 한다. 이러한 소외 상태—눈물의 골짜기—는 생성의 영역이며, 거기에서 의식은 그 대상뿐 아니라 스스로와도 분리된다. 정신적 삶의 형태들이 있는 만큼, 소외에는 여러 변형이 있다. 하지만 각 형태에서 근본적 드라마는 동일하다. 정신은 지식의 대상을 '정립하는' 경우에만—자기 세계에 타자의 관념을 부여하는 경우에만—스스로를 알 수 있다. 이렇게 할 때, 정신은 스스로에 대해 타자가 되고, 갈등과 불화를 겪다가, 마침내 타자와 하나가 된다—우리가 과학의 대상을 완전히 이해할 때 그것과 하나가 되듯이 말이다. 우리가 죄와 종교적 소원함을 극복할 때 자아와 하나가 되고, 적법한 정치적 통합체에 가입할 때 다른 사람들과 하나가 되듯이 말이다.

헤겔에게 소외는 악이 아니라, 이론적이든 실천적이든 모든 정신적 선의 필수적 부분이었다. 하지만 그 개념은 곧 악화되었다. 이미 포이어바흐에게서 우리는 종교가 인간을 그의 사회적 삶의 본질로부터 분리시키기 때문에 본질적으로 소외를 낳는다는 생각을 보았다. 따라서 종교는 극복되어야 하는 어떤 것이다. 마르크스에게는, 동일한 것이 사적 소유와 '자본주의' 사회제도들에 대해 말해진다. 이것들은 우리를 우리의 사회적 본성으로부터 분리시키며, 따라서 만일 우리가 사회적이고 합리적인 존재로서 우리의 자유를 '실현하고자' 한다면, 극복되어야 한다. 포이어바흐는 청년 마르크스와 마찬가지로 '헤겔 좌파'였다. 그들은 변증법을 인간의 비참함에 대한 진단으로, 또한 그 치료의 약속으로 이해했다. 두 사람 모두 역사가 자신이 만들어낸 문제의 해결책을 향해 가차 없이 나아간다고 믿었다.

소외 관념에 똑같이 강한 인상을 받았던 다른 철학자들은 더 암울한 견해를 가졌다. 실존주의자에게 소외란 자유로운 존재로서의 우리 조건의 일부다. 우리는 세계를 우리 자신과는 다른 것, 우리와 분리된 것으로 본다. 왜냐하면 세계는 순수 사물들의 세계이며, 거기에서 우리는 이방인이기 때문이다. 우리가 가진 전부는 선택의 자유다. 만일 소외에 대한 치료법이 있다면, 자신의 자유를 발휘하고 진정한 자아를 실현함으로써 그 치료법을 제공하는 것은 우리 각자의 몫이다.

이러한 실존주의자의 '해결책'에 감명받지 않은 이들에게도 그 문제는 여전히 남는다. 우리는 세계에서 편안하지 않으며, 이 의지할 곳 없음이 우리 조건의 심오한 진리다. 이것을 바꾸기 위해 우리가 할 수 있는 어떤 것이 있는가? 두 가지가 소외에 기여하는 것으로 보통 지목된다. 바로 '자본주의'와 과학적 사고다. (후설은 영국의 존 러스킨과 그의 추종자들처럼, 이 중 후자를 강조했다.) 자본주의는 시장—즉 동의에 의해 확립된 경제관계 체계─의 조야한 이름이다. 그리고 과학은 참이라고 여겨진 명제들의 총합에 붙여진 이름이다. 과학과 시장은 인간과 객관적 질서가 관계하는 두 가지 근본 형식이다. 즉 사물(그리하여 지식과 이용의 대상)로서든 인격(그리하여 동의의 주체)으로서든, 세계의 객관성을 인식하는 두 가지 방법이다. 하지만 이것은 바로 헤겔의 원래 논변이 암시한 것이다. 즉 객관적 실재를 인식하려는 시도는 또한 실재와 소원해진다. 사실상, 여기에 원죄의 뿌리가 있다. 의식을 통해 우리는 자신이 이방인이 되는 세계로 '타락한다.'

　이러한 생각의 감정적 매력의 일부는 유형성숙과 청소년기의 성장과정으로 설명될 수 있다. 그러나 그 엄청난 강렬함은 다시 한 번 뒤르켐의 종교이론에 의해 가장 잘 이해된다. 우리는 본성상 사회적 존재이며, 의존 상태로 태어난다. '천사 같은 유년기'에 우리는 세계와 하나이며, 세계에 의해 보호받고 포용된다. 자아와 타자의 분리는 부족의 원시적 경험에서는 거의 분명하지 않다. 우리는 이러한 경험을 종교를 통해서, 하지만 우리의 분리에 대한 앎을 통해서만 획득될 수 있는 더 고등하고 의식적인 형태로 되찾고자 한다. 자기 긍정이란 죄를 범하는 것이며, 숭배함이란 회복됨이다. 요컨대, 소외의 느낌은 '소속감'의 상실에서, 우리의 부족 신에게 다시 한 번 수용되고자 하는 욕구에서 비롯한다.

　이제 시장에 의해 확립된 관계는, 과학에 의해 생겨난 관계처럼, 보편적 특성을 갖는다. 계약은 당사자들 간의 어떠한 유대도, 어떠한 선행하는 믿음도 요구하지 않으며, 그 의미는 그 조건들에 의해 완전히 규명된다. 뿐만 아니라 조건들은 시장에 접근하는 모든 사람들의 합리적 이기심에 의해 '비인격적으로' 구술된다. 시장의 소외적 성격은 '외지인'도 친구와 완전히 평등하다는 사실을 반영한다. 과학적 사고도 마찬가지다. 과학의 범주들은 진리에 대한 우리의 합리적 관심에서 직접적으로 생겨난다. 따라서 과학은 모든 합리적 존재에게 공통적이며, 어느 누구도 특별히 소유하지 못한다. 과학적 탐구에 임할 때 나는 세계에 관한 내 지각을, 지향적 개념으로부터 그리고 그 의미가 소속감과 의무 관계에서 유래하는 범주들로부터 자유롭게 한다. 나는 더 이상 세계를 '소속'의 측면에서 바라보지 않는다. 나는 과학의 세계에서 '편안하지' 않은데, 바로 내가 거기에서 다른 모든 사람만큼만 그리고 단지 적은 정도로만 편안하다는 이유 때문이다.

그리하여 키에르케고르가 '절망'이라고 기술한 상태가 생겨난다. 내가 향하는 어디에서나 신의 (그리고 신을 보호하는 공동체의) 부재만을 보기에, 세계의 의미를 발견할 수 없는 상태 말이다. 악마의 일은 우리가 세계를 이 절망의 이미지로 개조하도록 설득하는 것이며, 동시에 우리에게 극단적인 종교적 열정을 자극함으로써, 우리가 그렇게 할 때 최대의 선을 행한다고 믿게 하는 것이다. 현대 세계의 커다란 사건들, 특히 지식인들의 절망에서 시작되어 모든 사람들의 절망으로 끝난 그 기이한 혁명들을 고려할 때, 우리는 이것을 명심해야 한다.

4. 그들

의식적 절망은 무의식적 만족의 적이다. 따라서 우리는 지적 소외가 평범한 인류에 대한 의심과 밀접한 관련이 있음을 발견하고 놀라지 말아야 한다. 이러한 의심은 사르트르와 하이데거의 저작에서 일종의 형이상학적 위엄을 획득하는데, 그들에게 타자는 비본래성의 원천이며, 따라서 모더니스트가 저지를 수 있는 유일한 죄악의 원천이다. 즉 자아에 반하는 죄악 말이다. 나의 자유는 나의 본질이자 구원이다. 나는 존재하기를 그치지 않는 한 그것을 잃어버릴 수 없다. 하지만 그것은 어디에서나 위협받는다. 나는 대상들 사이에서 하나의 주체로서 살아가는데, 이때 위험은 내가 대상들의 세계로 '전락하여' 그것들과 하나가 될 수 있다는 것이다. 그에 대한 대응으로, 나는 나 자신을 감추고, 미리 결정된 어떤 역할에 숨고, 이미 만들어진 옷에 맞추도록 나 자신을 일그러뜨릴지 모른다. 그럼으로써 나를 대상과 나누었던 간극을 넘어 나 자신을 대상이 되게 할지 모른다. 사르트르에 따르면, 이것이 내가 도덕, 종교, 사회적 역할을 채택할 때 일어난다. 그것들은 타자들에 의해 고안되었으며, 내가 그것에서 대상화되는 한에서만 내게 중요한 것들이다. 그 결과는 '그릇된 믿음bad faith'─즉 우리 부르주아 질서의 일반적 상태인, 하이데거의 '비본래성'이다. 그리고 그릇된 믿음은 동시에 소외의 상태다. 따라서 사르트르에 따르면, "나의 대타존재는 객관성으로의…… 타락이며", "이 타락이 바로 소외다."(《존재와 무》 274~275쪽.)

주체에 의한 대상의(사르트르가 헤겔의 언어를 번안한 용어를 쓰자면, 대자에 의한 즉자의) 거짓 흉내는 본래적인 개인의 몸짓과 대조된다. 즉 개인이 그 자신과 자신의 세계를(전자를 후자에 내던짐으로써) 함께 창조하는 자유로운 행동 말이다. 이것이 어떻게 되는지는 묻지 말라. 왜냐하면 그 과정은 기술될 수 없기 때문이다. (그것을 기술하는 것은 일상의 도덕 개념들을 사용하는 것이며, 따라서 그것들에 의해 다시금 갇혀버리는 것이다.) 이 본래적 몸짓의 종점이 중요한 것인데, 사르트르는 이것을 관여commitment라고 기술한다. 해방된 자아의 자유는 관여로 표현된다. 하지만 무엇에 대한 관여인가?

물론, 어떠한 것이 그릇된 믿음의 행위가 아닌가라는 물음은 대답되지 않는다. 객관적으로 정당화되었다고 표상되는 어떠한 가치체계의 채택도 나의 자유를 대상세계로 이전하려는, 그리하여 그것을 상실하게 하는 시도와 관련된다. 객관적 도덕질서에 대한 욕구는 비본래적이며 자유의 상실인데, 자유가 없다면 어떠한 종류의 도덕질서도 생각될 수 없다. 따라서 사르트르의 자생적 도덕에 대한 정당화는 본래 모순적이며, 그가 정력적으로 옹호하는 사실은 다음과 같다.

> 나는 나의 존재를 구성하는 이 독특한 최초의 기획과 마주하여 홀로 두려움에 떨며 나타난다. 모든 장벽, 모든 철책은 무너지고, 나의 자유의 의식에 의해 소멸된다. 존재의 가치를 유지하는 것이 바로 나라는 사실에 반대하는 어떠한 가치에도 나는 의지하지 않으며, 의지할 수도 없다……

하지만 이러한 허무주의적 태도에도 불구하고, 사르트르는 관여가 우리 시대에 넓은 의미에서의 일종의 마르크스주의—여하튼, 반부르주아—혁명의 정치학이라고 주장했다. 그 이유는 사람들과의 다른 어떤 관계도 본질적인 의미가 없다는 점인 듯하다. 주인과 노예의 논변에 대한 독자적 해석을 이용해, 사르트르는 인간관계가 완전히 모순적임을 보여주고자 한다. 그는 자기의식적 존재로서의 내가 불가피하게 나 자신을 발견한 상태를 기술하는 것으로서, 하이데거의 '대타존재'를 도입한다. 나는 나 자신의 눈에는 즉각 자유로운 주체이고, 타자의 눈에는 결정된 대상이다. 또 다른 자기의식적 존재가 나를 바라볼 때, 나는 그가 내 안에서 대상뿐 아니라 주체를 찾고 있음을 안다. 자기의식적 동물의 시선에는 꿰뚫어보고, 요구를 만들어내는 특이한 능력이 있다. 이것은 자유로운 주관성으로서의 내가 나 자신을 그에게 드러내라는 요구다. 동시에, 육체적 대상으로서의 나의 존재는 불투명성, 나의 자유로운 주관성과 그것과 통일되기를 바라는 타자 간의 침투할 수 없는 장벽을 만들어낸다. 다른 사람의 육체에 있는 이 불투명성이 외설의 기원이고, 내 육체가 다른 사람 앞에 선다는(그의 육체가 나에게 그러듯이) 나의 인식이 수치의 원천이다.

만일 내가 어떤 여자를 욕구한다면, 이것은 단순히 그녀의 육체로 나 자신을 만족시키려는 성욕의 문제가 아니다. 만일 그것이 그런 것에 불과하다면, 어떠한 적절한 대상이든, 심지어 인형마저도 괜찮을 것이다. 내가 끈적이는 것le visqueux(이것은 물리적이기보다는 형이상학적인 용해의 이미지이기 때문에, 사르트르에게는 역겨운 것이었다)과 하나가 되고 그 속에서 허우적댐에 따라, 나의 욕구는 나를 대상세계와 하나가 되게 한다. 나는 이 외설적인 악몽에서 '대자'의 소멸을 경험한다. 진정한 욕구에서 내가 원하는 것은 타자, 그 자신이다. 하지만 타자는 그의 자유에서만 실제적이고, 그를 대상으로 표상하려는 모든 시도에 의해 왜곡된다. 따라서 욕구는 타자의 자유를 추구하는데, 그것을 그 자체로 전용하기 위해서다. 타자가 그 육체를 소유하는 한 그리고 오직 그런 한에서만, 타자의 육체를 소유하고자 원하는 연인은, 따라서 모순에 얽혀들게 된다. 그의 욕구는 타자가 자신의 육체를 확인하도록—육체의 즉자에서 대자를 상실하도록—강제함으로써만 충족된다. 하지만 이때 소유되는 것은 정확히 타자의 자유가 아니라 자유의 껍데기—포기된 자유—일 뿐이다. 한 놀라운 구절에서, 사르트르는 사디즘과 마조히즘을 '욕구가 좌초되는 암초'라고 기술한다. 사도-마조히즘에서, 한쪽은 다른 쪽이 고통스런 육체와 자신을 동일시하도록 강제하려 하며, 그리하여 그를 고문하는 바로 그 행위를 통해 그를 육체로서 소유하려 한다. 하지만 다시금 이 기획은 수포로 돌아간다. 제공된 자유는 바로 그 제공의 순간에 버려진다. 사디스트는 자기 행동에 의해 다른 사람의 비극에서 동떨어진 관객으로 환원되며, 고문당하는 육체의 음란한 베일에 의해 그가 하나가 되고자 하는 자유와 분리된다.

사르트르의 욕구의 현상학은 실존적 공포에 관한 성실한 기술이다. 그리고 그것은 중요한 관찰결과를 얻는다. 즉 어떠한 도덕법칙에도 굴복하지 않는 순수하고 절대적인 자유를 유지하려는 그의 시도는 그 자신을 인간세계로부터 넘을 수 없는 거리에 위치시킨다. 그 자유에서 나와 인간적 위안의 영역으로 가는 길은 없다. 그 영역으로의 모든 진입은 또한 굴복이기도 하다. 만일 이것이 우리가 자유를 위해 치르는 대가라면, 아마도 자유의 대가가 너무 클 것이다. 그리고 자유가 타자에 대한 두려움에 둘러싸여서 그 자체로 감옥이 된다면, 세계에 대한 이러한 끊임없는 거부를 왜 자유라고 기술하는가?

만일 선험적 자유가 있다면, 칸트가 생각하듯 이해하는 것이 확실히 옳다. 법의 도덕성의 기초로서 말이다. 우리는 끊임없는 불복의 태도로 우리의 자유를 유지하지 않는다. 또한 원칙적으로 우리가 정당화하기를 거부하는 어떤 명분에 대한 '관여'의 몸짓으로 그것을 유지하지도 않는다. 우리는 복종을 통해 그것을 유지한다. 도덕법칙에 대한 복종은 타자의 권리를 인정하고, 그들을 수단이 아니라 목적으로 대한다는 의미다. 그것을 통해 우리는 까다로운 지식인들이 대딛기를 꺼리는 '부르주아' 질서로 가는 노정을 시작한다.

여기서 주인과 노예에 관한 헤겔의 논변을 상기하는 것은 유용하다. 헤겔에게, 인격적 존재는 상호 인정의 상태에서만 확립된다. 그리고 이것은 다시 도덕법칙에 대한 굴복을 요구하며, 그 도덕법칙에서 타자는 더 이상 내 세계의 소유를 놓고 다투는 낯선 경쟁자가 아니라, 세계 안에 자유롭게 존재하는 독립적 의지, 나 자신의 거울이라 할 수 있는 권리와 의무의 소유자로 간주된다. 사르트르에게, 우리는 그러한 상호성의 단계에 도달할 수 없는 듯하다. 바로 근본적인 자유의 요구가 타자를 나의 세계에서 배제하며, 그럼에도 그가 거기에서 발견된다면, 우선 먼저 적으로서 발견된다. 사르트르는 이것을 그의 생생한 사례 중 하나에서 예증한다. 나는 공원에 있고, 그 공원의 대상들은 내 주위에 조직돼 있으며, 나는 그것들을 향해 내 목적을 투사한다. 이 벤치는 내가 앉도록 되어 있고, 저 나무는 숨어 있지만 나의 시선을 필요로 한다. 그때 갑자기 나는 다른 사람을 본다. 즉시 공원은 내 욕구의 원칙을 따르는 그 유일한 배치를 상실하고, 또한 그의 목적을 따라 모이기 시작한다. 그 벤치는 그가 기피하는 벤치가 되고, 그 나무는 그가 다가가는 나무가 된다. "타자는…… 어떤 목표를 향하는 사물들의 항구적인 비행이며, 그 목표는…… 거리를 두고 전개되는 한 나를 피해간다." 즉 타자는 "내게서 세계를 빼앗는다."(《존재와 무》255쪽.) 요컨대, 그들에게 안전이란 없으며, 우리의 상호 상태는 전쟁의 상태다. 이 변증법은 나를 항상 그 첫 단계로 되돌린다. 자유의 요청이 결코 나를 벗어나게 해줄 수 없는, 타자와의 생사를 건 투쟁 말이다. 이것이 희곡《닫힌 방》에서 사르트르가 한 유명한 발언, '지옥은 타인들이다'의 참뜻이다. 즉 타인들은 지옥이다.

5. 악의 평범함

칸트는 자신이 정당화했던 인격 도덕이 정치학과 법학의 충분한 근거를 제공하리라 확신했다. 그러나 마르크스가 부르주아 질서에 의심을 던지기 위해 배척했던 것이 바로 칸트의 인격 철학이었다. 마르크스는 1844년의 초기 수고에서, 임금노동이 인격을 사물로─단지 도구 혹은 수단으로─전환시킨다고 주장했다. 그것은 인격으로서의 혹은 그 자체 목적으로서의 노동자의 실재를 부정한다. 인간의 노동이 임금계약에 의해 그로부터 유리되고, 타인이 그의 노동의 산물을 소유할 때, 노동자는 자신의 노동으로부터 소외되고, 따라서 자신으로부터도 소외된다. 이것을 증명하려는 마르크스의 시도는 은유투성이며, 그 논변은 일관된 형태로 옮겨지지 못한다. 그럼에도 현대의 가장 열렬한 지식인 혁명가들에게 영감을 준 것이 바로 이 논변이었으며, 자본주의 질서에 대한 최종 고발장으로서 1960년대 내내 제시되었다.

주체의 소외 혹은 인격의 사물로의 전환으로 우리가 의미하는 것은 무엇인가? 마르크스는 우리가 '신비화'를 통해서 사회세계를 바라본다는 점을 폭로하고자, 인간을 '사물 같은' 것으로 보려 했다고 주장될 수 있다. 그의 역사이론에는 우리의 일상적 사고방식에 대한 일종의 과학적 태도, 우리가 사회세계를 구성하고 그것에 의미를 부여할 수 있도록 해준 개념들을 '이데올로기'라고 일축하려는 열망이 있다. 이러한 개념들이 거짓투성이고, 우리가 인간의 참된 본성과 존엄성을 보지 못하게 막는다고 마르크스가 믿었다 해도, 그것들에 대한 그의 공격의 결과는 순수 권력의 환상이 깨진 모습 외에는 그 자리에 아무것도 남기지 못했다. 세계를 덮었던 환상의 베일은 인간사회의 '운동법칙'을 밝히는 역사과학에 의해 찢겨졌다. 세계의 인격적 얼굴을 구성하는 특징들―권리와 의무, 법과 가치, 제도와 종교―은, 경제의 심층을 자세히 들여다보고 인간 역사의 '진리'를 발견하고자 하는 강렬한 욕구에 의해, 지상에서 사실상 일소되었다.

과학의 이름으로 행해지는 인간세계에 대한 이러한 공격은 마르크스만의 전유물이 아니다. 마찬가지로 중요한 사례가 현대 성과학에 의해 제시된다. 이것 역시 과학이라기보다는 사이비과학이며, 그것은 그 대담하고 비도덕적인 '진짜 우리'의 이미지에 매우 기뻐한다. 과학적 관점에서 본 진짜 우리가 정확히 우리의 진정한 본질은 아닌데, 만일 어떤 것이 이것을 보여준다면, 그것은 성행위에 관한 연구일 것이다. 성적 욕구는 해부학적으로 기술되는 것으로서가 아니라 지각되는 것으로서의 타자에 대한 반응이다. 그것은 권리, 책임, 인식의 담지자로서 지각되는 인격에 대한 반응이다. 타자는 내 쾌락의 도구가 아니며, 내 욕망의 가려운 곳을 긁어주는 어떤 것은 더더욱 아니다. 이 점은 크세노폰이 기록한 소크라테스에 의해 지적되었다. "소크라테스는…… 만일 새끼돼지들이 돌멩이에 대고 비벼대듯, 크리티아스가 유티데모스에 대고 비벼대고자 했다면, 그는 돼지보다 낫지 않다고 생각한다고 말했다." 우리는 크리티아스의 욕망에 관한 이 설명에서 진정한 욕구가 아니라 유아적 성도착 중 하나를 알아낸다. 하지만 이것이 성과학자가 언제나 욕구를 제시하는 방식이다—그 지향성을 완전히 잘못 전달하는 '기능적인' 용어들로 말이다. 성적 욕구의 목표는 오르가즘이 아니다. 또한 어떻게 기술되든 간에, '섹스'도 아니다. 그것은 타자의 소유다—사르트르가 자신의 자유를 포기하기를 차갑게 거절하면서 불가능하다고 여겼던 바로 그것 말이다. (하지만 당신이 소유되는 것에 움츠러들지 않는다면, 소유란 쉽다.)

성과학의 도덕은 마르크스주의의 그것과 같다. 우리는 인간세계에 속하며, 그 세계를 과학에 굴복시키는 일은 인격과 그로부터 비롯하는 모든 의미를 잊는 일이기도 하다. 우리는 과학주의적 사고방식이 남긴 사막에서 우리의 길을 어떻게든 찾아 나아갈 수 있지만, 행복에 대한 전망은 사라지게 된다. 뿐만 아니라 일단 의미의 베일이 찢겨지면, 모든 것은 허용된다. 내가 타자에게서 보는 전부가 '피부 아래의 해골'T. S. 엘리엇의 시 〈불멸의 속삭임〉의 시어일 때, 내게 그의 특징들을 말해주는 절대적 금지—'하지 말라'—는 없게 된다. 흥미로운 결과가 지난 세기에—생물학적이든(나치의 우생학에서처럼) 사회적이든(마르크스주의 역사이론에서처럼), 대체로 인간에 관한 가짜 '과학'에 영감을 받아서—생겨났던 전체주의 정부들에서 목격될 수 있다. 체계적 살해가 관료제의 임무가 되며, 그것에 대해 사실상 아무도 책임지지 않고, 특히 아무도 비난받지 않는다. 한나 아렌트는 이와 관련하여 '악의 평범함'을 말했다. 이것은 '비인격화'라고 말해도 마찬가지로 적절할 것이다. 인간세계를 꿰고 있지만 과학의 세계에는 어떠한 대응물도 없는, 인간적 책임의 망과의 사악한 단절 말이다. 전체주의 체제와 그 가장 숭고한 표현인 장막*구약성서 민수기에서 개인에 대한 보살핌의 흔적은 없다. 그러한 체제에서 인간의 삶은 지하로 내몰리고, 자유·책임·권리의 관념은 공적 인정을 받지 못한다. 왜냐하면 그것들은 행정과정에서 어떤 자리도 차지하지 못하기 때문이다. 유토피아를 효과적으로 만들기 위해 설립된 기구가 전적인 살인면허를 갖게 된다. 아무것도 성스럽지 않으며, 그 살육은 살인(이에 대해서는 인격만이 책임을 질 수 있다)이 아니라 '청산'이 된다.

세계의 비인격화와 더불어 언어의 분열이 찾아온다. 조지 오웰이 《1984》에서 비범한 선견지명으로 기술한 '신어Newspeak' 현상은, 전체주의 정치의 범죄들이 어떻게 가능할 수 있었는지 묻는 사람들이 항상 명심해야 하는 것이다. 도덕적 관념의 모든 흔적이 있는 언어를 제거함으로써, 우리는 세계가 지각되는 방법을 바꾼다. 우리의 열망을 결집시키는 중요한 단어들—'자유' '진리' '권리' '민주주의' '평화' 같은 단어들—은 언어에서 추방되거나, 두 가지 상반된 것을 동시에 의미하도록 사용된다. '자유의 독재'라는 로베스피에르의 호소, '평화를 위한 투쟁'이라는 공산주의의 구호, 혹은 전체주의 정부를 '민주적 중앙집권제'라고 한 레닌의 기술에서처럼 말이다. 1200만 명의 사람들(쿨라크 kulak*1928년부터 1930년대까지 스탈린에 의해 농촌을 사회주의 집단농장으로 전환하는 과정에서 쿨라크라고 불린 많은 자영농이 희생되었다)을 살해하는 것이 '계급 청산'으로, 혹은 600만 명의 사람들(유대인)을 살해하는 것이 '유대인 문제에 대한 최종 해결책'으로 기술될 때, 인간의 현실에 대한 모든 언급은 담론에서 삭제된다. 그 용어들은 추상적이고, 관료적이며, 거의 아무것도 지시하지 않는다. 어휘, 구문, 논리, 문체는 새로운 목적을 띤다. 세계를 기술하거나 세계를 해석하는 것이 아니라, 세계에서 그 의미를 박탈하는 것, 그리하여 그 결과 생겨난 공백에 권력의 명령이 저항 없이 새겨질 수 있게 하는 것 말이다.

6. 제도의 인격성

우리는 이와 관련하여 인간의 인격이 존재하는 유일한 인격이 아님을 기억해야 한다. 제도 역시 인격성을 가질 수 있다. 이것은 법적 의미에서만이 아니라(이에 따르면 '법인'은 법적 권리와 책무를 갖는 존재자다) 도덕적 의미에서도 그렇다. 제도에는 도덕적 권리와 의무가 있을 수 있다. 그것은 수단으로만이 아니라 그 자체 목적으로서 우리의 존중과 이해를 요구할 수 있다. 그리고 그것은 자신의 변화하는 목적과, 미래에 대한 희망과 두려움을 갖는 합리적 행위자다. 이것은 기이한 사실이지만, 그럼에도 사실이다. 실은, 이것이 제도가 우리에게 그토록 중요한 한 가지 이유다. 왜냐하면 제도는 우리가 구성원이 되는 경험의 객관적 대응물이며, 그것을 구성하는 사람들의 모든 변화를 통해 인격으로 사랑받을 수 있기 때문이다. 기업은 분노와 원한의 대상인 만큼이나 칭찬, 충성, 긍지의 대상이 될 수 있다. 그것은 성향과 덕과 악덕을 지닐 수 있다. 기업은 극에서 중심 등장인물일 수 있으며(바그너의 〈뉘른베르크의 명가수〉), 거기에서 구성원이 되는 사건은 강력하게 옹호된다.
　여기에는 어려운 형이상학적 문제들이 있지만, 나는 그것들을 무시하고자 한다. 왜냐하면 우리의 현 주제에 중요한 것은 '해방'의 지배를 받는 제도의 운명이기 때문이다. 사르트르와 푸코에게, 제도는 본질적으로 수상쩍다. 그것은 사회적 권력의 원천이며, 자유로운 개인이 자신의 것이 아닌 목적에 동원되는 수단이다. 해방은 제도의 완전한 파괴를 통해서만 얻을 수 있다. 그리고 제도에 대한 이러한 공격은 1789년 이후 혁명 계획들의 일부가 되어왔다. 어디에서 권력을 잡든, 공산주의자와 나치당은 개인의 인격에 대해 전쟁을 선포했듯이, 공동의 인격의 모든 흔적을 파괴하기 위해 제도를 몰수하고 침투하고 폐지했다. 폴란드 연대 자유노조가 헤겔에 의지하여, 시민사회와 국가 간의 구분의 복원을 요구했을 때, 그것이 의미한 바는 바로 이것이었다. 즉 각각의 제도가 독자적 인격성을 가지며, 각각 구성원에게 이익을 줄 수 있는, 자유로운 제도들의 사회로의 복귀 말이다. 하지만 해방의 옹호자에게, 구성원이 되는 경험은 본질적으로 타락이다. 그것은 규칙, 서열, 제복에 대한 굴복과 관련된다. 그것은 복종과 순응을 중시한다. 그것은 사람들을 서로 정렬시키고, 그들에게 정당성을 부여한다.

따라서 모더니스트의 사고의 주요 동기 중 하나는, 제도란 본질적으로 자의적이고 대체 가능하며, 모든 사례에서 어떤 '민주적' 방향으로의 급진적 개혁의 시기가 무르익었음을 보여줌으로써, 제도를 훼손하는 것이었다. 푸코 철학의 매력은 주로, 마음이 맞는 시민들의 무해한 모임처럼 보이는 것을 사악한 권력구조로 재기술하는 능력 덕분이었다. 모든 제도를 이런 식으로 바라봄으로써, 당신은 또한 그것들―시민사회의 통제를 정당하다고 간주하는―을 전복하는 정치적 기획을 정당화한다. 왜냐하면 만일 하나의 실재가 권력이라면, 유일한 물음은 레닌이 말했듯이 '누가?'와 '누구를?'이 되기 때문이다. 누가 누구를 상대로 그 권력을 행사하는가? 우리에게는 모든 제도의 통제권을 장악하여, 그 인격성을 없애고, 그것을 억압받던 계급에게 다시 맡길 자격이 있다. 사실상, 이것이 전체주의 체제에서 이러한 통제권을 행사하는 지배 정당의 의무가 된다. 시민사회의 어느 부분도 그 감시를 피할 수 없다. 왜냐하면 그 자신을 제외한 어떠한 권력도 허용될 수 없기 때문이다.

하지만 우리는 다시 두 종류의 자유로운 연합을 구별해야 한다.

(a) 자발적인 행동의 의도하지 않은 결과로 생겨나는 연합이 있다. 전형적인 사례가 자유시장이다. 하지만 이것은 '보이지 않는 손'에 의해 발생하고, 거기에 참여하는 사람들의 행동에 영향을 주는 제도의 유일한 사례다. (다른 사례는 관습, 예의, 축제 그리고—어느 정도의—종교다.)

(b) 의도적으로 만들어지고, 구성원이 되는 일정 기준에 의해 결정되는 연합이 있다. 클럽, 학교, 대학, 의회, 교회 같은 것들이다.

시민사회를 통제하기 위해서는, 기업의 인격성을 파괴하는 것으로 충분하지 않다. 당신은 또한 '보이지 않는 손'을 통제해야 한다. 따라서 계획경제는 전체주의 기획의 자연적 결과다. 사적 소유의 파괴 역시 마찬가지다. 왜냐하면 사적 소유는 모든 자유로운 연합이 궁극적으로 파생되는 두 가지 근본적 관계를 허용하기 때문이다. 바로 계약과 증여다. 권리는 개인의 권리든 기업의 권리든 역시 폐지되어야 한다. 왜냐하면 권리는 지배 권력의 행사를 제한하기 때문이다.

시민사회의 통제는 포템킨 제도와 포템킨 경제*1787년 예카테리나 2세가 남부를 순회할 때, 여제의 연인인 포템킨이 여제가 지나갈 때 보이는 곳에 인공 마을을 세웠다는 소문에서 유래했다. 초라한 상태를 은폐하기 위해 꾸며낸 겉치레를 '포템킨 마을'이라 부르고, 구소련처럼 속은 썩고 겉만 번지르르한 경제를 '포템킨 경제'라 부른다의 창조를 요구한다. 모든 공공기관의 고위직은 당원이나 그들의 통제 아래 있는 사람들에게 할당되어야 하며, 그 아랫사람들은 확실히 순응할 때까지 괴롭힘을 당해야 한다. 이러한 종류의 통제력을 얻기 위해서는, (법인의 자유의 주요 수단인) 모든 소유권을 파괴할 뿐 아니라 연합에 관한 법률들을 취소하는 것이 필수적이다. 일반적인 사회에서 연합은 금지되기 전까지 허용되며, 허용될 때 그 활동은 법의 적용을 받고, 법 아래에서 권리와 책임을 갖게 된다. 전체주의 사회에서 연합은 특별히 허용되지—대개 정당 기구로부터의 어떤 서면 특별허가에 의해—않는 한 금지된다. 하지만 일단 허용되면, 그들의 활동은 법 너머에 있게 된다. 왜냐하면 그들의 이름으로 행해지는 실질적 결정이 기업 자신에 의해서가 아니라, 기소를 면한 당에 의해서 이루어지기 때문이다. 한편, 당이 요구하지 않는다면 기업에 부과되는 책임은 결코 지켜지지 않는다.

그리하여 시민사회의 낡은 형태를 대신하여, 새로운 종류의 사회적 통일이 만들어진다. 곧 프랑스혁명의 국민개병levée en masse에서 예시된 징집적 통일이다. 사람들은 타협의 길에서 끌려나와, 미래를 향해 나란히 행진하게 된다. 그들의 엄격히 대오를 맞춘 발걸음은 어떠한 이탈도 허용하지 않으며, 망설이며 뒤를 돌아보면 단호한 문책을 당하게 된다. 이제 중요한 것은 미래이고, 그로부터 뒷걸음치는 사람들은 혁명의 전위를 배반하는 것이 아니라 사회 전체를—사실상, 인류를—배반하는 것이다.

하지만 미래는, 우리의 현재의 복종의 관점에서 보자면, 한 가지 결함을 갖고 있다. 즉 미래는 알 수 없다. 우리로 하여금 과거에서 미래로의 잠정적 행로를 정할 수 있게 해주는 그 연약한 제도들—여러 세대들의 상호거래를 구현해준 법과 시장 같은 제도들—은 전체주의 기획에 의해 파괴된다. 사회는 (하이에크가 강력히 주장했듯이) 사회적 지식의 유일한 원천에서 단절되어, 완전한 무지로의 장정에 돌입한다. 버크는 사회란 살아있는 자와 죽은 자와 아직 태어나지 않은 자 간의 동반자 관계라고 올바르게 기술했다. 이러한 까닭으로, 죽은 자를 거부하고 그들이 우리에 대해 갖는 권리를 무시하는 사람들은, 바로 그 행동으로 아직 태어나지 않은 후손들을 거부하는 셈이라고 그는 암시했다. 그들의 삶은 현재만을 위해 살며, 그들이 앞선 세대의 축적된 부와 지혜를 황폐화하듯이, 그들은 이데올로기 외에 어떠한 근거도 없는 정책의 이해로 자기 나라의 미래 전체를 저당잡는다. 요컨대, 전체주의 기획은 죽은 자의 폐지뿐 아니라 아직 태어나지 않은 자의 폐지로 이어진다. 우리에게 미래로 행진하라고 말하는 바로 그 철학이, 미래를 현재의 비상사태라는 불로 태워버린다.

7. 삼위일체

신에게는 세 가지 본성이 있으며, 우리는 세 갈래 다른 길로 그에게 다가간다고 기독교도는 말한다. 즉 우리는 그를 초월적인 입법자로 숭배하기도 하고, 인간의 모습을 한 그를 만나기도 하며, 성령이 그와 일치하는 역사役事에서 우리를 통해서 움직이기도 한다. 이로부터 신에 대한 세 가지 거역의 양태가 나온다. 즉 법의 거부, 인간 인격의 신성함에 대한 공격, 성령의 역사에 대한 신성모독이 그것이다.

 해방의 철학을 간략히 살펴보면 법에 대한 반역을 이해할 수 있다. 해방자는 우리에게 말한다. 당신 자신이 당신을 구속하는 이러한 법의 저자다. 당신의 사고방식을 바꿔라, 그러면 '마음이 만든 족쇄'가 풀어질 것이다. 법의 기초를 조사해보라, 그러면 당신은 무엇을 발견하는가? 인간의 덧없는 이해 이외에는 아무것도 없으며, 게다가 그것은 당신의 이해도 아니다. 이러한 것이, 루소에서 마르크스를 거쳐 마르쿠제와 프롬에 이르기까지 모든 위대한 폭로자들의 메시지다.

우리에게 이성의 육화를 존중하라고 말하는 정언명법은 또 다른 장애물이다. 그럼에도 우리 안의 어떤 것은 그것을 짓밟으라는 요구에 저항한다. 왜냐하면 우리는 인간세계에서 살고 있기 때문이다. 우리는 타인의 시선을 그의 자유의 징표로 간주한다. 존중과 애정에서, 우리는 이 세계에서 실제로 편안하지 않은 힘의 본성을 지닌 이 육화와 마주친다. 우리는 인간의 형상과 인간의 얼굴을 성스럽다고 간주한다. 즉 타인의 삶과 행복을 우리의 개인적 이득이라는 저울로 달 수는 없다. 우리의 계산은 타자가 점유한 곳의 문턱에서 멈추며, 위반하기를 거절한다.

하지만 해방의 요구가 이 결벽증을 이긴다. 그것이 말하길, 인간세계는 당신의 창작품이다. 인격과 권리의 관념, 신성과 금지의 관념은 인간의 인공물이다. 그것들은 인간과학에서 어떠한 역할도 하지 않으며, 과학은 우리에게 그것들이 역사라는 기계의 불필요한 부품들임을 밝혀준다. 우리의 권리와 자유는 전체의 더 나은 기능이 요구할 때마다 무시될 수 있다. 개인의 자유와 그것을 품고 있는 육체는 혁명의 원료다. 그것들은 계산의 저울에 올려질 수 있고, 인류의 '해방'을 위해 버려질 수 있다. 혁명은 살해로 이어지는데, 왜냐하면 우리가 인간세계에 인격을 부여할 수 있게 해준 관념과 개념들을 혁명이 파괴하기 때문이다.

우리는 육화된 사람뿐 아니라 협의, 연합, 기관 형성에서도 신성과 조우한다. 무수히 많은 방법으로, 사람들은 동료와의 합의를 위해 자신의 가장 소중한 야망조차 포기하면서, 화해의 정신으로 뭉친다. 진정한 협의체에서, 사람들은 이전에 원했던 어떤 것과도 대응하지 않는 공동의 결정을 기꺼이 받아들이는데, 왜냐하면 그 협의체 자체가 권한을 부여받았기 때문이다. 이러한 협동 정신은 어떠한 참여자의 의지와도 일치하지 않을 수 있는 결정을 발표한다. 그리고 이러한 공동의 의지는 다시 공동의 책임과 공동의 권리와 공동의 의무―요컨대, 인간세계의 일원임을 표현하는 일종의 인격성―를 암시할 것이다. 우리의 '소집단' 경험에서 거대한 감정이 우리 안에 생겨난다. 우리의 의무감은 그것을 고취한 무리보다 넓게 퍼져, 다른 장소와 시간까지 포용한다. 우리는 마침내 죽은 자와 아직 태어나지 않은 자를 존중하게 되는데, 이것이 바로 자유롭고 안정적인 정부가 수립될 수 있는 경험이다.

하지만 해방자는 말한다. 당신의 제도는 인간의 인공물이고, 권력의 창조자이자 분배자다. 그것들을 통해, 당신은 일시적인 것을 영구적인 것으로 만들고, 인간의 이해―다시금 당신의 것이 아닌 이해―에 그저 상대적인 것을 절대적인 것으로 만듦으로써, 스스로를 속박한다. 따라서 혁명의 도래와 더불어 기관 형성의 일은 끝난다. 자선도 마찬가지이며, '인민'의 통제 밖에 놓여 있는 다른 모든 형태의 결합도 마찬가지다. 그 결과 협의 없는, 의사결정이 기계의 비인격성을 갖는 독특한 사회가 나타난다. 이러한 측면에서도, 혁명은 세계에 등을 돌린다. 혁명은, 개인들의 살해로 이어졌듯이, 공동의 인격의 파괴로 이어진다. 왜냐하면 혁명은 그러한 것들에 대한 우리의 존중에 영향을 미치는 신성함의 경험을 폐기하기 때문이다.

신성의 세 가지 양상은 공동체의 세 기둥이다. 그 각각을 억압의 형식으로 표상함으로써, 해방자는 우리를 파괴 작업에 동원한다. 그러나 무슨 목적을 위해서인가? 모든 해방 철학의 놀라운 사실은 그 목표를 일관되게 말하지 못한다는 점이다. 사실, 일종의 우스운 역설이 그들의 확신에 찬 진술을 고무한다. 프랑스혁명의 추상적 언어로 말해지든, 그 가치를 말할 수 없는 어떤 약속이라는 모순적인 전망으로 말해지든, 결과는 동일하다. 바로 일종의 무이다―파괴하려고 투쟁하지만, 오직 무를 위해서만 그렇게 한다. 어떤 해방의 옹호자도 우리에게 구체적인 용어로 성가시게 자신의 이상이 무엇인지 말해주지 않는다. 우리는 법, 제도, 협의체로부터 해방되어야 한다. 하지만 어떤 것을 향한 해방은 아니다. 루소의 일반의지, 로베스피에르의 인민, 마르크스의 코뮌, 이탈리아 무정부주의자들의 파쇼, 사르트르의 융화집단groupe en fusion. 이 모두는 법이나 제도 없는 자유로운 사회라는 동일한 모순된 관념을 표현한다. 거기에서 사람들은 자신들이 그런 것을 할 수 없다는 오랜 세기에 걸친 증거에도 불구하고, 삶을 긍정하는 소집단으로 자발적으로 뭉친다. 그 목적은 갈등, 경쟁, 굴종을 전혀 모르는 '복종 없는 사회' '불복종의 통일'이다. 이러한 모순적인 유령을 추구하면서, '해방자'는 현실의 제도들을 전복하고, 사람들 간의 현실적인 관계를 근절하며, 협상과 타협과 절반의 확신에 불과한 모든 것을 파괴하고자 한다. 인간 삶의 초라한 모습들에 존재하는 초월적인 것에 대한 실질적 언급은, 얻을 수 없는 초월적 자유를 대신하여 삭제된다. 이렇게 우상화된 자유는, 인간들이 도달할 수 없는 기준으로 그들을 측정함으로써 인간관계를 파괴한다. 만일 세상에 무화하는 것이 있다면, 그것은 바로 해방이라는 관념과, 본래성이라는 거짓 개념과, 실존주의자들이 미화하는 올바른 믿음good faith이다.

8. 해체

모든 법과 금지, 모든 의미와 가치, 우리를 귀찮게 하고 억누르고 제한하는 모든 것이 우리 자신의 발명품임을 예증함으로써, 악마는 모든 것이 허용된다는 믿음을 강화한다. 특히, 당신을 배제한다고 여겨지는 사회에 대한, 그런 사회를 창조한 신에 대한 복수가 허용된다. 만일 당신이 거부의 단계에 이르렀고, 그것을 넘어 도덕적 성숙의 지표인 화해와 용서로 나아갈 수 없다면, 해방자의 유혹은 불가항력적이다. 앤드루 마블이 말했듯이, '신성한 진리를 파괴하라.' 당신을 둘러싼 질서를 무너뜨려라. 그것에 맞서 당신 자신을 긍정할 뿐 아니라, 당신의 동료들도 해방하라. 그리하면 그들의 찬탄 어린 사랑으로 보상받을 것이다.

하지만 문제는 공동체의 이름으로 이룩된 너무나 많은 것이 무형의 형태로 보존되어 있다는 점이다. 신성한 텍스트, 숭고한 화음, 미술과 시와 전례의 형식들 말이다. 이것들은 동일한 귀찮은 메시지를 거듭 속삭이며 우리에게 되돌아온다. 이것들이 우리에게 말해주는 바는, 낡은 질서는 신성하며 그 의미는 확고하다는 점이다. 모든 제도가 사기로 밝혀지고, 모든 법이 인간의 이해로 개작되고, 인간의 인격이 비인격화되어 과학이라는 불모의 공간에서 무방비로 매도될지라도, 이러한 대대로 전승된 목소리는 여전히 허공에서 속삭이며, 우리가 해방에 만족하는 것을 방해한다.

이 문제에 대한 해결책이 있는데, 바로 조롱이다. 파우스트는 해방의 길에서 잠시 망설인다. 메피스토펠레스의 대응은 발푸르기스의 밤 Walpurgisnacht*중부 유럽 및 북유럽에서 4월 30일 혹은 5월 1일 벌어지는 봄 축제. 괴테의《파우스트》에서 메피스토펠레스는 파우스트가 그리스 고전시기를 더 잘 이해할 수 있도록 발푸르기스의 밤 축제에 데려간다—곧 무의미한 세계의 재현이다. 발푸르기스의 밤에서 조롱당하지 않는 인간세계의 아름다움이나 진리는 존재하지 않는다. 그리고 문화 혹은 문명이 우리에게 부여한 의미의 파편을 고수하려는 시도는 바로 우리 자신을 소중한 착각으로 감싸려는 시도다. 즉 레오파르디*Giacomo Leopardi, 1798-1837. 이탈리아의 시인가 말한 달콤한 환상cari inganni이며, 이것은 만물의 무한한 헛됨l'infinita vanita di tutto을 숨길 수 없다.

이러한 의미의 붕괴는 단순히 근대적인 철학자에 의해서는 결코 승인되지 않을 것이다. 하지만 이것은, 사르트르에서 로티에 이르기까지, 자신들의 세계가 모든 권위를 박탈당한, 모더니스트와 포스트모더니스트들의 의제에 놓여 있다. 하지만 예술은 모더니스트에게 위협을 제기한다. 왜냐하면 우리는 예술에서 도덕적 관념의 승리를 보여줄 수 있으며, 이러한 방법에 의해, 불완전한 방식이기는 하지만, 선의 회복을 이해할 수 있기 때문이다. 그것이 바로 악마가 예술에 매우 관심을 갖는 이유이며, 그 신성한 매력을 D. H. 로렌스의 유명한 표현처럼 '삶을 속이기 위해' 이용하려 하는 이유다. 이러한 목표는 《리어왕》이나 《오디세이아》에 《아메리칸 사이코》보다 의미가 더 있지 않음을 보여줌으로써 달성될 수 있다.

다른 모더니스트 철학자들은 이 문제에 다른 접근법을 택한다. 이것이 간단히 말해서, 자크 데리다의 전략이다. 먼저 서구 문화 일반—즉 기독교가 우리 인간세계를 형성하고 관리할 수 있게 한 인공물의 총합—이라는 목표를 확인한다. 둘째로, 이 문화의 결점을 확인한다. 즉 그 결점은 바로 '로고스중심주의logocentrism'인데, 이것은 두 가지를 의미한다—문자언어에 대한 말의 우위와, 더 중요하게는, 세계가 실제로 우리의 개념이 기술하는 대로라는 믿음이 그것이다. 그런 다음 그 결점을 파헤친다. 그 위에 지어진 모든 것이 붕괴할 때까지 말이다.

로고스중심주의란, 그 두 번째 해석으로 보자면, 실재론을 의미한다. 그리고 실재론을 공격하는 최고의 방법은, 오컴의 윌리엄에서 넬슨 굿맨에 이르기까지, 개념이 인간의 인공물 이상의 어떤 것이라는 견해에 의심을 품었던 유명론자들의 논변을 일부 모아보는 것이다. 유명론자의 논변은 그의 스승인 바르트와 푸코에게 그랬듯이, 데리다에게 확실해 보였다. 왜냐하면 그것은 우리 개념의 참된 목적이 세계를 기술하는 것이 아니라, 세계에 대한 우리의 권력을 강화하는 것이라는 증명에 적합하기 때문이다. 만일 당신이 지배 권력을 좋아하지 않는다면, 그 개념을 파괴하라!

우리는 이것을 어떻게 할 수 있는가? 데리다는 소쉬르에게서 '차이 différence'의 개념을 빌려온다. 이것은 소쉬르가 기호의 자의성을 강조하기 위해 사용한 개념이다. 우리가 뜨거움과 차가움을 의미하기 위해 어떤 소리를 선택하느냐는 중요하지 않다. 중요한 것은 그것들이 어떤 차이를 표시하기 위해 사용된다는 점이며, 이 구조적 속성이 의미의 진정한 담지자다. 프랑스어 différer는 또한 연기한다는 뜻의 '지연'을 의미한다. 그리고 단어놀이에 의해, 데리다는 의미가 항상 텍스트에 의해 지연됨을 소쉬르가 증명했다고 판단한다. 어떤 단어도 다음 단어와 관계되기 전까지는 의미를 갖지 못하며, 그 단어 역시 다음 단어와 관계되어야 한다. 기타 등등. (이것이 데리다가 '차이'의 철자 하나를 'a'로 바꾼 이유다. 차연 différance이란 차이와 지연 모두를 뜻하는 것으로 여겨진다.) 어떤 것을 의미하는 과정은 결코 저절로 시작되지 않는다. 우리가 그것을 원할 때에야 비로소 시작된다. 텍스트는 단일한 권위적 의미를 갖지 않는다. '의미의 자유로운 유희'가 있으며, 모든 것은 허용된다. 요컨대, 우리는 의미로부터 해방된다.

마찬가지로, 텍스트는 저자로부터 해방된다. 일단 작성되고 나면, 작품은 공적 대상이 되고, 그 이면의 저자는 그가 잠시 모습을 드러냈던 사생활과 특수성으로 다시 사라진다. 텍스트가 무엇을 의미하는지 결정하는 것은 바로 우리다. 그리고 우리는 우리가 바라는 대로 결정할 자유가 있는데, 왜냐하면 '모든 해석은 오역이기' 때문이다. 또는, 어떠한 독해도 특권적이지 않기 때문이다. 이것은 대단히 열정적으로 긍정되는데, 이렇게 말하는 텍스트를 포함해서, 어떤 텍스트도 실제로 아무것도 말하지 않는다는 결론을 낳음에도—아니, 실은 그렇기 때문에—말이다. 해체는 자기 자신을 해체하고, 스스로의 배후로 사라져버린다. 알 수 없는 미소와 희미한 유황 냄새만을 남긴 채 말이다.

이 이론의 어느 부분도 잠시의 정밀조사를 견뎌내지 못한다. 하지만 이것은 그다지 문제가 되지 않는다. 해체의 옹호자는 자신의 철학에 대한 반박을 열렬히 수용한다. 왜냐하면 그에게 중요한 것은 발언의 진리가 아니라, 그것을 통해 제기되는 관심이기 때문이다. 당신의 비판은 당신이 '전통적 비판'의 주민, 서구 문화라는 집의 기생적 거주자임을 보여준다. 그리고 당신은 비판을 함으로써, 사라진 권위를 어쩔 수 없이 재확인하도록 이끄는 구제불능의 무지를 보여줄 뿐이다. 당신이 해체를 논박함으로써 그것을 제거할 수 있다고 생각하는 것은, 증명 그 자체가 해체되었음을 알지 못한다는 것이다. 증명이란 타자들이 하는 것이며, 우리가 반대하는 것이 바로 그들이다. (당신은 이러한 종류의 응답을 마르크스주의에서도 발견하며, 푸코에서도 발견한다. 즉 중요한 것은 '당신은 무엇을 말하는가?'가 아니라, '당신은 어디에서 말하는가?d'où parles-tu?'이다.)

아마도 데리다의 추종자들이 한 가장 특이한 주장은, 의미의 해체에 의해 '주체'가 마침내 폐기되었다는 것이다. 지시란 불가능하다는 논변에 의해, 자아는 허구임이 증명된다. 하지만 사실 해체의 실천에서 어느 것도 자아보다 더 중요하지 않다—의미의 파괴는 사실상 타자의 파괴, 그들에 대한 궁극적 복수다. 그 후 남는 전부는 주체이며, 그는 외적 구속에서 풀려나 무엇을 생각하고 무엇을 느끼고 무엇을 할지 선택할 수 있지만, 어떤 것에도 그리고 누구에게도 대답할 수 없다. 앞으로 살펴보겠지만, 실제로 '자아'가—적어도 데카르트가 이해한 자아, 그리고 아마도 그 후 나타난 자아도—모종의 문법적 착각이라고 결론내리는 논변이 있다. 하지만 이러한 논변은 해체의 문헌 어디에서도 나타나지 않으며, 해체가 부정하는 원리(언어에는 실제로 의미가 있으며, 단어는 실제로 지시를 한다는 원리)에 의존한다. 주체가 허구라는 주장은 그 자체로 허구이며, 사물에 대한 순수 주관의 관점에 부여되는 일종의 절대적 주권을 객관 세계에 대해서 주장하려는 시도의 일부다. 최근 철학의 가장 중요한 주제 중 하나가 대상과 주체, 객관적 관점과 주관적 관점 간의 관계다. 마지막 장에서 이 주제를 탐구하면서, 나는 해체에 대해 답하려 한다.

9. 다시 집으로

당신은 뒤르켐이 종교에 관해 말한 것의 의미를 알기 위해 신을 믿을 필요는 없다. 종교란 1인칭 복수의 긍정이다. 그것이 우리에게 말해주는 바는, 우리는 현실적으로든 혹은 가능적으로든, 우리 자신보다 더 위대한 어떤 것의 일원이며, 바로 그것이 위안과 연속성의 원천이라는 것이다. 당신은 또한 이 귀결을 받아들이기 위해 악마의 존재를 믿을 필요도 없다. 공동체가 불신에 시달린 나머지 분해될지 모른다고, 그 분해의 힘이 신의 방식으로 작동되고 의도될 수 있다고 믿을 필요는 없다. 악마에게는 하나의 메시지가 있는데, 바로 1인칭 복수란 없다는 것이다. 우리는 세계에서 혼자이며, 자아가 세계에 맞서 우리가 확신할 수 있는 전부라고 말이다. 모든 제도와 공동체, 모든 문화와 법은 숭고한 조롱의 대상이다. 그 자체로 어리석으며, 그 지지자들의 어리석음의 원천이다. 자아의 '해방'을 약속함으로써, 악마는 자아 이외에는 아무것도 존재하지 않는 세계를 수립한다.

　이것은 악령의 궁극적 승리다. 우리는 데카르트와 함께 돌아오며, 의심의 대양에 둘러싸인 채, 밖으로의 성과 없는 모험으로 인해 더욱 더 고독해진다. 이에 대한 응답으로, 우리는 해체주의자들에 의해 무시된 요인을 다시 긍정해야 한다. 즉 그저 인간세계를 창조할 뿐 아니라 그것을 문화로 채우기도 하는 사회적 존재로서의 우리의 실존 말이다. 우리가 그 세계의 원천이고 그 의미의 창시자라는 점이 중요할까? 결국, 신은 다른 방식으로는 세계에 의미를 부여할 수 없었을 것이다.

31

자아와 타자

악마는 우리의 논의에서 두 차례 나타났다. 첫 번째는 데카르트의 의심의 원천으로서, 두 번째는 사회세계의 '해체자'로서였다. 악마의 두 출현의 결과는 대략 동일하다. 즉 우리를 1인칭으로 후퇴하게 하고, 객관적 질서와 객관적 지식의 관념을 보류하게 하며, 자아만을 실재의 시험대로 제안한다. 하지만 데카르트에게 자아로의 후퇴는 또한 형이상학의 서막이기도 하다. 그는 자신의 요새에서 무장한 채, 악령에 맞서 출격하여 세계를 다시 소유하고자 희망했다. 지난 장에서 논의한 철학자들에게 자아는 충분한 것이었다. 그것은 우리가 가진 전부, 우리가 필요로 하는 전부이며, 사회질서에 대항한 그 실현은 그 자체로 선이다. 악마는 승리의 모습으로 돌아온다. 자신의 희생양들이 자신의 추종자들이 되며, 그들의 냉소적 웃음이 스스로 만든 공허에서 울려퍼진다.

악마를 무찌르기란 힘들다. 왜냐하면 그것은 우리의 가장 소중한 환상—자아와 그 주권이라는 환상—을 포기하는 것과 관련되기 때문이다. 하지만 현대철학은 이 주제에 관하여 할 말이 많으며, 그 논변과 그것을 통해 드러나는 세계관(왜냐하면 그것이 정확히 세계관이기 때문이다) 모두를 이해하는 것은 중요하다.

1. 역사의 단편

자아라는 주제는, 자기의식에서 마음의 비물질적 본성으로 나아간 데카르트의 논변과 함께 처음 도입되어, 근대철학의 중심 주제로 간주되었다. 하지만 그 주제는 칸트와 더불어 새로운 성격을 얻었고, 칸트의 직계 후계자들에게서 거의 종교적 시급성을 얻었다. 칸트는 자아란 의식의 주체로서, 결코 자기인식의 대상일 수 없다고 주장했다. 그것은 '선험적' 순수 주관—경험세계의 일부가 아니라 세계가 이해되는 관점이다. 나는 주체이기를 그칠 때에만 스스로 대상이 될 수 있을 뿐이다. 즉 자기의식적 관찰자라는 내 본질적 특징을 상실할 때에만 말이다. 따라서 나는 자아를 (경험의 대상에게만 적용되는) 개념 아래로 가져올 수 없으며, 자연계에서 그 자리를 결정할 수도 없다. 자기의식적 주체라는 전제에서 출발하여 자연질서에서의 그 자리에 관한 결론으로 나아가는, 데카르트의 논변과 같은 것은 본질적으로 설득력이 없는데, 왜냐하면 그런 결론은 도출될 수 없기 때문이다. 우리가 정신상태에 대해서 갖는 직접적 지식은 자연에 관해 아무것도 암시하지 못하며, 그 지식에 표현된 관점은 자연 밖에 있고, 과학이 접근할 수 없는 것이다.

어쨌든 이것이 《순수이성비판》에서 대단히 탁월하고 꼼꼼하게 해설된 견해다. 하지만 《실천이성비판》 그리고 도덕과 미학에 관한 다른 저작들에서, 칸트는 다른 결론, 첫 번째 비판의 논변과 조화되기 어려운 결론으로 향한다. 칸트는 이제, 선험적 자아가 사실상 오성에는 알려질 수 없다고 주장한다―즉 오성은 자기가 항상 대상으로 아는 것, 따라서 자연질서의 일부분으로 이는 것을 안다. 하시만 선험적 자아가 실천이성에는 알려질 수 있다. 도덕적으로 사유할 때, 나는 내 사유를 선험적 자아에게―**자유롭**다고 정립된, '자연 밖의' 주체에게―정확히 보낸다. (17장과 20장의 칸트의 도덕에 관한 절을 보라.) 따라서 도덕적 삶에서, 나는 이러한 선험적 자아에 대한 암시를 얻는다. 비록 그것이 오성의 언어(개념의 언어)로 번역될 수 없는 암시라 해도 말이다.

이러한 견해는 이해하기 힘들지 모른다. 하지만 또한 대단히 매력적이다. 왜냐하면 우리는 두 개의 거부할 수 없지만 양립할 수도 없는 사유에 공격당하기 때문이다. 우리는 스스로를 우리 세계에 대한 독특한 관점을 점하고 있는 자기의식적 관찰자로 간주한다―'나, 여기, 지금'이라는 신비로운 단어들로 요약되는 관점 말이다. 하지만 우리는 또한 스스로를 세계의 일부분으로 여긴다. 세계를 변화시키기도 하고 세계에 의해 변화되기도 하며, 타자에게 관찰될 수 있고, 공동의 도덕법칙뿐 아니라 우주의 자연질서에 의해서도 구속되는 존재로 말이다. 그리고 실천적 물음―무엇을 할 것인가?―이 이러한 두 이해 중 전자에 속하고, 후자로 번역되지 않는다는 칸트의 주장은 아마도 옳을지 모른다. 이 경우에 우리는 우리 자신을 두 측면으로, 즉 자유로운 주체로서 그리고 자연의 대상으로서 간주해야 하며, 후자의 사유방식이 전자에 포함된 지식에 자리를 내줄 수는 없다고 결론 내릴 수밖에 없을 듯하다.

이후의 철학자들은 선험적 자아의 이러한 관념을 중시했다. 실제로, 피히테는 이것을 철학의 새로운 의제를 설정하는 데 이용했으며, 그리하여 악마와 그의 적들 모두에게 그들의 주요 논변을 제공했다. 철학의 과제는 '인간 지식의 절대적이고 무조건적인 제1원리'—즉 모든 지식이 의존하지만, 그 자체는 어느 것에도 의존하지 않는 원리—를 발견하는 일이라고 피히테는 주장했다. 논리학자들은 우리에게 필연적이고 논박 불가능한 진리의 사례로 A = A라는 동일률을 제시한다. 하지만 이 법칙에서조차 우리가 정당화해야 하는 어떤 것이 전제된다. 즉 A의 존재 말이다. 이러한 생각에서 피히테는 철학의 경로를 바꾼 개념, 내가 이미 칸트의 자아이론을 기술하면서 사용했던, '정립하다setzen'라는 동사로 표현되는 개념을 도입했다. 일단 A가 사유의 대상으로 '정립되어야', 나는 A = A라는 참으로 나아갈 수 있다고 피히테는 주장했다. 하지만 무엇이 내가 A를 정립하는 것을 정당화하는가? 해답은 없다. 우리가 사유행위 자체에 정립된 어떤 것을 찾을 수 있을 때에만, 우리는 우리 지식 주장의 자기정당화 근거에 도달할 것이다. '절대적으로' 정립되는 이것은 바로 나다. 왜냐하면 자아가 사유의 대상일 때, '정립되는' 것은 '정립하는' 것과 동일하기 때문이다. 즉 나 = 나라는 진술에서 우리는 근거에 도달한다. 바로 여기에 아무것도 전제하지 않는 필연적 진리가 있다. 자아의 자기정립이 모든 지식 형태의 진정한 근거다.

피히테가 동일률을 우리가 표현해야 하는 대로 그리고 그것이 표현되어야 하는 대로, (x)(x = x)로—다시 말해, 명사('A')를 사용하지 않고서—표현했다면, 그가 그러한 결론을 도출했을까? 알 수 없다. 하지만 확실한 것은, 그가 그 법칙 자체 혹은 그가 그것에서 이끌어낸 자아의 철학을 사소한 문제로 여기지 않았다는 점이다. 반대로 그에게는, 우리가 그 (선험적) 자아를 우리의 모든 지식의 주체이자 동시에 대상으로 인식하지 않았다면, 우리가 우리의 세계를 이해할 수 없었을 것처럼 보였다. 일련의 흥미진진한 논변에 의해, 그는 셸링과 헤겔의 관념론뿐 아니라 마르크스의 종말론적 유물론, 후설의 선험적 현상학, 하이데거와 사르트르의 실존주의의 전조가 된 철학을 개략적으로 전개했다. 이 철학에 따르면, 자유롭고 자생적인 주체는 지식뿐 아니라 알려진 사물의 원천이기도 하다. 깊은 의미에서, 모든 지식은 자기지식이다. 자아가 '비아非我'로(즉 자연계의 일부로) 알려질 때에도 말이다. 자아는 '스스로를 결정함'으로써, 즉 스스로를 제한함으로써 스스로를 알며, 그렇게 스스로를 대상으로 이해한다. 대상은 주체에 의해 정립되지만, 주체의 부정으로서 주체와 맞선다. 주체와 대상의 이 관계는 변증법적이다—정립은 반정립과 만나고, 거기에서 종합(앎)이 나타난다. 대상(비아)을 향한 모든 모험은 또한 자기소외이기도 하다. 즉 자아는 자기분리의 기나긴 고난 후에야 자유와 자기지식을 성취한다. 모든 예술, 종교, 과학, 제도가 거대한 정신적 여정의 일부를 나타내는 이 과정에 모여들며, 그리하여 공허한 나＝나는 육체를 얻고, 마침내 스스로를 질서 잡힌 객관적 실재로, 그리고 또한 자유로운 것으로 알게 된다.

만일 헤겔의 주인과 노예의 논변(20장)을 되돌아본다면, 당신은 이 극적인 상을 다른 형태로 보게 될 것이다. 마르크스의 소외이론과 사르트르의 자유이론에서 보이는 것처럼 말이다. 나는 이것을, 선험적 자아의 개념을 진지하게 받아들일 때 도출될 수 있는 놀라운 결론의 한 예로 언급한다. 하지만 우리는 그것을 진지하게 받아들여야 할까? 그러한 것의 존재를 가정하는 것은 정말 필연적인가? 그저 우리의 언어가 알 수 없는 것에 말하자면 그 그림자를 드리우기 때문은 아닌가?

2. 자기지시의 문법

우리는 똑같은self-same 차, 거리 자체itself, 스스로itself 울타리를 넘어가려 하는 말을 지시한다. 하지만 확실히 우리는 여기서 'self-same' 'itself' 같은 단어들이 어떤 존재자—차, 거리, 말의 자아—를 지시한다고 가정하지 않는다. 그렇다면 우리가 우리 자신의 경우에 재귀대명사를 진지하게 받아들이는 것은 왜인가? '자아self'와 같은 단어들이 동일성의 개념을 표현하는 것 외에 다른 기능은 없다고 가정하면 안 되는가? 사실 많은 언어에서, 자아와 동일성에 관한 단어들은 그리스어에서처럼 매우 밀접히 관련되어 있거나, 아랍어에서처럼 구분되지 않는다 ('자아'를 뜻하는 아랍어 nafs는 또한 '영혼'을 의미하기도 한다).

그 대답은 우리가 전체 체계에서 우리 자신의 자리에 대한 개념을 지닌 자기의식적 존재라는 것이다. 이러한 개념은 우리가 '나'에 관한 사유에서 분명히 표현하려고 하는 것들 중 하나다. 하지만 이러한 '나'에 관한 사유가 특정한 존재자—자아—를 지시하고, 이 존재자의 지시가 '나'의 기능이라고 우리가 가정하는 것은 옳은가? 아마도 아닐 것이다. 왜냐하면 우리의 '나'에 관한 사유에는 일반적인 지시와 구별되는 두 가지 독특한 특징이 있기 때문이다.

비트겐슈타인은 '나'라는 단어의 두 가지 상이한 용법을 구별했다(《청색 책과 갈색 책》 66~67쪽). 곧 '주체' 용법과 '대상' 용법이다. 내가 누군가와 레슬링을 하다가 다리에 피가 난 것을 보고서 '나는 피가 난다'라고 알린다면, 나는 어떤 대상을 나 자신으로 확인하기 위해서 '나'라는 단어를 대상 용법으로 사용한 것이다. 그런데 나는 틀릴 수 있다. 즉 피 흘리는 다리는 나와 레슬링을 하던 상대의 것이고, 나는 전혀 피를 흘리지 않을 수 있다. 하지만 내가 '나는 레슬링을 하고 있다' 혹은 '나는 아프다'라고 말한다면, '나'라는 단어는 세계에 대한 나의 1인칭 관점을 표현하기 위한 주체 용법에서 나온 것이다. 이 경우에 누가 레슬링을 하고 있는지 혹은 아픈지에 관해서 내가 오류를 범하기란 불가능하다. 나는 내 자신을 정확히 확인하며, 틀릴 수 없다. 시드니 슈메이커는 이 주체 용법에서 '나'라는 용어는 '오인으로 인한 실수가 면제된' 진술을 한다고 말한다. 이러한 1인칭 대명사의 일반적 용법에서, 나는 항상 내가 확인하고자 하는 바로 그 사람, 곧 나 자신을 확인한다.

둘째로, '나'라는 용어를 같은 식으로 이해하고 서로의 용법을 이해하는 두 사람은 그것을 다른 대상을 지시하기 위해 변함없이 사용할 것이다. 나는 나를 지시하기 위해 그것을 사용하고, 당신은 당신을 지시하기 위해 그것을 사용한다. 내가 춥다고 말할 때, 나는 당신이 '로저 스크루턴은 춥다'라는 문장으로 말하는 것을 말하고 있는 것이다. 하지만 분명히 '나는 춥다'와 '로저 스크루턴은 춥다'는 같은 것을 의미하지 않는다.

이러한 관찰로부터 어떤 결론들이 제안된다. 첫째, '나'는 고유명사로서 기능하지 않는 듯하다—또한 어떤 다른 종류의 '고정 지시어'로서 기능하지도 않는 듯하다. (13장에서 논의된 크립키의 논변을 보라.) 만일 그것이 어쨌든 지칭을 한다면, 최대한 약하게 하며, 상이한 가능세계에 있는 상이한 대상들에 그리고 현실세계에 있는 상이한 대상들에 모호하지 않게 적용된다. 둘째, 우리는 '나'와 같은 단어에서 프레게 의미이론의 난제를 인식해야 한다. '나'의 뜻은 그 지시를 결정하지 않는다. 누가 지시되는지는 그 용법의 문맥이 알려질 때에만 결정될 수 있다. '나'에 관한 사유의 이러한 문맥 의존성이 오류 면제성의 기초를 이룬다. '나'의 뜻을 이해한다는 것은, 그것이 말하고 있는 사람을 지시함을 안다는 것이다. 따라서 그 단어를 이해하는 어떤 화자도 그것을 그 지시체를 오인하도록 사용할 수 없다. 데카르트에게 악령에 대한 최초의 대답을 제공했던 것이 바로 이러한 '나'의 명백한 문법적 특징이다.

하지만 철학자들의 많은 논변의 기반이 된 이 '오류 면제성'이 만일 단지 문법적 현상이라면, 자아를 궁극적 실재로 이해하여 그것을 자연

밖의 선험적 영역에 자리매김한 피히테의 거창한 이론을 이제 우리는 의심해서는 안 되는가? 결국, '나'의 문법적 특수성은 우리 언어의 다른 단어들에 의해 나타난다―자기의식과 특별히 관련 없는 듯 보이는 '여기' '지금' 같은 단어들 말이다. '여기'에 의해 확인된 공간과, '지금'에 의해 확인된 시간은 문맥에 의해, '나'의 지시가 결정되는 바로 그 방식으로 결정된다. 즉 그것들은 화자가 위치한 공간과 시간을 지칭한다. '여기'에 관한 사유와 '지금'에 관한 사유는 마찬가지로 (일반적인 경우에) 오인으로 인한 실수가 면제된다. 당신은 '여기'라는 단어를 공간을 오인하도록 이해할 수 없으며, 그렇게 사용할 수도 없다. (이 규칙을 증명하는 기발한 예외들에 대해서는 콜린 맥긴의 《주관적 관점》을 보라.) 여기는 내가 있는 곳이며, 그 사실에 관해 나는 오류를 범할 수 없다. 물론, 내가 말하고 있는 곳이 여기라고 말하는 것은, 많은 것을 말하는 것은 아니다. 사실 그것은 거의 공허한 사유를 전하는데, 왜냐하면 그것은 내가 다른 것과의 관계에서 어디에 있는지를 가리키지 않기 때문이다. 그 사유는, 피히테와 헤겔의 언어로 말하자면, 비결정적이며, 그러한 이유로 교정 불가능하다. 하지만 그것이 이 비교의 요점이다. 아마도 내가 나(나 자신)라는 사유는 내가 여기에 있다는 사유만큼이나 공허하고 '형식적'일 것이다. 아마도 그것은 내가 무엇인지, 즉 어떤 종류의 것인지에 관해 어떠한 정보도 담고 있지 않을 것이다.

따라서 많은 철학자에게 우리의 자아 이해는 '지표사indexicals'(화자에 의해 '지시되는', '나' '여기' '지금' 같은 용어들)와, 유사한 방식으로 기능하는 '이것' '저것' 같은 '지시사demonstratives'에 대한 우리의 이해에 달려 있는 듯하다. (양자는 라이헨바흐에 의해 '범례-재귀적' 용어로 한데 분류된다.) 실제로, '지금'(혹은 현재)의 논리학을 대단히 강조하는 맥타가트의 시간의 비실재성에 관한 논변을 돌이켜본다면, 당신은 지표사가 어떻게 형이상학적 역설들을 낳는지 알 것이다. 어떤 의미에서, 모든 형이상학은 범례-재귀적 용어들의 문제에 내포되어 있다. 왜냐하면 그것들은 형이상학이 발생하는 상황, 즉 세계의 일부분이면서 또한 세계에 관한 의식적 관점을 갖는 우리의 상황을 언어로 파악하기 때문이다. 세계의 특성 항목을 나 자신, 여기, 지금으로 가려내면서, 나는—토머스 네이글(《어디에서도 바라보지 않는 관점》)에 따르면—제거 불가능할 정도로 주관적인 사유, 그리고 물리학이 생각하는 '세계의 책'에서 중요한 명제들로 번역될 수 없는 사유를 표현한다. 그럼에도 그러한 사유는 진정한 사실을 나타내며, 형이상학은 그것을 이해하려는 시도와 관련된다.

3. 제2성질

지표적 사실(그것을 이렇게 부른다면)이 물리학자의 세계의 책에서 어떠한 자리도 차지하지 못한다는 네이글의 주장은 옳을지 모른다. 하지만 그것으로부터 무엇이 나오는가? 확실히, 지각하는 주체의 본성과 관련하여서는 아무것도 도출되지 않는다. 우리가 연역할 수 있는 전부는, 주체는 세계 밖이 아니라 안에 있으며, 자기 자신을 그렇게 확인할 수 있다는 점이다. 우리가 일단 '나' '여기' '지금'의 문법을 이해한다면, 우리는 주체가 그 단어의 어떤 진정한 의미에서도 '선험적'이지 않으며, 그럴 수도 없음을 정확히 알게 된다. 그는 어딘가에 그리고 또한 어느 때에 자연질서 안에 있게 된다.

사실, 3인칭 관점에서는 어떠한 혼란스런 점도 없다. 우리가 만일 외부로부터 자아를 바라본다면, 다음과 같은 상에 다가가게 된다. 경험의 주체는 사람, 즉 모종의 정신적 삶을 지닌 존재다. 그는 타자들 가운데 하나의 대상으로서 세계에 존재한다. 그리고 그는 자신의 종과 관계하며 존재하고, 자신의 동료들과 본질적으로 공유하는 언어를 통해 자연 질서에 대한 자신의 개념을 형성한다. 그는 경험을 통해 지식을 습득하기 때문에, 그의 지식은 불가피하게 그의 관점으로 표시된다. 즉 세계는 그에게 어떤 현상으로 보이며, 그가 그 실재를 탐구하는 것은 바로 이 현상에 기초해서다. 어떤 공간이 그의 사고에 여기로 제시되고, 어떤 시간이 지금으로 제시된다는 점은 그 공간과 시간의 본성에 관해 아무것도 말해주지 않는다. 그것은 시공간을 그가 그것들을 관찰하는 관점과 관련시킬 뿐이다. 3인칭 관점에서, 우리는 주체와 다른 시공간과의 관계를 통해서 그를 시간과 공간에 자리매김한다. 즉 맥타가트의 의미에서의 시간의 'B'연속 그리고 그 공간적 등가물과 관련해서 말이다. 여기와 지금은, 이것 및 저것과 마찬가지로, 객관적 질서 자체에 속한다기보다는 주체의 관점에 속하는 것으로서, 이 상에서 간단히 사라진다.

여기에 가상디와 로크가 정의한 제2성질이라는 오래된 관념과의 유사성이 있다. 로크는 붉은 성질을 어떤 '감각'(붉게 보이는 경험)을 낳는 대상 안의 '힘'으로 기술했다. 그의 생각은 대략 이렇다. 만일 당신이 어떤 대상의 성질을 공간에서의 그 위치 및 활동과 관련해서 기술한다면, 당신은 그것을 완전히 기술한 셈이다. 왜냐하면 그 활동들 가운데 우리에게 어떤 지각경험을 낳는 힘이 있을 것이기 때문이다. 그리고 그것보다 붉은 것은 없다. 물론, 당신은 사물이 붉게 보일 때 그것이 보이는 방식을 기술하지는 않는다. 하지만 그것은 세계의 책에 열거될 수 있는 종류의 사실은 정확히 아니다. 그것은 순수하게 주관적인, 즉 '현상적인' 사실이며, 사물이 붉게 보일 때 그것이 어떻게 보이는가를 아는 것은 단지 그것을 본다는 것이 어떠한지를 아는 것이다. 사실, 이 문제에 대한 어느 견해에 따르면(22장 6절을 보라), 여기에 사실이란 전혀 없다. '어떠한지를 아는 것'은 명제적 지식의 일종이 아니다.

이것은 대상이 제2성질을 갖지 않는다고 말하는 것이 아니라, 오히려―로크 자신이 주장했듯이―제2성질과 그것이 우리에게 낳는 '관념'이 조금도 유사하지 않다는 말이다. 우리가 붉다고 보는 것은 어떤 파장의 빛은 반사하고 다른 파장의 빛은 흡수하도록 하는 대상의 복잡한 표층구조다. 대상의 이러한 성질은 우리가 사물을 붉다고 기술하게 해주는 '직접적' 경험과 아주 멀리 떨어져 있다.

하지만 제2성질은 우리에게 현상이 체계적임을 상기시킨다. 세계가 색으로 장식되어 있다는 것은 우리가 직접적으로 아는 사실이다. 그리고 그 존재는 우리의 신속하고 믿을 만한 구별을 가능하게 하며, 그 구별은 우리의 실재의 상에 포함된다. 우리는 경험의 근본 원인에 관해서는 거의 모른다. 하지만 경험이 그 원인에 따라 체계적 방식으로 달라지는 한, 우리는 경험을 대상을 분류하는 데 이용할 수 있다. 우리가 색의 경험을 이용하듯이 말이다.

우리의 관점에서 본 세계는 실제로 우리가 보는 대로다. 설령, 물리학 책이 그 관점을 설명되어야 하는 많은 것 중 하나로 취급할지라도 말이다. 그리하여 우리는 외견상 양립하지 않는 두 사유를 화해시킨다. 첫째, 제2성질은 환원될 수 없는 주관적 요소, '순수 외관'의 요소를 갖는다. 그리고 둘째, 제2성질에 관한 사실이 실제로 있다. 우리가 1인칭과 3인칭 관점을 우리의 사고에서 분리시키는 한, 우리는 여기에서 아무런 혼란스런 점도 발견하지 못한다. 마찬가지로, 우리는 특정한 공간과 시간이 우리 앞에 여기와 지금으로서, 혹은 특정한 사람이 나로서 올 수 있다는 사실에 놀라지 말아야 한다.

4. 의식의 문법

하지만 누군가는 이러한 접근법에 만족하지 않을 것이다. 왜냐하면 이 것은 바로 우리를 괴롭히는 특정한 것들을 회피하는 듯 보이기 때문이다. 즉 의식의 사실과, 그것을 구체화하는 1인칭 관점 말이다. '나'와 '지금'의 유사성은 우리가 화자를 확인하면서 오직 '나'의 역할에 초점을 맞추는 한에서만 그럴듯해 보인다. 하지만 정신상태의 자기귀속에는, 그 용어의 또 다른, 더 흥미로운 용법이 있다. 내가 '나는 아프다' 혹은 '나는 생각하고 있다'라고 말할 때, 그 고통받는 자 혹은 그 사유하는 자의 동일성에 관해서 내가 어떠한 오류도 범할 수 없다는 것은 참이다. 하지만 또한—일반적인 경우에—그 고통과 사유에 관해서 내가 어떠한 오류도 범할 수 없다는 것도 참이다. 내가 지금 겪는 이것이 고통, 사유, 욕구 등등임을 나는 직접적이고 교정할 필요도 없이 안다. 데카르트가 자신의 의식이론을 세우면서 호소했던 것이 바로 이러한 특권적 지식이라는 사실이었다. 왜냐하면 내 고통에 대한 직접적 앎은, 내가 당신의 고통과 관련하여 갖는 간접적이고 오류가능하고 가설적인 믿음과 대조되기 때문이다. 1인칭과 3인칭의 앎 사이에는 인식론적 비대칭이 있다. 따라서—데카르트주의자가 가정하길—나는 내 감각은 알 수 있지만, 당신의 감각은 사실상 알 수 없다. 당신의 감각은 당신에게는 접근 가능하지만, 나에게는 아니다. 그러므로 감각은 본질적으로 '사적인' 항목이고, 주체 이외에는 아무에게도 드러나지 않는, '내적' 혹은 '현상적' 본질을 지닌 어떤 것이다. 우리에게, 세계의 책에서 어떠한 자리도 차지하지 않는 주관적 사실에 대해서 말할 자격을 주는 것이 바로 이것이다. 그리고 또한 우리 자신을 물리세계 외부의 것, 외관이 모여드는 인식의 중심으로 동일시할 자격을 주는 것도 바로 이것이다.

나는 이미 5장에서, 이러한 데카르트식 사고방식에 대한 응답으로 읽힐 수 있는 비트겐슈타인의 유명한 사적 언어 논변을 설명했다. 하지만 비트겐슈타인의 논변에도 남는 어떤 것이 있는데, 그것은 바로 데카르트주의자가 출발하는 전제다. 내가 나 자신의 정신상태에 대해 갖는 특권적 지식을 우리는 어떻게 설명할 수 있는가? 확실히—그리고 사적 언어 논변이 아무것도 증명하지 못할지라도, 적어도 이것은 증명한다—이 특권적 지식은 나의 정신상태가 사적이며 나에게만 알려질 수 있다는 가설로는 설명되지 않는다. 하지만 우리가 어떠한 설명도 찾을 수 없다면, 의식의 수수께끼는 여전히 우리에게 남을 것이고, 마음을 자연 밖에 자리매김하여 악마가 가장 기뻐할 일종의 형이상학적 고립을 그것에 부여하고픈 유혹이 항상 존재할 것이다.

우리는 현상학적(즉 1인칭) 연구만으로는 설명할 수 없는 것, 즉 '나는 아프다'라고 진심으로 말하는 누구라도 참을 말한다는—그가 자신의 말을 이해한다면—사실을 설명해야 한다. 우리는 여기서 필연성을 다루고 있는 것이다. 나는 아프다는 내 현재의 믿음에서 내가 착각을 했다는 주장에 포함된 특별한 종류의 부조리는 어떻게도 설명될 수 없다. 이것은 비공간적 물리 대상 혹은 비시간적 경험이 있을지 모른다는 주장에 붙는 것과 같은 종류의 부조리다. 여기에 중요한 요점이 있다. 즉 의식에 관한 순수 1인칭 설명은 이러한 필연적 진리를 설명할 수 없다. 왜냐하면 필연적 진리란 공적 언어로 표현되는 진리이며, 공적 언어의 규칙에 의해서, 혹은 공적 언어가 지시하는 대상, 곧 지시될 수 있다면 (사적 언어 논변에 의해) 공적으로 확인될 수 있는 대상의 '실질 본질'에 의해서—가능한 한—보장되는 진리이기 때문이다.

'나는 아프다'라는 문장을 그 단어들을 이해하면서 진심으로 말하는 사람은 누구든 아픈 것이다. 이로부터 아프지 않으면서 '나는 아프다'라고 진심으로 말하는 사람은 누구든 자신의 말을 이해하지 못한다는 주장이 도출된다. 요컨대, 1인칭의 특권은 언어의 규칙―'나는 아프다'라는 문장을 이해하는 조건―을 반영한다. 어떤 사람의 문장 용법이 참일 때에만(예외를 허용하며) 그는 그 문장을 이해한 것이다.

'나는 아프다 am in pain'라는 말은 네 단어를 포함한다. 이 말을 잘못된 주장이 되도록 사용한 사람이 오해한 것은(있다고 한다면) 이 중 어느 단어인가? 가령 그가 고통을 정확하게 타인의 탓으로 돌린다고 가정해 보라. 이것은 확실히 공적 언어에서 '고통'이라는 단어의 위치를 고려해 볼 때, 그가 그 단어를 이해하고 있다는 충분한 증거다. 그렇다면 문제가 되는 단어는 '나'인가? 하지만 그것이 어떻게 그럴 수 있는가? 현재의 정신상태가 문장의 주어에 귀속되어 나타날 때 우리가 어떠한 사실 오류도 범하지 않는다는 것이 어떻게 이 단어를 이해하는 조건이 될 수 있는가?

이것이 현대철학이 제기한 가장 중요한 물음 중 하나라고 말해도 무방하다. 나는 이것에 대해 간략히 대답하려 하는데, 이것은 또한 악마에 대한 대답이기도 하다.

비트겐슈타인은 만일 사자가 말을 할 수 있다 해도 우리는 이해하지 못할 것이라고 주장한다(《철학적 탐구》 1부 244절, 2부 xii절). 사자의 입에서 나온 말을 사자의 정신의 표현으로 우리가 받아들인다면 어찌 될지 생각해보자. 우리는 처음부터 두 가지 가능성을 인식한다. 화자는 사자이거나 사자가 아니다. 만일 사자가 아니라 해도, 그것은 우리에게 자신의 정신적 동일성을 소유한 것으로 보일지 모른다. 이 경우에, 그것은 나무에 사는 드리아데스 요정처럼, 사자 안에 살면서, 사자의 가죽 밖으로 말하는 것처럼 보일지 모른다. 우리는 우리를 둘러싼 대상들에서 그러한 영혼을 손쉽게 상상하며, 원시사회의 사람들에게 그것을 실제로 믿고

738

두려워하고 숭배하는 것은 자연스러운 일이다.

이제 사자는 나무와 달리, 자신의 독립적인 정신을 갖는다. 그 목소리가 그의 것이든 아니든, 사자는 여전히 자신의 욕구, 감각, 만족을 갖는다. 그리하여 우리는, 만일 사자에게서 나온 말이 사자를 소유한 어떤 낯선 영혼의 목소리라기보다는 사자의 정신의 표현이라면, 무엇이 참인지를 자문해볼 수 있다. 안드로클레스의 사자*로마시대 때 잔인한 주인을 피해 아프리카로 도망친 노예 안드로클레스는 어느 날 앞발에 커다란 가시가 박힌 사자를 도와준다. 훗날 그가 붙잡혀 원형극장의 맹수들에게 던져졌을 때, 은혜를 입었던 사자가 그를 알아보고 공격하는 대신 핥아주자 이에 놀란 관중들이 그를 노예 신분에서 풀어준다. 이 이야기는 나중에 버나드 쇼의 희곡의 소재가 되었다를 생각해보라. 그는 으르렁대며, 자신의 입으로 소리를 내어 말한다. '나는 으르렁댄다. 게다가 내 앞발에는 가시가 박혀 있다. 나는 문제의 앞발로 서 있을 수 없을 듯하다. 사실상, 내 행동은 고통의 특징인 일종의 혼란을 보인다. 따라서 나는 아픔에 틀림없다.' 또한 모든 사자의 '자기귀속'이 본성적이라고 가정해보고, 또한 그 많은 자기귀속이 단호히 주장될 때에도 단순히 틀렸다고 가정해보라. 이 경우에, 그 목소리는 사자의 정신상태를 분명히 기술한다. 목소리가 공동의 공적 기반을 사용하면서, 오류나 의심의 특별한 면제를 주장하거나 얻지 않으면서도, 다른 것의 정신상태를 기술하듯이 말이다. 사자의 목소리는 '관찰자'의 목소리이며, 외부에서 말한다—관찰자가 보통 '그'를 사용하는 곳에 그 목소리는 '나'를 사용한다는 점이 유일한 차이다. 하지만 이 경우에 '나'는 실제로는 '그'를 의미한다. 그 목소리는 1인칭으로 말하는 것이 아니라, 3인칭 사유를 표현하기 위해 1인칭 대명사를 단지 빌려올 뿐이다.

사자와 그 목소리를 결합하여 그의 목소리가 되도록 하기 위해, 우리는 내가 논의한 그 특권적 자기귀속의 힘을 그 목소리에 부여해야 한다.

그 목소리는 특별한 종류의 권위를 가져야 한다. 그것은 이따금 특별한 이유를 제외하고는, 사자의 정신에 관해서 틀릴 수 없으며, 그 지식은 어떠한 관찰에도 근거하지 않는 '직접적인' 것이어야 한다. 다시 말해, 그 목소리는 내가 위에서 요약한 권위의 규칙에 복종해야 한다. 이것은 단지 그 목소리가 준수하는 규칙일 뿐 아니라, 또한 그것이 복종하는 규칙이기도 하다. 그것이 바로 그 목소리가 자신의 '자기귀속'을 이해해야 하는 방식이다. 그것이 오류일 수 있다는 주장은 부조리한 것으로 간주해야 한다. 일단 그렇게 되면, 육체와 영혼은 말에서 통일된다. 그 목소리는 이제 자아―그 자신―를 표현하고, 단지 외적 관점을 유지하는 동물 유기체를 지시하지 않는다. 그것은 이제 '나'라는 단어를 단순히 재귀대명사로서가 아니라, 정신적 삶의 소통 수단으로 이해한다.

이것은 1인칭 특권의 또 다른 중요 사례에 의해 증명된다. 바로 의도(지향)의 표현이다. 만일 어떤 사람이 어떤 것을 할 것이라고, 자신의 말을 이해하면서 진심으로 말한다면, 그는―만일 그가 자신의 말을 의도의 표현으로 의도한다면―기회가 될 때 문제의 그것을 실제로 할 것이다. 혹은 그가 그렇게 하지 않는다면, 그것은 그가 마음을 바꿨기 때문이다. 여기서 권위의 규칙은 내가 감각에 제공한 규칙보다 물론 훨씬 더 복잡하다. 그것은 미래에 관한 1인칭 진술의 거짓에 제공될 수 있는 설명에 대한 일종의 정교한 제한으로 간주될 수 있다. 그 진술은 진실하지 않을 수 있고, 오해일 수 있으며, 결정이 아니라 예측을 표현할 수 있고, 마음의 변화로 바뀔 수도 있다. 아마도 '의지박약'이 다섯 번째 탈출로일지 모르며, 자기기만이 여섯 번째 탈출로일지 모른다. (그래서 이 두 미묘한 현상에 현대철학자들이 관심을 갖는다.) 하지만 허용되지 않는 것은 무효화되지도 않고 충족되지도 않는 진실한 의도의 표현이다.

세 번째 '탈출로'―많이 논의된 예측과 결정의 차이―를 살펴보자.

이것은 왜 기존의 권위의 규칙에 부합하는 개념이 우리에게 그렇게 유용한지를 생생히 예증해준다. 의도를 형성할 때, 나는 나 자신을 미래에서 능동적이고 결정적인 역할을 하는 존재로 간주해야 한다. 간단히 말해, 나를 내 미래의 자아와 동일시하고, 그 미래의 자아가 무엇을 할지에 대해 지금 책임을 져야 한다. 이러한 태도는 또 다른 태도, 내 미래의 자아로부터 '소외된' 태도와 대조되는데, 이 경우에 나는 나 자신을, 내 의지 외부에서 나온 원인에 조종당하는, 외적인 힘과 내 과거의 수동적 희생양으로 간주하게 된다. 후자의 경우에, 나는 내 미래의 행위를 예측할 것이다. 하지만 나는 내 결정을 철회하고, 내가 하려고 생각했던 것을 승인하지 않는다. 전자의 경우에는 대조적으로, 나는 내가 말한 대로 하려고 노력해야 한다. 즉 내가 내 주장을 지지하는 한, 그것은 예측(이러이러한 일이 일어나리라고 믿는 이성)이 아니라, 실천이성(이러이러한 일이 행해진다고 보장하는 이성)의 문제가 된다. 따라서 전자의 경우에, 나는 내가 말한 대로 하려고 실제로 노력할 것이라는 특별한 확신을 갖게 된다. 확신하지 못한다는 것은 진실하지 않다는 것이다. 의도의 표현이 자신의 1인칭 권위의 규칙에 복종하는 것으로 이해될 수 있는 것은 바로 이러한 확신에 의해서다.

이로부터 내게 의도가 있다면, 또한 실천이성도 있어야 한다는 것이 도출된다. 어떤 사람이 x를 하려는 의도를 표현하고, x를 할 유일한 방법은 y를 하는 것임을 깨닫지만, 자신이 y를 하고자 함은 부정한다고 가정해보자. 그는 스스로 다음과 같은 명제들의 참에 충실하다고 생각할 것이다. '나는 x를 한다.' '나는 y를 할 때에만 x를 한다.' '나는 y를 하지 않는다.' 다시 말해, 그는 모순된 믿음에 충실한 것이다. 따라서 만일 그에게 이론이성—이것은 그가 이러한 모순을 거부하도록 이끈다—이 있다면, 그에게는 실천이성도 있게 된다. 그는 자신의 목적을 위한 수단을 추론할 수 있다. 일반적 추론을 이해하는 능력이 언어의 이해에 본질적이기 때문에, 우리는 말의 소유와 합리적 동인의 소유 간에 연결이 맺어지는 것을 볼 수 있다. 이것은 의도, 합리적 동인, 언어, 자기의식, 1인칭 관점을 단일한 관념으로 결합하여, 대단히 정교한 인격 개념을 형성해 주는 연결사슬 중 하나의 고리다.

　내가 특징지었듯이, 의도의 개념은 오직 인간에 관한 어떤 사실의 문제 때문에 적용될 수 있다. 의도의 표현으로 선택된 미래에 관한 발화에, 그것이 기술하는 바를 깨달으려는 행위자의 노력이 일반적으로 뒤따르는 것이 바로 사실의 문제다. 하지만 중요한 실천이 의존하는 것이 이러한 사실의 문제다. 어떤 사람이 어떤 시점에 자신의 진실한 의도의 표현을 실현하려 할 것이라는 일반적 진리가 주어진다면, 그 표현은 우리에게 그의 미래 행동에 접근할 수 있는 특별한 수단을 제공할 것이다. 우리는 이제 사실상 *그*가 하고자 하는 바에 대해 반대 의견을 말할 수 있다. 우리는 그에게 자신의 의도 표명을 변경하도록 설득함으로써 그의 행동을 바꿀 수 있으며, 그가 합리적이고 우리의 이유가 타당한 한에서 그는 자신의 표명을 바꿀 것이다. 그렇게 우리는 담론을 통해 그의 행동이 유래한 활동의 핵심으로 직접 접근한다. 이러한 접근 수단이 실패할 경우—행위자가 이유를 받아들일 수 없기 때문에(비합리적인 경우), 혹은 표명과 실행 간의 사실 연관이 고장났기 때문에(정신이상인 경우)—우리는 (변변치는 않지만) 인간 행동에 관한 과학을 통하지 않고는 그 사람을 다룰 수 없다. 행위자는 이제 환자가 된다. (17장의 논변과 비교해보라.)

　자신의 의도를 표현하려는 어떤 사람을 가정할 때, 우리는 지금도 그리고 미래에도 그의 말을 믿으려고 한다. 다시 한 번, 우리는 그가 책임질 수 있다고 생각한다—이번에는 그의 행동에 대해서 말이다. 이로부터 그의 말을 바꾸는 데 주어진 이유가 이제 그의 행동을 또한 바꿀 것이라는 주장이 나온다. 언어는 그의 현재 정신상태와 그의 미래 활동 모두에 대한 접근 수단이 된다. 그에 대한 우리의 태도는 이제 그를 의도의 망의 중심으로, 자신의 미래에 충실하고 자신의 과거에 대해 책임을 질 수 있는 행위자로, 변치 않는 '자기동일성'을 지닌 생물로 지목한다. 그러한 존재에 대해 나는 적정한 감사와 원한, 존경과 분노를 느낄 것이다. 그는 우리를 도덕적 존재로 살아가도록 해주는, 다양한 '상호인격적' 반응의 가능 대상이다.

내가 누군가에 대해 인격으로서 관심을 가질 때, 그의 생각, 행동 이유, 결심 표명은 내게 다른 무엇보다 중요하다. 내가 그의 행동을 바꾸고자 할 때, 나는 무엇보다 이것들을 바꾸려 하며, 그에게 나름의 이유가 있을 수 있음을 인정한다. 하지만 만일 내가 인격으로서의 그에게 관심이 없다면—만일 나에게 그가 내 앞길에 놓인 하나의 인간 대상에 불과하다면, 나는 그의 이유와 결심을 특별히 헤아리지 않을 것이다. 만일 내가 그의 행동을 바꾸고자 한다면, 나는(내가 합리적이라면) 가장 효과적인 과정을 택할 것이다. 예를 들어, 만일 약물이 설득의 지루한 과정보다 더 효과적이라면, 나는 약물을 사용할 것이다. 칸트의 언어로 말하자면, 나는 이제 그를 목적이 아니라 수단으로 대한다. 왜냐하면 그의 목적, 그의 이유는 더 이상 내게 주권을 갖지 못하기 때문이다. 나는 합리적 행위자로서의 그에게서 소외되지만, 그가 내게서 소외되는지는 개의치 않는다.

5. 자아의 사회적 구성

우리가 1인칭 특권을 이런 식으로 설명할 수 있다고 가정해보라. 언어를 인간의 사유와 의지의 표현으로 만들어주는 규칙, 인격이나 합리적 행위자가 자연질서의 일부분으로 나타날 때 준수되어야 하는 그러한 규칙들의 결과라고 말이다. 그렇다면 우리는 흥미로운 결론을 이끌어낼 수 있다. 즉 3인칭 관점에서 볼 때, 자아가 된다는 것은 단순히 인격이 된다는 것이다. 상호인격적 관계를 규범으로 삼는 언어 사용 공동체의 일원이 되는 것이다. 악마가 자신의 논변을 위해 의존하는 우리 조건의 이러한 특징―특권적 접근과 '선험적' 자유―은 자연질서 외부에 있는 어떤 사적이고 자기주장을 해대는 존재자의 특징이 아니다. 그와 반대로, 그것은 공동체의 선물이며, 악마가 우리를 유혹하는 도덕적 공허에서는 존재할 수 없는 것이다. 나 자신의 정신상태에 대한 특권적 접근은 있는데, 이것은 오직 내 사유, 느낌, 욕구를 정식화하고 반영할 수 있도록 함으로써 그 특권을 내게 부여하는 공적 언어를 내가 말하기 때문이다. 그리고 오직 내게 의도가 있기 때문에 나는 스스로를 자유롭다고 여길 수 있다. 나는 이 의도를 공적인 비판과 논변의 실천을 통해서 습득하며, 그리하여 나는 도덕적 공동체에 놓이게 되고 내가 한 일에 책임을 지게 된다.

따라서 도덕적 질서에 대한 급진적 비판 이면에 있는 많은 가정은 거부되어야 할 듯하다. 공동체는 합리적 개인들의 융합과 합의를 통해서 형성되지 않는다. 공동체를 통해 형성되는 것이 바로 합리적 개인들이다. 구성원이 되는 것이 가장 먼저이며, 그것을 거부하려 하는 세계관의 전제조건이다. 물론, 이로부터 어떤 특정한 형태의 공동체가 합리적 개인의 발전과 번영에 이상적으로 적합하다는 결론은 나오지 않는다. 아마도 현존하는 사회들은 개인의 삶의 더 고차원적 이상을 수용하도록 유용하게 수정될 수 있을 것이다. 하지만 우리는, 실존주의자가 결코 획득할 수 없는 선험적 자유에 대한 관심에서, 타자를 절대적으로 거부하는 태도로 우리를 유혹하듯이, 우리를 유혹하는 철학을 조심해야 한다.

하지만 이것은 철학적 심리학의 새로운 과제를 마련한다―내가 이 장에서 다룬 심리철학의 물음들뿐 아니라, 정치학과 윤리학과 미학 연구와 관련 있는 과제다. 우리가 아무리 우리의 고독에서 완전함을 느낄지라도, 공동체는 우리의 개념들과 그것들에 의해 형성된 경험들에 잠재해 있다. 우리가 미학적 혹은 종교적 경험에서 만나는 주관적 관점은, 타자로부터 멀어짐이 아니라, 우리가 진실로 그들과 하나가 되는 공동체의 탐색이다. 우리의 경험에서 가장 '내적이고' '사적이고' '신성한' 모든 것은 실제로는 가장 외부를 향하며, 우리가 속한 그리고 우리가 길을 잃었을지 모를 이 질서의 탐색에서 가장 시급하고 애처로운 것이다.

철학은 이 잠재된 사회적 지향성을 연구해야 한다. 왜냐하면 그것이 인간세계와 과학세계 간의 커다란 격차의 원천이기 때문이다. 흄이 표현했듯이, 마음이 지닌 '스스로 대상으로 퍼져 나가는 기질'은 동시에 안식처의 탐색이다. 안식처는 내 동료가 있는 곳이다. 우리는 풍경을 평화롭거나 적대적이라고 보고, 상황을 희극적이거나 비극적이라고 보며, 언덕을 탈출해야 할 곳이거나 피난처라고 본다. 하지만 이러한 반응은 사회적 삶의 암시와 같다. 경험은, 비록 고독에서 얻은 것일지라도, 동포애와 위안의 세계를 가리킨다. 이것이 바로 우리가 미학적 경험에서 배우는 것이다.

합리적 존재가 흔히 하는 특별한 반응이며, 홉스가 '갑작스런 영광'이라고 기술했던 웃음을 생각해보라. 내가 웃음을 터뜨릴 때 변하는 것은 나만이 아니다. 세계가 나와 함께 변한다. 그것은 마치 나를 즐겁게 하는 대상과 내가 화해하는 것 같다―그것은 더 이상 나에게 위협이 아니며, 더 이상 나를 방해하거나 내 욕구를 제한하는 어떤 것이 아니다. 그리고 이러한 태도 이면에는 또 다른 것이 있다―내가 내 진정한 동료들과 '함께 웃는다'는 감각 말이다. 설령 그들이 가까이 있지 않다 해도, 이 동료들은 상상 속에서 현존하며 나를 지지해준다. 모든 동료의식은 웃음에 의해 강화되는데, 그것이 바로 사회적 어색함이 사람들이 웃기 시작할 때 극복되는 이유다. 진정 고독한 웃음—어떤 공동체도 암시하지 않는 웃음—은 결코 웃음이 아니라 고립의 으르렁거림이다.

웃음과 같은 마음상태는 그것을 함축하는 사회적 맥락을 벗어나서는 이해될 수 없다. 그리고 같은 것이 참으로 다른 인간의 마음상태에도 해당된다. 인간의 세계는 사회적 세계이고, 사회적으로 구성된다. 이것은 인간세계가 한 가지 방식으로만 구성되어야 한다고 말하는 것이 아니다. 또한 그것은 우리가 원하는 대로 구성될 수도 없다. 우리가 위험을 무릅쓰고 반항하지만, 복종하려 애써야 하는 변함없는 인간 본성이 있다—도덕적이고, 미학적이고, 정치적인 본성 말이다. 아마도 현대의 상황에서 철학의 주요 과제는, 우리 오성의 기초에 있는 사회의 암시가 우리에게 필수적이며 우리 행복의 일부분이라는 점을 증명함으로써, 인간세계를 정당화하는 것일지 모른다. 사회적 경험을 알려주고 그 경험에 의해 알려졌던 우리의 개념들을 이해함으로써, 우리는 자연적 공동체로 돌아갈 길을 찾을 수 있을 것이다. 그리고 그 길이 우리에게 닫혀 있다면, 왜 그러한지를 아는 것이 절박한 과제다.

학습안내

이 안내의 목적은 독자들이 최근 논의의 본질을 파악하게 하고, 가능하면 그 주제의 최전선에, 적어도 영어권 철학자들이 생각하는 만큼 도달하게 하는 것이다. 본문에서 나는 모든 영어권 철학자들의 승인을 얻지는 못한, 어떤 면에서 보면 분석적 전통에 대해 회의적인 방식으로 해당 주제를 제시했다. 하지만 이 안내에서 나는 최근의 문헌을 따른다.

나는 본문에서 다룬 대부분의 논제에 대해 읽을거리와 부차적인 질문들을 제시했다. 본문이 그 접근법에서 관례적이든 직설적이든, 나는 이 안내에서 읽기 자료에 대한 간략한 논평 외에는 거의 덧붙이지 않았다. 하지만 본문의 강조에 균형을 잡기 위해, 혹은 독자가 그 주제의 최전선에 다가갈 때 여전히 남는 필수적 근거를 다루기 위해, 나는 때때로 논평을 확장했다. 이는 특히 16장('영혼')과 28장('객관정신')에 대한 안내에서 그러한데, 둘 모두 이 책의 본문에서 적절히 다룰 수 없었던 부단하고 급속한 발전과 관련이 있다.

몇몇 장에서 최근 철학은 그 기여에 비해 덜 조명되며, 일반적으로 영미철학 전통에서 무시되었거나 오해된 고찰들을 소개하려고 시도했다. 이는 특히 29장과 30장에서 그러하다. 따라서 당연히 이 장들에 대한 학습안내는 더 단조로운 논제들에 제공된 것보다 분량이 더 적다.

독자는 이 안내를 완벽하다거나, 혹은 자신의 연구조사의 대체물로 간주해서는 안 될 것이다. 이것은 모든 방향으로 계속 성장해가는 주제에서 방대하고 종종 전혀 읽을 만하지 않은 문헌들을 선별하고 요약하려는 한 사람의 시도를 기록할 뿐이다. 게다가 현대철학은 전진하기 위해서는 숙달해야만 하는 전문용어들로 가득하다. 조금씩 꼼꼼히 읽으며, 특히 이해하기 힘든 문제는 글로 써보는 것이 최선이다. 사전이나 백과사전을 참고하는 것도 나쁘지 않다. 실제로, 앤터니 플루Antony Flew의 《철학사전*A Dictionary of Philosophy*》(London, 1979)을 이용하는 것은 좋은 생각인데, 이류이긴 하지만, 독자가 용어의 의미를 완전히 모른 채 사용하는 것은 막아줄 것이다. 독자는 또한 폴 에드워즈Paul Edwards가 편집한 인상적인 《철학 백과사전*Encyclopedia of Philosophy*》(New York and London, 1967)도 참고할 수 있는데, 각 주제에 대한 짧은 안내를 달고 있다. 유보조항을 달아야겠지만, 앤서니 오히어Anthony O'Hear의 《철학이란 무엇인가*What Philosophy is*》(Hammondworth 1985)와, 버트런드 러셀Bertrand Russell의 고전 《철학의 문제들*Problems of Philosophy*》(London 1912)도 추천한다. 에이어A. J. Ayer의 《철학의 핵심 문제들*The Central Problems of Philosophy*》(London 1969)은 대단히 협소하긴 하지만 역시 상당한 가치가 있다. 로저 스크루턴Roger Scruton의 《철학의 짧은 역사*Short History of Philosophy*》(London 1981)는 최소한으로 축약돼 있다.

　블랙웰 출판사에서 철학 분야들에 대한 안내서 시리즈를 펴내고 있다. 현재 3권까지 나왔다. 댄시J. Dancy와 소사E. Sosa가 편집한 《인식론 안내서*A Companion to Epistemology*》, 싱어P. Singer가 편집한 《윤리학 안내서*A Companion to Ethics*》, 쿠퍼D. Cooper가 편집한 《미학 안내서*A Companion to Aesthetics*》가 그것이다. 이 책들 또한 참고할 만하고, 풍부하고 생산적인 철학적 사고에 귀중한 통찰을 준다.

1　철학의 본질

본 장의 주제를 고급의 수준으로 탐구하고자 하는 사람들을 위해, 여기에 항목별로 어떻게 다룰 수 있을지와 관련한 것이 있다.

근대성, 모더니즘, 포스트모더니즘

이러한 것들은 유행이 된 명칭인데, 당대 논쟁의 연기가 걷힌 후에야 비로소 고정된 의미를 얻게 될 것이다. 먼저, 역사적 설명의 한 구성요소로서 '근대modern'라는 개념이 있다. 모든 것은 당신이 '근대' 세계가 언제 시작했는지에 의존하는데, 그것은 차례로 어떤 인간 삶의 흐름이 당신에게 결정적인 것 같은가라는 물음에 의존한다. 어떤 사람들은(예를 들어, 헤들리 불Hedley Bull,《무정부적 사회: 세계 정치질서의 탐구The Anarchical Society: a Study of Order in World Politics》, 1977) 17세기, 특히 유럽의 종교적 갈등이 평온 상태에 접어든 1648년 베스트팔렌 조약으로 거슬러 올라간다. 다른 사람들은(예를 들어, 마틴 와이트 Martin Wight,《국가체제Systems of States》, 1977) 훨씬 더 멀리까지 거슬러 올라간다(이 경우, 1493년 교황 알렉산데르 6세가 발표한 교황칙서inter caestera divinae까지 말이다). 다른 사람들은 그 시기를, 폴 존슨Paul Johnson이《1815~1830년 근대 사회의 탄생The Birth of the Modern World Society, 1815-1830》(London 1991)에서 하듯이, 19세기로 늦게 거슬러 올라간다. 그렇지만, 지성의 영역에서는 근대성이 계몽과 연관되고, 개인주의와 종교적이고 신학적인 도그마로부터의 사유의 해방과 연관된다는 믿음에서 벗어나기 힘들다. 이 해방이 언제 시작했든지 간에, 17세기 중반까지는 확실히 잘 진행되었으며, 그 시기의 과학자-철학자들(갈릴레오, 가상디, 보일, 데카르트, 로크, 라이프니츠, 스피노자)은 추상적 사고에 대한 새로운 접근의 분명한 전령사로 등장하게 된다.

이 과정의 어떤 지점에서, '고대인과 근대인 간의 유명한 싸움'이 벌어졌다. 이때가 아마도 '근대'라는 용어가, 우리와 우리 선조 간을 대비하기 위해, 근대적인 의미로 사용되었던 첫 번째 경우일 것이다. 이 싸움은, 프랑스 백과전서파의 저자에 의해 지도되었고, 18세기 첫 중반에 나타나기 시작했는데, 스코틀랜드의 흄과 케임스 경에서 잉글랜드의 존슨 박사와 그의 서클, 프랑스의 디드로와 달랑베르를 거쳐, 이탈리아의 비코와 독일의 볼프와 바움가르텐에 이르기까지 유럽의 모든 주요 사상가들을 포함하고 있다. 그것은 동시에 철학의 본질에 관하기도 하고, 세계의 본질을 결정할 때의 과학의 위치에 관하기도 하며, 교육과정과 진정으로 알고자 하는 사람들에 의해 연구되어야 하는 무엇에 관한 싸움이기도 했다. 그 참여자들은 고전 교육의 가치를 부정하는 사람이 거의 없었다. 하지만 그 모두는 고전교육을 방해했던 중세적 부착물에 대해서는 의심한 한편, '근대인들'은 지적인 진보의 매개로서 발견과 실험을, 문자와 과학적 담론의 전달 수단으로서 통속적인 언어를 옹호하였다. 말할 필요 없이, 인류의 헤아릴 수 없는 비참함에 대해, 근대인들은 승리하였던 것이다.

독자는, 근대성과 그 개념 둘 다 유럽 중심의 용어로 규정된다는 것을 가망 없이 담긴 역사에서 알게 될 것이다. 이것은 우연이 아니다. 왜냐하면, 그것은 단지 그러한 대격동의 변화를 통해 지속하는 데 필연적인 활력을 소유했던 것이 바로 유럽문명일 뿐이기 때문이다(로마법, 그리스 철학과 기독교를 품었던 문명 말이다).

사상의 역사가에게 계몽주의siècle des lumières, Aufklärung로 알려진 시기는 가장 풍성한 연구 대상들 중 하나다. 그것을 정확히 언제라고 말하기 어렵긴 하지만, 프랑스혁명의 지도자들을 고무시켜주었던 철학적이고 정치적인 이념에서 자연스럽게 절정을 이루었던 것 같기 때문에, 18세기 후반기가 그 혁명 내에서 핵심적인 사건의 시기라고 하는 것이 대체적으로 의견일치가 되었다. 하지만 흄과 애덤 스미스의 회의적 보수주의를 낳았던 '스코틀랜드 계몽주의'는, 루소(그 자신 제네바의 칼뱅주의 시민이었다)가 고무시켰던 프랑스혁명에서 비롯된 커다란 울음인데, 자연인에 대한 그 자신의 숭배와, 모든 전통적 제약들을 쓸어버리고자 한 그의 반역의 태도는 북방의 풍토에서는 거의 매력적이지 못했다. 독일에서 가장 위대한 계몽 사상가는, 의심의 여지없이, 가장 지속적으로 시대의 지적인 성취를 정식화해주었던—게다가 정당화해주었던—칸트였다. 모든 합리적 존재들을 위해, 그들의 주변 환경과 관계 없이 법을 제시해준 보편적 도덕 체계 말이다. 무수히 많은 정치적 프로그램에 영감을 주었던 칸트의 도덕은 '계몽 보편주의'의 놀라운 상징으로 남아 있다. 그것은 인간의 본질적 자유가 무정부상태에서가 아니라, 법의 지배하에서 동의하여 실현되는, 사회의 보편질서를 가리킨다. 미국혁명의 선구자들은 칸트에게서 영향을 받지 않았다. 미국혁명의 영감은 영국 경험론에서 왔는데, 특히 로크에게서 오기도 했고 다른 한편으로, 정치적 실재에 대한 자신들의 보수적이고 준법적인 태도는 스미스와 흄의 그것을 반영하고 있었다. 하지만 그럼에도 그들은 계몽의 인간들이었으며, 그 시대의 두 번째로 중요한 업적을 달성했다.

'모더니즘'이란 아마도, 이 단어로 지칭된 현상이 그 실존을 정확히 자기를 규정하려는 시도에서 유래하기 때문에, 규정하기 조금 더 쉬울 것이다. '근대'라는 단어는 더디게 촉진하는 사회적이고 문화적 변모를 기술하기 위해, 그 시대 한가운데서 살았던 사람들에 의해 도입되었다. 대조적으로, '모더니즘'이라는 단어는 그러한 변모를 그 자체로 들리게 하는 일종의 권위주의적 절대주의로, 창조하기 위해 도입되었다. 그것은 성명서의 단어로 생명을 얻게 되었다. 첫 번째 선언은 20세기의 시작과 함께 등장했고, 전체적인 구조는 20세기 중반에서 자리를 잡게 되었다. 음악에서건(쇤베르크), 회화에서건(마리네티, 브라크), 시에서건(앙드레 브르통, 아폴리네르), 혹은 건축에서건(로스, 르 코르뷔지에), 지배적인 관념은 간단하다. 과거는 완전히 고갈되었다. 그리고 그 결과로 우리는 과거로부터 자유롭게 되었다. 미래가 바로 우리의 신앙이며, 우리 희망과 성취의 영역인 것이다.

하지만 그 현상이 발전해가면서, 새로운 종류의 모더니즘이 등장했다—그리고 특히 예술에서 말이다. 시인, 화가, 음악인이 자신의 실험훈련을 즐기면서, 그 형태를 부여하는 분야를 찾기 시작했다. 그리고 그들은 이러한 분야를 과거의 예술에서 찾고 있었다. 점차적으로 주요 모더니스트들은 스스로를 미래보다는 과거와 더 관련되었다고 생각하기 시작하였다. 그들이 주장하길, 그 새로운 형식과 절차는 적법한 연속과 자신이 떠나온 것 같았던(하지만 단지 순진한 관찰자에게만 그런 것 같던) 전통의 회복이었다. 쇤베르크는 미래의 음악을 전하기를 그만두고, 그 대신에 '브람스는 진보적이라는' 신념에 의지하여 독일 음악의 문화가 갖는 지속적인 생명력에 대해 썼다. T. S. 엘리엇은 세기의 가장 분명한 문학적 전통의 옹호자가 되었고, 혁명의 정치를 거부하고, 영어권 세계에서 헌법정부에 관해 믿을 만한 오랜 방법을 포용했던, 문학의 모더니스트들 중 가장 위대한 인물이—거의 한 인간에게는 말이다—되었다. 동일한 것이 마티스와 헨리 무어에게도 참이었다. 단지 건축과 정치학에서만 새로운 사물들의 질서에 대한 열광적인 호소가 모더니스트의 영혼을 계속해서 지배하였다. 그 결과로 엄청난 재앙을 초래했지만 말이다(30장을 보라).

이것이 바로 모더니즘의 역사를 매우 복잡하게 만든 무엇이다. 모더니즘은 과거를 거부하면서 시작하였다. 하지만 어떤 모더니스트는 바로 이 기획을 거부하거나, 혹은 그것을 통해 자신이 한번 거절했던 어떤 것을 다시 긍정하기 위해 이겨내려 했다. 다른 모더니스트는 이 새로운 거부를 '배반'으로 간주했다. 그리고 그것이 그들 가운데서 특별히 마르크스주의자들 중, 프랑크푸르트의 막스 호르크하이머Max Horkheimer에 의해 설립되어, 음악가이자 철학자인 테오도르 아도르노Theodor Adorno와 사회이론가인 헤르베르트 마르쿠제Herbert Marcuse를 포함하는 철학자-비평가 학파에게는 특히나 맞다. 프랑크푸르트학파의 마지막 숨고르기는 위르겐 하버마스Uergen Habermas의 책,《근대성의 철학적 담론Philosophical Discourse of Modernity》(F. G. Lorence 번역, Oxford 1987)에서 찾아볼 수 있다. 그 책은 진보와 해방의 이데올로기에서 돌아서서 마치 우리가 가지려 하는 유일한 문화인 듯이, 서구 문화를 수용하려는 마지막 전환을 보여주고 있다.

'포스트모더니즘'은 '바로크' '르네상스'라는 용어가 예술사학자의 어휘로 들어갔던 것과는 또 다른 방법으로 어휘집에 들어섰다. 1970년대 초 무렵 예술과 문화의 교의로서의 '모더니즘'이 완전히 죽어버렸다는 점은 분명했다. 두 개의 충돌하는 작용에 의해 문화의 세계가 옛 모습을 찾아볼 수 없을 정도로 변모하고 있다는 점도 또한 분명했다. 현대 세계에 관해 널리 퍼진 비관주의와, 현재적인 것과는 별도로 하는 모든 인간 삶의 시기로부터 주의점을 없애버린 일시적인 인공물(텔레비전, 팝문화, 여행)의 홍수 말이다. '포스트모던'이라는 말은 새로운 문화적 조건을 기술하는 데 사용되었으며, 한편으로 '포스트모더니즘'은 그 조건을 긍정하는 사람들이거나 혹은 초기 모더니스트의 풍족한 미래 숭배를 대체할 수 있는 철학적 혹은 미학적 신조를 추구해왔던 사람들을 가리키는 데 사용되었다.

　그리하여 '포스트모더니즘'은 두 개의 구별되는 지적 현상을 기술할 수 있게 된다. 예를 들어, 프랑스 사회학자 장 보드리야르Jean Baudrillard에 의해 제시된 것으로서, 포스트모던 사회의 문서화라든가, 혹은 그런 사회를 향한 새롭고 포스트모던한 자세를 옹호하려는 시도인데, 그것은 모더니스트들의 촌스런 미래주의에 대한 세련화와 우상파괴에 있어 한 수 위가 될 것이다. 이 후자의 사고방식의 주요 대표자는 장 프랑수아 리오타르Jean-François Lyotard이며, 그의 책《포스트모던의 조건The Postmodern Condition》(Minnesota 1984)은 지식에 대한 포스트모던한 태도를 포괄적으로 요약해주고 있다. 리오타르는 포스트모던의 조건이 두 가지 거대한 혁명에 의해 발생했다고 주장한다 (비록 '주장한다'가 그의 사고방식에 대한 단어는 아닐지라도 말이다). 첫째, 계몽주의 이후로 서구 사회가 스스로를 정당화할 수 있게 했던 모더니즘의 이야기를 포함하여, '적법화의 이야기'의 붕괴가 있다. 둘째, 지식과 구별에 대한 명칭으로서의 전통문화를, 새로운 종류의 전문기술로 대체시켰던, 정보기술의 우세가 있다. 지식은 이제 기계의 속성이고, '데이터'로 요약될 수 있는 어떤 것이라 하더라도 숙명적으로 소멸한다. 미래의 사회는 셰익스피어가 수천 단어로, 수많은 인물이 나오는 수많은 희곡을 썼던 정보를 비축하고 있다. 하지만 그것은 정보의 격자를 거쳐 간 다음에 진공 속으로 흩어져 들어간, 그 희곡의 의미 흔적을 유지하지는 못할 것이다. 그 자세는 암묵적으로 리오타르에 의해 권장되어, 아주 간결하게 '인용부호의 철학'으로서 전달될 수 있다. 새로운 조건들로, 단지 세련되지 못한 사람들만이 믿음, 가치, 의미를 가질 수 있기 때문에, 그 모든 것은 철학자에 의해 의문기호에 놓이게 되었던 것이다. 이 방법으로 우리는 권력의 이야기로부터 일종의 해방을 얻을 수 있기 위해 포스트모던한 조건을 사용한다.

철학이란 무엇인가?

추상으로 무엇을 의미하는지 설명하기란 어렵다. 하지만 선택하기에는 만만치 않은 몇몇 예가 있다. 나는 피히테J. G. Fichte의 《지식학Science of Knowledge》(Peter Heath와 John Lacks 편집 및 번역, Cambridge 1982)을 권장하지만, 그 책은 난해할 정도로 추상적이며, 확실히 철학이 인간적 사건의 실제 세계로부터 스스로 얼마나 멀 수 있는지의 의미를 부여하고 있다.

아리스토텔레스의 범주이론은 그의 《명제론De Interpretatione》과 《분석론 전서Prior Analytics》에서 나타나고, 적합한 구절이 애크릴J. Ackrill의 《새로운 아리스토텔레스 읽기 교재New Aristotle Reader》(Oxford 1987)에 발췌되어 있다.

칸트의 논변은 '이율배반The Antinomies'이라는 제목으로 그의 《순수이성비판Critique of Pure Reason》의 한 항목에 나타난다. 그것에 대한 나의 해석은 논쟁적이며, 다음은 관심이 있는 독자가 참고해야 할 자료들이다.

브로드C. D. Broad, 〈칸트의 수학적 이율배반Kant's mathematical antinomies〉, 《아리스토텔레스 학회보Proceedings of the Aristotelian Society》, 1955.

스윈번R. G. Swinburne, 〈우주의 시원The Beginning of the universe〉, 《아리스토텔레스 학회보Proceedings of the Aristotelian Society》, 1966.

파멜라 허비Pamela Huby, 〈칸트인가 칸토어인가? 우주가 실재한다면 공간과 시간 모두에서 유한함에 틀림없다Kant or Cantor? That the universe, if real, must be finite in both space and time〉, 《철학Philosophy》, 1971.

버트런드 러셀Bertrand Russell, 《외부세계에 관한 우리의 지식Our Knowledge of the External World》(London 1956), pp. 170f.

니체의 '관점주의perspectivism'는 간단하게 내가 기술했던 역설적인 것이 아니다. 그것이 계획적인 역설의 요소를 갖고 있지 않다고 하더라도 말이다. 좀 더 호의적으로 독해하기 위해선, 아서 단토Arthur Danto의 《철학자로서의 니체Nietzsche as Philosopher》(London 1965)와, 루트리지 출판사에서 펴낸 철학자의 논변 시리즈 중 리처드 샤흐트Richard Schacht의 대단한 장광설로 인한 지루한 《니체Nietzsche》(London 1983)를 참조하라. 관련된 니체 구절은 월터 카우

프만Walter Kaufmann이 번역한《즐거운 학문*Gay Science*》(New York 1974)에 나오는데, 이것은 아마도 한때 불렸듯이《즐거운 지혜*Joyful Knowledge*》라고 불러야 할 것이다. (예를 들어, 265절을 보고, 니체의《선악을 넘어*Beyond Good and Evil*》 2절과 비교해보라.)

철학의 주제는 무엇인가?

첫 번째 접근의 예로서, 독자는 플라톤의《파르메니데스*Parmenides*》를 연구할 수 있다. 두 번째의 예로는 비트겐슈타인Wittgenstein의《철학적 탐구*Philosophical Investigation*》(Oxford 1952)를, 세 번째의 예로는 셸링Schelling의《선험적 관념론의 체계*System of Transcendental Idealism*》(Peter Heath 번역, Michael Vater 서문, Charlottesville 1978)가 있다. 셸링의 이 책은 독일 관념론 중 가장 접근하기 용이한 저작이다.

철학은 구별되는 방법을 갖고 있는가?

(a) 토미즘. 자크 마리탱Jacques Maritain의《철학 입문*Introduction to Philosophy*》(London 1932)은 현대 토미즘에 대한 호의를 보여준다. 하지만 물론 책 한 권으로 짧게 기술하기에는 토미즘의 내용이 너무 방대하다.

(b) 언어적 혹은 '개념적' 분석. 길버트 라일Gilbert Ryle의 뛰어난 저작《마음의 개념*The Concept of Mind*》(London 1949)이 그 방법을 예증해준다. 하지만 언어철학은 본질적으로 역동적이고, 어느 한 시점에서 결코 전에 한 순간이었던 무엇일 수 없다. 이러한 종류의 철학을 파악하려는 시도로는 테드 혼데릭 Ted Honderich과 마일스 버니에트Myles Burnyeat의《철학 자체*Philosophy as it is*》(Penguin, Harmondsworth 1979)가 있다. 이 책은 훌륭한 논문과 발췌 모음집으로, 그 대부분이 신중히 연구할 가치가 있다.

(c) 비판철학.《순수이성비판》에 달려들기에 부족하다면, 독자는 모든 의미에서 비판의 매우 간략한 입문서인, 로저 스크루턴Roger Scruton의《칸트*Kant*》(London 1981)를 시도해봄직하다.

(d) 현상학. 해먼드M. Hammond의 《현상학의 이해*Understanding Phenomenology*》 (Oxford 1991)라는 훌륭한 안내서가 있다. 에드문트 후설Edmund Husserl은 《브리태니카 백과사전》 11판(1911)에 '현상학' 항목의 해설을 썼다. 11판은 이 백과사전의 가장 뛰어난 판본이며, 출판권이 미국의 야만인들 손에 넘어가기 전의 (증보판 이외의) 마지막 판본이다.

선천적인 것과 경험적인 것

나는 13장에서 이 주제로 되돌아갈 것이다. 선천적인 분과로서의 철학의 관념은 콰인W. V. Quine과 그의 추종자(대부분 선천적인 것의 개념이 일관된다고 믿지 않는다), 또한 당신이 선천적인 범주에 하나의 질문을, 그 질문에 대답하는 힘든 작업 이전에, 할애할 수 있다는 가정을 참을 수 없어 하는 철학자들에 의해 더욱 점점 더 의심받았다. (예를 들어, 데이비드 위긴스David Wiggins, 〈도덕 인지론Moral Cognitivism〉, 《아리스토텔레스 학회보*Proceedings of the Aristotelian Society*》, 1991을 보라.)

그것이 일반적 진리의 유일한 하나의 사례다. 내가 이 첫 장에서 말한 모든 것은, 철학의 다른 대부분의 것과 마찬가지로, 누군가에 의해 그리고 종종 매우 타당한 근거에서 논박될 것이다. 그리고 종종 내가 실질적 복잡성을 무시하고 있는 것처럼 보인다면, 속지 말기 바란다. 실제로 나는 그렇게 하고 있다.

철학의 분과

여기에 몇몇 입문서가 있다.

(a) 논리학: 마크 세인스버리Mark Sainburry, 《논리형식*Logical Forms*》(Oxford 1991).

(b) 인식론: 조너선 댄시Jonathan Dancy, 《현대 인식론 입문*Introduction to Contemporary Epistemology*》(Oxford 1985).

(c) 형이상학: 호세 베르나데테Jose Bernadete, 《형이상학*Metaphysics*》(Oxford

1989). (세련된 작품이지만 지나치게 확신에 차 있다.)

　햄린D. W. Hamlyn,《형이상학*Metaphysics*》(London 1984). (단조롭지만 유익하다.)

　(d) 윤리학과 미학. 20장과 29장을 보라.

역사

분명히 해야 할 중요한 요점은 철학의 역사와 이념의 역사다. 로저 스크루턴 Roger Scruton의《근대철학 약사*A Short History of Modern Philosophy*》, 특히 11~13쪽을 보라.

　이 항목에서 언급된 인물의 약력에 대해서, 에드워즈의《백과사전》, 혹은 앤서니 케니 경Sir Anthony Kenny이 편집한《그림으로 보는 서양철학사*An Illustrated History of Western Philosophy*》(Oxford 1994)를 참고하라.

2　회의주의

예비 읽을거리:

데카르트Descartes,《제1철학의 성찰*Meditations of First Philosophy*》, 첫 번째 성찰.

기타 참고문헌:

노먼 맬컴Norman Malcolm,《꿈꾸기*Dreaming*》(London 1954).

길버트 하만Gilbert Harman, 〈최선의 설명에 대한 추론The inference to the best explanation〉,《철학 리뷰*Philosophical Review*》, vol. 74, 1965, pp. 88-95

힐러리 퍼트넘Hillary Putnam,《이성, 진리 그리고 역사*Reason, Truth and History*》 (Oxford 1984).

조지 버클리George Berkeley,《힐라스와 필로누스의 세 대화*Three Dialogues between Hylas and Philonous*》.

회의주의의 이해는 배리 스트라우드Barry Stroud의 《철학적 회의주의의 의의The Significance of Philosophical Scepticism》(Oxford 1984)에 의해 깊게 영향받았다. 첫 번째 장은 꿈꾸기에 관한 데카르트 논변의 참을성 있는 제시를 담아내고 있는 한편, 두 번째 장은 잠시 동안 바로 그 논변에 대한 호의적인 반응이었던 것을 논의한다. 즉 (외부세계가 존재하는지를 우리는 알지 못한다는) 데카르트의 회의적 결론은 단순히 그 자신이 '안다'는 동사를, 조건들을 엄격하게 위치시켜 만족될 수 없게 되도록, 재규정하기 때문에 일어난다. 이러한 접근법의 표준적 전거는 오스틴J. L. Austin의 《철학논문집Philosophical Papers》(Oxford 1961)에 수록된 훌륭한 논문 〈다른 마음Other Minds〉이다. 이 논문은 살펴볼 가치가 있으며, 그것에 대한 스트라우드의 논문도 살펴볼 가치가 있는데, 그것이 첫 번째로 '언어적 분석'의 방법을, 두 번째로 왜 최근의 철학자들이 그 방법에 만족하지 못하는 이유의 분명한 징후를 보여주기 때문이다. 하지만 스트라우드의 책은 엄청나게 장황하고, 중복된 문장으로 가득 차 있다. 철학자들은 사소한 것에 흠을 들쳐 내는 동료에 민감해져서, 무턱대고 사고한다는 비난을 받지 않기 위해, 모든 세부를 꼼꼼히 설명하려 한다. 스트라우드의 책이 결코 최악의 예는 아니다. 하지만 그 책을 읽는 것은 도살장을 방문하는 것이 살코기에 대한 욕망을 불러일으키려 하는 것과 같이, 철학에 대한 욕망을 불러일으켜주는 경향이 있다.

다음의 출처들은 악령demon에 대한 현대철학의 반응을 묘사한다.

(1) 무어G. E. Moore, 〈외부세계의 증명Proof of an External World〉, 《철학적 논문Philosophical Papers》(Allen and Unwin, London 1959). 이 유명한 논문은(3번째 장에서는 스트라우드의 논변이 초점이다) 10장에서 논의될 것이다.

(2) 루트비히 비트겐슈타인Ludwig Wittgenstein, 《확실성에 대해서On Certainty》(Blackwell, Oxford 1969).

(3) 스트로슨P. F. Strawson, 《회의주의와 자연주의Skepticism and Naturalism》 (Methuen, London 1985). 이것은 내가 이어지는 장에서 간간히 언급할 하나의 표준적인 반응을 발전시키고 있다.

(4) 로버트 노직Robert Nozick, 《철학적 설명*Philosophical Explanations*》(Oxford 1981). 회의주의에 대해 고상하게 반응하는 미국철학의 병적 다변증을 보여 주는 좋은 예다.

(5) 피터 웅어Peter Unger, 《무지: 회의주의를 위한 한 사례*Ignorance: a Case for Scepticism*》(Oxford 1975). 이 책은 게임에서 모든 속임수를 사용하며, 회의적 논 변을 급진적으로 다시 주장한다. 웅어의 논변은 스트라우드에 의해, 《철학 저널*The Journal of Philosophy*》(1977)의 한 검토논문에서 유용하게 논의된다.

(6) 힐러리 퍼트넘Hillary Putnam, 《이성, 진리 그리고 역사*Reason, Truth, and History*》(Oxford 1984). 여기에서 '통 안의 뇌brains in a vat'에 의해 악령 논변을 재진술한다. 이 불쾌한 환상이 최근 철학자들의 상상력을 사로잡았다. 하지 만 그것이 데카르트보다 진보한 것인지는 의심스럽다.

(7) 스탠리 케이블Stanley Cavell, 《이성의 청구: 비트겐슈타인, 회의주의, 도 덕 그리고 비극*The Claim of Reason: Wittgenstein, Skepticism, Morality and Tragedy*》(Oxford 1979). 케이블의 접근은 스트라우드의 책 마지막 장에서 지지된다.

(8) 마지막으로 영국 전문적 학파의 세 논문이 있다.

(i) 존 맥도웰John McDowell, 〈기준, 파기가능성 그리고 지식Criteria, Defeasibility and Knowledge〉, 《영국학술원 회보*Proceedings of the British Academy*》, 1982.

(ii) 크리스핀 라이트Crispin Wright, 〈사실과 확실성Facts and Certainty〉, 《영 국학술원 회보*Proceedings of the British Academy*》, 1985.

(iii) 크리스핀 라이트Crispin Wright, 〈악령 부수기Imploding the Demon〉, 《마 인드*Mind*》, 1991.

몇 가지 일반적 질문:

1. 데카르트의 꿈의 논변에 대한 가장 최선의 응답은 무엇인가?

   (이에 대한 스트라우의 논의와 라이트의 논의를 보라.)

2. 회의주의가 헛된 견해라는 것이 그것에 대한 충분한 응답인가?

(이것은 본질적으로 (3)에서 스트로슨의 응답이다.)

3. "아마도 신체의 실존에 호의적으로 최선의 회의주의를 논박하는 논변은 유사과학적 논변인데…… 그것은 현재의 과학이 물리적 대상에 있다고 생각하는 속성을 다소간 지니고 있는 그 물리적 대상의 세계의 실존이 경험의 현상에 대한 최선의 설명을 제공한다."((3)에서 스트로슨의 인용.) 당신은 동의하는가?

4. 당신은 악령에 대한 답을 가지고 있는가? 그렇지 않다면, 그것에 관해 당신은 무엇을 하고자 제안하는가?

3 몇 가지 다른 이론

하나의 장에서 철학의 역사를 다루려는 시도는 미친 짓이다. 그것이 바로 내가 데카르트에서 시작하여, 플라톤에서 끝내는 이유다. 여기에는 몇 가지 읽을거리와 질문과 함께, 몇 가지 보충적인 사유가 있다.

1. 관념론

내가 버클리에 관해 말한 것은, 당신이 포스터J. Foster와 로빈슨H. Robinson이 편집한 《버클리에 대한 논문들Essays on Berkeley》(Oxford 1985)에 있는 몇 가지 논문을 참고하면서 알게 되듯이, 논쟁적이다. 특히 스미스A. D. Smith의 〈버클리의 핵심 논변Berkely's Central Argument〉을 보라.

일반적 관념론에 대해서는, 왕립학회 강연집인 《관념론의 과거와 현재 Idealism Past and Present》(Cambridge University Press 1982)를 보라. 이것은 유용한 기고문을 담고 있다. 특히 그리스 철학에 대한 마일스 버니에트Myles Burnyeat 의 기고문을 보라.

칸트와 버클리 간의 비교와 구별은 포스터와 로빈슨이 편집한 책에 실린 워커R. C. Walker의 글에서 시도되었다. '선험적 관념론'도 역시 《칸트》라는 제목의 내 짧은 책에서 설명되고 있다. 헤겔의 '객관적 관념론'을 파악할 수 있게 하는 쉬운 방법이란 없다. 하지만 나는 11장에서 그것을 다룬다.

생각해볼 몇 가지 질문은 다음과 같다.

(1) 데카르트는 버클리의 관념론을 어떻게 가능하게 했는가?

(2) 칸트의 '현상appearances'은 버클리의 '관념ideas'과 어떻게 다른가?

2. 검증주의

패스모어J. A. Passmore의 《백년간의 철학*A Hundred Years of Philosophy*》(London 1957)에서 검증주의를 설명하는 장은 철저하고도 충분하다. 파이글H. Feigl과 셀라스W. Sellars의 《철학적 분석에 관한 논문들*Essays in Philosophical Analysis*》(New York, 1949)에 실린 파이글과 헴펠Hempel의 논문은 에이어의 어느 논문보다 낫다. 이러한 것들은 검증주의가 달성한 것의 의미와 함께, 그 운동의 실질적 향기를 내뿜고 있다.

검증 원리를 요약하는 글, 그것에 대한 찬반 논변을 써보는 것은 항상 유용하다.

3. 환원주의

엄슨J. O. Urmson의 《철학적 분석*Philosophical Analysis*》(Oxford 1956)의 뛰어난 역사적 설명은 환원주의의 배경을 알려주며, 다음의 가장 중요한 물음을 독자로 하여금 제기할 수 있게 해준다.

논리적 구성이란 무엇인가? 어떤 놀라운 예가 있는가?

4. 경험론과 5. 합리론

이 단계에서는 이 주제에 달려들지 말고, 개별 철학자들을 한 사람씩 살펴보는 것이 최선이다.

6. 실재론

적절한 때에 우리와 관련 있는 질문은 '의미론적' 반실재론과 다른 종류의 반실재론 간의 관계일 것이다. 크리스핀 라이트는 자신의 불가해한《실재론, 의미 그리고 진리*Realism, Meaning and Truth*》(Oxford 1986)의 서문에서, 기껏해야 예비적인 방식이긴 하지만 이 문제를 탐구했다. 다시 한 번, 이 주제는 나중으로 연기하는 것이 최선이다.

7. 상대주의

이 주제는 분명히 존 패스모어의《철학적 추론*Philosophical Reasoning*》(London 1961) 4장에 해설되어 있다. 플라톤의《테아이테토스*Theatetus*》(Hackett 1990)에 있는 논의는 마일스 버니에트Myles Burnyeat의 탁월한 주석과 함께 제공되었다. 또한 버니에트의〈플라톤의《테아이테토스》에서의 프로타고라스와 자기논박Protagoras and self-refutation in Plato's Theaetetus〉(*Philosophical Review*, vol. 85, 1976)과, 존 맥도웰의 플라톤 저작 편집본(Oxford 1987) 168~171쪽을 보라. 버니에트의 주석은 해킷 출판사에 의해 1990년에 출판되었으며, 핵심 페이지는 28~30쪽이다.

더 최신의 논쟁에 대해서는, 버나드 윌리엄스Bernard Williams의《윤리학과 철학의 한계*Ethics and the Limits of Philosophy*》(London and Cambridge Mass. 1985), 리처드 로티Richard Rorty의《철학과 자연의 거울*Philosophy and Mirror of Nature*》(Princeton 1979), 그리고 힐러리 퍼트넘Hilary Putnam의《철학의 쇄신*Renewing Philosophy*》(Cambridge Mass. 1992) 4장을 보라.

몇 가지 질문:

(1) "그러한 주장[즉 상대주의 이론]의 내용은 무엇이 모든 주장의 의미 혹은 내용의 부분이고 그에 따라 무엇이 어떤 주장과 중대하게 분리될 수 없는지라는 질문을 거부한다."(후설,《논리 연구*Logical Investigations*》, New York 1970.) 당신은 동의하는가?

(2) 도덕적 상대주의 중 옹호할 수 있을 만한 형식이 있는가?

(다음을 참고하라. 길버트 하만Gilbert Harman, 〈도덕적 상대주의 옹호Moral Relativism Defended〉, 《철학 리뷰*Philosophical Review*》, vol. 84, 1975와, 데이비드 위긴스David Wiggins, 〈도덕 실재론, 동기화하는 믿음 등Moral Realism, Motivating Beliefs, etc.〉, 《아리스토텔레스 학회보*Proceedings of the Aristotelian Society*》, 1991.)

4 자아, 마음 그리고 육체

예비 읽을거리:

데카르트, 《성찰》, 두 번째 성찰.

데카르트 '코기토cogito'의 논리를 이해하는 것은 결코 쉬운 과제가 아니다. 데카르트에 대한 최근의 세 해설서가 유익할 것이다. 하나는 앤서니 케니Anthony Kenny의 것(Random House, 1968)으로 지루하지만 충실하고, 다른 하나는 마거릿 윌슨Margaret Wilson의 것(London 1978)으로 가치 있고, 집요하게 물고 늘어지며, 잘 논증되었다. 그리고 버나드 윌리엄스의 것(Hamondsworth 1978)은 활기차고, 명석하며, 오래 견지될 듯하다. 야코 힌티카Jaako Hintikka의 중요한 논문(*Philosophical Review*, 1962, 1963)과 다른 논문들은 윌리엄스의 책에서 충분히 논의되었으며, 지속적으로 연구할 만하다.

나는 15장에서 데카르트의 마음이론으로 되돌아갈 것이다. 한편 다음과 같은 물음들을 살펴보는 것도 가치 있을 것이다.

(1) 두 번째 성찰에서 어떤 마음의 견해가 전해지는가?

(2) '코기토'의 논변이란 정확히 무엇인가? 그것은 타당한가?

(3) 데카르트는, '나는 존재한다'가 내가 생각하는 매 순간 참이라고 주장한다. 그는 또한 '나는 지각경험을 갖고 있다'는 것이 내가 생각하는 매 순간 참이라고 믿는다. 하지만 이러한 문장은 동일한 이유로 참인가?

철학자들이 자신들의 마음과 정신상태의 논의를 소개하는 방법을 살펴보고, 그들이 마음이란 물리적 세계와 분리되는 별개의 영역이고, 본래적으로 자기를 소유한 사람에게 사적이라고 암암리에 가정하지 않는지 스스로 물어보는 것은 유용하다. 예를 들어, 근대 경험론의 첫 번째 저작인, 로크의《인간 오성론*Essay of the Human Understanding*》3권 1장을 보라. 여기에서 로크는 '관념*ideas*'을 도입하고 있다. 혹은 라이프니츠 철학의 단초를 담고 있는 짧지만 강력한《단자론*Monadology*》에서의 영혼에 대한 라이프니츠의 언급을 보라. (레셔N. Rescher, ed.,《라이프니츠 선집*Leibniz: Selections*》, second edition, London 1991에서 볼 수 있다. 초판은 오역이 있기에 피해야 한다.) 현상학은 명확히 정의내리기 더 어렵다. 하지만 모리스 메를로퐁티Maurice Merleau-Ponty의《지각의 현상학*Phenomenology of Perception*》(2판, London 1989) 서문은, 후설의《데카르트적 성찰 *Cartesian Meditations*》(Nijhoff, Amsterdam 1960)과 마찬가지로, 의미가 깊다. 해먼드의 개론서(1장에 대한 학습안내를 보라)는 좋은 출발점이다. 하지만 데이비드 쿠퍼David Cooper의《실존주의*Existentialism*》(Oxford 1990) 첫 번째 장이 더 낫다.

지향성이라는 주제는 18장에서 다시 다루겠다.

5 사적 언어 논변

예비 읽을거리:

비트겐슈타인L. Wittgenstein,《철학적 탐구*Philosophical Investigations*》(Oxford 1952), 243~351절.

참고문헌:

콰인W. V. Quine, 〈자연화된 인식론Epistemology naturalised〉,《존재론적 상대성과 다른 논문들*Ontological Relativity and Other Essays*》(Cambridge Mass. 1961).

이 논변은 너무 많은 주석을 유도했기에, 문헌의 공평한 조사를 하기란 불가능하다. 존스O. R. Jones는 1950~60년대에 출판된 가장 중요한 자료들을 한데 모아 《사적 언어 논변The Private Argument》(London 1971)이라는 제목의 책으로 편집했다(현재는 절판되었다). 하지만 이 논쟁은 그 후 계속 진행되었으므로 그것을 참고할 필요는 크지 않다. 최근의 세 설명이 내가 제시한 해석을 지지한다.

(1) 제임스 홉킨스James Hopkins, 〈비트겐슈타인과 물리주의Wittgenstein and Physicalism〉, 《아리스토텔레스 학회보Proceedings of Aristotelian Society》, 1975.

(2) 로저 스크루턴Roger Scruton, 《성적 욕구Sexual Desire》(London and New York 1986), Appendix Ⅰ.

(3) 버드M. J. Budd, 《비트겐슈타인의 심리학의 철학Wittgenstein's Philosophy of Psychology》(London 1989).

이 세 개의 텍스트는 1인칭 '공언avowals'의 논리란 공적 언어의 부산물이고, '내면의' 사적 영역의 증명이나, 혹은 아마도 어떤 '사적인' 언어에 대한 청사진으로서도 사용될 수 없다는 견해를 공유하고 있다. (31장에서의 더 심층적인 논의를 보라.) 덧붙여서, 버드는 1인칭의 앎이란 내면 상태의 관찰과 관련한다는 견해를 결론적으로 논박하고 있다.

그러한 모든 논변은 1인칭 권위가 어떻게 설명될 수 있는가라는 질문을 제기한다. 이 질문은 도널드 데이빗슨Donald Davidson의 〈1인칭의 권위 First Person Authority〉(Dialectica, 1984)와, 크리스핀 라이트의 〈결심하기: 비트겐슈타인의 지향에 관하여On making up one's mind: Wittgenstein on intention〉 (Proceedings of the 11th International Wittgenstein Symposium, Kirchberg 1987)에서 탐구되었다. 1인칭은 현대철학에서 가장 두드러진 신비 중 하나라고 말할 수 있을 것이다. (역시 31장을 보라.)

더 최근의 논의는 크립키S. Kripke의 《비트겐슈타인의 규칙과 사적 언어 Wittgenstein on Rules and Private Language》(Oxford 1984)에 의해 깊은 영향을 받았다. 크립키의 해석은 로저 스크루턴이 《마인드》(1985)지에 발표한 리뷰논문과 크리스핀의 〈결심하기〉에서 도전받았다. 또한 베이커G. Baker와 해커P. S. Hacker에 의해 옥스퍼드에 설립된 비트겐슈타인 해석학파도 있는데, 이 장의 결론에 포괄적으로는 동의하지만, 그것에 이르는 방법에는 급진적으로 반대한다.

몇 가지 질문:

(1) '상자 속 딱정벌레' 논변이란 무엇인가? 그것은 타당한가?

(2) 고독한 로빈슨 크루소가 어떤 언어를 고안했다면, 그의 언어는 비트겐슈타인의 의미에서 '사적'일 수 있는가?

(에이어A. J. Ayer의 《인격의 개념The Concept of a Person》(London 1963)에 있는 〈사적 언어 논변The Private Language〉과 다른 논문들을 보라.)

(3) 비트겐슈타인은 나는 아프다는 것을 내가 안다는 것이 나 자신에 대해 말해준다는 것은 말이 되지 않는다고 주장한다. 당신은 동의하는가?

(4) 데카르트가 악령에게 속았다면, 그는 자신이 '코기토'로 의미한 것을 알 수 있었을까?

6 뜻과 지시

예비 읽을거리:

프레게G. Frege, 〈뜻과 지시에 관하여On Sense and Reference〉, 《고틀로프 프레게의 철학적 저작Philosophical Writings of Gottlob Frege》(기치P. T. Geach와 블랙M. Black 편집, Oxford 1960).

〈사유The Thought〉, 《마인드Mind》, vol. 65, 1956, pp. 287-311.

양화사의 관념에 숙달하고, 현대 논리학에서의 그 역할을 이해하는 일이 중요하다. 이 목적을 위해 독자는 더밋M. Dummett의 《진리와 다른 수수께끼

Truth and Other Enigmas》(London 1978), 8~33쪽의 양화사에 대한 논문을 참고해야 한다. 더밋은 스콜라철학의 논리학의 역사와, 그것이 복합 일반화의 문장(예를 들어, '모든 사람은 누군가를 사랑한다')과 관련한 추리를 설명할 때 마주치는 어려움을 추적해간다. 더밋이 주장하길, "그 어려움은 위에서와 같이, 동시에 그 세 가지 구성성분, 여기서 동사에 의해 표상된 관계적 표현과, 일반성의 두 가지 기호로부터 구성된, 문장을 살펴보려는 데에서 발생한다." 프레게는 문장이 일반화의 다른 기호에 대응하는 단계에서 구성될 수 있는지를 증명했다. 나는 '피터는 제인을 사랑한다'로부터 '존재 일반화' 즉 '피터는 누군가를 사랑한다'를 이끌어낼 수 있다. 이 방법으로 우리는 그 문장을 '모든 사람이 사랑하는 누군가가 있다'와 구별할 수 있는데, 구성의 순서가 각 경우에 다르기 때문이다.

프레게는 현대철학에서 성장해가는 연구주제이며, 문헌에서 길을 잃기 쉽다. 투명하고, 정밀하게 글을 잘 쓰는 철학자라도 형편없이 글을 쓰는 학식의 언덕 아래에 묻히게 된다는 점이 애석한 일이다. 어떤 단계에서, 당신은 더밋의 저작에서—특히,《프레게의 언어철학*Frege: Philosophy of Language*》(London 1973)에서—기술된 프레게를 알게 되었을 것이다. 이 프레게가 부분적으로 더밋의 저작에서 생긴 고안물이라 하더라도, 그는 현대철학에서 중요한 인물이 되었다. 더밋은 그 유명한《프레게 철학의 해석*The Interpretation of Frege's Philosophy*》(London 1981)에서 몇 번씩이나 그 싸움으로 되돌아갔다. 경쟁적인 시각을 위해서는, 크리스핀 라이트가 편집한《프레게의 전통과 영향*Frege: Tradition and Influence*》(Oxford 1984)이라는 논문모음집, 그중에서도 특히 벨D. Bell과 데이비드 위긴스David Wiggins의 논문을 참조하는 것이 최선이다.

프레게의 의미이론은 몇 가지 가닥들을 엮고 있다. 용어가 지시체에 적용할 수 있다면, 지시체가 만족해야 하는 조건처럼, 순수하게 뜻의 의미론적 관념이 있다(프레게Frege,《산술의 기본법칙*Basic Laws of Arithmetics*》, tr. M. Furth, Los Angels 1964, p. 85). 그리고 뜻이 지시에 '이르는 길'이라는, '인식적epistemic' 관념도 있는데, 그것이 기치P. T Geach와 블랙M. Black이 편집한《철학적 저작

Philosophical Writings》(Oxford 1960)에 있는 논문 〈뜻과 지시에 관하여On Sense and Reference〉를 지배하고 있다. 그 이론을 되풀이 말할 때, 해설자와 프레게 자신 모두는 빈번히 은유에 호소한다. 뜻은 '지시에 이르는 길'이고, 지시의 '표상양식'이며, 지시의 '사고방식' 등등이다. 이러한 은유를 버리려는 시도는 위에서 언급된, 순수하게 '의미론적' 관념이다. 또한 뜻이 지시를 결정하는지 아니면 그 반대인가라는 질문에 대한, 문헌도 증가하고 있다. 어떤 경우에서는—말하자면, 술어 '의자' 말이다—지시란 의미에 고정된다고 말하는 것이 꽤나 그럴듯한 것 같다. 나는, '존 메이저'라는 이름을, 그것이 이 사람의 이름이라는 것을 앎으로써, 이해하는 것이다. 이름의 지시를 배움으로써, 나는 이름을 이해하게 된다. 그래서 우리는 이런 경우에, 지시가 의미를 결정한다고 말하는 것인가? 이 질문의 모든 논의는 자신의 견해가《이성, 진리 그리고 역사*Reason, Truth and History*》(Oxford 1984)에 요약되어 있는, 힐러리 퍼트넘Hillary Putnam에게 빚지고 있다. 나는 이 문제를 나중 13장과 19장에서 논의할 것이다. 그 논제에 대한 두 개의 어려운 논문이 있다.

(1) 가레스 에반스Gareth Evans, 〈지시사의 이해Understanding Demonstratives〉, 《선집*Collected Papers*》(Oxford 1985).

(2) 존 맥도웰John McDowell, 〈대물적 뜻De re senses〉, 《프레게의 전통과 영향*Frege: Tradition and Influence*》(라이트C. Wright 편집, Oxford 1984).

몇 가지 질문:

(1) 왜 프레게는 뜻을 지시로부터 구별했는가?

(2) 왜 우리는 문장의 지시를 그 진리치로 생각해야 하는가?

(3) 양화사란 무엇인가? '모든 사람은 누군가를 사랑한다'는 문장을 양화사를 이용해서 논리적으로 분석해보라.

논리학에서의 혁명을 설명하는 엄청나게 많은 서적이 있다. 그 분야의 역사를 기술해주는 책 중 닐 부부W. and M. Kneale의 엄청난 연구물인《논리학의 발전사*The Developement of Logic*》(Oxford 1962)보다 더 나은 책은 없다. 하지만 지금 이해되듯이, 그 분야에게 그렇게 중요한 것이 역사는 아니다. 콰인W. V. Quine의 《논리학의 방법들*Methods of Logic*》(London 1952)의 서문이 유익하지만, 당신은 역시 논리학 교재를 통해 공부할 필요도 있을 것이다. 이상한 점은 이 분야를 가르치는 어느 누구도, 자신이 저자가 아닌 교재는 추천하려 하지 않는다는 것이다. 내 추천도서는 마크 세인스버리Mark Sainsbury의 《논리형식*Logical Forms*》(Oxford 1991)이라는 제목의 책이다.

7 기술구와 논리형식

예비 읽을거리:

버트런드 러셀Bertrand Russell, 〈지칭에 관하여On Denoting〉, 《논리와 지식*Logic and Knowledge*》(London 1956).

스트로슨P. F. Strawson, 〈지시에 관하여On Referring〉, 《논리언어적 논문들*Logico-Linguistic Papers*》(London 1971).

맥컬로치G. McCulloch의 《이름의 게임*The Game of the Name*》(Oxford 1990)은, 프레게와 더불어 시작했고, 가장 최근의 '발전'까지 힘겹게 연구하며, 러셀에 의해 논의된 문제에 대해 일반적인 서문을 제공해주었는데, 이는 거칠게 말하면 옥스퍼드에서 그 주제에 관해 말해지고 있는 것을 의미한다. 맥컬로치는 러셀의 문제와, 기술구 이론이 해결할 수 있게 생각된 방법을 분석한다. 그도 역시 그 이론을 이름짓기naming의 일반적인 질문과 연결시키는데, 그것은 이 책의 범위를 넘어선 것이다.

기술구 이론에 대한 러셀의 논변은 〈지칭에 관하여On Denoting〉 이외에도, 여러 군데에서 발견될 수 있다. 예를 들어, 《철학의 문제들*The Problems of Philosophy*》(Oxford 1905) 29쪽, 《논리와 지식*Logic and Knowledge*》(London 1956) 중

〈논리적 원자론 강의Lectures on Logical Atomism〉, 러셀과 화이트헤드A. N. Whitehead의 《수학원리Principia Mathematica》(Cambridge 1913)가 그렇다. 마크 세인스버리의 러셀에 대한 무미건조하지만 면밀한 책(London 1979)에도 그 논변이 포괄적이지는 않지만 잘 요약돼 있다.

스트로슨의 응답 역시 자신의 책《논리이론 입문Introduction to Logical Theory》(London 1952)에 (수정된 형태로) 나타난다. 두 판본 모두에서 그는 '프랑스 왕은 대머리다'라는 문장이 진리치를 갖지 못하거나, 혹은 '그것은 전혀 진술도 아닌' 경우에 있어서는, 제3의 진리치를 가질 수 있다고 명확히 해주지 못한다. 하지만 다른 문제도 역시 있다. 예를 들면, 우리는 모차르트가 살해되었는지 모를 때, 어떻게 '모차르트의 살인자는 정신이상자였다'는 언사를 해석한다고 생각되는가? 이 문장은 우리가 모차르트가 살해되었다는 것을 실질적으로 알 때, 어떤 것을 말할 뿐인가? 여기서 우리는 한 중요한 요점을 알게 된다. 러셀의 문제는 '공허한 단칭명사'(즉 지시체를 결여한 단칭명사)에 대해 설명하는 것이었다. 스트로슨의 이론은 단순히 이러한 문제를 연기시킬 뿐이며, 대답해주지 못한다.

도넬런K. S. Donellan의 논문(〈지시와 한정 기술구Reference and Definite descriptions〉, 《철학 리뷰Philosophical Review》, vol. 75, pp. 284-304)은 맥컬로치에 의해 논의된 이유로 영향력이 있었다. (또한 도넬런K. S. Donellan, 〈고유명사와 확인 기술구Proper names and Identifying Descriptions〉, 《자연언어의 의미론Semantics of Natural Language》(데이빗슨D. Davidson과 하만G. Harman 편집, Dordrecht, 1972)를 보라.) 솔 크립키 Saul Kripke 역시 도넬런에 반대하는 러셀을 옹호하며 이 논쟁에 영향을 주었다. (크립키S. Kripke, 〈화자의 지시와 의미론적 지시Speaker's Reference and Semantic Reference〉, 《언어철학에 대한 현대적 관점Contemporary Perspectives on the Philosophy of Language》(프렌치P. French 편집, Minnesota 1977).) 그 논쟁은, 단지 그것이 언어철학에 대해 중심적이기 때문만이 아니라, 또한 어리석은 것 같지만, 형이상학에 관한 진리가 실제로 '정관사the'에 의존하기 때문이기도 하다. (비록 사랑에 관한 진리가 '그리고and'의 의미에 의존하는 것과 동일한 방법은 아닐지라도 말이다—〈트리스탄과 이졸데〉 2막을 보라.) 최근 논의에 대한 설명은 밀리칸P. Millikan, 〈내용, 사유 그리고 한정 기술구Content, Thought and Definite Descriptions〉,《아리스토텔레스 학회지 속편Aristotelian Society, Supplementary Volume》, 1990을 보라.

몇 가지 질문:

(1) 러셀은 '한정 기술구'로 무엇을 의미하는가? 그는 그러한 기술구들과 관련한 문장의 의미를 어떻게 설명하는가?

(2) 일상어는 러셀의 기술구 이론이 그래야 한다고 말하는 것처럼 기능하는가?

(3) 이것이 존재하는지 아니면 저것이 존재하는가라는 질문을 철학자는 어떻게 해결하는가?

(4) 스트로슨은 '진술문statement'으로 무엇을 의미하는가? 어떤 진술문이 있는가?

논리형식의 논제는, 의미의 이론에 대한 데이빗슨의 접근의 결과로서, 다시 전면에 들어서게 되었다. 19장에서 이 논제로 되돌아가겠다.

8 사물과 속성

예비 읽을거리:

버트런드 러셀Bertrand Russell,《철학의 문제들The Problems of Philosophy》(London 1910) 중 보편자에 관한 장.

이 장은 지극히 논쟁적이다. 따라서 다른 철학자들이 이의를 제기할 수 있는 몇몇 요점을 열거하는 것이 좋겠다.

2. 보편자: 제1성질과 제2성질

이것은 단지 로크학자들과 버클리학자들뿐 아니라, 현대 과학철학자들 간에도 있는 논쟁의 주제인데, 그 점에 관해 말한 거의 모든 것이 도전받지 않은 채로 있을 것이다. 매키J. L. Mackie의《로크에서 비롯한 문제*Problems from Locke*》(Oxford 1976)의 관련 장이 유용하다. 또한 그 주제에 대한 스미스A. D. Smith의 논문(*Philosophical Review*, 1990)도 그렇다. 나는 그 주제가 15장 이후부터 더 분명해지기를 바란다.

분류sortal라는 개념이 실체와 동일성에 관한 최근 저작에서, 특히 데이비드 위긴스David Wiggins의 저작을 통해 중요해졌다. 그는 "A가 F 아래에서 B와 일치한다는 어떤 실체 개념 F가 있다면 B와 동일하다."라고 주장한다 (〈동일한 장소와 동일한 시간의 존재에 관하여On being in the same place at the same time〉,《철학 리뷰*Phil. Rev*》1968, p. 90f). '한 개념 하에 일치한다는 것은' 유쾌한 소일거리다. 당신과 당신의 과거 자아는 인간 존재 개념 하에서 일치한다. (음, 아닌가? 21장을 보라.) 데카르트의 단단하고, 차갑고, 냄새나는 덩어리는 실체 개념 하에서 부드럽고, 냄새 없는 옥수수 죽과 일치하는 것이다. 즉 밀랍이 그렇다. 하지만 이것은 분류가 아니다. 즉 우리는 사물을 밀랍으로 간주하지 않는다. 우리는 그 대신 밀랍의 총량, 양을 말한다. 그러면 동일성은 미약한 관념이 된다. '당신은 동일한 밀랍 덩어리를 의미하는가?' '아니다. 동일한 밀랍이지, 동일한 덩어리가 아니다. 왜냐하면 그것은 더 이상 덩어리가 아니기 때문이다.' 우리는 여기서 깊은 물속으로 들어가는데, 왜냐하면 우리는 밀랍을 간주할 분명한 방법이 없기 때문이다. 우리는 밀랍을 계량하지만, 그것을 간주하지는 않는다. 그것이 우리가 밀랍이 분류개념이라는 것을 부정하는 이유다.

3. 보편자의 문제: 플라톤

그는 형상이론을 믿었는가? (내가 이 장에서 언급하는) 형상에 반하는, '제3인 논변third man argument'은 사실, 플라톤 자신에 의해,《파르메니데스》에서 형상에 반대하며 사용된다. (이 논변은 게일 파인Gail Fine, 〈아리스토텔레스와 더 정교한 논변Aristotle and the more accurate arguments〉, 《언어와 로고스Language and Logos》(마사 누스바움Martha Nussbaum과 스코필드E. Schofield 편집, Cambridge 1982)에 잘 설명되어 있다.)

플라톤이 제시한 논변은 다음과 같다.

> 다시 또 다른 질문이 있습니다.
>
> 그게 무엇입니까?
>
> 당신은 이것에 관해 어떻게 느끼십니까? 각 경우에 단일한 형상을 믿을 당신의 근거가 이것이라고 상상해보십시오. 당신에게 많은 사물이 크다고 하는 것 같을 때, 내 생각엔, 당신이 그 사물을 바라볼 때와 동일한 어떤 특질(이데아)이 있는 것 같습니다. 그래서 당신은 큼이란 단일한 사물이라고 생각하는 겁니다.
>
> 맞습니다, 그가 대답했다.
>
> 하지만 이제 큼 그 자체와 큰 다른 사물을 가정해보십시오. 당신이 마음의 눈에 있는 동일한 방법으로 이 모든 것을 바라본다고 가정해보십시오. 그러면 또 다른 단일성이 자기의 현상을―모든 것이 크게 보이게 하는 큼 자체 말입니다―만들지 못할까요?
>
> 그런 듯합니다.
>
> 그렇다면 큼의 이차 형상은 큼 그 자체와 그것을 분유하고 있는 사물에 대해 그 자체를 제공할 것입니다. 그리고 다시, 이 모든 것을 덮고 나면, 그 모든 것을 크게 할 또 다른 것이 있게 될 것입니다. 그래서 당신의 형상 각각은 더 이상 하나가 되지 않고, 무한수로 될 것입니다.
>
> 《파르메니데스》131E-132B.)

'제3인'이란 이름은 아리스토텔레스(《형이상학》990b, 15)에서 기인한다. 비록 아리스토텔레스가 지시할 수 있었던 플라톤의 시대에도 다양한 논변이 있었음에도 말이다. (콘퍼드F. M. Cornford,《플라톤과 파르메니데스*Plato and Parmenides*》, London 1939, pp. 88f를 보라.) 일반적인 요점은 이것이다. 개별적인 인간이 인간의 형상에 참여함으로써 인간이 된다면, 형상 그 자체는 어떤 것으로 인해 인간의 형상인가? 그것은 자기 사례에 공통적인 어떤 것(인간임 manhood)을 갖는가? 그리고 이는 그것과 그것 모두 자기에 공통점인 무엇을 결정하는, 그 이상의 형상에 참여한다는 것을 의미하는가? 어느 경우이든지, 우리는 무한소급의 출발점에 있게 되지 않는가? 그 질문은 여기서 '인간'이란 개별적인 사례에 술어가 되는 것이 동일한 방법으로 형상에 술어가 되는가이다.

플라톤의 보편자 이론에 대한 전통적 접근에 대해서는, 로스W. D. Ross의 《플라톤의 이데아 이론*Plato's Theory of Ideas*》(Oxford 1951)을 보라. 로스는 《국가》597에서 소크라테스에 의해 논의된, 침대의 이데아 혹은 형상이 많은 형상 가운데 하나이고, 모든 일반어의 하나라고 가정한다. 이것은 인간, 불, 물, 머리카락, 오물, 진흙 혹은 다른 '품위 없고 사소한 대상'(130b-e)의 이데아가 있는지에 관한 (아마도 그 이후에 썼을 《파르메니데스》에서 표현된) 플라톤 자신의 의심과 일치하지는 않는다. 이 문제를 성실하게 검토하면서 찰스 그리스월드Charles Griswold는, 《국가》에 나온 침대의 이데아란 소크라테스 부분에 대한 일종의 농담이라고 결론 내린다(〈플라톤 《국가》 10권의 이데아와 시 비판The Ideas and the Criticism of Poetry in Plato's Republic, Book 10〉, 《철학사 저널*Journal of the History of Philosophy*》, vol. XIX no. 2, 1981, pp. 135-50).

데이비드 위긴스는 형상이란 최고의 선을 실현하기 위해 공동의 선을 결정해준다고 주장한다(〈플라톤 《파이돈》에서의 목적론과 선Teleology and the good in Plato's Phaedo〉, 《옥스퍼드 고대철학 연구*Oxford Studies in Ancient Philosophy*》, vol. IV, Oxford 1986). 형상이론은, 정상적인 의미로는 결코 보편자 이론이 아니다. 플라톤의 동시대인 중 한 명의 놀라운 견해에 대해서는, 《크산티페의 대화 *Xanthippic Dialogues*》(스크루턴Scruton 편집, London 1993)에 수록된 《크산티페의 국가*Xanthippe's Republic*》45DR를 보라.

추상적 특수자에 관한 물음―그러한 사물이 있는가, 있다면 그것은 정확히 무엇인가?―에 대한 넬슨 굿맨Nelson Goodman의 고전적 공격은 〈추상적 존재자에 관하여On Abstract Entities〉,《기호논리학 저널*Journal of Symbolic Logic*》, 1947과, 〈유명론Nominalism〉,《철학 리뷰*Philosophical Review*》, 1957를 보라. 또한 더밋M. Dummet의《프레게의 언어철학*Frege: The Philosophy of Language*》 4장과, 크리스핀 라이트Crispin Wright의《프레게의 대상으로서의 수 개념*Frege's Conception of Numbers as Objects*》(Aberdeen 1983) 1장을 참조할 수도 있다. 이 논제는 수학에 대한 26장 이후 더 분명해질 것이다.

4. 실재론과 유명론

이 견해에 대한 나의 진술은 비트겐슈타인과 굿맨에 의해 깊이 영향받았다. 독자는 데이비드 암스트롱David Armstrong의《보편자와 과학적 실재론*Universals and Scientific Realism*》(Cambridge 1978)에서 다룬 그 주제의 표준작업에서는 이와 같이 진술된 것을 발견하지 못할 것인데, 암스트롱의 책은 양보하기에 조심스러울 정도로만 충분한 일종의 유명론에 반대하는 강성 실재론을 힘차게 옹호한다. 실제로 그 견해를 갖는 유명론자는 그 논변에서 항상 승리할 수 있다. 이제 그 유일한 질문은 그가 대가를 지불할 준비가 되어 있는가 그렇지 않은가 다.

　보편자의 다른 논의는 내가 언급했던 것보다 더 많은 견해를 구별하고 있다. 예를 들어, 다음과 같이 구별되는 종류의 유명론이 있다.

　(i) 술어 유명론Predicate nominalism(술어화를 근본적인 일반화 장치로 만들어 주는 유명론). 설J. R. Searle,《화술행위*Speech Acts*》(Cambridge 1969), pp. 105, 120, 그리고 데이비드 암스트롱David Armstrong,《유명론과 실재론*Nominalism and Realism*》(Cambridge 1978), pp. 11-25를 참조하라.

　(ii) 종류 유명론Class nominalism(종류 구성원을 근본 관념으로 만드는 유명론). 암스트롱Armstrong, 위의 책, pp. 28-43에서 설명된다.

　(iii) 개념론Conceptualism(이것은 언어적 일반화의 자리에 정신적인 것을 놓는다).

흄Hume, 《인성론*Treatise*》, 1권 1부 7절에서 보인다.

또한 분류하기 어려운 다양한 유사 이론이 있는데, 왜냐하면 그것은 문제의 요점을 비참할 정도로 놓치고 있기 때문이다. (유사resemblance란 보편자 이론에 의해 설명되어야만 하는 것이고, 그 이론을 구성하는 데 확실히 사용될 수는 없지 않은가?) 암스트롱은 이것을 위의 책 44~57쪽에서 논의하고 있다. 포스터 Foster가 편집한 《경험과 이론*Experience and Theory*》(Cambridge Mass. 1970)에 기고한 글에서 굿맨이 그러한 것처럼 말이다(특히 24~25쪽을 보라). 또한 내가 14장에서 논의한 '가족 유사성family resemblance' '해결책'도 있다.

가장 급진적인 종류의 유명론은, 구체적으로 존재하는 것을 제외하고선 아무것도 존재하지 않으며, 따라서 우리는 모든 일반 진술문을 자기를 참이 도록 해주는 개별자로 재 표현해야만 한다고 주장하면서, 단지 개별자만을 인정한다. 이러한 견해에 입각하여, 심지어 종류classes 혹은 집합을 지시한 다는 것은 존재론적으로 범법자가 될 수 있는데, 왜냐하면 그것이 개별 대상의 순수 존재론으로부터의 이탈과 관련되기 때문이다. 윌리엄 오브 오컴 William of Ockham이 이런 의미에서 극단적 유명론자였을 것이다. 분명한 것은 넬슨 굿맨Nelson Goodman은 그렇다는 것이다. 다음의 그의 글을 보라. 〈개별자의 세계A World of Individuals〉, 《문제와 기획*Problems and Projects*》(Indianapolis 1972). 굿맨은 초기 저작들(특히 《현상의 구조*The Structure of Appearance*》, Cambridge Mass. 1951)에서, 개별자만을 양화하는 문장으로, 술어 종류와 집합에 대한 모든 지시의 대체를 허용하는, 개별자의 계산법을 실제로 만들어내려고 한다. 또한 칼 헴펠Carl Hempel의 논문(《철학 리뷰*Philosophical Review*》, 1960)을 참조하라.

더 읽을거리:

램지F. P. Ramsey, 〈보편자Universals〉, 《수학의 근거*Foundations of Mathematics*》 (London 1927).

스트로슨P. F. Strawson, 〈특수와 일반Particular and General〉, 《논리언어적 논문 들*Logico-Linguistic Papers*》(London 1971).

루M. Loux 편집, 《보편자와 특수자*Universals and Particulars*》. 분석적 읽을거리들의 유용한 모음집이다.

데이비드 루이스David Lewis, 〈보편자 이론을 위한 새로운 작업New Work for a Theory of Universals〉, 《오스트레일리아 철학저널*Australasian Journal of Philosophy*》, 1983.

데이비드 피어스David Pears, 〈보편자Universals〉, 《논리와 언어*Logic and Language*》 (플루A. Flew 편집, Oxford 1951) 1권.

5. 실체

이것도 역시 엄청나게 논쟁적인 영역이며, 내가 나중에 12장과 15장에서 되돌아갈 영역이다. 데이비드 위긴스가 주장하길, 실체 관념의 적절한 이해는 우리로 하여금 유명론(혹은 오히려, 그 정신적 변형인, 개념론)과 실재론 간의 대조가 이제까지 그릇되게 진술되었다는 점을 알게끔 인도해준다. 우리는 실재를 개념화하는 방법을 선택하지만, 거기서 개념화되어야 하는 것을 선택하지는 않는다. 개념론자는 실재가 우리에게 이미 분류되어 온다는 견해에 반대할 때는 옳지만, 우리의 개념이 근본적으로 임의적이라고 믿을 때는 그릇되다. 분류하는 것에는 옳은 방법과 그릇된 방법이 있는 것이다. 그리고 그릇된 방법 중 하나는 자연의 접합에 대해서 새겨넣음으로써 비롯된다.

이 모든 것이 《같음과 실체*Sameness and Substance*》(Oxford 1980)와, 또한 존 맥도웰이 편집한 《사유와 맥락*Thought and Context*》(Oxford 1986)에 수록된 논문 〈결정적으로 대상 선별하기에 관하여On Single out an Object Determinately〉에서 시도된다. 자연종을 논의하면서 이것을 다시 다루겠다.

몇 가지 질문:

(1) 보편자의 문제란 무엇인가?

(구식 견해에 대해서는 프라이스H. H. Price, 《사유와 경험*Thinking and Experience*》 (London 1953) 1장을 보라. 또한 앤서니 플루Antony Flew가 편집한 《논리와 언어

Logic and Language》(Oxford 1951) 1권에 있는 데이비드 피어스David Pears의 논문
과, 햄린D. W. Hamlyn, 《형이상학*Metaphysics*》(Cambridge 1984), pp. 95-101를 보
라.)

(2) 스트로슨은 '기초 특수자basic particular'로 무엇을 의미하는가? (《개별자들
individuals》1장을 보라.)

(3) 어떤 고양이가 젤리 속의 죽은 고양이보다 더 실체적일 수 있는 어떤 의
미가 있는가? (그것에 답할 수 있다면, 당신은 어떤 것에 대해서도 답할 수 있게
된다.)

9 진리

예비 읽을거리:

스트로슨P. F. Strawson, 〈진리Truth〉와 〈진리의 문제A Problem about Truth〉, 《논
리언어적 논문들*Logico-Linguistic Papers*》(London 1971).

　다음의 글들을 읽게 된다면, 당신은 전통적 입장을 이성적으로 잘 이해하
게 될 것이다.

(1) 햄린D. W. Hamlyn, 《지식론*The Theory of Knowledge*》(London 1970), 5장.

(2) 수전 하크Susan Haack, 《논리철학*Philosophy of Logics*》(Cambridge 1978), 7장.

(3) 조지 피처George Pitcher 편집, 《진리*Truth*》(Prentice Hall, 1964). 출판일까지
의 현대의 모든 표준 텍스트를 담고 있다.

(4) 오스틴J. L. Austin, 《철학 논문들*Philosophical Papers*》(Oxford 1961), pp. 117-33.

(5) 랠프 워커Ralph Walker, 《진리 정합설*The Coherence Theory of Truth*》(London
1990).

(6) 사이먼 블랙번Simon Blackburn, 《세계 펼치기*Spreading the World*》(Oxford 1984),
5, 6, 7장. 현대 언어철학에 대한 훌륭한 입문서이며, 진리의 문제가 어떻

게 의미이론에 의해 깊게 영향받았는지를 보여준다.

(7) 오코너D. J. O'Connor, 《진리 대응설*The Correspondence Theory of Truth*》(London 1975). 오스틴과 비트겐슈타인에 대한 유용한 논의를 담고 있다.

실용주의를 살펴볼 때, 그것을 처음으로 생각했던, 퍼스C. S. Peirce는 진리의 이론이 아니라, 과학적 방법의 이론으로 정식화했다.《C. S. 퍼스 철학선집*The Philosophical Writings of C. S. Peirce*》(New York 1955)의 도버 출판사 판에 수록된 그의 논문 〈사물을 분명히 하는 법How to make things clear〉을 보라. 이 글에서 그는 진리를 함축적으로 '탐구하는 모든 사람들에 의해 궁극적으로 동의될 수 있게 운명지어진 여론'이라고 말했다. 이 문장으로 응축된, 그 자체로 하나의 장이 필요한 과학, 언어, 발견을 아우르는 전체 이론이 있다. 때때로 퍼스의 접근은 단일한 이론 내에 너무 많은 철학적 열망을 구현하려 한다고 비판받곤 한다. (예를 들어, 리처드 로티Richard Rorty, 〈실용주의, 데이빗슨 그리고 진리Pragmatism, Davidson and Truth〉,《객관성, 상대주의 그리고 진리*Objectivity, Relativism and Truth*》(Cambridge 1991)를 보라.) 이것은 정당하지 않을 수 있다. 하지만 어쨌든 고전적 텍스트는 퍼스의 것이 아니라, 그의 제자인 윌리엄 제임스William James의《실용주의*Pragmatism*》(New York 1907)다. 또한 현대적인 형태로 그 이론을 분명히 설명하고 부분적으로 옹호하는 글로는, 수전 하크Susan Haack, 〈실용주의 진리이론Pragmatist Theory of Truth〉,《영국 과학철학 저널 *British Journal for the Philosophy of Science*》, vol. 27, 1976를 보라.

가장 최근의 실용주의의 형태는 로티가 옹호하고 있는데, 사회정치적 특성을 갖는다. 진리에 대한 탐색은(그리고 로티가 덧붙이길, 좋음에 대한 탐색도) 단순히 자유로운 조사와 열린 만남의 공동체(로티에게 매력적인 공동체의 종류)에 대한 탐색일 뿐이다. 이것을 당신이 원한다면 진리의 추구라고 불러보자. 그러면 실용주의자가 말하길, 어떤 실천적 차이도 없는 곳에서는 역시 이론적 차이도 없다. 이러한 접근에 대한 영감은 인기 있는 미국의 현인 존 듀이John Dewey의 저작에 있다. 로티는《객관성, 상대주의 그리고 진리*Objectivity, Relativism and Truth*》(Cambridge 1991)라는 제목의 논문집에서, 특히 〈연대로서의 과학Science as Solidarity〉이라는 논문에서 자신의 견해를 옹호한다. 그 논문에서 로티는 정합론의 증명된 능력에 몹시 의지하며 비트겐슈타인의 언어로 '언어와 세계 간을 이어줄 언어를 사용할 만한 방법이란 없다'는 점을 증명함으로써, 그 이론의 논적을 무장해제시키려고 한다. 로티는 세련된 사상가이고 자기 논적의 방법으로 잘 훈련받아, 실용주의로 개종해서 그 실용주의를 아주 세밀하게 그리고 중세 대학교수의 신학적 증오odium theologicum로 옹호하고 있다. 커다란 물음이란 이것이다. 당신이 그에게 동의하는지 혹은 그렇지 않은지가 나머지 철학에 도대체 어떤 차이가 있는가? 로티는 그 차이가 매우 크다고 생각한다. 프레드 소머스Fred Sommers가 준비한 응답은 아직 출간되지 않았다. (하지만 프레드 소머스Fred Sommers, 〈적은 우리다The Enemy is us〉, 《위험에 처한 학계The Imperilled Academy》(하워드 딕먼Howard Dickman 편집, New Brunswick, NJ 1993)를 보라.)

더 최근의 진리의 논의는 의미이론에서 그 역할과 인식론적인 제한의 문제를 강조한다. 세계가 진리를 발견할 수 있는 우리 능력을 초월하는 어떤 것으로 표상될 수 있는 진리의 개념을 우리는 습득할 수 있는가? (나는 19장에서 이것으로 돌아가겠다.) 이에 관한 고전적 텍스트는 더밋M. Dummett, 〈진리 Truth〉, 《진리와 다른 수수께끼Truth and Other Enigmas》(London 1978)이다.

몇 가지 질문:

(1) '진리란 사실에 대한 대응이다.' 정합설의 옹호자는 이 진술문에 동의할 수 있는가?

(2) 지구는 치즈로 만들어지지 않는다는 것은 사실이다. 이는 부정적 사실이 있다는 점을 의미하는가?

    (이 질문은 많은 정합설의 옹호자를 훈련시켜, 사실을 종종 사물과 속성처럼, 실제적이고 견고하며 '외부적인' 것으로 생각하게 했다. 하지만 픽윅 씨Mr. Pickwick의 비존재가 사실이라면, 그것은 어떤 방법으로 실제적이고 딱딱하며 견고하고 외부적이란 말인가? 다시 이것은 정합설의 옹호자에게 무기가 된다.)

(3) 오스틴과 스트로슨 간의 논란이 된 것은 정확히 무엇인가?

 (그 논쟁은 햄린Hamlyn, 《지식론*The Theory of Knowledge*》, pp. 132-6에 요약되어 있다. 오스틴과 스트로슨의 논문과 그 논쟁에 대한 몇 개의 다른 기고는 모두 피처 Pitcher 책에 다시 실려 있다.)

 잉여 이론The redundancy theory은 램지F. P. Ramsey, 〈사실과 명제Facts and propositions〉, 《수학의 근거*The Foundations of Mathematics*》(Cambridge 1931)에 설명되어 있다.

 '의미론적 진리 개념semantic conception of truth'은 타르스키Tarski에 의해 동명의 논문에서 옹호되었다. (파이글H. Feigl과 셀라스W. Sellars 편집, 《철학적 분석 읽기교재*Reading in Philosophical Analysis*》(New York 1949)에 재수록되어 있다.) 타르스키의 목적이 이 논문에서 오랫동안 오해되었다고 말하는 것은 맞다(햄린의 책 126~129쪽에서 예화된 방식으로 말이다). 그의 목적은 (a) 진리의 개념을 대응으로 재긍정하는 것, (b) 그가 바로 그 관념의 정합적 분석이라고 생각했던 어떤 것을 제시하는 것, (c) 진리란 논리와 언어에 대한 프레게식의 접근에 의해 요구된 의미론적 역할을 해야 하는 경우에, 요구되는 것이 바로 이러한 관념이라는 점을 증명하는 것, (d) 그러한 사유에 입각하여, 언어와 세계 간의 정밀하고 체계적인 관계를 보여주는 '진리 이론'이 어떻게 수립될 수 있는지를 증명하는 것이었다. 나는 진리 개념이 의미이론에서 특징을 이룰, 19장에서 이 문제로 다시 돌아가겠다. 타르스키는 〈진리와 증명Truth and Proof〉이라는 제목의 문외한을 위한 의미이론의 안내서를 지어, 1969년 《사이언티픽 아메리칸*Scientific American*》지에 발표했다.

 인용된 단어로부터 사용된 단어로 이동해갈 때 진리의 역할을 보호하는 데 본질적인 것만을 유지하는 최소주의자의 진리이론은 폴 호위치Paul Horwich의 《진리*Truth*》(Oxford 1990)에서 훌륭히 옹호되었다. 형식적 근거에 입각하여, 진리에 대해 접근하는 타르스키의 견해를 옹호하는 많은 사람들은 그것이 우리에게 대응설을 위임하는 것을 부정한다. 예를 들어, 도널드 데이빗슨은 모든 철학적 문제에 실질적으로 타르스키를 적용하는 것으로 유명한데, 정합설을 수용하는 한편으로, 타르스키의 문제에서 역시 또 한 사람의 제자인, 콰인은 실용주의자이기도 하다.

(도널드 데이빗슨Donald Davidson, 〈진리정합설과 지식A Coherence Theory of Truth and Knowledge〉, 《진리와 해석: 도널드 데이빗슨의 철학 관점Truth and Interpretation: Perspectives on the Philosophy of Donald Davidson》(르포어E. LePore 편집, Oxford 1986)를 보라.)

10 현상과 실재

예비 읽을거리:

로크, 《인간 오성론》, 2권, 8장.

브래들리F. H. Bradley, 《현상과 실재Appearance and Reality》(Oxford 1893), 1장과 2장.

브래들리는, 우리 관점의 한계를 강조하면서, 우리의 상식적 세계관이 단순한 현상의 세계라는 점을 증명하려고 시도하는 철학자로서, 연구할 만한 가치가 있다. 내가 23장에서 논의한 이론인, '현상론'에 의해 그것과 동일한 결과를 얻을 수 있다. 가레스 에반스Gaerth Evans, 《선집Collected Papers》(Oxford 1986)에 수록된 〈마음 없는 것들Things Without the Mind〉에 그러한 견해로 인해 직면하게 되는 문제들에 대한 훌륭하긴 하지만 좀 어려운 동시대 논의들이 있다. 제1성질을 제2성질과 구별해온 모든 철학자는 '제2성질은 무엇에 내재하고 있는가?'라는 물음에 답변해야 한다. 사실, 브래들리의 대답은 아무것도 말한 것이 아니다. 그리고 이러한 답변은 다른 모든 성질에 대해서까지 유사한 결론을 향해가는 경향이 있다. 그의 절대적 실재에는 성질이 전혀 없는 것 같다. 그리고 또한 다른 어떤 것에서 개별성을 구별해줄 정합적 수단이 없기 때문에 그 개별성도 또한 없는 것 같다.

내가 이 장의 말미에서 언급한, '절대적 실재 개념'에 대해서는, 이미 언급한, 버나드 윌리엄스Bernard Williams의《데카르트*Descartes*》와, 과장적이긴 하지만 최근 철학에서 중요한 자료 중 하나로 간주된 토머스 네이글Thomas Nagel의《어디에서도 바라보지 않는 관점*The View from Nowhere*》(Oxford 1986)을 보라. 매력적이고 진지하며—네이글의 글이 항상 그렇듯—잘 쓴 책이다. 하지만 그 책을 통해 '객관적'이라는 단어에 크나큰 유희가 있어, 어떤 하나의 증명 과정에서 여러 번 의미를 변화해가는 경향이 있다.

상식의 답변은 무어G. E. Moore의 〈외부세계의 증명Proof of an External World〉,《철학 논문*Philosophical Papers*》(London 1959)와, 비트겐슈타인의《확실성에 관하여*On Certainty*》(Oxford 1971)의 매우 세련된 해석(너무 세련되어 거의 '상식'이라는 용어가 적용될 수 없다)에서 주어진다. 무어의 〈증명〉은 금지시켜야 할 정도로 많은 주석서를 얻게 되어, 잠시 동안 적어도 영어권 철학자들 가운데서는 무대의 중심을 차지했다. 그것에 관해 쓰인 모든 것이 지금 되돌아볼 가치가 있는 것은 아니다. 하지만 어떤 종류의 '비트겐슈타인식' 철학은 무어의 방법을 더 모험적인 고찰을 위한 출발점으로 풍부하게 이용하였다. 이 학파의 가장 중요한 구성원은 노먼 맬컴Norman Malcolm인데, 다음과 같은 논문들이 연구할 만한 가치가 있다:

(1) 맬컴N. Malcolm, 〈무어와 일상언어Moore and Ordinary Language〉,《G. E. 무어의 철학*The Philosophy of G. E. Moore*》(쉴프P. A. Schilpp 편집, New York 1952).

(2) 맬컴N. Malcolm, 〈조지 에드워드 무어George Edward Moore〉,《지식과 확실성*Knowledge and Certainty*》(Englewood Cliffs NJ, 1963).

(3) 맬컴N. Malcolm, 〈상식의 옹호Defending Common Sense〉,《철학 리뷰 *Philosophical Review*》, 1949. 스트라우드의《철학적 회의주의의 의의*The Significance of Philosophical Scepticism*》(Oxford 1984) 3장에 나오는 지루한 무어 증명의 논의가 맬컴과 다른 사람들의 논변을 요약해주며, 현재까지의 그 논제의 평가를 제공한다. 쉴프Schilpp가 편집한 책은 맬컴과 앨리스 앰브로즈Alice Ambrose에

의해 제기된 반론에 대한 무어 자신의 흥미로운 답변을 담고 있다.

몇 가지 질문:

(1) 제1성질과 제2성질 간의 구별점은 무엇이고, 얼마나 중요한가? (로크, 위의 책, 2권 8장 그리고 스미스A. D. Smith, 위의 책, p.517을 보라. 또한 콜린 맥긴 Colin McGinn,《주관적 관점The Subjective View》(Oxford 1983)도 참고하라.)

(2) '현상'이란 무엇인가?

(3) 우리의 일상적 세계관의 어떤 특징은 오직 현상에만 관계한다는 결론에 대해 브래들리가 주장한 논변 중 하나를 검토해보라.

(4) 무어는 자신이 두 손을 갖고 있다는 것을 아는가?

11 신

예비 읽을거리:

데카르트,《성찰》, 세 번째 성찰.

칸트,《순수이성비판》중 〈이성의 이념The Ideal of Reason〉.

뒤르켐E. Durkheim,《종교생활의 기본형태The Elementary Forms of Religious Life》(Paris 1912).

이 주제에 대한 훌륭한 읽기교재가 있으니, 존 힉스John Hicks가 편집한《신의 존재Existence of God》라는 제목의 책이다. 이 책은 플라톤, 아퀴나스, 성 안셀무스, 흄, 노먼 맬컴 그리고 다른 사람들과 관련된 글을 모두 발췌해 담고 있다. 그 논변들은 매키J. L. Mackie의《유신론의 기적Miracle of Theism》(Oxford 1982)에서 요약되고 기각된다. 일종의 평범한 사람들의 불신의 안내서인 이 책은 신중히 연구할 가치가 있다.

1. 신과 다신

뒤르켐의 종교적 믿음의 발생의 논의를 전개해나갈 때, 나는 의식적으로 단순화했다. 흄은《자연종교에 관한 대화*Dialogues of Natural Religion*》(London 1947)에서, 또 다른 유신론의 '기적'을 설명해주고 있다. 프로이트주의자, 융주의자 그리고 포이어바흐주의자는 각각 자신의 주장을 전개해간다. 아마도 어떠한 이론도 종교적 믿음에 관한 진리 전체를 파악할 수 없을 것이다. 그리고 확실히 어느 누구도 하나의 형태로 폐지되어 또 다른 형태로—예를 들어, 근대 혁명의 호전적인 무신론, 종교적 범주에 대한 호소 없이는 이해될 수 있는 것의 열정적이고 의식적인 어리석음으로—재출현할 수 있기만 하는 것이, 인간적 보편이라는 사실을 실제로 설명할 수 없었다.

종교적 믿음도 역시 그것을 훼손하는가라는 질문을 나는 마지막 장에서 다룰 것이다. 종교의 경험적 본성을 유용하게 생각나게 하는 것은 윌리엄 제임스William James의 대단한 역작인《종교적 경험의 변형들*The Varieties of Religious Experience*》(London 1960)이다.

3. 철학자의 신

앤서니 케니 경Sir Anthony Kenny의《철학자의 신*The God of the Philosophers*》(Oxford 1979)이라고 명명된 책에, 중세의 신의 논의와 그것이 발생시킨 난점에 대한 훌륭한 개괄적 설명이 있다.

4. 신의 존재에 대한 논변

아퀴나스의 5가지 방법은 히크Hick가 편집한 책에서 재생산되었고, 앤서니 케니 경의《다섯 가지 방법*The Five Ways*》(London 1969)에서 비판받았다. 존재론적 논변에 대한 맬컴의 논문은 히크의 책에 담겨 있다. 플랜팅가의 논변은《필연성의 본질*The Nature of Necessity*》(Oxford 1974)에서 제기되었다. 이것은 다음 장에서 논의하겠다. 또한 존재론적 논변의 연구와 관련하여, 스트로슨P. F. Strawson이 편집한《철학적 논리*Philosophical Logic*》(옥스퍼드 철학 읽기교재

Oxford Readings in Philosophy, Oxford 1967)에 재수록된 피어스D. F. Pears와 톰 슨J. Thompson의 존재는 술어인가라는 물음에 대한 고전적 논의가 있다.

우주론적 논변에 대해서는 다음을 보라.

히크의 책에 있는 아퀴나스와 흄.

폴 에드워즈Paul Edwards, 〈우주론적 논변Cosmological Argument〉,《합리론자 연보Rationalist Annual》, 1959.

설계 논변에 대해서는 다음을 보라.

(1) 페일리W. Paley,《자연신학Natural Theology》, 교양과목 총서Library of Liberal Arts 시리즈로 재출간, 1964.

(2) 흄,《자연종교에 관한 대화》, X장과 XII장.

(3) 매키J. L. Mackie, 〈악과 전능함Evil and Omnipotence〉,《마인드Mind》, vol. 64, 1955.

(4) 리처드 도킨스Richard Dawkins,《눈먼 시계공The Blind Watchmaker》(London 1986).

(5) 스티븐 호킹Stephen Hawking,《시간의 역사A Brief History of Time》(London 1988).

6. 악의 문제

이것에 관해 분명히 밝히기란 거의 불가능하다. 만일 신이 세계를 창조했다면, 신의 창조의 세계는 어떤 의미에서 자신보다 '격이 덜하고', 자기에게 의존적이며, 자신의 무한한 완벽함의 어떤 부분이 박탈됨이 틀림없다. 만일 악이 박탈과 동일하다면, 창조된 세계는 어떤 척도로는 악일 것이다. 하지만 어떤 척도로 말인가? 게다가 악은 선으로 변하는 성향이 있다. 비극은 이상하고 강한 매력이 있는 미, 괴로움을 입증해주고 그것이 인간 영혼에 있는 가장 고상한 것에 필수적임을 보여주는 불가피성을 떠안은 가장 무서운 사건을 보여준다. 우주 전체가 이와 같을 수 있는가? 다른 한편, 가장 최악으로 일어난 것은 결코 비극이 아니라, 단순히 무감각적이든가 혹은 역겨운 것일 뿐이다. 맞는 점은, 그것 중 어떤 것이 인간의 잔인함의 결과여서, 인간 자유의 가장 큰 선의 결과로 이해될 수 있을 것이라는 점이다. 하지만 그것 모두가 그와 같지는 않다. 우리는 여기서 죽음의 신비에 접근하는 것이다. 죽음 그 자체를 하나의 선으로, 혹은 여하튼 비악非惡으로 간주하는 방법이 있겠는가? 이 점은 12장에서 다루겠다.

몇 가지 질문:

(1) 당신이 생각하기에, 무엇이 가장 그럴듯한 우주론적 논변의 해석인가? 그것은 타당한가?

(2) 존재란 술어가 아니라는 점을 증명함으로써, 우주론적 논변이 논박되는가?

(3) 우리는 왜 세계의 원동자도 역시 인격이라고 생각해야 하는가?

기타 참고문헌:

댄 제이콥슨Dan Jacobson,《이야기들의 이야기: 선민과 그들의 신*The Story of the Stories: The Chosen People and its God*》(London 1982).

샤토브리앙Chateaubriand,《그리스도교의 정수*Le Genie du christianisme*》(1802).

12 존재

예비 읽을거리:

아리스토텔레스Aristotle,《형이상학*Metaphysics*》, IV과 VI 책.

헤겔Hegel,《대논리학*The Science of Logic*》, I 권.

하이데거Heidegger,《존재와 시간*Being and Time*》, 머리말과 1, 2장.

베르나데테J. Bernadete,《형이상학의 논리적 접근*Metaphysics, the Logical Approach*》(Oxford 1989).

1. 아리스토텔레스

실재가 분리되도록 하는 방법에 관한 아리스토텔레스의 핵심적 사유는《범주론*Categories*》과《형이상학*Metaphysics*》에서 발견된다. 관련된 구절은 애크릴J. Ackrill이 편집한《새로운 아리스토텔레스 읽기교재*New Aristotle Reader*》(Oxford 1987)에서 발췌했다. 두 저작 중 더 먼저인《범주론》에서 아리스토텔레스의 근본 사유는 우주란 소크라테스와 같은 개별적 실체(개체)로 구성된다는 점이다. 다른 어떤 것은 의존 속성이고, 어떤 개별 실체에서 사례화되는 한에서만 존재할 뿐이다.《형이상학》에서, 아리스토텔레스가 주장하길, 실체는 형상form(즉 '질료matter'에 특별한 본질과 동일성을 부여하는 것)인데, 이것은 그의 초기 견해와 충돌하는 것처럼 보인다.《아리스토텔레스 연구*Studies in Aristotle*》(오미어러O. J. O'Meara 편집, Washington DC 1981)에 있는 드리스콜J. A. Driscoll의 논문을 보라. 아리스토텔레스가 제공한 가장 간결한 실체의 정의는《범주론》C5에 있다. "실체는—가장 엄격하게, 일차적으로 그리고 무엇보다도—주어에 말해지지 않고 주어 안에 있지도 않다, 예를 들어 개별적 인간 혹은 집 말이다." 이것은 스트로슨에 의해 자신의 '기초 특수자'의 형태로 부활한 관념이다(8장을 보라).

2. 분석적 견해

대부분의 현대철학자들은 탁자, 의자와 같은 특수자를 실재의 점유자로 받아들인다. 그 실존에 관하여 어떠한 문제도 없으며, 그것을 골라내는 변수에 대해 양화하려는 시도에 어떠한 망설임도 없다. 다른 한편, 과학과 형이상학 모두 그것을 의심스러워한다. '실제로 실재적인 것의 책'에는 탁자도, 의자도 없다. 만일 과학자가 그 책을 쓴다면, 당신은 단지 아원자 입자만, 혹은 시간과 공간에서의 점만을 발견하게 될 것이다. 형이상학자가 쓴다면, 당신은 아마도 유기체와 사람이지만 오스틴의 표현을 사용하자면, 매우 적은 '감각할 수 있는 적당한 크기의 물체 즉 주변의 친숙한 물체medium-sized dry goods'를 발견하게 될 것이다.

하지만 그 밖의 어떤 것이 우리의 목록에 생기는가? 많은 현대철학은 사실, 사건, 혹은 명제가 '우리의 존재론에서 자리'를 잡고 있는가라는 질문에 몰두하고 있다. 바로 그 표현 구절이 콰인의 영향을 증명해주고 있다. 거기에 숨어 있는 사유는 이것이다. 존재하는 것은 어떤 이론을 채택할 것이고, 그 이론에서 양화사의 범위와 관련한다. 도널드 데이빗슨Donald Davidson은 《행동과 사건에 대한 논고Essays on Actions and Events》(Oxford 1980)에서, '사건의 존재론ontology of events'을 열렬히 옹호하고 있으며, 일상의 육체적인 대상을 우주의 기초 특수자로 보는 스트로슨의 견해에 도전하고, 그 대상의 자리에 사건을 내려놓는다(14장을 보라). 다른 사람들은 수가 실제로 존재하는지 (26장을 보라), 혹은 국가, 기업, 제도 같은 존재자가 실제로 존재하는지(28장을 보라)에 관해 고민한다.

주요 읽을거리:

(1) 콰인W. V. Quine, 〈존재론적 상대성Ontological Relativity〉, 《존재론적 상대주의와 다른 논문들Ontological Relativity and Other Essays》(New York and London 1962).

(2) 데이비드 위긴스David Wiggins, 《같음과 실체Sameness and Substance》(Oxford 1980).

(3) 스트로슨P. F. Strawson, 《개별자들Individuals》(London 1959), 1장.

몇 가지 질문:

(1) 당신은 어떤 종류의 존재자가 존재하는가라는 질문을 어떻게 처리할 수 있는가?

(2) 물리적 대상이란 사건보다 '더 기초적'이든가 아니면 '존재론적으로 선행'하는지 혹은 그 반대인가?
　 스트로슨과 데이빗슨이 여기서 관련된다.

3. 동일성 등등

모든 것과 연결되는 논제다. 가장 좋은 텍스트는 여전히 위긴스의 《같음과 실체*Sameness and Substance*》다. 흥미로운 주장이 《논리적 관점에서*From a Logical Point of View*》(Cambridge Mass. 1953)에 수록된 콰인의 〈동일성, 위격, 등등 Identity, hypostasis, etc.〉에서 제기되었다. 기치Geach와 위긴스Wiggins 간의 논쟁에서 전개해간 것은 해럴드 누넌Harold Noonan의 《동일성*Identity*》(Dartmouth Publishers 1993)에 나온다. 기치의 《논리적 문제*Logic Matters*》(Oxford 1972)에 있는 논문은 모두 읽을 만한 가치가 있다. 그의 《지시와 일반화*Reference and Generality*》(Cornell 1962)는 위긴스가 공격하는 주요 대상인데, 오히려 더 기이하다.

4. 필연적인 존재

논제가 어렵기 때문에 13장까지 그 논의를 미루겠다.

5. 헤겔

헤겔의 초기 견해를 파악하는 것이 좋다. 당신이 그것에 당혹하리라 느낄지는 문제가 되지 않는다. (로저 스크루턴Roger Scruton의 《근대철학 약사*A Short History of Modern Philosophy*》(London 1982)에 헤겔에 대해 하나의 장이 할애되어 있다.) 가장 중요한 질문은 이것이다.

(1) 헤겔의 '변증법'이란 무엇인가? 우리가 받아들이는 헤겔의 형이상학에 의존하지 않는 그럴듯한 예가 있는가?

(2) 헤겔이 존재에서 비존재로 '건너감' 혹은 '나아감'이라고 할 때 의미하는 것은 무엇이고, 어떻게 완결되는가?

로버트 솔로몬Robert Solomon의 《헤겔에서 실존주의까지*From Hegel to Existentialism*》(Oxford 1987)에 있는 몇몇 논문이 도움이 될 것이다. 나는 많은 주석가를 추천하고 싶지는 않다. 로저 스크루턴Roger Scruton의 《도버 해에서의 철학*The Philosophy on Dover Beach*》(Manchester 1990)에 있는 〈헤겔 이해하기

Understanding Hegel〉를 보라.

6. 하이데거

하이데거에 대한 주석가도 역시 아주 지독하다. 그들 중 어느 누구도 거의 하이데거의 말이 참인지 거짓인지를 묻지 않는다. 그리고 핵심적인 질문을 피한 채, 당신도 역시 하이데거가 무엇을 의미하는지 질문하지 않고 있다. (의미와 진리조건 간의 연관을 기억해보라.) (뛰어난 철학자 가운데 로티만이《객관성, 상대주의 그리고 진리*Objectivity, Relativism and Truth*》(Cambridge 1991)과 그 밖의 글들에서 그 점을 명쾌하게 의식하며 하이데거를 언급하고 있을 뿐이다. 왜냐하면 로티만이―혹은 거의 로티만이―진리의 물음이란 무관한 것이라고 믿기 때문이다.) 빛나는 예외는 데이비드 쿠퍼David Cooper이며, 그의 《실존주의*Existentialism*》(Oxford 1990)은, 하이데거에 노력을 쏟지 않으면서도, 불안한 존재의 이론에 대해 명쾌하고 설득력이 있는 논의를 제공해준다. 다음의 질문은 생각할 만한 가치가 있다.

존재와 현존재의 차이는 무엇인가? 왜 그것이 중요한가?

<u>13</u> 필연성과 선천성

기본 텍스트는 다음과 같다.

(1) 칸트, 《순수이성비판》, 서문

(2) 콰인W. V. Quine, 〈경험주의의 두 가지 독단Two Dogmas of Empiricism〉, 《논리적 관점에서*From a Logical Point of View*》(Cambridge Mass. 1953).

(3) 그라이스H. P. Grice와 스트로슨P. F Strawson, 〈독단의 옹호In Defence of a Dogma〉, 《철학 리뷰*Philosophical Review*》 65, 1956. (콰인에 대한 답변.)

(4) 길버트 하만Gilbert Harman, 〈의미와 존재에 관한 콰인의 생각Quine on Meaning and Existence〉, 《형이상학 리뷰*Review of Metaphysics*》, 1967, 콰인의 옹호.

(5) 솔 크립키Saul Kripke, 《이름과 필연*Naming and Necessity*》(Oxford 1980).

(6) 퀸턴A. Quinton, 〈선천적인 것과 분석적인 것The a priori and the analytic〉, 《철학적 논리*Philosophical Logic*》(스트로슨P. F. Strawson 편집, Oxford 1967).

(7) 플랜팅가A. Plantiga, 《필연성의 본질*The Nature of Necessity*》(Oxford 1974).

가능세계에 대해서는, 데이비드 루이스David Lewis의 《반사실적 조건문 *Counterfactuals*》(Oxford 1973) 84~91쪽과 《세계의 복수성*Plurality of Worlds*》(Oxford 1986) 1장에 제시된 실재론자의 견해를 옹호하는 글을 읽어보라.

러셀의 '논리적 고유명사'의 옹호는 《논리와 지식*Logic and Knowledge*》(London 1956)에 수록된 〈논리적 원자론 강의Lectures on Logical Atomism〉에 나온다. 루이스C. I. Lewis의 양상논리는 캐시미어 레위Casimir Lewy의 《의미와 양상 *Meaning and Modality*》(Cambridge 1976)에서 설명되고 논의되며, 한편 크립키의 〈양상논리에 대한 의미론적 고찰Semantical considerations on modal logic〉(《기호논리학 저널*Journal of Symbolic Logic*》, 1963)은 휴즈G. E. Hughes와 크레스웰M. J. Creswell의 《양상논리학 입문*An Introduction to Modal Logic*》(London 1968) 74~80쪽 에서 설명된다.

몇 가지 질문:

(1) 칸트는 '분석적analytic'으로 무엇을 의미하는가?

　　서문에 있는 칸트의 정의(이것은 아퀴나스의 《신학대전*Summa Theologica*》 3부의 '자명한'의 정의로부터 취한 것이다)를 보라. 그리고 그것을 프레게의 《산술 의 기초*Foundations of Arithmetic*》(오스틴J. L. Austin 번역, Oxford 1950) 4쪽과 비 교해보라.

(2) 분석적/종합적, 선천적/경험적, 필연적/우연적이라는 구별이 실제로는 하나의 구별이라고 생각할 어떤 논변이 있는가?

　　스트로슨P. F. Strawson의 같은 책에 있는 퀸턴Quinton의 글을 보라.

(3) 필연적 진리란 무엇인가? 어떤 것을 선천적으로 안다는 것은 무엇인가?

　　모든 그리고 유일한 필연적 진리란 선천적으로 알 수 있는 것이라는 주장을 검토해보라.

에드워즈P. Edwards와 팹A. Pap의 《현대철학 입문*A Modern Introduction to Philosophy*》, VII절, 머리말을 보라.

플랜팅가A. Plantinga, 《필연성의 본질*The Nature of Necessity*》, 1장.

퀸턴Quinton, 같은 책.

크립키S. Kripke, 《이름과 필연*Naming and Necessity*》, 특히 34~39쪽과 97~105쪽.

(4) 고정지시어rigid designator란 무엇인가?

크립키, pp. 48-9, 55-60.

(5) 퀸턴은 옳은가?

(6) (a) 우연적이면서 선천적인 지식이 있고, (b)필연적이면서 경험적인 지식이 있다는 견해에 대한 크립키의 논변은 무엇인가?

(7) 플랜팅가의 존재론적 논변의 해석을 비판적으로 평가해보라.

플랜팅가A. Plantinga, 《필연성의 본질*The Nature of Necessity*》(Oxford 1974), 10장과 매키J.L. Mackie, 《유신론의 기적*The Miracle of Theism*》(Oxford 1982), 3장을 보라.

14 원인

흄은 인과성의 이론으로 두 가지를 시도했는데, 하나는 《인성론*Treatise*》 I권 5장 xiv에(셀비-비지Selby-Bigge 편집판, Oxford 1978의 170쪽), 다른 하나는 두 편의 《탐구*Enquiries*》 중 첫 번째 책에 나온다. 흄은 칸트와, 그 후 다른 많은 사람에 의해 고찰되었는데, 회의적 입장을 주장하며 우리의 많은 인과적 믿음이란 정당화를 갖지 못하며, 심지어는 근본적으로 혼돈스럽기까지 하다는 점을 밝혀내었다. 사실 그는 그것보다는 더 세련된 입장을 가졌으며, 현대 주석가들, 특히 배리 스트라우드Barry Stroud(《흄*Hume*》, London 1977)와 데이비드 피어스David Pears(《흄의 체계Hume's System》, Oxford 1990)는 흄의 '자연주의naturalism'—인간의 본성으로 우리의 믿음을 설명하려는 욕구를 의미한다—를 강조한다. 그의 주요 목표는 인과성의 측면에서 증거와 결론 간의 틈을 열어보거나 혹은 메우려는 것이 아니라, 우리가 원인에 관해 믿음에 어떻게 도달하는지를 기술하는 것이다. 피어스는 흄이, 자신의 제한적인 심리학에도 불구하고, 이 점에서 성공했다고 주장한다. 물론, 성공적이라는 데에, 모든 인식론, 형이상학, 과학철학을 있었던 곳에 정확히 남기는 과제에 어떤 요점이 있는가라는 또 다른 질문도 있다. 여전히 그것이 현대철학자들이 옛날의 흄을 빈약하게 이해하는 방법인 것이다.

일차적으로 인과성과 인접한 증거와 결론 간의 간격을 강조하고 자신의 회의적 해결책으로 '규칙성 이론regularity theory'을 제시하는 것과 관련한 흄에 관한 더 오래된 해석은 매키J. L. Mackie의 《우주의 접합The Cement of Universe》(Oxford 1974)에서 주장되었다. 매키는 반사실적 조건명제가 인과 규칙성의 분석에서 중요한 역할을 해야 하지만, 흄의 경험론적 전제와 조화될 수 있는 용어로 설명될 수 있다고 주장하면서, 흄의 인과 분석에 관한 최신 해석을 제시한다. 그는 '충분하지만 필연적이지 않은 조건의 충분하지 않지만 필연적인 조건'으로—약칭, INUS 조건으로—원인을 기술한다. 그의 책은 인과성에 관한 모든 주요 질문의 인상적이고 논쟁적인 조사내용을 담고 있기에, 더 진일보한 학생을 위한 뛰어난 안내서다. 하지만 그가 실질 필연성을 지지하기 주저한다는 점은 그 자신의 반사실적 분석과 화해되기 힘들다. 그 비판에 대해선 베르나데테A. Bernadete의 《형이상학: 논리적 접근Metaphysics: the Logical Approach》(Oxford 1989) 22장을 보라.

앤스컴G. E. M. Anscombe의 논문은 그녀의 《형이상학과 심리철학Metaphysics and the Philosophy of Mind》(Oxford 1981)에 있다. 그것은 또한 다른 유용한 논문도 포함하고 있는, 어니스트 소사Ernest Sosa가 편집한 《인과와 조건문Causation and Conditionals》(옥스퍼드 철학 읽기교재, Oxford 1975)에도 (앤스컴의 주요 표적인 데이빗슨의 논문과 함께) 재수록되어 있다. 데이비드 루이스David Lewis는 자신의 〈인과Causation〉(《철학적 논문들*Philosophical Papers*》, vol. 2, Oxford 1986)라는 글에서, 인과작용의 반사실적 분석이 규칙적 연관으로 인해 흄의 이론이 직면하게 되는 난점을 극복할 수 있다고 생각한다. 이 점은 도로시 에징턴Dorothy Edgington이 일련의 논문에서 뚜렷이 부정했다. 그 논문들 중 일부는 《크리티카*Critica*》라는 잘 알려지지 않은 멕시코 학술지에 실렸고, 다른 것은 아직 출간되지 않았다.

(미출간 논문의 가장 커다란 이점은 당신이 그것을 읽을 필요가 없다는 점이다. 왜냐하면 읽을 수 없기 때문이다. 그렇다면 그것을 언급하는 요지는 무엇인가?)

흄은 바보가 아니었다. 증거와 결론 간의 간격이란 있으며, 그것을 메우려는 일상의 시도는 결국 실패로 귀결되고 만다. 아마도 그와 마찬가지로, 우리의 인과적 믿음이란, 보장되지도 않고 동시에 불가결한 증거 너머로의 도약과 관련할 정도로, '대담'하다는 점을 수용해야 할 것이다.

몇 가지 질문:

(1) 규칙성 이론과 직면하는 문제는 극복될 수 있는가? (도로시 에징턴 Dorothy Edigngton, 〈설명, 인과, 법칙Explanation, Causation and Laws〉, 《크리티카 *Critica*》, vol. ⅩⅩⅡ, no 66, 1990과, 또한 소사E. Sosa, 《인과와 조건문*Causation and Conditionals*》(옥스퍼드 읽기교재, Oxford 1975)에 실려 있는 흄, 데이빗슨, 앤스컴, 루이스를 보라.)

(2) 단일한 인과적 진술문은 인과법칙을 암시하는가?
(앤스컴과 데이빗슨을 보라.)

(3) '인과적 진술문은 반사실적 조건문을 지지하고 있기에, 우연의 진술문과는 다르다.' 이것은 참인가?
(소사의 책에 있는 루이스, 매키, 김재권의 글을 보라.)

(4) 인과성이란 사건 간의 관계다. 이것은 참인가?
데이빗슨, 멜러Mellor를 보라(《형이상학의 문제들*Matters of Metaphysics*》(Cambridge 1991)에 있다).

'과거 야기하기Bringing about the past'에 대한 더밋의 논문은 그의《진리와 다른 수수께끼들Truth and Other Enigmas》(London 1978)에 있다.

15 과학

과학철학에 대한 유용한 최신 입문서는 앤서니 오히어Athony O'Hear의《과학철학 입문An Introduction to the Philosophy of Science》(Oxford 1989)이다. 오래되었지만 매우 영향력이 있어 참고해야 할 서적은 다음과 같다.

포퍼K. Popper,《과학적 발견의 논리The Logic of Scientific Discovery》(London 1959).

쿤T. Kuhn,《과학혁명의 구조The Structure of Scientific Revolutions》(London 1959).

헴펠C. Hempel,《과학적 설명의 양상Aspects of Scientific Explanation》(1965, New York 1970).

흄은《인성론》1부 5장 vi절과《탐구》4권 ii부 30에서 귀납의 문제를 다루고 있다. 그는 귀납을 정당화하려는 어떤 시도도 순환적일 것이라고 주장하는데, 왜냐하면 연역적이거나—그 경우에 귀납에 의해 정당화되는 주 전제를 필요로 하게 될 것이다—혹은 귀납적일 때에만—그 경우에 증명의 과정에서 연역의 원리를 가정하게 될 것이다—정당화가 있게 될 것이기 때문이다. 이것을 우회하는 방법은 없다. 그 점이 바로 현대철학자들이 순환성을 채택하여 악순환하지 않는다는 점을 증명하고자 한 이유다. (당신이 악순환한다고 믿는 것을 깨닫기란 어렵다. 하지만 반례에 대해서는 스크루턴R. Scruton이 편집한《크산티페의 대화Xanthippic Dialogue》(London 1993)에 있는《프뤼네의 향연Phryne's Symposium》22d를 보라.) 밀J. S. Mill은《논리학 체계System of Logic》(London 1943) III권 21장에서 이러한 견해를 주장했고, 브레이스웨이트Braithwaite는《과학적 설명Scientific Explanation》(Cambridge 1953)에서 그것에 관한 단호하지만 아마도 이해할 수 없는 변호를 하였다. 그의 제자인 멜러D. H. Mellor는 이것을 《형이상학의 문제들Matters of Metaphysics》에 수록된〈귀납의 보증The Warrant of

Induction〉에서 고상한 형태로 되살렸다. 멜러의 견해는 귀납이란 믿을 만한 추론의 형태이기 때문에 작동한다는 것이다. 귀납은 그렇다는 것을 증명하기 때문에 믿을 만한 것이다.

몇 가지 질문:

(1) 귀납에 대한 보증이 있을 수 있는가?

(2) '현명한 사람은 자신의 믿음과 증거의 균형을 맞춘다.' 이 말이 귀납의 문제를 해결하는가?

(이는 확률을 논의하는 것과 관련한다.)

(3) 스트로슨은 귀납의 문제에 대한 해결책을 가지고 있는가 혹은 문제로 보기를 거부하는가?

(《논리이론 입문*Introduction to Logical Theory*》(London 1952) 9장을 보라.)

콰인과 그의 후계자에 의해 제시된 '해결책'은 배리 스투라우드Barry Stroud 의《철학적 회의주의의 의의*Significance of Philosophical Scepticism*》마지막 장에서 조심스럽게 검토되었는데, 그는 회의적 문제란 '자연화된 인식론'으로는 극복될 수 없다고 결론 내리는데, 그것은 정확히 회의주의자가 문제 삼는 것을 마지막 분석에서 항상 전제하기 때문이다.

헴펠의 역설은 〈확증의 논리 연구Studies in the logic of Confirmation〉, 《마인드*Mind*》, 1945에 처음으로 나왔다. 하지만 헴펠의 《과학적 설명의 양상 *Aspects of Scientific Explanation*》(New York 1965)과, 매키J. L. Mackie, 〈확증의 역설 The Paradox of Confirmation〉, 《영국 과학철학 저널*British Journal for the Philosophy of Science*》(Oxford 1968)도 보라. 마크 세인스버리Mark Sainsbury는 자신의 《역설 *Paradoxes*》(Cambridge 1988) 4장에서 이 역설을 논의하고 있다.

질문:

헴펠의 역설에 대한 어떤 만족스런 해결책이 있는가?

《사실, 허구 그리고 예측*Fact, Fiction and Forecast*》(Cambridge Mass. 1979)에서 제시된 굿맨의 역설은 스컴스B. Skyrms의 《선택과 우연: 귀납논리학 입문*Choice and Chance: an Introduction to Inductive Logic*》(California 1986)에서 논의된다. 또한 세인스버리Sainsbury의 같은 책 4장과, 블랙번S. Blackburn의 《이성과 예측*Reason and Prediction*》(Cambridge 1973) 1장과, 크립키S. Kripke의 《비트겐슈타인의 규칙과 사적 언어*Wittgenstein on Rules and Private Language*》(Oxford 1984)에서도 논의된다. 질문거리는 헴펠의 역설과 인접해서 했던 질문과 동일하다, 즉 그것은 해결책이 있는가? 하지만 이때 어려운 점은 역설을 옹호하든지 아니면 반대하는 어떤 질문 없이 역설을 어떻게 진술할 수 있는가를 배우는 것이다.

이론의 본질과 이론적 용어에 대한 논쟁은 네이글E. Nagel의 《과학의 구조*The Structure of Science*》(London 1961), 메리 헤스Mary Hesse의 《과학적 추론의 구조*The Structure of Scientific Inference*》(London 1974), 해킹I. Hacking의 《표상과 발명*Representing and Inventing*》(Cambridge 1983)에 잘 나와 있다. 두 가지 종류의 도구주의자가 있다. 어떤 이는 이론이란 해석되어서는 안 되고(혹은 적어도 문자 그대로는 아니고), 단지 사용되어야 한다고 주장한다. 다른 이는 이론이란 해석되어야 하지만, 그것이 말하는 것을 믿어서는 안 된다고 주장한다. 판 프라센Van Frassen의 《과학적 이미지*The Scientific Image*》(Oxford 1980)와, 처칠랜드P. Churchland와 후커C. Hooker가 편집한 《과학의 이미지*Images of Science*》(Chicago 1985)를 보라. 더 급진적인 것은 쿤Kuhn의 《과학혁명의 구조*Structure of Scientific Revolutions*》(Chicago 1962)에 영향받은 상대주의의 종류다. 쿤은(그리고 파울 파이어아벤트Paul Feyerabend 역시 자신의 《방법에 반대하여*Against Method*》(London 1975)에서) 경쟁하고 있는 과학이론을 측정할 수 있게 하는 공통의 표준이란 없다는 자신의 견해를 표현하기 위해 '공약 불가능성incommensurability'이라는 용어를 사용한다. 쿤과 파이어아벤트에 영감을 받은 그 논쟁에 대한 빛나는 기고문에 대해서는, 해킹I. Hacking이 편집한《과학적 혁명*Scientific Revolutions*》(Oxford 1981)을 보라. 크레이그의 정리Craig's theorem는 윌리엄 크레이그William Craig 의 〈체계 내의 공리가능성에 관하여On Axiomizability within a System〉, 《기호 논리학 저널*Journal of Symbolic Logic*》, 18, 1953, pp. 38-55에 처음 나왔다. 그 철학적 적용은 윌리엄 크레이그William Craig, 〈보조 표현의 대체Replacement of Auxiliary Expressions〉, 《철학 리뷰*Philosophical Review*》 65, 1956, pp. 38-55에서 발전되었다. 그 정리에 대한 유용한 입문이자 그에 대한 꽤 그럴듯한 회의적 응답은, 폴 에드워즈Paul Edwards가 편집한 《철학 백과사전*The Encyclopedia of Philosophy*》에 수록된 맥스 블랙Max Black의 논문 〈크레이그의 정리Craig's Theorem〉이다.

오늘날 과학철학에서 아마도 가장 중요한 질문은 확률 개념의 과학적 사고에서의 역할에 관한 질문일 것이다. 몇몇 철학자들은(특히 멜러Mellor는 같은 책에서, 패트릭 쥬페Patrick Suppes는 《인과의 확률이론*A Probabilistic Theory of Causality*》 (Amsterdam 1970)에서) 원인, 법칙, 귀납 같은 개념은 p가 q를 더 확률적으로 만드는 경우에만 q에 대한 증거가 되는 경우에, 증거의 관념에 호소하지 않고서는 실제로 이해될 수 없다고 주장했다.

가장 적절한 최근의 텍스트는 다음과 같다.

호슨C. Howson과 우르바흐P. Urbach, 《과학적 추론: 베이즈식 접근법*Scientific Reasoning: the Bayesian Approach*》(La Salle Ⅲ. 1989).

스컴스B. Skyrms, 《선택과 운*Choice and Chance*》.

호위치P. Horwich, 《확률과 증거*Probability and Evidence*》(Cambridge 1982).

루이스D. K. Lewis, 〈객관적 확률에 대한 어느 주관주의자의 설명A Subjectivist Guide to Objective Chance〉, 《철학 논문들*Philosophical Papers*》(Oxford 1983), vol. 2.

케인스, 제번스, 라이헨바흐 같은 구식 접근법은 닐W. Kneal의 《확률과 귀납*Probability and Induction*》(Oxford 1949)에서 논의되었다. 루카스J. R. Lucas의 객관적 확률의 변호는 그의 《확률의 개념*The Concept of Probability*》(Oxford 1991)에

나온다.

기준과 징후에 대한 문헌은 방대하지만, 항상 잘 설명되어 있지는 않다. 주 텍스트는 비트겐슈타인Wittgenstein의 《철학적 탐구*Philosophical Investigations*》(Oxford 1952)와 《청색 책*Blue Book*》(Oxford 1958)이다. 또한 스크루턴R. Scruton과 크리스핀 라이트Crispin Wright, 〈진리조건과 기준Truth Conditions and Criteria〉, 《아리스토텔레스 학회보 속편*Proceedings of the Aristotelian Society, Supplementary Volume*》, 1976도 보라.

자연종natural kind 개념에 대해서, 독자는 다음을 참조할 필요가 있다.

(1) 밀J. S. Mill, 《논리학 체계*A System of Logic*》(London 1943) 1권 7장 4절.

(2) 퍼스C. S. Peirce, 〈자연적 부류Natural Classes〉, 《선집*Collected Papers*》(찰스 하트숀Charles Hartshorne과 폴 와이즈Paul Weisse 편집, Cambridge Mass, 1960), vol. 1, pp. 83-99

(3) 퍼트넘H. Putnam, 〈의미론은 가능한가?Is semantics possible?〉, 《선집*Collected Papers*》, vol. 2과, 《의미와 형이상학*Meaning and Metaphysics*》(Cambridge 1975).

(4) 크립키S. Kripke, 《이름과 필연*Naming and Necessity*》(Oxford 1980).

양자역학의 역설은 많은 저자에 의해 논의되고 있다. 아마도 가장 용이하게 접할 수 있는 텍스트는 존 폴킹혼John Polkinghorne의 《양자세계*The Quantum World*》(Harmondsworth 1986)다. 더 어려운 텍스트 가운데 특히 중요한 것은 다음과 같다.

(1) 낸시 카트라이트Nancy Cartwright, 《물리법칙이 거짓말하는 법*How the Laws of Physics Lie*》(Oxford 1983).

(2) 베르나르 데스파냐Bernard d'Espagnat, 《양자역학의 개념적 근거*Conceptual Foundations of Quantum Mechanics*》, 2nd edn, 1972.

(3) 레게트A. J. Leggett, 《물리학의 문제들*The Problems of Physics*》(Oxford 1987).

이 책은 슈뢰딩거의 고양이 논변을 잘 요약해주고 있다.

(4) 보어N. Bohr,《원자물리학과 인간의 지식Atomic Physics and Human Knowledge》(New York 1949). (특히 〈아인슈타인과의 논의Discussion with einstein〉를 보라.)

(5) 리처드 힐리Richard Healey,《양자역학의 철학The Philosophy of Quantum Mechanics》(Cambridge 1989). 철학적이라기보다는 더 전문적이다.

(6) 아인슈타인, 포돌스키, 로젠Einstein, Podoski and Rosen: 이것은 《물리학 리뷰Physical Review》, no. 47, 1935, p. 777에 실려 있다.

(7) 벨J. S. Bell,《물리학Physics》, I, 1964, p. 195. 벨의 정리와 그 적용은 다음에 잘 정리되어 있다. 데이비드 머민N. David Mermin, 〈아무도 바라보지 않을 때에도 달은 그 자리에 있는가?Is the moon there when nobody looks at it?〉, 《현대 물리학Physics Today》, April 1985, pp. 38-47과, 베르나르 데스파냐Bernard d'Espagnat, 〈양자이론과 실재The Quatum Theory and Reality〉, 《사이언티픽 아메리칸Scientific American》, vol. CCXL no. 5, nov. 1979, pp. 158-181과, 애브너 시모니Abner Shimony, 〈벨의 정리 해설An Exposition of Bell's Theorem〉, 《자연주의적 세계관의 탐색Search for a Naturalistic World View》, vol. 2, Cambridge 1993. 또한 벨J. S. Bell, 〈베르틀만의 양말과 실재의 본질Bertlemann's socks and the nature of reality〉, 《물리학 저널J. Phys.》(paris), 42, 1981을 보라.

(8) 데이비드 봄David Bohm,《전체와 접힌 질서Wholeness and the Implicate Order》(London 1980).

(9) 하이젠베르크W. Heisenberg,《물리학과 철학Physics and Philosophy》(New York 1962).

(10) 마이클 레드헤드Michael Redhead,《불완전성, 비국소성 그리고 실재론 Incompleteness, Nonlocality and Realism》(Cambridge 1987). 매우 어렵다.

(12) 바스 판 프라센Bas C. Van Frassen,《양자역학: 어느 경험주의자의 견해 Quantum Mechanics: an empiricist view》(Oxford 1992). 아마도 이 주제에 관한 가장 좋은 저작일 것이다.

이 논제는, '마음' 혹은 '의식'이 더 분명하고 덜 논쟁적이라는 가정에 따라 '영혼'이라는 단어가 폐기되었음에도, 최근 강단 철학자들에게 커다란 흥미를 불러일으킨 것으로 드러났다. 최근의 문헌은 내용이 더욱 풍부하고, 어려우며 종종 매우 나쁘게 쓰여서, 학생으로 하여금 그 논제를 단념하든가, 혹은 이렇게 이해할 수 없게 쓴 저자들이 실제로는 할 말이 없는 것이라 결론 내리도록 한다. 이러한 태도를 취해서는 안 된다. 하지만 이해를 위해 도움이 필요하기 때문에, 그 영역에 대한 더 확대된 안내서를 제공하겠다.

현대의 마음의 철학의 방법은 두 가지 고전적 텍스트들에 의해 제공된다. 길버트 라일Gilbert Ryle의 《마음의 개념The Concept of Mind》(London 1949)과 라일의 중요한 비판을 담고 있는 존 위즈덤John Wisdom의 《다른 마음들Other Minds》(Oxford 1952)이다. 그 문제는 라일 이후 근본적으로 변했다. 그리고 대륙에서는 모리스 메를로퐁티Maurice Merleau-Ponty의 고전적 저작인 《지각의 현상학The Phenomenology of Perception》(콜린 스미스Colin Smith 번역, London 1962)에서 예화되었듯이, 현상학 위주로 논의함에 따라 항상 다르게 전개되었다. 나는 마음의 철학의 모든 논의를 다루기보다, 영미권 전통에서 전개된 최근의 논의를 통해 독자를 안내하는 데 한정하려 한다. 그러한 논의에 대한 하나의 유용한 접근은 스미스P. Smith와 존스O. R. Jones의 《마음의 철학The Philosophy of Mind》(Cambridge 1986)이라는 입문서를 먼저 읽고, 그러고 나서, 콜린 맥긴 Colin McGinn의 저작 중 어떤 것, 최근 논쟁에 대한 더 명쾌하고 상상력이 풍부한 기고 중 하나를 읽는 것이다. 예를 들어, 《마음의 특징Character of Mind》 (Oxford 1982)과 《의식의 문제들The Problems of Consciousness》(Oxford 1991)에 있는 논문을 읽어보라.

나는 아리스토텔레스의 프시케psuche 개념—모든 생물에 있는 생명의 원리—이 우리의 근대의 가정에 대해 급진적으로 도전하여, 우리로 하여금 '마음'과 '정신'으로 실제로 무엇을 의미하는가라는 질문에 직면하도록 강요하기 때문에 아리스토텔레스에서부터 시작한다. 마음이 무엇이든지 간에, 그것은 자기를 갖고 있는 것을 생기 있게 해주는 그 무엇의 부분임에 틀림없다. 어떤 경우이든지 간에, 생기의 정신적인 형태와 다른 형태들 간의 구별은 무엇인가? 프시케 개념과 근대의 마음의 개념 간의 대조점은 마사 누스바움Martha C. Nussbaum과 에밀리 로티Amelie O. Rorty가 편집한 《아리스토텔레스의 『영혼에 관하여』에 대한 논고Essays on Aristotle's De Anima》(Oxford 1992)에 수록된 캐슬린 윌크스Kathleen Wilkes의 〈프시케 대 마음Psuche versus the Mind〉에서 탁월하게 탐구되었다. 또한 그 책에는 마일스 버니에트Myles Burnyeat(〈아리스토텔레스의 마음의 철학은 아직도 신뢰할 수 있는가?Is an Aristotelian Philosophy of Mind still Credible?〉)와 마사 누스바움Martha Nussbaum과 힐러리 퍼트넘Hilary Putnam(〈아리스토텔레스의 마음 바꾸기Changing Aristotle' Mind〉) 간의 논쟁을 담고 있는데, 이것은 아래에서 다루겠다. 아리스토텔레스의 견해는 종종 '질료형상론hylomorphism'—질료를 뜻하는 *hule*와 형상을 의미하는 *morhe*의 합성어—으로 불린다. 왜냐하면 아리스토텔레스는 영혼과 육체가 형상과 질료와 같이 관련된다고 주장했기 때문이다. 영혼은 육체의 질료를 단일하고 스스로 활동하는 생명으로 조직하는 원리다. 질료형상론은(그 간결함과 통찰력에 있어 뛰어난 저서인 《영혼에 관하여De Anima》에서 자세히 설명되었다) 이원론의 한 형태가 아니며, 근대적 의미에서 물리주의자도 아니다—허나 누스바움과 퍼트넘(아래를 보라)은 그것을 하나의 전조로 간주하며, 심지어 기능주의의 한 해석으로 간주할지 모른다. 버니에트의 견해는 아리스토텔레스의 질료와 형상 간의 구별과, 그것에서 연유하는 질료의 개념이란 과학적 사고라는 대체된 단계에 속하고, 이 용어들로 표현된 그 어떤 이론도 오늘날 신뢰할 수 없다는 것이다.

아리스토텔레스의 이론을 현대의 논쟁의 문맥으로 처리하려는 다른 시도에 대해서는, 찰스 칸Charles Kahn, 〈아리스토텔레스의 사유하기Aristotle's Thinking〉과 프레데M. Frede, 〈아리스토텔레스의 영혼 개념에 관하여On Aristotle's Conception of the Soul〉를 보라. 둘 다 누스바움과 로티의 위의 책에 수록되어 있다. 또한 휴 로슨-탠크리드Hugh Lawson-Tancred 자신이 번역한 《영혼에 관하여De Anima》(Penguin, Harmondsworth 1987)에 쓴 서문도 보라.

1. 데카르트의 마음이론

우리가 이미 보았듯이(4장), 사유하는 실체로서의 데카르트의 특별한 마음 이론을, 우리가 데카르트적이라고 부르는 이론으로부터 구별해내는 것이 필수적인데, 왜냐하면 그런 이론이 마음이란 전체적으로건 혹은 부분적으로 건 간에 물리적 세계와 구별된다는 데카르트 견해를 영속시켜주기 때문이다. 데카르트 자신의 이론은 마음과 육체 간의 '실질 구별'에 대한 논변의 두 가지 해설—《제1철학의 원리Principles of First Philosophy》, 60과 《성찰Meditations》, VI—과 이 논변에 대한 주석을 통해 가장 잘 논의되고 있다. 데카르트 추리의 숨은 가정과 양상 구조를 끌어낸, 아마도 가장 빛나는 해설은, 버나드 윌리엄스Bernard Williams의 《데카르트: 순수 탐구의 기획Decartes: the Project of Pure Enquiry》(Penguin, Harmondsworth 1978) 4장에서 제시된다.

데카르트는 합리론 철학자들에게 공통적인 특정한 의미로, 마음을 실체로 생각했는데, 이때 실체는 속성의 담지자이고, 그 존재에 대해서 신을 제외하고, 다른 어떤 것에도 의존하지 않는다. (데카르트에게, 신은 진정으로 유일한 자기의존적 실재이며, 그리하여 창조된 실체와는 또 다른 의미에서의 실체인 것이다.) 마음도 역시 공간적으로 연장되지 않으며, 그 속성 모두 사유의 양태modes인 것이다. 그것은 종종 독립된 실체란 상호작용하지 않는다는(인과 상호작용이란 상호의존의 형태이기에 말이다) 합리론자의 실체에 대한 관념의 결과라고 한다. 마음과 육체 간의 인과관계가 있음에 틀림없기 때문에(그 밖에 어떻게 지각 인식, 지식과 행동이 가능할 수 있으며, 우리는 어떻게 세계 안에 있을 수 있겠는가?), 이것은 데카르트 입장의 귀류법reductio ad absurdum으로 해석되었다. 사실, 마음과 육체 간의 인과관계의 사실을 어떤 형태에 있어 이원론의 결정적인 논박으로 간주하는 사람들이 있다. (데이빗슨도 그들 중 한 명이다. 아래를 보라.) 그렇지만 내가 이 장의 본문에서 알려주었듯이, 데카르트는 마음과 육체란 상호작용한다고 믿었다. 난점은 바로 이것이 어떻게 그럴 수 있는지, 어떠한 방법으로 그것이 합리론자 과학의 가정과 일관되는지를 설명하는 데 있다.

데카르트가 부여한 형태와 같이 어떤 것에 있어 이원론을 옹호하려는 철학자는, 합리론자의 실체의 관념에 대한 의존을 버렸다 하더라도, 여전히 존재한다. 그런 사람들 중 한 명이 리처드 스윈번Richard Swinburne인데, 그는 마음을 비육체적이며, 비물리적 속성들의 담지자인, 하나의 존재자entity로 계속해서 간주한다. (합리론자의 의미에서 실체가 아니라 하더라도 말이다.) 특별히 흥미로운 점은 그의《영혼의 진화Evolution of the Soul》(Oxford 1986)과 자기에 대한 시드니 슈메이커Sydney Shoemaker의 공격에 대한 이원론 옹호인데, 그 모두 그 둘이 공동 편집한《인격 동일성Personal Identity》(1986)에 수록되어 있다. 스윈번의 입장에 대한 슈메이커의 공격은 꽤나 단호한 듯하다. 그렇지만 스윈번은 슈메이커도 역시 논박되어야 한다고 주장한다. (이 논쟁에서 어느 한쪽을 편드는 논문을 써보는 것도 유용한 훈련이다.)

데카르트의 이원론은 '실체 이원론substance dualism'이다. 그것은 두 가지 종류의 속성에 대해서라기보다 두 가지 종류의 사물에 대해 주장한다.《개별자들Individualism》(London 1956)에서의 스트로슨의 견해조차도 일종의 실체 이원론인데, 왜냐하면 그는 인격이란 자신이 부르는 'P-술어'의 유일한 담지자이고, 육체로부터 분리된 동일성의 조건을 갖고 있다고 주장하고자 하기 때문이다. 그는 심지어 한 희박한 의미로, 육체적 죽음 이후에도 순수한 '의식의 주체'로서 인격person의 생존을 허용하고자 한다. 충분한 데카르트식 이원론자가 되기 위해 더 요구되는 것은 무엇인가? 존 포스터John Foster는《비질료적 자아The Imaterial Self》(London 1991)에서, 반이원론적 마음의 이론이 비일관적이라고 주장한다. 지극히 타당한 주장의 이 책에서 새로운 종류의 사례가 새로운 종류의 이원론을 위해 놓였다.

데카르트식 마음의 이론이(4장에서 특징적이었듯이) 항상 실체의 이원성을 묵인하지는 않는다. 아마도 속성의 이원성으로 충분할 것이다. 우리는 정신적 속성과 상태를 비물리적 상태로 생각할 만큼 데카르트적이다. 설령 그것도 역시 물리적 사물의 상태라 할지라도 말이다. (마치 우리가 그림의 한 측면을 비록, 물리적 속성이 아닐지라도, 물리적 화폭의 한 속성으로 간주하듯이 말이다.) 이런 의미로, '주관적' 속성, '날것의 느낌' 혹은 '감각질qualia'을 믿는 철학자는 종종 비물리적인 속성이고, 물리학이 상상하듯이 '세계의 책'에 기재되어 있지 않은 사람의 속성이 있다는 믿음을 갖는 듯하다. 이러한 최소의 데카르트주의는 토머스 네이글Thomas Nagel의 저작에 살아남아 있는 것 같다. (특히《죽음에 관한 물음들Mortal Questions》(Oxford 1982)에 있는 〈박쥐가 된다는 것은 어떠한가What it's like to be a bat〉와 〈주관과 객관Subjective of objective〉, 그리고《어디에서도 바라보지 않는 관점The View from Nowhere》(Oxford 1986)에 있는 논문들의 확장된 논변에서 말이다.)

현상학자의 데카르트주의─특히 후설의 데카르트주의─는 규정하기 더욱 어렵다. 이것은 내가 31장에서 다룬 논제다. 그 모든 형태에 있어, 데카르트주의는 한 사람에게만 관찰될 수 있고, 화자에게 사적인 언어로만 기술될 수 있는, 본질적으로 사적인 사실이 있다는 견해에 몰두해 있는 듯하다. 그리하여 그러한 언어에 반대하는 논변은 데카르트 이론을 반대하여 주장한다. 그렇지만 몇몇 철학자는 데카르트식 1인칭 지식의 상을 거부하는 한편, '순수하게 주관적인' 사실─1인칭 관점에서만 접근할 수 있는 사실─이 있다는 생각을 고수하고 싶어한다. 그들이 말하길, 데카르트주의의 오류는 일종의 관찰에 의해 우리가 '내적 영역'을 안다고 가정하는 데 있다. 그리고 데카르트의 실질적 구별이 남긴 해로운 유산은 바로 이 내적 관찰의 허구(내가 관객인 내부 극장)이다. 그 상을 없애버려라. 그러면 사적 언어 논변은 지상에서 벗어나지 못할 것이다. 그리하여 우리는 어떤 사적 언어의 실존을 부정하는 한편, 순수하게 주관적인 사실의 관념을 유지할 수 있는 것이다. 이러한 종류의 견해를 네이글Nagel이 취하며, 또한 캐슬린 윌크스Kathleen Wilkes가 아리스토텔레스를 논하면서, 갖는 것이기도 하다.

이와 대조적으로, 실질적 구별─적어도 정신적 상태와 육체적 상태 간의 구별─을 위한 데카르트적 논변을 소생시키기를 바랐던 철학자들이 있다.

그중 가장 도전적인 사람은, 《이름과 필연*Naming and Necessity*》(Oxford 1980)의 3강에서 고통이란 어떤 본질적 특징(즉 고통스럽게 느껴진다는 것)을 갖고 있기 때문에, 어떤 육체적 과정과도 동일시될 수 없다는 결론을 위해 양상 논변을 제시해주는 철학자인 크립키Kripke다. 그 논변은 선결문제 요구의 오류라는 외양을 띠며, 예를 들어 다음의 글들에서 많이 논의되었다.

리칸W. G. Lycan, 〈크립키와 물질주의Kripke and Materialism〉, 《철학 저널 *Journal of Philosophy*》 1971, 18: 677-89.

리칸W. G. Lycan, 《의식*Consciousness*》(Cambridge Mass. 1987).

셔G. Sher, 〈크립키, 데카르트적 직관과 물질주의Kripke, Cartesian Intuitions and Materialism〉, 《캐나다 철학 저널*Canadian Journal of Philosophy*》, vol. 7, 1977.

설J. R. Searle, 《마음의 재발견*The Rediscovery of the Mind*》(Cambridge Mass. 1992) 2장.

2. 1인칭 관점

이 항목의 논제는 여러 다양한 방법으로 접근될 수 있다. 그 논제란 어떤 특별한 현상—즉 의식의 현상(예를 들어, 위의 리칸Lycan의 책)—과 관련된다고 믿는 사람들과 그 논제는 오히려 세계에 대한 어떤 관점과 관련된다고 믿는 사람들(콜린 맥긴Coin McGinn의 《주관적 관점*The Subject View*》과 그 밖의 곳에서) 간에는 어떤 구별점이 있다. '경험의 주체subject of experience'의 관점 말이다. 첫 번째 종류의 철학자들은 의식이란 유기체의 육체적 특징과 동일한가, 유기체의 육체적 특징으로 환원될 수 있는가, 혹은 여하튼 유기체의 육체적 특징으로 설명될 수 있는가를 묻고, 그렇지 않다면 이것이 어떤 종류의 이원론에 대해 근거들을 제공하는지를 묻는다. 두 번째 종류의 철학자는 1인칭 시점이 세계의 3인칭 논의 내에서 조화될 수 있는지를, 그렇지 않다면, '주체'의 형이상학적 조건에 관한 어떤 것을 특별히 의미하는지를 살펴보려 한다. 하지만 강조와 접근법의 차이에도 불구하고, 관련된 질문은 궁극적으로 동일하다. 이 질문은 다음의 것을 포함하고 있다.

(1) 주체에게만 접근될 수 있는 경험, 감각, 다른 정신상태가 있는가? 예를 들어, '그것은 어떠한가what it's like', '어떤 느낌인가how it feels?'에 관한 사실 말이다. 이것은 종종 우리 정신적 삶의 내적 특색(그러한 것이 있다고 가정하는)을 지칭하는 데 사용되는 용어인, 감각질qualia의 질문으로 표현되곤 한다. 감각질의 존재를 부정하거나, 혹은 설명해버리려고 시도하는 철학은, 종종 처음부터 잘못된 것으로 처리되곤 한다. (예를 들어, 설Searle의 《마음의 재발견The Rediscovery of the Mind》에서 찾아볼 수 있다.) (또한 매컬로G. McCullough, 〈현상학상의 그 관념에 관하여On the Very Idea of the Phenomenological〉, 《아리스토텔레스 학회보 Proceedings of the Aristotelian Society》, 1992를 보라.)

(2) 의식이란 무엇이며, 그것은 자기의식과 관계되거나, 동일시되거나, 전적으로 구별되는 것인가? 데카르트주의의 어떤 형태는 의식을 일종의 내적 관찰로 간주하는 것 같다—다른 많은 사람들 가운데 라일Ryle에 의해, 설Searle이 '난쟁이 오류homunculus fallacy'라고 부른 것과 관련된다고, 치명적인 비판을 받은 견해다. 난쟁이 오류란 자신도 역시 마음을 갖고 있어야 하기에, 그 자신의 정신상태를 의식할 정도로 그러한 또 다른 관찰자를 갖고 있어야 하는 '내적 관찰자'의 실존을 믿는다는 오류다. (그렇게 무한퇴행한다.) 다른 사람들은 의식이란 하나의 자연현상이고, 개, 고양이, 코끼리를 포함하는 많은 더 고등 유기체의 속성이라 주장하는데, 이때 이 속성이란 언어와 1인칭 사례의 사용과 더불어 생겨나는 자기의식과는 예리하게 구별될 수 있는 것이다. 하지만 어느 것이 철학적 문제—의식, 자기의식, 혹은 둘 모두—를 만들어내는가? 그리고 그 문제는 어떻게 해결될 수 있단 말인가?

(3) 의식은 '주관적 관점subjective view' 즉 어떻게든 경험이 있으려면 필수적인 관점의 측면에서 이해될 수 있는가? 혹은 주관적 관점은 의식의 산물로 이해되어야 하는가? 이 견해 중에서 어떤 것에는 다른 어떤 것이 결여하고 있는 이점이 있는가? (최근의 많은 철학자들, 특히 네이글Nagel과 설Searle에게는, 주관적 관점과 의식을 동등하게 취급해서, 둘 모두를 자기의식과 혼동하는 경향이 있다.)

(4) 의식에 관한 직관에 의해 창출된 특정한 난제. 그 하나가 '전도 스펙트럼inverted spectrum'이다. 자기의 언어와 행동에 있어 우리가 정확하게 똑같은 사람들이 우리가 하듯이 대상을 분류하고, 우리에게 익숙하게 된 것을 식별하지만, 그들의 붉은 대상의 '내적 경험'이 우리의 푸른 대상의 내적 경험과 같게 되고, 그 반대가 되는 상황을 상상할 수는 없는가? 그렇다면 우리는 물리 과학에 공적으로 관찰 가능하고 접근 가능한 무엇으로 마음의 논의에서 남겨진 중대한 사실fact of the matter이 있다는 것을 인정하면 안 되는가? 이 문제에 관한 재밌는 논의에 대해서는, 데닛D. C. Denett의 《풀이된 의식 Consciousness Explained》(London 1992)을 보라. 데닛은 전도 스펙트럼의 제안이 정합적이지 않다고 주장 한다. 그러한 사람들이란 있을 수 없다. 없다면, 왜 그러한가? 이 논변은 네이글 등에 대한 일종의 답변이며, 물리학자의 이론에 의한 설명에서 도외시되는 주관적 사실이란 없다고 주장하는 것을 의미한다. 어떤 유사한 것이 비트겐슈타인의 《쪽지Zettel》(Oxford 1967)에서 이 영역에 대해 탐구되었다. 비트겐슈타인의 견해는 그런 모든 고찰이란 공허하고, 어떤 것을 '말하려는 유혹temptation to say'이상에 결코 이르지 못하며, 사실상 정신적인 것에 관한 '언어게임language game'에서 어떠한 역할도 담당하지 못한다는 것이다. (아래의 기능주의의 논의를 추가로 보라.)

3. 지향성

최근에 논의된 이 주제를 조사하기 위해서는 로저 스크루턴의 《성적 욕구 Sexual Desire》(London 1986)에 있는 두 번째 보론을 보라. 브렌타노의 선구적인 논의는 《경험적 심리학Psychology from an Empirical Standpoint》(오스카 린다 매캘리스터Oscar Kr. Linda McAlister 외 편집, London 1976) 1권에 나온다. 브렌타노는 우리가 생각하고, 욕구하며, 혹은 느낄 때 '마음 앞에' 있는 정신적 사물의 하위 등급으로 그가 의미하는 정신적 현상의 특징으로서의 지향성을 확인했다. 이것은 이후의 철학자가 지향성을 '현상'으로서의 정신적인 것이라기보다는 오히려 정신적인 것 그 자체의 속성으로 간주하면서 대체로 무시했던 복잡함을 더하고 있다. 브렌타노의 접근법은 지향의 영토를 어지러울 정도로 배가시켰는데, 후설에게는 환영을 받아, 물질의 설명으로까지 확대되었지만, 다른 사람들에게는 물리주의자의 이론에 반대하는 주요 물음을 이미 간청하도록 하는 것 같았다.

후설에 따르면, 지향성이란 의식의 양태로 생각될 수 있는 모든 정신상태의 대상을 철학적으로 이해하기 위해 '괄호 치기bracket'할 필요가 있게 한다. 이로부터 야기되는 '현상학적 환원phenomelogical reduction'의 절차는 4장과 31장에서 부수적으로 논의되고 있다. 대강 훑어본 정도 이상의 논의가 필요하다는 증거가 내게는 없다. (데이비드 벨David Bell의 건조하지만 충실한 연구인《후설Husserl》(London 1990)을 보라.) 그렇지만 그것은 우리를 현상학적 방법에 대한 완전한 기초를 검토할 수 있도록 두루 이끌어줄 것이다. 후설 자신의 인식은 난국에 이르렀던 자신의 후기 저작에서, 순수 현상학의 가능성에 반대하는 비트겐슈타인의 혹평과 함께(그의《색에 관한 단평Remarks on Colour》(Oxford 1976)에서, 그리고 사적 언어 논변에서는 암시적으로), 전문어는 매우 풍부하지만, 그 결과는 너무 빈약한, 이런 허풍 많은 방법을 향한 강건한 회의주의를 확증하기 위해 어떤 일을 하고 있다.

최근에 지향성을 물리주의에 대한 장애물로 간주했던 사람들 중에서, 아마도 가장 완고하고 호전적인 사람은 로더릭 치좀Roderick Chisholm인데, 그 자신의 〈믿음에 관한 문장Sentences about Believing〉,《아리스토텔레스 학회보 Proceedings of the Aristotelian Society》(1956)과《지각: 철학적 연구Perceiving: a Philosophical Study》(Ithaca, New York 1957)에서 시작하였다. 이러한 종류의 논변에 대해 세 가지 상투적인 반응이 있다. 첫째, 어떤 사람은 지향성이 정신적 개념의 물리주의자 설명에 대한 장애물이라는 점을 수용해서, 이것을 흠이 있는 것이라든가 아니면 비지향적 과학에 의해 대체될 운명이 있는 개념으로 버릴 수 있게 하는 논변으로 사용하는 것 같다. 이런 사유는 스티치S. P. Stich의《민간 심리학에서 인지과학까지: 믿음에 반하는 사례From Folk Psychology to Cognitive Science: The Case against Belief》(Cambridge Mass. 1983)에서 가장 체계적으로 이르렀던, '민간 심리학folk psychology'에 대한 공격의 근저에 놓여 있다. 또한 데닛 D. C. Dennett의 초기 저작 몇몇에도 수용되었다. 두 번째 반응은 데닛의 후기 저작에서 더 특징적인데, 그는 《브레인스톰: 마음과 심리학에 관한 철학적 논고Brainstorm: Philosophical Essays on Mind and Psychology》(Cambridge Mass와 1978)에 수록된 〈지향적 체계Intentional Systems〉 같은 논문과 《지향적 태도Intentional Stance》(Cambridge Mass. 1987)에서 지향적 상태의 물리 체계로의 귀속에는, 비록 그러한 체계가 의식이나 혹은 다른 어떤 '정신적인' 것이라는 표시를 나타내준다는 점을 부인할지라도, 원리상으로는 불합리한 점이 전혀 없다고 주장했다. 세 번째이자 가장 급진적인 반응은 도날드 데이빗슨에 의해, 지향성의 존재가 이원론에 반대하고, '파격 일원론'을 옹호하게 되는 논변을 제공할 수 있게 한, 자신의 《행위와 사건에 관한 논고Essays on Actions and Events》(Oxford 1980) 안에 있는 〈정신적 사건Mental Events〉에서 탐구된 것이다. 데이빗슨은 정신적(즉 지향적) 기술하에 있는 사건과 물리적인 것으로 기술된 사건 간을 연결하는 법칙이란 있을 수 없다고 주장한다. 그렇지만 두 범주에 있는 사건 간에는 인과적 연관이 있기 때문에, 그러한 법칙이 존재해야 하고, 그리하여 또 다른 것이자, 정신적 사건을 기술하는 지향성에서 자유로운 방법이 있어야 한다는 결론이 도출된다. 사건은 기술되는 것으로서만 정신적(그리고 지향적)이다. 데이빗슨의 그것에 근접한 견해는 스피노자의 《에티카 Ethics》에서 발전되었다. 그 책이 주장하길, 모든 것은 정신적이고 육체적인 것이라는 두 개의 완전하지만 양립될 수 없는 기술방식의 체계에 속하며, 사건의 바로 그 내적 연관됨은 이제 정신적인 것(사유로서)과 육체적인 것(연장으로서)으로 기술될 수 있는, 단일하고 보편적인 실체의 존재를 주장한다.

지향성의 논제는 설J. R. Searle의 《지향성: 심리철학 논고Intentionality: an Essay in the Philosophy of the Mind》(Cambridge 1983)와 《마음의 재발견The Rediscovery of the Mind》 8장에서 탐구되었다. 설의 입장은, 매우 거칠게 말해서, 지향성을 다른 정신적인 것의 표시—의식—와 분리시켜버린다면, 우리는 지향성을 의미 있게 할 수 없다는 것이다('연관' 테제). 지향성을 비의식적 체계들의 한 속성으로 기술하려는 모든 시도는(예를 들어, 데닛의 그것 말이다.) 표상적representational 이거나 혹은 양태적aspectual 본질인, 그 주도적 특색을 파악하지 못하게 된다. 지향적 상태는 어떠한 방법으로 그리고, 의식의 어떤 중심에 대해 의미하는 자기의 대상을 제공한다. '관함aboutness'이 생물학적 특색으로 제공되고 있는, 대조적인 접근법에 대해서, 루스 밀리칸Ruth Milikan의 《언어, 사유 그리고 다른 생물학적 범주들Language, Thought and Other Biological Categories》(Cambridge Mass. 1984)를 보라.

4. 무의식적인 것

이 논제는 실제로는 두 가지다. 첫째, 의식이나 혹은 '주관적 관점'은 정신적인 것의 본질적 부분인가? 둘째, 프로이트적 의미로 무의식—주체에게는 접근될 수 없고, 치료과정으로 인해 의식으로 이끌려 갈 수 있는 정신적인 영역—은 있는가? 일상의 의미로, 물론 무의식적인 정신상태는 있다. 예를 들어, 믿음을 생각해보라. 메리는 백금이 화학적으로 비활성적이라고 믿는다. 하지만 그 믿음은 그녀가 존과 체스를 둘 때 '그녀의 마음 이전에' 있는가? 우리 모두 거대한 믿음의 창고를 갖고 있기 때문에, 그 믿음이 마음 앞에 있어야 한다는 제안은 터무니없는 것이다. 다른 한편, 메리의 바로 이 믿음은 분명히 프로이트의 이론(그것에 따르면, 메리는 자신의 아버지가 어머니에 의해 살해되었으며, 어머니가 늘상 얘기해주었듯이 칠성장어를 과식하여 죽은 것이 아니라는 무의식적 믿음을 품고 있을지 모른다)에 의해 요구된 의미로는 무의식적이지 않다. 그렇지만 또 다른 의미로, 백금에 관한 메리의 믿음은 의식적이며, 그 경우에 그녀는 명제가 자기 마음 앞에 오자마자 즉각적으로 그리고 알아챌 필요없이 이것이 자신이 믿고 있는 어떤 것임을 안다.

프로이트 이론에 대한 고전적인 공격에서, 사르트르는(《존재와 무Being and Nothingness》, 헤이젤 반스Hazel Barnes 번역, London 1943) 정신상태란 본질적으로 의식의 중심부의 상태라고 주장했으며, 프로이트가 그 '의식의 중심부'를 복사하고, 자신의 무의식 이론으로 인해 정의상 내가 아닌, 또 다르고 숨어 있는 자아를 요청하도록 강요되었다고 주장했다. 다시 말해서, 프로이트는 무의식적 정신상태를 주체와는 다른 어떤 것에 귀속시키기 위해서만 도입한다. 어떤 경우이든지 간에, 그것은 그 주체의 무의식적 상태가 아니라 또 다른 주체의―그것이 존재한다면―의식적 상태다. 그렇지만 사르트르의 견해는 역설적인데, 왜냐하면 그것이 다른 어떤 것과도 관계하지 않는 어떤 것, 즉 자기의 실존의 비실체적 영역에 대해 절대 지배권을 누리는 순수 '나'이자, 주변세계와 전적으로 관련되지 않는 어떤 것으로서의 주체의 '초월적' 시각에 완전히 의존하기 때문이다(30장을 보라). (그러나 사르트르 자신은 50~54쪽에서 그러한 견해에 직접적으로 반대하여 주장하려 한다.)

비트겐슈타인이 《미학, 프로이트 그리고 종교적 믿음에 관한 강의Lectures on Aesthetics, Freud and Religious Belief》(Oxford 1966)에서 채택한 견해는 오히려 더 미세하다. 비트겐슈타인에 따르면, 정신상태는 정상적인 경우에, 어떤 사람이 그것을 어떠한 기초에 입각해 스스로에게 귀속시키지 못하는데, 그것이 바로 의식이 이르게 되는 무엇인 것이다. 그렇지만 때때로, 정신상태는 비록 내가 그것을 '인정'하기를 거부할지라도, 또 다른 것에 의해 내게 귀속될 것이다. 그럼에도 그것은 나의 것인가? 비트겐슈타인이 주장하길, 그것이 내 것이라는 주장은 단지 정신분석의 과정이라는 배경에 반대해서만 의미가 있다. 그리고 그 과정이 존재하고 있는 무엇은 정확히 이것, 즉 그것이 나로 하여금 이러한 정신상태를 나의 것이라 받아들이고, 그것을 자인해서, 어떠한 기반에 입각하지 않아도 내 자신에게 귀속시킬 수 있게 이끈다는 점이다. '의식으로 이끈다는 것'은, 정신분석 가설에 관한 진리기준을 제공해주는데, 그것은 우리의 일상적 정신의 귀속이 활용하는 의식의 기준에 정확히 의존한다. 이 견해는 또한 본질적으로 설Searle의 《마음의 재발견The Rediscovery of the Mind》 7장에서 채택되었다.

다른 사람들은 더 급진적인 견해를 취해서, 지향성이란 현실적이건 혹은 잠재적이건 간에 의식적이라는 점을 부정하면서, 지향성이 있게 되는 모든 정신상태의 존재를 주장한다. 설은 이것이 '연관' 테제의 논의 때문에, 혼란스럽게 된 것이라 믿는다(위를 보라). 이 어려운 논제를 명확히 하기란 쉬운 문제가 아니다. 먼저, 우리는 지향적 상태의 현존(말하자면, 무의식적 믿음 혹은 욕구)을 목적론적 설명이 누군가의 행위에 제공되어야 한다는 단순한 사실과 구별해야만 한다. 예를 들어, 나의 많은 행위는 내가 어떠한 목표—말하자면, 부, 음식과 성적 만족—를 갖는다는 사실로 인해 설명될 수 있다. 성적 만족의 추구는 단편적인 어떤 특정한 행위를 설명할 수 있게 될 것 같다. 예를 들어, 나의 스포츠카 구매 말이다. 어떤 의미에서 나는 여자에게 인상을 남기기 위해 그 차를 샀던 것이다. 하지만 나는 그런 동기를 깨닫지는 못했다. 반대로, 나는 차의 외관을 좋아했고, 그 주행 모습에 인상을 받은 상태에서, 판매원 말에 현혹되어 그 차를 샀던 것이다. 내가 그 차를 여자에게 좋은 인상을 주기 '위해' 샀다고 하면, 이는 꽃이 햇빛이 받기 '위해', 태양을 향하는 의미에서만 참일 것이다. 유기체의 일반적인 기질은 '목표'의 요청을 통해 일어나고, 그 결과로 된 '목적론적' 설명은 욕구로 인한 설명의 그것과 다르지 않은 구조를 갖게 된다. 하지만 물론, 꽃이 햇빛에 대한 욕구, 의식 혹은 그 밖의 것을 갖고 있다는 주장이란 없다. 마찬가지로 이러한 일반적인 목표의 소유가 어떤 특정한 차의 구매를 설명하도록 자극받을 수 있는 그 이유로, 내가 성적인 만족에 대한 욕구에 의해 동기를 받은 것도 아니다. 나는 이러한 경우에 대해 그러한 욕구를 갖고 있지도 않다. 내 욕구는 내가 구매했던 바로 그러한 차에 대해서였다.

목적론적 설명의 논제, 즉 그런 설명이 적합한가 혹은 그렇지 않은가의 논제는 꽤나 복잡하다. 하지만 그 예는 우리가 무의식적 동기라는 개념을 도입할 수 있게 되면 그 이상의 어떤 것이 필요할 것이라는 점을 보여주는 것으로 충분하겠다. 비트겐슈타인과 설 같은 철학자들을 당혹스럽게 만들고 그들로 하여금 무의식적 마음의 이론이 어떤 수준에 있어서는 정신상태란 본질적으로 의식적이라는 테제에 의존하고, 그 테제를 다시 긍정한다는 것을 믿게끔 유도한 것은 바로 '그 이상의 무엇이 있는가?'라는 물음이다.

이와 반대로, 의식이란 일반적으로 정신적인 것에 부가적인 것인데, 그것을 정신적인 것의 개념으로 만들려는 우리의 근대적 경향이 철학적 오류를 상기시키는 책임이 있다고 믿는 철학자들도 있다. 즉 의식에 대한 그 강조 때문에, 마음의 '내면 극장inner theatre' 견해로 향해 가도록 유도되고 있는 데 카르트주의 그 자체의 오류임은 적어도 아니다. 이는, 간단히 말해,《실재적인 사람들Real people》(Oxford 1988)에서의 캐슬린 윌크스Kathleen Wilkes의 논변이다. 윌크스에 따르면, 의식에 대한 우리의 과도한 강조는 부분적으로 이원론에 대한 유혹에, 그리스인들이 '내적 공간'으로서의 마음의 견해를 결여하는 대신 행동, 지각, 반응에서 분명한, 능동적인 원리로서 간주하기 때문에, 그들은(특히 아리스토텔레스는) 그런 경향이 덜했던 것이다. 이 견해는 또한 리처드 로티Richard Rorty의《철학과 자연의 거울Philosophy and the Mirror of Nature》(Oxford 1980)에서도 주장되었다. (하지만 신중하게 접근해야겠다. 그리스인들은 아리스토텔레스로 잘 대변되지 않고, 현대철학자들에 의해 만나게 되는 사람들과는 다른 많은 견해도 갖고 있다. 루스 패들Ruth Padel의《마음의 안과 밖, 그리스인들의 비극적 자아 상In and Out of the Mind, Greek Images of the Tragic Self》(Princeton 1992)을 보라.)

5. 물리주의

일반적으로 호의적인 어떤 연구조사가 캐슬린 윌크스Kathleen Wilkes의《물리주의Physicalism》(Atlantic Highlands, NJ, 1978)에 담겨 있다. 열정적인 거부의 논변은 설Searle의《마음의 재발견The Rediscovery of the Mind》에서 찾을 수 있다. 심리철학은 마음이란 물리적인가라는 단일한 물음에 집중함으로써, 그리고 그 물음의 용어가 명백히 합리적이라는 가정으로 인해 협소해지고 왜곡되었으며, 궁극적으로 잘못 전해졌다는 설의 의견을 공유하는 한편, 설의 견해에 반대하여, 또 다른 형태의 물리주의로 기울어질 수 있다. 그럼에도 당분간 이러한 물음이 현대 심리철학에 중심 자리를 차지하고 있다.

(i) 행동주의.

첫 번째 종류의 행동주의에 있어 고전적인 진술은 왓슨J. B. Watson의《행동주의*Behaviourism*》(New York 1925)다. 철학적 행동주의는 명확히 정의하기가 더 힘든데, 왜냐하면 그것이 어떤 검증주의자들과 경험주의적인 철학자들(특히,《언어, 진리, 논리*Language, Truth and Logic*》(London 1936)에서의 에이어A. J. Ayer)의 먼 희망 이상으로 더 나아가지 못했기 때문이다. 그렇지만 사이비 행동주의자의 입장의 타당한 옹호에 가장 근접한 접근은 길버트 라일Gilbert Ryle의《마음의 개념*The Concept of Mind*》이다. 어떤 사람들은 행동주의의 흔적을 후기 비트겐슈타인, 특히 사적 언어 논변과 그것과 관련한 비평에게까지 거슬러 올라갔다. 기능주의에도, 우리가 하는듯이 행동하고, 그 행동이 우리처럼 그 주변환경과 연관되어 있는 어떤 것에는 확실히 마음이 부여되어 있다는 행동주의자의 직관이 살아 남았다. (그리고 과학소설이 단지 그러한 직관에 대한 가장 빈약한 권위라고 한다면, 독자는 그것을 확증하는 진정한 예술작품을 무시해서는 안 된다. 메리 셸리Mary Shelley의《프랑켄슈타인》과 '로봇'이라는 단어가 처음으로 나온 카렐 차페크Karel Čapek의 희곡《R. U. R.》말이다.)

(ii) 동일성 이론.

1950년대와 1960년대에 호주 철학자들에 의한 이 이론의 부활은 보스트 C. V. Borst의《마음/뇌 동일성 이론*The Mind/Brain Identity Theory*》(London 1970)에 있는 논문들에 기록되어 있다―특히 스마트Smart의 논문들이 중요하다. 그 견해는 데이비드 암스트롱David Armstrong의《마음에 대한 물질주의 이론*A Materialist Theory of Mind*》(London 1968)에서 포괄적으로 설명되었다. 그 논쟁에 대한 세련된 기고는 데이비드 루이스David Lewis의《선집*Collected Papers*》(Oxford 1983) 1권에 수록된 〈동일성 이론을 위한 논변An Argument for the Identity Theory〉에서 찾아볼 수 있다.

(iii) 기능주의.

이 이론은 가장 최근의 논의의 초점이었다―최소한 우리가 '인지과학'에서의 다양한 시도들을 그것의 자연 생성물로 생각한다면 말이다. 좋은 입문서는 네드 블록Ned Block의 〈기능주의란 무엇인가?What is Functionalism?〉,《심리학의 철학 읽기교재Readings in the Philosophy of Psychology》(London 1988) 1권이다. 최근 문헌에 있는 그 견해의 주도적 진술은 힐러리 퍼트넘Hilary Putnam의, 〈정신상태의 본질The Nature of Mental States〉인데, 같은 책과 또한 퍼트넘의 《마음, 언어 그리고 실재Mind, Language and Reality》(Cambridge 1975)에도 실려 있다. 이 책은 퍼트넘의 견해를 다듬어주는 몇몇 다른 논문을 수록하고 있다. 위에서 언급된 마사 누스바움Martha Nussbaum과의 공동 저작에서, 퍼트넘은 기능주의를 아리스토텔레스의 질료형상론과 연결시킨다. 퍼트넘과 누스바움은 질료와 형상 간의 아리스토텔레스의 구별의 이면에 있는 원초적 동기를 토의하고, 이 동기부여가 우리가 아는 것과 같은 심신 논쟁에서는 왜 부재하고 있는지에 대해 시사해주고 있다. 심신 논쟁이 정신적 자각의 본질의 물음에서 비롯되고 있는 한편, 아리스토텔레스는 유기체와 복합체 간의 일반적인 관계의 물음과 관계된다. 퍼트넘과 누스바움은 아리스토텔레스의 접근을 비단 (정신적 유기체를 그것을 예증해주는 실재의 복합체로부터 떼어내려 하는) 기능주의뿐 아니라 아리스토텔레스의 본질의 관념을 이용하는 치좀Chiholm과 위긴스Wiggins 같은 현대철학자들의 접근과도 연관시킨다. 아리스토텔레스의 접근을 마음-육체 문제로 이끌면서, 퍼트넘이 생각하기에, 우리는 우리 앞에서 그 문제가 증발해버리는 것을 볼 수 있게 된다. "영혼은 육체 안에 있는 '그것'이 아니라, 질료 안과 밖에 있는 기능구조이다. 마찬가지로 질료는 생명의 구조가 환원될 수 있는 하나의 '사물'이 아니다."

기능주의는 종종 마음의 '블랙박스' 견해로 기술되곤 한다. 그것은 '안쪽에' 있는 무엇을 탐구하는 것이 아니라, 투입과 산출 간의 관찰할 수 있는 연관에 만족하여, 연관의 체계에 정신적인 것을 자리매김하는 한편으로, 이런 혹은 저런 유기체(혹은 인공지능)에서, 그런 연관에 기여하는 장치에 대해서는 중립적으로 남는다. 그 점은, 후자의 이론이 정신적인 것의 인과적 본질을 무시한다는 근거에 입각하여, 행동주의를 거부하고 정신상태의 개념에 대한 전반적인 요점이 행동을 설명하는 데 역할을 한다는 것을 보지 못한다.

하지만 그것은 어느 특정한 '내적' 과정에 호소하지 않고서 이런 설명적 역할을 기술하기를 바란다. 이것은 정확히 정신적인 것이 기능주의자에 의해 무시되었다는 비난으로 자연스럽게 이어졌다. 예를 들어, 기능주의자는 '전도 스펙트럼'에 관해 무엇을 말하고 있는가? 만일 그것이 가능성이라면, 확실히 이것은 흥미로운 투입-산출 관계로 환원될 수 없는 정신적인 것에 관한 사실을 기능주의자에게 의미하는가? 이 물음은 네드 블록Ned Block과 제리 포더Jerry Fodor, 〈심리적 상태는 무엇이 아닌가What Psychological States are Not〉, 《철학 리뷰Philosophical Review》, vol. 81, 1972, pp. 159-181에서 자세하게 논의되었다. 기능주의자들은 감각질qualia의 문제에 대해서도 유사하게 주목하였다. 특히 시드니 슈메이커Sydney Shoemaker, 〈기능주의와 감각질Functionalism and Qualia〉, 《동일성, 원인 그리고 마음Identity, Cause and Mind》(Cambridge 1984)을 보라.

기능주의에 처음으로 영감을 불러일으킨 것은 '튜링 기계Turing Machine'로, 앨런 튜링Alan Turing의 〈계산기계와 지능Computing Machinery and Intelligence〉, 《마인드Mind》(1950)에서 기술되었으며, 이 논문은 나중에 마거릿 보든Margaret Boden이 편집한 《인공지능의 철학The Philosophy of Artificial Intelligence》(Oxford Reading in Philosophy, Oxford 1990)에 재수록되었다. 튜링의 추측은, 정신의 연산이란 설명을 보증하기 위한 계산 체계에 의해, 동일한 방법으로 수행된 것과 충분히 같다는 점이다. 특히, 정신의 물음은 반복적인 것 같은데, 알고리즘 장치의 반복 적용에 의한 결과로 이끈다. 아마도 뇌는 튜링 기계일 것이다. 튜링은 인공지능을 위한 시험기준을 제안하는데, 그것은 기계가 주어진 어떤 인간의 수행과 일치할 수 있게 해야 한다는 것이다. 그럴 수 있다면, 그 기계로부터 '지적'이라는 기술description을 보류할 어떤 근거가 우리에게 있는가?

이러한 고찰로부터 비단 기능주의뿐 아니라, 튜링 테스트를 충족하는 체계의 속성을 탐구하는 것을 목표로 하는, 인지과학의 전체 분과(혹은 어떤 사람이 말하길, 사이비분과)가 생겨났다. 지각하고, 사고하며, 추론하고, 믿으며,

분노를 느끼고 등등을 할 수 있는 우리의 능력과 일치한다고 말하기 위해, 체계에 참이 되어야 하는 것은 무엇인가? 사실, 심리철학을 인지과학에 대한 기초공사로만 간주하고, 우리가 살펴보았던 물음이 자연적 마음이라기보다 오히려 인공적인 것에 관해 성찰하는 과정에서 제기될 때만이 완전히 분명해질 것이라고 믿는 철학자들이 있다. 예를 들어, 처치랜드P. M. Churchland의 《물질과 의식: 현대 심리철학 입문Matter and Consciousness: A Contemporary Introduction to the Philosophy of Mind》(Cambridge Mass. 1984)과, 리칸W. G. Lycan이 편집한《마음과 인지Mind and Cognition》(Oxford 1990)를 보라. 이러한 접근법 이면에 있는 가정은 설Searle의 강한 인공지능Strong AI으로 특징지어졌다. '마음과 뇌의 관계는 프로그램과 하드웨어의 관계와 같다'는 가정 말이다. 다시 말해서, 우리는 마음을 소프트웨어 시스템으로, 뇌를 소프트웨어로 프로그램 된 컴퓨터로 간주해야 한다. 설은(《마음의 재발견The Rediscovery of the Mind》) 몇 가지 점에서 이 접근법에 반대한다—특히, 어떠한 것도 본래적으로 계산적이지 않다는 근거에 입각해서 말이다. 계산의 역할은 단지 그렇게 사용되는 한에서만 하나의 시스템에 부여될 수 있다. 그리고 그것은 단지 질문을 제기할 따름이다. 누가 그러한 방법으로 이 뇌를 사용하고 있는가? 덜 흥미롭지만 더욱 더 악명 높은 것이 설의 '중국어 방Chinese Room' 논변이며, 그 자신에 의해 여러 곳에서 언급되지만, 비평가들에 의해 선결 문제 요구의 오류로 간주되기도 한다. 그 논변은 이렇다. 나는 일련의 지침들이 있는 방에 혼자 있는데, 그 지침들은 방 밖에 있는 사람들에 의해 내게 전달된 카드에 대응하여, 내가 어떤 카드를 방 안에서 밖에 있는 사람들에게 전달할지를 말해준다. 카드는 한자로 적혀 있으며, 사실상 그 지침들은 나로 하여금 한자로 된 훌륭한 답변을 그 언어로 잘-작성된 질문에 대해 전달하도록 말한다. 하지만 나는 한자를 이해하지 못한다. 마찬가지로, 컴퓨터는 주어지는 입력에 모든 정확한 답변을 주도록 프로그램될 수 있지만, 이는 그 주체의 어떤 부분에 대해 정신적 능력을 암시해주는 그 용어의 의미로 그 투입을 이해하는 데로까지 이르지는 못할 것이다. 그 논변은 무엇이 잘못일까? 하나의 대답은, 이해하기와 이해하지 못하기 간의 구별이 대화에서 드러나는 종류의 투입과 산출 간의 더욱 더 융통성이 있는 연관성으로 분석될 수 없다는 점을 그 논변이 가정하고 있다는 점이다.

설의 답은, 지향성에 관한 설명을 명쾌하게 해줄 수 없다는 점에 입각하여, 점차로 늘어가는 기능주의에 대한 많은 불만 표현 중 하나다. 마음은 단순히 외부의 세계에서 전달된 투입에 대응할 뿐만이 아니다. 그것은 그 투입을 표상하며, 그 표상에 대응한다. 컴퓨터가 이런 것을 할지 아니면 그것을 한다고 말하는 것이 의미가 있을지 분명치 않다. 리칸W. G. Lycan의 《마음과 인지Mind and Cognition》에 수록된 포더J. Fodor의 〈불만 제거하기Banish Discontent〉를 보라.

데이비드 루이스David Lewis의 기능주의에 대한 미세한 해석에 대해서는 블록Block이 편집한 책에 수록된 데이비드 루이스의 논문을 보라.

일종의 기능주의에 대한 옹호가 제리 포더Jerry Fodor를 자신의 독특한 '사유의 언어language of thought'로 이끌어주었다. 그는 우리가 언어의 구조와 같은 것으로서 마음의 구조를, 일종의 진행 중인 의미론적 해석으로서 정신적 상호작용을 이해해야 한다고 믿는다. 그의 《심리의미론: 심리철학에서 의미의 문제Psychosemantics: The Problem of Meaning in the Philosophy of Mind》(Cambridge Mass) 를 보라. 포더는 부분적으로 지향성이 정신상태의 원초적 속성으로 수용될 수 있다고 믿지 않기 때문에 이러한 견해를 채택한다. 그가 "만일 무엇에 관함aboutness이 실제적이라면, 그것은 다른 어떤 것임에 틀림없다."(p. 97)라고 말하는 것처럼 말이다. 단지 의미이론을 통해서만 우리는 그러한 관념을 의미 있게 할 수 있다.

6. 창발 속성과 수반

이 논제는 전문적이기도 하고 논쟁적이기도 하다. '수반' 특징이라는 개념은 최근의 많은 철학자들에 의해 탐구되었다—대개 윤리학의 문맥에서 말이다. 정신적인 것의 수반 테제는 데이빗슨Davidson의 〈정신적 사건Mental

Events〉에 있는 논변에서 소개되었다. 하지만 그러한 관념의 주도적 논의는 김재권Jaegwon, Kim의 〈심신문제에서의 인과성, 동일성, 수반Causality, Identity and Supervenience in the Mind-Body Problem〉, 《중서부 철학연구Midwest Studies in Philosophy》, no. 4, 1979, pp.31-49과, 〈심리적 수반Psychophysical supervenience〉, 《철학연구Philosophical Studies》, vol. 41, 1982, pp.51-70다.

또한 호글랜드J. Haugland, 〈약한 수반Weak Supervenience〉, 《계간 미국철학 American Philosophical Quarterly》, vol.19, 1982, pp.93-104도 보라.

7. 자아

나는 이 논제를 31장에서 다루고 있다. 그렇지만 현재의 논의를 위해, 자아와 자기의식이 일으킨 문제에 대해 주목한 전형적인 물리주의자의 견해에 대해 알아보는 것이 중요하겠다. 먼저, 마음이 있는 비자기의식적 피조물이 있다. 예를 들어, 말과 같은 피조물 말이다. 그렇다면, 자아는 단순히 일반적인 마음이 아니라, 기껏해야 어떤 종류의 마음이겠다. 그럼 어떤 종류인가? 둘째로, 내가 정신상태를 내 자신에게 귀속시킬 때, 나는 어떤 특정한 권위를 갖고 그렇게 하는 것이다. 무엇이 이 사실을 설명하는 것이며, 나는 그 정신상태를 정확히 무엇에 귀속시키고 있는가? '자아'는 물리적 세계의 부분인가, 그렇다면 어떤 부분인가?

이 물음에 대한 하나의 응답은, 데릭 파핏Derek Parfit이 《이성과 인격Reasons and Persons》(Oxford 1984)에서 그랬듯이, 환원주의자의 자아의 견해를 취하는 것이다. 파핏에 따르면, 한 인격의 존재는 뇌의 존재, 육체 그리고 정신적인 것과 육체적인 것의 상호 관계된 일련의 사건에 있다. (이것이 인격에 대한 환원주의적 견해라고 가정되며, 그리하여 자기 기술적인 측면에서 단순히 인격인, 자아의 견해다.) 파핏의 견해는, 슈메이커Shoemaker가 《마인드Mind》, 1985, pp.443-53에 발표한 《이성과 인격》에 대한 논평과, 콰심 카삼Quasim Casam의 〈환원주의와 1인칭 사고Reductionism and First-person Thinking〉, 《환원, 설명 그리고 실재론Reduction, Explanation and Realism》(데이비드 찰스David Charles와 캐슬린 레논

Kathleen Lennon 편집, Oxford 1992)에서 비판받았다. 카삼은 우리가 단순히 나에 관한 사유의 논리적 속성만을 검토함으로써(파핏, 에번스Evans와 그 밖의 사람들이 바라듯이) 사유하는 주체가 무엇인지 파악할 수는 없다고 주장한다. 카삼은 자신이 파핏에 대해 약한 환원주의자weak reductionist의 답변이라 부른 것을 제시하고 있다. 약한 환원주의자는 인격의 존재란 뇌와 육체 그리고 그것과 관련되는 정신적이고 육체적인 사건으로 구성된다는 점을 받아들이지만, 이 사건이 비인격적 용어로 적절하게 기술될 수 있다는 점을 부정한다. "한 인격이나 혹은 주체의 생명은 자기의식적이기에, 1인칭 혹은 나에 관한 사유의 사유하기를 포함한다는 점에서 특이하며, 그것들이 특정한 사람이나 주체에 귀속된다고 하는 것이 바로 나의 사유의 구성적인 점이다." 파핏와 같이, 카삼도 확실히 인격과 자아를 구별하지 않는 것 같다. 아마도 두 개념은 동연적coextensive일 것이지만, 확실히 구별되는 것인가?

그러한 물음은 여기서 답하기에 매우 어렵다. 하지만 마음의 논의가 자기의식 그리고 특히나 적어도 우리 경우에 모든 정신적 삶과 지식의 근본적인 출발점일 것 같은 통일된 자아에 관한 논의를 의미 있게 만드는 것이 중요한가? 이러한 이유로, 현상학적 전통에 있는 많은 철학자들은 자아를 언급하지 않고, 그 대안으로 단지 그 관념을 주변으로 제거해버려서 고립된 채로 있는 정신상태를, 우리가 인식할 때마다 귀속되는 존재자로부터 분리된 원자로 취급해서 정신적인 것에 관한 이론을 제시하는 최근 분석철학의 전반적인 경향에 불만인 것이다.

17 자유

1. 결정론

다음의 글이 유용하다.

(1) 폴 에드워즈Paul Edwards의 《철학 백과사전Encyclopedia of Philosophy》, 리처

드 테일러Richard Taylor의 글.

(2) 리처드 테일러Richard Taylor, 〈자유와 결정론Freedom and Determination〉, 《형이상학*Metaphysics*》, 잉글우드 클리프스, NY 1974.

(3) 브로드C. D. Broad, 〈결정론, 비결정론, 자유의지주의Determinism, Indeterminism and Libertarianism〉, 《윤리학과 철학사*Ethics and the History of Philosophy*》 (London 1952).

(4) 맥킨타이어A. C. MacIntyre, 〈결정론Determinism〉, 《마인드*Mind*》, 66, 1957, 28-41.

(5) 워녹G. J. Warnock, 〈모든 사건에는 원인이 있다Every Event has a Cause〉, 《논리와 언어*Logic and Language*》(플루A. Flew 편집, Oxford 1955) vol. 1.

또한 클리퍼드 윌리엄스Clifford Williams의 《자유의지와 결정론*Free Will and Determinism*》(Hackett, Indianapolis)의 대화에도 있는데, 미국의 학부생들은 그 책을 읽을 뿐 아니라, 끝에 있는 많은 물음 중 몇 가지에 대답해보기를 바란다. 이 대화편은 연구할 가치가 있다. 그렇지만 논변을 참고문헌에 나열된 문헌과 연결시키려 시도하지는 않는다.

결정론에 대한 몇 가지 질문:

(1) 결정론이란 무엇인가? 그것은 참인가?

(2) 양자역학은 어떤 종류의 발생이 원인되지 않는다는 것을 증명했는가?

(3) 행위의 이유가 원인인가?

(이것은 윌리엄스의 대화에서 다뤄지고, 도널드 데이빗슨Donald Davidson이 〈원인으로서의 이유Reasons as Causes〉, 《행위와 사건에 관한 논고*Essays on Actions and Events*》 (Oxford 1980)에서 멜던A. I. Melden의 《자유 행위*Free Action*》(London 1961)에 답하며, 더 자세히 다뤄진다.)

책임

이는 거대한 영역이지만, 핵심적인 주제를 연구함으로써 파악될 수 있다.

(1) 오스틴J. L. Austin, 〈변명을 위한 항변A Plea for Excuses〉,《철학 논문들 *Philosophical Papers*》(Oxford 1961).

(2) 스티븐슨C. L. Stevenson, 〈윤리학과 회피 가능성Ethics and Avoidability〉, 《G. E. 무어*G. E. Moore*》(쉴프P. Schilpp 편집, 살아있는 철학자 총서, Open Court 1968).

(3) 하트H. L. A. Hart, 《법, 자유, 도덕*Law, Liberty and Morality*》(Oxford 1963)과 《법학과 철학에 관한 논고*Essays in Jurisprudence and Philosophy*》(Oxford 1983).

(4) 하트H. L. A. Hart, 〈파기 가능성Defeasibility〉, 《논리와 언어*Logic and Language*》(플루A. Flew 편집, Oxford 1951) vol.2.

생각해볼 몇 가지 질문:

(1) 나는 강요받아 했던 것으로 인해 비난받아야 하는가?

(2) 변명이란 무엇인가? 동물은 변명을 해본 적이 있는가?

(3) 당신의 행동이 자신의 통제 너머에 있는 요인에 의해 유발되었다는 점을 증명함으로써 비난을 피할 수 있는가?

(4) '당신은 그 아이에 대해 책임이 있다.' 이것은 무엇을 의미하는가?

칸트의 견해

내가 아는 한, 칸트의 자유의 철학에 대한 훌륭한 해설서는 없다. 하지만 헨리 앨리슨Henry E. Allison의 방대하고도 지루한 책(《칸트의 자유이론*Kant's Theory of Freedom*》, Cambridge 1990)은 그리 심각할 정도로 현혹시키지는 않는다. 칸트 텍스트를 연구하는 최선의 방법은 스트로슨Strawson의 〈자유와 분노Freedom and Resentment〉를 함께 읽으며, 칸트의 정언명법에서 나오듯이, 인격의 개념을 숙고해보는 것이다(20장을 보라).

유사-칸트적 견해의 흥미로운 재구성은 자기의식 주체의 자유를 정확히 그 자신의 자기의식에 위치지우고 있는, 해리 프랑크푸르트Harry Frankfurt라는 이름과 관련되어 있다. 특히 '2차적 욕구second-order desire' 말이다. 나는 개가 그렇듯이, 사물을 단순히 욕구하지는 않는다. 나는 또한 그것을 욕구하기를 욕구하기도 하며, 그것을 욕구하지 않기를 욕구하기도 한다. 충분히 책임감 있는 선택은 단순히 욕구뿐만이 아니라, 그 욕구를 지닐 2차 등급 욕구에 의해 강화된 욕구로부터도 나온다. 이러한 접근은 개리 왓슨Gary Watson이 편집한 《자유의지Free Will》(1982)라는 제목의 논문집에서 프랑크푸르트, 개리 왓슨, 찰스 테일러Charles Taylor에 의해 논의되고 있다.

칸트의 이론은 전반적인 행동의 물음을 야기한다. 행동과 운동 간의 관계는 무엇인가? 행동에 대한 이유는 무엇인가? 어떤 정도로 내가 내 행동에 대해 책임이 있는가? 여기에 관한 문헌은 광범위한데, 나는 이 장에서 그 주제에 대해 조금 다루었다.

여기에 기초적인 텍스트 몇 가지가 있다.

(1) 화이트A. R. White가 편집한 《행위의 철학The Philosophy of Action》(옥스퍼드 읽기교재 시리즈, Oxford 1968). 최근 논의에서 중요한 초기 논문들이 수록되어 있다. 특히 단토A. C. Danto의 논문을 보라.

(2) 오쇼네시O'Shaughnessy, 《의지The Will》(Oxford 1981) 2 vols.

(3) 혼더리치T. Honderlich이 편집한 《자유와 행위에 관한 논고Essays on Freedom and Action》(London 1973).

몇 가지 질문:

(1) 행동에 대한 이유란 무엇인가?

(2) 이유는 행동을 설명하는 것을 지지해주는가, 행동을 정당화하는 것을 지지해주는가, 혹은 둘 다인가?

(3) '기초적 행동basic action'이란 무엇인가? 어떤 것이 있는가?

(4) 내가 팔을 들어 올린다는 사실로부터 내 팔의 올라감의 사실을 뺐을 때 무엇이 남는가?

(이 질문은 비트겐슈타인에 의해 《철학과 심리학에 관한 단평Remarks on Philosophy and Psychology》(Oxford 1980) 452절에서 제기되었고, 맬컴 버드Malcolm Budd의 《비

트겐슈타인의 심리학의 철학*Wittgenstein's Philosophy of Psychology*》(London 1989)에서
논의된다.)

18 인간의 세계

윌프리드 셀라스Willfrid Sellars를 따르는, 현대철학자들은 종종 세계의 '과학
적 이미지scientific image'와 현시적 이미지manifest image'—우리에게 보이는
것 같은 세계—간을 대조하곤 한다. 그리고 이것은 이 장에서 제기된 논제를
위한 대안관용구를 제공해준다. 그렇지만 최근의 논의는 대부분 협소해서,
제1성질과 제2성질 간의 구별이나 혹은 실질 본질과 명목 본질 아니면 자연
종과 기능적 종류 간의, 혹은 객관적 관점과 주관적 관점 간의 구별에 초점
을 맞추고 있다(31장을 보라). 인간세계가 비과학적 사유의 방법의 산물을 통
해서이지만, 동시에 객관적 실재의 진정한 표상일 수 있다는 주장은 근대 시
기에 영어권 철학자들에 의해 만들어진 것은 거의 아니다—하지만 그것은
다른 용어로 문화와 문학 비평가들에 의해 승인되곤 했다. (예를 들면, 매튜 아
널드Matthew Arnold의《문화와 무정부*Culture and Anarchy*》, 존 러스킨John Ruskin의《현
대 화가들*Modern Painters*》, 그리고 스노C. P. Snow에 대한 매서운 공격으로는 탁월한, 리
비스F. R. Leavis의 〈두 개의 문화The Two Cultures〉가 있는데,《내 칼도 그러지 못하니
라*Nor Shall My Sword*》(London 1972)에 윤색된 형태로 재수록되었다.)

사실, 과학적 설명의 절차에 저항하는 방법으로 우리가 세계를 개념화해
야 한다는 주장에 대한 분석철학자의 전형적인 반응은, 우리의 결점 있는 일
상적인 개념을 지배하여, 그 개념이 기술한다고 하는 그런 실재라는 것은 없
다고 결론 내리는 것이다. 이러한 접근(일반적인 마음과 믿음과 특히 다른 지향의
상태의 개념에 적용된 접근)은 스티븐 스티치Steven Stich의《민간 심리학에서 인
지과학까지: 믿음에 반하는 사례*From Folk Psychology to Cognitive Science: the case against
belief*》(Cambridge Mass. 1983)에서 예증된다. 과학의 제국주의적 입지에 반대하

여 인간세계의 권리를 떠받드는 현대철학자들 가운데서 다음 책들은 특별히 언급할 가치가 있다.

버나드 윌리엄스Bernard Williams,《윤리학과 철학의 한계Ethics and the Limits of Philosophy》(London and Cambridge Mass. 1985). (하지만 윌리엄스는 인간세계가 과학의 목표이자, 깊은 의미에서 그런 목표를 지각하고 있는 사람들의 문화적이고 공동체적 정체성에 상대적인 어떤 '절대적' 개념이 부족하다고 하는 결론을 부정하지 않는다.)

힐러리 퍼트넘Hilary Putnam,《철학의 쇄신Renewing Philosophy》(Cambridge Mass. 1992). 적어도 과학에 보조를 맞추는 수준에 어떤 인간세계의 부분을 위치지우고자 하는 시도다.

앤서니 오히어Anthony O'Hear,《불의 원소: 과학, 예술 그리고 인간세계The Element of Fire: Science, Art and Human World》(London 1988). '문화'에 대한 전통적인 (아널드의) 생각을 그 구체적인 조건들에 있어 인간 삶의 지식형태로, 반영하는 논의다.

데이비드 쿠퍼David Cooper,《실존주의Existentialism》(Oxford 1990), 특히 3장과 4장. 관심 있는 독자는 또한 로저 스크루턴Roger Scruton,《성적 욕구Sexual Desire》(London and New York 1986)도 참조할 수 있는데, 그 책에서 성적 욕구의 지향적 개념은 과학적인 성 이론과 대조되고 있다.

생활세계Lebenswelt 개념은 후설의《현상학 그리고 인문학의 위기Phenomenology and the Crisis of the Human Sciences》(Northwestern University 1954)에서 소개되었다. 이 공정하고도 완고한 저작은 실제로 그 약속을 이행하지 않고, 과학적 회의주의에도 불구하고 철학이 실제로 인간의 세계를 정당화할 수 있는지에 관해 처음부터 그렇듯이, 끝까지 불확실하게 남겨둔다. 다른 저자들은 후설에게서 직접적으로 영향받았던 현상학적 사회학자들을 가장 유명하게 한, 우리의 지향적 개념들을 정교하고 종종 매우 그럴듯하게 기술해주곤 한다. 알프레드 슈츠Alfred Schutz(그의 두 권짜리《선집Collected Papers》(내턴슨M. Natanson 번역, The Hague 1967)과《삶의 형식과 의미의 구조Life Forms and Meaning Structure》(와그너H. R. Wagner 번역, London 1982)를 보라)와, 막스 셸러Max Scheler(특히《공감의 본질*The Nature of Sympathy*》(히스P. Heath 번역, London 1954)과 〈알고, 느끼고, 가치 매기는 것에 관하여On Knowing, Feeling and Valuing〉, 《선집*Selected Writings*》(Chicago 1992)을 보라)가 대표적이다. 불행히도, 그러한 저자들은 자신들이 연구하는 개념을 정당화하는 데 아무것도 하지 않는다. 마찬가지로 헬무트 플레스너 Helmuth Plessner, 마르틴 부버Martin Buber, 루돌프 오토Rudolf Otto의 지극히 시사적인 저작들에도 참이다. 특히 다음을 보라.

마르틴 부버Martin Buber, 《나와 너*I and Thou*》(Edinburgh 1984).

루돌프 오토Rudolf Otto, 《성스러움의 관념*The Idea of the Holy*》(하비J. W. Harvey 번역, Oxford 1923).

딜타이Dilthey의 이해Verstehen 개념은, 이로부터 이 사유의 학파가 기원하는데, 딜타이의 《선집*Selected Writings*》(릭먼H. P. Rickman 번역 및 편집, Cambridge 1976)에서 탐구된다.

몇 가지 질문:

(1) 지향성intentionality과 내포intensionality 간의 관계는 무엇인가? (로저 스크루턴Roger Scruton, 《성적 욕구*Sexual Desire*》와 거기에 인용된 참고문헌을 보라.)

(2) 우리는 왜 현상을 구하려고 해야 하는가? (앤서니 오히어Anthony O'Hear의 《불의 원소*The Element of Fire*》와 콜린 맥긴Colin McGinn의 《주관적 관점*Subjective View*》(Oxford 1983)에 있는 다른 논변들을 비교해보라.)

(3) 자연종 이외에 다른 종류가 있는가? (로저 스크루턴Roger Scruton, 같은 책 1장을 보라.)

(4) 지향(의도)intention와 욕구desire 간의 구별은 무엇인가? (앤스컴G. E. M. Anscombe, 《의도*Intention*》(Oxford 1957)의 논변을 보라.)

(5) 의지의 수고가 있는가? (브라이언 오쇼네시Brian O'Shaughnessy, 《의지*The Will*》, 특히 II권 11장과 12장을 보라.)

스티븐슨의 의미의 인과이론은 그의 《윤리와 언어*Ethics and Language*》(Yale 1944)에서 제시되었다. 폴 그라이스Paul Grice의 논의는 〈의미Meaning〉, 《철학 리뷰*Phil. Rev.*》 vol. 66, 1957에서 보이고, 스트로슨P. F. Strawson이 편집한《철학적 논리*Philosophical Logic*》에 재수록되었다. 그라이스는 〈화자의 의미와 의도 Utterer's Meaning and Intentions〉, 《철학 리뷰*Phil. Rev.*》 vol. 78, 1968와, 〈의미의 재고Meaning Revisited〉, 《상호적 지식*Mutual Knowledge*》(닐슨 스미스Neilson Smith 편집, London 1982)에서 자신의 이론에 대한 반례들을 다루고 있다.

스트로슨은 《논리-언어학 논문집*Logico-Linguistic Papers*》(London 1971)에 재 수록된 〈의미와 진리Meaning and Truth〉에서 의미에 대한 대화지향적 접근법 과 진리이론적 의미론을 구별하고 있다. 조너선 베넷Jonathan Benett은 자신 의《언어적 행동*Linguistic Behaviour*》(Cambridge 1976)에서 그라이스를 옹호한다. 또한 데이비드 루이스David Lewis의《규약*Convention*》(Cambridge Mass. 1969) 4장 도 보라. 도널드 데이빗슨Donald Davidson은 〈소통과 규약Communication and Convention〉, 《종합*Synthese*》 vol. 59에서 규약에 대한 루이스의 접근법의 설득 력에 의문을 제기한다. 화술 행위의 일반 논의를 제공할 수 있게 하는 그라 이스 이론의 확장성은 설J. R. Searle의《언어행위*Speech Acts*》(Cambridge 1969)에 서 시도되었다.

길버트 하만Gilbert Harman은 스타인버그D. D. Steinberg와 야코보비치L. A. Jacobovits의《의미론: 철학, 언어학, 심리학의 학제간 읽기교재*Semantics: an Interdisciplinary Reader in Philosophy, Linguistics and Psychology*》(Cambridge 1971)에 실린 〈의 미의 세 층위Three Levels of Meaning〉에서 언어-의미, 사유와 화용론pragmatics 간의 관계를 개괄한다. (화용론이란, 거칠게 말해서, 의미론적 규칙이라기보다 오히 려 언어-사용의 문맥에 부속된 그 의미의 측면을 연구한다.)

진리에 대한 타르스키의 논문, 〈형식화된 언어에서 진리의 개념The Concept of Truth in Formalized Language〉, 《논리, 의미론, 메타수학*Logic, Semantics,*

Metamathematics》(Oxford 1956)은 매우 어렵지만, 그 주요 관념은 9장의 주에서 언급된 〈의미론적 진리이론The Semantic Theory of Truth〉과, 또한 콰인Quine 의 《논리의 철학*Philosophy of Logic*》(Cambridge Mass. 1986) 3장에 설명되어 있다. 데이빗슨의 의미에 대한 진리이론적 설명은 《진리와 해석에 관한 논문들*Essays in Truth and Interpretation*》(Oxford 1984)에 재수록된 〈진리와 의미Truth and Meaning〉에서 제기되었다. 데이빗슨 연구는 현재 최고조에 있다. 비요른 람베르크Bjorn T. Ramberg는 《도널드 데이빗슨의 언어철학*Donald Davidson's Philosophy of Language*》(Oxford 1989)에서 편파적이긴 하지만 호의적으로 설명한다. 사이먼 에브닌Simon Evnine은 《도널드 데이빗슨*Donald Davidson*》(Oxford 1991)에서 데이빗슨의 철학의 모든 측면에 대해 유용한 해설과, '프레게 논변'에 대한 훌륭한 보론을 제공한다. 몇몇 유용한 논문이 에번스G. Evans와 맥도웰J. McDowell의 《진리와 의미*Truth and Meaning*》(Oxford 1976)에 있다.

몇 가지 질문:
(1) 의미와 진리 간에는 연관이 있는가?
(2) 타르스키의 규약 T는 데이빗슨의 의미이론에서 어떤 역할을 담당하는가?
(3) 그라이스에 의해 연구된 것으로서의 의미와 데이빗슨에 의해 연구된 의미 간의 연관은 무엇인가?
(4) 그라이스 이론에 대한 가장 중요한 반론은 무엇인가? 그것은 극복될 수 있는가?

실재론과 반실재론 간의 논쟁과 관련한 문헌은 방대하고 범접하기 어렵다. 포괄적인 개관은 가장 매력적인 표지를 가진, 크리스핀 라이트Crispin Wright 의 《실재론, 의미, 진리*Realism, Meaning and Truth*》(Oxford 1986)에서 발견된다. 라이트는 더밋Dummett의 '표명manifestation'과 '획득acquisition'논변을 해설해준다. 더밋의 견해는 《진리와 다른 수수께끼*Truth and Other Enigmas*》(London 1978)

에 재수록된 〈진리Truth〉(1959)와, 〈의미이론이란 무엇인가?What is a Theory of Meaning?〉,《마음과 언어Mind and Language》(S. Guttenplan 편집, Oxford 1974)와, 〈의미이론이란 무엇인가 Ⅱ What is a theory of Meaning Ⅱ〉, 에반스Evans와 맥도웰McDowell의 같은 책에 있다. 더밋의 견해는 또한《형이상학의 논리적 기초 The Logical Basis of Metaphysics》(London 1991)에서 반복되며, 크리스핀 라이트의 《진리와 객관성Truth and Objectivity》(Oxford 1993)에서 철저하게 논의된다.

크리스핀 라이트의 견해는, 더밋의 견해와 마찬가지로, 반실재론의 잔해를 끊임없이 맴돌고 있지만, 거기에서 풍기는 악취에는 무관심하다. 인류학적 관점에서, 그 논쟁은 가장 교훈적이다.

몇 가지 질문:

(1) 실재론에 반하는 더밋의 논변은 얼마나 설득력이 있는가?

(2) 문장의 의미는 그 단언성assertibility 조건으로 주어질 수 있는가?

(3) 의미란 언어의 발화자에 의해 이해되는 무엇이라는 관념에 의해, 어떤 제한이 의미의 이론에 가해지는가?

의미에 대한 외재주의적 접근은 힐러리 퍼트넘Hilary Putnam의《이성, 진리 그리고 역사Reason, Truth and History》(Oxford 1984)에서 옹호되며, 한편으로지시의 인과이론은 제리 포더Jerry Fodor의《내용의 이론A Theory of Content》(Cambridge Mass. 1990)에서 전개된다. 퍼트넘은 이러한 이론이나, 혹은 어떤 더 원초적인 관계로 표상을 환원하려는 시도에도 설득되지 않는다.《철학의 쇄신Renewing Philosophy》(Cambridge Mass. 1992) 3장에 있는 포더의 입장에 대한 그의 확장된 비판을 보라. 심리적 개인주의psychological individualism에 관한 타일러 버지Tyler Burge의 비판은 〈개인주의와 심리학Individualism and Psychology〉,《철학 리뷰Philosophical Review》(1986)에서 발견된다.

규칙 준수하기 논변에 대해서는, 크립키S. Kripke의《비트겐슈타인의 규칙과 사적 언어*Wittgenstein on Rules and Private Language*》(Oxford 1982)를 참조해야 한다. 그렇지만 그 책은 사적 언어 논변에 매우 의심을 품고 있다. 크리스핀 라이트는 〈규칙 준수하기, 의미 그리고 구성주의Rule-following, Meaning and Constructivism〉, 《의미와 해석*Meaning and Interpretation*》(트레비스C. Travis 편집, Oxford 1986)과, 〈규칙 준수하기, 객관성 그리고 의미이론Rule-following, Objectivity and the Theory of Meaning〉, 《비트겐슈타인: 규칙 준수하기*Wittgenstein: to Follow a Rule*》(홀츠만S. H. Holzman과 라이히C. M. Leich 편집, London 1981)에서 규칙 준수하기 논변을 반실재론과 연관시킨다. 라이트는 《철학적 탐구*Philosophical Investigations*》 201절 도입에 영감을 받은 크립키의 비트겐슈타인 해석이 그 절을 끝까지 세밀히 읽었다면 나올 수 없었을 것이라 믿는다.

20 도덕

윤리학에 대한 입문서는 풍부하지만, 그것 중 공평하거나 포괄적으로 기술된 것은 거의 없다. 그럼에도 그 주제의 조사보다 더 많은 입장에 관해 기술한, 버나드 윌리엄스Bernard Williams의 《윤리학과 철학의 한계*Ethics and the Limits of Philosophy*》(Fontana, London 1985)는 읽을 만한데, 왜냐하면 현대 도덕철학의 한복판으로 독자를 던져놓기 때문이다. 펭귄 출판사에서 나온 매키J. L. Mackie의 입문서 《윤리학: 옳고 그름 만들기*Ethics: Inventing Right and Wrong*》(Harmondsworth 1977)는 훌륭한 지적 근거를 충분히 마련해준다. 중심적 논변은 그라이스H. P. Grice의 《가치 개념에 관한 카루스 강의*Carus Lectures on the Conception of Value*》(Oxford 1991)에 마련되어 있다. 주제에 대한 최고의 입문서는 아마도 칸트의 《도덕 형이상학의 기초*Groundwork of the Metaphysic of Morals*》인데, 같은 저자의 《실천이성비판*Critique of Practical Reason*》과 함께 읽어야 할 것이다.

자연주의적 오류

무어G. E. Moore의 《윤리학 원리*Principia Ethica*》(Cambridge 1903)에서 처음으로 나타났으나, 이 책의 미출간된 2판 서문 초고에 더 잘 표현되어 있다. 이 초고는 전혀 출간된 적이 없지만, 레위C. Lewy의 〈무어의 자연주의적 오류G. E. Moore on the Naturalistic Fallacy〉, 《*PBA*》 1964에 요약되어 있으며, 이 글은 스트로슨P. E. Strawson이 편집한 《사유와 행동의 철학 연구*Studies in the philosophy of Thought and Action*》(Oxford 1968)에 재수록되었다. 프랭키나W. Frankena와 그 밖의 사람들이 한 이 오류에 대한 유용한 논의는 옥스퍼드 읽기교재 시리즈로 출판된 논문모음집인 푸트P. Foot의 《윤리학 이론들*Theories of Ethics*》(Oxford 1967)에 실려 있다.

몇 가지 질문:

⑴ 자연주의적 오류란 무엇인가? 그것은 오류인가?

⑵ 자연주의적 오류에 대한 무어의 논변과 '사실'과 '당위' 간의 차이와 관련한 흄의 소견 간에 만들어진 유용한 대조가 있는가?

⑶ 무어는 '비자연적' 속성으로 무엇을 의미하는가?

정의주의

처음에는 스피노자에 의해, 그 후 흄에 의해 옹호된 이 주장의 현대적 진술은 의미의 소박이론들에 의해 곤란하게 되었다. 예를 들면, 리처즈I. A. Richards와 오그든C. K. Ogden의 《의미의 의미*The Meaning of Meaning*》(London 1927)와, 에이어A. J. Ayer의 《언어, 진리, 논리*Language, Truth and Logic*》(London 1936), 그리고 스티븐슨C. L. Stevenson의 《윤리와 언어*Ethics and Language*》(Yale 1944)에 의한 진술들이다. 더 최근의 옹호는 스크루턴R. Scruton의 〈태도, 믿음, 이성Attitudes, Beliefs and Reasons〉, 《도덕과 도덕적 추론*Morality and Moral Reasoning*》(케이시J. Casey 편집, London 1971)에서 시도되었다.

몇 가지 질문:

(1) '도덕적 판단은 태도를 표현한다.' 이 진술문에서 '표현한다'는 용어는 무엇을 의미하는가?

(2) 감정은 정당화될 수 있는가?

　(스크루턴R. Scruton의 〈감정과 공동 문화Emotion and Common Culture〉, 《미학적 이해*The Aesthetic Understanding*》(Manchester 1983)와, 수자E. de Sousa의 〈감정의 합리성The Rationality of Emotion〉, 《감정 설명하기*Explaining Emotions*》(로티A. Rorty 편집, Berkeley California 1980)를 보라.)

규정주의

헤어Hare의 견해는 《도덕의 언어*The Language of Morals*》(Oxford 1952)와 《자유와 이성*Freedom and Reason*》(Oxford 1963), 《실천적 추론*Practical Inferences*》(London 1971), 《도덕철학의 응용*Applications of Moral Philosophy*》(London 1972) 그리고 1955년 발표한 '보편성'에 대한 논문이 수록된 《도덕적 개념들에 관한 논고*Essays on the Moral Concepts*》(London 1972)에서 찾을 수 있다. 그의 후기 저작들, 특히 《도덕적 사고*Moral Thinking*》(Oxford 1981)는 강조점이 '도덕적 판단의 분석'에서 멀어지고 실천적 추론의 문제들로 옮아감을 보여준다. 기치Geach 등의 유용한 논의는 푸트Foot의 《윤리학 이론들*Theories of Ethics*》에 재수록되어 있다.

몇 가지 질문:

(1) '당위'를 '사실'로부터 이끌어낼 만한 것은 없다는 규정주의의 전제로부터의 증명이 있는가?

(2) 규정주의자는 의지의 약함에 대해 설명할 수 있는가?

　(어느 누구라도 그것을 설명할 수 있는가라는 질문이 있다. 데이빗슨D. Davidson의 '의지의 약함Weakness of Will', 《행동과 사건*Actions and Events*》(Oxford 1980)을 보라. 하지만 헤어의 《자유와 이성*Freedom and Reason*》 5장을 읽어보라.)

(3) 규정주의자는 도덕적 판단이 객관적이라고 믿을 수 있는가?

(헤어의 《도덕적 사고*Moral Thinking*》를 보라.)

(4) 헤어에 따르면, '규정주의'는 무엇이 문제인가? 그는 옳은가?

《도덕 개념들에 관한 논고*Essays on the Moral Concepts*》에 있는 '규정주의'에 대한 논문을 보라.)

도덕 실재론

혼더리치T. Honderich가 편집한 귀중한 모음집 《도덕과 객관성*Morality and Objectivity*》(London 1985)이 있다. 특히 헐리S. L. Hurley, 존 맥도웰John McDowell, 버나드 윌리엄스Bernard Williams와 사이먼 블랙번Simon Blackburn의 논문을 보라. 블랙번의 반실재론은 또한 자신의 《단어 펼치기*Spreading the Word*》(Oxford 1984)에서 설명되기도 한다. 헐리의 자격 실재론은 그녀의 《자연적 이성*Natural Reasons*》(Oxford 1989)에서 충분히 발전했다. 그 견해의 최고의 진술은 아마도 데이비드 위긴스에 의해, 깔끔하게 주장되고 종종 대단히 치밀한 일련의 논문으로 주어진 것인데, 그중 몇몇은 그의 《필요, 가치, 진리*Needs, Values, Truth*》(London 1987)에 재수록되었으며, 그 책에는 〈도덕 인지주의, 도덕 상대주의, 그리고 도덕적 믿음 유발하기Moral Cognitivism, Moral Relativism, and Motivating Moral Beliefs〉(《아리스토텔레스 학회보*Proceedings of the Aristotelian Society*》, 1990)도 추가 수록되었다. 위긴스는 자신이 '믿음을 유발하기motivating belief'로 무엇을 의미하는지를, 그러나 이것이―궁극적으로―도덕 실재론자에 대한 핵심이라는 것을 설명하려 한다. 도덕적 판단에는 동의하지만, 그것을 행하려는 경향을 느끼지 못하는 사람에게 무엇을 말할 수 있는가? 그것을 이해하지 못했기에, 그는 실제로 동의하지 않는다는 것인가? 또한 《왕립 학회 철학강의*Royal Institute of Philosophy Lectures*》(1980)에 있는 스크루턴R. Scruton의 〈이성과 행복Reason and Happiness〉도 보라.

몇 가지 질문:

(1) '믿음 유발하기'란 무엇인가?

(2) 당신은 도덕 실재론자에 반대하고, 여전히 객관적 도덕성의 존재를 믿는
가?

(3) 도덕 실재론에 반대하는 주요 논변은 무엇인가?

공리주의

고전 텍스트는 제러미 벤담Jeremy Bentham의《도덕과 입법 원리 입문
Introduction to the Principles of Morals and Legislation》(London 1789)과, 밀J. S. Mill의《공
리주의*Utilitarianism*》(London 1861)다. 현대적 논의는 스마트J. J. C. Smart와 버나
드 윌리엄스Bernard Williams의《공리주의 찬반 논쟁*Utilitarianism, for and against*》
(Cambridge 1973)과, 센A. K. Sen과 윌리엄스B. Williams가 편집한《공리주의와
그 너머*Utilitarianism and Beyond*》(Cambridge 1982)에 잘 요약되어 있다. 그 이론에
대한 훌륭한 비판은 윌리엄스의《윤리학과 철학의 한계*Ethics and the Limits of
Philosophy*》와, 필리파 푸트Phillipa Foot의〈공리주의와 그 가치Utilitarianism and
the Virtues〉(《마인드*Mind*》 1990)다. 푸트는 이 논문에서 결과주의가 도덕적 입
장을 규정할 수 있다는 견해에 반대하는 논변을 제시한다. 또한 새뮤얼 셰
플러Samuel Scheffler가 편집한《결과주의와 그 비판*Consequentialism and its Critics*》
(Oxford Readings, Oxford 1988)도 보라. 대부분 자유주의적 미국인들이 무시
무시한 전문용어들로 쓴 꽤나 편협한 논문들의 모음집이다. (하지만 스캔런T.
Scanlon과 센A. Sen의 훌륭한 기고문이 있다.)

몇 가지 질문:

(1) 절대주의는 지지할 수 없는가?

(2) 공리주의는 자기가 불의를 정당화한 책임을 피할 수 있는가?

(3) 행복이란 무엇인가? 그것이 측정될 수 있다는 주장에 어떤 의미가 있는
가?

칸트

칸트에 관한 최고 번역은 벡L. W. Beck의《선집*Selections*》(London 1988)이다.《실천이성비판*Critique of Practical Reason*》은 여러 면에서《기초*Foundations*》보다 더 명쾌하다. 해설서들은 별 쓸모가 없지만, 〈정언적 요건Categorical Requirements……〉이라는 제목으로 1991년《일원론자*Monist*》에 실린 데이비드 위긴스David Wiggins의 취임 기념 강의가 있다. 이것은 위긴스가 자기 식으로 칸트와 흄을 종합한 것이다.

위긴스를 통해서건 아니건, 칸트와 흄을 함께 논의하는 것이 항상 최선이다. 후자에 대한 관련 텍스트는《인성론*Treatise*》3권과 두 번째《탐구*Enquiry*》다.

몇 가지 질문:

(1) "경험적 원리는 도덕법칙의 기초로 삼기에 결코 적당하지 않다."(칸트) 그가 의미하는 것은 무엇이며, 그는 옳은가?

(2) 얼마나 많은 정언명법이 있는가?

　(주석가들은 1에서(패턴H. J. Paton,《정언명법*The Categorical Imperative*》) 11까지(브루스 오운Bruce Aune,《칸트의 도덕론*Kant's Moral Theory*》) 다양한 답을 제시한다.)

(3) 선천적이고 종합적인 기초가 없는 객관적 도덕성이 있을 수 있는가?

(4) 흄은 왜 이성이란 감정의 노예이고 단지 그래야만 한다고 생각하는가? 그는 옳은가?

헤겔과 측면제약

헤겔의 주인과 노예의 논변에 대해서는, 로버트 솔로몬Robert Solomon의《헤겔의 정신*In The Spirit of Hegel*》(Oxford 1983), 특히 pp. 448ff을 읽는 것이 유용하다. 노직의 측면제약의 철학은《무정부, 국가, 유토피아*Anarchy, State and Utopia*》(Oxford 1974)에 수록되었다. 헤겔의《정신 현상학*Phenomenology of Spirit*》(밀러Miller번역, Oxford 1977)의 관련 페이지는 〈주인과 속박Lordship and Bondage〉pp. 111-118이다. 이 복잡한 저작에 대한 가장 잘 알려진 설명은《헤겔 읽

기 입문*Introduction to the Reading of Hegel*》(니콜라스J. H. Nichols Jr. 번역, Ithaca and London 1980)이라는 제목이 붙은 알렉상드르 코제브Alexandre Kojève에 의한 열광적인 텍스트다. 이 책은 논적과 진지하게 논쟁하는 데 사용될 수 있는 용어로 헤겔의 논변을 번역하지 않아, 지적으로 완전히 무익하다. 이것이 널리 읽히는 이유일 것이다.

측면제약의 도덕성을 이끌어내려는 최근의 시도 가운데, 어떤 측면에서 인격에 대한 존중과 권리의 존엄함이, 이기적이긴 하지만 협력하는 행위자 간에 있는 집합적 합리성의 선결조건으로 정당화되는데, 특히 두 가지가 특히 눈에 띈다. 데이비드 고티어David Gauthier, 《합의에 의한 도덕*Morals by Agreement*》(Oxford 1986)과 로렌 로마스키Loren Lomasky, 《인격, 권리 그리고 도덕 공동체*Persons, Rights and the Moral Community*》(New York 1987)이다. 이것들은 '헤겔의 정신'과는 거리가 멀지만, 뜻밖의 경로에 의해 주인과 노예에 관한 논변의 결론으로 향하는 경향이 있다.

몇 가지 질문:

(1) 무엇이 주인으로 하여금 노예를 하나의 인격으로 인식할 수 있게 강제하는가?

(2) 다른 모든 합리적 존재를 수단으로서만 취급했던 합리적 존재가 있을 수 있는가?

(3) 인격과 사물 간의 차이는 무엇인가?

아리스토텔레스와 니체

아리스토텔레스 윤리학에 대한 많은 논문 모음집이 있다. 그중 로티A. Rorty 의 《아리스토텔레스 윤리학에 관한 논문들*Essays on Aristotle's Ethics*》(California 1980)은 중요한 현대적 논의(특히 윌리엄스Williams, 피어스Pears, 윌크스Wilkes의 논문을 보라)가 수록되어 있다. 《니코마코스 윤리학*Nicomachean Ethics*》(로스W. D. Ross 번역, Oxford 1954)은 《에우데모스 윤리학*Eudemian Ethics*》으로 보완된다.

이 책의 한두 장은《니코마코스 윤리학》과 공통적이지만, 다양한 보조 텍스트 모두가 아리스토텔레스가 쓴 것이 아님은 확실하다. 니체의 두 핵심 저작은 내가 30장에서 다시 다룰《도덕의 계보학*The Genealogy of Morals*》(New York 1969)과, 월터 카우프만의《즐거운 학문*Gay Science*》(New York 1974)으로 번역한,《즐거운 지식*Joyful Wisdom*》(Froehlishe Wissenschaft)이다. 니체에 대한 주석은 대부분 끔찍하다―아서 단토Arthur Danto의 주석과 같이 내용이 빈약하든가, 아니면 푸코Foulcault의《광기의 역사*Folie et déraison*》처럼 내용을 도용한다. 예외적인 것 가운데 에릭 헬러Erich Heller의《박탈당한 마음*The Disinherited Mind*》(Harmondsworth 1961)에는 니체에 대한 설득력 있는 장이 있다.

덕virtues에 대한 최근의 저작은 몇몇 논제를 명확히 해주는 데 도움을 준다―유명한 마사 누스바움Martha Nussbaum의 장황한《선의 허약함*Fragility of Goodness*》(Cambridge 1985)와 존 케이시John Casey의 간결한《이교도의 덕*Pagan Virtue*》(Oxford 1990) 말이다. 알래스데어 맥킨타이어Alasdair MacIntyre의《덕의 상실*After Virtue*》(Notre Dame 1981)에서 중요한 생각을 발견한 사람들이 있다. 그들 중 어느 누구의 것도 아닌 대신, 나는 덕을 다룬 플로티노스의《엔네아데스*Enneads*》(예를 들어, 1.2.(19), 1.4.(46), 1.5.(36))와,《프뤼네의 향연*Phryne's Symposium*》(스크루턴이 편집한《크산티페의 대화*Xanthippic Dialogue*》(London 1993)에 실려 있다) 같은 고대 텍스트를 추천한다.

몇 가지 질문:

(1) 덕이란 무엇인가?

(2) 행복은 최종 목적인가?

(3) 나는 왜 용감해야 하는가?

(4) 나는 왜 정의로워야 하는가?

(5) 나는 초인übermensh를 경멸하면서도 탁월함을 목표로 할 수 있는가?

(6) 《니코마코스 윤리학》에서 아리스토텔레스의 전략은 무엇인가?

　　(예를 들어, 스크루턴R. Scruton의《성적 욕구*Sexual Desire*》11장과, 데이비드 위긴

스David Wiggins의 《필요, 가치, 진리*Needs, Values, Truth*》(Oxford 1986)와, 필리파 푸트Phillipa Foot의 〈공리주의와 가치Utilitarianism and the Virtues〉, 《마인드*Mind*》 1989를 보라.)

(7) 왜 그리고 어떤 결과로 니체는 '진리에 대한 의지will to truth'를 '권력에 대한 의지will to power'와 대조하는가?

(《선악을 넘어*Beyond Good and Evil*》 도입부를 보라.)

21 생명, 죽음 그리고 동일성

이 장에는 세 가지 논제가 있고, 그것들을 별도로 다루는 것이 보통일 것이다. 생명, 인격 동일성, 죽음 말이다. 현대철학자들에게 가장 지속된 주목을 받아왔던 것은 바로 두 번째의 것이다.

생명

앙리 베르그송Henry Bergson이 《창조적 진화*Creative Evolution*》(London 1914)에서 부여한 생기론vitalism의 옹호는 흥미가 없는 것이 아니다. 폭 넓게 말해, 철학자들 사이에는 생명에 대한 두 가지 접근 방식이 있다. 생명을 자연세계에서 특별한 과정으로 이해해서, 그 위상을 거대한 존재의 연쇄에서 기술하려는 시도가 있다. 이것은 아리스토텔레스에 의해 그 자신의 생물학적 저작에서 채택된 접근방식이고, 또한 스피노자에 의해서도 채택되었다. 그리고 우리의 생명 개념에서 다른 모든 것이 갈망하는 어떤 실존의 범형을 이끌어내는 시도가 있다. 이것이 자신의 활력*vis viva* 이론을 갖는 라이프니츠의 접근방식이고, 생명은 세계의 본성을 과정으로 드러낸다고 주장하는 화이트헤드A. N. Whitehead 같은 사상가의 접근방식이기도 하다. 화이트헤드의 《과정과 실재*Process and Reality*》(New York 1978)와 《관념의 모험*Adventures of Ideas*》 (Cambridge 1933)은 여전히 읽을 가치가 있다. 그가 영감을 주었던 '과정 신학

process theologians'의 저서들도 마찬가지다. (25장을 보라.)

인격 동일성

이 주제에 대한 많은 저작이 있었으며, 우리의 인격에 관한 개념을 그 한계에까지 밀어붙일 정도로 관심을 끌 만한 사고실험이 많이 고안되었다. 그렇지만 검토되었던 물음이 항상 동일한 것은 아니다. 예를 들어, 흄은《인성론》Ⅰ권 Ⅳ부 5-6절에서, 어떤 것이 있다면, 무엇이 특정한 개별자의 관념과 인상을 결합하는가라는 물음과 관련된다. 그는 동일성의 질문과 관련되지는 않는다―무엇이 한 사람을 다른 사람과 구별하는지의 의미로든, 혹은 시간에 대한 동일함의 의미로든 말이다. 그가 가정한 문제에 있는 그 자신의 시도와 그 자신의 영웅적인 실패는 데이비드 피어스David Pears의《흄의 체계 *Hume's System*》(Oxford 1990)에 잘 요약되어 있다.

인격 동일성의 문제는 오늘날 버나드 윌리엄스Bernard Williams의 초기 논문(〈인격 동일성과 개별화Personal Identity and Individuation〉,《아리스토텔레스 학회보*Proceedings of the Aristotelian Society*》, 1956-7)으로부터 발생했다. 다른 논문들이 뒤따랐는데, 〈상상과 자아Imagination and the Self〉(《영국학술원 회보*Proceedings of the British Academy*》, 1966)와 〈자아와 미래The Self and the Future〉, 《철학 리뷰 *Phil. Rev.*》, 1970이 가장 중요하다. 이 논문들은 버나드 윌리엄스의 논문모음집《자아의 문제들*Problems of the Self*》(Cambridge 1973)에 실려 있다. 이 논쟁의 다른 중요한 참여자는 시드니 슈메이커Sydney Shoemaker(《자기인식과 자기동일성*Self-knowledge and Self-identity*》, New York 1963)와, 〈인격 동일성Personal Identity〉(《철학 리뷰*Phil. Rev.*》, 1971)로 시작하여 《이성과 인격*Reasons and Persons*》(Oxford 1986)으로 끝나는 데릭 파핏Derek Parfit이다. 인격 동일성의 개념을 전적으로 해체하기 위해 설계된 파핏의 급진적 접근은 데이비드 위긴스David Wiggins에 의해 거부되었다. 특히, 위긴스의 〈로크, 버틀러 그리고 의식의 흐름Locke, Butler and the Stream of Consciousness〉,《인격의 동일성*The Identities of Persons*》(로티 A. Rorty 편집, Berkeley 1989)을 보라. 또한 존 페리John Perry도 언급해야 한다.

이 주제에 대한 그의 논문은《인격 동일성*Personal Identity*》(California 1975)에 실려 있으며, 그의《인격 동일성과 불멸에 관한 대화*Dialogue on Personal Identity and Immortality*》(Indianapolis 1978)는 이 장에서 논의된 몇몇 논제에 대한 예증적 입문서다. 흥미로운 논의는 또한 피코크A. Peacocke와 질레트G. Gillett가 편집한《인격과 인격성*Persons and Personality*》(Oxford 1987)에도 수록되어 있으며, 특히 〈과학의 대상, 경험의 주체, 가치의 중심으로서의 인격The Person as object of science, as subject of experience, and as locus of value〉이라는 제목의 데이비드 위긴스David Wiggins의 논문을 보라.

로크와 버틀러와 리드 간의 역사적 논쟁은 다음에 수록되었다.

로크,《인간 오성론*An Essay Concerning Human Understanding*》 II권 xxvii장.

버틀러, 〈인격 동일성에 관하여Of Personal Identity〉,《몸, 마음 그리고 죽음 *Body, Mind and Death*》(플루A. Flew 편집, London 1964).

토머스 리드Thomas Reid,《인간의 지적 능력에 관한 논고*Essays on the Intellectual Powers of Man*》(London 1941) 논고3, 4장과 6장.

시간을 통한 인격 동일성으로 설정된 이 세 가지 질문 간의 논쟁이 우리가 '인격person'으로 의미하는 바의 중심으로 나아간다.

몇 가지 질문:

(1) 로크에 반하는 순환의 책임은 효과적인가? (페리의 〈인격 동일성, 기억 그리고 순환논증의 문제Personal Identity, Memory and the Problem of Circularity〉, 《인격 동일성*Personal Identity*》과, 위긴스의 〈로크, 버틀러 그리고 의식의 흐름Locke, Butler and the Stream of Consciousness〉, 로티Rorty의 같은 책을 보라)

(2) 로크의 인격의 정의에는 무엇이 잘못되었는가? (《인간 오성론》, II권 xxvii장 ii절과 위긴스의 같은 책을 보라.)

(3) 몇몇 철학자들은—예를 들어, 스트로슨(《개별자들*Individuals*》 3장)과 위긴스—인격이라는 개념이 원시적인 개념이라고 주장한다. 이것은 무엇을 의미하고, 그것은 참인가?

(4) 뇌 이식과 그 밖의 것과 관련한 사고실험에 의해 어떤 것이 증명되는가?
(이것에 가장 회의적인 위긴스의 같은 책을 보라.)

(5) 파핏적인 인격이 있을 수 있는가?

(6) 인격은 자연종의 구성원인가? 그렇다면 인격이라는 개념은 그 종의 개념인가?

(7) 인격 동일성의 문제에 대한 해결책은 발견될 수 있다거나 혹은 약정될 수 있는가?

실존과 본질

실존주의에 관심이 있는 독자는 데이비드 쿠퍼David Cooper의 《실존주의 *Existentialism*》(Oxford 1990)에서 훌륭한 서문을 찾을 수 있다. 관련된 텍스트는 쿠퍼에 의해 모두 인용되었다. 내가 제시한 인용구는 사르트르Sartre의《실존주의와 휴머니즘*Existentialism and Humanism*》(London 1966), 하이데거Heidegger의 《존재와 시간*Being and Time*》, 호세 오르테가 이 가세트José Ortega y Gasset의 〈기능인Man the technician〉, 《체계로서의 역사*History as a System*》(Norton 1962)에서 가져왔다.

죽음

이 주제에 대한 주요 저서는 다음과 같다.

루크레티우스Lucretius, 《사물의 본성에 관하여*De Rerum Natura*》 9권.

에피쿠로스Epicurus, 〈메노이케오스에게 보내는 편지Letter to Menoeceus〉, 《에피쿠로스의 현존하는 글들*Epicurus, the Extant Remains*》(베일리C. Bailey 편집, Oxford 1926).

토머스 네이글Thomas Nagel, 〈죽음Death〉, 《죽음에 관한 물음들*Mortal Questions*》(Cambridge 1979).

필립스D. Z. Phillips, 《죽음과 불멸*Death and Immortality*》(Cambridge 1970).

프레드 펠드만Fred Feldman, 《저승사자와의 대결*Confrontations with the Reaper*》

(Oxford 1992).

두카스C. J. Ducasse, 《자연, 마음 그리고 죽음Nature, Mind and Death》(London 1951).

존 도널리John Donnelly, ed., 《언어, 형이상학 그리고 죽음Language, Metaphysics and Death》(New York 1978).

폴 에드워즈Paul Edwards, 〈나의 죽음My Death〉, 《철학 백과사전Encyclopedia of Philosophy》 vol. V, pp. 416-9.

스티븐 로젠바움Stephen Rosenbaum, 〈대칭 논변: 죽음의 두려움에 맞선 루크레티우스The Symmetry Argument: Lucretius Against the Fear of Death〉, 《철학과 현상학적 연구Phil. and Phenomenological Research》, 1989. (과거에 존재하지 않았다는 두려움이 합리적이지 않듯이 미래에 존재하지 않으리라는 두려움도 합리적이지 않다는 루크레티우스의 견해에 대한 옹호.)

실버스타인H. Silverstein, 〈죽음의 악The Evil of Death〉, 《철학 저널Journal of Philosophy》, 1980.

앤터니 플루Anthony Flew, 《죽음의 논리The Logic of Mortality》(Oxford 1987). (사후세계의 믿음에 대한 격렬한 비판.)

데이비스S. T. Davis (ed.), 《죽음과 내세Death and the Afterlife》(London 1989).

《파이돈Phaedo》 67A과 102A-107A에 있는 영혼의 불멸성에 대한 플라톤의 원초적 논변도 역시 중요하다.

마크로풀로스 사건Makropoulos case에 대한 버나드 윌리엄스Bernard Williams의 고찰은 《자아의 문제들Problems of the Self》에 실려 있다. 쇼펜하우어의 자살 옹호는 《의지와 표상으로서의 세계The World as Will and Representation》 IV권에 나오고, 또한 쇼펜하우어의 논문과 그 밖의 것을 모은 펭귄 출판사 판에도 자살에 관한 글이 있다. 니체의 알맞은 죽음(자발적 죽음)의 옹호는 《차라투스트라는 이렇게 말했다Thus Spake Zarathustra》(홀링데일R. J. Hollingdale 번역, Harmondsworth 1961) pp. 97-99에 나오며, 하이데거의 '죽음을-향한-존재Being-towards-death'에 관한 설명은 《존재와 시간Being and Time》(매쿼리J.

Macquarrie와 로빈슨E. Robinson 번역, Oxford 1962)의 II부 1장 pp. 290-311에 있다.

22 지식

기초적 읽을거리:

댄시J. Dancy, 《현대 인식론 입문*Introduction to Contemporary Epistemology*》(Oxford 1985). 현대의 견해들에 대한 명쾌한 요약이며, 교재로 유용하다.

네이글T. Nagel, 《어디에서도 바라보지 않는 관점*The View from Nowhere*》(Oxford 1986) 5장.

필립스 그리피스A. Phillips Griffiths, ed., 《지식과 믿음*Knowledge and Belief*》(Oxford Readings, Oxford 1967). 다른 유용한 자료들과 함께, 게티어Gettier의 논문(《분석*Analysis*》, vol.23, 1963에 처음 발표되었다)도 수록되어 있다.

노직R. Nozick, 《철학적 설명*Philosophical Explanations*》(Oxford 1981). 어려운 텍스트다. 그 논변은 댄시Dancy의 책 3장에서 더 분명히 제시된다.

또한 다음과 같은 책도 연구할 만하다.

플라톤, 《테아이테토스*Theaetetus*》(버니에트Burnyeat 편집, Cambridge 1991). 버니에트의 주석이 달려 있다.

오스틴J. L. Austin, 〈다른 마음들Other Minds〉, 《철학 논문집*Philosophical Papers*》(Oxford 1961). 신빙성reliability 이론의 첫 번째 주요 진술.

골드만A. Goldman, 〈지식 인과론A Causal Theory of Knowledge〉, 《철학 저널 *Journal of Philosophy*》, vol. 64, 1967.

골드만A. Goldman, 〈구별과 지각적 지식Discrimination and Perceptual Knowledge〉, 《철학 저널*Journal of Philosophy*》, vol.73, 1976.

콰인W. V. Quine, 〈자연화된 인식론Epistemology naturalised〉, 《존재론적 상대성 *Ontological Relativity*》(New York 1969).

콜린 래드퍼드Colin Radford, 〈사례에 의한 지식Knowledge by Examples〉,《분석 Analysis》, vol. 29, 1969.

콜린 맥긴Colin McGinn, 〈지식의 개념The Concept of Knowledge〉, 미출간.

맥긴이 주장하길, 국지적인 지식의 분석은 실패하는데, 왜냐하면 그 분석은 p를 알기 위해서, 주어가 단순히 p라는 명제만이 아니라, 명제의 전체 범위에 대하여 신빙성이 있어야 한다는 사실을 수용하지 못하기 때문이다. 가령 물에 놓인 구부러진 막대가 있고, 그 조건에서 곧은 막대들은 정상적으로 구부러져 보인다고 하자. 나는 그것이 바라본다는 근거에서 구부러져 있다고 믿는다. 그리고 노직의 분석에 입각하면, 이것은 그것이 구부러졌다는 것을 아는 원인이 될 수 있다. 하지만 나는 그런 종류의 명제와 관련해 내가 신빙성이 있다고 생각될 수 없게 되는 이러한 여건으로 인해 알지 못하는 것이다.

몇 가지 질문:

(1) 게티어 사례의 교훈은 무엇인가?

(2) 우리는 왜 '방법을 아는 것'이 지식의 형태라고 말하는가?

(3) 지식의 이론은 회의주의자의 논변과 싸우는 데 사용될 수 있는가? (스트라우드Stroud, 《철학적 회의주의의 의의The Significance of Philosophical Scepticism》 (Oxford 1984)를 보라.)

(4) 믿음이란 무엇인가? (필립스 그리피스Phillips Griffiths의 같은 책에 있는 필립스 그리피스의 논문을 보라.)

(5) 노직Nozick의 '추적 이론tracking theory'의 주요 난점은 무엇인가? (댄시 Dancy의 같은 책을 보라.)

23 지각

가장 중요한 논문들은 옥스퍼드 읽기교재 중 두 권, 즉 워녹G. J. Warnock

이 편집한 《지각의 철학*The Philosophy of Perception*》(Oxford 1967)과 조너선 댄시Jonathan Dancy가 편집한 《지각적 지식*The Perceptual Knowledge*》(Oxford 1988)에 수록돼 있다. 후자가 더 최신이고, 워녹의 편집본이 출간된 이후 일어난 발전을 반영하고 있다. 또한 팀 크레인Tim Craine이 편집한 《경험의 내용*The Contents of Experience*》(Cambridge 1992)에 포함된 논문들도 중요하다.

　세 가지 물음이 최근 지각의 철학자들을 곤란하게 하였다. 먼저, 지각적 경험의 특성이다. 어떤 종류의 경험이 지각일 수 있는가, 혹은 지각이 될 수 있는가? 지각적 경험을 갖는다는 것과 세계에 관한 어떤 것을, 그 자체로 지각적이지 않은 경험으로부터 추론하는 것과 차이는 무엇인가? 여기에, 실질적 차이가 있는 것 같다. 그러나 그것은 어떻게 특성화될 수 있는가? 그것은 지각적 경험에 관한 현상학의 부분인가? 혹은 그것은 경험이 발생하는 여건에서 일어나는가? 모리스 메를로퐁티의 《지각의 현상학*The Phenomenology of Perception*》(콜린 스미스Colin Smith 번역, London 1962)은, 지각적 경험의 현상학적 논의를 제공하도록 노력하는데, 그것은 경험의 특수함을 증명하고, 또한 지각이 한편으론 (지각)소여datum와, 다른 한편으론 해석과 관련한다는 경험론자의 이론을 논박하기도 한다. 해석과 경험은 서로 스며들고, 경험 그 자체는 세계를 그 자체의 지향적 특성으로 표시한다. 게다가 이 특성은 능동적 존재로서의 우리의 본성을 반영한다. 우리는 단순히 지적 숙고로부터가 아니라, 그 의미가 활동성, 지향과 욕구로부터 유래하는 개념 하에서 사물을 본다. 인간의 세계는 본질적으로 '행동에 대해 준비되어' 있으며, 바로 그 방법으로 이미 간주되고 있다.

　두 번째 문제는 지각을 통해 얻게 된 정보의 본질과 관련한다. 내가 보는 것은 내 감각적 '투입'에 의존할 뿐 아니라, 나의 이전 지식에 의존하기도 한다. 이런 이유로, 프레드 드레츠키Fred Dretske는 《보는 것과 아는 것*Seeing and Knowing*》(London 1969)에서, 지각 정보를 본질적으로 증진적이라고 기술한다. 지각한다는 것은 오랜 정보 상태에서 새로운 상태로 상승해가는 것이다. 드레츠키는 또한 여러 방법으로는 의문의 여지가 있는 한편, 너무도 믿을 수 없을 만큼 건조하고 지루해서 대부분의 철학자가 신뢰할 준비가 되어 있는 지각의 과정을 철저하게 분석한다.

생각해볼 세 번째 분야는 지각과 어떤 철학자가(예를 들어, 존 맥도웰John McDowell이 〈기준, 파기 가능성, 지식Criteria, Defeasability and Knowledge〉(댄시 Dancy, 같은 책)과, 〈대물적 의미De Re senses〉, 《프레게의 전통과 영향Frege, Tradition and Influence》(크리스핀 라이트Crispin Wright 편집, Oxford 1984)에서) 대물적de re 믿음이라고 부른 것 간의 연관과 관련한다. 내가 만일 메리를 본다면, 그래서 현관에 서 있는 여인이 비탄에 빠져 있다고 믿게 된다면, 메리가 비탄에 빠진 채 문에 서 있는 것을 내가 믿고 있다고 말하는 것이 정상적이다. 하지만 나는 이 여인이 메리라는 것을 모를 수 있다. 여기에서 내 믿음의 대상은 내 지각을 통해 확인받으며, 이것은 차례로 내 정신상태와 세계에 있는 품목 간의 인과적 연관을 통해 확인받는다. 이 방법으로 믿음의 대상을 확인함으로써, 나는 그것을 '지향적' 대상이라기보다, 하나의 '재료material'로 확인했던 것이다. 나는 메리에 대해 동등한 기술로 대체할 수 있다salva veritate("진리값에 변화없는") 그리고 사실, 내 믿음을 정확하게 논의하기 위해, 정확히 이 방법으로 그것을 확인하는 것이 필연적이다. 단순히 정신적 표상에 대해 '내면을' 바라봄으로써, 내 믿음이 무엇에 관한 것인가를 결정할 방법이란 없다. 믿음을 확인할 때, 나는 세계에 있는 사물에 대해 본질적으로 지시한다. (이것은 13장에서 논의되었던 대물적 양상어와 병행하는 것이다.) 대물적 믿음이 흥미로운 것은, 부분적으로 어떤 철학자들—예를 들어, 〈의미론은 가능한가?Is Semantics Possible?〉, 《마음, 언어 그리고 실재Mind, Language and Reality》에서의 퍼트넘Putnam과 같이—이 그것은 정상적인 경우라고 믿고, 또한 이 사실이 우리로 하여금 마음의 상을, 사물이 주체에게 그런 것같이 보이는 방법에 의해 다소간 구성된 것으로 소생하도록 완전히 강제한다고 믿기도 하기 때문이다. (더 자세한 내용은 19장 6절을 보라.)

몇 가지 질문:

(1) 만일 존이 메리를 본다면, 그가 본 무엇에 관해 그가 믿어야만 하는 어떤 것이 있는가?

(2) 감각소여sense-datum란 무엇인가? 그런 어떤 것이 있는가?

(3) 무엇이 착각 논변에 의해 증명되는가?

(4) 무엇이 지각의 인과이론에 대한 논변인가? 그것은 얼마나 그럴듯한가?

(5) 지각은 지식의 기초인가?

(6) 지각적 경험이란 무엇이며, 어떤 방법으로 그것이 감각과 같고, 같지 않은가?

(7) 현상론에 찬성하든가 혹은 반대하는 확신 논변이 있는가?

(러셀Russel, 〈논리적 원자론 강의Lectures on Logical Atomism〉,《논리와 지식 *Logic and Knowledge*》(London 1988)과, 로저 스크루턴R. Scruton, 〈객관성과 의지 Objectivity and the Will〉,《마인드*Mind*》, 1971과, 가레스 에번스Gareth Evans, 〈마음 없는 것들Things Without the Mind〉,《선집*Collected Papers*》(Oxford 1985)을 보라.)

24 상상

이번 강의는 일상적으로 철학적 샛길로 간주되는 논제를 탐구한다. 하지만 내 생각에 이것은 잘못이다. 철학자들이 '상상'이라는 단어와 그것과 같은 어원의 단어들을 근본적으로 다른 방법으로 사용했었다는 사실로 인해 많은 혼란이 야기되었다—종종 내가 이 장에서 정신적 이미지imagery의 관념과 창조적 사유의 관념(이미지에 수반되건 아니면 표현되건 간에)으로 언급하는 두 구별되는 관념을 종종 결합하는 방법 말이다. 메리 워녹Mary Warnock은 역사적인 탐구인《상상*Imagination*》(London 1976)에서, 논변의 희생 아래 두 가지 관념을 별도로 주장하는 노력을 거의 하지 않는다. (그녀의 주요 관심사는 지각과 상식적 믿음이 상상이라 불렸던 어떤 것을 훈련하는 것과 관련된다고 주장한, 흄과 칸트 같은 주요 역사적 인물들의 인식론에서 상상의 위상을 보여주는 것이다.)

상상이 일상의 지각에 포함된다는 견해는 현대의 철학자들, 예를 들어 스트로슨P. F. Strawson의 〈상상과 지각Imagination and Perception〉,《경험과 이론Experience and Theory》(포스터L. Foster와 스완슨J. W. Swanson 편집, Cambridge Mass.1970)에 의해서도 옹호되고 있다. 이런 견해는 로저 스크루턴Roger Scruton의《예술과 상상Art and Imagination》(London 1974), 특히 II부에서 반론에 직면한다.

다른 자료는 다음을 포함한다.

사르트르J. P. Sartre,《상상력L'Imagination》(Paris 1936).

사르트르J. P. Sartre,《상상적인 것L'Imaginaire》(Paris 1940),《상상의 심리학The Psychology of the Imagination》(New York 1948).

이시구로 히데Hidé Ishiguro, 〈상상Imagination〉,《영국 분석철학British Analytical Philosophy》(윌리엄스B. Williams와 몬트피오르A. Montefiore 편집, 1966).

이시구로 히데Hidé Ishiguro, 〈상상Imagination〉,《A.S.S.V.》(1967).

비트겐슈타인L. Wittgenstein,《철학적 탐구Philosophical Investigations》 II부 xi절. '보는 것seeing'에 대한 고전적 논의.

두 가지 보조적인 논제가 상상이라는 논제로부터 나온다. 표상의 본질(그리고 특히 예술에서의 표상의 본질), 그리고 허구의 본질과 허구에 대한 반응의 본질이다.

표상

(1) 넬슨 굿맨Nelson Goodman,《예술의 언어Languages of Art》(London 1969) 1장과 2장. 의미론의 명쾌한 진술.

(2) 리처드 월하임Richard Wollheim,《예술로서의 회화Painting as an Art》(London 1987). 이 책은 굿맨에 대한 부수적인 비판을 담고 있을 뿐 아니라, 같은 저자의《예술과 그 대상Art and its Object》(Cambridge 1980) 2판에 수록된 〈~로서 보

기와 ~안에서 보기Seeing as and Seeing in〉에서 윤곽을 드러낸 구별을 전개하고 있다.

(3) 로저 스크루턴Roger Scruton, 《예술과 상상Art and Imagination》13장.

(4) 로저 스크루턴Roger Scruton, 《미학적 이해The Aesthetic Understanding》(Manchester 1983). 음악 및 사진과 관련한 표상의 논의.

허구

켄들 월턴Kendal Walton, 《가장하기로서의 모방Mimesis as Make-Believe》(Cambridge Mass. 1990).

콜린 래드퍼드Colin Radford와 마이클 웨스튼Michael Weston, 〈안나 카레니나의 운명에 우리는 어떻게 감동받는가?How can we be moved by the fate of Anna Karenina?〉, 《아리스토텔레스 학회보 속편Proceedings of the Aristotelian Society, Supplementary Volume》, no. 69, 1975, pp. 67–93.

프랭크 팔머Frank Palmer, 《문학과 도덕의 이해Literature and Moral Understanding》(Oxford 1992).

몇 가지 질문:

(1) 상상한다는 것과 이미지를 갖는다는 것 간의 연관은 무엇인가?

(2) 유사한 그림에서 내가 하나의 측면에서 다른 측면으로 바꿔 볼 때 무엇이 일어나는가?

(3) p를 상상한다는 것과 p를 믿는다는 것 간의 연관은 무엇인가?

(4) 묘사란 무엇인가?

(5) 내가 연극에서 등장인물의 한탄에 반응할 때, 나는 실제로 동감하는 것인가?

25 공간과 시간

읽을거리:

햄린D. W. Hamlyn, 《형이상학*Metaphysics*》(Cambridge 1984), 7장.

라이헨바흐H. Reichenbach, 《공간과 시간의 철학*The Philosophy of Space and Time*》 (New York 1957).

칸트, 〈선험적 감성론Transcendental Aesthetic〉, 《순수이성비판》.

게일R. M. Gale, 《시간의 철학*The Philosophy of Time*》(London 1968). 독자가 맥타가트를 읽을 때 필요한 모든 것을 포함해서, 주요 저자의 발췌본이 있는 유용한 모음집.

공간과 시간의 연구는 물리학의 도움으로 완성된다. 철학적인 생각을 가진 물리학자(유명한 아인슈타인의 《특수 및 일반 상대성 이론*Relativity: the Special and the General Theory*》, London 1960과, 스티븐 호킹Stephen Hawking의 《시간의 역사*Brief History of Time*》, London 1988)은 최근 논의의 강조점을 변화시켰다. 현대 물리학을 감당하기란 어렵기 때문에, 바스 판 프라센Bas Van Frassen과 같은 물리학적인 생각을 가진 철학자에 의해 안내되는 것이 최선이겠다. 그의 《시간과 공간의 철학 입문*An Introduction to the Philosophy of Time and Space*》(New York 1970)은 그 주제에 대한 가장 좋은 책 중 하나로 남아 있다.

1. 유클리드와 시각 기하학

시각적 혹은 현상적 기하학(공간에서의 사물들의 물리적 기하학에 반대되는 기하학) 같은 것이 있는가와 관련해 논쟁이 지속되고 있다. 그리고 그 주장은 여전히 시각 기하학이란 본질적으로 유클리드적이라고 때때로 제안된다(예를 들어, 스트로슨P. F. Strawson은 《감각의 한계*The Bounds of Sense*》, London 1966에서 칸트의 《순수이성비판》의 〈선험적 감성론The Transcendental Aesthetic〉을 지지한다). 그 논변은 홉킨스G. J. Hopkins의 계몽적인 논문 〈시각적 기하학Visual Geometry〉, 《철학 리뷰*Phil. Rev.*》, 1976(《칸트의 순수이성론*Kant on Pure Reason*》, 랠프 워커Ralph

Walker 편집, Oxford 1982에 재수록)에서 반박되고 있다.

2. 힐베르트와 공리체계

이 항목의 주제를 파악할 수 있는 가장 좋은 방법은 일반적으로 공리체계의 연구를 통해서다. 예를 들어 콰인W. V. Quine, 《논리학의 방법*Methods of Logic*》(Cambridge Mass. 1982)을 보라. 공간 연구의 적용에 대해서는, 그레이엄 널리치Graham Nerlich, 《공간의 모양*The Shape of Space*》(Cambridge 1976)을 보라.

3. 비유클리드 기하학

가장 종합적인(그렇지만 매력적인 것과는 먼) 논의는 그룬드바움A. Grundbaum의 《공간과 시간의 철학적 문제들*Philosophical Problems of Space and Time*》(Dordrecht 1973)이다. 하지만 라이헨바흐Reichenbach의 같은 책도 유용하고 쉽게 접근할 수 있다.

또한 다음의 것도 보라.

민코프스키H. Minkowski, 〈공간과 시간Space and Time〉, 알베르트 아인슈타인 외Albert Einstein et al., 《상대성 원리*The Principle of Relativity*》(New York 1923).

얌머M. Jammer, 《공간의 개념*Concept of Space*》(New York 1960). (훌륭한 역사적 고찰).

널리치G. Nerlich, 《공간의 모양*The Shape of Space*》.

4. 상대적이고 절대적인 공간

라이프니츠와 클라크 간의 서한(알렉산더H. G. Alexander 편집, Manchester 1956)은 관련된 문제에 대한 훌륭한 입문으로 남아 있다. 또한 다음의 것도 보라.

아이작 뉴턴Isaac Newton, 《자연철학의 수학적 원리와 세계에 관한 그의 체계*Mathematical Principles of Natural Philosophy and his System of the World*》(Berkely California 1934). 정의들에 대한 주석.

아인슈타인A. Einstein, 《특수 및 일반 상대성 이론*Relativity, the Special and the*

General Theory》(London 1960).

왼손, 오른손에 관한 칸트의 논변에는 많은 주석이 주어졌다. 예를 들어, 크리스 모튼슨Cris Mortensen과 그레이엄 널리치Graham Nerlich, 〈시공간과 잘 쓰는 손Spacetime and handedness〉,《라티오*Ratio*》, 25, 1983, pp. 1-13.

5. 얼마나 많은 공간들이 있는가?

퀸턴A. Quinton, 〈공간과 시간Spaces and Times〉,《철학*Philosophy*》37, 1962.

그 논변은 다음에서 논의되었다.

조너선 베넷Jonathan Bennett,《칸트의 분석*Kant's Analytic*》(Cambridge 1966).

윌커슨T. E. Wilkerson,《칸트의 순수이성비판*Kant's Critique of Pure Reason*》 (Oxford 1976).

6. 시간의 신비

라이헨바흐H. Reichenbach,《시간의 방향*The Direction of Time*》(Berkley California 1956).

아우구스티누스St. Augustine,《고백*Confessions*》(Harmondsworth, Penguin Edition 1970).

새먼W. C. Salmon, ed.,《제논의 역설*Zeno's Paradoxes*》(Indianapolis 1970).

버트런드 러셀Bertrand Russell, 〈시간의 경험에 관하여On the Experience of Time〉,《일원론자*Monist*》, vol. 25, 1915, pp. 212-33.

버터필드J. Butterfield, 〈현재를 보기Seeing the Present〉,《마인드*Mind*》, vol. 93, 1984, pp. 161-76.

코브니P. Coveney와 하이필드R. Highfield,《시간의 화살*The Arrow of Time*》 (London 1985). 시간의 비가역적 본질과 물리적 과정의 훌륭한 논의를 제시해 준다.

7. 시간의 비실재성

아리스토텔레스, 《자연학》, Ⅳ. 10-14. 217b-244a.

플로티노스Plotinus, 《엔네아데스*Enneads*》, Ⅲ. 7. (45), 〈영원과 시간에 관하여On Eternity and Time〉.

맥타가트J. McT. E. McTaggart, 《존재의 본성*The Nature of Existence*》(브로드C. D. Broad 편집, Cambridge 1921, 1927), 2권 33장.

기치P. T. Geach, 《사랑, 진리, 불멸*Love, Truth and Immortality*》(London 1979). (맥타가트 논변의 동조적인 논의를 담고 있다)

셀라스W. Sellars, 〈시간과 세계질서Time and the World Order〉, 《미네소타 과학철학 연구*Minnesota Studies in the Philosophy of Science*》(파이글H. Feigl과 맥스웰G. Maxwell 편집, Minneapolis 1962), pp. 527-616.

8. 그 논변에 대한 응답들

마이클 더밋Michael Dummett, 〈시간의 비실재성The Unreality of Time〉, 《진리와 다른 수수께끼*Truth and Other Enigmas*》(London 1976).

멜러D. H. Mellor, 《실재하는 시간*Real Time*》(Cambridge 1980). 이 책은 일련의 라디오 대담으로 시작되었으며, 논변의 가치를 떨어뜨리지 않으면서도 보기 드물게 명료하다.

게일R. M. Gale, 《시간의 언어*The Language of Time*》(London 1968). 동일한 방향으로의 더 이른 시도.

9. 시간과 1인칭

앙리 베르그송Henri Bergson, 《시간과 자유의지*Time and Freewill*》(포그슨F. L. Pogson 번역, London 1911).

모리스 메를로퐁티Maurice Merleau-Ponty, 《지각의 현상학*The Phenomenology of Perception*》(콜린 스미스Colin Smith 번역, London 1962).

또한 31장의 논의도 보라.

10. 과정과 생성

과정철학에 대한 유용한 입문서는 브라우닝D. Browning의 《과정철학자들*Philosophers of Process*》(Camnbridge Mass. 1972)이다. 이 책에는 화이트헤드 Whitehead, 듀이Dewey, 제임스James, 하트숀Hartshorne 같은 모든 주요 저자의 발췌본이 포함되어 있다. 더 자세한 논의는 다음을 보라.

화이트헤드A. N. Whitehead, 《과정과 실재*Process and Reality*》(New York 1978).

찰스 하트숀Charles Hartshorne, 《신의 상대성: 신의 사회적 개념*Divine Reality: a Social Conception of God*》(New Haven 1982).

11. 영원 그리고 12. 천구의 음악

이 절들은 현대철학자들로부터 거의 주목을 받지 못한 문제를 다룬다. 하지만 맬컴 버드Malcolm Budd의 《음악과 감정*Music and the Emotions: the Philosophical Theories*》(London 1985)에 쇼펜하우어의 음악이론에 대한 훌륭한 요약이 있다. 음악 악장의 설명에 대해서는, 로저 스크루턴Roger Scruton, 〈음악의 이해Understanding Music〉, 《미학적 이해*The Aesthetic Understanding*》(London and Manchester, 1983)를 보라.

또한 플로티노스Plotinus, 같은 책, 7절의 앞뒤를 보라.

26 수학

읽을거리:

프레게Frege, 《산술의 기초*Foundation of Arithmetic*》(오스틴J. L. Austin 번역, Oxford 1951).

찰스 파슨스Charles Parsons, 〈수학Mathematics〉, 《철학 백과사전*Encyclopedia of Philosophy*》(폴 에드워즈Paul Edwards 편집).

다음의 책도 유용하다.

버트런드 러셀Bertrand Russell, 《수학의 원리*Principles of Mathematics*》(New Edition, London 1992).

버트런드 러셀Bertrand Russell, 《수리철학 입문*Introduction to Mathematical Philosophy*》(London 1919).

베나세라프P. Benacerraf와 퍼트넘H. Putnam, eds., 《수리철학*Philosophy of Mathematics*》(Cambridge 1984). (이 책은 이 논제를 다룬, 가장 쉽게 접근할 수 있고 철학적으로 핵심적인 자료 모음집으로 남아 있다.)

데이비드 보스톡David Bostock, 《논리와 산술*Logic and Arithmetic*》1권 자연수Natural Numbers(Oxford 1974), 2권 유리수와 무리수Rational and Irrational Numbers(Oxford 1979). (성실하고 세심한 논의.)

괴델의 정리에 대한 쉽게 접근할 수 있는 입문서가 있다. 네이글E. Nagel과 뉴먼R. Newman의 《괴델의 증명Gödel's Proof》(London 1990).

이러한 본질적인 참고문헌들 너머로, 나는 이 논제를 통해 더 나아가도록 안내하려고 하지는 않겠는데, 입문서에서 다루기에는 너무 전문적이기 때문이다.

27 역설

이 영역에서 심화학습을 위한 용이한 접근법은 없다. 진행해나가기 위한 유일한 방법은 역설을 하나씩 다루면서, 최근 문헌 중 가장 훌륭한 것을 참고하며 그것을 해결하려는 시도다. 이것이 세인스버리R. M. Sainsbury가 그 주제에 대한 자신의 예증서─《역설들*Paradoxes*》(Cambridge 1988)─에서 한 것이다.

조너선 반스Jonathan Barnes의 《소크라테스 이전의 철학자들*Pre-Socratic Philosophers*》(London 1979, 1982)보다 나은 소크라테스 이전 철학자들의 논변에 대한 안내서는 없다. 두 번째 아킬레우스의 역설에 대해서는, 루이스 캐럴 Lewis Carroll의 글(《마인드*Mind*》, vol. 4, 1895, pp.278-80)을 보라. 많은 무한의 역설은 무어A. W. Moore의 《무한*The Infinite*》(London 1990)에서 탁월하게 논의되고 있다.

28 객관정신

이것은 마음의 철학과 같이 그 논제가 생각될 수 있게 하는 방법을 현대철
학이 변화시키기 시작했던 또 다른 성장분야다. 그리하여 독자는 그 영역과,
주제에 관련해 점차적으로 증가하는 문헌에 대한 좀 더 자세한 안내서로부
터 도움을 얻게 될 것이다.

안내서들은 거의 없으며 그나마도 실망스럽다. 하나의 주요 문제점은 정
치철학이 최근까지 분석철학자들에 의해 핵심적인 관심의 영역으로 간주되
지 않았으며, 따라서 현대철학의 방법이 단지 돌발적인 방법으로만 정치제도
와 논변의 분석에 적용되었다는 점이다. 그 주제에 대한 첫 번째 중요한 분석
철학 저서—웰던T. D. Weldon의 《정치학의 어휘*The Vocabulary of Politics*》(London
1953)—는 우리의 언어 사용에 있어 명확성이 주요 문제를 해결해줄 수 있을
만한 그런 주제는 없거나 혹은 거의 없다는 점을 증명고자 하는 데서 자
극받은 것 같다. 웰던은 이제 누구도 그의 방법이나 혹은 결론 그 둘 중 어느
하나에 의해서도 설득되지 않음에도, 중요한 인물로 남아 있다.

나는 퀸턴A. Quinton의 《정치철학*Political Philosophy*》(Oxford Readings, Oxford
1967) 서문을 추천하는데, 그 책은 또한 중요한 논문과 발췌본을 수록하고 있
으며, 모두 읽을 만한 가치가 있다. 로저 스크루턴Roger Scruton의 《정치 사상
사전*Dictionary of Political Thought*》(London 1982)은 기초적인 정치 개념과 이론, 철
학, 철학자 그리고 이데올로기의 간략한 기술을 포함하고 있다. 이것은 정치
철학에서의 주요 과제 중 하나를 보조하는 책인데, 그 용어들이 의미하는 바
를 알면서, 일관되게 용어들을 사용하는 보조서다.

현대의 문헌은 매우 많지만, 이미 알려졌듯이, 만족스러움과는 거리가 멀
다. 《정치철학의 문제들*Problems of Political Philosophy*》(London 1980)이라고 불린

라파엘D. D. Raphael의 짧은 입문서가 있는데, 부분적으로 유용하지만 건조하고 개괄적이다. 다소 시대에 뒤떨어지긴 했지만, 더 실질적인 자료는 벤S. I. Benn과 피터스R.S. Peters의 《사회원리와 민주국가Social Principles and the Democratic State》(London 1959)다. 가장 뛰어난 논문 모음집은 퀴턴Quinton이 편집한 위의 책과, 옥스퍼드 철학 읽기교재 시리즈 중 제러미 월드런Jeremy Waldron의 책(《권리 이론Theories of Rights》, Oxford 1985)과, 래스릿P. Laslett과 런시먼W. G. M. Runciman 등이 편집한 《정치사회 철학Philosophy, Politics and Society》(Oxford 1956-76)에 실린 다섯 편의 논문이다.

죄수의 딜레마에서부터 시작해보자. 이것은 적절히 다뤄진다 할지라도, 초보자를 위한 주제는 아니다. 그 논제에 대한 전형적인 게임이론적 접근방식은 다음에서 찾아볼 수 있다.

래포포트A. Rapoport와 챔마A. Chammah, 《죄수의 딜레마: 갈등과 협동의 연구Prisoner's Dilemma: a Study in Conflict and Cooperation》(Michigan 1965).

던컨 루스R. Duncan Luce와 하워드 레이파Howard Raiffa, 《게임과 결정: 해설과 비판적 검토Games and Decisions: Introduction and Critical Survey》(New York 1957).

죄수의 딜레마는 어떤 문제 하나를 제기한다. 즉 합리적으로 선호되고, 최대한도로 이득도 된다는 의미에서, 당사자에게 유효하고 그 문제에 대해 해결책일 수 있는 어떤 전략이 있는가 하는 질문 말이다. 게임이론은 제로섬 게임을(그 경우에, 결투에서처럼, 한 당사자에게 얻는다는 것은 다른 당사자에게는 잃는 것이 된다) 그 두 당사자가 동시에 얻거나 혹은 잃을 수 있는 게임과(이 경우에서처럼 말이다) 구별해준다. 합리성, 일관성 등의 다양한 선천적 요건과 일치하는 전략을 추구하는 일은 다른 영역에의 적용이 많기도 하고, 놀랍기도 한 수학이라는 매혹적인 분과를 마련해준다.

1. 사회계약

핵심적인 역사상의 텍스트는 이것이다.

홉스, 《리바이어던Leviathan》(오크숏M. Oakeshott 편집, Oxford 1957).

로크,《시민정부에 관한 두 편의 논고Two Treatise of Civil Government》.

루소,《사회계약The Social Contract》.

칸트도 역시 가설의 용어로 인해서이지만, 사회계약에 관한 해석을 생각했다. 합리적 존재가 법에 의해 한계지운 것으로 자신의 모든 동의의 가능성을 생각할 수 있다면, 법이란 적법한 것이다. 이러한 가설적 계약에 대한 개념적 이해는, 롤스의 저작에 입각하여 최근의 철학에서 지극히 중요하게 되었다(아래를 보라).

'무임승차자free rider'의 문제는 그 이름을 맨커 올슨Mancur Olson에게 빚지고 있다.

2. 전통적 반론들

이것은 다음에서 각기 나온다.

(1) 흄, 〈원초적 계약에 관하여Of the Original Contract〉,《도덕, 정치, 문학 논고Essays Morals, Political and Literary》.

(2) 에드먼드 버크Edmund Burke,《프랑스혁명론Reflections on the Revolution in France》(Oxford 1993).

(3) 헤겔,《법철학Philosophy of Right》(녹스T. M. Knox 번역, Oxford 1952).

3. 집단선택과 보이지 않는 손

집단선택 이론은 매혹적이며 점점 더 전문적으로 되어간다. 생생하고 쉽게 이해할 수 있는 입문서로는 던컨 블랙Duncan Black,《위원회와 선거 이론The Theory of Committees and Elections》(Kluwer US 1987)이 있다. 이 책의 2부에 유용한 역사적 고찰이 있다. 동일한 전통에 있는 것이 브라이언 배리Brian Barry의《정치적 논변Political Argument》(Brighton 1990)이다.

보이지 않는 손에 대해서는, 애덤 스미스의 고전인《국부론The Wealth of Nations》(London 1982)이, 하이에크F. A. von Hayek의 그 중심 논변에 대한 세밀한 재진술로 보완되어야 한다. 특히 하이에크의 〈코스모스와 탁시스Cosmos and Taxis〉,《법, 입법 그리고 자유Law, Legislation and Liberty》(London 1982)를 보라.

4. 사회적 선택의 역설

민주주의의 역설은 여러 번 진술되었지만, 래스릿P. Laslett과 런시먼W. G. Runciman의 같은 책 1권에 실려 있는 리처드 월하임Richard Wollheim의 〈민주주의의 역설The Paradox of Democracy〉에서 현대 정치철학의 정확한 문맥으로 제시되었다.

애로의 정리Arrow's Theorem는 케네스 애로Kenneth Arrow의《사회적 선택과 개인의 가치Social Choice and Individual Values》(Yale 1990)와, 맥케이A. F. Mackay의 《애로의 정리: 사회적 선택의 역설Arrow's Theorem: the Paradox of Social Choice》(Yale 1980)에서 논의되고 있다.

콩도르세의 투표의 역설은 던컨 블랙Duncan Black의 같은 책에서 논의되고 있다.

5. 일반의지, 헌법 그리고 국가

이 거대한 논제는 어떤 의미에서 정치철학의 전부다. 헌법의 이론은 아리스토텔레스의《정치학》과, 매보트J. D. Mabbot의《국가와 시민The State and the Citizen》(New Edition, London 1967)에서 최고 우위에 있으며, 이 텍스트는 지극히 가치 있는 것으로 남아 있다. 대의제 정부에 대해서는, 밀J. S. Mill의 같은 제목의 연구서가 역시 아직도 강력한 경쟁서가 없을 정도다. 권력분립의 테제는 로크의《시민정부에 관한 두 번째 논고Second Treatise of Civil Government》에서 소개되었고, 몽테스키외C. de Montesquieu의《법의 정신The Spirit of the Laws》(Cambridge 1989)에서 그 근대적 형태로 제시되었다. 정치이론가에 의해 많이 논의되었던 이 세 논제는 최근 정치철학자에 의해 비교적 거의 주목을 받지 못하였다.

국가에 관한 철학의 훌륭한 연구조사는 그랜트R. A. D. Grant의 〈국가의 옹호Defenders of the State〉,《철학 백과사전An Encyclopedia of Philosophy》(파킨슨G. H.

R. Parkinson 편집, London 1988)다.

6. 정의

이것은 최근의 논의가, 대체로 생산적인 저서인 롤스의 《정의론*A Theory of Justice*》(Oxford 1971)과 로버트 노직Robert Nozick의 강력하게 잘 짜인 응답인 《무정부, 국가, 유토피아*Anarchy, State and Utopia*》(Oxford 1978)에 의해 집중된 분야다. 하지만 이 두 사상가가 어떻게든 이 주제의 독점권을 갖지는 못한다. 독자들은 당파적이기는 하지만 유용한 조사를 담고 있는 루카스J. R. Lucas, 《정의에 관하여*On Justice*》(Oxford 1989)과, 다음과 같은 고전들을 참고함으로써 이를 확인할 수 있다.

아리스토텔레스, 《니코마코스 윤리학》, 1131f;

《정치학》, 1280f.

흄, 《인성론》, III권, 2절.

하트H. L. A. Hart, 《법의 개념*The Concept of Law*》(Oxford 1976), 8장.

하이에크F. A. von Hayek, 《자유의 구성*The Constitution of Liberty*》(London 1969).

그럼에도 당신이 최근 정치철학을 파악하려 한다면, 롤스와 노직 간의 논쟁을 이해하는 것이 필수적이다. 매우 거칠게 말해, 롤스가 '복지국가'에 대한 철학적 근거를 만드는 것과 관련되는 한편, 노직은 보상의 분배에 있어 국가의 개입에 대한 자유방임적 공격을 새롭게 하고 날카롭게 다듬는다.

롤스의 이론은 분해해서 보지 않고는 이해하기 불가능하다. 래스릿과 런시먼의 같은 책 2권에 있는 롤스의 논문 〈공정함으로서의 정의Justice as Fairness〉와, 《정의론》1~13, 39절을 읽고 나서 다음의 것들에 포함된 비판으로 주위를 돌리며, 시작하는 것이 유용하다.

노먼 대니얼스Norman Daniels, ed., 《롤스 읽기*Reading Rawls*》(Oxford 1975). (유용한 논문이 있는데, 특히 네이글Nagel, 드워킨Dworkin, 하트Hart의 논문이 수록되어 있다.)

브라이언 배리Brian Barry, 《자유주의적 정의론*The Liberal Theory of Justice*》

(Oxford 1973).

마이클 샌델Michael Sandel,《자유주의와 정의의 한계*Liberalism and the Limits of Justice*》(Cambridge 1982).

위 저자들은 롤스 이론의 독특한 특징들을 자유주의로 이해한다. 하지만 노직은 그 이론의 *사회주의적* 관점과 '정당한 분배'라는 이름으로 자유에 대해 놓인 궁극적 제한으로 인해 더욱 우려한다. 롤스는 자신의 하버드 대학 강의(《철학 저널*J. Phil.*》, 1981)와,《철학과 사회문제*Philosophy and Public Affairs*》(1985)에 실린 중요 논문에서 자기 책의 주제로 돌아간다. 이 중 전자에서, 그는 자신의 접근법에 있는 형이상학적 전제를 괴기스런 방법으로 이해하고, 자신의 이론이 일상 선택의 '경험조건'과 단절되어 적용되는 실천이성인 '칸트의 구성주의'—즉 '순수 실천이성'의 관념을 반영하는 것으로부터 도덕의 원리를 이끌어내려는 시도—중 하나임을 인정한다. 나중의 논문에서 롤스는 '가설적 계약'에 근거하는 것으로서의 정의의 관념을 거부하고 그 대신 현실적 계약을 선택한다.

그 이론은 다음과 같이 분석될 수 있다.

(ⅰ) 원초적 입장. 사회적으로 부여되는 차별과 이점은 다음의 것들에 의해 사회적 선택의 전제로부터 배제된다.

(ⅱ) 무지의 베일. 이것은 재화에 대해서만이 아니라, 모든 사회적으로 부여된 재화에 대해서 이끌어낸다. 문제는 롤스에게 자기가 믿기에 관련이 없는 그 상황의 모든 특징들에—예를 들어, 그들의 성, 심지어 그들의 특정한 '재화에 대한 생각'에 원초적 선택자들을 무지하게 만들려는 시도에 의해 제기된다.

(ⅲ) 일차적 재화. 이것은 모든 인간존재가 사회에서 최소 정도의 삶에 필요하고, 그래서 무지의 베일 뒤에 숨을 수 없는 재화다. 이것은 심지어 우리의 사회적 구성원임을 통해 획득하게 되는 특정한 '재화에 대한 관념'을 언급하지 않고서도, 적어도 욕구의 대상이 될 수 있다고 하는 재화다.

(ⅳ) 사회계약. 선호된 분배의 원리는 사회계약의 형태를 갖는 집단선택의

절차에 의해 도달된다. (사회의 각 구성원이 거부권을 행사하는 선택 말이다) 이것만이 롤스가 종종 정의론의 근본적인 요건, 즉 그 권장이 사회의 모든 구성원에게, 각자의 지위가 무엇이든지 간에, 수용되어야 한다고 생각한 것이다.

(ⅴ) 합리적 선택. 하지만 사실 모든 사회적 구별이 그 베일 뒤에 숨었기 때문에, 그 계약 근저에 놓인 추론은 타자를 언급할 필요도 없고, 단지 위험과 불확실성의 조건에 있는 합리적 선택의 기초 원리만을 언급할 필요가 있을 뿐이다. 그리하여 롤스는 부분적으로 개인과 그 이해만이 오직 관심사가 되는, 결정이론으로부터 비롯된 용어로 자기이론의 틀을 정한다.

(ⅵ) 자유 원리. 이것은 선택된 두 개 중 첫 번째 원리인데, 거칠게 말해, 각 사람은 다른 모든 사람에 대한 동등한 자유와 양립할 수 있는 최대의 자유를 누리는 것이라고 주장한다. 그것은 계속해서 수정되고, 다듬어지지만, 두 가지 관념을 파악하는 것으로 의미된다. (a) 정치적 질서에서 자유의 우선성, (b) 동등한 존중에 이르는 개인의 권리가 그것이다.

(ⅶ) 차등 원리. 이것은 사회적 이익에서 차등이 (a) 모든 사람에게 이익이 되고, (b) 모두에게 개방된 공직과 지위에 부여되는 정도로 정당화된다. (이것은 다시 계속되는 논의에서 실질적으로 다듬어진다.)

(ⅷ) 최소극대화Maximin. (ⅶ)에서 (a)조건은 이런 방법으로 해석된다. 원초적 상황에 있는 사람들은 최소의 이익pay-off을 최대화하고자 추구할 것이다(결정이론과 게임이론에서 가져온 용어들). 다시 말해서, 주요 관심사는 사회의 최하위 구성원의 지위에 관련될 것이다.

(ⅸ) 편찬적 순서. 자유의 원리는 편찬적으로 차등 원리에 선행한다. 즉 차등 원리에 앞서 만족되어야 해서, '자유란 자유의 목적에 대해서만 만족될 수 있다.' 원리들 사이에서 편찬적 순서의 관념을 더 적용하는 것은 차등 원리 그 자체의 나중의 정련화로 이끈다.

(ⅹ) 직관주의. 롤스는 칸트만큼 그리 멀리까지 나아가지 않지만, 자신의 원리에 대한 선천적 타당성을 주장한다. 그 대신 그는, 그 원리가 종국에는 '반성적 평형reflective equilibrium'으로 함께 들어가는 정의와 관련한 직관에

대해 측정되어야 한다고 말한다.

　롤스의 이론은, 정치적 의무의 사회계약 이론들 이면의 직관, '자연상태'의 합리적인 재구성인 '원초적 견해original position', 그리고 일종의 일반의지로 인도하는, 사회계약의 결과인 정의의 원리에 대응한다는 것을 의미한다. 그리하여 그는 어떤 의미에서는 정의의 가치에 부가적이고, 잠재적으로는 충돌하는 정치적 가치로서가 아니라, 정의의 이론의 근본 요소로서, (거칠게 말해 로크식의 자연권의 관념에 대응하는) 자유라는 조건으로 이론을 구성하려는 것이다. 자유의 '사전적' 우선성은 권리의 이론을 양산하는 것으로, 드워킨Dworkin(〈으뜸패로서의 권리Rights as Trumps〉, 《권리의 중시Taking Rights Seriously》, London 1978)에 의해 친숙하게 된 의미로 생각될 수 있다. (이 의미가 이르게 되는 것의 더 명쾌한 논의에 대해서는, 라즈J. Raz의 〈권리의 본질Nature of Rights〉, 《마인드Mind》, vol. 93, 1984를 보라.)

몇 가지 질문:

(i)우리는 왜 원초적 입장에서의 선택에 대한 반성이 현실 사회의 제도에 있는 정의에 관념의 실마리를 줄 수 있다고 믿어야 하는가?

　(롤스 3, 4, 22, 29절과, 대니얼스의 책에 있는 네이글과 드워킨의 글을 보라.)

(ii)무지의 베일은 얼마나 두껍고, 롤스의 원리가 출현하려면 얼마나 두꺼워야 하는가?

　(롤스 24, 35절과 대니얼스 책의 헤어Hare를 보라.)

(iii)가설의 계약은 어떻게 구속력이 있을 수 있는가?

　(대니얼스의 책에 있는 드워킨의 글을 보라. 칸트의 입장에 대해서는 로저 스쿠러튼Roger Scruton, 〈계약 착취, 동의Contract, Exploitation and Consent〉, 《칸트의 정치철학Kant's Political Philosophy》(하워드 윌리엄스Howard Williams 편집, Aberstwyth 1992)을 보라.)

(iv)롤스의 두 원리를 선택할 근거는 무엇인가?

　(롤스 26절과, 대니얼스의 책에 있는 네이글과 스캔런Scanlon을 보라.)

(ⅴ)왜 롤스는 공리주의자가 아닌가? (예를 들어) 평균화하려는 공리주의가 무지의 베일 뒤에서 선택하는 자들을 위한 원리의 합리적 선택만큼 정의롭지 않을 이유가 있는가?

(롤스 27절과, 대니얼스의 책에 있는 헤어와 라이언스Lyons, 배리Barry의《자유주의적 정의론*The Liberal Theory of Justice*》을 보라.)

노직:

노직의 논변 이면에 있는 주요한 논점은 개인이란 권리를 갖고 있는데, 이 권리는 무시하는 사람에 대한 절대적이고 도덕적인 장애물이며, 사람들이 갖고 있는 권리 가운데에는 소유의 권리가 있는데, 그들의 계획을 평화롭게 추구하는데 있어 비간섭이 있다는 점이다. (어떤 의미로 보면, 권리란 자유다.) 근간이 되는 전망은 로크의《시민정부에 관한 두 번째 논고》와 관용에 관한 편지를 생각나게 한다. 그렇지만 노직이 권리의 불취소성을 위해 살펴본 유일한 논변은 칸트의 두 번째 정언명법의 정식화(사람들은 단지 수단이 아니라 목적으로 다뤄져야 한다)를 반복하는 데 있다. 정의-보존 거래의 관념이 크게 다가오며, 재분배의 이론(롤스의 그것이 생각될 수 있는 것처럼 말이다)에 대한 주요 불만은 그 이론이 강제적으로만 적용될 수 있기 때문에, 정의의 절차적 선결요건을 위반하지 않고서는 그 목표를 달성할 수 없다는 점이다.

읽을거리:

제프리 폴Jeffrey Paul,《노직 읽기*Reading Nozick*》(Oxford 1982).

스캔런T. Scanlon, 〈권리, 자유, 소유에 대한 노직의 생각Nozick on Rights, Liberty and Property〉,《철학과 사회문제*Philosophy and Public Affairs*》, 1976.

몇 가지 질문:

(ⅰ)정의의 '유형이론'은 개인의 부당한 취급을 항상 허가하는가? 롤스의 이론은 그러한 이론인가? (노직Nozick,《무정부, 국가, 유토피아*Anarchy, State and*

Utopia》7장.)

(ii)월트 체임벌린Wilt Chamberlain은 실제로 자신의 이익에 대한 권리가 있는가? (폴의 책에 있는 코언Cohen과 네이글의 글을 보라.)

(iii)노직은 자유를 권리와 구별하고 있는가?

(iv)노직의 비판을 피해갈 수 있는 정의의 '최종 상태' 관념에 대한 어떤 해석이 있는가?

7. 법

법의 분석철학은 두 가지 전통에 뿌리를 둔다. 제러미 벤담Jeremy Bentham의 공리주의 이론과, 존 오스틴John Austen의 법실증주의 옹호(《확정된 법학의 범위*The Province of Jurisprudence Determined*》, 1832)다. 주요 저작은 다음과 같다.

하트H. L. A. Hart, 《법의 개념*The Concept of Law*》(Oxford 1961). (새로운 종류의 실증주의에 대한 세련된 옹호.)

로널드 드워킨Ronald Dworkin, 《권리의 중시*Taking Rights Seriously*》(London 1978). 하트에 대한 일종의 응답으로, 보통법에 대한 새로운 이론을 들려준다.

로널드 드워킨Ronald Dworkin, 《법의 제국*Law's Empire*》(Cambridge Mass. 1986). 그 이론을 완성하려는 동일한 저자의 성공하지 못한 시도.

조지프 라즈Joseph Raz, 《법의 권위*The Authority of Law*》(Oxford 1983). 아마도 법이 무엇인지, 그리고 다른 종류의 추론으로부터 법을 구별해주는 것은 무엇인지를 말하려는 가장 세련된 최근 논의일 것이다.

8. 자유

밀J. S. Mill, 《자유론*On Liberty*》,《세편의 논고: 자유, 대의제 정부, 그리고 여성의 종속에 관하여*Three Essays: On Liberty, Representative Goverment, and the Subjection of Women*》(Oxford 1975).

제임스 스티븐Sir James FitJ. Stephen, 《자유 · 평등 · 우애*Liberty, Equality, Fraternity*》(Chicago 1991). 밀과 스티븐 간의 논쟁이 최근에 다음의 책들에서 재

개되었다.

하트H. L. A. Hart, 《법, 자유, 도덕Law, Liberty and Morality》(Oxford 1968).

데블린P. Devlin, 《도덕의 강제The Enforcement of Morals》(Oxford 1968).

추가적으로 다음 텍스트도 중요하다.

벌린I. Berlin, 《자유에 관한 4편의 논고Four Essays on Liberty》(Oxford 1958).

피터스R. S. Peters, ed., 《자유에 관하여Of Liberty》, 왕립학회 강연집, 1981-2.

데이비드 밀러David Miller, ed., 《자유Liberty》(옥스퍼드 철학 읽기교재, Oxford 1991).

현대의 논의 대부분은 그 문제에 대한 해결책이 아니라면, 그것에 대한 밀의 해설에 의존하고 있다. 밀에게 그 물음은 개인이란 '사회'에 반하는 자유가 허락되어야 하는지, 혹은 그 반대로 제한될 수 있는지이다. 밀에 의한 '사회'라는 용어를 느슨하게 사용한다는 점(때로는 시민사회, 때로는 국가, 때로는 '사회적 압력'을 의미하는 것 말이다)과 단체의 동인이기도 한(국가와 같은) 그런 사회적 실재를 그렇지 못한 실재(군중과 같은 실재)로부터 구별하지 못한다는 것이, 그 피상적인 명료함에도 불구하고, 그 자신의 해설을 평가하기 어렵게 만든다. 이제 우리가 그 문제를 알고 있듯이, 그것은 다음과 같은 형태를 갖는다.

이사야 벌린Isaiah Berlin(〈자유의 두 개념Two Concepts of Liberty〉, in op.cit)을 따라, 우리는 정치적 자유의 두 가지 소극적이고 적극적인 관념을 구별해낼 수 있다. 소극적인 관념에 따르면, 나는 내 계획과 의도가 타자에 의해 방해받지 않는 정도까지 자유롭다. 적극적 관념에 따르면, 나는 내 자신을 세계에 있는 힘으로 인식하는 정도로 자유롭다. 첫 번째 경우에서 정치적 자유의 문제는 자유의 소극적 종류와 관계한다. 다시 말해서, 각 개인에게 '비개입non-interference'의 영역을 타자로부터 안전하게 하는 것과 관계한다는 말이다(소극적 권리의 영역). 이제 질문은 이 영역이 얼마큼 멀리 확대되어야 하고, 누가 그것을 보장할 권리와 권위를 갖는가이다. 또한, 무엇이 소극적 자유의 영역을 다룰 수 있어야 하는가라는 물음도 역시 있다. 어떤 방식으로 내가 그것에서 이익을 얻을 수 있으며, 자유로운(합리적인) 존재로서 내 본성을 깨닫기 위해 그것을 이용할 수 있는가? 그것이 바로 적극적 자유의 물음인데, 이 물음은, 자유주의가 정치와 도덕 둘 모두를 소극적 개념에서만 구성하고자 바라기 때문에, 자유의 신조에 대해 신랄하게 영향을 미친다. 나는 세계에 내 힘을 확장시킴으로써, 긍정의 의미로 자유롭게 된다는 관념은 더 상위의 목표를 위해서 부정의 자유(허가)가 희생되어야 할 것이라는 점을 암시한다. (이것이 소극적 자유가 실제로는, '부르조아'의 자유라는 마르크스주의 견해의 근원인데, 그것은 그런 자유의 이점을 얻을 수 있는 사람들의 특권을 보장하지만, 그로 인해 '진정한 자유'가 아니라는 점뿐 아니라, 그 밖의 사람들의 계속된 예속에 기여하는 것이다. 진정한 자유는 그 역사적 유대로부터의 인간 본성의 완전한 해방에 마련되어 있다. 그럴 때에만 우리는 자유로운 존재로서 우리 자신을 깨닫는다. 그리하여 그 진정한 의미로 더 고등의 상태를 위해 소유권이나 혹은 비간섭에 대한 다른 어떤 권리를 없애는 것은, 진정한 의미에서 인간의 자유에 대한 공격이 아닌 것이다.)

전형적인 자유주의적 접근방식은 세 가지 광범위한 범주로 나뉠 수 있다.

(i) 자유(하나 혹은 또 다른 의미로 말이다)를 최상의 정치적 가치로 만들어, 자유의 최대화를 법의 우선하는 목적으로 간주하는 접근방식. 그러한 이론에 대해 법은 우리의 행위에 제한을 적법하게, 그러나 전체적으로 자유를 최대로 만들 수 있게 하는 목적으로서만 둔다. (종종 자유에 대한 강조는 정의에 대한 관심에 의해, 양립하는 가치와 같이, 자격이 부여되어, 자유와 정의의 최적의 조합에 편을 들어 바뀌기도 한다. 롤스에서 자유는 정의로 흡수되고, 노직에서는 정의가 자유로 흡수된다.)

(ii) 정치적 가치의 다수성을 인식하고, 법을 그런 가치들의 실현을 위한 수단으로 간주하지만, 자유를 필수조건*sine qua non*으로 간주하는 접근방식. 이 견해에 따르면, 어떤 최소한의 기본적인 자유는, 다른 정치적 목표를 추구하기 전에 개인에게 보장되어야 한다. 이러한 견해는 '권리'의 강조를 자유주의적 전통에서 설명한다. 즉 권리란 침해에 맞서는 개인의 거부라고 말이다. 이러한 적극적 자유 관념—특히 마르크스주의자에 의해 이용된—에 대한 한

가지 반론은 이것이 개인의 어떠한 권리 개념도 산출하지 못한다는 것이다. 따라서 칼 포퍼 경(《열린사회와 그 적들The Open Society and its Enemies》, London 1952)에 따르면, 이러한 자유 개념이 독재로 이어지는 일은 결코 우연이 아니다.

(iii) 소극적 자유에 대한 강조를 정당화에 관한 공리주의 이론과 결합하려고 시도하는 접근방식. 밀에 의해(어떤 마음의 틀에서) 그리고 헨리 시즈윅Henri Sidgwick(《정치학의 원리Principles of Politics》, London 1891)에 의해 채택된 접근방식이다. 그 논변은 거칠게 말해 이렇다. 사람들이 소극적으로 자유로울 때 그들은, 다른 사정이 같다면ceteris paribus, 자신들이 하고자 결심한 무엇을 하는 데 방해받지 않는다. 그리고 사람들은 대체로 자신들을 가장 잘 만족시키려는 것의 가장 최고의 심판관이다. 그래서 소극적 자유는 전체적으로 유용성을 최대화하려는 경향이 있다. 두 번째 전제의 순진함은 언급할 필요가 없다.

세 가지 모두의 형태에서, 자유주의적 이론은 두 가지 중요한 문제점과 만나게 된다.

(a) 정확히 자유로 무엇을 의미하는가? 자유는 그 대상이 무엇이든지 간에 욕구를 만족시키려는 것인가? 혹은 자유는 자율적으로 합리적인 선택을 훈련시키는 것인가? 만일 후자(칸트의 의미로 자유)라면, 우리는 자율적 개인의 발전을 진전시키는 그 모든 제한의 적법성을 인정해야만 한다. 그리고 이것은 꽤나 반자유주의적인 정치적 질서의 적법함을 인식한다는 것을 의미할 것이다. 전자라면, 우리는 자유가 왜 하나의 가치이고, 다른 가치는 그것을 얻기 위해 어느 정도까지 희생되어야 하는지를 증명할 필요가 있다. (피터스Peters의 같은 책에 있는 미노구Minogue와 스크루턴Scruton의 글을 보라.)

(b) 법은 도덕성이 금하는 무엇을 허용해야 하는가? 그렇다면 법적 허용에 대한 한계는 무엇인가? 첫 번째 종류의 자유사상가는 모든 것이 누군가의 자유를 제한하기 위해 증명될 수 있기 전까지 허용되어야 한다고 주장할 것이다. 두 번째 종류는 더 조심스러운데, 허용할 만한 무엇에 대한 선천적 제한을 대체로 인식한다. 밀은 이러한 문맥으로 '위해'(harm)를 말한다. 모든 것은 타인에게 위해를 만들어내지 않는 한에서는 허용되어야만 한다는 말

이다. 하지만 위해는 무엇에 있는가? 특히, 나를 성가시게 하고 열 받게 하고 나로 하여금 올바름의 길에서 벗어나도록 자극하는 것에 의해 나는 위해를 입고 있는 것인가?

그러한 질문들은 밀과 스티븐 간의 논쟁에서와 하트와 데블린 간의 그것에서(그 선행자에 대한 어떠한 실질적인 지적 진보도 증명해주지 못한 채) 모두 놀라울 정도로 신속하게 제기되었다가 중단되었다.

몇 가지 질문:

1. "인류가 개별적으로건 혹은 집단적으로건 그 구성원 중 어떤 이의 행동의 자유에 간섭할 때, 보장될 수 있게 하는 유일한 목적은 자기보호다."(《자유론》.) 밀은 자기보호로 무엇을 의미하고, 이 주장을 어떻게 정당화하는가?

2. 적극적 자유와 소극적 자유 간의 구별은 무엇이고, 정치철학에 대해 어떠한 중요성이 있는가?

3. 밀은 자신이 하듯이 '관습의 전제주의'를 비판하는데 있어 옳은가? (밀과, 버크Burke의《프랑스혁명론*Reflecrions on the Revolution in France*》과, 피터스의 책에 있는 스크루턴의 글을 보라.)

4. 소극적 자유의 가치란 무엇인가? 만일에 있다면, 자유는 어떤 가치와 경쟁하는가?

5. 입법적 결정을 위한 정치적 이유는 어느 정도로 도덕적 이유와 구별될 수 있는가?

9. 소유

이것도 역시 성장하는 분야다. 1960년대의 결과는 사적 소유 제도에 대한 새로운 공격들과, 마르크스주의 이론—과학적이건 아니면 인간적이건 간에—에 대한 새로운 동조를 목도하였다. 공산주의 정권의 붕괴는 다시 관점을 변화시켰고, 하이에크F. A. von Hayek에 의한 자본주의와 사적 소유를 옹호한 끈기 있는 논변은 이제 발언 기회를 얻고 있다(특히《법, 입법, 자유*Law, Legislation and Liberty*》, London 1982에 있는 논문을 보라).

공동 소유의 옹호자와 사적 소유의 옹호자 간의 고전적인 논쟁은 플라톤(《국가》 IV권 도입부와 V권. V권에서는 가정의 폐지도 옹호된다)과 아리스토텔레스(《정치학》 126b-1266a. 여기서 아리스토텔레스는 플라톤의 문제를 명백히 다루면서, 사적 소유를 결혼, 가족 그리고 한 집안의 완전한 부분으로 옹호한다)에 의해 고상하게 예행 연습되었다.

근대의 논의는 로크의《시민정부에 관한 두 번째 논고*Second Treatise of Civil Government*》 5장에서 표준적인 형태가 제시되었는데, 거기서 로크는 아퀴나스와, 후커Hooker와 그로티우스Grotius 같은 자연법 이론가들에 의해 전개된 논변을 깊이 있게 끌어온다. 로크의 논변은 취약하고 직관적이다. 그럼에도 그 기초적인 생각은 한편으로 사적 소유의 사회주의적 비판에 영감을 줄 정도로('착취exploitation'의 조건을 만드는 것으로서 말이다. 마르크스의《자본*Capital*》 1권 3부를 보라), 다른 한편으로 절차적 정의의 필연적인 결과로서 근대의 사적 소유의 옹호로 간주될 정도로(로버트 노직의《무정부, 국가, 유토피아*Anarchy, State, and Utopia*》 7장) 영향력 있게 남았다. 여전히 로크를 살펴봄으로써 소유에 관한 논변의 연구를 시작하는 것이 최선이다. 최근 논의는 다음과 관련된다.

베커L. Becker,《소유권*Property Rights*》(Cambridge 1982), 4장.

올리븐크로나K. Olivencrona,《계간 철학*Phil. Quarterly*》, 1976.

데이J. P. Day,《계간 철학*Phil. Quarterly*》, 1976.

노직Nozick,《무정부, 국가, 유토피아*Anarchy, State, and Utopia*》, pp. 174ff.

제러미 월드런Jeremy Waldron,《사적 소유의 권리*The Right to Private Property*》(Oxford 1990).

주석가들이 대체로 동의하는 것은, 로크에게는 사적 소유의 원초적 획득을 논의할 때 세 개의 구별되는 논변이 있다는 점이다.

(ⅰ) 내 노동을 어떤 것과 혼합함으로써, 나는 내 노동을 소유하는 것과 동일한 방법으로 그것을 소유하게 된다.

(ii) 내 노동을 어떤 것과 혼합함으로써, 나는 그것에 가치를 더한다. 그리고 나에 의해서만 유일하게 창출된 가치는 권리상 나의 것이 된다.

(iii) 필요의 조건으로, 내가 지상의 열매에 대해 도와줌으로써 타인이 결코 불이익을 받지 않는다고 한다면, 나는 그렇게 할 권리를 갖는다.

(iii)에서의 단서는 두 개의 부분들로 나뉜다는 점을 암시하는 것보다 더 복잡하다. '비손상non-spoliage'과 '충분하고 좋게 남겨진 것처럼enough and as good left over' 말이다. 게다가 로크는 그것을 일반적으로 적용하기 위해 의도하며, 다른 하나의 논변에도 자격을 부여한다. 다음의 물음은 독자를 로크 논변의 몇몇 복잡함 속으로 인도할 것이다.

(1) 로크의 단서가 만족된 적이 있는가? (노직의 책, pp.178ff를 보라.)

(2) 내가 내 노동을 아무에게도 속하지 않는 어떤 것과 혼합할 때, 나는 어떤 것을 얻는 것인가(로크), 아니면 내 노동을 잃어버린 것인가(노직)?

(3) 로크가 신이 인류에게 공통으로 지상을 주었다고 말할 때, 그는 무엇을 '공통으로'라고 의미하는가?

(4) '자연권'이라는 자신의 관념이 단순히 의문의 여지없이, '사실'에서 '당위'로 이동하는 시도일 뿐이라는 것은 로크에 대한 정당한 비판인가?

(5) 로크가 정당화하려고 시도한 것은 어떤 소유의 권리인가? 그는 그 어떤 것을 정당화하는 데 있어, 성공하였는가?

로크에 대한 유용한 대항인은, 사적 소유를 옹호하는 한편으로, 개인의 자연권을 넘어 역사와 인격성을 가진 제도로서 소유의 본질을 더 의식한 헤겔이다. 다음을 읽을 필요가 있다.

《법철학Philosophy of Right》 41-71절(소유), 169-172절(가정과 가족), 189ff('수요 체계').

마르크스Marx, 〈소외된 노동Alienated Labour〉〈사적 소유 관계The Relationship of Private Property〉. 두 편 모두 1844년의 수고에 있으며, 이 수고는《마르크스 선집Selections from Marx》(데이비드 맥렐런David McLellan 편집, London 1988)에 포함되어 있다. (헤겔에 대한 헤겔좌파의 고전적 비판.)

더들리 노울스Dudley Knowles, 〈소유와 인격에 대한 헤겔의 생각Hegel on Property and Personality〉,《계간 철학*Phil. Quarterly*》, vol. 33 no.130, 1979.

제러미 월드런Jeremy Waldron,《사적 소유의 권리*The Right to Private Property*》, 헤겔에 관한 장. (월드런은 더 사회주의적 방향으로 그 결론이 기울어져 있지만, 헤겔의 입장에 대한 폭넓은 교의를 수용한다.)

헤겔의 논변은 처음에 로크의 언어로 표현되고 있는데, 부분적으로 그가 '소유의 권리'를 정치 이전의 차원에서(심지어 로크가 생각한 것과 같은 '자연상태'의 가능성과 근본적으로 반대된다 할지라도) 정당화하고자 하기 때문이다. 하지만 당연한 추세로 그가 로크가 인정했던 것보다 노동의 개념으로 그 이상으로 정립하고자 했다는 점은 분명해진다. 로크에게 있어, 나는 내 육체를 소유하는 것처럼('내 이마의 땀') 내 노동을 소유한다. 헤겔에게 있어, 노동과 육체적 활동성은 구별된다. 합리적인 존재만이(자기의식적 주체) 노동할 수 있는데, 왜냐하면 노동은 가치를 산출할 의도를 포함하고 있기 때문이다.. 이 의도는 단순히 합리적 존재에게만 제한되지 않는다. 그것은 그에게 본질적인데, 왜냐하면, 그것 없이는 어떠한 합리적 존재도 자신의 잠재력을 실현할 수 없고, 자신이 진정으로 무엇인 바가 될 수도 없기 때문이다. 게다가 의도는 대상에 있는 사적인 소유권을 허용하는 그 주위 여건에서만 존속할 수 있다. 소유는 사적인 것임에 틀림없는데, 왜냐하면 그것이 개인의 의지의 표현이고, 그것을 갈망하는 의지에 배타적인 관계로 있어야 하기 때문이다.

그 논변의 언어는 마르크스의 상상력이 풍부한 응답의 언어와 같이, 대체로 은유적이다. 독자는 다른 용어로 번역하려고 해야 하고, 그 용어가 마치 우리에 의해, 지금, 여기서 믿게 되도록 제시해야 한다.

헤겔의 논변은 아마도 로크의 그것보다 더 타당하지는 않을 것이다. 그렇지만 한두 가지의 흥미로운 특징이 있다.

（ⅰ）그것은 소유의 제도를 정당화하지만, 어떤 특정한 재산을 정당화하지는 않는다. (반대로, 특정한 권리는 역사에 의해 결정된다.)

（ⅱ）그것은 사적 소유의 잡다하고 복합적인 특성을 쉽게 연소시켜서, 예

를 들어, 복지 입법(사실상 헤겔이 최초의 제기자 중 하나였다)을 지지하는 논변에 적합하다.

(iii) 그것은 소유의 권리가, 만일에 존재한다고 하면, 합리적 활동 그 자체와 연관되어서, 개인의 실현을 허용하는 충분히 사회적인 문맥에서만 존재할 수 있다 하더라도, 인간성에 내재적이라는 점을 증명해준다.

몇 가지 질문:

(1) 헤겔은 왜 소유의 세 가지 변형을 구별하는가?

(2) "한 인격 의지로서, 그리고 단일 의지에 관한 내 의지가 소유에 있어 나에게 객관적으로 되기 때문에 소유는 사적 소유의 특성을 얻게 된다."(46절). 이 말의 근간이 되는 논변을 설명하고 평가하라.

(3) 사적 소유의 필요가 없는 가족이 있을 수 있는가?

(4) 나는 나 자신을 재산으로 규정하고 그 쓰임새를 통해 내 자유를 실현한다는 헤겔의 견해는 그럴듯한가?

(5) 마르크스가 '소외'로 의미하는 것은 무엇인가? 그가 생각하기에, 소외와 사적 소유 간의 연관은 정확히 무엇인가?

10. 제도

여기서 주요 물음은 형이상학적이다. 예를 들어, 제도 없이 '자연상태'에 존재하는 개인을 생각하는 것이 어느 정도로 의미가 있는가? 헤겔식의 논변은 개별적인 인격이란 인위물이며, 자기를 만들어내는 제도와 더불어서만 존재한다는 점이다. 그 논변은 로저 스크루턴Roger Scruton, 〈공동의 인격 Corporate Persons〉,《아리스토텔레스 학회보 속편Proceedings of the Aristotelian Society, Supplementary Volume》(1989)에 요약되어 있고, 부분적으로 옹호되고 있다. 31장에서 이 문제로 되돌아갈 것이다.

29 주관정신

주요 텍스트는 실제로 만족할 만한 해설서가 없는 칸트의《판단력비판*Critique of Judgement*》이다. 근대 미학의 요약에 대해서는, 현재《브리태니카 백과사전》에 있는 스크루턴Scruton의 '미학Aesthetics'을 보라. 이 주제—꽤나 논쟁적이고, 철학자들 사이에서 거의 최고로 주목을 끌지 못한 주제—를 통해 독자를 안내하려는 시도보다는 오히려 몇 가지 주장에 만족하겠다.

미학과 예술철학

현대철학자들은 미학적 이해의 본질에 관해서 거의 언급하지 않았다. 도덕적, 종교적이고 과학적 이해와의 관계에 관해서도 거의 말하지 않았다. 집중한 분야는 예술의 철학과, 특히 뒤샹Duchamp 같은 따분한 사기꾼이 만들어낸 당혹스러움에 대해서였다. '이 서명된 소변기가 예술작품이란 말인가?'라는 식으로 말이다. 이것은 모든 것을 그 자체로 중요하게 남겨두는 한편, 대단히 어리석은 문학작품이 어떤 방식으로는 대답될 수 있는 물음에 몰두하도록 한다.

하지만 몇몇 철학자들은 예술철학을 의미, 이해, 가치와 관련하는 핵심적인 물음과 연결시키려고 노력했다. 가장 주목할 만한 책은 리처드 월하임 Richard Wollheim의《예술과 그 대상*Art and its Objects*》(2nd edn, Cambridge 1980)과《예술로서의 회화*Painting as an Art*》(London and Princeton 1987), 넬슨 굿맨Nelson Goodman의《예술의 언어*Languages of Art*》(2nd edn, Indianapolis 1976)와《세계제작의 방법들*Ways of Worldmaking*》(Indianapolis 1978), 스탠리 케이블Stanley Cavell의《우리는 말하는 것을 의미해야 하는가?*Must We Mean What We Say?*》(2nd edn., Cambridge 1976)과《지식과 절연하기: 셰익스피어의 6편의 희곡에서*Disowning Knowledge: In Six Plays of Shakespeare*》(Cambridge 1987)다. 이들 및 유사한 철학자들(미학적 감수성과 철학적 능력의 드문 조합을 공유하고 있는 철학자들)의 작품에서 발췌한 주요 논제는 이것이다.

예술의 존재론

예술작품이란 어떤 종류의 것인가? 예술은 어디에 있으며, 언제 있는가? 음악작품, 문학작품, 회화작품, 조각상과 건물은 모두 우리 존재론에서 유사한 위상을 점유하고 있는가?

이 영역에서 주도적인 작품은 다음과 같다.

굿맨Goodman과 윌하임Wollheim, 같은 책.

로먼 잉가든Roman Ingarden, 《예술의 문학작품*The Literary Work of Art*》(Evanston Ⅲ. 1973).

제럴드 레빈슨Jerrold Levinson, 《음악, 예술 그리고 형이상학*Music, Art and Metaphysics*》(Ithaca NY 1990).

니콜라스 월터스토프Nicholas Wolterstorff, 《작품과 예술세계*Works and Worlds of Art*》(Oxford 1980).

아서 단토Arthur Danto, 《일상적인 것의 변용: 예술철학*The Transfiguration of the Commonplace: a Philosophy of Art*》(Cambridge Mass. 1981).

재현

회화가 전투장면을 재현한다고 말할 때 의미하는 것은 무엇인가? 회화에서 묘사는 상상의 문학작품에 있는 묘사와 동일한 속성인가? 음악은 어떤 것을 재현하는가? 나는 이 논제를 24장에서 다뤘다. 주요 텍스트는 그 장에 대한 학습안내에서 언급했다. 그것에 플린트 쉬어Flint Schier의 《그림으로의 천착*Deeper into Pictures*》(Cambridge 1986)과, 로저 스크루턴Roger Scruton의 《미학적 이해*The Aesthetic Understanding*》(London and Manchester 1983)에 있는 사진과 영화에 대한 논문을 덧붙여야 하겠다.

표현

예술의 재현 작품은 우리에게 상상의 세계를 제공해주는데, 거기서 우리는 실제 세계에서 마주치게 되는 동일한 종류의 대상, 사람, 일화와 행동을 확인할 수 있게 된다. 하지만 예술의 재현 작품이 그 재현 내용에 의해 소진되지 않는 의미를 갖는 한편으로, 예술의 추상적인(재현적인) 작품도 역시 의미 깊은 것이다. 이러한 사실이 철학자들로 하여금 미학적 의미의 또 다른 차원을 요청하도록 이끌어주는데, 그들은 그 차원에 대해 크로체Croce에서 비롯된 용어로 표현하고 있다. 크로체의《미학Aesthetic》(1902)은 처음으로 재현 representation과 표현expression 간의 구별을 지었으며, 전자를 미학적 기획에 관련 없는 것으로 기각시켜버리고, 후자를 예술의 본질로 승화시켰다. 이렇게 매혹적인 논제에 대해, 권위자들은 이미 언급한 사람들뿐 아니라 크로체의 뛰어난 제자인 콜링우드R. G. Collingwood(《예술의 원리The Principles of Art》, Oxford 1938)를 포함시키고 있다.

미학적 판단, 미학적 가치, 그리고 비판

우리가 예술작품을 해석할 때, 우리는 또한 그것을 평가하기도 하는가? 그렇다면 그것은 어떤 종류의 가치를 가지며, 우리는 왜 그 가치에 관심을 가져야 하는가?《도덕철학·정치학 논고Essays, Moral Philosophical and Political》(1745) 중〈취미의 기준Of the Standard of Taste〉에서, 흄은 '섬세한 감수성으로 결합되어, 실천으로 개선되며, 비교로 완전해진, 그리고 모든 편견이 제거된, 강한 감각을 가진 사람들의 공통의견'으로 미학적 판단의 기준을 세우려고 노력한다. 그가 믿기에, 당신은 설령 미학적 탁월함(미학적 판단의 대상)이 판별되는 사물의 '실질적 성질real quality'이 아니라 하더라도, 그러한 기준을 세울 수는 있다. 이것이 미학의 주관적 특성(아름다움이란 관찰자의 눈에 있다는 사실)과, 좋고 나쁜 취미 간의 실질적 구별을 조화시키고자 하는, 많은 현대적 관점의 전조다. (예를 들어, 로저 스크루턴Roger Scruton,《건축의 미학The Aesthetics of Architecture》(London 1979)을 보라.) 앤서니 새빌Anthony Savile의《시간의 시험The Test of Time》(Oxford 1982)과 메리 마더실Mary Mothersill의《회복된 아름다움 Beauty Restored》(Oxford 1982)에서도 이것을 밝혀준다.

상상

이 논제는 이미 24장에서 다뤄졌다. 미학의 문맥에서 상상의 이론은 다음에서 두드러지게 상술되고 있다.

스크루턴R. Scruton, 《예술과 상상*Art and Imagination*》(London 1974).

아서 단토Arthur Danto, 《상상의 정치학*Politics of Imagination*》(Lawrence 1988).

켄덜 월턴Kendall Walton, 《가장으로서의 모방*Mimesis as Make-Believe*》(London 1990).

최근의 흥미로운 논문들은 다음에 수록되어 있다.

마골리스J. Margolis, ed., 《예술을 바라보는 철학*Philosophy Looks at the Arts*》(Philadelphia 1978).

엘턴W. Elton, ed., 《미학과 언어*Aesthetics and Language*》(Oxford 1954).

섀퍼E. Schaper, ed., 《쾌락, 선호 그리고 가치*Pleasure, Preference and Value*》(Cambridge 1983).

슈스터만R. Shusterman, ed., 《분석적 미학*Analytic Aesthetics*》(Oxford 1990).

이 장의 논변은 헤겔에 의해 영향을 받았는데, 그의 《미학, 예술철학 강의 *Aesthetics, Lectures on the Philosophy of Art*》(녹스T. M. Knox 번역, Oxford 1974)는 근대철학의 생산적인 텍스트이며, 또한 실러F. Schiller의 《인간의 미적 교육에 관한 서한*Letters on the Aesthetic Education of Man*》(윌킨슨E. Wilkinson과 윌러비L. A. Willoughby 번역, Oxford 1967)에 의해서도 영향을 받았다. 이 논제를 푸는 데 더 심층적으로 흥미로운 책인 데이비드 쿠퍼David Cooper가 편집한 《미학 안내서*A Companion to Aesthetics*》(Oxford 1993)를 참조하라.

(바르트Barthes의 《사라진*Sarrasine*》에 관한 분석은 《*S/Z*》(Editions du Seuil, Paris 1970)라는 제목으로 출간되었다. 포이어바흐L. Feuerbach의 《그리스도교의 본질*Essence of Christianity*》(Oxford 1990)의 영어판은 에번스M. Evans(조지 엘리엇George Elliot)에 의해 번역 출판되었다(Harper, New York 1957). 마이클 오크쇼트Michael Oakeshott의 시민 연합과 기업 연합 간의 구별은 그의 《인간 행동에 관하여*On Human Conduct*》(London 1974)에서 정교하게 다듬어졌다.)

이 주제는 콜링우드R. G. Collingwood의 악마의 존재에 대한 논문에서 탐구되었다(〈악마The Devil〉,《종교와 오성Religion and Understanding》, 필립스D. Z. Phillips 편집, Oxford 1967). 하지만 콜링우드의 사유는 이 장의 보조적인 주제와는 거리가 먼데, 현대철학자들에 의해 거의 논의되지 못했다. 이 장에 대한 완전한 안내서를 제공하는 것은 다시금 무의미하다. 여기에 포함된 몇몇 사유를 따라가는 데 관심이 있는 사람들은 다음의 몇 가지를 참조할 수 있을 것이다.

니체Nietzsche,《도덕의 계보학The Genealogy of Morals》(New York 1988).

미우오슈Cz. Milosz,《사로잡힌 마음The Captive Mind》(Harmondsworth 1990).

스크루턴R. Scruton,《도버 해의 철학자The Philosopher on Dover Beach》(Manchester 1990), 특히 〈인간의 두 번째 불복종Man's Second Disobedience〉.

에릭 헬러Erich Heller, 〈다시 찾은 9번 교향곡The Taking Back of the Ninth Symphony〉,《산문의 시대In the Age of Prose》(Cambridge 1984).

알랭 브장송Alain Besançon,《선의 반증La Falsification du bien》(Paris 1986). 악마의 목적에 대한 오웰Orwell의 통찰을 들려준다.

사르트르에 대해서는 다음을 보라.

데이비드 쿠퍼David Cooper,《실존주의Existentialism》.

스크루턴R. Scruton,《신좌파의 사상가들Thinkers of the New Left》(London 1986) 11장.

쿠퍼의 사르트르 독해는 호의적이며, 내 비평에 대한 유용한 방어수단이다.

마르크스에 대한 단연 최고의 명쾌한 역사론 해설은 코언G. A. Cohen,《칼 마르크스의 역사이론 옹호Karl Marx's Theory of History: A Defence》(Oxford 1979)다.

푸코에 대해서는, 스크루턴R. Scruton,《신좌파의 사상가들Thinkers of the New Left》 4장을 보라.

해체에 대해서는, 스크루턴R. Scruton,《무에 관하여Upon Nothing》(Swansea 1994)를 보라.

31 자아와 타자

이 장은 꽤나 사변적인 방법으로 어려운 논제를 다룬다. 많은 영어권 철학자들이 자아에 대한 현대의 접근을 일차적으로 영적 난관에 대한 해답 제공으로 간주하지 않을 것이다. 하지만 많은 영어권 철학자들은 그러한 난점을 애초에 인식하지도 않는다.

1. 역사의 단편

이 항목의 역사적 자료는 앤서니 케니 경Sir Anthony Kenny이 편집한《그림으로 보는 서양철학사*Illustrated History of Western Philosophy*》(Oxford 1993)에 있는 나의 기고문에서 광범위하게 다뤄지고 있다. 피히테의 견해는《지식학*The Science of Knowledge, with the first and second introductions*》(피터 히스Peter Heath와 존 랙스John Lacks 번역편집, Cambridge 1982)에서 설명되고 있다. 이 저작에 대한 해석은 대부분 잘못이며, 대체로 근대철학자의 관심사와 꽤나 동 떨어져 있다. 마찬가지로 흥미롭게도 최근의 여러 주석가에 의해 논의된, 칸트의 자아의 철학에는 맞지 않는다. 유명한 것은 다음과 같다.

스트로슨P. F. Strawson,《감각의 한계*The Bounds of Sense*》(London 1966), pp.162-174.

시드니 슈메이커Sydney Shoemaker,《자기인식과 자기동일성*Self-Knowledge and Self-Identity*》(Cornell 1963), 2장.

패트리셔 키처Patricia Kitcher,《칸트의 선험적 심리학*Kant's Transcendental Psychology*》(Oxford 1991).

칸트 자신의 중요한 구절은《순수이성비판》중 '순수이성의 오류The Paralogisms of Pure Reason'이라는 제목으로 포함되어 있으며(2판을 위해 실질적으로 다시 쓴 장이다), 또한《실천이성비판》에도 포함되어 있다.

선험적 자아는 후설의 철학에서 또 다른 역할로 재등장하는데, 여기서 독립적으로 연구할 가치가 있다. 후설에게 순수 주관은 결코 그 앞의 대상으로 주어질 수 없다. 왜냐하면 그렇다고 한다면 주체로서의 그 본질적인 특성이 최후에는 제거될 수 있었기 때문이다. 현상학이 의식의 탐구와 관련한다면, 그것은 의식 그 자체의 구조를 드러내기 위해서, 의식의 모든 대상으로부터 추출해야 한다. 중요한 물음은 이것이다. 후설은 이 선험적 의식에 관해 실증적인 어떤 것을 말하는데 있어 성공하였는가? 그리고 그는 그렇게 할 수 있었겠는가? 후설의 《데카르트의 성찰*Cartesian Meditations*》(The Hague 1960)과, 데이비드 벨David Bell의 《후설*Husserl*》(London 1990)에서의 건조하지만 방법적으로 눈부신 논의를 보라.

2. 자기지시의 문법

이것은 현대철학에서 성장해가는 분야인데, 철학적 문제 중 가장 힘든 몇 가지와 결합해버렸다. 주체의 본질, 지표적 지시와 의미이론에서의 그 위상, 시간의 문제, '객관적' 관점과 '주관적' 관점 간의 비대칭 말이다. 그 분야의 어떤 세세한 연구는 그 구성요소 부분으로 분해함으로써 시작해야만 한다. 나는 시험삼아 다음과 같은 부분을 제안해본다.

（Ⅰ）지시사demonstratives의 의미. '이것'과 같은 용어는 지시뿐만 아니라 의미도 갖는가? 그렇다면 의미가 지시를 결정하는가, 혹은 용법의 문맥에 관하여, 부가적 특징이 제공되어야 하는가? 이 논제에 대한 문헌은 프레게 자신에게로 거슬러 올라간다—구체적으로 〈사유The Thought〉라는 제목의 논문이며, 스트로슨P. F. Strawson이 편집한 《철학적 논리*Philosophical Logic*》(옥스퍼드 철학 읽기교재)에 재수록되어 있다. 러셀도 역시 지시사의 분석에 깊은 관심을 보였는데, 왜냐하면 그 지시사가 의미의 패러다임을 제공해주는 것 같았기 때문이다. '이것'이라는 단어는 지시된 것(러셀이 부르듯이, '의미')의 현존으로만 정확히 사용된다. 러셀의 논문집 《논리와 지식*Logic and Knowledge*》(마쉬R. C. Marsh 편집)에 수록된 〈논리적 원자론 강의Lectures on Logical Atomism〉를 보라. 더 최근의 연구는 다음과 같다.

데이비드 캐플런David Kaplan, 〈Dthat〉, 《지시사*Demonstratives*》(유그로P.

Yourgrau 편집, 옥스퍼드 철학 읽기교재, Oxford 1990).

존 페리John Perry, 〈본질적 지표사The Essential Indexical〉, 유그라우P. Yourgrau의 같은 책.

가레스 에번스Gareth Evans, 〈지시사의 이해Understanding demonstratives〉, 유그라우P. Yourgrau의 같은 책.

제기할 수 있는 하나의 물음은 '이것' '저것'과 같은 지시사와 '나' '여기' '지금'과 같은 지표사 간의 관계의 물음이다. 두 경우 모두 오류의 가능성은 제한된다. 하지만 '이것'과 '저것' 같은 단어는 실질적이라 간주될 수 있지만 전혀 실질적이지 않은 대상(예를 들어, 환각)을 확인하는 데도 사용될 수 있다. 우리는 그런 방법으로 '나' '여기' '지금'이라는 단어들을 사용할 수 있는가? 꿈에서는 가능한가?

(Ⅱ) 지표사. 특히 중요한 것은 '나' '여기' '지금' 간의 비교다. 만일 '나'의 특이성이 '여기'와 '지금'에 의해 두 개로 분열된다면, 이는 '나에 관한 사유'가, 피히테가 생각했던 것과 같이, 실재에 대한 실마리가 아니라, 단지 화자의 관점의 반영일 뿐이다. (또는, 공간과 시간은 어떤 깊은 의미로 주관적이거나, 혹은 심지어 맥타가트에게는 비실재적이라고 말할 수 있을 것이다.) 이 비교는 흥미롭게도 멜러D. H. Mellor의《실재하는 시간Real Time》(Cambridge 1981)과, 〈나와 지금I and Now〉,《아리스토텔레스 학회보Proceedings of the Aristotelian Society》, 1988-9에서 시도되었다. 그것은 진지하게는 아니지만, 토머스 네이글Thomas Nagel의《어디에서도 바라보지 않는 관점The View from Nowhere》(Oxford 1986)에서 제기되었다.

(Ⅲ) '나'. 물론, 연구의 주요 대상은 이 단어임에 틀림없고 그 성공적인 전개를 위해 요구된 문맥이다. 사실 우리에게 관심을 갖게 한 것은 단어 '나'가 아니라, 그 단어의 사용에 의해 표상되는, 1인칭의 사례다—혹은 적어도 하나의 친숙한 그것의 사용에 의해서 말이다. (비트겐슈타인이《갈색 책과 청색 책 Blue and Brown Books》(Oxford 1958), pp.66-7에서 '주체' 용법이라 부른 그 용법 말이다.) 1인칭 대명사를 결여하고, 그것을 드물게 사용하는 언어가 있다. 하지

만 모든 언어는 '1인칭 사례'를 담고 있으며, 담아내야 한다. (왜 그러해야 하는 가?)

최근의 논의들 중에서, 다음의 것이 비록 그것 가운데 거의 동의하는 바가 없을지라도, 특히나 이해를 돕는다.

엘리자베스 앤스컴Elisabeth Anscombe, 〈1인칭The First Person〉,《마음과 언어Mind and Language》(구텐플런S. Guttenplan 편집, Oxford 1975).

가레스 에번스Gareth Evans, 〈오류에 관한 주A Note on the Paralogisms〉,《철학의 양상Aspects of Philosophy》(라일G. Ryle 편집, London 1976).

가레스 에번스,《지시의 변형들The Varieties of Reference》(Oxford 1982), 7장.

콜린 맥긴Colin McGinn,《주관적 관점The Subjective View》(Oxford 1983), 2장.

시드니 슈메이커Sydney Shoemaker, 〈자기지시와 자기인식Self-reference and Self-awareness〉,《동일성, 사례, 마음Identity, Case and Mind》(Cambridge 1979).

여기서 살펴봐야 할 물음이란 이것이다. "'나'라는 용어는 지시를 하는가?" 앤스컴은 그렇지 않다고 생각하는 것 같다. 반면에 다른 사람들은 전체적으로 그렇다고 생각하는 것 같다.

(Ⅳ) '주관적' 관점: 그것은 정확히 무엇인가? 그것은 그 자체로 객관적인(그래서 어떤 사람에게도 접근 가능한) 사실에 대한 견해인가? 혹은 그것은 분명히 주관적 사실—오직 한 사람만이 지식을 가질 수 있는 사실—의 계시를 담고 있는가? 이것이 네이글Nagel과 맥긴McGinn 간의 논점이다. 그러나《어디에서도 바라보지 않는 관점The View from Nowhere》에서건, 아니면《죽음에 관한 물음들Mortal Questions》(Cambridge 1979)에 실려 있는 네이글의 고전적 논문들 〈객관과 주관Objective and Subjective〉와 〈박쥐가 되는 것은 어떠한가What it's like to be a bat〉에서건, 네이글의 논변에서 분명한 대답을 얻기란 어렵다.

3. 제2성질

제2성질 개념과 지표사 간의 연관은 콜린 맥긴Colin McGinn의《주관적 관점 The Subjective View》에서 제기되었는데, 거기에서 그는 다음과 같은 결론을 지지한다. 지표적 사유와 제2성질로의 기인함은 객관적일 수 있다. 그럼에도 그 기인에 대한 지표사이거나 혹은 제2성질의 용어를 요구하는 사실이란 없다. 지표사와 제2성질 용어는 경험의 주체의 관점에 대한 본질적인 관계를 포함하고 있다. 우리는 지표적이거나 혹은 제2성질에 대해 사고하는 방법 없이 지낼 수는 없는데, 왜냐하면 그러한 것이 우리가 놓여 있는 세계와 그 세계를 향한 우리의 행동 간의 본질적인 연결을 형성시켜주기 때문이다. 이 모든 흥미로운 테제는 의문의 여지가 있지만, 가장 장점이 있는 논의이기도 하다.

제2성질의 문헌에서 무척 중요한 것은 다음의 것들이다.

피에르 가상디Pierre Gassendi, 《피에르 가상디 선집The Selected Works of Pierre Gassendi》(버그C. Bugh 번역, London 1972).

데카르트, 《제1철학의 원리》I, Ixviii, II, iv, 《철학 저작 선집Selected Philosophical Writings》(코팅엄N. Cottingham 번역, Cambridge 1988), pp. 160-213.

말브랑슈N. Malebranche, 《진리의 탐색The Search after Truth》(레넌T. Lennon과 올스캠프P. Olscamp 번역, Columbus Ohio 1980), pp. 55, 75, 441.

라이프니츠, 《신(新) 인간 오성론New Essays on the Human Understanding》(렘넌트P. Remnant와 베넷J. Bennett 번역, Cambridge 1982), pp. 130-37.

존 로크, 《인간 오성론》II권 3, 8, 18장.

괴테J. W. von Goethe, 《색채론Theory of Colours》(찰스 이스트레이크Charles Eastlake 번역, London 1840, 재출간: 주드D. B. Judd 서문, Cambridge Mass. 1970).

토머스 리드Thomas Reid, 《전집Works》(윌리엄 해밀턴 경Sir William Hamilton 편집, 7th edn, Edinburgh, 1872). vol. II, p.835에서 해밀턴 경은 그러한 구별에 관해 리드와 다른 사람들을 인용한다. 《인간의 지적 힘에 관한 논고Essays on the Intellectual Powers of Man》(Cambridge Mass. 1969), p.254.

비트겐슈타인L. Wittgenstein, 《색에 관한 단평Remarks on Colour》(앤스컴G. E. M. Anscombe 편집, 매캘리스터L. L. McAlister와 섀틀M. Schattle 번역, Oxford 1977).

더 최근의 논의 중에서는 다음을 참조할 수 있다.

존 캠벨John Campbell, 〈색에 대한 단순한 관점A Simple View of Colour〉, 《실

재, 표상, 투사*Reality, Representation and Projection*》(홀데일J. Haldane과 라이트C. Wright 편집, Oxford, 1994).

4. 의식의 문법

이 절은 2절과 3절의 물음을 1인칭 면제의 혼란스런 사실의 문맥으로 다룬다. 이러한 면제는 어떻게 설명되는가? 그리고 그것은 항상 동일한 방법으로 설명될 수 있다고 가정해야 하는가? 설명되어야 하는 어떤 것이 있기는 한가? 이 논쟁에 대한 최근의 논의 가운데 다음의 것이 유명하다.

도널드 데이빗슨Donald Davidson, 〈1인칭 권위First-person authority〉, 《변증법*Dialectica*》, 1984.

시드니 슈메이커Sydney Shoemaker, 〈1인칭 접근법First-person Acess〉, 톰벌린J. Tomberlin, 《철학적 관점*Philosophical Perspectives*》, vol. 4.

맬컴 버드Malcolm Budd, 《비트겐슈타인의 심리학의 철학*Wittgenstein's Philosophy of Psychology*》(London 1989).

이 책에서 내가 간단하게 옹호한 비트겐슈타인의 견해는 《성적 욕구*Sexual Desire*》(London 1986) 3장에 더 길게 설명되어 있다.

예측과 결정 간의 대조와, 1인칭 관점과의 그 연관에 대해서는 다음을 보라.

피어스D. F. Pears의 논문, 《사유와 행동의 철학 연구*Studies in the Philosophy of Thought and Action*》(스트로슨P. F. Strawson 편집, Oxford 1968)

그라이스H. P. Grice, 〈의도와 불확실성Intention and Uncertainty〉, 《영국학술원 회보*Proceedings of the British Academy*》, 1976.

5. 자아의 사회적 구성

어떤 의미에서 이 항목의 테마는 헤겔의 《정신현상학》과 《법철학》의 그것이다. 또 다른 방법으로 현상학적 사회학자인 알프레드 슈츠Alfred Schutz에 의해 그 자신의 다소 건조하고 전문어로 물들어 있는 저작에서 논의되고 있기도 하다. 유명한 것으로 그 자신의 논문의 두 가지 모음집과, 《생활세계의 구조*The Structure of the Lifeworld*》(The Hague 1974)가 있다.

웃음에 대해서는 다음을 보라.

스크루턴R. Scruton, 〈웃음Laughter〉, 《미학적 이해*The Aesthetic Understanding*》 (London and Manchester 1983). 전통적 자료들이 정리 및 논의되어 있다.

역자 후기

이 책은 영국의 철학자인 로저 스크루턴 경Sir Roger Scruton의 저서 *Modern Philosophy: An Introduction and Survey*(1996)를 우리말로 옮긴 것이다. 저자는 오랫동안 영국 런던대학교를 비롯해 미국의 여러 대학 및 연구소에서 강의와 강연을 해온 교수였으며, 1980년대 영국 보수당과 대처 수상의 이론적 후원자이기도 했던 보수주의 정치평론가이기도 하고, 철학과 미학 특히 음악과 건축에 관한 저서를 포함하여 지금까지 40여 권이 넘는 책을 출판한 저술가이기도 하다. 그뿐 아니라 시사 이슈에 관해 신문에 칼럼을 기고하고, 텔레비전 프로그램에도 사회자 및 패널로 참여하는 등 여전히 왕성하게 활동하는 영국의 대표적인 철학자이자 미학자 그리고 정치평론가이다. 최근에도 바그너에 관한 몇 권의 음악 평론서를 출판하기도 했고, 또한 자신의 소설과 오페라도 발표한 작가이기도 하다.

본서는 영어 원서로 500여 페이지 분량에 해당하는 본문과 100여 페이지 분량의 학습안내로 구성되어 있다. 모두 31개의 철학적 주제를 다루고 있는 본문에서 저자는 형이상학, 윤리학, 논리학, 과학철학, 정치철학, 미학 등 철학의 거의 모든 영역을 넘나들며 주제에 관한 주요 철학자들의 입장을 소개하고 비교 평가하는데, 때로는 독설을 가미하고, 또

때로는 문학적 표현을 섞어 맛깔스럽게 전달해준다. 본문의 각주는 가급적 생략하고 그 대신 책 말미에 본문에서 참고로 했던 문헌과 주제에 관한 심화 학습자료를 간단한 자신의 평가와 더불어 소개하고 있다. 따라서 이 책의 구성상 본문에서 저자가 소개한 현대철학의 흐름에만 만족할 수 있는 일반 독자와 저자가 기술한 현대철학의 영역과 주제에 관해 일일이 직접 비판적으로 확인해보고자 하는 독자 모두를 만족시켜줄 수 있을 것이다.

또한 본서는 현대철학에 관한 여러 저자들의 편집본이 아니라 단일 저자에 의한 현대철학 소개서이다. 이는 자칫 여러 필자들의 입장이 서로 충돌할 수 있는 점을 피할 수 있고, 한 명의 저자의 시각에서 현대철학의 주제들을 살펴보는 것으로 기획되었기에, 더 일관된 관점에서 책 전체가 통일성을 이룰 수 있게 한다. 저자는 일련의 연속된 강의를 하듯이 각 장마다 다음 장의 주제로 이어질 수 있게 흥미를 불러일으켜주는데, 이는 마치 연재소설을 읽듯이, 독자로 하여금 다음 장의 주제에 관해 궁금증을 갖게 하는 효과를 낳는다. 그럼에도 불구하고 독자는 반드시 처음부터 순차적으로 읽어나갈 필요는 없다. 관심이 있는 주제나 철학 분야에 어디에서 시작해도 좋을 것이다.

여기서 다루고 있는 31개의 주제어들은 대체로 현대철학의 각 분과학문을 안내하는 이정표가 되기도 하고, 때로는 다른 분야와의 소통을 위한 징검다리 역할도 해준다. 그래서 하나의 주제어는 철학의 분과학문을 의미하기도 하고, 그 분과를 관통하는 핵심어가 되기도 한다. 각 장은 주제어를 중심으로 여러 철학자의 입장을 소개하고 그것들 간을 상호비교하면서, 관련 철학의 분야를 폭 넓게 이해할 수 있게 한다.

이와 같이 주제어를 통한 현대철학의 이해는 어느 특정한 철학자나 혹은 학파의 입장을 살펴보는 것보다 다른 철학자들과의 입장 차이 혹은 유사점을 비교하는 데 있어 용이하다. 비단 철학에만 국한된 문제만은 아니지만, 몇 명의 철학자들의 사상만으로 전반적인 현대철학을 이해하기란 어렵다. 그 대신, 여러 주제를 통해 다양한 철학의 분야에서 전개된 논의들을 살펴봄으로써, 현대철학의 전반적인 흐름을 살펴보면서 이해하는 것이 더 유익할 것이다. 따라서 이러한 서술방식을 가능케 하는 데 주요한 원동력은 저자의 능력일 터인데, 앞서 말한 바와 같이 저자는 오랫동안 아카데믹 분야에 종사해왔고, 또한 다방면에 걸친 지식을 지니고 있으며, 전문적인 학술서적에서부터 최근까지 일반인을 대상으로 하는 강연 및 텔레비전 프로그램까지도 참여하고 있기에 적임자 중 한 사람이라고 할 수 있을 것이다. 게다가 글 중간중간에 엿보이는 저자의 독설에 관해 불편해할 독자는 지적인 자극을 받을 수 있을 것이고, 저자의 예술적인 표현에서 호기심을 느낄 수 있으며, 진지한 철학적 논의를 하는 와중에 간간히 튀어나오는 저자의 유머와 위트에서는 유쾌하게 공감할 수 있을 것이다.

저자는 본서에 나오는 자신의 견해에 대해 독자들이 단순히 수용하기를 바라지 않는다. 대신 독자 스스로 향후 연구할 수 있게 할 동기가 되었으면 한다고 희망한다. 따라서 본서에서 저자의 입장을 무비판적으로 수용하는 일은 저자의 바람이 아닐 것이다. 하지만 우선은 저자가 차려준 철학의 만찬을 마음껏 즐기며, 현대철학의 흐름과 입장을 이해해보도록 노력하는 것은 어떨까 하는 것이 본서를 소개하는 역자의 작은 바람이다.

역자는 본서를 오래전 런던의 대학에서 잠시 유학하던 시절에 처음으로 접했다. 당시에 강의를 듣고 좀 더 확실한 이해를 위해 요긴했기에 관련된 부분을 읽으며 메모하던 습관이 귀국해서도 이어졌다가 틈틈이

다시 또 읽었는데, 잠시 건강상의 이유로 손을 놓게 되었다. 그 후 메모하던 노트를 우리말로 정리하게 되었는데, 그렇게 조금씩 옮기면서 정리하기 시작했다. 그러다 어느 순간 책 전체를 다하게 되었고, 우연치 않은 기회에 주변 분들의 권유를 받아 내친김에 이렇게 책의 출판에 이르게 되었다.

이 책을 출판하는 데 많은 분들에게 직간접으로 신세를 지었다. 우선, 이 역서가 나올 수 있게 결정적인 도움을 주신 경인교대 김종국 교수님과 이병철 선배님, 적절한 번역어에 관해 여러 번 결정적으로 조언해주신 편상범 선배님 그리고 철학서적임에도 관심을 갖고 흔쾌히 출판을 맡아주신 바다출판사의 김인호 사장님께도 감사드린다. 번역 초벌을 읽고 출판을 권유한 오지은 박사님, 저자의 세련된 영어문장이 갖는 뉘앙스에 대해 정확한 이해를 얻고자 매번 귀찮게 물어본 역자에게 항상 친절히 알려주신 박현주 박사님, 이 책을 우리말로 옮기면서 가장 많이 조언을 구했던 역자의 오랜 친구 박지용 박사님, 프랑스어를 비롯해 관련 철학의 용어와 배경에 대한 이해를 위해 역자에게 친절히 알려준 전주교대 김성한 교수님, 한경대 김원철 교수님 등 많은 주위 선후배 분들의 도움이 컸다는 점을 아울러 말씀드린다. 또한 묵묵히 역자를 격려해준 역자의 옛 친구에게도 감사드린다. 우리말로 옮기며 주위 여러 선후배 분들에게 조언을 구했지만, 본 역서에서 발견되는 오류는 전적으로 역자의 책임이라는 점 또한 밝혀두는 바이다. 마지막으로 역자가 살아오면서 해왔던 많은 결정들에 항상 힘이 되어 주신 부모님께 감사를 드린다.

모쪼록 본 역서가 현대철학에 관심이 있는 독자들에게 유익하고 색다른 안내서가 될 수 있기를 바란다.

수원성 장안문 커피볶는집 카흐베하네에서

ㄱ

가능세계 possible worlds 253, 262~265, 274, 304, 528, 792

가족유사성 family resemblances 298~299

감각과 지각 sensation and perception 518~520

감각소여 sense-data 502~504

감정 emotion 367, 449, 457

개념론 conceptualism 144

개별자 individuals 94~95, 152~154, 460~462

개인주의 individualism 660~661, 662

거짓말쟁이 역설 liar, paradox 20, 608~612

건축 architecture 677~678

검증 원리 verification principle 48~50

검증주의 verificationism 48~50, 51, 58, 246~247, 271, 293, 400, 761

게임이론 game theory 859

결과주의 consequentialism 433~434

결정론 determinism 348~350, 822~823

경험론 empiricism 54~56, 66~67, 136~137, 152, 246~248, 269~275, 389

계몽주의 enlightenment 14, 438, 750

공간 space 95, 154, 183, 539~553, 579, 852~854

공감 sympathy 444~446

공리주의 utilitarianism 430~432, 452, 643, 836

공리체계 axiomatic systems 111~114, 543~544, 581~583

과정철학 process philosophy 564~567

과학 science 13, 24, 27~28, 30, 55, 183, 206, 281~319, 368~372, 428~429, 520, 700~702, 796~801

관계 relations 139, 181~182

관념 ideas 45~46, 68, 79~80

관념론 idealism 45~48, 67, 760~761

'괄호 치기' 'bracketing' 27, 68~70

괴델의 정리 Gödel's Theorem 599, 611, 857

구성원 membership 191, 700, 716~718, 744

구성주의 constructivism 582~584

구조주의 structuralism 411~414

국가 state 640~641, 861

굿맨의 역설 Goodman's Paradox 316~318, 407, 625, 798

권리 rights 361, 442~443, 647~648, 656, 868

귀납 induction 281~290, 796~797

귀추법 abduction 292, 296~298

규정주의 prescriptivism 420~427

규칙 준수하기 rule-following 406~409

그림 painting 340~341, 532~533, 535~536, 673~674

근대 modern ~의 정의 13~14, 749~753

기능적 종류 functional kinds 151, 826

기능주의 functionalism 337~338, 341, 816~820

기술구 descriptions 117~132

기준 criteria 298~300, 800
기하학 geometry 540~547
기호론 semiology 411~412
기호학 semiotics 411~412
꿈 dreaming 38

ㄴ

내포 intensionality 104~105, 226, 257~262, 268, 364~365
노동 labour 657~658, 707~708, 872~874
논리실증주의 logical positivism '검증주의'를 보라.
논리적 구성 logical constructions 51, 127, 149, 293, 761
논리적 참 logical truth 112~113
논리주의 logicism 584~588
논리학 logic 29, 98~114, 116~132
논리형식 logical form 122~124
놀이 play 679~681

ㄷ

단언 assertion 387~388, 526
대의, 정치적 representation, political 639~640
더미의 역설 heap, paradox 612~616
덕 virtue 448~450, 479, 496, 839
데카르트적 마음이론 Cartesian theory of the mind 66~71, 79~96, 320~331, 804~807
도구주의 instrumentalism 294, 798
도덕 morality 360~363, 415~454, 692~698, 832~840
도덕 실재론 moral realism 427~429, 535~536

동물 animal 71~72, 321, 325, 334, 342~343, 356~357, 362, 455~459, 460, 467~468
동일성 identity 94~95, 101~102, 149, 152~154, 222~229, 252~253, 255, 336, 461~467
딜레마 dilemmas 424~425
뜻 sense 프레게 이론에서 ~ 102~108

ㅁ

마르크스주의 Marxism 53, 376, 640~641, 694~697, 707~708, 709, 722, 752, 869~871
마법 enchantment 375~378
마음 mind 61~78, 85~96, 320~347, 763~764, 802~822
마음의 동일성 이론 identity theory of the mind 336~337, 816
명법 imperatives 421, 434~438
명석판명한 관념 clear and distinct ideas 79, 323
명제 propositions 35, 159, 162~163
명제 계산 propositional calculus 109~114
모나드 monads 151, 178, 461
모더니즘 modernism 14~15, 20, 190, 664, 694, 712, 720, 749~753
모형 models 292~293
목적론적 논변 teleological argument 203~208, 687~688
목적론적 설명 teleological explanation 267, 814
무 nothingness 691~692, 717~718
무법칙적 일원론 anomalous monism 338~339, 341
무의식 unconscious 73~74, 331~334, 812~815
무임승차 free rider 631

무한 infinity 620~624
문장 sentences 35, 159, 162, 385
물리주의 physicalism 321, 334~339,
　815~820
미학 aesthetics 30, 157, 207, 457, 498,
　662~688, 745, 876~979
미학적 태도 aesthetic attitude 670~675
민간 심리학 folk psychology 372, 810, 826
믿음 belief 35, 159, 343, 364~365, 419~420,
　426~427, 456

ㅂ

반사실적 조건문 counterfactuals 273~275,
　278
반실재론 anti-realism 58, 314, 400~402,
　830~831
반증 falsification 285~286
배치 dispositions 148, 718~723, 880
범주 categories 17, 218
법 law 649~654, 714~715, 867, 870
법실증주의 legal positivism 649
법의 규칙 rule of law 653~654
법자연주의 legal naturalism 651
베이스의 정리 Bayes's Theorems 307
벨의 부등식 Bell's Inequality 313~314
변증법 dialectic 234~236, 240, 292, 362,
　693, 699, 729
보이지 않는 손 invisible hand 635, 713
보편자 universals 99, 134~135, 138~148,
　772~775
보편화 가능성 universalisability 421~423
본질 essence 27, 65, 151, 178, 254, 295, 404,
　455, 469, 567, 817
본체 noumena 92~94
분류어 sortals 140, 227
분석적/종합적의 구별 analytic/synthetic

distinction 244~265
분석철학 analytic philosophy 13, 24~25,
　219~222, 298, 755, 788~789
불확정성 원리 uncertainty principle 311
비극 tragedy 479, 481, 528~530, 686
비자연종 non-natural kinds 370~373
비판철학 critical philosophy 25~26, 755.
　또한 '칸트'를 보라.

ㅅ

사건 events 268, 567
사상의 역사 history of ideas 31~32
사실 facts 159~160, 268~269, 780
사실과 당위의 간극 'is/ought gap'
　418~420, 422, 659
사유 thoughts 35, 106, 159, 162~163, 367
사적 언어 논변 private language argument
　79~96, 516, 737, 764~766, 816
사회계약 social contract 628~633, 645,
　859~860, 863~864
사회적 선택 social choice 633~638,
　860~861
사회적 선택의 역설 paradoxes of social
　choice 636~638
상대성 relativity 548
상대주의 relativism 58~60, 453, 762, 798
상상 imagination 367, 457, 518~538,
　687~688, 849~851, 879
상식 common sense 184~186
'상자 속 딱정벌레' 논변 'beetle in the
　box' argument 88~89
생각 thinking 63
생명 life 455~462, 553
생명철학 vitalism 459~460, 840
선 Zen 603
선천적/후천적의 구별 apriori/aposteriori

distinction 28, 244~265, 295, 435, 756
선험적 관념론 transcendental idealism
47~48, 170, 401~402
선험적 실재론 transcendental realism 314
선험적 자아 transcendental self 69~71
선험적 자유 transcendental freedom 706,
721, 727, 744
설계 논변 argument from design '목적론
적 논변'을 보라.
성과학 sexology 53, 370, 708
성적 욕구 sexual desire 369~370, 457, 705
소박실재론 naive realism 505~508
소외 alienation 699~702, 708, 729
소유 property 657~660, 871~875
속성 properties ~의 정의 138~139, 181
수 numbers '수학'을 보라.
수반 supervenience 341, 422, 820
수학 mathematics 55, 124~126, 136~137,
141, 232, 248, 579~600, 856~857
술어계산 predicate calculus 113, 121, 124
스포츠 sport 666~667
시 poetry 671
시간 time 18, 94, 153~154, 183, 221~222,
237~238, 546~547, 554~578, 579,
854~856
시도하기 trying 383
식별불가능자의 동일성 identity of
indiscernibles 226~227
신 God 36, 80, 187, 188, 189~216, 229~233,
263~264, 297, 350, 566~567, 568~571,
684, 687, 715~718, 723, 784~787
신화 myth 19
실용주의 Pragmatism 165~171, 220, 288,
294
실재 reality 156~158, 177~188
실재론 realism 57~58, 144~148. 293,
309~315, 400~402, 406~407, 762,
830~831

실존주의 existentialism 468~472, 700,
702~707, 843
실질 함언 material implication 110, 605
실질적 구별 real distinction 마음과 육체
간의 ~ 65, 322~324, 327, 804
실천이성 practical reason 360~362,
379~380, 429~430, 434~452, 726~727,
741~742
실체 substance 99, 133~137, 148~152, 181,
217~219, 227~229, 461, 566, 777~778,
788

ㅇ

악 evil 214~216, 786~787
악령 demon 39, 63, 91, 96, 213, 725
악마 devil 691~724, 725, 880
앎, 어떻게를, 어느 것인지를, 무엇을, 어떠
한지를 knowing how, which, what and
what it's like 495~498
애로의 정리 Arrow's Theorem 637~638,
861
양립가능론 compatibilism 353~355
양자역학 quantum mechanics 309~315,
800~801
양화 quantification 98~100, 219~222,
262~263, 265
언어 language 83~96, 98~108, 256~257,
385~414
언어행위 speech acts 392~394, 420, 423
엄밀 함언 strict implication 604
역설 paradox 601~625, 857
영원 eternity 568~578, 856
영혼 soul 320~347, 725~746, 802~822
예술 art 19, 664, 720, 876~878
예술에서 표현 expression in art 410, 414,
877~878

예술의 의미 meaning of art 674
예측하기와 결정하기 predicting and
    deciding 381~382, 740~741
오류가능주의 fallibilism 169, 485
오류의 면제 immunities to error 75~77,
    736~743
오컴의 면도날 Ockham's razor 50
외재주의 externalism 402~403, 492~494,
    831
욕구 desire 367, 439, 447, 456, 814
우정 friendship 681~682
우주론적 논변 cosmological argument
    208~210
웃음 laughter 457, 745~746, 887
유명론 nominalism 144~148, 258, 408, 414,
    720, 775~776
유형론 theory of types 590~591
유형성숙 neoteny 692
윤리학 ethics 30, 156~157, 415~454,
    832~840
은유 metaphor 410~411, 533~534
음악 music 340, 554, 575~578
의도 intention 378~381, 740~743
의미 meaning 24~25, 27, 48~49, 385~414,
    829~832
의식 consciousness 71~72, 325~328, 332,
    456, 736~743, 807~809, 886
의지 will 381~384
의지의 약함 weakness of will 424, 834
이교도주의 paganism 192~196
이데올로기 ideology 695~697, 708
이론적 용어 theoretical terms 291~294
이름 names 252~254, 405, 495~496, 731
이미지 images 521~523, 849
이중지향성 double intentionality 533
인격 personality 197, 356~363, 374, 378,
    435~436, 457, 458~459
인격 동일성 personal identity 462~467,

553, 841~843
인공지능 artificial intelligence 819
인과 causation 266~280, 348~350,
    793~796
인식론 epistemology 29, 36, 41~42, 83~85,
    482~498, 500~504, 845~846
인지과학 cognitive science 508~509,
    817~820
1인칭 사례 first person case 71~78, 82~96,
    325~328, 344~345, 474, 562~564,
    736~743, 807~808

ㅈ

자기의식 self-consciousness 71, 344~345,
    438~443, 456, 726~743, 882~884
자아 self 74, 183~184, 187, 437~443, 722,
    725~746, 821~822, 881~887
자연권 natural rights 649, 865
자연법 natural law 629, 649
자연법칙 law of nature 270~275, 291
자연의 일양성 uniformity of nature 283
자연종 natural kinds 151~152, 227~229,
    295~296, 318~319, 371, 403~404,
    467~468, 826
자연주의, 법적 naturalism legal 651~653
자연주의, 윤리적 naturalism, ethical 446
자연주의적 오류 naturalistic fallacy 417,
    833
자유, 정치적 freedom, political 654~657,
    718, 867~871
자유, 형이상학적 freedom, metaphysical
    348~363, 437, 702~706, 718, 822~825
자유주의 liberalism 869~871
재현, 예술적 representation, artistic
    340~342, 410, 414, 508, 532~538,
    850~851, 877~878

전건긍정식 modus ponens 111, 112

전도 스펙트럼 inverted spectrum 808~809, 818

전일주의 holism 22

전체주의 totalitarianism 712~715

정언명법 categorical imperative 361, 434~438, 442, 716

정의 definition 119

정의 justice 428, 453~454, 643~648, 653, 862~867, 869

정의주의 emotivism 418~420, 424~427

정치철학 political philosophy 626~661, 858~875

제1성질과 제2성질 primary and secondary qualities 138, 178, 179, 180~181, 213, 319, 368, 376, 500, 513, 519, 734, 772, 784, 884~885

제2성질 secondary qualities, '제1성질과 제2성질'을 보라.

제3성질 tertiary qualities 500, 745~746

제논의 역설 Zeno's paradoxes 616~618

제도 institutions 660~661, 711~715, 875

존재 being, existence 217~243, 469~471

존재론 ontology 51, 137, 220~221

존재론적 논변 ontological argument 210~212, 229~233, 238, 250, 263~264, 568, 691

종교 religion 19, 189~196, 207, 242~243, 288, 662~663, 683~686, 687~690, 693, 745, 785

종류 140~141, 294~295. 또한 '기능적 종류' '자연종' '비자연종'을 보라.

죄수의 딜레마 prisoner's dilemma 627~628, 631, 635, 661, 859

주인과 노예 master and slave 438~443, 452~453, 706

죽음 death 472~481, 843~845

증거 evidence '확률'을 보라

지각 perception 366, 499~517, 519~520, 846~849

지시 reference 102~107, 259, 364~365, 509, 535~536, 731

지시 불명료 referential opacity, '내포성'을 보라.

지시사 demonstratives 882~883

지식 knowledge 34, 482~498, 845~846

지표사 indexicals 345, 559~561, 732, 882~883

지향성 intentionality 70, 328~331, 364~368, 453, 470~471, 509, 809~812

지향적 이해 intentional understanding 373~375

직관주의 intuitionism 582~584

진리 truth 19~20, 104~105, 155~176, 343~344, 396~402, 611~612

진리 잉여론 redundancy theory of truth 171~173

진리정합설 coherence theory of truth 161~165, 234

진리조건 truth conditions 106, 158, 300, 399

진리치 truth values 104, 109~114, 160

진리함수 truth functions 109~114, 273

진술 statements 35, 129, 159~160

진화 evolution 205~206, 288~289

질량어 mass terms 140~141

질료적 방식 material mode 52

'질료적 실체' 'material substance' 43, 46, 127

집합론 set theory 591~592, 594~596

징후 symptoms 298~299

ㅊ

착각 논변 argument from illusion 178, 185,

501~504
창발 속성 emergent properties 340~342,
　820~821
책임 responsibility 355~356, 823~824
철학 philosophy ~의 정의 16~33
철학사 history of philosophy 30~32
철학적 인간학 philosophical anthropology
　83~85
최선의 설명 추론 inference to the best
　explanation 40, 297
추상적 존재자 abstract entities 136,
　138~148
추상화 abstraction 16
충족이유율 Principle of Sufficient Reason
　227, 297, 549
취미 taste 675~679

ㅋ

'코기토' 'cogito' 61, 75~78
크레이그의 정리 Craig's Theorem 293, 799

ㅌ

탈무드 Talmud 19
토대주의 foundationalism 66~68, 79~81,
　84, 96
토미즘 Thomism 23~24, 199, 202~203, 755
통각의 선험적 통일 transcendental unity
　of apperception 346, 439
'통 속의 뇌' 논변 'brain in a vat' argument
　41
투표 voting 637
튜링 기계 Turing machines 512, 818
튜링 테스트 Turing test 818
특수자 particulars 135~137, 152~154,

ㅍ

포스트모던과 포스트모더니즘 post
　modern and post-modernism 15, 720,
　752~753
표상, 정신적 representation, mental 368,
　505~509, 820
프랑스혁명 Revolution, French 14, 486,
　487, 714, 717, 750
프랑크푸르트학파 Frankfurt school 752
플라톤주의 Platonism 21, 221, 581~583,
　598~599
필연성 necessity 55, 134, 229~233,
　244~265, 269~270, 295, 791~793

ㅎ

함수 functions 106, 142, 223, 592~593
합리론 rationalism 56~57, 67~68, 178,
　186~188
항진명제 tautologies 112
해방 liberation 695, 712, 715~718
해체 deconstruction 148, 718~723, 880
행동 action 361, 378~384, 825
행동의 이유 reasons for action, '실천이성'
　을 보라.
행동주의 behaviourism 49, 335~336,
　815~816
행복 happiness 430~432, 448
허구 fiction 19, 528~530, 534~535, 851
헌법 constitutions 634, 639
헴펠의 역설 Hempel's Paradox 289~290,
　298, 595, 625, 797
혁명 revolution 602~603, 632, 708,
　712~718, 785
현상 appearance 26
현상계와 본체계 phenomena and

noumena, '본체'를 보라.

현상과 실재 appearance and reality 42~44,
177~188, 782~784

현상론 phenomenalism 515~517

현상학 phenomenology 26~27, 68~71, 239,
374, 756, 764, 802, 806, 809~810, 827,
847

형상 Forms 142~143, 144, 568, 772~775

형식언어 formal languages 111~114

형식적 방식 formal mode 52

형이상학 metaphysics ~의 정의 29~30

확률 probability 163, 277, 284~285,
298~315, 607, 615~616, 799

환상 fantasy 530~532

환원주의 reductionism 50~53, 293, 761

회의주의 scepticism 34~44, 492~494, 758

흄의 법칙 Hume's law 270, 282, 316, 407,
461~462

ㄱ

가드너, 세바스천 Gardner, Sebastian 6
가상디, 피에르 Gassendi, Pierre 368, 734, 749, 885
갈릴레오 Galileo 749
게일 Gale, R. M. 852
게티어, 에드먼드 Gettier, Edmund L. 488~489, 845
고스, 에드먼드 Gosse, Edmund 694
고티에, 데이비드 Gauthier, David 443, 838
골드만, 앨빈 Goldman, Alvin 490, 845
괴델, 쿠르트 Gödel, Kurt 599, 611, 857
괴테 Goethe, J. W. von 410, 885
굿맨, 넬슨 Goodman, Nelson 143, 147, 148, 225, 316~318, 407, 414, 535, 536, 625, 775, 776, 798, 850, 876, 877
그라이스, 폴 Grice, H. Paul 388~391, 392, 393, 420, 511, 517, 791, 829, 830, 832, 886
그랜트 Grant, R. A. D. 861
그로티우스, 휴고 Grotius, Hugo 872
그룬바움 Grunbaum, A. 853
그리스월드, 찰스 Griswold, Charles 774
기번, 에드워드 Gibbon, Edward 195
기치 Geach, P. T. 97, 227~228, 766, 767, 790, 834, 855
김재권 Kim, Jaegwon 795, 821

ㄴ

너지, 임레 Nagy, Imre 696
널리치, 그래이엄 Nerlich, Graham 853
네이글 Nagel, E. 798, 857
네이글, 토머스 Nagel, Thomas 190, 344, 345, 476, 497, 733, 783, 806, 808, 809, 843, 845, 862, 865, 867, 883, 884
노울스, 더들리 Knowles, Dudley 874
노직, 로버트 Nozick Robert 433, 443, 454, 491, 644, 647, 648, 658, 759, 837, 845, 846, 862, 863, 866, 867, 869, 872, 873
누넌, 해럴드 Noonan, Harold 790
누스바움, 마사 Nussbaum, Martha 773, 803, 817, 839
뉴턴, 아이작 Newton, Sir Issac 545, 548, 549, 853
니체, 프리드리히 Nietzsche, Friedrich 20, 383, 451, 452, 453, 480, 686, 697, 698, 754, 755, 839, 840, 844, 880
닐, 마사 Kneale, Martha 769
닐, 윌리엄 Kneale, William 769

ㄷ

단테, 알리기에리 Dante, Aligieri 478
단토, 아서 Danto, Arthur 754, 825, 839, 877, 879
달랑베르, 장 르 롱 d'Alembert, Jean le

Rond 749

대처, 마거릿 Thacher, Margaret, Baroness
51

댄시, 조너선 Dancy, Jonathan 748, 756, 845,
846, 848

더밋, 마이클 Dummett, Michael 97, 279,
398~400, 402, 561, 582, 766, 767, 775,
780, 796, 830, 831, 855

데 수자 de Sousa, E. 834

데닛, 대니얼 Dennett, Daniel. C. 331, 809,
810, 811

데데킨트, 리하르트 Dedekind, Richard 585,
588, 622

데리다, 자크 Derrida, Jacques 14, 412,
720~722

데블린, 패트릭 Devlin, Patrick, Lord 868,
871

데스파냐, 베르나르 d'Espanat, Bernard
313, 800, 801

데이 Day, J. P. 872

데이비스 Davis, S. T. 844

데이빗슨, 도널드 Davidson, Donald 123,
124, 131, 268, 271, 272, 331, 338, 339, 341,
372, 394, 395, 397, 399, 534, 765, 770, 771,
779, 782, 789, 795, 804, 811, 820, 823, 829,
830, 834, 886

데카르트, 르네 Descarte, René 14, 32~34,
37~39, 41, 42, 57, 61~77, 79~83, 91, 93,
127, 133, 151, 177, 178, 183, 187, 188, 199,
201, 212, 213, 255, 282, 319, 323~325,
327, 493, 500, 539, 540, 581, 689, 722, 723,
725, 726, 731, 736, 749, 757~761, 763,
766, 772, 784, 804, 805, 806, 885

도넬런 Donellan, K. S. 132, 770

도밍고, 플라시도 Domingo, Placido 648

도킨스, 리처드 Dawkins, Richard 205, 786

두카스 Ducasse, C. J. 844

뒤샹, 마르셀 Duchamp, Marcel 876

듀이, 존 Dewey, John 166, 288, 564, 856

드레츠키, 프레드 Dreske, Fred 847

드리스콜 Driscoll, J. A. 788

디드로, 드니 Diderot, Denis 749

디킨스, 찰스 Dickens, Charles 134

딜타이, 빌헬름 Dilthey, Wilhelm 373, 828

ㄹ

라너, 칼 Rahner, Karl 239

라이트, 크리스핀 Wright, Crispin 759, 762,
765, 767, 768, 775, 800, 830, 831, 832, 848,
885

라이프니츠 Leibniz, G. W. 57, 68, 73,
98, 139, 151, 178, 188, 199, 213, 215,
225~228, 252, 259, 263, 264, 266, 297,
350, 461, 548~550, 571, 584, 749, 764,
840, 853, 885

라이헨바흐 Reichenbach, H. 560, 732, 799,
852, 853, 854

라일, 길버트 Ryle, Gilbert 335, 496, 510,
755, 802, 808, 816

라즈, 조지프 Raz, Joseph 865, 867

라파엘 Raphael, D. D. 859

람베르크, 비욘 T Ramberg, Bjorn T. 830

래드퍼드, 콜린 Radford, Colin 486, 846, 851

래포포트, 아나톨 Rapoport, Anatol 859

램버트 Lambert, J. H. 26

램지 Ramsey, F. P. 128, 171, 173, 776, 781

러셀, 버트런드 Russell, Bertrand, Earl
5, 98, 100, 101, 115~130, 136, 143,
148, 156, 183, 229, 230, 233, 239, 252,
253, 271, 272, 412, 416, 496, 502, 503,
585, 586, 589~598, 611, 617, 748, 754,
769~771, 792, 849, 854, 857, 882

러스킨, 존 Ruskin, John 700, 826

레게트 Leggett, A. J. 800

레닌 Lenin, V. I. 431, 710, 712
레드헤드, 마이클 Redhead, Michael 801
레빈슨, 제럴드 Levinson, Jerrold 877
레오파르디, 자코모 Leopardi, Giacomo,
Conte 719
레위, 캐시미어 Lewy, Casimir 792, 833
레이파 Raiffa, H. 859
렘브란트 판 레인 Rembrandt van Rijin 664
로마스키, 로렌 Lomasky, Loren 443, 838
로바체프스키, 니콜라이 이바노비치
Lobachewski, Nikolai Ivanovich 545
로베스피에르, 막시밀리앵 드 Robespierre,
Maximilien de 602, 696, 710, 718
로스, 데이비드 Ross, W. D. 774
로스, 아돌프 Loos, Adolf 118, 751
로슨-탠크리드, 휴즈 Lawson-Tancred,
Hughes 803
로젠 Rosen, N. 311, 314, 801
로젠바움 Rosenbaum, S. 844
로체, Lotze, M. 32
로크, 존 Locke, John 43, 46, 54, 67, 138, 140,
151, 178~181, 254, 295, 319, 368, 445,
463, 468, 565, 629~634, 640, 642, 655,
657, 658, 734, 735, 749, 751, 764, 782, 784,
842, 860, 861, 865, 866, 872~874, 885
로티, 리처드 Rorty, Richard 167~169, 171,
720, 762, 779, 780, 791
로티, 아멜리에 Rorty, Amelie 803
롤스, 존 Rawls, John 454, 644~647, 661,
860, 862, 863, 864, 865, 866, 869
루 Loux, M. 777
루소 Rousseau, J. J. 32, 602, 630, 634,
636~639, 641, 716, 750, 860
루스, 던컨 Luce, R. Duncan 859
루이스, 데이비드 Lewis, David 263, 265,
274, 393, 777, 792, 794, 795, 799, 816, 820,
829
루카스 Lucas, J. R. 303, 344, 799, 862

루카치, 죄르지Lukács, György 696~697
루크레티우스 Lucretius 476, 843
르 코르뷔지에 Le Corbusier 221, 751
리드, 토머스 Reid, Thomas 463, 842, 885
리만, 베른하르트 Riemann, Bernhard 545
리비스 Leavis, F. R. 826
리오타르 Lytard, I. F. 15, 753
리처즈 Richards, I. A. 833
리칸 Lycan, W. G. 807
리히텐베르크, 게오르크 크리스토프
Lichtenberg, Georg Christoph 133
릴케 Rilke, R. M. 118, 216, 481, 534

ㅁ

마더실, 메리 Mothersill, Mary 878
마르쿠제, 헤르베르트 Marcuse, Herbert
716, 752
마르크스, 칼 Marx, Karl 286, 324, 375, 660,
680, 695, 697, 698, 700, 707, 708, 716, 718,
728, 729, 872, 873, 874, 875, 880
마리네티, 필리포 토마소 Marinetti, Filippo
Tomaso 751
마리탱, 자크 Maritain, Jacques 23, 755
마블, 앤드루 Marvel, Andrew 719
마이농, 알렉시우스 Meinong, Alexius 118,
119, 122, 127, 230
마이모니데스, 모세스 Maimonides, Moses
195, 202, 209, 232
마커스, 루스 바컨 Marcus, Ruth Barcan 252
마티스, 앙리 Matisse, Henri 752
만, 토마스 Mann, Thomas 522
말러, 구스타프 Mahler, Gustav 118
말브랑슈 Malebranche, N. 32, 885
매보트 Mabbott, J. D. 861
매컬로치, 그레고리 McCulloch, Gregory
769, 770

매키 Mackie, I. L. 200, 264, 428, 772, 784, 786, 793, 794, 795, 797, 832

맥긴, 콜린 McGinn, Colin 732, 784, 802, 807, 828, 846, 884

맥도웰, 존 McDowell, John 759, 762, 768, 830, 835, 848

맥케이 Mackay, A. F. 861

맥킨타이어, 알라스데어 MacIntyre, Alasdair 823, 839

맥타가트 McTaggart, J. M. E. 184, 557~562, 608, 732, 734, 855, 883

맬컴, 노먼 Malcolm, Norman 39, 210, 231, 757, 783, 784, 785

머민, 데이비드 Mermin, David 801

메를로퐁티, 모리스 Merleau-Ponty, Maurice 563, 764, 802, 847, 855

멜던 Melden, A. I. 823

멜러 Mellor, D. H. 269, 277, 561, 795, 796, 797, 799, 855, 883

모세 Moses 194, 214

모차르트 Mozart, W. A. 770

몽테스키외 Montesquieu, C. de Secondat, Baron de 640

무어 Moore, G. E. 183, 184, 351, 416~418, 419, 423, 427, 446, 502, 758, 783, 784, 833

무어, 헨리 Moore, Henry 752

무질, 로베르트 Musil, Robert 118, 131

미노구, 케네스 Minogue, Kenneth 870

미우오슈, 체스와프 Milosz, Czeslaw 880

민코프스키 Minkowski, H. 542, 545, 548, 853

밀 Mill, J. S. 98, 283, 284, 287, 294, 430, 655, 663, 796, 800, 836, 861, 867, 868, 870, 871

밀리칸 Milikan, P. 771

밀리칸 Milikan, R. 812

ㅂ

바그너, 리하르트 Wagner, Richard 497, 529, 684, 693, 711

바르트, 롤랑 Barthes, Roland 412~313, 674, 720, 879

바울 Paul, St. 602

바움가르텐 Baumgarten, A. G. 671, 749

바흐 Bach, J. S. 527, 550, 577

반스, 조너선 Barnes, Jonathan 857

반스, 줄리언 Barnes, Julian 478

발자크, 오노레 드 Balzac, Honoré de 674

배리, 브라이언 Barry, Brian 860, 862, 866

뱀브로, 렌퍼드 Bambrough, Renford 299

버니에트, 마일스 Burnyeat, Myles 755, 760, 762, 803, 845

버드 Budd, M. J. 765, 825, 856, 886

버지, 타일러 Burge, Tyler 403, 405, 831

버크, 에드먼드 Burke, Edmund 632, 640, 714, 860, 871

버클리, 조지 Berkeley, George, Bishop 43, 45~47, 49~50, 52, 54, 67, 127, 178~180, 369, 506~508, 510, 515, 757, 760~761, 772

버터필드 Butterfield, J. 854

벌린, 이사야 Berlin, Sir Isaiah 868

베나세라프, 폴 Benacerraf, Paul 597

베넷, 조너선 Bennett, Jonathan 456, 519, 829, 854

베르그송, 앙리 Bergson, Henri 459, 460, 563, 564, 565, 840, 855

베르길리우스 Virgil 673

베르나데테, 호세 Bernadete, José 218, 756, 787, 794

베르크, 알반 Berg, Alban 554

베버, 막스 Weber, Max 373, 419

베이스 Bayes, T. 307

베이커 Baker, G. 766

베커 Becker, L. 872
베케트, 사무엘 Beckett, Samuel 218
베토벤, 루트비히 판 Beethoven, Ludwig
　van 523, 575, 577
벤 Benn, S. I. 859
벤담, 제레미 Bentham, Jeremy 415, 430,
　433, 649, 836, 867
벨 Bell, J. S. 312~315, 801
벨, 데이비드 Bell, David 767, 810, 882
벨, 클라이브 Bell, Clive 416
보드리야르, 장 Baudrillard, Jean 15, 753
보로미니, 프란체스코 Borromini,
　Francesco 527
보스톡, 데이비드 Bostock, David 857
보어, 닐스 Bohr, Niels 292, 310, 801
보이티우스 Boethius 569, 576
보일, 로버트 Boyle, Robert 368, 749
봄, 데이비드 Bohm, David 801
부버, 마르틴 Buber, Martin 325, 828
불, 헤들리 Bull, Hedley 749
브라크, 조르주 Braque, George 527, 751
브람스, 요하네스 Brahms, Johannes 550,
　751
브래들리 Bradley, F. H. 22, 180~187, 608,
　782, 784
브레이스웨이트, 리처드 Braithwaite,
　Richard 287, 796
브렌타노, 프란츠 클레멘스 Brentano,
　Franz Clemens 70, 328~330, 339, 368,
　809
브로드, Broad, C. D. 754, 823
브로우웨르 Brouwer, L. E. J. 582
브루크너, 안톤 Bruckner, Anton 577
브르통, 앙드레 Breton, André 751
브리튼, 벤자민 Britten, Benjamin 480
브장송, 알랭 Besançon, Alain 880
블랙, 던컨 Black, Duncan 860
블랙, 맥스 Black, Max 97, 766, 767, 799

블랙번, 사이먼 Blackburn, Simon 798, 835
블레이크, 윌리엄 Blake, William 695
비코, 잠바티스타 Vico, Giambattista 749
비트겐슈타인, 루트비히 Wittgenstein,
　Ludwig 5, 48, 51, 77, 81, 85~96, 103, 123,
　143, 147, 162, 184, 239, 298, 299, 317, 318,
　399, 406, 408, 409, 465, 476, 518, 519, 524,
　534, 573, 621, 625, 649, 689, 730, 737, 738,
　755, 758, 764, 766, 775, 779, 780, 783, 800,
　809, 810, 813, 814, 816, 825, 832, 850, 883,
　885, 886

ㅅ

사르트르, 장 폴 Sartre, Jean Paul 14, 237,
　469, 471, 692, 702~707, 709, 712, 718,
　720, 812, 813, 843, 850, 880
새빌, 앤서니 Savile, Anthony 878
샌델, 마이클 Sandel, Michael 863
생 쥐스트 St Just, A. L. L. 603, 696
샤토브리앙, 프랑수아 르네 Chateaubriand,
　François René, Vicomte de 198, 787
샤프츠버리 Shaftesbury, A. A. Cooper,
　third Earl of 445
샤흐트, 리처드 Schacht, Richard 754
설 Searle, J. R. 253, 344, 391, 393, 427, 775,
　807, 808, 811, 813, 815, 819, 829
세인스버리, 마크 Sainsbury, Mark 611, 625,
　756, 769, 797, 857
센, 아마르티아 Sen, Amartya 836
셀라스, 윌프리드 Sellars, Wilfrid 365, 761,
　826, 855
셔 Sher, G. 807
셰익스피어, 윌리엄 Shakespeare, William
　352, 411, 535, 720, 753
셸러, 막스 Scheler, Max 827
셸리, 메리 Shelley, Mary 337, 342, 459, 816

셸링 Schelling, F. W. J. von 22, 32, 47, 573, 728, 755

소머스, 프레드 Sommers, Fred 164, 780

소사 Sosa, E. 748

소쉬르, 페르디낭 드 Saussure, Ferdinand de 411, 412, 721

소크라테스 Socrates 479, 524, 709, 774

솔로몬, 로버트 Solomon, Robert 790, 837

쇤베르크, 아르놀트 Schoenberg, Arnold 118, 751

쇼펜하우어, 아르투르 Schopenhauer, Arthur 15, 127, 382~383, 456, 480, 541, 556, 574~578, 670, 844, 856

쉬어, 플린트 Schier, Flint 877

슈뢰딩거, 에르빈 Schrödinger, Erwin 275, 310, 801

슈메이커, 시드니 Shoemaker, Sydney 465, 731, 805, 818, 821, 841, 881, 884, 886

슈츠, 알프레드 Shutz, Alfred 827, 886

스노 Snow, C. P. Lord 826

스마트 Smart, J. J. C. 336, 816, 836

스미스 Smith, A. D. 760, 772, 784

스미스 Smith, P. 802

스미스, 애덤 Smith, Adam 32, 433, 443, 635, 750, 751, 860

스윈번 Swinburne, R. G. 754, 805

스캔런 Scanlon, T. 836, 865, 866

스코투스, 둔스 Scotus, Duns 233

스탈린, 요제프 Stalin, Josef 431, 479

스터브스, 조지 Stubbs, George 532

스트라우드, 배리 Stroud, Barry 266, 758, 759, 783, 793

스트로슨, 피터 Strawson, Sir Peter F. 94~96, 98, 115, 128~131, 152~154, 184, 221, 228, 258, 286, 287, 358~360, 542, 758, 760, 769~771, 776, 778, 781, 788, 789, 791, 792, 797, 805, 824, 829, 842, 852, 881, 882, 886

스티븐, 제임스 Stephen, Sir James F. 655, 656, 867, 871

스티븐슨 Stevenson, C. L. 351, 388, 389, 419, 422, 824, 829, 833

스티치 Stich, S. P. 810, 826

스피노자 Spinoza 57, 67, 151, 163, 164, 188, 195, 213, 234, 266, 339, 354, 439, 461, 472, 524, 540, 569~572, 749, 811, 833, 840

시모니, 애브너 Shimony, Abner 801

시즈윅, 헨리 Sidgwick, Henry 870

실러, F Schiller, F. 679, 680, 681, 879

실롱, 장 드 Silhon, Jean de 61

실버스타인 Silverstein, H. 844

싱어, 피터 Singer, Peter 748

ㅇ

아널드, 매튜 Arnold, Matthew 826

아도르노, 테오도르 Adorno, Theodor 14, 752

아렌트, 한나 Arendt, Hannah 710

아리스토텔레스 Aristotle 6, 17, 23, 29, 32, 98, 99, 134, 139, 144~146, 149~151, 153, 158, 160, 176, 181, 190, 195, 202, 217~219, 221, 227, 228, 253, 266, 267, 322, 350, 351, 425, 426, 430, 431, 436, 447~449, 451, 452, 454~456, 458, 460, 472, 479, 496, 497, 528, 529, 531, 555~557, 617, 621, 624, 641, 643, 657, 681, 683, 754, 773, 787, 788, 802, 803, 806, 815, 817, 838, 839, 840, 855, 861, 862, 872

아스페, 알랭 Aspect, Alain 314

아우구스티누스 Augustine, St. 554, 569, 690, 854

아이스킬로스 Aeschylus 424~425

아인슈타인, 알베르트 Einstein, Albert 311~314, 801, 852, 853

아퀴나스, 토마스 Aquinas, St Thomas 14,
23, 54, 199, 202, 219, 245, 455, 478, 784,
785, 792, 872
아폴리네르, 기욤 Apollinaire, Guillaume
751
안셀무스 Anselm, St 210, 231, 238, 784
알가잘리 Al-Ghazali 202
알렉산드리아의 클레멘스 Clement of
Alexandria 21
알파라비 Al-Farabi 202
암스트롱, 데이비드 Armstrong, David 512,
775, 816
애로 Arrow, K. J. 637~638, 861
앤스컴 Anscombe, G. E. M. 275, 349, 354,
378, 421, 432, 794, 795, 828, 884, 885
앨리슨, 헨리 Allison, Henry E. 824
앰브로즈, 앨리스 Ambrose, Alice 783
얌머 Jammer, M. 853
엄슨 Urmson, J. O. 761
에드워즈, 폴 Edwards, Paul 748, 757, 786,
793, 799, 822, 844, 856
에번스, 가레스 Evans, Gareth 496, 830, 849,
883, 884
에브닌, 사이먼 Evnine, Simon 830
에셔 Escher, M. C. 529
에우리피데스 Euripides 195
에이어, 앨프리드 Ayer, Sir Alfred 49, 96,
502, 748, 761, 766, 816, 833
에징턴, 도로시 Edington, Dorothy 6, 303,
606, 607, 615, 616, 795
에피쿠로스 Epicurus 843
엘리스, 피오나 Ellis, Fiona 6
엘리엇 Eliot, T. S. 157, 693, 751
엘리엇, 조지 Eliot, George 471
엠피리쿠스, 섹스투스 Empiricus, Sextus 54
오그든 Ogden, C. K. 833
오르테가 이 가세트, 호세 Ortega y Gasset,
José 471, 843

오비디우스 Ovid 529
오셔네시, 브라이언 O'Shaughnessy, Brian
383, 825, 828
오스틴 Austin, J. L. 153, 184, 355, 393, 423,
503, 758, 778, 779, 781, 788, 792, 823, 845
오스틴, 존 Austin, John 867
오운, 브루스 Aune, Bruce 837
오웰, 조지 Orwell, George 710, 880
오컴, 윌리엄 오브 Ockham, William of 50,
55, 720, 776
오코너 O'Connor, D. J. 779
오크숏, 마이클 Oakeshott, Michael 683, 859
오토, 루돌프 Otto, Rudolf 828
오히어, 앤서니 O'Hear, Anthony 6, 748,
796, 827, 828
올리브크로나 Olivencrona, K. 872
올슨, 맨커 Olson, Mancur 860
와이트, 마틴 Wight, Martin 749
왓슨, 개리 Watson, Gary 825
우르바흐 Urbach, P. 799
울프, 버지니아 Woolf, Virginia 416
웅어, 피터 Unger, Peter 759
워녹, 메리 Warnock, Mary, Baroness 849
워녹, 조프리 Warnock, Sir Geoffrey J. 823,
846
워즈워스, 윌리엄 Wordsworth, William 411
워커, 랠프 Walker, Ralph 164, 760, 778
월드런, 제레미 Waldron, Jeremy 859, 872,
874
월터스토프, 니콜라스 Wolterstorff,
Nicholas 877
월턴, 켄들 Walton, Kendall 530, 680, 851,
879
월하임, 리처드 Wollheim, Richard 533, 850,
861, 876, 877
웨스턴, 마이클 Weston, Michael 851
웰던 Weldon, T. D. 858
위긴스, 데이비드 Wiggins, David 152, 218,

221, 222, 227, 228, 464, 468, 756, 767, 772, 774, 777, 789, 790, 817, 835, 837, 841, 842, 843

위즈덤, 존 Wisdom, John 802

윌리엄스, 버나드 Williams, Bernard 65, 187, 425, 432, 464, 466, 477, 478, 762, 763, 783, 827, 832, 835, 836, 838, 841, 844

윌리엄스, 클리퍼드 Williams, Clifford 823

윌슨, 마거릿 Wilson, Margaret 763

윌커슨 Wilkerson, T. E. 854

윌크스, 캐슬린 Wilkes, Kathleen v. 803, 806, 815, 838

유클리드 Euclid 540~545, 587, 852

이시구로 히데 Ishiguro, Hidé 850

잉가든, 로만 Ingarden, Roman 877

ㅈ

제논 Zeno 555, 607, 616~618

제번스, 윌리엄 스탠리 Jevons, William Stanley 302, 799

제이콥슨, 댄 Jacobson, Dan 194, 787

제임스, 윌리엄 James, William 166, 167, 169, 564, 565, 566, 655, 856

제프리스, 찰스 Jeffreys, Charles 302

조이스, 제임스 Joyce, James 389

존스 Jones, O. R. 765, 802

존슨, 새뮤얼 Johnson, Samuel 749

존슨, 폴 Johnson, Paul 749

쥐페, 패트릭 Suppes, Patrick 799

ㅊ

차페크, 요제프 Čapek, Josef 477

차페크, 카렐 Čapek, Karel 477, 816

처칠랜드 Churchland, P. M. 798

체르멜로, 에른스트 Zermelo, Ernst 591, 594, 612

촘스키, 노엄 Chomsky, Noam 108

치좀, 로더릭 Chisholm, Roderick 330, 810, 817

ㅋ

카르납, 루돌프 Carnap, Rudolf 15, 52, 293, 296, 308

카삼, 콰심 Cassam, Quassim 821~822

카트라이트, 낸시 Cartwright, Nancy 800

카프카, 프란츠 Kafka, Franz 535

칸, 찰스 Kahn, Charles 803

칸트, 임마누엘 Kant, Immanuel 17~19, 25, 26, 28, 32, 47, 48, 54~58, 69, 70, 77, 84, 85, 92, 93, 100, 127, 170~172, 188, 203~211, 214, 219, 229, 241, 244~251, 272, 298, 314, 346, 347, 360~362, 374, 382, 383, 401, 402, 409, 416, 421, 422, 434~439, 442~446, 450, 451, 455, 457, 475, 496, 519~521, 528, 537, 540~543, 548, 550~552, 572~574, 579~584, 597, 601, 603, 617, 621, 622, 647, 649, 656, 668~688, 694, 695, 706, 707, 726, 727, 743, 750, 751, 754, 760, 761, 784, 791~793, 824, 825, 832, 837, 850, 852, 854, 860, 864~866, 870, 876, 881

칼라일, 토머스 Carlyle, Thomas 637

캐럴, 루이스 Carroll, Lewis 398, 529, 530, 604, 618~620

캐플런, 데이비드 Kaplan, David 882

캠벨, 존 Campbell, John 885

케니, 앤서니 Kenny, Sir Anthony 203, 438, 757, 763, 785, 881

케이블, 스탠리 Cavell, Stanley 759, 876

케이시, 존 Casey, John 833

케인스 Keynes, J. M., Lord 302, 416, 799

코브니 Coveney, P. 854

코스의 필레타스 Philetas of Cos 608, 612

코언 Cohen, G. A. 867, 880

코언, 로버트 Cohen, Robert 6

코제브, 알렉상드르 Kojève, Alexandre 838

콘퍼드 Cornford, F. M. 774

콜리지 Coleridge, S. T. 531, 681

콜링우드 Collingwood, R. G. 878, 880

콩도르세, 마르키 드 Condorcet, J. A, N.
de Caritat, Marquis de 637, 861

콰인 Quine, W. V. 85, 127, 130, 131, 143,
152, 165, 166, 175, 220~225, 256~262,
594, 689, 756, 764, 769, 782, 789~791,
797, 830, 845, 853

쿠퍼, 데이비드 Cooper, David 748, 764,
791, 827, 843, 879, 880

퀸턴, 앤서니 Quinton, Anthony, Lord 552,
792, 793, 854, 858, 859

크레스웰 Creswell, M. J. 792

크레이그, 윌리엄 Craig, William 293, 799

크로체, 베네데토 Croce, Benedetto 878

크리스토피두, 앤드리어 Christofidou,
Andrea 6

크립키, 솔 Kripke, Saul 251~256, 262, 265,
272, 318, 327, 336, 403, 408, 409, 469, 731,
765, 770, 791~793, 798, 800, 807, 831,
832

크산티페 Xanthippe 218, 479, 524, 774, 796,
839

크세노폰 Xenophon 709

클라크, 새뮤얼 Clarke, Samuel 549, 853

클림트, 구스타프 Klimt, Gustav 118

키에르케고르, 쇠렌 Kierkegaard, Soren
454, 603, 702

키처, 패트리셔 Kitcher, Patricia 881

키츠, 존 Keats, John 19

킨제이, 앨프리드 Kinsey, Alfred 53

ㅌ

타르스키, 알프레트 Tarski, Alfred
173~175, 396~398, 611~612, 620, 781,
782, 830

테르툴리아누스 Tertullian 602, 603

테오크리토스 Theocritus 673

테일러, 리처드 Taylor, Richard 822

테일러, 찰스 Taylor, Charles 825

톰슨 Thompson, J. F. 618

튜링, 앨런 Turing, Alan 512, 818

틴토레토 Tintoretto 536, 676

ㅍ

파레토, 빌프레도 Pareto, Vilfredo,
Marchese 638

파르메니데스 Parmenides 180, 217, 555,
607, 608

파슨스, 찰스 Pasons, Charles 856

파이글, 헤르베르트 Feigl, Herbert 761

파인, 게일 Fine, Gail 773

파인, 키트 Fine, Kit 614

파토치카, 얀 Patočka, Jan 239

파핏, 데릭 Parfit, Derek 466~468, 821, 822,
841, 843

판 프라센, 바스 C Van Frassen, Bas C. 315,
801, 852

팔머, 프랭크 Palmer, Frank 851

패들, 루스 Padel, Ruth 815

패스모어 Passmore, J. A. 126, 761, 762

패턴 Paton, H. J. 837

팹, 아서 Pap, Arthur 793

퍼스 Peirce, C. S. 166, 169, 288, 292, 411,
485, 527, 564, 779, 800

퍼트넘, 힐러리 Putnam, Hilary 41, 171, 295,
402~405, 757, 759, 762, 768, 800, 803,

817, 827, 831, 857

페리, 존 Perry, John 464, 841, 842, 883

페아노, 주세페 Peano, Giuseppe 585, 588, 597

페일리, 윌리엄 Paley, William 205, 786

펠드만, 프레드 Feldman, Fred 843

포더, 제리 Fodor, Jerry 368, 820, 831

포돌스키 Podolsky, B. 311, 314, 801

포스터, 존 Foster, John 760

포이어바흐, 루트비히 Feuerbach, Ludwig 690, 785, 879

포퍼, 칼 Popper, Sir Karl 285, 286, 292, 796, 870

포프킨 Popkin, R. H. 34

폴 포트 Pol Pot 696

푀겔린, 에릭 Voegelin, Erich 239

푸생 Poussin, N. 673, 688

푸코, 미셸 Foucault, Michel 14, 20, 148, 712, 720, 722, 839, 880

푸트, 필리파 Foot, Phillpa 427, 833, 834, 836, 840

프라이스 Price, H. H. 777

프랑크푸르트, 해리 Frankfurt, Harry 824

프랭키나, 윌리엄 Frankena, William 833

프레게, 고틀로프 Frege, Gottlob 5, 97~109, 111~113, 116~118, 120, 122, 130, 136, 142, 152, 173, 174, 211, 222~224, 235, 239, 240, 252, 253, 254, 259, 300, 364, 365, 385~387, 392, 393, 397~399, 403, 412, 414, 509, 512, 526, 527, 535, 584~589, 592, 594, 595, 598, 615, 731, 766~768, 781, 792, 830, 856, 882

프레데 Frede, M. 803

프렝켈, 아브라함 Fraenkel, Abraham 594

프로이트, 지그문트 Freud, Sigmund 73, 118, 286, 375, 537, 785, 812, 813

프로타고라스 Protagoras 59, 170, 762

프롬, 에리히 Fromm, Erich 716

프루스트, 마르셀 Proust, Marcel 377, 525, 563

플라톤 Plato 21, 30, 53, 57, 59, 99, 124, 126, 134, 141~146, 188, 195, 214, 448, 472, 482, 484, 487, 488, 555, 568, 569, 580, 581, 628, 657, 755, 760, 762, 772~774, 784, 844, 845, 872

플랜팅가, 앨빈 Plantinga, Alvin 210, 212, 231, 232, 263, 264, 691, 785, 792, 793

플레스너, 헬무트 Plessner, Helmuth 828

플로티노스 Plotinus 21, 215, 555, 839, 855, 856

플루, 앤터니 Flew, Antony 748, 777, 844

플루타르코스 Plutarch 480

피어스, 데이비드 Pears, David 266, 777, 778, 786, 794, 838, 841, 886

피타고라스 Pythagoras 576, 581

피터스 Peters, R. S. 859

피히테 Fichte, I. G. 74, 541, 573, 670, 727, 728, 732, 754, 881, 883

필립스 Phillips, D. Z. 843

필립스 그리피스 Phillips Griffiths, A. 846

필머, 로버트 Filmer, Sir Robert 642

ㅎ

하디, 토머스 Hardy, Thomas 193

하만, 길버트 Harman, Gilbert 258, 757, 763, 770, 791, 829

하버마스, 위르겐 Habermas, Jüergen 14, 752

하이데거, 마르틴 Heidehgger, Martin 217, 237, 239~243, 362, 454, 469, 471, 480, 481, 562, 692, 702, 703, 704, 728, 787, 791, 843, 844

하이에크 Hayek, F. A. von 443, 636, 714, 860, 862, 872

하이젠베르크, 베르너 Heisenberg, Werner 311, 801

하이필드 Highfield, R. 854

하크, 수전 Haak, Susan 778, 779

하트 Hart, H. L. A. 651, 824, 862, 867, 868, 871

하트숀, 찰스 Hartshorne, Charles 564, 567, 569, 800, 856

해먼드 Hammond, M. 756, 764

해밀턴, 윌리엄 Hamilton, Sir William 259, 885

해커 Hacker, P. S. 766

해킹, 이언 Hacking, Ian 798

햄린 Hamlyn, D. W. 560, 757, 778, 781, 852

헐리, 수전 Hurley, Susan L. 835

헤겔 Hegel, G. W. F. 15, 22, 26, 32, 47, 51, 57, 85, 93, 94, 98, 127, 162, 163, 166, 187, 219, 233~240, 278, 292, 324, 362, 438~440, 442, 444, 528, 541, 603, 604, 617, 633, 635, 636, 641, 648, 658~661, 663, 674, 680, 683, 690, 693, 699~701, 703, 706, 712, 728, 729, 732, 761, 787, 790, 837, 838, 860, 873~875, 879, 886

헤스, 메리 Hesse, Mary 798

헤어 Hare, R. M. 421~425, 427, 428, 434, 834, 835, 865, 866

헤이팅 Heyting, A. 582~583

헬러, 에릭 Heller, Erich 839, 880

헴펠, 칼 Hempel, Carl 289, 290, 298, 595, 625, 761, 776, 796, 797, 798

호글랜드 Haugland, J. 821

호르크하이머, 막스 Horkheimer, Max 752

호메로스 Homer 192, 193, 208, 377

호슨 Howson, C. 799

호위치, 폴 Horwich, Paul 781, 799

호킹, 스티븐 Hawking, Stephen 206, 297, 786, 852

호프스태터, 더글러스 Hofstadter, Douglas 599

혼더리치, 테드 Honderich, Ted 825

홉스, 토머스 Hobbes, Thomas 351, 628~629, 630, 654, 745, 859

홉킨스, 제임스 Hopkins, James 765, 852

화이트헤드 Whitehead, A. N. 116, 564~567, 770, 840, 856

횔덜린 Hölderlin, F. 693

후설, 에드문트 Husserl, Edmund 26~27, 68~70, 74, 118, 239, 328, 365, 469, 700, 728, 756, 762, 764, 806, 810, 827, 881, 882

후커, 리처드 Hooker, Richard 798

휘트먼, 월트 Whitman, Walt 604

휴즈, Hughes, G. E. 792

흄, 데이비드 Hume, David 32, 54, 68, 74, 81, 179, 198, 204, 246, 249, 261, 265~267, 269272, 278, 282, 316, 317, 339, 354, 407, 409, 416, 418, 419, 430, 437, 444~446, 450, 453, 461, 462, 467, 468, 474, 519, 528, 537, 584, 632, 642, 668, 745, 749~751, 776, 784~786, 793~796, 833, 837, 841, 850, 860, 862, 878

히틀러, 아돌프 Hitler, Adolf 431, 479

힌티카, 야코 Hintikka, Jaako 763

힐리, 리처드 Healey, Richard 310, 801

힐베르트, 다비트 Hilbert, David 544, 545, 547, 549, 551, 581, 582, 599

옮긴이 주대중

고려대학교 철학과에서 학부를 졸업하고, 동 대학원에서 석사를 졸업한 후 런던대학교 킹스칼리지 철학과에서 수학했다. 일반인을 위한 교양철학서와 인문학 서적을 번역하고 소개하는 데 관심이 있다. 역서로는 《현대 철학 강의》와 《쿼드러플 오브젝트》가 있다.

현대 철학 강의

31가지 테마로 본 현대 영미철학의 흐름과 쟁점

초판 1쇄 발행	2017년 1월 25일
개정판 1쇄 발행	2025년 1월 24일

지은이	로저 스크루턴
옮긴이	주대중
책임편집	이기홍
디자인	주수현 정진혁

펴낸곳	바다출판사
주소	서울시 마포구 성지1길 30 3층
전화	02-322-3675(편집), 02-322-3575(마케팅)
팩스	02-322-3858
이메일	badabooks@daum.net
홈페이지	www.badabooks.co.kr

ISBN	979-11-6689-321-6 93100